CHOIX
FATIDIQUES

DU MÊME AUTEUR EN FRANÇAIS

L'Opinion allemande sous le nazisme. Bavière 1933-1945
CNRS Éditions, 1995

Hitler. Essai sur le charisme en politique
Gallimard, 1995

Qu'est-ce que le nazisme ? Problèmes et perspectives d'interprétation
Gallimard, « Folio », 1992
nouvelle édition augmentée et mise à jour, 1997

Hitler. 1889-1936 : Hubris
Flammarion, 1999

Hitler. 1936-1945 : Némésis
Flammarion, 2000

Le Mythe Hitler : Image et réalité sous le IIIe Reich
Flammarion, 2006

Hitler
Flammarion, 2008

La Chance du diable. Le récit de l'opération Walkyrie
Flammarion, 2009

IAN KERSHAW

CHOIX FATIDIQUES

Dix décisions qui ont changé le monde 1940-1941

TRADUIT DE L'ANGLAIS
PAR PIERRE-EMMANUEL DAUZAT

ÉDITIONS DU SEUIL
*27, rue Jacob, Paris VIe*

Ce livre est publié dans la collection
L'Univers historique

Titre original : *Fateful Choices.*
Ten Decisions that Changed the World, 1940-1941

ISBN original : 978-0-713-99712-5

ISBN 978-2-02-080325-0

Liste des cartes

Carte 1. L'Europe occidentale, 1940

Carte 2. L'Extrême-Orient, 1940-1941

Carte 3. Les Balkans, 1940-1941

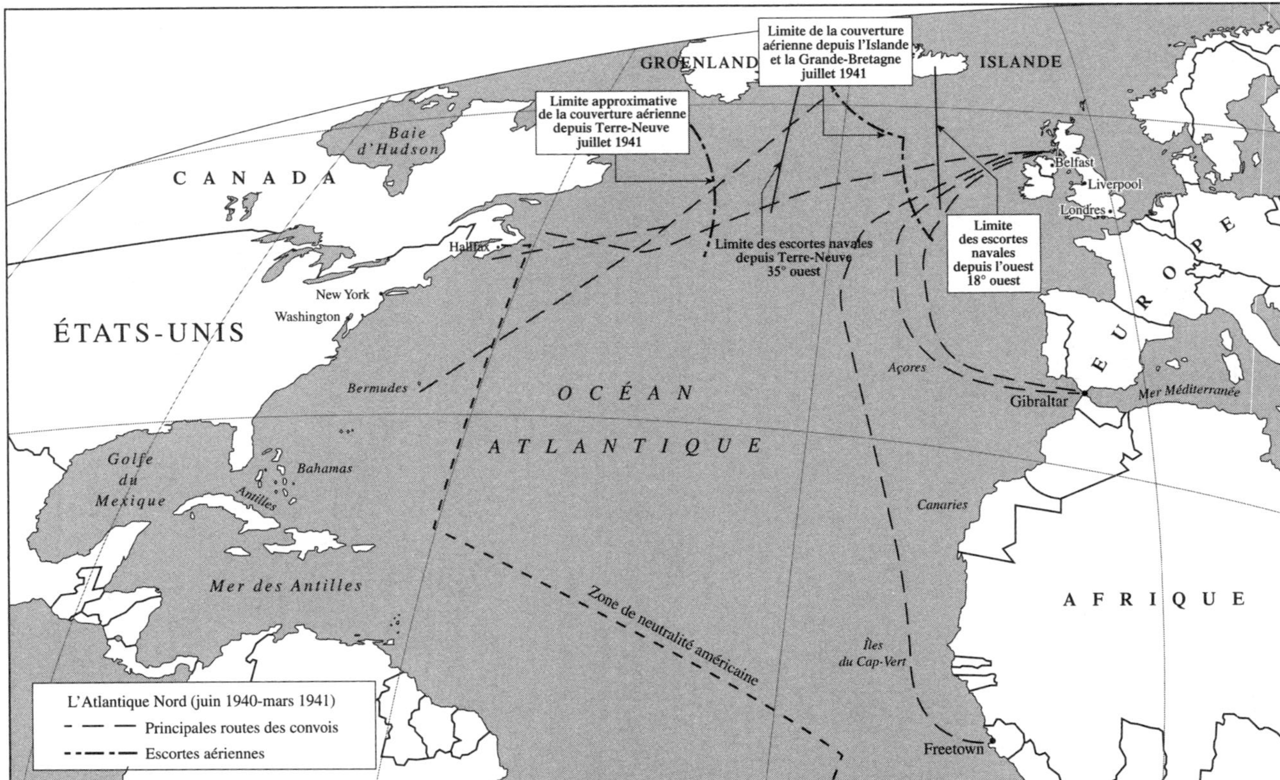

Carte 4. L'Atlantique Nord, 1941

Carte 5. Le front Est, 1941

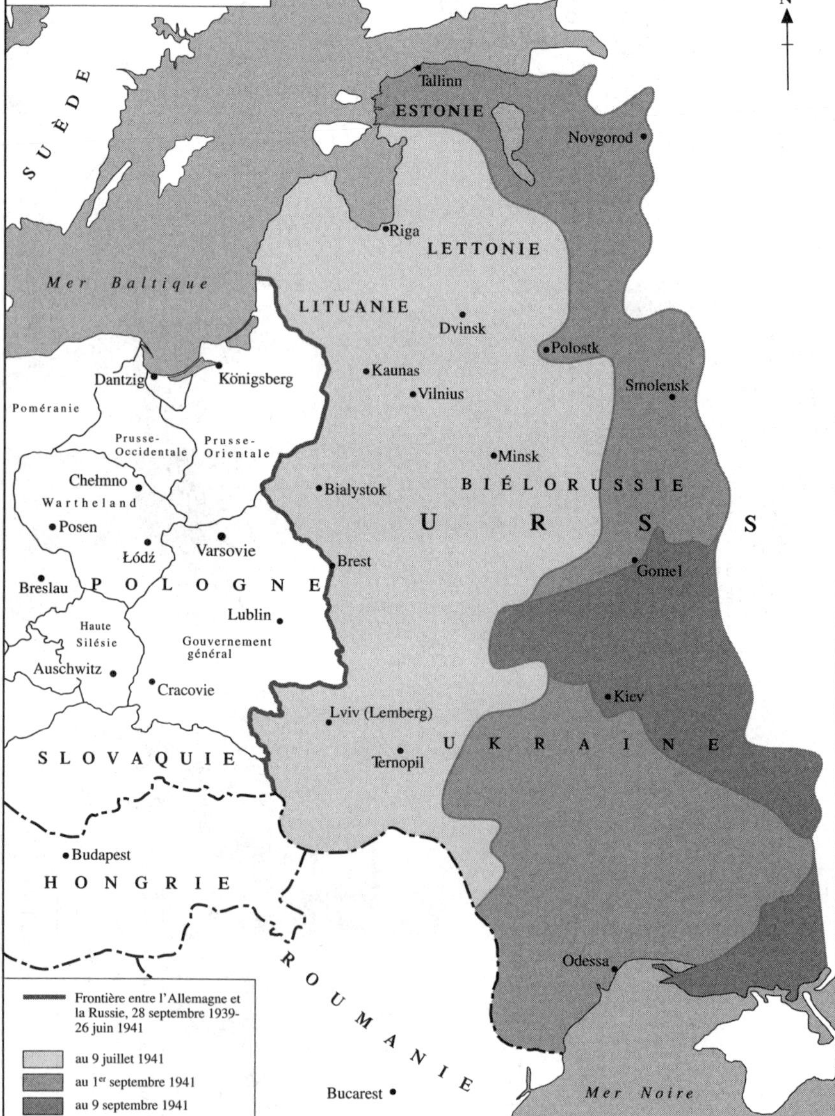

Remerciements

Une conversation à bâtons rompus, dans notre cuisine familiale, m'a donné l'idée de ce livre. Laurence Rees[1] s'était rendu à Manchester pour discuter avec moi le concept de ce qui allait devenir le documentaire télévisé, *Auschwitz. Les nazis et la « solution finale »* : la troisième série à laquelle nous ayons collaboré. Nous attendions que l'eau de la bouilloire fût prête quand Laurence lâcha que, s'il était historien, il aimerait écrire un livre sur l'année 1941 : de son point de vue, l'année la plus décisive de l'histoire moderne. L'idée est restée. Mais il était clair que les événements cruciaux de 1941 – par-dessus tout l'invasion allemande de l'Union soviétique (qui déclencha la plongée vers un véritable génocide contre les Juifs), l'attaque japonaise sur Pearl Harbor et l'entrée des États-Unis dans la guerre européenne – étaient la conséquence logique d'un certain nombre de décisions vitales qui avaient découlé de l'étonnant triomphe de Hitler en Europe occidentale au printemps 1940. Une étude des décisions cruciales et étroitement imbriquées les unes dans les autres des dirigeants des grandes puissances au cours de ces mois extraordinaires, entre mai 1940 et décembre 1941, commença de prendre une forme embryonnaire dans mon esprit. C'est donc à Laurence que je dois mes premiers chaleureux remerciements pour m'avoir au départ incité à entreprendre ce livre.

Comme d'habitude, j'ai contracté en cours de route maintes autres dettes de reconnaissance, et ces brefs remerciements ne sauraient être qu'une expression superficielle de ma gratitude. Il est juste, cependant, de distinguer la Leverhulme Foundation : je lui sais gré, une fois encore, de sa générosité. J'ai écrit une bonne partie de ce livre dans la dernière année d'une bourse extraordinairement généreuse qui m'a libéré de mes obligations universitaires.

Le fait de pouvoir solliciter la science de certains collègues m'a beaucoup aidé à me frayer un chemin à travers le territoire moins familier que je devais traverser dans la recherche et l'écriture de ce livre. Je suis très reconnaissant à David Reynolds, qui m'a fait des observations très utiles sur le tapuscrit et a partagé avec moi sa connaissance profonde de Churchill et des relations de la Grande-Bretagne avec les États-Unis. Patrick Higgins a eu la gentillesse de mettre à ma disposition son étude inédite sur R.A. Butler et m'a fait part de commentaires précieux sur la crise de mai 1940. MacGregor Knox, au-delà de son magnifique travail sur l'Italie fasciste, a non seulement répondu à quelques interrogations précises sur les forces armées italiennes mais, très généreusement, m'a aussi donné des photocopies des lettres et carnets inédits de Roatta. Le regretté Derek Watson (en particulier), Robert Davies, Robert Service, Moshe Lewin et, à Moscou, Sergueï Slutsch m'ont été d'un grand secours sur Staline et l'Union soviétique. Patrick Renshaw, Richard Carwardine et Hugh Wilford ont répondu à des interrogations sur les rouages de l'administration Roosevelt. À Tokyo, Maurice Jenkins et Madame Owako Iwama m'ont été d'une aide extraordinaire pour trouver les matériaux dont j'avais besoin. J'ai aussi reçu des conseils utiles de Ken Ishida et, plus près, de Sue Townsend et de Gordon Daniels. Sur un terrain plus familier, Otto Dov Kulka, à Jérusalem, m'a fait part comme toujours de ses précieuses réflexions sur le sujet atroce de l'offensive nazie contre les Juifs. J'ai aussi profité d'une discussion sur l'émergence de la « solution finale » avec Édouard Husson, jeune historien français de l'Allemagne nazie, dont l'excellent travail ne manquera pas d'être bientôt largement connu. J'ai également tiré grand profit, au cours d'un séjour à Fribourg, de discussions avec Gerhard Schreiber, Jürgen Förster et Manfred Kehrig. À tous ces collègues et amis, j'adresse mes sincères remerciements. Ils n'ont naturellement aucune responsabilité dans les erreurs ou lacunes de mon travail.

Une partie du chapitre 2 est parue sous la forme d'une contribution au *Festschrift* de Jeremy Noakes : *Nazism, War and Genocide*, Exeter, 2005, et je sais gré au maître d'œuvre, Neil Gregor, et à l'University of Exeter Press de m'avoir permis de la reprendre ici.

L'incompétence linguistique a constitué une grave insuffisance et une énorme frustration dans mes recherches pour les chapitres sur l'Union soviétique, le Japon, mais aussi, dans une certaine mesure, l'Italie (où le latin et le français m'ont aidé à saisir l'essentiel, sans pour autant me permettre une compréhension en profondeur). Je suis donc très reconnaissant à mon cher ami Constantine Brancovan (alors que j'étais très pressé par le temps) et à Christopher Joyce, qui se sont portés de bonne grâce à mon secours, en traduisant pour moi d'importants documents du russe ; à Darren Dashmore de m'avoir fourni des traductions de certains ouvrages en japonais ; et à Anna Ferrarese d'avoir traduit à la hâte des documents italiens dont j'avais besoin.

Le personnel de la bibliothèque de Sheffield University, et surtout de la section des prêts interuniversitaires, qui ont dû faire face à mes nombreuses demandes, m'ont été, comme toujours, d'une aide aussi amicale qu'efficace. J'ai aussi bénéficié du meilleur service possible au Public record Office (aujourd'hui rebaptisé National Archives), à la British Library et à la London School of Economics Library, au Churchill Centre de Cambridge, au Borthwick Institute de York, à la Birmingham University Library, aux Politisches Archiv des Auswärtigen Amtes de Berlin, aux Bundesarchiv/Militärarchiv de Fribourg et à l'Institut für Zeitgeschichte de Munich.

Je tiens à remercier mes collègues, universitaires ou membres du secrétariat, de l'excellent département d'histoire de l'Université de Sheffield de leur soutien collégial permanent. Tout particulièrement, il m'est très agréable de dire ma gratitude une fois de plus à Beverley Eaton, mon assistante de longue date (et d'une patience à toute épreuve), qui m'a beaucoup aidé à trouver des ouvrages obscurs et confidentiels, mais aussi à régler, avec sa courtoisie et son efficacité légendaires (sinon toujours une patience légendaire), toute une série d'affaires qui eussent autrement accaparé une bonne partie de mon temps. En outre, et ce n'est pas une mince affaire, c'est elle qui s'est chargée de dresser la liste des ouvrages cités.

J'aimerais une fois encore remercier mon agent, le remarquable Andrew Wylie, de son aide et de ses conseils aussi constants que précieux, et la merveilleuse équipe de Penguin, tant à Londres qu'à New York, qui font de la publication à cette enseigne quelque chose de particulier. Je sais gré à Cecilia Mackay de son travail sur les illustrations, et à travers mes éditeurs, Simon Winder, à Londres, et Scott Moyers, à New York, à tous ceux qui sont intervenus dans le processus de publication, même si je leur dois des remerciements particuliers pour leurs encouragements constants et leur critique acérée et vigilante.

Enfin, comme toujours, les derniers remerciements vont aux miens. Sans eux, écrire des livres d'histoire ne me procurerait aucune satisfaction. Mes remerciements les plus profonds – et mon amour, naturellement – vont à Betty, David, Katie, Joe et Ella, ainsi qu'à Stephen, Becky et Sophie pour tout ce qu'ils ont fait et continuent de faire afin de m'aider dans mon travail mais aussi et surtout me redonner sans cesse le sens des priorités.

Ian Kershaw
Manchester/Sheffield, novembre 2006

Dramatis Personae

Seuls sont répertoriés ici les principaux acteurs des grands pays impliqués dans le drame en cours, avec un bref aperçu de leur position et de leur rôle au cours des événements cruciaux de 1940-1941.

GRANDE-BRETAGNE

Attlee, Clement. Chef du parti travailliste à compter de 1935 ; garde du Petit Sceau dans le cabinet de guerre de Churchill.

Cadogan, sir Alexander. Sous-secrétaire permanent au Foreign Office (chef du corps diplomatique).

Chamberlain, Neville. Premier ministre de 1937 jusqu'à sa démission, le 10 mai 1940 ; puis Lord président du conseil et membre du cabinet de guerre, jusqu'à ce qu'une maladie grave l'oblige à quitter le gouvernement (et la direction du parti conservateur), quelques semaines avant sa mort, le 9 novembre 1940.

Churchill, Winston. Nommé Premier ministre le 10 mai 1940 après une décennie de traversée du désert ; assuma également les responsabilités de ministre de la Défense. Chef du parti conservateur après la démission de Chamberlain.

Cripps, sir Stafford. Ambassadeur en Union soviétique à compter de mai 1940.

Gort, lord maréchal, commandant en chef du corps expéditionnaire britannique, qui prit la décision en mai 1940 de se replier sur Dunkerque en vue d'une évacuation.

Greenwood, Arthur. Numéro 2 du parti travailliste depuis 1935 ; ministre sans portefeuille, responsable des affaires économiques dans le cabinet de guerre de Churchill.

Halifax, lord. Secrétaire aux Affaires étrangères à compter de 1938 jusqu'à sa nomination en sa qualité d'ambassadeur de Grande-Bretagne aux États-Unis en janvier 1941.

Lloyd George, David. Ancien Premier ministre (1916-1922), en qui certains (dont lui-même) voyaient en 1940 le probable chef de gouvernement dans le cas d'un accord de paix avec l'Allemagne.

Lothian, lord. Ambassadeur de Grande-Bretagne à Washington ; en novembre 1940, fit connaître aux Américains la fâcheuse situation financière de son pays, encourageant les initiatives qui aboutirent au dispositif du prêt-bail ; décédé le mois suivant.

Sinclair, Archibald. Président du parti libéral parlementaire depuis 1935 ; secrétaire d'État à l'Air dans le gouvernement Churchill ; participa aux délibérations du cabinet de guerre à la fin du mois de mai 1940.

Allemagne

Brauchitsch, maréchal Werner von. Commandant en chef de l'armée de terre de 1938 à décembre 1941.

Dönitz, contre-amiral Karl. Commandant de la flotte allemande de sous-marins.

Eichmann, Adolf. Chef du Bureau des Affaires juives au QG de la Sécurité du Reich ; responsable devant Heydrich de l'organisation de la déportation des Juifs ; dans les faits, « organisateur » de la « solution finale ».

Frank, Hans. Gouverneur général de la Pologne occupée.

Goebbels, Joseph. Ministre des Lumières du Peuple et de la Propagande du Reich depuis mars 1933.

Göring, Hermann. Commandant en chef de la Luftwaffe ; responsable du Plan quadriennal (depuis 1936) ; successeur désigné de Hitler.

Greiser, Arthur. Chef du gouvernement et du parti nazi dans le « Warthegau », la région de Pologne occidentale centrée autour de Posen et annexée au Reich.

Halder, colonel-général Franz. Chef de l'état-major général de l'armée de terre, responsable de l'élaboration de la stratégie.

Heydrich, Reinhard. Directement subordonné à Himmler ; chef du QG de la Sécurité du Reich ; chargé de la mise en œuvre de la « solution finale de la question juive ».

Himmler, Heinrich. Chef des SS depuis 1929 ; nommé chef de la police allemande en 1936 ; en outre, depuis octobre 1939, commissaire du Reich pour la Consolidation de la nationalité allemande (ce qui lui conférait d'amples pouvoirs sur le programme de déplacement de populations en Europe orientale).

Hitler, Adolf. Chef du parti nazi depuis 1921 ; chancelier du Reich (chef du gouvernement allemand) à partir de janvier 1933 ; chef de l'État à compter d'août 1934 ; chef suprême du nouveau Haut Commandement de la Wehrmacht à compter de février 1938 ; à partir de 1939, il ne devait plus être appelé officiellement que par le titre de « Führer » (chef) ; à l'apogée de ses pouvoirs après la victoire sur la France en 1940.

Jodl, général Alfred. En tant que chef de l'état-major opérationnel de la Wehrmacht, responsable de la planification stratégique générale ; principal conseiller de Hitler en matière de stratégie et d'opérations militaires ; loyal envers et contre tout à Hitler.

Keitel, maréchal Wilhelm. Chef du Haut Commandement de la Wehrmacht depuis février 1938, même si, en cette qualité, il était entièrement soumis à Hitler.

Müller, Heinrich. Chef de la Gestapo depuis 1937 ; directement responsable devant Heydrich.

Ott, général Eugen. Ambassadeur à Tokyo depuis 1938.

Raeder, grand amiral Erich. Commandant en chef de la flotte allemande.

Ribbentrop, Joachim von. Ministre des Affaires étrangères du Reich depuis février 1938.

Rosenberg, Alfred. Ministre du Reich pour les Territoires orientaux occupés à partir de juillet 1941.

Schulenburg, comte Friedrich Werner von der. Ambassadeur à Moscou à compter de 1934.

Warlimont, général de division Walter. Chef du département de la Défense nationale à l'état-major opérationnel de la Wehrmacht à partir de novembre 1938 ; directement subordonné à Jodl.

Weizsäcker, Ernst von. Secrétaire général (« secrétaire d'État ») du ministère allemand des Affaires étrangères depuis mars 1938 ; chef du corps diplomatique ; eut des relations tendues avec Ribbentrop.

JAPON

Hirohito. Empereur depuis 1926, date à laquelle il avait succédé à son père, Yoshihito ; symbole déifié de l'ère « Showa », qui signifie « paix illustre ».

Kido Koichi, marquis. En sa qualité de garde du Petit Sceau depuis le 1er juin 1940, plus proche conseiller de Hirohito.

Konoe Fumimaro, prince. Premier ministre, en 1937, quand commença la guerre contre la Chine ; démissionna en janvier 1939, mais fut nommé à nouveau Premier ministre en juillet 1940 ; démissionna à nouveau (pour la forme) avec la totalité de son gouvernement en juillet 1941 ; aussitôt renommé Premier ministre pour la troisième fois ; ultime démission devant l'échec de sa politique, le 16 octobre 1941.

Kurusu Saburo. Ancien ambassadeur en Allemagne, se rendit à Washington en qualité d'émissaire spécial en novembre 1941 pour aider Nomura à étudier les possibilités d'éviter la guerre.

Matsuoka Yosuke. Farouche partisan de l'Axe et fantasque ministre des Affaires étrangères de juillet 1940 à juillet 1941, où il fut acculé à abandonner ses fonctions.

Nagano Osami, amiral. Chef d'état-major de la marine.

Nomura Kichisaburo. Ambassadeur aux États-Unis à partir d'avril 1941.

Oikawa Koshiro, amiral. Ministre de la Marine militaire entre septembre 1940 et octobre 1941.

Oshima Hiroshi. Partisan de l'Axe, ambassadeur en Allemagne, 1938-1939, puis de nouveau en février 1941.

Shimada Shigetaro. Succéda à Oikawa au ministère de la Marine en octobre 1941.

Sugiyama Gen, général. Ministre de l'Armée en 1937, puis chef de l'état-major général de l'armée de terre.

Togo Shigenori. Ancien ambassadeur à Berlin et à Moscou ; nommé ministre des Affaires étrangères du gouvernement Tojo, où il succéda à Toyoda en octobre 1941.

Tojo Hideki, général. Ancien chef d'état-major de l'armée du Guangdong (Kwantung) ; ministre de l'Armée de terre dans le deuxième cabinet de Konoe ; nommé Premier ministre en octobre 1941.

Toyoda Teijiro. Vice-ministre de la Marine en 1940 ; successeur de Matsuoka au ministère des Affaires étrangères entre juillet et octobre 1941.

Yamamoto Isoroku. Ancien vice-ministre de la Marine ; maître d'œuvre du plan de l'attaque contre Pearl Harbor ; chef de la flotte d'attaque.

Yonai Mitsumasa, amiral. Prédécesseur de Konoe au poste de Premier ministre entre janvier et juillet 1940.

Yoshida Zengo, amiral. Ministre de la Marine entre juillet et septembre 1940 (date à laquelle il démissionna pour raisons de santé).

ITALIE

Alfieri, Dino. Ambassadeur à Berlin à partir de mai 1940 ; plus docile envers les dirigeants allemands qu'Attolico.

Attolico, Bernardo. Ambassadeur à Berlin de 1935 jusqu'à ce que ses positions anti-interventionnistes poussent Hitler à demander son rappel à la fin d'avril 1940.

Badoglio, maréchal Pietro. Commanda l'armée italienne victorieuse en Abyssinie en 1935-1936 ; chef du Commandement suprême des forces armées depuis 1925 ; en cette qualité, principal conseiller militaire de Mussolini ; démissionna en décembre 1940 à la suite de la débâcle en Grèce.

Cavagnari, amiral Domenico. Chef d'état-major de la marine, et sous-secrétaire à la Marine jusqu'à son limogeage en décembre 1940.

Ciano, comte Galeazzo. Ministre des Affaires étrangères à compter de 1936 ; époux de la fille de Mussolini, Edda.

Graziani, maréchal Rodolfo. Ancien vice-roi d'Abyssinie ; chef d'état-major de l'armée de terre, 1939-1941 ; commandant italien en Afrique du Nord, 1940-1941.

Jacomoni, Francesco. Gouverneur d'Albanie à compter de 1939.

Mussolini, Benito. Chef du parti fasciste depuis 1919 ; chef du gouvernement depuis 1922 ; de surcroît, maître des forces armées en tant que ministre de la Guerre, de la Marine et de l'Air depuis 1933 ; sa popularité et son emprise sur l'État italien – soutenus par le culte artificiellement entretenu du Duce – sont à leur apogée après la victoire sur l'Abyssinie en 1936 ; dans le domaine des affaires étrangères, cependant, toujours plus dans l'ombre de Hitler à partir de 1940.

Pricolo, général Francesco. Chef d'état-major des forces aériennes, 1939-1941.

Roatta, général Mario. Chef adjoint de l'état-major de l'armée de terre de 1939 à 1941.

Soddu, général Ubaldo. Sous-secrétaire à la Guerre depuis 1939 et chef-adjoint du Commandement suprême des forces armées à partir de juin 1940 ; conseiller militaire le plus écouté de Mussolini ; remplaça Visconti Prasca au poste de commandant en Albanie en novembre 1940 ; mais ses insuffisances eurent tôt fait d'apparaître à l'occasion de la campagne de Grèce ; démissionna pour raisons de santé en janvier 1941.

Victor-Emmanuel III, roi d'Italie. Souverain depuis 1900 ; également empereur d'Abyssinie et roi d'Albanie ; chef de l'État : c'est devant lui, en dernière instance, que Mussolini était responsable (la mise à l'écart de ce dernier et son arrestation en juillet 1943 devaient le montrer).

Visconti Prasca, comte, général Sebastiano. Commandant militaire incompétent de l'Albanie, limogé en novembre 1940 en tant que bouc émissaire, parmi d'autres, de l'échec de l'offensive en Grèce.

États-Unis

Grew, Joseph C. Ambassadeur de longue date au Japon, aussi expérimenté qu'habile ; un des plus farouches partisans des efforts pour désamorcer la crise croissante en 1941.

Hopkins, Harry. Malgré sa grave maladie, très énergique *fixer*, « arrangeur », pour le compte de Roosevelt ; proche du Président, membre de son « cercle rapproché » et parfois investi de missions particulièrement importantes en qualité d'émissaire personnel.

Hornbeck, Stanley K. Principal conseiller de Cordell Hull en Extrême-Orient, et « faucon » déclaré dans ses vues sur la menace japonaise.

Hull, Cordell. Secrétaire d'État depuis 1933 ; très attaché aux principes de l'autodétermination (droit des peuples à disposer d'eux-mêmes) et de la coopération internationale énoncés par le président Woodrow Wilson à la fin de la Première Guerre mondiale, mais de plus en plus tenté par la fermeté au fil des négociations prolongées avec le Japon en 1941.

Ickes, Harold I. Secrétaire à l'Intérieur et farouche interventionniste.

Knox, Frank. Secrétaire à la Marine depuis juin 1940 ; avec Stimson, et un collègue républicain, il prôna une politique de défense plus déterminée que celle à laquelle Roosevelt était prêt.

Marshall, général George C. Chef d'état-major de l'armée de terre depuis 1938 ; excellent organisateur, qui poussa et présida à un énorme et rapide accroissement de l'armée de terre entre le début de la guerre européenne et Pearl Harbor.

Morgenthau, Henry. Secrétaire au Trésor. Farouche partisan de l'aide économique à la Grande-Bretagne ; reçut pour mission d'organiser la production de guerre.

Roosevelt, Franklin D. Accéda à la présidence en janvier 1933 ; réélu en 1936 ; élu à nouveau pour un troisième mandat, fait sans précédent, en novembre 1940 ; essentiellement soucieux de sortir son pays de la crise jusqu'à la fin des années 1930, mais toujours plus inquiet par la suite de la menace allemande et japonaise, il initia ce qui devait être un immense programme d'armements.

Stark, amiral Harold. Chef des opérations navales depuis 1939 ; un des principaux partisans du fait de donner la priorité à l'Atlantique sur le Pacifique.

Steinhardt, Laurence. Ambassadeur en Union soviétique depuis 1939.

Stimson, Henry L. Secrétaire à la Guerre depuis juin 1940 ; vigoureux partisan de l'interventionnisme américain dans la guerre.

Welles, Sumner. Sous-secrétaire d'État et proche de Roosevelt, ce qui se traduisit par un certain antagonisme dans ses relations avec Hull.

Union soviétique

Beria, Lavrenti. Chef du NKVD (police secrète) depuis 1938 ; responsable de la sécurité intérieure.

Dekanozov, Vladimir. Ambassadeur soviétique en Allemagne depuis décembre 1940.

Golikov, général Filip. Chef des renseignements militaires soviétiques.

Joukov, maréchal Gueorgui. Accéda au premier plan en tant que commandant lors du conflit avec les forces japonaises en Mongolie en 1939 ; chef de l'état-major général soviétique depuis janvier 1941.

Maisky, Ivan. Ambassadeur à Londres depuis 1932.

Malenkov, Gueorgui. Bras droit de Staline au secrétariat général du parti communiste, et patron de l'appareil du parti ; après l'invasion allemande, chargé de l'évacuation de la production industrielle vers l'Est et du ravitaillement de l'armée Rouge.

Merkoulov, Vsevolod. Commissaire à la sécurité de l'État (patron du réseau d'espionnage à l'étranger, qui fut séparé en février 1941 du NKVD de Beria et demeura distinct des renseignements militaires).

Mikoyan, Anastase. Membre du « cercle rapproché » de Staline au Politburo, en charge du commerce extérieur.

Molotov, Viatcheslav. Commissaire aux Affaires étrangères depuis mai 1939 et, jusqu'au 5 mai 1941, président du Conseil des Commissaires du Peuple (Premier ministre du gouvernement de l'État).

Oumanski, Constantin. Ambassadeur aux États-Unis depuis 1939.

Staline, Joseph. Secrétaire général du parti communiste ; à compter du 5 mai 1941, président du Conseil des Commissaires du Peuple ; maître suprême incontesté de l'Union soviétique, contrôlant tous les principaux leviers du pouvoir politique et militaire.

Timochenko, maréchal Semion. Commissaire à la Défense depuis mai 1940 ; responsable de l'organisation et de la formation de l'armée Rouge.

Vorochilov, maréchal Kliment. Commissaire à la Défense jusqu'en mai 1940 ; conseiller de longue date de Staline pour les affaires militaires.

Choix fatidiques
Prologue

La Seconde Guerre mondiale a modifié la donne du XXe siècle de telle façon que ces changements nous sont encore sensibles aujourd'hui. Et la forme de cette guerre – la plus épouvantable de l'histoire – procède largement d'un certain nombre de choix fatidiques opérés par les dirigeants des grandes puissances du monde en l'espace de dix-neuf mois à peine, entre mai 1940 et décembre 1941. Ces deux considérations inspirent les chapitres qui suivent.

À mesure que le XXe siècle touchait à sa fin, il était de plus en plus évident que sa période déterminante avait été celle de la Seconde Guerre mondiale. Naturellement, la Première Guerre mondiale fut la « catastrophe originelle[1] ». Elle anéantit des régimes politiques (les empires russe, autrichien et ottoman tombèrent tous trois dans son sillage), ruina des économies et marqua les mentalités d'une empreinte cuisante. Mais les sociétés et structures politiques éminemment instables et fragiles qui émergèrent se révélèrent de courte durée. Vu l'immense coût social, économique et politique de quatre années de carnage apparemment absurdes, la probabilité d'une nouvelle grande conflagration fut toujours présente et celle-ci devint de plus en plus inévitable. À plus d'un titre, la Seconde Guerre mondiale fut manifestement le fruit de l'inachèvement de la Première. Mais ce second grand conflit ne fut pas seulement encore plus sanglant – coûtant jusqu'à cinquante millions de vies, entre quatre et cinq fois le bilan estimé de la guerre de 1914-1918 – et réellement mondial ; il fut aussi plus profond dans ses conséquences à long terme et dans la refonte des structures de pouvoir qu'il entraîna[2].

Tant en Europe qu'en Extrême-Orient, les prétentions antérieures à la puissance – celles de l'Allemagne, de l'Italie et du Japon – s'effondrèrent dans un maelström de destruction. Un mélange de banqueroute nationale et de résurgence des mouvements anticoloniaux coûta à la Grande-Bretagne son empire mondial. La Chine de Mao fut un des principaux légataires de la mort du Japon et des bouleversements de l'Extrême-Orient déchiré par la guerre. Et, par-dessus tout, les deux nouvelles superpuissances, les États-Unis et l'Union soviétique, qui n'étaient encore pas vraiment « super » avant 1939, devaient se tenir désormais en respect avec les arsenaux nucléaires d'une guerre froide qui allait durer jusqu'à la dernière décennie du siècle. La constellation du pouvoir laissée par la Seconde Guerre mondiale ne déboucha point sur un troisième conflit cataclysmique – à la grande surprise et au grand soulagement de maints contemporains des premières années de la guerre froide – mais offrit le cadre de la renaissance, tel un Phénix, du continent européen et de l'Extrême-Orient – avec, fait étonnant, les pays vaincus, à savoir l'Allemagne (tout au moins sa moitié occidentale) et le Japon, jouant le rôle de forces économiques motrices[3]. Ce n'est – pour l'essentiel et contre toute attente – qu'avec la fin pacifique du bloc soviétique, dans les années 1989-1991, que le monde devait entrer dans l'après après-guerre. La Seconde Guerre mondiale avait alors eu un impact immense, durable et déterminant.

La Seconde Guerre mondiale laissa aussi en héritage à l'humanité un néologisme hideux, qui désigne un trait que l'on devait de plus en plus tenir pour une caractéristique essentielle du siècle : le génocide[4]. Et, même si ce fut tristement loin d'être le seul cas dans ce siècle de ténèbres, ce qu'on devait plus tard appeler l'« Holocauste » – l'effort planifié de l'Allemagne nazie pour éliminer onze millions de Juifs dans un projet génocidaire sans précédent dans l'histoire – laissa une marque des plus durables et des plus fondamentales sur les décennies futures. En termes de politique de puissance, le legs de l'Holocauste assura et donna une légitimité à la fondation de l'État d'Israël, soutenue par une bonne partie du monde, mais férocement attaquée par les voisins du nouveau pays qui avaient perdu des terres, et débouchant inévitablement sur des troubles sans fin, voire croissants, au Moyen-Orient, avec d'énormes conséquences pour le reste du monde. Sur le plan des mentalités, le souci sans cesse grandissant de l'Holocauste, à mesure qu'il se perd dans l'histoire, a profondément affecté les vues sur la race, l'appartenance ethnique et le traitement des minorités. Le massacre des Juifs a eu lieu dans le contexte de la Seconde Guerre mondiale. Mais, au-delà du simple contexte, le meurtre des Juifs avait fait intrinsèquement partie de l'effort de guerre allemand. Cette part génocidaire inhérente à la Seconde Guerre mondiale allait contribuer de manière toujours plus importante à façonner la conscience historique au cours des décennies suivantes.

Avant mai 1940, avaient éclaté deux guerres distinctes, sur des continents distincts. La première était l'âpre guerre qui faisait rage en Chine, après l'attaque des Japonais en 1937. La seconde était la guerre européenne qui avait commencé en 1939 avec l'attaque de l'Allemagne contre la Pologne, suivie deux jours après des déclarations de guerre de la Grande-Bretagne et de la France à l'Allemagne. De terribles atrocités – de la part des Japonais en Chine et des Allemands en Pologne – étaient d'ores et déjà devenues des marques caractéristiques des deux guerres. À ce stade, cependant, au printemps 1940, l'offensive génocidaire qui devait bientôt se déployer en Europe orientale appartenait encore à l'avenir. Et bien que la guerre en Extrême-Orient fût d'une importance capitale pour les puissances européennes et les États-Unis, elle restait jusque-là distincte de la guerre européenne, qui elle-même, géographiquement, ne s'étendait pas au-delà de certaines parties de l'Europe centrale et orientale sous la botte nazie (hormis l'Albanie, sous domination italienne depuis l'invasion d'avril 1939). Inversement, la guerre en Europe alerta les Japonais à l'affût des possibilités d'opérer des razzias en Asie orientale aux dépens, surtout, de la première des puissances impériales, la Grande-Bretagne. Mais, les dirigeants japonais l'avaient bien compris, l'expansion présageait une possible épreuve de force, non seulement avec la Grande-Bretagne, mais aussi, plus dangereusement encore, avec les États-Unis. En Europe aussi, la guerre était vouée à s'élargir. À l'automne, Mussolini enflamma les Balkans avec son attaque contre la Grèce. Et à la fin de l'année Hitler avait traduit en directive militaire formelle sa détermination à envahir l'Union soviétique au printemps suivant. Le monde entier se laissait rapidement entraîner dans une seule et gigantesque guerre.

Les chapitres qui suivent examinent un certain nombre de décisions politiques imbriquées ayant eu d'immenses et spectaculaires conséquences militaires, entre mai 1940 et décembre 1941. Ces décisions eurent pour effet de transformer les deux guerres séparées qui se livraient sur des continents différents en une conflagration réellement mondiale : un conflit colossal avec, en son cœur, un génocide et des barbaries sans précédent. Bien entendu, en décembre 1941, la guerre était loin d'être terminée. Nombre de rebondissements devaient encore se produire au cours des hostilités. À l'évidence, d'autres décisions cruciales, quoique essentiellement de nature stratégique et tactique, devaient encore être prises. Et vers la fin de la guerre, alors que la suprématie des Alliés était désormais acquise, le cadre géopolitique du règlement de l'après-guerre – la base de la guerre froide n'allait pas tarder à apparaître – fut mis en place lors des conférences de Yalta et de Potsdam. Mais, au fond, les trois années et demie de guerre restantes n'en allaient pas moins épuiser les conséquences des décisions prises entre mai 1940 et décembre 1941[5]. Ce furent bel et bien des décisions fatidiques : des décisions qui ont changé le monde.

Les choix opérés par les dirigeants de l'Allemagne, de la Grande-Bretagne, de l'Union soviétique, des États-Unis, du Japon et de l'Italie – des pays qui avaient des systèmes politiques très différents et des processus de décision différents (deux fascistes, deux démocratiques, un communiste et un autoritaire et bureaucratique) – se nourrirent les uns des autres et s'entremêlèrent. Comment furent prises ces décisions ? Chaque chapitre s'efforce essentiellement de répondre à cette question. Mais aussitôt surgissent des questions liées. Quelles influences ont pesé sur les responsables de ces décisions ? Dans quelle mesure les décisions ont-elles été pré-élaborées par les bureaucraties ou façonnées par des groupes de pouvoir rivaux au sein des élites dirigeantes[6] ? Qu'en est-il de la rationalité des décisions – et c'étaient des décisions qui signifiaient la *guerre* – au regard des objectifs du régime et à la lumière des renseignements qu'il recevait ? Quel rôle jouèrent les individus au cœur du processus de décision et quelles différences observe-t-on au sein des divers systèmes politiques ? De quelle liberté disposaient les chefs de guerre dans la prise de décision ? À l'inverse, jusqu'où des forces extérieures et impersonnelles ont-elles conditionné et limité ces choix ? Dans quelle mesure la marge de manœuvre dans la prise des décisions diminua-t-elle au fil des mois en question ? Autrement dit, à quel point l'éventail des alternatives s'est-il amenuisé, voire a-t-il disparu, au fil de ces dix-neuf mois ? Et quelles furent les conséquences, à court et à long terme, de ces décisions. Telles sont quelques-unes des considérations qui inspirent les pages qui suivent.

Avec le recul, ce qui s'est produit paraît inexorable. Quand on se penche sur l'histoire des guerres, plus encore peut-être que l'histoire en général, un élan téléologique presque naturel nous conduit à présumer que les choses n'auraient pu tourner autrement qu'elles ne l'ont fait. Le propos de ce livre est précisément de montrer que ce ne fut pas le cas. Dans chaque chapitre, la guerre est abordée comme vue depuis le bureau d'un dirigeant ne disposant que de vagues notions des plans ennemis, dans un avenir ouvert, avec des options à envisager et des décisions à prendre. Une décision suppose qu'il y ait des choix à faire entre diverses solutions disponibles. Pour les acteurs concernés, même les plus idéologiquement engagés (ou aveuglés), il y avait des considérations vitales en jeu, des évaluations cruciales à faire, d'énormes risques à prendre. Il n'y avait pas de voie inexorable à suivre. Dans chaque cas, ce livre se demande donc pourquoi telle option fut retenue de préférence à telle autre, en posant le plus souvent explicitement la question de ce qui aurait pu se produire si un autre choix avait été fait.

Cela ne relève *pas* de ce genre d'histoire contrefactuelle ou virtuelle qui se plaît aux conjectures intellectuelles consistant à sonder l'avenir lointain en projetant ce qui aurait pu se passer si quelque événement n'avait pas eu lieu. Il y a toujours beaucoup trop de variables en jeu pour que cette piste de recherche soit féconde, si fascinante que soit la spéculation. On pourrait néanmoins soutenir en toute équité que les historiens opèrent implicitement avec des contrefactuels à court terme en imaginant d'autres possibilités face à des occurrences ou à des développements immédiats importants. Sans quoi ils seraient bien incapables de mesurer la portée de ce qui est arrivé. Les alternatives évoquées ici sont donc présentées sous la forme non de projections à long terme ou de rêvasseries sur le mode « et si », mais d'autres solutions possibles et réalistes à court terme que celles finalement adoptées. Pour dire les choses autrement, évaluer les options derrière une option particulière aide à expliquer pourquoi, au juste, la décision réelle a été prise.

Dix décisions sont ici étudiées. Trois, vraisemblablement les plus lourdes de conséquences, furent prises par le régime hitlérien : attaquer l'Union soviétique, déclarer la guerre aux États-Unis et exterminer les Juifs. L'examen approfondi de ces décisions est à l'image du rôle prédominant de l'Allemagne en tant que principale force motrice du cours des événements que nous suivons. En tant que puissance dynamique qui déclencha les événements, le Japon ne le cède qu'à l'Allemagne : c'est ce que cherchent à souligner les deux chapitres consacrés aux décisions japonaises. Les décisions foncièrement réactives de la Grande-Bretagne, de l'Union soviétique et, d'une manière différente (avec des conséquences autodestructrices), de l'Italie, ont droit chacune à un chapitre, tandis que le rôle de plus en plus vital des États-Unis en justifie deux. D'autres décisions que celles ici retenues – par exemple, celles de l'Espagne de Franco ou de la France de Vichy de ne pas entrer en guerre aux côtés de l'Axe – furent clairement de moindre importance au regard des décisions capitales étudiées plus loin.

Bien entendu, on pourrait soutenir avec quelque force que le monde de l'après-guerre a été avant tout et surtout façonné par une décision prise presque à la fin, plutôt qu'au début de la Seconde Guerre mondiale : la décision de larguer des bombes atomiques sur les villes japonaises d'Hiroshima et de Nagasaki. En l'occurrence, cependant, une décision antérieure – celle de fabriquer la bombe atomique – avait été nécessaire : et elle remonte, elle aussi, aux mois fatidiques de 1940 et 1941. À la suite de travaux préliminaires et du financement accru de la recherche après la défaite de la France, dans l'été 1940, des hommes de science américains, aidés par les découvertes de physiciens réfugiés en Grande-Bretagne, mirent en place durant l'automne 1941 le cadre de base pour fabriquer une bombe. Malgré l'énormité du coût et l'implication nécessaire d'une multitude de chercheurs américains parmi les plus doués, le président Franklin D. Roosevelt décida de lancer sa construction la veille du jour où les Japonais firent pleuvoir leurs bombes sur les cuirassiers américains ancrés à Pearl Harbor. Sans cette décision, le président Harry S. Truman n'aurait pu disposer de la bombe dans les derniers jours de la guerre, en août 1945[7]. Quand l'ordre fut donné d'engager les recherches sur une bombe atomique, cependant, son utilisation ultime n'était encore qu'une très vague et lointaine perspective.

Chaque décision analysée dans les chapitres qui suivent fut lourde de conséquences pour celle d'après comme pour les suivantes. Alors que l'histoire passe d'un pays à l'autre, les événements et leurs implications s'enchaînent dans une suite logique en même temps qu'on voit se dessiner un ordre chronologique. Le livre commence par la décision de la Grande-Bretagne, en mai 1940, de continuer la guerre. Loin d'être la décision évidente, voire inévitable, qu'on a pu croire au vu de la suite des événements (et de certains travaux historiques convaincants[8]), le cabinet de guerre délibéra sérieusement des choix qui s'offraient à lui trois jours durant, avec un nouveau Premier ministre qui cherchait encore timidement sa voie, une armée britannique qui semblait perdue à Dunkerque, aucune perspective d'aide des États-Unis à très court terme et une invasion allemande qu'on imaginait probable dans un avenir proche. La décision finalement adoptée, celle de ne pas chercher un règlement négocié, eut des conséquences directes et de grande portée pour la Grande-Bretagne, mais aussi pour l'Allemagne.

En fait, cette seule décision mit en danger toute la stratégie de guerre de Hitler. Avec une Grande-Bretagne qui refusait d'entendre raison (de son point de vue), la guerre à l'ouest qui n'était pas terminée, et le spectre encore lointain des États-Unis, mais qui prenait de jour en jour plus d'importance, Hitler se crut obligé dès juillet 1940 d'engager des préparatifs pour risquer une guerre sur deux fronts en envahissant l'Union soviétique dès l'année suivante. Mais ce n'est que six mois plus tard que les plans d'urgence furent transformés en directive concrète de guerre. Entre-temps, aucune voie directe ne menait à la guerre russe. Hitler lui-même paraissait hésitant et incertain. Dans l'intermède furent explorées, et finalement rejetées, toute une gamme de possibilités stratégiques. Le chapitre 2 porte sur les options envisagées durant l'été et l'automne 1940, vues dans la perspective de Hitler et évaluées à travers les yeux de ses conseillers.

L'extraordinaire victoire allemande sur la France et l'effondrement qui semblait probable de la Grande-Bretagne alertèrent les dirigeants japonais : c'était le moment ou jamais de saisir leurs chances d'expansion en Asie du Sud-Est. Dans le chapitre 3, on change donc de scène pour se transporter en Extrême-Orient et examiner la décision d'une percée méridionale qui faisait inévitablement courir le risque d'un conflit avec les États-Unis et laissait ainsi prévoir la route menant à Pearl Harbor qui allait être choisie l'année suivante.

La rapidité de la chute de la France eut aussi des conséquences immédiates de grande ampleur en Europe. Le chapitre 4 examine les choix auxquels se trouvèrent confrontés les dirigeants italiens quand Mussolini exploita la destruction de la France pour lancer son pays dans la guerre puis plongea les Balkans dans le tumulte avec sa désastreuse décision d'attaquer la Grèce. La position cruciale des États-Unis est l'objet du chapitre 5 : il montre Roosevelt marchant sur une corde raide entre une opinion isolationniste et des pressions interventionnistes, et sa décision, dans l'intérêt même des États-Unis, non seulement d'aider la Grande-Bretagne par tous les moyens possibles, sans aller jusqu'à la guerre, mais aussi de préparer le plus vite possible l'engagement direct de son pays dans le conflit.

Suit un chapitre qui traite de l'un des épisodes les plus intrigants de la guerre, avec des conséquences qui faillirent être fatales à l'Union soviétique : la décision de Staline de passer outre aux avertissements et aux conclusions explicites de ses propres services secrets quant à l'imminence de l'invasion allemande, laissant ainsi son pays démuni et en plein désarroi quand l'offensive fut déclenchée, le 22 juin 1941.

Dès lors, la route de la guerre mondiale était courte, mais elle ne devait pas aller sans d'autres détours. Le chapitre 7 examine la décision de l'administration américaine de livrer par provocation dans l'Atlantique une « guerre non déclarée », profitant du peu d'empressement de Hitler à décider des représailles alors qu'il était aux prises avec la Russie. Suit, dans le chapitre 8, l'examen de l'extraordinaire décision du Japon d'attaquer les États-Unis tout en mesurant pleinement l'immensité des risques et en sachant que les chances à long terme d'une victoire finale étaient faibles s'il ne triomphait pas par un K.-O. immédiat et sans appel. Ce choix eut un impact causal direct sur la décision de Hitler de déclarer la guerre aux États-Unis, prise au lendemain même de Pearl Harbor et longtemps considérée comme l'une des plus étranges de la Seconde Guerre mondiale. Avec cette décision, étudiée au chapitre 9, le monde s'embrasa.

Mais une autre décision – ou série de décisions –, d'une nature différente quoique inextricablement liée à la guerre elle-même au point d'en faire intrinsèquement partie, reste à examiner : la décision progressivement mais inexorablement mûrie au fil de l'été et de l'automne 1941 de tuer les Juifs. Le dernier chapitre porte donc sur la transformation complexe d'actions génocidaires partielles et limitées en un génocide total : un processus dans lequel s'imbriquent des impulsions venues du centre du régime nazi et de ses agents « sur le terrain » dans les champs de carnage de l'Europe de l'Est, qui commença dans les premiers mois de 1942 pour déboucher sur la « solution finale » proprement dite.

À la fin de 1941, dix-neuf mois après le lancement de l'offensive allemande en Europe occidentale, le conflit était devenu mondial et génocidaire. À ce stade, l'issue de la guerre ne tenait qu'à un fil. Certes, la progression des Allemands avait été stoppée par la première grande contre-offensive soviétique. Mais la Wehrmacht résistait à ce que l'armée Rouge et le féroce hiver russe pouvaient lui infliger de pire (pour l'heure) et n'allait pas tarder à reprendre des forces, sur le point de faire deux autres grandes incursions jusqu'à l'automne 1942. Dans l'Atlantique, les sous-marins allemands devaient rencontrer des succès sans précédent durant la première moitié de 1942. Il sembla un temps que les Alliés étaient en train de perdre la guerre en mer. En Europe et en Extrême-Orient, les puissances de l'Axe avaient encore des ressources économiques vitales à portée de main[9]. Et pour la plus grande contrariété permanente de Staline, les Anglo-Américains étaient encore loin de tenir leur promesse d'ouvrir un second front. Restait à convertir la pleine puissance des moyens industriels des États-Unis en arsenal assez important pour vaincre aussi bien l'Allemagne que le Japon. Entre-temps, les forces japonaises avaient accompli des progrès foudroyants en Extrême-Orient ; en février 1942, elles devaient s'emparer de Singapour, longtemps considérée comme un bastion britannique en Asie du Sud-Est. La voie de la conquête de l'Inde, le cœur de l'Empire britannique, semblait dégagée. Les puissances de l'Axe semblaient encore sur la pente ascendante. C'est avec le recul seulement qu'on peut voir que leur pari colossal était déjà sur le point d'échouer et qu'elles avaient présumé de leurs capacités. Avec l'engagement désormais total des États-Unis dans la lutte, l'extraordinaire ténacité de l'Union soviétique et la dernière grande manifestation de résilience de la Grande-Bretagne et de l'Empire britannique, leur défaite finale allait être progressivement assurée[10].

Mais la voie restait longue et sinueuse pour en arriver au suicide de Hitler, rapidement suivi par la capitulation d'une Allemagne dévastée et par l'écrasement et la soumission du Japon impérial. La guerre devait coûter encore des millions de vies et opérer des ravages d'une ampleur encore jamais vue dans l'histoire. La fin était lointaine. Mais la voie qui y menait avait été tracée par les choix fatidiques effectués en 1940 et 1941.

1

Londres, printemps 1940
La Grande-Bretagne décide de poursuivre le combat

> Le P[remier] m[inistre] a réprouvé tout geste en direction de Musso. Il n'était pas pensable que Hitler consentît à des conditions que nous pourrions accepter, quoique, si nous pouvions sortir de ce pétrin en abandonnant Malte et Gibraltar et quelques colonies africaines, il sauterait dessus. Mais la seule voie sûre était de convaincre Hitler qu'il ne pourrait pas nous battre [...]. Halifax a plaidé qu'il n'y avait pas de mal à sonder Musso et à voir ce qu'il en sortirait. Si les conditions étaient impossibles, nous pourrions toujours les rejeter.
>
> Journal de Neville Chamberlain, 26 mai 1940

« Les générations futures jugeront peut-être digne d'être noté que la question suprême de savoir si nous devions continuer le combat seuls n'a jamais été inscrite à l'ordre du jour du cabinet de guerre. La chose allait de soi et était une évidence pour les hommes de tous les secteurs de l'État, au demeurant bien trop occupés pour perdre du temps sur des problèmes académiques aussi irréels[1]. » C'est ce qu'écrivait Winston Churchill dans ses Mémoires de la Seconde Guerre mondiale. Ceux-ci marquèrent en profondeur la vision qu'on devait avoir de la guerre et contribuèrent largement à façonner le mythe selon lequel la Grande-Bretagne, seule, dans l'adversité, mais forte d'une volonté indomptable, n'avait pas flanché un seul instant dans sa détermination à poursuivre la lutte contre une Allemagne puissante et triomphante qui incarnait une menace imminente. Il est généralement difficile, sachant la fin, d'éviter de réécrire l'histoire rétrospectivement. Compte tenu de la force du récit de Churchill et du rôle unique que celui-ci joua, il est particulièrement malaisé d'ignorer la suite : le défi national incarné dans la grandiose rhétorique de ses discours de l'été 1940, la victoire de la « Bataille d'Angleterre », les « mains tendues d'outre-Atlantique » avec l'aide toujours croissante de l'Amérique. Mais Churchill était bien placé pour savoir qu'il n'en était pas allé ainsi dans les jours les plus noirs de mai 1940. L'histoire vue « de devant » plutôt que « de dos » révèle parfois des surprises. En tout état de cause elle est souvent moins tranchée, plus « embrouillée » ou confuse qu'elle ne le semble après coup. Et il en fut bien ainsi au milieu du mois de mai 1940.

C'était un temps d'angoisses profondes. Le corps expéditionnaire britannique du nord de la France et de Belgique semblait perdu ; jadis puissante, l'armée française chancelait sous le choc de l'offensive allemande ; il n'existait aucune possibilité d'aide immédiate des États-Unis ou, en un sens direct et immédiat, de l'Empire d'outre-mer, tandis que les défenses étaient fragiles face à une menace d'invasion qui se précisait de jour en jour. Dans ces conditions, il eût été extraordinaire que le gouvernement britannique jugeât « irréelle » et « académique » au point de ne pas mériter une discussion la question de savoir si le pays pouvait ou devait combattre. En vérité, et bien que Churchill n'y ait pas fait la moindre allusion, cette question fit précisément l'objet de la plus grave et longue délibération du cabinet de guerre : la Grande-Bretagne devait-elle continuer le combat ou, au contraire, reconnaître que, dans la mauvaise passe qui était la sienne, la meilleure solution était d'explorer les conditions qu'elle pourrait obtenir pour parvenir à un règlement[2] ? Tel était le choix fatidique auquel furent confrontés les dirigeants britanniques lors de trois journées cruciales de la fin du mois de mai 1940. L'issue fut lourde de conséquences non seulement pour la Grande-Bretagne, mais aussi pour le cours général de la guerre au fil des années suivantes.

I

Le fait de comprendre comment la Grande-Bretagne se retrouva en si fâcheuse posture que la question se posa de savoir si elle devait chercher un accord dans une position de grande faiblesse – qui eût été, au fond, tout près d'un aveu de défaite – n'a cessé depuis, bien entendu, de faire l'objet d'examens et d'analyses en profondeur. Dès 1940, un pamphlet qui eut beaucoup d'écho et d'influence, *Guilty Men* (*Les Coupables*), rejetait carrément le blâme sur les membres du gouvernement britannique, qui avaient choisi la voie dangereuse, et en définitive suicidaire, de l'apaisement avec Hitler dans les années 1930[3]. Les principaux coupables désignés étaient l'austère, guindé mais vif et incisif Neville Chamberlain, Premier ministre entre mai 1937 et mai 1940, mais aussi le très grand et pour le moins dénué d'humour secrétaire aux Affaires étrangères, lord Halifax, ancien vice-roi des Indes et diplomate chevronné, surnommé « Holy Fox » en raison de sa grande piété et de sa ferveur pour la chasse au renard, et qui conserva son poste dans le gouvernement Churchill. L'histoire ne leur a jamais pardonné. La honte de « Munich » en 1938, quand la Grande-Bretagne et son allié français s'inclinèrent devant Hitler, le laissant rudoyer la Tchécoslovaquie et mettre la main sur une bonne partie du pays, est demeurée à jamais associée à Chamberlain. On oublie souvent par commodité que l'apaisement, jusqu'à Munich, avait été très populaire en Grande-Bretagne, y compris parmi ceux qui, à la lumière des événements ultérieurs, allaient compter parmi ses principaux détracteurs et ses critiques les plus sévères. En cherchant à apaiser Hitler, le gouvernement britannique commit sans nul doute de graves erreurs de jugement. Reste qu'il faut les situer dans le cadre des problèmes à peine surmontables qui assaillaient la Grande-Bretagne alors qu'on prenait peu à peu conscience du danger croissant représenté par Hitler.

Les problèmes structurels qui minaient la Grande-Bretagne dans l'entre-deux-guerres tournaient autour de la triade étroitement imbriquée de l'économie, de l'Empire et du réarmement. Lorsque les dictateurs se mirent à jouer des muscles, une Grande-Bretagne affaiblie n'était guère en mesure de faire face à leur force croissante.

Au sortir de la Première Guerre mondiale, la Grande-Bretagne était toujours une grande puissance, mais une puissance affaiblie, malgré les apparences. Encore créancière mondiale, avec un encours de prêts à l'Empire et à ses alliés de 1,85 milliard de livres sterling en 1920, ses dettes envers l'Amérique s'élevaient à 4,7 milliards de dollars. C'était un signe du changement du rapport de forces financier qui devait progressivement révéler la dépendance de la Grande-Bretagne envers son cousin transatlantique. Même la Royal Navy, qui restait la première flotte du monde, devait désormais compter avec une future rivale : la flotte en plein essor des États-Unis. Et les difficultés en Inde, en Égypte et, plus près de la métropole, en Irlande, mettaient à rude épreuve des ressources militaires limitées[4]. Avec les dominions du Canada, de l'Australie, de la Nouvelle-Zélande et de l'Afrique du Sud qui donnaient des signes d'indépendance croissante, l'Empire était sur le point de s'écrouler.

L'ampleur des problèmes fut largement dissimulée dans les années 1920, avec la sortie progressive du traumatisme de la guerre malgré de nombreux ballottements. Sous la surface, cependant, tout n'allait pas pour le mieux[5]. Les industries-clés qui avaient formé la base de la prospérité britannique avant la guerre – charbon, fer, acier, chantiers navals, textiles – bataillaient contre le déclin à long terme. Le chômage resta relativement élevé tout au long de la décennie. La Grande-Bretagne importait davantage et exportait moins[6]. Parallèlement à la stagnation et au déclin, il y avait pourtant des signes de décollage de nouvelles industries, et, en dehors des villes et des cités industrielles à bout de souffle, la fin des années 1920 connut une trop brève poussée d'espoir, de confiance et de relative prospérité[7].

Le début de la crise économique mondiale, en 1929, allait rapidement changer tout cela. Elle donna un coup de frein brutal à la croissance économique du monde industriel, déclenchant une vague de misère sociale et de troubles politiques. En Grande-Bretagne, les répercussions du crash boursier de Wall Street, en octobre 1929, inaugurèrent une période de crise politique et de marasme économique durable. Indirectement, cependant, les conséquences mondiales devaient se révéler beaucoup plus menaçantes. En Extrême-Orient, la montée rapide après 1931 du nationalisme, du militarisme et de l'impérialisme japonais et, en Europe, l'essor du nazisme entre 1930 et 1933 furent, en bonne partie, des produits de la crise économique. Tous deux créèrent pour la Grande-Bretagne, elle-même affaiblie économiquement, d'immenses dangers stratégiques qui s'ajoutèrent à la menace potentielle en Méditerranée, pas encore concrétisée, venant de l'Italie de Mussolini.

Les nouvelles puissances autoritaires qui montaient en Europe et en Extrême-Orient – l'Allemagne, l'Italie et le Japon – avaient tout intérêt à défier et à « réviser » (ou renverser) l'ordre international mis en place dans le sillage de la Première Guerre mondiale. Chacune d'elles avait le sentiment, pénétré de rancœur, d'être une « nation déshéritée », bien décidée à obtenir la « place au soleil » à laquelle elle avait droit. Chacune regardait la Grande-Bretagne, la France et les autres puissances impériales et voulait sa part d'empire, la domination politique qui allait de pair avec le statut convoité de grande puissance et l'orgueil national, l'espace économique d'autosuffisance qui, dans une crise fondamentale du capitalisme mettant en évidence les incertitudes et l'iniquité intrinsèque de l'économie marchande internationale, semblait offrir l'unique clé d'une prospérité nationale durable. Il était peu probable que les autres pays offrissent volontiers les acquis territoriaux nécessaires à la formation des nouveaux empires. De même que les anciens, ceux de la Grande-Bretagne et des autres grandes puissances, il faudrait les prendre de force – « par l'épée », ainsi que le répétait Hitler.

Les intérêts de la Grande-Bretagne étaient exactement à l'opposé. En tant que « nation nantie » par excellence, son premier souci était de maintenir son empire mondial. Pour ce faire, il fallait s'en tenir à l'ordre établi après la guerre, et qu'elle avait largement contribué à créer. Il fallait aussi mettre l'accent sur la coopération internationale pour maintenir la sécurité et résoudre par la négociation diplomatique les problèmes qui surgissaient. Par-dessus tout, il fallait faire passer la paix en premier. Des garanties internationales et des accords de désarmement empêcheraient le monde de sombrer une fois de plus dans le carnage de 1914-1918. Le seul souvenir récent et cuisant des millions de morts de la guerre n'en exigeait pas moins.

Du haut de la position d'une puissance mondiale victorieuse, et encore prospère, il n'était pas difficile de faire valoir les exigences d'un nouvel ordre fondé sur les libertés libérales, les accords internationaux et le commerce extérieur. Du point de vue des « nations déshéritées », précisément, ce nouvel ordre était tout à la fois désavantageux et, sur un plan politique, humiliant. Aux yeux d'un nombre croissant de leurs citoyens, la mémoire des morts au champ d'honneur exigeait non pas l'acceptation passive des conditions des vainqueurs, ni la soumission aux règles économiques dressées contre eux, ni la faiblesse qui vient du désarmement, et enfin pas la paix, mais la guerre : pour la gloire nationale, pour acquérir un territoire ou construire une prospérité durable et pour effacer l'humiliation passée et l'injustice présente.

Avec le plus important de ses alliés continentaux, une France saignée par la guerre, et, outre-Atlantique, la nouvelle puissance mondiale montante, les États-Unis, la Grande-Bretagne avait sa vision à elle du règlement de l'après-guerre ; mais l'Italie, le Japon et l'Allemagne voyaient la situation d'un tout autre œil. De plus, le règlement de l'après-guerre – organisé autour du traité de Versailles de 1919 (puis des traités de Saint-Germain et du Trianon) en Europe et du traité de neuf puissances de Washington, en 1922, pour l'Extrême-Orient – paraissait fragile. Le refus des États-Unis d'étayer le règlement de la question européenne en rejoignant la Société des Nations (SDN), mise en place pour assurer la coopération internationale, ne fit rien pour encourager l'optimisme quant à sa longévité. En Extrême-Orient comme en Europe, cependant, le règlement ne s'en imposa pas moins tout au long des années 1920. Le Japon, en tant que membre de la SDN, s'abstint de menacer les intérêts européens et américains en Extrême-Orient et « semblait disposé à respecter les règles occidentales[8] ». Churchill lui-même balayait d'un revers de main l'idée d'une guerre contre le Japon. « Je ne crois pas au moindre risque d'une telle guerre de notre vivant, écrivit-il en décembre 1924. Le Japon est à l'autre bout du monde. Il ne saurait en aucune façon menacer notre sécurité vitale[9]. » En Europe, aussi, il y avait des signes d'amélioration. Le règlement d'après-guerre sortit renforcé du traité de Locarno en 1925, qui fixa par accord international les frontières occidentales du Reich allemand, mais aussi par l'entrée de l'Allemagne dans la SDN l'année suivante. Les deux initiatives avaient pour inspirateur un éminent homme d'État de stature internationale dans les années 1920, le ministre allemand des Affaires étrangères Gustav Stresemann[10]. Mais les apparences étaient trompeuses. La crise de 1929 dissipa cet optimisme. En Extrême-Orient comme en Europe, le règlement de l'après-guerre serait sous peu en lambeaux.

En Extrême-Orient, la faiblesse britannique apparut bientôt avec les premières manifestations de belligérance japonaise : l'occupation de la Mandchourie en 1931 puis les attaques sur Shanghai l'année suivante. Les chefs d'état-major de l'armée britannique firent valoir le danger pesant sur les possessions et les dépendances britanniques, dont l'Inde, l'Australie et la Nouvelle-Zélande. Sir Robert Vansittart, le puissant sous-secrétaire permanent au Foreign Office, observa au début de 1932 que « nous sommes incapables de tenir le Japon en échec s'il entend réellement faire des affaires », par quoi il voulait dite que « nous finirons par nous faire démolir en Extrême-Orient à moins que les États-Unis ne soient finalement prêts à employer la force[11] ». Les États-Unis ne l'étaient pas : ils se livraient à des dénonciations largement contre-productives des actions japonaises, mais guère plus. En fait, la politique britannique favorisait le Japon plutôt que la Chine tout en essayant de réaliser la quadrature du cercle en donnant satisfaction aux Chinois et aux Américains sans indisposer les Japonais et en défendant la SDN[12]. Au début de 1934, alors que la Grande-Bretagne était encore dans les affres d'une crise économique grave, imposant de sévères contraintes aux dépenses militaires (qui, en tout état de cause, se heurtaient à l'obstacle de l'opposition au réarmement dans tous les grands partis politiques comme dans l'opinion publique), le Chancelier de l'échiquier, Neville

Chamberlain, stipula que l'amitié du Japon importait davantage à la Grande-Bretagne que celle des États-Unis, que la bonne volonté de la Chine ou encore les amis de la SDN[13]. La voie de l'apaisement en Extrême-Orient était tracée. À cette époque, le Japon n'était plus membre de la SDN, et il n'était plus possible de feindre d'ignorer un nouveau danger plus proche et plus grave.

Dans la première phase cruciale au cours de laquelle le régime nazi asseyait son contrôle total sur l'Allemagne, les responsables du Foreign Office étaient incapables de se faire une idée claire de Hitler. Était-il le démon de *Mein Kampf*, dont le régime était gage non seulement de troubles diplomatiques mais aussi, en fin de compte, de guerre ? Ou ce brandon allait-il finir par se calmer et devenir un politicien « normal » dans le domaine des affaires étrangères ? Ils essayaient encore d'y voir clair quand Hitler exploita les différends insurmontables entre la Grande-Bretagne et la France sur le réarmement allemand et décida de retirer son pays de la SDN. Comme le Japon en Extrême-Orient, l'Allemagne, qui était la carte la plus rebelle du paquet européen, ne rendait plus même un hommage de pure forme à la doctrine de la sécurité collective de la SDN. Le désarmement, auquel la politique britannique comme l'opinion publique étaient attachées, était mort. Il était clair que l'Allemagne réarmait aussi vite que possible en secret, et on voyait bien que la montée en puissance de l'Allemagne représentait une menace plus grande encore que celle du Japon ou de l'Italie fasciste. En Grande-Bretagne toutefois, la complaisance eut partie liée avec les impératifs financiers et les difficultés politiques qu'il y avait à prôner le réarmement face à une opinion publique hostile. D'où l'inaction, la dérive et une politique d'optimisme délibérée.

L'inertie ne prit fin qu'avec l'annonce allemande en mars 1935, en violation du traité de Versailles, de la création d'une force aérienne et de plans visant la mise sur pied d'une immense armée de terre ; puis ce même mois, de retour d'un séjour à Berlin, le secrétaire aux Affaires étrangères, sir John Simon, et le lord du Petit sceau, Anthony Eden, rapportèrent une nouvelle renversante, à savoir que la flotte aérienne allemande était déjà au même niveau que celle de la Grande-Bretagne.

Hitler avait à dessein exagéré. Mais le choc fut tangible à Whitehall, puis dans l'ensemble de l'opinion quand la nouvelle se répandit. L'urgence du réarmement – que Churchill et une ou deux autres voix isolées et moquées avaient réclamé à grands cris jusque-là – finit par s'imposer, non sans susciter une large opposition dans les milieux travaillistes et libéraux. Il devait en aller ainsi jusqu'en 1938. Dans le domaine des forces aériennes, cependant, désormais reconnues comme la clé de la force militaire et le point sur lequel la menace ennemie était la plus meurtrière, il faudrait des années pour rattraper le temps perdu, si tant est que ce fût possible. Telle était la faiblesse sous-jacente à l'essai d'apaisement vis-à-vis de Hitler.

Mise à mal par ses engagements mondiaux, et s'efforçant de sortir d'une dépression économique durable, la Grande-Bretagne, cela devenait de plus en plus évident, ne pouvait égaler, et encore moins dépasser, la puissance militaire allemande. Il devint tout aussi évident que la Grande-Bretagne serait confrontée à quelques années de là seulement à la perspective d'une nouvelle guerre avec l'Allemagne. Mais on voyait bien que les forces armées britanniques ne seraient pas en position de livrer une telle guerre tant que n'aurait pas été engagé un programme d'armement sur de longues années ; pas avant 1942, peut-être[14]. Et encore la construction d'une force aérienne et le renforcement de la marine se firent-ils au détriment du financement de l'armée de terre (les effets devaient s'en faire sentir en 1940), car les pouvoirs publics s'efforcèrent de maintenir les coûts du réarmement en accord avec les impératifs d'équilibre budgétaire et de reprise économique[15].

Alors qu'était démasquée la faiblesse militaire de la Grande-Bretagne, sa puissance diplomatique essuya un revers calamiteux à la fin de 1935 en essayant, avec son allié français, d'acheter l'agresseur Mussolini aux dépens de sa victime, l'Abyssinie. La Société des Nations ne se remit jamais de la débâcle. En mars 1936, profitant du désarroi diplomatique, Hitler envoya ses troupes en Rhénanie. Avec la remilitarisation de la région, l'Allemagne était désormais plus forte que jamais. Un parlementaire conservateur, Robert Boothby, résuma l'état d'esprit d'une large partie de l'opinion publique mais aussi l'attitude du gouvernement en déclarant : « Personne n'a le sentiment que nous puissions appliquer des mesures très énergiques ou rigoureuses contre l'Allemagne parce qu'elle a déployé des troupes en Rhénanie[16]. » Le secrétaire britannique aux Affaires étrangères, Anthony Eden, limitant sa réponse à une protestation diplomatique, rappela l'objectif pacifique du gouvernement : « C'est l'apaisement de l'Europe dans son ensemble que nous ne perdons jamais de vue[17]. » Trois mois plus tard, début juillet 1936, le cabinet reconnut que la Grande-Bretagne ne pouvait rien faire pour aider l'Europe orientale et que seul l'usage de la force contre l'Empire ou des parties de l'Europe occidentale susciterait une réplique[18].

Quand il remplaça Stanley Baldwin au poste de Premier ministre en mai 1937, Neville Chamberlain hérita d'une politique étrangère façonnée par la confusion, l'incertitude et l'inaction, de plus en plus contrainte à s'accommoder de la faiblesse militaire de la Grande-Bretagne et de son incapacité à faire autre chose que réagir, souvent mollement, au cours des événements déterminé par les dictateurs en Europe. Chamberlain s'efforça alors de regarder en face la réalité crue et d'élaborer une politique concrète sur la base de la reconnaissance de cette faiblesse. Cela passait par des mesures actives pour tenir compte des intérêts allemands, ou pour les « apaiser ». Réaliste en ce qui concerne la Grande-Bretagne, Chamberlain se berçait d'illusions sur les buts allemands. Comme la plupart des observateurs de la scène internationale, il présumait qu'ils n'étaient que des buts nationalistes. Il imaginait, comme beaucoup, que Hitler n'était qu'un représentant extrémiste de revendications territoriales en Europe centrale et orientale qui n'étaient pas totalement illégitimes et que, avec un peu de bonne volonté et des objectifs pacifiques de part et d'autre, on pourrait régler par la négociation. Si les objectifs nationalistes étaient réalisés, croyait-il, la guerre était évitable. Acheter Hitler était le prix de la paix. Dans l'esprit de Chamberlain, c'était un prix qu'il valait la peine de payer.

La saga de 1938, lorsque la crise tchèque culmina avec les allers et retours dramatiques de Chamberlain en Allemagne pour essayer de trouver un règlement avec Hitler et s'acheva fin septembre avec l'accord de Munich, se déroula sur la base de cette prémisse. Qu'il eût été possible de trouver une autre issue à la crise, en dehors de la guerre, est douteux. Mais personne n'essaya. Churchill, dont les attaques visant la politique de défense et la politique extérieure du gouvernement n'avaient cessé de gagner en vigueur depuis le milieu des années 1930, fut le principal avocat d'une « grande alliance » avec la France et l'Union soviétique pour dissuader Hitler et résister par la force, au besoin, à toute agression contre la Tchécoslovaquie (liée par traité aux deux pays). L'idée trouva un large écho à gauche et dans l'opinion publique, mais pas au gouvernement. Pour Chamberlain et son secrétaire aux Affaires étrangères, lord Halifax, la détestation du bolchevisme se mêlait à une méfiance profonde envers les mobiles de Staline et à un mépris pour l'armée Rouge. Ils excluaient toute alliance.

Quand bien même elle aurait pu être montée, on imagine que rien ne serait sorti de la « grande alliance ». Le dictateur soviétique prétendit que ses troupes étaient prêtes à marcher si Hitler déclenchait une invasion. C'était plus du bluff qu'une réelle intention. L'armée Rouge sortie chancelante des purges staliniennes ne s'était aucunement préparée à une action militaire, et son passage à travers la Pologne et la Roumanie aurait très certainement été refusé[19]. À l'Ouest, en tout état de cause, la France cherchait le moyen de se dégager des engagements auxquels elle était tenue par traité envers les Tchèques, tandis que la Grande-Bretagne s'inquiétait de se trouver obligée d'épauler un éventuel engagement français. Chamberlain fut averti que le réarmement était insuffisant pour se lancer dans une grande guerre, et qu'on ne pourrait rien faire militairement pour sauver la Tchécoslovaquie. La guerre, il en était certain, mettrait l'Empire en danger. Les intérêts britanniques en Extrême-Orient étaient déjà menacés par la guerre du Japon contre la Chine, qui ne cessait de s'étendre depuis qu'elle avait commencé l'été précédent. (L'été suivant, un incident initialement mineur à Tientsin, dans le nord de la Chine, déboucha sur des semaines d'impasse entre la Grande-Bretagne et le Japon, au point que Londres, comme le dit lord Halifax, dut reconnaître « qu'il semble que nous ne puissions pas faire grand-chose en Extrême-Orient à moins que les États-Unis ne se joignent à nous[20] ».) En méditerranée, l'Italie fasciste et la probabilité croissante d'une victoire de Franco dans la guerre civile espagnole, qui faisait rage depuis l'été 1936, menaçaient sans cesse davantage la force britannique. Chamberlain laissa entendre par la suite qu'il n'avait pas le choix. La Grande-Bretagne n'était pas prête à la guerre ; elle devait gagner du temps. « De toute façon et quelle que soit l'issue, il est clair comme le jour que s'il nous avait fallu nous battre en 1938 les résultats eussent été bien pires », écrivit-il à l'une de ses sœurs, des mois après que la guerre eut finalement commencé. « Il serait téméraire de prophétiser le verdict de l'histoire, mais si l'on peut avoir accès à toutes les archives, on verra bien que j'ai pris conscience dès le début de notre faiblesse militaire et que j'ai fait de mon mieux pour différer la guerre, à défaut de pouvoir l'éviter[21]. »

Que Chamberlain ait sincèrement cru gagner du temps en cédant une partie de la Tchécoslovaquie à Hitler, ou qu'il ait réellement pensé avoir largement contribué à assurer la « paix pour notre temps » est aujourd'hui encore débattu[22]. On ne saurait non plus savoir avec certitude si l'occasion manquée de combattre Hitler durant l'été 1938 était meilleure que celle de l'année suivante, alors que la guerre était quoi qu'il en soit inéluctable, et si défier Hitler à propos de la Tchécoslovaquie aurait pu entraîner sa chute par un coup d'État. Dans les deux cas il faut très vraisemblablement répondre par la négative, à savoir qu'on ne laissa pas échapper une meilleure chance, et que Hitler n'aurait pas été renversé de l'intérieur. Selon toute probabilité, la Tchécoslovaquie aurait été rapidement submergée, comme le suggéraient les *Kriegspiele*, tandis que la Grande-Bretagne et la France auraient dû s'incliner devant le fait accompli ou auraient été entraînées dans une guerre en étant militairement plus faibles qu'en 1939. Dans un cas comme dans l'autre, le triomphe armé de la puissance allemande était clairement envisageable. L'opposition allemande embryonnaire était-elle suffisamment bien organisée pour agir contre Hitler avant qu'il ne désarme la résistance en terrassant la Tchécoslovaquie sans que les puissances occidentales n'interviennent ? On peut en douter.

Par-delà les conjectures, la vérité est celle que Churchill exprima avec véhémence à la Chambre des communes : à travers l'accord de Munich, « nous avons essuyé une défaite totale et sans mélange[23] », quand bien même elle tenait à une vieille faiblesse militaire et à la reconnaissance trop tardive de la nécessité de réarmer au plus vite – chose dont tous les gouvernements britanniques successifs, et pas seulement celui de Chamberlain, portent la responsabilité. Au moins était-on enfin décidé à accélérer nettement le réarmement. En septembre 1939, la Grande-Bretagne n'était pas encore forte, mais sa position militaire s'était un peu améliorée, par rapport à ce qu'était la force des armes allemandes au moment de Munich.

Du jour où Hitler eut montré ses vraies couleurs en mars 1939 en reniant Munich et en envahissant ce qui restait de la Tchécoslovaquie, le gouvernement britannique comprit que la guerre était inévitable. La garantie donnée à la Pologne, à la fin de ce mois, la rendait effectivement inéluctable en laissant le sort de la Grande-Bretagne entre les mains des Polonais et des Allemands. S'ensuivit inexorablement l'enchaînement des événements du dramatique été 1939. Chamberlain et Halifax acceptèrent tardivement, et à contrecœur, la nécessité d'étudier la possibilité d'une alliance avec Staline. Une fois encore, Hitler les prit de court. Le fameux pacte Hitler-Staline du 23 août 1939 signifiait que la guerre était non seulement inévitable, mais imminente. Elle commença par l'invasion allemande de la Pologne un peu plus d'une semaine après, le 1er septembre 1939. Deux jours plus tard, la Grande-Bretagne et la France déclaraient la guerre à l'Allemagne, transformant le conflit germano-polonais en une guerre européenne générale. Chamberlain s'attendait à un conflit long, tout en étant sûr que la Grande-Bretagne finirait par l'emporter.

Son évaluation se fondait largement sur la supériorité des ressources économiques dont disposait la Grande-Bretagne, et qui ne manqueraient pas de peser dans une guerre prolongée, et sur l'instabilité critique que l'on attribuait à l'économie allemande. Pas grand-chose ne devait entamer cet optimisme foncier au cours des mois d'inaction militaire qui suivirent en Europe occidentale

– et ce jusqu'au printemps 1940 où quelques jours suffirent à le dissiper.

II

Le coup de tonnerre survint finalement le 10 mai 1940. Pour les Alliés occidentaux, la Grande-Bretagne et la France, l'atmosphère lourde et menaçante de la « drôle de guerre » qui durait depuis l'automne 1939 déboucha alors sur la grosse tempête annoncée. Elle couvait depuis un mois, depuis qu'au début avril les troupes de Hitler avaient envahi le Danemark et la Norvège. Ce matin-là, à l'aube, l'artillerie allemande massée sur la frontière belge ouvrit le feu. L'offensive occidentale tant attendue avait commencé.

Progressant à une vitesse étourdissante, violant impitoyablement la neutralité hollandaise et belge, les armées allemandes atteignirent la côte française dans la nuit du 20 mai, après avoir parcouru quelque 240 kilomètres en dix jours. Coupées en deux par la rapidité et l'effet de surprise du « mouvement en tenaille » de l'armée allemande balayant le sud de la Belgique et le nord de la France, les forces alliées désemparées se repliaient sur la côte. Le 24 mai, les derniers espoirs alliés de contre-offensive se révélèrent illusoires. Boulogne tomba entre les mains des Allemands. Calais était assiégée. Le 25 mai, Dunkerque restait le seul port ouvert aux Alliés. Le lendemain, la quasi-totalité du corps expéditionnaire britannique et la majeure partie des troupes françaises encore au combat – soit, au total, près de 340 000 hommes – avaient commencé de se replier sur Dunkerque et ses environs, où ils se retrouvaient coincés entre la mer et le front allemand.

Le destin voulut que le 10 mai, le jour même où Hitler lança son offensive à l'ouest, l'homme qui devait s'affirmer comme l'un de ses plus rudes adversaires, Winston Churchill, prit ses fonctions de Premier ministre du Royaume-Uni de Grande-Bretagne et d'Irlande du Nord. Politiquement, Churchill avait été sur la touche tout au long des années 1930. Malgré sa grande expérience ministérielle, qui remontait à la Première Guerre mondiale, les dirigeants des administrations successives du « Gouvernement national » (arrivé au pouvoir en 1931, au cours de la crise économique, sous la forme d'une coalition des grands partis politiques et dominé par son propre parti, les conservateurs) le jugeaient trop peu fiable et trop indépendant d'esprit pour de hautes fonctions. La gauche se souvenait de lui comme d'un réactionnaire et ne l'aimait pas ; dans son camp, beaucoup le tenaient pour une sorte d'aventurier et de franc-tireur. On n'avait pas oublié sa responsabilité dans le désastre de Gallipoli, au cours de la Grande Guerre. Pas plus qu'on n'avait oublié son inconstance politique passée, quand il avait quitté le parti conservateur et rejoint les libéraux pour retourner au bercail quelques années plus tard. « J'ai retourné ma veste à deux reprises, aurait-il dit par la suite, et lors de ma seconde défection Baldwin [le Premier ministre] m'a nommé Chancelier[24]. » À ce poste, il n'eut pas beaucoup de succès ; ses « années au Trésor », a-t-on soutenu, « furent bel et bien les plus faibles de sa carrière contrastée. Sa gestion financière erratique » – on le croyait trop impatient pour maîtriser les détails minutieux des problèmes financiers – « le discrédita aux yeux des responsables politiques plus posés et laissa le Trésor plus faible pour affronter une période de réelle difficulté économique »[25]. Il semblait avoir apporté une nouvelle preuve de son « incompétence » en s'opposant farouchement, au début des années 1930, à la politique de son parti qui prônait une réforme constitutionnelle limitée en Inde et en soutenant vigoureusement le roi Édouard VIII au cours de la crise de l'abdication, en décembre 1936.

L'idée que, malgré ses multiples talents, on ne pouvait se fier au jugement politique de Churchill, était largement partagée dans les rangs du parti conservateur. Beaucoup eussent souscrit au verdict, formulé en privé, de Stanley Baldwin, alors Premier ministre : « Quand Winston est né, des tas de fées ont fait pleuvoir des cadeaux sur son berceau – imagination, éloquence, zèle, capacité –, puis arriva une fée qui décréta qu'“aucune personne n'a droit à tant de cadeaux”, l'empoigna et le secoua si bien que, malgré tous ces présents, le jugement et la sagesse lui furent refusés[26]. » L'idée qu'on ne pouvait faire confiance à Churchill eut la vie longue au sein de son propre parti. En juillet 1939 encore, les quatre cinquièmes des parlementaires conservateurs sans portefeuille ne voulaient pas de Churchill au gouvernement[27].

Churchill avait bel et bien été un esprit indépendant. Il avait librement usé de ses nombreux contacts, de ses talents rhétoriques et journalistiques, mais aussi de sa position parlementaire pour dénoncer, régulièrement et avec un effet croissant, la politique britannique de défense et de réarmement. Ses avertissements sur la renaissance du danger allemand s'étaient révélés prophétiques. Son implacable hostilité au nazisme, systématique depuis l'accession de Hitler au pouvoir, avait fait de lui un farouche adversaire de l'apaisement, l'un des rares de son parti. Sa condamnation de l'infâme et humiliant accord de Munich avait contrasté vivement avec les malheureuses concessions de Chamberlain aux exigences de Hitler. En mars 1939, après que la destruction par Hitler de ce qui restait de la Tchécoslovaquie eut finit par ouvrir les yeux des Britanniques sur le fait que son objectif n'était pas d'intégrer les Allemands de souche au Grand Reich germanique, mais qu'il était engagé dans une conquête impériale qui faisait de la guerre en Europe une certitude, Churchill avait de nouveau plaidé en vain, comme il l'avait fait au cours de la crise de plus en plus aiguë l'année précédente, pour une « grande alliance » réunissant la Grande-Bretagne et l'Union soviétique ainsi que la France : de son point de vue, c'était la dernière chance d'éviter une nouvelle grande conflagration[28]. Quand, malgré tout ce que les partisans de l'apaisement avaient tenté, la guerre survint néanmoins, il apparut que Churchill avait eu raison. Son retour au pouvoir, à son ancien poste de premier lord de l'Amirauté, le 3 septembre 1939, le jour où la Grande-Bretagne déclara la guerre à l'Allemagne, fut donc bien accueilli dans beaucoup de milieux, jusque chez ses anciens adversaires politiques. Churchill était de retour dans les cercles intérieurs du pouvoir politique. Sa présence semblait rassurer.

Il ne faudrait cependant pas exagérer les assises de Churchill à cette date. Chamberlain gardait solidement les rênes et resta immensément populaire au sein de son parti au cours de ce qu'il appela la « guerre crépusculaire ». Au cours de ces mois, les objectifs de guerre britanniques, en dehors de se débarrasser de Hitler, restèrent indéfinis. On continuait de nourrir l'espoir exagéré que la crise économique intérieure ou une lutte pour le pouvoir fît tomber Hitler. La voie serait alors dégagée, imaginait-on avec optimisme, pour une restauration des frontières et la fin du conflit. Chamberlain était cependant plus réaliste que beaucoup en prévoyant une guerre longue : autour de trois ans, pensait-il. Il doutait d'une victoire franche. Mais il ne croyait pas que Hitler pût gagner à la longue, et il espérait que le peuple allemand le renverserait de l'intérieur quand il en prendrait conscience. Il y avait ceux qui voulaient arrêter le conflit avant qu'il ne commençât vraiment en négociant avec le gouvernement de Hitler. Durant l'automne 1939, Chamberlain reçut des milliers de lettres d'individus souhaitant l'arrêt de la guerre par une paix négociée[29]. S'il n'existait pas de « parti de la paix » à proprement parler, des personnalités disparates – essentiellement des conservateurs, et un certain nombre de pairs du royaume qui avaient de bons contacts avec des gens haut placés – exprimèrent leurs espoirs d'un règlement négocié[30]. Mais le gouvernement se montra peu disposé à suivre cette route ; l'« offre de paix » faite par Hitler le 6 octobre 1939, à la suite de son triomphe en Pologne, fut écartée sans hésitation[31].

Aussi la « sinistre transe » (comme l'appela par la suite le remuant Churchill) de la drôle de guerre se poursuivit-elle au cours des sombres mois de l'hiver[32]. L'étrange optimisme du gouvernement britannique persista : Hitler finirait par être écarté du pouvoir ou serait défait – en tout cas, au bout du compte il ne l'emporterait pas. Mais régnait aussi une gêne de fond, le sentiment que ce calme mystérieux était le prélude d'un gros orage. La prochaine initiative de Hitler, se disait-on, ne tarderait pas. Quand elle survint, en avril 1940, elle consistait à devancer les projets britanniques, dont Churchill avait été l'avocat inlassable, pour miner les eaux scandinaves. Le 4 avril, Chamberlain avait tenté le destin en annonçant qu'en n'envahissant pas la France et la Grande-Bretagne à cette date Hitler avait « raté le bus[33] ». Il ne devait pas tarder à payer la témérité de ses propos. Cinq jours plus tard, les Allemands envahissaient le Danemark et la Norvège. Suivit la désastreuse campagne britannique de Norvège. Churchill en était le principal responsable, mais c'est Chamberlain qui en paya le prix politique. Les couteaux étaient désormais aiguisés pour le Premier ministre qui avait tenté d'apaiser Hitler. Churchill, qui faisait maintenant figure de prophète pour avoir lancé des avertissements en plein désert, avait gagné en stature. Début mai, le parti même de Chamberlain avait largement perdu confiance en lui : il n'était pas le leader dont la Grande-Bretagne avait besoin. Les partis d'opposition étaient intraitables : pas question de travailler avec lui au gouvernement. Le 10 mai, après un vote de confiance qui tourna mal pour lui à la Chambre des communes, il démissionna.

Les deux prétendants à sa succession étaient Churchill et lord Halifax, secrétaire aux Affaires étrangères et, depuis 1937, la personnalité la plus en vue du gouvernement après le Premier ministre. Halifax avait la préférence de Chamberlain. Mais aussi, en privé (puisque officiellement ils n'avaient pas leur mot à dire en la matière), du roi George VI et de la reine Elizabeth. Apparemment, le Parlement aurait lui aussi épaulé Halifax. Pour délicat qu'il fût, le passage probablement nécessaire de la Chambre des lords aux Communes n'aurait pas posé de problèmes insurmontables. Mais Halifax refusa pour des raisons qui ont nourri les spéculations[34]. Très probablement, la profondeur de l'animosité manifestée envers Chamberlain au moment de sa démission amena Halifax à reconnaître que lui non plus n'avait pas le tempérament d'un chef de guerre. Ainsi la voie était-elle dégagée pour Churchill : plus pugnace, plus dynamique, plus déterminé et résolu, quoique plus imprévisible. Il est impossible de dire ce que l'avenir aurait réservé si Halifax avait accepté le poste de Premier ministre qui s'offrait à lui. Mais sans doute sa décision de se retirer à ce stade fut-elle d'une importance considérable pour la poursuite de la guerre par les Britanniques. Le 10 mai au soir, Churchill était Premier ministre. Quelques années plus tard, dans des réflexions où il a peut-être tendance à sur-dramatiser, il décrivit ses émotions : « J'avais enfin autorité pour donner des consignes sur toute la scène. J'avais le sentiment de marcher avec la destinée, et que toute ma vie passée n'avait été qu'un préparatif à cette heure et à cette épreuve[35]. »

L'ampleur de l'épreuve allait rapidement sauter aux yeux car, moins de quinze jours plus tard, le sort même de la France était dans la balance tandis que la totalité du corps expéditionnaire britannique courait le plus grand danger, sur le point d'être fait prisonnier ou détruit. Churchill avait à peine pris ses fonctions qu'il dut affronter la plus grave menace auquel son pays fut exposé de toute sa longue histoire. Le danger imminent contraignit le cabinet de guerre à l'une des décisions les plus capitales que le gouvernement britannique eût jamais prises : ouvrir les canaux menant à une paix négociée avec Hitler ou continuer le combat. Beaucoup, y compris dans les milieux influents, envisageaient, à contrecœur, un règlement négocié fondé sur des conditions de paix honorables qui leur apparaissait comme la seule ligne d'action censée pour la Grande-Bretagne dans une situation aussi grave[36]. L'issue des délibérations du cabinet de guerre était loin d'être évidente alors que le gros de l'armée britannique était échoué sur les plages de Dunkerque.

III

À la lumière des événements ultérieurs, on imagine facilement combien la position de Churchill était mal assurée à la mi-mai 1940. Si elle allait devenir bientôt incontestable, son autorité demeurait fragile. Le 13 mai, sa première apparition à la Chambre des communes en tant que Premier ministre ne suscita guère de ferveur sur les bancs conservateurs. Les hourras du jour, sauf ceux venant de l'opposition, allèrent à Chamberlain, non à Churchill[37]. Le discours que celui-ci prononça ce jour-là, et dans lequel on reconnut par la suite la quintessence de la rhétorique churchillienne, promettant « sang, peine, sueur et larmes » fut froidement accueilli par les conservateurs. La méfiance persistait. D'aucuns estimaient qu'il serait un éphémère Premier ministre[38]. Beaucoup de conservateurs eussent été ravis de voir Chamberlain revenir au pouvoir. Churchill lui-même reconnut que, avec le seul soutien conditionnel de son parti, il ne pouvait se permettre d'indisposer son prédécesseur, qui restait le chef du parti conservateur[39].

Churchill fit entrer au gouvernement un certain nombre de personnalités travaillistes de premier plan, même si, moyennant quelques changements de postes, la plupart des anciens visages restèrent. Le cabinet de guerre marqua une rupture plus radicale. Il fut réduit à cinq membres seulement. Trois étaient conservateurs. Churchill lui-même assuma la responsabilité de ministre de la Défense. Neville Chamberlain reçut le titre de lord président du Conseil, supervisant de fait la politique intérieure. Et lord Halifax conserva le portefeuille des Affaires étrangères. Deux parlementaires travaillistes les rejoignirent. Chef du parti depuis 1935, Clement Attlee, à l'approche de la soixantaine, était un petit homme fringant et peu démonstratif ; chose inhabituelle chez les socialistes, c'était un ancien officier de la Grande Guerre. Il fut nommé lord du Petit sceau. Son adjoint, Arthur Greenwood, était un homme affable de soixante ans originaire du Yorkshire, et comme Churchill un grand amateur d'alcool. Sa brève expérience gouvernementale, juste avant la crise, avait révélé un ministre de la Santé compétent, quoique sans distinction : il devint ministre sans portefeuille. Churchill devait bientôt dominer le cabinet de guerre : contrôlant la défense, sa position en serait considérablement renforcée. Mais ce n'était pas le cas en mai 1940, alors que la crise s'aggravait. Churchill ne pouvait pas imposer sa volonté aux autres membres du cabinet de guerre ni passer outre à leurs choix. Il reconnut sa dépendance, en particulier, vis-à-vis de Chamberlain et de Halifax. Comme Chamberlain l'avait écrit en privé à propos de son successeur, au lendemain de son entrée en fonction : « Je sais qu'il compte sur Halifax et sur moi, et, comme il l'a dit dans une lettre : "Ma voie dépend largement de vous"[40]. »

L'ampleur de la crise à laquelle était confronté le cabinet de guerre de Churchill devint plus évidente à chaque jour qui passait. La rapidité de la progression allemande était à couper le souffle. Tout indiquait qu'une calamité de grande ampleur était en train de se dérouler. L'inquiétude croissait quant au sort de la

France. Parallèlement montait celle, souvent non formulée, que la Grande-Bretagne fût incapable de poursuivre la guerre si son alliée devait tomber. S'il finit par retrouver son calme, Chamberlain exprima précisément cette inquiétude le jour même où commença l'offensive allemande[41]. Quelques jours plus tard, sir Samuel Hoare, membre du cabinet de guerre de Chamberlain mais désormais sur le point de partir en qualité d'ambassadeur de la Grande-Bretagne à Madrid, observa que l'ancien Premier ministre était « totalement K.-O. Tout est fini. Rien à attendre des États-Unis. "Jamais nous ne pourrions sortir notre armée de là, ou si nous y arrivions, ce serait sans aucun matériel"[42] ». L'humeur lugubre ne s'arrêtait pas à Chamberlain. Des observateurs parlaient d'un « climat de panique[43] » et de « défaitisme » dans la haute société londonienne[44], tandis que le général sir Edmund Ironside, chef de l'état-major général impérial, redoutait que l'assaut ne signifiât la « fin de l'Empire britannique[45] ». Le maréchal Hugh Dowding, commandant en chef de la flotte des avions de chasse, déclara le 16 mai que si le pays parvenait à conserver suffisamment d'avions de chasse, et que la marine continuait d'exister, la Grande-Bretagne pourrait poursuivre le combat. Mais si l'on envoyait les chasseurs de l'autre côté de la Manche, comme le voulaient les Français, la défaite de la France serait aussi la défaite finale de la Grande-Bretagne[46]. D'abord réticent à accepter le message que lui fit parvenir le président du Conseil français, Paul Reynaud, le 15 mai – « nous sommes battus » –, Churchill ne pouvait plus douter de l'ampleur de la catastrophe et du désespoir qui régnait à Paris après s'y être rendu, le lendemain, pour y rencontrer les dirigeants français[47]. Le Premier ministre britannique fit un numéro de bravoure, tâchant de convaincre ses hôtes de l'intention de la Grande-Bretagne de combattre jusqu'à ce que les États-Unis vinssent à son aide et que l'Allemagne fût vaincue[48]. À la même époque, cependant, à travers le brouillard de la fumée de son cigare, au cœur de la nuit, il évoqua une « vision apocalyptique de la guerre », se voyant, « du fond du Canada, dirigeant, par-dessus une Angleterre rasée par les bombes explosives, par-dessus une France dont les ruines seront déjà froides, la lutte aérienne du

Nouveau Monde contre l'Ancien dominé par l'Allemagne[49] ». « Français craquent visiblement, et situation épouvantable », nota sir Alex Cadogan, chef du Foreign Office, lorsqu'il entendit Churchill faire le récit de sa visite. Le 21 mai, Cadogan confiait à son journal : « Un miracle peut nous sauver : sans quoi, nous sommes faits[50]. »

Ceux qui n'étaient pas dans le secret des dieux de la grande politique et n'avaient pas accès aux rapports déprimants des chefs militaires – la masse des gens ordinaires – n'étaient pas en position de saisir toute la gravité de la situation[51]. En surface, tout au moins, régnait un calme général. Beaucoup avaient simplement la tête enfouie dans le sable. Chamberlain donna ses impressions sur l'état de l'opinion dans une lettre du 17 mai à sa sœur Hilda : « Le public ne mesure pas le moins du monde la gravité de la situation. Faisant le tour du lac [du St James's Park] aujourd'hui, il était sidérant de voir les gens profiter du soleil en se prélassant sur leurs sièges ou en regardant les petits canetons barboter dans l'eau. Nous allons essayer de leur donner un sentiment un peu plus juste de la réalité, mais il est probable que les événements y pourvoiront mieux que tout ce que nous pouvons imaginer[52]. » La conjecture de Chamberlain était juste. Les ternes reportages de la BBC ou des journaux ne pouvaient masquer la menace que représentait l'avancée des Allemands ni l'incapacité des forces alliées à l'arrêter. Les événements d'outre-Manche suscitaient une vague d'inquiétude très justifiable et qui allait croissant. Sous un calme de surface, les plus flegmatiques ne parvenaient à dissimuler complètement leur inquiétude[53].

La foi de Churchill dans la capacité des Français à tenir bon avait été sérieusement ébranlée par sa visite à Paris, le 16 mai. Une seconde visite, le 22 mai, le laissa momentanément plus optimiste quant aux chances de la contre-offensive qu'il avait vivement recommandée aux Français[54]. Mais d'autres plans devaient être dressés en tenant compte de la possibilité, de la probabilité peut-être, d'un échec. Dans cette éventualité, Churchill, ainsi qu'il l'expliqua au roi le 23 mai au matin, n'avait qu'une seule ligne d'action possible : ordonner au corps expéditionnaire britannique de rentrer au pays. Il devrait alors abandonner sur place toutes ses armes. Il fallait s'attendre à d'immenses pertes en vies humaines[55]. Le 23 mai, à la tombée de la nuit, 250 000 soldats britanniques se trouvèrent pris en tenaille par les Allemands. Calais avait peu de chances de tenir très longtemps et, dans le même temps, les chars allemands fonçaient sur Dunkerque, le dernier port accessible entre des mains alliées.

Quand Hitler visita le QG de son commandant du front ouest, le colonel-général Gerd von Rundstedt, le 24 mai au matin, les panzers formant le fer de lance de l'armée allemande n'étaient pas à plus de vingt-cinq kilomètres au sud de Dunkerque. Après avoir passé en revue la situation militaire avec Rundstedt, Hitler donna l'ordre d'arrêter la progression et de ne pas continuer sur Dunkerque. La décision allait bientôt passer pour l'occasion manquée d'en finir à jamais avec les forces vaincues de l'armée britannique. Tentant de justifier ce qui était à l'évidence une grossière erreur militaire, Hitler laissa entendre par la suite qu'il n'avait pas voulu détruire l'armée britannique, la colonne vertébrale de l'Empire[56]. Ce n'était qu'une justification destinée à sauver la face. En vérité, il ne faisait que suivre les conseils militaires de son commandant en chef, Rundstedt, qui avait voulu préserver ses unités motorisées en vue de la dernière poussée vers le sud, pour conclure la campagne. Loin de vouloir préserver l'armée de terre britannique, Hitler s'était laissé convaincre par Göring, le commandant en chef des forces armées allemandes, que la Luftwaffe l'achèverait[57].

De retour à Londres, le cabinet de guerre se préoccupa du sort des troupes britanniques à Calais, désormais assiégées, mais aussi de la probable capitulation prochaine des Belges. Boulogne était déjà tombée et les dernières troupes britanniques qui s'y trouvaient, un millier d'hommes au total, avaient été évacuées par mer. Churchill était cependant intraitable : les troupes encerclées à Calais devaient continuer de se battre, histoire de retenir les Allemands le plus longtemps possible. Le temps gagné serait précieux, que ce fût pour le projet de contre-offensive (Churchill n'en savait rien alors, mais celui-ci n'avait « jamais été plus qu'un plan sur le papier[58] » et avait déjà été abandonné par les chefs militaires français disposés, dès cette étape, à envisager une capitulation[59]) ou pour l'évacuation de la plus grande partie possible du corps expéditionnaire britannique. Le 24 mai, aucune troupe britannique n'avait encore été envoyée à Dunkerque, où le port continuait de fonctionner, avec d'importantes troupes françaises en garnison[60].

La contre-offensive ne commença jamais. Elle n'était tout simplement pas de l'ordre des choses possibles. On assista plutôt au retrait des troupes britanniques, suivi de malentendus et de récriminations entre Paris et Londres concernant les responsables du fiasco. Sitôt l'offensive définitivement abandonnée, le 25 au soir, et alors que la capitulation belge était imminente, le commandant du corps expéditionnaire britannique, le général lord Gort, décida de son propre chef (il reçut ensuite l'aval de Londres) de se retirer sur la côte, de former une tête de pont autour de Dunkerque et de chercher à évacuer autant de troupes que possible. Dunkerque était un nom peu connu des Britanniques à cette date. Il devait être très vite sur toutes les lèvres.

Pour le cabinet de guerre, il fallait compter sur la chute de plus en plus probable de la France, et avec elle sur la probabilité de perdre la très grande majorité des troupes britanniques dans l'encerclement allemand. Le général Ironside, il est vrai enclin au pessimisme, écrivit le 23 mai d'un ton lugubre : « Je ne vois pas que nous ayons grand espoir de tirer de là le C[orps] E[xpéditionnaire] B[ritannique][61]. » Deux jours plus tard, il croyait encore possible de n'évacuer qu'une « infime proportion » de l'armée. Quant au matériel, dont on manquait si cruellement, il faudrait l'abandonner en totalité[62]. Le commandant britannique, le général lord Gort, reconnut qu'« une grande partie du corps expéditionnaire britannique et de son équipement sera inévitablement perdue, et cela même dans la meilleure hypothèse[63] ». Le 26 mai, le jour où fut ordonnée l'évacuation de Dunkerque, l'« Opération dynamo », il ne fut question que de sauver 45 000 hommes[64]. La perte de la quasi-totalité du corps expéditionnaire britannique eût été une perte terrible[65]. Il n'y avait pas vraiment d'armée au pays prête à le remplacer. Il n'y aurait pas eu grand-chose pour parer une invasion allemande qui, indiquaient les renseignements britanniques, pouvait être imminente[66]. Dans des circonstances aussi lugubres, il n'était guère étonnant que certains esprits fussent occupés par les options auxquelles serait confrontée la Grande-Bretagne si le pire arrivait.

IV

À Londres comme à Paris, l'Italie était pour beaucoup le dernier espoir. Il ne valait pas la peine de miser excessivement sur elle, mais il fallait essayer, pensait-on, de tenir au moins l'Italie – encore neutre à ce stade – hors de la guerre. Par-delà cette considération, il y avait l'idée liée mais distincte que l'on pouvait alors persuader Mussolini de jouer les bons offices auprès de son ami Hitler pour aider à éviter un élargissement du conflit et la ruine de l'Europe. Après tout, Mussolini avait pris le parti de la paix en 1938, même si le résultat en avait été la honteuse conférence de Munich. Et l'Italie ne pouvait vraiment se satisfaire de la perspective d'une Europe entièrement dominée par une Allemagne victorieuse. De surcroît, dans tout règlement qu'il pourrait arranger, Mussolini était certain d'obtenir des concessions territoriales significatives pour l'Italie autour de la Méditerranée. On lui agiterait sous les yeux la carotte d'une puissance renforcée, d'un nouveau prestige et d'une prospérité retrouvée pour son pays dans une Europe en paix. Il n'y avait guère d'autres incitations à offrir, voire aucune, au dictateur italien, assurément rien pour tenter de le détourner de la tentation militariste, de la perspective du triomphe dans une guerre qu'il imaginait déjà largement gagnée. Mussolini comprenait les menaces, surtout quand elles s'accompagnaient d'un gros bâton. Mais la suggestion qu'il avait « misé sur le cheval perdant », ou que l'Italie était un poids léger dans un combat de boxe face aux poids lourds qu'étaient les démocraties occidentales, qui sortiraient victorieuses d'un affrontement traînant en longueur[67] – autant d'idées évoquées avant que l'offensive occidentale de Hitler ne mît la France à genoux et n'exposât la Grande-Bretagne à un grave danger –, avait peu de chances de l'impressionner.

Dans ses tractations avec la France comme avec la Grande-Bretagne, Mussolini avait gardé un ton belliciste. Il avait rappelé au président du Conseil Paul Reynaud et à Churchill sa détermination à demeurer politiquement et militairement l'allié de l'Allemagne[68].

Au faîte de la crise, cependant, approcher Mussolini demeurait un ultime recours possible. Édouard Daladier, ministre français de la Défense (et ancien président du Conseil), proposa d'essayer d'« acheter » Mussolini. Il suggéra d'approcher le dictateur italien par l'intermédiaire du président américain, Franklin Delano Roosevelt, pour le prévenir que les Alliés seraient prêts à se pencher sur ses revendications si l'Italie restait à l'écart de la guerre. Il fallait aussi promettre à l'Italie un siège à la conférence de paix comme si elle avait été belligérante. Le Foreign Office donna son accord le 25 mai[69]. L'idée d'« offrir de discuter de la Méditerranée avec l'Italie » avait été soumise la veille au puissant patron du Foreign Office, sir Robert Vansittart, qui avait donné sa bénédiction. Tout comme l'avait donnée son successeur, sir Alexander Cadogan, « si cela repouss[ait] la guerre avec l'Italie de quelques jours[70] ». L'objectif immédiat de l'initiative française et de l'accord britannique était clairement limité : tenir Mussolini à l'écart de la guerre pour gagner du temps. La mention du rôle de l'Italie dans une future conférence de paix indique toutefois que la suggestion allait implicitement au-delà. On ne pensait à rien de moins qu'à une fin négociée du conflit. Mais celle-ci devait impliquer l'Allemagne. Et il allait de soi que, dans toute conférence de paix, Hitler aurait beaucoup à dire.

Dès le 16 mai, Neville Chamberlain avait noté dans son journal que « si les Français s'effondraient, notre seule chance d'éviter la destruction serait que Roosevelt en appelât à un armistice », même s'il estimait peu probable que les Allemands répondissent[71]. Churchill aussi voulait l'aide des Américains, mais pas pour négocier un armistice. Dans la première lettre de ce qui allait devenir une volumineuse correspondance avec le président américain, il adopta le ton du défi. « S'il le faut, nous poursuivrons la guerre seuls », écrivit-il le 15 mai, avant d'ajouter trois jours plus tard : « Nous sommes déterminés à persévérer jusqu'au bout, quelle que puisse être l'issue de la grande bataille qui fait rage en France. » Mais il ne laissa à Roosevelt aucune illusion sur la fâcheuse posture qui serait celle de la Grande-Bretagne en cas de chute de la France. « Si les États-Unis abandonnaient ce pays à son destin, déclara-t-il carrément dans sa deuxième lettre, personne n'aurait le droit de blâmer les responsables s'ils ont fait de leur mieux pour les survivants[72]. » Il s'agissait, tout en ne cachant rien du danger que courait la Grande-Bretagne, d'essayer de pousser Roosevelt à déclarer ouvertement son soutien, dans l'espoir que suivrait une action concrète. Mais la « relation spéciale » tant vantée par la suite n'était pas encore très spéciale à cette époque. Churchill lui-même devait observer à peine quelques jours plus tard, avec une pointe d'amertume, que « les États-Unis ne nous avaient apporté pratiquement aucune aide dans la guerre, et maintenant qu'ils ont pris la mesure du danger, leur attitude a été de vouloir garder tout ce qui nous aiderait pour leur propre défense[73] ».

Roosevelt était cordial, mais refusait de prendre le moindre engagement. Il devait tenir compte de son opinion publique, largement isolationniste. Et il devait se demander si soutenir la Grande-Bretagne à ce tournant critique ne serait pas, pour l'Amérique, soutenir une cause perdue. Car, au faîte de la crise, il n'avait guère d'espoir dans la survie des Britanniques. Le 24 mai, il avait si peu confiance dans la capacité de la Grande-Bretagne à tenir qu'il pensait que le Canada et les dominions devaient presser Churchill d'envoyer la flotte britannique de l'autre côté de l'Atlantique avant que Hitler ne pût inclure sa reddition au nombre de ses conditions de paix[74]. Mais au moins Roosevelt était-il prêt à offrir les moyens de pression dont il disposait (peu de chose, au fond, comme il était à prévoir) pour intercéder auprès de Mussolini au nom des Alliés.

Le jour même où Roosevelt s'efforçait d'amener Churchill à mettre la flotte britannique à l'abri, lord Halifax recommandait au cabinet d'accepter la proposition française d'une médiation du Président pour essayer d'empêcher l'Italie d'entrer en guerre. Il ne croyait pas qu'il en sortirait grand-chose, mais il approuvait les efforts visant à apprendre, *via* Roosevelt, les conditions de l'Italie pour demeurer à l'écart du conflit. Halifax ajouta qu'il pouvait être utile de suggérer par la même occasion à Roosevelt de communiquer à Mussolini l'essentiel de la dernière partie d'une « déclaration que le Premier ministre avait proposé de faire puis avait annulée », à savoir que « les Alliés étaient prêts à prendre en considération les revendications italiennes raisonnables à la fin de la guerre et se réjouiraient de la présence de l'Italie à une conférence de paix au même titre que les belligérants[75] ». Telle était en fait la proposition française émanant de Daladier. Après réflexion, Churchill était revenu sur l'idée d'une telle déclaration à ce tournant critique, mais lui et d'autres membres du cabinet de guerre étaient prêts à approuver la suggestion de Halifax : solliciter l'intercession de Roosevelt non seulement pour tenir les Italiens à l'écart de la guerre, mais aussi pour ouvrir la porte à la participation de Mussolini à une conférence de paix, vraisemblablement à la suite d'un premier armistice du côté britannique aussi bien que français.

Dans les mêmes eaux – la date précise n'est pas claire –, Halifax, qui avait fait part quelques mois plus tôt au cabinet de son sentiment que la Grande-Bretagne ne pourrait pas continuer seule si la France devait faire la paix avec l'Allemagne, rédigea pour Churchill un télégramme destiné à Roosevelt qui, finalement, ne fut pas envoyé. Il revenait à implorer Roosevelt d'intervenir si Hitler, à la suite de la chute de la France, offrait à la Grande-Bretagne des conditions inacceptables, « destructrices de l'indépendance britannique », comme la reddition de la flotte ou des forces aériennes. Roosevelt devait indiquer clairement, dans une sinistre éventualité de ce genre, que cette exigence se « heurterait à la résistance des États-Unis » et que ceux-ci soutiendraient sans réserve la Grande-Bretagne[76]. Probablement le ton suppliant et pessimiste n'était-il pas fait pour plaire à Churchill, qui voulait à tout prix éviter le moindre signe de désespoir. En tout état de cause, il y avait peu d'espoir, même si le télégramme non envoyé montre au moins l'état d'esprit d'un membre important du cabinet britannique.

À la suite de la visite de Paul Reynaud à Londres, le 26 mai, une demande anglo-française fut enfin adressée à Roosevelt. Une telle démarche paraissait préférable à une approche directe de Mussolini, qui aurait pu passer pour un signe de faiblesse[77]. Ce même jour, Roosevelt fit part à Mussolini de sa disposition à jouer les intermédiaires. Il était prêt, précisa-t-il, à faire part aux Alliés des « aspirations italiennes dans la zone méditerranéenne » et garantissait la participation de l'Italie, sur un pied d'égalité avec les puissances belligérantes, dans toute négociation de paix à la fin de la guerre. Le prix en était le consentement de Mussolini à ne pas entrer en guerre. La demande fut rejetée sans cérémonie le lendemain[78].

Entre-temps, cependant, s'était ouverte pour les Alliés une possibilité d'accès plus immédiate et directe aux Italiens. C'est autour de cette possibilité que, trois jours durant, tourna le débat : fallait-il s'enquérir des conditions ou continuer le combat ?

Le 20 mai, dans une conversation avec lord Phillimore, réputé pour ses sympathies fascistes, l'ambassadeur italien à Londres, le comte Giuseppe Bastianini, avait paru enthousiaste quant aux perspectives d'une approche britannique de l'Allemagne par l'intermédiaire de l'Italie. Phillimore transmit dûment le message au Foreign Office : même à ce moment-là, Hitler écouterait Mussolini. Peu après, sir Robert Vansittart fut invité à rencontrer l'attaché de presse de l'ambassade d'Italie, Gabriele Paresci, qui laissa entendre qu'une démarche auprès de l'Italie ne serait pas rejetée[79]. Halifax relaya l'information auprès du cabinet de guerre le 25 mai, signalant que, après consultation du Premier ministre, il « avait été autorisé à aller plus loin ». Pendant ce temps, Vansittart avait été invité à une deuxième entrevue avec Paresci. Halifax suggéra prudemment la ligne à suivre : « Nous sommes aujourd'hui, comme toujours, prêts à engager des discussions avec le gouvernement italien dans l'idée de mettre fin aux difficultés et malentendus qui ont bloqué la voie de l'amitié entre les deux peuples. » Churchill ne souleva aucune objection, du moment que la réunion n'était pas rendue publique[80].

Ce fut un samedi, jour inhabituel pour les entrevues diplomatiques, mais Halifax était soucieux de ne pas perdre de temps au vu d'une situation militaire critique. La situation devenait de plus en plus grave. Les dernières nouvelles étaient mauvaises. Les ultimes espoirs d'une contre-attaque britannique conjointe avec les Français pour retarder l'avancée allemande furent abandonnés ce jour-là. La retraite désespérée sur Dunkerque avait commencé. Les forces allemandes étaient déployées à une quinzaine de kilomètres seulement du port. Les perspectives de l'armée britannique étaient sombres. « Partout règne la confusion la plus complète », nota Cadogan, au cœur du Foreign Office ; « pas de communications ; personne ne sait ce qui se passe, si ce n'est que tout est au plus noir. Boulogne prise, Calais lourdement assiégée. Dunkerque plus ou mois ouverte, et c'est la seule issue pour notre CEB, s'ils parviennent à s'en tirer. En attendant, ils ont peu de vivres et quasiment pas de munitions [...]. Chaque jour qui passe amenuise nos chances[81]. »

Plus tard, dans l'après-midi, Halifax rencontra Bastianini. Si les règles habituelles de prudence du jeu d'escrime diplomatique furent respectées, la réunion ne tarda pas à aller bien au-delà de l'objectif limité de garder l'Italie à l'écart de la guerre. Bastianini élargit le débat lorsqu'il déclara que « Signor Mussolini avait toujours été d'avis que le règlement des problèmes entre l'Italie et tout autre pays devait s'inscrire dans un règlement européen général ». Halifax répondit que dans la construction d'une Europe pacifique « les affaires qui causaient du souci à l'Italie » – langage codé pour désigner ses grandes ambitions territoriales en Méditerranée et en Afrique du Nord – « devaient certainement être discutées dans le cadre d'un règlement européen d'ensemble ». Bastianini voulut savoir si le gouvernement britannique envisageait de discuter de « questions générales » impliquant d'« autres pays » aussi bien que l'Italie et la Grande-Bretagne. Halifax évita de répondre en déclarant qu'il était difficile d'envisager une discussion aussi large tant que la guerre continuait. Mais Bastianini rétorqua que, dès l'instant où une telle discussion serait engagée, « la guerre serait absurde ». Mussolini, poursuivit l'ambassadeur, se souciait de « construire un règlement européen qui ne serait pas simplement un armistice, mais protégerait la paix européenne pour un siècle ». Halifax déclara que le « gouvernement de Sa Majesté avait le même dessein, et que jamais ils ne rechigneraient à étudier toute proposition faite avec autorité qui promît l'instauration d'une Europe sûre et pacifique ». Le secrétaire aux Affaires étrangères consentit quand Bastianini suggéra d'informer Mussolini que « le gouvernement de Sa Majesté n'excluait pas la possibilité de discuter des problèmes plus larges de l'Europe si l'occasion s'en présentait[82] ».

Le lendemain matin, dimanche 26 mai, Halifax s'apprêtait à aller à l'église quand il apprit que Churchill avait convoqué le cabinet de guerre pour la première des trois réunions de la journée à 9 heures du matin, avant la visite de Paul Reynaud. Lors de cette réunion, le secrétaire aux Affaires étrangères rendit compte de sa discussion avec l'ambassadeur d'Italie. Il introduisit ses commentaires en déclarant : « Sur le problème plus large, nous devions regarder en face le fait qu'il ne s'agissait pas tant maintenant d'infliger une défaite complète à l'Allemagne que de sauvegarder l'indépendance de notre Empire, et si possible celle de la France. » Nul ne broncha devant cette manière de suggérer – de façon très réaliste dans des circonstances désespérées – que l'enjeu était la survie, plutôt que la victoire. Le propos de Halifax était une façon de dire implicitement qu'à un moment ou à un autre, sans doute assez rapproché, avec ou – ce qui paraissait de plus en plus probable – sans la France, la Grande-Bretagne devrait négocier la fin de la guerre. Bastianini « avait clairement lancé des coups de sonde sur les chances de notre consentement à une conférence » et indiqué que le désir de Mussolini était d'assurer la paix en Europe. Halifax avait répondu que la paix et la sécurité étaient aussi l'objectif de la Grande-Bretagne et que « nous serions naturellement disposés à étudier toute proposition qui pût y conduire, sous réserve que notre liberté et notre indépendance fussent assurées ». Churchill ne laissa pas passer cela sans y aller de son commentaire. Il rétorqua que la paix et la sécurité pouvaient fort bien être assurées sous la domination allemande de l'Europe : or l'objectif de la Grande-Bretagne était d'« assurer notre liberté et notre indépendance complètes ». Et il s'opposa à « toute négociation qui pourrait conduire à une diminution de nos droits et de notre puissance[83] ». Ce qui ne fermait pas pour autant la porte à toute négociation.

Bastianini avait sollicité une autre entrevue pour faire de nouvelles propositions. Mais Attlee ne rencontra aucune opposition quand il suggéra d'attendre, pour engager de nouvelles délibérations, l'arrivée ce même jour de Paul Reynaud ainsi que le rapport des chefs d'état-major sur les chances qu'avaient les Britanniques de tenir en cas d'effondrement des Français.

Ce rapport, intitulé « Stratégie britannique dans une certaine éventualité » et daté du 25 mai (même si le cabinet de guerre ne devait pas l'examiner en détail avant le 27), étudiait froidement la situation britannique à la suite de la capitulation projetée de la France. Acceptant la perte de la majeure partie du corps expéditionnaire et de tout son équipement, ainsi que l'intervention italienne dans la guerre contre la Grande-Bretagne, mais comptant sur le soutien économique et financier de l'Amérique (et, peut-être, sur son engagement ultime dans les hostilités), le rapport concluait que la supériorité aérienne était le cœur des espoirs de Londres, sans véritables alliés, de résister au cours des tout prochains mois à une possible invasion. Le rapport justifiait donc un optimisme mesuré, fût-ce dans une pareille adversité[84].

Reynaud déjeuna seul avec Churchill le 26 mai. Lorsqu'il rendit compte de leurs discussions au cabinet de guerre, Churchill mentionna, parmi les probables exigences de l'Italie, la neutralisation de Gibraltar et du canal de Suez, la démilitarisation de Malte et la limitation des forces navales en Méditerranée. Il avait dit à Reynaud, à l'en croire, que « nous n'étions disposés à céder sur aucun de ces points. Nous préférerions tomber au combat qu'être asservis à l'Allemagne. En tout état de cause, cependant, nous étions assurés d'avoir de bonnes chances de survivre à l'offensive allemande ». Le cabinet de guerre enchaîna ensuite sur la question de savoir s'il fallait vraiment approcher l'Italie. Halifax y était favorable. Il croyait que la dernière chose que souhaitât Mussolini était bien une Europe sous domination allemande et qu'il aurait à cœur de « persuader Herr Hitler d'adopter une attitude plus raisonnable ». Churchill « doutait qu'il sortît quoi que ce soit d'un rapprochement avec l'Italie », mais abandonna le sujet dans les délibérations ultérieures du cabinet de guerre[85].

Après la deuxième réunion ce jour-là, à 14 heures, Halifax retourna poursuivre les discussions avec Reynaud. Ils furent plus tard rejoints par Churchill, Chamberlain et Attlee. Les pourparlers continuèrent jusqu'au départ de Reynaud, autour de 16 heures 30. Reynaud fit part aux ministres britanniques de son espoir qu'on pourrait trouver « une formule » qui « satisfît l'amour-propre italien dans l'éventualité d'une victoire alliée, à condition que l'Italie n'entre pas en guerre ». Il les informa de la suggestion formulée quelques jours auparavant par l'ambassadeur de France à Rome, André François-Poncet : pour avoir quelque espoir de réussite, les Alliés devaient être prêts à débattre du statut de Gibraltar, de Malte et de Suez, du côté britannique, et de Djibouti et de la Tunisie, du côté français. Reynaud crut avoir frappé Halifax par son argumentation. Le secrétaire britannique aux Affaires étrangères, écrivit-il plus tard, « se dit prêt à suggérer à Mussolini que, dans le cas où l'Italie consentirait à collaborer avec la France et l'Angleterre à l'établissement d'une paix sauvegardant l'indépendance de ces deux pays et fondée sur un règlement juste et durable de toutes les questions européennes, les Alliés seraient disposés à discuter avec lui des revendications de l'Italie en Méditerranée et, en particulier, de celles qui ont trait aux issues de cette mer ». Mais Reynaud reconnut que Churchill était, « par principe, hostile à toute concession envers Mussolini, comme l'étaient Chamberlain – avec quelques réserves – et Attlee[86] ».

Alors que les discussions avec Reynaud se poursuivaient, l'humeur de ceux qui étaient parfaitement au courant des événements dramatiques qui se déroulaient outre-Manche était singulièrement lugubre. Dans son journal, Neville Chamberlain parle du 26 mai comme du « jour le plus noir de tous ». Les forces belges, soumises à des attaques intensives toute la journée, étaient sur le point de s'effondrer. Le roi des Belges, Léopold, se préparait à capituler. Les Français aussi, apprit Cadogan, étaient « dans une très mauvaise passe », et, à en croire le représentant militaire de Churchill à Paris, le général de division sir Edward Spear, « parlaient de capituler ». Le commandant en chef français, le général Maxime Weygand, avait déclaré ne disposer que

« de 50 divisions contre les 150 allemandes. Il se battrait jusqu'au bout s'il en recevait l'ordre, mais ce serait inutile. Paris tomberait dans quelques jours ». Chamberlain n'exagérait pas en parlant d'une « terrible situation pour la France et nous-mêmes, la plus terrible de notre histoire »[87].

Hors des cercles gouvernementaux, d'autres lisaient les augures. La peur d'une invasion allemande allait croissant. Un parlementaire confia à son épouse qu'ils devaient essayer de se procurer des cachets pour se suicider : « En mettant les choses au pire, il y aurait toujours ces deux petits comprimés[88]. »

D'après le récit que fait Chamberlain dans son journal de son entrevue avec Reynaud, le président du Conseil français entendait dissuader l'Italie d'entrer en guerre en accompagnant son appel à Mussolini de concessions territoriales. Il espérait ainsi libérer dix divisions qu'il pourrait lancer dans la défense contre les Allemands. Les ministres britanniques observèrent qu'il était peu probable que cela changeât quoi que ce fût à la situation militaire. Mais Reynaud suggéra que Mussolini avait tout intérêt à sauvegarder l'indépendance italienne dans l'éventualité d'un effondrement français et britannique, ce qui pouvait le prédisposer à accueillir favorablement une proposition de règlement européen. Chamberlain soupçonnait Mussolini de rechercher en fait une conférence à quatre, mais uniquement après la chute de Paris. Churchill signifia clairement son opposition à tout appel au dictateur italien. « Le P[remier] m[inistre] réprouvait tout geste en direction de Musso, nota Chamberlain. Il n'était pas pensable que Hitler consentît à des conditions que nous pourrions accepter, quoique, si nous pouvions nous sortir de ce pétrin en abandonnant Malte, Gibraltar et quelques colonies africaines, il sauterait dessus. Mais la seule voie sûre était de convaincre Hitler qu'il ne pourrait pas nous battre. Nous nous en sortirions mieux sans les Français qu'avec eux s'ils nous associaient à une conférence à laquelle nous ne pourrions participer qu'avec notre cause perdue d'avance. » Halifax n'était pas d'accord, plaidant qu'« il n'y avait pas de mal à sonder Musso et à voir ce qu'il en sortirait. Si les conditions étaient impossibles, nous pourrions toujours les rejeter ». Chamberlain soutint Halifax, mais il eut l'impression qu'Attlee, s'il ne dit pas grand-chose, penchait du côté du Premier ministre. Le désaccord était évident au sein du cabinet de guerre. Les points de vue n'étaient pas encore figés. Chamberlain, tout en apportant son soutien à la proposition de Halifax, était tenté d'approuver l'idée de Churchill que « mieux valait pour nous continuer à combattre dans l'espoir de conserver une force aérienne suffisante pour tenir l'Allemagne en respect en attendant de pouvoir mobiliser d'autres forces, peut-être aux États-Unis ». Et Churchill, quelle que fût sa préférence, n'excluait rien à ce stade. Comme Reynaud s'apprêtait à partir, il déclara que « nous allions essayer de trouver une formule nous permettant d'approcher Musso, mais qu'il nous fallait prendre le temps de réfléchir[89] ».

Après le départ du Français eut lieu, en l'absence du secrétaire du cabinet, une courte « réunion informelle des ministres du cabinet de guerre ». Probablement s'agissait-il d'informer le cinquième membre, Arthur Greenwood, absent des délibérations avec Reynaud, de ce qui s'était dit[90]. Puis le cabinet de guerre se réunit officiellement. Ce fut une « réunion de discussion », nota Halifax. Le Premier ministre était « passablement nerveux, les secrétaires ne cessaient d'entrer avec des messages et l'atmosphère générale ressemblait à celle de la gare de Waterloo : très difficile de faire son boulot[91] ». La discussion, si elle fut un peu décousue, tourna encore autour de la question de savoir s'il fallait ou non approcher Mussolini. Comme tel avait été le cas en présence de Reynaud, les différences furent très clairement incarnées par Churchill et Halifax. Churchill souligna que la Grande-Bretagne possédait encore les moyens de résister, ce qui n'était pas le cas des Français. Il fit aussi valoir que la France avait toute chance de se voir offrir des conditions dignes par l'Allemagne, alors qu'« il n'y avait pas de limite aux conditions que l'Allemagne nous infligerait si elle avait le dessus ». Il se souciait d'éviter de se retrouver « acculé dans une position de faiblesse où nous irions voir Signor Mussolini et l'inviterions à se rendre chez Herr Hitler pour lui demander d'être gentil avec nous ». Halifax, dit-il, attachait « plus d'importance que le Premier ministre à l'opportunité de laisser la France explorer les possibilités d'un équilibre européen », ce qui était une vision des choses un peu optimiste compte tenu des circonstances. Le secrétaire aux Affaires étrangères protesta qu'il n'était pas question de suggérer quelque condition de nature à compromettre l'indépendance britannique. Mais il répéta sa proposition, à savoir qu'un Mussolini alarmé par la perspective d'une hégémonie allemande en Europe pouvait être disposé à rechercher un équilibre des forces. « En tout état de cause, ajouta-t-il, il ne voyait aucun mal à explorer cette piste. » Greenwood ne vit aucune objection à la ligne de Halifax, même s'il imaginait que Mussolini n'avait guère de marge de manœuvre indépendamment de Hitler et pensait que ne tarderaient pas à être présentées des exigences affectant la sécurité britannique. Chamberlain était lui aussi prêt à discuter des exigences italiennes avec Mussolini, mais uniquement si le dirigeant italien était « disposé à collaborer avec nous pour obtenir des conditions favorables », tout en rappelant, avec Reynaud, que serait exigée une offre spécifique, non pas des généralités. Churchill ne voulait pas prendre de décision avant qu'on ne vît comment rapatrier de France une bonne partie de l'armée[92].

Sur ce, Halifax donna lecture du communiqué – convenu avec les Français – à l'adresse des États-Unis et demandant à Roosevelt d'intercéder, puis rendit compte de son entretien de la veille avec Bastianini. Alors que le communiqué ne prêtait pas à controverse, Churchill dit une fois de plus son opposition à toute approche britannique directe de Mussolini. Ce qu'avait suggéré Halifax, dit-il, « laissait entendre que si nous étions prêts à rendre ses colonies à l'Allemagne et à faire certaines concessions en Méditerranée, il était possible de nous tirer de nos difficultés présentes ». De son point de vue, c'était exclu d'avance puisque « les conditions offertes nous empêcheraient certainement de mener à bien notre réarmement ». En ce cas, répliqua Halifax, les conditions seraient rejetées. Churchill répéta son observation précédente, à savoir qu'il fallait montrer à Hitler, qui avait visiblement le dessus, qu'il ne pourrait pas conquérir la Grande-Bretagne. En même temps, indiquent les minutes, « il n'éleva aucune objection à l'idée d'approcher le Signor Mussolini ».

Alors qu'il s'y était jusque-là opposé à tout instant, Churchill ne fermait pas encore la porte à une possible ouverture en direction du leader italien. Son commentaire indiquait à tout le moins qu'il ne se sentait pas alors assez sûr pour imposer sa préférence à ses collègues, en particulier à Halifax.

Sur ce, Greenwood avança un argument de poids. Il prévoyait, comme d'autres, que Mussolini exigerait Malte, Gibraltar et Suez. (Chamberlain pensait qu'il réclamerait sans doute également le Somaliland, le Kenya ou l'Ouganda.) Il ajouta sa certitude que les négociations capoteraient ; « mais Herr Hitler en aurait vent, et cela pourrait avoir un effet dommageable sur notre prestige ». Halifax ajouta que c'était une bonne raison de ne pas entrer dans les détails à l'occasion de cette démarche mais « que si nous en arrivions au point de discuter les conditions d'un règlement général et découvrions que nous pouvons obtenir des conditions qui ne postulaient pas la destruction de notre indépendance, nous serions insensés de ne pas les accepter ». Greenwood observa qu'au moment où les discussions s'engageraient Paris serait probablement tombée et demanda si, dans ces conditions, il y avait la moindre chance que les négociations servissent à quelque chose. Puis la réunion s'acheva sur un ajournement au lendemain. Archibald Sinclair, le secrétaire d'État à l'Air et chef du parti libéral, qui malgré des divergences politiques était un ami de Churchill depuis qu'il avait été son second au cours de la Première Guerre mondiale et avait en outre soutenu sa condamnation des accords de Munich, y fut invité. Halifax fut prié de faire circuler un projet d'éventuelle prise de contact avec l'Italie accompagné d'un compte rendu de sa discussion de la veille avec Bastianini[93].

Le document en question, « Approche suggérée du Signor Mussolini », préparé par Halifax et distribué le 26 mai au cabinet de guerre, résumait la proposition avancée le même jour par Paul Reynaud. Il soulignait la difficulté de la position de Mussolini, au cas où les Allemands assiéraient leur domination en Europe, et rappelait que la Grande-Bretagne et la France se battraient jusqu'au bout pour préserver leur indépendance ; que si Mussolini coopérait « à assurer un règlement de toutes les questions européennes qui garantisse l'indépendance et la sécurité des Alliés », ils chercheraient à tenir compte de ses intérêts ; et que s'il spécifiait secrètement ses désirs précis dans « la solution de certaines questions méditerranéennes », ils essaieraient de les satisfaire[94]. Même si les propositions émanaient apparemment de Reynaud, en pratique elles s'accordaient parfaitement avec l'idée d'une médiation italienne et, jusque dans leur formulation, avec ce que Halifax avait dit, y compris à l'ambassadeur italien, *avant* la visite du président du Conseil français. Autrement dit, les propositions – surtout la troisième, qui ouvrait la perspective d'un règlement général en Europe – étaient au moins en partie de Halifax plus qu'elles n'étaient de Paul Reynaud[95].

Le lendemain, 27 mai, la première des deux réunions du cabinet de guerre devait être surtout occupée par l'effroyable situation militaire[96]. Les forces aériennes allemandes avaient commencé de pilonner les plages de Dunkerque. Autour de la côte du sud de l'Angleterre, improvisées à la hâte, des flottilles de petits navires, de chalutiers, de remorqueurs et de vedettes – tout ce qui pouvait servir – étaient rassemblées et dépêchées pour essayer de contribuer à sauver l'armée échouée[97]. Mais les chances d'une évacuation à grande échelle des troupes du port paraissaient ténues. Quatre divisions britanniques, isolées près de Lille, auraient visiblement le plus grand mal à rejoindre Dunkerque. La Belgique, à l'évidence, était sur le point de se rendre. Plus tard dans la journée, on apprit que le roi Léopold avait demandé l'arrêt des hostilités[98]. L'atmosphère à Whitehall était lugubre. « Vois très peu de lumière partout », griffonna Cadogan après la réunion du cabinet. « Position du CEB épouvantable, et je ne vois aucun espoir pour plus qu'une infime fraction des hommes[99]. » Le secrétaire privé de Churchill, John Coville, avait glané des échos des débats tendus au sein du cabinet, peut-être du fait de quelque indiscrétion du Premier ministre. Observant la peur désormais fondée d'un effondrement français, il ajouta : « Le cabinet s'interroge fébrilement sur notre capacité de poursuivre la guerre seuls dans ces circonstances, et Halifax laisse paraître des signes de défaitisme. Il dit que notre objectif ne saurait plus être d'écraser l'Allemagne, mais plutôt de préserver notre intégrité et notre indépendance[100]. »

La seconde réunion, en fin d'après-midi, porta surtout sur la suggestion de démarche auprès de Mussolini. D'après le journal de Halifax, il y eut une « longue discussion, assez confuse, autour du principe d'une approche de l'Italie, mais aussi plus largement sur la politique générale au cas où les choses tourneraient vraiment mal en France[101] ».

Halifax commença par indiquer que l'ambassadeur de France à Londres, M. Charles Corbin, était venu le voir le matin, sur instruction de Reynaud, pour le presser de faire montre de « précision géographique » dans son approche. Halifax avait fait valoir l'opposition de ses collègues à tout ce qui allait au-delà d'une démarche générale. Le secrétaire aux Affaires étrangères fit état du point de vue de l'ambassadeur de Grande-Bretagne à Rome, sir Percy Loraine, à savoir que « rien de ce que nous pourrions faire n'aurait la moindre valeur à ce stade, pour ce qui concernait Signor Mussolini », mais il voulait tout de même aller de l'avant pour empêcher la France de prétendre ensuite que la Grande-Bretagne n'avait même pas voulu donner une chance à l'engagement des négociations avec l'Italie. Soit, dans le résumé caustique que fit Churchill de cet argument : « Il ne sortirait rien de cette démarche, mais il valait la peine de la faire pour adoucir les relations avec un allié défaillant. »

Sinclair partageait aussi ce sentiment de la futilité d'une démarche auprès de l'Italie. Tout signe de faiblesse serait un encouragement pour les Allemands et les Italiens et saperait le moral au pays comme dans les dominions. « L'idée que nous étions prêts à céder des parcelles du territoire britannique, déclara Sinclair, aurait un effet déplorable et nous rendrait difficile la poursuite du combat désespéré qui nous attendait. » Il pensait que mieux valait attendre l'issue de la tentative de médiation de Roosevelt.

Attlee et Greenwood s'opposèrent aussi à toute démarche anglo-française. Attlee déclara que « l'approche suggérée nous conduirait inéluctablement à demander à Signor Mussolini d'intercéder afin d'obtenir des conditions de paix pour nous ».

Suivre la proposition française de précision géographique pousserait simplement Mussolini à demander davantage ; et si la Grande-Bretagne refusait, elle donnerait l'impression de laisser tomber les Alliés. Greenwood pensait que la démarche « nous mettrait dans notre tort », et s'il venait à se savoir que « nous avions demandé des conditions en contrepartie de la cession d'une partie du territoire britannique, les conséquences seraient terribles ». Conclusion : « Poursuivre l'une ou l'autre de ces démarches serait courir au désastre. »

La ligne de Churchill était la même. Il était « de plus en plus oppressé, avoua-t-il, par la futilité du rapprochement suggéré avec le Signor Mussolini, que celui-ci traiterait certainement par le mépris ». Une pareille approche ruinerait l'intégrité de la position combative de la Grande-Bretagne. Éviter même la précision géographique ne serait d'aucune utilité ; il n'y aurait aucun doute sur les territoires concernés. La meilleure manière d'aider Reynaud, plaida Churchill, était de « lui faire sentir que, quoi qu'il advînt de la France, nous allions combattre jusqu'au bout ».

Churchill se fit plus véhément dans son opposition vigoureuse à la proposition de Halifax :

> Pour l'heure, notre prestige en Europe était au plus bas. La seule manière de le rehausser était de montrer au monde que l'Allemagne ne nous avait pas battus. Si, au bout de deux ou trois mois, nous pouvions montrer que nous n'étions toujours pas battus, notre prestige reviendrait. Quand bien même serions-nous battus, nous ne serions pas plus mal lotis que ce ne serait le cas si nous abandonnions le combat. Évitons donc de nous laisser entraîner sur la pente glissante avec la France. Toute cette manœuvre avait pour but de nous impliquer si profondément dans des négociations que nous serions incapables de faire demi-tour. Nous avions déjà parcouru un long chemin dans notre approche de l'Italie, mais ne laissons pas M. Reynaud nous impliquer dans une situation embrouillée.

« L'approche proposée, conclut Churchill, n'était pas seulement futile, elle nous exposait à un danger mortel. »

Chamberlain se voulut conciliant. S'il était d'accord que l'approche proposée ne servirait à rien, il croyait néanmoins qu'« il fallait poursuivre encore un peu dans ce sens, histoire de ne pas indisposer les Français ». Il était partisan de temporiser en attendant de voir l'issue de l'intervention de Roosevelt. Un accord relatif se fit autour de cette idée. Mais Churchill ne voulait pas en entendre parler pour l'exemple : « Si les choses tournaient au pire, ce ne serait pas mauvais pour ce pays de continuer le combat pour les autres pays terrassés par la tyrannie nazie. »

Halifax, qui s'était tenu tranquille jusque-là, se sentait de plus en plus isolé au sein du cabinet de guerre. Le ton véhément de Churchill le poussa à intervenir : « Il avait conscience, commença le secrétaire aux Affaires étrangères, de différences de points de vue assez profondes. » Il eût été précieux, pensait-il, que le gouvernement français déclarât qu'il se battrait jusqu'au bout pour son indépendance. Par ailleurs, il ne voyait aucune ressemblance entre ce qu'il proposait et la suggestion de « s'enquérir des conditions et de suivre une ligne qui mènerait à la catastrophe ». Il insinua, à juste titre, que Churchill avait changé d'avis depuis la veille, quand il avait déclaré qu'il serait reconnaissant de sortir des difficultés concernant les conditions, du moment qu'elles n'affectaient pas l'indépendance du pays, même s'il fallait en passer par des cessions territoriales. Maintenant, continua Halifax, « le Premier ministre semblait suggérer qu'en aucun cas nous n'envisagerions une autre voie que de combattre jusqu'au bout ». Il reconnut que des conditions acceptables étaient peu probables. Mais s'il se révélait possible de trouver un règlement qui ne nuisît pas aux intérêts fondamentaux de la Grande-Bretagne, il ne pourrait accepter le point de vue de Churchill, et « estimerait juste d'accepter une offre qui sauverait le pays d'une catastrophe évitable ».

Churchill fit la moue. Il y avait peu de chances que le problème se pose. « Si Herr Hitler était disposé à faire la paix moyennant la restauration des colonies allemandes et la suzeraineté de l'Europe centrale, c'était une chose », déclara Churchill dans une hypothétique concession frappante en soi. « Mais, continua-t-il, il était fort peu probable qu'il fît pareille offre. » Sans se laisser dissuader, Halifax esquissa un scénario possible. Le Premier ministre serait-il disposé à discuter de conditions que Hitler, « soucieux de finir la guerre parce que conscient de ses faiblesses intérieures », pourrait offrir à la France et à l'Angleterre ? Derrière la question pointait de nouveau le vieil optimisme déplacé motivé par les problèmes intérieurs présumés de Hitler : une crise économique grave et imminente[102]. Churchill répondit qu'il ne s'associerait pas à la France pour s'en enquérir ; mais qu'il les examinerait si on lui disait en quoi elles consistaient. Chamberlain désamorça une fois de plus l'échange tendu entre le secrétaire aux Affaires étrangères et le Premier ministre. La dispute se conclut sur un accord : la réponse de Churchill à Reynaud se conformerait à la ligne esquissée plus tôt par Chamberlain – ni refus ferme et définitif ni engagement, en attendant l'issue de la démarche de Roosevelt[103].

La discussion avait été plus enflammée que ne le laissent penser les minutes officielles. Halifax nota dans son journal son sentiment que « Winston avait débité les plus effroyables bêtises, et Greenwood également, et qu'après l'avoir supporté un temps », ajoute-t-il, « j'ai dit exactement ce que j'en pensais, ajoutant que si tel était vraiment leur point de vue, et qu'il s'agît bien de cela, nos chemins se sépareraient ». De la part d'un Halifax imperturbable, que rien ne pouvait faire sortir de ses gonds, ces mots, sous-entendant une menace de démission, pesaient leur poids. Après la réunion, il renouvela sa menace en privé à Churchill, mais le Premier ministre s'était alors « radouci », comme dit Halifax, et « débordait d'excuses et de chaleur ». Le choc des personnalités s'était doublé d'un désaccord sur le fond. Le tempérament volcanique de Churchill était l'antithèse de la rationalité froide et instinctive de Halifax. Selon ce dernier, « cela me plonge dans le désespoir de le voir se laisser emporter par la passion et l'émotion quand il devrait faire marcher son cerveau et raisonner[104] ». Halifax convint avec Churchill, et les autres membres du cabinet de guerre, qu'une démarche auprès de Mussolini avait toute chance de ne rien donner. Pour autant, il n'était pas disposé à renoncer. Et ce qu'il n'avait pas encaissé, c'était l'insistance évidente de Churchill à répéter que mieux valait continuer de combattre, même si la Grande-Bretagne devait être ce faisant dévastée, que d'envisager un possible règlement négocié qui pourrait sauver le pays de la catastrophe[105].

À 22 heures, le cabinet de guerre se réunit pour la troisième fois de la journée. Churchill y annonça la sombre nouvelle : la Belgique était sur le point de capituler. Les conséquences, non seulement pour les chances d'une résistance militaire prolongée des Français, mais aussi concernant les perspectives d'évacuation du corps expéditionnaire britannique, étaient extrêmement graves. « Bien entendu, nous ne nous attendions pas à ce que les Belges tiennent indéfiniment, nota Chamberlain dans son journal, mais cet effondrement soudain ouvre notre flanc et rend peu probable qu'une large partie du CEB puisse s'en tirer. Je n'avais guère d'espoir de les sortir de là, mais il existait une chance qui s'est presque évanouie[106]. »

Dans le même temps, il était devenu clair que Roosevelt avait essuyé une rebuffade dans ses velléités d'intercession auprès de Mussolini. En fait, celui-ci n'avait pas même daigné recevoir l'ambassadeur des États-Unis à Rome, qui voulait exposer verbalement le message présidentiel. Il n'y eut pas non plus de réponse. Le mépris avec lequel la démarche fut accueillie n'aurait pu être plus clairement exprimé. Le message de Roosevelt fut transmis à Mussolini par le ministre italien des Affaires étrangères, le comte Galeazzo Ciano, qui prévint tout de suite l'ambassadeur qu'il serait rejeté[107]. « Roosevelt fait fausse route, observa Ciano. Il en faut plus pour dissuader Mussolini. En fait, ce n'est pas qu'il veuille obtenir ceci ou cela ; ce qu'il veut, c'est la guerre, et, même s'il devait obtenir par des moyens pacifiques le double de ce qu'il réclame, il refuserait[108]. »

Le lendemain après-midi 28 mai, quand le cabinet de guerre reprit ses délibérations sur une éventuelle démarche auprès de Mussolini, les ministres britanniques étaient donc au courant du rejet de l'intercession américaine par Mussolini et devaient regarder en face la mauvaise nouvelle de la capitulation belge, intervenue au petit matin. Comme Chamberlain l'avait reconnu, celle-ci avait laissé les troupes britanniques qui se repliaient sur Dunkerque dangereusement exposées. Se livrait maintenant un combat désespéré pour tenir les Allemands à distance assez longtemps afin de poursuivre la retraite. « Les perspectives du CEB paraissent plus noires que jamais », nota Cadogan. « Jours terribles[109] ! » Toute la journée, devait rappeler Churchill plus tard, « la fuite de l'armée britannique demeura en suspens ». Pour nombre de troupes françaises tâchant de rejoindre Dunkerque, il était trop tard. Coupées et encerclées à l'ouest de Lille, elles furent contraintes de se rendre[110].

Les membres du cabinet devaient maintenant se pencher sur la demande adressée par Paris d'une nouvelle démarche anglo-française auprès de Mussolini. Sur une suggestion de Daladier, le Conseil des ministres, réuni dans la soirée et cédant un peu à la panique en apprenant la reddition de la Belgique, avait accepté d'adresser à Rome des propositions concrètes et unilatérales dans un effort désespéré pour tenir l'Italie à l'écart de la guerre. Le gouvernement français avait ensuite réexaminé la question d'une proposition unilatérale et décidé de consulter Londres avant d'entreprendre la moindre démarche[111]. Telle était la proposition maintenant soumise au cabinet de guerre britannique et qui provoqua, comme dit Chamberlain, une « discussion assez vive[112] ».

L'alternative exprimée la veille avec force par Churchill et Halifax resta au premier plan[113]. Halifax avait appris, déclara-t-il, qu'il n'avait accompli aucun progrès dans son entrevue avec Bastianini, trois jours plus tôt, « et que la situation était désespérée ». Mais sir Robert Vansittart, dont l'initiative avait conduit à cette rencontre, avait découvert par la suite que l'ambassade d'Italie avait clairement eu à l'esprit que « nous souhaiterions voir la médiation de l'Italie ». Churchill répliqua aussitôt que les « Français essayaient de nous entraîner sur une pente glissante » en amenant Mussolini à jouer les intermédiaires entre la Grande-Bretagne et Hitler, et qu'« il était résolu à ne pas se mettre dans cette position ». La situation serait très différente, ajouta-t-il, après que l'Allemagne aurait tenté sans succès d'envahir la Grande-Bretagne.

Chamberlain se rapprochait de la position de Churchill, même si, à la différence du Premier ministre, il voyait dans la poursuite de la guerre non pas le chemin vers une victoire ultime mais une base pour trouver une meilleure paix de compromis[114]. Jugeant en son for intérieur la proposition française « dérisoire en soi et inopportune[115] », il fit valoir à ses collègues du cabinet que toute concession à l'Italie, comme Malte et Gibraltar, ne pouvait que faire partie d'un règlement général avec l'Allemagne. Des concessions à l'Italie qui laissaient l'Allemagne dans la guerre n'auraient aucune valeur pour la Grande-Bretagne. Greenwood et Sinclair partageaient le scepticisme de Chamberlain au sujet de conditions acceptables qui viendraient d'une médiation de Mussolini. Halifax n'en disconvint pas et, dans son journal, conclut à la futilité de toute nouvelle démarche auprès du dictateur italien[116]. Mais, même si l'« hypothèse était des plus improbables », il répéta au cabinet sa suggestion de la veille, à savoir que si Mussolini « souhaitait jouer le rôle de médiateur, et qu'il pût produire des conditions qui n'affecteraient pas notre indépendance, il croyait que nous devrions être prêts à examiner ces conditions ». Il suggéra ensuite que la Grande-Bretagne « pourrait sans doute obtenir de meilleures conditions avant que la France ne sortît de la guerre et que nos usines d'avions ne fussent bombardées que ce ne serait possible dans trois mois ».

Sur ce, Churchill lut un projet de réponse à Reynaud, exprimant ses vues personnelles[117]. Il était clair, à ses yeux, que Reynaud voulait se servir de la médiation de Mussolini « pour nous amener à la table de négociation avec Herr Hitler ». Or, si la Grande-Bretagne engageait un jour des négociations, « nous nous apercevrions alors que les conditions offertes toucheraient notre indépendance et notre intégrité. Et quand, à ce moment-là, nous nous lèverions pour quitter la table de conférence, nous découvririons que toutes les forces de résolution maintenant à notre disposition se seraient évanouies ». Chamberlain, toujours plus en harmonie avec le Premier ministre, exprima son accord avec le projet de Churchill tout en suggérant d'amender certaines formulations pour rendre le texte plus acceptable aux Français. Pour l'essentiel, cependant, sa position suivait la ligne tracée par Churchill, à savoir que la Grande-Bretagne pensait pouvoir tenir et, en ce cas, obtiendrait de meilleures conditions que si elle s'engageait dans des négociations avec Mussolini dans une position de faiblesse.

Le cabinet de guerre penchant nettement à présent de son côté, Churchill revint avec force au fond de son propos : « Signor Mussolini, commença-t-il, s'il intervenait en qualité de médiateur, prélèverait sa part sur nous. Il est inimaginable que Herr Hitler soit assez insensé pour nous permettre de continuer à réarmer. En fait, ses conditions nous mettraient totalement à sa merci. Nous n'obtiendrions pas de pires conditions si nous continuions de combattre, même en étant battus, que celles qui nous ont été offertes maintenant. »

C'était un argument de poids. Halifax intervint, sans trop de conviction, pour dire qu'« il ne voyait toujours pas ce que le Premier ministre trouvait de si répréhensible à la suggestion française d'explorer les possibilités de médiation ». Chamberlain, pour sa part, ne saisissait pas ce qu'il y avait à perdre à déclarer franchement que la Grande-Bretagne combattrait jusqu'au bout pour préserver son indépendance, mais « serait disposée à prendre en considération des conditions dignes si elles nous étaient proposées ». Il fit cependant observer que l'alternative au combat n'en impliquait pas moins un formidable pari ». Churchill déclara, en laissant parler davantage sa sensibilité que sa raison, que « les nations qui tombaient au combat se relevaient, mais que celles qui se rendaient docilement étaient finies », puis ajouta que « les chances que nous soient offertes des conditions dignes à l'heure actuelle étaient de mille contre un ». Toujours prudemment et non sans quelque ambivalence, Chamberlain approuva le fond du propos de Halifax sur l'obtention de conditions, mais ajouta que l'offre de conditions dignes était si peu probable que la Grande-Bretagne ne devait pas suivre la suggestion faite par Reynaud d'approcher Mussolini. Il était pourtant soucieux de ne pas rejeter carrément la proposition française, puisqu'il ne souhaitait pas voir la France renoncer au combat, et pensait qu'il y avait possibilité d'un changement de circonstances, fût-ce à bref délai, susceptible de modifier la position britannique. Après plus de deux heures de discussion, la réunion fut suspendue pour trois quarts d'heures à 18 heures 15.

C'était un laps de temps important. Churchill saisit l'occasion pour s'adresser aux ministres qui n'étaient pas membres du cabinet de guerre. Il relate l'épisode dans ses Mémoires. Il avait peu vu ses collègues extérieurs au cabinet depuis la formation de son gouvernement et crut bon de leur brosser un tableau du cours des événements et de l'état du conflit. Au-delà de ce désir, on ne sait trop s'il avait organisé la réunion pour contourner l'opposition du cabinet de guerre et assurer un plus large soutien à la position intraitable qu'il avait adoptée sur la question du rapprochement avec Mussolini. Au bout du compte, c'est ce qui se produisit. Après les difficiles discussions du cabinet de guerre, il était désormais capable d'avancer ses convictions, sans entraves et dans toute la fleur de sa rhétorique, et ce devant un auditoire au moins en partie prédisposé à les accepter[118].

Quelque vingt-cinq ministres de couleurs politiques diverses, qui étaient loin d'être tous des partisans de toujours ou des fervents du Premier ministre, se serrèrent autour de la table du bureau de Churchill à la Chambre des communes. Même s'ils manquaient d'informations détaillées, tous avaient conscience de la gravité de la crise en cours outre-Manche. Ils en percevaient l'enjeu. La tension était tangible. Churchill ne perdit aucune occasion d'exploiter la fébrilité ambiante. L'un des responsables présents, Hugh Dalton, ministre de la Guerre économique et grande figure du parti travailliste, trouva Churchill « magnifique » lors de cette réunion : « L'homme, et le seul homme que nous ayons, à cette heure. » Ce fut un superbe discours, fait pour remonter le moral, alors même que Churchill ne comptait encore rapatrier qu'environ 50 000 soldats de Dunkerque et pensait qu'en sauver 100 000 serait un « magnifique exploit ». Dalton devait se souvenir d'une observation cruciale de Churchill, qu'il avait faite au cabinet de guerre : « Il était vain de penser que, si nous essayions de faire la paix maintenant, nous obtiendrions de meilleures conditions de l'Allemagne que si nous persistions à nous battre. Les Allemands exigeraient notre flotte – cela s'appellerait le "désarmement" –, nos bases navales et bien d'autres choses encore. Nous deviendrions un État-esclave, même si serait mis en place un gouvernement britannique qui serait le fantoche de Hitler – “sous Mosley ou une personne de ce genre”[119]. »

Vers la fin de son discours, Churchill déclara : « Bien entendu, quoi qu'il advienne à Dunkerque, nous continuerons le combat. » Il savait combien les nouvelles parvenant de Dunkerque étaient sombres. Le 28, en fin de journée, 17 000 hommes avaient été évacués. (C'est seulement dans les jours suivants que les effectifs devaient monter à plus de 50 000 par jour.) Mais sa résilience plut à un auditoire attentif. Il se laissa surprendre par la réaction des parlementaires chevronnés de différents points du spectre politique.

> Bon nombre se levèrent d'un bond de la table pour se précipiter vers mon siège, criant et me donnant des petites tapes dans le dos. Il ne fait pas de doute que, eussè-je failli à ce moment crucial à la barre de la nation, je me serais fait jeter du bureau. J'étais sûr que chaque ministre était prêt à se faire tuer très prochainement, à voir sa famille et ses biens détruits, plutôt que de céder. En cela, ils représentaient la Chambre des communes et la quasi-totalité du peuple[120].

Moins d'une heure après, il faisait part au cabinet de guerre de cette réaction. Ses collègues, dit-il, avaient « exprimé la plus grande satisfaction quand il leur avait dit qu'il n'y avait pas de chance de nous voir abandonner la lutte ». Il n'avait pas souvenir d'« avoir jamais entendu une réunion de personnes occupant de hautes positions dans la vie politique s'exprimer avec tant d'énergie ». Alors que Halifax et Chamberlain avaient préparé le nouveau projet de réponse à Reynaud, Churchill avait mobilisé les soutiens derrière sa position. Il avait gagné la partie. Halifax ne manifesta plus la moindre opposition. Churchill se dit satisfait du projet de lettre à Reynaud dont Chamberlain fit la lecture. Mais quand Halifax posa la question d'un appel au président Roosevelt, démarche que Reynaud eût également souhaitée de la part des Alliés, Churchill se montra ferme. Pour l'heure, un appel aux États-Unis serait « totalement prématuré ». Une fois de plus, le raisonnement politique suivait l'instinct psychologique. « Une résistance vaillante à l'Allemagne » forcerait l'admiration et le respect des États-Unis, mais « un appel servile, lancé actuellement, aurait le pire effet possible[121] ».

La réponse à Reynaud partit plus tard dans la soirée. La formulation avait été remaniée par Chamberlain et Halifax, puis approuvée par le cabinet de guerre au complet[122]. Mais les sentiments exprimés étaient ceux de Churchill lui-même. Comme l'avait prôné Chamberlain, la réponse n'excluait pas la possibilité d'approcher Mussolini « le moment venu », même si elle l'excluait explicitement dans la situation actuelle[123]. Suivant ses termes, une amélioration ne pouvait venir que de la poursuite du combat qui renforcerait « du même coup notre position diplomatique » et susciterait aux États-Unis « une admiration de plus en plus grande qui nous vaudra peut-être leur appui matériel ». Si la Grande-Bretagne et la France continuaient de résister, concluait la missive, « nous pouvons nous épargner le destin du Danemark et de la Pologne[124] ».

En fait, malgré le rejet britannique d'une démarche auprès de Mussolini, le gouvernement français décida de faire une offre unilatérale, que Rome traita par un mépris non dissimulé[125]. Mussolini choisit la guerre, non pas des négociations de paix. La France était au bord de la défaite face aux Allemands. Mussolini prit la voie la plus facile et la moins onéreuse pour avoir sa part de gloire et de dépouilles. Le 10 juin, il déclara dûment la guerre à la France (nous reviendrons plus longuement sur cette décision au chapitre 4). Quand le comte Ciano, le ministre italien des Affaires étrangères, lui apprit la nouvelle, l'ambassadeur de France à Rome, M. François-Poncet, parla à juste titre d'un « coup de poignard à un homme qui est déjà tombé[126] ». Une semaine plus tard, la France capitulait.

Le gouvernement britannique s'attendait depuis la mi-mai à la perspective de devoir continuer le combat après la défaite française, avec l'espoir de tenir jusqu'à ce que les États-Unis décident de voler à leur secours (ce qui n'était absolument pas garanti). Mais ce à quoi il ne s'attendait pas, c'était au « miracle de Dunkerque ». La perte de la quasi-totalité du corps expédit[illegible]onnaire britannique avait été prise en compte dans tous les calc[illegible]ls de la fin mai. C'est dans cette hypothèse qu'avait été définie [illegible] décision politique cruciale dont nous avons suivi la gestatic[illegible]. Ce n'est qu'une fois cette décision arrêtée qu'il apparut [illegible]eu à peu clairement, au cours des jours suivants, que l'armad[illegible] des petites embarcations – des centaines – qui avaient effectué [illegible] navette dans la Manche avait réussi au-delà de toute espéran[illegible] à remplir ce qui avait paru une mission impossible. Quoiqu[illegible]xposée des jours durant à des bombardements incessants, pr[illegible]que toute l'armée britannique (et beaucoup de soldats alliés) a[illegible]nt servi dans le nord de la France avait été évacuée des plag[illegible]et du port de Dunkerque : au 4 juin, 224 031 Britanniques e[illegible]1 172 soldats français et belges[127]. Ce jour-là, Churchill put [illegible]rler à la Chambre des communes du « miracle de la délivran[illegible] à Dunkerque dans un discours exaltant, qui atteignit son [illegible]gée rhétorique dans sa fameuse déclaration retentissante : [illegible]ous combattrons sur les plages, nous combattrons sur les [illegible]ins d'atterrissage, nous combattrons dans les champs [illegible]ns les rues, nous combattrons dans les collines ; jamais n[illegible]ne nous rendrons[128]... » La chaleur et l'enthousiasme [illegible]squels fut accueilli son discours patriotique, dans le sillag[illegible] colossale calamité militaire que la « délivrance de Dun[illegible]» avait réussi à transformer en une sorte de triomp[illegible]n moment important pour l'affirmation de la stature [illegible] de Churchill et la considération de ses qualités de che[illegible] indomptable.

Le Churchill qui émergea de la crise de Dunkerque dépassait désormais de la tête et des épaules ses collègues du cabinet de guerre. Le 6 juin, il pouvait leur déclarer avec une autorité incontestable qu'« en aucune circonstance le gouvernement britannique ne participerait à quelque négociation d'armistice ou de paix que ce soit[129] ». Tel n'avait pas été le cas au cours de la crise politique quand il s'agissait de déterminer la stratégie de guerre de la Grande-Bretagne alors que la fortune de l'armée échouée à Dunkerque semblait la plus sombre.

V

En un sens, l'issue des délibérations vitales, intenses et parfois enflammées de ces quelques jours, du 25 au 28 mai, ne devait rien changer. La Grande-Bretagne était déjà en guerre avec l'Allemagne hitlérienne et se borna simplement alors à continuer le combat. Ce n'en était pas moins un choix, et en vérité un choix des plus cruciaux, que de rejeter une solution de rechange, celle de s'engager sur la voie de négociations avec Hitler, qui auraient fait sortir la Grande-Bretagne du conflit, avec des conséquences incalculables mais profondes.

Certes, Halifax lui-même, qui fut le principal partisan de l'exploration des possibilités de médiation italienne en vue d'un règlement de paix, n'envisageait pas une capitulation de la Grande-Bretagne, ou un règlement sur des bases qui eussent nui à l'indépendance de son pays. Quelles que fussent leurs différences, Halifax était aussi intraitable que Churchill sur la nécessité de préserver la liberté de la Grande-Bretagne. Tous les membres du cabinet de guerre partageaient cet objectif. Ce qui divisait le Premier ministre et son secrétaire aux Affaires étrangères, c'étaient les moyens d'atteindre cette fin.

Ce n'était pas davantage une affaire de défi patriotique ou de triomphe de l'« humeur de bull-dog » churchillienne sur la faiblesse et le défaitisme. Halifax n'était pas moins patriote que Churchill. Et il était disposé à poursuivre le combat, si c'était la seule solution. Mais sa position raisonnée était que la poursuite des hostilités, avec les sacrifices sans conteste élevés que cela impliquerait, n'était pas nécessairement la seule solution qui s'offrît à la Grande-Bretagne. Aussi Churchill avait-il le don de l'exaspérer en parlant de poursuivre le combat sans avoir exploré d'autres solutions possibles. Or, Churchill avait beau s'exprimer avec passion et émotion, avec des manières qui irritaient un Halifax plus froid et rationnel, sa cause n'en reposait pas moins sur la raison et la logique. Si les autres membres du cabinet, à commencer par Chamberlain, finirent par se ranger derrière lui plutôt que derrière Halifax, c'est parce que le Premier ministre avait les meilleurs arguments[130].

Halifax voulait tâter le terrain, voir si une médiation italienne pouvait ouvrir la voie d'un règlement général. Il le croyait peu probable, mais n'entendait pas laisser passer cette possibilité sans l'explorer. En réalité, toute tentative en ce sens serait revenue à sensiblement surestimer l'influence de Mussolini sur Hitler. Celle-ci avait fortement décru depuis que son intervention avait ouvert la voie aux accords de Munich en 1938. Churchill lui-même, apparemment, ne se serait pas opposé, comme il l'indiqua lors des réunions du cabinet de guerre, à un effort pour acheter l'Italie en contrepartie de certaines possessions britanniques en Méditerranée ou même, comme il le dit à un moment, à accepter la suprématie allemande en Europe centrale et orientale, si c'était le moyen de sortir la Grande-Bretagne « du pétrin[131] ». Mais surtout, dès l'instant où l'ouverture de Roosevelt au nom des Alliés eut été repoussée avec mépris, Churchill se dit que toute démarche auprès de Mussolini était vaine. Pis encore, elle placerait la Grande-Bretagne sur « une pente glissante ». Chamberlain, qui à mesure que la crise se prolongeait devenait le principal arbitre du différend entre le Premier ministre et le secrétaire aux Affaires étrangères[132], se rangea à ce point de vue, tout comme Attlee et Greenwood. Faire une ouverture en vue de négociations – pas simplement avec Mussolini, mais aussi avec Hitler – aurait des conséquences sur la position internationale de la Grande-Bretagne, mais aussi pour le moral à l'intérieur. La position de Hitler, après les puissantes incursions de son armée en France, était extrêmement forte. Il ferait valoir des exigences, très certainement au-delà du simple retour des anciennes colonies allemandes, qui laisseraient la Grande-Bretagne sérieusement affaiblie tout en menaçant son indépendance de grande puissance.

Halifax était d'avis que, dans une telle éventualité, la Grande-Bretagne pourrait se retirer des négociations. De plus en plus appuyé par les autres membres du cabinet de guerre, Churchill fit valoir les dommages irréparables qu'une telle attitude aurait déjà causés, ne serait-ce que la disposition à envisager les concessions inévitables que signifiait l'ouverture même de négociations. Il serait pour ainsi dire impossible de ressusciter les ardeurs combatives de la population une fois qu'elle aurait réalisé que le gouvernement avait été prêt à se pencher sur les conditions. Et les concessions, ne manqua pas de souligner Churchill, ne se limiteraient pas à quelques morceaux de territoires, alors même que la satisfaction des seules exigences de Mussolini aurait déjà gravement affaibli la position de la Grande-Bretagne en Méditerranée et au Moyen-Orient. Un gouvernement fantoche serait mis en place dans le pays. Une autre condition serait sans conteste le désarmement effectif de la Grande-Bretagne. Probablement faudrait-il abandonner la marine de guerre, ou la placer sous tutelle allemande[133]. Il n'y aurait aucune possibilité de reconstruire des défenses aériennes ou terrestres. Même si elle conservait son indépendance théorique, la Grande-Bretagne serait donc à la merci de l'Allemagne, subordonnée sans opposer de résistance. Même si la marine était escamotée au Canada, et la famille royale et le gouvernement envoyés en exil, la probabilité que les États-Unis volent au secours de la Grande-Bretagne en serait grandement diminuée, et le foyer de la résistance de l'Empire à Hitler déplacé. Churchill pouvait donc emporter la conviction en plaidant qu'aucune des conditions que Hitler était susceptible d'offrir à la Grande-Bretagne ne serait acceptable. Elles ne seraient pas pires si la Grande-Bretagne se battait et perdait plutôt que de ne pas se battre. Aussi pouvait-il en arriver à la conclusion que combattre courageusement et succomber avait peu d'inconvénients, voire aucun : cette solution présenterait au contraire le singulier avantage d'encourager moralement les amis de la Grande-Bretagne à travers le monde, dans l'Empire et les dominions, mais aussi aux États-Unis, à continuer le combat.

Halifax mis à part, les autres membres du cabinet de guerre se laissèrent finalement convaincre par ces arguments. Et Halifax lui-même participa à la rédaction du télégramme envoyé dans la soirée du 28 mai à Reynaud, qui précisait la position définie par Churchill, même si le texte final fut largement l'œuvre de Chamberlain avec le concours du secrétaire aux Affaires étrangères lui-même.

De la réunion de Halifax, le 25 mai en fin d'après-midi, jusqu'à l'accord auquel on était parvenu avec le télégramme à Reynaud dans la soirée du 28, trois jours furent nécessaires pour aboutir à la décision. Ce fut un accord *collectif*, Halifax finissant par s'incliner devant les vœux de ses collègues et indiquant ainsi qu'il assumait sans réserve la décision (ce qui n'était pas d'une mince importance pour démontrer l'unité du gouvernement face au parlement et au pays). Il était le fruit d'une discussion raisonnée à cinq (un sixième ministre, Sinclair, se joignant à l'occasion aux délibérations). Si Churchill avait la préséance, il n'exerçait aucunement une domination absolue. Il l'emporta par la raison, non par la force ou les intimidations. Les raisons militaires de nourrir un espoir raisonné, avancées par les chefs d'état-major, avaient aussi affermi l'esprit de résilience. Churchill reçut l'appui instinctif d'Attlee et de Greenwood. Mais le membre du cabinet de guerre dont le soutien était le plus précieux était Chamberlain qui, comme toujours, décortiqua chaque point minutieusement jusqu'à ce que son ambivalence initiale laissât place à un ferme soutien de la position du Premier ministre. Dès lors, Halifax n'avait guère d'autre solution (hormis une démission qui eût été aussi dommageable que vaine, et qu'il n'envisagea jamais très sérieusement) que de s'incliner devant la position adoptée par tous ses collègues.

Ce qui frappe, dans la façon dont fut prise la décision, c'est le petit nombre de gens impliqués, mais aussi combien était limité, dans une démocratie parlementaire, le nombre de personnes qui avaient une idée de l'enjeu. Seul le petit cercle du cabinet de guerre était au courant. Au-delà de ces quelques ministres, pour ainsi dire rien ne filtra. Les membres du cabinet élargi restèrent largement dans l'ignorance. Au sein du cabinet comme du Foreign Office, seuls les plus hauts responsables savaient ce qu'il en était. Le grand public, bien entendu, n'avait aucune idée de la décision capitale que devait prendre le cabinet de guerre et, en fait, ne saisit que peu à peu l'énormité de ce qui se déroulait si près du pays, de l'autre côté de la Manche : une situation à peine imaginable dans la société actuelle, où la télévision est omniprésente à travers le monde, et où des guerres qui se déroulent à des milliers de kilomètres de distance sont couvertes quasi simultanément.

L'histoire a elle aussi jeté un voile sur ce qui s'est passé. Ni Churchill ni Halifax n'ont éclairé les lecteurs de leurs Mémoires d'après-guerre sur l'éphémère proposition de recourir à la médiation de l'Italie pour trouver un accommodement avec Hitler. En fait, dans un brouillon de ses Mémoires de guerre, Churchill avait fait allusion à l'empressement de Halifax à complaire à un « ennemi dangereux », en faisant état de son entrevue avec Bastianini, mais, pressé de se montrer discret, il l'omit de la version publiée[134]. Ce n'est qu'avec l'ouverture des archives, trente ans après les faits, qu'on put mesurer pleinement combien les délibérations de ces journées de mai 1940 avaient été vitales pour l'avenir de la Grande-Bretagne[135].

Ce qui se serait produit si la stratégie de Halifax avait été adoptée demeure naturellement de l'ordre de la spéculation et de la conjecture. Mais nous avons déjà eu un aperçu de ce qu'elle eût impliqué aux yeux de Churchill et des autres membres du cabinet de guerre, et nous en savons assez sur les plans allemands (cf. le chapitre suivant) pour avoir une idée de ce qui aurait attendu la Grande-Bretagne si elle avait sollicité la paix[136].

Un premier préalable allemand à l'ouverture de négociations eût certainement été un changement de gouvernement à Londres. Churchill – de longue date perçu comme le plus fervent représentant de la faction des va-t-en-guerre antiallemands (que les nazis, dans la perversion de leur pensée, associaient à l'influence juive) – et ses partisans eussent été contraints de quitter le pouvoir. L'Allemagne aurait exigé un gouvernement plus en harmonie avec les intérêts du Reich et davantage disposé à faire des concessions significatives dans les intérêts de la paix européenne qu'on n'aurait jamais pu l'attendre sous l'autorité de Churchill. Ce dernier lui-même imaginait, on l'a vu, que les Allemands auraient réclamé un gouvernement fantoche sous la direction du leader fasciste britannique, Oswald Mosley[137]. Plus probablement auraient-ils tenté d'installer David Lloyd George à la tête d'une nouvelle administration tributaire des faveurs de Berlin : Hitler admirait en effet l'ancien Premier ministre britannique du temps de la Grande Guerre qui était quant à lui un grand admirateur du dictateur allemand qu'il avait rencontré à Berchtesgaden en 1936.

En fait, Churchill avait voulu faire entrer Lloyd George dans son cabinet et lui avait demandé le 13 mai de devenir ministre de l'Agriculture. Peu enclin à servir aux côtés de Chamberlain, Lloyd George avait décliné sa proposition. Il approchait alors des quatre-vingts ans. Il était convaincu que la Grande-Bretagne ne pourrait gagner la guerre et devrait le moment venu rechercher un règlement négocié[138]. Mais il jouissait encore d'une stature imposante et demeurait influent en Grande-Bretagne comme à l'étranger. À la fin du mois de mai, alors que la situation paraissait si sombre, Churchill parla à Chamberlain de l'entrée de Lloyd George au gouvernement. Chamberlain lui répondit franchement. Il ne lui faisait pas confiance et ne pourrait travailler avec lui. En ce cas, Churchill devrait choisir entre eux deux. Le Premier ministre recula aussitôt : il tenait à tout prix à la présence de Chamberlain. Ils servaient ensemble et « tomberaient ensemble », observa Churchill d'une formule un peu elliptique. Lui-même ne savait trop ce que Lloyd George avait dans la tête, déclara-t-il, ni s'il se révélerait ou non défaitiste[139]. Ce qui ne l'empêcha pas de l'approcher à diverses autres reprises, quoique tous les efforts pour le faire entrer au gouvernement aient achoppé sur l'inimitié mutuelle de Lloyd George et de Chamberlain.

Lloyd George n'était pas franchement défaitiste. Durant l'été 1940, il défendit l'idée qu'il ne fallait pas solliciter tout de suite les conditions de paix mais attendre que la Grande-Bretagne eût repoussé l'offensive allemande, et fût donc en meilleure position pour négocier. Mais Churchill et Chamberlain avaient raison de ne pas s'y fier. À l'automne 1940, Lloyd George envisagea de devenir Premier ministre pour faire la paix, sitôt assurée la survie de la Grande-Bretagne mais étant entendu qu'une victoire contre l'Allemagne était impossible. Il attendrait que « Winston soit foutu », déclara-t-il à son secrétaire en octobre 1940[140]. Auparavant déjà, en juin-juillet, alors que les histoires de sondages de paix étaient quasiment quotidiennes, des rumeurs étaient parvenues à Berlin, insinuant que Lloyd George ne tarderait pas à remplacer Churchill au poste de Premier ministre[141]. Très probablement eût-il été considéré par Hitler comme un équivalent britannique du maréchal Pétain à la tête d'un gouvernement analogue à celui de Vichy, le cas échéant sous la houlette d'un roi Édouard VIII restauré[142].

Sitôt engagé sur la « pente glissante » des négociations, selon le mot de Churchill, un tel gouvernement se verrait contraint, par sa position de faiblesse, de concéder à l'Allemagne des territoires et des armements. Alors que Hitler prétendit à de nombreuses occasions par la suite avoir voulu préserver l'Empire britannique, il est impensable qu'il ait voulu signifier par là le préserver dans la position d'une puissance indépendante. Comme on le verra dans le chapitre suivant, il aurait sans doute subi de fortes pressions de certaines parties de son régime, notamment de la marine, pour obtenir des gains territoriaux aux dépens de la Grande-Bretagne, mais aussi pour en finir une fois pour toutes avec la menace militaire que représentait la Royal Navy.

Certes, un gouvernement britannique en exil aurait certainement continué le combat depuis une partie des dominions. Il eût également été possible d'évacuer la flotte pour la mettre en sécurité dans les ports de pays amis. Mais on voit mal comment la Grande-Bretagne aurait pu sortir de négociations de paix engagées à la fin du printemps ou pendant l'été 1940 autrement que dans une position dangereusement affaiblie.

Avec une Grande-Bretagne soutenant le Reich, ou tout au moins faisant montre envers lui d'une neutralité bienveillante, Roosevelt aurait été stoppé net dans son inclination à fournir un soutien matériel et militaire. De fait, il n'était pas facile de plaider la cause du soutien de la Grande-Bretagne auprès d'une opinion publique qui restait très méfiante à l'égard de toute intervention outre-mer, quand elle n'était pas carrément isolationniste. Et avec une Europe occidentale en sécurité et une menace venant des États-Unis qui restait lointaine, Hitler aurait été en mesure de consacrer toute son attention à la guerre pour l'« espace vital » contre l'Union soviétique, mais avec désormais l'appui britannique.

La décision prise à la fin du mois de mai 1940 de ne pas chercher des conditions de paix eut donc les implications les plus profondes, et pas simplement pour la Grande-Bretagne. Un règlement négocié à l'avantage de l'Allemagne avec une Grande-Bretagne fortement affaiblie, suivi ou accompagné d'une défaite militaire écrasante de la France, aurait laissé Hitler victorieux dans toute l'Europe occidentale. La décision britannique de poursuivre le combat signifiait que Hitler n'était pas à même de mettre fin à la guerre à l'ouest. Cela amplifia considérablement son énorme pari. Il lui faudrait maintenant envisager d'attaquer l'Union soviétique – l'ennemi juré sur le plan idéologique – dans la guerre qu'il avait toujours voulu mener pour l'« espace vital », et détruire le « judéo-bolchevisme » alors que la guerre de l'ouest était inachevée. Et derrière la Grande-Bretagne se dressait la puissance des États-Unis, avec la probabilité croissante d'une aide américaine à l'effort de guerre britannique. Dans l'esprit de Hitler, le temps ne jouait pas pour l'Allemagne. Celle-ci devait faire sortir la Grande-Bretagne de la guerre avant que les Américains ne fussent prêts ou disposés à y entrer. Si cela devait se faire avant que l'Allemagne n'eût la maîtrise de l'Europe et toutes les ressources matérielles du continent à sa disposition, les chances d'une victoire finale seraient sérieusement diminuées et, à la longue, peut-être totalement compromises. La décision britannique de rester dans la guerre imposait donc à Hitler un nouveau sentiment d'urgence. Si le gouvernement britannique ne voulait pas d'accommodement, il ne voyait que deux options : infliger une défaite militaire à la Grande-Bretagne, ou la forcer à reconnaître la suprématie allemande sur le continent en écrasant l'Union soviétique dans une défaite rapide, avec pour effet ultime de tenir les Américains à l'écart des hostilités.

Hitler n'eut pas connaissance des délibérations cruciales du cabinet de guerre britannique dans la dernière semaine de mai. Ce n'est qu'après le rejet rapide par le gouvernement britannique de sa dernière et tiède « offre de paix », faite dans son discours au Reichstag du 19 juillet à la suite de son triomphe sur les Français, qu'il devint évident que la Grande-Bretagne rejetait catégoriquement toute possibilité d'une fin négociée de la guerre. L'armée britannique étant désormais rapatriée de Dunkerque, Londres et Washington prirent des mesures timides pour organiser l'aide vitale des États-Unis. C'était dès lors à Hitler de prendre sa décision critique. Elle n'allait pas tarder à venir.

2

Berlin, été et automne 1940
Hitler décide d'attaquer l'Union soviétique

> Hitler est très perplexe face au refus obstiné de la Grande-Bretagne de faire la paix. Il se l'explique (comme nous) par l'espoir que place la Grande-Bretagne dans la Russie et compte donc la contraindre par la force brute à accepter la paix.
>
> Franz Halder, chef de l'état-major général de l'armée de terre, journal, 13 juillet 1940

« La Russie écrasée, le dernier espoir de la Grande-Bretagne serait anéanti. L'Allemagne dominera l'Europe et les Balkans. Décision : la destruction de la Russie doit donc faire partie de ce combat. Printemps 1941[...]. Si nous commençons en mai 1941, nous aurons cinq mois pour achever le travail[1]. » C'est par ces phrases étonnantes qu'Adolf Hitler annonça à ses généraux, réunis le 31 juillet 1940 dans sa retraite alpine du Berghof, au-dessus de Berchtesgaden, son choix le plus fatidique de la Seconde Guerre mondiale. Il inaugura le conflit le plus sanglant de l'histoire, un combat titanesque en Europe orientale qui devait coûter la vie à plus de trente millions de citoyens soviétiques et allemands et laisser de vastes zones de destruction sans précédent, pour finir près de quatre ans plus tard avec le suicide du dictateur allemand dans son bunker de Berlin et la domination de l'Union soviétique sur plus de la moitié du continent européen pour les quatre décennies et demie suivantes.

À la lumière de la suite des événements, l'ampleur de ce que proposait Hitler paraît pure folie. Napoléon avait jadis essayé et la campagne de 1812 avait valu une fin ignominieuse à la

« grande armée » et aux rêves impériaux de l'empereur. Dans le cas de Hitler, le pari eut des conséquences plus catastrophiques encore. La décision a tout l'air d'un désir de mort pour lui-même et sa nation. Dès lors, pourquoi l'avoir prise ? Était-ce uniquement le sentiment trompeur de l'infaillibilité de son jugement militaire qu'avait suscité, ou peut-être simplement amplifié, l'extraordinaire triomphe qu'avait constitué la défaite de la France ? Était-ce l'aboutissement logique d'une idéologie totalement illogique, le fruit d'une démence irrationnelle visant à la destruction du « judéo-bolchevisme » ? Et si la décision était pure folie, pourquoi les chefs des forces armées ont-ils obtempéré ? Était-ce simplement l'exemple d'un dictateur imposant ses vues déformées à ses subalternes récalcitrants ? D'autres options disponibles auraient-elles été péremptoirement rejetées ? Ou, comme le suggéraient ses premiers mots, l'étrange décision cachait-elle des impératifs stratégiques qui laissaient à Hitler moins de latitude qu'on aurait pu le croire à première vue ?

La marche de Hitler à la guerre a été systématiquement explorée. Mais avant d'essayer d'apporter des réponses aux questions qu'on vient de poser, il convient de rappeler brièvement quelques points saillants de la préhistoire de la décision fatidique d'attaquer l'Union soviétique.

I

Juin 1941 ne constituait ni la première incursion des troupes allemandes en terre russe ni la première occupation des immenses étendues d'Europe orientale. La chose s'était déjà produite au cours de la Première Guerre mondiale. Au second semestre de 1915, l'armée allemande avait envahi les parties de la Pologne gouvernées par la Russie et occupé d'immenses pans de territoire le long des côtes de la Baltique. Deux ans plus tard, continuant de progresser, les Allemands entrèrent en Biélorussie et en Ukraine[2]. L'amer traité de Brest-Litovsk, imposé le 3 mars 1918 au nouveau régime bolchevique, consacrait l'influence allemande sur la Pologne, la Finlande, la Lettonie, la Lituanie, l'Estonie, la Biélorussie et l'Ukraine[3]. Hitler se félicita de ce traité qui offrait la « terre et le sol » nécessaires pour faire vivre le peuple allemand[4]. Et quand, des années plus tard, il exposa à grands traits devant ses chefs militaires les objectifs politiques qui étaient les siens en envahissant l'Union soviétique – la création d'États-tampons en Ukraine, dans la Baltique, en Finlande et en Russie blanche (Biélorussie) –, ils ressemblaient fort aux conditions de Brest-Litovsk[5].

Les images que les Allemands glanèrent du pays qu'ils occupaient en 1918 eurent un impact durable, contribuant à façonner les mentalités qui alimentèrent la seconde occupation, beaucoup plus hargneuse, une génération plus tard. « La Russie profonde, sans une lueur de *Kultur* d'Europe centrale », nota un officier. « Asie, steppes, marais, enfers qui donnent la claustrophobie, terres limoneuses à l'abandon[6] ». Sous l'empire de ces impressions, les occupants entendaient créer un État militaire allemand dans la région de la Baltique pour faire régner l'ordre et introduire la *Kultur*. La figure clé de la planification utopique de l'État militaire fut le général Erich Ludendorff, le plus dynamique des chefs de l'armée allemande dans la seconde moitié de la guerre[7]. Proche de Hitler au début des années 1920, il s'était joint à lui dans le tentative de putsch qui avait tourné au fiasco en novembre 1923.

Très probablement Ludendorff est-il de ceux qui contribuèrent au changement de vues de Hitler sur la Russie au début des années 1920. C'est au cours de cette période que la focalisation panallemande traditionnelle qui marquait initialement les idées de Hitler en matière de politique étrangère – avec une forte insistance sur la restauration des frontières de l'Allemagne en 1914, la récupération des colonies perdues et la revanche ultime contre les vainqueurs français et britanniques de la guerre responsables de l'abominable traité de Versailles – céda la place à une nouvelle concentration sur l'expansion à l'est. Il s'agissait désormais de gagner du territoire aux dépens de la Russie, avec pour corollaire la création de liens d'amitié avec la Grande-Bretagne. La première fois qu'il exposa ce point de vue, en décembre 1922, Hitler déclara : « Il faudrait tenter la destruction de la Russie avec le concours de l'Angleterre. La Russie donnerait à l'Allemagne suffisamment de terres pour les colons allemands et un large champ d'activité pour l'industrie allemande[8]. » En 1924, la doctrine était arrêtée dans l'esprit de Hitler. Il devait en donner une formulation sans équivoque à la fin du second volume de son traité *Mein Kampf*, publié en 1926 : « Aussi, nous autres nationaux-socialistes, biffons-nous délibérément l'orientation de la politique extérieure d'avant-guerre. Nous commençons là où l'on avait fini il y a six cents ans. Nous arrêtons l'éternelle marche des Germains vers le sud et vers l'ouest de l'Europe, et nous jetons nos regards sur l'Est. [...] Mais si nous parlons aujourd'hui de nouvelles terres en Europe, nous ne saurions penser d'abord qu'à la Russie et aux pays limitrophes qui en dépendent[9]. » Sitôt formée, cette doctrine de l'« espace vital » (*Lebensraum*) demeura inchangée et tint une place cruciale dans la « vision du monde » de Hitler jusque dans le bunker de Berlin.

Ce n'était pas une idée originale : il s'agissait en fait d'un axe commun de la pensée nationaliste et impérialiste depuis les années 1890, qui avait été ensuite « intellectualisé » par d'influents théoriciens de la géopolitique, avant tout le professeur munichois Karl Haushofer qui avait eu pour élève le secrétaire privé de Hitler, Rudolf Hess. L'idée se fondait sur une théorie économique rudimentaire, à savoir que seule une extension de territoire à coloniser permettait la croissance démographique essentielle à la force et à la vitalité d'une grande puissance. Les frontières de l'Allemagne paraissaient trop confinées pour permettre l'expansion démographique nécessaire. Il lui fallait donc gagner de nouveaux territoires. Mais tandis que l'Empire britannique, dont Hitler admirait et enviait la puissance, avait été construit sur des terres gagnées par la conquête outre-mer et l'exploitation coloniale, l'Allemagne devait trouver un territoire plus proche de chez elle, en Europe orientale.

Puisque aucun pays, État ou peuple n'était disposé à abandonner sa terre, la guerre de conquête territoriale était partie intégrante de l'idée de *Lebensraum*. En cela, elle n'était pas simplement impérialiste, mais aussi implicitement social-darwinienne et raciste : le principe était que les forts avaient le droit de survivre et que les faibles méritaient d'être sacrifiés, que les races les plus vivantes et créatives devaient normalement triompher des races inférieures. Mais Hitler lui-même y ajouta une composante raciale vitale supplémentaire : l'antisémitisme. Là encore, si hargneuses fussent-elles, les vues antisémites de Hitler n'avaient rien d'original. Il les partageait avec beaucoup d'autres, même si la profondeur de sa paranoïa antijuive était sans conteste inhabituelle. L'originalité se situait en revanche dans la façon dont Hitler associa son antisémitisme pathologique avec la notion de *Lebensraum :* les composantes jumelles de sa vision du monde[10]. Ainsi voyait-il dans le bolchevisme une forme de domination juive : une idée qu'il avait acquise en 1920, probablement sous l'influence de son publiciste associé Alfred Rosenberg, originaire de la Baltique, mais aussi des tirades antisémites et antibolcheviques enragées des exilés russes qui alimentaient la presse allemande de droite[11]. Dans le passage déjà cité, le besoin de terre de l'Allemagne à l'est est directement lié à l'éradication de la domination juive : « Ainsi, depuis des siècles, la Russie vivait aux dépens du noyau germanique de ses couches supérieures dirigeantes qu'on peut considérer actuellement comme extirpé et anéanti. Le Juif a pris sa place. [...] Lui-même n'est pas un élément organisateur, il n'est qu'un ferment de décomposition. L'État gigantesque de l'Est est mûr pour l'effondrement. Et la fin de la domination juive en Russie sera aussi la fin de la Russie en tant qu'État[12]. » Autrement dit, l'« espace vital » en Russie serait synonyme de destruction de la puissance juive.

Hitler revint sur le thème de l'« espace vital » dans d'innombrables discours de la fin des années 1920 ainsi que dans un traité inédit de 1928, où il exposa ses idées en matière de politique étrangère bien plus longuement que dans *Mein Kampf*. Il y définit la politique extérieure comme l'« art d'assurer à un peuple l'espace qui lui est alors nécessaire (*Lebensraum*), quant à la valeur raciale et quant au nombre[13] ». Pour l'Allemagne, cela signifiait un objectif unique « là où seulement il se trouve : dans l'espace vital à l'Est[14] ». C'étaient là des idées encore très idiosyncrasiques en 1928. Peu d'Allemands professaient des idées de ce genre, et encore n'y voyaient-ils que des rêves chimériques.

Hitler était à la tête d'un parti marginal en plein marasme politique, qui n'avait réuni que 3 % des suffrages aux dernières élections au Reichstag, et sans perspective claire de jamais conquérir le pouvoir politique. La politique dominante avait l'air très différente de la vision de Hitler. Le ministère allemand des Affaires étrangères, sous la direction de Gustav Stresemann, était attaché à Locarno et à la sécurité collective de la Société des Nations. Et, malgré l'antipathie envers le bolchevisme, les relations avec l'Union soviétique étaient bonnes, au fond, depuis 1922, quand le traité de Rapallo créa les bases d'une coopération économique mutuellement bénéfique qui aida la Reichswehr à contourner les restrictions du traité de Versailles et à prendre des mesures clandestines de réarmement[15].

Au cours de l'ascension météorique du mouvement nazi au pouvoir, alors que l'Allemagne sombrait dans la crise, Hitler ne devait pas dire grand-chose de l'« espace vital ». Un combat, dans un avenir vague et lointain, pour acquérir une terre à coloniser et impliquant une guerre contre l'Union soviétique, ce n'était guère fait pour recueillir des suffrages. La plupart des gens avaient en tête les échecs de leur gouvernement et les soucis de la vie quotidienne pour affronter la misère économique. Ce sont ces thèmes, et la perspective d'un nouveau départ sous le nazisme, offrant force et unité, que Hitler ne cessa de marteler. Mais s'il mit en sourdine le thème de l'« espace vital », il ne l'abandonna pas pour autant. Dans le même temps, son exploitation inlassable des épreuves de la République de la démocratie de Weimar lui valut un gain de popularité spectaculaire qui amena le président du Reich, Paul von Hindenburg, à le nommer à la chancellerie le 30 janvier 1933. Dès lors, ses vues en matière de politique étrangère n'étaient plus celles d'une tête brûlée d'un parti marginal : elles avaient désormais le poids du personnage le plus important du gouvernement, appuyé par un vaste mouvement de masse.

Au début, cependant, il ne s'agissait ni de conquérir l'« espace vital » ni d'atteindre un quelconque objectif défini de politique étrangère. Dans un premier temps, Hitler entreprit d'arracher l'Allemagne à sa faiblesse sur la scène internationale. La restauration de la force armée de l'Allemagne en était un élément crucial. Il ne perdit pas de temps pour donner la priorité absolue au réarmement. C'était naturellement une douce musique aux oreilles de ses généraux, auxquels il s'adressa quatre jours seulement après avoir pris ses fonctions. Nombre d'entre eux espéraient de longue date – et préparaient secrètement – le jour où seraient éliminées les entraves au réarmement et où, la démocratie renversée, l'Allemagne pourrait recouvrer force et puissance pour devenir avec le temps la force dominante d'Europe centrale, voire du continent européen. Ainsi, le 3 février 1933, la détermination exprimée par Hitler de développer les forces armées ne pouvait-elle que susciter une réponse favorable. Après quoi il évoqua l'orientation de la future politique étrangère. Peut-être pourrait-on accroître les exportations, avança-t-il. Mais la suggestion n'était faite que pour susciter le doute et faire valoir l'autre membre de l'alternative : « Peut-être, et probablement mieux, la conquête d'un nouvel espace vital à l'Est et son implacable germanisation[16]. » C'était la réaffirmation prudente de son dogme des années 1920. La plupart de ceux qui l'entendirent n'y virent probablement qu'une vague allusion à l'expansionnisme afin de récupérer, le moment venu, les territoires perdus à Versailles et d'instaurer la suprématie allemande en Europe centrale et orientale – chose que peu désapprouvaient au fond –, mais il ne s'en trouva guère pour y voir un objectif concret de politique étrangère. Au demeurant, ce n'en était pas un à ce stade. Il n'en indiquait pas moins une orientation de la pensée de Hitler en matière de politique étrangère, un cap dont il n'avait pas dévié depuis les vues élaborées une décennie plus tôt. Autrement dit, les actions menées par Hitler dans les années qui suivent, alors que l'Allemagne devait de plus en plus imposer les développements qui débouchèrent sur la guerre, ne doivent pas être perçues comme un simple opportunisme, une adaptation aux caprices de la situation politique internationale. Il exploita assurément les chances qui se présentèrent. Mais son opportunisme suivait une dynamique idéologique.

La domination de Hitler sur le gouvernement allemand fut complète dès l'été 1933. Il tenait désormais sous sa coupe non seulement un immense parti, mais aussi l'appareil avancé d'une bureaucratie d'État à ses ordres et, ce qui n'était pas le moins important, la machinerie moderne de la contrainte et de la répression. Un an plus tard, il avait assis sa suprématie totale dans l'État. Le massacre brutal des chefs des sections d'assaut en juin 1934 élimina la seule menace qui pesait encore sur son pouvoir. Et avec la mort peu après de Hindenburg, le vieux président du Reich, disparut l'unique source persistante d'une possible loyauté alternative. Dès lors, Hitler ne fut plus simplement chef du gouvernement, mais aussi chef de l'État. L'armée allemande avait été la principale bénéficiaire de l'implacable destruction de son organisation paramilitaire. Cela eut pour effet de cimenter son soutien à Hitler, déjà enraciné dans son appui à un programme de réarmement massif. Dans le même temps, les milieux d'affaires et l'industrie, alléchés par les perspectives de profit, avaient aussi largement rallié le nouveau régime.

Une fois retombée la poussière des bouleversements de 1933-1934, le système de décision au sein du régime nazi ne ressemblait guère au fonctionnement des États démocratiques. En vérité, il était bizarre même en comparaison des autres formes de régime autoritaire. Hitler supportait mal qu'une instance collective pût le cas échéant faire échec à son autorité. Aussi le cabinet, la plus haute instance de gouvernement collégial, commença-t-il à s'atrophier dès la mort de Hindenburg. Ses réunions se firent plus rares, alors que la législation s'élaborait essentiellement à travers la circulation de projets parmi les ministres concernés. Le Conseil des ministres cessa carrément de se réunir après février 1938. Fait remarquable, il n'existait donc aucune instance collective de gouvernement. Dans le même temps, le dualisme de l'État et du parti subsista sans ligne de démarcation claire, se soldant par une bonne dose de confusion gouvernementale. Hitler ne fit qu'accentuer cet état de fait par son empressement à créer des corps plénipotentiaires, épaulés par son soutien personnel et souvent par des hybrides du parti et de l'État, afin de surmonter les blocages ou les obstacles auxquels se heurtait son gouvernement tout en laissant subsister tel quel le ministère d'origine. Le darwinisme social, qui était la philosophie nazie de base, consistait à soutenir les forts et les puissants, encourageant chacun à se lancer dans une concurrence débridée et à « jouer des coudes ». Les positions sur le papier ne signifiaient souvent pas grand-chose, sinon rien, car le pouvoir appartenait à ceux qui pouvaient se frayer un chemin jusqu'au sommet et avaient un accès immédiat à Hitler. Les deux exemples les plus flagrants sont Heinrich Himmler, le chef des SS, qui eut à partir de 1936 la haute main sur l'immense appareil de la police et de la sécurité, alors même qu'il était en principe subordonné au ministre de l'Intérieur du Reich, Wilhelm Frick, mal placé, et Hermann Göring, responsable du plan quadriennal après 1936, qui supplanta largement le ministère de l'Économie du Reich, lequel continuait pourtant d'exister.

Au milieu de ce foisonnement d'agences rivales et de cette anarchie administrative, la position de Hitler était celle d'un chef suprême. Il demeurait largement à l'écart de la politique intérieure. Parler de prise de décision en ce qui le concerne serait largement inexact. Ces « décisions » pouvaient être de simples propos informels saisis au vol par un ministre ou un cadre du parti lors des déjeuners réguliers à la table du Führer puis retransmis sous forme d'un « ordre du Führer ». Du moment que les événements suivaient le cours qu'il voulait, il devait rarement intervenir avant la guerre (après ce fut différent), à moins qu'il ne fût appelé à arbitrer, ce qu'en pratique il répugnait souvent à faire. Mais à des moments clés, quand on avait atteint un point critique ou un carrefour nécessitant d'emprunter une nouvelle direction, son intervention était nécessaire et cruciale. En 1936, la crise de l'approvisionnement en matières premières pour le réarmement, qui déboucha sur la mise en place du plan quadriennal pour intensifier la production industrielle et préparer l'économie allemande à la guerre, inspira peut-être la plus cruciale intervention de ce style aux débuts du régime.

S'il se contentait avant la guerre de donner des « directives d'action[17] » dans les affaires intérieures, on ne saurait douter que les grandes décisions de politique étrangère à compter de 1933, jusques et y compris la décision de risquer une guerre européenne en attaquant la Pologne en 1939, furent les siennes[18]. Là encore, cependant, il évita la prise de décision collective d'un cabinet. Étant donné la fragmentation du gouvernement central, il consultait, le plus souvent à titre individuel, ceux dont il avait besoin de sonder les vues avant de prendre lui-même la décision. En novembre 1937, lors d'une réunion décisive avec les chefs de ses forces armées et son ministre des Affaires étrangères, où il exposa la nécessité de l'expansion et de la guerre, il commença par déclarer que l'affaire en discussion était bien trop importante pour être soumise au gouvernement du Reich[19]. Cela reflétait en partie un souci caractéristique du secret : il n'était pas déraisonnable en soi de restreindre le cercle de ceux qui étaient au courant de décisions de politiques étrangères risquées (ou, plus tard, d'opérations militaires vitales). En janvier 1940, il devait faire accrocher dans chaque antenne militaire son « Ordre fondamental » stipulant que « personne, aucun service, aucun officier ne devait être mis dans le secret d'une décision si cela ne lui était pas absolument nécessaire pour des raisons officielles ». Et encore ne fallait-il donner qu'une information limitée, et pas avant qu'elle ne fût nécessaire[20]. Mais cela allait au-delà du souci du secret. Sa position de Führer, telle que la comprenait Hitler, impliquait un sentiment de pouvoir absolu et de responsabilité qui ne souffrait aucune ingérence ; lui seul pouvait prendre les décisions cruciales, et, s'il pouvait choisir d'écouter l'opinion d'un chef militaire ou d'un ministre concerné, il ne devait pas être contraint par leurs points de vue et entendait rester libre de décider à sa guise. Après quoi, la décision était simplement annoncée à ceux qui avaient besoin de savoir. Il était donc extrêmement difficile, voire impossible, d'exprimer publiquement son opposition, tandis qu'exprimer en privé des réserves auprès de Hitler, c'était s'exposer au risque de recevoir une volée de bois vert. Par ailleurs, Hitler put toujours compter sur un fort degré de soutien parmi les élites dirigeantes, surtout dans la direction des forces armées. Quand, pendant l'été 1938, le général Ludwig Beck, chef de l'état-major général, s'opposa fondamentalement à la décision de Hitler d'attaquer la Tchécoslovaquie à l'automne (attaque remise à plus tard en raison de l'intervention des puissances occidentales à la conférence de

Munich), il se trouva totalement isolé parmi ses pairs ; au désespoir, il donna sa démission, sans que son geste infléchît en quoi que ce soit la politique.

Comme il l'avait démontré avant 1933 face à ses adversaires politiques, Hitler avait des antennes surdéveloppées quand il s'agissait de sentir les faiblesses des autres. Ses succès en politique étrangère jusqu'en 1938 tenaient essentiellement à cette intuition de brute associée à son instinct de joueur qui le poussait à miser gros. La première grande décision de Hitler, quand il s'agit de déterminer le nouveau cours volontariste de sa politique étrangère, à savoir le retrait de la conférence du désarmement de la Société des Nations en octobre 1933, était en parfait accord avec les vœux du ministère des Affaires étrangères et des chefs de l'armée. C'est lui qui choisit le moment, mais, à l'époque, tout gouvernement nationaliste en aurait probablement fait autant. Hitler suivit une ligne plus indépendante en jouant la dégradation des relations avec l'Union soviétique et en imposant un traité de non-agression avec la Pologne en janvier 1934 – dans les deux cas malgré les préférences des Affaires étrangères. Il prit peu à peu de l'assurance et se montra plus hardi. En mars 1935, il devina que les démocraties occidentales ne feraient rien face à une violation majeure du traité de Versailles et annonça l'existence d'une force aérienne allemande ainsi que l'introduction de la conscription pour constituer une armée de masse. Pour prendre cette décision, il ne consulta ni les responsables militaires ni les ministres[21]. Au début de 1936, il présuma, de nouveau à juste titre, que la faiblesse des démocraties occidentales, mise en évidence par la crise abyssinienne, lui offrait une excellente occasion de remilitariser la Rhénanie : encore une mesure qui eût été à l'ordre du jour de tout gouvernement nationaliste. Au sein du ministère des Affaires étrangères et parmi les chefs militaires, un cercle étonnamment large était au courant de ce qui se préparait, car Hitler hésita pendant près d'un mois, discutant de la question avec un certain nombre de conseillers, dont quelques-uns s'opposèrent à cette action qu'ils trouvaient trop risquée. Hitler écouta. Mais il prit la décision seul, passant outre aux avis en sens contraire. Son triomphe lui inspira une déclaration dictée par les impératifs de la propagande, mais témoignant d'un aplomb désormais illimité : « J'avance avec la certitude d'un somnambule sur le chemin qu'a tracé pour moi la Providence[22]. »

Mais ce chemin n'avait rien d'une ligne droite. Depuis le milieu des années 1920, il avait voulu faire de la Grande-Bretagne une amie et une alliée, non une ennemie, dans la guerre qu'il envisageait – et désirait – contre le « judéo-bolchevisme ». Cependant les signes d'alignement, comme le traité naval conclu en 1935 entre la Grande-Bretagne et l'Allemagne, restèrent sans lendemain. La distance se creusa et persista même quand le Premier ministre Neville Chamberlain s'inclina pour « apaiser » Hitler en 1938. Hitler avait compris longtemps auparavant qu'il devait compter la Grande-Bretagne au nombre des ennemis de l'Allemagne. Il savait aussi que la Grande-Bretagne, avec un Empire mondial derrière elle, commençait, quoique tardivement, à réarmer d'urgence. Au-delà, outre-Atlantique, se trouvait le vaste potentiel de l'Amérique, encore inexploité, bien sûr, à cause de l'isolationnisme dans lequel s'enfermait le pays. Il convenait de prendre très au sérieux ce futur ennemi probable, dont l'intervention avait scellé le sort de l'Allemagne au cours de la Première Guerre mondiale. Autrement dit, le temps ne jouait pas en faveur de l'Allemagne. Elle devait prendre l'avantage par son programme de réarmement précoce et accéléré. Mais cet avantage ne durerait pas, ce qui ne fit qu'exciter le tempérament de joueur de Hitler. Il était plus risqué d'attendre que d'agir, plaida-t-il invariablement.

L'impératif d'une action rapide se nourrissait d'un autre facteur : l'économie. Sitôt passées les étapes initiales, la campagne de réarmement ne pouvait se poursuivre qu'à un coût téméraire pour les finances publiques et la gestion ordonnée de l'économie. L'Allemagne manquait purement et simplement des ressources pour produire ou importer tout ce dont elle avait besoin pour fabriquer des armes et assurer un niveau de vie modeste à sa population croissante[23]. Plus d'argent pour les armes signifiait moins pour les vivres. Les canons *et* le beurre n'étaient possibles que dans un laps de temps limité. À la fin des années 1930, ce temps touchait à sa fin. Les sonnettes d'alarme commençaient à se faire entendre à travers l'économie. La guerre, quand elle survint, ne fut pas le fruit de la crise économique. En revanche, la crise économique qui se profilait était un résultat des impératifs idéologiques régissant la restructuration de l'économie pour la guerre[24]. Cela voulait dire toutefois qu'à la fin des années 1930 Hitler était pressé d'agir, parce qu'il avait le sentiment que d'ici peu l'Allemagne se retrouverait dans une position d'infériorité internationale et parce que la tension et la surchauffe économiques ne pouvaient durer indéfiniment.

Non que Hitler agît uniquement sous la contrainte des pressions extérieures. Celles-ci le poussèrent plutôt sur la voie dans laquelle il souhaitait de toute manière s'engager. Bien que l'antibolchevisme ait apparemment joué un rôle minime dans la gestation de la politique extérieure durant les premières années du régime, cela commença à changer à compter de 1936. Le début de la guerre civile espagnole, cet été-là, remit le bolchevisme sous les feux de l'actualité du point de vue de Hitler. Il décida seul, et pour des raisons idéologiques (combattre la menace du bolchevisme en Espagne, puis en France), d'apporter l'aide militaire allemande au général Francisco Franco, le chef de la rébellion nationaliste contre la République espagnole[25]. Plus tard, ce même été, son mémoire sur le plan quadriennal reposait sur la prémisse que l'« épreuve de force avec la Russie est inévitable[26] ». En 1937, Hitler s'attendait à une grande guerre en Europe au cours des cinq ou six années suivantes, estimait que Staline avait le « cerveau malade », et parlait du bolchevisme comme du « danger que nous devrons abattre le moment venu »[27]. Hitler ne perdit donc jamais de vue l'objectif idéologique qu'il avait fait sien dans les années 1920, même si les ajustements à la constellation changeante de la politique extérieure concrète des années précédant la guerre le firent passer un temps à l'arrière-plan. En août 1939, Hitler procéda à un ultime ajustement quand, dans un geste d'un cynisme époustouflant (partagé par Staline), il tira un trait sur l'antagonisme envers l'Union soviétique inscrit dans l'idéologie nazie pour conclure un pacte de non-agression avec l'ennemi juré[28]. Mais même à cette époque, quelques jours avant ce pacte spectaculaire, il aurait confié au commissaire suisse de la Société des Nations, Carl Burckhardt : « Tout ce que j'entreprends est dirigé contre la Russie. Si à l'Ouest on est trop bête et trop aveugle pour le comprendre, je serai contraint de trouver une entente avec les Russes pour battre l'Ouest ; puis, après sa défaite, je retournerai toutes mes forces concertées contre l'Union soviétique[29]. »

À cette époque, la guerre en Europe était une certitude. Hitler l'avait saisi mieux que personne. Quand une association de facteurs déterminants – idéologiques, militaro-stratégiques et économiques – accéléra le tempo et réduisit considérablement le laps de temps qu'il avait précédemment envisagé – il imaginait que ce serait autour de 1943 –, sa marge de manœuvre pour éviter le conflit imminent avec les puissances occidentales se rétrécit. En 1938, la Grande-Bretagne et la France avaient été tellement avides d'éviter la guerre qu'elles avaient fléchi devant l'agression de Hitler à Munich, au détriment de la Tchécoslovaquie. Hitler s'attendait à ce qu'elles en fassent autant en Pologne où les enjeux – satisfaire sa revendication sur Dantzig et le corridor – semblaient plus modestes. C'était une erreur de calcul. Le fait qu'il eut occupé ce qu'il subsistait de la Tchécoslovaquie en mars 1939, en violation de l'accord qu'il avait conclu seulement six mois auparavant, avait détruit le parti de l'apaisement. Il crut jusqu'à la fin du mois d'août que la France et la Grande-Bretagne céderaient une fois encore à la dernière minute et qu'il pourrait détruire la Pologne sans qu'elles intervinssent. Deux jours après que ses troupes eurent envahi la Pologne cependant, il eut enfin sa guerre avec l'Ouest – même si ce n'était pas au moment de son choix. Pour l'heure, la guerre qu'il souhaitait vraiment contre l'Union soviétique attendrait.

Une campagne militaire unilatérale en Pologne lui valut une victoire écrasante en un peu plus de trois semaines. Mais Hitler n'escomptait pas que Londres ou Paris saisirait la tiède offre de paix – à ses conditions – qu'il avait faite dans son discours du 6 octobre au Reichstag. Il tramait déjà sa prochaine initiative. Le sentiment que le temps jouait au profit de ses ennemis, et que frapper sans délai signifiait prendre l'initiative, garder le dessus – ainsi que nous l'avons vu, c'est un trait constant de la psychologie de Hitler – le laissa insatisfait de son triomphe facile en Pologne. Il était désormais impatient d'attaquer l'Ouest sans perdre une minute. Avec la Pologne vaincue et son nouvel allié soviétique ne représentant pour l'instant aucun danger, l'Allemagne était en sécurité à l'Est. Le front occidental était ouvert. Jamais les circonstances ne seraient meilleures. Il fallait saisir l'occasion d'infliger une défaite cuisante à la France et forcer la Grande-Bretagne à reconnaître sa faiblesse et à trouver un accommodement. La guerre à l'Ouest une fois gagnée, il pourrait consacrer toute son attention à préparer la guerre qu'il avait toujours voulu livrer : l'épreuve de force à l'Est avec le « judéo-bolchevisme », afin de détruire la Russie de Staline et assurer l'avenir à long terme de l'Allemagne en acquérant de l'« espace vital » et des ressources matérielles illimitées. Hitler en était là de ses réflexions à l'automne 1939.

Ses généraux reculaient face aux dangers d'une attaque anticipée aussi risquée à l'Ouest, amplifiés par le début imminent du mauvais temps. Balayer l'armée polonaise faible et archaïque dans une brève campagne était une chose ; lancer une grande offensive contre la France, son immense armée protégée par les défenses élaborées de la ligne Maginot, et membre d'une puissante alliance avec la Grande-Bretagne et son Empire, était une tout autre affaire. Les généraux savaient que les forces armées n'étaient pas prêtes pour un conflit à grande échelle, probablement appelé à durer, contre de puissants ennemis. Même la brève campagne polonaise avait mis hors d'état de nuire la moitié des chars et des véhicules motorisés. La continuation immédiate de la guerre par une attaque à l'Ouest était à leurs yeux impensable.

Leur hésitation et leur prudence firent enrager Hitler. Mais peut-être devina-t-il qu'ils avaient raison. En tout état de cause, il s'inclina devant leurs inquiétudes quant aux mauvaises conditions climatiques et aux difficultés de transport au point d'accepter délai sur délai – vingt-neuf au total – pour le lancement de l'offensive à l'Ouest. Les plans opérationnels détaillés ne furent arrêtés qu'en février 1940. Puis la nécessité d'intervenir en Scandinavie, où les troupes allemandes avaient envahi le Danemark et la Norvège en avril, devint prioritaire. Les ajournements se révélèrent précieux pour étoffer les forces armées. Et ils aboutirent finalement à un plan tactiquement audacieux et brillant consistant à attaquer où on l'attendait le moins, en coupant à travers la région boisée des Ardennes, dans le sud de la Belgique, pour foncer vers les plaines françaises du Nord, en direction de la côte. Ce plan avait d'abord été une idée tactique du général de corps d'armée Erich von Manstein. Exaspéré par les idées peu inspirées et conventionnelles du haut-commandement de son armée, Hitler se les était appropriées et les avait transformées en directives militaires. Tel était le plan qui inspira l'attaque finalement lancée le 10 mai au petit matin[30].

L'offensive fut couronnée d'un succès foudroyant, plus grand encore que Hitler ne l'avait espéré. Les Hollandais se rendirent au bout de cinq jours. Les Belges, dont la neutralité avait été violée par les troupes allemandes pour la seconde fois en l'espace d'une génération, résistèrent plus longtemps, presque jusqu'à la fin du mois. Mais si la petite armée belge se battit vaillamment, elle fut vite brisée par la puissance allemande. Et quelle que fût sa force sur le papier, l'armée française, dirigée de manière inepte, mal équipée et souffrant d'un moral fléchissant, se révéla incapable de se mesurer à la Wehrmacht. Les légendaires fortifications de la ligne Maginot, construite pour repousser une éventuelle troisième offensive d'outre-Rhin, ne servirent finalement presque à rien. Elles furent bien incapables d'arrêter la principale offensive allemande, qui se contenta de les contourner. La résistance s'effondra. Le 14 juin, moins de cinq semaines après le lancement de l'offensive, les troupes allemandes entraient dans Paris. Trois jours plus tard, Hitler exulta en apprenant que la France avait demandé la paix. Sa revanche sur les Français était complète, ou elle le serait sitôt l'armistice signé en sa présence, le 21 juin, dans le même wagon où les Allemands avaient été contraints de capituler en 1918. L'ampleur du triomphe donna un nouvel élan à sa mégalomanie naissante. Et son autoglorification (embrassant un sentiment d'infaillibilité) fut amplifiée par les applaudissements de ses généraux, qui devaient bien reconnaître, parfois à contrecœur, non seulement l'ampleur de ce qui avait été possible sous Hitler, mais aussi le rôle direct qu'il avait joué dans un plan d'attaque couronné d'un extraordinaire succès stratégique. Seuls les Britanniques, pensait Hitler, le séparaient d'une victoire complète à l'Ouest. Sans doute entendraient-ils raison et chercheraient-ils un accommodement.

II

Le 6 juillet 1940, Hitler regagna triomphalement Berlin pour célébrer, devant un immense public en adoration, la spectaculaire victoire sur la France et la conclusion de l'étonnante campagne occidentale. Ce fut le plus grand retour au pays qu'il ait jamais connu. Pour les centaines de milliers de gens qui l'avaient attendu des heures le long des rues jonchées de fleurs de la capitale du Reich, la fin de la guerre paraissait proche. Seule la Grande-Bretagne semblait encore barrer la route d'une victoire définitive. Parmi les foules en liesse, peu imaginaient qu'elle serait un obstacle de taille durable à la puissante Wehrmacht. Même dans l'ivresse de la défaite écrasante de la France, toutefois, les conseillers militaires de Hitler et le dictateur lui-même étaient loin d'être sûrs qu'ils viendraient rapidement à bout de la résistance britannique. Derrière la Grande-Bretagne se profilait aussi l'ombre, certes encore vague, des États-Unis. Si le sentiment était rarement exprimé à voix haute, la peur n'en était pas moins lancinante : si les États-Unis mobilisaient leur puissance et leur richesse colossales pour les lancer dans la guerre, comme en 1917, les chances d'une victoire totale de l'Allemagne déclineraient rapidement. Le double problème – comment faire *sortir* la Grande-Bretagne du conflit et *tenir* l'Amérique à l'écart de la guerre – allait donc occuper les pensées de Hitler et des chefs militaires allemands dans les semaines suivant la capitulation de la France. La priorité absolue était de persuader la Grande-Bretagne de négocier un accord (ou, à défaut, de l'y contraindre par la force militaire)[31]. Éliminer la Grande-Bretagne de la guerre dissuaderait l'Amérique de s'engager en Europe et libérerait les arrières de l'Allemagne, permettant à Hitler de lancer la guerre qu'il voulait livrer depuis les années 1920 : la guerre pour détruire le « judéo-bolchevisme » et conquérir un immense empire oriental aux dépens de l'Union soviétique.

Moins d'une heure après le discours de Hitler au Reichstag du 19 juillet cependant, les premières dépêches faisaient état de la réponse glaciale de la Grande-Bretagne à son « appel à la raison » afin de trouver un accommodement avec l'Allemagne et éviter la destruction de son Empire[32]. Le 22 juillet, dans un discours radiodiffusé, le secrétaire britannique aux Affaires étrangères, lord Halifax, dit publiquement ce que Hitler savait déjà, à savoir que la Grande-Bretagne n'envisageait pas la possibilité d'un règlement négocié et était résolue à continuer de se battre[33]. Avant le discours de Halifax déjà, Hitler avait pris acte du rejet catégorique de son « appel » et, le 21 juillet, évoqué avec ses commandants en chef la possibilité d'envahir l'Union soviétique dès l'automne.

Ses raisons sous-jacentes étaient idéologiques, comme elles l'étaient depuis près de deux décennies. En attaquant l'Union soviétique, il détruirait la puissance des Juifs, incarnée par le régime bolchevique dans sa vision du monde ; et dans le même temps il gagnerait un « espace vital » pour y installer des Allemands. La victoire ferait de l'Allemagne la maîtresse de l'Europe et créerait les bases d'un empire racialement purifié qui serait finalement à même de défier les États-Unis et de leur disputer la domination du monde. Il était cependant clair désormais que la guerre pour détruire le bolchevisme ne serait pas livrée comme il l'avait envisagé, avec le soutien, ou du moins la tolérance, de la Grande-Bretagne. Celle-ci refusait encore à ce stade d'entrer dans le schéma qu'il avait élaboré voici tant d'années. D'une manière ou d'une autre, il fallait l'y contraindre, ou tout au moins l'éliminer de l'équation en tant que force hostile. « Le Führer est très dérouté devant le manque d'empressement persistant de la Grande-Bretagne à faire la paix », avait observé le 13 juillet Franz Halder, le chef d'état-major de l'armée de terre. « Il [en] voit la raison, comme nous, dans l'espoir que la Grande-Bretagne fonde sur la Russie, et compte donc devoir la contraindre par la force brute à accepter la paix[34]. » Si forte que fût la motivation idéologique, l'urgence implicite de la suggestion ahurissante d'attaquer l'Union soviétique à l'automne relevait de la stratégie militaire. Et c'est bien ainsi que Hitler la présenta à ses commandants en chef le 21 juillet.

« Aucune idée claire de ce qui se passe en Angleterre, déclara Hitler. Les préparatifs d'un règlement par les armes doivent être achevés aussi vite que possible. » Il refusait de laisser échapper l'initiative militaire et politique. L'Allemagne avait gagné la guerre, assura-t-il impétueusement. La position britannique était désespérée, mais elle perdurait parce que la Grande-Bretagne espérait que l'aide américaine finirait par arriver et qu'elle « fondait son espoir sur la Russie ». Celle-ci pouvait, par exemple, attiser les Balkans, avec pour effet de couper les axes de ravitaillement allemand en carburant, à moins que la Grande-Bretagne n'incitât la Russie à agir contre l'Allemagne. Staline, suggéra-t-il, « flirtait avec la Grande-Bretagne pour la maintenir dans la guerre et nous clouer sur place, dans l'idée de gagner du temps et de prendre ce qu'il veut, sachant qu'il ne pourra l'obtenir dès que la paix se fera ». Et Hitler de conclure qu'il fallait « réduire à merci la Grande-Bretagne d'ici la mi-septembre, date à laquelle nous lancerons notre invasion ». Mais il était moins certain qu'il ne le paraissait quant à cette perspective. Il jugeait la traversée de la Manche « très hasardeuse » et précisa que l'invasion ne devait être « entreprise que faute de trouver un autre moyen de s'entendre avec la Grande-Bretagne ». Dans son idée, il y avait bien une façon de lui forcer la main : détruire l'Union soviétique. « Il faut penser à nous attaquer au problème russe et dresser les plans », déclara-t-il. L'objectif était d'« écraser l'armée russe ou tout au moins de prendre autant de territoire russe que nécessaire pour interdire les raids aériens ennemis sur Berlin et les industries silésiennes ». Il faudrait de quatre à six semaines pour assembler une armée d'invasion. « Si nous attaquons la Russie cet automne, nous dissiperons la pression de la guerre aérienne sur l'Angleterre[35]. »

Il était donc prêt à plonger l'Allemagne un temps (pensait-il) dans la guerre à l'Est sans avoir conclu la guerre à l'Ouest par une victoire décisive, évoquant ainsi le spectre de la guerre sur deux fronts que redoutaient les stratèges militaires et l'opinion. Le 29 juillet, quand le général Alfred Jodl, chef de l'état-major opérationnel de la Wehrmacht et principal conseiller de Hitler en matière de stratégie militaire, fit part à ses plus proches subordonnés de l'intention de lancer une campagne à l'Est, la perspective d'une guerre sur deux fronts provoqua une heure de discussion inquiète. Par conviction ou non, Jodl contra les objections aux arguments de Hitler : l'épreuve de force avec le bolchevisme étant inévitable, mieux valait en découdre maintenant, alors que la puissance militaire allemande était à son apogée ; et, à l'automne 1941, la Luftwaffe, renforcée par son déploiement victorieux à l'Est, serait de nouveau prête à se déchaîner sur la Grande-Bretagne[36]. Hitler lui-même faisait fi de ces craintes d'une guerre sur deux fronts. Grisé par la grandeur de la victoire à l'Ouest, il avait déclaré à ses principaux conseillers militaires, au moment de la capitulation française, qu'une « campagne contre la Russie ne serait, en comparaison, qu'un jeu d'enfant[37] ».

Pour Hitler, la guerre se justifiait par la nécessité d'éliminer le dernier grand allié possible de la Grande-Bretagne sur le continent. Il prétendit aussi que l'Union soviétique était l'« épée extrême-orientale de la Grande-Bretagne et des États-Unis pointée sur le Japon[38] ». Sous-entendu : la victoire sur l'Union soviétique laisserait le Japon libre d'engager son ambitieux programme d'expansion au sud sans craindre la puissance de l'Union soviétique sur ses arrières, avec l'effet combiné de miner la puissance britannique en Extrême-Orient, d'immobiliser les États-Unis dans le Pacifique et de les dissuader de s'engager dans l'Atlantique et en Europe. La brève campagne projetée à l'Est ouvrait donc la perspective non seulement d'une hégémonie complète sur le continent européen, mais aussi d'une victoire finale totale dans la guerre. Après quoi, à une date encore indéterminée, viendrait l'épreuve de force avec les États-Unis. Dans le projet de Hitler d'envahir l'Union soviétique, il n'y avait aucune contradiction entre l'idéologie et les considérations militaro-stratégiques. Elles allaient de pair. La motivation essentielle était comme toujours idéologique. Mais dans la décision effective, l'impératif stratégique dominait[39].

La perspective d'une attaque de l'Union soviétique à l'automne ayant été rapidement exclue parce qu'irréaliste, il la repoussa au mois de mai 1941. C'était la date qu'il avait fixée lors de son entrevue du 29 juillet avec Jodl, et qu'il annonça à ses chefs militaires deux jours plus tard. Il s'agissait d'une décision capitale, peut-être la plus capitale de toute la guerre. Et elle fut prise en toute liberté. Autrement dit, elle ne fut pas prise sous d'autres contraintes que celles qu'il s'imposa lui-même. Il n'était pas question de parer la menace immédiate d'une attaque de l'Union soviétique. Jamais il ne fut question à l'époque de la nécessité d'une attaque préventive : cette justification ne devait être avancée que plus tard. Hitler lui-même avait admis dix jours auparavant que les Russes ne voulaient pas d'une guerre avec l'Allemagne[40]. La décision ne fut pas davantage prise en réponse aux pressions de l'armée ou de quelque autre lobby aux plus hauts échelons du régime. En vérité, même le 30 juillet, la veille de la déclaration de Hitler, le commandant en chef de l'armée de terre, le feld-maréchal Werner von Brauchitsch, et le chef de l'état-major général de l'armée de terre, le colonel-général Halder, admirent que « mieux valait entretenir des relations d'amitié avec la Russie ». Ils préféraient concentrer l'effort militaire sur les possibilités d'attaquer les positions britanniques en Méditerranée (notamment Gibraltar) et au Moyen-Orient, ne voyaient aucun danger d'engagement russe dans les Balkans et le golfe Persique et envisageaient d'aider les Italiens à créer un Empire méditerranéen, voire de coopérer avec les Russes pour consolider le Reich allemand en Europe du Nord et de l'Ouest : c'est sur cette base seulement qu'on pourrait alors envisager avec équanimité une longue guerre contre la Grande-Bretagne[41].

La pression qui s'exerçait sur Hitler était subjective : il s'agissait du sentiment qu'il ne fallait pas perdre une minute pour frapper l'Union soviétique si l'Allemagne ne voulait pas voir l'initiative générale dans la guerre lui échapper au profit de la Grande-Bretagne et, en définitive, des États-Unis[42]. Cette pression subjective était cependant renforcée par la logique économique de guerre allemande, laquelle s'enracinait à son tour dans l'idéologie de l'« espace vital » et dans la notion étroitement liée de *Großraumwirtschaft* ou « sphère de domination économique ». Quand l'euphorie consécutive à la victoire sur la France commença de retomber, on prit conscience que les espérances allemandes de domination économique sur le continent européen avaient un talon d'Achille : l'Union soviétique. En fait, durant l'été 1940, l'Allemagne profitait amplement des livraisons soviétiques de vivres et de matières premières dans le cadre de l'accord économique qui découlait du pacte entre Hitler et Staline[43]. Le ministère de l'Économie n'en attira pas moins l'attention de Hitler sur le fait que, pour s'équiper en vue d'une longue guerre contre la Grande-Bretagne et, avec une certitude croissante, contre les États-Unis, l'Allemagne avait besoin d'infiniment plus que ce qu'elle recevait de l'Union soviétique. Même si, à court terme, pour gagner du temps, Staline serait probablement disposé à accéder aux demandes de livraisons accrues, la dépendance envers l'Union soviétique croîtrait inexorablement : perspective trop précaire pour que Hitler la tolérât. Il convint avec son ministre de l'Économie, Walther Funk, que la « sphère économique » allemande (*der « großdeutsche Wirtschaftsraum »*) ne pouvait être « à la merci de forces et de puissances sur lesquelles nous n'avons aucune influence[44] ». C'était un point de vue largement partagé aux échelons les plus élevés de la Wehrmacht, des grandes entreprises et de la bureaucratie ministérielle. Aussi la décision de Hitler d'engager la guerre contre l'Union soviétique avait-elle toute chance de trouver un large appui dans ces groupes vitaux[45].

Quelles que fussent les craintes de certains généraux concernant cette aventure, la décision de Hitler ne rencontra ni opposition ni contestation à la tête de l'armée. En fait, sentant ce qui se préparait, l'état-major général de l'armée de terre avait lancé des études de faisabilité des semaines avant que Hitler n'annonçât son intention de frapper l'Union soviétique[46]. Ses chefs militaires étaient aussi avertis que lui de sa position stratégique. Ils n'avancèrent aucune autre stratégie pour obtenir la victoire finale, supposant qu'il serait impossible d'envahir la Grande-Bretagne ou de la soumettre en la bombardant[47]. De plus, comme Hitler, ils sous-estimaient grossièrement l'armée Rouge (surtout depuis sa piètre prestation dans la « guerre d'hiver » contre la Finlande quelques mois plus tôt), et ils partageaient sa détestation du bolchevisme, et certains même son identification du régime soviétique au pouvoir des Juifs. Mais il est éminemment douteux que, dans les semaines suivant la défaite de la France, eux-mêmes en fussent venus à recommander la décision de préparer d'urgence une invasion de l'Union soviétique. Cette décision fut celle de Hitler, et de lui seul.

L'immensité de la catastrophe qu'il provoqua ce faisant allait se déployer toujours plus clairement à compter de l'automne 1941, dès que la progression des forces allemandes vers Moscou s'enlisa face aux rigueurs de l'hiver russe. Cependant, la question qui nous intéresse ici ne se rapporte pas à l'attaque elle-même, mais à la décision de la lancer, prise l'année précédente. Alors même que se mettait en place la logistique de ce qu'on devait connaître sous l'appellation d'« Opération Barbarossa », Hitler avait-il des options qui lui auraient donné de meilleures chances d'éliminer, voire de réduire, la menace que faisait peser sur l'Allemagne la continuation de la guerre par la Grande-Bretagne et l'entrée finale présumée de l'Amérique ? Les chefs de la flotte allemande le pensaient. De même que, un temps, le ministère des Affaires étrangères.

Prise le 31 juillet 1940, la décision d'attaquer l'Union soviétique au printemps suivant ne devait pas se traduire en directive de guerre avant le 18 décembre[48]. Naturellement, cette directive ne signifiait pas en elle-même qu'une invasion allait être lancée. En décembre, l'engagement qui menait à cette invasion prit un tour irréversible ; mais durant les quatre mois séparant juillet et décembre 1940 en revanche, sur des questions déterminant la stratégie allemande, Hitler parut étrangement vacillant, peu sûr du tournant à prendre, hésitant, indécis, voire faible, alors qu'il était à l'apogée de sa puissance dans ses relations extérieures avec des dictateurs de moindre stature (Mussolini et Franco) et avec le chef de la France défaite (le maréchal Pétain). Il donna parfois l'impression d'envisager des solutions militaires ou de politique étrangère en contradiction avec la guerre à l'Est. À la fin de l'automne, cependant, il apparut clairement qu'il était de nouveau sur la voie choisie et dont il ne s'était jamais sérieusement écarté : attaquer l'Union soviétique à la première occasion dans le but stratégique d'obtenir une victoire finale dans la guerre : la conquête de Londres passerait par Moscou. Ce fut un choix fatidique d'une ampleur immense.

Le choix présuppose des options. Quelles possibilités stratégiques s'ouvraient aux dirigeants allemands pendant l'été 1940 ? Dans l'après-guerre, on devait souvent entendre qu'une autre stratégie – militairement bien plus prometteuse – existait, mais avait été gaspillée tant Hitler tenait à attaquer l'Union soviétique[49]. Pour certains chefs militaires, trop pressés de ne pas chercher la cause de la « catastrophe allemande » plus loin que Hitler, c'était le moyen de se disculper[50]. Plus tard, la recherche historique s'est généralement montrée bien plus sceptique, se focalisant invariablement sur l'impératif idéologique de la guerre à l'Est chez Hitler[51].

C'est Hitler qui arrêta la stratégie. Il n'y a aucun doute à ce propos. De surcroît, sa sensibilité au prestige de sa position de chef suprême exigeait que les décisions fussent prises impérieusement, sans perdre de temps à écouter des conseils circonstanciés, *a fortiori* des débats et discussions prolongés. L'évaluation critique des choix politiques dépend pour une large part de l'efficacité des mécanismes du système gouvernemental chargés de leur donner forme et de les soumettre aux dirigeants. Compte tenu de la nature du gouvernement sous le IIIe Reich, la possibilité n'était pas très grande de présenter à Hitler des alternatives mûrement réfléchies. Alors que le cabinet de guerre britannique, après trois jours de débats intenses, en arriva collectivement à la décision de rester dans la guerre, Hitler se contenta d'annoncer à ses généraux le 31 juillet (sans avoir préalablement consulté d'autres responsables que ses plus proches conseillers militaires, qui avaient dressé les premiers plans d'urgence) la décision de préparer la guerre avec l'Union soviétique au printemps suivant. Dans l'administration civile du Reich, personne ne fut informé de la décision.

Sous Hitler, on l'a vu, la fragmentation du gouvernement était plus grande que sous toute autre dictature de l'époque. Depuis que le cabinet du Reich s'était réuni pour la dernière fois, au début de 1938, tout reste de gouvernement collectif avait disparu.

Au même moment, début 1938, Hitler avait concentré entre ses mains la direction des forces armées. Mais le haut commandement de la Wehrmacht, mis en place pour assurer le contrôle de Hitler, ne fonctionnait pas comme organe collégial de conseil en matière stratégique comme pouvaient le faire les réunions des chefs d'état-major auprès du cabinet de guerre britannique. De ce fait, les trois armes – armée de terre, aviation et marine – n'eurent guère l'occasion, sinon aucune, de dresser collectivement des plans cohérents. Les trois armes travaillèrent côte à côte, leurs commandants en chef traitant surtout bilatéralement avec Hitler.

Des priorités stratégiques très différentes devaient donc se dessiner. En particulier, les préférences stratégiques de la marine allemande différaient sensiblement de celles de Hitler. Constituaient-elles une option viable ignorée par Hitler et qui offrait des perspectives plus prometteuses de poursuivre la guerre, évitant ainsi la débâcle de l'Est ?

III

Chez les chefs de la marine allemande – engagés avec l'armée de terre et l'aviation dans une lutte incessante dont l'enjeu était le statut, l'influence et les ressources –, la réflexion stratégique avait d'emblée suivi des axes différents de ceux de Hitler, même si elle n'était pas moins agressive ni moins globale dans ses ambitions d'expansion territoriale et, en définitive, de domination mondiale. Là où Hitler avait voulu utiliser l'amitié britannique pour détruire l'Union soviétique, en vue de construire un immense empire terrestre en Europe orientale et un bastion imprenable d'où, dans un avenir lointain, l'Allemagne pourrait engager une épreuve de force avec les États-Unis, la destruction de la puissance mondiale britannique était pour la marine l'objectif central de la guerre maritime. Ce but requérait une flotte grande et puissante, capable d'affronter et de vaincre la Royal Navy dans une guerre navale classique. Avec la construction d'un immense empire colonial allemand, cela créerait la base pour défier et défaire les États-Unis dans la lutte pour la domination mondiale. Attaquer la

Russie bolchevique n'était pas prioritaire dans cette approche. Le bolchevisme était bien entendu un mal qu'il faudrait le moment venu affronter et détruire. Mais on tenait pour acquis qu'il pouvait être contenu, puis écrasé par la suite, dès que l'Allemagne aurait assis sa prééminence.

La stratégie de la marine sous le IIIe Reich était au fond une variante amendée et actualisée de ce qu'elle était à l'époque de Tirpitz[52]. Elle était dans la droite ligne de l'un des deux grands courants de l'impérialisme allemand : celui de l'empire colonial outre-mer. Les idées de Hitler (et celles du parti nazi) procédaient de l'autre courant impérialiste, également profondément enraciné dans la période wilhelminienne, qui prônait l'expansion et la conquête en Europe orientale[53]. Pour l'armée de terre – mais pas pour la marine – cette dernière version, qui requérait de puissantes forces terrestres pour dominer le continent, présentait d'évidents attraits. Mais dans l'avant-guerre les deux stratégies maritime et continentale pouvaient aisément coexister. Si l'armée de terre, la marine et l'aviation se disputaient les ressources, il n'était aucunement nécessaire de trancher l'alternative. Avec la décision prise en 1939 de construire une grande flotte de surface, envisagée dans le plan Z, il sembla même un temps que la marine ait eu gain de cause[54].

Mais la crise polonaise qui déboucha en septembre 1939 sur la guerre entre l'Allemagne et la Grande-Bretagne ruina complètement le projet cher à la marine de préparer un grand combat pour le milieu de l'année 1940. Dans un remarquable mémorandum du 3 septembre 1939, date même de la déclaration de guerre de la Grande-Bretagne et de la France à l'Allemagne, le commandant en chef de la marine, le grand amiral Erich Raeder, tout près de reprocher à Hitler d'entraîner son pays prématurément dans la guerre, admit que la flotte, qui selon le plan Z s'armait en vue d'une guerre « sur l'océan » au tournant de l'année 1944-1945, était encore à l'automne 1939 loin d'être suffisamment armée pour le « grand combat avec l'Angleterre[55] ».

Au printemps et au début de l'été 1940, cette morosité initiale s'était dissipée au profit d'un optimisme débridé. À la suite du rôle joué par la flotte dans les conquêtes scandinaves d'avril, puis surtout dans les événements exaltants de la campagne occidentale de mai-juin, avec l'apogée de la victoire spectaculaire sur la France, les chefs de la marine avaient élaboré leur vision utopique de la puissance mondiale future de l'Allemagne reposant sur la capacité de celle-ci à protéger ses possessions outre-mer[56]. L'annexion d'immenses territoires était envisagée. D'après un mémorandum du 3 juin, composé par le contre-amiral Kurt Fricke, le Danemark, la Norvège et le nord de la France devaient rester des possessions allemandes, préservant ainsi le littoral nord-ouest du Reich. Un groupe contigu de territoires – essentiellement pris à la France et à la Belgique – venant s'ajouter à d'anciennes colonies allemandes récupérées, et d'autres échangées avec la Grande-Bretagne et le Portugal, établiraient un vaste empire colonial en Afrique centrale. Des îles au large de la côte est de l'Afrique, avant tout Madagascar, offriraient des bases protectrices[57].

L'amiral Rolf Carls, qui commandait la flotte dans la Baltique et passait de longue date pour le successeur probable de Raeder, alla encore plus loin. Des parties de la Belgique et de la France (dont la Normandie et la Bretagne) deviendraient des protectorats allemands, sur le modèle tchèque. L'empire colonial français serait éclaté au profit de l'Allemagne, de l'Italie et, dans une certaine mesure, de l'Espagne. L'Afrique du Sud et la Rhodésie du Sud seraient retirées à l'Empire britannique pour devenir un État indépendant, tandis que l'Allemagne s'emparerait de la Rhodésie du Nord, qui ferait ainsi office de pont entre ses territoires africains de l'Est et de l'Ouest. Tous les droits que détenaient les Britanniques dans le golfe Persique, notamment les champs de pétrole, reviendraient à l'Allemagne. La Grande-Bretagne et la France devaient être exclues de tout contrôle sur le canal de Suez. Londres serait privée de ses mandats au Moyen-Orient. L'Allemagne prendrait les Shetlands et les îles de la Manche. Des bases stratégiques seraient aménagées dans les Canaries (probablement à la suite d'un échange de territoire avec l'Espagne), à Dakar sur la côte ouest de l'Afrique (aux dépens de la France), ainsi qu'à Madagascar, à l'île Maurice et aux Seychelles, dans l'océan Indien. Tout en admettant que la vision pouvait bien paraître « fantastique », Carls en prônait la réalisation pour « asseoir une fois pour toutes les droits de l'Allemagne sur sa partie du globe[58] ».

Un autre mémorandum daté du 11 juillet imaginait pourtant la puissante flotte de guerre nécessaire pour défendre un grand empire colonial et livrer la guerre aux États-Unis une fois la Grande-Bretagne entièrement vaincue, et son empire, jadis puissant, dépecé. Les défenses côtières seraient massivement étendues. Des bases dans les Açores, aux Canaries et dans les îles du Cap-Vert assureraient la sécurité contre des attaques venues de l'Atlantique. L'annexion de la Nouvelle-Guinée mais aussi de Madagascar assurerait une protection dans l'océan Indien. La domination de l'océan Indien, de la mer Rouge et de la Méditerranée assurerait sans difficulté le lien entre l'Allemagne et ses colonies[59]. Une vision grandiose à couper le souffle en même temps qu'un témoignage supplémentaire d'une hubris de l'élite allemande, qui était loin de se limiter à Hitler.

Ces mémoires étaient cependant loin de ressembler à une pensée stratégique cohérente. Ils n'étaient jamais que des rêves de mégalomanes formés dans l'ivresse d'une victoire finale qui paraissait imminente. En fait, sans la défaite de la Grande-Bretagne, qui en était la prémisse sous-jacente, même les premiers pas en vue de leur réalisation étaient hors de question. Et ils ne firent rien pour préparer la marine au choix stratégique que Hitler avait fait pendant l'été 1940, : envahir l'Union soviétique au printemps de l'année suivante. L'intérêt du dictateur demeurait focalisé, comme il l'avait toujours été, sur les perspectives d'empire dans l'Est de l'Europe, et non en Afrique centrale. Pour lui, contrairement à la marine, la construction d'un empire colonial en Afrique ne viendrait qu'*après* la défaite du bolchevisme et faisait partie de l'inévitable affrontement futur avec le continent américain[60].

Pour sa part, la direction de la marine, quand elle s'abaissait de ses rêves utopiques au niveau de la préparation concrète, était accaparée par la tâche immédiate qui lui avait été dévolue quelques semaines plus tôt : préparer les plans opérationnels d'une invasion de la Grande-Bretagne à l'automne, afin de faire sortir Londres de la guerre et de libérer les arrières de l'Allemagne en vue de l'attaque contre l'Union soviétique.

Bien que les préparatifs d'urgence préliminaires de la flotte à une éventuelle invasion de la Grande-Bretagne aient été engagés dès novembre 1939[61], les études opérationnelles véritables ne commencèrent qu'en juin 1940. Le jour même où les Français demandaient la paix, le 17 juin, le général de division Walter Warlimont, qui en tant que patron du département de la défense de l'état-major opérationnel de la Wehrmacht était tout près du cœur de la réflexion militaire, déclara à Raeder que Hitler n'avait exprimé aucune intention de tenter un débarquement en Angleterre « puisqu'il voyait parfaitement les difficultés d'une telle entreprise ». Aussi le haut commandement de la Wehrmacht n'avait-il fait aucun préparatif à cette fin. Warlimont indiqua aussi combien Hitler, dans sa réflexion, s'écartait nettement des préférences stratégiques sous-jacentes des chefs de la flotte. Il confirma que Hitler ne souhaitait pas détruire totalement l'Empire de la Grande-Bretagne, puisque cela ne se ferait qu'au « détriment de la race blanche ». Il préférait faire la paix avec la Grande-Bretagne, après la défaite de la France, « moyennant le retour des colonies et le renoncement des Anglais à toute influence en Europe[62] ».

En quinze jours, cependant, le général Jodl, supérieur immédiat de Warlimont en sa qualité de chef de l'état-major opérationnel de la Wehrmacht et plus proche conseiller militaire de Hitler, avait mis au point une stratégie pour forcer la Grande-Bretagne à capituler s'il se révélait impossible de lui faire entendre raison. Cela impliquait la perspective d'un débarquement, mais aussi d'une « guerre à la périphérie », visant à apporter un soutien militaire limité aux pays – Italie, Espagne, Russie et Japon – qui avaient intérêt à profiter du travail de sape de l'Empire britannique. Il fut précisément question d'une attaque italienne sur le canal de Suez et de la prise de Gibraltar[63]. La « stratégie périphérique » continua d'être envisagée tout au long de l'été et de l'automne ; par certains aspects, elle rejoignait la réflexion des chefs de la marine.

Par ailleurs, l'idée d'une invasion de la Grande-Bretagne n'eut qu'une vie assez courte. Hitler y voyait de toute évidence un dernier recours et se montra dès le début très sceptique quant à sa faisabilité[64]. Il avait insisté sur la maîtrise allemande du ciel, dans laquelle il voyait la condition préalable la plus importante à un débarquement. Raeder en était totalement d'accord. Mais les chefs de la flotte ne doutaient pas seulement que ce fût possible : à la mi-juillet, ils se dirent très préoccupés par les difficultés de transport et avouèrent craindre que, même si l'on parvenait à débarquer des troupes allemandes sur le sol britannique, l'intervention de la Royal Navy puisse empêcher de nouveaux débarquements et les isoler, débouchant ainsi sur une « extraordinaire mise en danger de toute l'armée déployée[65] ». De plus, l'achèvement des préparatifs du débarquement prévu pour la mi-août se révéla rapidement illusoire[66]. Le nécessaire report au milieu du mois suivant[67] réduisait considérablement l'éventail des possibilités avant que les caprices de la météo dans la Manche excluent toute tentative avant le printemps suivant. À la fin du mois d'août, il était clair pour les chefs de la marine que les préparatifs ne pourraient être achevés à la nouvelle échéance fixée, le 15 septembre[68]. Dès avant la fin juillet, la Direction de la guerre navale (*Seekriegsleitung*) avait mis en garde contre la tentation de mener l'opération en 1940 pour conseiller de la reporter au plus tôt au mois de mai de l'année suivante. Le 31 juillet, Raeder fit part de ses arguments à Hitler, qui prit acte des difficultés, mais attendit pour prendre une décision définitive que l'occasion fût donnée à la Luftwaffe de bombarder l'Angleterre pendant huit jours consécutifs[69]. L'ordre d'ajournement *sine die* de l'« Opération lion de mer » ne fut effectivement donné que le 17 septembre[70]. En réalité, cependant, Hitler avait toujours été réticent à l'idée d'un débarquement en Grande-Bretagne, et peut-être avait-il accepté dès les 29-31 juillet, bien avant la phase décisive de la « Bataille d'Angleterre », qu'il ne serait pas possible d'aller jusqu'à l'invasion[71]. La décision d'attaquer la Russie avait promptement remplacé celle d'attaquer la Grande-Bretagne. Elle semblait moins risquée.

Le grand amiral Raeder avait déjà quitté la réunion des chefs militaires au Berghof, le 31 juillet 1940, quand Hitler annonça sa décision de préparer la guerre contre l'Union soviétique au printemps suivant[72]. Mais rien n'était fait pour surprendre dans cette annonce. Raeder était présent, dix jours auparavant, quand Hitler avait parlé d'une possible attaque contre l'Union soviétique[73]. Et trois jours avant l'annonce, parfaitement averti de ce qui se tramait, le chef d'état-major de la Direction de la guerre navale, le contre-amiral Fricke, composa une note exposant à grands traits ses vues sur le conflit avec la Russie. Raeder la lut le lendemain, 29 juillet. Fricke admettait que le bolchevisme était un « danger chronique » qu'il fallait « éliminer d'une manière ou d'une autre », et ne formulait aucune objection contre l'attaque allemande envisagée si ce n'est pour reconnaître que la flotte en serait le parent pauvre, ses intérêts passant après ceux de l'armée de terre et de la Luftwaffe[74]. Au moment de la décision cruciale de Hitler, le 31 juillet, de se préparer à la guerre contre la Russie, la marine n'éleva donc aucune objection et n'avait de toute évidence aucune autre stratégie à proposer.

Les choses devaient cependant changer au fil des mois suivants. L'émergence d'une stratégie méditerranéenne cadrait avec l'idée d'une « guerre à la périphérie » mentionnée par Jodl dans son mémorandum du 30 juin. Progressivement se profila une autre solution militaire, même si c'était une stratégie qui exigeait une diplomatie plus active visant l'Espagne, l'Italie et la France de Vichy. Dans le même temps, cependant, prenait forme la préparation opérationnelle d'une attaque de la Russie. Telle était l'épée de Damoclès suspendue au-dessus du calendrier de toute autre stratégie proposée.

À la fin de l'été et dans les mois d'automne, les idées stratégiques de la marine, telles qu'elles se développèrent, avaient bien des points communs avec les analyses du QG de Hitler. Alors que s'estompaient rapidement les perspectives d'une invasion de la Grande-Bretagne, il devenait plus urgent de trouver d'autres moyens de briser la résistance anglaise. Pour Jodl, chargé de l'organisation opérationnelle générale de la Wehrmacht, la « stratégie périphérique » qu'il avait conçue était un souci majeur[75].

Mais elle n'était pas en contradiction avec une attaque contre la Russie. Elle visait plutôt, dans l'idéal, à forcer la Grande-Bretagne à un accommodement et à libérer de nouveau l'Allemagne pour la guerre contre la Russie ou, à défaut, à immobiliser la Grande-Bretagne jusqu'à ce que la victoire sur l'Union soviétique la forçât à céder. Pour les chefs de la flotte, par ailleurs, la stratégie « périphérique » (ou méditerranéenne) n'était pas une solution temporaire pour faciliter la guerre à l'Est. C'était une solution de rechange.

À la mi-août, Hitler avait donné son aval à des plans – dont il pensait qu'ils recevraient l'aval de Franco – visant à s'emparer de Gibraltar au début de 1941 et à soutenir une offensive italienne en direction du canal de Suez à peu près à la même époque[76]. Peu après, le 29 août, une analyse de l'amiral Gerhard Wagner concernant la meilleure façon de mener la guerre contre la Grande-Bretagne, à supposer que l'« Opération lion de mer » ne dût pas se dérouler, fut le signe que la marine prenait au sérieux une stratégie focalisée sur la Méditerranée[77]. Les raids aériens et la guerre dans l'Atlantique pour couper les voies de ravitaillement n'étaient pas de nature, pensait-il, à imposer la prise d'une décision au cours des prochains mois. Au printemps suivant, la capacité défensive de la Grande-Bretagne aurait progressé, peut-être avec le soutien des Américains. La meilleure façon d'attaquer la Grande-Bretagne, conclut-il, serait d'affaiblir son Empire avec la guerre en Méditerranée, en tandem avec les Italiens.

Embrayant sur les réflexions du haut commandement de la Wehrmacht, l'amiral Wagner observait qu'il serait possible de prendre Gibraltar, avec le soutien de l'Espagne, et de bloquer le canal de Suez par une offensive de la Libye à l'Égypte. Le résultat serait d'obliger la Grande-Bretagne à quitter la Méditerranée, qui serait désormais entièrement entre les mains des puissances de l'Axe. Cela aurait aussi pour effet de protéger la navigation en Méditerranée et de soustraire à toute menace les importations d'Afrique du Nord. Du même coup, la position des puissances de l'Axe dans les Balkans serait considérablement renforcée. La Turquie ne pourrait plus rester neutre et tomberait dans leur orbite. Les matières premières des pays arabes, de l'Égypte et du Soudan seraient à la disposition de l'Axe. Ce serait une bonne plate-forme pour affaiblir les positions britanniques dans l'océan Indien par des attaques contre les colonies d'Afrique de l'Est, et en faisant peser une menace évidente sur l'Inde elle-même. La perte de Gibraltar priverait la Grande-Bretagne de l'une de ses bases les plus importantes pour mener la guerre dans l'Atlantique. Même si la Grande-Bretagne devait prendre pied dans les Açores, à Madère ou dans les Canaries, ce ne serait guère une compensation. La domination allemande de la Méditerranée occidentale permettrait d'exercer des pressions sur les colonies françaises d'Afrique du Nord et de les empêcher de passer aux gaullistes, donc du côté britannique. Dans le même temps, les bases britanniques de la côte ouest de l'Afrique seraient en danger.

Avantage supplémentaire, la flotte italienne serait libérée pour soutenir l'effort de guerre allemand hors de la Méditerranée, dans l'océan Indien et dans l'Atlantique, tandis que l'armée de terre et l'aviation italienne pourraient faire d'autres avancées contre les Britanniques, notamment en Afrique de l'Est. Un dernier bénéfice serait l'entrée de l'Espagne dans la guerre – qui était implicite avec la prise de Gibraltar –, ce qui aurait pour effet d'élargir sensiblement la base de la guerre navale allemande dans l'Atlantique. Et le mémorandum de conclure :

> La domination de la Méditerranée serait d'une importance stratégique décisive dans la continuation de la guerre. Les opérations envisagées à cette fin vont bien au-delà des « actions temporaires », telles qu'elles ont été précédemment décrites. Il n'en résultera pas seulement un renforcement effectif du potentiel de guerre germano-italien et une forte amélioration de la base pour livrer le dernier combat décisif contre la Patrie anglaise et les sources de la vigueur de l'Empire anglais. [Mais] comme les points les plus sensibles de l'Empire mondial anglais seront attaqués ou menacés, il est même possible que l'Angleterre se sente contrainte d'abandonner toute résistance supplémentaire[78].

Ce serait d'autant plus probable que le soutien américain serait resté négligeable jusque-là. Il n'y avait donc pas de temps à perdre. La stratégie était dans l'intérêt de la marine, fit valoir Wagner en terminant sur l'espoir que Raeder soumettrait les propositions à Hitler.

Quatre jours avant que Raeder ne pût soumettre le dossier, lors de son briefing du 6 septembre, les États-Unis avaient consenti à livrer à la Grande-Bretagne cinquante destroyers vieillissants. Cette décision, sur laquelle nous reviendrons plus longuement au chapitre 5, était d'une portée symbolique bien supérieure à son importance militaire directe, puisqu'elle signalait aux dirigeants allemands la probabilité croissante d'une coalition anglo-américaine dans un avenir pas si lointain[79]. Après que Raeder eut attiré l'attention sur le danger menaçant les îles portugaises et espagnoles dans l'Atlantique mais aussi les colonies françaises d'Afrique occidentale si l'Amérique entrait dans la guerre, Hitler donna pour instruction de préparer l'occupation des Açores, des Canaries et des îles du Cap-Vert afin d'empêcher tout débarquement des Britanniques et des Américains (même si les analystes de la marine qui travaillèrent à la logistique dans les semaines suivantes n'étaient pas persuadés de la valeur d'une telle opération[80]). Alors que le « problème USA » se précisait, et sous couvert de demander un peu sournoisement quelles pourraient bien être les directives politiques et militaires de Hitler si l'opération « Lion de mer » n'avait pas lieu, Raeder plaida la cause d'une stratégie méditerranéenne, dans l'esprit du mémorandum de Wagner, c'est-à-dire qui ne serait pas une solution « provisoire », mais une « action essentielle contre l'Angleterre ». Il demanda que les préparatifs fussent engagés immédiatement en sorte qu'ils pussent servir avant que les États-Unis n'eussent le temps d'intervenir. Hitler donna des ordres à cet effet. Mais cela ne signifiait pas pour autant qu'il approuvait une stratégie méditerranéenne *plutôt* que l'attaque voulue contre l'Union soviétique. La proposition de campagne de Russie – qui portait alors le nom de code de « Problème S » – fut abordée plus tard au cours du briefing. Lorsqu'elle le fut, Raeder n'éleva aucune objection, se contentant d'observer que le moment le plus propice pour la marine serait celui de la fonte des glaces. Il ajouta – et Hitler lui donna aussitôt raison – qu'il ne fallait pas tenter en même temps l'opération « Lion de mer[81] ».

Le 26 janvier, lors du briefing de Raeder avec Hitler, la stratégie méditerranéenne avait trouvé un regain d'actualité à la lumière de l'attaque quelques jours auparavant des troupes britanniques et des Forces françaises libres du général de Gaulle sur Dakar. Le Maroc, l'Algérie et la Tunisie étaient en danger alors que le régime de Vichy perdait du terrain au profit du mouvement gaulliste en Afrique équatoriale française. La situation préoccupait les Allemands. Raeder avait demandé à s'entretenir seul avec Hitler – chose tout à fait exceptionnelle – et avait d'emblée exprimé le vœu d'aller au-delà de ses attributions spécifiques pour commenter le déroulement de la guerre. Il prôna une approche conciliante envers le régime de Vichy, espérant renverser les relations antérieures en faisant des Français des alliés à part entière dans la guerre contre la Grande-Bretagne. Mener la guerre avec les Français, fit-il valoir, ouvrirait la possibilité non seulement de mettre en sécurité les possessions françaises et leurs matières premières, mais aussi de chasser la Grande-Bretagne de l'Afrique centrale et de la priver du port de Freetown, sur la côte ouest, causant ainsi de gros problèmes aux convois venant de l'Atlantique Sud, de l'Amérique latine et de l'Afrique du Sud. Ce serait un grand pas en direction de l'exclusion des Britanniques de la Méditerranée. Avant même d'en venir à l'Afrique du Nord-Ouest, Raeder avait pressé Hitler de se concentrer sur la « lutte contre l'A[ngleterre] par tous les moyens disponibles et sans délai, avant que l'Amérique ne puisse intervenir ». Les Britanniques, déclara-t-il, avaient toujours tenu la Méditerranée pour la clé de leur position mondiale. Il conclut alors que la « question méditerranéenne devait donc être réglée dans l'hiver ». Il fallait prendre Gibraltar, et même avant que la Luftwaffe n'eût sécurisé les Canaries. Le soutien des Allemands était nécessaire pour aider les Italiens à s'emparer du canal de Suez. De là, il imaginait une progression en Palestine et en Syrie – chose qui dépendrait des Français, observa Hitler, mais ce devait être possible –, puis jusqu'en Turquie. « Quand nous en serons là, la Turquie sera en notre pouvoir. Le problème russe nous apparaîtra alors sous un jour différent. La Russie craint fondamentalement l'Allemagne. Il est permis de se demander si une attaque du nord contre la Russie sera alors nécessaire[82]. »

Raeder aurait difficilement pu se montrer plus explicite quant à la stratégie préférée de la marine[83]. La Direction de la guerre navale s'empressa de faire savoir que Hitler s'était même dit foncièrement d'accord avec les idées exprimées[84]. Deux problèmes n'en firent pas moins surface au briefing, ne fût-ce qu'implicitement.

Le premier était celui de la taille de la flotte. Raeder observa (Hitler acquiesça) que la flotte était actuellement trop petite pour les tâches qui l'attendaient si la stratégie méditerranéenne devait être mise en œuvre, surtout si la guerre devait prendre une dimension mondiale avec l'entrée des États-Unis dans le conflit. Or la capacité de construction ne permettait pas d'aller au-delà des engagements actuels. À l'évidence, la stratégie maritime souffrait d'emblée d'un gros handicap si la flotte était trop modeste pour la mettre en œuvre et si les ressources ne permettaient pas une expansion rapide.

Le second était celui des implications en matière de politique étrangère, que Hitler effleura. Il expliqua à Raeder qu'après la conclusion du Pacte tripartite avec le Japon (qui devait être signé le lendemain même, 27 septembre), il aurait des entretiens avec Mussolini et Franco, et devrait choisir entre la France ou l'Espagne. Il pensait que la France était le choix le plus probable puisque l'Espagne demandait beaucoup (le Maroc français), mais n'offrait pas grand-chose en retour. Il fallait exclure la Grande-Bretagne et les États-Unis du nord-ouest de l'Afrique. La chose était certaine. Mais la France devrait satisfaire certaines revendications territoriales de l'Allemagne et de l'Italie avant que l'on pût trouver un accord sur l'étendue de ses possessions coloniales africaines. Hitler n'insista pas là-dessus, mais cela affaiblissait considérablement l'attrait pour la France d'un accord avec l'Allemagne. De plus, il accueillit froidement l'espoir de Raeder de rallier la flotte française à l'Allemagne. Il était peu disposé à prendre une initiative en ce sens sans l'aval de son partenaire de l'Axe, Mussolini, dont on pouvait penser qu'il y avait peu de chances qu'il se réjouisse du moindre renforcement de la rivale de l'Italie, la France, en Méditerranée. Dans le même temps, si l'Espagne devait se joindre à la guerre dans le camp de l'Axe, la Luftwaffe devrait sécuriser les Canaries, mais peut-être aussi les Açores et les îles du Cap-Vert[85]. En fait, tout en étant d'accord sur le principe avec la stratégie méditerranéenne, Hitler rendait son exécution tributaire de l'issue de ses négociations avec Mussolini, Franco et Pétain. Il avait parfaitement conscience qu'il ne serait pas facile de les satisfaire tous. Il reconnut cyniquement que la conciliation d'intérêts contradictoires relevait de la quadrature du cercle et n'était possible qu'au prix d'une « supercherie grandiose[86] ». Hitler lui-même ne devait pas y arriver.

À l'époque, à la fin du mois de septembre, les vues de la marine sur la conduite de l'effort de guerre allemand en Méditerranée cadraient parfaitement avec l'idée développée par le ministère des Affaires étrangères d'un « bloc continental » de pays unis dans une puissante alliance contre la Grande-Bretagne[87]. Le ministre lui-même, Joachim von Ribbentrop, s'était montré avide de monter une puissante alliance mondiale incorporant à la fois l'Union soviétique et le Japon, qui se dresserait contre la Grande-Bretagne tout en neutralisant les États-Unis[88]. Dans cette grande vision, un « bloc continental » occidental – comprenant la France de Vichy et l'Espagne aux côtés de l'Italie – était une composante plus petite, mais vitale[89]. En termes militaires, la « stratégie périphérique » telle qu'elle avait été élaborée au début de l'automne 1940 impliquait – outre le fait d'essayer de bloquer les importations britanniques – trois aspects : une offensive italo-allemande au Moyen-Orient ; la prise de Gibraltar ; l'extension du contrôle allemand sur la côte africaine et les îles de l'Atlantique[90]. De toute évidence, comme la chose était ressortie du briefing de Raeder le 26 septembre, le potentiel militaire de cette stratégie reposait sur des percées diplomatiques importantes : plus précisément, sur la capacité de Hitler à trouver des accords satisfaisants avec les dirigeants de l'Espagne et de la France de

Vichy. Et c'était précisément là que ces projets devaient achopper.

IV

Alors que l'automne s'annonçait déjà, le cœur du pouvoir en Allemagne – dont, semble-t-il, Hitler lui-même, pour un temps – ne voyait pas encore clairement quelle variante de la stratégie militaire serait suivie. Diverses priorités restaient possibles. Autrement dit, les options étaient encore apparemment ouvertes.

Les préférences de Hitler, tant idéologiques que militaires, allaient manifestement à une offensive rapide contre l'Union soviétique. La chose était acquise depuis la fin juillet. Rien n'indique qu'il ait entre-temps changé d'avis. Mais son intérêt pour la « stratégie périphérique » n'était pas simplement une ruse. La campagne de Russie, qu'il avait d'abord espéré lancer à l'automne, ne pourrait intervenir avant le printemps au plus tôt. Pendant ce temps, toutefois, la crainte avait grandi que l'Amérique pût entrer sans trop tarder dans la guerre aux côtés des Britanniques[91]. Visiblement, Hitler n'était pas moins soucieux qu'au début de l'été de parer à cette éventualité. La solution la plus évidente consistait à faire sortir la Grande-Bretagne de la guerre. L'opération « Lion de mer » ayant été classée – et de fait, sinon officiellement, abandonnée –, une focalisation militaire et diplomatique sur la Méditerranée offrait la meilleure occasion. On l'a vu, Jodl (et son adjoint Warlimont) à l'état-major opérationnel de la Wehrmacht, Raeder et la Direction de la guerre navale et Ribbentrop, le ministre des Affaires étrangères, soutinrent diverses variantes de cette stratégie. Hitler se montra un temps disposé à donner son appui à la recherche d'une ouverture diplomatique à la « périphérie » et continua d'encourager l'organisation militaire qui dépendrait de la réussite d'une telle percée. Mais alors que pour Raeder, pour Warlimont – sinon pour Jodl – et même pour Ribbentrop la « stratégie périphérique » était un substitut à l'invasion de la Russie, pour Hitler ce n'était qu'un prélude visant à assurer les arrières de l'Allemagne avant d'engager l'épreuve de force avec l'Union soviétique, qui, à ses yeux, était à la fois inévitable et seule capable de décider de l'issue de la guerre. Le cœur de Hitler n'avait donc jamais été acquis à la « stratégie périphérique » comme à une fin en soi. Cela explique probablement au moins en partie l'insuccès de sa tournée diplomatique d'octobre et de ses discussions avec Mussolini, Franco et Pétain. Il s'y engagea sans illusions.

Le but principal de l'entrevue de Hitler avec Mussolini au col du Brenner, le 4 octobre, était (même s'il tarda à en arriver au fait) de sonder le Duce sur la possibilité d'entraîner la France et l'Espagne dans un « front commun » et de créer ainsi une « coalition continentale contre l'Angleterre[92] ». Mussolini n'y voyait pas d'objections. En revanche, les deux dictateurs voyaient fort bien que les revendications territoriales de l'Espagne pour prix de son entrée dans la guerre – le gain du Maroc et d'Oran sur la France et celui de Gibraltar sur la Grande-Bretagne, qui lui ne posait pas de problème – seraient impossibles à satisfaire pour les Français et ouvriraient la voie au succès gaulliste (synonyme, à son tour, d'intrusion des intérêts britanniques) dans la région vitale de l'Afrique du Nord. Comme Mussolini saisit l'occasion pour rappeler à Hitler les exigences italiennes de concessions territoriales françaises, il ne faisait aucun doute que la possibilité de trouver une solution diplomatique qui satisfît les trois puissances méditerranéennes, l'Italie, la France et l'Espagne, était fort limitée. De plus, il était clair que Hitler n'entreprendrait rien qui pût nuire aux relations avec son partenaire de l'Axe. Bien qu'amicales, les discussions ne donnèrent aucun résultat tangible de nature à faciliter la « coalition continentale[93] ».

L'entrevue avec Franco, le 23 octobre à Hendaye, paraissait d'emblée vouée à l'échec[94]. Hitler n'était pas en position de force. Il voulait surtout entraîner l'Espagne dans la guerre pour faciliter l'attaque envisagée contre Gibraltar et renforcer la défense des îles de l'Atlantique au large des côtes de la péninsule Ibérique. Mais il n'était pas prêt à payer le prix exorbitant que ne manquerait pas d'exiger l'Espagne, il le savait : d'énormes quantités d'armements et de vivres, et la satisfaction de ses revendications territoriales non seulement sur Gibraltar (concession facile à faire), mais aussi sur le Maroc et Oran. Le point de vue de Hitler était probablement identique à l'opinion personnelle que consigna dans son journal Ernst von Weizsäcker, secrétaire d'État au ministère des Affaires étrangères : « Gibraltar ne vaut pas tant pour nous[95]. » Il était inenvisageable pour l'Allemagne de satisfaire les exigences matérielles de Franco. Quant aux concessions territoriales, Hitler l'avait clairement indiqué à Mussolini, elles étaient hors de question en raison du grave danger qu'elles feraient courir à l'Axe en Afrique du Nord en affaiblissant la position de la France de Vichy. Hitler n'avait donc rien à offrir à Franco en dehors de Gibraltar. Si désirable que fût l'acquisition de Gibraltar pour les Espagnols, elle n'était possible, de leur point de vue, qu'au prix d'un risque élevé de se trouver entraînés dans une guerre dont, malgré la posture de Hitler, Franco doutait sérieusement qu'elle fût déjà gagnée par l'Axe. Hitler repartit les mains vides.

Le lendemain, avec Pétain, il ne s'en tira guère mieux, même si les discussions furent plus cordiales[96]. L'accord sur une « coopération » plus étroite entre la France et l'Allemagne restait très loin d'un engagement direct des Français dans la guerre contre la Grande-Bretagne. La discussion resta au niveau des généralités. Une fois de plus, Hitler avait les mains liées, et il n'avait rien de concret à offrir aux Français. Bien que l'entrée de la France de Vichy dans la guerre aux côtés de l'Allemagne (et à ses conditions) eût un sens stratégique et militaire du point de vue allemand, il était difficile de rendre cette proposition alléchante en faisant état dans le même temps d'atteintes aux territoires coloniaux français d'Afrique du Nord dans un traité de paix entre les deux pays, sans parler de l'expropriation de Briey et de Calais, mais aussi de l'Alsace-Lorraine, auxquels les Allemands songeaient[97]. Par ailleurs, et c'était un point essentiel pour Hitler, des relations plus étroites avec la France ne manqueraient pas de hérisser les Italiens, ce qu'il voulait éviter à tout prix. En tout état de cause, il est douteux que Hitler ait réellement voulu faire des Français des alliés en bonne et due forme[98]. Aussi les discussions avec Pétain eurent-elles tout l'air d'un combat de boxe fictif.

Bref, Hitler ne pouvait satisfaire l'Espagne sans braquer la France, et il ne pouvait arranger les Français sans indisposer son « ami » Mussolini. Lorsque les deux dictateurs se retrouvèrent le 28 octobre à Florence, son « ami », à la grande fureur de Hitler, s'était lancé dans la malheureuse invasion de la Grèce, mettant un nouveau bâton de taille dans les rouages d'une stratégie qui tournait autour de la coopération militaire germano-italienne en Méditerranée.

Dès le retour de ses entrevues avec Franco et Pétain, Hitler avait indiqué à son docile patron du haut commandement de la Wehrmacht – le feld-maréchal Wilhelm Keitel – et à Jodl que la guerre contre la Russie devait être déclenchée l'année suivante[99]. Peu après, le 4 novembre, gratifiant ses chefs militaires d'un tour d'horizon de toutes les possibilités stratégiques actuelles qui se concentraient sur la Méditerranée et le Moyen-Orient, Hitler n'en observa pas moins que la Russie restait le « grand problème de l'Europe » et que « tout devait être fait pour se préparer à la grande épreuve de force »[100]. De toute évidence, son incapacité à opérer la moindre percée dans l'organisation d'un « bloc continental » ouest-européen contre la Grande-Bretagne, même limité, l'avait confirmé dans son intuition antérieure, à savoir que la seule manière d'obtenir la victoire finale était d'attaquer et de vaincre rapidement l'Union soviétique. La prise de Gibraltar (avec les Canaries et les îles du Cap-Vert) figurait encore en bonne place à l'ordre du jour, et Hitler continuait de caresser l'espoir de voir Franco entrer dans la guerre. Si l'on en arrivait à l'occupation des Açores (aux mains des Portugais) et que Lisbonne bronchât, il était au besoin disposé à menacer d'envoyer des troupes au Portugal. Mais l'aventure grecque de Mussolini signifiait qu'il fallait ajourner l'offensive italienne en Libye, et donc aussi le déploiement des troupes allemandes en Afrique du Nord et l'avancée sur Suez. C'était le premier signe clair d'un manque de confiance de Hitler dans les capacités militaires de son partenaire italien[101].

Quand Viatcheslav Molotov, le commissaire soviétique aux Affaires étrangères, se rendit en visite à Berlin pour des entretiens avec Hitler les 12 et 13 novembre, la stratégie de guerre allemande était encore nébuleuse et indéterminée. Le jour même où débutèrent les discussions avec Molotov[102], Hitler promulgua une directive qui évoquait plusieurs champs potentiels de combat. Le point capital était la prise de Gibraltar pour chasser la Grande-Bretagne de la Méditerranée occidentale et l'empêcher de prendre pied dans la péninsule Ibérique ou sur les îles de l'Atlantique. Les efforts politiques pour entraîner l'Espagne dans la guerre étaient engagés. Le moment venu, la France coopérerait, à défaut d'un engagement militaire plein et entier dans la guerre contre la Grande-Bretagne. Le déploiement des troupes allemandes pour soutenir le projet d'offensive italienne contre l'Égypte était en attente. Sans être officiellement abandonnée, l'opération « Lion de mer », l'invasion de la Grande-Bretagne, n'était plus rien qui ressemblât, fût-ce de loin, à une priorité militaire. À cause de Mussolini, il fallait engager des préparatifs pour occuper la Grèce au nord de la mer Égée. Mais peut-être la considération la plus cruciale se trouvait-elle à la fin de la directive : « Des discussions politiques dans le but de clarifier la position de la Russie dans un avenir proche sont en cours. Quels que soient les résultats de ces discussions, tous les préparatifs déjà ordonnés verbalement doivent être poursuivis[103]. » Aucune option militaire n'avait été écartée à ce stade, mais tout indique que Hitler était devenu si sceptique quant aux progrès en Méditerranée qu'il revenait, ses idées confirmées, à la stratégie qui avait eu ses faveurs durant l'été : l'attaque de l'Union soviétique. La gêne créée dans son esprit par la visite de Molotov fut déterminante[104].

Le 14 novembre, quand Raeder revint à la charge pour que la priorité fût donnée à la Méditerranée et à une offensive sur Suez, son plaidoyer ne pouvait donc que tomber dans l'oreille d'un sourd. Hitler indiqua clairement qu'il était toujours enclin à avancer vers l'épreuve de force avec la Russie. Raeder se dépensait maintenant en pure perte en recommandant d'attendre la victoire sur la Grande-Bretagne. Et quand il prôna la prudence pour prévenir une possible occupation des îles portugaises de l'Atlantique par les Britanniques et les Américains, Hitler lui fit une réponse révélatrice. C'était essentiellement la capacité non pas défensive, mais *offensive* des Açores qu'il considérait, pour permettre le stationnement de bombardiers capables d'atteindre l'Amérique et donc d'obliger les États-Unis à renforcer leurs défenses aériennes plutôt que d'aider la Grande-Bretagne[105]. C'était le signe que la péninsule Ibérique et les îles hispaniques et portugaises de l'Atlantique constituaient davantage désormais un facteur dissuasif pour une intervention anglo-américaine alors qu'il était occupé à l'Est que, comme au début de l'été, l'élément d'une stratégie avant tout destinée à conduire la Grande-Bretagne à la table de conférence[106].

C'est peu de temps après seulement que Hitler dépêcha ses aides de camp pour lui trouver un QG de campagne en Prusse orientale[107]. Le 5 décembre, il demanda à Brauchitsch et à Halder de préparer l'armée de terre à attaquer la Russie à la fin du mois de mai de l'année suivante[108]. Trois jours plus tard, il apprit que les nouvelles démarches auprès de l'Espagne avaient échoué. Franco avait catégoriquement décidé de tenir l'Espagne à l'écart de la guerre. Hitler s'empressa d'annuler les préparatifs pour prendre Gibraltar, « puisque les conditions politiques ne sont plus réunies[109] ». L'opération fut abandonnée le 9 janvier, même si Hitler continua de rêver un temps à son éventuelle résurrection[110]. Longtemps auparavant, le cap oriental de la stratégie allemande avait été fixé par sa directive du 18 décembre concernant l'« opération Barbarossa », dans le but déclaré, avant même de gagner la guerre contre la Grande-Bretagne, d'« écraser la Russie soviétique dans une campagne rapide[111] ». En principe arrêtée le 31 juillet, la décision était maintenant entérinée par une directive militaire. Il n'y aurait pas de retour en arrière. La possibilité d'une autre stratégie, qui s'était brièvement présentée à la fin de l'été et à l'automne, était définitivement exclue[112].

V

En effectuant ce choix fatidique en 1940, Hitler laissa-t-il échapper l'occasion de suivre une autre voie qui aurait conduit à la victoire ou, à tout le moins, évité celle, calamiteuse, de la défaite qui allait suivre ?

À la lumière de ce que nous avons vu, peut-être faut-il aborder la question de manière différente. La première considération, la plus importante, a trait à la réflexion même de Hitler. Après tout, c'était *lui* qui fixait la politique. D'autres pouvaient bien chercher à l'influencer, mais en définitive c'était lui qui tranchait. Hitler ne pensait certainement pas avoir laissé passer une chance. Dans son esprit, et bien qu'il ait exploré un certain nombre de possibilités à la fin de l'été et pendant l'automne, aucune ne lui apparut comme une solution de rechange praticable à l'option qu'il tenait déjà en juillet pour la stratégie la plus prometteuse : une attaque contre l'Union soviétique pour obtenir une victoire rapide avant l'hiver, jetant les bases d'une lutte plus vaste contre la Grande-Bretagne et l'Amérique. Cela cadrait naturellement avec ses convictions idéologiques de toujours. Au moment du choix, cependant, les considérations stratégiques furent déterminantes.

Les États-Unis, croyait-il, seraient prêts à entrer en guerre aux côtés de la Grande-Bretagne en 1942[113]. Il était donc convaincu que le temps jouait contre l'Allemagne. La domination continentale, la fin de la guerre européenne et l'inexpugnabilité qui en résulterait devaient être réalisés en 1941 avant que s'ensuivît un conflit avec les États-Unis. Rien n'indique qu'il ait envisagé d'ajourner, encore moins d'annuler, l'invasion de la Russie qu'il avait envisagée au printemps 1941. Les préparatifs mis en branle à la fin de juillet 1940 ne furent jamais arrêtés. En contenant la Grande-Bretagne et en dissuadant les États-Unis, la « stratégie périphérique » lui offrait le moyen d'ouvrir la voie à l'attaque contre l'Union soviétique, non pas de la remplacer. Il est peu douteux qu'il fût sérieux dans son soutien aux initiatives tant militaires que diplomatiques ayant trait à la Méditerranée et à la péninsule Ibérique. Dans sa perspective, il n'y avait rien à faire au cours de la guerre pour concilier ou dépasser les sérieuses différences d'intérêt qui séparaient les grandes puissances de la région : Italie, France et Espagne. Et faute de pouvoir instaurer le cadre politique nécessaire, une stratégie militaire en Méditerranée avait peu de chances de donner de gros dividendes.

Dès lors que l'Espagne ne voulait pas entrer dans la guerre, l'assaut de Gibraltar, clé de la Méditerranée, revêtait une autre signification. La chose était réalisable[114]. Mais le coût, tant militaire que politique, serait élevé. Il n'est donc pas étonnant que l'opération ait été annulée du jour où Franco indiqua clairement que l'Espagne resterait neutre. L'autre grand axe de stratégie militaire en Méditerranée, l'offensive sur Suez, dépendait des Italiens, qui apparurent bientôt comme le maillon le plus faible de la chaîne militaire. Du jour où Mussolini eut envahi la Grèce – Hitler parla aussitôt et sans surprise de « bêtise[115] » –, les perspectives d'un succès italien en Afrique du Nord se dissipèrent. Mais avec les Italiens affaiblis et éprouvés qui étaient en difficulté en Libye, il était de toute évidence exclu d'avancer vers Suez. Enfin, il n'y avait pas grand-chose à faire avec la France. Jusqu'à la fin de l'année 1940, avant que l'aventure grecque de l'Italie n'eût créé des difficultés telles que Mussolini se fût réjoui d'un accord franco-allemand, les Italiens avaient vu d'un mauvais œil toute reconstitution des forces françaises en Méditerranée et en Afrique du Nord[116].

Pour Hitler, il n'y eut donc jamais vraiment de solution de rechange à la stratégie qu'il avait choisie. Et il ne put obtenir ce qu'il cherchait, à savoir un moyen d'étayer ladite stratégie. De son point de vue, il n'y avait donc point de chance qu'il eût manquée[117].

D'autres, proches du cœur de l'organisation stratégique, pensèrent-ils qu'une chance avait été manquée ? La solution de rechange la plus claire, on l'a vu, provenait de la flotte, et le grand amiral Raeder s'en était fait le porte-parole auprès de Hitler à plusieurs reprises. Nous avons signalé que Raeder tenta, sans grande énergie peut-être, de dissuader Hitler de donner suite à son idée d'attaquer la Russie. Hitler souscrivit même à ses propositions de stratégie méditerranéenne – quoique pas à la place d'une campagne orientale. Mais il changea à nouveau de refrain, définitivement, en particulier au lendemain de la visite de Molotov. La menace que l'Union soviétique représentait pour l'Allemagne ne faisait aucun doute à ses yeux. Pour les raisons déjà évoquées, Raeder n'avait donc aucune chance véritable de persuader Hitler de revoir ses plans. Jamais celui-ci ne dévia de sa conviction que la destruction de l'Union soviétique dans une campagne-éclair était la seule route vers une victoire totale. De surcroît, s'il eût préféré une autre route et demeurait sceptique, Raeder ne *s'opposa* pas vraiment à l'invasion de la Russie. Et à l'époque où prit forme la stratégie méditerranéenne qui avait les préférences de la marine – en laissant de côté les grandioses rêves utopiques d'un vaste empire colonial qui avait un temps paru si alléchant dans le sillage de la débâcle française –, le cadre tant militaire que politique de sa réalisation s'effondrait, au point qu'il devenait difficile de contrer la force du plaidoyer de Hitler pour l'option russe.

Au haut commandement de la Wehrmacht, le partisan le plus franc d'une stratégie méditerranéenne était l'adjoint de Jodl à l'état-major opérationnel et chef de la section de planification stratégique, le général Warlimont. Mais sa défense de propositions visant à focaliser l'effort militaire de l'Allemagne sur la campagne en Afrique du Nord se révéla encore plus vaine au fil de l'automne. Warlimont n'avait guère le soutien de Jodl, son supérieur immédiat, et le plus proche conseiller de Hitler sur les questions stratégiques. Bien qu'il eût lui-même mis en avant la « stratégie périphérique » à la fin juin, Jodl, on l'a dit, y voyait une base facilitant l'objectif stratégique que Hitler avait fixé : l'attaque contre la Russie[118]. Alors que Jodl était resté peu impliqué avant décembre 1940 dans les préparatifs détaillés de la guerre à l'Est, lesquels relevaient du haut commandement de l'armée de terre et non de l'état-major opérationnel de la Wehrmacht, il ne devait pas contester la décision fondamentale prise par Hitler d'attaquer l'Union soviétique. La croyance aveugle au génie militaire de Hitler, considérablement amplifiée depuis le triomphe sur la France, excluait toute opposition de ce côté[119], et plus encore, si possible, de la part d'un Keitel flagorneur. Quels qu'aient été les doutes initiaux de Brauchitsch et de Halder, les chefs de l'armée de terre (de toute évidence, la branche clé de la Wehrmacht dans l'offensive qui se préparait en Russie), ils furent vite réduits au silence. Tous deux ne tardèrent pas à voir dans la préparation de la guerre à l'Est la priorité absolue. Ainsi que Halder l'avait noté le 13 juillet, ils étaient d'accord avec Hitler pour voir dans les espoirs que plaçait la Grande-Bretagne dans la

Russie l'origine de son refus de venir à résipiscence[120]. Aucune autre solution ne fut jamais sérieusement envisagée, et l'on ne pouvait assurément attendre quelque stratégie de rechange de la part d'une Luftwaffe à la direction encore plus nazie que celle de l'armée de terre et dont le commandant en chef était Göring, lequel craignait de perdre les faveurs de Hitler et, pour cette raison notamment, soutenait sans réserve la campagne de l'Est[121].

L'organisation divisée des forces armées allemandes entravait en elle-même la promotion de toute solution de rechange véritable aux plans de Hitler. Les chefs d'état-major de l'armée de terre, de la marine et de l'aviation, ainsi que le chef de l'état-major opérationnel du haut commandement de la Wehrmacht (responsable de la planification stratégique générale) ne se retrouvaient dans aucune instance chargée d'élaborer la stratégie. Les commandants en chef ne se réunissaient pas davantage, sauf en la présence impérieuse de Hitler qui rendait pour ainsi dire impossible toute discussion authentique[122]. L'axe d'intérêt commun brièvement forgé entre le bureau de Warlimont et le commandement naval manquait donc de soutien au sein des forces armées, et n'avait donc aucune tribune pour plaider la cause d'une solution alternative à celle de Hitler susceptible d'être présentée comme une stratégie raisonnée. Il était donc structurellement impossible d'élaborer une autre stratégie cohérente. Aucune ne put jamais être avancée et examinée. Or, à défaut d'une alternative cohérente, il est difficile de parler d'occasion manquée[123].

Toutefois, même si Hitler ne voyait aucune autre possibilité, et si les forces armées se révélaient incapables de présenter une solution de rechange probante, était-il au bout du compte possible de postuler une chance *théorique*, une option qui aurait permis à l'Allemagne de gagner la guerre, ou tout au moins d'empêcher une issue aussi catastrophique dans l'hypothèse où les dirigeants n'auraient pas été si aveugles ? En l'occurrence, bien entendu, nous quittons le terrain de l'histoire – ce qui s'est passé et les considérations stratégiques effectives de l'époque – pour entrer dans le domaine de la spéculation contrefactuelle. Compte tenu du nombre de variables possibles à prendre en considération, l'interrogation a tôt fait de dégénérer pour être à peine plus qu'un petit jeu de devinettes académiques. Mais, pour continuer un instant cette expérience de pensée, on peut imaginer qu'un engagement allemand sans réserve dans la guerre en Méditerranée et en Afrique du Nord – exigeant aussi une politique plus rude envers les Italiens, mais aussi les Espagnols, et l'acceptation pleine et entière des Français comme partenaires de bataille – aux dépens de la préparation d'une guerre à l'Est aurait pu produire des dividendes, du moins à court et moyen terme, aurait donné à la guerre générale une autre physionomie, voire une autre issue, et aurait pu éviter la calamité qui s'est abattue sur l'Allemagne.

La Méditerranée, il faut bien le reconnaître, n'était pas aussi vitale pour l'Empire de la Grande-Bretagne que l'avait prétendu Raeder. La perte du contrôle de la Méditerranée, suivie de la privation de ses possessions et du pétrole au Moyen-Orient, n'en eût pas moins été un coup dur. La Grande-Bretagne et son Empire en auraient certainement été sérieusement affaiblis, surtout si les mouvements d'indépendance nationale au Moyen-Orient et en Inde avaient, comme c'eût été probablement le cas, gagné en force et en assurance à la suite des revers militaires britanniques. Et il est loin d'être certain que les États-Unis – où même Roosevelt dut batailler des mois durant contre de fortes tendances isolationnistes – auraient volé au secours d'une Grande-Bretagne affaiblie. Les Japonais n'auraient sans doute guère hésité à exploiter la déconfiture britannique en Extrême-Orient, si bien que les Américains, loin de voir dans l'Atlantique leur principal souci, auraient pu voir leur attention détournée vers le Pacifique plus tôt que ce ne fût historiquement le cas.

Dans un scénario aussi pessimiste, la Grande-Bretagne aurait-elle continué à résister ou se serait-elle débarrassée du gouvernement de Churchill pour rechercher un accord de paix avec l'Allemagne ? La question demeure ouverte. La Grande-Bretagne subordonnée, le continent européen et l'Afrique du Nord sous la coupe des Allemands et les Américains préoccupés par le Japon, la « question russe » aurait été vue sous un jour différent. Il y aurait eu moins d'urgence, moins de nécessité stratégique immédiate, à écraser l'Union soviétique en 1941. La détestation du bolchevisme aurait subsisté. Mais le régime stalinien aurait paru moins menaçant, plus facile à contenir, et il aurait donc été peut-être plus difficile de justifier un périlleux pari militaire dans une guerre-éclair d'agression, affaiblissant ainsi le plaidoyer de Hitler pour la guerre à l'Est aux yeux de ses chefs militaires.

Reste qu'une stratégie méditerranéenne, si elle avait été suivie, aurait probablement conduit, à un moment ou à un autre, à la guerre des continents qu'envisageait Hitler. Très probablement celle-ci se serait produite non pas plus tard, mais plus tôt, avec une Allemagne qui n'avait guère que la force brute et la tyrannie pour conserver ses immenses conquêtes impériales, et qui était encore incapable de se mesurer à longue échéance avec l'immensité des ressources américaines. Les circonstances eussent-elles été propices, on imagine que l'Union soviétique aurait saisi l'occasion de rejoindre le camp des Alliés. L'Allemagne aurait somme toute dû faire face à la guerre tant redoutée sur deux fronts. La course aux armes nucléaires eût été engagée et, comme ce fut le cas, aurait probablement été gagnée par les chercheurs américains (pour certains d'origine allemande). L'issue imaginable d'un tel affrontement aurait probablement été le largage de bombes atomiques américaines sur Berlin et Munich, plutôt que sur Hiroshima et Nagasaki.

Dans le monde réel de Hitler, plutôt que dans le monde contrefactuel de la fantaisie et de l'imagination, il paraît clair qu'aucune occasion n'a été manquée en 1940. Compte tenu du leadership de l'Allemagne, et surtout de la raison même du dilemme stratégique qui était le sien au cours de l'été et de l'automne 1940, l'attaque de l'Union soviétique était bel et bien la seule voie ouverte. La décision fut celle de Hitler, même si le blâme ne doit pas s'arrêter à sa porte, comme a voulu le faire croire une certaine apologétique après la guerre. La responsabilité le dépasse largement. L'élite militaire du régime, quoique avec un large appui des autres groupes de pouvoir et au sein de la population allemande, avait soutenu la politique d'un chef qui avait entraîné l'Allemagne dans un pari pour la puissance mondiale où les chances, à long terme, lui étaient fortement défavorables et sans « clause de retrait ». En 1940, incapable d'arrêter la guerre, la seule option de Hitler et du régime qui avait aidé à le mettre dans cette position était de continuer de jouer et de prendre, comme toujours, une initiative téméraire, celle qui balaierait les Russes « comme un orage de grêle » et laisserait « le monde sans voix »[124]. C'était de la folie, mais elle n'était pas dénuée de méthode.

3

Tokyo, été et automne 1940

Le Japon décide de saisir l'occasion rêvée

> Saisissons cette occasion rêvée ! Que rien ne se mette en travers de notre chemin !
>
> Hata Shunroku, ministre de l'Armée de terre, 25 juin 1940

> Jamais dans notre histoire il n'y a eu un moment pareil, où il est si urgent de préparer le développement de notre puissance nationale. [...] Il nous appartient de saisir l'occasion propice qui se présente aujourd'hui.
>
> Exposé de la position de l'armée de terre, 4 juillet 1940

En Extrême-Orient se déchaînait une tout autre guerre. Elle avait commencé en juillet 1937, plus de deux années avant la guerre européenne, et avait vu les troupes japonaises se livrer sur la population civile chinoise à des exactions qui, dans leur effroyable inhumanité, valent celles que souffrirent les Polonais entre les mains des conquérants allemands à compter de l'automne 1939. L'« Incident chinois », ainsi que les Japonais appelaient invariablement la guerre avec la Chine, était totalement séparé de la guerre européenne qui commença avec l'invasion allemande de la Pologne le 1er septembre 1939. Cependant, du fait des intérêts des « grandes puissances » européennes et des États-Unis en Chine, le conflit acharné eut d'emblée de graves implications internationales. Aucune issue à cette guerre n'était en vue au printemps de 1940, quand l'offensive occidentale de l'Allemagne terrassa les Pays-Bas et la France et fut tout près de mettre la Grande-Bretagne à genoux. C'est dans le sillage des stupéfiants triomphes militaires de Hitler en Europe de l'Ouest que le Japon, voulant exploiter la faiblesse de ces pays, prit la décision fatidique de s'étendre en Asie du Sud-Est (où la Grande-Bretagne, la France et les Pays-Bas avaient d'importantes possessions coloniales) et de forger un pacte avec les puissances de l'Axe, l'Allemagne et l'Italie. Ce faisant, au fil de ces mois cruciaux, le Japon opéra des choix qui augmentèrent considérablement le risque de son engagement dans un conflit armé non seulement avec les puissances européennes, mais aussi avec les États-Unis. La route de Pearl Harbor était encore loin d'être une voie à sens unique. Mais c'est au cours de l'été 1940 que les dirigeants japonais prirent des mesures critiques qui devaient finalement se solder par la fusion des deux guerres d'Europe et de Chine en une seule conflagration mondiale.

I

La guerre avec la Chine, dans laquelle le Japon se plongea toujours davantage à compter de 1937, est au cœur de la ligne d'action qui devait culminer dans son empressement à risquer le tout pour le tout en attaquant les États-Unis d'Amérique. La préhistoire immédiate de cette guerre remontait à six ans, à l'attaque japonaise contre les troupes chinoises de Mandchourie en septembre 1931 – l'« Incident de Moukden », comme disaient les Japonais –, attaque qui non seulement marqua un tournant dans les relations internationales en Extrême-Orient, mais signala aussi que le pouvoir changeait d'assise au Japon.

Il y avait cependant une préhistoire plus longue encore, laquelle s'enracinait dans les ambitions du Japon de devenir une grande puissance en Extrême-Orient avec l'apparat d'un empire colonial et un statut international consolidé. Ces ambitions remontaient elles-mêmes à la fin du XIXe siècle, tandis que le Japon, sous l'empereur Meiji, connaissait une modernisation rapide, adaptant les méthodes occidentales à la culture japonaise. Des guerres, à chaque fois déclenchées par l'agression japonaise, contre la Chine en 1894-1895 et la Russie en 1904-1905, avaient assis la position de puissance dominante du Japon en Asie de l'Est. En Asie, les succès du Japon furent souvent interprétés comme des coups portés contre la domination occidentale de la région. En réalité, le Japon jetait les fondations de sa propre quête impérialiste de domination. Il avait pris possession de la Corée, de Taiwan et de la partie méridionale de Sakhaline, mais aussi acquis d'importants baux emphytéotiques et le contrôle de plus de 1 100 kilomètres de voies ferrées en Mandchourie méridionale. Il avait aussi obtenu, en 1901, le droit de stationner des troupes à Pékin et dans un certain nombre d'autres villes chinoises, soi-disant pour protéger ses diplomates et la minorité japonaise de ces régions. La Chine, dont le gouvernement centralisé était dans un état de désintégration avancé, étendit par la suite ses concessions au Japon en Mandchourie méridionale. Au cours de la Première Guerre mondiale, où il était entré en guerre aux côtés des Alliés dans l'idée de s'approprier les possessions allemandes en Extrême-Orient, le Japon exploita la faiblesse et le désordre politique de la Chine afin de faire reconnaître sa position en Mandchourie méridionale et dans la région adjacente de Mongolie-Intérieure orientale, mais aussi d'étendre ses baux emphytéotiques et ses droits sur les voies ferrées. Le Japon alla même jusqu'à exiger, en 1915, la création de forces de police sino-japonaises conjointes en Chine et l'acceptation de conseillers japonais dans les affaires politiques, économiques et militaires. La Chine eût été de ce fait réduite au rang de colonie japonaise. Mais elle y échappa grâce au soutien des Alliés. En revanche, l'épisode laissa un fond de rancœur et d'animosité dans la population chinoise et préfigura les tentatives du Japon pour dominer la Chine quelque vingt ans plus tard.

Le Japon trouva en 1917 un accord avec les États-Unis, acceptant le principe de la « Porte ouverte » (instauré en 1899 pour assurer à toutes les nations une égalité d'accès aux ports marchands de la Chine) en contrepartie de la reconnaissance par les Américains de ses « intérêts spéciaux » en Chine. L'accord était entaché d'une certaine ambiguïté, mais les Japonais comprirent que les Américains acquiesçaient à la position de leur pays en

Mandchourie méridionale. À la fin de la guerre, le Japon avait étendu son influence dans la région – une région riche en ressources minérales – et en sortait renforcé. Dans le même temps, tout semblant de contrôle étatique centralisé dans une Chine affaiblie s'était effondré. Le pays était déchiré par les troubles politiques.

Un mélange de pression internationale, d'opposition intérieure à la domination japonaise en Corée et d'incursions en Chine poussa cependant le Japon à une approche plus conciliante dans les années 1920. Le cadre de l'ordre international de l'entre-deux-guerres dans la région du Pacifique fut défini dans les années 1921-1922 à la conférence de Washington. Un traité de neuf puissances – que signèrent, outre le Japon et la Chine, la Grande-Bretagne, la France, l'Italie, la Belgique, les Pays-Bas, le Portugal et les États-Unis – vint garantir l'indépendance et l'intégrité de la Chine[1]. Sous l'effet de la coopération internationale, espérait-on, la Chine évoluerait vers une stabilité qui réduirait la tension dans la région et serait économiquement avantageuse pour les puissances occidentales. Le « système de Washington », ainsi qu'on devait l'appeler, fonctionna *grosso modo* au cours des années 1920. Le Japon continua de choisir la modération. En 1928, les nationalistes chinois de Tchang Kaï-chek réussirent à instaurer un gouvernement central à Nankin et, grâce à des capitaux étrangers (essentiellement américains), entreprirent de construire des réseaux de transport et de communications. Malgré ses épreuves persistantes, la Chine était en passe de s'intégrer à un ordre économique international fondé sur le principe de la « Porte ouverte » que les puissances occidentales, en particulier les États-Unis, avaient tout intérêt à défendre.

Au Japon, cependant, les voix de ceux qui percevaient dans le « système de Washington » une menace pour l'avenir du pays se faisaient plus loquaces et trouvaient toujours plus d'écho dans l'opinion publique. Alors que commençaient de se faire sentir les effets de la crise économique mondiale déclenchée par le krach de Wall Street en octobre 1929, la montée des troubles sociaux fut la toile de fond des sentiments anti-occidentaux. Ainsi fleurirent les idées d'autarcie – maximisation de l'autosuffisance économique pour réduire la dépendance à l'égard du capitalisme occidental[2]. Dans le même temps, le boycott des produits japonais lancés par le régime nationaliste de Tchang Kaï-chek en Chine et les violations des droits économiques que le Japon avait acquis depuis 1905 en Mandchourie enflammèrent l'animosité envers les Chinois au Japon. La colère se retourna contre le gouvernement japonais. Les voix radicales exigeant un gouvernement plus fort et une politique étrangère plus ferme engrangèrent des soutiens. Au sein de l'armée, également, le mécontentement suscité par une attitude jugée docile dans les affaires internationales et nuisible aux intérêts japonais s'était amplifié. Le mécontentement et l'agitation n'étaient nulle part plus évidents que chez les jeunes officiers de grades intermédiaires, que l'état-major général de l'armée de terre, à Tokyo, avait de plus en plus de mal à contrôler.

C'est parmi les officiers de l'armée du Guangdong, qui depuis sa création en 1906 gardait les possessions mandchouriennes du Japon, qu'on devait trouver quelques-uns des adeptes les plus radicaux d'un changement visant à briser les contraintes imposées à la politique extérieure japonaise par les puissances occidentales avec leurs principes capitalistes libéraux. Le 18 septembre 1931, alors que la tension était à son comble, certains d'entre eux montèrent une attaque des troupes japonaises contre les forces chinoises locales de Moukden, dans le sud de la Mandchourie, en pleines manœuvres nocturnes[3]. Alors que l'ordre ne venait pas du gouvernement japonais, l'attaque reçut rapidement l'aval rétrospectif de Tokyo, signe précoce non seulement du peu de contrôle que le gouvernement civil pouvait désormais exercer sur l'armée de terre, mais aussi de son empressement à épauler des initiatives arbitraires et dangereuses et, ce faisant, à agréer la dynamique mise en branle par les actions autonomes de l'armée.

L'incident parut initialement mineur, mais fit ensuite figure de tournant. Il sonna le glas de la coopération d'après-guerre en Extrême-Orient consacrée par le « système de Washington », amorça l'isolement international du Japon et attisa davantage encore le sentiment antichinois et anti-occidental au Japon. Les appels chinois à l'aide internationale contre le Japon tombèrent dans les oreilles de sourds. Dans les affres de la crise, les pays occidentaux ne voyaient que leurs intérêts. La Société des Nations manqua sa première grande épreuve. Aucune sanction ne fut infligée au Japon. Ce fut une première manifestation de sa faiblesse qui devait être bientôt exposée au grand jour, tant en Asie de l'Est qu'en Europe. Les États-Unis, qui n'étaient pas membres de la SDN, s'accordèrent à éviter de dénoncer le Japon. Encouragée, l'armée du Guangdong étendit son agression, avec l'aval rétrospectif, comme auparavant, du gouvernement de Tokyo et de l'opinion publique japonaise. Le 9 octobre 1931, le bombardement de Chinchow, dans le sud-ouest de la Mandchourie, sur la frontière avec la Chine proprement dite, finit par pousser le conseil de la SDN à agir, mais uniquement pour mettre en place une commission dirigée par un pair britannique, lord Lytton, afin d'examiner les causes du conflit et de formuler des recommandations pour un règlement. En septembre 1932, quand la commission Lytton remit son rapport, condamnant l'action japonaise mais exhortant aussi la Chine à reconnaître les intérêts du Japon dans la région, un gouvernement fantoche avait été installé en Mandchourie. Le Mandchoukouo n'était un État indépendant que sur le papier. En réalité, il était totalement sous la coupe des Japonais.

Face à la condamnation et au refus international unanime d'accepter le statut du Mandchoukouo, le Japon quitta la SDN en mars 1933. Ce qui scella son isolement. À l'intérieur, l'agression de la Mandchourie et la création du Mandchoukouo avaient suscité force acclamations, tant dans le peuple que parmi les élites. L'isolement international du Japon nourrit la rancœur et la défiance. La propagande n'eut aucun mal à persuader le grand public de la justesse de la cause japonaise et de l'iniquité des attitudes occidentales (même si, ironiquement, les Japonais calquaient largement leurs propres ambitions impérialistes sur l'Empire britannique qui leur inspirait un tel ressentiment). Politiquement, le pays glissa encore plus à droite. Les idéologies insistant sur la « renaissance nationale », la solidarité, la dévotion envers l'empereur (présenté comme un « dieu vivant ») mais aussi la culture et la mythologie japonaises traditionnelles gagnèrent du terrain. Le régime parlementaire était mort en mai 1932, tandis qu'était formé un cabinet d'union nationale, essentiellement composé de chefs militaires et de bureaucrates. De plus en plus, c'est l'armée – bien qu'il existât d'importantes divisions au sein de l'armée de terre – qui imposait le rythme, tandis que les civils, dont le pouvoir réel était réduit, se contentaient pour l'essentiel de réagir, en général docilement, aux pressions.

L'armée du Guangdong demeura le fer de lance de la force de radicalisation[4]. Les combats contre les troupes chinoises se poursuivirent. En mai 1933, les frontières du Mandchoukouo avaient atteint la Grande Muraille, à un peu plus de soixante kilomètres de Pékin. Deux ans plus tard, le gouvernement national de Tchang Kaï-chek se sentit obligé de retirer ses troupes des régions frontalières au sud de la Grande Muraille, Pékin compris. Des gouvernements fantoches de seigneurs de la guerre chinois furent installés pour contrôler la région. Dès lors, la politique japonaise se focalisa sur la consolidation des gains au Mandchoukouo et sur la stabilisation des relations avec le gouvernement nationaliste de Tchang Kaï-chek dans sa capitale de Nankin. Les risques d'un nouveau conflit n'en demeuraient pas moins très grands.

Au milieu de 1936, le gouvernement japonais était prêt à définir les « principes fondamentaux de la politique nationale » suivant de nouveaux axes[5]. La définition manquait de précision à ce stade, et tentait d'incorporer, sans résoudre leurs tensions et contradictions possibles, les aspirations rivales de l'armée de terre et de la marine. La considération sous-jacente était la nécessité de saper la « politique d'agression » des grandes puissances en Asie de l'Est. À cette fin, il convenait d'assurer la puissance du Japon sur le continent est-asiatique en fortifiant les défenses et la force économique du Mandchoukouo pour éliminer « la menace de l'Union soviétique » tout en poursuivant l'expansion dans les mers du sud. Pour la première fois, l'expansion au sud devenait une ligne directrice de la politique nationale. Même si ce n'était encore guère plus qu'une vague déclaration d'intention, cela reflétait la voix de plus en plus sonore de la marine, qui avait conservé son rang élevé depuis la guerre avec la Russie dans les premières années du siècle et, en décembre 1934, avait poussé avec succès à l'abrogation du traité de limitation des armes navales signé avec la Grande-Bretagne et les États-Unis en 1922 et renouvelé en 1930. Les objectifs de politique étrangère, énoncés dans le courant de l'été 1936, devaient être atteints pacifiquement. Mais il convenait de masser les forces de l'armée de terre au Mandchoukouo et en Corée pour les hisser à un niveau où elles pourraient « porter le premier coup aux forces soviétiques en Extrême-Orient au début des hostilités ». Le réarmement naval permettrait d'assurer la « domination du Pacifique Ouest contre la flotte des États-Unis ». Le document insistait sur la nécessité de bonnes relations avec la Grande-Bretagne, du moment que celle-ci reconnaissait l'intérêt vital des Japonais en Chine et évitait de se joindre aux États-Unis, à l'Union soviétique et à la Chine pour exercer des pressions sur le Japon. Dans le même temps, surtout du fait de l'anticommunisme japonais, il fallait nouer de bonnes relations avec l'Allemagne.

Malgré les déclarations d'intention pacifiques, la politique japonaise était implicitement grosse d'une confrontation avec la Grande-Bretagne et les États-Unis. Dans le même temps, l'armée de terre demeurait rivée à la nécessité de préparer une guerre contre l'Union soviétique afin d'éliminer la menace du nord. Désormais, le Japon avait visiblement tourné le dos aux limites du « système de Washington » de 1922. Comme pour le faire savoir, et indiquer clairement son désir de bonnes relations avec l'Allemagne – pays qui avait mis en pièces l'ordre d'après-guerre européen –, le Japon rejoignit en novembre 1936 le pacte anti-Komintern, par lequel les deux pays s'engageaient à ne fournir aucune aide à l'Union soviétique au cas où l'un d'eux se trouverait engagé dans une guerre contre elle.

En 1937, la nécessité d'un front commun contre le Japon, reflétant la montée du sentiment antijaponais, éclipsa temporairement l'âpreté des divisions entre nationalistes et communistes en Chine. Au Japon, l'armée de terre prit ses distances par rapport à la perspective d'une guerre avec la Chine, tandis que le gouvernement civil revint, pour une courte période, à d'autres considérations : il s'agissait désormais de résoudre ses problèmes économiques non pas par une expansion territoriale supplémentaire, mais par une politique de promotion de l'industrialisation, du commerce extérieur et de la coopération internationale. De telles vues ne pouvaient l'emporter. Elles allaient contre l'idée profondément enracinée, et pas seulement dans l'armée, que l'avenir du Japon résidait dans une autarcie économique assurée par la force des armes. Les ingérences de l'armée de terre – ou de quelques-unes de ses factions – dans la gestion du gouvernement s'étaient accrues depuis l'« Incident de Moukden ». Une tentative de coup d'État fomentée par des militaires militants, qui avaient tué plusieurs ministres, avait échoué en février 1936 et valu de graves châtiments aux personnes impliquées[6]. Mais l'instabilité gouvernementale en fut accrue. Et la mainmise de l'armée de terre dans les affaires intérieures n'en était pas moins sortie renforcée[7]. La politique envers la Chine était à la racine de son influence croissante. En janvier 1937, les pressions militaires acculèrent le gouvernement à la démission. Le suivant ne se maintint que quelques mois avant de laisser la place en juin à la formation d'un nouveau cabinet dirigé par le prince Konoe Fumimaro. Le nouveau Premier ministre, qui avait de bonnes relations avec l'armée, était partisan sur le continent asiatique d'une politique de contrôle de la terre et des ressources naturelles, réputée justifiée pour une nation « démunie » qui se battait pour sa survie[8]. Tel était le climat dans lequel un incident mineur et imprévu – en soi, à peine plus qu'une escarmouche – dans la nuit du 7 juillet 1937, près du pont Marco Polo, au sud de Pékin, où des soldats chinois ouvrirent le feu sur des troupes japonaises, marqua l'ouverture de ce qui allait bientôt se transformer en une guerre véritable entre le Japon et la Chine[9].

Au sein de l'état-major général de l'armée de terre, certains officiers supérieurs essayèrent bien de limiter la portée de l'incident. Leur crainte était qu'une escalade débouchant sur un engagement japonais prolongé en Chine n'entravât le réarmement pour contrer l'Union soviétique. Pour faire bref, il semblait que l'incident pût tourner court sans que le danger ne s'étendît. Mais dans les circonstances d'alors la trêve locale du 11 juillet avait peu de chances d'aboutir. Tant en Chine qu'au Japon, les gouvernements étaient pressés d'agir sous l'effet des sentiments nationalistes qu'ils avaient eux-mêmes attisés et manipulés. Tchang Kaï-chek vit dans l'agression japonaise une occasion qu'il pouvait exploiter afin d'étendre le soutien occidental à sa cause. De leur côté, des factions de poids au sein de l'armée japonaise présentèrent l'incident comme une chance de battre et de soumettre la Chine par une action rapide et en force. Le ministre de l'armée de terre, Sugiyama Gen, et le chef de l'état-major impérial, le prince Kan'in Kotohito, expliquèrent à l'empereur qu'une guerre avec la Chine pourrait déboucher sur une victoire en l'espace de deux ou trois mois[10]. Tel fut le point de vue qui triompha.

Le gouvernement civil épaula la décision d'étendre le conflit. Vers la fin de juillet, d'importants renforts de troupes furent dépêchés en Chine. Deux jours plus tard, Pékin et Tientsin, dans le nord du pays, étaient occupés. Les 29 et 30 juillet, les atrocités de Tungchow, où des troupes chinoises massacrèrent plus de deux cents civils japonais et coréens, dont beaucoup de femmes et d'enfants, déclenchèrent une fureur prévisible au Japon. Le frère de l'empereur, le prince Takamatsu, commentant l'état d'esprit de l'armée, nota dans son journal : « Nous allons si bien écraser la Chine qu'il lui faudra dix ans avant de se redresser[11]. »

À la mi-août, les combats avaient gagné Shanghai, où l'aviation chinoise bombarda des troupes, des avions et des navires japonais. Les Japonais dépêchèrent des renforts massifs dans la région. Le ministre japonais de l'Armée de terre parla alors de « guerre totale ». Le gouvernement voyait le conflit avec la Chine comme une « guerre sainte[12] ». Et le Premier ministre Konoe parla de la « mobilisation spirituelle » de la nation[13].

Début novembre, alors que les troupes démoralisées commençaient à se retirer de Shanghai en direction de Nankin, la capitale nationaliste, près d'un quart de million de civils chinois (dont beaucoup de femmes et d'enfants) avaient été tués en ville[14]. Les Japonais déploraient 40 000 morts et blessés. Les troupes japonaises poursuivirent l'armée chinoise en fuite et les réfugiés civils jusqu'à Nankin. Quand la ville tomba, le 13 décembre, suscitant une grande célébration dans les rues de Tokyo, les soldats japonais se déchaînèrent. Au moins 200 000 civils et prisonniers de guerre chinois furent assassinés en six semaines. Des observateurs étrangers devaient parler d'un millier de viols de femmes et de filles de tous âges par jour[15].

Le monde entier fut choqué par cette débauche de carnage et de viols. Alors que commençait l'horreur de Nankin, le pilonnage d'artillerie sur les réfugiés chinois, puis le bombardement par des pilotes prompts à tirer sur tout ce qui bougeait d'une canonnière américaine, le *Panay*, ancrée sur la rive du Yangtsé au nord de Nankin, avec des diplomates et des journalistes à bord, avaient déjà suscité le dégoût face au comportement des Japonais. Des soldats nippons avaient même tiré sur le dernier canot de sauvetage qui avait quitté le navire en feu pour rejoindre la rive. Le gouvernement de Tokyo s'empressa de s'excuser d'une aussi grave erreur et consentit à verser de substantielles réparations. Mais les dommages étaient faits, et ils étaient durables. En Occident, tout particulièrement au États-Unis, l'opinion publique devint viscéralement antijaponaise. Et, naturellement, la sympathie pour la Chine alla croissant. L'exploitation commerciale américaine des marchés chinois par la politique de la « Porte ouverte » avait toujours comporté une part d'idéalisme. Les atrocités japonaises intensifièrent alors le sentiment aux États-Unis que le soutien à la Chine était une cause morale[16].

Mais, à ce stade, cela se traduisit essentiellement par des gestes symboliques. La condamnation morale du Japon alla de pair avec l'inaction politique[17]. Le président Roosevelt associa les États-Unis à la dénonciation de l'agression japonaise par la Société des Nations, mais opposa son veto aux propositions de sanctions économiques contre le Japon. En revanche, il fit les premiers pas vers la coordination de l'échange de renseignements entre les flottes américaines et britanniques dans le Pacifique, signe que la menace japonaise était désormais prise au sérieux.

Par sa promptitude à faire amende honorable après l'incident du *Panay*, le gouvernement japonais avait montré qu'il était soucieux, à ce stade, d'éviter l'affrontement avec les États-Unis. Pour autant, ce souci n'allait pas jusqu'à tempérer sa politique chinoise. Des conditions d'une extrême dureté, revenant à mettre la Chine sous la coupe des Japonais, furent offertes à Tchang

Kaï-chek après la chute de Nankin[18]. Il lui était totalement impossible de les accepter. Sur ce, le Japon durcit encore son attitude. En janvier 1938, il choisit de rompre ses relations diplomatiques avec le gouvernement nationaliste. Le Premier ministre japonais, le prince Konoe, annonça d'un ton glacial son intention d'« éradiquer » le régime de Tchang Kaï-chek[19].

Au cours des mois suivants, l'armée japonaise accrut considérablement son contrôle de la Chine, et ce de façon très brutale. D'immenses étendues étaient désormais sous la coupe des Japonais. À la fin de 1938, cependant, avec 600 000 hommes en Chine, les ressources japonaises étaient soumises à rude épreuve. Le nombre des victimes augmentait. Depuis le début du conflit, les Japonais avaient perdu 62 000 soldats[20]. Et si Tchang, qui avait déplacé sa capitale à Chongqing dans l'ouest de la Chine, avait ployé, il était loin d'être défait. Au lieu de l'atténuer, la cruauté de l'armée d'occupation eut pour effet de durcir la résistance nationaliste soutenue par l'aide matérielle de l'Amérique, de la Grande-Bretagne, de la France et de l'Union soviétique. Le Japon avait désormais atteint la ligne des hautes eaux. Il était dans l'impasse.

En novembre 1938, le gouvernement japonais avait reformulé ses buts de guerre. L'objectif essentiel était de créer un « nouvel ordre pour assurer une stabilité permanente en Asie de l'Est[21] ». Il était partiellement revenu sur l'intransigeance affichée en janvier. La coopération avec les nationalistes chinois paraissait dorénavant possible. Mais le prix en était la reconnaissance du Mandchoukouo, la cessation des activités antijaponaises, la collaboration dans la défense contre le communisme (c'est-à-dire, en fait, l'acceptation des troupes japonaises en Chine) et la consécration de l'exploitation économique japonaise du nord de la Chine et de la Mongolie-Intérieure. L'initiative était destinée à scinder le camp nationaliste en ralliant le rival de Tchang Kaï-chek, Wang Ching-wei, aux côtés des Japonais. Wang, qui rompit avec Tchang Kaï-chek en décembre 1938, était prêt à collaborer, prônant la paix avec le Japon sur la base d'une politique anticommuniste forte et unie. En mars 1940, il devait être finalement installé à Nankin à la tête d'un gouvernement inféodé aux Japonais.

Mais, naturellement, Tchang resta implacable. Les nationalistes chinois continuèrent majoritairement à le soutenir. Incapable d'arracher une victoire totale, et tout aussi incapable de s'extraire du conflit, le Japon était enlisé dans un bourbier politique et militaire.

Pendant ce temps, les relations avec les États-Unis avaient continué de se dégrader. Répondant en novembre 1938 à une violation des droits américains sur la base de la « Porte ouverte » en Chine, le gouvernement de Tokyo rejeta explicitement les principes du « système de Washington[22] ». Peu après, un prêt – le premier d'une longue série – de 25 millions de dollars des États-Unis marqua la détermination américaine à étayer le régime nationaliste de Tchang Kaï-chek. Le 26 juillet 1939, à la suite de nombreuses protestations contre les actions japonaises en Chine, les États-Unis annoncèrent l'abrogation d'un traité commercial vital avec le Japon qui remontait à 1911 et qui arrivait normalement à échéance en 1940. L'affaire était grave, puisque près d'un tiers des importations japonaises venaient des États-Unis[23]. C'était une manière de prévenir qu'une nouvelle agression pourrait se solder par des sanctions économiques. Le Japon était particulièrement tributaire de ses importations de ferraille et de pétrole d'Amérique. Si celles-ci étaient coupées, il ne pourrait soutenir son effort de guerre plus de six mois[24].

Les actions japonaises étaient également préjudiciables aux relations avec les puissances européennes. L'occupation de bases stratégiques dans la mer de Chine du Sud – l'île de Hainan, au large de la côte méridionale de la Chine en février 1939, puis, un mois plus tard, des îles Spratly, lointain archipel inhabité à plusieurs centaines de kilomètres au sud – donna un signe de l'intention du Japon d'étendre son influence dans le sud. Les îles étaient en principe des possessions chinoises, mais l'initiative était faite pour inquiéter la Grande-Bretagne, la France et les Pays-Bas, qui possédaient tous trois des intérêts coloniaux dans la région[25]. Le régime colonial hollandais des Indes orientales réagit en réduisant les importations du Japon. La Grande-Bretagne et la France furent en outre indisposées par le blocus japonais de leur concession à Tientsin en juin. Peu après, les forces japonaises se trouvèrent impliquées dans de graves affrontements avec des troupes soviétiques à la suite d'escarmouches près de Nomonhan, au nord-ouest du Mandchoukouo, sur la frontière avec la Mongolie-Extérieure. Le résultat en fut un revers militaire conséquent pour le Japon, doublé d'un avertissement à ne pas sous-estimer l'armée Rouge. Lorsque les combats cessèrent, avec une trêve à la mi-septembre, l'armée du Guangdong avait perdu près de 17 000 hommes.

Une issue possible à cet isolement international croissant eût été de former une alliance avec l'Allemagne. Sous l'influence de Ribbentrop, le régime de Hitler, au début de 1938, était revenu sur son soutien à la Chine pour exprimer son appui au Japon[26]. L'idée que le Japon gagnerait la guerre en Chine et sa fervente opposition à l'Union soviétique furent des facteurs importants de ce changement de cap. Suivit, en mai, la reconnaissance du Mandchoukouo, signe tangible de la nouvelle position allemande. Mais, craignant d'indisposer les démocraties occidentales en liant son sort à celui de l'Allemagne nazie, le gouvernement japonais évita les ouvertures à transformer le Pacte anti-Komintern en alliance en bonne et due forme. Comme, en pratique, le Japon ne fit rien pour réduire l'antagonisme avec l'Ouest, mais évita simplement de resserrer ses liens avec l'Allemagne, son isolement diplomatique perdura. Il s'aggrava spectaculairement à la fin d'août 1939, avec l'annonce du sensationnel pacte germano-soviétique. En un instant, le Japon vit son seul et unique puissant ami potentiel en Europe s'allier avec son ennemi juré du nord. Le marquis Kido Koichi, éminent courtisan qui devait bientôt devenir le plus proche conseiller de l'empereur en qualité de lord du Petit Sceau, nota dans son journal que cet « acte de trahison extrême le laissait pantois[27] ». Dérouté par les « nouvelles conditions inexplicables » qui régnaient en Europe, le gouvernement japonais démissionna en bloc[28]. Quelques jours plus tard, l'Europe était en guerre.

La guerre européenne affecta inévitablement le Japon, malgré sa neutralité. D'aucuns, tant à l'armée que dans le gouvernement civil, prônèrent un renversement de la politique antérieure en recherchant un arrangement pragmatique avec l'Union soviétique, comme l'Allemagne l'avait fait. Ils présumaient que l'heure avait sonné d'un nouvel ordre mondial, qui en finirait avec la domination des démocraties européennes et des États-Unis. En Europe, les grandes puissances seraient très probablement l'Allemagne, l'Italie et l'Union soviétique. Il était dans les intérêts du Japon, plaidaient-ils, de s'allier à l'Allemagne comme à l'Union soviétique. Pour ce qui était de la guerre en Chine, il semblait qu'une alliance avec l'Union soviétique pût faire cesser les livraisons soviétiques à la Chine[29].

Toutefois, les partisans d'une nouvelle politique envers l'Union soviétique restaient toujours minoritaires. Voyant bien que la guerre européenne pouvait lier plus étroitement encore l'Amérique et la Grande-Bretagne, l'opinion dominante au sein du gouvernement préférait qu'on s'efforçât d'améliorer les relations avec les États-Unis. Mais comme le Japon n'était pas prêt à de sérieuses concessions dans ses revendications sur la Chine, cette voie paraissait peu prometteuse. En fait, la politique américaine envers la Chine se durcissait. L'aide accrue à la Chine passait pour une manière d'affaiblir le Japon et de réduire la menace possible dans le Pacifique.

La Chine demeurait donc la charnière. Tant que se poursuivrait la guerre avec la Chine, les ressources et la main-d'œuvre japonaises seraient tendues au maximum. Et la dégradation des relations avec les États-Unis menaçait gravement l'approvisionnement en ferraille et en pétrole nécessaires pour continuer la guerre. Mais tant que le Japon restait attaché à ses conquêtes et à la domination territoriales, il ne pouvait y avoir d'arrêt des hostilités, ni donc d'amélioration des relations avec les États-Unis et de réduction de la menace permanente sur les matières premières. Avec les États-Unis qui soutenaient sans réserve Tchang Kaï-chek et le gouvernement japonais qui supportait le régime fantoche de Wang Ching-wei, l'impasse était appelée à durer. Telle était la situation quand la conquête par Hitler du Danemark et de la Norvège en avril, puis l'invasion de la Hollande et de la Belgique en mai, et enfin la victoire éclatante sur la France en juin changèrent la donne en Europe. Alors que la Grande-Bretagne était le seul des principaux belligérants à résister à Hitler – et que cette résistance promettait apparemment d'être de courte durée –, le gouvernement japonais vit se dessiner de nouvelles opportunités pour résoudre ses problèmes.

II

En 1940, le Japon n'était ni une démocratie ni une dictature. Peut-être, pour se situer au niveau des abstractions, pourrait-on parler d'autoritarisme de factions, ce qui n'est pas la contradiction dans les termes qu'on pourrait croire à première vue. Mais cela ne rend guère compte de la complexité et de la nature embrouillée de la gouvernance telle qu'elle s'était développée depuis la formation du régime constitutionnel en 1889 et avait été transformée dans les années 1920 et 1930 sous l'impact de la politique des masses, des turbulences intérieures, des pressions diplomatiques et de la guerre. L'image populaire d'un système monolithique sous la férule de l'empereur est très éloignée de la réalité[30].

Le système de gouvernement qui était apparu à la fin du XIXe siècle, alors que le Japon se modernisait rapidement, conservait de robustes traits oligarchiques et bureaucratiques. La Constitution de 1889 avait pris modèle sur l'Europe, et notamment sur l'Allemagne. Elle comportait un Parlement formé d'une Chambre des représentants élue de trois cents sièges et une Chambre des pairs composée de cinq cents dignitaires de la cour, du gouvernement et de l'armée. Dans le même temps, l'empereur jouissait, tout au moins en théorie, d'un pouvoir personnel plein et entier. Comme en Allemagne, les ministres étaient nommés par l'empereur et n'étaient responsables que devant lui, pas devant le Parlement. Souvent, ils n'étaient pas issus de partis politiques. Fait notable, l'état-major général de l'armée de terre avait spécifiquement reçu le « commandement suprême » qu'il exerçait en toute indépendance et il devait rendre des comptes directement à l'empereur. Initialement élu par un pour cent seulement de la population, le Parlement pouvait voter des lois et approuver ou rejeter le budget de l'État, mais il n'exerçait guère de contrôle sur les pouvoirs exécutifs du gouvernement et de l'armée. Les vieilles familles oligarchiques, qui possédaient une bonne partie des terres et de la richesse du pays, conservaient beaucoup d'influence[31].

Malgré tout, une fois instituées, rien ne pouvait arrêter la politique de masse et la représentation constitutionnelle. Comme en Europe, elles prirent de l'importance, surtout après la Première Guerre mondiale. Les partis politiques – le Seiyukai, conservateur, et le Minseito, libéral – en vinrent à représenter l'immense majorité des électeurs : tous les hommes de plus de 25 ans, à la suite de la réforme du droit de vote de 1925. Mais, importées depuis l'Europe dans le contexte japonais, les idéologies communistes, socialistes et fascistes trouvèrent aussi des partisans avec la crise économique, les troubles sociaux et les violences politiques (avec l'assassinat de deux Premiers ministres et d'autres personnalités des affaires et du gouvernement, mais aussi d'un certain nombre d'intellectuels en vue au début des années 1930) qui affligèrent le Japon entre les deux guerres[32]. À l'image des turbulences intérieures, les gouvernements étaient instables et de courte durée, avec quinze changements de Premier ministre entre novembre 1921 et juin 1937[33].

L'impact de l'« Incident de Mandchourie » après 1931 et la sortie rapide de la crise, essentiellement grâce à la stimulation massive par l'État des industries de l'acier, de la chimie et du bâtiment ainsi qu'à une forte expansion du budget de l'armée (représentant les trois quarts des dépenses publiques en 1937[34]), allaient réduire le rôle des partis parlementaires et du pluralisme politique. Désormais, les gouvernements devaient être composés d'une majorité de ministres qui ne représentaient aucun parti politique[35]. Par-dessus tout, l'influence de l'armée s'accrut fortement. Dès que la guerre en Chine eut commencé, une meilleure coordination des éléments civils et militaires pour la prise des décisions s'imposa. À la fin de 1937, furent institués pour ce faire deux types de réunions : les conférences de liaison et les conférences impériales.

Les conférences de liaison se succédaient à quelques jours d'intervalle et, dans le domaine des affaires étrangères, supplantèrent le cabinet, qui traitait dorénavant surtout des affaires intérieures. Les principaux membres du cabinet – le Premier ministre et les ministres des Affaires étrangères, de la Guerre et de la Marine ; à l'occasion, d'autres ministres dont les compétences techniques étaient spécifiquement nécessaires – rejoignaient les chefs d'état-major de l'armée de terre et de la marine ainsi que leurs adjoints du commandement suprême. Les réunions se tenaient dans une petite salle de conférence où les participants prenaient place sur des sièges disposés en cercle autour du Premier ministre. Mais nul ne présidait réellement les discussions qui étaient souvent diffuses, conformément à un usage spécifiquement japonais où le langage oblique était de rigueur dans un long processus d'élaboration des décisions où l'on attachait une grande importance à l'unanimité[36]. Les conférences furent un temps interrompues et remplacées par des réunions des quatre ou cinq ministres les plus importants. Le problème du manque de coordination se reposa à nouveau. L'absence des chefs d'état-major apparaissant comme un handicap inévitable, les conférences de liaison furent rétablies en 1940.

Les décisions importantes prises par une conférence de liaison devaient être ratifiées par une conférence impériale. Aux mêmes participants, venait alors s'ajouter le président du conseil privé, et la réunion se déroulait en présence de l'empereur. Les documents enregistrant les décisions de la conférence de liaison étaient alors présentés à la conférence impériale. Préparés par les officiers de l'état-major général, ils circulaient ensuite dans les différents ministères pour être révisés et amendés avant d'être soumis à l'approbation des principaux membres des conférences de liaison. Ensuite, devant l'empereur, le Premier ministre et chacun des autres ministres, puis les chefs d'état-major, lisaient des déclarations préparées. Habituellement, l'empereur ne disait pas un mot, même si le président du conseil privé posait des questions en son nom. Si la procédure restait largement cérémonielle, la conférence impériale avait pourtant son importance. Dès lors que l'empereur s'estimait en mesure de donner son aval à la ligne d'action proposée, la légitimant de ce fait, la décision engageait toutes les personnes présentes et il devenait extrêmement difficile de la modifier[37].

Les décisions, en particulier celles qui se rapportaient à la politique étrangère et à la guerre, ne portaient donc pas la marque claire d'une volonté individuelle, comme c'était le cas dans les dictatures allemande, italienne et soviétique. Mais l'instance centrale du gouvernement civil, à savoir le cabinet, ne pouvait pas non plus prendre des décisions comme cela se faisait dans les démocraties parlementaires. Lui-même nommé par l'empereur et ne dépendant en rien du Parlement, le cabinet ne pouvait faire des choix cruciaux sans tenir compte des désirs des états-majors militaires (et, de plus en plus, sans y accéder). Et, n'étant responsables que devant l'empereur, ces états-majors jouissaient d'une large autonomie d'action. L'inclusion dans le cabinet de haut gradés servant comme ministres de la Guerre et de la Marine ne diminuait aucunement cette indépendance. Eux-mêmes avaient le droit d'en référer directement à l'empereur s'ils souhaitaient court-circuiter le Premier ministre. En tout état de cause, leurs responsabilités concernaient essentiellement les aspects personnels et administratifs des forces armées. Les domaines vitaux, la planification stratégique et opérationnelle étaient de la prérogative du commandement suprême : les chefs d'état-major de l'armée de terre et de la flotte, dont l'autorité procédait du seul empereur[38].

En pratique, l'armée parlait rarement d'une seule voix. Ses souhaits et ses exigences reflétaient surtout les intérêts souvent différents et concurrents au sein de l'armée de terre et de la marine. Les décisions concernant les lourdes questions de politique étrangère étaient donc en définitive le fruit d'une « négociation collective », l'aboutissement de démarches pour « réunir des coalitions à l'appui des options privilégiées ». La décision s'imposait, presque par osmose, à l'issue d'une longue période de discussions, de débats et de « négociations », les porte-paroles de l'armée ayant plus de « moyens de pression » que les autres[39]. Mais on attachait une grande importance au « consensus » qui avait fini par se dégager derrière une décision devenue, avec l'aval de l'empereur, effectivement sacro-sainte.

Nonobstant les différences de faction, le poids respectif des uns et des autres, les désaccords politiques ou les stratégies alternatives, un large degré de consensus idéologique avait fini par se dégager au sein des élites du pouvoir au Japon. Au cours des années 1930, naissant des divisions internes et de la désunion de la décennie précédente, et avec en toile de fond l'« Incident de Mandchourie » puis la guerre de Chine, s'était forgé un nouveau nationalisme accusant davantage qu'une ressemblance fugitive, quoique sous un habillage culturel japonais, avec les fascismes européens de l'époque. Son foyer « spirituel » était l'empereur, incarnation de la nation japonaise. Et le militarisme en était l'instrument.

Dès 1926, lors de l'accession de Hirohito au trône impérial à l'âge de 25 ans, et surtout dans le sillage des somptueuses et spectaculaires célébrations de son intronisation rituelle et de sa « déification » deux ans plus tard, le culte de l'empereur fut élevé au rang de pierre angulaire de la nouvelle doctrine. Le règne de Hirohito était désigné comme celui de l'empereur « Showa » – symbolisant, ironiquement au vu de la suite des événements, la « paix illustre » de l'ère nouvelle. Le règne de son père, l'empereur Yoshihito, de 1912 à 1926 (Hirohito ayant assuré la régence à partir de 1920), avait été associé à l'occidentalisation et à la démocratisation. Le sentiment d'une décadence nationale avait gagné du terrain alors que les crises intérieures assaillaient le Japon. Comme dans l'Allemagne de Weimar, de plus en plus de Japonais voyaient dans la démocratie et les partis politiques le symptôme d'une nation faible et divisée. L'attachement à l'ordre politique international issu du « système de Washington », dont les puissances impérialistes occidentales passaient pour les principales bénéficiaires, ne faisait que confirmer cette impuissance. En son cœur, cette faiblesse était incarnée par la figure frêle et malade de l'empereur Taisho (Yoshihito). Le règne de Hirohito était donc censé inaugurer une ère qui renouerait, en le prolongeant, avec l'âge héroïque de son grand-père, l'empereur Meiji, qui de 1867 à 1912 avait présidé à la création du Japon moderne, aux grands triomphes sur la Chine et la Russie entre 1895 et 1905 et aux débuts de la domination japonaise outre-mer, en Asie de l'Est.

L'essence de la nouvelle doctrine nationaliste était la « voie impériale » (*kodo*), qui envisageait le retour du Japon aux « vraies valeurs » de la longue (et légendaire) histoire de la nation. Celle-ci triompherait ainsi de l'assujettissement à l'influence occidentale et réaliserait son destin et sa mission qui, du fait de la supériorité de son peuple et de sa culture, était de dominer l'Asie de l'Est[40]. Cette voie justifiait la conquête impérialiste pure et simple, dont le but sous-jacent, privé de son dogme, était d'élever le Japon au rang de grande puissance jouissant d'une domination durable assise sur la prise de possession des matières premières de la Mandchourie et du nord de la Chine, puis dans tout le Sud-Est asiatique. Avec la manipulation de l'opinion publique à grand renfort de propagande, associée à l'étouffement implacable de toute opposition déclarée, l'élite transmettait ses doctrines à la population. Il ne fut pas difficile d'exciter la ferveur nationaliste et impérialiste au cours des crises de Mandchourie puis de Chine. Ce chauvinisme fabriqué poussait à son tour les élites à agir. Mais il y avait plus important, peut-être : les valeurs de ce nouveau nationalisme imprégnaient toute la hiérarchie, depuis les rangs des officiers jusqu'aux simples soldats de l'armée de terre et de la marine. Juste au-dessous du niveau du haut commandement lui-même, sous la couverture idéologique de la « voie impériale », fermentait le levain d'un militarisme déclaré, terriblement agressif et risqué. En 1940, les idées nationalistes et impérialistes s'étaient donc développées en une idéologie de suprématie et d'expansion qui, tant pour les élites que pour le peuple, dans la population civile et militaire – notamment aux échelons intermédiaires de l'armée –, était devenue hégémonique. Autrement dit, par-delà les différences opérationnelles ou tactiques, aucune autre idéologie n'était un concurrent sérieux.

Bien entendu, il y eut des hommes pour s'opposer aux nouveaux courants idéologiques et politiques. Saionji Kinmochi était de longue date un conseiller très écouté de l'empereur : homme de culture, libéral et conservateur à l'ancienne, il avait vécu dix ans à Paris, étudiant le droit à la Sorbonne. Il fut de ceux qui conseillaient vivement de conserver des liens étroits avec la Grande-Bretagne et l'Amérique, étaient partisans d'un accommodement avec Tchang Kaï-chek et avaient en horreur le rapprochement avec l'Allemagne et l'Italie[41]. Mais Saionji était né en 1849. Il était non seulement vieux (il devait mourir avant la fin de l'année 1940) mais aussi, il s'en rendit compte, déphasé par rapport aux courants idéologiques dominants. De même en allait-il de certaines personnalités de l'armée de terre et de la marine engagés en politique, comme le général Abe Nobuyuki, qui fut brièvement Premier ministre en 1939-1940, et son éphémère successeur à ce poste, l'amiral Yonai Mitsumasa, ou le ministre des Affaires étrangères du cabinet Abe, l'amiral Nomura Kichisaburo. Chacun d'eux était partisan d'une forme d'accommodement avec les États-Unis et hostile à un resserrement des relations avec les puissances de l'Axe, même si tous approuvaient les droits spéciaux du Japon en Mandchourie et dans le nord de la Chine ainsi que la recherche d'un « ordre nouveau » dans l'Est asiatique[42]. Qu'ils aient pu accéder à de hautes fonctions est le signe que persistaient encore de significatives divergences d'opinion sur la voie que devait suivre le Japon. Qu'ils aient été si rapidement évincés démontre qu'ils ne pouvaient résister aux forces idéologiques et politiques dominantes, particulièrement représentées aux échelons intermédiaires de l'armée de terre et de la marine, qui animaient désormais la vie politique japonaise.

Le principal homme d'État qui eût émergé – ne fût-ce qu'en qualité de *primus inter pares* – de l'imbroglio politique japonais au début des hostilités avec la Chine était le prince Konoe Fumimaro. Premier ministre pour la première fois en juin 1937, il devait jouer un rôle central dans les fatidiques événements de 1940-1941. Né en 1891, Konoe devint à la mort de son père, en 1904, le chef de la famille de la noblesse la plus prestigieuse du pays après la maison impériale, avec laquelle elle avait des liens étroits. Dès son plus jeune âge, il fut préparé à de hautes fonctions et était considéré comme l'étoile montante de la scène politique.

Il n'avait pas 30 ans qu'il obtint une place dans la délégation japonaise à la Conférence de la paix de Paris en 1919, à la fin de la Première Guerre mondiale. Quelques mois plus tôt, alors que la guerre touchait à sa fin, il avait publiquement exprimé des vues qui ne devaient pour l'essentiel plus changer et qui étaient fondamentales dans sa pensée. Il reprochait aux dirigeants japonais de l'époque d'accepter sans réserve les déclarations de paix des responsables politiques britanniques et américains. Il les accusait de ne pas voir de quelles « manières conscientes et inconscientes la démocratie et l'humanitarisme mis en avant par les porte-parole anglo-américains [étaient] un masque de leurs intérêts égoïstes ». La paix proposée, ajouta-t-il, « équivaut ni plus ni moins au maintien d'un *statu quo* » qui convient aux intérêts anglo-américains. Konoe exprimait un point de vue qui devait trouver de nombreux adeptes dans les franges montantes de l'élite japonaise, mais aussi parmi les jeunes officiers de l'armée de terre et de la marine, à savoir que le Japon était désavantagé en tant que nation « démunie ». La Grande Guerre, plaidait Konoe, avait été une « lutte entre les pays qui bénéficient du *statu quo* et ceux pour qui sa destruction serait une bonne chose. Les premiers prônent la paix, les seconds appellent à la guerre. En l'occurrence, le pacifisme ne coïncide pas nécessairement avec la justice et l'humanité. De la même façon, le militarisme ne transgresse pas nécessairement la justice et l'humanité ». La position du Japon, poursuivit-il, était semblable à celle de l'Allemagne avant la guerre. Il fustigea le « comble de la servilité » avec laquelle les dirigeants japonais étaient prêts à accepter la Société des Nations « comme un don du ciel », quand en vérité c'était un dispositif qui « laisserait les nations puissantes dominer économiquement les nations faibles et condamnerait les tard venues à demeurer à jamais subordonnées aux nations avancées ». Si la politique des puissances anglo-américaines devait l'emporter grâce à une Société des Nations défendant ses intérêts *via* le maintien du *statu quo*, concluait-il, « le Japon, qui est petit, pauvre en ressources et incapable de consommer tous ses produits industriels, n'aurait d'autre recours que de détruire le *statu quo* afin de se préserver, exactement comme l'Allemagne[43] ».

Konoe exprima les même sentiments, pour une part quasiment mot pour mot, dans un discours prononcé en novembre 1935, moins de deux ans avant de devenir Premier ministre. Les deux causes fondamentales de la guerre, à ses yeux, étaient la distribution inégale des territoires et la mauvaise répartition des ressources entre les nations. La paix durable ne pouvait venir que d'un redressement du déséquilibre entre les grandes nations. Or le règlement de l'après-guerre avait cherché à éradiquer la guerre sans toucher à l'injustice sous-jacente qui la produisait. Il rejetait le principe de la paix dans le seul but de maintenir cette situation. « Nos dirigeants, déclara-t-il, ne peuvent apparemment se dévoiler et proclamer la nécessité d'une expansion territoriale par acquisition, à la différence des hommes politiques allemands et italiens. Nous avons si bien assimilé l'idée anglo-américaine quasi sacrée d'un ordre pacifique fondé sur le *statu quo* que nous avons défendu notre action dans l'Incident de Mandchourie comme des accusés comparaissant devant un juge. Cet ordre pacifique ne saurait garantir plus longtemps la paix mondiale. Le Japon et les autres pays tard venus auraient dû exiger depuis longtemps un *new deal* mondial[44]. » C'était une philosophie politique qui devait finalement conduire le Japon, comme l'Allemagne, sur la voie de la perdition.

En juin 1937, Konoe devint Premier ministre, un poste qu'il devait occuper par trois fois. Il jouissait alors d'une grande popularité. Et c'était un homme qui en imposait : grand, élégant, suave et urbain, il était à 45 ans encore jeune pour un Premier ministre japonais (même si, plus tard, il devait tellement souffrir de crises d'hémorroïdes qu'il lui faudrait parfois s'asseoir sur une chambre à air de pneu gonflée pour soulager la douleur[45]). D'immenses espoirs étaient placés en lui. L'armée de terre aussi se félicita de sa nomination, certaine que sa popularité bénéficierait à ses propres intérêts[46]. La guerre en Chine commença moins d'un mois après. Konoe ne tarda pas à présider à l'escalade d'un conflit que le Japon ne pouvait arrêter. À l'épreuve du pouvoir, il se révéla être un homme faible et inefficace, incapable de donner une orientation claire au cabinet, enclin à se tordre les mains d'impuissance, apathique et résigné tout en se lamentant sur son incapacité à infléchir le cours des événements[47]. À la fin de sa vie, juste avant son suicide en décembre 1945, Konoe devait essayer de se présenter en victime impuissante d'une armée de terre incontrôlable. Mais s'il lui arriva certainement d'exprimer en privé des doutes quant à l'imbroglio chinois, jamais il ne prit ses distances vis-à-vis de la politique japonaise de domination ni des terribles cruautés perpétrées par l'armée de terre, notamment à Nankin. Et son propre gouvernement, on l'a vu, tenta d'imposer des conditions extrêmement rudes à la Chine en décembre 1937, juste avant la rupture des relations diplomatiques avec le régime de Tchang Kaï-chek et l'expansion de la guerre en 1938[48]. À la fin de cette même année, Konoe avait manigancé l'accord avec Wang Ching-wei, l'homme qui allait devenir le dirigeant fantoche de la Chine. Découragé, incapable de conclure la guerre et s'estimant de plus en plus victime des forces armées qu'il avait contribué à mobiliser, Konoe remit sa démission en janvier 1939.

Dans un mémoire rédigé l'année suivante, Konoe révéla que, si le cours de la guerre en Chine lui inspirait une vive inquiétude, il en acceptait la nécessité. Ses vues ne différaient aucunement de celles qu'il avait exprimées en 1918. La politique des grandes puissances, selon lui, menaçait le Japon d'un blocus économique, privant le pays de ses marchés outre-mer et de matières premières. L'« Incident de Mandchourie » avait brisé ce blocus, et l'« Incident de Chine » devait finalement déboucher sur la « Sphère de coprospérité de la Grande Asie orientale », pour employer une expression forgée en 1940 afin de désigner la domination japonaise sur tout l'Est asiatique, considéré comme le nécessaire *Lebensraum* du Japon[49].

L'inventeur de la formule est Matsuoka Yosuke, nommé ministre des Affaires étrangères dans le nouveau cabinet que Konoe, retrouvant les fonctions de Premier ministre, forma en juillet 1940 – une période de grande fébrilité au Japon au lendemain des dramatiques événements d'Europe. Petit, râblé, personnage haut en couleur dont la faconde lui avait valu le surnom de « moulin à paroles[50] », c'est lui qui dirigeait la délégation japonaise quand son pays avait quitté la Société des Nations en mars 1933. L'éclat de son défi à la SDN avait fait de lui un héros national dans un Japon qui exultait. Il assit aussi sa réputation en prônant une politique extérieure volontariste. En tant qu'ancien patron des Chemins de fer de Mandchourie du sud, il s'était illustré pas ses plaidoyers révisionnistes[51]. Énergique, enclin aux explosions de colère et à l'autocélébration, arrogant, il brûlait de se retrouver sous les feux de la rampe. Selon une haute personnalité, Matsuoka avait pour « qualité de déborder d'idées lumineuses, mais [...] pour défaut d'avancer avec insouciance dans la mauvaise direction[52] ». Ses manières de *prima donna* faisaient de lui un collègue grincheux. Il n'en était pas moins un habile négociateur, mêlant finesse et ténacité. Le secrétaire d'État américain Cordell Hull le dit « aussi tordu qu'un panier de hameçons[53] ». Par ailleurs, Joseph Grew, qui en sa qualité d'ambassadeur américain à Tokyo eut souvent affaire à lui, le prit, tout au moins au départ, pour « un homme qui ne sait pas tenir sa langue mais [...] qui est manifestement direct et sincère de son point de vue[54] ». À ce tournant critique, c'est sur lui que l'armée porta son choix[55]. La veille de son entrée en fonction, il accorda à un journaliste américain une interview peu remarquée dans laquelle il ne fit pas le moindre effort pour dissimuler ses espérances et ses préférences politiques : « Dans la bataille entre démocratie et totalitarisme, le dernier adversaire l'emportera sans doute possible et dominera le monde. L'ère de la démocratie est finie et le système démocratique en faillite[56]. » Dans son esprit, il était « historiquement inévitable » que le Japon et les États-Unis, les deux grandes puissances du Pacifique, finissent par s'affronter[57]. Telles sont les certitudes qui déterminèrent les actions de Matsuoka et ses recommandations politiques en 1940 et en 1941.

Un troisième membre du second cabinet de Konoe, en juillet 1940, allait aussi jouer un rôle fatidique dans les événements de ces années-là et dans la guerre qui suivit – quand, pour la première fois, il fut nommé Premier ministre. Il s'agit du général Tojo Hideki, un dur né en 1884 doublé d'un administrateur militaire expérimenté surnommé « le rasoir » : ancien chef de la police militaire puis chef d'état-major de l'armée du Guangdong, principal porte-parole de la faction expansionniste et intransigeante de l'armée de terre, c'était un homme économe de ses propos mais avocat déclaré des ambitions impérialistes du Japon. C'est donc lui qui hérita alors du rôle clé de ministre de l'Armée de terre[58].

Au-delà des fonctions de Konoe, Matsuoka et Tojo, le portefeuille crucial pour l'élaboration des décisions clés de l'été 1940 était celui du ministre de la Marine. Dans toute avancée vers le sud, le rôle de la flotte de guerre était clairement décisif. Mais l'accord de la marine avec la stratégie plus générale envisagée était aussi capital. Et quand l'amiral Yoshida Zengo, nommé ministre de la Marine en juillet 1940, se trouva, malgré son attachement à l'expansion, déphasé par rapport aux forces dominantes avides de forger une alliance militaire avec l'Allemagne et l'Italie, il s'empressa de laisser sa place à un successeur plus docile, l'amiral Oikawa Koshiro[59].

III

Formé le 19 juillet 1940, le cabinet Konoe ne perdit pas une minute pour réagir au bouleversement de la situation en Europe. Mais les bases de la nouvelle politique avaient déjà été posées par le précédent gouvernement de l'animal Yonai Mitsumasa. Le cabinet Yonai s'était montré plus conciliant envers l'Occident. Yonai et son ministre des Affaires étrangères, Arita Hachiro, entré en fonction le 16 janvier 1940, s'étaient opposés au resserrement des liens avec les puissances de l'Axe, qui avait les faveurs de l'armée de terre. Arita était soucieux d'améliorer les relations avec la Grande-Bretagne et les États-Unis – politique qui suscitait la colère des groupes dominants au sein de l'armée de terre. L'approche d'Arita souffrait en tout état de cause d'une contradiction essentielle : l'administration Yonai prônait avec force en Asie de l'Est un « ordre nouveau » que les Américains étaient résolus à empêcher[60]. Plus d'une fois, Arita fit aussi allusion à l'empressement du Japon à exploiter un quelconque changement de statut des Indes néerlandaises. Mais tout en souhaitant éviter de nuire aux relations avec les puissances occidentales, le gouvernement Yonai commençait à envisager l'« avancée vers le sud » qui aurait précisément cet effet[61]. Au sein des élites du pouvoir japonaises, il n'y avait donc aucun désaccord sur la nécessité d'instaurer un « ordre nouveau » destiné à assurer l'approvisionnement de l'Empire japonais en matières premières est-asiatiques et à mettre fin à la domination de la région par la Grande-Bretagne, l'Amérique, la France et les Pays-Bas. Le désaccord portait sur les moyens d'atteindre ces objectifs.

Avant même que Konoe eût formé son second cabinet, l'impact des bouleversements en Europe refaçonnait donc la réflexion japonaise en matière d'expansion[62]. La chance s'était présentée d'atteindre l'autosuffisance à travers la conquête en Asie du Sud-Est et d'y saper l'emprise des puissances coloniales européennes. Excités par les événements qui se déroulaient en Europe, les médias manipulés abondèrent dans ce sens. La presse lourdement censurée « vomit des adjectifs pour défendre la "juste cause" du Japon et enterra des nouvelles sous des montagnes de philosophie mystique dans un effort pour enjoliver l'opportunisme foncier du programme national de Hirohito[63] ». Le corollaire était cependant la nécessité d'ajuster les relations du Japon avec son vieil ennemi, l'Union soviétique. Une guerre sur deux fronts, alors que le pays était encore accaparé en Chine, était impensable. Pour la première fois, la perspective d'un pacte de non-agression avec l'Union soviétique commença de trouver un écho parmi les chefs de l'armée de terre. Parallèlement s'imposa le sentiment qu'une alliance militaire était souhaitable avec la nouvelle force de l'Europe, à savoir l'Allemagne.

Un changement décisif de politique commença de prendre forme alors même que l'armée de Hitler progressait à travers les Pays-Bas et le nord de la France. Fin mai, le gouvernement de Yonai avait déjà exercé des pressions sur les autorités des Indes néerlandaises pour garantir ses approvisionnements en étain, caoutchouc, pétrole, ferraille et neuf autres matières premières essentielles[64]. Puis, à la suite de la capitulation de la France, le 17 juin, les Japonais forcèrent les gouvernements français et britannique assiégés à suspendre leur aide vitale aux nationalistes chinois *via* l'Indochine, la Birmanie et Hong Kong : de la part des puissances occidentales, c'était un aveu de faiblesse temporaire, mais humiliant[65]. La capitulation de la France suscita aussi dans l'armée de terre des débats enflammés sur l'éventuelle exploitation de cette occasion d'expansion dans le sud. Le

25 juin, le ministre de l'Armée de terre, Hata Shunroku, expliqua aux membres de son équipe : « Saisissons cette occasion rêvée ! Que rien ne se mette en travers de notre chemin ! » Certains, se laissant porter par la vague du chauvinisme fébrile de l'opinion publique, réclamèrent l'engagement immédiat des préparatifs d'une campagne dans le sud. Même s'il était une voix isolée à l'époque, il se trouva un porte-parole chevronné pour prôner une attaque surprise sur Singapour. Les conseils de prudence l'emportèrent. Aucun accord ne fut trouvé[66].

Toutefois, pratiquant le *Kriegspiel*, les chefs militaires du Japon présentèrent des plans d'urgence visant à installer des bases aériennes en Indochine et en Thaïlande, mais aussi à lancer une attaque-éclair contre les Indes néerlandaises[67]. Les *Kriegspiele* de la marine débouchèrent sur la conclusion déconcertante qu'une attaque contre celles-ci finirait par une guerre contre les États-Unis, la Grande-Bretagne et les Pays-Bas. On en conclut également que sans les importations de pétrole des États-Unis et à moins qu'il fût possible de saisir celui des Indes néerlandaises, de le transporter et de l'exploiter en toute sécurité, le Japon ne pourrait pas livrer une guerre de plus de quatre mois. Même avec le pétrole, « nos chances de gagner seraient nulles si la guerre devait se prolonger plus d'un an[68] ». Il n'était guère étonnant que les chefs de la marine hésitassent encore à se lancer dans une campagne d'expansion dans le sud à hauts risques, quand bien même ils se préparaient à une telle éventualité depuis 1936 et que des voix stridentes s'étaient élevées pour affirmer que l'heure était propice dès le début de la guerre européenne, en septembre 1939[69]. Mais les chefs de section au sein de l'état-major général de la marine eurent beaucoup de poids dans l'élaboration de la politique et, en avril 1940, dès avant l'offensive allemande en Europe occidentale, ils assuraient que « l'heure [était] venue d'occuper les Indes néerlandaises ». Ordre fut donné à la flotte de renforcer les préparatifs. Le chef d'état-major, le prince Fushimi Hiroyasu, expliqua à l'empereur qu'il faudrait de cinq à six mois pour préparer la marine à la guerre[70]. Les événements d'Europe amplifièrent considérablement l'optimisme de ceux qui estimaient qu'une occupation militaire des

Indes néerlandaises était sans doute possible sans impliquer le Japon dans un conflit avec une Grande-Bretagne affaiblie ou des États-Unis indécis. Les faucons gagnaient du terrain.

C'était aussi le cas dans l'armée de terre. Dans les dernières semaines de juin, les autorités de l'armée de terre – l'état-major général de la marine avait été un peu plus tôt, ce même mois, informé de leur réflexion[71] – élaboraient un exposé de politique sur l'avancée dans le sud. Elles travaillèrent vite, sous l'influence entêtante des victoires allemandes en Europe. Elles étaient sûres que la victoire de l'Allemagne sur la Grande-Bretagne était imminente et que le Japon serait le bénéficiaire en Asie du Sud-Est. Fortes de cette confiance, elles ne se livrèrent à aucune analyse minutieuse de la capacité matérielle du Japon à se lancer dans une grande campagne d'expansion au sud[72]. La conquête militaire, présumaient-elles, donnerait d'elle-même les ressources nécessaires. Le 3 juillet, le document était assez élaboré pour que le ministère de l'Armée de terre et l'état-major général l'adoptassent sous la rubrique « Esquisse des grands principes pour faire face aux changements de la situation mondiale ». C'était un document important, déterminant l'axe de la politique de l'armée de terre, et finalement celui du gouvernement, jusqu'au début de la guerre du Pacifique en décembre 1941[73].

Le préambule indiquait les priorités : régler l'« Incident de Chine » le plus vite possible et saisir le moment le plus opportun pour « résoudre le problème du sud ». Il évoquait la possibilité que l'expansion méridionale se fît même si la guerre en Chine n'était pas terminée. Que ce fût ou non le cas, les « préparatifs de guerre seraient dans l'ensemble achevés d'ici la date butoir de la fin août ». Dans le domaine de la politique étrangère, il s'agissait de « renforcer la solidarité politique du Japon avec l'Allemagne et l'Italie » et d'« améliorer rapidement ses relations avec la Russie soviétique ». Parallèlement, le document insistait sur la nécessité impérative de couper l'acheminement de l'aide à Tchang Kaï-chek. Les ressources des Indes néerlandaises étaient vitales pour le Japon et il convenait de s'en emparer par la force en cas d'échec de la diplomatie. Le ton de la section conclusive était nettement belliqueux. Le Japon saisirait le bon moment pour lancer une action militaire dans le sud. « Il attaquera Hong Kong et la péninsule Malaise, limitant autant que possible ses opérations à la seule Grande-Bretagne. » Il fallait éviter la guerre avec les États-Unis. Le document ne s'en terminait pas moins sur une note sombre, « anticipant qu'au bout du compte il recourra à l'usage de la force contre les États-Unis si la situation le requiert, le Japon fera les préparatifs militaires nécessaires[74] ».

L'« Esquisse » fut exposée le lendemain aux représentants de la marine. Les porte-parole de l'armée de terre recommandèrent de passer à l'action sans délai, avant la fin du conflit européen, afin de libérer le Japon de sa dépendance envers la Grande-Bretagne et les États-Unis en instaurant une « sphère économique autosuffisante » dont le noyau dur se composerait du Japon, de la Mandchourie et de la Chine, mais qui s'étendrait de l'océan Indien aux mers du Sud au nord de l'Australie et de la Nouvelle-Zélande. « Jamais dans notre histoire il n'y a eu un moment pareil, avec une telle urgence de préparer le développement de notre puissance nationale. [...] Il nous appartient de saisir l'occasion propice qui se présente aujourd'hui. » Il n'y avait pas de temps à perdre. Le Japon ne devait pas manquer cette occasion rêvée[75].

La marine proposa quelques amendements et un accord de fond fut trouvé le 9 juillet dans le cadre d'une seconde conférence conjointe. Loin de diluer le projet d'agression de l'armée de terre, l'intervention de la marine le renforça. Sachant bien, grâce à ses exercices de *Kriegspiel*, que l'expansion méridionale mènerait au conflit avec les États-Unis, la marine prôna alors une approche plus ferme de la possibilité d'une guerre avec l'Amérique. Dans la section traitant de Hong Kong, par exemple, la marine, tout en admettant qu'une offensive militaire devait être autant que possible évitée, y alla de sa proposition : « Si la situation le permet, une offensive sera lancée avec une ferme résolution de faire la guerre à la Grande-Bretagne (et même aux États-Unis). » Et la conclusion de l'armée de terre, tout en rappelant qu'il fallait éviter si possible une guerre contre les États-Unis, fut reformulée de manière plus dure : « Les opérations devraient être organisées en sorte d'éviter une guerre contre les États-Unis, mais l'action militaire contre les États-Unis peut devenir tôt ou tard inévitable. » De plus, le pessimisme antérieur sur les chances à long terme du Japon en cas de guerre avec l'Amérique avait alors cédé la place, chez les officiers de marine, à une assurance croissante : pour peu que l'on fît les préparatifs qui s'imposaient, le Japon vaincrait[76]. Le point de vue marquait le triomphe de l'espoir sur la raison.

Le changement de cap de l'armée de terre, délaissant sa focalisation traditionnelle sur la Russie au nord pour se concentrer sur l'expansion dans le sud, coïncidait donc avec l'intérêt de toujours de la marine pour une stratégie méridionale qui nécessitait de toute évidence de développer la flotte. La marine ne pouvait que se féliciter du principe de la nouvelle politique, « défense septentrionale et avancée méridionale ». L'autre scénario – éviter la guerre avec les États-Unis afin de viser l'Union soviétique – eût impliqué, inévitablement, de sacrifier le budget de la marine aux besoins de l'armée de terre[77]. En tout état de cause, cette solution aurait laissé en suspens le problème décisif de la dépendance du Japon envers les puissances occidentales dans le domaine des matières premières. C'est à cela que tenait la capacité du Japon non seulement de livrer une guerre contre l'Union soviétique, mais aussi de trouver une issue heureuse à la guerre en Chine, qui n'en finissait pas de mettre à mal les ressources et le moral. Le mariage de raison ainsi rapidement conclu pour dépasser la rivalité traditionnelle entre les intérêts de l'armée de terre et de la marine reposait sur un énorme pari, à savoir qu'une offensive japonaise qui avait toute chance d'entraîner une guerre avec l'Amérique se révélerait victorieuse.

Une première étape du nouvel accord entre l'armée de terre et la marine consista à créer un environnement politique plus propice à un expansionnisme à haut risque. Le gouvernement Yonai, qui aspirait encore à améliorer ses relations avec les puissances occidentales, n'entrait pas dans cette perspective. L'armée de terre proposa donc de le remplacer. La marine accepta. Il fallait un Premier ministre plus en harmonie avec la nouvelle ligne. « Alors qu'un changement politique va sans doute devenir inévitable dans les quatre ou cinq jours, et que l'armée a accompli les préparatifs pour affronter les changements brutaux de la situation mondiale la plus récente, le cabinet Yonai ne fait plus du tout l'affaire pour engager des négociations avec l'Allemagne et l'Italie et pourrait même causer un retard fatal », déclara le vice-ministre de la Guerre, Anami Korechika. « La conclusion est qu'un changement de cabinet est inévitable pour affronter cette grave situation. L'armée de terre soutiendra unanimement la candidature du prince Konoye [Konoe][78]. »

La démission arrangée de Yonai aboutit le 16 juillet 1940. Le lendemain, Kido, entièrement au diapason de l'esprit de « rénovation » nationale qui s'était affirmé dans les années 1930 et à la pointe des efforts pour accorder la cour impériale à la pensée dominante au sein de l'armée, présida à la rencontre de six anciens premiers ministres (dont Konoe) et du président du Conseil privé. Il leur suffit d'une demi-heure – temps record – pour s'entendre sur le nom du nouveau Premier ministre. Comme il était prévisible, le favori de l'armée de terre, le prince Konoe, censé jouir du soutien de la population « à cette époque où l'on approche progressivement de la fin de l'Incident de Chine[79] », fut chargé de former le nouveau gouvernement[80]. Comme tel avait été le cas lors de son premier mandat, quand il avait présidé à l'extension de la guerre en Chine, il apparut bientôt comme l'agent faible et hésitant, mais docile, des forces expansionnistes de l'armée.

Ces forces avaient maintenant des représentants en vue au gouvernement. L'armée de terre avait fait savoir qu'elle voulait Tojo Hideki au ministère de l'Armée de terre et Matsuoka Yosuke aux Affaires étrangères[81]. Ces deux hommes se retrouvèrent dûment au sein du gouvernement, qui entra en fonction le 22 juillet. Le lendemain, Konoe s'adressa à la radio au peuple japonais pour expliquer que le vieil ordre du monde s'effondrait. Le Japon devait s'apprêter à accueillir le nouvel ordre mondial[82]. Le même jour, l'ambassadeur allemand à Tokyo déclara à son ministre des Affaires étrangères que le nouveau cabinet Konoe ne manquerait pas de rechercher un alignement plus étroit sur la politique de l'Axe[83]. La voie était maintenant ouverte à la confirmation de ce changement de cap. Le choix fatidique ne devait plus tarder.

IV

Dès avant la formation de son nouveau cabinet, Konoe reçut les hommes forts – Matsuoka, Tojo et Yoshida, qui devaient hériter des portefeuilles des Affaires étrangères, de l'Armée de terre et de la Marine – dans sa villa d'Ogikubo, une banlieue de Tokyo. Matsuoka, la personnalité la plus marquante de la « Conférence des quatre piliers », comme devait l'appeler Konoe, prépara un projet de déclaration et joua le rôle dominant. Les participants trouvèrent un accord informel sur la nature de la future politique étrangère. Ils convinrent que, pour instaurer l'« ordre nouveau » en Asie de l'Est, le Japon renforcerait ses liens avec les puissances de l'Axe et conclurait un pacte de non-agression avec l'Union soviétique pour les dix années à venir (histoire de consolider ses forces militaires dans le nord et de devenir imprenable dans l'éventualité d'une attaque soviétique dès l'expiration du pacte). Dans le même temps, le Japon « entraînerait » dans l'« ordre nouveau » les possessions coloniales occidentales en Asie de l'Est. Et, alors même que le conflit devait être si possible évité, le Japon « résisterait à l'intervention armée des États-Unis en rapport avec l'instauration de l'ordre nouveau en Asie de l'Est[84] ». En revanche, la réunion se refusa à approuver une alliance militaire avec l'Allemagne et l'Italie. Le ministre de la Marine, Yoshida, était encore opposé à cette initiative. Mais l'armée de terre indiqua clairement qu'elle était désormais favorable à la transformation de la coopération avec les puissances de l'Axe en un pacte militaire tripartite officiel. « Nous devons nous résoudre à partager notre destin avec l'Allemagne et l'Italie », déclara à la mi-juillet le vice-chef d'état-major de l'armée de terre, Sawada Shigeru[85]. L'invocation du « destin » rappelait la rhétorique fleurie de Matsuoka quand, plus de trois ans auparavant, juste après la conclusion en novembre 1936 du pacte anti-Komintern germano-nippon, il avait déclaré : « C'est un trait caractéristique de la race japonaise : dès que nous avons promis de coopérer, jamais nous ne reculons ni n'engageons une alliance avec d'autres. Il s'agit simplement pour nous de marcher côte à côte, décidés à aller ensemble de l'avant, même si cela revient à commettre un "double suicide"[86]. »

Les délibérations de la « Conférence des quatre piliers » allaient être bientôt traduites en politique officielle. Observant que le monde se trouvait « à un grand tournant », le nouveau cabinet Konoe définit le cadre de sa politique étrangère le 26 juillet dans son « Esquisse d'une politique nationale de base » (le document avait été préparé au ministère de l'Armée de terre). Le Japon, était-il envisagé, bâtirait un « ordre nouveau dans le Grand Est asiatique », un ordre reposant sur l'« union solide » de trois nations : le Japon, la Mandchourie et la Chine (sous la houlette japonaise, naturellement). Dans le même temps, le Japon devait être transformé en un « État de défense nationale » prêt à la guerre[87].

Soucieux de coordonner les bras civil et militaire du gouvernement afin de forger un consensus national derrière ce changement de cap de la politique étrangère, Konoe ressuscita la conférence de liaison tombée en désuétude deux ans et demi auparavant. Le 27 juillet, la conférence de liaison adopta les « Grands principes pour affronter les changements de la situation mondiale », donnant valeur de politique officielle à la stratégie élaborée dans les discussions entre les chefs de l'armée de terre et de la marine au début du mois[88]. Même si la formulation demeurait vague, cette décision confirma alors les deux changements de cap cruciaux : l'avancée au sud et le renforcement des relations avec les puissances de l'Axe[89].

« L'unité politique avec l'Allemagne et l'Italie, poursuivait le document, sera renforcée sans délai dans un effort de réajustement des relations diplomatiques avec la Russie soviétique. » Il fallait accélérer les préparatifs de la progression dans le sud, même si le calendrier dépendrait de l'exploitation du changement de circonstances pour en tirer le plus grand avantage. La dégradation des relations avec les États-Unis était jugée inévitable, quand bien même il fallait chaque fois que possible éviter les frictions.

Il convenait de faire pression sur l'Indochine française pour qu'elle cessât de ravitailler Tchang Kaï-chek et approvisionnât le Japon tout en lui permettant d'user de ses bases aériennes et d'aménager des passages de troupes. Des mesures seraient prises pour « en finir immédiatement avec l'attitude antagoniste de Hong Kong », tandis qu'un blocus serait imposé à la Birmanie pour empêcher l'aide de parvenir aux nationalistes chinois. Des efforts diplomatiques seraient consentis pour obtenir d'importantes ressources des Indes néerlandaises. Le texte était clair : chaque fois que la diplomatie échouerait, la force des armes serait déployée si les circonstances l'exigeaient.

La résolution de l'« Incident de Chine » par l'élimination de l'aide à Tchang Kaï-chek et l'« assujettissement immédiat du régime de Chongqing par tous les moyens possibles » sous-tendait encore la stratégie générale. Mais, comme l'indiquaient clairement les commentaires sur le document du QG impérial, la priorité n'était plus, comme avant, au règlement de l'« Incident de Chine », mais à la progression dans le sud[90]. Même s'il se révélait impossible de mettre fin à la guerre en Chine, l'usage de la force était envisagé dans le sud, « en fonction de la situation ». Dans cette éventualité, des efforts seraient consentis pour restreindre le nombre des adversaires du Japon à la seule Grande-Bretagne. « Toutefois, reconnaissait le document, des préparatifs systématiques au commencement des hostilités contre les États-Unis seront faits car il peut s'avérer impossible d'éviter la guerre avec ce pays. » En vérité, alors même que la conférence de liaison prenait la décision d'avancer dans le sud, le gouvernement des États-Unis envisageait des mesures pour restreindre l'accès des Japonais au pétrole vital des Indes néerlandaises[91]. La confrontation entre le Japon et les États-Unis était dorénavant inévitable.

En juillet, lors de la délibération sur les « grands principes pour faire face aux changements de la situation mondiale », les responsables de la marine avaient essayé d'empêcher l'armée de terre de donner suite à ses projets d'invasion des Indes néerlandaises. Une formule de compromis avait été trouvée, stipulant que le Japon n'userait de la force que si des circonstances propices se présentaient et que, « pour l'heure », on emploierait des moyens diplomatiques. Mais du jour où les États-Unis resserrèrent le nœud coulant en menaçant l'accès du Japon à des ressources cruciales, l'attitude de la marine se fit plus belliqueuse. Le 1er août, la Section des opérations de son état-major général se prononça clairement pour le stationnement de troupes en Indochine. Elle y voyait un premier pas vers le contrôle de la Thaïlande, de la Birmanie et de la Malaisie dans sa progression au sud. Cela permettrait d'assurer l'approvisionnement en matières premières – charbon, caoutchouc, minerai de fer et phosphore – nécessaires à l'effort militaire du Japon, tout en étant stratégiquement avantageux dans le cas d'une guerre contre les États-Unis et la Grande-Bretagne. La marine envisageait une réponse de l'Amérique à l'occupation japonaise de l'Indochine sous la forme d'un embargo sur la ferraille et le pétrole. Or un embargo américain, faisait valoir l'état-major dans son analyse, « serait une affaire de vie ou de mort pour l'empire. Dans cette éventualité, l'empire sera obligé d'attaquer les Indes néerlandaises pour se procurer du pétrole ». Et la marine de conclure que les opérations militaires contre l'Indochine devaient avoir lieu en novembre, sinon plus tôt ; et que le « Japon devait être résolu à livrer la guerre contre d'autres puissances ». Tous les préparatifs devaient être engagés pour la mobilisation de la flotte. L'attaque des Indes néerlandaises n'était prévue que si les États-Unis imposaient des sanctions économiques plus rudes. Mais dans sa décision de « mobilisation préparatoire » de la flotte, qui dans l'esprit des stratèges signifiait un état de préparation proche de la mobilisation générale, l'état-major général de la marine n'avait pas seulement montré sa disposition à envisager la guerre avec l'Amérique : il avait fait le premier pas dans cette direction[92].

La position de l'état-major général de la marine ne faisait pas l'unanimité, même dans la flotte. Des voix s'élevèrent pour jouer les Cassandre. Le QG du Service de ravitaillement des navires déclara catégoriquement que, si les États-Unis coupaient toutes les routes du pétrole et d'approvisionnement en minerais essentiels, « la flotte pourrait tout juste combattre un an ». Le ministre de la marine Yoshida, dont l'angoisse avait gravement affecté la santé, en convint : « Je suis sûr que l'état-major général de la marine étudiera sérieusement la relation entre l'état de nos armements navals et nos chances dans une guerre prolongée », déclara-t-il. Il ajouta qu'il n'était pas partisan d'opérations militaires si celles-ci devaient déboucher sur un embargo total des États-Unis contre le Japon. L'amiral Nomura Kichisaburo, qui serait envoyé en 1941 à Washington comme ambassadeur, prévint lui aussi qu'une guerre contre les États-Unis « serait nécessairement une guerre longue, ce qui serait très désavantageux pour le Japon ». Les stratèges de l'état-major général de la marine eux-mêmes acceptaient cette logique. « Nous ne sommes pas très sûrs de notre capacité d'endurance » dans une guerre prolongée avec les États-Unis, reconnurent-ils. Mais, fondant tous leurs espoirs sur un coup décisif dans un conflit de courte durée, ils continuèrent de compter sur la guerre et de la préparer, « pour la survie de l'empire, que cela nous plaise ou non[93] ».

Le fatalisme inhérent aux plans d'expansion méridionale de la marine n'en servait pas moins les intérêts de ses chefs. L'abandon d'une politique terrestre septentrionale au profit d'une poussée vers le sud susceptible de conduire à un affrontement avec les États-Unis dans le Pacifique signifiait un changement de taille dans l'allocation des ressources de guerre de l'armée de terre au profit de la marine. La question de savoir si le Japon pouvait gagner une guerre contre l'Amérique allait être subordonnée aux avantages à court terme que la marine pouvait tirer d'une expansion majeure de ses ressources[94].

V

Tandis que la marine faisait le choix fatidique d'un conflit probable avec un adversaire dont il était douteux qu'elle pût venir à bout, les responsables politiques initiaient la démarche qui allait déboucher sur une alliance militaire en bonne et due forme avec les puissances de l'Axe. Le 30 juillet 1940, le ministère des Affaires étrangères prépara un communiqué qui porte la marque de Matsuoka : « Du renforcement de la coopération entre le

Japon, l'Allemagne et l'Italie. » Le gouvernement Konoe en fit sa ligne directrice, durcissant la position adoptée plus tôt ce même mois à la conférence d'Ogikubo. Le Japon se déclarait désormais explicitement prêt à nouer une alliance militaire avec l'Allemagne et l'Italie contre la Grande-Bretagne, tout en se réservant la décision de recourir à la force de façon unilatérale. Le document envisageait une alliance militaire explicitement dirigée contre la Grande-Bretagne. Mais la coopération devait comprendre l'éventualité où le Japon, l'Allemagne ou l'Italie se trouverait impliqué dans une guerre avec les États-Unis, même si l'engagement dans ce cas se bornait à signaler que chaque partie était d'accord pour « discuter des mesures à prendre[95] ».

Le ton nouveau de la politique japonaise fut rapidement perçu. Dès le 1er août, l'ambassadeur des États-Unis notait que le gouvernement Konoe « multiplie les signes d'une marche forcée vers l'Axe et l'instauration de l'ordre nouveau dans l'Est asiatique [...]. La machine militaire et le système allemands ainsi que leurs succès éclatants sont montés à la tête des Japonais comme du vin fort », ajouta-t-il[96].

Matsuoka entreprit aussitôt de sonder l'Allemagne pour savoir quelle serait son attitude à l'égard d'une alliance militaire. Dans un premier temps, la réponse allemande fut froide. À la mi-août, cependant, les Allemands s'étaient ravisés. Le changement d'attitude fut probablement déclenché le 20 août par Churchill, quand il annonça que les Américains offraient cinquante de leurs destroyers pour aider l'effort de guerre britannique. Ce n'était guère plus qu'une contribution symbolique, mais elle fut reçue comme le signal clair que les États-Unis ne s'en tenaient pas à une neutralité stricte et étaient disposés à apporter à une Grande-Bretagne assiégée une aide significative qui pouvait même finalement déboucher sur une entrée en guerre contre les puissances de l'Axe[97]. Le resserrement des relations avec le Japon prit soudain une importance nouvelle pour les Allemands. Le 23 août, l'ambassadeur du Japon à Berlin apprit de Joachim von Ribbentrop, le ministre allemand des Affaires étrangères, qu'il allait envoyer un émissaire à Tokyo, Heinrich Stahmer, en qualité de ministre plénipotentiaire. Il avait pour mandat de s'assurer des intentions des Japonais et, s'ils y étaient disposés, d'engager des négociations en vue d'un accord[98].

Pendant ce temps, l'armée de terre avait réservé bon accueil au projet de Matsuoka du 30 juillet. En vérité, elle se mit à presser celui-ci à conclure rapidement les négociations[99]. Au sein de la marine, toutefois, subsistaient de sérieuses divergences d'opinion. Les chefs de la flotte redoutaient encore qu'un resserrement des relations avec les puissances de l'Axe n'eût pour effet de provoquer les États-Unis. Le ministre de la Marine Yoshida, on l'a vu, était particulièrement hostile à un pacte. Mais comme certains chefs de la flotte hésitaient – sous les pressions, semble-t-il, de l'armée de terre, mais aussi d'officiers de marine d'échelon intermédiaire –, il se trouva de plus en plus isolé. Tourmenté, il fit une dépression nerveuse ; hospitalisé le 3 septembre, il démissionna le lendemain[100].

Matsuoka contribua à influencer le choix du remplaçant de Yoshida : un homme réservé, discret et plus accommodant, Oikawa Koshiro, qui ne tarda pas à souscrire aux revendications de rapprochement avec l'Allemagne et l'Italie. En tout état de cause, il fut poussé dans cette direction par son adjoint, le vice-ministre Toyoda Teijiro, un individu énergique, politiquement fin et opportuniste, qui s'imposa comme l'homme fort du ministère[101]. Mais la peur d'une guerre contre les États-Unis et la Grande-Bretagne semblait encore retenir Oikawa d'approuver une alliance militaire complète avec l'Allemagne et l'Italie. Il était particulièrement soucieux d'éviter l'obligation d'entrer automatiquement en guerre avec les États-Unis. C'est apparemment à cela que pensait Matsuoka. Au début septembre, le ministre des Affaires étrangères avait durci la position qu'il avait prise dans son texte du 30 juillet, visant la Grande-Bretagne, en remaniant la formulation dans une nouvelle mouture. Le texte était désormais plus explicite : « Dans l'éventualité où l'une ou l'autre des parties contractantes entrerait dans un état de guerre avec les États-Unis, l'autre partie contractante l'aidera par tous les moyens possibles. » Ce qui revenait à proposer une alliance militaire visant désormais carrément les États-Unis aussi bien que la Grande-Bretagne. Du devoir de « discuter des mesures à prendre », énoncé dans le document du 30 juillet, on était passé à l'obligation d'apporter une aide « par tous les moyens possibles ». Probablement la ligne antiaméricaine plus prononcée de Matsuoka était-elle une réponse aux mesures du gouvernement américain en faveur de l'embargo tant redouté sur le pétrole. Il croyait à la diplomatie par la force. Très vraisemblablement estimait-il que la fermeté japonaise aurait un effet dissuasif. En fait, elle augmenta plutôt les risques pour le Japon de se trouver impliqué dans une guerre avec les États-Unis[102].

Les réserves sur les implications d'une telle alliance, tout particulièrement la peur que le Japon ne fût entraîné par les actions allemandes dans un conflit avec l'Amérique aussi bien qu'avec la Grande-Bretagne, persistèrent dans le camp japonais et furent notamment exprimées par le nouveau ministre de la Marine Oikawa. Matsuoka fut contraint de s'incliner devant ce point de vue et d'adoucir la tonalité de son document, en omettant l'obligation automatique d'assistance[103]. Mais malgré la réticence d'Oikawa à approuver une alliance militaire qui avait maintenant les faveurs du gouvernement, de l'armée de terre et des factions les plus radicales de la flotte, il ne s'était pas opposé à ce que Matsuoka fût autorisé à négocier des liens plus étroits avec l'Allemagne et l'Italie. Le ministre des Affaires étrangères reçut donc carte blanche pour mener des discussions avec Stahmer, dès l'arrivée à Tokyo du plénipotentiaire allemand (diplomate amateur qui avait autrefois dirigé la section Extrême-Orient du *Dienststelle* de Ribbentrop, son agence pour les affaires étrangères[104]) le 7 septembre 1940, après quinze jours de voyage agité, d'abord en avion de Berlin à Moscou, puis en empruntant le transsibérien[105].

Les Allemands avaient hâte de bâtir une véritable alliance militaire afin de dissuader les États-Unis d'entrer en guerre. Aussi le projet édulcoré de Matsuoka ne les enchanta-t-il guère. Mais, ayant ouvert la voie, le ministre japonais des Affaires étrangères était lui-même avide de faire avancer l'alliance. « Je la ferai même si cela me coûte mon poste, observa-t-il, et je la bouclerai d'ici une ou deux semaines[106]. » La percée se produisit quand il se montra prêt à accepter la stipulation suivant laquelle le Japon garderait la faculté de décider en toute indépendance de rejoindre ou non la guerre. Cette concession eut raison de l'hésitation du ministère de la Marine. Le 14 septembre, à la conférence de liaison, c'est un Oikawa résigné qui accepta la nécessité d'une alliance. « Il n'y a pas d'autre solution », observa-t-il[107]. Après la guerre, se retournant sur le passé, Oikawa dit avoir été convaincu par la fermeté des engagements de Matsuoka concernant l'autonomie de décision pour éviter de se laisser entraîner dans un conflit, mais également par l'intention allemande et japonaise de tenir les Américains à l'écart de la guerre. Il observa aussi que la marine ne pouvait maintenir son opposition quand l'alliance recueillait un si large assentiment. « La marine n'avait plus la moindre raison de combattre la proposition », confia-t-il. « En outre, il me sembla que l'obstination de la marine à défendre ses vues (sans considération de l'opinion publique, qui à cette époque devenait favorable à l'Axe) déboucherait sur un affrontement intérieur violent. J'expliquai donc au cabinet que la marine n'avait d'autre solution que de nous aider à sortir de la situation critique actuelle[108]. » Dans la soirée, Tojo put rapporter au garde du Petit Sceau Kido que l'armée de terre et la marine avaient trouvé un accord sur la question des relations du Japon avec l'Allemagne et l'Italie[109]. Les dés étaient jetés.

Oikawa devait parfaitement savoir que l'hésitation du ministère de la Marine n'était pas partagée au sein de la flotte. Rapportés dans un mémorandum du Premier ministre, le prince Konoe, les propos de son vice-chef Kondo Nobutake, lors de la conférence de liaison du 14 septembre, donnent une idée de ce que l'état-major général de la marine pensait de vues bien plus hardies et risquées que celles d'Oikawa lui-même :

> La marine n'est pas encore prête à la guerre contre les États-Unis, mais les préparatifs seront achevés d'ici avril de cette année [1941]. À cette date, nous aurons équipé les bâtiments déjà en opération et aurons armé 2,5 millions de tonnes de navires marchands. Cela étant accompli, nous serons à même de vaincre les États-Unis, sous réserve de livrer une guerre-éclair.

> Si nous ne menons pas une guerre-éclair et que les États-Unis choisissent une guerre prolongée, nous aurons de gros soucis. De surcroît, les États-Unis s'empressent de construire de nouveaux bâtiments, ce qui signifie que la différence entre le potentiel de la flotte américaine et la nôtre se creusera, et que le Japon ne pourra jamais combler la différence. De ce point de vue, l'heure n'a jamais été plus propice à l'entrée en guerre du Japon[110].

À la conférence de liaison, c'est l'intervention de Matsuoka lui-même qui se révéla cruciale. Pour le ministre des Affaires étrangères, le Japon était à la croisée des chemins. Il lui appartenait de décider de quel côté se tourner. Devait-il rejoindre la Grande-Bretagne et les États-Unis ou, au contraire, l'Allemagne et l'Italie ? Il exposa l'alternative. Il commença par envisager le rejet par le Japon de la proposition allemande d'alliance. L'Allemagne, déclara-t-il catégoriquement, allait conquérir la Grande-Bretagne. Elle pourrait même instaurer une fédération européenne, trouver un accord avec les États-Unis et « ne pas laisser le Japon poser ne serait-ce qu'un doigt sur les colonies de la Grande-Bretagne, de la Hollande et d'autres puissances de la fédération ». D'un autre côté, si la conclusion d'une alliance devait déboucher sur une guerre avec les États-Unis, l'économie japonaise en souffrirait profondément. Puis il exposa néanmoins les coûts pour le Japon d'une alliance avec la Grande-Bretagne et les États-Unis. Les conditions en seraient que « nous réglions l'Incident de Chine comme les États-Unis nous le disent, mais aussi d'abandonner notre espoir d'un ordre nouveau en Asie de l'Est et d'obéir aux diktats anglo-américains pour au moins un demi-siècle ». « Cela serait-il acceptable par le peuple japonais ? », demanda-t-il. « Les centaines de milliers d'esprits de nos soldats morts en seraient-ils satisfaits ? », ajouta-t-il dans une envolée rhétorique. En tout état de cause, plaida-t-il, on n'éviterait les difficultés matérielles qu'à court terme. Il rappela à ses collègues les désavantages que le Japon avait connus après le règlement de la Première Guerre mondiale. « Qui sait quelles pilules amères il nous faudrait avaler cette fois ? » Sa conclusion allait de soi : « Une alliance avec les États-Unis est impensable. La seule issue est de s'allier avec l'Allemagne et avec l'Italie[111]. » Après le lobbying, les pressions et les cajoleries des semaines précédentes, il prêchait largement à des convertis. Il n'en reste pas moins que c'est ce moment qui définit le nouveau cours de la politique extérieure du Japon.

La décision de donner suite à l'alliance fut entérinée lors de la conférence impériale, en présence de l'empereur, le 19 septembre[112], même si des voix continuèrent de s'élever pour dire la crainte qu'un pacte avec l'Allemagne incitât les États-Unis à intensifier les pressions économiques sur le Japon et à augmenter leur aide à Tchang Kaï-chek. Les inquiétudes sur le ravitaillement en pétrole du Japon ne firent que renforcer l'idée, exprimée par Tojo, le ministre de l'Armée de terre, que l'on pouvait « assimiler la question du pétrole à celle des Indes orientales hollandaises », et que la décision avait déjà été prise de s'assurer des ressources essentielles de la région, si possible par la diplomatie, et sinon par la force[113]. Autrement dit, l'expansion au sud était la prémisse de l'action japonaise. Toutes les fractions de l'élite au pouvoir l'acceptaient. Partant de là, il était difficile, sinon impossible, de trouver des arguments convaincants contre un traité avec l'Allemagne qui, en dissuadant les États-Unis, était perçu comme un moyen de sauvegarder cette expansion. Après les rituels traditionnels du questionnement de Matsuoka sur le pacte, la conférence impériale s'acheva comme il se doit sur l'approbation par l'empereur d'une alliance formelle avec l'Allemagne.

Hirohito lui-même avait beaucoup de pressentiments. Mais il accepta la nécessité du pacte. « Dans les circonstances présentes, on ne saurait s'opposer à cet accord militaire avec l'Allemagne », confia-t-il en privé à Konoe le 16 septembre. « S'il n'existe pas d'autre manière de traiter l'Amérique, on ne peut l'empêcher. » Non sans pathos, il demanda ensuite au prince : « Que se passera-t-il si le Japon était défait ? Vous, le Premier ministre, vous porteriez le poids avec moi[114] ? » Tout aussi pathétique, Konoe fondit en larmes[115].

Il y avait encore des négociations complexes à mener, avec des moments difficiles[116]. La volonté du Japon de garder sa liberté d'action restait un point de friction. Les Allemands souhaitaient un engagement d'intervention plus ferme dans une éventuelle guerre germano-américaine. Mais les pressions poussant Matsuoka à refuser étaient fortes. Les Allemands finirent par céder, même si la formulation finale du traité devait conserver une part d'ambiguïté. Le 26 septembre, la veille même de la signature, des dirigeants japonais, réunis dans le Conseil privé, exprimaient encore leurs inquiétudes quant aux implications du pacte. D'aucuns s'inquiétaient fort de la dégradation des relations avec l'Amérique, mais aussi des approvisionnements en pétrole et en acier si les choses tournaient au pire et que le Japon et les États-Unis entrassent en guerre. Des assurances furent données concernant la constitution de stocks de ressources essentielles. Mais cela tenait plus de la pensée magique que du calcul rigoureux. Tojo observa que le pays recevait du matériel militaire d'Allemagne, qui transitait par la Sibérie sans le consentement des Soviétiques. Il insista aussi sur la nécessité d'améliorer les relations avec l'URSS en sorte que le Japon ne fût pas confronté à un conflit au nord aussi bien qu'au sud. Konoe souligna que l'idée sous-jacente du traité était d'éviter un conflit entre le Japon et les États-Unis – l'idée de dissuasion –, ajoutant cependant qu'une « attitude humble poussera seulement les États-Unis à devenir dominateurs », en sorte qu'une « démonstration de force est nécessaire ». Tel était le point de vue de Matsuoka, le principal artisan du traité. Attirant l'attention sur la menace que représentait l'attitude de plus en plus antijaponaise des États-Unis, le ministre des Affaires étrangères prétendit qu'il n'y avait « d'autre solution que d'adopter une attitude résolue[117] ».

Le « débat » s'était largement réduit à des formules. Il relevait d'un processus élaboré de confirmation d'une décision qui avait déjà été prise à la conférence de liaison, puis ratifié à la conférence impériale. Il n'en était pas moins révélateur. Les dirigeants du Japon sentaient bien que leur pays était à un tournant. Ils étaient confrontés à un choix fatidique. Il leur semblait qu'ils devaient s'incliner devant la domination américaine à long terme ou prendre des mesures irrévocables, dangereuses, avec des conséquences imprévues et incalculables, pour y résister[118]. Ils choisirent la seconde voie. À minuit, le Conseil privé, en présence de l'empereur, approuva le traité à l'unanimité. Le lendemain, 27 septembre, le Pacte tripartite était enfin paraphé à Berlin. Par sa clause essentielle, les signataires s'engageaient « à se porter mutuellement assistance par tous les moyens politiques, économiques et militaires si l'une des trois parties contractantes est attaquée par une puissance qui n'est pas à présent impliquée dans la guerre européenne ou dans le conflit sino-japonais[119] ». Elle visait clairement l'Amérique. Comment les États-Unis allaient-ils réagir ?

VI

Il apparut vite clairement que le Japon s'était fourvoyé dans ses calculs. La réponse américaine eut tôt fait de révéler la folie de la thèse de Matsuoka – une présomption qui était aussi celle du ministère allemand des Affaires étrangères et que l'élite japonaise du pouvoir acceptait à des degrés divers – suivant laquelle le Pacte tripartite aurait un effet dissuasif. Au lieu de quoi elle confirma simplement les vues américaines, à savoir que le Japon était une force belligérante, brutale et impérialiste en Extrême-Orient, un équivalent asiatique de l'Allemagne nazie, et qu'il fallait l'arrêter[120]. Ces vues semblèrent vérifiées par l'entrée des troupes japonaises en Indochine le 23 septembre, à la suite de l'intensification des pressions sur les Français pour qu'ils donnent un droit de transit aux troupes japonaises et leur permettent d'utiliser leurs terrains d'aviation. L'opération eut lieu alors même que les négociations se poursuivaient. Après deux journées d'escarmouches entre forces françaises et japonaises, les Français capitulèrent. Le nord de l'Indochine se retrouva donc sous occupation japonaise[121].

Certains membres de l'administration Roosevelt prônaient depuis quelque temps une ligne dure contre le Japon. Les « faucons » les plus éminents étaient le secrétaire à la Guerre Henry L. Stimson, le secrétaire à la Marine Frank Knox, le secrétaire au Trésor Henry Morgenthau et le secrétaire à l'Intérieur Harold Ickes. Ils étaient partisans d'un embargo total sur les livraisons de pétrole au Japon. À cette ligne dure s'opposaient le secrétaire d'État Cordell Hull et le sous-secrétaire Sumner Welles. Épaulés par l'amiral Harold R. Stark, le chef des Opérations navales, et l'amiral James O. Richardson, le commandant en chef de la flotte des États-Unis, ils plaidaient que des sanctions pétrolières implacables auraient pour seul effet de précipiter une attaque japonaise que la flotte américaine serait impuissante à empêcher. Les autorités des Indes orientales hollandaises avaient déjà fait savoir au Département d'État qu'elles ne voulaient pas d'une action américaine qui les exposerait à la menace d'une invasion japonaise. Pour l'instant, Roosevelt se rangeait du côté des « colombes », du moins en partie. Il refusa de décréter un embargo pétrolier. Mais quand le bruit se répandit que Japonais et Allemands négociaient un pacte, la réaction fut d'imposer le 19 septembre (la mesure devant prendre effet au 16 octobre) un embargo complet sur les exportations de fer et de ferraille[122]. Alors même que les forces dominantes au sein de l'administration américaine n'étaient pas encore prêtes à faire basculer le Japon dans la guerre, cet embargo était le signe clair que l'Amérique n'allait pas céder à la pression que le Japon cherchait à exercer *via* l'Alliance tripartite. Washington consentit à prévenir le Japon de l'attachement persistant des États-Unis au *statu quo* en Extrême-Orient[123]. Autrement dit, ils continueraient d'apporter une aide à Tchang Kaï-chek, un avantage que le chef nationaliste chinois eut tôt fait de reconnaître. Pour le Japon, cela voulait dire que le désastreux imbroglio chinois allait se poursuivre indéfiniment. En novembre, quand Tokyo reconnut l'administration fantoche de Wang Ching-wei à Nankin, après que Tchang eut refusé de manière prévisible les conditions que le Japon agitait devant lui, Roosevelt réagit en annonçant qu'il envisageait un énorme prêt de 100 millions de dollars au gouvernement nationaliste chinois[124]. À l'automne 1940, les relations entre le Japon et les États-Unis avaient donc continué de se dégrader. Comme aucun des deux pays ne pouvait reculer, il devenait de plus en plus clair que seule une épreuve de force déciderait de la domination sur le Sud-Est asiatique[125].

Dans la perspective des Japonais, le dessein essentiel du Pacte tripartite était de dissuader les États-Unis d'intervenir pour empêcher leur progression dans le sud, jugée nécessaire pour assurer au Japon la maîtrise de ses matières premières et donc sa sécurité économique et politique future. Que le pacte relevait du pari était assez clair. Et si, loin d'y voir un élément de dissuasion, les États-Unis y percevaient une provocation ? S'il avait pour effet de renforcer leur détermination à empêcher l'expansion japonaise en menaçant les voies d'approvisionnement en pétrole ? Dans la perspective qui était alors celle des Japonais, cependant, il fallait tenter sa chance. Relever le pari, c'était s'exposer à de gros dangers, mais un succès promettait d'énormes récompenses. S'abstenir promettait de croupir dans une servitude à long terme face aux puissances anglo-américaines. Et cela signifiait également que la guerre de Chine avait été vaine. Dans cette mentalité, la hardiesse nécessaire primait sur la prudence. Les peurs profondes face à l'avenir n'avaient pas été dépassées : on les affrontait plutôt avec une résignation fataliste. On doit une expression révélatrice de cette attitude à l'amiral Yamamoto Isoroku, ancien vice-ministre de la Marine, qui allait bientôt devenir le maître d'œuvre de l'opération de Pearl Harbor, lorsqu'il déclara en octobre 1940 : « C'est hors de question ! Combattre les États-Unis revient à combattre le monde entier. Mais l'affaire a été tranchée. Je me battrai donc de mon mieux. Sans doute trouverai-je la mort à bord du *Nagato* [son vaisseau amiral][126]. »

Ceux qui exprimaient de profondes appréhensions se retrouvèrent cependant sur la touche. Suivant le résumé des problèmes que fit Matsuoka à la conférence de liaison, il était moins dommageable pour l'avenir à long terme du Japon de prendre ce risque que de n'en rien faire. C'était courir au désastre. Mais le goût pour les grandes envolées rhétoriques de Matsuoka, sa croyance dans la force de la diplomatie et sa stratégie sous-jacente de la corde raide entrèrent dans l'équation politique à une époque où l'armée japonaise ainsi que le gouvernement civil s'étaient engagés dans une politique d'expansion au sud, et où les menaces américaines sur l'économie japonaise étaient réelles et croissantes.

En réalité, le Pacte tripartite était moins redoutable qu'il ne le paraissait[127]. Sa portée symbolique n'en était pas moins grande. Il confirmait que le Japon s'imaginait un avenir façonné par le combat contre la suprématie anglo-américaine en Extrême-Orient. Si les hostilités ouvertes ne devaient commencer que plus d'un an après, la stratégie et la diplomatie japonaises obéissaient désormais à cet impératif[128]. Ainsi s'amorçait la voie de la confrontation avec les États-Unis.

L'affrontement n'était pas inévitable. Il n'y eut pas de main invisible du destin pour guider le Japon sur la voie d'une guerre contre la puissance des États-Unis que même son armée n'était pas assurée de gagner. Ce cheminement désastreux fut la conséquence de choix cruciaux de la part des dirigeants du Japon durant l'été et l'automne 1940. Mais ces choix furent dans une large mesure l'effet de mentalités forgées au cours des vingt et quelques années précédentes, et de l'interprétation que ces mentalités donnaient des réalités économiques.

La réalité économique était évidente : la prospérité future du Japon était à la merci des caprices du commerce mondial. En tant qu'archipel au large du sous-continent est-asiatique, le Japon ne pouvait pas davantage que la Grande-Bretagne subvenir à ses besoins par ses propres ressources naturelles. Mais celle-ci disposait d'un Empire, qui semblait offrir le modèle classique d'une puissance mondiale. Les philosophies politiques dominantes de l'époque, alors que le Japon se modernisait et commençait à jouer de ses muscles, supposaient qu'acquérir un empire assurait la base de la prospérité et de la sécurité nationale future. Selon une version moderne du mercantilisme, le contrôle des matières premières et du territoire qui les fournissait était la route du pouvoir et de la prospérité. La subordination des forces plus faibles, afin d'asseoir la domination impériale qui était la marque distinctive d'une grande puissance, était à la fois inévitable et justifiée. Le Japon en vint à se voir, comme l'Italie et l'Allemagne dans le contexte européen, comme une nation

« démunie » qui avait le droit de s'étendre pour sauvegarder sa survie et sa sécurité. Les grandes puissances occidentales, à commencer par l'Amérique, se tenaient en travers de son chemin grâce à leur maîtrise des ressources en Asie du Sud-Est, notamment en Chine, et à la puissance navale américaine dans le Pacifique. La dépendance du Japon envers l'Amérique pour son ravitaillement en pétrole et en métaux était son talon d'Achille de grande puissance en herbe. Elle mettait en évidence la faiblesse latente de sa position[129]. Dès lors, les principes démocratiques et libéraux du règlement de l'après-guerre se laissaient de plus en plus interpréter comme des principes intéressés qui servaient l'Occident, mais étaient directement préjudiciables à un pays déshérité comme le Japon.

Avec les affres de la crise intérieure du Japon dans les années 1920, les âpres disputes et la division profonde de la scène politique paraissaient refléter la soumission extérieure du pays aux puissances occidentales, scellée après la guerre par la Conférence de Washington. Telle est la toile de fond de la montée en puissance du sentiment nationaliste et impérialiste au cours des années 1930, attisée par le succès de Mandchourie puis par la perspective d'un butin autrement plus important en Chine. Des impératifs économiques alimentaient la nouvelle idéologie qui reposait sur la « voie impériale » incarnée par l'empereur déifié, au point de finir par attirer la politique dans leur sillage. Le nouveau nationalisme agressif et tapageur eut tôt fait de s'enraciner chez les jeunes officiers de l'armée de terre et de la marine puis de se propager à la base par la formation de recrues plébéiennes. Les officiers plus âgés et l'ancienne génération de responsables politiques civils restaient fidèles aux idées moins abrasives de coopération internationale. Lentement mais inexorablement, ils perdirent cependant du terrain au profit des forces qui représentaient la nouvelle idéologie. En 1937, lorsque commença la guerre en Chine, les hommes politiques partisans de l'expansionnisme que la mentalité de la « voie impériale » avait engendré occupaient les plus hauts postes au sein de l'État. Konoe en était l'incarnation. En tout état de cause, les exigences de l'armée de terre devaient plus que jamais déterminer le cours de la vie politique.

Mais c'est la Chine qui détenait la clé. Plus la guerre traînait en longueur, moins le Japon était capable de réduire ses pertes et de trouver quelque accord de paix qui serait la prémisse fondamentale d'une amélioration de ses relations avec les États-Unis. Plus le Japon s'enlisait dans une guerre qui ne cessait de s'étendre, moyennant un coût humain et matériel considérable, plus les durs de l'armée de terre excluaient toute retraite. À la suite des massacres de Shanghai et du « viol de Nankin », la position internationale du Japon s'était effondrée. Les États-Unis durcissant leur ligne, les chances d'un règlement de l'« Incident de Chine » s'amenuisèrent. En 1905, le président Theodore Roosevelt avait fait pression pour imposer l'arrêt des hostilités entre le Japon et la Russie. Trente-cinq ans plus tard, il y avait peu de chances que son homonyme, le second président Roosevelt, intervînt pour arranger un règlement de la guerre opposant le Japon et la Chine. Alors que les leçons de l'apaisement en Europe étaient encore présentes dans tous les esprits, l'Amérique n'était pas le moins du monde encline à tenter d'apaiser le Japon. Reste que, sans un règlement de ce genre, les relations américano-japonaises ne pouvaient que se dégrader. De ce fait, le ravitaillement du Japon en pétrole serait inexorablement de plus en plus menacé. Refusant de céder à un risque de ce type, les dirigeants du Japon réagirent en adoptant une politique d'expansion imminente dans le sud. Aussi sûrement que la nuit succède au jour, ce tournant accrut les risques de guerre avec les États-Unis – une guerre dont même les « faucons » japonais estimaient que le Japon ne pouvait la gagner qu'en infligeant un K.-O. foudroyant.

Lorsque, en juillet 1940, fut prise la fatidique décision d'une avancée au sud, il était devenu impossible de suggérer une autre stratégie convaincante. Sans doute existait-il des variantes, souvent liées à l'intensité fluctuante de la peur d'une guerre avec l'Amérique. Mais, dans l'ensemble, l'élite japonaise acceptait désormais l'impératif fondamental d'une expansion méridionale. Envisager une autre solution, c'était purement et simplement la rejeter. La prémisse même n'était pas tenable. L'amélioration des relations avec les États-Unis – pour éviter le risque de guerre – signifiait en fait capituler à propos de la Chine. Aux yeux des dirigeants japonais, cela eût impliqué une perte de prestige colossale, avec des conséquences intérieures incalculables. Un tel geste aurait été interprété comme une insulte à la mémoire de ceux qui avaient combattu et souffert, qui étaient morts pour le Japon dans la guerre en Chine, et il aurait rendu un Japon à la force internationale sapée plus dépendant encore à long terme de l'Amérique qu'il ne l'était avant de se lancer dans la guerre en Chine.

Après que la guerre du Pacifique fut parvenue au terme de son cours catastrophique pour le Japon, le pays fut à même de reconstruire et d'assurer une prospérité sans précédent sur la base, précisément, de sa dépendance à l'égard des États-Unis et de son intégration réussie à un commerce mondial reposant sur la concurrence capitaliste et l'économie de marché. Mais les mentalités de 1940 étaient à des années-lumière de celles qui, dans des conditions de défaite totale, aidèrent le Japon à renaître de ses cendres. Ces mentalités d'antan ne voyaient pas d'autre solution à l'expansion impérialiste pour s'assurer du contrôle des matières premières que les États-Unis menaçaient de jour en jour davantage que l'adoption d'un ton de plus en plus belliqueux.

La prémisse même d'un rapprochement possible avec les États-Unis étant exclue (à moins d'une très improbable volte-face de l'Amérique sur la Chine), la politique expansionniste – grosse de dangers – s'imposait. Les stupéfiantes victoires de l'armée allemande en Europe au printemps de 1940 semblaient offrir au Japon la chance qu'il attendait de se faire une « place au soleil ». Il n'était pas question de laisser échapper cette occasion. La décision de l'expansion ayant été prise en juillet, la scène était prête pour que le Japon sortît de son isolement international volontaire et réorientât ses allégeances extérieures vers les puissances victorieuses de l'Axe. Les membres des élites japonaises hostiles à ce tournant, on l'a vu, eurent tôt fait de perdre toute influence. Sitôt dissipée l'opposition de la flotte, début septembre, plus rien n'obstruait la voie menant au Pacte tripartite, qui fut effectivement signé plus tard ce même mois.

Le Japon avait fait ses choix fatidiques. Ils n'étaient pas nécessairement synonymes de guerre dans le Pacifique. Il y avait encore un long chemin à parcourir avant que ne fût prise la décision d'attaquer Pearl Harbor. Mais les choix fatidiques de 1941 avaient été préfigurés par ceux de l'été et de l'automne précédents, qui avaient entraîné le Japon dans un cul-de-sac[130]. Bloqué par son refus d'envisager la moindre concession sur la Chine, la seule issue pour le Japon comportait des risques élevés de guerre dans le Pacifique. Maintenant que le Japon avait opté pour l'expansion au sud, et choisi de nouer une alliance militaire avec l'Allemagne et l'Italie, Pearl Harbor s'était considérablement rapproché.

4

Rome, été et automne 1940
Mussolini décide de prendre sa part

Hitler me met toujours devant le fait accompli. Cette fois, je vais lui rendre la monnaie de sa pièce. Il découvrira par la presse que j'ai occupé la Grèce. Ainsi l'équilibre sera-t-il rétabli.

Mussolini, 12 octobre 1940

Le 10 juin à 18 heures, Mussolini apparut sur le balcon du Palazzo Venezia, son quartier général du cœur de Rome, pour s'adresser à une grande foule, essentiellement composée de fascistes fervents mobilisés à la hâte. Avec l'emphase qui le caractérisait, il annonça que le destin avait déterminé l'entrée de l'Italie dans la guerre. L'honneur, l'intérêt et l'avenir du pays exigeaient que l'Italie combattît. Ce devait être un combat « contre les démocraties ploutocratiques et réactionnaires de l'Occident, qui avaient bloqué à maintes reprises la marche et menacé même l'existence du peuple italien ». Il était vital, assura-t-il, de briser le carcan des démocraties occidentales qui empêchait l'expansion de l'Italie et limitait sévèrement sa puissance jusque dans les confins étroits de la Méditerranée. Et il décrivit la guerre de l'Italie comme « la lutte d'un peuple pauvre contre ceux qui veulent nous affamer en accaparant toutes les richesses et l'or de la terre[1] ».

Sur le coup, l'idée parut bonne. Le pari semblait sûr : l'Italie avait un énorme profit à tirer, et à bon compte, des victoires renversantes de la Wehrmacht en Europe occidentale. En fait, comme cela devait rapidement sauter aux yeux, c'était une entreprise risquée qui devait bientôt se retourner contre lui de façon catastrophique. Mussolini vivait mal que l'Italie se fût de longues années contentée de se traîner derrière l'Allemagne. L'Italie avait jadis été le partenaire dominant dans les tractations avec Hitler, mais les rôles s'étaient très clairement renversés dans la seconde moitié des années 1930 à la suite des succès allemands en matière de politique étrangère et de l'expansion territoriale du Reich. Il en cuisait à Mussolini de se voir relégué à l'état de dictateur de second rang. Et voici que l'Italie, plus clairement que jamais auparavant, devait se tenir dans l'ombre d'événements déterminés par la puissance militaire allemande. Affirmer les prétentions indépendantes de l'Italie à la puissance au sein de l'Axe fut un motif clé de son entrée en guerre. Quelques mois plus tard, cependant, cette ambition n'était plus que ruines. Loin d'être une puissance autonome menant sa propre guerre parallèle, l'Italie allait bientôt se trouver ravalée au rang de simple auxiliaire de l'Allemagne dans sa quête d'hégémonie en Europe.

Le jalon crucial sur la voie de cette dégringolade fut le deuxième choix fatidique de Mussolini en cinq mois : la décision, prise en octobre 1940, d'envahir la Grèce. Le 28 octobre à 6 heures du matin, des troupes italiennes franchirent les frontières de l'Albanie occupée pour entrer au nord de la Grèce. L'armée grecque n'était censée représenter aucun obstacle sérieux. La victoire serait rapide. Mussolini se voyait déjà triomphant à Athènes à l'issue d'une courte campagne, qui ressemblerait un peu à l'écrasement de la Pologne par l'Allemagne à l'automne 1939. La destruction de la Grèce serait une grande étape en direction de l'empire balkanique et méditerranéen dont il mourait d'envie. Mais la campagne tourna rapidement au fiasco. Les forces grecques se battirent vaillamment, aidées par une bonne organisation, la connaissance d'un terrain difficile et un engagement moral supérieur de troupes repoussant l'envahisseur de leur pays. Au bout de quinze jours, il était patent que le triomphe facile supposé tournait déjà à l'humiliation pour le régime de Mussolini.

La décision d'envahir la Grèce avait été en vérité une folie calamiteuse. Ce fut la première défaite des forces de l'Axe apparemment invincibles. Et, fait décisif, en délaissant l'Afrique du Nord pour la Grèce, Mussolini avait tout à la fois exposé les troupes italiennes à une catastrophe militaire et gravement affaibli la position de l'Axe dans la campagne du désert – le théâtre de guerre le plus important à cette époque. Les faibles forces britanniques eussent-elles été chassées d'Égypte et de la région du canal de Suez, la guerre aurait suivi un cours différent. Et voici que l'Italie avait détourné des troupes cruellement nécessaires pour aller au-devant d'une débâcle retentissante en Grèce. L'Italie ne devait jamais se remettre de la double humiliation en Grèce et en Afrique du Nord. Au printemps 1941, l'Allemagne allait être forcée d'intervenir militairement pour réprimer les troubles dans les Balkans, que l'intervention de Mussolini avait déclenchés. Le dictateur italien avait ardemment souhaité éviter la domination allemande de la région. Or, tel était précisément le fruit de ses actions. La malencontreuse aventure balkanique de Mussolini eut de très lourdes répercussions quant à ses effets militaires, mais aussi en ce qu'elle mina l'autorité du régime fasciste en Italie. Ce fut le début de la fin pour le dictateur italien dont les soutiens déclinèrent rapidement, à la base comme au sein de l'élite politique.

En quête de gains faciles, l'Italie s'était associée à une guerre qui devait lui valoir des épreuves considérables, des destructions massives et des souffrances aiguës, débouchant sur le renversement du régime fasciste en 1943, un changement d'allégeance au profit des Alliés à l'automne et de cruels mois d'une occupation allemande brutale dans les régions septentrionales, avant que la défaite totale du IIIe Reich ne mît fin à sa misère. Pour Mussolini lui-même, la décision d'entrer en guerre en juin 1940 et, à quelques mois de là, d'envahir la Grèce, allait plus tard conduire à sa déposition, puis à sa spectaculaire libération de prison et à sa restauration comme simple marionnette des Allemands. Il devait finalement en payer le prix en avril 1945, quand sa maîtresse Claretta Petacci et lui-même furent pris et exécutés par des partisans sur les rives du lac de Côme. Leurs corps furent ensuite suspendus à la poutrelle d'une station essence de Milan, où une foule sarcastique accabla d'injures la dépouille du chef autrefois glorifié.

C'est Mussolini lui-même qui prit les décisions fatidiques qui entraînèrent l'Italie dans la guerre, puis la lancèrent dans la désastreuse invasion de la Grèce. C'est on ne peut plus clair. Mais comment en arriva-t-il à ces décisions ? Dans quelle mesure furent-elles uniquement de son fait ? À quel point la volonté arbitraire du dictateur prima-t-elle sur les désirs et les intérêts des autres membres de l'élite du pouvoir de l'État fasciste, à commencer par l'armée ? Ou le « décisionnisme » de Mussolini reflétait-il simplement l'attitude dominante au sein du régime dans son ensemble ? S'agissait-il au fond de décisions pragmatiques ou idéologiques ? Étaient-elles le fruit d'un opportunisme à court terme ou d'objectifs à long terme ? Marquaient-elles une solution de continuité dans la longue histoire des espérances italiennes ou en était-ce l'accomplissement présumé ? Plus particulièrement, Mussolini prit-il ces décisions dans des conditions à ce point circonscrites qu'il n'avait en effet d'autre choix que d'entraîner l'Italie dans la guerre et l'expansionnisme ? Ou encore, quels que fussent leurs choix de prédilection, son régime et lui avaient-ils d'autres options réelles au cours de l'été et de l'automne 1940, des options qu'ils choisirent de rejeter au profit de l'illusion d'une moisson riche et facile sur les basques des conquérants allemands en Europe occidentale ?

I

La guerre et l'expansion faisaient implicitement partie des idées de Mussolini dès le début de sa « carrière » de parfait fasciste. Avec le temps, elles devinrent explicites. Si rhétoriques et décousues que fussent ces idées, elles contenaient un noyau assez clair. Dès avant son expulsion du parti socialiste en novembre 1914 et son vibrant plaidoyer pour l'intervention de l'Italie dans la Première Guerre mondiale l'année suivante, Mussolini avait salué l'effet révolutionnaire et purificateur de la guerre, mais aussi sa nécessité si l'Italie voulait se débarrasser de son passé et prendre sa place dans le concert des grandes nations. En mars 1919 à Milan, lors de la réunion fondatrice des *Fasci di Combattimento*, il annonça que l'Italie avait besoin de davantage de territoire, et qu'elle le méritait, pour loger sa population croissante. Peu après, il envisagea la possibilité que l'Italie rejoignît l'Allemagne si les Alliés ne voulaient pas lui donner son dû, et finît par détruire les forces navales de la Grande-Bretagne en Méditerranée. Au milieu des années 1920, il exposait sa vision d'une nouvelle classe de guerriers, « toujours prêts à mourir », la mise en place d'une « sélection méthodique », et la base des « grandes élites qui instaurent à leur tour des empires ». La guerre et la révolution façonneraient l'« homme nouveau ». L'objectif était l'« empire[2] ».

Cet objectif demeura sans conséquences pratiques notables dans les années où le fascisme consolida son emprise sur l'État italien et sur la société. Un incident diplomatique impliquant la Grèce déboucha sur une brève expédition militaire italienne et sur l'occupation de Corfou durant l'été 1923, puis un dédommagement grec régla l'affaire. Quelques mois plus tard, la Yougoslavie céda à l'Italie la ville disputée de Fiume, donnant à Mussolini un nouveau succès (facile) de politique étrangère. Et, à la fin de 1926, L'Albanie était bel et bien devenue un satellite économique de l'Italie, mais là encore ce n'était qu'un triomphe des plus modestes. Reste que l'Italie était fort mal préparée à des aventures étrangères de quelque ampleur. Le pays était grevé de lourdes dettes consécutives à la guerre. La plupart des régions, surtout dans le sud, étaient terriblement pauvres. Le revenu national représentait moins du quart de celui de la Grande-Bretagne. La base industrielle était petite, essentiellement confinée au triangle septentrional que dessinaient Milan, Gênes et Turin. En 1938-1939, l'Italie ne produisait encore qu'un million de tonnes de charbon et 2,4 millions de tonnes d'acier. La production britannique, en comparaison, était de 230 millions de tonnes de charbon et de 13,4 millions de tonnes d'acier ; celle de l'Allemagne respectivement de 186 et de 22,4[3]. Le réarmement ne fit guère de progrès avant le milieu des années 1930. Et dans l'opinion, si peu de temps après les terribles pertes de la Première

Guerre mondiale, on n'était guère tenté de risquer de nouveaux combats armés. L'Italie, comme le reconnaissaient ses chefs – dont Mussolini –, était encore, de loin, la plus faible des « grandes puissances » ; en réalité, elle n'avait de « grande puissance » que l'aspiration à le devenir.

Pour l'instant, Mussolini demeurait raisonnablement prudent. La position de l'Autriche, sur la frontière nord de l'Italie, ne posait pas encore de problème grave. À la fin des années 1920, Mussolini conservait l'espoir d'obtenir des appuis en Hongrie et en Autriche pour créer une sphère d'influence italienne dans la région du Danube, et il était soucieux d'empêcher l'Autriche de passer sous l'influence et sous la coupe de l'Allemagne. Mais les espoirs d'*Anschluss* avec le Reich qui s'étaient initialement répandus en Autriche après la guerre étaient retombés depuis, tandis qu'à la fin des années 1920 la droite révisionniste allemande qui caressait des buts d'expansion restait politiquement marginale. L'autre pomme de discorde potentielle dans les relations avec l'Allemagne, le problème du Tyrol du Sud – qui appartenait à l'Italie, mais dont la population était majoritairement germanophone –, ne s'était pas transformée en dangereux sujet d'affrontement. Les voix stridentes de l'extrême droite allemande qui réclamaient le retour du Tyrol du Sud n'avaient aucun écho sur la scène politique dominante. Le personnage le plus turbulent de l'extrême droite, Adolf Hitler, déjà à l'affût de bonnes relations avec l'Italie, avait en fait couru le risque de scinder son parti nazi, encore petit, en se déclarant prêt à abandonner toute revendication sur la région[4]. Il avait à l'esprit des horizons plus larges. Et malgré la rancœur profonde qu'il concevait de la supériorité de la puissance britannique et française, surtout en Méditerranée, Mussolini ne risquait rien dans ses tractations avec les démocraties occidentales (qu'il avait rejointes dans le pacte de Locarno de 1925, visant à stabiliser les frontières ouest-européennes de l'Allemagne).

Mussolini était donc contraint de marcher précautionneusement en politique étrangère, mais cela ne changeait rien à son intérêt de fond pour l'agrandissement territorial, ni à sa croyance en la guerre comme agent de régénérescence nationale, route du prestige et du rang qui siéent à une grande puissance.

Les perturbations sur la scène internationale qui suivirent l'accession de Hitler au pouvoir en Allemagne en 1933 offrirent à Mussolini de nouvelles occasions et ouvrirent à l'Italie fasciste la perspective de jouer un rôle plus actif dans les affaires européennes. Le premier souci de Mussolini fut d'étayer l'indépendance autrichienne face aux prétentions nazies. Les relations entre l'Italie et l'Allemagne furent un temps tendues après l'assassinat par les nazis du chancelier autrichien Engelbert Dollfuss, en juillet 1934. Et quand au mois d'avril suivant, à Stresa, Mussolini aligna l'Italie fasciste sur les démocraties occidentales contre l'expansionnisme allemand, il songeait avant tout à l'Autriche. Mais son attention avait alors commencé de se focaliser sur l'Abyssinie (Éthiopie), lointain pays déshérité, qui présentait néanmoins certains attraits aux yeux de l'Italie fasciste. Mussolini voulait un triomphe extérieur, une démonstration de la puissance italienne, mais aussi, pour sa propre population, de la puissance du fascisme et de la virilité nationale. La Méditerranée orientale et l'Afrique du Nord – la Libye était une colonie depuis 1912 – avaient de longue date leur place dans le rêve d'expansion des impérialistes italiens. L'intérêt de Mussolini pour ces régions, au cœur d'un nouvel empire fasciste, n'avait donc au fond rien d'inédit. Dans l'idéal, Mussolini voulait un dominion plus proche de son pays, dans la région méditerranéenne, plus particulièrement dans les Balkans. Toutefois, les forces armées italiennes demeuraient faibles en comparaison de celles des grandes puissances européennes. Toute idée d'expansion dans les Balkans, si alléchante que parût la proposition, était donc à exclure, tout au moins dans un avenir proche. Elle était encore trop risquée, notamment compte tenu de l'importance des intérêts français en Europe du Sud-Est[5]. Royaume tribal et primitif incapable d'opposer beaucoup de résistance aux armes italiennes, l'Abyssinie lui servit de substitut.

L'humiliante défaite d'Adowa, en 1896, après que les troupes italiennes eurent avancé en Abyssinie depuis leur colonie érythréenne, restait pour les nationalistes une blessure profonde. Le baptême du feu de la nation dans une courte guerre unilatérale de revanche et un triomphe pour le fascisme étaient des perspectives alléchantes pour le dictateur italien. Le succès paraissait assuré, sans le moindre coût. Mussolini devait surmonter l'hésitation et la pusillanimité du roi, des chefs de l'armée de terre et des éléments plus conservateurs de l'élite du pouvoir, redoutant le risque qu'il prenait. Mais les démocraties occidentales, pensait-il, n'interviendraient pas. C'était une erreur de calcul, même si elle devait rapidement tourner largement à son avantage. La condamnation de l'agression italienne par la Société des Nations et l'imposition de sanctions économiques nourrirent la haine de la Grande-Bretagne et de la France en Italie et confortèrent massivement la popularité de Mussolini et de son régime. Quand Addis-Abeba tomba, en mai suivant, après une campagne extrêmement brutale qui fit un usage extensif de la guerre chimique, Mussolini put annoncer une victoire complète qui donnait au roi d'Italie le titre d'empereur d'Abyssinie et scellait l'existence d'un nouvel Empire romain.

Le culte du Duce atteignit alors son apogée[6]. Le régime en sortit considérablement renforcé, la position de Mussolini en son sein devenant inattaquable. L'image qu'il avait de sa grandeur ne connut plus de limites. Il attendait impatiemment l'affrontement avec les démocraties occidentales « décadentes », divisées et affaiblies par leur réponse à la guerre d'Abyssinie. La voie du grand avenir de l'Italie, la chose paraissait évidente (et pas seulement à Mussolini), passait par un resserrement des liens avec l'Allemagne de Hitler, qui déjà jouait de ses muscles, certaine de devenir la puissance dominante en Europe centrale et de lancer un défi de taille à la France et à la Grande-Bretagne. Aussi Mussolini donna-t-il son feu vert à la remilitarisation de la Rhénanie en mars 1936 ; il accepta que l'Autriche tombât désormais dans l'orbite allemande comme ce fut le cas à la suite d'un accord signé en juillet, et, en novembre de cette même année, il scella de façon symbolique son rapprochement en formant l'Axe avec l'Allemagne – que la plupart des Italiens regardaient sans grand plaisir.

Malgré la propagande clinquante, la relation entre l'Italie et l'Allemagne était en réalité loin d'être étroite. Elle devint en fait de plus en plus déséquilibrée. Mussolini pensa un temps qu'il était le maître et Hitler l'élève. Mais son sentiment d'infériorité envers celui-ci s'aggrava quand son collègue dictateur enchaîna les triomphes diplomatiques. Et il ne pouvait dissimuler son effroi face à la puissance militaire allemande. À la différence de la Wehrmacht, la force militaire italienne était tout sauf intimidante. L'humiliante défaite de Guadalajara en mars 1937, après que Mussolini eut passé outre aux avertissements de ses chefs militaires pour engager l'Italie derrière Franco dans la guerre d'Espagne, en était un rappel flagrant. La visite d'État de Mussolini en Allemagne, en septembre de cette même année, ne fit que mettre en évidence le large fossé qui séparait les deux dictatures sur le plan des forces militaires, et le laissa plus stupéfait encore de la puissance du IIIe Reich.

Quand Hitler annexa l'Autriche, en mars 1938, il remercia avec effusion Mussolini de son soutien. Malgré la position qui avait été la sienne quatre ans plus tôt, cependant, Mussolini n'avait guère d'autre choix, en l'occurrence, que d'acquiescer. Il avait lié son pays à l'expansionnisme très risqué de l'Allemagne nazie. Ainsi devait-il soutenir sans réserve l'attitude belliqueuse de l'Allemagne sur les Sudètes au cours de l'été. Et il se déclara prêt à combattre aux côtés de l'Allemagne, si, comme la chose paraissait probable, il en résultait une grande guerre européenne. Mais il y avait plus ici qu'un modeste élément de bluff. Il savait pertinemment que l'Italie n'était pas prête pour une grande guerre. Quand Hitler eut un moment d'hésitation, Mussolini saisit la chance que lui offrait Göring de jouer les médiateurs pour obtenir un règlement à Munich, rendu possible par la disposition où se trouvaient les démocraties occidentales à découper la Tchécoslovaquie dans l'intérêt du tyran allemand. L'accueil euphorique qu'il reçut à son retour en Italie, en tant que sauveur de la paix en Europe, ne lui plut pas le moins du monde. Il lui confirma plutôt que le peuple italien était trop épris de paix, loin d'être prêt à la guerre. Tel est en effet le verdict qui lui parvint *via* un large éventail de rapports de cadres du parti fasciste sur l'état de l'opinion populaire, soulignant l'hostilité envers les partenaires de l'Axe et la peur d'être entraînés dans une nouvelle guerre[7].

Mussolini choisit de mépriser ces peurs. Il visait la guerre, non la paix. Dans un discours d'une grande portée – version actualisée d'une vision professée de longue date – prononcé le 4 février 1939 devant le Grand Conseil fasciste, il envisagea une guerre avec les puissances occidentales pour atteindre la version italienne du *Lebensraum*. L'Italie, déclara-t-il, était bel et bien enclavée par la domination britannique de la Méditerranée, qui bloquait son accès aux océans (et à la prospérité) par son contrôle du détroit de Gibraltar à l'ouest et du canal de Suez à l'est. Encerclée par des pays hostiles et privée de domaine d'expansion, l'Italie était « prisonnière de la Méditerranée ». La tâche de la politique italienne était donc de « briser les barreaux de la prison » et de « marcher vers l'Océan ». Mais que cette « marche » se fasse vers l'océan Indien ou l'Atlantique, « nous nous heurterons à l'opposition anglo-française »[8].

Il ne tarda pas à recevoir un nouveau rappel qu'il ne pouvait marcher que sur un air imposé par l'Allemagne. Le 15 mars, l'occupation allemande de ce qu'il restait de la Tchécoslovaquie, comme d'habitude sans en avoir préalablement averti son partenaire de l'Axe, montra où se situait le pouvoir. Hitler avait purement et simplement déchiré l'accord de Munich arrangé par Mussolini. Quand l'émissaire de Hitler lui apporta un message d'explication et de gratitude, un Duce abattu voulut cacher l'information à la presse. « Les Italiens riraient de moi, déplora-t-il. Chaque fois que Hitler occupe un pays, il m'adresse un message[9]. »Il ne vit cependant d'autre solution que d'accepter de bonne grâce le fait accompli allemand. Il commença même par repousser la suggestion du comte Galeazzo Ciano, son ministre des Affaires étrangères depuis 1936 et le mari de sa fille Edda, qui le poussait à annexer l'Albanie pour donner aux Italiens une « compensation » de leur humiliation. L'annexion de ce petit royaume corrompu et arriéré, déjà fortement soumis à l'influence italienne, ne fut toutefois que différée. Elle se produisit trois semaines plus tard, le 7 avril 1939. L'Albanie devint alors à peine plus que le « grand-duché » de Ciano, suivant le mot du ministre des Affaires étrangères, un homme jeune, fringant, mais vaniteux, corrompu et léger, préférant le golf et les jupons plutôt que le rude travail à son bureau de diplomate[10]. En comparaison des coups spectaculaires de Hitler, ce n'était en vérité que petite bière. Mais Mussolini n'y voyait qu'une étape. Dès le mois de mai, il envisageait d'utiliser l'Albanie pour une attaque contre la Grèce afin de « chasser les Britanniques du bassin méditerranéen[11] ». Comme Ciano le dit à Hitler (qui l'aurait écouté avec enthousiasme tout en parvenant à conserver un air impassible), le programme italien était de faire de « l'Albanie un bastion qui dominera inexorablement les Balkans[12] ».

Mais, aussitôt, la garantie donnée par la Grande-Bretagne à la Grèce et à la Roumanie, qui avait suivi la prise de contrôle de l'Albanie par les Italiens, eut pour effet de rapprocher davantage encore la péninsule de l'Allemagne à travers une alliance militaire, le « Pacte d'acier », signé le 22 mai 1939[13]. Les deux pays se promettaient assistance et soutien militaires au cas où l'un des deux pays serait impliqué dans une guerre. C'était un exemple de « diplomatie fasciste sous sa forme la plus négligée[14] » : l'Italie s'était engagée au soutien inconditionnel de l'Allemagne, y compris dans une guerre qui serait du seul fait de celle-ci.

Dans l'esprit des Italiens, Mussolini ne tarda pas à le rappeler à Hitler, la guerre ne devait pas être déclenchée avant 1943 au plus tôt, date à laquelle les Italiens auraient achevé leurs préparatifs[15]. Or, au lendemain même de la signature du « Pacte d'acier », Hitler demandait à ses généraux de préparer la guerre à la première occasion contre la Pologne[16]. À la mi-juillet, les rumeurs sur les intentions allemandes à l'égard de la Pologne s'étaient précisées sous la forme de rapports alarmants de l'ambassadeur d'Italie à Berlin, Bernardo Attolico, suivant lesquels l'Allemagne s'apprêtait à frapper Dantzig le mois suivant[17]. Ciano s'inquiéta d'abord de ce que l'Italie se trouvât entraînée dans la guerre « dans les conditions les plus défavorables », avec des réserves en or et des stocks de métaux presque à zéro et des préparatifs militaires tristement inachevés. Il était intraitable : il fallait éviter la guerre[18]. Mussolini hésita entre l'idée d'un nouveau « Munich » – une conférence internationale de paix dans le but de reporter la guerre de trois ans encore – et le désir de combattre aux côtés de l'Allemagne, pour l'honneur, et de saisir sa « part de butin en Croatie et en Dalmatie », comme Hitler l'y poussait. Quand Ciano retrouva Hitler et Ribbentrop au Berghof, la résidence alpine du dictateur allemand dans les montagnes dominant Berchtesgaden, du 11 au 13 août 1939, on ne le laissa pas douter un instant que l'Allemagne était décidée à une action militaire. L'Italie avait été maintenue dans l'ignorance des intentions allemandes, et Hitler avait « décidé de frapper, et il frappera ». Ciano regagna Rome « dégoûté des Allemands », qui « nous avaient trahis et menti » et nous « entraînaient » maintenant « dans une aventure dont nous ne voulons pas ». Estimant que l'Italie avait les mains libres, il recommanda avec ferveur de rester à l'écart de la guerre[19]. Mussolini demeurait nerveux. Mais, au fond de lui, son instinct le poussait à combattre aux côtés des Allemands si la guerre éclatait. Il existait encore une chance, imaginait-il, que les démocraties occidentales s'abstinssent. En ce cas, il entendait profiter des gains qui se présenteraient à bon compte. Mais au cas où la guerre éclaterait, comme cela semblait probable, il pensait que l'Italie paraîtrait lâche aux yeux du monde si elle reculait. Un autre point comptait pour lui, à en croire Ciano : sa peur que Hitler, enrageant de voir que les Italiens ne respectaient pas le « Pacte d'acier », n'abandonnât « la question polonaise afin de régler les comptes avec l'Italie[20] ».

La nouvelle stupéfiante qui tomba le 22 août en fin de soirée – la signature imminente par l'Allemagne d'un pacte de non-agression avec l'Union soviétique (encore une surprise pour l'Italie) – fut un coup dur pour les démocraties occidentales, qui donna un coup de fouet à Mussolini. Son humeur belliqueuse fut encouragée par le rapport flagorneur (et totalement trompeur) d'Alberto Pariani, le sous-secrétaire à la Guerre, sur le bon état de préparation de l'armée de terre. Une opinion que le roi Victor-Emmanuel III en personne ne manqua pas de contredire brutalement quand Ciano s'entretint avec lui, le 24 août : « Nous ne sommes absolument pas en mesure de livrer la guerre » tant

« l'armée est en "piteux" état ». Les officiers n'étaient pas à la hauteur, le matériel était vieux et obsolète, et l'opinion publique hostile aux Allemands. Le roi se montra intransigeant : l'Italie devait rester à l'écart de la guerre, du moins pour l'instant, et attendre la suite des événements. Et surtout, il demanda avec insistance d'être associé à la prise des « décisions suprêmes[21] ». Cela revenait à opposer son veto à la volonté de Mussolini d'entraîner l'Italie dans la guerre.

Le lendemain, Ciano fit part des vues du roi à un Mussolini « furieusement guerrier », qui en fut dûment dissuadé de plonger le pays dans la guerre et se trouva contraint d'accepter la non-intervention. Lorsqu'il reçut la lettre de Hitler sollicitant la « compréhension des Italiens » face à l'action imminente, force fut à Mussolini d'admettre « qu'il sera opportun pour moi de ne pas prendre l'initiative dans les opérations militaires au vu de l'état présent des préparatifs de guerre italiens », ajoutant que l'intervention dépendait de la fourniture immédiate de matériel militaire et de matières premières pour résister à une attaque de la Grande-Bretagne et de la France[22]. Une liste de demandes, extra-ordinairement exorbitantes, finit par être adressée le 26 août. Attolico se chargea de son propre chef de forcer la dose afin de décourager toute velléité allemande de les satisfaire en réclamant la livraison immédiate de toutes les fournitures demandées avant que l'Italie pût entrer en guerre. Le tour marcha. Il était totalement impossible à Hitler de satisfaire les Italiens. Il fit savoir à Mussolini qu'il comprenait la position de l'Italie et lui demanda simplement de conserver une attitude amicale. Il proposa, nota Ciano, d'« anéantir la Pologne et de battre la France et l'Angleterre sans aide ». C'était un coup porté au prestige de Mussolini. Six ans après son accession au pouvoir, Hitler avait entraîné son pays dans la guerre, tandis que lui, le Duce, n'était pas en mesure d'en faire autant après presque dix-sept années de pouvoir. Il en était ulcéré. Le 26 août, il déclara à Hitler : « Je vous laisse le soin d'imaginer l'état d'esprit dans lequel je suis de me trouver contraint par des forces qui échappent à mon contrôle de ne pouvoir faire montre envers vous d'une réelle solidarité au moment de l'action[23]. » Ses propres désirs étaient clairs, mais il avait été obligé de céder aux pressions venues de l'intérieur de son régime visant à l'empêcher de plonger son pays dans la guerre. Pour l'heure, il dut avaler la pilule amère et accepter le statut inédit, inconnu du droit international, de « non-belligérance » – moins avilissant, certes, que la « neutralité », mais bien loin de ce qu'exigeaient les valeurs martiales du fascisme[24].

Dix mois devaient s'écouler avant que l'occasion ne se présentât de rattraper la dérobade d'août 1939. Cette fois, l'occasion était trop belle pour la laisser échapper.

II

Qu'en août 1939 le désir de Mussolini d'entraîner l'Italie dans la guerre dût céder aux pressions en sens contraire, notamment en raison de l'hostilité du roi à une intervention, montre bien les véritables limites du pouvoir du dictateur. L'homologue allemand de Mussolini était dans une position autrement plus forte. À la mort du président Hindenburg, au début d'août 1934, Hitler était devenu chef de l'État et l'armée de terre avait dû lui prêter personnellement allégeance ; depuis lors, il jouissait d'un pouvoir absolu en ce sens qu'aucun individu ni aucun corps ou aucune institution ne pouvait constitutionnellement s'opposer à lui ni lui disputer la loyauté des Allemands. Il resserra son emprise sur les forces armées en février 1938, en réorganisant la structure centrale de commandement pour la placer sous son autorité directe. En Italie en revanche, presque dix-sept ans après que Mussolini eut pris le pouvoir à la suite de la « Marche sur Rome » d'octobre 1922, ce pouvoir, s'il ne faut pas le sous-estimer, était loin d'être total. Si le petit roi n'en imposait guère et avait des allures de chétif bouche-trou à côté d'un Mussolini à la personnalité écrasante, il restait le chef de l'État, et ses pouvoirs n'étaient pas de pure forme. En définitive, ainsi que les événements de juillet 1943 devaient le montrer, de la même façon qu'il avait nommé Mussolini à la tête du gouvernement en 1922, il conservait la prérogative de le démettre de ses fonctions. Et il offrait un foyer alternatif de loyauté. C'était particulièrement important dans le cas des forces armées. Par-dessus tout, le corps des officiers de l'armée de terre et de la marine entretenait un puissant sentiment d'allégeance envers la monarchie. Dans leur esprit, c'est avant tout au roi, le chef des forces armées, qu'ils devaient leur loyauté. Quel que fût le mélange de corruption et de rudoiements que Mussolini déployait dans ses rapports avec les chefs de l'armée, jamais cela ne suffit à gagner leur allégeance. Cette faiblesse devait lui être fatale lors de la révolution de palais de juillet 1943.

Si, au cours de la période troublée de non-belligérance de 1939-1940, il n'y eut point de signes flagrants de la rupture ultérieure entre Mussolini et ses chefs militaires, le dictateur ne pouvait pas faire fi, purement et simplement, de l'avis de ses généraux et amiraux les plus gradés[25]. Il devait en plus d'une occasion se plaindre des insuffisances qu'il voyait dans l'armée et de son incapacité à purger le corps des officiers, tout comme il exprima son intention d'éliminer la monarchie dès que l'occasion s'en présenterait[26]. Pour l'heure, il lui fallut en fait compter avec de son point de vue la prudence indue, la pusillanimité, le pessimisme et le manque d'« esprit combatif » fasciste du roi et de ses conseillers militaires.

Au grand chagrin de Mussolini, le corps des officiers demeurait irrémédiablement conservateur dans son personnel comme dans sa structure. L'Italie manquait de la robuste culture militariste qui s'était développée en Allemagne, tout particulièrement en Prusse. Pour l'essentiel, l'armée ne suscitait guère d'enthousiasme dans la société italienne. Elle n'avait pas grand prestige, comme c'était le cas en Allemagne mais aussi dans les démocraties occidentales comme la Grande-Bretagne et la France. De même en allait-il de la marine, tandis que l'aviation, comme en d'autres pays, commençait tout juste de s'imposer. Quant à la tradition militaire qui pouvait exister en Italie, elle était jalonnée de défaites humiliantes, à commencer par Adoua en 1896 et Caporetto en 1917, plutôt que de glorieuses victoires. Aussi les meilleurs esprits et les plus grands techniciens ne cherchaient-ils guère à faire carrière dans les forces armées ; et, en tout état de cause, ils n'étaient pas bien nombreux, dans une société peu cultivée et industriellement sous-développée. D'où le piètre calibre et la pénurie de talent de ce qui formait au fond une caste militaire rigide, tout particulièrement dans l'armée de terre. Mussolini eût-il été assez puissant pour épurer sa direction qu'il aurait eu du mal à remplacer ceux qu'il aurait mis sur la touche par des hommes de qualité très supérieure. Pratiquement, il n'avait guère d'emprise sur les rangs serrés des généraux les plus hauts gradés, qui, malgré les rivalités personnelles et entre armes, étaient soutenus par leurs liens étroits avec la monarchie.

Depuis 1926, Mussolini était le ministre de chacune des trois armes. Des années durant, cependant, ses rapports avec leurs chefs demeurèrent empreints de méfiance ; soucieux d'éviter de susciter des antagonismes, il avait conscience de ses insuffisances techniques aussi bien que de la nécessité de protéger son image en esquivant les problèmes qu'il comprenait mal. Il n'y eut guère d'effort pour assurer une véritable coordination de la direction des forces armées. Il devait en aller ainsi tout au long de la guerre pour le plus grand préjudice de la planification stratégique[27]. Les pouvoirs qu'avait le maréchal Pietro Badoglio, le chef d'état-major général depuis 1925, d'intervenir dans la direction intérieure de chacune des trois armes, et même de coordonner la pensée stratégique, étaient plus théoriques que réels. Au fond, il n'était guère plus qu'un agent de liaison de Mussolini avec les chefs de l'armée de terre, de la marine et de l'aviation, et son principal conseiller en matière de stratégie. Le rôle de Badoglio dans la victoire d'Abyssinie avait conforté sa position au point que Mussolini ne pouvait aisément faire fi de ses conseils. Or, dans sa tonalité défensive, ils correspondaient rarement à ce que le dictateur avait envie d'entendre.

Mussolini avait aussi du mal à accepter les insuffisances évidentes de ses forces armées et leur manque de préparation à un grand combat[28]. La victoire d'Abyssinie, avec le concours de l'artillerie lourde, des bombardiers et du gaz moutarde contre un ennemi désespérément inférieur (et qui n'en fit pas moins montre d'une résistance étonnamment tenace pendant quelques mois), ne préparait guère à l'engagement dans la guerre européenne auquel songeait Mussolini pour faire à l'Italie une place au soleil, quand bien même elle donna au dictateur une ambition accrue de diriger les affaires militaires. Comme il voyait dans la force aérienne et navale la clé de la domination future en Méditerranée à la suite d'un combat avec la Grande-Bretagne et avec la France, l'aviation, avant tout, et la flotte, dans une certaine mesure, furent prioritaires sur l'armée de terre dans l'allocation des ressources. Mais, malgré le réarmement substantiel de la marine dans la seconde moitié des années 1930, la flotte, à la fin de la décennie, était encore loin d'être prête à un combat de grande ampleur, et ses chefs n'étaient pas très au point en matière de planification opérationnelle et de pensée stratégique ; animée d'un état d'esprit défensif, leur réflexion demeurait largement enracinée dans les batailles navales d'antan. L'aviation n'avait pas non plus été à la hauteur de sa réputation en Abyssinie, puis au cours de la guerre civile espagnole. Malgré sa notable expansion à la fin des années 1930, elle demeurait faible d'un point de vue technique et organisationnel en comparaison de ses équivalents britannique et allemand. L'armée de terre était désavantagée par la priorité donnée à l'aviation et à la flotte dans l'allocation des ressources, et souffrait également de la modeste base industrielle de l'Italie. De surcroît, ses chefs étaient enfermés dans une pensée militaire d'un autre âge, tout à la fois peu désireux et incapables de briser les chaînes du passé. À la fin des années 1930, l'armée de terre était donc terriblement loin des niveaux de modernisation requis par les nouvelles formes, plus mobiles, de la guerre. Un officier expérimenté, le général Ettore Bastico, mit en garde contre l'idolâtrie du char tout en appelant à « réserver notre révérence au fantassin et au mulet », tandis qu'en 1940 le chef d'état-major adjoint de l'armée de terre, le généra Mario Roatta, fit savoir son hostilité à l'abolition de la cavalerie[29].

Au faîte de son pouvoir, Mussolini se retrouvait donc face à une caste militaire – particulièrement puissante dans le corps des officiers de l'armée de terre – qui était loin de son idéal fasciste et, à certains égards, faisait obstruction à ses grands projets de guerre et d'expansion. Et il présidait à des forces armées qui étaient mal dirigées, mal coordonnées, insuffisamment modernisées (là encore, surtout dans l'armée de terre) et piètrement préparées à des combats réellement éprouvants.

Si elle était sans doute la plus importante, la direction des forces armées n'était qu'une des diverses bases de pouvoir partiellement autonomes du régime fasciste, qui étaient loin d'être de simples vecteurs de la domination et du contrôle « totaux » supposés de Mussolini. On pourrait plaider à juste titre que le fascisme italien, plus encore que le régime hitlérien en Allemagne, reposait sur un « cartel de pouvoir[30] ».

La « prise du pouvoir » par Mussolini à l'occasion de la « Marche sur Rome » en 1922 était un mythe fasciste. En réalité, le pouvoir lui avait été remis dans le cadre d'un accord passé avec les élites du pouvoir nationales et conservatrices. Ce qui s'était produit « n'était pas une révolution, mais un compromis autoritaire » instaurant une « dictature essentiellement politique qui présidait à un système institutionnel semi-pluraliste[31] ». Le grand capital, l'Église et la bureaucratie de l'État n'étaient pas totalement sous la coupe des fascistes. Dans la sphère économique, loin de les dominer, Mussolini devait compter avec les chefs de l'industrie, des affaires et de la finance. Dans un pays où le catholicisme était si influent – et il n'en était de rappel plus flagrant que la résidence de la papauté au cœur de la capitale italienne –, Mussolini n'avait guère le choix : il devait trouver un *modus vivendi* avec l'Église, ce qu'il fit en 1929 avec les pactes du Latran, en faisant des concessions significatives en échange de la fin de l'hostilité du pape à l'État italien. Et malgré la rhétorique des ambitions totalitaires du fascisme, le parti fit peu d'incursions dans la domination de l'appareil d'État. Bien au contraire, il se trouva privé d'une bonne partie du pouvoir véritable et largement transformé en un instrument de mobilisation de masse et de propagande voué à l'endoctrinement politique et à l'acclamation du chef. Contrairement à ce qui se passait en Union soviétique, la prééminence revenait à l'État, non au parti. Mussolini en prit acte en cumulant un temps, dans la seconde moitié des années 1920, pas moins de huit ministères. Si, bien entendu, cela contribua sensiblement à asseoir sa position inattaquable de chef, cela renforça aussi par la même occasion le rôle de la bureaucratie de l'État puisqu'il lui était impossible de tout surveiller et diriger en personne[32]. Au sein même du parti fasciste, la position de Mussolini avait d'abord été celle d'un *primus inter pares* : il était certes le chef reconnu du parti, mais force lui était de reconnaître les bases de pouvoir indépendantes des chefs locaux, les *ras* (mot éthiopien), de qui il tenait en définitive son propre pouvoir grâce à leur contrôle de l'organisation locale du parti[33]. À la fin des années 1920 néanmoins, cette dépendance mutuelle initiale s'était transformée en suprématie directe du Duce sur le parti.

Une fois au pouvoir, le premier combat de Mussolini avait été de mettre le parti fasciste lui-même sous sa coupe. Un des moyens d'y parvenir fut l'institution du Grand Conseil fasciste, qu'il créa d'abord en 1922, puis qu'il fit mine de transformer six ans plus tard en « organe suprême coordonnant toutes les activités du régime ». En pratique, il se réunissait rarement, ne disposait d'aucun pouvoir législatif et, au fond, n'était guère plus qu'un agent du pouvoir personnel de Mussolini[34]. En 1949, quand Mussolini prit ses grandes décisions d'entrer en guerre, puis d'attaquer la Grèce, il ne se donna même pas la peine de consulter le Grand Conseil fasciste. Néanmoins, comme les événements de 1943 allaient le montrer, cet animal apparemment apprivoisé n'en restait pas moins capable de ruer, car c'est bien le Grand Conseil fasciste qui mena la révolte contre Mussolini, qui se termina par sa déposition. Institutionnellement, donc, même le Grand Conseil fasciste, si émasculé fût-il dans les faits, restait un frein potentiel au pouvoir de Mussolini. En Allemagne, en revanche, Hitler veilla toujours à ne pas laisser se créer une instance collective qui pourrait, dans certaines circonstances, être en mesure de défier son autorité personnelle, et rejeta systématiquement toutes les velléités d'instaurer un sénat du parti nazi[35].

Si le pouvoir de Mussolini n'était pas absolu, il ne s'étendit pas moins massivement entre 1925 et 1940, au point d'approcher de celui d'un « prince absolutiste » dont les décisions n'étaient pas sujettes à un contrôle effectif[36]. La centralisation progressive du parti, l'essor et l'élaboration du culte extravagant du Duce et l'impact de la guerre d'Abyssinie sur la stature de Mussolini furent autant d'éléments cruciaux de cette évolution.

À compter de 1925, l'importance résiduelle des chefs fascistes de province, les *ras*, se trouva minée par l'implacable centralisation bureaucratique de l'organisation du parti. Au début des années 1930, même les chefs régionaux les plus autonomes comme Roberto Farinacci, qui avait été brièvement secrétaire du parti au milieu des années 1920 et défendait une ligne dure à Crémone, avaient vu leurs ailes coupées. Deux secrétaires généraux, ultra-loyaux à Mussolini, Augusto Turati et Achille Starace, réussirent à épurer les éléments les plus turbulents du jeune mouvement fasciste avant de convertir le parti en une organisation démesurément enflée et largement vouée à essayer de mobiliser les masses derrière le régime – et notamment derrière son chef –, de leur inculquer les buts et les dogmes du fascisme. Dans ces années-là, l'esthétique du pouvoir était soigneusement cultivée et orchestrée. À la fin des années 1930, le parti était immense. À la veille de la guerre européenne, près de la moitié de la population était officiellement membre du parti ou de l'une de ses organisations satellites[37]. Doctrinalement, cependant, l'impact du fascisme restait superficiel. L'attachement idéologique au régime et l'« esprit combatif » que Mussolini était soucieux d'inculquer à la population demeuraient limités, assurément bien moins profonds que l'impact du nazisme sur la population allemande[38].

Dans les années 1930, le parti fasciste avait été largement métamorphosé en un immense vecteur de l'adulation du Duce, dont le culte s'épanouit en une véritable excroissance. Nul n'est besoin d'insister sur les aspects pseudo-religieux de l'idée que le Duce « avait toujours raison », comme la propagande fasciste ne cessait de le répéter à la population. Et cette croyance pouvait aisément coexister – comme la quasi-déification de Hitler en Allemagne – avec l'allégeance limitée au parti fasciste ou à ses doctrines[39]. À l'évidence, cependant, l'orchestration du culte du Duce engendra un niveau d'acclamation populaire qui renforça considérablement les assises du pouvoir de Mussolini. Au début des années 1930, il se crut assez fort pour écarter du pouvoir la quasi-totalité des anciennes personnalités en vue du mouvement fasciste susceptibles de contrarier sa domination croissante. Cela nourrit chez certains des rancunes qui devaient resurgir lors de la fatidique réunion du Grand Conseil fasciste, en juillet 1943, alors que Mussolini n'avait jamais été aussi vulnérable. À court terme, cependant, les anciens potentats fascistes, divisés et sans voix collective, virent leur pouvoir réduit à une dépendance personnelle à l'égard de Mussolini[40]. Le Duce avait conforté sa propre position aux dépens de ses autrefois puissants camarades fascistes. Ils furent pour la plupart remplacés par des hommes médiocres, acolytes déclarés de Mussolini.

Ce dernier reprit en main quelques-uns des ministères les plus importants, dont, en 1933, les Affaires étrangères (jugées trop émollientes entre les mains de l'ancien titulaire et patron fasciste de Bologne, Dino Grandi) et les ministères des Armées[41]. C'était le signe que la politique extérieure allait sous peu devenir plus assurée. Au regard des autres « gros bataillons » du régime – le grand capital, la bureaucratie de l'État, les chefs des armées et le roi lui-même, qui n'était pas le moins important –, la popularité de Mussolini le rendait moins facile à défier ; le champ de sa domination s'était accru. Autrement dit, s'il continuait d'exister, le « cartel de pouvoir » vit l'équilibre réel des forces pencher très nettement en faveur de Mussolini au fil des années 1930. De ce fait, l'expansionnisme agressif auquel celui-ci était attaché, d'autant qu'il était lui-même victime du culte du Duce et avait gobé le mythe de sa propre infaillibilité, devint un trait plus saillant de la vie politique fasciste, et moins facile à contenir par ceux qui redoutaient ses conséquences pour le pays.

La guerre d'Abyssinie donna un grand élan à la domination démesurée du Duce. Ce fut, en vérité, la guerre de Mussolini. Il la préparait depuis 1932. Il l'avait obstinément réclamée et avait manœuvré pour y arriver, malgré les efforts de la Société des Nations pour trouver une solution diplomatique favorable à l'Italie. Il imposa la décision d'entrer en guerre contre les avertissements alarmistes d'un Badoglio convaincu qu'elle déboucherait sur une guerre avec la Grande-Bretagne ; contre la prudence de l'establishment conservateur qui avait horreur du risque et redoutait aussi de voir le pays entraîné dans une conflagration plus large ; et, ce qui n'était pas le moins important, contre les inquiétudes du roi qui, prétendit plus tard Mussolini, dut être forcé d'entrer en guerre[42]. Sitôt la victoire acquise au printemps suivant, le triomphe de Mussolini, inlassablement claironné dans une débauche de propagande adulatrice, fut complet. Sa position avait été de nouveau massivement confortée. Son image « héroïque » était plus éclatante que jamais. Le culte du Duce connut son apogée. En matière de guerre et de paix, notamment, Mussolini s'éleva au-dessus de toutes les autres figures du régime. Sa domination des affaires étrangères ne diminua aucunement quand Ciano, ultra-loyal à Mussolini avant la guerre, reprit le ministère en 1936. La guerre d'Abyssinie eut une autre conséquence importante pour la structure du pouvoir en Italie. Les anciennes élites – dont le roi – n'avaient pas voulu de cette guerre, mais elles se réjouirent de la gloire qu'elle apporta (même si Mussolini déplora par la suite que le roi n'en méritât aucune)[43]. Plus encore, elles avaient prôné les objectifs expansionnistes, qui trouvaient leurs racines dans les rêves impérialistes de l'establishment conservateur et des gouvernements libéraux[44], tout en craignant les répercussions d'un conflit avec les démocraties occidentales. Et elles s'étaient ensuite rendues complices de la sauvagerie de la guerre d'Abyssinie. Les initiatives barbares dans la conduite de la guerre furent généralement le fait de l'élite militaire plutôt que celle de Mussolini, même si c'est certainement le Duce qui ordonna les mesures les plus inhumaines[45].

À la suite de la guerre en Abyssinie, l'attachement à l'Allemagne à travers la formation de l'Axe, l'engagement de l'Italie dans la guerre civile espagnole, le rôle joué par Mussolini dans la négociation des accords de Munich et l'annexion de l'Albanie furent autant d'indicateurs de ce que les décisions de politique étrangère étaient devenues de plus en plus le domaine réservé du Duce, assisté et encouragé par Ciano. En matière de guerre et de paix, la décision était dorénavant fortement personnalisée. La discussion, assurait-on, ne faisait point partie du « style fasciste ». Les décisions soudaines étaient l'expression de qualités « napoléoniennes[46] ». En mars 1938, Mussolini revendiquait une égalité de rang avec le roi en tant que commandant suprême des forces armées[47]. Les corps représentatifs supposés de l'État fasciste, le

Grand Conseil fasciste, le Sénat (de longue date limité aux hommes de Mussolini) et la Chambre des faisceaux et corporations (qui finit par succéder, en 1939, aux restes depuis longtemps moribonds de la Chambre des députés, l'ancien parlement) n'avaient aucune part dans les décisions[48]. Il n'existait aucune réunion institutionnelle ni aucune instance collective où les décisions fussent susceptibles d'être prises. Le Conseil des ministres n'avait qu'une ressemblance des plus superficielles avec le cabinet d'un système de gouvernement démocratique. Il ne se réunissait que sur convocation de Mussolini, invariablement à seule fin d'entendre ses déclarations, et il était totalement sous sa coupe : le réceptacle de décisions déjà prises, plutôt qu'un organe fait pour aider à élaborer la politique. C'est Mussolini lui-même qui décidait. En cela, sa position était parfaitement analogue à celle de Hitler en Allemagne, à ceci près que dans ce dernier cas il n'y avait pas de source ultime de contrainte possible tandis que Mussolini devait encore compter avec l'approbation du roi, en tant que chef de l'État et foyer de la loyauté de l'armée.

Au sein de l'État fasciste, il n'y avait que deux voies d'influence potentielle sur le pouvoir de décision de Mussolini concernant les problèmes cruciaux de la guerre et de la paix. La première était le ministère des Affaires étrangères, où la ligne de Ciano commença en 1939 de s'écarter très sensiblement de celle de son beau-père tant il était soucieux d'éviter une guerre dont il pensait qu'elle tournerait à la catastrophe. Ce n'était toutefois qu'une opposition tactique, née de la peur des conséquences du désir naïf et enthousiaste de Mussolini d'entraîner l'Italie dans la guerre. Ciano, qui caressait en privé l'espoir de succéder un jour à Mussolini, était également attaché à des notions d'expansion, tout particulièrement dans les Balkans. Et, exerçant en dilettante ses fonctions de ministre des Affaires étrangères, les conseils qu'il donnait à Mussolini étaient plus souvent personnalisés qu'ils n'émanaient de l'expertise des diplomates de carrière. Les nominations fascistes aux plus hauts postes de l'administration avaient dans une certaine mesure radicalisé le personnel d'un ministère en tout état de cause traditionnellement prédisposé à l'expansion[49]. Ciano avait en outre institué un rang supérieur au ministère, composé de favoris et de sybarites, qui réduisait l'influence de l'appareil traditionnel[50].

L'autre sphère d'influence possible sur Mussolini, on l'a dit, était celle de ses conseillers militaires (et, derrière eux, du roi). Ils avaient soutenu Mussolini avec une certaine réserve quand il avait pris la décision en 1935 d'attaquer l'Abyssinie. Mais la suite des événements avait donné raison à Mussolini, renforçant sa propre position. Une servilité accomplie s'installa peu à peu jusque dans les rangs de ses plus hauts conseillers militaires. Les généraux et les amiraux reçus en audience par le Duce devaient parcourir une vingtaine de mètres dans son immense bureau du Palazzo Venezia avant de s'arrêter et de lever le bras pour faire le salut fasciste[51]. En 1939, les chefs militaires n'en réussirent pas moins à faire entendre à Mussolini que les forces armées n'étaient pas prêtes à un conflit avec les démocraties occidentales. Avec une extrême répugnance, Mussolini s'était incliné à la dernière minute face aux pressions de Ciano et de ses conseillers militaires, pour finir par renoncer quand le roi avait fait savoir son opposition à la guerre.

Mussolini prit la décision de ne pas marcher aux côtés de l'Allemagne comme un coup dur porté à son prestige (et à celui de l'Italie). Les mois suivants devaient le voir écartelé entre son instinct guerrier et la reconnaissance du fait que ses forces armées n'étaient pas en état de combattre. Il en était réduit à espérer des occasions. Elles n'allaient pas tarder à se présenter.

III

Le 4 septembre 1939, au lendemain de la déclaration de guerre de la Grande-Bretagne et de la France à l'Allemagne, Mussolini ne dissimula point à Ciano qu'il était pleinement solidaire du Reich de Hitler. Il était convaincu que les Français n'avaient aucune envie de se battre. (Il ne dit rien de la Grande-Bretagne, même si le point de vue de Ciano était que l'engagement britannique était l'assurance que la guerre serait « longue, incertaine et implacable ».) Puis le Duce indiqua, toujours selon Ciano, qu'il

« rêvait encore d'entreprises héroïques contre la Yougoslavie qui le conduiraient au pétrole roumain ». D'humeur plus posée, supputa Ciano, le Duce se faisait à la neutralité afin de doter le pays de la force économique et militaire et d'intervenir « au bon moment ». Mais il revenait ensuite soudain à l'idée, qui continuait de le séduire, de rejoindre l'Allemagne dans le conflit. Ciano avait le sentiment qu'il était de son devoir de continuer à essayer d'en dissuader Mussolini. « Sans quoi, ajouta-t-il prophétiquement, ce sera la ruine du pays, la ruine du fascisme et la ruine du Duce lui-même[52]. »

Les succès allemands de Pologne convainquirent Mussolini qu'il serait bientôt à même de jouer les médiateurs d'un nouveau règlement de paix. Mais malgré les rappels du lamentable état d'impréparation de l'Italie – largement dû à l'inefficacité irrémédiable et endémique régnant au sein de la bureaucratie des forces armées : à la mi-septembre, dix des soixante-dix-sept divisions du pays étaient aptes au combat, la pénurie des matériaux de base était effarante[53] – et la force du sentiment antiallemand au sein de la population italienne, il regrettait clairement de ne pouvoir se battre à côté de l'Allemagne. Une « grande nation », pensait-il, ne pouvait demeurer longtemps neutre « sans perdre la face ». Elle devait se préparer à intervenir[54]. Or Mussolini, frustré, en était réduit à se préparer – et à attendre. Il oscilla aussi dans la confiance qu'il portait à la victoire ultime de l'Allemagne. Il insinua même qu'une impasse sanglante entre l'Allemagne et les puissances occidentales, laissant l'Italie ramasser les morceaux, ferait mieux son affaire[55]. Au printemps 1940, il calculait encore qu'une attaque allemande contre la France avait toute chance de se révéler meurtrière et indécise[56]. Jaloux des succès de Hitler, il n'eût pas été malheureux de voir le dictateur allemand « ralenti[57] ».

Mais si c'était le contraire qui se produisait ? Le 1er octobre, quand il avait reçu Ciano à Berlin, Hitler avait dit clairement que les destins de l'Allemagne et de l'Italie étaient inextricablement liés. La défaite de l'Allemagne signifierait la fin des rêves italiens de domination en Méditerranée. Et tout en se montrant compréhensif à l'égard de la position de non-belligérance, Hitler insinua que, « le moment venu, l'Italie devra profiter des possibilités favorables qui se présenteront de plonger résolument dans la mêlée[58] ». Mussolini se tourmentait à la pensée d'un triomphe allemand trop rapide, alors que l'Italie ne serait pas encore en position de profiter de l'occasion. Il savait que l'Italie ne serait pas prête avant 1942 au plus tôt[59]. Et l'Italie, ainsi qu'il l'expliqua à Hitler, ne pouvait s'engager dans une guerre longue[60]. Mais « il voudrait bien faire quelque chose qui nous plongerait dans la partie », observa Ciano à l'automne. « Il se sent en rade, cela le chagrine[61]. »

Peu après le début de la guerre, Mussolini avait parlé d'une possible intervention de l'Italie à tout moment après mai 1940. Mais cet optimisme eut tôt fait de se dissiper. Les rapports qui lui arrivèrent à la fin de l'année sur l'état des préparatifs militaires étaient extrêmement décourageants. L'armée de terre et la marine ne seraient pas entièrement prêtes avant 1943-1944 ; les forces aériennes le seraient plus tôt, mais pas avant la mi-1941. Et encore ces estimations se nourrissaient-elles plus d'espoir que d'expérience. Mussolini devait abandonner tout espoir de combattre en 1940. Il reporta la date probable d'une intervention au second semestre de 1941[62].

Même si elle se produisait plus tôt qu'il n'était souhaitable au regard des préparatifs militaires, l'intervention donnerait à l'Italie une chance unique, à ne pas rater, d'atteindre les objectifs auxquels Mussolini songeait depuis de longues années : mettre fin à la domination britannique et française en Méditerranée pour en faire un « lac italien » ; ce faisant, ouvrir l'accès de son pays aux océans – la plate-forme nécessaire à une grande puissance ; et placer les Balkans sous l'empire de l'Italie. L'idée était celle d'une guerre parallèle : une guerre dans la guerre. Dès l'automne 1939, Mussolini, épaulé par Ciano, couvait des yeux la Yougoslavie, y voyant la cible probable d'une attaque italienne dans un avenir proche, avec le dessein de transformer la Croatie en État fantoche. Dans l'esprit des stratèges italiens, ce projet était à la portée des forces armées, et ils comptaient bien être prêts en vue d'une action dans ce sens dès le printemps suivant. La Grèce, cependant, épaulée par la garantie britannique, était une autre affaire. « La Grèce n'est pas sur notre chemin », avait déclaré Mussolini[63]. Par quoi il entendait : pour l'instant. Finalement, il ne pouvait prendre aucune initiative non plus contre la Yougoslavie. Toute grande perturbation dans les Balkans était simplement trop risquée à ce stade. Il faudrait attendre que l'intervention de l'Italie dans un conflit élargi offrît des conditions plus propices pour frapper dans les Balkans.

Au printemps 1940, Mussolini présumait qu'une offensive allemande contre la France ne devait plus tarder. À la mi-mars, juste avant de retrouver Hitler au col du Brenner, il prévoyait que son collègue dictateur allait sous peu faire « sauter la poudrière » et attaquer à l'ouest. Dans cette éventualité, l'Italie resterait solidaire de l'Allemagne, sans pour autant entrer en guerre avant que le moment ne fût mûr. Il ne pensait pas lancer les troupes italiennes dans la chaleur d'une bataille de première ligne aux côtés de la Wehrmacht, face à une armée française aguerrie. Suivant une ligne délicate entre la non-belligérance et la participation au conflit, il déclara à Ciano que les forces italiennes « immobiliseraient un nombre égal de troupes ennemies sans combattre, mais néanmoins prêtes à entrer en action au moment propice[64] ».

Le 18 mars, au col du Brenner, Mussolini déclara à Hitler que l'entrée de l'Italie dans la guerre était « inévitable ». Il ne s'agissait pas d'épauler l'Allemagne dans son effort de guerre : l'Allemagne, dit-il, pouvait s'en débrouiller seule. C'était « l'honneur et l'intérêt de l'Italie » qui lui imposaient d'« intervenir dans la guerre ». Mussolini n'en fut pas moins contraint d'ajouter que l'Italie ne pourrait intervenir au plus tôt que dans quatre mois environ, quand elle disposerait de quatre nouveaux cuirassés et que son aviation serait prête. De plus, la situation financière de l'Italie (le pays, il le savait, était au bord de la faillite, même si, naturellement, il n'en dit mot à Hitler) ne lui permettrait pas de livrer une guerre longue. Hitler fit valoir que, la France vaincue, la Grande-Bretagne serait contrainte de demander la paix et que l'Italie se retrouverait maîtresse de la Méditerranée. Concernant l'attaque de la France, il envisageait une avancée des troupes italiennes aux côtés de la Wehrmacht dans la vallée du Rhône.

L'aviation italienne, ajouta-t-il, si la contribution de l'Italie était nécessaire à une percée décisive, devrait se faire en coordination avec la Luftwaffe pour attaquer les aérodromes français depuis le sud. Mussolini ne répondit pas directement aux points de tactique militaire. Mais les pressions psychologiques de Hitler avaient fait leur effet sur le Duce. Il l'avait poussé dans la direction qu'il était de toute manière enclin à prendre par tempérament. De fait, Mussolini confirma à son collègue dictateur que l'Italie entrerait dans la guerre aux côtés de l'Allemagne. Puis il ajouta qu'il interviendrait « dès que l'Allemagne aurait avancé victorieusement », et ne perdrait pas une minute, si les Alliés avaient été brisés par l'attaque allemande, à porter le second K.-O. Si les troupes allemandes progressaient lentement, en revanche, il attendrait, et l'intervention de l'Italie au moment opportun serait d'une utilité maximale pour l'Allemagne[65].

Ce sommet ne pouvait que renforcer Mussolini dans son complexe d'infériorité envers Hitler. Il avait horreur des seconds rôles, de se tenir tranquille le plus clair du temps alors que Hitler parlait. Mais au moins ses craintes de voir l'Allemagne tomber tout de suite sur la France en furent-elles apaisées. Il revint du Brenner persuadé que, contrairement à ce qu'il avait supposé avant l'entrevue, l'offensive allemande n'était pas imminente[66]. Quel que fût le moment, il n'en avait pas moins promis maintenant une intervention directe de l'Italie.

Le sommet du Brenner avait laissé sa marque sur Mussolini. Quelques jours plus tard, Ciano nota que le Duce était « de bonne humeur ces temps-ci » et « devenait de jour en jour plus farouchement pro-allemand ». Mussolini parlait désormais ouvertement d'entrer en guerre aux côtés de l'Allemagne, et il esquissa à l'intention de Ciano la ligne d'action de l'Italie telle qu'il l'imaginait. Il n'interviendrait pas avec la Wehrmacht sur le front français méridional, mais camperait plutôt sur une position défensive dans les Alpes. Il ferait de même en Libye, mais passerait à l'offensive depuis l'Abyssinie contre le port important de Djibouti (capitale de la minuscule côte française des Somalis) et le Kenya britannique, au sud. En Méditerranée, qui était le théâtre des opérations le plus important d'un point de vue italien, il engagerait une offensive aérienne et navale contre les Britanniques et les Français. Ciano fit valoir que, le bellicisme de Mussolini aidant, d'autres chefs fascistes se ralliaient à une intervention. Toutefois, d'aucuns demeuraient hostiles à ce que Ciano appelait « l'aventure ». C'était sa position personnelle, quand bien même il commençait à fléchir. Comme il le nota, la grande masse des Italiens ne voulaient toujours pas entendre parler de guerre[67]. Mais leurs vues ne comptaient pas pour Mussolini.

Le 31 mars, celui-ci exposa ses réflexions dans un mémorandum écrit destiné au roi, à Ciano et à ses responsables militaires. L'Italie aurait un rôle important à jouer dans toute paix de compromis, mais il pensait que l'on pouvait exclure une telle issue. La guerre continuerait. L'Allemagne, pensait-il, ne se lancerait pas dans une grande offensive terrestre tant que la victoire ne serait pas certaine. En attendant, elle poursuivrait la « drôle de guerre », mais avec des opérations aériennes et navales intensifiées. Dans un passage crucial, il traitait des choix auxquels était confrontée l'Italie. La seule option de celle-ci, déclara-t-il, était d'intervenir aux côtés de l'Allemagne. Il était absurde d'imaginer qu'elle pourrait rester à l'écart de la guerre. Autrement dit, la neutralité était inenvisageable. Tout comme un changement de politique pour passer dans le camp des Alliés n'était pas viable. Cela ne manquerait pas de provoquer un conflit immédiat avec l'Allemagne, dans lequel l'Italie en serait réduite à combattre seule. La position actuelle du pays s'était fondée sur l'alliance avec l'Allemagne. Elle ne pouvait atteindre ses objectifs qu'en maintenant cette alliance et en livrant une guerre parallèle pour asseoir sa suprématie en Méditerranée. La question essentielle n'était donc pas de savoir si, mais quand combattre. Il différerait l'entrée dans le conflit aussi longtemps que possible, conscient qu'il était de la faiblesse des forces armées. Pour des raisons économiques, il n'était pas question d'une guerre longue. Mais l'intervention offrait des opportunités qu'il ne fallait pas rejeter. Puis il esquissait la stratégie italienne d'intervention, telle qu'il l'avait décrite à Ciano dans les grandes lignes, quoique en entrant un peu plus dans les détails[68].

S'adressant trois jours plus tard au conseil des ministres, Mussolini continua son déluge rhétorique en faveur de la guerre. Il pensait qu'une offensive allemande pouvait commencer à tout moment. Et, de nouveau, il passa en revue les options. Tout changement de cap pour rejoindre la Grande-Bretagne et la France, ferait paraître l'Italie « servile à l'égard des démocraties » et la mettrait en conflit avec l'Allemagne. En demeurant neutre, l'Italie perdrait son « prestige dans le concert des nations pour un siècle en tant que grande puissance et pour l'éternité en tant que régime fasciste ». Le seul choix était donc d'« aller avec les Allemands pour faire avancer nos fins ». Puis, suivant l'usage consacré, il entreprit d'esquisser ces fins : un Empire méditerranéen et l'accès à l'océan. Mussolini, nota Ciano, croyait aveuglément à la victoire de l'Allemagne, ainsi qu'à la parole de Hitler sur la part de butin de l'Italie. Lui-même doutait des deux[69].

Les chefs militaires n'étaient toujours pas convaincus. Le résultat de la réunion des chefs des armées avec Badoglio, le 9 avril, fut tout sauf encourageant. Ils étaient pessimistes même dans l'éventualité d'une offensive limitée, insistaient pour éviter toute coopération militaire étroite avec les Allemands, fût-ce en cas d'effondrement français, convenaient qu'aucune offensive depuis la Libye n'était possible, étaient sceptiques quant aux chances d'opérations aériennes et navales combinées en Méditerranée, et exprimaient des inquiétudes sur la position de l'Italie en Abyssinie. Synthétisant leur point de vue pour Mussolini, Badoglio trancha qu'une intervention italienne n'en vaudrait la peine qu'en cas de démolition complète des forces ennemies par les Allemands[70]. Entre la soif d'action de Mussolini et la passivité des chefs militaires du pays, la fracture restait profonde. Mais c'est alors que l'invasion allemande du Danemark et de la Norvège obligea à reconsidérer les perspectives italiennes ; les succès foudroyants de la Wehrmacht lors de l'offensive occidentale de mai-juin allaient porter ce processus à son terme.

Apprenant l'occupation allemande du Danemark et de la Norvège, Mussolini l'approuva sans détours. « Voici comment on gagne une guerre », déclara-t-il. Seul avec Ciano, la conversation porta sur la Croatie. « Ses mains le démangeaient terriblement », observa le ministre des Affaires étrangères. Le Duce avait hâte d'accélérer le tempo pour profiter du désordre qui régnait en Europe. Il était plus belliqueux et pro-allemand que jamais, de l'avis de Ciano, même s'il dit qu'il ne bougerait pas avant la fin d'août (pour se raviser quelques jours plus tard et rectifier : rien avant le printemps 1941). Il n'en était pas moins irrité par une audience avec le roi, qui demeurait peu enthousiaste à l'idée d'une intervention : « Il est humiliant de rester les bras croisés pendant que d'autres écrivent l'histoire, déclara-t-il à Ciano. Pour rendre un peuple grand, il faut l'envoyer à la bataille, même s'il faut lui botter le train. C'est ce que je vais faire. » En mai encore cependant, le roi, mais aussi les chefs militaires italiens restaient pour l'essentiel opposés à l'entrée de l'Italie dans la guerre. Et si les succès de Hitler en Scandinavie n'avaient pas manqué d'impressionner l'opinion publique – Mussolini observa avec mépris que le peuple italien se conduisait « comme une putain… toujours du côté du gagnant » –, il n'y avait pas encore de basculement de l'opinion en faveur de la guerre ou des Allemands parmi les masses[71].

La veille de l'offensive allemande à l'ouest, qui débuta le 10 mai 1940, l'intervention italienne demeurait incertaine. Certes, Mussolini était plus implacablement belliciste que jamais : les entrées du journal de Ciano l'attestent. Certains dirigeants fascistes lui avaient emboîté le pas. La propagande belliciste massive avait laissé des traces et sans doute poussé certains timorés à encourager une intervention précoce. Autrement dit, les forces soutenant la guerre avaient progressé, surtout après le succès des opérations allemandes en Scandinavie. Mais les forces hostiles à la guerre n'étaient pas sans poids. Elles comptaient parmi elles le comte Ciano, même si sa détermination était moins ferme que tantôt, les chefs militaires et, ce qui n'était pas le moins important, le roi. Malgré le plaidoyer vibrant et insistant de Mussolini, le choix de la guerre demeurait indécis et n'avait rien d'une formalité. La victoire allemande sur la France eût-elle été moins concluante, l'intervention aurait fort bien pu être ajournée, peut-être même jusqu'à voir retomber l'élan belliciste et considérer que la non-belligérance ou la neutralité ne feraient plus figure de solution simplement temporaire. La prudence aurait pu l'emporter. Sans cette défaite totale et calamiteuse pour les Alliés, Mussolini aurait en tout cas pris un risque en entraînant de force dans la guerre un pays dont les élites militaires aussi bien que la plus grande partie de la population étaient tièdes, voire franchement hostiles à l'idée d'une grande guerre aux côtés de l'Allemagne. En mars, Ciano s'était laissé dire que « le roi a le sentiment qu'il pourrait être nécessaire à tout moment qu'il intervienne pour imprimer aux choses un autre cours ; il est disposé à le faire et à le faire sans tarder[72] ». On pouvait même envisager qu'une initiative dans des circonstances aussi peu favorables eût pu susciter une résistance au sein de l'élite du pouvoir, voire un coup d'État militaire, appuyé, sinon directement initié, par la maison royale.

Finalement, cependant, la victoire allemande à l'ouest fut plus rapide, l'effondrement français plus spectaculaire qu'on ne l'avait prévu. Le rapport de forces en Europe s'en trouva totalement bouleversé. Quelle que fût la situation avant que Hitler ne lançât son attaque sur les Pays-Bas et la France, la progression dévastatrice de la Wehrmacht avait désormais totalement changé la donne. Les dirigeants japonais, on l'a vu, remanièrent rapidement leur stratégie dans le sillage du stupéfiant triomphe allemand ; l'élite du pouvoir en fit autant en Italie. Comme au Japon, le sentiment prévalait que l'Allemagne était assurée de la victoire. Avec la France prostrée au bout de quelques semaines seulement, et une défaite de la Grande-Bretagne qui n'était assurément qu'une question de temps, peu de dirigeants italiens doutaient désormais du fait que Hitler allait gagner la guerre. Ce qui changea du tout au tout les attitudes au sujet de l'intervention de l'Italie.

À la lumière du changement de circonstances qui suivit l'effondrement de la France, l'idée que Mussolini seul ait poussé une nation récalcitrante dans la guerre et le désastre qui s'ensuivit serait déplacée. La chance de profiter de la destruction des démocraties occidentales était largement perçue comme trop bonne pour la laisser passer. Dans la seconde quinzaine de mai, les arguments en faveur de l'intervention gagnèrent sensiblement en force. Inversement, il devint de plus en plus difficile de dire son opposition à la participation à la guerre. Impressionné par la progression des Allemands, Dino Grandi, le chef fasciste de Bologne jusque-là hostile à l'intervention, dit à Ciano : « Il faut bien reconnaître que nous avions tort en tout et nous préparer aux temps nouveaux qui nous attendent[73]. » L'extrême prudence semblait totalement déplacée : c'était le moyen assuré de manquer une occasion idéale de faire des gains bon marché. Hésitants et sceptiques rentrèrent dans le rang. Pour la première et dernière fois, la population italienne se rallia bruyamment à la guerre. Enhardi par l'accueil enthousiaste reçu dans quelques quartiers déshérités de Rome, Mussolini ne doutait pas, début juin, que les gens ordinaires se fussent « habitués à l'idée que sa guerre doit se produire[74] ». La direction des forces armées – et avec elle, le roi en personne – fut conquise par la perspective d'un gain indolore, d'une gloire à coût modique, sinon nul. Dès avant la Première Guerre mondiale, on le sait, des parties significatives de l'establishment italien aspiraient à l'expansion, histoire d'imposer et de conforter un statut de grande puissance. C'est la peur des conséquences, non le manque d'ambition, qui les avait retenues. Mais les aspirations expansionnistes traditionnelles se coulèrent aisément dans la version fasciste autrement plus agressive et dynamique[75]. L'occasion qui se présentait avait tout l'air d'une aubaine. Lorsque sonna l'heure de la décision, Mussolini était donc loin d'être une figure isolée prônant une intervention contre une population réticente. Il était désormais porté par la marée, même s'il était sur la vague la plus avancée.

Dès les premiers jours de l'offensive allemande, Mussolini eut la certitude que les Alliés avaient perdu la guerre. Il n'y avait pas de temps à perdre, déclara-t-il le 13 mai à Ciano. « D'ici un mois, je déclarerai la guerre. J'attaquerai la France et la Grande-Bretagne dans les airs et sur mer. Je ne songe plus à prendre les armes contre la Yougoslavie parce que ce serait un expédient humiliant. » La perspective d'une action dans les Balkans s'était donc temporairement effacée. L'enjeu était bien plus important. Après tout, lui rappela Ciano plus tard ce même mois, « une fois la guerre gagnée, nous pouvons de toute manière obtenir tout ce que nous voulons ». L'opposition de Ciano lui-même cédait.

Il ne trouva rien à répondre à la belligérance de Mussolini. « Aujourd'hui, pour la première fois, je n'ai pas répondu, écrira-t-il dans son journal. Malheureusement, il n'y a rien que je puisse faire pour retenir le Duce. Il a décidé d'agir, et il agira. Seul un tournant de la situation militaire peut l'amener à réviser sa décision, mais pour l'heure les choses vont si mal pour les Alliés qu'il n'y a pas d'espoir[76]. » Le lendemain, Mussolini déclara à l'ambassadeur allemand à Rome, Hans Georg von Mackensen, qu'il allait bientôt se jeter dans le combat, non plus d'ici quelques mois : ce n'était plus qu'une affaire de semaines, voire de jours. Ciano était maintenant résigné à l'intervention, même s'il espérait qu'elle n'arriverait pas trop tôt, puisque l'Italie n'était pas encore prête pour la guerre. « Une erreur de calendrier nous serait fatale », ajouta-t-il[77]. Environ une semaine plus tard, Ciano se souciait avant tout de ce que l'Italie tirerait de son intervention. « Si nous devons réellement nous lancer la tête première dans la guerre, écrivit-il, il nous faut passer un accord formel. » Il comptait rencontrer Ribbentrop au début du mois suivant et lui soumettre une note sur ce que devait être la part de butin de guerre revenant à l'Italie[78].

Le roi, toutefois, restait nettement antiallemand. Et il continuait de traîner les pieds à l'idée d'une intervention italienne. Ce qui n'avait pas l'heur de plaire au Duce. Mussolini vouait une haine tangible à la maison royale. Il était prêt à « faire sauter » la monarchie – et la papauté avec elle – « jusqu'aux cieux » à la fin de la guerre[79]. L'ire de Mussolini tenait notamment au refus du roi de lui accorder le commandement exclusif des forces armées dans la guerre. Dans un arrangement nébuleux, Victor-Emmanuel concéda la conduite politique et militaire de la guerre tout en conservant entre ses mains le commandement suprême : la distinction devait avoir son importance en juillet 1943[80]. Néanmoins, le roi se crut lui aussi obligé de s'incliner devant les nouvelles circonstances du triomphe allemand à l'ouest. Le 1er juin, il s'était résigné à l'entrée en guerre de l'Italie. Mais, malgré le déluge de propagande qui avait aidé à monter les premières manifestations en faveur de l'intervention dans les rues de Rome, il pensait que le pays s'acheminait sans enthousiasme vers la guerre. Et il envisageait une guerre longue, dont l'issue, en fin de compte, serait peut-être déterminée par l'entrée dans l'arène des États-Unis[81].

Les chefs militaires italiens, qui avaient imaginé que les Français opposeraient une résistance bien plus acharnée à l'attaque allemande, s'inclinaient aussi devant l'inévitable. À la fin du mois de mai, selon Ciano, Badoglio « paraît désormais accepter une mauvaise partie de bonne grâce, et prépare la guerre ». Le maréchal était encore prudent. La guerre devait être de courte durée. L'approvisionnement du pays en diverses matières premières vitales était désespérément faible[82]. Le chef d'état-major de l'armée de terre, le maréchal Rodolfo Graziani, prévint fin mai que celle-ci n'était pas en état de mener une action offensive, fût-ce contre la Yougoslavie. Le chef de la marine, l'amiral Domenico Cavagnari, n'envisageait lui aussi que des opérations défensives, en dehors d'un effort limité des sous-marins en Méditerranée. Quant à la suggestion de l'aviation de bombarder les bases françaises en Corse, Badoglio l'écarta puisque Mussolini lui-même ne voulait pas à l'époque d'une offensive aérienne contre la France[83]. Cela ne ressemblait guère à une approbation retentissante de la guerre. L'effort militaire que consentirait l'Italie devait être bref et modeste. L'objectif était d'apporter une contribution minimale pour obtenir des gains maximaux à la conférence de paix qui ne manquerait pas de suivre immédiatement la victoire allemande. Mais si l'attitude de l'armée se caractérisait par une acceptation résignée, plutôt qu'enthousiaste, aucune opposition ne se manifesta néanmoins à la décision d'entrer en guerre.

Il en allait de même dans les milieux d'affaires. Là encore, les avancées foudroyantes de l'Allemagne, en mai, avaient dissipé une préférence antérieure pour la non-intervention. Les hommes d'affaires désiraient naturellement ce qui leur semblait le mieux pour les affaires. Les fruits d'une intervention, dans une campagne brève et victorieuse, semblaient y pourvoir. Et l'opinion publique, pour autant que l'on peut en juger avec exactitude, s'était désormais elle aussi largement ralliée à cette perspective. L'implacable propagande belliciste orchestrée par l'État s'était considérablement amplifiée dans les dernières semaines et n'était pas restée sans effet. Des mesures furent prises pour acclimater la population au début du conflit. Les vitraux de la cathédrale de Milan furent retirés et remplacés par des bâches. Les écoles fermèrent fin mai pour l'été. Les salles de danse durent mettre la clé sous la porte. Le régime découragea la musique étrangère ou encouragea son italianisation : le « Saint Louis Blues » devint « Tristezze di San Luigi[84] ». Alors que l'offensive allemande balayait la Belgique et se poursuivait en France, des étudiants manifestèrent à Rome, brûlant les couleurs de la France et de la Grande-Bretagne. Milan, Naples et d'autres grandes villes connurent de semblables manifestations[85]. Début juin, un rapport de police de Florence observait que « les sceptiques se sont tus, et les antifascistes sont extrêmement prudents [...]. L'espérance mûrit à vue d'œil d'une guerre-éclair, facile et sans effusion de sang contre une France saignée à blanc et une Angleterre désorganisée dont la flotte a été décimée[86] ». Mussolini n'avait pas à craindre une opposition populaire à sa décision d'intervenir.

Comme c'était prévisible, il balaya d'un revers de main les appels désespérés à ne pas entrer dans la guerre que la Grande-Bretagne et les États-Unis lui lancèrent en mai. Les lettres personnelles de Churchill et Roosevelt (qui offrait, on l'a vu dans le premier chapitre, de jouer les médiateurs entre l'Italie et les Alliés) leur valurent un refus péremptoire. L'heure où l'apaisement avait une chance était passée depuis longtemps. Mussolini prit sa décision dans les derniers jours de mai. Badoglio, si l'on se fie à son récit de l'après-guerre, l'apprit le 26. Il était dans l'antichambre, attendant d'être reçu en audience par Mussolini avec Italo Balbo (l'un des premiers dirigeants fascistes les plus éminents et les plus dynamiques, ancien chef de l'armée de l'air, farouchement antiallemand et parfaitement averti de l'impréparation de son pays à la guerre, il avait abandonné son poste de gouverneur de Libye pour un court séjour au pays). À peine aurait-il pénétré dans l'immense antre du Duce que Badoglio comprit que l'entrevue sortirait de la routine. Mussolini était « debout derrière son bureau, les mains sur les hanches, l'air très grave, presque solennel ». Quand il ouvrit la bouche, ce fut pour annoncer qu'il avait envoyé la veille un message à Hitler annonçant qu'il était prêt à déclarer la guerre à la Grande-Bretagne après le 5 juin. La mémoire de Badoglio lui jouait des tours tant sur le moment auquel la lettre de Mussolini à Hitler intervenait que sur sa date précise. Ciano nota dans son journal, à la date du 26 mai, que Mussolini *prévoyait* d'écrire à Hitler pour lui annoncer l'intervention de l'Italie au cours de la deuxième quinzaine de juin[87]. En fait, le message ne fut adressé à l'ambassadeur d'Italie, Dino Alfieri, que le 30 mai, et remis le même jour à Hitler dans son QG de campagne du front ouest[88]. Mussolini avait par la suite avancé la date de l'entrée en guerre au 5 juin, après la capitulation de la Belgique[89]. Le même Badoglio raconte que Balbo et lui en furent abasourdis, et que leur froideur déconcerta Mussolini. Badoglio, c'est du moins ce qu'il assure, fit valoir avec force que l'Italie n'était absolument pas prête à la guerre. « C'est du suicide », aurait-il lâché[90].

Que Badoglio se soit réellement opposé avec autant de véhémence, il est permis d'en douter. Ses mémoires relèvent du plaidoyer *pro domo* et n'ont d'autre but que de faire de Mussolini l'unique responsable d'un geste de folie. Badoglio déclara être resté à son poste par sens du devoir, sachant que sa démission n'aurait rien changé et aurait été mal vue de la population, mais aussi parce qu'il était convaincu de pouvoir empêcher des erreurs que Mussolini ne manquerait pas de commettre du fait de son ignorance des affaires militaires[91]. Or les minutes de l'entrevue de Mussolini avec ses chefs militaires du 29 mai, quand il annonça officiellement que l'Italie pouvait entrer en guerre à tout moment après le 5 juin, ne contiennent pas la moindre allusion à une protestation de Badoglio ou des autres personnes présentes. Le roi lui-même acquiesça alors à contrecœur[92]. Mussolini déclara à ses chefs militaires – reformulant partiellement ce qu'il avait dit fin mars – qu'il était impossible d'éviter la guerre, et que l'Italie ne pouvait se battre que dans le camp de l'Allemagne, pas dans celui des Alliés. Il avait avancé la date en accord avec le changement rapide de la situation. Il était certain de la victoire allemande, et différer l'entrée en guerre ferait courir de plus grands risques qu'une intervention prématurée. Il importait d'être en guerre avant la victoire de l'Allemagne afin que l'Italie fût en position de force dans les négociations de paix[93].

Le lendemain, Ciano nota : « Le sort en est jeté. Aujourd'hui Mussolini m'a transmis la lettre qu'il a adressée à Hitler concernant notre entrée dans la guerre. La date retenue est le 5 juin, à moins que Hitler lui-même ne juge opportun de la différer de quelques jours[94]. » En fait, la date ne convenait pas à Hitler. En provoquant le repli de certains avions dans le midi de la France, elle risquait, de son point de vue, d'interférer avec les plans allemands d'offensive tous azimuts contre les aéroports français. Mussolini grommela, mais remit le grand jour de l'Italie au 11 juin[95]. La veille, le 10, il s'adressa à la foule depuis le balcon du Palazzo Venezia. Un journaliste américain présent sur les lieux a décrit la scène : Mussolini « jaillit comme un diablotin sur le balcon » pour hurler sa déclaration de guerre aux quelque cent milles personnes qui se pressaient sur la place. « Il fut accueilli par les applaudissements probablement les plus nourris qu'il ait jamais reçus depuis qu'il avait annoncé la fin de la guerre d'Abyssinie […]. L'impression était que Mussolini "la jouait fine" afin de satisfaire ses revendications sur la France en versant un minimum de sang. Pour eux, la France était déjà battue, et l'Angleterre dans une situation désespérée. Ce serait gagné sans peine.[96] »

Ce discours n'était rien de plus, naturellement, qu'un numéro de propagande organisée. Le ministre de l'Éducation Giuseppe Bottai rapporta combien les meneurs fascistes avaient du mal à arracher la foule à sa « discipline presque hébétée[97] ». « Un pitoyable spectacle, raconta plus tard Badoglio. Parquée comme des moutons entre les officiels et la racaille du parti fasciste, la foule avait l'ordre d'applaudir chaque mot du discours. Mais quand tout fut terminé, la population se dispersa de son propre chef dans un silence complet[98]. » Le récit contemporain de Ciano est moins expressif, même s'il fait aussi valoir la tiédeur de l'accueil, hormis dans les rangs des fascistes endurcis. « La nouvelle de la guerre ne surprend personne, observa Ciano, et ne suscite guère d'enthousiasme[99]. »

De toute évidence, dans l'esprit de Mussolini, l'Italie n'avait pas le choix. L'unique question, pour lui, était de savoir non pas si, mais quand l'Italie entrerait en guerre. On a souvent décrit Mussolini comme un simple opportuniste, un dictateur sans motivation idéologique directrice, qui ne perdait jamais de vue ses intérêts et se focalisait exclusivement sur le prestige, la grandeur personnelle et le pouvoir. Mais c'est le sous-estimer. L'entrée en guerre n'était pas seulement pour Mussolini une façon de saisir sa chance, si important que fût le moment précis de l'intervention. C'était une étape inévitable s'il voulait jamais atteindre ses objectifs grandioses d'un *imperium* italien centré sur la Méditerranée, érigé sur les cendres des empires britanniques et français, et la condition de base pour faire de l'Italie une puissance mondiale de fait, au lieu d'en avoir simplement la présomption. C'était l'aboutissement logique des prétentions qu'il cultivait depuis son accession au pouvoir près de deux décennies plus tôt. À cette date, on l'a vu, l'emprise de Mussolini s'était démesurément renforcée. En 1940, le système politique s'était fragmenté et érodé au point qu'aucun frein constitutionnel, en dehors du roi lui-même, ne pouvait contraindre sa liberté d'action. Et aucune instance collective, comme un cabinet, ne contribuait à élaborer les décisions. Tel était précisément le sens qu'avait pris le pouvoir personnel, en matière de guerre et de paix. Quand il arrêta la décision d'entrer dans la guerre à la fin du mois de mai 1940, ce ne fut pas à l'issue d'une longue consultation avec toutes sortes de conseillers, ni même de quelque consultation que ce soit. Il est vrai qu'au sein de l'establishment politique italien personne n'avait le moindre doute sur les souhaits du Duce. Mais personne n'influença non plus la mise en œuvre de ces désirs. La décision de faire la guerre fut de son seul fait.

Jusqu'aux jours fébriles de mai, des alternatives existaient pour d'autres sections importantes de l'élite politique italienne, aussi bien que pour la masse de la population. Des *prominenti* fascistes comme Ciano et Grandi, des magnats du monde des affaires tels que Giovanni Agnelli et Alberto Pirelli, des chefs militaires, dont Badoglio et Cavagnari, et notamment le roi lui-même, eussent préféré que le pays demeurât à l'écart du conflit. Au-delà de l'interventionnisme, qui avait les faveurs de Mussolini, il existait théoriquement au moins deux possibilités.

La première était un changement d'allégeance : abandonner l'Allemagne pour les Alliés. C'est finalement ce qui arriva en septembre 1943, bien entendu, mais dans des circonstances très différentes. Malgré l'aversion générale à l'égard de l'Allemagne nazie, des Italiens les plus ordinaires jusqu'au comte Ciano et au roi, personne, au printemps 1940, n'envisageait sérieusement de briser l'alliance de l'Axe et de changer de camp. Cela n'aurait pu se faire qu'à la suite du renversement de Mussolini dans un coup de force : chose à peine pensable en 1940 – même si le roi, on l'a vu, semble en avoir momentanément et vaguement caressé l'idée en mars. Cela aurait de toute façon impliqué l'Italie dans la guerre, mais contre l'Allemagne. Et cela n'aurait pas manqué de provoquer le courroux de Hitler. Mussolini lui-même, on l'a dit, exprima plus d'une fois la crainte que contrarier Hitler, c'était s'exposer à voir la Wehrmacht se retourner contre l'Italie. Dans ces conditions, il n'est pas certain que Hitler aurait pu maintenir à terre l'Italie et les Balkans en ébullition tout en attaquant l'Union soviétique, sans être parvenu à conquérir la Grande-Bretagne. Mais la question relève purement et simplement de la spéculation contrefactuelle. En réalité, l'option de laisser tomber Hitler pour les Alliés n'avait aucune réalité en 1940.

La deuxième possibilité était plus vraisemblable. Elle était tout simplement de s'en tenir à la non-belligérance ou à la neutralité. Explicitement ou par défaut, telle était l'option à laquelle pensaient les partisans de la non-intervention en Italie. Son rejet par Mussolini, on l'a vu, découlait de ses objectifs idéologiques et de son idée que la « virilité » nationale exigeait qu'une grande puissance en herbe se battît et ne restât pas neutre. En dehors de la disposition psychologique de Mussolini et des aspirations au rang de grande puissance (qu'il partageait avec les impérialistes traditionnels de l'élite nationale-conservatrice), la neutralité était-elle tenable ? Franco y était parvenu pour l'Espagne (même s'il y avait bel et bien été contraint et forcé quand Hitler s'était montré peu disposé à fournir une aide massive à une économie espagnole en ruine après trois années de guerre civile). Mais la situation géographique de l'Italie et son alliance avec l'Allemagne la plaçaient dans une position différente. Suivant une évaluation ultérieure, quoique dans un ouvrage bien disposé envers Mussolini et plaidant que l'Italie n'avait d'autre solution que d'associer son destin à celui de l'Allemagne, le pays, en cas de neutralité persistante, « aurait été tôt ou tard soumis aux pressions toujours plus fortes des deux camps ». Finalement, sa situation géographique lui aurait valu un ultimatum de l'une ou l'autre partie en vue de permettre le déploiement des forces armées en Italie. En cas de refus, l'Italie « eût été envahie et dévastée par les vainqueurs, quels qu'ils fussent[100] ». Mais ce n'était qu'une façon de se justifier. Lorsque Mussolini se décida pour la guerre, son choix ne fut aucunement dicté par le sentiment que l'Italie se trouverait autrement à la merci de l'Allemagne, sans parler de la Grande-Bretagne.

Plus tard, Churchill devait brosser un scénario très différent, bien plus optimiste. « De la part de Mussolini, voir comment la guerre allait tourner avant de s'engager irrévocablement, et son pays avec lui, ne relevait certainement que de la prudence ordinaire », écrit-il :

> Attendre était loin d'être peu profitable. Les deux camps courtisaient l'Italie, ce qui lui valut de voir ses intérêts largement pris en considération, d'obtenir maints contrats juteux ainsi que du temps pour améliorer ses armements. Les mois crépusculaires avaient donc passé. Il est intéressant de se demander quelles auraient été les fortunes italiennes, si cette politique avait été maintenue [...]. Paix, prospérité et pouvoir croissant eussent été le prix d'une neutralité persistante. Sitôt Hitler aux prises avec la Russie, cet état heureux eût été presque indéfiniment prolongé, avec des bénéfices sans cesse accrus, et Mussolini se serait poussé sur le devant de la scène, la paix venue ou dans la dernière année de la guerre, comme l'homme d'État le plus sage que la péninsule ensoleillée et son peuple industrieux et prolifique aient connu. Une situation plus plaisante que celle qui en fait l'attendait[101].

Bien entendu, personne ne sait comment aurait pu se traduire en pratique une décision de différer l'entrée en guerre à une date susceptible d'être toujours plus lointaine. Mais Ciano et d'autres pensaient que la perspective avait une chance de réussir. Que l'Italie eût été pressée par les deux camps va de soi. C'était déjà le cas bien avant son entrée dans la guerre. Dès le mois de décembre 1939, la Grande-Bretagne avait tenté de soudoyer l'Italie en offrant de lui fournir le gros des livraisons de charbon dont elle avait désespérément besoin. L'Italie paierait largement le charbon par la vente d'armes. Ciano était bien disposé envers l'idée. Mais Mussolini ne voulait pas vendre d'armes aux Britanniques. Il renouvela son veto quelques semaines plus tard, lors d'une nouvelle tentative pour acheter la bonne volonté des Italiens. Une fois de plus, l'affaire tourna court[102]. Sans perdre de temps, Hitler y alla de ses propres incitations économiques. Le charbon vital, dont le blocus britannique empêchait l'acheminement depuis l'Allemagne par la mer, serait expédié par le rail à travers le col du Brenner[103]. Il est hors de doute que ces pressions et blandices se seraient poursuivies et intensifiées si l'Italie était restée à l'écart de la guerre. Mais, moyennant une diplomatie habile, l'Italie aurait pu continuer de jouer un camp contre l'autre tout en conservant les avantages de la neutralité, si unilatérale fût-elle, et en évitant de se laisser entraîner dans le maelström. En mai 1940, Mussolini était pressé d'agir de divers côtés en Allemagne[104]. Pour autant, rien ne le *forçait* alors à entrer dans le conflit ; il le fit de son plein gré. Si l'Italie n'était pas entrée dans la guerre, il est fort peu probable que les Allemands eussent engagé une action punitive. Dans l'été et l'automne 1940, une neutralité bienveillante aurait probablement aussi bien servi les desseins de l'Allemagne que l'engagement de l'Italie – en certains sens mieux, comme la suite allait le montrer[105]. Et, d'un point de vue italien, en dehors du sentiment d'urgence de Mussolini, il y aurait eu bien des avantages à jouer la montre. Dans le climat de mai 1940, ces arguments furent passés sous silence. Toutes les factions de l'élite dirigeante se rallièrent à la belligérance dogmatique de Mussolini. Ainsi fut prise la décision fatidique de plonger l'Italie dans une guerre contre la Grande-

Bretagne et la France, guerre à laquelle elle était si mal préparée. Elle allait le payer au prix fort.

IV

Les forces italiennes avaient à peine eu le temps d'entrer timidement en action que le nouveau chef du gouvernement français, le maréchal Pétain, sollicitait un armistice auprès de Hitler, le 17 juin. Quelques raids aériens, sans grand effet, sur la Corse (où Ciano commanda une escadrille de bombardiers[106]), le Midi de la France et Malte, ainsi qu'une petite offensive dans les Alpes, sans conséquences elle non plus : voilà à quoi se réduisit, somme toute, l'effort de guerre initial de l'Italie. La demande d'armistice était arrivée trop tôt, et l'engagement italien était resté trop chétif pour que Mussolini fût heureux. « Le Duce est un extrémiste, nota Ciano le 17 juin. Il voudrait aller jusqu'à l'occupation totale du territoire français et exige la reddition de la flotte française. Mais il sait bien que son opinion n'a qu'une valeur consultative. Hitler a gagné la guerre sans la moindre participation militaire active de l'Italie, et c'est Hitler qui aura le dernier mot. Ce qui, naturellement, le dérange et l'afflige. Ses réflexions sur le peuple italien et, par-dessus tout, sur nos forces armées, sont extrêmement amères ce soir[107]. »

Que Mussolini fût gêné de la contribution italienne minime à l'humiliation de la France ne devait pas l'empêcher, alors qu'il se rendait à Munich en compagnie de Ciano pour y discuter des conditions d'armistice avec Hitler, de concocter une formidable liste d'exigences à soumettre aux Français. Il voulait l'occupation de la France jusqu'au Rhône, ainsi que la cession de Nice, de la Corse, de la Tunisie et de Djibouti. L'Italie entrerait aussi en possession de la flotte et de l'aviation françaises. Hitler ne fit aucune objection à la zone d'occupation que réclamait Mussolini. Il voulait toutefois se montrer clément avec les Français pour empêcher la flotte française de rallier les Britanniques et le gouvernement de se transporter en Afrique du Nord, mais aussi dans l'espoir de persuader ainsi la Grande-Bretagne de s'asseoir à la table des négociations. Et il n'était pas disposé à associer les Italiens au spectacle de l'armistice auquel il pensait. Il insista pour que l'Italie conclût un armistice séparé, une fois réglées les conditions allemandes. Mussolini en fut « très embarrassé », ayant le sentiment « de jouer les seconds rôles[108] ».

Quand il vit les conditions relativement modérées de l'armistice allemand, Mussolini se sentit obligé de se satisfaire de l'exigence plus modeste d'une bande démilitarisée d'une cinquantaine de kilomètres le long de la frontière française, tout en conservant l'espoir de faire valoir ses revendications plus étendues lors du règlement de paix final. La modération dont il fit preuve était aussi l'expression d'une nouvelle humiliation militaire. Alors que les Français étaient déjà à terre et réclamaient un armistice aux Allemands, Mussolini avait décidé de lancer une offensive dans les Alpes. Badoglio s'y opposa. Ciano estima qu'il serait « assez peu glorieux de s'abattre sur une armée vaincue ». Mais Mussolini insista. Dans des conditions météorologiques épouvantables, l'attaque italienne s'enlisa honteusement à la première manifestation de résistance française. Comble de l'humiliation, des troupes coloniales libyennes avaient été défaites par une force britannique en Afrique du Nord, et un général italien avait été capturé[109]. Hitler attachait une grande valeur symbolique à la signature de l'armistice à Compiègne, dans le même wagon qui avait vu l'humiliante capitulation de l'Allemagne en 1918 ; comme on pouvait l'attendre, Mussolini ordonna au contraire qu'aucune publicité n'entourât les négociations italiennes d'armistice, qui se poursuivirent « presque secrètement ». L'armistice italien avec les Français, conclu à Rome, fut signé le 24 juin[110]. Mussolini était « amer parce qu'il aurait voulu un armistice après une victoire de nos forces armées ». Le peuple italien, Ciano en était sûr, serait terriblement dépité par les gains limités de la guerre[111]. Bottai observa bel et bien les critiques et la déception de l'opinion[112].

Les réflexions de Mussolini et la stratégie de guerre qui en procédait, dans les semaines qui suivirent l'armistice avec la France, étaient loin d'être claires. D'un côté, il voulait une guerre rapide avec le butin – et la gloire – qui suivrait un règlement de paix triomphal. La perspective de négociations de paix entre la Grande-Bretagne et l'Allemagne sans que l'Italie se fût sérieusement engagée dans la bataille n'avait rien d'alléchant pour lui. Aussi, quand la Grande-Bretagne indiqua clairement qu'elle allait continuer le combat, après les tièdes encouragements de Hitler à demander la paix dans son discours du 19 juillet 1940 au Reichstag, Mussolini, à sa manière perverse, n'en fut pas mécontent. Il avait redouté que les Britanniques ne vissent quand même dans cette pâle invitation un prétexte à engager des négociations. « Ce serait triste pour Mussolini, commenta Ciano, parce que, désormais, il souhaite plus que jamais la guerre[113]. »

D'un autre côté, Mussolini savait pertinemment que l'Italie n'était pas en état de livrer une longue guerre. La victoire devait donc venir rapidement. Avec une Grande-Bretagne déterminée à poursuivre la guerre, malgré les sondages de paix officieux passant par des canaux neutres qui continuaient de l'inquiéter, Mussolini plaçait ses espoirs dans une invasion allemande qu'on lui disait imminente. Il voulait que les troupes italiennes intervinssent aux côtés de la Wehrmacht : Hitler lui opposa un refus poli, mais ferme. Alors qu'il souhaitait le succès de l'opération, il espérait donc que les Allemands allaient se retrouver le nez en sang dans de rudes combats et essuyer, peut-être, un million de victimes[114]. La Grande-Bretagne et l'Allemagne ayant été toutes deux affaiblies, l'Italie serait en excellente position pour maximiser son butin. Et celui-ci devait être considérable. En dehors des gains importants au détriment de la France, les territoires à acquérir dont Ciano dressa la liste comprenaient l'acquisition de Malte et du Somaliland britannique, pris à la Grande-Bretagne, avec le contrôle effectif d'anciens pays sous la coupe des Britanniques au Moyen-Orient et en Afrique du Nord (y compris l'Égypte), qui ne demeurerait indépendante que sur le papier[115].

Pour l'Italie, la meilleure occasion d'infliger de sérieux dommages à la Grande-Bretagne se situait, en fait, en Afrique du Nord, où la présence militaire britannique était encore faible et où les Italiens faisaient jeu égal en matière de blindés tout en étant supérieurs en nombre. Badoglio continuait d'espérer qu'il serait possible de gagner beaucoup sans grand effort militaire, voire aucun. Mais Mussolini était impatient d'accélérer la campagne à travers les quelque cinq cent soixante kilomètres de désert séparant la Libye d'Alexandrie, de bouter les Britanniques hors d'Égypte et de s'emparer de Suez, avant qu'un règlement de paix pût être trouvé. Avec la bravade qui le caractérisait, il déclara en juillet à Hitler qu'il serait en Égypte avant la fin du mois[116]. La mort du maréchal Balbo, qui aurait dû lancer l'attaque depuis la Libye, n'arrangea pas les choses : il mourut quand son armée ouvrit le feu sur son avion près de Tobrouk, à la fin juin. Son remplaçant, Graziani, passa alors le reste de l'été à trouver des excuses pour ne pas tirer parti d'un avantage qui se révéla éphémère. En septembre, il avança d'une centaine de kilomètres en Égypte et s'empara de la base fortifiée de Sidi Barrani. Mais il ne montra aucune inclination à pousser jusqu'à Alexandrie. Mussolini avait beau le presser, Graziani avait toujours une bonne raison de rester inactif. Mussolini n'y pouvait rien. Et, par un sentiment d'orgueil et une sensibilité au prestige déplacés, impatient de démontrer que les troupes italiennes pouvaient gérer un front toutes seules, mais aussi soucieux de tenir les Allemands hors de sa sphère d'activité, il déclina l'offre de Hitler, qui lui proposait des troupes pour l'aider dans son avancée vers l'Égypte. Peu désireux, comme à d'autres occasions, d'affronter son collègue dictateur, Hitler se garda d'insister. L'effort de guerre de l'Axe se résumait à deux stratégies non coordonnées. Dans le même temps, les Britanniques amassèrent des forces considérables pour affronter les Italiens. L'occasion, qu'il eût été possible de saisir avec le concours allemand, avait été manquée[117].

L'autre espoir de Mussolini résidait dans les Balkans. Un temps, il avait considéré une éventuelle action militaire dans cette région comme une bataille secondaire : c'était en France que se jouait l'essentiel. Or, voici que, incité par Ciano, il tourna à nouveau le regard vers une moisson qui promettait d'être riche au-delà de l'Adriatique. Et pas uniquement en Yougoslavie. Pour la première fois, la Grèce entra désormais en ligne de compte comme objet concret de l'expansionnisme italien. À l'automne, la décision d'attaquer la Grèce allait devenir l'erreur la plus calamiteuse que Mussolini eût commise : calamiteuse pour les Grecs, bien entendu, mais aussi calamiteuse pour lui-même, pour le régime fasciste et, à cause des pertes humaines inutiles, pour son pays.

Depuis l'invasion italienne de l'Albanie, en avril 1939, les Grecs n'avaient cessé de se méfier de l'Italie, non sans quelque raison. Le 12 mai, cette année-là, Ciano avait noté dans son journal que le nouveau programme de travaux publics en Albanie avait bien commencé. « Toutes les routes sont aménagées de manière à conduire à la frontière grecque. L'ordre vient du Duce, qui pense de plus en plus à attaquer la Grèce à la première occasion[118]. » Alors que la crise s'amplifiait avant l'invasion allemande de la Pologne, les relations entre la Grèce et l'Italie s'étaient tendues. Des troupes italiennes furent acheminées un temps sur la frontière albano-grecque, tandis que l'aviation violait l'espace aérien de la Grèce. Le 16 août 1939, Badoglio avait reçu l'ordre de préparer un plan d'invasion de la Grèce. Mais il n'en sortit rien. La tension retomba. Le 11 septembre, Mussolini dit à son représentant à Athènes, Emanuele Grazzi, que « la Grèce ne se trouve pas sur notre chemin, et que nous ne voulons rien d'elle ». Neuf jours plus tard, il fut tout aussi clair quand il s'adressa au général Alfredo Guzzoni, le commandant militaire d'Albanie, dont Ciano raillait la petite taille « avec sa grosse bedaine et ses cheveux teints ». Mussolini lui fit savoir que « la guerre avec la Grèce n'est pas à l'ordre du jour. La Grèce est un os, qui ne vaut pas la perte d'un seul grenadier sarde ». Les troupes italiennes se retirèrent à une vingtaine de kilomètres de la frontière grecque. Quant à « l'étude » de l'état-major général sur l'invasion, elle fut rangée au fond d'un tiroir[119]. Le calme régna donc jusqu'à l'entrée de l'Italie dans la guerre, en juin 1940.

Dans les jours qui suivirent, la température monta à nouveau au milieu des rumeurs, formellement démenties par Ioannis Metaxás, l'obtus dictateur grec qui ressemblait davantage au maire d'une bourgade qu'à un chef d'État et qui, ironie du sort, admirait l'Italie où il avait vécu quelques années. Le bruit courait en effet que les Britanniques violaient la neutralité de la Grèce et basaient des cuirassés dans ses eaux. Ciano fit monter la pression.

Quelques semaines plus tôt, à l'intention de Bottai, il avait esquissé sa vision de la domination italienne dans les Balkans. Elle prévoyait l'instauration de protectorats en Croatie et en Grèce (ainsi que la prise de la Crète), mais aussi d'un protectorat en Afrique du Nord qui réunirait l'Égypte, la Tunisie, l'Algérie et le Maroc, sans oublier l'annexion de la Corse[120]. Mussolini admit toutefois que la réalisation de ces grandioses projets devait attendre. Les Allemands, il le savait, ne souhaitaient pas l'expansion de la guerre à ce stade[121]. Il avait chargé Grazzi d'expliquer à Metaxás que la politique italienne demeurait inchangée. Les plans militaires pour parer à toute éventualité n'en continuaient pas moins de prévoir une action contre la Grèce *et* la Yougoslavie, ainsi que d'éventuelles actions pour s'emparer du Tessin, enclave suisse de langue italienne, si, comme le bruit courait, les Allemands devaient bientôt envahir ce pays. Un Badoglio exaspéré se laissa aller à dire : « L'ennemi change tous les jours. J'attends l'ordre d'attaquer l'Irak[122] ! »

Pour ce qui concernait les Balkans cependant, la priorité restait la Yougoslavie plutôt que la Grèce. Mussolini envisageait de passer à l'action en août. Hitler, quand il reçut Ciano le 7 juillet, parut encourager les intentions agressives de l'Italie dans cette direction. Mais quoi qu'ait pu vouloir dire Hitler, il ne songeait certainement pas dans l'immédiat à une invasion italienne de la Yougoslavie qui, de son point de vue, ne manquerait pas d'embraser la totalité des Balkans à un moment très délicat et de provoquer l'intervention de la Russie. Si Hitler concéda qu'il appartenait à l'Italie de décider du sort de la Yougoslavie le moment venu, il était clair que celui-ci n'était pas arrivé. Mais il répéta que « tout ce qui concernait la Méditerranée, y compris l'Adriatique, était du ressort exclusif de l'Italie et qu'il n'avait pas l'intention de s'en mêler », et il indiqua aussi qu'il approuvait l'action italienne visant à empêcher les Britanniques de prendre pied dans les îles grecques[123].

L'armée italienne continua de peaufiner ses plans d'attaque de la Yougoslavie tout au long du mois de juillet malgré les avertissements de Hitler contre une action précipitée (Ciano s'était bien gardé de les transmettre à Mussolini dans toute leur vigueur[124]).

Début août, Mussolini parlait encore d'une attaque dans la seconde quinzaine de septembre[125]. Quelques jours après, le 11 août, il ordonna à un Badoglio qui traînait les pieds, et qui quelque temps auparavant, dans une directive, avait dit que son pays n'avait aucunement l'intention de lancer une action militaire dans les Balkans, de se tenir prêt à intervenir d'ici le 20 septembre[126]. Ce même jour, Mussolini se focalisa sur la Grèce.

Le principal instigateur en fut Ciano. Il savait combien Mussolini était contrarié par le manque d'empressement de Graziani à lancer l'offensive en Afrique du Nord. Graziani venait de faire un saut à Rome et avait donné à Mussolini l'impression que l'attaque contre l'Égypte commencerait dans quelques jours. En revanche, il avait dit à Ciano que les préparatifs étaient loin d'être terminés. L'impression de ce dernier était que l'attaque ne commencerait pas avant deux ou trois mois, si tant est qu'elle commençât un jour. Il en fit part à Mussolini, qui, comme il était prévisible, pâlit[127]. Choisissant le moment idoine et manipulant habilement la psychologie du Duce, Ciano saisit l'occasion pour prôner une attaque contre la Grèce. Mussolini, on l'a vu, était déjà partisan d'une attaque contre la Yougoslavie. Ciano n'eut alors aucun mal à le persuader qu'il fallait inclure également la Grèce dans les plans d'expansion dans les Balkans. Privé de l'occasion de se couvrir de gloire en France, et devant s'attendre désormais à des retards en Afrique du Nord, Mussolini vit l'attrait d'un triomphe facile en Grèce : une nation qu'il méprisait.

Quant à Ciano, il y voyait l'opportunité d'élargir la base de son propre pouvoir. L'Albanie était déjà devenue, de fait, son fief personnel, sous la houlette de son mignon, Francesco Jacomoni. Cela lui ouvrait la perspective d'élargir son domaine et d'obtenir une gloire facile. Le 10 août, Ciano n'eut aucun mal à exciter l'antagonisme de Mussolini envers la Grèce. Jacomoni avait servi à Ciano l'histoire de l'assassinat par trahison d'un combattant de la liberté albanais, Daut Hodja, par des agents grecs, et Ciano se chargea alors de la relayer auprès de Mussolini comme un signe du manque de fiabilité des Grecs. En vérité, Hodja n'était qu'un bandit local doublé d'un voleur de bétail, avec un long passé de violences extrêmes et de crimes, que d'autres criminels – des Albanais, non pas des Grecs – avaient capturé et décapité deux mois plus tôt. Mais Mussolini n'avait nul besoin d'être persuadé. « Le Duce envisage un "acte de force, parce que depuis 1923 [l'éphémère incident de Corfou], il a des comptes à régler et les Grecs s'abusent s'ils pensent qu'il a oublié" », nota Ciano à la suite de leur entrevue[128]. Aussitôt, la machine de propagande italienne monta en puissance, louant les vertus patriotiques de Hodja et fustigeant la manière dont la minorité grecque de la zone frontalière d'Épire, jouxtant l'Albanie au nord de la Grèce, traitait les Albanais[129].

Le lendemain 11 août, après avoir entraîné Mussolini sur la voie d'une agression contre la Grèce, Ciano observa que le Duce voulait des informations sur la « Ciamuria » (qui était alors le nom italien de l'Épire, dérivé de l'appellation de la région en albanais). Il avait lancé l'agitation à ce propos et avait appelé à Rome pour discussions Jacomoni et le comte et général Sebastiano Visconti Prasca, l'incompétent successeur de Guzzoni dans les fonctions de commandant militaire de l'Albanie, homme fier de son physique viril même si son monocle et ses sourcils teints en brun lui donnaient une allure un tantinet excentrique[130]. Mussolini « parle d'une attaque surprise contre la Grèce vers la fin septembre », nota Ciano[131]. Le lendemain, celui-ci participa aux discussions. Mussolini donna ses directives pour l'action en Grèce. « Si la Ciamuria et Corfou cèdent sans qu'on porte un seul coup, nous ne demanderons rien de plus. Si, en revanche, il y a la moindre velléité de résistance, nous irons à la limite », déclara le Duce. Jacomoni et Visconti Prasca pensaient que l'opération serait facile, et réclamèrent qu'elle fût engagée sans délai. Mussolini préféra attendre la fin septembre[132].

Pendant ce temps, le ministère allemand des Affaires étrangères apprenait de son représentant à Athènes, le prince Viktor zu Erbach-Schönberg, que la Grèce résisterait à toute agression et refuserait de se laisser humilier par l'Italie, « quitte à s'exposer au risque d'être détruite ». La population était remontée contre l'Italie[133]. La résistance à l'intervention italienne mobiliserait un puissant soutien. D'où cette conclusion : « Si l'Italie croit que c'est le bon moment pour faire valoir ses prétentions territoriales sur la Grèce, elle se trompe[134]. »

Pour les Allemands, il était hautement prioritaire d'empêcher l'explosion des tensions qui couvaient dans les Balkans. Le 20 juillet, Hitler avait dit à Ciano qu'il attachait la « plus grande importance au maintien de la paix dans les régions du Danube et des Balkans[135] ». L'intérêt des Soviétiques pour la région du Danube était apparu clairement fin juin avec l'annexion de la Bessarabie et du nord de la Bucovine – ancienne région de la Roumanie qui avait autrefois appartenu à la Russie tsariste. La Hongrie avait aussi d'épineux conflits de frontières avec la Roumanie. Ceux-ci ne furent réglés qu'à la fin août par l'« arbitrage » italo-allemand forcé qui tronqua de larges parties de la Transylvanie en accordant la part du lion à la Hongrie. Les Allemands étaient soucieux d'éviter des troubles dans la région, tant pour garder leur emprise sur le pétrole des puits roumains de Poesti que pour empêcher de nouveaux empiètements soviétiques. Pour les Allemands, il était vital de maintenir les Russes (dont la traditionnelle sphère d'intérêts défensifs s'étendait jusqu'au Bosphore) et les Britanniques (garants de l'indépendance grecque depuis avril 1939, et qui semblaient déjà prêts à exploiter tout bouleversement en Grèce et dans la mer Égée) à l'écart des Balkans. Une action italienne impulsive contre la Yougoslavie pouvait entraîner une intervention soviétique. Une action contre la Grèce pourrait faire entrer les Britanniques par la petite porte. À la mi-août, Berlin fit donc passer diplomatiquement le message à Rome : à ce stade, une action italienne dans les Balkans était indésirable. « La paix dans les Balkans », comme Hitler l'avait dit à Ciano le 20 juillet en des termes dépourvus de toute ambiguïté, restait une priorité absolue. Ainsi qu'il l'avait indiqué clairement au ministre italien des Affaires étrangères quelques jours auparavant, le principal objectif militaire de l'Italie devait rester l'Égypte et le canal de Suez[136].

Ribbentrop insista à nouveau sur la nécessité de laisser les Balkans en paix quand il rencontra l'ambassadeur italien, Alfieri, le 16 août. Il était crucial, déclara le ministre allemand des

Affaires étrangères, d'éviter toute action propre à perturber le *statu quo*. Il ne fallait donner aucun prétexte d'intervenir aux Russes. La priorité absolue était la défaite de la Grande-Bretagne[137]. Le lendemain, dans son journal, Ciano consigna le résultat des entretiens de Ribbentrop avec Alfieri. Il était « nécessaire d'abandonner tout plan d'attaque de la Yougoslavie » : « Berlin verrait d'un très mauvais œil une éventuelle action contre la Grèce ». Et de résumer les choses ainsi : « C'est un ordre absolu de tout arrêter[138]. »

Mussolini céda à la pression, même si Ciano veilla à ce que la propagande antigrecque continuât dans la presse italienne tandis que trois divisions de l'armée de terre étaient placées en état d'alerte, prêtes à partir pour l'Albanie[139]. Après que les Allemands eurent réitéré leur souci d'éviter le moindre trouble dans la région, exprimé on ne peut plus clairement par Ribbentrop lors d'un nouvel entretien avec Alfieri le 19 août, Mussolini ordonna trois jours plus tard de ralentir les préparatifs pour la Yougoslavie et la Grèce. L'Afrique du Nord fut de nouveau prioritaire sur le plan militaire, même si Mussolini continua de donner des directives tout à fait incompatibles avec les ressources limitées de l'Italie, histoire de se préparer à différents théâtres d'opérations possibles[140]. Ciano nota que « les actions contre la Yougoslavie et la Grèce sont ajournées *sine die*[141] ». S'agissant de la première, c'était exact. L'opération fut bel et bien abandonnée. Les espoirs devaient reposer sur ce que l'Italie pouvait gagner lors d'un règlement de paix final, une fois la Grande-Bretagne défaite. La Grèce, toutefois, était une affaire un peu différente. Ciano transmit dûment à Jacomoni, en Albanie, l'ordre émanant des autorités supérieures de « ralentir le rythme de nos initiatives contre la Grèce ». Mais il lui donna néanmoins pour consigne de prendre les mesures nécessaires en vue de maintenir « dans un état d'efficacité potentielle toutes les dispositions prises », en évitant la crise mais « en maintenant la question à l'ordre du jour[142] ». L'armée continua aussi de peaufiner ses plans d'attaque contre la Grèce[143].

À l'évidence, Badoglio n'en crut pas moins que les stratèges faisaient semblant. Le 10 septembre, le QG du commandement suprême fit savoir au chef d'état-major de l'armée de terre que « la Grèce n'est plus à l'ordre du jour[144] ». Mais tout cela n'était pas du goût de Mussolini. S'il avait renoncé à la Yougoslavie (qui ne pouvait être attaquée qu'avec une aide allemande au nord, si l'on voulait éviter de lourdes pertes), il n'était pas prêt à écarter l'option d'une attaque contre la Grèce dès que ce serait possible. L'Italie triompherait sans s'accrocher aux basques de l'Allemagne. Plus encore : de ce fait, les Balkans resteraient dans la sphère d'influence italienne, conjurant la possibilité, dont la rumeur commençait à se faire l'écho, que, malgré leurs engagements, les Allemands comptaient bien marquer la région de leur empreinte[145]. Toutefois, Mussolini changeait d'avis au gré de ses humeurs. L'esprit de suite n'était pas son fort. Le dernier jour du mois d'août, Quirino Armellini, le bras droit de Badoglio au QG du commandement suprême, nota dans son journal : « Ciano veut la guerre en Grèce pour élargir les frontières de son grand-duché ; Badoglio voit bien que ce serait une grave erreur de mettre le feu aux Balkans (telle est la position allemande) et souhaite l'éviter ; et le Duce donne raison tantôt à l'un, tantôt à l'autre[146]. » Les choses en restèrent là tout au long d'un mois de septembre agité.

Lorsque Ribbentrop se rendit en visite à Rome, du 19 au 22 septembre, porteur d'une nouvelle « surprise[147] » – une alliance militaire avec le Japon qu'il voulait voir l'Italie signer, aux côtés de l'Allemagne, dans les tout prochains jours –, les perspectives d'une invasion allemande imminente de l'Angleterre s'estompaient[148]. Une guerre traînant en longueur semblait de plus en plus probable. Mussolini n'en était pas mécontent. Il persistait à penser qu'une fin rapide serait « catastrophique », ainsi qu'il le dit à Badoglio le jour du départ de Ribbentrop[149]. Il était d'humeur enjouée. Il se disait que, les Allemands enlisés dans le conflit avec la Grande-Bretagne, l'Italie avait une chance, pendant l'hiver, de traverser l'Égypte en direction de Suez, sans aide allemande, et de détruire la base des forces britanniques au Moyen-Orient. Badoglio était tout aussi soucieux d'empêcher les Allemands de s'impliquer dans la « guerre parallèle » de l'Italie. Ribbentrop avait une fois de plus indiqué que l'Allemagne ne voulait pas d'ennuis dans les Balkans dans un avenir proche, même s'il reconnut de nouveau que la Grèce et la Yougoslavie étaient du ressort exclusif des Italiens[150]. Mussolini affirma qu'il ne ferait rien contre l'une ni contre l'autre pour l'instant, même s'il profita de l'occasion pour rappeler à Ribbentrop qu'en Méditerranée la Grèce jouait un peu le même rôle de soutien à la Grande-Bretagne que la Norvège, autrefois, dans le nord[151].

Ciano fit de son mieux pour que la question grecque ne fût pas totalement oubliée. Il restait impatient de passer à l'action[152]. Il remania la version italienne des minutes de son entrevue avec Ribbentrop, veillant à ce que fût mentionnée la nécessité de procéder à la « liquidation de la Grèce » – expression qui ne figurait pas dans la version allemande[153]. Et, peu après, il confia au nonce du pape que l'Italie comptait bientôt, mais pas tout de suite, occuper toute la Grèce parce que les Grecs n'étaient pas du tout fiables[154]. Il songeait apparemment à une conquête militaire rapide et peu coûteuse : l'acquisition de la Grèce lui servirait de monnaie d'échange dans un règlement de paix de compromis, qui lui paraissait l'issue la plus probable d'une dégradation de la situation militaire[155].

Pendant ce temps, l'armée continuait de se préparer à toute éventualité. Mais, en octobre, Badoglio rappela à l'état-major de l'armée de terre qu'aucune action n'était probable dans l'immédiat[156]. La priorité ayant été donnée à l'Afrique du Nord, et alors que plus de la moitié de l'armée de terre avait été démobilisée pour aider à rentrer les récoltes, les ressources en hommes, en tout état de cause restreintes, avaient déjà atteint leur point limite et devaient rester en l'état tout au long de l'hiver[157]. Les plans d'attaque de la Grèce furent mis en sommeil.

C'était encore le cas dans les premiers jours d'octobre. Pendant que Ciano se trouvait à Berlin pour la signature du Pacte tripartite, le 27 septembre, Hitler avait suggéré une entrevue avec Mussolini au col du Brenner. Il voulait faire un tour d'horizon de la situation militaire, notamment en Méditerranée, et en particulier aborder la question de l'intervention espagnole dans la guerre et celle des relations avec la France. Le sommet eut lieu le 4 octobre. Mussolini était en forme. Il était d'excellente humeur depuis quelques jours. Il se disait que « l'Italie pouvait remporter en Égypte un succès qui lui donne la gloire qu'elle cherche en vain depuis trois siècles » (même s'il en voulait à Badoglio, auquel il reprochait de retenir l'offensive[158]). L'entrevue se passa bien. L'Allemagne renouvela son soutien aux prétentions territoriales de Mussolini à l'égard de la France : Nice, la Corse, Tunis et Djibouti[159]. Le Duce se dit certain du succès italien en Égypte. Il n'avait pas besoin, précisa-t-il, d'accepter les forces spécialisées que lui proposait Hitler en vue de l'attaque[160]. Mussolini regagna Rome d'excellente humeur, juste contrarié par la léthargie de Badoglio et de Graziani en Afrique du Nord et exprimant sa détestation du roi, « le seul défaitiste du pays[161] ».

À quelques jours de là, cependant, survint un problème qui devait assombrir l'humeur radieuse de Mussolini et les relations entre les partenaires de l'Axe : le stationnement de troupes allemandes en Roumanie. Début septembre, les Allemands avaient manigancé une « invitation » de la part du nouveau dictateur roumain, le général Ion Antonescu, à envoyer une « mission militaire » dans son pays. Du point de vue allemand, il était crucial de préserver les champs de pétrole de Ploesti. Ribbentrop y avait fait explicitement allusion le 19 septembre, quand il avait rencontré Ciano, mais celui-ci n'avait manifestement pas fait part à Mussolini de cet élément important[162]. Le pétrole de Ploesti était aussi vital pour l'Italie. Par ailleurs, Mussolini avait toujours vu dans le Danube une région d'intérêts italiens spécifiques. Le problème était donc particulièrement sensible, d'autant qu'il était révélateur de la façon dont son partenaire de l'Axe traitait l'Italie. Mussolini explosa quand il apprit par la presse (qui devançait en fait l'événement) que 15 000 soldats allemands étaient arrivés en Roumanie. Cela lui rappelait fâcheusement la façon dont Hitler l'avait à maintes reprises informé seulement après coup des actions allemandes[163]. Il était hors de lui. Il essaya aussitôt, en vain, d'obtenir une semblable « invitation » à envoyer des troupes italiennes dans la région. « Il est très en colère, nota Ciano, parce que seules des forces allemandes sont présentes dans les régions pétrolières roumaines[164]. » Ciano confia à Bottai qu'il était nécessaire « pour nous de contrebalancer leur occupation de la Roumanie par une invasion de la Grèce[165] ». Le 10 octobre, au téléphone, Ribbentrop essaya de calmer Ciano et lui rappela qu'il avait abordé le problème le 19 septembre à Rome. Ciano ne fit aucun commentaire. Le mal était fait[166].

Deux jours plus tard, Mussolini avait pris la décision d'attaquer la Grèce dès que les préparatifs seraient achevés. Le 12 octobre, de retour à Rome après quelques jours passés à inspecter les organisations fascistes dans le nord du pays, il se mit en colère en apprenant que Graziani ajournait de nouveau le lancement de l'offensive tant attendue en Afrique du Nord. Ce qu'il apprit de la situation en Roumanie ne pouvait que le rendre plus irascible encore. Des troupes allemandes arrivaient déjà à Bucarest. Et ce n'était pas tout : des fonctionnaires du ministère de Ribbentrop avaient essayé autoritairement d'empêcher la presse italienne de faire le moindre reportage, tandis qu'Antonescu n'autoriserait probablement le stationnement de troupes italiennes en Roumanie que si les Allemands y consentaient[167]. Mussolini enrageait. Furieux de l'affront qui le touchait lui-même et son pays, il avait hâte de rendre la pareille. « Hitler me met toujours devant le fait accompli, dit-il à Ciano. Cette fois, je vais lui rendre la monnaie de sa pièce. Il découvrira par la presse que j'ai occupé la Grèce. Ainsi l'équilibre sera-t-il rétabli. » Mussolini admit n'avoir pas encore trouvé d'accord avec Badoglio sur les opérations militaires contre la Grèce. « Mais je veux bien donner ma démission d'Italien si quiconque élève une objection à ce que nous combattions les Grecs », ajouta-t-il. « Le Duce paraît déterminé à agir, maintenant », observa Ciano, enchanté qu'arrivât enfin ce qu'il prônait de longue date. Le ministre des Affaires étrangères estimait que l'opération serait « utile et facile[168] ».

C'est dans cet accès extrême de dépit et d'orgueil blessé que fut prise la décision fatidique d'attaquer la Grèce. Toutefois le sentiment d'humiliation personnelle n'était pas seul en cause : c'est sa position même au sein de la population italienne qui poussa Mussolini à agir. Jusque-là, en guise de dépouilles de guerre, il ne pouvait guère s'enorgueillir auprès du peuple italien que de l'insignifiante conquête de l'avant-poste stérile du Somaliland britannique, en août[169]. Il s'inquiétait de l'effet sur l'opinion publique de son pays d'une nouvelle initiative allemande unilatérale. Cela passerait pour un nouvel exemple blessant de l'inexorable subordination de l'Italie au mastodonte allemand. Une victoire rapide en Grèce rétablirait l'équilibre, rehausserait son prestige et vaudrait enfin à l'Italie une part des dépouilles[170].

La décision fut donc prise de manière impulsive et arbitraire, caractéristique de la personnalité de Mussolini et de sa façon de gouverner. Mais sa fureur née du stationnement des troupes allemandes en Roumanie ne fut que l'occasion d'envahir la Grèce, non pas sa raison profonde. Elle affecta le moment de l'assaut, non pas la décision de savoir s'il fallait le lancer ou non. Une attaque contre la Grèce, on l'a vu, faisait de longue date partie des plans à plus long terme de Mussolini pour asseoir la domination italienne en Méditerranée et dans les Balkans. L'Allemagne avait maintes fois reconnu qu'il appartenait à l'Italie de décider du sort de la Grèce. De même avait-elle multiplié les mises en garde : il fallait à tout prix éviter des troubles dans les Balkans. L'armée italienne en retira l'impression qu'à l'entrevue du col du Brenner Hitler avait donné carte blanche à l'Italie en Grèce[171]. C'était assurément un malentendu. Les minutes officielles, italiennes ou allemandes, ne font aucune allusion à la Grèce, en sorte que si la question fut évoquée, ce dut être au cours d'une discussion privée entre les dictateurs. Compte tenu du désir allemand persistant de maintenir le *statu quo* dans les Balkans, il est inconcevable que Hitler ait effectivement encouragé Mussolini à lancer son attaque contre la Grèce. L'allusion énigmatique ne saurait dénoter qu'une concession générale, compatible avec des déclarations antérieures analogues ; elle signifiait que pour l'Allemagne la Grèce était promise à devenir un futur dominion italien, non qu'elle fût une cible de conquête immédiate.

Jusque-là, Mussolini lui-même n'avait pas fait de la Grèce une priorité pressante. L'Afrique du Nord avait paru être le théâtre le plus important et stratégiquement le plus précieux. En fait, dans les jours qui suivirent sa décision de lancer sans délai une attaque contre la Grèce, il avait envisagé de lancer en parallèle son offensive en Égypte. C'est seulement le 16 octobre qu'il apprit que celle-ci devrait encore attendre un ou deux mois[172]. C'est à ce stade, et seulement alors, que la Grèce devint une priorité absolue.

Le 13 octobre, Mussolini fit part à Badoglio de sa décision d'attaquer la Grèce, prise unilatéralement la veille. Il fixa la date au 26 octobre. Il semble que Badoglio n'ait formulé aucune objection. Le lendemain, Mussolini expliqua à Badoglio et à Roatta, chef d'état-major adjoint de l'armée de terre, que « l'opération contre la Grèce ne se limitera[it] pas à la Ciamuria, mais concernera[it] le pays tout entier, qui à la longue peut se révéler une nuisance ». Il informerait Hitler de l'attaque au tout dernier moment[173]. Les plans antérieurs de l'armée de terre n'avaient prévu qu'une conquête limitée de l'Épire, c'est-à-dire du nord de la Grèce. Pour Roatta, ce fut le premier signe que les plans précédents étaient périmés[174]. Il fit valoir qu'une offensive jusqu'à Salonique et Athènes nécessiterait des forces autrement plus importantes que celles initialement envisagées. Il faudrait trois mois pour disposer de vingt divisions, le nombre d'hommes requis[175]. En privé, les chefs militaires doutaient de la faisabilité de l'opération grecque avant que Graziani n'eût avancé en Égypte. Mais si Mussolini prit note de leurs doutes, il n'écoutait pas. La Grèce ne pouvait plus attendre.

Mussolini convoqua ses chefs militaires pour une réunion qui devait se tenir le lendemain 15 octobre à 11 heures dans son bureau du Palazzo Venezia, afin « d'arrêter – dans ses grandes lignes – le cours de l'action que j'ai décidé d'engager contre la Grèce ». Étaient présents Ciano, Badoglio, son chef-adjoint du commandement suprême, Ubaldo Soddu, et Roatta, ainsi que Jacomoni et Visconti Prasca, qui avaient reçu l'ordre de rentrer d'Albanie. Roatta arriva en retard. Il n'avait été prévenu de la réunion qu'un peu plus tôt par le secrétaire privé du Duce. Fait remarquable, les chefs d'état-major de la marine et de l'aviation, Cavagnari et Pricolo, n'avaient pas été conviés[176]. La réunion ne dura qu'une heure et demie. Ce fut une des discussions de stratégie militaire à haut risque les plus remarquables de superficialité et de dilettantisme dont on ait gardé la trace.

Mussolini commença par esquisser les objectifs de l'opération : occuper la côte méridionale de l'Albanie et les îles ioniennes de Zante, Céphalonie et Corfou, dans une première phase, puis la totalité de la Grèce dans une seconde phase, pour la mettre « hors d'action ». Cela, calcula-t-il, renforcerait la position de l'Italie en Méditerranée par rapport à la Grande-Bretagne et assurerait que la Grèce resterait « dans notre sphère politico-économique ». Il ajouta qu'il avait fixé la date au 26 octobre, et qu'il n'était pas question de « la différer, fût-ce d'une heure ». Il semble que ce soit à cette occasion que Roatta ait appris la date[177]. La veille, il avait pourtant souligné qu'il faudrait trois mois pour préparer une action de grande ampleur.

Mussolini ne voyait pas de complication possible du côté de la Yougoslavie et de la Turquie, et prévoyait de faire de la Bulgarie « un pion à nous sur l'échiquier » en lui offrant des gains en Macédoine. Puis il se tourna vers Jacomoni. Le gouverneur d'Albanie affirma que l'opération était attendue avec impatience dans sa province. Il attira l'attention sur de possibles difficultés d'approvisionnement si le port de Durazzo, le point de déchargement clé, devait être bombardé. L'état des routes, quoique fort amélioré, pouvait aussi causer des problèmes. Il fit encore état d'informations suivant lesquelles les Grecs résisteraient. L'ampleur de la résistance dépendrait du caractère rapide et décisif de l'action italienne. Il posa la question de l'aide de la Grande-Bretagne à la Grèce. Une occupation partielle pouvait permettre des raids aériens britanniques sur l'Italie du Sud et l'Albanie. L'aviation grecque, en revanche, ne posait pas problème. Interrogé sur le moral de la population grecque, il qualifia son état d'esprit de « profondément abattu ».

Visconti Prasca commenta ensuite la situation militaire en Albanie. Il était très optimiste. La première phase de l'opération avait été préparée « jusque dans les moindres détails » et était « aussi parfaite qu'il est humainement possible ». Il estima qu'il ne faudrait que de dix à quinze jours pour occuper l'Épire, bien avant que la saison des pluies ne pût créer de graves difficultés. On pouvait avancer la date de l'opération, pas la reculer, intervint le Duce. Il invita alors Visconti Prasca à commenter le moral de ses troupes. Excellent, répondit-il. Environ 70 000 hommes étaient prêts, soit une supériorité de deux contre un sur la ligne de front. Pour ce qui le concernait, « l'aviation grecque n'existait pas ». La seule inquiétude venant du ciel tenait à la possibilité d'une aide britannique. Il fit cependant état de réserves concernant l'extension de l'avancée jusqu'à Salonique, compte tenu de la période de l'année. Cela prendrait du temps. Deux mois seraient nécessaires. Le Duce souligna combien il était important d'empêcher Salonique de devenir une base britannique. Il interrogea Visconti Prasca sur le moral des troupes grecques. La réponse fut lapidaire : « Ce ne sont pas des gens qui aiment se battre. » Il prévoyait de simuler un incident pour provoquer une attaque grecque. Mussolini lui conseilla de ne pas s'inquiéter outre mesure des pertes possibles. Visconti Prasca répondit qu'il avait toujours ordonné aux bataillons d'attaquer, fût-ce contre une division.

C'est alors que Badoglio entra dans la discussion. De son point de vue, la Grande-Bretagne était préoccupée par l'Égypte : il était fort peu probable qu'elle tentât un débarquement naval en Grèce. Une aide britannique ne pouvait venir que des airs. Aussi était-il partisan d'une opération contre la Grèce qui coïnciderait avec l'avancée sur Mersa Mathru en Égypte, parce qu'il serait ainsi plus difficile aux Britanniques de disposer d'appareils pour voler au secours des Grecs. Ignorant toujours que Graziani était sur le point d'ajourner l'avancée, Mussolini prôna la prise de Mersa Matruh avant même le début de l'opération grecque : l'aide britannique à la Grèce en deviendrait plus difficile. Et, « après la perte du point clé de l'Égypte, même si Londres était encore à même de continuer, l'Empire britannique serait dans un état de défaite », ajouta-t-il, affichant un optimisme serein. Badoglio approuva le plan de Visconti Prasca pour l'Épire, mais s'arrêter là ne serait pas suffisant. Il fallait aussi occuper la Crète et Morée [le Péloponnèse], en même temps que la totalité de la Grèce. Mais cela nécessiterait une vingtaine de divisions (le chiffre avancé par Roatta la veille) et prendrait trois mois.

Mussolini calcula que l'achèvement de l'occupation de l'Épire autour du 10-15 novembre laisserait un mois supplémentaire pour rassembler les forces fraîches indispensables à la suite des opérations. Il demanda ensuite comment on envisageait la marche sur Athènes, une fois l'Épire occupée. Visconti Prasca ne prévoyait pas de grandes difficultés : cinq ou six divisions suffiraient. Badoglio suggéra que la marche sur Athènes devait précéder la prise de Salonique. Roatta approuva la suggestion de Mussolini : deux divisions y seraient sans doute suffisantes. Mussolini était satisfait : « Les choses s'éclaircissent. » Visconti Prasca recommanda que la Grèce fût coupée en deux depuis Athènes, et que l'attaque de Salonique partît de la capitale grecque. Répondant à une question de Mussolini, il fit cependant valoir la difficulté du terrain entre l'Épire et Athènes : quelque 270 kilomètres de mauvaises routes à travers des collines escarpées et une chaîne de montagnes où les communications se réduisaient au passage sur des pistes de mulet. Il estimait qu'il faudrait trois divisions de montagne, imaginant qu'il serait possible de les acheminer au port d'Arta, à une bonne distance de la côte grecque, en une seule nuit.

La dernière partie de la réunion fut consacrée à la question de l'utilisation des troupes albanaises dans l'attaque et au déploiement de la défense antiaérienne en Albanie. Sur ce, Mussolini trancha : « Nous avons maintenant examiné le problème sous tous ses aspects. » Il résuma : « Offensive dans l'Épire ; observation et pression sur Salonique ; et, dans une seconde phase, marche sur Athènes[178]. »

Ce qui passait pour l'esprit de décision du dictateur n'était en vérité qu'un vernis des plus minces fait d'hypothèses bancales, d'observations superficielles, de jugements d'amateur et d'appréciations dépourvues de tout sens critique, le tout fondé sur un scénario supposant que tout irait pour le mieux. Après des années d'auto-endoctrinement, Mussolini était farouchement convaincu de son infaillibilité. Jacomoni et Visconti Prasca étaient des prototypes de créatures du régime : ils n'étaient bons qu'à abonder dans le sens de Mussolini, tant ils étaient désireux de saisir l'occasion de se donner de l'importance, et ne cherchaient qu'à plaire en disant au Duce ce qu'il avait envie d'entendre. Ciano resta largement silencieux. Ses préférences étaient évidentes. Il se contenta de laisser ses mignons parler, certain que Mussolini prônait maintenant ce que lui-même avait toujours voulu. Le silence de Soddu valait approbation de l'opération. Badoglio et Roatta n'élevèrent des objections que de manière très détournée, faisant valoir l'échelle et l'ampleur de l'opération nécessaire pour entreprendre la conquête complète de la Grèce, mais ne manifestant par ailleurs aucune opposition, fût-ce aux postulats les plus spéculatifs[179]. Leur sous-estimation des Grecs ainsi que leurs longs combats d'usure au cours des mois écoulés contre les élans de Mussolini dans un domaine militaire dont il ne saisissait pas, fût-ce de loin, la complexité, les prédisposaient à céder devant son exigence. Mussolini eut gain de cause sans dissension. La décision qu'il avait prise seul était maintenant devenue une directive opérationnelle, avec le concours plein et entier de ses chefs militaires.

Cependant, à peine ceux-ci avaient-ils quitté la réunion pour examiner en détail la préparation d'une opération dont les objectifs avaient été approuvés si étourdiment que de sérieux doutes apparurent et allèrent en se multipliant. Le débarquement à Arta, par exemple, était totalement impossible, assura le chef de la flotte, Cavagnari. L'attaque sur Mersa Matruh, qui était censée coïncider avec l'opération de Grèce, voire la précéder, apprirent-ils alors, devait être différée d'au moins deux mois. Et les Britanniques, craignait-on, s'empresseraient d'établir des bases dans le sud de la Grèce et seraient en position d'attaquer la flotte italienne à Tarente, sur le « talon » de l'Italie du Sud. Le 17 octobre, s'entretenant avec Ciano, Badoglio formula des objections. Son pessimisme était évident. Tout aussi sombres étaient les vues des chefs d'état-major qui « s'étaient unanimement prononcés contre » l'opération[180]. Mais – privé de son principal argument logistique, l'inaccessibilité du port d'Arta, quand il apparut que les Grecs venaient de creuser un canal profond permettant à de gros navires de venir s'y mettre à quai –, Badoglio se montra docile, le lendemain, quand il fut reçu en audience par un Mussolini furieux pour avoir eu vent des réserves formulées. Le Duce, selon Ciano, s'était dit prêt à accepter la démission du maréchal. Mais Badoglio ne la lui offrit jamais. Il se retira sans avoir rien obtenu, si ce n'est un délai de deux jours pour le début de l'opération, ainsi reportée au 28 octobre[181].

Les préparatifs militaires allèrent désormais de l'avant, dans la précipitation et l'incohérence[182]. Même la démobilisation des troupes en Italie ne fut pas arrêtée[183]. La campagne s'annonçait sous de mauvais augures. Il apparut qu'il serait impossible de transporter des troupes motorisées à temps en Albanie pour cause de surencombrement du port de Durazzo. La météo n'était pas bonne non plus, et le temps se dégradait, entravant encore les transports de troupes et transformant les routes albanaises en bourbiers. Sur ce, au grand dégoût de Mussolini, le roi Boris de Bulgarie refusa de se joindre à l'attaque. Enfin, il était devenu évident que le rapport de forces était beaucoup moins favorable à l'Italie que Visconti Prasca ne l'avait laissé entendre. On était loin du deux contre un annoncé : Italiens et Grecs faisaient jeu égal, et ce avant même que ne fût achevée la mobilisation de la Grèce, qui disposait d'abondantes réserves. Sur le terrain, en Albanie, les commandants souhaitaient une certaine latitude autour de la date de lancement de l'offensive, mais Mussolini protesta qu'il n'était pas question d'en changer : ce serait le 28 octobre. Déterminante en l'occurrence était sa crainte que Hitler, pour l'instant lié par ses discussions avec Franco et Pétain, ne pût intervenir pour arrêter l'opération sitôt qu'il en aurait vent[184].

Quels qu'aient été leurs soucis logistiques, ni les chefs militaires de Rome ni les commandants présents sur le terrain en Albanie ne doutaient que la victoire serait facile. La sous-estimation des Grecs était générale. Ciano parla d'une « promenade[185] » ; Soddu confia plus tard que chacun s'attendait à une « parade militaire ». Le roi lui-même pensait que les Grecs s'effondreraient au premier assaut[186]. Cette forme de présomption renforça la servilité avec laquelle fut accepté l'impératif, conçu par Mussolini dans la précipitation, de détruire la Grèce. Une victoire rapide était vitale. Le Duce voulait éviter que les Britanniques, voire les Turcs, ne s'impliquent dans un combat prolongé. Il désirait donc et espérait une attaque dévastatrice qui « entraînerait un effondrement complet en l'espace de quelques heures[187] ». Quand l'attaque débuta, le 28 octobre, il était d'excellente humeur[188].

En revanche, quand, sur le chemin du retour de ses entretiens avec Franco et Pétain, son collègue dictateur apprit que l'Italie était sur le point d'attaquer la Grèce, il s'assombrit. Hitler aurait même enragé, craignant vivement que l'action italienne ne mît le feu à l'ensemble des Balkans et n'offrît aux Britanniques l'occasion d'installer des bases aériennes dans la région. Il songea que c'était pour Mussolini une manière de se venger de la Norvège et de la France[189]. En vérité, dans les jours précédents, les Allemands avaient récolté pléthore d'avertissements directs de bonnes sources : l'action contre la Grèce était imminente[190]. Ils avaient aussi reçu des démentis formels des chefs militaires italiens niant qu'une opération se montât. Ils préférèrent croire les démentis. Hitler ne paraît pas avoir été alerté avant le 25 octobre. C'est seulement ce jour-là que lui parvint une lettre composée six jours plus tôt par Mussolini, habilement formulée, mais indiquant que le Duce se proposait d'agir très prochainement contre la Grèce. À cette date, les renseignements glanés en Italie demeuraient encore contradictoires. Une entrevue avec Mussolini, déjà prévue pour discuter des tractations avec les dirigeants espagnols et français que Hitler venait de mener, fut alors avancée. Les dictateurs se retrouveraient à Florence le 28 octobre. Quand Hitler arriva, c'est un Mussolini rayonnant qui lui apprit que, le matin même à l'aube, les troupes italiennes avaient franchi la frontière grecque depuis l'Albanie[191].

Mussolini l'avait mis à son tour devant le fait accompli. Plus tard, reprochant à Mussolini son impétuosité quand il était d'ores et déjà patent que l'attaque italienne avait mal tourné, Hitler affirma s'être rendu à Florence dans l'espoir de retenir le Duce de lancer une action prématurée en Grèce, et de ne pas le faire en tout cas sans occupation préalable de la Crète, ce pour quoi il était disposé à lui apporter une aide militaire[192]. Quand ils s'étaient retrouvés à Florence, cependant, il n'y avait pas eu de reproches. Hitler se retint. Quels que fussent ses sentiments intimes, il n'avait guère pu imaginer l'ampleur de la catastrophe militaire provoquée par Mussolini. Il offrit l'aide allemande, proposant de parachuter des divisions pour occuper la Crète (afin de prévenir une intervention britannique)[193]. Pour le reste, il se borna à rendre compte de ses entrevues avec Pétain, Laval et Franco. Il avait hâte de rassurer Mussolini sur ses tractations avec la France de Vichy, qui n'étaient pas du tout pour plaire au dictateur italien[194]. Ils ne parlèrent plus de la Grèce. Mais il devait bientôt en être à nouveau question.

Loin d'être la promenade d'agrément annoncée, l'attaque contre la Grèce, mal conçue et mal coordonnée, tourna vite à la catastrophe militaire sans mélange. L'offensive eut lieu par un temps épouvantable. Sous une pluie torrentielle et avec une gadoue où l'on s'enfonçait jusqu'aux genoux, les chars et l'artillerie lourde de l'Italie ne cessaient de s'embourber. Les pluies d'automne faisaient monter le niveau des cours d'eau. Les sentiers de montagne se révélaient souvent infranchissables. Des brumes épaisses empêchaient les avions de décoller. Une mer démontée entravait les opérations navales. La pénurie de matériel, de carburant, de munitions et d'hommes devint vite flagrante. L'entraînement et la direction médiocres des troupes italiennes contribuèrent aussi sensiblement à la débâcle. Mais plus que tout, les Grecs défendirent leur pays avec bravoure et ténacité, offrant d'emblée une résistance farouche. Leur connaissance du terrain était un atout de taille, et ils étaient mieux organisés défensivement que ne l'étaient les Italiens dans l'attaque. En l'espace d'un peu plus d'une semaine, les Italiens furent contraints d'arrêter leur offensive dans l'Épire. Encore une semaine, et une contre-attaque grecque les refoulait de l'autre côté de la frontière albanaise. Quand le front se stabilisa, et que toute avancée était désormais rendue impossible par des conditions météorologiques épouvantables, il se situait à une quarantaine de kilomètres en Albanie. Impossible d'exécuter l'ordre brutal, donné par un Mussolini désinvolte, de raser toutes les villes grecques de plus de dix mille habitants[195]. En l'espace de six semaines, l'Italie qui aspirait à devenir une puissance mondiale s'était montrée militairement plus faible que le poids mouche grec. On n'aurait pu imaginer révélation plus claire du talon d'Achille de l'Axe.

Pour aggraver encore les choses, la flotte italienne, au mouillage à Tarente dans le sud de l'Italie, fut gravement mise à mal par une attaque de torpilleurs britanniques à la mi-novembre. La moitié des bâtiments de guerre italiens se retrouvèrent hors service. Avec eux sombrèrent les rêves d'empire fascistes. Il suffit de cette seule frappe pour renverser le rapport de forces naval en Méditerranée[196]. Début décembre, l'offensive de Graziani en Libye était encore au point mort quand Mussolini lui dit que la Grèce était désormais prioritaire et qu'il essuya la première de toute une série d'attaques dévastatrices au commencement d'une offensive britannique en Afrique du Nord. À la mi-décembre, les forces italiennes étaient chassées d'Égypte. Au nouvel an, la retraite tourna à la déroute. À la fin de janvier 1941, les Britanniques avaient avancé de plus de 320 kilomètres à travers le désert, faisant 113 000 prisonniers italiens et s'emparant de plus de 700 pièces d'artillerie. Dès lors, comme l'écrivit Churchill, « la grande armée italienne qui avait envahi l'Égypte dans l'espoir de la conquérir n'existait plus guère en tant que force militaire[197] ». C'était là une conséquence majeure de la décision d'envahir la Grèce. Une campagne militaire vitale, l'avancée à travers l'Égypte en direction de Suez contre des forces britanniques encore faibles, avait été totalement ruinée par une aventure grecque inutile, une bévue de premier ordre, avec des coûts exorbitants.

En décembre, Badoglio, devenu le bouc émissaire de la débâcle en Grèce, avait été limogé. Les chefs militaires, et pas simplement Badoglio, supportaient mal de se voir blâmer par Mussolini d'une catastrophe qu'il avait personnellement initiée. De plus, le prestige personnel du Duce était maintenant entamé : sa popularité sombra avec le moral de la population en berne, la dégradation du niveau de vie et les revers militaires. Connu pour avoir été l'un des principaux promoteurs de l'attaque en Grèce, Ciano fut largement la cible de l'opprobre destiné, sans doute, à son beau-père. Même si elles ne présentaient pas de danger direct pour Mussolini, les premières fissures commençaient de poindre dans la direction fasciste tandis que les vieux potentats du parti essayaient de prendre leurs distances vis-à-vis du désastre et de manœuvrer pour se placer.

La décision d'envahir la Grèce apparut bientôt comme une blessure profonde que le pays s'était infligé à lui-même. Comme la suite des événements allait le prouver, seule une aide allemande pouvait remédier à la situation militaire. Or c'était précisément ce que Mussolini avait voulu éviter. Du point de vue de Hitler, la Grèce était du menu fretin. Il convoitait un poisson autrement plus gros. La visite de Molotov à Berlin, à la mi-novembre, avait focalisé son esprit sur la nécessité de mettre à exécution l'attaque contre l'Union soviétique au printemps suivant. À la mi-décembre, une directive militaire consacrait ce qu'on devait connaître sous le nom d'« opération Barbarossa ». La Grèce était une diversion bienvenue. Hitler avait souhaité que le calme régnât dans les Balkans, mais il ne pouvait faire fi du péril désormais effectif, en raison de l'aventure intempestive de Mussolini, d'une présence militaire britannique menaçante en un point vulnérable. L'incompétence crasse et persistante de l'Italie et l'engagement accru des Britanniques forcèrent les stratèges allemands à s'intéresser de plus près aux opérations en Grèce[198]. Les plans d'occupation de la Grèce étaient prêts fin novembre, même si Hitler avait informé Ciano que l'Allemagne ne pouvait intervenir avant le printemps[199]. Quand Hitler finit par décider, en mars 1941, qu'une grande opération serait nécessaire pour chasser les Britanniques de la Grèce continentale, les troupes allemandes engagées étaient plus importantes qu'on ne l'avait d'abord imaginé et ne pouvaient être rassemblées qu'aux dépens de la force destinée au flanc sud de « Barbarossa[200] ». Les Allemands n'avaient pas envisagé un engagement aussi coûteux en Grèce. Dans un premier temps, les Italiens n'avaient pas voulu d'eux. Mais c'était le résultat de l'aventure balkanique de Mussolini : une calamité pour l'Italie, avec des conséquences plus larges qui n'étaient pas sans incidence sur le cours de la guerre.

V

Vers la fin de la guerre, alors que la défaite inévitable et imminente de l'Allemagne ne cessait de se rapprocher, Hitler, se retournant sur le passé, faisait du fiasco grec de Mussolini la cause principale de la catastrophe à venir. « Sans les difficultés que nous ont créées les Italiens avec leur campagne stupide en Grèce, aurait-il observé à la mi-février 1945, j'aurais attaqué la Russie quelques semaines auparavant. » Dans son esprit, l'ajournement du lancement de « Barbarossa » lui avait coûté la victoire en Union soviétique. Quelques jours plus tard, dans le même état d'esprit, il déplora que l'« absurde campagne de Grèce », lancée sans que l'Allemagne fût prévenue des intentions italiennes, « nous a forcés, contrairement à tous nos plans, à intervenir dans les Balkans, ce qui à son tour a entraîné un retard catastrophique dans le lancement de notre attaque contre la Russie. Nous avons été contraints d'y déployer quelques-unes de nos meilleures divisions. Et de ce fait il nous a fallu ensuite occuper d'immenses territoires où, sans cette idiotie, la présence de nos troupes eût été parfaitement inutile ». Peu de temps après, il se lamenta : « Nous n'avons pas de chance avec les races latines. » Leur unique ami parmi les Latins, Mussolini, avait profité de ce qu'il était occupé en Espagne et en France « pour mettre en branle sa désastreuse campagne contre la Grèce[201] ».

En tant qu'explication de la calamiteuse défaite de l'Allemagne en Union soviétique, ce n'est guère probant[202]. Le retard de cinq semaines pris dans le lancement de « Barbarossa » ne fut pas décisif en soi. Compte tenu du temps exceptionnellement pluvieux, il eût été probablement impossible de lancer de toute façon l'offensive avant la mi-juin. Les raisons de l'échec de « Barbarossa » résident dans l'hubris même des plans de guerre allemands – aussi mégalomaniaques que barbares – ainsi que dans les failles de la préparation et la limitation des ressources qui gênèrent l'opération dès le début. Rendue nécessaire par la pagaille italienne, la descente allemande sur la Grèce, au printemps 1941, mit à rude épreuve des chars et d'autres véhicules indispensables pour « Barbarossa », tout en réduisant les forces disponibles sur le flanc sud. Reste que si le détournement de ressources allemandes en Grèce juste avant l'attaque contre l'Union soviétique n'aida guère l'entreprise ultérieure, la folie de Mussolini ne mina pas l'opération avant même qu'elle n'ait commencé. Elle n'en eut pas moins des conséquences très graves pour l'effort de guerre de l'Axe en Afrique du Nord.

Celle-ci aurait dû être le théâtre essentiel à l'automne 1940. La position de l'Italie avant le lancement d'une offensive en Afrique du Nord eût été en vérité bien plus forte si Tunis et, surtout, Malte avaient été prises après son entrée dans la guerre[203]. Jamais des préparatifs n'avaient été faits en ce sens. Malgré tout, les Italiens conservaient une supériorité numérique sur les Britanniques dans la région, même si la situation devait rapidement changer. Graziani différa son avancée à plusieurs reprises, sachant pertinemment que les forces italiennes n'étaient pas suffisantes pour monter la grande offensive à travers l'Égypte que Mussolini ne cessait de prôner et attendait. Les Allemands virent l'importance de la zone et offrirent des troupes et du matériel. Le commandement suprême italien désirait profiter de l'offre. Elle aurait pu faire la différence. Mussolini refusa[204]. Il voulait tenir les Allemands à distance de ce qu'il tenait pour un théâtre de guerre italien. Par-delà ces considérations, à compter du mois d'octobre, des troupes et des ressources vitales furent acheminées non pas vers l'Afrique du Nord, mais en Grèce. Entre octobre 1940 et mai 1941, le nombre d'hommes déployés sur le théâtre d'opération grec fut cinq fois plus élevé qu'en Afrique du Nord, les multiples correspondants étant de 1,3 pour le matériel, 3,5 pour les bâtiments de la marine marchande et plus de 2 pour les navires d'escorte[205]. Les conséquences de ce détournement de ressources, sitôt commencée l'offensive britannique en décembre, ne devinrent bientôt que trop évidentes.

En fait, les stratèges allemands en reconnurent aussitôt les implications. Les planificateurs opérationnels de l'état-major de la marine résumèrent la situation dès le 14 novembre 1940, après un peu plus de quinze jours de débâcle grecque. « Les conditions de l'offensive italo-libyenne contre l'Égypte se sont dégradées. L'état-major de la marine est convaincu que l'Italie ne lancera jamais l'offensive égyptienne » – alors même que celle-ci, bien plus clairement qu'une attaque contre la Grèce, pouvait porter gravement atteinte à l'effort de guerre britannique, surtout si l'Axe avait pu prendre possession de la zone de Suez. L'évaluation continuait ainsi :

> L'offensive italienne contre la Grèce est sans conteste une grave bévue stratégique ; au vu des contre-actions britanniques annoncées, elle peut avoir un effet négatif sur les nouveaux développements en Méditerranée orientale et en Afrique, et donc sur toute la suite de la guerre [...]. L'état-major de la marine est convaincu que le résultat de l'offensive contre la région Alexandrie-Suez et de l'évolution de la situation en Méditerranée, avec leurs effets sur l'Afrique et le Moyen-Orient, est d'une importance décisive pour l'issue de la guerre [...]. Les forces armées italiennes n'ont ni les chefs ni l'efficacité militaire pour mener les opérations nécessaires à une conclusion heureuse en Méditerranée, avec la rapidité et l'esprit de décision qui s'imposent. On ne saurait guère s'attendre aujourd'hui au succès d'une attaque des seuls Italiens contre l'Égypte[206].

À la mi-décembre, il ne s'agissait plus de lancer l'offensive tant attendue contre l'Égypte, mais de remédier aux répercussions de l'effondrement désastreux des Italiens. Malgré l'héroïsme ultérieur de la campagne de Rommel en plein désert, avec des ressources limitées, le fiasco italien et les autres priorités concernant les hommes et le matériel allemands eurent pour effet d'exposer toujours plus le théâtre crucial d'Afrique du Nord à la puissance alliée. La décision de Mussolini d'envahir la Grèce, à la fin d'octobre 1940, avait apporté une contribution majeure à cet état de choses déplorable – du point de vue de l'Axe.

Ce sont la Grèce et l'Italie qui subirent les conséquences les plus directes de la fatidique initiative de Mussolini. Dans l'immédiat, le conflit déclenché le 28 octobre par le dictateur fasciste fit autour de 150 000 victimes du côté italien et 90 000 chez les Grecs[207]. Pour ceux-ci, ce n'était cependant que le début des épreuves. Trois années et demie d'occupation allaient suivre l'invasion allemande d'avril 1941. Au-delà de la répression des conquérants, l'hyperinflation et la malnutrition prélevèrent un tribut élevé. La famine de l'hiver 1941-1942 fit autour de

100 000 morts. Une petite fraction seulement des Juifs grecs survécurent aux rafles nazies et à la déportation vers les camps de la mort. La libération elle-même, en octobre 1944, ne mit pas fin aux souffrances de la Grèce. Les suites amères de divisions internes profondes et irréductibles qui étaient apparues sous l'occupation et se manifestèrent pleinement après la libération, eurent pour effet de plonger le pays dans une guerre civile qui éclata en 1946 et dura jusqu'en 1949[208].

Pour l'Italie, la catastrophique invasion de la Grèce (avec le désastre de la flotte coulée à Tarente et l'effondrement ignominieux en Afrique du Nord) marquèrent la fin, une fois pour toutes, de ses prétentions de grande puissance. L'idée d'une « guerre parallèle » pour construire l'*imperium* de l'Italie n'était qu'une chimère. Mussolini, bien entendu, avait été le principal idéologue en même temps que le leader politique de cette cause, mais il avait pu exploiter, en les développant, les anciennes et récurrentes ambitions italiennes de devenir une authentique grande puissance. Car quand bien même il devait souvent s'inquiéter des conséquences de l'expansion et du conflit armé, et même s'il exprima des réserves tactiques et stratégiques fondées, l'establishment italien, jusqu'au roi, n'avait pas d'objections de principe à une guerre visant la constitution d'un empire et la grandeur nationale. Si Mussolini avait mené une guerre victorieuse, il n'aurait guère rencontré d'opposition.

Depuis le milieu des années 1930, l'Italie avait été de plus en plus entraînée dans le sillage de l'Allemagne. La décision impulsive d'attaquer la Grèce, afin de rendre à Hitler la monnaie de sa pièce pour la Roumanie et les affronts antérieurs qui avaient donné à l'Italie le sentiment d'être traitée avec condescendance, en partenaire de second rang, était faite pour s'arroger l'orgueil d'une action indépendante. En vérité, elle entraîna l'Italie bien plus profondément dans une humiliante soumission à l'Allemagne de Hitler. Que celui-ci, pour rehausser le prestige de Mussolini, ait associé les Italiens à la reddition grecque imposée par la force des armes allemandes, le 23 avril 1941, ne pouvait dissimuler l'ampleur de la dégradation de l'Italie[209]. Les fissures de l'édifice fasciste italien devaient désormais s'agrandir rapidement.

La désastreuse invasion de la Grèce avait mis « Mussolini en porte-à-faux avec ses forces armées, ruiné la fragile unité de la hiérarchie fasciste, désillusionné l'opinion et coupé les Italiens de leurs alliés allemands[210] ». En 1943, les fissures étaient béantes. La route, qui menait à la déposition de Mussolini, était maintenant dégagée : elle aurait lieu en juillet de cette même année, à l'instigation du Grand Conseil fasciste qu'il avait lui-même mis en place. La dernière et sanglante phase de la guerre, avec un Mussolini devenu une marionnette des Allemands à la tête de la République sauvagement répressive de Salò, et une Wehrmacht qui combattait férocement pour tenir le nord occupé de l'Italie et contenir l'avancée des armées alliées depuis le sud, marqua la terrible conclusion du drame. L'ouverture avait compté deux parties : la décision d'intervenir dans la guerre en juin 1940, puis la décision d'attaquer la Grèce en octobre.

L'attaque contre la Grèce allait de soi pour Mussolini, tout comme allait de soi l'intervention dans la guerre. Il avait de longue date dans l'idée d'intégrer la Grèce à l'Empire romain de Méditerranée en pleine expansion. S'il n'avait pas attaqué à la fin d'octobre 1940, probablement l'aurait-il fait à la première occasion ménagée par les circonstances, peut-être au printemps 1941[211]. La décision qu'il prit à l'automne 1940 n'en était pas moins un choix fatidique, alors que s'offraient diverses options. Si mous et irrésolus fussent-ils, les conseillers militaires de Mussolini ne dissimulèrent pas leur gêne face aux implications logistiques d'une invasion dans un délai aussi bref et à ce stade du conflit. Même aux yeux des chefs militaires italiens, le moment choisi n'était pas propice. Les Allemands, on l'a vu, furent effarés de ce que Mussolini avait fait. L'attaque aurait donc pu être reportée, s'il y avait tenu. Compte tenu de ce qui se produisit en Afrique du Nord à la fin de l'année, sans doute n'aurait-elle jamais eu lieu s'il l'avait différée. Et avec une Grèce encore indépendante et neutre, les Britanniques, qui avaient les mains occupées en Afrique du Nord, se seraient sans doute abstenus d'une intervention que les Allemands ne pouvaient percevoir autrement que comme une menace, notamment pour les gisements de pétrole roumains. La Grèce aurait pu alors échapper à l'asservissement allemand et à l'occupation. La guerre en Méditerranée aurait donc pu prendre un tour entièrement différent si Mussolini n'avait pas envahi la Grèce.

À l'évidence, c'est lui qui porte la responsabilité essentielle de l'attaque. Somme toute, il prit la décision seul, sans consulter personne, pas même son Grand Conseil fasciste. Et il passa outre les objections de Badoglio et des chefs d'état-major. Le 10 novembre, quand pointait déjà l'ampleur de la catastrophe, Badoglio mit Mussolini face à ses responsabilités. Il se référa à la réunion du 15 octobre. « Suivant les déclarations de Ciano et de Visconti Prasca, déclara-t-il, vous avez décidé d'attaquer le 26 octobre, avant de surseoir jusqu'au 28. Nous avons essayé de faire tous les préparatifs possibles au cours de cette période. J'ai fait le point, histoire de montrer que ni l'état-major général ni l'état-major de l'armée de terre n'avaient rien à faire des plans que nous avions adoptés, qui allaient totalement à l'encontre de nos façons de procéder. Cette méthode repose sur le principe de la préparation systématique avant de lancer une action[212]. » Le propos était hardi, quoique en partie de mauvaise foi, de la part d'un homme sachant qu'il deviendrait bientôt le bouc émissaire de l'impétuosité du Duce. Car Badoglio s'était montré moins carré quand la décision avait été prise. Il n'avait pas répété à Mussolini les objections impérieuses faites à Ciano[213]. En tout état de cause, les objections des chefs militaires portaient davantage sur la logistique que sur le fond. Ils n'étaient pas hostiles à l'attaque de la Grèce. Ils s'inquiétaient simplement de l'insuffisance des préparatifs. Ciano et ses ineptes séides d'Albanie, Jacomoni et Visconti Prasca, ne partageaient pas même ces préoccupations. Ils avaient appuyé l'invasion sans réserve. Ciano, on l'a constaté, avait été des mois durant le principal partisan de l'attaque. Et la sous-estimation des Grecs avait été pour ainsi dire unanime, jusqu'au roi lui-même.

Si la responsabilité majeure de la débâcle grecque incombe à Mussolini, on ne saurait rejeter le blâme sur le seul dictateur. La déclaration de Churchill, en décembre 1940, suivant laquelle « un homme et un homme seul » a entraîné l'Italie « au seuil hideux de la ruine », relevait de la rhétorique du temps de guerre, non pas d'une analyse raisonnée[214]. D'autres secteurs de l'élite du pouvoir, dans le régime fasciste, furent à tout le moins complices de la décision. Au fil de longues années, le régime fasciste avait, somme toute, élaboré un système qui non seulement hissait le chef au rang d'objet de culte, mais plaçait aussi le pouvoir de décision entre ses seules mains, excluant toute responsabilité sur les décisions prises à quelque échelon subalterne que ce soit[215]. Dans le même temps, la corruption politique du système, comme dans l'exemple parallèle de l'Allemagne nazie, avait récompensé la docilité, la servilité, l'obséquiosité et le sybaritisme. Au-delà, toutes les formes d'organisation politique avaient été réduites à une simple façade : elles n'avaient de l'instance représentative que l'apparence extérieure, et elles n'étaient en réalité que des vecteurs de propagande et d'acclamation du chef. Dans un système qui fonctionnait sur la base du « diviser pour mieux régner », du carriérisme et des gratifications matérielles par faveur du dictateur, toute opposition organisée était donc quasiment impossible à monter. Le dictateur avait été qualifié maintes fois d'infaillible ; et il croyait aux flatteries. Par cynisme ou flagornerie, d'autres acceptaient les règles du jeu politique. Quand les choses se passaient bien, comme ce fut le cas en 1936 avec une victoire à bon compte sur un ennemi chétif, ils n'étaient que trop heureux de se réjouir et de toucher leur part de triomphe. Quand les choses tournaient mal, comme en 1940 et par la suite, ils s'efforçaient de dissimuler leur part de responsabilité. Ils ne pouvaient le faire qu'à leurs propres yeux. L'imbécillité de la décision de Mussolini trahit les graves lacunes personnelles du dictateur. Mais cette imbécillité fut aussi celle d'un système politique.

5

Washington, été 1940-printemps 1941
Roosevelt décide de donner un coup de main

Nous dirons à l'Angleterre, nous allons vous donner les canons et les navires dont vous avez besoin, sous réserve que, la guerre terminée, vous nous rendiez en nature les canons et les navires que nous vous aurons prêtés [...]. Qu'en pensez-vous ?

Président Roosevelt, 17 décembre 1940

Sans exemple de sa part, il était vain d'attendre que la population prît volontairement l'initiative de lui faire savoir qu'elle était prête ou non à le suivre s'il donnait l'exemple.

Henry Stimson, secrétaire à la Guerre, 22 avril 1941

Le 30 octobre 1940, à Boston, battant campagne pour un troisième mandat sans précédent, le président Franklin Delano Roosevelt prit cet engagement devant son auditoire : « Et alors que je m'adresse à vous, pères et mères, je vous donne une assurance supplémentaire. Je l'ai déjà dit, mais je ne me lasserai jamais de le dire et de le redire. Vos garçons ne seront pas envoyés dans quelque guerre étrangère que ce soit[1]. » Sa déclaration fut reçue comme un attachement très explicite à la neutralité américaine : les États-Unis resteraient à l'écart de la guerre qui déchirait l'Europe et qui menaçait la Grande-Bretagne d'une défaite face aux Allemands.

Roosevelt disait à ses auditeurs ce qu'ils avaient envie d'entendre. Fin septembre, 83 % de personnes interrogées dans le cadre d'une enquête d'opinion souhaitaient voir leur pays se tenir à l'écart de la guerre contre l'Allemagne et l'Italie[2]. Aider les Britanniques – certainement dos au mur depuis la catastrophique défaite des Alliés contre la Wehrmacht en mai et juin – en prenant des mesures qui s'arrêtaient au seuil de l'entrée en guerre était une tout autre affaire. En août 1940, cependant, les Américains n'étaient que 34,2 % à approuver que le pays fît davantage pour aider la Grande-Bretagne à combattre l'Allemagne[3].

En cet été d'accablement, l'espoir de voir l'Amérique bientôt rejoindre la guerre contre l'Allemagne de Hitler avait donné une impulsion vitale à l'effort de guerre britannique. Winston Churchill était terriblement impatient que les États-Unis tournent le dos à la neutralité pour soutenir activement la cause britannique. Ses espoirs stratégiques reposaient sur l'hypothèse que l'Amérique entrerait dans la guerre à un moment ou à un autre. Certains membres du cabinet Roosevelt poussaient aussi le Président à adopter une approche plus interventionniste. À ce stade, à l'automne 1940, personne ne prônait l'envoi d'un corps expéditionnaire américain en Europe, mais, à défaut d'un engagement plein et entier, bien d'autres mesures étaient possibles, qui impliquaient une intervention active. Alors que les navires britanniques étaient déjà sous la menace des sous-marins allemands, le secrétaire à la Guerre Henry Stimson déclara en décembre 1940 au Président et au cabinet que « nous devrions intervenir pour arrêter par la force les sous-marins allemands ». Il n'en sortit rien. Le Président répondit qu'« il n'en était pas encore tout à fait là[4] ». Il ne le serait pas davantage dans les mois suivants.

Pour Churchill, outre-Atlantique, et pour le reste du gouvernement britannique, l'hésitation du Président provoquait un tourment profond (même s'il ne fut jamais exprimé publiquement). C'était également un souci pour les membres de l'administration – Stimson n'était pas le seul dans ce cas –, qui en étaient arrivés à prôner une approche fortement interventionniste. Roosevelt paraissait souvent encourageant, mais ensuite sa prudence innée l'emportait de nouveau, les laissant agacés. Aux yeux de quantité de gens aux États-Unis, Roosevelt allait pourtant beaucoup trop loin. Il leur apparaissait comme un va-t-en-guerre, décidé à entraîner le pays dans un conflit lointain. Le lobby isolationniste, dont la principale assise géographique se trouvait dans le Midwest, et dont les racines politiques se situaient essentiellement – mais pas exclusivement – du côté des adversaires politiques de Roosevelt au sein du parti républicain, ne représentait pas plus à cette époque qu'une forte minorité de l'opinion. Mais c'était une minorité très bruyante, et susceptible, traditionnellement, de faire cause commune avec une section de l'opinion beaucoup plus large, qui n'était pas franchement isolationniste mais qui, dans le même temps, redoutait vivement de voir le pays engagé sur une pente glissante menant à la guerre.

Roosevelt avait la conscience aiguë de marcher sur une corde raide. D'une part, il tenait à s'assurer de garder le soutien de l'opinion publique et, plus directement, celui du Congrès. Cela exigeait de sa part une stratégie prudente. Mais son entourage le jugeait trop souvent disposé à suivre l'opinion, plutôt qu'à lui montrer la voie. Quand il le faisait, c'était habituellement pour la caresser dans le sens du poil, plutôt que pour diriger. « S'engager dans cette guerre fait horreur au Président », aurait estimé Harry Hopkins, le plus proche conseiller de Roosevelt, en mai 1941 ; « il préférerait suivre l'opinion publique que la conduire »[5]. Le mois précédent, Stimson avait fait la même observation au Président sur le ton direct qui le caractérise : « Sans exemple de sa part, il était vain d'attendre que la population prît volontairement l'initiative de lui faire savoir qu'elle était prête ou non à le suivre s'il donnait l'exemple[6]. »

D'autre part, percevant pleinement le danger que représentait l'Allemagne pour les États-Unis, Roosevelt s'efforçait de mener une politique de soutien à la Grande-Bretagne toujours plus directe tout en continuant de donner légitimement la priorité à la sécurité nationale de l'Amérique. Mais c'était courir le risque évident d'entraîner un pays récalcitrant dans le genre de « guerre étrangère » qu'il avait précisément juré d'éviter. Tel était le profond dilemme auquel le Président se trouva confronté à compter de l'été 1940.

Au début de l'été, la Grande-Bretagne était seule en Europe à se dresser contre la menace nazie ; vacillante, elle courait le danger d'une invasion imminente. Bien entendu, elle avait le soutien de son Empire et de ses dominions. Concrètement, toutefois, ils ne pouvaient guère l'aider en cas de débarquement allemand. Pour bien des Américains, la Grande-Bretagne semblait perdue.

Une option aurait consisté pour Roosevelt à se ranger aux côtés du lobby isolationniste qui soutenait que, la domination allemande du continent européen (y compris de la Grande-Bretagne) étant pour ainsi dire acquise, l'intérêt américain était de s'en tenir à la neutralité la plus stricte et de s'abstenir de toute espèce d'engagement dans le conflit qui emportait des nations lointaines, pour s'occuper exclusivement des intérêts des États-Unis. Compte tenu de la répugnance attestée par les sondages à l'idée de voir le pays impliqué dans la guerre, l'isolationnisme pouvait devenir bien plus populaire qu'il ne l'était en réalité pour peu que Roosevelt jetât dans la balance le poids formidable de ses talents politiques et de sa rhétorique.

Une autre option eût été de suivre le conseil de quelques membres de son administration et de prendre des mesures qui eussent conduits les États-Unis à un engagement bien plus poussé dans la guerre européenne, peut-être même au point d'y entrer. Cela l'aurait naturellement exposé à de sérieuses difficultés avec l'opinion publique, et piloter la législation nécessaire à travers les rapides politiques du Congrès aurait posé de redoutables problèmes. En tout état de cause, la préparation militaire américaine à une guerre dans l'été 1940 était si dérisoire que toute forme de belligérance déclarée, à supposer même d'en accepter les risques politiques, aurait dû rester fort limitée en pratique. Mais là encore, si Roosevelt, qui était un homme politique chevronné et habile doublé d'un rhétoricien de grand talent, avait choisi de le faire, il est loin d'être inconcevable qu'il aurait pu rallier le pays à une position bien plus interventionniste. Il n'était pas disposé à essayer.

En mai 1941, les craintes demeuraient encore très répandues de voir l'Allemagne lancer sous peu l'attaque contre la Grande-Bretagne, qui ne s'était pas matérialisée l'année précédente. Ces peurs ne se dissipèrent que lorsque Hitler se tourna vers l'Est, avec l'offensive du 22 juin 1941 contre l'Union soviétique. À ce stade, Roosevelt avait largement fait sienne une ligne d'action qui excluait à terme toute possibilité de choisir de maintenir les États-Unis à l'écart de la guerre en Europe. À la fin du printemps 1941, alors que la participation directe des États-Unis à la guerre devait attendre six mois encore, l'administration Roosevelt avait pris des initiatives importantes en Europe – et, de plus en plus, en Extrême-Orient – qui lui interdisaient de dégager le pays d'un conflit en train de se propager. L'éventail des options s'était réduit.

Au fil des mois précédents, le choix de Roosevelt avait consisté à suivre une voie entre la neutralité et la belligérance avec une prudence extrême, revenant à aider la Grande-Bretagne par toutes les « façons sans aller jusqu'à la guerre » (*methods short of war* – c'est le Président lui-même qui avait trouvé cette formule en janvier 1939)[7]. Pendant l'été 1939, Roosevelt aurait exposé ses options. Dans son esprit, il y en avait quatre : « A, nous pouvons entrer en guerre tout de suite, envoyer un corps expéditionnaire à l'étranger, mais c'est exclu, naturellement. B, nous pouvons nous laisser entraîner de force plus tard. C, nous pouvons entrer en guerre, maintenant ou plus tard, mais ne fournir à nos alliés que du matériel de guerre ainsi qu'une aide navale et aérienne. Et D, nous pouvons rester à l'écart, suivre ma politique consistant à aider les démocraties de toutes les façons sans aller jusqu'à la guerre. Et c'est ce que nous allons faire ». Autrement dit, les États-Unis allaient choisir cette dernière option[8]. Cette politique, à laquelle se tint le Président, eut pour effet de conduire subrepticement les États-Unis à s'engager dans la guerre, au lieu de l'y plonger brutalement. Malgré tout, les mesures qu'il autorisa étaient irréversibles. Parmi celles-ci, la plus singulière, et la plus importante, fut la décision – initiative personnelle du Président – de mettre les immenses ressources matérielles de l'Amérique, sans coût financier, au service de l'effort de guerre opiniâtre de la Grande-Bretagne. Avec l'adoption du projet de loi de prêt-bail en mars 1941, après trois mois de débats nourris, les isolationnistes avaient perdu leur dernier grand combat[9]. Certes, les États-Unis n'étaient pas encore en guerre, et l'aide qui pouvait partir directement restait limitée. Mais l'Amérique était désormais liée de manière plus tangible avec la Grande-Bretagne, belligérant déjà engagé dans la bataille contre Hitler en Europe et principal adversaire dans la menace accrue que représentait le Japon en Extrême-Orient. Dans l'avenir immédiat, la décision de mettre les ressources américaines au service de l'effort de guerre britannique était surtout d'importance symbolique, mais au fil du temps elle devait devenir la clé de la capacité durable de la Grande-Bretagne à combattre Hitler. Sa signification était donc immense.

Reste que, s'il fut prodigue de ses éloges publics et de sa gratitude à la suite de « cet acte le moins sordide qui soit dans l'histoire d'une nation[10] », Churchill demeurait frustré, inquiet, voire franchement pessimiste, face à l'hésitation de Roosevelt, à sa prudence et à son manque d'empressement à engager les États-Unis dans une intervention[11]. Quand il rencontra le Président pour la première fois depuis le début du conflit, en août 1941, le Premier ministre britannique lui dit : « Je préférerais une déclaration de guerre américaine maintenant et aucune livraison pendant six mois que le double de fournitures et pas de déclaration[12]. » Au sein du cabinet de Roosevelt, d'aucuns étaient presque aussi frustrés. On a parlé d'« année d'indécision » pour désigner la période précédant l'invasion de l'Union soviétique en juin 1941[13]. De fait, il parut souvent au cours de ces mois que la principale décision de Roosevelt fut d'éviter d'avoir à décider.

I

Roosevelt était entré en fonction le 4 mars 1933, en pleine crise bancaire et avec près d'un quart de la population active, soit autour de 13 millions d'Américains, au chômage. Son premier mandat fut presque entièrement occupé à mettre sur pied une batterie de mesures législatives souvent contestées qui formaient le « New Deal », le programme de redressement national destiné à rétablir une économie ruinée et à restaurer la confiance[14]. Les batailles politiques intérieures qui s'ensuivirent absorbèrent une bonne partie de son énergie[15]. La popularité de Roosevelt resta élevée au point qu'il fut triomphalement réélu en 1936. Mais son emprise sur le Congrès s'affaiblit, surtout après les élections de novembre 1938, dont l'opposition sortit renforcée[16]. Et ce, alors que les événements à l'étranger avaient commencé de dominer son second mandat.

L'isolationnisme qui s'était imposé en Amérique depuis la fin de la Première Guerre mondiale – se nourrissant de longues traditions – s'était encore davantage enraciné sous le premier mandat de Roosevelt. L'engagement dans la guerre européenne, dans les années 1917-1918, avait eu un impact profond sur la société américaine. 50 000 soldats américains avaient perdu la vie dans un conflit qui, pour de nombreux citoyens des États-Unis, ne concernait en aucune façon leur pays. La plupart des Américains estimaient qu'il ne fallait plus laisser cela se reproduire. L'expérience de l'horreur des tranchées se mêlait à la rancœur face à ce qui passait en bonne part pour de l'ingratitude, quand l'Amérique avait réclamé aux Européens le remboursement des prêts de guerre[17]. Encouragé par toute une littérature pacifiste et certaines histoires sur ce que les Américains appelaient « la guerre européenne », puis étayé par le rapport d'une commission d'enquête du Sénat sur l'industrie des munitions, le sentiment était aussi largement répandu que l'Amérique s'était laissée entraîner par des financiers, des banquiers et des fabricants d'armes étrangers qui avaient tout à gagner à une victoire alliée[18].

Les États-Unis avaient choisi de rester largement à l'écart des affaires européennes et refusé de rejoindre la Société des Nations. Certes, l'initiative américaine avait été cruciale dans la mise sur pied des plans de 1934, puis de nouveau cinq ans plus tard, quand il fut question d'essayer de résoudre le problème lancinant des réparations allemandes, lequel suscitait la plus vive rancœur en Allemagne. Et en 1932 les États-Unis rejoignirent la Conférence du désarmement de Genève, essayant tardivement, et en vain, de transformer en réalité un autre des principes du président Woodrow Wilson pour un après-guerre pacifique, alors même que tout véritable espoir d'y parvenir s'était depuis longtemps évaporé. Mais c'était à peu près tout. Derrière un mur de protections douanières et un essor économique dont le symbole était l'explosion de la production automobile, la plupart des

Américains étaient fort aises de faire comme si le reste du monde n'existait pas et de chasser l'Europe de leur esprit.

Quand, Hitler au pouvoir, l'assurance allemande commença de nouveau à se manifester et que l'impérialisme japonais fit entendre à travers le monde des accents stridents et dissonants, le sentiment général des Américains, sous l'effet d'inclinations pacifistes nobles mais illusoires ou de tendances nationales unilatérales, fut de se réfugier davantage encore dans l'isolationnisme. « Tournons nos regards vers l'intérieur », recommanda le gouverneur de Pennsylvanie, George Earle, un démocrate libéral, en 1935. « Si le monde se transforme en un désert de gaspillages, de haines et d'aigreur, mettons d'autant plus d'ardeur à protéger et à préserver notre oasis de liberté[19]. » On trouve un écho des attitudes dominantes dans le Johnson Act, du nom du républicain progressiste Hiram Johnson, adopté en 1934 pour interdire d'accorder des crédits à des pays qui n'avaient pas remboursé leurs dettes de guerre aux États-Unis[20]. Puis, en 1935, avec en toile de fond une remilitarisation allemande déclarée et de grande ampleur affichée mais avec aussi les menaces brutales de l'Italie envers l'Abyssinie, Roosevelt ouvrit la porte à la législation qui assurerait la neutralité américaine dans toute guerre future. L'élément clé en était un embargo sur la livraison des armements à tous les belligérants dans une guerre « entre, ou parmi, deux États étrangers ou plus », indépendamment des sympathies américaines. Roosevelt et, plus encore, le département d'État, eussent préféré pouvoir imposer un embargo discrétionnaire sur les armements, c'est-à-dire discriminatoire envers les agresseurs. Mais le Président se déclara lui-même satisfait du Neutrality Act, qu'il signa le 31 août 1935[21].

La législation sur la neutralité – avec les reconductions et les amendements, il y eut cinq lois de neutralité entre 1935 et 1937[22] – était destinée à éviter toute répétition des conditions qui avaient mené à l'intervention américaine dans la Première Guerre mondiale. De pair avec le Johnson Act, le Neutrality Act devait plus tard jalonner d'obstacles les efforts de Roosevelt pour aider la Grande-Bretagne tout en évitant d'engager son pays dans une seconde guerre européenne. Dans le même temps, il ne contribua aucunement à entraver l'agression des puissances européennes. Le pays continua d'expédier à Mussolini du pétrole, qui ne figurait pas sur la liste de « matériels de guerre » sous embargo, quand le dictateur italien lança ses bombardiers sur les tribus éthiopiennes en 1935[23]. Mais l'Amérique pouvait montrer du doigt les Européens eux-mêmes qui, divisés et ineptes dans leur réponse à la crise abyssinienne, n'imposèrent pas non plus d'embargo pétrolier à l'Italie.

Quand, en mars 1936, Hitler profita du désarroi régnant parmi les démocraties occidentales pour remilitariser la Rhénanie, le secrétaire d'État Cordell Hull repoussa la demande française d'une condamnation morale de l'action[24]. C'était là une application perverse de la neutralité, une inutile ratification par le silence des entorses de Hitler aux traités de Versailles et de Locarno, qui formaient la base du règlement de l'après-guerre. Mais les Britanniques et les Français s'étaient contentés d'observer sans rien faire.

Et quand l'Italie et l'Allemagne fournirent une aide militaire à une armée rebelle, soutenue par des sympathisants fascistes, visant à renverser la fragile démocratie de l'Espagne, l'embargo sur les armements prévu par les Neutrality Acts fut étendu aux deux camps, alors même qu'il s'agissait d'une guerre civile, et non d'une guerre internationale. Là encore, en parallèle avec le non-interventionnisme mou des démocraties européennes, cela eut pour effet de priver d'armes les défenseurs républicains de la démocratie espagnole tout en permettant à leurs assaillants de profiter des armes fascistes italiennes et allemandes. La guerre civile espagnole était cependant lointaine, sans grande résonance dans le pays. Certes, la crise de l'Espagne incita une minorité d'Américains – essentiellement les catholiques et la gauche – à s'engager (dans des camps différents)[25]. En janvier 1937, les deux tiers des Américains n'avaient pourtant aucune opinion sur les événements d'Espagne qui sonnaient le glas d'une démocratie sœur[26].

Jusque dans les années 1930, Roosevelt avait montré peu d'inclination à prendre ses distances vis-à-vis des tendances isolationnistes et pacifistes dominantes aux États-Unis. Lors d'une visite, en 1918, il avait été témoin des horreurs du front ouest, et l'expérience lui avait inspiré une révulsion durable[27]. « Je hais la guerre », avait-il dit d'une formule mémorable dans un discours de campagne en 1936[28]. Il touchait une corde sensible dans la population. « Nous ne sommes pas isolationnistes, déclara-t-il, si ce n'est dans la mesure où nous essayons de nous isoler totalement de la guerre. » Il déclara à la population américaine que la préservation de la paix dépendait des décisions au jour le jour du Président et du secrétaire d'État. « Nous pouvons rester à l'écart de la guerre, expliqua-t-il, si ceux qui veillent et veulent (*who watch and desire*) ont une intelligence suffisamment précise des affaires internationales pour s'assurer que les petites décisions d'aujourd'hui ne conduisent pas à la guerre et si, en même temps, ils possèdent le courage de dire non à ceux qui, par intérêt ou imprudence, nous conduiraient à la guerre[29]. » Les conseillers de campagne du Président lui dirent que son opposition à une guerre possible était le facteur le plus sûr de son retour à la Maison-Blanche cette année-là[30].

La rhétorique était facile. Les événements d'Europe paraissaient lointains et sans grand intérêt direct pour les Américains, occupés qu'ils étaient à essayer de joindre les deux bouts et à affronter les épreuves de la vie quotidienne tandis que le pays avançait en bataillant sur le chemin de la reprise économique. L'Atlantique faisait figure de coussin assez gros pour protéger les Américains des dangers qui menaçaient de nouveau un continent européen incorrigiblement belliciste. Mais ils ne voulaient pas prendre de risques. À l'automne 1937, sept Américains sur dix croyaient que le Congrès devait obtenir l'approbation de la population dans un référendum avant de voter une déclaration de guerre. La Chambre des représentants repoussa de justesse un amendement constitutionnel à cet effet qui eût lié le Président non pas simplement à une décision du Congrès, mais au résultat d'un référendum populaire[31].

En parlant de paix, Roosevelt, absorbé par les problèmes intérieurs, ne prépara guère l'Amérique, ni psychologiquement ni matériellement, à la fâcheuse perspective d'un engagement dans les troubles à venir, en Europe ou dans l'Est asiatique, qui pouvait bien, quelles que fussent les bonnes intentions, se révéler impossible à éviter. Au fil des années suivantes, il fit donc le minimum pour réarmer la flotte américaine et quasiment rien pour développer l'armée de terre. En fait, une des premières mesures de Roosevelt pour amputer le budget après son entrée en fonction, en 1933, avait été de réduire les effectifs d'une armée de terre déjà minuscule, avec juste 140 000 hommes[32]. Le Président chérissait les idéaux de paix, d'harmonie, de coopération et de libre-échange à travers le monde. C'était un rêve noble, que partageaient des millions de gens moins à même que le Président de faire quoi que ce soit pour le réaliser. Or, dans les premières années de sa présidence, hormis réduire l'engagement des États-Unis en Amérique latine, en accord avec sa politique de « bon voisinage », et offrir l'indépendance aux Philippines, Roosevelt se contenta de laisser ce rêve à l'état de lointaine aspiration.

Jusqu'en 1938, il laissa largement la politique extérieure entre les mains de son secrétaire d'État, Cordell Hull[33]. Né dans un chalet de montagne du Tennessee, grand, l'air distingué avec sa chevelure argentée et ses yeux foncés, intelligent quoique sans grande imagination, très expérimenté mais souvent conservateur au point de s'entêter, moraliste et indépendant, mais « simple et abordable comme une vieille godasse[34] », Hull était profondément attaché aux principes que le président Woodrow Wilson, l'architecte en chef du règlement de l'après-guerre, avait épousés. Il était fermement convaincu de la possibilité de promouvoir la paix mondiale sur la base du désarmement, de l'autodétermination, du changement non violent et d'une diminution des rivalités commerciales[35]. S'il était vigilant, Hull n'était pas excessivement préoccupé, à ce stade, par le Japon, et ne voyait aucune raison de réclamer une approche plus interventionniste des problèmes croissants de l'Europe. De fait, c'est elle qui semblait représenter le danger potentiel le plus grand. Mais l'inaction des démocraties occidentales, de la France et de la Grande-Bretagne, qui aboutit aux politiques d'apaisement, trouvait sa contrepartie outre-Atlantique dans le détachement de l'administration de Roosevelt face à la menace croissante de l'Allemagne.

La situation n'était guère différente en Asie de l'Est. Quand Roosevelt, en réponse à l'attaque du Japon contre la Chine, prononça un grand discours à Chicago, la citadelle de l'isolationnisme, le 5 octobre 1937, on put croire que cela annonçait un changement de la politique américaine. En réalité, ce discours ne donna qu'un avant-goût de la frustration qui allait affliger ses amis et alliés au cours des quatre années suivantes. Roosevelt utilisa l'analogie de la communauté soudée pour mettre en quarantaine les patients victimes d'une épidémie, laissant entendre qu'il fallait procéder de même dans les relations internationales avec ceux qui menaçaient aujourd'hui la paix mondiale. Mais quand la Grande-Bretagne demanda des éclaircissements et voulut savoir ce que les propos de Roosevelt signifiaient concrètement, avant de suggérer peu après une démonstration de force navale conjointe à Singapour pour dissuader le Japon, les États-Unis se dérobèrent. « Aux États-Unis, il existe une opinion publique, expliqua le message, et il n'est pas question de voir le Président à la remorque des Britanniques[36]. » « De la part des Américains, commenta le Premier ministre britannique Neville Chamberlain, il est toujours mieux et plus sûr de ne compter sur *rien* d'autre que des mots[37]. »

Chamberlain ne changea pas d'avis. Quand Roosevelt, en janvier 1938, proposa une initiative visant à pousser les pays d'Europe et d'Amérique latine à s'entendre sur les principes des relations internationales dans l'espoir qu'un regain de sens de la sécurité collective, avec l'appui des États-Unis, persuade les puissances de l'Axe de renoncer à leur politique d'agression, le Premier ministre britannique fit la moue. Plus tard, Churchill devait parler de l'initiative du Président comme de la « dernière chance fragile de sauver le monde de la tyrannie autrement que par la guerre[38] ». En réalité, cette initiative n'avait aucune chance de détourner Hitler de son cap. Mais la conclusion de Chamberlain allait bien au-delà de cette initiative. Il ne voulait pas en démordre : si elle « avait des ennuis », la Grande-Bretagne ne pouvait attendre aucune aide des États-Unis[39]. Il préféra continuer sur la voie de l'apaisement.

En 1938, les États-Unis suivirent de loin les initiatives expansionnistes de Hitler, avec une certaine inquiétude assurément, mais simplement depuis les coulisses. Ils prirent acte de l'annexion de l'Autriche avec résignation, mais sans élever d'objections. Lors de la crise des Sudètes, pendant l'été 1938, Roosevelt en appela à la paix. Après que les démocraties occidentales eurent découpé la Tchécoslovaquie au cours de la conférence de Munich, fin septembre, dans un vain effort pour satisfaire les exigences insatiables de Hitler, Roosevelt compara leur action à la trahison de Judas l'Iscariote. Mais, apprenant que Chamberlain allait participer à la conférence où la capitulation devant Hitler était inévitable, Roosevelt avait câblé au Premier ministre britannique : *Good man*, « parfait[40] ! » Non sans raison, on a pu dire que le Président américain avait été un « spectateur impuissant à Munich, le leader faible et sans ressource d'un pays désarmé, économiquement blessé et diplomatiquement isolé[41] ».

L'indignation morale devant le traitement des Juifs par les Allemands allait certainement croissant aux États-Unis en 1938. Elle déborda à la suite des fameux pogroms de la « nuit de cristal » du 9 au 10 novembre, déclenchés par les nazis contre les Juifs d'Allemagne. Mais Roosevelt n'était pas disposé à abandonner le système des quotas d'immigration pour accueillir les réfugiés juifs aux abois. Et une forte majorité soutenait le Président sur ce point[42].

Malgré sa passivité en 1938, alors que la campagne expansionniste de Hitler poussait l'Europe au bord de la guerre, Munich avait fait comprendre à Roosevelt qu'il était illusoire de croire que les États-Unis pourraient rester à l'écart et détachés de ce qui se passait outre-Atlantique. Ses craintes concernant Hitler, qu'il tenait pour un « sauvage » et un « cinglé », s'étaient amplifiées[43]. Le Président se mêlait désormais bien plus directement de politique étrangère, lisant régulièrement les télégrammes de l'étranger et discutant fréquemment des problèmes qui se posaient avec Cordell Hull et d'autres responsables du département d'État. Dans son lit de la Maison-Blanche, adossé à ses coussins, il recevait souvent Hull ainsi que le vif, urbain et policé, mais pompeux et cérémonieux sous-secrétaire d'État, Sumner Welles, qui avait fréquenté la même école préparatoire huppée que le Président, portait dans son enfance des gants blancs pour jouer à la campagne et avait « toujours l'air de craindre d'attraper des microbes », bref dans le meilleur des cas d'un abord « plutôt glacial[44] ». Il était clair dans leur esprit qu'il fallait tout faire pour empêcher la guerre et, si celle-ci devait néanmoins éclater, assurer la victoire des démocraties occidentales. Les moyens d'y parvenir étaient moins clairs[45].

À l'époque de Munich, l'opinion publique américaine évoluait déjà au point de juger la guerre probable en Europe. Pour autant, on ne notait encore aucune disposition à souhaiter l'abrogation de la législation sur la neutralité – problème que le Président souleva en janvier 1939. Les mois suivants allaient montrer que la diplomatie américaine était fort démunie pour contenir Hitler. Le changement de priorité intervenu à l'automne 1938 n'en eut pas moins un effet nouveau et tangible : le lancement d'un vaste programme de réarmement, surtout dans les airs (même si, bien entendu, cela ne pouvait se faire du jour au lendemain)[46]. De pair avec cet engagement, Roosevelt était personnellement attaché à la production d'armes destinées à permettre aux démocraties occidentales d'assurer leur défense, même si cet objectif était loin de faire l'unanimité et suscita d'ailleurs la vive désapprobation de son secrétaire à la Guerre de l'époque, l'isolationniste Harry H. Woodring[47]. Malgré l'opposition, cela marqua le début de la politique d'aide aux démocraties européennes, sans aller jusqu'à la guerre : une politique à laquelle Roosevelt devait se tenir jusqu'en décembre 1941.

Après que Hitler eut envahi ce qu'il restait de la Tchécoslovaquie, en mars 1939, et que la Grande-Bretagne eut apporté peu après sa garantie à la Pologne, la guerre en Europe dans un proche avenir semblait pratiquement une certitude. De plus en plus d'Américains commencèrent à considérer qu'aider la Grande-Bretagne et la France à s'armer contre l'Allemagne de Hitler pouvait aussi être une façon de s'aider soi-même. L'administration, avec Cordell Hull à l'avant-garde, se mit alors à faire pression sur le Congrès en vue d'abroger l'embargo sur les armements[48]. En vain. La Chambre des représentants, en juin, puis le Sénat, le mois suivant, votèrent son maintien. Six mois d'efforts intenses de la part de l'administration se soldèrent par un échec retentissant. En laissant Hull mener la bagarre pour l'abrogation et en restant à l'arrière-plan plutôt que de risquer son prestige, Roosevelt avait commis une erreur de calcul[49].

Pour ce qui est de la diplomatie, le discours d'avril 1939, où Roosevelt offrit à Hitler et Mussolini des pourparlers visant à régler les problèmes du désarmement et du commerce s'ils s'engageaient à ne pas attaquer trente pays nommément désignés au cours des dix années suivantes, lui valut une réponse cinglante du dictateur allemand[50]. À cette époque, l'Amérique n'occupait pas une grande place dans la réflexion de Hitler. Dans la préparation de son agression, il n'avait pas compté avec une intervention sérieuse des États-Unis. Il n'éprouvait aucun besoin d'envisager la moindre concession à la diplomatie désespérée du président américain au printemps de 1939.

Roosevelt n'obtint guère plus de succès dans ses efforts de la mi-août 1939 pour persuader les dirigeants soviétiques qu'ils avaient tout intérêt à trouver un « accord satisfaisant contre l'agression » avec la Grande-Bretagne et la France. Il demanda à l'ambassadeur soviétique en poste à Washington, Constantin Oumanski, qui était sur le point de partir pour Moscou, « de dire à Staline que, si son gouvernement s'entendait avec Hitler, il était aussi certain que, de même que la nuit suit le jour, Hitler n'aurait pas plutôt conquis la France qu'il se retournerait contre la Russie et que ce serait donc ensuite le tour des Soviets[51] ». Si ces paroles prophétiques lui furent effectivement transmises, Staline n'en tint pas compte. Quinze jours plus tard, il avait conclu avec Ribbentrop l'infâme pacte de non-agression. La guerre en Europe était désormais tout à la fois certaine et imminente. Comme on lisait les derniers rites de paix, Roosevelt en appela à Hitler, au président polonais et au roi d'Italie[52]. Il ne pouvait plus maintenant qu'attendre l'inévitable.

II

Le début de la guerre européenne n'en eut pas moins des conséquences évidentes pour les États-Unis. Les Américains ne pouvaient s'enfouir la tête dans le sable et faire semblant de ne pas être affectés par un conflit qui se déroulait à des milliers de kilomètres de chez eux, quand bien même beaucoup l'eussent souhaité. Roosevelt le fit valoir à ses compatriotes dans une « causerie au coin du feu » (ainsi qu'on appelait ses allocutions radiodiffusées) le 3 septembre au soir, le jour même des déclarations de guerre britannique et française. « Quand la paix a été violée quelque part, la paix de tous les pays est partout en danger, leur dit-il. Si passionnément que nous puissions aspirer au détachement, ajouta-t-il, force nous est de comprendre que chaque mot qui nous vient par les ondes, chaque navire qui prend la mer, chaque bataille qui est livrée, affecte l'avenir américain. » Mais il espérait, et croyait que les « États-Unis resteraient à l'écart de cette guerre ». On ne devait pas parler à tort d'une « Amérique envoyant ses armées sur les champs de bataille européens ». Les États-Unis resteraient neutres. Mais il ne pouvait demander « que chaque Américain demeurât neutre aussi en pensée [...]. Même à un neutre, on ne saurait demander de fermer son esprit ou de fermer sa conscience »[53].

C'était une manière de répéter publiquement la doctrine déjà établie du soutien aux démocraties européennes à travers des mesures en tous genres « sans aller jusqu'à la guerre ». Roosevelt pouvait être assuré du soutien de la population à cette approche. Il savait que l'opinion était presque entièrement derrière la Grande-Bretagne et la France dans le conflit avec l'Allemagne de Hitler. Mais il savait aussi que cette attitude avait des limites strictes. Soutenir les démocraties ne signifiait pas participer à la guerre de leur côté. Les objections à tout engagement direct étaient plus véhémentes que jamais. Le seul combat que la plupart des Américains envisageaient était de défendre l'hémisphère occidental contre une attaque non provoquée.

En vérité, les préférences personnelles du Président s'accordaient dans une bonne mesure avec l'opinion publique. Avant le début du conflit, il avait eu diverses occasions d'exposer clairement sa position aux principaux responsables de son administration. « Tant que je serai à la Maison-Blanche, je n'imagine pas d'envoyer jamais des troupes américaines à l'étranger », avait-il déclaré[54]. Et dans l'après-midi du 1er septembre (le jour de l'inva-

1. Mai 1940 : des soldats français se rendent tandis que la Wehrmacht avance sans difficulté à travers les Pays-Bas et le nord de la France. La rapidité de la victoire allemande eut un effet spectaculaire sur les plans de guerre en Europe, mais aussi en Extrême-Orient.

2. Dunkerque, fin mai 1940 : troupes alliées attendant dans l'espoir d'être évacuées des plages. Le succès de l'évacuation dépassa toutes les espérances du gouvernement et des chefs militaires.

3. 1940 : visages sombres à Downing Street – Winston Churchill et lord Halifax. Leur désaccord domina les discussions décisives du cabinet de guerre entre le 25 et le 28 mai. La question était de savoir s'il fallait chercher une issue négociée à la guerre. La décision de continuer le combat bouleversa la stratégie allemande.

4. Le grand amiral Erich Raeder, commandant en chef de la marine allemande. Ses préférences stratégiques différaient de celles du dictateur allemand, Adolf Hitler.

5. Hitler et le dictateur espagnol, le général Francisco Franco, passent en revue la garde d'honneur au cours du sommet d'Hendaye, en octobre 1940, qui mit en évidence les obstacles insurmontables d'une « stratégie périphérique » impliquant l'Espagne.

6. Le commissaire soviétique aux Affaires étrangères, Viatcheslav Molotov (avec le ministre allemand des Affaires étrangères, Joachim von Ribbentrop, à sa droite) au cours d'une visite à Berlin en novembre 1940. Hitler en sortit convaincu qu'il fallait lancer sans tarder l'attaque contre l'Union soviétique.

7. Colonne de chars japonais dans le sud de la Chine. La guerre âpre et brutale qui commença au cours de l'été 1937 devait être un obstacle insurmontable à toute perspective de règlement pacifique en Extrême-Orient.

8. Le prince Konoe Fumimaro, trois fois Premier ministre du Japon. Partisan de la guerre en Chine et de l'expansion au sud, il démissionna en octobre 1941 après avoir cherché en vain une issue à l'escalade de la crise avec les États-Unis.

9. L'ambassadeur du Japon à Berlin, Kurusu Saburo, prend la parole lors de la cérémonie de signature du Pacte tripartite entre le Japon, l'Allemagne et l'Italie, le 27 septembre 1940. À sa gauche, le ministre italien des Affaires étrangères, le comte Galeazzo Ciano, et Hitler.

10. Expressions mitigées sur les visages des Italiens lors de l'entrée de leur pays dans la guerre, le 10 juin 1940.

11. *(De gauche à droite)* Mussolini, Hitler, Ciano et Ribbentrop réunis au Palazzo Vecchio à Florence, le 28 octobre 1940, le jour où l'Italie lança son attaque contre la Grèce.

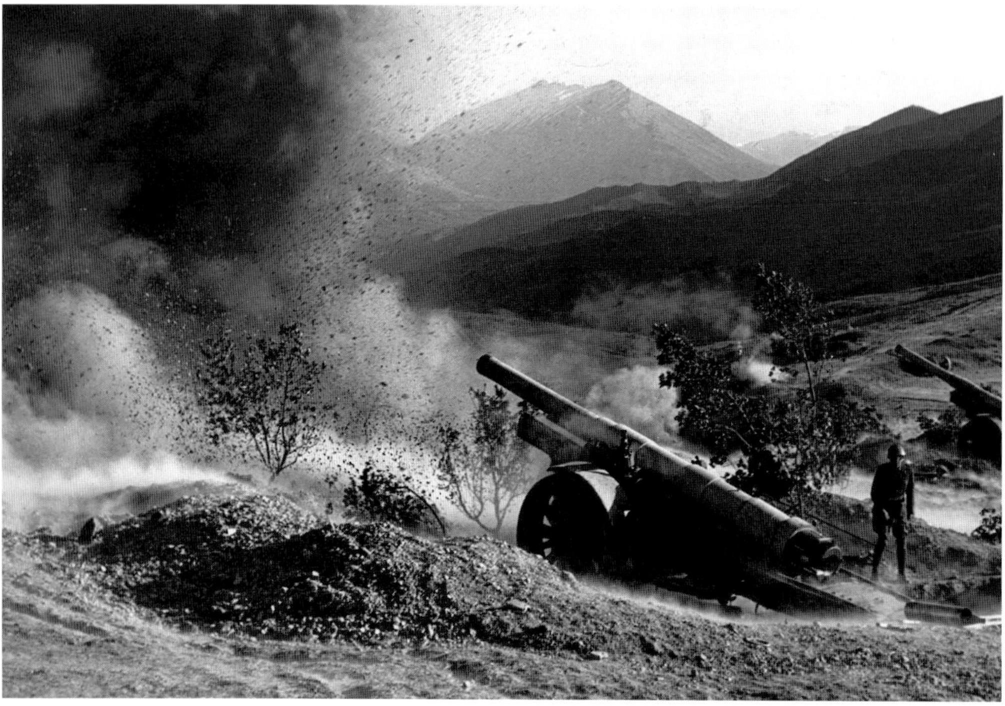

12. Tirs de l'artillerie italienne sur des positions grecques à la frontière albanaise après l'enlisement de l'invasion malheureuse de la Grèce.

13. En 1940, le président Franklin Delano Roosevelt discute de politique étrangère avec son secrétaire d'État, le chevronné Cordell Hull : prônant la prudence au sein de l'administration, il devait finalement se montrer inflexible face à la menace croissante du Japon.

14. Le général George C. Marshall, chef d'état-major hors pair, évalue la stratégie avec le très expérimenté et très déterminé secrétaire à la Guerre, Henry L. Stimson, un des « faucons » de l'entourage présidentiel.

15. Joseph Staline en compagnie de Molotov, qui suivit servilement son chef quand celui-ci refusa d'entendre les nombreux avertissements annonçant l'invasion allemande en 1941.

sion allemande de la Pologne), s'adressant à son cabinet, dont certains membres étaient rentrés précipitamment de vacances, devant les portraits des anciens présidents et face aux jardins de la Maison-Blanche, il répéta : « Nous n'allons pas entrer dans cette guerre. » Et à ses stratèges de l'armée de terre : « Quoi qu'il arrive, nous n'enverrons pas de troupes à l'étranger. » Les responsables du département de la Guerre lui avaient présenté un plan envisageant des réserves suffisantes pour équiper un éventuel corps expéditionnaire en Europe, mais le Président se montra intraitable : « Il nous suffit de songer à défendre cet hémisphère[55]. » Il reconnut toutefois que l'effort pour préserver la neutralité tout en apportant à la Grande-Bretagne et à la France le soutien dont elles auraient besoin pour résister à l'Allemagne hitlérienne signifiait que la corde raide sur laquelle il marchait ne manquerait pas de s'effilocher si la guerre s'éternisait.

Certaines mesures pouvaient désormais être prises qui, à peine un peu plus tôt, eussent été éminemment sensibles. Roosevelt autorisa le Département d'État à monter une armée de terre de 750 000 hommes, plus de quatre fois ses effectifs de l'époque (même si elle restait minuscule en comparaison des immenses légions sous les armes en Europe)[56]. Il avait demandé à Sumner Welles de prendre les dispositions nécessaires pour aménager un cordon de sécurité autour des rivages du continent américain (le Canada excepté) afin de protéger le trafic maritime allié de la guerre navale et de la campagne sous-marine allemande à laquelle il fallait s'attendre, et élargit personnellement la zone proposée de 100 à 300 milles[57]. Tout comme Hull, il pensait que, à la faveur d'un changement de circonstances, l'abrogation de la législation d'embargo, vitale pour fournir une aide à la Grande-Bretagne et à la France, ne poserait désormais aucun problème, et il résolut donc de convoquer une session spéciale du Parlement pour voter le changement[58]. En attendant, toutefois, il n'y avait pas moyen d'éviter d'invoquer le Neutrality Act, qui imposait un embargo immédiat sur la vente d'armes et de munitions à tous les belligérants – chose à la fois déprimante et préoccupante pour les alliés occidentaux, qui, légalement, n'avaient plus aucune possibilité d'acheter des armements aux États-Unis[59].

En fait, l'abrogation de l'embargo sur les armes continuait d'être très contestée, suscitant la vive hostilité d'un lobby isolationniste qui savait se faire entendre. Roosevelt fit de l'abrogation sa propre cause. Lui qui était encore réticent au printemps défendit personnellement la mesure devant le Congrès. Il dit regretter que le Congrès eût voté le Neutrality Act, mais aussi de l'avoir signé[60]. L'abrogation de l'embargo, plaida-t-il, serait synonyme de véritable neutralité et consacrerait la fin du traitement impartial des agresseurs et des victimes : partant, elle garantirait mieux la paix que de conserver la loi en l'état. Avec l'abrogation, déclara-t-il, « ce gouvernement proclamera haut et fort que les citoyens et les navires américains sont soustraits aux dangers immédiats des zones effectives de conflit[61] ». Début novembre, après six semaines de débats intenses, les deux chambres du Congrès finirent par adopter la législation nécessaire à de très larges majorités[62].

Le fort degré de consensus qui avait fini par se dégager avait toutefois un prix. Les isolationnistes réussirent à rétablir les clauses *cash-and-carry* (« vente au comptant et à emporter ») de la législation de 1937 qui avait expiré en mai 1939. Ces dispositions avaient été introduites pour permettre aux États-Unis de continuer à profiter du commerce extérieur tout en demeurant neutres. Il était possible de vendre des marchandises aux belligérants, hors armes et autres articles interdits, du moment qu'ils payaient à réception et que le transport se faisait à bord de navires étrangers[63]. Toute forme de crédit, du Trésor ou des banques privées, était rigoureusement interdite[64]. Les dispositions *cash-and-carry* étaient avantageuses pour les pays qui avaient de fortes réserves de liquidités et une marine importante. En Europe, les bénéficiaires en seraient la Grande-Bretagne et la France, plutôt que l'Allemagne. En Extrême-Orient, toutefois, l'effet pervers de cette clause serait d'aider le Japon aux dépens de la Chine. Malgré l'abrogation de l'embargo sur les armements, la question était de savoir si les démocraties occidentales pourraient payer les armes dont elles avaient besoin et si, dès lors qu'elles trouveraient le financement, les Américains seraient disposés à leur livrer les quantités nécessaires. Les deux problèmes devaient demeurer sans solution plus d'une année durant.

En 1940, alors que la « drôle de guerre » (*phoney war*) – l'expression sarcastique forgée par le sénateur républicain isolationniste William E. Borah s'était tant bien que mal imposée – s'éternisait, Roosevelt envoya Sumner Welles à Rome, Berlin, Paris et Londres : il était officieusement chargé de sonder le terrain en vue d'éventuelles négociations de paix. À son retour, début avril, un Welles dégrisé ne voyait plus la moindre chance d'une initiative diplomatique qui mettrait fin au conflit. En fait, Mussolini avait dit qu'il croyait possible une paix négociée entre l'Allemagne et les Alliés, moyennant la satisfaction de toutes les revendications territoriales allemandes et italiennes. Mais Welles avait pris conscience que Mussolini avait perdu toute l'influence qu'il avait pu avoir autrefois, et il était certain que le Duce entraînerait l'Italie dans la guerre, au moment opportun. La belligérance de Berlin et le moral à zéro des Français avaient achevé de déprimer Welles. C'est à Londres seulement, avec la résilience que manifestait Winston Churchill, rentré au gouvernement en qualité de *First Lord of the Treasury*, qu'il avait rencontré quelque chose de nature à l'impressionner[65].

Le rapport lugubre de Welles n'eut pas de conséquences immédiates à Washington. En fait, dans les jours qui suivirent le retour du sous-secrétaire, l'attaque allemande contre le Danemark et la Norvège mit brutalement fin à la « drôle de guerre ». Un mois plus tard, la guerre entra spectaculairement dans une phase nouvelle et éminemment dangereuse quand Hitler lança son offensive dévastatrice à l'Ouest. On a vu comment Mussolini avait rejeté péremptoirement l'offre que lui fit le Président de jouer les intermédiaires d'un règlement de paix s'il acceptait de rester à l'écart de la guerre[66]. Pour les acteurs centraux de la politique extérieure américaine, suivant le mot ultérieur de Sumner Welles, mai et juin 1940 furent un « cauchemar de frustration. Car, sauf à entrer en guerre, chose à laquelle l'opinion publique américaine était en tout état de cause majoritairement opposée, le gouvernement des États-Unis n'avait aucun moyen de détourner ou de contenir le cataclysme mondial » et la menace qui pesait de ce fait sur l'Amérique[67]. Il aurait pu ajouter que même une déclaration de guerre des États-Unis, impensable à l'époque, n'eût pas représenté la moindre gêne pour Hitler et ne l'aurait pas fait hésiter. Au printemps 1940, les États-Unis ne possédaient ni les forces armées ni les capacités logistiques pour entrer dans la guerre et bloquer les ambitions militaires allemandes. Pas grand-chose n'avait été fait en matière de réarmement. Quand le président du Conseil français Paul Reynaud implora les États-Unis d'envoyer des avions, l'ambassadeur américain à Paris, William Bullitt, dut lui dire qu'il n'y en avait pas[68]. En fait, les États-Unis eux-mêmes ne disposaient que de 1 350 avions à l'époque pour assurer leur défense[69]. Quand Reynaud réclama à cor et à cri de vieux cuirassés, la réponse fut identique. On ne pouvait se priver d'aucun d'entre eux[70]. Roosevelt n'avait à proposer que l'envoi de plus de 2 000 canons, français au demeurant, dont la production avait été standardisée dans la Première Guerre mondiale[71]. L'armée de terre régulière américaine comptait 240 000 hommes à cette époque, ce qui la mettait au vingtième rang du monde, juste après la Hollande. Elle n'avait que 5 divisions dûment équipées (les Allemands en déployèrent 141 dans la seule campagne de l'Ouest), équipées d'armes qui remontaient encore souvent à la Grande Guerre[72]. Même le transport outre-Atlantique de cette armée chétive n'aurait pu se faire avant que Hitler n'eût déjà envahi les Pays-Bas et la France.

Alors que le printemps touchait à sa fin et que les Français demandaient la paix, le 17 juin, puis signaient cinq jours après une humiliante capitulation, Washington avait peu de raisons d'être optimiste quant à la capacité britannique de poursuivre le combat. Le nouveau Premier ministre britannique symbolisait certainement la nouvelle détermination du pays qui avait impressionné Sumner Welles quelques semaines auparavant. Au moment le plus désespérant, fin mai, avec l'armée britannique en rade à Dunkerque, Churchill avait bel et bien convaincu ses collègues du cabinet de guerre que la seule stratégie rationnelle ouverte à la Grande-Bretagne était de tenir bon, de rejeter toute idée de négociation et d'attendre l'aide américaine. À ce stade, la question restait posée de savoir s'il y aurait effectivement une aide significative, et quand. Churchill ne pouvait que l'espérer et compter sur elle. Mais au moins le gouvernement affichait-il désormais son désir de résister. Et le corps expéditionnaire britannique avait été sauvé de Dunkerque. Le 4 juin, au dernier jour de l'évacuation, Churchill s'était livré à un tour de force oratoire devant la Chambre des communes pour exprimer le nouvel esprit. « Nous défendrons notre Île, quoi qu'il en coûte », déclara Churchill à ses auditeurs américains. « Jamais nous ne nous rendrons. » Quand bien même la Grande-Bretagne serait asservie, l'Empire et la flotte britannique continueraient à combattre d'outre-mer, « jusqu'à ce qu'à l'heure propice de Dieu, le Nouveau Monde, avec toute sa force et sa puissance, vole au secours et à la libération du Vieux Monde[73] ».

La rhétorique était sans nul doute puissante, et elle ne fut pas dépourvue d'effet outre-Atlantique. Elle ne réussit pourtant pas à dissiper le pessimisme régnant sur le destin de la Grande-Bretagne. L'ambassadeur américain à Londres, Joseph Kennedy, était de longue date un prophète de malheur. Il pensait que, à la suite de Dunkerque, Hitler allait faire aux Britanniques une offre qu'ils ne pourraient refuser[74]. D'autres ne voyaient aucune raison de disconvenir que la Grande-Bretagne serait incapable de résister. Les chances de survie de ce pays n'étaient que d'une contre trois, expliqua-t-on à Roosevelt[75]. Le Président nourrissait de sérieux doutes lui aussi, notamment quant au sort de la flotte britannique en cas de reddition[76].

Avant mai 1940, l'administration avait envisagé un de ces trois scénarios : les démocraties gagneraient la guerre sans aide active de l'Amérique ; la guerre s'enliserait dans une impasse prolongée, permettant aux États-Unis de se retrouver finalement en position d'arranger une paix négociée ; les dictatures menaceraient sérieusement de vaincre les démocraties, quoique au cours d'une longue guerre. Ce qu'elle n'avait pas imaginé, c'était un quatrième scénario : une victoire allemande étonnamment rapide et éclatante à l'Ouest, *avant* même que les États-Unis ne pussent apporter la moindre aide significative[77]. Or c'est précisément ce qui arriva. Avec les sombres perspectives d'une reddition britannique, la question de l'assistance matérielle à Londres prit alors une acuité particulière. L'aide était cruciale si l'on ne voulait pas voir le pays succomber ; mais s'il était contraint de capituler, elle équivaudrait à un simple cadeau à Hitler. Alors que l'on mesurait l'ampleur de la défaite de la France outre-Atlantique, tout le problème critique et litigieux de l'aide à la Grande-Bretagne était sur le point d'entrer dans une nouvelle phase décisive.

III

Alors qu'il commençait de regarder en face les problèmes capitaux posés par la chute de la France, Franklin Delano Roosevelt, alors âgé de 58 ans, avait déjà bien entamé la huitième – et, suivant une vieille convention, dernière – année de son mandat présidentiel. La fortune et les hautes fonctions politiques avaient marqué ses origines. Issu d'une famille patricienne, il avait grandi à Hyde Park, une vaste demeure de l'État de New York, Son cousin au cinquième degré, Theodore Roosevelt, avait été Président de 1901 à 1909. Il avait même épousé une Roosevelt : Eleanor, une vague cousine et nièce de Theodore. Elle devait lui donner six enfants (dont un mort en bas âge). À la différence de Theodore, Franklin avait fait son chemin en politique sous la bannière des démocrates. Nommé secrétaire-adjoint à la Marine sous Woodrow Wilson, il avait été le candidat démocrate à la vice-présidence en 1920. L'année suivante s'abattit sur lui une tragédie personnelle : la polio le laissa paralysé des deux jambes. Gouverneur de New York depuis 1928, Roosevelt avait fait les preuves de son habilité et de ses capacités politiques. Il s'était déjà distingué en combattant les pires effets de la crise à New York quand il obtint l'investiture démocrate à la présidentielle en 1932.

Son charme, son style apparemment décontracté, sa bonne humeur et ses manières affables l'aidèrent à persuader ses amis et à amadouer ses adversaires à maintes occasions tout en traçant son chemin à travers les fourrés de la vie politique. Certains de ses ennemis politiques l'accusèrent de sournoiserie et de duplicité. Ses partisans en revanche admiraient son intelligence et son habileté manœuvrière. Il demeura une sorte d'énigme tout au long de ses années au pouvoir. « Sa déroutante complexité, a-t-on dit de lui, était devenue son trait le plus visible. Il pouvait se montrer hardi ou prudent, informel ou digne, cruel ou bon, intolérant ou d'une patience à toute épreuve, urbain ou presque rustre, impétueux ou enclin à temporiser, machiavélique ou moraliste[78]. » Quelque vision qu'on eût de lui, il n'était guère contestable que, lorsqu'il se trouva confronté aux questions redoutables de la guerre et de la paix dans les mois critiques de 1940-1941, Roosevelt était le maître suprême de la scène politique aux États-Unis.

De la Maison-Blanche au temps de Roosevelt, on a pu dire qu'elle était « un foyer dans une demeure à l'intérieur d'un bureau présidentiel[79] ». C'était assurément un centre du pouvoir, mais il n'avait rien d'ostentatoire, même dans les salles vouées à la représentation. Roosevelt commençait la journée en prenant son petit déjeuner au lit tout en lisant la presse ; pour l'occasion il jetait sur ses pyjamas sa cape bleue avec son monogramme FDR en rouge. Ses collaborateurs personnels venaient ensuite discuter avec lui de l'emploi du temps de la journée. Puis, à compter de 10 heures du matin, il rejoignait le Bureau ovale, aux murs couverts de livres, de gravures et de photos de famille et dont les grandes fenêtres donnaient sur le jardin. En règle générale, il s'installait alors à son grand bureau, jonché de papiers. Habituellement, il recevait diverses visites en fin de matinée et, dans l'après-midi, l'accès au saint des saints était contrôlé par son débonnaire aide de camp, le général Edwin W. Watson, connu de tous sous le sobriquet de « Pa » : grand Virginien affable, son goût immodéré des lotions après-rasage lui valait des plaisanteries présidentielles à répétition. Puis Roosevelt dictait des lettres et des notes à ses secrétaires, la très fidèle et dévouée Marguerite « Missy » LeHand et son assistante, Grace Tully. Le Président recevait les membres du Congrès en audience le lundi ou le mardi, réservant le mardi après-midi ou le vendredi matin à la presse. Et le vendredi après-midi, il présidait la réunion de son cabinet. Le soir, il y avait souvent des divertissements organisés dans la salle à manger officielle. Autrement, Roosevelt aimait à passer sa soirée à ranger sa collection de timbres (quand il n'était pas dérangé par des coups de fil ou d'autres occupations). Mais toutes sortes de crises pouvaient venir bousculer cette routine apparemment ordonnée, et cela devait souvent arriver. La façon de procéder de Roosevelt a souvent donné l'impression un peu trompeuse d'un manque d'application systématique. En vérité, elle attestait un niveau d'engagement personnel très élevé fondé sur l'accessibilité. Le « climat amical de petite ville » qui régnait à la Maison-Blanche dissimulait mal le fait que Roosevelt tenait bien en mains les rênes du pouvoir[80].

La constitution américaine confère de larges pouvoirs au Président, même si elle assortit également de contrepoids le pouvoir de l'exécutif. Par-dessus tout, les pouvoirs donnés au Parlement et à la justice avaient pour but de limiter celui du Président et de l'empêcher d'en abuser. La doctrine de la séparation des pouvoirs faisait la part des frictions inévitables dans les relations entre le Président et le Congrès[81].

Le duopole que formaient le Président et le Congrès, l'équilibre complexe des pouvoirs de chacun rendaient inévitable la nécessité d'un compromis, auquel on arrivait souvent au terme de processus fastidieux et interminables et d'un travail de lobbying intense. L'absence de décision rapide, voire impulsive, et le manque apparent d'efficacité personnelle passaient en général pour le prix nécessaire de la liberté par rapport à un pouvoir démesuré. D'autre part, en période de crise internationale – les implications de la guerre en Europe pour les États-Unis et la menace croissante en Extrême-Orient équivalaient certainement à une situation de ce genre –, la nécessité de négocier des mesures cruciales pour les faire adopter par un Congrès obstructionniste pouvait non seulement se révéler laborieuse, mais être aussi une source d'affaiblissement quand il fallait agir d'urgence. C'est précisément dans les périodes de ce genre que le Président avait besoin d'un appui national, plutôt que partisan. La prudence de Roosevelt, sa réticence à prendre les initiatives hardies que prônaient parfois ses conseillers reflétaient sa sensibilité aiguë à la nécessité d'avoir le pays derrière lui. Et il ne savait que trop que la nation était divisée sur la question décisive de l'engagement américain dans la guerre européenne : si elle voulait bien apporter plus d'aide matérielle à la Grande-Bretagne, elle était opposée à quatre contre un à l'entrée dans le conflit[82]. Roosevelt fit souvent preuve d'une habileté politique consommée dans ses rapports avec le Congrès. Dans le même temps, il se montra de plus en plus disposé à le contourner en usant de ses prérogatives présidentielles, parfois ingénieusement justifiées, pour lancer une action qui eût été bloquée ou retenue par un débat prolongé[83].

Chaque président apporte à l'exercice du pouvoir son style inimitable. Roosevelt était un homme d'idées hardies, mais sans idéologie cohérente. Il était prêt aux expériences, puis reculait si ses initiatives se révélaient irréalisables[84]. Il respirait la confiance et sa réelle affabilité contribuait à insuffler à son entourage le sentiment qu'il se portait aux limites du possible. Il se concentrait sur les fins plutôt que sur les moyens, et pouvait abandonner aux autres le détail des mesures allant en ce sens[85]. La bureaucratie l'exaspérait au point d'y voir souvent un défi à contourner. Et ses centres d'intérêt étaient très variables suivant les domaines. Bien souvent, il ne s'impliquait pas personnellement. S'il pouvait étudier de près tout ce qui touchait à la marine, à laquelle il vouait un intérêt passionné depuis la Première Guerre mondiale, il pouvait ne prêter qu'une attention superficielle aux questions qui ne retenaient pas son imagination[86]. Son approche discursive des problèmes pouvait irriter ceux qui, dans son entourage, eussent préféré une analyse plus directe, une expertise. L'impatience de Stimson face à la prudence de Roosevelt et à ses improvisations *ad hoc* conduisirent le secrétaire à la Guerre à noter d'un ton exaspéré qu'il s'agit « littéralement d'un gouvernement pressé » (*on the jump*) et qu'en discutant avec le Président on avait le sentiment de « courir après un rayon de soleil vagabond dans une pièce vide[87] ». Mais Stimson, comme d'autres, en vint à apprécier avec quelle habileté manœuvrière innée Roosevelt, à force de patience, de prudence et par des moyens détournés, parvenait à faire passer les mesures qu'il voulait prendre. Et nul ne prenait la prudence de Roosevelt pour de la faiblesse. Dans la formulation de sa politique et quand il s'agissait de prendre des décisions clés, personne n'avait l'ombre d'un doute sur la primauté absolue de Roosevelt.

Le cabinet, le groupe de conseillers du Président, ne jouait pas un grand rôle dans la prise de décision en tant qu'instance collective. À la différence du gouvernement dans le système parlementaire britannique, où les membres du cabinet sont des élus et partagent la responsabilité collective de la politique menée, le système américain, reposant sur l'expertise spécifique d'individus recrutés directement au gouvernement et avec sa dissociation claire de l'exécutif et du législatif, encourage le Président à traiter bilatéralement avec les diverses branches de son administration. Roosevelt amplifia cette tendance naturelle en utilisant la concurrence et les lignes de démarcation souvent fluides et brouillées parmi ses responsables[88]. Le cabinet n'était guère plus qu'un instrument de coordination du programme de défense et une instance où traiter des problèmes critiques de politique étrangère. Quand elles ne pouvaient être remises à plus tard, les décisions étaient arrêtées entre le Président et tel ou tel membre du cabinet, voire à la suite d'une discussion entre ceux qui étaient les plus directement concernés[89].

L'aggravation de la crise au printemps 1940 nécessitait un gouvernement plus flexible et dynamique. Dans le sillage du triomphe allemand de mai-juin 1940 en Europe occidentale, le besoin se fit pressant de mettre le pays en état de se défendre. Il convenait d'engager un effort tardif et massif pour mobiliser l'économie de la défense et réarmer en toute hâte. Et comme la sécurité nationale était liée au destin de la Grande-Bretagne et de la France, il fallait faire tout le nécessaire pour empêcher la destruction des démocraties occidentales[90]. Roosevelt se mit à agir davantage en commandant en chef qu'en président d'une administration civile pour centraliser l'orchestration de la défense entre ses mains. Il prit soin de contourner le Congrès, sans l'indisposer, s'appuyant sur des textes datant de la Première Guerre mondiale pour créer de nouveaux organismes de défense et éviter de légiférer tout en consolidant sa propre position. Il se mit « à improviser un nouveau gouvernement à l'intérieur du gouvernement[91] ».

En mai 1940, il mit en place l'Office for Emergency Management, destiné à coordonner le travail de toutes les instances gouvernementales traitant de la défense. Peu après, vers la fin du mois, il ranima le Council of National Defense, organisme composé de six membres du cabinet qui était en sommeil depuis la Première Guerre mondiale, et le flanqua d'une National Defense Advisory Commission composée de sept membres – hommes d'affaires et administrateurs chevronnés[92]. Mais ces organisations n'en imposaient que sur le papier. L'Office for Emergency Management n'était qu'une organisation parapluie permettant à Roosevelt de mettre en place et de contrôler des agences de production sans passer par le Congrès[93]. Le Council of National Defense, qui était en théorie le cœur de l'effort de défense et réunissait des membres du cabinet sans fonctions dans ce domaine, n'était qu'une « fiction administrative » et ne devait jamais se réunir[94]. Et l'Advisory Commission resta sans président : une « anomalie administrative », un groupe d'experts sans chef ni pouvoir, dont chaque membre n'était responsable que devant le Président. Définir ses responsabilités, a-t-on pu dire, « était un problème relevant de la métaphysique ». Une telle situation ne pouvait qu'engendrer confusion et conflits de juridiction entre la Commission et les administrations compétentes des ministères de la Guerre, de la Marine et du Trésor. Dans le même temps, le pouvoir du Président en était renforcé[95]. Son tempérament allait bien avec son sens de la responsabilité constitutionnelle. Il n'était pas enclin à déléguer son autorité à quelque organisation qui aurait pu miner son contrôle direct et personnel ; il estimait qu'il eût été constitutionnellement irresponsable de le faire[96].

En juin 1940, Roosevelt procéda à deux changements de personne importants qui affectèrent l'élaboration de la politique de défense. Il nomma Frank Knox secrétaire à la Marine et Henry L. Stimson secrétaire à la Guerre. En pleine année électorale, ces nominations étaient habiles. Knox et Stimson avaient tous deux occupé de hautes fonctions dans les précédentes administrations républicaines. Knox avait été le candidat républicain à la vice-présidence en 1936, tandis que Stimson avait déjà eu une longue expérience sous des présidents républicains comme secrétaire à la Guerre et, au début des années 1930, comme secrétaire d'État.

Outre qu'il élargit ainsi la représentation politique de son administration en lui donnant une image bipartisane en un temps de crise nationale, Roosevelt consolida considérablement son poids dans les affaires de défense[97]. Le précédent secrétaire à la Marine, Charles Edison, s'était montré inefficace, tandis que Harry H. Woodring, que le Président démit de ses fonctions de secrétaire à la Guerre, était singulièrement déplacé, à cause de ses tendances isolationnistes en complet porte-à-faux avec l'urgence de la situation[98]. Avec Knox et Stimson, Roosevelt avait désormais en place deux hommes partisans d'une politique de défense plus énergique : en vérité, ils étaient beaucoup plus bellicistes que le Président lui-même et prêts à le pousser dans une direction qu'il semblait souvent réticent à prendre.

Knox, dont l'affabilité allait de pair avec de solides convictions politiques, était devenu l'éditeur du *Chicago Daily News* en 1931 et donnait une voix au républicanisme tempéré et internationaliste dans une région dominée par l'isolationnisme forcené du *Chicago Tribune*[99]. À soixante-dix ans passés, Stimson était avocat de profession, mais il avait passé de longues années dans le service public et devint bientôt l'homme fort de l'administration. La droiture morale et le respect de la loi étaient les deux ressorts de cet homme de principes. Il avait le physique de l'emploi avec ses cheveux gris argentés et la raie au milieu, sa moustache drue et ses airs de respectabilité opiniâtre. Ses subordonnés continuaient de lui donner du colonel Stimson, son grade dans la Grande Guerre. Le Président l'appelait Harry. Stimson détestait viscéralement le nazisme et supportait mal les politiciens veules de la Grande-Bretagne et de la France, qui n'avaient pas résisté à Hitler. C'était un bon administrateur avec lequel il ne fallait pas plaisanter ; habitué à dire le fond de sa pensée, il était enclin à se montrer impatient, voire brusque, y compris avec le Président, quand il percevait quelque manque d'orientation ou d'énergie[100]. Stimson apporta alors au programme urgent de réarmement le dynamisme qui lui était si nécessaire et, malgré son âge avancé, une grande vitalité.

Avec Knox et Stimson, Roosevelt avait désormais en place deux hommes dont les positions étaient cruciales pour les aspects militaires de la politique extérieure, prêts à soutenir, tant en public qu'en privé, les préparatifs américains et l'aide à la Grande-Bretagne[101]. Stimson, notamment, se fit l'avocat le plus fervent de l'intervention dans la guerre européenne. Le vif intérêt de Roosevelt pour les affaires navales l'amena à s'impliquer dans la planification des opérations de la flotte. Il voyait rarement Knox seul et traitait souvent directement avec l'amiral Harold « Betty » Stark, le chef des opérations navales, invariablement prêt à accepter les propositions présidentielles, et avec l'austère commandant en chef de la flotte atlantique, l'amiral Ernest J. King. Avec l'armée de terre, Roosevelt procéda autrement. Il voyait régulièrement Stimson seul – et pas seulement sur les questions intéressant l'armée de terre –, et, probablement pour ne pas froisser la susceptibilité du secrétaire d'État touchant sa façon de diriger son département, il voyait rarement le patron de l'armée de terre et chef d'état-major, le général George C. Marshall, en dehors de la présence de Stimson[102]. Exceptionnellement doué et imposant, le très austère Marshall était un homme grand aux cheveux grisonnants et aux yeux d'un bleu profond, qui entretenait d'excellentes relations de travail avec Stimson[103]. Marshall avait la réputation de ne pas mâcher ses mots avec ses supérieurs. À l'automne 1938, il s'était fait remarquer en affichant haut et fort son désaccord avec Roosevelt lors d'une réunion importante. À l'époque, la plupart pensèrent que l'épisode sonnait le glas d'une carrière prometteuse. Mais, à quelques mois de là, Roosevelt procéda à l'une de ses nominations les plus remarquables en lui confiant le poste de chef d'état-major. Les formes n'en étaient pas moins respectées. Marshall donnait toujours à Roosevelt du « Monsieur le Président ». Il demeura volontairement à distance du charme présidentiel et résolut de ne jamais rire de ses blagues. Après avoir essuyé une première rebuffade, Roosevelt ne devait plus jamais donner du « George » à Marshall[104].

En mai 1940, après que Roosevelt eut sèchement rejeté une demande de crédit de l'armée de terre d'un montant de 657 millions de dollars, Marshall approcha le Président et lui exposa tous les arguments en faveur du financement avant de terminer ainsi : « Si vous ne faites pas quelque chose [...] et tout de suite, je ne sais pas ce qu'il va advenir de ce pays. » Roosevelt revint sur sa décision. C'est cette action qui permit de sortir de l'impasse, affirma ensuite Marshall[105]. Mais, avec les stratèges de l'armée de terre, le même Marshall continua de s'opposer à toute intervention armée tant que n'aurait pas été mise sur pied une force militaire efficace. Le chef d'état-major n'en vint à prôner la guerre qu'au début de l'automne 1941. Dans l'été 1940, la position de l'armée de terre était claire. L'entrée en guerre se traduirait par des attaques de l'Allemagne, de l'Italie et peut-être du Japon contre les États-Unis. « Notre peu d'empressement à prendre la mesure de cette agression dans toute son ampleur est si grand que, tant qu'on nous en laisse le choix, mieux vaut éviter l'affrontement le temps de nous préparer convenablement[106]. »

Tout cela n'empêcha point Stimson et Knox d'apparaître comme les influences les plus bellicistes de l'entourage de Roosevelt, le pressant d'adopter une attitude intransigeante envers les puissances de l'Axe et du Japon tout en soutenant chaque initiative en vue de maximiser le réarmement. Ils trouvèrent un soutien empressé auprès d'un ami personnel de Roosevelt, secrétaire au Trésor de longue date, Henry Morgenthau, qui pensait comme Stimson qu'on ne pourrait venir à bout du nazisme que si les États-Unis se jetaient dans la bataille avec toute leur puissance matérielle à la toute première occasion. Chargé de la lourde tâche d'organiser la production de guerre (laquelle incombait traditionnellement au département de la Guerre), Morgenthau devait nouer avec le secrétaire à la Guerre de bonnes relations de travail fondées sur le respect mutuel et une étroite coopération[107]. Les « faucons » trouvaient un autre soutien en la personne du rude et carré secrétaire à l'Intérieur, Harold L. Ickes, ancien républicain qui était membre du cabinet depuis 1933 et partageait avec Morgenthau le sentiment d'une crise imminente nécessitant une action décisive[108].

Le Département d'État, en revanche, formait un peu un contrepoids aux tendances bellicistes des responsables de l'armée et de la défense. Non que Cordell Hull, secrétaire d'État depuis 1933, fût partisan d'une ligne molle envers les agresseurs en Europe ou en Extrême-Orient. Pilier de rectitude dans les affaires étrangères, il détestait le fascisme et n'était pas moins ferme dans sa condamnation morale des Japonais. Mais sa prudence foncière le rendait mal à l'aise face à toute action qui pût passer pour une provocation inutile[109]. La perspective de voir le Japon prendre l'avantage dans le Pacifique à la faveur d'un engagement américain en Europe ne laissait pas d'inquiéter également le Président. Roosevelt se contentait de laisser un Hull méfiant et expérimenté s'occuper de l'Extrême-Orient en s'en mêlant aussi peu que possible et de maintenir une paix fragile dans le Pacifique en évitant les provocations à l'égard des Japonais, tout en s'abstenant d'une action qui pourrait absoudre l'agression de la Chine. L'Atlantique était une tout autre affaire, et Roosevelt y joua un rôle plus direct et public. Mais même en Extrême-Orient, l'autorité était divisée. Hull ne devait pas présider aux sphères de la dissuasion militaire et des restrictions commerciales[110]. Par ailleurs, Hull put constater que des problèmes importants étaient délégués à son sous-secrétaire Sumner Welles, ami et confident du Président, mais qui était aussi pour lui un rival qui lui inspirait aigreur et animosité[111].

L'éventail des vues représentées parmi les plus proches conseillers du Président, de la prudence rusée de Hull à l'interventionnisme déclaré de Stimson, permettait à Roosevelt d'osciller entre les options au moment de choisir. Hull était l'un des rares « élus » qui pût voir le Président plus ou moins à volonté. Compte tenu de sa position, c'était essentiel. Mais il y avait peu d'empathie personnelle. Cela n'allait guère au-delà de l'accès immédiat. Seuls avaient un accès presque automatique au Président et se frottaient donc très directement à sa façon de penser Stimson, Welles et, surtout, Harry Hopkins, de longue date le conseiller le plus écouté de Roosevelt – son « Mr Réparateur » (*Mr Fixit*) du New Deal, qui faisait partie de son proche entourage depuis le début, était écouté sur la plupart des sujets, avait même un appartement à la Maison-Blanche, et en qui ses adversaires dénonçaient un croisement de Machiavel, de Svengali et de Raspoutine. Émacié et de santé fragile après une maladie qui avait failli l'emporter, Hopkins fumait comme un sapeur et avait conservé un goût immodéré pour les courses de chevaux et les night-clubs ; infatigable, il parlait sans détours et avait le chic pour aller directement au cœur du sujet ; d'une loyauté absolue envers Roosevelt, il était doué d'une « perception extrasensorielle » de ses humeurs et finit par devenir une voie de passage obligée pour les membres du cercle rapproché qui cherchaient d'urgence à obtenir l'oreille du Président[112].

Ce groupe – Stimson et Knox, avec les chefs de leurs forces en uniformes, Stark et Marshall, Hull et Hopkins – commença alors de se réunir de plus en plus à la Maison-Blanche. Stimson devait en parler comme d'un « conseil de guerre ». C'est ce qui ressemblait le plus au Comité de défense du cabinet de guerre britannique et à une structure institutionnalisée permettant à Roosevelt de prendre des décisions en matière de sécurité nationale. Mais le Président veilla à ce que ce groupe ne se calcifie pas en une bureaucratie formelle. Il conserva assez de souplesse pour intervenir ou superviser ce qu'il voulait, au gré des problèmes. « Tous les fils de la politique, a-t-on dit à juste titre, menaient en fin de compte à la Maison-Blanche[113]. »

La difficulté de Roosevelt n'était pas de faire adopter par ses conseillers la ligne qu'il avait choisie. Qu'ils fussent des durs ou des « colombes », ils s'inclinaient, non sans exaspération parfois, devant les choix politiques souvent hésitants de Roosevelt. Elle tenait, comme toujours, à l'accueil réservé à ses choix au Congrès et, au-delà de Capitol Hill, dans l'opinion publique avec ses lobbies organisés. En la matière, Roosevelt demeurait d'une prudence extrême. Les démocrates étaient toujours majoritaires dans les deux chambres. Mais les élections de mi-parcours, en 1938, avaient fortement renforcé la base de l'opposition à Roosevelt. L'alignement de comités cruciaux de démocrates conservateurs sur les positions des républicains, surtout des États du Sud, pouvait rendre la vie difficile au Président. La bruyante minorité isolationniste, en particulier, soutenue par des titres importants (notamment le *Chicago Tribune*, qui était un quotidien très influent) et des lobbies, était à même d'exploiter un sentiment bien plus largement partagé, fait de compassion devant le triste sort des démocraties occidentales mais aussi d'hostilité à l'engagement de l'Amérique dans la guerre. Les lobbies, pour ou contre l'intervention, exploitaient l'état d'esprit et engrangeaient les soutiens – et l'aide financière.

Avec l'accélération de la campagne présidentielle, au cours de l'été et de l'automne, une organisation isolationniste, America First (« Amérique d'abord »), fondée au début du mois de septembre, proche des républicains et très critique à l'égard de la politique étrangère de Roosevelt, vit des groupes locaux surgir à travers le Midwest (dont Chicago était le centre) et au nord-est. Le thème dominant de leur propagande intensive, diffusée à l'occasion d'immenses meetings, était que Hitler ne représentait aucun danger pour les États-Unis et que l'aide à la Grande-Bretagne ne pouvait que déboucher sur l'entrée en guerre de l'Amérique en Europe[114]. America First avait vu le jour sous la forme d'un contre-lobby au Committee to Defend America by Aiding the Allies (Comité de défense de l'Amérique en aidant les Alliés), créé en mai 1940 et présent dans tous les États, sauf le Dakota du Nord : orchestrant une vaste campagne de publicité dans la presse et à la radio nationale, il avait réuni 250 000 dollars en juillet et multipliait les pétitions à l'adresse du Président et du Congrès. La propagande des deux camps laissa sa marque sur l'opinion. L'opinion était davantage disposée à apporter une aide matérielle à la Grande-Bretagne, mais la majorité restait attachée à la neutralité et à l'isolement[115]. L'irrésistible progression allemande à travers les Pays-Bas et la position toujours plus précaire de la France et de la Grande-Bretagne en mai 1940 inquiétèrent profondément les Américains. Des sondages indiquèrent que 30 % seulement continuaient de croire à une victoire alliée, tandis que 78 % redoutaient de voir une Allemagne triomphante exercer son influence en Amérique du Sud et 63 % pensaient que Hitler allait même saisir des territoires sur le continent américain[116]. Craignant pour leur sécurité, les gens s'inquiétaient vivement de l'état de préparation de l'Amérique, mais restaient partagés sur l'ampleur de l'aide que les États-Unis devaient apporter aux Alliés, et massivement hostiles à toute implication directe dans le conflit européen.

Tel était le climat de l'opinion que Roosevelt dut affronter durant l'été et l'automne 1940. Et il coïncidait avec un problème de politique intérieure capital : Roosevelt devait-il, fait sans précédent, briguer un troisième mandat ? Telle était aussi la toile de fond du problème de politique de défense le plus critique et contesté qui se fût posé jusqu'ici : les États-Unis devaient-ils accéder à la demande de Churchill et aider la Grande-Bretagne dans ses efforts désespérés pour tenir face à la perspective d'une invasion allemande, et le faire d'une façon tangible par la vente de cinquante destroyers ? C'était la première des décisions vitales que Roosevelt allait prendre dans les mois suivants. Ensemble, ces décisions devaient remodeler l'alliance entre les États-Unis et la Grande-Bretagne et ouvrir la voie à une coopération toujours plus étroite dans la lutte contre l'Allemagne de Hitler.

IV

Le 15 mai 1940, Winston Churchill adressa en qualité de Premier ministre la première lettre de ce qui allait devenir une correspondance volumineuse et d'importance vitale avec Roosevelt. Les deux hommes s'étaient rencontrés brièvement en 1918. L'épisode avait davantage marqué Roosevelt que Churchill (qui n'en avait gardé aucun souvenir) : le futur président américain se souvenait du futur Premier ministre comme d'un *stinker*, un « chameau » ou un « saligaud[117] ». Jusqu'à la Seconde Guerre mondiale, il continua de voir en Churchill un réactionnaire professant des vues « victoriennes » surannées. Et il lui reprochait son penchant notoire pour l'alcool. Apprenant l'accession de Churchill au poste de Premier ministre, il dit qu'il présumait que c'était le meilleur candidat disponible, même s'il était bourré la moitié du temps. Churchill, pour sa part, s'inquiétait des habitudes de Roosevelt en matière de boisson, même s'il s'agissait, en l'occurrence du goût du Président pour un mélange de vermouth sec et doux que le Premier ministre britannique détestait. Plus sérieusement, avant la guerre, il avait porté un regard critique sur la récession économique prolongée des États-Unis qu'il attribuait aux clashes de Roosevelt avec le monde des affaires. Il avait accueilli avec satisfaction l'amorce d'un réarmement américain, si limité fût-il, mais il conservait encore des doutes sur l'attachement de Roosevelt aux intérêts britanniques au cours du printemps et de l'été 1940[118].

Les deux hommes avaient échangé une série de lettres personnelles depuis le début de la guerre en Europe, quand Churchill avait été nommé Premier lord de l'Amirauté. Roosevelt avait engagé la correspondance le 11 septembre 1939, avec la première de près de deux milliers de lettres et notes échangées en l'espace de cinq ans et demi[119]. Probablement Roosevelt vit-il dans cette première correspondance une manière de maintenir un contact personnel, hors des circuits officiels, avec le gouvernement britannique, sitôt après que la guerre eut commencé en Europe[120]. Quant à l'intérêt de Churchill, il était simple et sans fard : « il était bon de nourrir [Roosevelt] par intervalles », déclara-t-il au secrétaire aux Affaires étrangères, lord Halifax[121]. Après des débuts qui auguraient mal, la correspondance allait instaurer entre Roosevelt et Churchill une relation personnelle qui devait se révéler d'une valeur inestimable pour forger les liens entre les États-Unis et la Grande-Bretagne en 1940-1941, et finir par les transformer en une alliance de guerre en bonne et due forme. Mais le 15 mai 1940, quand Churchill envoya sa lettre au président américain, il restait un très long chemin à parcourir.

Churchill commença par brosser un sombre tableau de l'Europe occidentale où, à la suite de la progression allemande, les « petits pays sont purement et simplement pulvérisés, l'un après l'autre ». Il s'attendait à voir Mussolini entrer en scène « pour partager le butin de la civilisation ». Et il envisageait une attaque contre la Grande-Bretagne dans un proche avenir. Son pays, assurait-il, se battrait seul, si nécessaire. « Mais j'ai bon espoir que vous compreniez, Monsieur le Président, que la voix et la force des États-Unis ne compteront peut-être pour rien si elles sont retenues trop longtemps. Vous pouvez voir une Europe totalement assujettie, nazifiée, s'installer à une vitesse étonnante, et le poids peut être plus que nous n'en pouvons supporter. » Et

Churchill d'en venir alors à l'objet de sa lettre : sa liste de courses. « Tout ce que je demande maintenant, c'est que vous proclamiez la non-belligérance, laquelle signifierait que vous nous aideriez par tous les moyens sans aller jusqu'à engager effectivement vos forces armées. Dans l'immédiat, nos besoins portent, avant tout, sur le prêt de quarante ou cinquante de vos vieux destroyers afin de combler l'écart entre ce que nous avons aujourd'hui et le grand programme de construction que nous avons lancé au début de la guerre. » Et d'ajouter, pour faire bonne mesure, que la Grande-Bretagne voulait aussi « plusieurs centaines d'avions des modèles les plus récents », avec du matériel antiaérien et des munitions, de l'acier et d'autres matériaux. La Grande-Bretagne continuerait de payer en dollars le plus longtemps possible, mais « je voudrais bien être raisonnablement certain que, quand nous ne pourrons plus payer, vous nous donnerez quand même la quincaillerie[122] ».

La lettre était d'une franchise absolue. Elle reflétait l'espoir, plutôt que la certitude, des dirigeants du gouvernement britannique que les États-Unis ne laisseraient pas sombrer la Grande-Bretagne, et que « quand nous serons à court de dollars et d'or, les crédits ou les dons ne feront pas de difficulté[123] ». Whitehall ne se faisait aucune illusion sur la signification de cette aide. Le 25 mai, esquissant leurs plans d'urgence dans l'éventualité d'un effondrement de la France, les chefs d'état-major britanniques partirent ouvertement de l'hypothèse que les États-Unis « sont prêts à nous apporter un soutien économique et financier total, *sans lequel nous ne pensons pas que nous pourrions continuer la guerre avec la moindre chance de réussite*[124] ». On espérait d'ores et déjà que l'Amérique irait encore plus loin. À la mi-juin, on s'accordait largement à penser que la Grande-Bretagne avait besoin ni plus ni moins que d'une déclaration de guerre des États-Unis. Une minorité continuait de penser que la livraison par les États-Unis de matériaux en surplus, y compris des destroyers, rendrait probablement inutile son entrée dans la guerre et l'envoi en Europe d'un corps expéditionnaire américain[125].

Et la position de l'administration Roosevelt était de plus en plus que l'aide s'imposait pour garder l'Amérique à l'écart de la guerre européenne, plutôt que de l'y plonger. Mais cette attitude elle-même était à l'époque en avance sur l'état de l'opinion. En mai 1940, 35 % seulement des personnes interrogées se disaient favorables à une aide à la Grande-Bretagne et à la France au risque d'un engagement américain[126]. Pour Roosevelt, la demande adressée le 15 mai par Churchill revenait à demander trop, et trop tôt. Y accéder, c'était prendre des risques, d'abord avec l'opinion publique, puis avec les membres de l'administration qui conseillaient d'attendre pour voir comment la bataille de France allait tourner. Et quand bien même on le voudrait, l'aide américaine pouvait-elle arriver à temps ? Pouvait-on écarter le grave danger qu'elle fût purement et simplement engloutie dans la défaite qui était sur le point d'emporter la France mais aussi, semblait-il, la Grande-Bretagne ? Pessimiste jusqu'au défaitisme, l'ambassadeur américain à Londres, Joseph Kennedy, conseillait la prudence. Le 15 mai, il rapporta l'impression, glanée auprès de Churchill, que la Grande-Bretagne serait attaquée d'ici un mois. Ayant le sentiment que les États-Unis couraient le danger de « devoir payer les pots cassés dans une guerre où l'on s'attendait à la défaite des Alliés », il donnait ce conseil : « Si nous devions nous battre pour défendre notre vie, mieux vaudrait combattre dans notre arrière-cour[127]. » Le chef d'état-major, George Marshall, plaida que donner satisfaction aux Britanniques affaiblirait gravement la défense de l'hémisphère américain. En tout état de cause, on ne pouvait mettre à leur disposition qu'une quantité d'armements limitée[128]. Quant à Roosevelt lui-même, il croyait savoir de source sûre que Hitler allait probablement adresser à la Grande-Bretagne une offre de règlement fondée sur l'abandon des colonies britanniques et, ce qui importait davantage encore, de la flotte[129].

Reçue le 18 mai à Whitehall, la réponse que fit aussitôt Roosevelt à la demande de Churchill associait en conséquence l'amabilité du ton et le refus de s'engager. Tout en promettant de faire son possible pour faciliter la fourniture de matériel (de fait, il avait pris sans délai la décision de réunir tous les avions possibles pour les envoyer en France, si modeste que fût cette force[130]), il rejeta sans appel la demande de quarante ou cinquante destroyers sous forme de prêt ou de don. Il y avait des obstacles juridiques aussi bien que politiques. Et le département de la Marine refusa de laisser partir le moindre navire au vu de l'importance capitale qu'ils revêtaient pour la sécurité nationale[131]. Le Président formula la réponse en ces termes : le prêt ou le don des destroyers nécessiterait l'autorisation du Congrès. Pour l'heure, on ne pouvait guère y compter. De plus, le pays avait besoin des destroyers pour patrouiller dans les eaux américaines. En tout état de cause, il était impossible de les transférer à temps pour faire une différence dans la bataille de l'Europe. Et il passa allègrement sous silence l'appel à une déclaration de non-belligérance[132].

L'affaire des destroyers devait en rester là pour l'instant. Mais pas pour bien longtemps. Les événements d'Europe occidentale, qui se précipitaient à un rythme effroyable, retenaient toute l'attention des Américains, à la Maison-Blanche comme à l'extérieur. Fin mai 1940, l'opposition vigoureuse et générale à une intervention américaine dans la guerre restait le trait le plus saillant de l'opinion publique. D'après un sondage d'opinion publié le 29 mai, 7,7 % seulement de la population était favorable à une entrée immédiate dans le conflit. Le chiffre passait à 19 % si la défaite des Alliés paraissait inévitable. En revanche, 40 % s'y opposaient en toutes circonstances[133]. Dans ce climat, la supplique de Paul Reynaud, implorant les États-Unis de déclarer immédiatement la guerre et d'agir en envoyant sa flotte atlantique dans les eaux européennes ne pouvait que tomber dans l'oreille d'un sourd, quand bien même le tempérament du Président eût été davantage porté à l'intervention que ce n'était le cas[134]. De longs mois passeraient avant que l'opinion américaine ne se fît à l'idée que le pays allait entrer de nouveau en guerre. Malgré tout, l'opinion devait bientôt évoluer. L'oreille collée à leurs postes de radio, les Américains suivaient les nouvelles des désastres quotidiens en Europe ; la débâcle de la France et la menace imminente sur la Grande-Bretagne aiguisèrent leur conscience de la menace que représenterait pour les États-Unis la domination allemande de l'Atlantique. Le sentiment isolationniste fléchissait, jusqu'au cœur du Midwest. Un signe en fut la vague de ralliements au Committee to Defend America by Aiding the Allies, le groupe de pression créé depuis peu par William Allen White, éditeur et ancien défenseur de la législation sur la neutralité, pour mobiliser l'opinion sur des positions interventionnistes[135]. Quand, le 10 juin 1940, le jour de l'entrée en guerre de l'Italie, Roosevelt annonça que les États-Unis allaient « offrir aux adversaires de la force les ressources matérielles de cette nation » tout en mobilisant la défense américaine, il ne faisait qu'exprimer l'état d'esprit de la population[136]. En juin, quatre Américains sur cinq se prononçaient pour une augmentation de l'aide matérielle à la Grande-Bretagne, et les deux tiers, voyant bien où cela pouvait conduire, estimaient que le pays entrerait à un moment ou à un autre dans la guerre[137].

Le réarmement rapide et général bénéficiait aussi désormais d'un soutien massif jusque dans les anciens bastions isolationnistes. Le Congrès approuva les demandes du Président qui équivalaient à un quintuplement des dépenses de défense en 1940 pour un total de 10,5 milliards de dollars – chiffre inimaginable à peine un an plus tôt[138]. Mais les capacités de production demeuraient faibles. Les gros dividendes du réarmement devaient attendre 1942. Et la question de la nature et du montant des envois à une Grande-Bretagne isolée et en danger après la défaite de la France était de celle qui avait tendance à diviser, plutôt qu'à unir, les responsables politiques. La question des destroyers, dont l'opinion ne savait encore rien, avait été classée. Mais elle ne devait pas disparaître pour autant.

À peine avait-il reçu la lettre que Churchill avait répondu à Roosevelt, assurant comprendre, tout en la déplorant, la décision de ne pas fournir les destroyers. La bataille de France continuait de faire rage et Churchill, dans un billet précédent, avait déjà déclaré que si l'aide américaine devait jouer le moindre rôle dans ce combat, elle devait arriver vite. Il insista alors en termes sombres sur le « cauchemar » qui naîtrait de la défaite de la Grande-Bretagne : « Si les membres du gouvernement actuel étaient finis, écrivit-il, et que d'autres en vinssent à engager des pourparlers au milieu des ruines, ne perdez pas de vue que l'unique monnaie d'échange dans les négociations avec l'Allemagne serait la Flotte, et que si les États-Unis abandonnaient ce pays à son destin nul n'aurait le droit de blâmer les responsables de rechercher les meilleures conditions pour les survivants[139]. » Roosevelt ne répondit pas tout de suite. Mais il comprit le message. S'exprimant peu après devant des chefs d'entreprises, le Président fit valoir que si la flotte britannique et l'armée de terre française étaient éliminées, « il n'y [aurait plus] rien entre les Amériques et les forces nouvelles en Europe[140] ». De fait, l'armée française disparut bientôt de l'équation. Dans le cadre de l'armistice conclu avec l'Allemagne, la flotte française demeura intacte et fut basée en Afrique du Nord, pour y être « démobilisée et désarmée sous contrôle allemand ou italien[141] ». Le danger d'une expropriation allemande était clair. Restait donc la flotte britannique. Il fallait faire tout son possible pour l'empêcher de tomber entre des mains allemandes. On pensait déjà à lui faire passer discrètement l'Atlantique, vers le Canada, en cas de chute de la Grande-Bretagne. Mais, plus immédiatement, la marine était vitale pour les chances de survie britannique à une invasion allemande. Dans la limite des eaux côtières, le bâtiment le plus décisif était le destroyer. Et sur la centaine dont le pays disposait dans ses eaux territoriales au début de la guerre, près de la moitié était perdue ou endommagée[142]. Si les destroyers américains pouvaient aider à maintenir la Grande-Bretagne dans la guerre, cela aurait une valeur incalculable pour les États-Unis. Mais si ceux-ci étaient prêtés à la Grande-Bretagne et finissaient ensuite entre des mains allemandes, ce ne serait qu'un cadeau inutile à l'ennemi, qui augmenterait la menace sur l'Amérique[143]. Tel était le dilemme de l'administration Roosevelt quand la question du prêt des destroyers à la Grande-Bretagne refit surface en juillet 1940.

Roosevelt avait alors été encouragé par la robuste démonstration de la détermination britannique dans l'action implacable menée le 3 juillet pour détruire la flotte française, ancrée à Mers-el-Kebir, en Algérie, et qui avait coûté la vie à 1 297 marins de l'ancien allié de la Grande-Bretagne. L'ambassadeur britannique en poste à Washington, lord Lothian, en avait prévenu le Président, qui avait signifié son approbation[144]. Mais il n'était toujours pas disposé à accéder à la demande britannique de destroyers. Quand Harold Ickes, le secrétaire à l'Intérieur, lui expliqua que la défense de la Grande-Bretagne pouvait bien être tributaire de la satisfaction de cette demande, Roosevelt fut intraitable : « Nous ne pouvions envoyer ces destroyers à moins que la Marine ne pût nous assurer qu'ils nous étaient inutiles à des fins de défense », répliqua le Président. Et « il serait difficile de le faire vu que nous étions en train d'en remettre en état plus d'une centaine pour les besoins de notre propre défense »[145]. Comme il le dit quelques jours plus tard à Harold Ickes, il devait aussi penser au sort des destroyers si la Grande-Bretagne se voyait contrainte de capituler face aux Allemands[146].

Si critique que fût la situation, la guerre en Europe eut tendance à être éclipsée, pendant une bonne partie du mois de juillet, par les soucis intérieurs ; Roosevelt était accaparé par l'investiture présidentielle, dont la Convention démocrate devait décider à Chicago au milieu du mois. Les républicains, quelques semaines plus tôt, avaient désigné leur candidat à la présidence, Wendell Willkie, un ancien démocrate à la personnalité marquante et, comme Roosevelt, partisan d'apporter toute l'aide possible à la Grande-Bretagne. Willkie représentait une menace sérieuse pour les démocrates, d'autant que l'engagement dans la guerre européenne était le problème central en 1940. La question de savoir qui devait se présenter contre Willkie avait donc une grande acuité. Le nom de Roosevelt ne cessait de revenir sur la liste des prétendants. Personne d'autre ne paraissait à même de battre Willkie[147]. Jusqu'à la Convention elle-même, le Président était resté sur la réserve, refusant de dire s'il était prêt à briguer un troisième mandat, même si ses assurances antérieures qu'il n'en ferait rien avaient laissé place à une certaine équivoque. Par diplomatie, il se tint à l'écart de la Convention. Mais son propre camp avait mis en scène la nomination de son héros.

La deuxième nuit, le 16 juillet, lecture fut donnée aux délégués d'un communiqué préparé annonçant que Roosevelt « n'a jamais eu et n'a pas aujourd'hui le moindre désir ou dessein de poursuivre au poste de Président ». Aussitôt, les haut-parleurs de la salle se mirent à tonitruer : « La Pennsylvanie veut Roosevelt !

La Virginie veut Roosevelt ! », et ainsi de suite, d'État en État. Puis ce fut au tour des délégués de reprendre le slogan. Les étendards des États furent alors introduits et promenés autour de la salle. Le bruit courut que la voix désincarnée qui lança la clameur était celle du commissaire aux Égouts de Chicago, installé en sous-sol. L'organisation de la « Voix des égouts » avait été assurée par le maire démocrate de Chicago, Edward J. Kelly[148]. Et celui-ci avait discuté des arrangements en vue de la Convention avec Harry Hopkins, le bras droit de Roosevelt[149]. C'était une bouffonnerie, en fait à la limite du scandale. Mais elle atteignit son objectif. Roosevelt fut dûment investi le lendemain, avec une écrasante majorité sur tous les autres candidats.

La Convention terminée, lord Lothian suggéra à Churchill que le moment pouvait être opportun pour revenir au problème des destroyers[150]. Churchill avait renouvelé sa demande le 11 juin, au lendemain de l'entrée de l'Italie dans le conflit, et il souleva ce problème une fois de plus trois jours plus tard[151]. Voyant la lettre, Morgenthau avait demandé à Grace Tully, une des secrétaires personnelles de Roosevelt, de faire part au Président de sa conviction : « À moins que nous aidions les Britanniques avec quelques destroyers, il est exclu d'imaginer qu'ils puissent continuer[152]. » Mais là encore, la démarche n'avait rien donné. Près de deux mois s'étaient écoulés depuis la défaite de la France, et la correspondance entre Churchill et Roosevelt avait été mise en sommeil. Le Président avait été occupé par l'investiture de son parti. Sans doute le Premier ministre et ses collègues avaient-ils pressenti qu'il serait contre-productif de presser Roosevelt outre mesure[153]. Le 31 juillet, cependant, Churchill revint une fois de plus sur l'affaire des destroyers. Il semblait que l'invasion allemande pût se produire à tout moment. Les raids aériens et les attaques de sous-marins contre des navires pouvaient maintenant venir de toute la côte française. Un gros programme de construction de destroyers était en cours en Grande-Bretagne, mais les bâtiments ne seraient disponibles qu'en 1941. En attendant, le taux d'usure était trop élevé, et les trois ou quatre prochains mois seraient critiques. Churchill estima donc devoir renouveler sa demande de « cinquante ou soixante de vos plus anciens destroyers », à envoyer tout de suite. « Monsieur le Président, expliqua-t-il, je dois vous dire avec le plus grand respect que, dans la longue histoire du monde, c'est une chose à faire *maintenant*[154]. »

Le Century Group, une organisation satellite du Committee to Defend America, avait déjà soulevé la question un peu plus tôt au cours du mois. Rassemblant un certain nombre de citoyens influents de New York, il se réunissait périodiquement au siège de la Century Association de cette ville. Depuis la mi-juin, le Century Group avait engagé une campagne en vue d'envoyer toutes les ressources militaires disponibles possibles, y compris navales, aux Alliés, estimant que leur combat se confondait avec celui de l'Amérique, tout en prônant l'abolition de la neutralité et la reconnaissance de l'état de guerre existant avec l'Allemagne[155]. Le 11 juillet, réuni à New York, le Century Group proposa, dans le cadre d'une stratégie pour affronter les dangers venus d'Europe, de livrer les destroyers à la Grande-Bretagne en échange d'un certain nombre de bases dans les possessions britanniques proches des côtes américaines. La proposition se révéla décisive : loin de venir de l'administration, elle était le fruit d'une initiative privée.

Fondamentalement, ce n'était pas une idée nouvelle. En fait, le quotidien isolationniste, *The Chicago Tribune*, soutenait depuis longtemps que les Alliés devraient offrir ces bases en contrepartie de l'annulation des dettes de guerre. Mais le lien désormais établi avec la livraison des destroyers nécessaires était une démarche habile. Il ouvrait la possibilité, encore embryonnaire, d'un accord qui conviendrait à l'Amérique. Et il présentait un certain attrait, même pour les isolationnistes. Un des chefs de file du Century Group, Joseph Alsop, chroniqueur de renom qui avait ses entrées dans l'administration, persuada alors un des collaborateurs du Président, Benjamin Cohen, de préparer une note pour Roosevelt, plaidant qu'il n'y avait aucun obstacle à la vente des destroyers. Cohen soumit la note à son patron, Harold Ickes, qui attira l'attention du Président (puis écrivit à son tour une note pour soutenir la livraison des bâtiments)[156].

Mais Roosevelt n'était toujours pas convaincu. Les États-Unis possédaient 172 navires de guerre vétustes, pour beaucoup remontant à la Grande Guerre. En fournir une cinquantaine à la Grande-Bretagne n'aurait pas démuni la marine. Mais le 28 juin 1940, manifestant sa méfiance à l'égard du Président, le Congrès avait adopté un amendement au projet sur les crédits de la marine, stipulant qu'aucun matériel militaire ne pouvait être livré à un gouvernement étranger à moins que le chef d'état-major (Marshall) ou le chef des Opérations navales (Stark) certifient qu'il était inutile à la défense des États-Unis. Ce qui rendait la tâche difficile à Stark qui, précisément, avait peu de temps auparavant mis en évidence la valeur potentielle de ces navires devant les commissions du Congrès[157]. Le 22 juillet, transmettant la note de Cohen au secrétaire à la Marine, Frank Knox, Roosevelt invoqua l'obstacle de la nouvelle législation. « Je doute franchement que le mémorandum de Cohen passe la rampe, écrivit le Président. Je crains aussi que le Congrès ne soit pas d'humeur, pour l'instant, à autoriser quelque forme de vente que ce soit. » Tout ce qu'il pouvait suggérer, c'était que le Congrès pourrait être persuadé plus tard d'autoriser la vente des destroyers au Canada, mais à la seule condition que leur emploi fût réservé à la défense de l'hémisphère américain[158].

Le Century Group n'en continua pas moins de faire pression. Alsop s'adressa à des responsables civils et militaires de Washington et reçut une réponse encourageante. L'ambassadeur de Grande-Bretagne, lord Lothian, apporta naturellement son soutien. Le 24 juillet, à la lumière des coups de sonde d'Alsop, le Century Group compila un nouveau mémorandum qui se terminait par la proposition de fournir aussitôt les destroyers en échange de concessions navales et aériennes dans les possessions britanniques de l'hémisphère occidental. Un nouveau point important fut alors introduit, consistant à lier l'accord à la garantie que la flotte britannique, en cas de succès de l'invasion allemande, ne se saborderait pas ni ne se rendrait, mais rejoindrait des bases canadiennes ou américaines d'où elle continuerait d'opérer. Vu l'urgence du problème, les membres du groupe allaient s'affairer autour de Roosevelt et le presser d'agir conjointement avec Willkie, son challenger républicain, pour régler ce dossier. Pendant ce temps, une nouvelle campagne de publicité s'efforcerait de maintenir la pression. Roosevelt reçut trois délégués du groupe le 1er août, écouta ce qu'ils avaient à dire, mais continua de ne vouloir prendre aucun engagement. Les délégués se retirèrent déçus, estimant que le Président était apathique sur ce point[159].

En l'occurrence, ils se trompaient. Le 2 août, Roosevelt aborda le problème lors d'une réunion exceptionnellement importante de son cabinet. Le secrétaire à la Marine, Frank Knox, s'était longuement entretenu la veille avec Lothian : l'ambassadeur avait lancé un appel désespéré à une aide immédiate sous la forme de l'envoi des destroyers et avait apporté une réponse positive à la question d'une cession de terres aux États-Unis pour y aménager des bases navales sur la côte Atlantique. Avant la réunion du cabinet, Knox avait discuté de la proposition avec Stimson et obtenu son appui ainsi que celui de Harold Ickes[160]. Quand le cabinet se réunit, l'idée avait donc le soutien d'une puissante phalange.

En fait, il apparut vite que tout le monde était d'accord pour mettre les destroyers à la disposition de la Grande-Bretagne. Restait la pierre d'achoppement de la loi nécessaire. Chacun convint que si Roosevelt cherchait à l'obtenir sans préparer systématiquement le terrain, le Congrès rejetterait la proposition ou la soumettrait à un « interminable délai ». Une manière possible de contourner le problème était le transfert de possessions britanniques. Au sein du cabinet, la discussion avait en effet commencé avec le compte rendu par Knox de sa longue conversation téléphonique avec Lothian. Hull, qui revenait tout juste de la Conférence panaméricaine de La Havane, estima que la cession de possessions britanniques risquait de contrarier l'accord trouvé avec les autres républiques américaines pour défendre la politique de maintien du *statu quo* territorial dans l'hémisphère occidental. Roosevelt lui-même, souscrivant à l'objection de Hull, suggéra alors que la location à bail d'une partie du territoire (comme c'était alors le cas pour la base navale de Trinité) pouvait apporter une solution : l'idée recueillit l'assentiment général. Le cabinet s'accorda en outre pour obtenir l'assurance auprès de la Grande-Bretagne que la flotte ne tomberait pas dans des mains allemandes en cas de défaite. Un tel engagement, pensait-on, était aussi de nature à faire fléchir l'opposition au Congrès. Hull fit observer que le transfert des destroyers ne pouvait se faire que moyennant l'abrogation de la loi qui interdisait ces ventes. La meilleure manière de procéder, suggéra-t-il, serait que le Président et le candidat républicain, Wendell Willkie (déjà connu pour être bien disposé à cet égard), unissent leurs forces pour soutenir la proposition et désamorcer ainsi l'opposition républicaine au Congrès. Il reviendrait au Président de contacter William Allen White, le chef de file du Committee to Defend America, pour solliciter son aide en vue d'arranger un accord avec Willkie[161].

C'était un début tardif, mais un début quand même. Suivit alors une longue période de consultation et de disputes juridiques sur les détails de l'accord embryonnaire. Soucieux du moral de ses concitoyens, Churchill ne voulait pas donner d'assurances publiques sur le sort de la flotte dans l'éventualité d'une défaite britannique[162]. La « liste de shopping » britannique fournie le 8 août s'était considérablement allongée et portait maintenant sur 96 destroyers, 20 vedettes lance-torpilles, des hydravions, des bombardiers d'attaque en piqué et 250 000 fusils. Et surtout on ne savait toujours pas si, même avec le soutien de Willkie (et il se montra réticent à donner son aval explicite), il serait possible de faire passer au Congrès la législation nécessaire pour permettre la livraison des destroyers, à supposer que les Britanniques fussent prêts à céder des bases[163].

Deux développements donnèrent un élan à un processus qui menaçait de s'enliser dans les subtilités juridiques. Le premier fut l'énorme campagne d'agitation lancée par le Committee to Defend America. Le Committee parvint à rallier à sa cause le très respecté chef militaire de la Première Guerre mondiale, le général John J. Pershing, dont l'intervention à la radio sensibilisa un large public à la cause même si l'opinion avait du mal à croire que l'opération fût si difficile à monter. Sitôt que la contrepartie – la cession de bases – devint de notoriété publique, les appels à une action rapide se firent plus bruyants. Dans le même temps, cependant, l'opposition isolationniste éleva elle aussi la voix, avertissant que « la vente de navires de la marine à un pays en guerre serait un acte de guerre » et que, « si nous voulons entrer en guerre, les destroyers sont un excellent moyen d'y parvenir ». Le second facteur de la percée fut une lettre au *New York Times* de quatre éminents avocats, plaidant de façon convaincante que la livraison des destroyers était possible dans le cadre juridique existant et pressant le Président d'agir sans délai de son propre chef[164].

Roosevelt attendait encore des éclaircissements juridiques de son ministre de la Justice (Attorney general), Robert H. Jackson. Mais le 13 août, après avoir consulté Stimson, Knox, Morgenthau et Welles (représentant Hull, qui prenait un peu de repos bien mérité), et alors que l'Angleterre était confrontée à une intensification des attaques aériennes, Roosevelt se décida enfin à faire avancer les négociations au plus vite. Probablement, avant d'entendre son ministre de la Justice, envisageait-il encore à ce stade de soumettre le dossier au Congrès plutôt que d'agir en sa qualité de chef de l'exécutif. Quoi qu'il en soit, le long message destiné à Churchill rédigé dans la soirée et offrant au moins cinquante destroyers, des vedettes lance-torpilles et un petit nombre d'avions, indiquait clairement que le Président accepterait ses assurances privées sur le sort de la flotte et esquissait les possessions qui seraient acquises, par achat ou avec un bail de quatre-vingt-dix-neuf ans, à Terre-Neuve, aux Bermudes, aux Bahamas, à la Jamaïque, à Trinité et en Guyane britannique, où les Américains souhaitaient installer des bases navales et aériennes. Churchill répondit tout de suite, acceptant toutes les conditions[165].

La voie paraissait enfin dégagée. Mais l'était-elle vraiment ? Le Président continuait de s'inquiéter de l'opposition isolationniste. Il craignait qu'agir sans le soutien du Congrès lui coutât sa réélection. Son inquiétude explique probablement l'impression à dessein trompeuse qu'il s'appliqua vainement à donner le 16 août dans une conférence de presse, quand il protesta que l'acquisition de possessions britanniques n'était pas liée à la cession de destroyers à la Grande-Bretagne[166]. Compte tenu de l'état d'esprit de la population, ces propos reflétaient une sensibilité excessive.

Sa confiance s'accrut quand il prit connaissance de l'avis juridique du ministre de la Justice, dont la conclusion était que l'on pouvait certifier que les destroyers n'étaient pas essentiels à la sécurité nationale, ce qui relevait clairement du sophisme. Le 17 août, Roosevelt déclara au Premier ministre canadien, Mackenzie King, qu'il n'était pas tenu de soumettre le dossier au Congrès et que la Grande-Bretagne aurait les destroyers d'ici une semaine. Il péchait par optimiste. Les ultimes détails de l'accord ne furent réglés qu'à la fin du mois. Dans ces dernières étapes, c'est Churchill qui ralentit le processus en réclamant que fussent reformulées les conditions de location des bases afin de cacher la réalité de l'accord au public britannique, à savoir que les États-Unis s'en tiraient très bien[167]. Les difficultés mineures mais épineuses finirent par trouver une solution. Le gouvernement donna son aval le 30 août. Le 2 septembre au soir, Cordell Hull, pour les États-Unis, et lord Lothian, pour la Grande-Bretagne, signèrent l'accord. Le lendemain, l'amiral Stark certifia que les destroyers n'étaient pas essentiels à la sécurité nationale au vu des bases acquises. Les navires finirent par rejoindre Halifax, en Nouvelle-Écosse, pour devenir possession britannique[168].

Après des mois d'hésitation, de retards, d'atermoiements, de batailles légales et de complications dans la rédaction, les destroyers se révélèrent sans grande valeur pratique. La Royal Navy n'en mit en service que neuf avant la fin de l'année pour faire face à une invasion qui n'arriva jamais. Et encore ceux-ci étaient-ils moins en état de naviguer qu'on ne l'avait espéré. En mai 1941 encore, pas plus de trente avaient été mis en service. Il y eut aussi des retards dans la livraison des vedettes lance-torpilles et des fusils (qui, chose stupéfiante, avaient été totalement oubliés dans la rédaction finale de l'accord[169]). Malgré la poussée d'activité de la crise estivale, les Américains n'entrèrent pas plus rapidement en possession des bases. Les dispositions précises des baux ne furent définitivement arrêtées qu'en mars 1941[170].

Reste que la symbolique de l'accord sur les destroyers excédait de beaucoup tout avantage tangible pour l'une ou l'autre partie. La réaction de Rome, Berlin et Tokyo suffit à le démontrer. Mussolini feignit l'indifférence. Mais il y vit un signe que la probabilité d'une intervention américaine dans la guerre se précisait[171]. La réaction allemande fut plus vive. La livraison des destroyers fut perçue comme un « acte ouvertement hostile contre l'Allemagne », marquant une coopération plus étroite entre la Grande-Bretagne et les États-Unis d'Amérique. L'Amérique, la chose était désormais acquise, ferait tout son possible pour soutenir la Grande-Bretagne et nuire à l'Allemagne. La réponse consista pour une part à envisager d'occuper les Açores et les Canaries. Hitler lui-même, cependant, accueillit l'accord d'un haussement d'épaules. Il pensait que le réarmement américain n'atteindrait son sommet qu'en 1945. Malgré tout, à compter de l'été 1940, le facteur américain devait être l'objet de la plus grande considération dans la stratégie allemande[172]. Cet élément, rappelons-le, entra en ligne de compte dans la décision d'attaquer et, présumait-on, de détruire rapidement l'Union soviétique au printemps suivant. Et l'accord « bases contre destroyers » contribua à accélérer les négociations entre l'Allemagne et le Japon, qui culminèrent avec le Pacte tripartite de la mi-septembre, destiné à dissuader les États-Unis de participer à la guerre[173].

Aux États-Unis, Roosevelt put surtout souligner les immenses avantages, pour les défenses américaines, de l'acquisition de bases dans l'Atlantique. L'accueil populaire fut très positif. Quant aux isolationnistes, ils se trouvèrent débordés par la tactique présidentielle consistant à lier les bases à la livraison de destroyers. L'isolationnisme traditionnel commençait à s'essouffler, même si la peur de l'intervention demeurait forte. Qui plus est, comme cela apparut largement, les Américains avaient désormais abandonné de fait la neutralité[174].

Pour les Britanniques, c'était là l'essentiel. Les États-Unis n'étaient plus neutres en aucune des acceptions traditionnelles du terme. En privé comme en public, les dirigeants britanniques ne manquèrent pas de noter que l'aspect totémique de l'accord sur les destroyers résidait dans le fait que les Américains affichaient désormais leur soutien militaire à la Grande-Bretagne. Au cours des négociations tatillonnes de la fin août, le secrétaire britannique aux Affaires étrangères, lord Halifax, avait observé que « l'idée du lien anglo-américain sur quoi que ce soit est plus précieuse que les bases ou les destroyers[175] ». Churchill lui-même avait laissé entendre la même chose à l'apogée de son discours à la Chambre des communes, le 20 août. L'accord sur les destroyers, qui n'avait pas encore totalement abouti, signifiait « que ces deux grandes organisations des démocraties anglophones, l'Empire britannique et les États-Unis, devront un peu s'associer dans certaines de leurs affaires pour l'avantage mutuel et général ». Et dans une figure de rhétorique, il ajouta : c'était un processus qu'il ne pourrait arrêter, même s'il voulait le faire. « Nul ne peut l'arrêter. Comme le Mississippi, il ne cesse de rouler. Laissons-le rouler, laissons-le rouler à plein débit, inexorable, irrésistible, bienveillant, vers des terres plus vastes et des jours meilleurs[176]. » Toute rhétorique mise à part, ce fut un moment décisif, ainsi que le laissa entendre Churchill, en ce qu'il montra la solidarité américaine avec l'effort de guerre britannique. Plus tard, il en parla comme d'un « acte résolument non neutre de la part des États-Unis », un événement qui « rapprocha nettement les États-Unis de nous et de la guerre[177] ». De fait, il n'était pas neutre et rapprocha les deux pays.

Non que telle ait été l'intention de Roosevelt. Ce qui semble après coup relever d'un processus inexorable était loin d'apparaître ainsi à l'époque. Qu'il ait fallu trois bons mois et demi depuis la première ouverture de Churchill pour aboutir à un accord était d'abord un reflet de l'incertitude de Roosevelt dans la gestion de l'opinion publique en Amérique et de sa répugnance à s'engager trop. En pleine campagne électorale, il ne voulait pas donner à son adversaire de quoi nourrir sa propagande. Et sa peur d'indisposer le Congrès le rendit d'autant plus enclin à se réfugier derrière le légalisme quand une action décisive se faisait pressante. Au bout du compte, les Allemands renoncèrent à l'invasion et les destroyers ne furent pas nécessaires. Mais une invasion *paraissait* imminente pendant l'été 1940, et Roosevelt continuait d'hésiter au sujet des destroyers. Il finit par agir en autorisant une chose à laquelle, au fond de lui, il était probablement favorable de longue date. Mais à cette heure il ne prenait plus de risque avec son opinion publique. Plus sensible que jamais à tout ce qui pouvait affecter sa popularité, il avait même laissé entendre que l'accord sur les destroyers pourrait bien lui coûter sa réélection[178]. En fait, il avait été poussé par l'opinion publique, rameutée par l'agitation des lobbies favorables à l'accord. « L'accord sur les destroyers, a-t-on noté à juste titre, fut au moins autant le résultat d'un effort privé que celui d'une action officielle[179]. » Les États-Unis étant désormais un pays non neutre et non belligérant, restait à voir si le Président allait jouer un rôle plus actif qu'il ne l'avait fait durant l'été 1940 en prenant la tête du mouvement de soutien à la Grande-Bretagne.

V

Le problème de fond subsistait. Les États-Unis s'étaient engagés, avec un large soutien de la population, à fournir une aide à la Grande-Bretagne sans aller jusqu'à la guerre. L'idée que c'était crucial pour la défense de l'hémisphère – c'est-à-dire dans l'intérêt direct de l'Amérique – était largement acceptée. En revanche, les détails pratiques de la fourniture de l'aide à la Grande-Bretagne soulevaient de vives controverses. Le Président avait usé de ses pouvoirs exécutifs pour faire passer l'accord sur les destroyers en se fondant sur ce que beaucoup tenaient pour un tour de passe-passe juridique de l'Attorney general permettant de contourner la législation du Congrès. Cependant, s'il fallait fournir à la Grande-Bretagne une aide de plus grande ampleur, il était impossible de se passer indéfiniment de l'imprimatur du Congrès pour sceller le soutien de la nation.

L'obtention du soutien de celui-ci à un accroissement massif de l'aide se heurtait à au moins deux grands obstacles. L'un était l'idée, bruyamment exprimée par le lobby isolationniste, même si elle n'était pas exclusivement sienne, qu'il ne fallait pas livrer des armes à la Grande-Bretagne quand elles étaient directement et manifestement nécessaires pour renforcer les défenses militaires américaines. En lien avec cette considération, on craignait aussi que l'accroissement des livraisons d'armes ne nécessitât un soutien renforcé aux navires transportant le *matériel*, amenant donc inexorablement les États-Unis à se rapprocher d'un engagement dans la guerre. Le second obstacle, assurément redoutable, était d'ordre légal et financier. La Grande-Bretagne s'acheminait rapidement vers le point où elle ne serait plus en état de payer les armes dont elle avait désespérément besoin. Or, en vertu du Johnson Act de 1934, toujours en vigueur, les États-Unis ne pouvaient accorder de prêts à des pays qui n'avaient pas remboursé les dettes contractées au cours de la Première Guerre mondiale. Et en vertu des clauses *cash-and-carry* du Neutrality Act, votées en 1937 et reconduites en 1939, il était impossible de vendre des marchandises aux pays belligérants si elles n'étaient pas payées d'avance[180]. Par ailleurs, une diminution des commandes britanniques d'armes était hors de question, et pas simplement pour la raison pressante que, sans les ressources des États-Unis à sa disposition, l'effort de guerre britannique ne tarderait pas à s'épuiser. Pour des raisons intérieures aussi, l'administration Roosevelt souhaitait augmenter, non pas amputer, les livraisons à la Grande-Bretagne. Au moment de sa réélection – avec une majorité confortable, quoique réduite – le 5 novembre 1940, Roosevelt avait vu le nombre de chômeurs diminuer de 3,5 millions depuis la crise de 1937-1938. À la fin de l'année, le chômage était à son plus bas niveau depuis dix ans. Et cela, pour l'essentiel, grâce aux achats d'armes britanniques, avec des commandes d'une valeur de quelque 5 milliards de dollars à la fin de 1940[181].

La question de l'aide à la Grande-Bretagne devait arriver à un point critique à la fin de 1940. L'élection présidentielle était passée, mais elle n'avait pas provoqué le changement de cap visible de la politique américaine que le gouvernement britannique avait espéré. De même furent rapidement anéanties les vagues illusions que pouvait conserver Whitehall sur une entrée en guerre des États-Unis sitôt Roosevelt réélu. En fait, à Washington, prévalait aussi une impression de lassitude. Quelques semaines durant, la politique parut au point mort. Les épreuves de la campagne électorale avaient probablement davantage marqué le Président que ce n'était visible immédiatement. En tout état de cause, a-t-on pu remarquer, Roosevelt « jugeait de nouveau plus avantageux de rester en phase avec l'opinion publique » que de « prendre un risque avec ses pouvoirs de leadership »[182].

À Londres, Churchill confia, début décembre, avoir été « plutôt glacé » par l'attitude américaine depuis l'élection. Mais il était un observateur aigu de la scène de Washington que le manque de dynamisme de l'administration Roosevelt ne surprit point : l'ambassadeur britannique, lord Lothian. En novembre, lors d'un bref retour en Angleterre, Lothian attira l'attention de Churchill sur la conviction, encore largement répandue aux États-Unis, que la Grande-Bretagne demandait plus que ce dont elle avait besoin et qu'elle était moins démunie qu'elle ne le prétendait. Il conseilla à Churchill d'adresser une lettre personnelle au Président pour plaider la cause d'une aide fortement accrue, indispensable pour éviter que la Grande-Bretagne ne se trouvât forcée à une paix de compromis en 1941[183]. De retour aux États-Unis, débarquant à New York, Lothian s'était adressé aux journalistes dans un langage inhabituellement brutal et fort peu diplomatique à l'occasion d'une conférence de presse impromptue. « Eh bien, les gars, la Grande-Bretagne est fauchée ; c'est votre argent que nous voulons », déclara l'ambassadeur aux journalistes qui faisaient le pied de grue. Peu après, pour les actualités cinématographiques, il répéta sa formule, preuve qu'il ne s'agissait pas d'un lapsus qui lui aurait échappé sur le coup. Cela ne lui ressemblait guère. Il assura avoir parlé de son propre chef. Mais le soupçon demeure que Churchill en personne l'ait poussé à une indiscrétion calculée[184].

En tout état de cause, ses propos eurent l'effet désiré : ils mirent sur le devant de la scène le problème des ressources précaires de la Grande-Bretagne en dollars. Mais la réponse immédiate de l'administration Roosevelt fut loin d'être positive. L'idée que la Grande-Bretagne n'eût plus les moyens d'acheter laissait Cordell Hull sceptique. Tout comme Morgenthau, en charge du

Trésor, qui fit valoir à Lothian que les adversaires de l'aide pouvaient exploiter politiquement le fait de laisser un pays en faillite passer de nouvelles commandes. Morgenthau comprenait bien que la remarque de Lothian n'était pas tout à fait ce qu'elle semblait. La Grande-Bretagne n'était pas en banqueroute. Mais ses ressources en dollars s'amenuisaient, même si, conjecturait Morgenthau, elles n'étaient pas aussi basses que le prétendait Lothian. Malgré tout, il n'en fut pas moins frappé par le pessimisme de l'ambassadeur quant à l'avenir de la Grande-Bretagne en l'absence d'une aide massive. En fait, tout au long du mois de novembre, le secrétaire au Trésor avait ruminé les moyens de satisfaire les besoins britanniques en armements, mais aussi en navires marchands – déjà victimes des sous-marins à un rythme alarmant – pour transporter les vivres dont le pays était tributaire[185]. Roosevelt lui-même, lors d'une réunion du cabinet le 8 novembre, avait fait allusion à une possible solution. Il estimait que les Britanniques avaient encore assez de crédits et d'avoirs aux États-Unis – autour de 2,5 milliards de dollars –, qu'ils pouvaient liquider afin de financer les fournitures de guerre. Mais il reconnut que l'argent s'épuisait. « Le moment arriverait certainement, observa-t-il, où la Grande-Bretagne aurait besoin de prêts ou de crédits. » D'après Ickes, « il suggéra qu'une autre manière de faire face à la situation serait que nous fournissions tout ce que nous pouvons dans le cadre d'accords de bail avec l'Angleterre. Par exemple, il pensait que nous pourrions mettre à bail des navires ou tout autre bien prêtable, restituable et assurable[186] ». En fait, ce n'était pas la première fois qu'une idée de ce genre traversait l'esprit du Président. Deux ans plus tôt, en novembre 1938, à la suite du désastreux accord de Munich, Roosevelt avait songé à la différence que cela aurait pu faire de vendre ou de prêter un grand nombre d'avions aux démocraties européennes en ordre de bataille[187]. Ainsi commença de germer l'idée qui prit corps sous la forme du programme de prêt-bail.

C'est le 26 novembre 1940, par voie indirecte, que l'idée fut pour la première fois exprimée en public, quand le Committee to Defend America by Aiding the Allies de William Allen White publia un communiqué vigoureux appelant à un accroissement d'urgence de l'aide à la Grande-Bretagne. Il appelait le Congrès à réviser les dispositions qui entravaient cette aide et prônait la construction au plus vite d'un maximum de navires marchands à louer ou à donner à bail à la Grande-Bretagne. En coulisses, le communiqué de presse répondait probablement à une initiative du Président lui-même à titre de ballon d'essai – un moyen auquel recourait parfois la Maison-Blanche pour sonder l'opinion. Dans ce cas, le communiqué ne suscita ni soutien fervent de l'opinion ni opposition importante. Comme d'habitude, l'opinion était dans l'ensemble d'avis d'aider la Grande-Bretagne sans aller jusqu'à la guerre, mais elle continuait de se méfier du risque de voir l'Amérique entraînée dans les hostilités. Quoi que Roosevelt ait pu déduire du ballon d'essai, s'il s'agissait bien de cela, la Maison-Blanche ne lui donna pas de suite. Tout ce que l'opinion apprit, c'est que le Président était sur le point de prendre des vacances[188].

Roosevelt était sur le point d'embarquer sur le *Tuscaloosa* pour une croisière de dix jours dans les Caraïbes. Officiellement, il visitait les nouvelles bases des Antilles. Il emporta avec lui quantité de documents officiels (*state papers*), expliquant qu'il allait profiter de son absence pour travailler à un grand discours à la nation sur la situation internationale. Mais il ne se fit accompagner d'aucun spécialiste des affaires étrangères. Visiblement usé, il avait besoin de partir pour recharger ses batteries, et il passa le plus clair de son temps à pêcher, jouer au poker, regarder des films ou à se détendre en compagnie de Harry Hopkins, son seul invité, et ses aides, sa seule autre compagnie[189].

La veille de son départ de Washington, Roosevelt avait autorisé un accord complexe pour des commandes de Londres d'une valeur de 2 milliards de dollars en vue d'équiper dix divisions de l'armée de terre britanniques. Toute la question était de savoir comment les Britanniques allaient financer l'accord. Si Roosevelt protestait encore qu'« ils ne sont pas à sec, il y a un tas d'argent là-bas », il reconnaissait que le gros de cet argent était immobilisé en actifs étrangers à travers l'Empire et malaisément transformable en dollars. Toutes les ressources disponibles en dollars, et plus encore, seraient englouties dans l'accord sur les munitions et au cours des prochains mois. L'idée de prêter des cargos à la Grande-Bretagne refit surface au cours de la discussion, même si nul ne suggéra alors de prêter ou de donner à bail des avions et des armes. Pressé par Morgenthau, Roosevelt admit qu'il fallait passer les commandes et que les investissements nécessaires pour construire de nouvelles usines et étendre les usines existantes devaient être financés par des capitaux américains : les Britanniques paieraient à la livraison du matériel produit, moyennant une taxe supplémentaire pour contribuer aux dépenses d'investissement. Mais le Président déclara à Stimson : « Nous venons juste de décider ce que nous allons faire pour l'Angleterre », puis ajouta, « procéder ainsi, c'est ne rien faire »[190].

À moins de trouver de nouveaux moyens d'agir, on allait bientôt avoir épuisé toutes les manières courantes d'apporter un maximum d'aide à la Grande-Bretagne sans entrer en guerre. Tel était largement l'avis des principaux conseillers de Roosevelt, réunis en l'absence du Président juste après son départ en croisière dans les Caraïbes. Frank Knox alla droit au but et posa la question cruciale, rhétorique : « Désormais, c'est nous qui allons financer la guerre, n'est-ce pas ? » Quand Morgenthau aborda le problème de savoir si les États-Unis devaient permettre à la Grande-Bretagne de passer des commandes, Knox fut formel : « Il le faut. Cela ne fait pas l'ombre d'un doute. » Mais comment s'y prendre ? La discussion tourna encore autour de la question de savoir si la Grande-Bretagne devait payer comptant les biens produits. Le problème resta sans solution. Les présents convinrent que la proposition d'une sorte de don ou de prêt, comme la Grande-Bretagne allait bientôt le demander, devrait passer devant le Congrès, et avait toute chance d'être rejetée sauf s'il était patent qu'il n'y avait aucune autre solution. Tant que les actifs britanniques n'auraient pas été liquidés, l'approbation d'une telle mesure était peu probable[191] : étant donné l'animosité créée par le non-remboursement par la Grande-Bretagne de ses dettes de la Grande Guerre, les prêts ne semblaient pas être la solution. Mieux valait que ce fussent les États-Unis qui passent les commandes, puis livrent les produits à la Grande-Bretagne, sans pour autant leur en faire cadeau, puisque l'espoir demeurait d'obtenir quelque chose en retour, ou au moins la restitution ultime du matériel non utilisé ou non endommagé[192]. D'abord évoquée par Roosevelt, l'idée d'un prêt en nature fut alors timidement étendue, en son absence, de manière à couvrir non seulement les navires de fret, mais aussi potentiellement toute la gamme des demandes britanniques en armements.

Quelques jours plus tard, la longue lettre de Churchill, que lord Lothian lui avait suggéré d'écrire, partit à destination de Roosevelt. Transmise par le département d'État et livrée par un hydravion de la marine, elle parvint finalement au Président le 9 décembre au cœur des Caraïbes. Sa composition avait été difficile et avait demandé de multiples brouillons sur une période de plus de quinze jours avant d'être enfin prête. Churchill observa plus tard, non sans raison, qu'elle fut l'une des plus importantes qu'il eût jamais écrites[193].

La lettre consistait pour l'essentiel en un tour d'horizon de l'état de guerre, dans une perspective britannique. Churchill y soulignait les pertes de la marine marchande dans l'Atlantique, le besoin pressant de navires, d'avions et de munitions, et le rude combat qui se profilait en 1941. Il rappelait avec force combien la Grande-Bretagne était tributaire de l'aide des États-Unis. La nécessité fondamentale de réduire la perte de tonnages dans l'Atlantique pouvait être satisfaite, suggérait-il avec doigté, si les États-Unis escortaient de cuirassés leurs convois marchands : un geste qui, à l'en croire, « constituerait un acte décisif de non-belligérance constructive ». Churchill avait parfaitement conscience de l'ampleur de sa demande. Il faudrait des mois avant que l'opinion américaine n'y fût prête. Et il exprimait un autre espoir : « le don, le prêt ou la fourniture d'un grand nombre de bâtiments de guerre américains », pour maintenir la route atlantique, ainsi que l'extension du contrôle des forces américaines dans la partie occidentale de l'océan.

C'est à la fin seulement de cette longue missive qu'il en arrivait au problème crucial du financement en faisant valoir l'épuisement des crédits en dollars : « L'heure approche où nous ne serons plus en état de payer comptant les chargements et autres livraisons. » Il mêlait pression morale et logique économique : « Vous conviendrez, je crois, qu'il serait mauvais en principe et mutuellement désavantageux dans les faits qu'à l'apogée du combat la Grande-Bretagne dût se dessaisir de tous les actifs vendables, en sorte qu'après la victoire gagnée avec notre sang, la civilisation sauvée, et le temps ainsi gagné pour permettre aux États-Unis de s'armer pleinement pour parer à toute éventualité, nous nous retrouverions totalement démunis. »

Et Churchill d'esquisser les problèmes économiques que cela créerait après la guerre pour les États-Unis. Les exportations américaines vers la Grande-Bretagne s'effondreraient. Le chômage se généraliserait. Sans offrir de solution, il terminait en remettant l'avenir de la Grande-Bretagne entre les mains de l'Amérique. « Par ailleurs », conclut-il,

> je ne crois pas que le gouvernement et le peuple des États-Unis puissent estimer qu'il serait en accord avec les principes qui les guident de limiter l'aide qu'ils ont si généreusement promis aux seules munitions de guerre et aux marchandises qui pourraient être payées immédiatement. Vous pouvez être certains que nous nous montrerons prêts à souffrir à la limite de nos capacités pour la Cause, et que nous nous glorifions d'en être les champions. Pour le reste, nous nous en remettons avec confiance à vous et à votre peuple, certains que seront trouvées des solutions que les générations futures, sur les deux rives de l'Atlantique, approuveront et admireront[194].

Par ces remarques finales, Churchill soulignait indirectement le changement des rapports de force entre la Grande-Bretagne et les États-Unis, que la première année de guerre avait mis à nu. Morgenthau en fit ce résumé succinct : « Au fond, Mr Churchill remet son sort entre les mains de Mr Roosevelt avec une confiance totale. Il appartient donc à Mr Roosevelt de dire ce qu'il va faire[195]. » On se serait cru aux obsèques de l'Empire britannique.

Tandis que Morgenthau et d'autres chefs de l'administration, à Washington, continuaient d'essayer de démêler le problème des paiements britanniques pour le matériel nécessaire[196], Roosevelt, à bord du *Tuscaloosa* baigné par le doux soleil des Caraïbes, s'installait dans un transat afin de réfléchir à la lettre de Churchill. Il la lut et relut. Deux jours durant, il parut plongé dans ses pensées, profondément affecté par son contenu. Hopkins, seul confident du Président à bord, abandonna Roosevelt à ses ruminations. « Puis un soir, raconta plus tard Hopkins, il le sortit soudain : le programme complet. Il ne paraissait pas avoir la moindre idée claire de la façon dont ça pourrait se faire légalement. Mais il n'y avait pas de doute dans son esprit qu'il trouverait un moyen de le faire[197]. » Peut-être Hopkins était-il modeste sur son propre rôle ; peut-être Roosevelt et lui avaient-ils en fait examiné toutes les possibilités avant que le Président ne tranchât ; peut-être la décision tenait-elle moins du coup de tonnerre dans un ciel bleu qu'on ne l'a laissé penser. Mais c'est un détail sans grande importance. Il est incontestable que c'est Roosevelt lui-même qui trouva une issue à la crise du dollar en prenant la décision capitale qui allait dégager des ressources illimitées au profit de l'effort de guerre britannique[198].

Comme à son habitude, Roosevelt ne mit aucune hâte à faire part de sa décision aux membres de son cabinet. Il leur dit d'attendre son retour pour agir, afin qu'ils puissent discuter des choses à fond[199]. Auparavant, les hommes clés de l'administration responsables de la politique étrangère et de la politique de défense s'étaient réunis au Département d'État, dans le bureau de Hull, pour y examiner la situation à la lumière de la lettre de Churchill, et notamment de son appel à « un acte décisif de non-belligérance constructive », histoire d'élaborer une position à soumettre au Président à son retour. Le secrétaire d'État avait réuni autour de lui Stimson, Knox, le général Marshall, l'amiral Stark, Sumner Welles et un certain nombre d'autres éminents responsables. Stark se montra formel : au rythme actuel des pertes de cargaisons, la Grande-Bretagne ne pouvait survivre plus de six mois. Stimson, allant droit au but comme toujours, en tira la conclusion que la production américaine de défense ne pourrait être portée aux niveaux nécessaires pour assurer la sécurité des États-Unis et empêcher la défaite de la Grande-Bretagne

« tant que nous ne serions pas entrés nous-mêmes en guerre ». Quand il demanda à Stark quelles mesures s'imposaient pour arracher la Grande-Bretagne à son triste sort dans l'Atlantique, l'amiral répondit qu'il faudrait abroger le Neutrality Act pour permettre à la marine marchande américaine de transporter des marchandises jusque dans les ports britanniques, et que cette initiative déboucherait sans nul doute sur l'escorte des convois par la marine et, en définitive, très probablement, sur l'entrée en guerre de l'Amérique. La perspective était intimidante. On ne s'étonnera pas qu'aucune solution claire ne se soit dégagée de la réunion[200].

Quand le Président regagna Washington le 16 décembre au soir, bronzé, d'excellente humeur, parfaitement « regonflé à bloc » (*refuelled*, suivant le mot de Hopkins) par son séjour à bord du *Tuscaloosa*, la capitale américaine paraissait dans l'expectative[201]. Le lendemain, il confia à Morgenthau qu'il avait « beaucoup réfléchi au cours de son voyage sur ce que nous devions faire pour l'Angleterre » et qu'il en était arrivé à la conclusion que « la chose à faire [était] d'en finir avec le dollar ». Il ne voulait ni de ventes ni de prêts d'argent : « Nous allons dire à l'Angleterre, suggéra-t-il, nous allons vous donner les canons et les navires dont vous avez besoin, sous réserve que, la guerre terminée, vous nous restituiez en nature les canons et les navires que nous vous aurons prêtés. » « Qu'en pensez-vous ? », demanda le Président. Morgenthau se montra aussitôt enthousiaste[202]. Il l'imputa à un de ces « éclairs de génie » de Roosevelt[203]. Comme on l'a vu, toutefois, l'idée avait germé depuis un certain temps dans l'esprit du Président. Elle remontait certainement à l'époque de l'accord sur les destroyers, quand Roosevelt songeait à donner à bail aux Britanniques des navires marchands. L'idée initiale, a-t-on suggéré, était née quand le département du Trésor avait découvert que d'anciens textes de loi approuvaient le prêt-bail de biens de l'armée pour une période pouvant aller jusqu'à cinq ans si les produits n'étaient pas nécessaires à un usage public[204]. Si tel était le cas, le Trésor ne fit rien de sa découverte. C'est le Président qui prit toute la mesure des possibilités que lui ouvrait cette idée. Et le 17 décembre, il la lança dans le domaine public, de manière inédite, claire et irrésistible.

Cet après-midi-là, Roosevelt fit une conférence de presse. Il commença d'une manière désarmante, expliquant qu'il n'avait pas de nouvelles particulières. Mais il pensait qu'il y en avait peut-être une qui valait d'être mentionnée. Il en arriva progressivement au vif du sujet. Aucune grande guerre n'avait été perdue par manque d'argent, commença-t-il. Donnant l'impression d'improviser à mesure, il plaida ensuite la cause d'une aide accrue à la Grande-Bretagne. « Du point de vue intéressé de la défense de l'Amérique, expliqua-t-il, il est important que nous fassions tout pour aider l'Empire britannique à se défendre. » Il fit valoir que les commandes britanniques étaient un « formidable atout pour la défense américaine ». Il excluait la nécessité d'abroger la loi Johnson ou le Neutrality Act. En revanche, il estimait nécessaire de sortir des catégories traditionnelles pour aborder le problème du financement de la guerre. Il assura, non sans exagération, que l'administration travaillait sur ce problème depuis des semaines. Puis il exposa ce qui n'était, dit-il, que l'une des méthodes possibles parmi d'autres. Les États-Unis pouvaient prendre en charge les commandes britanniques et « louer à bail ou vendre » à la Grande-Bretagne une partie de la production de munitions. Roosevelt expliqua que ce qu'il essayait de faire, c'était de se « débarrasser de cette vieille et stupide affaire du dollar ». Il recourut à une image de la vie quotidienne pour expliquer ce qu'il voulait dire. Un homme ne dirait pas à son voisin dont la maison était la proie des flammes : « Écoute, voisin, mon tuyau d'arrosage m'a coûté 15 dollars ; tu dois me verser 15 dollars. » Il lui prêterait son tuyau pour le récupérer ensuite. C'était ainsi qu'il fallait régler le problème des munitions. Restait à clarifier les détails, ajouta le Président, mais ce qu'il allait faire, c'était de remplacer le dollar par l'« obligation d'un gentleman de rembourser en nature ». Et de conclure : « Vous comprenez tous, je crois. » Quand les journalistes présents lui demandèrent si son dispositif allait rapprocher le pays de la guerre, Roosevelt fit la moue. En revanche, il admit que le

Congrès devrait donner son aval et que des propositions de loi seraient présentées au Nouvel An[205].

Ce fut un numéro magistral d'un Roosevelt au meilleur de sa forme. En fait, la parabole du tuyau d'arrosage n'était pas une trouvaille de Roosevelt, comme cela parut être le cas sur le coup. Harold Ickes avait été le premier à l'utiliser quatre mois auparavant, mais elle s'était gravée dans l'esprit du Président qui l'avait gardée dans un coin de sa tête pour un usage futur[206]. Et voici qu'il y avait recouru, avec un brillant effet. « On peut dire avec justesse que par cette analogie du voisinage Roosevelt a gagné la bataille du prêt-bail », estimait Robert Sherwood, membre de l'équipe chargée de préparer les discours du Président[207]. On était encore loin d'un programme. Roosevelt n'avait pas fourni de détails ; or ceux-ci allaient surgir, d'une manière ou d'une autre, lorsque le Congrès serait appelé à se prononcer sur la loi. Il avait écarté les questions sur l'accroissement de la production nécessaire pour livrer du matériel aux Britanniques. Les implications de la nécessité d'assurer la livraison des marchandises produites pour les forces armées britanniques étaient tout aussi peu claires. Et l'analogie souffrait d'une faiblesse évidente, qui ne devait pas échapper à certains. Le « tuyau d'arrosage », en l'espèce, avait peu de chances d'être restitué, et en tout cas pas intact. Mais, avec sa parabole, le Président avait avant tout réduit un problème éminemment complexe, et controversé, à sa plus simple expression : une histoire de bon voisinage que n'importe qui pouvait comprendre et qui éveillait la sympathie de la plupart. Le problème de l'aide à la Grande-Bretagne était désormais pleinement dans le domaine public, se prêtant à un examen rigoureux et à un débat de tous côtés.

Roosevelt fit suivre sa manœuvre d'ouverture d'une action immédiate et énergique, approuvant comme une question d'urgence l'initiative de Stimson visant à secouer la réorganisation de la production de défense. Sans chef et d'une désespérante inefficacité, l'Advisory Commission, installée au printemps, fut alors remplacée par un organisme plus modeste et plus dynamique, l'Office of Production Management (Bureau de gestion de la production), qui ne comptait que quatre membres : Stimson,

Knox, le directeur et homme d'affaires expérimenté William Knudsen (patron de General Motors) et, en qualité de codirecteur, chargé d'assurer la mobilisation des syndicats, Sidney Hillmann (président des Amalgamated Clothing Workers). Les faiblesses opérationnelles de cette nouvelle organisation devaient rapidement apparaître au grand jour. Pour l'heure, cependant, son institution était le signe clair que Roosevelt avait hâte de faire avancer le programme d'aide en armements, même s'il demeurait évasif et refusait de s'engager sur la question connexe de l'escorte des convois[208].

Douze jours après sa conférence de presse décisive, le 29 décembre, Roosevelt entra en fauteuil roulant dans la salle de réception diplomatique de la Maison-Blanche pour y prononcer sa première « causerie au coin du feu » à la nation depuis sa réélection. Beaucoup, à l'époque et depuis, ont estimé que ce fut l'une de ses meilleures et de ses plus efficaces. Sans doute lui fut-elle au moins en partie inspirée par la réaction hostile de la propagande allemande à l'étranger à l'idée du prêt-bail : une réponse qui visait à rameuter les isolationnistes aux États-Unis, mais qui eut en réalité un effet contraire en suscitant un soutien inattendu à l'initiative présidentielle[209]. Le principal ressort en était cependant le désir qu'avait Roosevelt d'expliquer au peuple américain « la vérité toute simple sur la gravité de la situation » dans laquelle la guerre avait placé les États-Unis[210], et de faire comprendre la nécessité d'une aide tous azimuts à la Grande-Bretagne – d'où le système du prêt-bail.

Roosevelt ne ménagea aucun effort pour exposer le danger que courait la sécurité de l'Amérique. Se référant au Pacte tripartite signé au mois de septembre précédent entre l'Allemagne, l'Italie et le Japon et dirigé contre les États-Unis, il brossa un tableau dualiste et contrasté des peuples libres et démocratiques engagés dans un combat mortel contre les « forces du mal » d'une tyrannie totalitaire appliquée à dominer et à asservir l'espèce humaine. À l'âge de la force aérienne, les océans, poursuivit-il, n'étaient plus une protection pour les États-Unis. Il était vital qu'ils ne tombent pas sous la coupe de puissances hostiles. Pour ce faire, il était primordial de soutenir le potentiel de combat de la

Grande-Bretagne (il fut aussi question du combat des Grecs et des Chinois). Car « si la Grande-Bretagne tombe, les puissances de l'Axe domineront les continents d'Europe, d'Asie et d'Afrique ainsi que la haute mer – et ils seront en position de mobiliser d'énormes ressources navales et militaires contre cet hémisphère ». Il existait donc un immense danger, qu'il fallait regarder en face. S'en prenant indirectement à ses adversaires isolationnistes, le Président rejeta l'illusion que « nous puissions sauver notre peau en fermant les yeux sur le sort des autres pays ». L'expérience avait prouvé que l'apaisement n'était pas une solution. Une « paix négociée » était une « sottise », ce ne serait en aucune façon la paix.

Le Président en arriva à son second thème : la nécessité d'aider la Grande-Bretagne. Les Britanniques tenaient tête à une « alliance impie ». La sécurité future de l'Amérique dépendait de l'issue de cette lutte. Roosevelt fut catégorique : « Il y a infiniment moins de chances que les États-Unis entrent en guerre si nous faisons tout notre possible pour soutenir les nations qui se défendent contre les attaques de l'Axe que si nous acquiesçons à leur défaite. » Il admit sans détours que toute ligne de conduite comportait des risques. Mais la voie qu'il prônait était la moins périlleuse. Personne ne demandait d'envoyer un corps expéditionnaire américain à l'étranger, et il n'avait aucunement l'intention de le faire. « Vous pouvez donc rejeter comme un mensonge délibéré toute histoire d'envoi de troupes en Europe. » En revanche, ceux qui combattaient réclamaient des « instruments de guerre », et « il ne fait aucun doute que nous devons leur fournir ces armes ». Il répéta que cette politique ne visait pas la guerre, mais au contraire le maintien du conflit loin de l'Amérique. Il invita les ouvriers et les patrons de l'industrie à redoubler d'efforts. « Il nous faut plus de navires, plus de canons, plus d'avions... plus de tout. » Et il appartiendrait aux experts de la défense du gouvernement de décider quelle quantité expédier à l'étranger. Les États-Unis avaient fourni aux Britanniques une aide matérielle conséquente, et leur apporteraient davantage à l'avenir. Le Président acheva son intervention mémorable par des mots qui eurent un écho durable : « Nous devons être le grand arsenal de la démocratie »[211].

La « causerie au coin du feu » suscita une vague d'adhésion. Les trois quarts des Américains l'avaient entendue, et 60 % d'entre eux lui donnaient raison. La Maison-Blanche fut inondée de lettres et de télégrammes qui approuvaient le discours à 100 contre 1. Roosevelt exultait. Le résultat dépassait ses espérances. Comme il fallait s'y attendre, le désaveu venait des rangs des isolationnistes, dont les effectifs allaient s'amenuisant, mais le discours les avait aussi partiellement désarmés. Certaines réactions publiées, parmi les plus clairvoyantes, félicitèrent le Président d'avoir enfin fait montre d'un leadership clair et ferme, applaudissant la fin de l'incertitude qui avait plané tel un nuage au-dessus de la politique étrangère américaine pendant les mois précédents ; Roosevelt avait enfin « clarifié et cristallisé le choix de l'Amérique, un choix en réalité opéré de longue date ». Le seul regret était que « cette approche ait été retardée, coûtant six mois de préparatifs vitaux[212] ».

Décembre 1940 est donc le mois où fut prise la décision clé : l'une des plus importantes de la guerre. C'était la décision de lancer un programme qui n'était « rien de moins qu'une déclaration de guerre économique contre l'Axe[213] ». Pour la première fois depuis bien avant sa réélection, Roosevelt avait conduit l'opinion, plutôt que de la suivre. Et l'opinion le suivait. Désormais, 70 % des personnes interrogées se disaient prêtes à aider la Grande-Bretagne à gagner, fût-ce au risque d'entraîner l'Amérique dans la guerre. Mais une immense majorité continuait de s'opposer à une entrée en guerre outre-Atlantique. Les Américains, observa un commentateur, préféraient encore « se trouver au bord » que d'être poussés dans la guerre[214].

Peu après la « causerie au coin du feu », le 6 janvier 1941, Roosevelt prononça son discours annuel au Congrès sur l'état de l'Union. Dans un nouveau discours énergique, le Président esquissa les « quatre libertés humaines essentielles » pour lesquelles il luttait. C'était une manière de proclamer les buts de l'Amérique pour l'après-guerre : liberté d'expression, liberté religieuse, mais aussi vie libérée du besoin et de la peur. Peu après, le Président stipula ses demandes budgétaires pour 1942 : sur les 17,5 milliards de dollars demandés, 60 % allaient à la défense nationale[215]. L'« arsenal de la démocratie » avait été commandé.

Dès avant son discours au Congrès, le 2 janvier, le nouveau sentiment d'urgence qui animait le Président l'avait conduit à demander au Trésor de préparer le projet de loi sur le prêt-bail à présenter au Parlement[216]. Dorénavant, la responsabilité essentielle incombait à Morgenthau et à son équipe. Le projet reçut le numéro symbolique de House Resolution 1776, date de la révolution américaine. Le 10 janvier, il était soumis à la Chambre des représentants. Suivirent plus de deux mois de débats nourris et largement couverts par la presse. L'opinion s'y intéressait vivement. La quasi-totalité des Américains connaissaient le projet, et la plupart l'approuvaient sans réserve, alors même que plus d'un tiers des personnes interrogées pensaient que, s'il était adopté, il rapprocherait les États-Unis de l'« entrée en guerre[217] ». Pour les isolationnistes, la campagne contre le projet fut leur baroud d'honneur. L'America First Committee lança une campagne d'opposition massive. Le jeune John F. Kennedy fut de ceux qui lui apportèrent leur concours financier[218]. Quant à la campagne de publicité, elle fut largement assurée par le *Chicago Tribune* de l'imposant colonel Robert R. McCormick, isolationniste déclaré[219].

Le processus législatif complexe suivit son cours. L'opposition n'était pas assez forte au Congrès pour repousser le projet, mais elle parvint à imposer un certain nombre d'amendements. Le texte fut finalement adopté à une majorité de 260 contre 165 à la Chambre des représentants, et de 60 contre 31 au Sénat. Dans les deux Chambres, les opposants furent essentiellement des républicains. Roosevelt signa la loi de prêt-bail le 11 mars 1941. Elle lui donnait l'autorité d'ordonner la production ou l'acquisition de « tout article de défense destiné au gouvernement de tout pays dont le Président juge la défense vitale pour la défense des États-Unis[220] ».

Quatre jours plus tard, s'exprimant au dîner annuel de l'Association des correspondants de la Maison-Blanche, le Président omit toutes les récriminations qu'il avait initialement prévues à l'égard de ses adversaires[221]. Il préféra se focaliser sur l'unité nationale que les controverses autour du prêt-bail avaient produite pour faire face aux tâches futures. « Qu'il ne soit pas permis aux dictateurs d'Europe ou d'Asie de douter de notre unanimité désormais », proclama-t-il. Le pays tout entier avait pris part à un vaste débat. « C'est vrai, reconnut-il, peut-être notre démocratie tarde-t-elle à se décider. Mais quand la décision est prise, elle est proclamée non pas par la voix d'un seul homme, mais par celle de 130 millions. Elle nous engage tous. Et il n'est plus permis au monde de douter. » Suivit un coup oblique en direction de ses adversaires : « Cette décision est la fin de toutes les tentatives d'apaisement dans notre pays ; la fin des appels pressants à nous entendre avec les dictateurs ; la fin du compromis avec la tyrannie et les forces d'oppression. Et l'urgence est *maintenant.* » Puis il souligna la portée de la décision : « Nous en sommes fermement convaincus : le jour où notre production aura atteint son plein rendement, les démocraties du monde seront à même de prouver que les dictatures ne peuvent pas gagner[222]. »

VI

Le prêt-bail fut l'une des décisions politiques les plus importantes de la guerre et eut un certain nombre de conséquences capitales. Pour Churchill, ce fut une « décision merveilleuse », source de nouveaux espoirs et d'une conviction nouvelle puisque l'on savait que les « États-Unis nous [étaient] maintenant très étroitement liés[223] ». Il en parla comme d'un « tournant capital », « crucial », dans l'effort de guerre britannique[224]. C'était un « engagement irrévocable » au profit de l'alliance des États-Unis avec la Grande-Bretagne, un « point de non-retour » dans la politique américaine contre l'Allemagne nazie, un « grand pas vers la guerre[225] ». La réaction allemande en dit aussi long sur la portée de l'événement. Les chefs de la Wehrmacht y virent une « déclaration de guerre ». Goebbels l'analysa dans les mêmes termes. Et Hitler décida aussitôt d'étendre la zone de combat à l'Ouest, dans l'Atlantique Nord, jusqu'aux eaux territoriales du Groenland[226].

Pour les détracteurs de Roosevelt, tel était précisément le but visé. Quand le sénateur Burton K. Wheeler, isolationniste irréductible, déclara que le prêt-bail allait « enterrer un jeune Américain sur quatre », Roosevelt eut une réaction épidermique : « C'est la chose la plus mensongère, la plus ignoble, la plus antipatriotique qui ait jamais été dite », répliqua-t-il[227]. Et quand, au printemps, Charles A. Lindbergh devint la coqueluche des isolationnistes dans la campagne anti-Roosevelt d'America First, le Président dit en privé sa conviction que l'ancien héros de l'aviation était un nazi[228]. Pour les interventionnistes fervents, au sein de l'administration comme à l'extérieur, le prêt-bail apportait précisément ce que les isolationnistes décriaient : l'espoir qu'un sentiment d'urgence et un dynamisme nouveau allaient désormais rapprocher la politique américaine plus rapidement de l'engagement direct dans une guerre qu'ils estimaient nécessaire et inévitable. Au fil des mois qui suivirent l'adoption du Lend-Lease Act, le Président ne contenta aucun de ses deux groupes de critiques. Pour les isolationnistes, il allait beaucoup trop loin. Pour les interventionnistes, il en faisait bien trop peu. En réalité, il ne suivait pas une voie médiane. Ses penchants allaient invariablement du côté de ceux qui voulaient faire plus, non pas moins, pour aider les Britanniques dans ce qui était pour eux une sombre phase de la guerre. Mais cela n'allait jamais « jusqu'à la guerre », et ses antennes politiques lui disaient invariablement que la route de la prudence était la bonne. Le résultat est qu'au printemps la politique américaine parut à nouveau dériver, renouer avec l'incertitude et l'hésitation.

Les bénéfices immédiats du prêt-bail n'étaient pas immenses. Harry Hopkins fut chargé du programme avec une sorte de mandat de plénipotentiaire pour le mettre en œuvre[229]. L'administration demanda aussitôt 7 milliards de dollars d'affectation de crédits. L'une des premières fournitures, en écho évident à la déterminante « causerie au coin du feu » de Roosevelt, fut 274 000 mètres de tuyau d'arrosage. En 1941, une infime partie seulement (1 %) des munitions effectivement utilisées par la

Grande-Bretagne venait du programme prêt-bail. L'impact immédiat sur l'effort de guerre britannique resta largement symbolique. Les effets du prêt-bail tout au long de la guerre, en revanche, furent loin de se limiter au symbolisme. Plus de la moitié des déficits britanniques devaient être couverts par le prêt-bail, lequel allait aussi jouer un rôle vital pour la machine de guerre soviétique. Quand la législation fut rédigée, la liste des pays bénéficiaires potentiels avait été laissée à dessein ouverte. Sachant par ses services secrets que tout indiquait que Hitler pouvait envahir l'Union soviétique avant la fin de l'année, l'administration était impatiente d'empêcher les anticommunistes du Congrès de limiter le nombre de pays qui pourraient bénéficier à un moment ou à un autre de ce dispositif. Cette prévoyance devait se révéler décisive. À la fin de la guerre, le système avait permis de distribuer plus de 50 milliards de dollars de matériel à travers le monde.

Aux États-Unis, le prêt-bail devait déclencher de très fortes augmentations des dépenses d'armements. Dès 1941, celles-ci, en proportion du produit national brut, étaient près de dix fois plus élevées qu'elles ne l'étaient en 1939. L'essentiel de cette augmentation fut financé par l'emprunt, plutôt que par la fiscalité, suivant une tendance nouvelle et appelée à durer. Les techniques de production de masse utilisées eurent pour conséquence que les grandes entreprises devinrent plus grandes encore, au point de dominer toujours plus la production industrielle. Au fond, c'est dans le dispositif du prêt-bail que le complexe militaro-industriel de l'après-guerre en Amérique trouve ses fondements[230].

La décision prise en décembre et finalisée par la loi de mars avait réglé le problème de la production. L'économie de guerre américaine se mit en mouvement (même si, du fait des goulets d'étranglement et des insuffisances en matière de production et d'organisation, elle ne devait pas tourner sans à-coups ni à plein régime). De même était-on loin d'avoir résolu la question des moyens pour acheminer suffisamment de marchandises jusqu'en Grande-Bretagne, compte tenu des pertes croissantes de bâtiments de la marine marchande en Atlantique. De plus, le prêt-bail avait éclairé d'une lumière crue la question que personne n'était encore disposé à affronter. L'Amérique, dont la neutralité était désormais bien compromise, et la non-belligérance parfaitement unilatérale, pouvait-elle encore s'abstenir de livrer une guerre quand elle était à ce point engagée derrière l'un des participants par le biais de ses livraisons d'armes ? Stimson, comme d'habitude, avait enfoncé le clou en décembre. « Nous ne saurions garder en permanence la position d'outilleurs pour les autres nations qui combattent », avait-il conclu – même s'il acceptait que le pays ne fût pas encore prêt à envisager une intervention[231].

Durant ces mêmes semaines, néanmoins, la guerre s'était rapprochée encore un peu, ne serait-ce qu'au niveau de la préparation pour parer à toute éventualité. Dès novembre 1940, l'amiral Stark avait mis au point une stratégie de défense globale, connue sous le nom de « Plan D » (*Plan Dog* – « plan chien », dans le jargon de la marine). Sa prémisse de base était que, si les États-Unis devaient s'engager un jour dans une guerre contre l'Allemagne, l'Italie et le Japon – et Stark estimait qu'il serait finalement nécessaire d'envoyer en Europe et en Afrique d'importantes forces terrestres et aériennes[232] –, une grande offensive dans l'Atlantique, en alliance avec la Grande-Bretagne, devait prendre le pas sur le Pacifique, où serait adoptée une posture défensive[233]. Bien que Roosevelt n'ait jamais officiellement adopté le *Plan Dog*, on retrouve celui-ci implicitement derrière la conclusion à laquelle arriva le Président lors d'une réunion avec ses principaux conseillers en matière de défense, le 17 janvier : l'objectif essentiel était de maintenir les axes de ravitaillement de la Grande-Bretagne. Il ordonna à la marine de préparer l'escorte des convois[234]. La décision semblait prometteuse. Mais, comme souvent, la prudence l'emporta. Roosevelt était encore loin d'être prêt à sauter le pas.

Stark avait recommandé au Président d'autoriser l'état-major à engager des discussions secrètes avec les Britanniques en vue d'une possible action dans les deux océans[235]. Celles-ci commencèrent en janvier 1941. Deux mois plus tard, de hauts responsables américains et britanniques de la planification militaire avaient trouvé un accord de fond sur la stratégie – le document

ABC-1 – dans l'éventualité d'une entrée en guerre des États-Unis. Naturellement, aucun engagement n'avait encore été pris en ce sens. Mais en cas de guerre, la stratégie de base, suivant le *Plan Dog*, serait « l'Allemagne d'abord », accompagné d'un combat d'usure pour contenir le Japon dans le Pacifique jusqu'à la défaite de l'Allemagne. En fait, ABC-1 informa la réflexion stratégique dans les deux pays au cours des mois suivants, ainsi que la stratégie effective après décembre 1941[236]. Comme le dit Robert Sherwood, qui aida Roosevelt à écrire ses discours, un « concubinage » avait été mis en place entre les États-Unis et la Grande-Bretagne six mois avant que les États-Unis n'entrent enfin en guerre. « Noué publiquement à travers le prêt-bail », il avait été ensuite « consommé en privé à travers les conversations des états-majors anglo-américains à Washington[237] ».

Roosevelt avait beaucoup évolué au cours de l'hiver. L'hésitation qui avait accompagné l'accord sur les destroyers, quand il avait prudemment cédé sous la pression de ses conseillers, avait laissé place à la hardiesse en décembre et en janvier, avec la percée du prêt-bail dont il fut l'instigateur. Mais le Président n'était pas encore disposé à accélérer. Au cours du printemps troublé de 1941, son audace le quitta de nouveau. Suscitant l'immense frustration des éléments les plus « bellicistes » de son cabinet, la prudence l'emporta une fois encore.

La Grande-Bretagne affrontait désormais diverses difficultés, et ce bien avant que l'aide américaine promise pût commencer de faire la différence. Les progrès accomplis grâce au prêt-bail et à l'accord militaire ABC-1 avec les Américains menaçaient de se révéler inutiles. En mai, les troupes britanniques avaient été chassées de Grèce et avaient perdu la Crète. La diversion grecque, vaine tentative pour empêcher une occupation allemande, avait affaibli la fragile emprise de la Grande-Bretagne en Afrique du Nord, et, sous l'autorité du nouvel et audacieux général Erwin Rommel, les forces de l'Axe menaçaient maintenant de faire une percée, et devaient bientôt le faire. Le pire, c'était que les pertes de navires dans l'Atlantique étaient montées en flèche, doublant quasiment par rapport au niveau qui était le leur au cours de l'hiver. Et voici que le nouveau cuirassé allemand tant redouté, le

Bismarck, prenait la mer et s'apprêtait à faire des ravages dans les convois britanniques. Les perspectives étaient sombres. Il semblait que la Grande-Bretagne perdrait probablement la « bataille de l'Atlantique ». Churchill, qui en privé s'irritait et s'exaspérait de la prudence de Roosevelt, observa que, « sans que nous en ayons vraiment conscience, nous sommes largement abandonnés à notre destin[238] ».

Alors même que les adversaires isolationnistes de Roosevelt avaient fortement reculé à propos du projet de loi de prêt-bail, le Président, a-t-on pu dire, semblait parfois craindre « moins une attaque soudaine de Hitler que le triomphe des isolationnistes au Sénat[239] ». Très précisément, il ne pouvait se résoudre à prendre une décision claire sur la question des convois. En avril, il parut d'abord favorable au plan de la marine pour fournir des escortes, avant de changer d'avis. Malgré la pression des « faucons » du cabinet – Stimson, Knox, Ickes et Morgenthau –, il continua de résister. Son idée, selon Morgenthau, était « que l'opinion publique n'était pas encore prête pour que les États-Unis escortent des navires ». Il préférait attendre et n'était « pas disposé à aller jusqu'à une "aide tous azimuts" à l'Angleterre[240] ». Tout indique qu'il aurait pu rallier l'opinion publique à ce propos s'il avait essayé[241]. Il préféra ne pas prendre de risque. Pour l'heure, il ne consentit, le 15 avril, qu'à une extension significative de la « zone de sécurité » pour les patrouilles de la flotte dans l'Atlantique, désormais élargie à l'ouest d'une ligne passant *grosso modo* à mi-chemin de l'Afrique et du Brésil, comprenant le Groenland et les Açores. Dans cette vaste portion de l'Atlantique, les patrouilles signaleraient les positions des sous-marins allemands, mais ne feraient rien pour les attaquer (sauf à être elles-mêmes menacées) ni pour défendre directement les convois. Cela devait bientôt déboucher sur une présence américaine au Groenland et en Islande, à cheval sur la route vitale de l'Atlantique. À la même époque, Roosevelt autorisa aussi le transfert d'un petit nombre de cuirassés – moindre que ne l'aurait voulu la marine – du Pacifique vers l'Atlantique. Et il fut question de plans (qui ne débouchèrent sur rien) pour occuper les Açores[242]. Mais Roosevelt n'était pas disposé à aller plus loin. Il rejetait encore le principe des escortes. Il demeurait intraitable : dans la bataille pour contrôler les mers, il n'était pas question de tirer le premier coup de canon[243].

Tout au long d'avril et de mai, l'une des phases les plus alarmantes de la guerre et parmi les plus préoccupantes de sa présidence, Roosevelt parut hésitant aux yeux de son entourage : prudent presque jusqu'à l'immobilisme[244]. Quand William Bullitt, l'ancien ambassadeur en France, le vit le 23 avril, le Président confia « que le problème qui le tracassait le plus était celui de l'opinion publique. Il venait de se disputer avec Stimson à ce sujet. Stimson pensait que nous devrions entrer en guerre à ce moment-là. Lui, le Président, avait le sentiment qu'il fallait attendre un incident et était certain que les Allemands allaient nous le fournir[245] ».

Outre-Atlantique, en privé, Churchill ne cachait pas son abattement devant l'inactivité du Président et sa procrastination. Ses conseillers durent modérer le ton de sa lettre du début mai à Roosevelt, écrite sous l'effet d'une certaine irritation[246]. Il souhaitait une action plus hardie. Il suggérait que ce qui pourrait faire pencher la balance de manière décisive du côté de la Grande-Bretagne, ce serait que « les États-Unis se rangent immédiatement à nos côtés comme puissance belligérante[247] ». Le Président n'entendit pas la supplique.

À Washington, dans un climat d'abattement, Stimson, Knox et l'Attorney general, Robert Jackson, allèrent voir Ickes à la mi-mai pour envisager « une démarche par écrit auprès du Président, expliquant que le manque de leadership dont nous faisons l'expérience augure mal pour le pays ». Tous étaient d'accord pour constater que « le pays était las des mots et voulait des actes ». Mais les mots eux-mêmes se faisaient attendre, puisque Roosevelt avait ajourné un grand discours qu'il comptait prononcer sur l'état de la guerre. Il s'était réfugié dans son lit, mal en point, même s'il parut assez en forme aux rares personnes qui furent autorisées à le voir ces jours-là. « Missy » LeHand pensa qu'il souffrait d'« exaspération pure et simple » à force d'être constamment écartelé entre les isolationnistes et les interventionnistes. Au bout du compte, ils n'étaient pas très chauds pour une lettre de protestation. Mais « aucun de nous ne pouvait s'expliquer le manque de leadership du Président, et nous étions tous perturbés par le fait qu'il était entouré d'un tout petit groupe et qu'il était, de fait, inaccessible à la plupart des gens, y compris aux membres de son cabinet[248] ».

Compte tenu du malaise qui régnait sur l'administration aux yeux de tous ceux qui se trouvaient au cœur de la politique de défense, on plaçait de grandes espérances dans le prochain discours du Président, son premier depuis la promulgation de la loi de prêt-bail. S'interrogeant sur ce qu'il pourrait dire, Morgenthau « estima que la prochaine étape était de nous plonger dans la guerre ». Il fit part à Harry Hopkins de la conclusion à laquelle il était arrivé au cours des dix jours suivants : « Si nous voulions sauver l'Angleterre, il nous fallait entrer dans cette guerre, et nous avions besoin de l'Angleterre, sinon pour une autre raison, comme marchepied pour bombarder l'Allemagne[249]. »

Roosevelt finit par prononcer son grand discours le 27 mai au soir, le jour même où arriva la nouvelle que l'on avait coulé le *Bismarck*. Plusieurs mains avaient travaillé avec acharnement aux six versions de la « causerie au coin du feu », que le Président souhaitait terminer, de manière spectaculaire, en proclamant l'état d'urgence. Quelques heures avant son discours, il envoya un câble à Churchill pour informer le Premier ministre britannique que son texte « allait plus loin que je ne l'avais cru possible ne fût-ce que quinze jours plus tôt[250] ».

Ce discours, toutefois, ne fut pas un des meilleurs de Roosevelt. Pour le public invité dans le salon Est de la Maison-Blanche où régnait une chaleur insupportable, ce fut une cruelle déception, même si les télégrammes qui affluèrent par la suite étaient majoritairement positifs, et que la réponse fut meilleure que le Président, à l'en croire, ne l'escomptait[251]. Pour l'essentiel, il resta sur le même terrain que celui de la « causerie » de décembre. Dans son passage le plus fort, il promit d'« apporter toute l'assistance possible à la Grande-Bretagne et à tous ceux qui, avec la Grande-Bretagne, résistent à l'hitlérisme ou à son équivalent par la force des armes. Nos patrouilles, poursuivit-il, aident désormais à assurer la livraison des fournitures nécessaires à la Grande-Bretagne. Toutes les mesures supplémentaires nécessaires pour livrer les marchandises seront prises ». Et l'apogée de son discours fut cette déclaration : « J'ai ce soir proclamé l'existence d'un état d'urgence national illimité qui requiert le renforcement de notre défense à l'extrême limite de notre puissance et de notre autorité nationales[252]. »

Le ton semblait dramatique. Peut-être, se dirent quelques membres de son entourage, le Président arrêtait-il enfin la dérive des semaines précédentes. Peut-être l'urgence qui avait inspiré les décisions au tournant de l'année était-elle de retour. Mais, concrètement, que signifiait cette déclaration d'un « état d'urgence national illimité » ? Quand, à la conférence de presse du lendemain matin, les journalistes lui demandèrent des détails, Roosevelt s'empressa de défaire le bon travail de la veille au soir. Il n'était pas dans ses projets de demander au Congrès d'abroger la législation sur la neutralité, expliqua-t-il. Et il n'allait pas non plus ordonner à la marine d'escorter les convois. Il écarta, en la qualifiant de « douteuse » (*iffy*), une question sur la difficulté de concilier travailleurs et patronat dans la grande campagne de production d'armements. Pour finir, il admit que sa proclamation d'un état d'urgence national illimité nécessitait des décrets reposant sur la remise en vigueur de lois d'urgence s'étendant sur un demi-siècle pour prendre effet. Et il n'était pas dans ses projets de promulguer de tels décrets[253].

La garde rapprochée du Président se montra déroutée et irritée. Stimson, qui avec Knox appelait depuis mai à la mise en place immédiate de la protection des convois, était atterré. Ickes estima que « proclamer l'état d'urgence total sans le faire suivre de mesures n'a pas grand sens », même s'il ajouta, en toute justice, que cela offrait au moins le cadre d'une action significative. Hopkins ne s'expliquait pas le « retournement soudain » du Président, « d'une position de force à une position de faiblesse en apparence insouciante ». Quant à Sherwood, il ne trouva qu'une explication : l'« incompréhensibilité » de son caractère[254].

Mais la prudence de Roosevelt avait des raisons plus profondes que son impénétrable personnalité. L'une d'elles était son souci constant d'essayer de façonner l'opinion, plutôt que de la devancer. La courte majorité attestée par les sondages en faveur de l'escorte des convois suggérait que Roosevelt pouvait faire avancer le dossier au Congrès pour peu qu'il voulût exercer des pressions. Mais les escortes en question déboucheraient inévitablement sur des heurts armés avec des bâtiments allemands : on ne serait plus qu'à un pas de la guerre. Une majorité simple au Congrès donnerait-elle l'unité nationale nécessaire dans la guerre ? Les sondages d'opinion effectués à la suite de son discours firent apparaître les contradictions habituelles. Alors que 68 % jugeaient plus important d'aider la Grande-Bretagne que de rester à l'écart de la guerre, un pourcentage légèrement plus élevé estimait que le Président était allé trop ou assez loin dans son soutien aux Britanniques. Et les quatre cinquièmes de la population restaient encore carrément opposés à l'entrée en guerre[255]. C'était plus que suffisant pour dissuader le Président de prendre des initiatives hardies. Comme devait dire plus tard un de ceux qui le virent à la Maison-Blanche à l'époque, en tant que chef de la nation, il avait le sentiment qu'il serait plus efficace s'il ne franchissait pas le Rubicon[256].

Un autre facteur fut probablement crucial. Roosevelt était au courant depuis le début de l'année de la directive de Hitler fixant au printemps l'attaque de l'Union soviétique. Au début du mois de mars, Sumner Welles avait reçu pour consigne de faire passer l'information au Kremlin[257]. Tous les signaux venus des services secrets laissaient maintenant prévoir une invasion imminente[258]. Très vraisemblablement est-ce pour cette raison que Roosevelt souhaita éviter toute escalade de l'agression dans l'Atlantique quand le 12 juin la nouvelle tomba que, pour la première fois, un sous-marin allemand avait coulé un cargo américain, le *Robin Moor*. La réaction américaine resta modérée[259]. Car Roosevelt savait qu'une attaque de l'Allemagne contre l'Union soviétique changerait du tout au tout la physionomie de la guerre dans l'Atlantique. Sous réserve que l'Union soviétique pût tenir, de nouvelles perspectives s'ouvraient à l'Ouest.

Le 22 juin 1941, le Président apprit à son réveil que l'attaque massive des Allemands contre l'Union soviétique avait commencé.

VII

Roosevelt et la politique américaine avaient parcouru une immense distance depuis que la période des sombres mois de mai à septembre avait menacé l'Europe d'une éclipse totale de la démocratie. Quand les forces hitlériennes envahirent l'Union soviétique, les États-Unis étaient encore loin d'être prêts à la guerre – pas plus militairement que psychologiquement ou politiquement. Mais les décisions prises par Roosevelt, en particulier dans l'affaire des destroyers puis surtout avec le dispositif de prêt-bail, avaient été de la plus haute importance pour cimenter les liens transatlantiques, qui, en l'espace de quelques mois, allaient se transformer en une alliance militaire en bonne et due forme contre Hitler, laquelle, le moment venu, allait contribuer à le détruire. Dès lors, le dictateur allemand n'en était que trop conscient, le temps et les ressources n'étaient pas de son côté. Il devait risquer plus pour gagner plus. Or, même si le cours de la guerre ne le montrait pas à l'époque, l'horizon commençait à s'assombrir pour lui. Pour la Grande-Bretagne, c'était le contraire. Militairement, elle restait faible et essuyait des revers dans les Balkans, en Afrique du Nord et, ce qui n'était pas le moins important, en Atlantique. Mais, pour la première fois, il y avait plus qu'une lueur d'espoir à l'horizon. Sous réserve que l'on pût protéger les routes maritimes de l'Atlantique, « l'arsenal de la démocratie » américain serait bientôt à sa disposition. Et les perspectives de voir les États-Unis entrer dans la guerre s'étaient considérablement précisées. Il n'est guère étonnant que Churchill, le 27 avril 1941, ait conclu son allocution radiodiffusée au monde par une figure de rhétorique, citant un poème du XIXe siècle pour illustrer le nouvel espoir : « Devant, le soleil monte lentement, qu'il est lent ! Mais à l'Ouest, voyez, la terre est lumineuse[260]. »

Avec l'accord sur les destroyers, le prêt-bail et les prudentes initiatives qui suivirent, le Président avait été confronté à des choix difficiles. Il ne manquait pas de conseils venus de tous côtés : y aller plus vite, plus lentement, pas du tout. Il avait oscillé, hésité, avait été pressé par ses conseillers et les sondages d'opinion. Mais, bien qu'il eût avancé à tâtons, sa hardiesse à propos du prêt-bail n'en demeure pas moins, et elle fut capitale. Sans cette décision, et alors même que le flot immédiat de l'aide qui en découla restait modeste en comparaison de ce qui allait suivre, la position de la Grande-Bretagne se serait dégradée rapidement et démesurément. Avec l'amenuisement de ses réserves en dollars et la montée en flèche de ses pertes dans l'Atlantique, sa situation épineuse n'aurait pas tardé à devenir désespérée. Mais il est peu probable que la Grande-Bretagne eût été forcée, comme le prétendirent à l'époque des partisans du prêt-bail, à rechercher une paix négociée avec Hitler dans les six mois. Le gouvernement britannique n'était pas moins au courant que l'administration Roosevelt des plans allemands contre l'Union soviétique et de la forte concentration de forces armées sur le front Est. La guerre germano-soviétique, si tant est qu'elle durât, aurait soulagé une Grande-Bretagne assiégée, fût-ce en l'absence du système de prêt-bail. Mais combien de temps, sans celui-ci, les ressources de la Grande-Bretagne auraient suffi, même dans les conditions nouvelles du déchaînement de la guerre à l'Est, reste sujet à controverse.

Plus important que cette question sans réponse est le fait que le prêt-bail initia un engagement lourd de conséquences. Alors que la voie de la guerre était encore loin d'être décidée pour les États-Unis, les conseillers de Roosevelt avaient bien vu que, après le prêt-bail, il deviendrait en fin de compte impossible de demeurer à l'écart du conflit. Veiller à ce que les biens produits ne finissent pas purement et simplement au fond de l'Atlantique supposait qu'il faudrait escorter les convois à travers l'océan. Cela ne manquerait pas de donner lieu à des « incidents » : naufrages et échanges de tirs. Roosevelt lui-même l'avait observé : cela ressemblait à la guerre, et ce n'en était certainement pas loin[261]. Aussi se montra-t-il réticent à l'idée d'organiser des escortes et ne s'y résolut-il qu'à l'automne. Certains membres de son « cabinet de guerre », sa garde rapprochée sur les questions de défense, ne se faisaient aucune illusion sur la nécessité non seulement d'assurer la protection des convois, mais aussi de participer activement à la bataille de l'Atlantique. Et l'on n'en resterait pas là. Il y avait aussi ceux qui avaient pensé que, si l'Amérique devait finir par s'engager, ce serait en mer et dans les airs, mais sans nécessité d'envoyer des troupes terrestres comme cela avait été le cas lors de la Première Guerre mondiale. Cependant, les conseillers militaires de Roosevelt ne se faisaient aucune illusion. Ils étaient de plus en plus certains que la guerre ne serait gagnée qu'en envoyant des troupes américaines se battre en Europe.

Nous avons vu pour quelles raisons le Président avait agi de la sorte. Aurait-il pu et dû agir différemment[262] ? Eût-il suivi la voie que les isolationnistes souhaitaient le voir emprunter, les risques que la Grande-Bretagne se trouvât contrainte d'accepter une paix négociée, qui l'aurait laissée, elle et son Empire, très affaiblie, auraient considérablement augmenté. Or cette voie ne fut jamais, à aucun tournant critique, probable. Elle n'était pas non plus envisageable. Depuis Munich – au plus tard – l'administration – et pas simplement les « faucons » – était d'avis que Hitler représentait une menace directe pour les États-Unis et pour l'ensemble du monde occidental. Le spectre qui se profilait depuis le Pacifique, du Japon, ne faisait qu'accroître l'urgence de développer les capacités de défense. Sitôt que la guerre en Europe eut commencé, et notamment avec l'entrée des troupes de Hitler en Scandinavie, aux Pays-Bas et en France, la population américaine commença rapidement à saisir l'énormité de la menace. Peu étaient prêts à entrer dans la guerre, mais l'aide à la Grande-Bretagne (et, jusqu'à sa défaite, à la France) était largement approuvée. La ligne purement isolationniste ne rassemblait qu'autour du tiers de la population, et perdait du terrain. En dehors des sondages, les réactions majoritairement positives aux « causeries au coin du feu » de Roosevelt de décembre 1940 puis de mai 1941 sont le signe d'un très large soutien à une politique d'aide maximale à la Grande-Bretagne, sans aller jusqu'à la guerre, dans l'intérêt même de l'Amérique. Dans ce climat de l'opinion (loin de réagir simplement à celui-ci, l'administration l'influença), c'eût été une folie vouée à l'échec que de prôner une politique isolationniste.

L'intervention, que réclamaient Stimson, Knox, Stark et Morgenthau et d'autres en mai 1941, eût-elle été plus sage que la voie suivie par Roosevelt ? Avec une armée de terre plus modeste que celle de la Hollande et sans avions ni navires disponibles, intervenir au printemps ou durant l'été 1940 n'aurait pu avoir qu'une valeur symbolique. La marine était moins faible que l'armée de terre. Mais elle était nécessaire dans le Pacifique afin de dissuader les Japonais aussi bien que dans l'Atlantique, et cela mettait les ressources à rude épreuve. Le déplacement de la flotte – ou de la majeure partie de celle-ci – vers l'Atlantique eût été un signal clair à l'adresse de Tokyo. Probablement aurait-il entraîné une expansion dans le Sud-Est asiatique plus rapide que ce ne fut le cas, avec de graves conséquences pour la défense britannique dans la région. Pendant ce temps, les expéditions américaines aussi bien que britanniques auraient été la proie des attaques de sous-marins dans l'Atlantique, ce qui n'aurait guère arrangé le ravitaillement matériel de la Grande-Bretagne. Et rien de tout cela n'aurait fait la moindre différence dans la situation en Europe. Rien de ce qu'auraient pu faire les États-Unis n'aurait gêné le moins du monde la conquête par Hitler de l'Europe occidentale.

Au printemps de 1941, la situation avait changé. Les forces militaires américaines augmentaient à vue d'œil avec l'accélération de l'effort d'armement. Une aide active des forces navales américaines aurait sensiblement réduit les pertes britanniques dans l'Atlantique (même si la prise, par hasard, d'une machine à coder allemande Enigma en mai et le rapide décryptage des codes des sous-marins se soldèrent par une forte réduction des pertes au fil des six mois suivants[263]). Une guerre navale avec l'Amérique dans l'Atlantique était une chose que Hitler, à ce stade, était soucieux d'éviter. La belligérance américaine aurait fortement accru les appréhensions, à Berlin, quant à l'ouverture d'un second front à l'Est. Mais la perspective de voir Hitler aspiré dans ce qui, avec un peu de chance, allait se transformer en un conflit sanguinaire et prolongé à l'Est était précisément ce que les Américains et les Britanniques souhaitaient voir arriver. En tout état de cause, rien ne suggère que Hitler se serait laissé détourner de son intention de détruire l'Union soviétique dans une attaque-surprise rapide et dévastatrice. En fait, comme il comptait avoir deux ou trois années devant lui avant de devoir affronter les États-Unis dans toute leur puissance économique et militaire, probablement y aurait-il vu la confirmation de son diagnostic : qu'il assène un rapide K.-O. à l'Union soviétique, et la Grande-Bretagne serait obligée de s'asseoir à la table de négociation.

Une intervention n'aurait donc guère présenté d'avantages pratiques entre la défaite de la France et le lancement de l'« Opération Barbarossa », et aurait peu modifié le cours ou la férocité de l'agression allemande. Quelles auraient pu en être les conséquences aux États-Unis ? Toute tentative visant à entraîner le pays dans la guerre aurait suscité une large et vive opposition. Ainsi que le démontrèrent les sondages, en mai 1941 encore, les quatre cinquièmes de la population rejetaient l'intervention. Roosevelt eût-il plongé l'Amérique dans la guerre, qu'il en aurait résulté une désunion et une disharmonie intenses, le contraire de ce qui se produisit après décembre 1941.

Mais la question est oiseuse. À aucun moment Roosevelt n'envisagea d'entraîner l'Amérique dans la guerre. En eût-il été tenté qu'on se serait empressé de lui rappeler, et dans les termes les plus véhéments (et pas uniquement dans la bouche des isolationnistes) l'engagement explicite qu'il avait pris dans son discours de Boston, en octobre 1940, en pleine campagne électorale : il n'enverrait pas de troupes américaines combattre dans une guerre étrangère. En tout état de cause, tout à fait indépendamment de l'état de l'opinion dans le pays, il savait très bien qu'il n'avait pas la moindre chance de convaincre le Congrès de voter une déclaration de guerre.

Les interventionnistes américains, y compris parmi les plus proches conseillers de Roosevelt – et, bien entendu, beaucoup en Grande-Bretagne –, étaient impatients et critiquaient sa répugnance à entrer en guerre. Si agaçante fût-elle, la prudence du

Président n'en était pas moins sage. Par-dessus tout, il réussit à entraîner le pays derrière lui en avançant à pas mesurés sur la corde raide. Quand la guerre arriva enfin – fruit de l'agression de forces hostiles, non pas d'une action directe du Président –, cela devait se révéler vital.

6

Moscou, printemps-été 1941
Staline décide qu'il est meilleur juge

> Mettez-vous bien dans le crâne que l'Allemagne ne prendra jamais d'elle-même l'initiative d'attaquer la Russie [...]. Si vous provoquez les Allemands à la frontière, si vous déplacez des forces sans notre permission, ne perdez pas de vue que des têtes tomberont.
>
> Propos que Staline aurait tenus à ses chefs militaires, mi-mai 1941

« Lénine nous a laissé un héritage fantastique, mais nous, ses successeurs, on a tout foutu en l'air[1]. » Staline se laissa aller à cette explosion de colère dans un moment difficile, alors que lui-même et le petit groupe de ses plus proches collaborateurs sortaient d'une visite tendue au commissariat à la Défense, six jours après que l'invasion allemande du 22 juin eut pris l'Union soviétique étonnamment au dépourvu. Jamais Staline ne fut plus près d'accepter la responsabilité d'une calamiteuse erreur de jugement qui vit l'armée allemande avancer à tombeau ouvert sur près de 500 kilomètres en quelques jours, capturer ou tuer un nombre immense de soldats soviétiques, mais aussi détruire des milliers de chars et d'avions dans la première vague d'attaque. Les principaux séides de Staline l'accompagnaient ce jour-là – Viatcheslav Molotov (le buté et rigide commissaire aux Affaires étrangères, assez pédant pour corriger les camarades qui l'appelaient « cul de pierre » en leur rappelant que Lénine l'avait en fait traité de « cul de fer[2] »), Gueorgui Malenkov (patron de la labyrinthique bureaucratie du parti communiste), Lavrenti Beria (l'implacable chef de la sécurité d'État) et Anastase Mikoïan (le spécialiste du commerce extérieur)[3] –, et l'on ne sait trop s'ils apprécièrent d'être inclus dans le blâme collectif de la catastrophe qu'impliquait cette prosaïque explosion de Staline. Molotov, loyal envers et contre tout, était certainement prêt à accepter une responsabilité collective, comme il continua de le faire longtemps après la mort du dictateur[4]. Si les autres étaient d'un avis différent, ils eurent la sagesse de le garder pour eux et de ne pas faire remarquer ce que tous ne savaient que trop bien : que les décisions cruciales qui avaient plongé le pays dans la catastrophe étaient le fait de Staline, et de personne d'autre.

Alors que beaucoup, de divers côtés, le prévenaient en des termes qui ne laissaient aucun doute sur l'imminence de l'attaque allemande, allant jusqu'à donner la date de l'invasion, Staline avait protesté qu'il savait à quoi s'en tenir. Cinq jours seulement avant l'attaque, le commissaire à la Sécurité d'État, Vsevolod Merkoulov, avait fait passer à Staline le rapport d'un agent soviétique prévenant de l'imminence de l'attaque. Et Staline de répondre : « Camarade Merkoulov, tu peux dire à ta "source" du QG des forces aériennes allemandes d'aller b… sa mère. C'est pas une "source" – c'est quelqu'un qui fait de la *désinformation*. J. St.[5] » C'était là une expression typique et brutale de la certitude qu'avait Staline de la justesse de son intuition et de son jugement, quoi qu'on pût lui dire. Son état de choc et sa stupeur, le 22 juin au petit matin, en furent d'autant plus grands au regard de son assurance antérieure. Mais l'aveu spontané et unique, six jours plus tard, de graves erreurs (même s'il leur assigna une responsabilité collective et le fit dans un langage de charretier) valait acceptation tacite que d'autres options politiques qui auraient pu éviter la catastrophe étaient envisageables, des choix qu'il refusa.

Avec le recul, la conviction de Staline d'être le meilleur juge – la décision de l'inaction –, malgré les avertissements, du danger grave et imminent que courait son pays, apparaît comme l'une des décisions les moins compréhensibles de toute la guerre. Que le plus soupçonneux et paranoïde des individus ait pu se laisser abuser quant aux intentions de Hitler semble particulièrement dur à comprendre. Staline eût-il fait d'autres choix que l'histoire aurait certainement suivi un cours différent. Mais quels auraient-ils pu être ? À examiner les choses de plus près, peut-être ces choix étaient-ils moins évidents et plus restreints qu'ils ne le semblent après coup. L'histoire du choix fatidique de Staline est plus compliquée que ne le voudrait une attribution commode à l'arbitraire de ses caprices, à son aveuglement à peine croyable ou à sa bêtise obstinée. Telle est l'histoire qu'il nous faut maintenant démêler. Notre point de départ sera la façon dont l'Union soviétique était dirigée et la manière dont les décisions se prenaient dans le système stalinien.

I

Lorsque l'invasion de la Pologne par Hitler, le 1er septembre 1939, déclencha ce qui allait devenir la Seconde Guerre mondiale, Joseph Staline, qui devait bientôt fêter son soixantième anniversaire[6], était dictateur de l'Union soviétique depuis une dizaine d'années. Alors que l'on peut dater précisément la dictature de Hitler de son accession au pouvoir à la faveur des dramatiques événements de janvier 1933, l'autocratie de Staline n'est pas imputable à un moment ou à un événement spécifique. Elle s'était affirmée peu à peu, quoique implacablement, depuis son appartenance à un groupe de dirigeants bolcheviques subordonnés à Lénine jusqu'à ce que son exercice personnel du pouvoir devint incontestable, illimité et absolument décisif dans la façon dont l'Union soviétique était dirigée.

À la différence de la dictature hitlérienne en Allemagne, qui reposait sur la prémisse de l'obéissance à la volonté d'un « grand leader » intouchable et infaillible, celle de Staline allait foncièrement contre la théorie du gouvernement collectif sur laquelle reposait le régime soviétique. Bien que sa primauté eût été incontestée, Lénine n'en avait pas moins exercé une forme de direction collective. Au sein de la direction du parti, les discussions enflammées sur la ligne à suivre n'étaient pas rares, et elles étaient acceptées par Lénine, durant les premières années qui suivirent la Révolution bolchevique. Après la mort de Lénine, en 1924, Staline avait assis sa suprématie à l'issue d'une âpre lutte de pouvoir interne dans laquelle sa domination du secrétariat du Parti et de son appareil administratif s'était révélée cruciale. Pendant quelques années, au cours du premier plan quinquennal visant à forcer le rythme de la collectivisation de l'agriculture et du développement industriel, introduit fin 1928 et officiellement adopté au printemps de l'année suivante, sa position resta celle d'un *primus inter pares* au sein de la direction soviétique. Et la direction collégiale continuait de passer pour la forme appropriée de gouvernement. Au début de 1929, trois membres éminents du Politburo reprochèrent vivement à Staline de s'arroger le pouvoir de prendre des décisions qui, suivant la tradition bolchevique, auraient dû être prises collectivement par le Comité central du parti. « Nous sommes hostiles au remplacement d'un contrôle collégial par un contrôle personnel », déclarèrent-ils[7]. C'était trop tard. Staline avait déjà la haute main sur les décisions et leur élaboration. Et il n'allait pas oublier ceux qui s'étaient opposés à lui.

Cinq ans plus tard, l'assassinat de Sergueï Kirov, le légendaire chef du Parti de Leningrad, fut une nouvelle étape décisive de la marche vers le pouvoir absolu. Que Staline ait été derrière le meurtre n'a jamais pu être établi. Il semblerait qu'il n'y ait été pour rien[8]. En revanche, il fut certainement le principal bénéficiaire de l'élimination d'une figure dirigeante du Parti en qui certains voyaient un rival potentiel. Le meurtre de Kirov paraît avoir encore alimenté la méfiance paranoïde déjà prononcée de Staline envers son entourage et sa peur morbide qu'on cherchât à l'éliminer. L'assassinat marqua le début de ce qui devait se transformer en offensive tous azimuts contre ceux qu'il soupçonnait de s'opposer à lui. Peut-être fut-elle efficace. Car on est frappé de constater que, si Hitler fut la cible de plusieurs attentats, Staline ne fut jamais victime d'une tentative d'assassinat. Bientôt, les stupéfiantes vagues de terreur déclenchées contre les citoyens soviétiques ne devaient plus connaître aucune limite. Les soupçons généralement infondés et incontrôlables de Staline alimentèrent des purges massives et brutales qui ravagèrent les rangs des cadres du parti, sans s'arrêter devant certains des dirigeants bolcheviques les plus en vue ou d'anciens proches de Lénine, et décimant, avec des conséquences durables et fatidiques, la direction de l'armée Rouge. Le pouvoir personnel de Staline en sortit considérablement renforcé.

Les purges – la « Grande Terreur », comme on devait justement l'appeler – furent déclenchées d'en haut. En 1937-1938, Staline approuva personnellement 383 listes contenant les noms de 44 000 victimes du Parti, du gouvernement, de l'armée, des services de renseignement et d'autres instances du régime[9]. Et encore n'était-ce là qu'une fraction de ceux qui devaient souffrir au cours de cette stupéfiante offensive contre son peuple. Les bolcheviks les plus anciens et les plus éminents des échelons supérieurs du Parti comptèrent parmi les premières victimes tandis que Staline s'efforçait d'effacer toute trace de ceux dont les expériences des « jours de gloire » sous Lénine auraient pu contrarier sa prétention à être le seul et légitime héritier[10]. Staline aurait dit qu'il était temps « d'en finir avec nos ennemis parce qu'ils sont dans l'armée, à l'état-major et même au Kremlin[11] ». Mais les purges étaient aussi censées produire un renouvellement complet des cadres du Parti à tous les niveaux et à travers l'Union soviétique. Ce ne sont pas les acolytes empressés qui manquèrent : les membres de base du Parti, par opportunisme carriériste, conviction idéologique ou les deux, se précipitèrent pour dénoncer de vieux camarades, voire des amis ou des personnes de leur famille, les livrant aux bons soins de la police secrète, le NKVD (Commissariat du peuple aux affaires intérieures).

Ce corps était un pilier vital du contrôle de Staline sur le régime soviétique et reçut un statut particulier. Son chef était personnellement responsable devant Staline, et ses fonctionnaires étaient fort bien payés et encouragés dans leur loyauté par de nombreuses incitations matérielles, mais ils étaient aussi eux-mêmes menacés de châtiments draconiens quand la corruption et la criminalité endémiques de l'organisation étaient découvertes[12]. En juillet 1937, le NKVD exposa devant le Politburo son plan d'action – étayé par un immense budget – relatif aux purges. Il fixait des objectifs de 75 000 personnes à exécuter et de 225 000 à envoyer dans des camps. Approuvé par le Politburo, le plan ne devait définir qu'un cadre minimal concernant les futures victimes. Sitôt déclenchées, les purges suivirent leur propre dynamique, les militants de base du Parti se frottant les mains de plaisir de la licence totale qui leur était donnée d'anéantir tous les « ennemis » supposés sur lesquels ils pouvaient mettre la main, tandis que les agents du NKVD avaient hâte de remplir leurs « quotas ». En 1937-1938, près de 700 000 personnes avaient été exécutées, et plus d'un million et demi arrêtées[13].

Les rangs des cadres du Parti devaient bientôt se reconstituer, avec cette fois des partisans inconditionnels de Staline. Pour l'armée Rouge en revanche, la catastrophe fit des dommages plus durables. Les purges de l'armée obéissaient au même but sous-jacent, qui était d'extirper tous les adversaires réels ou imaginaires, et de transformer également l'armée en un vecteur inconditionnel et ultra-loyal de l'autorité politique. Or, autant il était facile de former de nouveaux cadres du Parti, autant il était impossible de remplacer du jour au lendemain les compétences et les capacités techniques des chefs militaires. Et les pertes dans ces domaines furent massives. Au total, 34 301 officiers furent arrêtés ou chassés des forces armées en 1937-1938. Autour de 30 % furent réintégrés au début de 1940. Mais 22 705 furent exécutés, quand leur sort ne demeure pas inconnu[14]. Les plus hauts rangs souffrirent de manière disproportionnée de la « décapitation » de l'armée Rouge[15]. Sur les 101 membres des plus hautes instances militaires, 91 furent arrêtés, et 80 d'entre eux exécutés. Parmi eux se trouvaient trois des cinq maréchaux de l'Union soviétique (le rang le plus élevé), trois des quatre commandants de l'armée de terre, tous les chefs de districts militaires, la quasi-totalité des commandants de division, tous les commandants des forces aériennes et deux amiraux de la flotte[16]. La plupart furent victimes d'accusations d'activités antisoviétiques absurdes et fabriquées de toutes pièces.

La victime la plus éminente, et la démonstration la plus classique de la nature bizarrement autodestructrice des purges militaires, fut le maréchal Mikhaïl Toukhatchevski, le plus brillant stratège militaire de l'Union soviétique mais aussi le principal avocat et organisateur d'une organisation militaire modernisée, bien entraînée, étoffée et technologiquement développée. Doué d'une mémoire d'éléphant, Staline se rappelait sans doute que, en tant que commissaire politique du front sud-ouest en 1920 après la prise de Kiev par les Polonais, il n'avait pas fourni les troupes de cavalerie que réclamait Toukhatchevski, et que les conséquences en avaient été désastreuses[17]. Homme carré, Toukhatchevski s'était de nouveau heurté à Staline au cours des années 1930 à propos de l'importance des contrôles politiques sur une machine militaire professionnalisée. Ses relations avec l'incompétent commissaire à la Défense, le maréchal Kliment Vorochilov, affidé et proche de Staline, étaient tendues, et elles le furent plus que jamais au cours de sa brève période de commissaire adjoint à la Défense en 1936-1937[18]. En mai 1937, Toukhatchevski fut arrêté et contraint d'avouer sous la torture qu'il avait trempé dans un complot pour renverser l'État soviétique, puis exécuté. Staline le traita d'espion, l'accusant d'avoir donné « notre plan opérationnel [...] – notre saint des saints – à la Reichswehr allemande ». Sa femme, sa fille et d'autres membres de sa famille furent tués sur ordre de Staline ou envoyés dans des camps[19].

Les forces armées ne pouvaient se remettre rapidement de cette saignée délibérée de leur direction. À l'automne 1938, alors que l'Europe s'attendait à une nouvelle guerre dans un proche avenir, on put entendre Staline demander à Vorochilov, chargé de la défense, s'il restait le moindre officier capable de commander une division[20]. Suivant les calculs d'un plan de réorganisation des forces armées dressé à l'automne précédent, elles ne seraient pas prêtes à livrer une guerre avant la fin de 1942[21]. L'humiliante campagne de la « Guerre d'hiver » avec la Finlande, en 1939-1940, allait effectivement mettre en évidence les carences de l'armée de terre. Durant l'été 1941, quand fut lancée « Barbarossa », 75 % des officiers supérieurs et 70 % des commissaires politiques occupaient leurs postes depuis moins d'un an[22]. L'inexpérience dans les domaines vitaux du commandement militaire fut une conséquence directe des purges.

D'innombrables citoyens soviétiques, au cœur du Parti ou à l'extérieur, devaient soutenir les purges et s'en rendre complices dans l'idée qu'il s'agissait d'une chasse aux sorcières légitime pour éradiquer l'« ennemi de l'intérieur ». Loin de miner la base de Staline, les purges la consolidèrent, quoique surtout par peur et par crainte du leader plutôt que sous l'effet de l'adulation[23]. Car si l'acclamation de masse fut un pilier clé du pouvoir de Hitler en Allemagne, l'horreur qui était susceptible de menacer chaque individu, si élevé que fût son rang, et la peur générale qui régnait dans son sillage furent la base du pouvoir de Staline. C'est sur la terreur que s'épanouit la dictature stalinienne : non pas la légendaire « dictature du prolétariat », mais la dictature d'un seul homme.

Se souvenant de la route contestée qui avait conduit à sa suprématie ultérieure, et conscient des théories de la direction collégiale que son pouvoir personnel démentait, Staline continua en fait dans les années 1930 à nier qu'il fût un dictateur, apposant son nom sur les décrets à côté de ceux des autres signataires (et pas en première place), et protesta que les « décisions sont prises par le Parti et mises en œuvre par les organes désignés, le Comité central et le Politburo[24] ». Lorsque commença la Seconde Guerre mondiale, c'était, depuis longtemps, la plus flagrante des fictions.

Depuis des années, le Comité central, l'instance souveraine du Parti, n'était plus que simulacre. Ses rangs avaient enflé depuis le temps de Lénine (où il comptait quarante-six membres, votants et non-votants), et la fréquence de ses réunions avait décliné. Il était devenu un simple instrument entre les mains de Staline, ne servant plus qu'à mettre en œuvre sa volonté et à légitimer son pouvoir. Dans le climat fiévreux de 1937, l'année des purges, il se trouva même des membres prêts à se dénoncer mutuellement en session plénière du Comité central pour essayer de gagner les faveurs de Staline[25].

Le Politburo, qui était techniquement une sous-commission du Comité central, et en théorie l'instance de décision du Parti, comptait une quinzaine de membres et se réunissait toutes les semaines dans les années 1920. Alors même qu'il avait gardé des effectifs identiques, il siégeait moins fréquemment à la fin des années 1930. Il y eut 153 réunions entre 1930 et 1934, 69 seulement entre 1934 et 1939, et encore moitié moins dans les trois années suivantes[26]. Certaines de ses activités avaient été alors déléguées à des commissions ou sous-comités[27]. Dès avant les purges de 1937, Staline s'employait à diluer systématiquement le pouvoir des hommes de poids au sein du Politburo, en envoyant certains à des postes hors de Moscou, pour concentrer davantage encore les rênes du pouvoir entre ses mains. Le Politburo se fragmenta, sa fonction s'atrophia. Staline recourut de plus en plus à de petits groupes *ad hoc* et recrutés à sa guise au sein du Politburo. Le nombre de sessions officielles du Politburo déclina fortement à la fin des années 1930. Il n'y en eut que six en 1938, deux en 1939 et deux en 1940[28]. À cette époque, des réunions informelles avec diverses personnes se tenaient souvent dans la datcha de Staline, dans le cadre de dîners copieusement arrosés de vodka. Au début de la guerre, les « questions opérationnelles » – par quoi il faut comprendre tous les problèmes cruciaux dont Staline souhaitait discuter avec ses plus proches collaborateurs –, et notamment les problèmes, désormais considérablement accrus, de politique étrangère, étaient traités par un quintette – les « Cinq Grands » – formé de Staline, Molotov, Malenkov, Beria et Mikoïan[29]. Mais parmi ces « Cinq Grands », l'opinion qui comptait vraiment ne faisait de doute pour personne.

Bien plus que ce n'était le cas sous Lénine dans les premières années qui suivirent la Révolution, le gouvernement de l'État était dominé dans l'immédiat avant-guerre par l'appareil toujours plus élaboré du Parti. Lénine tirait l'essentiel de son pouvoir de sa position de président du Conseil des commissaires du peuple, l'équivalent d'un Premier ministre. Alors même que depuis 1929 – au plus tard – il était devenu le dirigeant soviétique le plus en vue, Staline n'occupa ce poste qu'en 1941 (le rôle de l'État se trouvant considérablement accru du fait de la guerre). Jusque-là, depuis 1930, Molotov avait été Premier ministre. Qu'il fût et s'estimât entièrement subordonné à Staline montrait bien où le pouvoir se trouvait réellement. Malgré leurs liens à tous les niveaux, c'est l'appareil du Parti qui contrôlait l'État. Et Staline, qui tenait entre ses mains tous les fils d'une organisation fortement centralisée, contrôlait le Parti.

Le pouvoir de Staline allant croissant, la position de ses subalternes, voire leur survie, dépendait de son bon vouloir et de ses faveurs. L'obséquiosité et la flagornerie qui régnaient même au plus haut niveau du régime reflétaient l'essor d'un robuste culte de la personnalité qui devait connaître son apogée durant la guerre et l'après-guerre. La construction de l'image d'un Staline en surhomme était déjà bien engagée au début de la guerre. L'armée pléthorique des bureaucrates et des apparatchiks – les « petits Staline » et les parasites du Parti en province – ne pouvait que mettre en œuvre ce que ceux-ci tenaient pour les désirs de « notre leader, maître et ami, le camarade Staline ». Au besoin, ils y étaient encouragés par la peur des conséquences d'une dénonciation s'ils n'en faisaient rien[30]. Il n'en allait pas autrement au sommet du régime. La peur et la dépendance nourrissaient la docilité et la soumission. Habile et calculateur, éprouvant invariablement la résilience et la faiblesse des membres de son entourage comme il le faisait avec les ennemis extérieurs, Staline était habile à monter les individus les uns contre les autres et à exploiter les points vulnérables de leur personnalité ou leurs erreurs de jugement politiques. Les purges de 1937 donnèrent l'assurance à Staline qu'il ne serait pas menacé, que son despotisme ne serait pas contesté, quoi que lui dît sa paranoïa. Les purges affaiblirent aussi fortement la position de l'état-major général de l'armée de terre dans ses relations avec la direction politique, tout particulièrement avec Staline. Au-delà encore, l'immense purge du personnel du ministère des Affaires étrangères, quand Molotov remplaça Litvinov à la tête du commissariat aux Affaires étrangères au début de mai 1939[31], se solda non seulement par une perte d'expérience, mais aussi par la primauté de la soumission sur le jugement professionnel dans ce circuit crucial d'élaboration de la politique dans une période critique. Mais la peur et la servilité, le revers de la médaille du culte de l'infaillibilité de Staline, n'étaient guère des recettes de bonne gouvernance. Prudent, méfiant, glacial et implacable, Staline entendait de plus en plus ce qu'il avait envie d'entendre dans la bouche de subalternes apeurés et flagorneurs. Ce facteur devait jouer un rôle dans le désastre de juin 1941.

Dans les mois décisifs précédant le lancement de « Barbarossa », les décisions relatives aux questions importantes en

Union soviétique furent donc le fait de Staline lui-même. Il y eut des discussions, parfois longues et généralement informelles, avec tel ou tel groupe de membres de la « garde rapprochée ». Mais ceux qui voyaient régulièrement Staline se considéraient comme des rivaux et étaient de ce fait divisés. Ils avaient aussi une conscience aiguë de la précarité de leur position. Leur dépendance à l'égard de Staline était totale, mais c'était aussi le cas, de ce fait, de leur loyauté envers lui. Cela ne se prêtait guère à un échange de vues franc. Même les collaborateurs les plus anciens et auxquels il se fiait, pour autant que le dictateur fît confiance à quelqu'un, faisaient montre d'une extrême prudence quand ils exprimaient des avis qu'il pouvait percevoir comme une critique. Lui-même, lors des réunions, se gardait souvent de donner son opinion avant que les autres eussent parlé. Ce qui ne pouvait que renforcer la prudence de ceux qu'il priait de s'engager. Ainsi était-il couru d'avance que les vues de Staline en sortissent confortées. L'invasion se profilant, ce devait être une grande faiblesse, plutôt qu'une force.

Durant la majeure partie des années 1930, les dirigeants de l'Union soviétique avaient été largement accaparés par la révolution stalinienne et par ses conséquences internes. Pour autant, les affaires étrangères ne disparurent jamais complètement de la scène, surtout après que Hitler fut devenu chancelier du Reich en janvier 1933. Elles exercèrent une influence indirecte peut-être, mais continue, sur la reconstruction intérieure. Un dogme sous-jacent de la politique était la préparation de la société socialiste à une guerre que Staline et tous ses collaborateurs envisageaient dans un avenir proche. L'Union soviétique, comme Staline le savait mieux que personne, n'y était absolument pas prête, avec des forces armées réduites et particulièrement mal préparées. Mais les affaires étrangères devinrent alors prioritaires.

II

Que l'Union soviétique se soit laissée prendre au dépourvu par l'offensive allemande de juin 1941 n'est pas seulement renversant si l'on tient compte de la personnalité profondément méfiante de Staline. Elle s'explique aussi difficilement à la lumière des doubles préoccupations – traditionnelles, malgré leur coloration idéologique – qui avaient inspiré la politique extérieure soviétique depuis les années 1920 : l'intérêt national et la sécurité nationale. Le cynisme des manœuvres tactiques ou les revirements opportunistes trouvèrent toujours leur justification dans ces termes. Que le régime soviétique ait si catastrophiquement échoué en 1941 à assurer sa sécurité paraît donc étonnant.

L'idée initiale d'« exporter » la révolution bolchevique pour promouvoir le renversement imminent du capitalisme mondial avait été abandonnée à la suite de la guerre civile russe, en 1921. Par la suite, la politique extérieure révolutionnaire que prônait Léon Trotski (dont l'influence commençait à décliner) devait laisser place à une diplomatie plus conventionnelle. Deux dogmes centraux façonnèrent l'approche des relations extérieures soviétiques au milieu des années 1920. Le premier était que la guerre était inévitable si les puissances impérialistes se disputaient le contrôle des ressources matérielles du monde. Cette guerre opposerait les pays impérialistes rivaux (comme durant la Première Guerre mondiale) et bénéficierait à l'Union soviétique et à la cause de la révolution socialiste. Mais l'Union soviétique elle-même serait aussi la cible des ambitions impérialistes, et se trouverait donc directement menacée par la guerre. Aussi, et c'était le second dogme, dans l'avenir proche le socialisme devait être construit non pas à travers la révolution mondiale mais en Union soviétique même (puisque telle fut la désignation officielle de l'État à partir de 1924), qui, de la sorte, deviendrait forte et imprenable face à la menace croissante des forces impérialistes hostiles et rapaces.

Naturellement, l'idée d'une propagation de la révolution communiste aux autres pays ne fut pas abandonnée. Le travail du Komintern – la Troisième Internationale communiste, créée en 1919 – était d'exploiter les crises réputées intrinsèques du système capitaliste, et de préparer le terrain à une éventuelle révolution. Mais ce serait un processus organique d'une durée indéterminée (même s'il est vrai que Staline envisageait dès 1925 une grande guerre prolongée en Europe, qui, à un moment critique, serait le moteur d'un changement révolutionnaire général[32]). En attendant, les opérations du Komintern dans d'autres pays furent toujours subordonnées au but suprême de la protection des intérêts de l'Union soviétique, le seul pays où la révolution socialiste eût déjà créé un nouveau cadre pour la société. Et, dans un avenir proche, il était clair que l'Union soviétique resterait militairement et économiquement faible au regard des grandes puissances impérialistes. Ce constat appelait une politique de développement rapide et forcé des ressources économiques et militaires soviétiques tout en adoptant une approche pragmatique dans les relations internationales. On supposait que l'Union soviétique et les pays capitalistes, quelles que fussent leurs différences idéologiques fondamentales, devraient durablement coopérer sur la base de la « coexistence pacifique ». Cela permettrait le développement et la maximisation de bonnes relations commerciales et économiques avec les pays capitalistes, même lorsque prévalait une antipathie politique mutuelle.

Le corollaire, sur le plan extérieur, est que l'Union soviétique chercha à briser l'isolement international qui avait suivi la Révolution bolchevique de 1917. En l'occurrence, l'État soviétique connut un grand succès. Dans les seules années 1924-1925, il instaura des relations diplomatiques avec treize pays. De même trouva-t-il un *modus vivendi* avec bien d'autres nations, dont les voisins de la Russie. À la fin des années 1920, seuls les États-Unis, parmi les grandes puissances, refusaient encore de reconnaître l'Union soviétique. On aurait cherché en vain le moindre signe de la formation par les États capitalistes d'une alliance agressive contre l'URSS. Dans le même temps, de nombreux accords commerciaux avaient été passés avec les grands pays européens[33].

Dans les relations extérieures soviétiques de l'après-guerre, l'Allemagne devait recevoir une place à part. Celle-ci fut l'objet du traité de Rapallo, en 1922, qui effaça la rupture consécutive à la Révolution et créa la base d'une florissante coopération économique – et, sous la surface, militaire – qui dura jusqu'à l'arrivée de Hitler au pouvoir, onze ans plus tard. L'État bolchevique issu d'une guerre civile féroce et barbare et la nouvelle démocratie libérale allemande luttant pour s'extraire d'une grave crise ne formaient guère un couple naturel. Ce sont les circonstances qui les rapprochèrent et étayèrent un traité mutuellement avantageux. La Russie voulait s'arracher à son isolement international, l'Allemagne montrer aux puissances occidentales victorieuses, la France et la Grande-Bretagne, qui réclamaient instamment des réparations, qu'elle avait la possibilité de se trouver un nouvel allié à l'Est. Du côté soviétique, c'était un rempart contre une nouvelle intervention militaire des puissances occidentales en Russie comme elles l'avaient fait pendant la guerre civile, si peu probable que fût devenue cette éventualité. Dans la perspective allemande, c'était une manière d'empêcher tout renouvellement possible de l'alliance que le pays avait dû affronter au cours de la Grande Guerre, même si sa reformation était plus improbable encore[34]. Politiquement, Rapallo était d'une importance plus symbolique que réelle. En termes économiques et militaires, le traité avait plus de sens. Les deux pays voyaient des avantages à des arrangements commerciaux plus étroits. À la fin des années 1920, l'Allemagne était devenue le premier partenaire commercial de l'Union soviétique[35]. Et sur le plan militaire, des accords secrets conclus à la suite de Rapallo offrirent aux deux pays un moyen de contourner les restrictions de l'ordre d'après-guerre né de l'isolement soviétique, d'une part, et de sévères contraintes, imposées par le traité de Versailles à l'Allemagne, de l'autre. Certains points des accords – un contrat de Junkers pour construire une usine aéronautique en Union soviétique et un accord de production conjointe de gaz toxique – ne devaient jamais aboutir. En revanche, les deux parties coopérèrent dans le cadre d'exercices militaires et d'expériences de guerre chimique et échangèrent aussi des renseignements[36].

À la fin des années 1920, l'aspect politique du traité de Rapallo avait perdu son tranchant. Si l'Allemagne avait signé un traité de neutralité avec l'Union soviétique à Berlin en avril 1926, sa signature du traité de Locarno, cinq mois auparavant, avait marqué l'amélioration des relations avec les démocraties occidentales, la France et la Grande-Bretagne. La fin de l'isolement international de l'Allemagne, encore marquée clairement par son entrée dans la Société des Nations en 1926, avait vidé de leur sens les relations établies quatre ans plus tôt avec l'Union soviétique. En revanche, la coopération militaire se poursuivit. Économiquement, alors que l'Union soviétique entrait dans sa grande campagne de collectivisation et l'Allemagne dans la phase terminale de la crise de la démocratie qui devait porter Hitler au pouvoir, les liens commerciaux entre les deux pays devaient même s'intensifier. En 1932, près de la moitié des importations soviétiques venaient d'Allemagne[37].

Mais les vents de tempête commençaient alors à se renforcer. De nouvelles menaces émergeaient de chaque côté de l'Union soviétique. En Extrême-Orient, à la suite de l'« Incident de Mandchourie » en 1931, les accents stridents du nationalisme militariste étaient de plus en plus audibles du côté du vieil ennemi japonais. En Allemagne, dans le même temps, Hitler, la voix la plus extrême de l'antibolchevisme militant, était au seuil du pouvoir.

L'accession des nazis au pouvoir en Allemagne changea du tout au tout le cadre des relations extérieures soviétiques. La peur de la guerre devint alors un thème dominant. À la fin de 1933, l'orientation antisoviétique du nouveau régime s'exprimait par une froideur diplomatique directement encouragée par Hitler. Rapallo était mort. Le traité de non-agression de l'Allemagne avec la Pologne, signé en janvier 1934, était la manifestation la plus claire d'un sensible changement de cap de la politique étrangère allemande et d'une nouvelle attitude envers l'Union soviétique. En Allemagne, des conservateurs aux communistes, beaucoup n'avaient vu en Hitler qu'une grande gueule qui disparaîtrait rapidement de la scène ou modérerait ses vitupérations. Le dogme officiel du Komintern continuait de prêcher que le leader allemand était la dernière aventure désespérée d'un capitalisme défaillant. Mais les dirigeants soviétiques observaient la menace de Hitler avec le plus grand sérieux. Dès mars 1933, *Izvestia*, l'organe du gouvernement central, observait que les « nationaux-socialistes [avaient] élaboré un programme de politique étrangère contre l'existence de l'URSS[38] ». Un mois plus tard, Sergueï Alexandrovski, conseiller politique de l'ambassade de Berlin, rapporta que la future politique étrangère de Hitler était synonyme d'« aventurisme militaire et, en définitive, de guerre et d'intervention contre l'URSS[39] ». Les dirigeants soviétiques savaient parfaitement que Hitler avait écrit *Mein Kampf* au milieu des années 1920, et ils n'étaient absolument pas disposés à ne voir dans ses débordements que la rhétorique extrémiste d'une tête brûlée. Au XVIIe congrès du parti communiste de l'Union soviétique, le 31 janvier 1934, Nikolaï Boukharine, future victime des purges de Staline, évoqua la possibilité d'une « invasion contre-révolutionnaire » de son pays par l'« Allemagne fasciste » ou par le Japon impérial. Et de citer alors longuement des passages de *Mein Kampf*, où Hitler expliquait que la mission de l'Allemagne était d'acquérir de la terre à l'Est par la force, aux dépens de l'Union soviétique. Puis Boukharine conclut : « Hitler en appelle donc très franchement à la destruction de notre État. Il dit ouvertement que le peuple allemand doit brandir l'épée pour exproprier les biens de l'Union soviétique dont elle dit avoir besoin. » Il y voyait, pour sa part, l'ennemi qui « s'opposera à nous dans les formidables batailles que l'histoire nous inflige[40] ».

De toute évidence, un redéploiement de la politique étrangère soviétique s'imposait. Le commissaire aux Affaires étrangères, Maxime Litvinov (qui devait être remplacé par Molotov en 1939), était le principal partisan de la nécessité de travailler avec les démocraties occidentales, la France et la Grande-Bretagne, afin de construire en Europe un système de sécurité commun. En 1934, l'Union soviétique – désormais également reconnue, depuis novembre de l'année précédente, par les États-Unis d'Amérique – rejoignit la Société des Nations et se fit le premier avocat d'un « front international de la paix » pour combattre la menace d'agression que représentaient l'Allemagne, l'Italie et le Japon[41]. En mai 1935, l'Union soviétique signa un traité d'assistance mutuelle avec la France, bientôt suivi d'un traité semblable avec la Tchécoslovaquie (même si celui-ci n'entrait en vigueur que si la France, qui avait déjà conclu une alliance de défense mutuelle avec les Tchèques, agissait la première). Plus tard, cette même année, l'Union soviétique fut le principal partisan de sanctions contre Mussolini ; en 1936, elle fournit des armes aux forces républicaines d'Espagne au début de la guerre civile et, en 1937, quand le Japon envahit la Chine, elle aida les nationalistes de Tchang Kaï-chek.

Dans l'optique soviétique, la sécurité collective ne pouvait que différer une nouvelle guerre impérialiste, non pas l'empêcher. Une grande conflagration ne manquerait pas d'impliquer, directement ou indirectement, l'Union soviétique. De fait, une nouvelle guerre serait une guerre mondiale, pensait-on, et verrait très probablement l'Union soviétique attaquée par une coalition de pays impérialistes qui la menaceraient de l'ouest et de l'est[42]. Et le soupçon n'était jamais bien loin que des forces, à l'Ouest, étaient avides d'apaiser Hitler en détournant son attention vers l'Union soviétique, voire de joindre leurs forces à celles de l'Allemagne nazie dans une croisade antibolchevique. Le soutien de la sécurité collective visait donc à gagner un temps précieux. Mais plus la Société des Nations et les espoirs de sécurité s'affaiblissaient devant les menées des puissances occidentales pour trouver un arrangement avec Hitler, plus les soupçons grandirent. L'isolement international de l'Union soviétique, qui ne fut à aucun moment surmonté, apparut sous une lumière encore plus crue que jamais en 1938, quand les pays occidentaux cédèrent devant l'expansionnisme de Hitler. « La Société des Nations et la sécurité collective sont mortes », reconnut Litvinov en septembre de cette même année. « Les relations internationales entrent dans une ère de vague ultra-violente de sauvagerie et de brutalité, de politique de la manière forte[43]. »

La faiblesse des démocraties occidentales ayant été mise à nu, les peurs soviétiques de se laisser entraîner dans un inévitable conflit – sans que le pays y fût prêt – s'accrurent considérablement. Au cours de l'été 1938, en pleine crise des Sudètes, l'Union soviétique mobilisa partiellement ses forces et se déclara prête à combattre pour défendre la Tchécoslovaquie d'une agression[44]. Cette offre pouvait se faire avec la quasi-certitude qu'elle n'aurait pas à être mise en pratique. L'engagement militaire nécessitait le passage des troupes à travers la Pologne (qui ne l'autoriserait pas) et la Roumanie (où une autorisation limitée ne fut que tardivement accordée, moyennant de sévères restrictions). En tout état de cause, en 1938, et c'était loin d'être la considération la moins importante, l'armée Rouge, dont la direction avait été drastiquement affaiblie par les purges de l'année précédente, n'était en aucune façon prête à s'impliquer dans un grand conflit. Suivant ses propres plans, elle ne pouvait être parfaitement préparée à la guerre qu'au tournant de l'année 1942-1943[45]. De plus, comme Staline ne le savait que trop bien, une intervention armée soviétique en Tchécoslovaquie n'était de toute manière possible que si les Français s'acquittaient préalablement des obligations que leur créait le traité qu'ils avaient signé. Au cours de l'été, alors que les Français étaient liés aux Britanniques et que Chamberlain faisait tout son possible pour trouver un accord avec Hitler, à aucun moment, et indépendamment de l'aversion occidentale persistante pour l'Union soviétique, l'appel à la rescousse des troupes soviétiques ne fut le moins du monde probable. En fait, l'empressement de la Grande-Bretagne et de la France à céder aux intimidations de Hitler et à s'associer au dépeçage de la Tchécoslovaquie à la conférence de Munich, les 29 et 30 septembre 1938, avait un sens évident aux yeux des Soviétiques : la guerre approchait, et l'Union soviétique ne pouvait attendre aucune aide de l'Ouest.

L'idée sous-jacente, du côté soviétique, au fameux pacte Hitler-Staline qui stupéfia le monde en août 1939, reposait sur ces considérations. Dans son discours au XVIIIe congrès du Parti, le 10 mars 1939, Staline avait esquissé le danger croissant venant de « la nouvelle guerre impérialiste » alors que le système de sécurité collective s'était effondré à la suite du refus britannique et français de faire franchement cause commune contre Hitler. Et il termina en déclarant que l'Union soviétique ne se laisserait pas « entraîner dans le conflit par des fauteurs de guerre qui sont habitués à se décharger sur d'autres du soin de tirer les marrons du feu à leur profit[46] ». Comme l'indiquaient les propos de Staline, la perte de tout espoir dans l'empressement des démocraties occidentales à combattre Hitler allait de pair avec une méfiance accrue envers leurs mobiles. Que l'Occident fût partisan d'une guerre germano-soviétique, et pût même épauler l'Allemagne dans son combat, était une composante constante de la réflexion du Kremlin.

Cinq jours après le discours de Staline, Hitler occupait ce qu'il restait des territoires tchèques, décidant enfin les Britanniques et les Français à agir. Ainsi s'explique la garantie donnée à la Pologne, suivie de garanties semblables à la Grèce et à la Roumanie. Mais l'Union soviétique refusa les propositions anglo-françaises d'un pacte qui ouvrait la perspective d'une aide à l'URSS *après seulement* qu'elle eut apporté un soutien armé en se laissant entraîner dans une guerre contre l'Allemagne exclusivement lancée à l'initiative de la Grande-Bretagne et de la France[47]. L'Union soviétique proposa plutôt une alliance militaire en bonne et due forme : un triple pacte entre l'URSS, la France et la Grande-Bretagne visant à assurer leur sécurité mutuelle contre une agression allemande envers l'une d'entre elles[48]. Or, la Grande-Bretagne et la France étaient peu enthousiastes. L'antisoviétisme et la sous-estimation du potentiel militaire soviétique l'emportaient encore[49]. De l'autre bord, on ne voulait voir dans la réponse occidentale dilatoire que la confirmation d'une « ligne politique inébranlable consistant à monter l'Allemagne contre l'URSS[50] ». Rien ne put donc se concrétiser dans le dernier espoir de contenir Hitler sans aller jusqu'à une guerre totale. Les atermoiements des démocraties occidentales continuèrent jusqu'au 23 août 1939, lorsque le sensationnel pacte Hitler-Staline retourna brusquement du tout au tout la donne diplomatique internationale.

En coulisses, le pacte se tramait en fait depuis quelques mois[51]. Ce sont les contacts économiques qui créèrent l'ouverture. Les relations économiques germano-soviétiques s'étaient en fait poursuivies – avec toutefois un déclin du commerce – après l'accession de Hitler au pouvoir en dépit de la sévère dégradation du climat diplomatique et de la virulente rhétorique antisoviétique des dirigeants nazis. En 1935-1936, l'Union soviétique avait fait des ouvertures pour améliorer ses liens économiques avec l'Allemagne et profiter de ceux-ci pour promouvoir une certaine dose de détente politique. Mais il n'en sortit rien. Comme il était à prévoir, les efforts soviétiques visant à se procurer des armements à travers de nouveaux dispositifs de crédit se virent opposer une fin de non-recevoir. Et les espoirs que les membres de l'élite du régime, censés être moins hostiles, pourraient diluer la véhémence de la politique antisoviétique de Hitler furent bientôt anéantis[52]. Au début de 1937, les relations entre les deux pays étaient au plus bas. Elles devaient le rester jusqu'au printemps 1939, quand des contacts économiques furent derechef le point de départ d'un effort pour asseoir les relations politiques sur une nouvelle base, et cette fois avec des résultats saisissants.

Désormais, les Soviétiques, mais aussi et surtout les Allemands, étaient intéressés à un rapprochement. Après des débuts timides l'intérêt de l'Allemagne se fit d'autant plus pressant au cours de l'été qu'il devenait de jour en jour plus probable que les plans d'une attaque de la Pologne pussent conduire à la guerre avec les démocraties occidentales. Un accord avec l'Union soviétique aurait tout à la fois l'avantage d'écarter toute possibilité de former la « grande coalition » envisagée contre l'Allemagne (répétition de la constellation de 1914), de dissuader la Grande-Bretagne d'intervenir dans le conflit polonais, et de laisser la Pologne désespérément exposée à la puissance des armes allemandes. Ribbentrop, le ministre des Affaires étrangères, prit l'initiative et œuvra longtemps seul face à un Hitler d'abord hésitant. Du point de vue soviétique, l'amélioration des relations politiques avec l'Allemagne devait à tout le moins procurer des avantages économiques vitaux pour les plans d'industrialisation et, en particulier, pour le développement des forces armées. Les importations de produits industriels d'Allemagne avaient baissé de 46 % en Union soviétique en 1932 pour tomber à tout juste 4,7 % en 1938. Staline lui-même porta un intérêt direct et détaillé aux avantages que les armements soviétiques pouvaient obtenir d'une amélioration du commerce avec l'Allemagne[53]. Mais l'intérêt soviétique pour un rapprochement avec l'Allemagne nazie allait bien au-delà des avantages économiques que le pays pouvait en attendre. Les dirigeants soviétiques (et pas seulement Staline) avaient parfaitement conscience que la sécurité collective était morte, se méfiaient vivement des intentions des puissances occidentales, ne perdaient pas de vue le danger japonais à l'est et cherchaient désespérément à gagner du temps contre une menace allemande qui ne manquerait pas le moment venu de se porter sur l'URSS. Pour toutes ces raisons, on accordait de plus en plus de sens à une entente politique avec l'Allemagne nazie. Après avoir été longtemps prudent, comme Hitler, Staline finit par s'engager en août.

Les coups de sonde qui avaient jalonné les négociations commerciales au printemps et s'étaient accompagnés de suspicions mutuelles avaient alors débouché sur des avancées timides en direction d'un accord politique, qui tiendrait notamment compte des intérêts territoriaux mutuels des deux pays. Les manœuvres dilatoires des Britanniques et des Français, au printemps, quand l'Union soviétique sollicita un pacte trilatéral d'assistance mutuelle, encouragèrent Molotov dans l'idée qu'il avait affaire à des « escrocs et des tricheurs[54] » tout en amplifiant la méfiance déjà très vive de Staline. Que Londres et Paris eussent dépêché une délégation de niveau peu élevé, qui paraissait évasive et en tout cas incapable de prendre des engagements, plutôt qu'un ambassadeur muni des pleins pouvoirs, était également perçu comme un affront doublé d'un manque de sérieux[55]. À la mi-août, alors que la crise polonaise était à son apogée, et voyant bien que l'objectif imminent de Hitler était d'attaquer la Pologne[56], les dirigeants soviétiques conclurent qu'il n'y avait rien à attendre de l'Ouest. Il fallait maintenant choisir l'autre membre de l'alternative.

Quand les discussions avec les représentants britanniques furent officiellement rompues, Staline avait déjà fait savoir à Hitler qu'il était prêt à signer dès que possible un pacte de non-agression avec l'Allemagne[57]. Quatre jours plus tard, le 23 août, Ribbentrop était à Moscou, et la plus infâme manœuvre diplomatique de l'histoire trouva une conclusion rapide. Elle convenait aux deux parties. Dans sa retraite alpine des environs de Berchtesgaden, Hitler se donna un claque sur la cuisse tant il était ravi de son coup diplomatique[58]. Dans sa datcha des faubourgs de Moscou, Staline était tout aussi satisfait. Mais il ne se faisait aucune illusion sur les Allemands. « Bien entendu, tout cela n'est qu'un jeu de dupes », se souvient de l'avoir entendu dire Nikita Khrouchtchev, alors chef du Parti à Kiev et membre du Politburo. « Je sais ce que prépare Hitler. Il croit nous avoir bernés, mais en fait c'est moi qui me suis joué de lui. » Ce soir-là, il expliqua à ses compagnons de table du Politburo que, « grâce à ce traité, nous serions plus longtemps épargnés par la guerre. Nous devrions pouvoir rester neutres et économiser nos forces[59] ».

Voici que l'Union soviétique et l'Allemagne, deux pays idéologiquement aux antipodes et dont les gouvernements, suivant le mot élégant de Staline, avaient passé des années à « se verser mutuellement des seaux de merde sur la tête[60] », étaient maintenant liés par un pacte de non-agression. Un protocole secret supplémentaire assignait la Baltique à la sphère d'influence soviétique et traçait une ligne au beau milieu de la Pologne tout en réservant la partie occidentale à l'Allemagne. Comme toujours, le Kremlin n'avait eu d'autres soucis en tête que les intérêts et la sécurité soviétiques. Si cynique qu'ait été l'accord, les Soviétiques semblaient désormais préservés dans un avenir proche. Staline savait avoir obtenu des frontières plus sûres dans la zone de la Baltique. Avant toute chose, il avait conjuré la menace imminente que représentait l'Allemagne de Hitler pour l'Union soviétique et avait gagné un temps vital, qu'il devait employer à préparer l'armée Rouge à la guerre. Sur le point de conclure son pacte avec le diable, Staline avait feuilleté *Mein Kampf*. Il avait souligné les passages traitant de la nécessité pour l'Allemagne d'acquérir des territoires à l'Est aux dépens de la Russie[61]. Il savait ce qui se préparait. Mais il pensait que l'Union soviétique aurait trois ans pour se préparer à l'offensive. À la fin de 1942, l'armée Rouge serait prête pour l'épreuve de force. En attendant, l'Union soviétique pourrait profiter matériellement et territorialement de sa nouvelle amitié avec son ex-ennemi juré.

III

Les dirigeants soviétiques avaient des raisons d'être satisfaits des fruits des premiers mois de leurs nouvelles relations avec l'Allemagne nazie. En vertu des accords du 19 août 1939 (juste avant le pacte), élargis en février 1940 et renégociés pour préciser les nouveaux programmes de livraison en janvier 1941, le commerce entre l'Union soviétique et l'Allemagne se releva rapidement de son niveau le plus bas de la fin des années 1930 pour atteindre un niveau *grosso modo* comparable à ce qu'il était au moment de la prise du pouvoir par Hitler. L'Allemagne recevait des millions de tonnes de céréales, de bois d'œuvre et de produits pétroliers aussi bien que des milliers de tonnes de manganèse et de chrome, alors si précieux. En retour, l'Union soviétique recevait des machines, du matériel de construction, des produits chimiques et d'autres produits manufacturés. Les Allemands profitèrent surtout des arrangements économiques. L'Union soviétique livrait plus ou moins ses matières premières conformément aux échéanciers tandis que les livraisons réciproques de produits manufacturés prenaient souvent du retard. L'Allemagne continuait de ne fournir presque rien en réponse aux demandes soviétiques d'armements[62]. Dans la perspective soviétique, au contraire, les accords commerciaux passaient après l'objectif essentiel du pacte : la sécurité. Et de ce point de vue le bilan de la première période de coopération était encourageant pour l'URSS. « Pour ce qui est de sauvegarder la sécurité de notre pays, notre succès n'est pas mince », trancha Molotov devant le Soviet suprême à la fin mars 1940[63].

Outre qu'il tenait l'Union soviétique à l'écart de la guerre européenne, le pacte (et en particulier son protocole secret) avait ouvert la porte d'une expansion territoriale, dont le principal objectif – par opposition à celui de l'Allemagne nazie, même si les conséquences de l'occupation furent presque aussi terribles pour les populations soumises – était de renforcer la sécurité. La partie orientale de la Pologne avait été occupée à la mi-septembre 1939 : effet cynique d'une Realpolitik qui marqua la première étape de la construction d'un cordon sanitaire autour des frontières occidentales de l'URSS. Avant la fin du mois, Ribbentrop était de retour à Moscou pour y signer le traité frontalier et d'amitié germano-soviétique, qui convenait de transférer la Lituanie dans la sphère d'influence soviétique en échange de vastes portions de la Pologne centrale, revenant de ce fait à l'Allemagne. Outre la Lituanie, les autres républiques baltes de Lettonie et d'Estonie furent aussi contraintes dans les semaines suivantes de se soumettre à l'URSS et forcées d'accepter le stationnement de troupes soviétiques sur leur territoire. Avec la Finlande, cependant, l'Union soviétique alla un pas trop loin. Les pressions exercées à l'automne sur les Finlandais pour faire des concessions territoriales en vue de renforcer les défenses soviétiques au nord produisirent non la docilité mais la défiance, suivie, fin novembre, d'une véritable guerre. Le conflit acharné qui se déroula au cœur de l'hiver sauva l'indépendance de la Finlande. En mars, quand les Finlandais finirent par demander la paix, les Soviétiques avaient perdu 200 000 soldats. L'armée Rouge, qui avait envoyé plus d'un million d'hommes combattre en Finlande, avait été humiliée par les minuscules forces finnoises. Les Allemands ne furent pas seuls à sous-estimer grossièrement le potentiel de combat soviétique à la suite de la « Guerre d'hiver ».

L'espoir de Staline, dans cette première phase de la guerre européenne, était de voir les démocraties occidentales et l'Allemagne nazie s'user mutuellement et s'enliser dans une impasse. Sa crainte était qu'à un moment ou à un autre elles pussent trouver un accord avant de se retourner ensemble contre l'Union soviétique[64]. La rapidité de la victoire allemande à l'ouest, en mai-juin 1940, anéantit ses espoirs. Ses craintes, en revanche, s'en trouvèrent amplifiées.

La rapidité avec laquelle la France s'était effondrée fut une surprise totale pour les dirigeants soviétiques. Il convenait maintenant de réviser tous les calculs. Avec l'Europe occidentale couchée aux pieds de Hitler (sauf la Grande-Bretagne, mais combien de temps tiendrait-elle avant d'être conquise ou, plus probablement, de capituler et de rejoindre le camp de l'Allemagne comme on le prévoyait de longue date ?), l'Union soviétique était plus exposée que jamais. Staline le perçut aussitôt. Khrouchtchev, qui se trouvait en compagnie de Staline quand lui parvint la nouvelle de la défaite de la France, évoqua plus tard sa réaction : « Il avait manifestement perdu toute confiance dans la capacité de notre armée à livrer un combat. Comme s'il avait levé les mains au ciel de désespoir et renoncé après que Hitler eut écrasé l'armée française et occupé Paris [...]. Il lâcha une bordée de jurons russes bien choisis et ajouta que maintenant Hitler allait certainement nous défoncer la cervelle[65]. »

Comme l'épisode finlandais ne l'avait montré que trop cruellement, l'armée Rouge était loin d'être en état de contrer la menace. À la suite des prestations désastreuses de la Guerre d'hiver, des mesures furent prises pour s'adapter autant que possible à la nouvelle situation. Le rythme du réarmement fut fortement accéléré. Afin d'augmenter la production d'armes, les ouvriers se virent astreints à une discipline de travail plus draconienne encore que par le passé. La réorganisation des forces armées vit la réintégration de certains officiers ayant subi les purges tandis qu'une nouvelle génération de commandants (certains allaient s'illustrer dans les années suivantes) accédaient à des postes clés[66]. Cela sonna aussi très vite le glas de la fragile indépendance que conservaient les républiques baltes. En juin, la Lettonie, l'Estonie et la Lituanie étaient annexées sous le fallacieux prétexte d'activités antisoviétiques et pleinement intégrées à l'URSS en vue d'étayer les défenses soviétiques au nord. Des plans d'urgence furent même dressés en septembre 1940 – mais jamais mis en œuvre – pour une nouvelle guerre contre la Finlande[67].

En Europe méridionale aussi, la diplomatie soviétique devait prendre d'urgence des initiatives. En l'occurrence, les Balkans détenaient la clé. Après la défaite de la France, les dirigeants soviétiques calculèrent que la Grande-Bretagne ne tarderait pas à être forcée de s'asseoir à la table des négociations. L'Union soviétique devait être assez forte pour défendre ses intérêts face à la domination allemande de l'Europe occidentale et centrale. L'influence soviétique sur les Balkans, la mer Noire et les détroits turcs, toutes régions où la Russie avait traditionnellement cherché à exercer son pouvoir depuis l'époque tsariste, était jugée cruciale pour faire échec aux probables visées allemandes sur cette zone vitale et se protéger de toute menace d'invasion par le sud. Il y avait aussi la question des intérêts stratégiques britanniques dans cette région, et du danger que courrait l'Union soviétique si la Grande-Bretagne et l'Allemagne trouvaient quelque « arrangement » dans un règlement de paix. La nécessité d'étendre le contrôle de l'URSS sur bassin du Danube et les Balkans explique l'annexion en juin de la Bessarabie, transférée en 1919 à la Roumanie après avoir appartenu à l'Empire tsariste, et de la Bucovine du nord – territoire historiquement roumain qui n'avait jamais été rattaché à la Russie. Un temps, au cours de l'été 1940, l'Union soviétique espéra même convaincre les Italiens de conclure un accord pour partager les Balkans en sphères d'influences distinctes entre l'URSS et les puissances de l'Axe. Comme c'était à prévoir, un tel partage ne présentait aucun attrait pour l'Allemagne, avide de tenir les Soviétiques à l'écart d'une région stratégiquement aussi importante et soucieuse également de s'assurer une position dominante en Roumanie, où les champs de pétrole de Ploesti étaient indispensables aux forces armées allemandes.

Fin août, l'arbitrage germano-italien – l'Union soviétique ayant été exclue – des différends frontaliers roumano-hongrois précipita la Roumanie dans l'orbite du Reich. Les Soviétiques prétendirent que l'arbitrage – carrément antisoviétique, de leur point de vue – violait l'obligation de consulter ses partenaires sur les questions d'intérêt commun inscrite dans le pacte de l'année précédente. Les Allemands, naturellement, n'en tinrent pas compte. Ainsi finirent les espoirs soviétiques d'une sphère d'influence dans le bassin du Danube et dans les Balkans. Quand, en septembre, « sur invitation », des « missions » militaires allemandes entrèrent en Roumanie – et un peu plus tard, ce même mois, en Finlande –, la menace pesant sur les intérêts soviétiques était patente[68].

Ces problèmes territoriaux, où les intérêts soviétiques et allemands se heurtaient, provoquèrent immanquablement une tension entre les deux pays au cours de l'été et de l'automne. Le Pacte tripartite du 27 septembre, liant l'Allemagne (et l'Italie) au Japon, le dangereux ennemi de l'URSS en Orient, n'arrangea guère les choses, encore qu'il fût plus antiaméricain qu'antisoviétique. Puis, à la fin d'octobre, la désastreuse invasion de la Grèce par Mussolini alluma la mèche de la poudrière des

Balkans, précipitant l'intervention britannique et dégageant la perspective assurée d'une intervention militaire allemande dans la région – laquelle n'était guère faite pour enrayer la sérieuse dégradation des relations entre l'Union soviétique et l'Allemagne amorcée depuis quelques semaines. Tel était le climat dans lequel Molotov, sur l'invitation de Ribbentrop, arriva le 12 novembre à Berlin pour s'y entretenir avec le ministre des Affaires étrangères du Reich et avec Hitler.

Les discussions se passèrent mal[69]. Ribbentrop entendait surtout persuader l'Union soviétique de rejoindre le Pacte tripartite et de faire partie d'un bloc euro-asiatique qui partagerait le monde en sphères d'influence allemande, italienne, japonaise et soviétique. Il encouragea Molotov à envisager l'expansion de son pays en direction du golfe Persique, du Moyen-Orient et de l'Inde. Quant à Hitler, il voulait essentiellement découvrir ce qu'il en était des intentions soviétiques. Mais l'obstination de Molotov à revenir sur des points de détail lui donna l'impression d'un maître d'école pédant. Son irritation ne fit que croître. Les entretiens le confirmèrent dans sa vision négative de l'Union soviétique : probablement ce qu'il avait implicitement cherché, de toute manière.

L'ordre du jour de Molotov, soigneusement défini avec Staline, était plus spécifique et portait principalement sur les problèmes qui avaient conduit à la dégradation des relations entre les deux pays au cours des derniers mois[70]. La Finlande, la Roumanie et les Balkans étaient des domaines particulièrement sensibles, où l'Union soviétique estimait avoir des motifs de se plaindre. Mais il n'y eut aucun progrès. La suspicion mutuelle et l'antagonisme sous-jacent imprégnaient les discussions, qui ne menèrent à rien. Hitler se sentait désormais parfaitement justifié dans sa conviction que les intérêts contradictoires de l'Allemagne et de l'Union soviétique excluaient toute conciliation pacifique. Un choc était inévitable. La visite de Molotov confirma pour Hitler qu'il n'était plus possible de différer l'attaque envisagée depuis juillet. À la mi-décembre, on l'a vu, avait été élaborée une directive militaire, fixant l'invasion au printemps.

Dans la perspective soviétique, les discussions, si peu concluantes fussent-elles, ne changeaient rien. Elles n'avaient pas de conséquences dramatiques. Certes, Molotov retourna à Moscou avec le sentiment de n'avoir pas accompli grand-chose. Et les dirigeants soviétiques restaient particulièrement aigres devant ce qu'ils tenaient pour de graves entorses au pacte avec l'action allemande en Roumanie et en Finlande[71]. Ils s'étaient largement fait duper dans les Balkans, et surtout en Roumanie. Dès juillet, avant même que Hitler n'eût annoncé à ses généraux son intention d'envahir l'Union soviétique l'année suivante, les services secrets commencèrent à se faire l'écho de bruits de préparatifs allemands à la guerre contre l'URSS, du transfert et de la concentration de troupes en Prusse orientale, non loin de la frontière russe[72]. Mais, quels que fussent leurs soupçons sur les intentions à long terme des Allemands, Staline et Molotov, les deux principaux responsables des affaires étrangères en Russie, ne prévoyaient pas de conflit armé dans un proche avenir, leur premier souci étant comme auparavant de gagner du temps. Le maintien du pacte de 1939 demeura donc leur priorité. En l'occurrence, ils n'avaient guère le choix. Le carcan dans lequel ils se trouvaient tenait en partie à la vitesse à laquelle l'Allemagne avait assis sa domination sur une bonne partie de l'Europe depuis le printemps. Mais il était aussi partiellement de leur fait. L'éventail des choix s'offrant aux Soviétiques était essentiellement circonscrit par le piètre état de l'armée Rouge, qui ne serait pleinement prête à la guerre que dans deux ans. Et en ce domaine, Staline était le principal responsable, avec les purges meurtrières qu'il avait lancées trois ans plus tôt contre ses chefs militaires talentueux et expérimentés.

IV

Au 1er janvier 1938, les forces armées soviétiques comptaient 1 605 520 hommes, dont un peu moins des trois quarts dans l'armée de terre. Ce n'était pas loin du niveau auquel Staline pensait que le pays serait prêt à la guerre, fin 1942[73]. Sitôt la guerre commencée, cependant, ses plans se trouvèrent rapidement dépassés par les événements. L'occupation soviétique de l'est de la Pologne et surtout la guerre contre la Finlande virent la mobilisation de grands nombres de réservistes, accroissant les effectifs de l'armée d'un peu moins de 2 millions de soldats. Chose remarquable, cependant, près de 700 000 réservistes furent ensuite démobilisés à l'issue de la guerre de Finlande, le Politburo ordonnant le retour de maintes unités à leur statut de temps de paix. Il fallut le choc de la victoire allemande en France pour inverser le courant et amorcer une campagne générale d'expansion aussi forte que rapide[74].

Il n'en restait pas moins difficile de remédier aux graves insuffisances de la direction et à l'inexpérience du commandement militaire consécutives aux purges. Près de 4 000 officiers arrêtés au cours des purges furent libérés pour se voir confier des postes de commandement. Mais le millier d'officiers supérieurs récemment promus manqua de temps pour acquérir l'expérience requise avant le début de l'offensive allemande[75]. Il subsistait aussi des lacunes en matière d'organisation (que la campagne de Finlande mit en évidence). Enfin, les forces armées étaient gravement sous-équipées en matériel moderne. Malgré l'intensification de la production de guerre qui avait suivi le choc causé par la victoire de Hitler à l'ouest pendant l'été, l'industrie fut incapable de faire face aux besoins pressants en armements. Quand Hitler frappa, de graves pénuries subsistaient encore. Le problème tenait pour une part au leadership de Staline et à la nature du régime.

Comme Hitler, Staline avait un esprit vif (si pervers fût-il), et son excellente mémoire lui donnait une bonne intelligence des détails. Sa compréhension des affaires militaires n'en était pas moins celle d'un amateur éclairé. La formation et le savoir du professionnel lui faisaient défaut. Cela explique deux tendances apparemment contradictoires et également nuisibles. D'un côté, il était enclin à se mêler de questions de détail, tels que les catégories de pièces d'artillerie, souvent par caprice[76]. De l'autre, force lui était de s'en remettre largement au jugement de ceux en qui il avait confiance – et ils étaient peu nombreux – aux plus hauts échelons du commandement militaire. Sitôt lancée, dans l'été 1940, la grande campagne d'expansion et de reconstruction de l'armée Rouge, il multiplia les briefings, souvent à une heure avancée de la nuit dans sa datcha, avec ses chefs militaires, qui lui adressaient aussi des rapports réguliers sur l'état de l'armée[77]. Et Staline surveillait les chefs militaires grâce aux rapports de Beria, le patron de la police secrète, ou d'autres[78]. Mais comme il quittait rarement le Kremlin ou sa datcha voisine pour se rendre compte de la véritable situation des forces armées, il était d'autant plus tributaire de ce qu'on lui disait.

Avant d'être limogé de son poste de commissaire à la Défense en mai 1940, à la suite des piètres résultats de l'armée Rouge pendant la guerre de Finlande, le maréchal Vorochilov avait eu l'oreille de Staline sur les affaires militaires importantes. Mais la confiance de Staline était mal placée. Vorochilov s'était montré négligent, oisif et incompétent quand il s'était agi de faire face au besoin pressant de consolider les forces armées. La situation s'améliora considérablement sitôt qu'il laissa la place au maréchal S.K. Timochenko. Reste que Staline n'en demeurait pas moins enclin à solliciter les conseils militaires d'individus comme le détestable I.Z. Mekhlis, l'ancien rédacteur en chef du quotidien du parti, la *Pravda*, et patron en 1940 de la direction politique de l'armée Rouge. Khrouchtchev le tenait pour un « imbécile » et s'effarait de voir l'influence qu'il exerçait sur Staline sur le plan militaire[79].

Si Staline avait conservé la moindre illusion sur la qualité de l'armée Rouge après la débâcle de Finlande, elle ne pouvait résister à l'accablant rapport top secret que lui présenta Timochenko en décembre 1940, brossant à grands traits les insuffisances graves des forces armées de la nation. Ce long rapport, établi sur la base d'évaluations systématiques après que Timochenko eut remplacé Vorochilov en mai, ne pouvait être une lecture agréable pour Staline. C'est tout l'appareil logistique de l'administration et du ravitaillement qui laissait à désirer, observait le rapport, quand il n'était pas périmé par bien des aspects. L'administration centrale avait été à ce point défaillante qu'elle ne disposait même pas de chiffres exacts sur la force de l'armée

Rouge quand Timochenko prit ses fonctions. Tout aussi extraordinaire était le fait que, sous la rubrique « Planification opérationnelle », le premier article indiquait : « Au moment du changement de titulaire du commissariat du peuple à la Défense, aucun plan de guerre opérationnel n'est disponible ; il n'existe pas non plus de plan opérationnel total ni de plans partiels. » Vorochilov et l'état-major général n'avaient pas davantage mis en place de programmes de formation des commandants et de leurs états-majors, ni de suivi de la formation opérationnelle dans les districts militaires. Il manquait des terrains d'aviation dans des districts clés. Il y avait même une pénurie de cartes. Les transports et les communications souffraient en outre de graves faiblesses. Il n'y avait pas de plan de mobilisation à jour ni de programme de formation pour les trois millions de réservistes mal préparés.

Timochenko critiquait aussi l'incapacité des écoles d'officiers à produire des chefs militaires à la hauteur, dont le manque était particulièrement patent dans l'infanterie. La formation des troupes à l'action sur le champ de bataille laissait gravement à désirer. Enfin, le matériel était suranné, certainement pas à la hauteur des besoins de la guerre moderne. L'aviation accusait un retard sensible sur celle des autres États et souffrait elle aussi d'une pénurie drastique de personnel qualifié. Le même déficit de matériel moderne était sensible dans les unités motorisées et l'artillerie. Une des plus grandes faiblesses soulignées par le rapport était l'absence de renseignements organisés et systématiques sur l'état des armées des autres pays. Les défenses aériennes ne pouvaient assurer la protection contre des attaques venues du cicl. Et les préparatifs de défense au sol derrière les lignes de front étaient médiocres[80]. Au total, le tableau n'était guère celui d'une armée sur le point de livrer une grande guerre, ou capable de défendre l'Union soviétique d'une invasion, sans parler de lancer elle-même les moindres opérations offensives.

Timochenko a bien pu exagérer les insuffisances pour se soustraire à toute critique future en rejetant sur son prédécesseur le blâme de l'ampleur de la tâche qui l'attendait. Malgré tout, il s'agissait d'une mise en accusation choquante de l'état des forces armées. Il était impossible de remédier sur-le-champ aux insuffisances. Il faudrait un temps considérable pour préparer l'armée Rouge à un combat majeur, ce qui imposait une limite draconienne aux choix opérationnels que pouvait faire Staline dans les prochains mois. L'unique option, convinrent Staline et Molotov, était de faire tout ce qui était possible et au plus vite pour préparer les forces armées à l'épreuve de force inévitable. En attendant, toutefois, il était crucial d'éviter la moindre provocation susceptible de donner à Hitler un prétexte pour attaquer.

Cette double considération devait effectivement inspirer la politique soviétique dans les mois précédant le lancement de « Barbarossa ». Et, de fait, des prouesses furent réalisées dans le domaine du réarmement. En 1940, la production d'armes était d'un tiers supérieure à ce qu'elle était l'année précédente. Et les forces armées augmentèrent massivement leurs effectifs pour passer à 5,4 millions de soldats en 1941, contre 1,6 million au début de 1938[81]. Elles furent pour la plupart déployées aux frontières occidentales de l'Union soviétique et disposèrent d'un équipement bien meilleur. Mais le moral et la discipline étaient souvent médiocres[82]. Assez peu de chars et d'avions étaient des modèles récents, et leur production régulière se heurtait à de nombreux obstacles[83]. Le terrain perdu, amplement favorisé par les purges, était trop grand pour qu'il fût possible de compenser les retards de la technologie et des déficits organisationnels[84]. Il fallait encore du temps. Staline crut pouvoir en gagner. Il était convaincu que Hitler n'attaquerait pas à l'Est avant d'avoir obtenu une victoire concluante à l'ouest. Dans l'esprit de Staline – Molotov et le reste des dirigeants politiques et militaires de l'Union soviétique partageaient son jugement –, l'invasion ne se produirait vraisemblablement que lorsque l'armée Rouge serait prête à l'affronter. Jusque-là, il fallait faire montre de la plus extrême prudence et, au besoin, apaiser l'Allemagne nazie. L'essentiel, l'impératif absolu, était de gagner du temps.

Dans le cadre de cette pression extrême, il convenait de réévaluer la stratégie militaire soviétique. La théorie stratégique avait reposé sur les idées élaborées par Toukhatchevski dans les années 1920 et 1930. Celles-ci envisageaient une armée modernisée et technologiquement développée capable de transformer la défense en attaque en absorbant le premier assaut de l'adversaire, puis en transférant rapidement la guerre sur le territoire ennemi à la faveur d'« opérations en profondeur ». On n'envisageait pas une longue guerre défensive. L'accent portait sur la capacité, une fois la tempête initiale essuyée, de porter un coup immédiat et décisif dans une attaque tous azimuts des forces aériennes et terrestres soutenues par les unités blindées et mécanisées amassées[85]. Toute la théorie reposait sur l'idée que l'on se faisait de la manière dont la guerre commencerait : par un ultimatum, suivi d'une déclaration officielle et d'une mobilisation générale qui durerait plusieurs jours, voire des semaines (comme en 1914) et des batailles frontalières permettant de mener des « opérations en profondeur[86] ». L'attaque surprise, le brio tactique et la rapidité foudroyante de la *Blitzkrieg* allemande à l'ouest jetèrent alors de sérieux doutes sur ces prémisses. Néanmoins, les plans de l'état-major général soviétique en 1940-1941 équivalaient à une modification plutôt qu'à une révision radicale des théories de Toukhatchevski sur les « opérations en profondeur ». Même quand le futur héros de la guerre, le général Gueorgui Joukov, devint chef de l'état-major général à la fin de janvier 1941, l'idée de départ restait que l'armée Rouge serait à même de contenir l'ennemi lors de l'attaque initiale, puis de transformer la défense en attaque par une riposte foudroyante[87]. Les plans stratégiques de l'état-major général reposaient donc sur ce principe.

Succédant à Vorochilov, en mai 1940, Timochenko, on l'a vu, s'était montré cinglant dans sa critique de l'absence d'un plan de guerre opérationnel. En vérité, le plan précédent, élaboré en 1938 par le maréchal V.M. Chapochnikov, alors chef de l'état-major général, était largement devenu caduc du fait du changement de circonstances induit par la guerre en Europe. Malgré les remarques méprisantes de Timochenko, cependant, les plans qui suivirent comptaient des éléments de continuité notables avec l'approche de Chapochnikov.

Ce dernier avait perçu une menace pesant sur l'Union soviétique depuis le Japon, à l'est, et une menace plus grande encore du côté de l'Allemagne et de la Pologne, avec l'Italie et les pays baltes, à l'ouest. Partant de la théorie de la défense stratégique en profondeur pour contenir l'ennemi avant de la transformer en offensive, Chapochnikov imaginait deux variantes de l'attaque contre le front ouest de son pays. Les défenses soviétiques devaient être prêtes à une attaque, soit au nord des marais du Pripet en Pologne, vers Vilnius en Lituanie et vers Minsk, soit au sud des marais, par le sud de la Pologne, en direction de Kiev. Chapochnikov s'en tenait encore à des notions de mobilisation qui devaient sous peu se révéler totalement obsolètes. Il jugeait la variante septentrionale un peu plus probable puisque l'attaque ennemie pourrait intervenir au vingtième jour de la mobilisation, alors qu'il faudrait de 28 à 30 jours pour la variante sud. Du côté soviétique, il envisageait que la décision de déployer le gros de la défense au nord ou au sud ne serait prise qu'au dixième jour de la mobilisation, quand l'orientation retenue par l'offensive ennemie apparaîtrait clairement[88].

En août 1940, quand Chapochnikov fut remplacé à la tête de l'état-major par le général K.A. Meretskov, son plan nécessitait une révision draconienne. La Pologne n'existait plus, les États baltes de Lettonie, d'Estonie et de Lituanie faisaient désormais partie de l'Union soviétique, la Finlande était passée dans l'orbite allemande, et le Reich avait étendu son emprise sur le bassin du Danube, au point que l'on pouvait penser que la Roumanie et la Hongrie seraient ses alliées dans tout conflit futur. Par ailleurs, l'Italie était entrée dans la guerre, et l'influence de l'Axe en Méditerranée et dans les Balkans s'était amplement renforcée. Timochenko et Meretskov revinrent alors sur la primauté donnée par Chapochnikov à la variante nord. Dans leur réévaluation, présentée le 5 octobre à Staline, ils envisageaient une attaque principale au sud. Staline consentit. « Le plus important pour les Allemands, je crois, ce sont les céréales de l'Ukraine et le charbon du Donbass », observa-t-il[89]. Au milieu du mois fut adopté le plan révisé, fondé sur l'idée que la principale attaque allemande aurait lieu au sud des marais du Pripet. Les Balkans, dans ce scénario, jouaient un rôle central dans la stratégie soviétique. Suivant ce plan révisé, l'armée Rouge interviendrait « au sud de Brest-Litovsk en portant des coups puissants en direction de Lublin et de Cracovie, puis de Breslau, afin de couper l'Allemagne des pays balkaniques dans la toute première phase de la guerre, de la priver de ses bases économiques les plus importantes et d'exercer une influence décisive sur les pays balkaniques concernant la question de leur participation à la guerre ». Ce plan révisé était, pour l'essentiel, celui qui allait servir de base à la planification opérationnelle soviétique jusqu'à la veille de « Barbarossa[90] ».

À la fin de décembre 1940, mettant fin aux travaux d'une conférence des plus hauts chefs militaires réunis par Staline à la suite du rapport décourageant sur l'état des forces armées présenté au début du mois, Timochenko résuma les débats ainsi : « Si la guerre avec l'Allemagne promettait d'être difficile et longue, le pays avait tout ce qu'il fallait pour mener le combat jusqu'à la victoire totale. » Probablement Timochenko pensait-il dire à Staline ce qu'il avait envie d'entendre en proférant cette évaluation optimiste. En fait, elle coûta plutôt au dictateur soviétique une nuit d'insomnie[91]. Les résultats des deux *Kriegspiele* organisés début janvier n'étaient pas de nature à apaiser son malaise.

Ils ne portaient que sur la stratégie de défense. Tous deux supposaient une agression depuis l'ouest : une invasion de l'Union soviétique. Et tous deux, fait remarquable, omettaient l'étape initiale vitale de la défense, pour ne commencer leur évaluation qu'à la phase, censée intervenir plusieurs semaines après le début de la guerre, où « l'ennemi » avait déjà pénétré en territoire soviétique. Le premier *Kriegspiel* postulait une attaque au nord, avec Joukov menant les forces « ennemies » et le général D.G. Pavlov commandant l'armée soviétique. Pavlov ne parvint pas à repousser « l'ennemi », qui finit au cœur du territoire soviétique. Dans le second *Kriegspiel*, Joukov et Pavlov changèrent de bord pour tester cette fois la variante sud. Joukov appliqua la théorie des « opérations en profondeur », réussit à contenir l'attaque au sud, puis détruisit vingt divisions ennemies et réussit à avancer sur un flanc sur quelque 160 kilomètres en Pologne. Malgré tout, il restait impossible de contenir totalement l'offensive allemande. Les résultats ne furent pas jugés satisfaisants.

Lors d'une réunion qui se tint peu après au Kremlin, en présence du Politburo, Staline tança le chef d'état-major, Meretskov, puis le limogea sur-le-champ. Joukov, qui s'était révélé si efficace lors des *Kriegspiele*, fut alors promu chef de l'état-major général[92].

En mars, sous l'influence des *Kriegspiele* et d'un plan de mobilisation dernièrement établi (et qui, une fois encore pour essayer de plaire à Staline, avait donné des chiffres exagérément optimistes et irréalistes sur les hommes et les armements), un plan opérationnel révisé avait été mis au point. Il réaffirmait la décision prise l'automne précédent et apparemment justifiée par les simulations, à savoir que la défense soviétique devait organiser le gros de ses forces conformément à la variante sud, plutôt que nord, de l'attaque allemande. L'idée était que les Allemands porteraient l'essentiel de leur offensive en direction de l'Ukraine[93]. La suite allait montrer que c'était une grave erreur de calcul.

Les mois de révision frénétique des plans et d'expansion fébrile depuis l'été précédent – et le tempo devait encore s'accélérer – avaient donné des résultats ambivalents. D'un côté, beaucoup avait été accompli dans un laps de temps étonnamment court. De l'autre, il y avait encore fort à faire avant que les défenses fussent prêtes pour résister à l'offensive prédite. Le résultat des *Kriegspiele* avait mis en lumière les lacunes majeures dont souffrait encore la stratégie de défense. Et les projections, en hommes et en armements, avaient tendance à exagérer les forces actuelles et à enjoliver les capacités futures. Le plan de mobilisation de février avait esquissé une force renversante en temps de guerre de 8 700 000 hommes répartis en plus de 300 divisions pleinement équipées, dont 60 divisions blindées et 30 autres motorisées, ainsi qu'une force aérienne de quelque 14 000 avions. Les objectifs du plan étaient censés être atteints à la fin de 1941. Or ces chiffres dissimulaient une bonne partie de la vérité. Il était impossible de produire assez de véhicules pour équiper totalement les divisions blindées et motorisées d'ici 1943. Et même avec une production optimale, au 1er janvier 1942, la pénurie de chars de taille moyenne (essentiellement le fameux T-34), qui étaient vitaux, serait de 75 %. Pour les avions, les chiffres étaient aussi complètement irréalistes à court terme. Quand la guerre commença en juin 1941, un quart des divisions prévues dans le plan n'existait que sur le papier[94].

Staline et sa « garde rapprochée », qui avaient été pleinement informés des plans et de leurs limites pratiques, savaient que toute attaque allemande en 1941 exposerait l'Union soviétique à un danger extrême. L'armée Rouge serait encore mal équipée pour contrer la menace. Les défenses du pays seraient à tout le moins très distendues. Dans bien des domaines vitaux – production de chars et d'avions, fortifications aux frontières, effectifs –, les objectifs visés ne seraient atteints au plus tôt qu'au début de 1942[95]. Les problèmes avaient été aggravés par la décision de Staline, passant outre à l'opposition de ses conseillers militaires, d'abandonner le système de fortifications, connu sous le nom de « ligne Staline », pour de nouvelles fortifications qui seraient construites sur des positions avancées le long de la nouvelle frontière. Juin 1941 devait montrer que c'était une grave erreur. À la veille de l'attaque allemande, des zones de défense cruciales restaient dépourvues de champs de mine, de champs de tir effectifs ou simulés, et la plupart des bastions tardivement aménagés sur ordre de Joukov ne possédaient pas d'artillerie. Dans le même temps, quand Staline accepta enfin de poster quelques hommes en garnison sur l'ancienne ligne de fortifications, les troupes les trouvèrent « envahies d'herbes hautes », des coquilles de béton vidées de leurs canons[96].

De tout cela, Staline tira une conclusion. Il n'y avait pas d'autre solution : il fallait à tout prix retarder le conflit avec l'Allemagne jusqu'en 1942 au plus tôt. « Nous savions tous, y compris Staline, que le conflit était inévitable, se souvint Mikoïan, mais nous avions aussi conscience de notre impréparation[97]. » Staline confia plus tard à Churchill qu'il voyait la guerre approcher, mais pensait pouvoir gagner encore six mois[98]. Pour ce faire, il lui fallait amadouer l'Allemagne et éviter toute confrontation, s'abstenir de la plus infime provocation susceptible de déclencher l'agression allemande. Aucun des plus proches collaborateurs de Staline ne s'écartait de cette analyse. Ils s'y accrochèrent alors même que les signes montrant que Hitler se préparait à attaquer en 1941 allaient en se multipliant. Staline regardait ces signes sans états d'âme. Il croyait pouvoir lire dans les pensées de Hitler. Hitler n'était pas idiot, pensait-il. Il ne prendrait pas le risque d'une guerre sur deux fronts. Il voudrait d'abord couvrir ses arrières à l'ouest. Les Britanniques se révélaient tenaces, et la victoire allemande sur le front ouest ne paraissait pas imminente. Si les Allemands n'attaquaient pas pendant l'été 1941, les rigueurs de l'hiver russe leur interdiraient de le faire avant le printemps suivant. Staline était donc assuré de pouvoir repousser Hitler jusqu'en 1942. D'ici là, l'armée Rouge serait prête.

V

En attendant, les opérations militaires étant exclues, il fallait faire tout ce qui était possible sur le front diplomatique. En ce domaine, les premiers mois de 1941 n'apportèrent qu'un succès partiel. Du côté des gains, il y eut la déclaration commune de neutralité signée en mars avec la Turquie, écartant le danger que celle-ci ne se joignît au Pacte tripartite et réduisant la menace sur le flanc sud de l'Union soviétique, où les détroits turcs avaient été traditionnellement un point vulnérable des défenses russes[99]. Plus important encore fut le pacte de neutralité signé avec le Japon en avril, qui laissa Staline euphorique devant cette amélioration majeure pour la sécurité du front est de l'Union soviétique, éliminant, ou tout au moins réduisant considérablement, la perspective d'une double attaque, de l'est et de l'ouest. Au débit, les espoirs de soustraire aux griffes des Allemands la Bulgarie – traditionnellement bien disposée envers la Russie et d'une importance stratégique pour la sécurité soviétique dans les Balkans – étaient morts à la fin de février, quand Sofia accepta de rejoindre le Pacte tripartite et autorisa le stationnement de troupes allemandes sur son territoire. Début avril, les démarches rapides pour forger un traité d'alliance avec la Yougoslavie, où un soulèvement populaire avait renversé le gouvernement qui avait décidé de rejoindre l'Axe, avaient été rapidement déjouées par l'invasion allemande, suivie de la conquête rapide du pays. Fin avril, en dehors de la neutralité turque et du fait également de la capitulation de la Grèce devant les forces de Hitler, les Balkans étaient désormais carrément sous la coupe allemande et la frontière sud de l'URSS était exposée à l'Allemagne et à ses alliés. À chaque étape de ce jeu d'échec diplomatique, Hitler avait déjoué les manœuvres de Staline. L'isolement diplomatique aggravait la faiblesse militaire.

Staline continuait de craindre vivement que la Grande-Bretagne ne recherchât un accord avec Hitler, mettant fin à l'épouvantail de la guerre sur deux fronts et permettant à l'Allemagne de se tourner vers l'est sans être menacée à l'ouest. La faiblesse militaire de la Grande-Bretagne, mise en évidence par le retrait de 100 000 hommes de Grèce au moment de l'invasion allemande, et en Afrique du Nord par les succès éclatants de Rommel, donnait du poids à cette perspective. Sir Stafford Cripps, l'ambassadeur britannique à Moscou, se chargea en personne d'alerter Staline et Molotov sur les risques d'un tel scénario. « Il n'était pas absolument impossible, si la guerre se prolongeait longtemps, expliqua Cripps le 18 avril, que la Grande-Bretagne (et particulièrement certains cercles en Grande-Bretagne) fût tentée de trouver un arrangement pour sortir de la guerre, du type de celui qui avait encore été suggéré récemment dans certains milieux allemands[100] [...]. » Le gouvernement britannique essayait en même temps d'amener l'Union soviétique à lancer sa puissance militaire au service de la défense de la Yougoslavie et de la Grèce afin de former un « front balkanique » contre Hitler. Souligner la menace croissante que l'Allemagne faisait planer sur l'URSS faisait partie de cette offensive diplomatique. En réalité, toutefois, Cripps ne parvint qu'à alarmer les dirigeants soviétiques sur la probabilité d'un « arrangement » entre l'Allemagne et la Grande-Bretagne. Quand Winston Churchill adressa ensuite *via* Cripps un message à Staline, remis au Kremlin le 21 avril, prévenant le dirigeant soviétique d'un risque d'attaque allemande, l'impact fut totalement contre-productif. Le message ne fit que faire retentir plus bruyamment encore les sonnettes d'alarme et intensifier la paranoïa de

Staline. Il présuma que Churchill essayait de l'entraîner dans une guerre avec l'Allemagne à la faveur d'une initiative qui ne servirait que les intérêts britanniques. « Voyez-vous ça, dit Staline à Joukov, nous sommes menacés par les Allemands, l'Union soviétique menace les Allemands, et ils nous jouent les uns contre les autres. C'est un jeu politique subtil[101]. »

Plus tard, Churchill devait présenter Staline et ses collaborateurs du Kremlin comme des « nigauds », les « bousilleurs les plus dupes de la Seconde Guerre mondiale », tout en estimant que, par des contacts directs avec le chef soviétique, il aurait pu empêcher la catastrophe qui s'abattit sur son pays le 22 juin 1941[102]. Même tardivement, Churchill ne comprenait pas la façon dont ses messages bien intentionnés étaient inévitablement interprétés à Moscou. En plaçant les choses dans leur contexte, la réaction de Staline n'était pas totalement irrationnelle. Toujours est-il que, quand Churchill envoya son avertissement, Staline était inondé de rapports des services secrets l'informant de la menace croissante venant d'Allemagne.

Vu le nombre des sympathisants communistes à l'étranger, le régime stalinien ne manquait pas d'informateurs tout disposés, souvent au prix de risques considérables pour leur sécurité, à fournir aux organes de la sécurité d'État un flot de renseignements, de qualité variable, souvent contradictoires, mais parfois significatifs[103]. Vsevolod Merkoulov, le patron du NKGB (responsable des affaires extérieures et distinct au début de février 1941 du NKVD de Beria, demeurant chargé de la sécurité intérieure), transmettait à intervalles réguliers des synthèses de leurs rapports[104]. Mais s'il avait approuvé sa nomination, Staline n'avait pas une haute opinion de Merkoulov, qu'il tenait pour un faible beaucoup trop avide de plaire. C'était naturellement une faille inscrite dans la nature même du système. Que Merkoulov occupât son temps libre à écrire des pièces et des fictions n'arrangeait peut-être pas les choses[105]. En tout état de cause, Staline se méfiait de ses rapports. Il ne pensait pas non plus pouvoir s'en remettre à ceux des services de renseignement de l'armée, qui là encore synthétisaient parfois des informations importantes et que lui envoyait le chef du GRU (les renseignements militaires soviétiques), le général Filip Golikov. D'autres rapports encore parvenaient à Staline par des sources du ministère des Affaires étrangères[106]. Une fois de plus, ils étaient accueillis avec scepticisme. Des renseignements vitaux, pour lesquels des agents avaient souvent risqué leur vie, étaient ainsi écartés par Staline comme simple « désinformation ». De fait, la mise en circulation délibérée d'informations erronées allait bon train. Pour une bonne part, elles étaient lancées avec succès par les Allemands eux-mêmes (ainsi cette histoire de troupes massées à l'est, tromperie destinée aux services d'espionnage britanniques afin de masquer les plans d'invasion de l'Angleterre)[107]. Aussi y avait-il certainement place pour la méfiance et le scepticisme envers des renseignements non corroborés. Mais le cynisme viscéral de Staline allait bien au-delà du scepticisme de bon aloi. Il le conduisait à rejeter toute information, si probante fût-elle et si bien placée qu'en fût la source, du moment qu'elle contredisait sa propre analyse des intentions allemandes. Et, de manière perverse, celle-ci en vint à se fonder sur le succès de la supercherie allemande laissant croire que l'attaque serait précédée d'un ultimatum, qui lui laisserait le temps de faire des concessions, de mobiliser ou même d'agir préventivement[108]. La méfiance totale à l'égard de tous les renseignements associée à la certitude de la justesse de son analyse explique, au fond, que Staline ait été totalement pris par surprise le 22 juin 1941.

Dès le 5 décembre 1940, le nouvel ambassadeur soviétique en Allemagne, Vladimir Dekanozov, ancien officier supérieur du NKVD, reçut une lettre anonyme le prévenant que Hitler attaquerait l'Union soviétique au printemps suivant[109]. Et cela précisément au moment où Hitler confirmait à ses chefs militaires la décision de se préparer à envahir l'URSS en mai 1941, consacrée dans la directive du 18 décembre sur ce que l'on appelait désormais l'« opération Barbarossa ». Onze jours plus tard, le renseignement militaire soviétique de Berlin transmettait à Moscou l'information reçue de « cercles militaires de haut rang, bien informés, que Hitler a donné l'ordre de se préparer à la guerre contre l'URSS. La guerre sera déclarée en mars 1941[110] ». L'information vérifiée fut adressée personnellement à Staline début janvier 1941.

Deux des agents les mieux placés, fournissant un flot d'excellentes informations, étaient les sympathisants communistes allemands Harro Schulze-Boysen (nom de code « Starchina » ou « l'Ancien ») et Arvid Harnack (dit « Korsicanets » ou « le Corse »). Grâce à des relations familiales (son père était un neveu de l'amiral Alfred von Tirpitz, l'ancien chef de la marine allemande, et sa mère était apparentée à Hermann Göring), Schulze-Boysen put rejoindre en 1941 comme officier le QG de la Luftwaffe, où il eut accès à des informations ultra-secrètes. Harnack, un avocat qui avait étudié quelque temps aux États-Unis, était un neveu de l'éminent théologien Adolf von Harnack, et travaillait depuis 1935 au ministère de l'Économie de Berlin. Comme Schulze-Boysen, avec lequel il entra en contact après le début des hostilités, il avait accès à des données privilégiées. Tous deux s'étaient laissé convaincre en 1940 de travailler secrètement pour l'espionnage soviétique. Ils finirent par être démasqués et exécutés en 1942. En 1941 cependant, alors que les préparatifs allemands pour l'attaque de l'URSS étaient engagés, ils purent exploiter des sources proches du cœur de la planification économique et militaire nazie.

Au début de mars 1941 « le Corse » rapporta diverses discussions au sein de la direction allemande à propos de l'attaque de l'URSS. Son rapport fut transmis à Staline, Molotov, Timochenko et Beria. Des plans d'urgence, indiquait-il, étaient dressés pour l'occupation des parties occidentales de l'Union soviétique. Et il se fit l'écho de bruits suivant lesquels le général Franz Halder, chef de l'état-major général de l'armée allemande, estimait que l'occupation de l'Ukraine et du Caucase serait facile et procurerait de riches dividendes – une information qui cadrait avec l'idée soviétique que la principale offensive porterait au sud[111]. Un autre rapport, expédié aux dirigeants soviétiques deux jours plus tard, faisait valoir que la concentration de troupes sur la frontière soviétique était maintenant si massive qu'il s'agissait de toute évidence d'une force d'invasion. Mais ce rapport suggérait que l'URSS ne serait attaquée qu'à la suite d'une offensive contre la Turquie ; et, de plus, que Ribbentrop et même Hitler pensaient que l'Allemagne aurait davantage à gagner sur le plan économique à conserver des liens commerciaux avec l'Union soviétique qu'à une invasion et à une occupation. Ainsi fut accréditée au sein de la direction soviétique l'idée d'une division aux échelons supérieurs du régime nazi, voire celle que Hitler n'appartenait peut-être pas à la faction la plus agressive pour ce qui était de ses visées sur l'URSS[112].

Quelques jours plus tard, un nouveau rapport du « Corse » atterrissait sur le bureau de Staline, faisant état d'avions-espions allemands photographiant le territoire soviétique, notamment autour de la base navale de Cronstadt, près de Leningrad. Il relayait aussi des informations de seconde main venant de deux généraux allemands, selon lesquels une attaque contre l'URSS était prévue pour le printemps. Le haut commandement allemand estimait qu'il suffirait d'un peu plus d'une semaine pour vaincre les forces soviétiques. L'occupation de l'Ukraine – encore une fois, l'accent portait sur le « grenier » soviétique – priverait l'URSS de sa principale source de vivres. La Wehrmacht avancerait rapidement à l'est et aurait dépassé l'Oural en moins de vingt-cinq jours[113]. Vers la fin mars, « le Corse » transmit une information venant du ministère allemand de l'Air, détaillant la préparation du bombardement des communications en URSS et la reconnaissance aérienne des villes soviétiques tout en précisant que, chez les officiers de la Luftwaffe, on attendait le début des opérations pour la fin avril ou le début mai. Détail important : les Allemands comptaient s'emparer des récoltes avant que les forces soviétiques battant en retraite n'aient eu le temps de les détruire[114].

Le volume des rapports s'accrut en avril. Ils donnaient des détails précis sur la concentration des forces allemandes le long de la frontière, les mouvements de troupes et la construction de fortifications et d'aérodromes[115]. « L'Ancien » (« Starchina ») rapporta les propos d'un officier qui était en contact avec Göring et selon lequel Hitler estimait nécessaire de lancer une guerre préventive contre l'URSS. Suivait un détail qui se grava dans l'esprit de Staline et des autres dirigeants soviétiques. Avant de déclarer la guerre, l'Allemagne lancerait un ultimatum sommant l'URSS de rejoindre le Pacte tripartite et de se soumettre aux exigences allemandes : avant tout, exploitation économique brutale et subordination politique, estimait-on. L'attaque suivrait si l'URSS refusait d'obtempérer[116]. Quelques jours plus tard, « Starchina » relayait le sentiment que la plupart des officiers allemands étaient opposés à Hitler et ne soutenaient pas l'idée d'attaquer l'URSS. D'après lui, l'occasion pour la Wehrmacht de porter un coup décisif s'estompait[117].

À la fin du mois, « le Corse », à la suite d'une réunion secrète des hauts responsables allemands du ministère de l'Économie, mettait de nouveau l'accent sur les demandes de fournitures de matières premières de l'Union soviétique, qui seraient satisfaites par la paix ou par la guerre[118]. Et le 6 mai, une communication d'une autre source très bien informée, Richard Sorge (alias « Ramzai »), espion soviétique au cœur de l'ambassade allemande à Tokyo, signalait que, d'après l'ambassadeur, le général Eugen Ott, Hitler était résolu à vaincre l'URSS et à mettre la main sur les ressources économiques des parties occidentales de l'Union soviétique. Dès lors que le grain aurait été semé, l'Allemagne pouvait attaquer à tout moment pour s'emparer de la moisson. Les généraux allemands, de l'avis d'Ott, pensaient qu'une campagne à l'Est ne gênerait en aucune façon la guerre contre la Grande-Bretagne. Les forces soviétiques, croyaient-ils, n'étaient pas prêtes, les défenses étaient faibles et la déroute de l'armée Rouge serait l'affaire de quelques semaines[119]. Le chef de la sécurité extérieure, Merkoulov, faisait régulièrement la synthèse de ces rapports, comme de ceux d'innombrables autres agents, pour l'envoyer aux dirigeants soviétiques[120].

Après coup, avoir fait fi de ces informations paraît relever de la pure folie. Si l'on met de côté le fait que beaucoup relevaient du ouï-dire, qu'elles n'étaient pas toujours cohérentes et qu'elles ne correspondaient pas au schéma réel de l'invasion, elles indiquaient sans équivoque la préparation d'une attaque allemande contre l'Union soviétique, et ce dans un proche avenir. Dans la perspective de Staline, cependant, c'était moins évident. Les rapports que nous venons de citer n'étaient qu'une partie d'un flot croissant d'informations, qui commençait à se transformer en torrent. Mais beaucoup venaient en fait de circuits étrangers, britanniques, américains ou autres[121]. Staline, on l'a vu, s'en méfiait d'instinct, et ses propres responsables du renseignement l'encourageaient dans cette suspicion. Le 20 mars 1941, le général Golikov, le chef des renseignements militaires, présenta un rapport aux commissariats à la Défense et aux Affaires étrangères ainsi qu'au Comité central, qui exposait à grands traits la longue liste des vues diverses de tout un éventail de sources sur les intentions allemandes envers l'URSS. Il introduisit son rapport en déclarant qu'une bonne partie des informations concernant une attaque au printemps contre l'Union soviétique venait de sources anglo-américaines, dont l'objectif essentiel était d'envenimer les relations entre l'Allemagne et l'URSS. Pour sa part, il estimait que les Allemands attaqueraient l'Union soviétique sitôt qu'ils auraient vaincu la Grande-Bretagne. Les rumeurs persistantes faisant état d'une attaque au printemps, suggéra-t-il, devaient être reçues comme de la désinformation propagée par les services secrets britanniques, mais aussi allemands[122]. Ce qui n'était qu'une manière de flatter les préjugés de Staline.

Mais Staline et ses proches ne furent pas les seuls à se méprendre sur les signaux. Les services de renseignement étrangers se laissèrent aussi pour la plupart abuser[123]. La stratégie allemande de duperie – consistant à faire croire que la concentration des troupes à l'est était une façade de l'« opération Lion de mer » (l'invasion de l'Angleterre), ou devait culminer dans un ultimatum à Staline portant sur la cession de territoires et de matières premières – y fut pour beaucoup[124]. Les renseignements britanniques, gobant parfois les faux messages délibérément mis en circulation par les Allemands, tardèrent à comprendre qu'une invasion se préparait effectivement. Les premiers rapports sur les projets d'agression de Hitler passèrent pour des rumeurs peu fiables, une manière de prendre ses désirs pour la réalité, ou pour des actions défensives contre une possible attaque soviétique. Puis on y vit une « guerre des nerfs » de la part des Allemands pour empêcher une intervention dans les Balkans ou arracher des ressources matérielles supplémentaires à l'Union soviétique[125].

La lecture des runes des services secrets était donc tout sauf simple. De longues années plus tard, Molotov ne voulait pas en démordre face à ceux qui assuraient que l'erreur cardinale de Staline avait été d'ignorer les renseignements reçus. « On nous reproche de ne pas avoir tenu compte de nos services secrets, expliquait-il. Oui, ils nous ont avertis. Mais si nous les avions écoutés, si nous avions donné la moindre excuse à Hitler, il nous aurait attaqués plus tôt. » (Molotov se gardait bien de dire quand. Comme, à l'évidence, les Allemands n'étaient pas en position d'attaquer dans l'été 1940, et que l'hiver russe excluait toute initiative de ce genre au cours des mois suivants, l'invasion ne pouvait avoir lieu au plus tôt qu'au printemps 1941, c'est-à-dire à la date à laquelle Hitler comptait initialement la lancer.) « Nous savions que la guerre était pour bientôt, que nous étions plus faibles que l'Allemagne, que nous devrions battre en retraite, enchaînait Molotov. Nous avons tout fait pour différer la guerre [...]. Staline estimait avant la guerre que nous ne pourrions affronter les Allemands sur un pied d'égalité qu'en 1943. » Son interlocuteur le ramenant au flot de rapports d'agents secrets, Molotov répondit : « Nous n'aurions pu nous fier à nos renseignements, répondit Molotov. Vous devez les écouter, mais aussi vérifier leurs informations. Les agents de renseignement pouvaient vous pousser dans une direction si dangereuse que vous n'en sortiriez jamais. Les provocateurs, partout, sont innombrables [...]. On ne pouvait pas se fier à ces rapports[126]. » Les vues de Molotov faisaient écho à celles de Staline.

Début mai cependant, il n'était plus possible d'ignorer purement et simplement le flot d'informations inquiétantes. Staline lui-même comprit qu'une action s'imposait. Elle était avant tout destinée à envoyer un message à l'Allemagne, à donner des assurances publiques et à conforter le moral des troupes. À la même époque, Timochenko et Joukov portaient un regard plus inquiet que Staline sur ces mêmes avertissements. Ils étaient maintenant partisans d'une autre sorte d'action, et travaillaient à une refonte complète du plan militaire, qui mettait l'accent sur une offensive soviétique.

VI

Le 5 mai, Staline remplaça Molotov à la présidence du Conseil des commissaires du peuple, l'équivalent du poste de Premier ministre. Il se retrouva pour la première fois officiellement chef du gouvernement en même temps que chef du Parti (en qualité de secrétaire général). En réalité, cette décision, rendue publique le lendemain, était par bien des côtés symbolique. Si Molotov avait jusque-là dirigé le gouvernement, la suprématie de Staline n'avait jamais fait l'ombre d'un doute. En assumant maintenant officiellement ces fonctions, Staline s'employait à rassurer la population soviétique. Le sort du pays ne pouvait être entre de meilleures mains. Il savait quoi faire.

Mais il ne s'agissait pas simplement de soutenir le moral des troupes. La conversion des décisions du Politburo en décrets officiels avait toujours été d'une grande lourdeur bureaucratique. En une période aussi critique, les procédures formelles s'en trouvèrent grandement rationalisées[127]. Au moins aussi importante était l'impression donnée à l'étranger, par-dessus tout en Allemagne. Sur le terrain diplomatique, le fait que Staline n'eût aucune responsabilité gouvernementale avait été une source de complication. Les négociations officielles devaient passer par Molotov, alors que Staline était de toute évidence le véritable responsable. Cette complication était désormais éliminée. La décision en question était censée montrer aux Allemands que dans les négociations visant à stabiliser les relations, ils pouvaient traiter avec Staline lui-même. L'ambassadeur d'Allemagne à Moscou, le comte Friedrich Werner von der Schulenburg, secrètement opposé à l'invasion qui se préparait, fit part en conséquence à Berlin de sa conviction « que Staline se servira de sa nouvelle position pour prendre part personnellement au maintien et au développement de bonnes relations entre les Soviétiques et l'Allemagne[128] ». Les Allemands eurent bientôt des raisons de se féliciter que Staline fût devenu Premier ministre. Il démentit les rumeurs de concentrations militaires à la frontière, rétablit les relations diplomatiques avec le gouvernement pro-allemand de l'Irak et ferma les ambassades de Norvège, de Belgique et de Yougoslavie à Moscou, tout cela pour apaiser Hitler[129].

Le jour même où il prit les fonctions de Premier ministre, Staline prononça un grand discours à Moscou devant des centaines de diplômés de l'Académie militaire, mais aussi devant l'élite de l'armée Rouge, des représentants du commissariat à la Défense et de l'état-major général et des membres importants du gouvernement. À la différence de Hitler, Staline faisait rarement des discours, fût-ce derrière des portes closes. Son précédent grand discours remontait à mars 1939, au XVIIIe congrès du Parti[130]. Et là encore, à la différence de Hitler, Staline s'exprimait dans un style calme et mesuré (au point d'être terne), et la substance de son propos était structurée et ordonnée. Mais la rareté de ses discours et la gravité de la situation rehaussèrent l'intérêt, en Russie comme à Berlin, pour ce qu'il avait dit. On n'en savait pas grand-chose de certain. Le lendemain, la presse se contenta d'une note lapidaire pour rendre compte de son discours[131].

Au total, quelque 1 500 personnes entendirent Staline s'exprimer une quarantaine de minutes sur les grands progrès réalisés dans la modernisation et le renforcement de l'armée Rouge jusqu'à sa position de force présente. Il donna toute une batterie de chiffres impressionnants sur l'augmentation considérable des effectifs et des capacités de combat des forces armées et la modernisation de leur arsenal. Évoquant l'armée allemande, il attribua ses grandes victoires à l'ouest à la capacité de tirer les leçons des échecs antérieurs et à la faiblesse des Français. Il souligna que l'armée allemande n'était pas invincible et, développant une analogie avec Napoléon, qu'elle n'atteindrait pas son objectif de conquête (qui avait remplacé l'objectif antérieur, celui de se libérer du traité de Versailles). Au cours de la réception qui suivit, Staline porta trois petits toasts. Au troisième, il reprit un officier qui voulait porter un toast à sa politique de paix. La politique de paix avait bien servi les défenses du pays, précisa Staline. Il l'avait poursuivie le temps de reconstruire l'armée et de la pourvoir d'un arsenal moderne. Désormais, déclara-t-il, l'Union soviétique devait passer d'opérations défensives à des opérations offensives. « L'armée Rouge est une armée moderne, conclut-il ; or, une armée moderne est une armée qui attaque[132]. » Certains interprètes ont perçu dans ces mots l'intention de lancer une attaque préventive contre l'Allemagne, précisément ce par quoi la propagande nazie prétendait justifier l'invasion de l'URSS[133]. Mais les brèves observations ne faisaient jamais que répéter sèchement la bonne vieille stratégie militaire consistant à transformer la défense en attaque dévastatrice, même si elles présentaient assurément une insistance nouvelle sur l'offensive et qu'elles furent perçues ainsi. Et de même que le discours précédant les toasts, effectivement c'est ce qu'elles visaient. Le but déclaré était de donner confiance dans la capacité combative de l'armée Rouge, de renforcer le moral à travers l'assurance affichée au sommet même de l'Union soviétique. Que le discours ait donné le ton aux nouvelles directives de propagande à l'intention de l'armée et de la population civile préparées dans la foulée laisse aussi penser que le moral était un objectif prioritaire[134].

On a dit que le discours visait essentiellement à propager de la désinformation à l'étranger. Si tel avait été le cas, les services secrets soviétiques se seraient employés à laisser filtrer son contenu. Or, même les Allemands, dont l'intérêt pour les propos de Staline était patent, durent se contenter d'une version totalement expurgée que leur transmit un mois plus tard l'ambassadeur à Moscou. Schulenburg qui, à l'époque où le discours fut prononcé, n'avait pas réussi à en découvrir la teneur, en fournit alors une version complètement fallacieuse, suggérant que Staline avait souligné que l'armée Rouge demeurait faible en comparaison de la Wehrmacht, et avait voulu préparer son auditoire à un « nouveau compromis » avec l'Allemagne[135]. Il semble qu'aucune version exacte du discours ne soit parvenue à Berlin ni nulle part ailleurs[136]. Et une fuite délibérée soulignant la faiblesse de l'armée Rouge n'était guère dans l'intérêt des Soviétiques. Malgré les spéculations, mieux vaut donc considérer que ce discours avait un objectif interne, plutôt qu'extérieur : il s'agissait de soutenir le moral et l'assurance des chefs de l'armée Rouge.

Il eut toutefois des conséquences immédiates sur la planification opérationnelle des chefs militaires, laquelle fut aussi très probablement affectée par la toute dernière évaluation complète, par les renseignements militaires, du nombre de divisions allemandes massées aux frontières occidentales de l'Union soviétique[137]. Les plans antérieurs de septembre 1940 et mars 1941 furent alors rapidement révisés. Le 15 mai, Timochenko et Joukov étaient en mesure de présenter le nouveau plan à Staline[138]. S'il partait directement des plans précédents, il en différait de manière frappante sur un point. Il envisageait désormais une grande attaque préventive, ainsi que Joukov le reconnut plus tard, visant à devancer l'ennemi en attaquant l'armée allemande avant qu'elle ne fût prête à lancer son offensive. Comme avant, l'axe principal était en direction de la Pologne méridionale, où l'ennemi serait détruit par un « coup soudain » sur terre et dans les airs. L'offensive comporterait la conquête de Varsovie, suivie de la destruction des forces allemandes dans le nord de la Pologne, et de l'occupation de la Prusse-Orientale[139].

Le plan a donné des arguments à certains pour affirmer que Hitler, ainsi qu'il le prétendit, lança « Barbarossa » afin de parer l'attaque préventive que préparaient les Soviétiques. Les dirigeants nazis savaient, naturellement, qu'ils n'envahissaient pas l'Union soviétique pour déjouer une attaque préventive. « Barbarossa » avait été amorcée des mois plus tôt, et pour des raisons agressives, non pas défensives. Et le plan soviétique du 15 mai n'apporte aucune preuve tangible.

Certes, il proposait une attaque préventive. En cela, il abandonnait l'insistance habituelle sur la transformation rapide de la « défense en profondeur » en offensive pour mettre l'accent sur l'attaque comme forme de défense. À la différence de la fiction allemande d'un péril soviétique, la menace des forces de Hitler était évidente pour les chefs militaires soviétiques tandis qu'affluaient quotidiennement les rapports sur la concentration de troupes et les violations de frontières pour les besoins des reconnaissances aériennes. L'idée de frappe préventive que l'on trouve dans le plan du 15 mai venait directement de la nécessité de protéger l'Union soviétique et trouvait sa source dans le discours prononcé dix jours auparavant par Staline : un plan offensif né d'une nécessité défensive[140].

Si inquiets fussent-ils de l'afflux incessant de rapports des services secrets sur les mouvements de troupes et des signes (certes pas toujours cohérents) des intentions hostiles de l'Allemagne envers l'Union soviétique, Timochenko et Joukov n'en croyaient pas moins très probablement, comme Staline, que l'attaque n'était pas imminente. Les estimations de l'armée Rouge indiquaient que la concentration de forces allemandes à l'est n'avait pas été très grande pendant les dernières semaines, et qu'il faudrait masser des forces autrement plus conséquentes avant de lancer une attaque[141]. Et, comme les chefs militaires soviétiques ne le savaient que trop bien, les forces dont disposait l'armée Rouge n'approchaient nulle part celles que nécessitait le plan du 15 mai, tandis que subsistaient des insuffisances criantes en matière de transport et de ravitaillement. Le plan prévoyait aussi la construction d'immenses fortifications défensives, encore largement inachevées. En tant que schéma d'action dans un proche avenir, le plan était donc parfaitement irréaliste[142]. Très probablement Timochenko et Joukov pensaient-ils à une offensive dans un avenir plus lointain, peut-être au plus tôt dans le courant de l'été 1942.

En tout état de cause, il est vain de spéculer sur la date possible d'une attaque préventive. Quand Timochenko et Joukov exposèrent le plan, encore à l'état de brouillon, à Staline, celui-ci le rejeta sans appel. « À peine entendit-il parler de frappe préventive contre les forces allemandes qu'il explosa, aurait raconté Joukov par la suite. "Vous avez perdu la tête ? Vous voulez provoquer les Allemands ?", aboya-t-il avec irritation. » Timochenko et Joukov lui rappelèrent ce qu'il avait dit le 5 mai, à quoi Staline répliqua : « "J'ai dit cela pour encourager la population, qu'elle pense à la victoire plutôt qu'à l'invincibilité de l'armée allemande, que ne cesse de claironner la presse mondiale", grommela Staline. Et ainsi fut enterrée notre idée de frappe préventive », conclut Joukov[143].

Le témoignage de Timochenko, après la guerre, est tout aussi explicite quant à la réaction de Staline. Celui-ci, d'après cette version, accusa Joukov et Timochenko d'être des fauteurs de guerre. Quand le second fit allusion à son discours du 5 mai,

Staline rétorqua : « Regardez tous… Timochenko est en bonne santé et il a une grosse tête, mais visiblement il a une petite cervelle […]. Ce que j'ai dit [le 5 mai], c'était pour la population. Il faut accroître sa vigilance. Et mettez-vous bien dans le crâne que l'Allemagne ne prendra jamais d'elle-même l'initiative d'attaquer la Russie […]. Si vous provoquez les Allemands à la frontière, si vous déplacez des forces sans notre permission, ne perdez pas de vue que des têtes tomberont. » Sur ce, Staline sortit en trombe et claqua la porte[144].

Staline s'accrochait à sa politique de non-provocation pour essayer de gagner du temps. Il était tellement soucieux d'éviter de provoquer les Allemands que les livraisons de matières premières à l'Allemagne, conformément aux accords commerciaux antérieurs, se poursuivaient encore six jours seulement avant l'attaque de la Wehrmacht. Le matin même de l'invasion, des marchandises soviétiques furent déchargées dans des gares de la frontière polonaise[145]. À peu près à la même époque, le général de corps d'armée Kirponos, commandant de l'armée Rouge à Kiev, vit ses ordres annulés après avoir écrit à Staline pour l'informer qu'une offensive allemande était plus que probable dans un proche avenir et avoir déployé certaines unités dans des positions plus favorables sur la frontière[146]. Rien ne put ébranler Staline dans sa conviction que les Allemands ne déclencheraient aucune invasion avant d'avoir atteint la victoire ou trouvé un accord de compromis à l'ouest. « Hitler et ses généraux ne sont pas idiots au point de combattre en même temps sur deux fronts », lâcha Staline, si l'on en croit Joukov, quand il s'emporta contre le plan. « Ça a cassé le cou des Allemands dans la Grande Guerre. » Staline souligna une fois de plus que les Allemands n'étaient pas assez forts pour se battre sur deux fronts. « Il ne se lancera pas à l'aventure », trancha-t-il en se méprenant du tout au tout sur son ennemi[147].

Staline manqua-t-il une occasion le 15 mai en rejetant le plan militaire que lui proposaient Timochenko et Joukov ? Ce n'est pas ce que Joukov lui-même devait penser par la suite. Évoquant sa propre inexpérience à l'époque au poste de chef de l'état-major général (une position qu'il n'avait pas voulue, sachant qu'il était davantage un homme de terrain), il admit s'être trompé, et que le jugement de Staline sur le plan était fondé. Eût-il tenté une attaque préventive, trancha Joukov, que les conséquences auraient été plus catastrophiques encore pour l'Union soviétique. Très probablement, conclut-il, l'Union soviétique aurait été rapidement défaite, Moscou et Leningrad seraient tombées en 1941, et les forces hitlériennes auraient été en position de conclure la guerre avec succès[148].

Tandis que Timochenko et Joukov essayaient en vain de persuader Staline d'adopter leur plan opérationnel modifié, et que s'engageaient des efforts frénétiques pour renforcer l'armée Rouge, les diplomates ne ménageaient pas leurs efforts pour éviter la guerre ou, tout au moins, la différer. La plupart gravitaient autour de l'ambassadeur allemand à Moscou, Schulenburg, que le régime nazi devait exécuter un peu plus de trois ans après pour avoir trempé dans le complot d'assassinat de Hitler. En mai 1941, Schulenburg croyait encore possible d'éviter la guerre si l'Union soviétique acceptait les demandes matérielles et territoriales de son pays. Il fit part à Berlin de sa conviction que Staline avait pris les fonctions de Premier ministre parce qu'il s'était donné pour objectif de « préserver l'Union soviétique d'un conflit avec l'Allemagne[149] ». Et il étaya son affirmation en transmettant l'offre soviétique de cinq millions de tonnes de céréales à livrer l'année suivante à l'Allemagne[150]. S'ils lui parvinrent, ces rapports ne firent naturellement aucun effet à Hitler. Mais Schulenburg, à son tour, était délibérément abreuvé d'informations erronées par Berlin. Ainsi fut-il chargé d'éteindre les rumeurs prétendument propagées par les Britanniques pour attiser le conflit entre l'Union soviétique et l'Allemagne. On lui expliqua que les rumeurs de concentration de troupes allemandes et de guerre imminente étaient « très nuisible[s] au développement pacifique des relations germano-russes[151] ». Et lors d'une audience avec Hitler lui-même à Berlin, fin avril, le dictateur allemand lui avait explicitement déclaré : « Je ne prévois pas de guerre contre la Russie[152]. » Schulenburg était certain que Hitler lui avait menti. Malgré tout, dans les semaines qui suivirent, il fit part à Staline et à Molotov de sa propre conviction que la guerre n'était pas inévitable, les confortant dans l'idée qu'une solution diplomatique était peut-être encore possible tout en alimentant leur méfiance envers les intentions britanniques[153].

La méfiance se trouva sensiblement renforcée à la suite de l'envol de Rudolf Hess pour la Grande-Bretagne et de son emprisonnement, le 10 mai. Le gouvernement britannique, que des renseignements avaient conduit à croire jusqu'au début de juin que les mouvements de troupes allemandes étaient destinés à obliger les dirigeants soviétiques à engager des négociations[154], s'efforça d'exploiter la mystérieuse arrivée de Hess pour durcir la résistance en faisant craindre à Staline de se retrouver « seul face à la musique » et en l'encourageant à forger une alliance entre l'URSS et la Grande-Bretagne[155]. Loin d'atteindre son but, cela ne fit qu'alimenter la paranoïa de Staline. Apprenant l'envol de Hess et sa capture, sa réaction immédiate, selon Khrouchtchev, fut d'imaginer qu'il était chargé d'une mission secrète, au nom de Hitler : il devait négocier la fin de la guerre avec les Britanniques pour libérer l'Allemagne en vue de son offensive à l'est[156]. Mais très vite il perdit de son assurance. D'autres possibilités s'imposèrent à son esprit. Les services secrets soviétiques firent état de rumeurs proposant différentes interprétations. Le clairvoyant Ivan Maisky, de longue date ambassadeur soviétique à Londres, ajouta à l'incertitude avec ses rapports, puisque lui-même eut du mal à arriver à une conclusion claire sur le dessein de la mission Hess. Tout cela ne fit qu'accroître le malaise de Staline. Ne sachant trop si le gouvernement de Churchill essayait de l'entraîner dans une guerre contre l'Allemagne, si les Britanniques et les Allemands étaient sur le point de joindre leurs forces contre le bolchevisme (comme il l'avait toujours envisagé) ou si Hess représentait une faction opposée à un Hitler censé préférer des négociations avec l'Union soviétique, Staline se trouva uniquement conforté dans sa conviction que les Britanniques n'étaient pas fiables. Dès lors, il prit tous les avertissements venant de Londres pour de la désinformation pure et simple[157].

Les rumeurs et contre-rumeurs alimentant les innombrables rapports des services secrets se prêtaient à diverses interprétations, dont certaines abondaient dans le sens des préjugés de

Staline. Dekanozov, l'ambassadeur soviétique à Berlin, adressa ainsi ce rapport à Moscou, début juin : « Parallèlement aux bruits circulant au sujet de la guerre imminente entre l'Allemagne et l'Union soviétique, on répand des rumeurs de rapprochement entre l'Allemagne et l'Union soviétique, sur la base de "concessions" de grande envergure de la part de l'Union soviétique, ou sur la base d'une "division en sphères d'influence" et d'engagements de la part de l'Union soviétique de ne pas interférer dans les affaires européennes[158]. » En fait, l'ambassadeur soviétique relayait à son insu un élément de désinformation allemande délibérée.

Dégager le sens d'une montagne de rapports contradictoires des services secrets et de rumeurs qui se faisaient contrepoids était loin d'être une tâche simple. Timochenko et Joukov, assurément, se montrèrent de plus en plus inquiets devant l'afflux de rapports très précis sur les concentrations de troupes allemandes. Mais quand, dans la nuit du 11 au 12 juin, ils recommandèrent de mettre les troupes sur le pied de guerre et de déplacer des forces vers des positions avancées afin de renforcer la capacité défensive, Staline refusa : « Hitler n'est pas idiot au point de ne pas comprendre que l'Union soviétique n'est ni la Pologne, ni la France, ni même l'Angleterre. » Sa colère monta. Il rejeta la mobilisation et le déplacement des troupes vers les frontières occidentales en fulminant : « Cela signifie la guerre ! » En vérité, on s'employait à renforcer lesdites frontières, quoique dans le respect des contraintes fixées par Staline pour éviter tout signe de provocation[159]. En fait, la mobilisation improvisée, de dernière minute, resta d'ampleur limitée, et fut bancale dans son exécution[160]. Le 13 juin, Timochenko et Joukov donnèrent l'ordre au district militaire de Kiev de rapprocher de la frontière soviétique le QG du commandement et un certain nombre de divisions. Cela devait se faire de nuit et dans le plus grand secret avant le début de juillet. À la mi-juin, d'après des renseignements transmis à Staline par l'état-major général, 186 divisions au total étaient déployées sur le front ouest, dont plus de la moitié au sud-ouest. La plupart y avaient été secrètement acheminées depuis l'intérieur du pays au cours des semaines précédentes[161]. Toutefois, c'est seulement le 19 juin que l'ordre fut donné de commencer à camoufler les aérodromes et d'autres installations vitales, mais aussi de disperser les avions autour des terrains d'aviation. Staline tenait encore au secret pour éviter toute provocation[162].

On a peine à imaginer que Staline n'ait pas eu de doutes, même cachés, sur ses propres convictions. Face à lui-même, il dut bien se demander par moments s'il ne s'était pas laissé bluffer par Hitler. Dans les dernières semaines précédant l'invasion, il parut agité et inquiet, enclin à forcer sur la bouteille, recherchant la compagnie pour se distraire et remplaçant les séances de travail au Kremlin par de longs dîners dans sa datcha[163]. Si assuré qu'il fût de son jugement, et il ne trahit aucune incertitude en présence de ceux qui le virent régulièrement à cette époque, il aurait été extraordinaire qu'il ne vît pas la moindre cause d'inquiétude dans les informations qui affluaient de toutes parts.

Le 2 juin, Beria lui remit une note des services secrets précisant l'emplacement exact des troupes allemandes et de leur QG même si, à son habitude, il dilua l'impact de son rapport en concluant que, si l'Allemagne devait entreprendre une guerre contre l'Union soviétique, ce ne serait pas avant d'avoir trouvé un accord avec la Grande-Bretagne[164]. D'autres rapports étaient moins ambivalents et, à tous égards, étaient singulièrement déconcertants.

La veille de la note de Beria, Richard Sorge (« Ramzai ») avait envoyé de Tokyo deux rapports sur des informations venues de Berlin. L'ambassadeur Ott avait appris que l'offensive allemande contre l'URSS commencerait dans la seconde quinzaine de juin, indiquait Sorge, et était certain à 95 % que la guerre allait commencer[165]. Dans un second rapport, également du 1er juin, « Ramzai » transmit une information qu'il tenait d'une connaissance, le lieutenant-colonel Erwin Scholl, de passage à Tokyo avant de rejoindre sa nouvelle affectation à l'ambassade allemande de Bangkok. Scholl lui avait dit que la guerre commencerait le 15. Il avait aussi expliqué que les lignes défensives limitées des Soviétiques (concentrées, on l'a vu, au sud) étaient une faiblesse, puisque la principale offensive allemande serait lancée sur son flanc gauche, c'est-à-dire au nord[166]. Quand le télégramme de Sorge fut décodé et traduit en russe, ses supérieurs ajoutèrent un commentaire pour le dénigrer : « Suspect. À ranger avec les télégrammes considérés comme provocations[167]. » Staline rabaissait Sorge depuis longtemps, traitant de « petite merde » l'homme qui risquait sa vie pour les services secrets soviétiques[168]. Le système stalinien était à tous les échelons programmé pour confirmer le dictateur dans ses préjugés.

Le 12 juin, Staline, Molotov et Beria reçurent de « Starchina » (Schulze-Boysen) des informations sur des discussions aux échelons supérieurs de la Luftwaffe et du ministère de l'Air indiquant que la décision avait été prise d'attaquer l'URSS. On ne savait pas si des exigences seraient préalablement adressées à l'Union soviétique ou s'il y aurait une attaque surprise[169]. Le même jour parvint au ministère des Affaires étrangères et au Comité central un rapport faisant état de 2 080 violations de la frontière soviétique par des avions allemands entre le 1er janvier et le 10 juin, d'aucuns pénétrant jusqu'à une centaine de kilomètres dans des districts équipés de fortifications défensives et avec de fortes concentrations de troupes. 91 avions avaient violé les frontières au cours des dix premiers jours de juin. Un avion militaire, qui avait parcouru 200 kilomètres en territoire soviétique avant d'être contraint de se poser, avait à bord des cartes et des photographies aériennes d'une région de l'Ukraine[170]. Le 17 juin, un nouveau rapport de « Starchina », basé au QG même de la Luftwaffe, apprit à Staline, Molotov et Beria que toutes les mesures militaires allemandes en vue d'une attaque de l'URSS étaient prises, et que le coup pouvait être porté à tout moment. Le même rapport donnait une liste de cibles de bombardements immédiats ainsi que des Allemands appelés à diriger les futurs territoires occupés[171]. Deux jours après, un agent soviétique de Rome transmit une information, qu'il assurait tenir de l'ambassadeur italien à Berlin, Augusto Rosso : l'Allemagne attaquerait l'URSS entre le 20 et le 25 juin[172]. À la mi-juin, une certaine « Lucy » (éditeur émigré allemand antifasciste, Rudolf Rössler), agent soviétique basé à Lucerne, en Suisse, alla jusqu'à préciser la date de l'attaque (22 juin) en fournissant des détails sur le plan opérationnel allemand[173]. Le 20 juin, « Ramzai » (Sorge) rapporta depuis Tokyo le point de vue de l'ambassadeur Ott : la guerre était inévitable et l'armée allemande était convaincue que les défenses soviétiques étaient plus faibles que celles de la Pologne[174]. Le même jour, l'agent soviétique de Sofia informa Moscou que l'attaque surviendrait le 21 ou le 22 juin[175]. Et les signes de danger ne venaient pas uniquement des rapports des services secrets. Le personnel de l'ambassade allemande, dans un état de grande nervosité, avait pour l'essentiel quitté Moscou. Le personnel des ambassades italienne, roumaine et hongroise s'empressa de suivre[176].

Les Soviétiques n'en continuèrent pas moins de se méfier des rapports des agents et des services secrets. La méfiance était, comme par le passé, particulièrement prononcée à l'égard de la Grande-Bretagne : peut-être un reflet voilé de la conviction de Staline que les Britanniques seraient tout aussi hypocrites que lui-même l'avait été en 1939 avec son double jeu. Le 14 juin, l'agence de presse soviétique officielle Tass publia un communiqué dénonçant les rumeurs de guerre imminente entre l'Allemagne et l'URSS colportées par la presse britannique. Molotov assura par la suite que le communiqué de l'agence Tass avait été un « ultime recours. Si nous étions parvenus à ajourner la guerre cet été, il aurait été très difficile de la commencer à l'automne[177] ». Moscou avait eu vent des rumeurs par l'ambassadeur soviétique à Londres, Ivan Maisky, qui persistait à croire que les mouvements de troupes allemands à la frontière soviétique faisaient simplement partie de la « guerre des nerfs » de Hitler[178]. Par ce communiqué, Staline espérait susciter du côté allemand une dénonciation équivalente des rumeurs. Il n'en fut rien[179].

En fait, longtemps convaincus que les mouvements de troupes allemands étaient destinés à exercer des pressions sur l'Union soviétique, les services britanniques avaient alors changé de registre pour se persuader, tardivement, qu'une invasion de l'URSS était imminente[180]. Le chef du Foreign Office, sir Alexander Cadogan, qui avait peine à croire que Hitler pût envahir l'Union soviétique plutôt que d'exploiter ses succès dans les Balkans pour attaquer les Britanniques en Afrique du Nord et au Moyen-Orient, n'en convoqua pas moins Ivan Maisky à son bureau, le 16 juin, pour lui communiquer des preuves précises et détaillées de la menace imminente. Lui-même très perturbé par les rapports, Maisky transmit les informations à Moscou, tout en les assortissant des mises en garde de rigueur pour répondre aux attentes de ses chefs[181].

Moscou les accueillit, comme les autres avertissements britanniques, avec une certaine distance. En revanche, un des derniers avertissements reçus de l'offensive allemande venait d'un ami reconnu, le leader communiste chinois Mao Zedong. Le 21 juin, Georgi Dimitrov, le secrétaire général du Comité exécutif du Komintern, nota dans son journal qu'il avait reçu un télégramme de Mao. Il indiquait que l'Allemagne attaquerait ce même jour. Dimitrov observa que les rumeurs d'attaque s'amplifiaient de tous côtés. Il téléphona à Moscou pour s'enquérir de la position que devaient adopter les partis communistes. Molotov répondit que « tout cela n'était pas sérieux[182] » et ajouta qu'il allait en parler avec le camarade Staline[183].

Il connaissait d'avance sa réaction. Staline persistait dans le déni le plus total. Sa position était restée la même : il savait à quoi s'en tenir. Étant donné la nature du leadership et du système de décision en URSS – la moindre objection nourrissait un soupçon d'opposition –, il était difficile d'avancer ne serait-ce qu'un argument en sens contraire, sans parler de persuader Staline qu'il avait tort. Par conviction ou commodité, les autres dirigeants soviétiques se montraient donc dociles. La veille encore de l'invasion allemande, Beria écrivit à Staline pour s'en prendre aux avertissements toujours plus pressants de l'un de ses acolytes, l'ambassadeur soviétique à Berlin : Dekanozov. Il ajouta que, de son point de vue, il fallait le limoger et le châtier « parce qu'il ne cesse de me bombarder de fausses informations. Hitler préparerait une invasion de l'URSS. Et voici qu'il [Dekanozov] me dit que cette invasion doit commencer demain[184] ». On a cité au début de ce chapitre les mots orduriers de Staline sur ce qu'il tenait pour de la désinformation. La véhémence de son explosion n'en était pas moins très probablement le signe qu'en son for intérieur il doutait d'avoir toujours eu raison. Le problème était que son attitude avait dicté la politique suivie à chaque étape. Et maintenant, paralysé jusqu'à l'inaction par sa propre analyse, il n'avait aucune autre solution à proposer. Quand un déserteur allemand, un ancien communiste, se présenta à un poste frontière de l'Ukraine le 21 juin à 20 heures, expliquant que les forces de Hitler passeraient à l'action le lendemain matin, Staline fut au moins assez inquiet pour accepter la directive de Joukov prévenant tous les districts militaires d'une possible attaque surprise à l'aube et ordonna à toutes les unités de se tenir prêtes au combat. Mais c'était trop peu, et trop tard. Et Staline croyait encore alors qu'il y avait « peut-être une possibilité de règlement pacifique de la question[185] ».

Quels qu'aient pu être ses doutes intimes, sa conviction inébranlable d'avoir eu raison, malgré l'accumulation de preuves du contraire, ne lui avait laissé d'autre choix que de croire – ou peut-être juste d'espérer – qu'il n'avait pas tort.

Il avait tort. Le 22 juin, à 3 heures 40 du matin, un appel téléphonique de Joukov brisa ses illusions. Les Allemands avaient lancé une attaque massive sur tous les secteurs du front ouest. La guerre avait commencé.

VII

Apprenant la nouvelle, Staline en resta sans voix. Tout ce que Joukov réussit à entendre au téléphone, ce fut sa forte respiration. Staline ne donna dans l'immédiat aucun ordre de riposte. Il pria Joukov et Timochenko de venir tout de suite au Kremlin. Les membres du Politburo furent eux aussi convoqués. La réunion, dans les circonstances les plus noires qui se puissent imaginer, commença finalement à 5 heures 45, heure de Moscou, un peu plus d'une heure après le lancement de l'offensive. Étonnamment, Staline pensait que l'attaque avait pu être déclenchée par une provocation d'officiers allemands agissant de leur propre initiative. « Hitler n'est tout simplement pas au courant », déclara-t-il, préférant plutôt épancher sa bile sur Ribbentrop. Un temps, Staline n'exclut pas la possibilité que l'attaque fût destinée à obtenir la soumission politique de l'URSS en l'intimidant. Il ne donnerait aucun ordre d'action à l'armée Rouge avant d'avoir des nouvelles de Berlin.

Schulenburg fut contacté et prié de venir sur-le-champ. En fait, il avait tenté d'obtenir une entrevue avec Molotov. À son arrivée, Schulenburg lut un télégramme reçu à 3 heures du matin, heure de Berlin, déclarant que l'Allemagne avait été contrainte de prendre des « contre-mesures » face à la concentration des forces soviétiques. Puis il fit part de son « accablement personnel devant l'action inexcusable et inattendue de son gouvernement ». Sous le choc, en colère, Molotov répliqua que c'était un « manquement à la confiance sans précédent dans l'histoire ». Il regagna le bureau de Staline pour annoncer que l'Allemagne avait déclaré la guerre à l'Union soviétique[186].

Staline accueillit la nouvelle en silence. Il parut sous le choc, fatigué et déprimé. Mais il ne tarda pas à se ressaisir. « Nous battrons l'ennemi à plate couture », déclara-t-il[187]. À ce stade, il ne mesurait pas toute l'ampleur de la catastrophe en cours. Il pensait encore que l'armée Rouge pourrait rapidement renverser la situation et infliger une défaite écrasante aux envahisseurs allemands. La directive que Timochenko composa (même si elle porte la marque de Staline) et adressa à 7 heures 15 à tous les districts militaires ordonnait à chacune des unités de l'armée de terre d'« user de toutes leurs forces et de tous leurs moyens pour affronter les forces ennemies et les détruire partout où elles ont violé la frontière soviétique ». Mais il n'était toujours pas question d'une offensive soviétique. « Jusqu'à nouvel ordre, les troupes au sol ne doivent pas franchir la frontière », continuait la directive. Dans le même temps, l'aviation ennemie serait détruite au sol et des bombardements effectués jusqu'à 160 kilomètres à l'intérieur du territoire allemand[188]. En réalité, une bonne partie des forces aériennes soviétiques étaient déjà détruites. L'irréalisme de la directive fut aggravé par une autre, quatorze heures plus tard, qui continuait de parler de prendre la région de Lublin, à près de 90 kilomètres à l'intérieur de la Pologne occupée par les Allemands[189].

Au fil de la journée, l'ampleur de la calamité n'en finit pas moins par s'imposer. À midi, Molotov – non pas Staline, accablé et incapable d'annoncer le début de la guerre[190] – s'adressa à la population soviétique. Avec un léger bégaiement dû à la nervosité, il parla d'un « acte de perfidie sans précédent dans l'histoire des pays civilisés » et fit état de 200 pertes[191]. Le discours, entendu par des citoyens apeurés et incrédules dans les zones frontalières où s'abattait un déluge de bombes, se terminait par des mots rédigés par Staline : « Notre cause est juste, l'ennemi sera écrasé, la victoire sera à nous[192]. » Pendant ce temps, Staline lui-même allait de réunion en réunion, multipliant les décrets et les directives tout en essayant de mesurer le sérieux de l'invasion. C'est seulement dans l'après-midi, avec la réunion à 16 heures du Politburo, que la gravité des événements apparut dans toute son ampleur. Timochenko expliqua que la sévérité de l'attaque allemande dépassait toutes les attentes. Les forces aériennes soviétiques et les forces frontalières avaient essuyé de lourdes pertes. Quelque 1 200 avions avaient été perdus, dont 800 détruits au sol. Les forces allemandes s'enfonçaient rapidement au cœur du pays. Fait presque incroyable, Minsk, la capitale biélorusse, était menacée. Staline, qui jugeait cela « inconcevable », traita l'invasion de « crime monstrueux » et, dans un mouvement de colère, déclara que des têtes tomberaient[193]. L'une des premières fut celle du général Pavlov, le commandant en chef du front ouest, qui allait être exécuté dans le mois avec trois autres commandants du front. Staline lui-même jugea absurdes les accusations de « conspiration militaire antisoviétique ». Mais il confirma la sentence et demanda que l'on envoie « un ordre aux fronts, qu'ils sachent que nous punirons impitoyablement les défaitistes ». Au total, huit généraux furent exécutés : les boucs émissaires de la débâcle[194].

Les nouvelles du front empiraient de jour en jour. Le 28 juin s'était produit l'« inconcevable », selon Staline : la chute de Minsk, dégageant la route de Smolensk et de Moscou. Pas moins de 400 000 hommes avaient été piégés par l'encerclement allemand. En à peine une semaine, la Wehrmacht avait progressé de 500 kilomètres en territoire soviétique. C'est alors que le choc psychologique de ce qui s'était produit terrassa Staline. Impossible de le contacter. Reclus dans sa datcha, il semble qu'il ait été un temps au bord de la dépression nerveuse. Des membres de sa garde rapprochée finirent par s'armer de courage pour se rendre à sa datcha. Ils le trouvèrent hagard et abattu, visiblement nerveux de voir arriver ses principaux séides. Si, comme on l'a prétendu plus tard (probablement non sans quelque exagération), il crut qu'ils étaient venus lui demander des comptes sur ses échecs et le déposer, il n'avait rien à craindre. Ils le persuadèrent de regagner le Kremlin, en tant que président d'un nouveau Comité de défense de l'État : un petit cabinet de guerre tout-puissant doté de très larges pouvoirs. Le lendemain, 1er juillet, il était de retour au Kremlin, maître de la situation. Deux jours plus tard, il adressa un vigoureux discours au pays, mêlant rhétorique patriotique et menaces de représailles implacables « contre les lâches, les fauteurs de panique et les déserteurs[195] ». Le moment de faiblesse de Staline, le temps qu'il s'ajuste au désastre qui s'était abattu sur l'Union soviétique, appartenait au passé.

Malgré tout, Staline, avec Molotov et Beria, semble avoir encore secrètement envisagé de sonder Hitler pour savoir à quelles conditions il cesserait l'attaque. L'idée était de gagner du temps pour permettre à l'URSS de rassembler des forces. C'est ainsi que fut évoquée la cession à l'Allemagne d'un vaste territoire, dont les républiques baltes, l'Ukraine et la Bessarabie. Molotov parla apparemment d'un second traité de Brest-Litovsk, se référant à l'amputation du territoire russe qui avait clos la participation de la Russie à la Grande Guerre. Sous-entendu, si Lénine a pu le faire, pourquoi ne pas recommencer ? Ce serait un moindre mal, histoire de réduire les pertes et de se préparer militairement pour récupérer le moment venu les territoires perdus. Si l'on en croit le témoignage, après la guerre, du général Pavel Soudoplatov, alors chef-adjoint de la section renseignements du NKVD, c'est lui qui fut chargé de transmettre les propositions, sous le sceau du plus grand secret, à un intermédiaire de confiance, l'ambassadeur de Bulgarie en URSS, Ivan Stamenov, dans un restaurant moscovite. La rencontre eut lieu. Mais Stamenov semble avoir cru que son interlocuteur cherchait à savoir si cela valait la peine d'après lui de faire passer l'information à Berlin. Son point de vue, peut-être dicté par ce que son vis-à-vis avait envie d'entendre, était que la supériorité soviétique finirait par s'imposer. L'Allemagne perdrait la guerre. Qu'il ait ou non mal interprété ce que l'on attendait de lui, Stamenov ne transmit aucun message. Soudoplatov lui-même rendit compte de l'entrevue à Beria, et l'affaire en resta là[196].

D'après Joukov, Staline envisagea de lancer des coups de sonde à une seconde occasion[197]. C'était en octobre 1941, peu après que l'armée allemande en marche eut enfoncé la ligne de front soviétique dans les grands encerclements de Briansk et de Viazma, où quelque 673 000 soldats de l'armée Rouge avaient été capturés. Des pensées de ce genre, si tant est qu'elles lui aient traversé l'esprit, ne pouvaient naître que du désespoir. Mais la seconde histoire des opportunités de paix paraît peu plausible. Il n'y avait guère de chances de voir Hitler s'arrêter quand Moscou était visiblement à sa portée. En tout état de cause, il n'y eut pas d'ouvertures.

En revanche, Moscou était désormais effectivement à portée de la Wehrmacht. La crise la plus profonde de cette année qui en était pleine se précisait pour la population de la capitale de plus en plus paniquée. Quand les Allemands enfoncèrent la principale défense stratégique de la capitale dans la nuit du 14 au 15 octobre, c'est la survie, non plus de la seule Moscou, mais de l'État soviétique qui se trouva en question. Le Comité de défense de l'État ordonna l'évacuation de la majeure partie du gouvernement à Kouïbychev, sur la Volga, à quelque 650 kilomètres au sud-est. On s'apprêta à faire sauter les usines et les installations industrielles, de même que le métro de Moscou. Toutes ces initiatives reflétaient le sentiment, chez les hauts dirigeants soviétiques, que Moscou pouvait bientôt tomber entre les mains des Allemands[198]. Du côté des Moscovites ordinaires commença ce que l'on devait appeler « la grande débandade », des centaines de milliers d'habitants votant avec leurs pieds et se précipitant pour quitter la ville[199]. La vague de panique fit peut-être fuir un cinquième de la population[200]. Le corps embaumé de Lénine fut retiré de son mausolée du Kremlin et expédié à l'est, pour être secrètement entreposé dans une ancienne école tsariste[201]. Des préparatifs furent également effectués pour que Staline quittât Moscou. Sa datcha, aux abords de la ville, fut minée. Des bureaux et un abri avaient été aménagés pour lui à Kouïbychev. Un avion était prêt à le faire sortir de Moscou. Tout comme un train spécial[202]. Beria prônait le déplacement du gouvernement au grand complet à Kouïbychev. Staline était confronté de nouveau à une décision vitale. D'après le témoignage, il est vrai beaucoup plus tardif, de Nikolaï Vassilievitch Ponomariov, agent de liaison militaire travaillant dans l'entourage de Staline en 1941, il reçut l'ordre le 16 octobre au soir de préparer une évacuation immédiate et fut conduit à la gare de chemins de fer. Les gardes du corps de Staline étaient sur le quai. Le train s'apprêtait à partir, mais Staline ne parut jamais. Joukov, semble-t-il, l'avait persuadé qu'il était possible de tenir Moscou[203]. Staline resta. Quand on lui demanda plus tard quel aurait été le résultat si Staline avait pris une autre décision, celle de quitter la ville pour aller à Kouïbychev, Molotov répondit : « Moscou aurait brûlé. » Puis il ajouta que les Allemands auraient pris la ville, que l'Union soviétique se serait effondrée et que cela aurait entraîné la dislocation de la coalition contre Hitler[204]. Peut-être cette conjecture était-elle excessivement dramatique. Mais la décision prise par Staline de rester profita sans conteste au moral de la ville et, plus généralement, de l'Union soviétique. Le bruit s'en répandit rapidement. Le puissant leader était encore à la barre, et resterait avec son peuple dans la capitale. La crise soudaine retomba. La panique se dissipa aussi rapidement qu'elle était venue. Mais le danger n'avait pas encore disparu.

La vague offensive allemande ne serait endiguée qu'avec la première contre-offensive couronnée de succès de l'armée Rouge, en décembre 1941, alors que le fer de lance de la Wehrmacht se trouvait dans les faubourgs de Moscou. Ce fut un tournant. Jamais plus le péril ne serait aussi grand. Pour la Wehrmacht, à laquelle jusqu'ici rien ne résistait, la crise de l'hiver devant Moscou fut un moment clé. Avec le recul, il n'est pas fantaisiste d'y voir le début de la fin pour le IIIe Reich. Quant à l'Union soviétique, bien des jours noirs l'attendaient encore avant la victoire. À cette date, le 8 mai 1945, d'immenses portions du pays étaient en ruine, et quelque 25 millions de citoyens soviétiques étaient morts. Staline avait cru savoir à quoi s'en tenir : le coût de sa décision avait été colossal.

VIII

L'ampleur de la catastrophe fut sans précédent dans l'histoire. Elle découlait de ce qui reste l'une des plus extraordinaires erreurs de calcul de tous les temps. À maintes reprises, on l'a vu par le menu, Staline s'était fourvoyé sur les intentions allemandes – et ce, jusqu'à la veille de l'invasion. Les efforts pour satisfaire les demandes économiques allemandes continuèrent jusqu'à la fin. Il ne voulut rien savoir des avertissements venus de tous côtés. Ceux qui essayaient d'avancer des arguments en sens contraire n'avaient droit qu'au mépris. Staline insistait : la façon de penser de Hitler n'avait pas de secret pour lui. Le dictateur allemand attaquerait, mais pas encore. La priorité numéro un de Hitler, il en était sûr, était l'exploitation économique de l'URSS. L'insistance sur l'apaisement économique reposait sur cette désastreuse erreur de jugement[205]. Faute d'avoir terminé ses affaires à l'ouest, la priorité de Hitler devait être la soumission soviétique, non pas la guerre totale. Cette soumission lui apporterait des bénéfices pour une économie en difficulté, et elle intensifierait la pression sur l'Ouest. Dans le même temps, le réarmement soviétique se poursuivrait furieusement. S'il devait y avoir des négociations de paix, l'Union soviétique en serait, et dans une position de force. Alors même que les signes de danger allaient en se multipliant, Staline était sûr de pouvoir ajourner le conflit avec l'Allemagne tout au long du printemps et de l'été 1941. Ensuite, il serait trop tard pour lancer une invasion dans l'année. Et en 1942 l'Union soviétique serait prête pour Hitler. Tel était, *grosso modo*, le raisonnement de Staline. Sa conviction d'avoir raison, et que tous les avertissements en sens contraire relevaient de la désinformation ou de jugements irrémédiablement faux sur la situation, se fit toujours plus inébranlable. Le mélange de peur, de servilité et d'admiration qui servait de soubassement à l'autocratie du dictateur soviétique signifiait que l'on ne pouvait guère proposer d'autres solutions sérieuses, encore moins les faire adopter. Mais en quoi auraient-elles pu consister ? Quelles options existaient pour éviter la calamité ?

Molotov, qui fut tout le temps à la droite de Staline, ne cessa de protester que, si erreurs il y eut, elles étaient inévitables[206]. Khrouchtchev, en revanche, fustigea en 1956 les erreurs de calcul de Staline et ses errements dans sa dénonciation du dictateur disparu, les imputant à l'arbitraire d'un seul homme qui avait accumulé tout le pouvoir[207]. Cette personnalisation appuyée de la responsabilité exonérait commodément tous ceux qui, sans exclure Khrouchtchev lui-même, avaient applaudi Staline et soutenu sa politique. Elle disculpait aussi largement les chefs militaires, alors même que l'on ne saurait mettre toutes leurs insuffisances sur le compte de Staline. Les recherches plus récentes ont nuancé cette évaluation, mais le verdict sans appel de Khrouchtchev n'en est pas moins resté largement admis. Les choix concrets auxquels Staline était confronté sont rarement posés. L'auteur d'une étude qui fait autorité, et qui a soumis les éléments à un examen méticuleux, en est pourtant arrivé à cette conclusion : « l'impuissance de Staline à préparer le pays à l'assaut des Allemands est avant tout un reflet des alternatives politiques exécrables auxquelles était confrontée l'Union soviétique avant le déclenchement de la Seconde Guerre mondiale » ; et aussitôt il ajoute que, « même avec le recul, on imagine avec peine une alternative qui aurait offert la moindre certitude[208] ».

Ce qui est clair, c'est que l'éventail des options, quel qu'il fût, s'était fortement rétréci au fil du temps. Les décisions antérieures, et la réflexion qui les inspirait, signifiaient nécessairement que sa marge de manœuvre avait considérablement diminué à la veille de l'invasion allemande. Quelques années auparavant, cependant, ses mains avaient été moins liées. C'est alors qu'il commit une erreur catastrophique qui limita ses options ultérieures.

Sans pression extérieure, il décida en 1937 de décimer la direction de l'armée, avec des conséquences infiniment nuisibles pour la reconstruction d'une armée professionnelle capable de contrer le danger croissant que représentait l'Allemagne de Hitler. En dehors des fantômes qui hantaient l'esprit de Staline et de ses acolytes, les purges n'avaient aucune justification. Elles étaient parfaitement inutiles. Staline n'était pas forcé de lancer ces purges. C'est lui qui choisit cette option. Or, elles infligèrent non seulement des dommages incalculables à la construction future des forces armées soviétiques, mais elles instillèrent aussi à Hitler et à ses conseillers une idée indélébile de la faiblesse de l'armée Rouge. Pour Hitler, cette faiblesse même était une invite à frapper avant que pût être construite une puissante machine militaire. Aux yeux de Hitler, les purges staliniennes lui offraient une chance. Il se dit que Staline devait être fou. « La Russie ne connaît rien d'autre que le bolchevisme, avait-il observé dès 1937. Tel est le danger que nous devrons abattre le moment venu[209]. » En choisissant de détruire la direction de son armée, Staline se priva plus tard, quand la crise survint, de son principal atout. D'immenses efforts furent consentis au profit d'un programme accéléré de réarmement et de militarisation en 1940-1941. Mais le terrain perdu était trop important. Il était impossible de le rattraper avant que la menace allemande ne se fît irrésistible. Que la marge de manœuvre militaire qui restait à Staline fût si étroite en 1940-1941 est donc largement imputable au choix qu'il fit en 1937-1938 de saper ses propres capacités militaires. Et ce, au moment même où l'intégration de l'Autriche et d'une bonne partie de la Tchécoslovaquie à l'Allemagne, avec la complicité des infortunées démocraties occidentales, plongeait l'Europe dans le tumulte.

En 1939, alors que la guerre se profilait en Europe, Staline se trouva confronté à un second choix fort peu enviable. Devait-il s'allier aux démocraties occidentales, dont il se méfiait profondément, ou avec l'Allemagne nazie, l'ennemi juré sur le plan idéologique ? Et ce choix se transforma en un choix fatidique. Nous avons vu le raisonnement plausible qui amena Staline, en août 1939, à opter pour un pacte avec Hitler. La Grande-Bretagne et la France avaient montré peu d'appétit pour une alliance avec l'Union soviétique. Staline, avec les autres dirigeants soviétiques, estimait que les mobiles des Occidentaux étaient à peine moins cyniques que ceux de Hitler. Au moins un pacte avec l'Allemagne lui permettrait-il de respirer un peu. Et il offrait la perspective de voir l'Allemagne et les puissances occidentales s'affronter jusqu'à se paralyser mutuellement au bénéfice ultime de l'URSS.

Les conséquences de l'éventualité peu probable où Staline aurait joint ses forces à celles de l'Occident relèvent de la spéculation contrefactuelle. L'attaque de Hitler contre la Pologne eût été en ce cas plus risquée. Et les hauts responsables allemands, qui redoutaient les conséquences de l'engagement dans une guerre européenne générale, auraient eu plus de poids. Hitler ajourna la mobilisation contre la Pologne une fois, à la dernière minute, et il aurait pu la différer encore face à une triple alliance de l'URSS et des puissances occidentales, c'est-à-dire à une reconstitution de la coalition antiallemande de 1914. Mais il aurait pu aussi bien aller de l'avant et envahir la Pologne quand même[210]. Les démocraties occidentales n'auraient probablement rien fait non plus pour venir en aide à celle-ci[211]. Dans ces conditions, l'Union soviétique se serait très probablement abstenue d'entrer directement dans le conflit, mais l'Allemagne, après sa victoire sur la Pologne, eût été à sa porte, non pas comme une alliée, mais comme une ennemie. Dès lors, peut-être l'attaque allemande contre l'Union soviétique se serait-elle produite plus tôt. Par ailleurs, la grande offensive occidentale de Hitler au printemps 1940 (qui bouleversa les calculs de Staline) eût été beaucoup plus hasardeuse avec une Union soviétique hostile prête à l'attaque sur le front Est. Qui sait comment les choses auraient pu tourner ? Le jeu de devinettes ne rime à rien. Les variables de l'équation sont bien trop nombreuses pour que la spéculation soit fructueuse.

Ce qui paraît clair, en revanche, c'est que Staline était trop aveuglé par ses œillères idéologiques pour accepter que l'Union soviétique jouât autre chose qu'un rôle passif dans ses rapports avec l'Ouest dans l'été 1939[212]. Il est certain que la Grande-Bretagne et la France ne firent pas grand-chose au cours des mois en question pour accélérer la « grande alliance » qui aurait pu être le dernier espoir de bloquer Hitler. Elles n'étaient guère prêtes à joindre leurs forces à une Union soviétique qu'elles détestaient et dont elles se méfiaient. Comme il était à prévoir, les négociations traînèrent alors que la guerre européenne se rapprochait. Mais l'Union soviétique était aussi enfermée dans sa passivité. Une diplomatie plus pressante et déterminée de la part de Staline aurait fort bien pu ouvrir la voie, malgré les hésitations britanniques et françaises, à une nouvelle triple alliance avec l'Ouest qui aurait à tout le moins donné matière à réflexion à Hitler et aux élites dirigeantes allemandes. Mais Staline se contenta de laisser les négociations avec les démocraties occidentales aller à la dérive alors que s'amoncelaient les sinistres nuages de guerre. Le résultat fut que l'inaction soviétique, et pas seulement occidentale, finit par imposer le choix qui avait le plus de sens à l'époque au regard de la sécurité de l'URSS, à savoir le pacte avec l'Allemagne de Hitler.

Staline vit dans le pacte un grand coup diplomatique soviétique. En pratique, cependant, il profita davantage à l'Allemagne qu'à son pays. Certes, l'URSS put élargir son territoire en repoussant ses frontières défensives à l'ouest. Et la suppression de la menace imminente que constituait l'Allemagne lui laissa le temps de reconstruire l'armée Rouge et de préparer ses défenses. À l'évidence, toutefois, le temps manqua. La reconstruction fut bancale et insuffisante. Cela donna aussi aux Allemands le temps de se préparer militairement, et de développer leur influence diplomatique. En 1940, après que la victoire allemande sur la France eut complètement renversé le rapport de force en Europe, Hitler put asseoir son emprise sur les pays du bassin du Danube. La domination allemande, en Roumanie, notamment, et les vains efforts de Staline et de Molotov pour empêcher les Balkans et, au nord, la Finlande, de tomber dans l'orbite allemande, nourrirent la tension croissante qui était si flagrante lors de la visite de Molotov à Berlin en novembre 1940. Entre-temps, l'aventure balkanique de Mussolini avait achevé de déstabiliser la région. Et au printemps suivant, l'intervention allemande en Yougoslavie et en Grèce anéantit l'ultime espoir d'une quelconque influence soviétique dans le sud-est de l'Europe (tout en contribuant à dissimuler « Barbarossa », puisque Staline ne voyait pas pourquoi Hitler irait frapper à l'est cette même année juste après ses conquêtes dans les Balkans[213]). L'Union soviétique était désormais totalement isolée. La Turquie, la porte de la mer Noire, restait neutre, quoique relativement bien disposée envers la Grande-Bretagne. Par ailleurs, l'URSS était plus ou moins encerclée à l'ouest par des pays sous influence allemande. Si le pacte avait apporté des avantages à court terme à l'Union soviétique, à la longue le danger venant de l'Allemagne s'en trouva considérablement amplifié. On pourrait donc légitimement contester que Staline ait fait le bon choix en 1939.

Entre août 1939 et juin 1941, on l'a vu, la politique de Staline consista immanquablement à réarmer à toute vitesse tout en essayant d'amadouer autant que possible l'Allemagne. Il n'était pas naïf au point de croire que le conflit avec l'Allemagne pourrait être évité. Il avait lu et assimilé les passages de *Mein Kampf* qui prônaient la conquête de l'« espace vital » à l'est. Mais il pensait pouvoir retarder les ennuis jusqu'en 1942 et « lire » les intentions de Hitler : forcer l'Union soviétique à la soumission politique avant de trouver un règlement avec la Grande-Bretagne, et, alors seulement, lancer son agression à l'est. Staline était convaincu que Hitler agirait avec la même rationalité froide et brutale que lui-même eût déployée. Certain que Hitler lancerait un ultimatum avant d'attaquer (duperie allemande que Staline avala), il était sûr de pouvoir gagner du temps. En attendant, il convenait d'éviter toute provocation. Du point de vue de Staline, c'était doublement important, puisque l'Union soviétique devait affronter à l'est une autre menace, certes moins considérable : celle du Japon. Mais cela le rendit excessivement prudent[214]. Y avait-il une solution de rechange à cette politique ?

La politique de Staline consistant à éviter la guerre à tout prix a été vivement critiquée, de longues années plus tard, par le maréchal Alexander Mikhaïlovitch Vassilevski, chef-adjoint de l'administration opérationnelle de l'état-major général en 1941, puis, de 1942 à 1945, chef de l'état-major général et vice-commissaire à la Défense[215].

> Staline, assurait Vassilevski, ne saisit pas la limite au-delà de laquelle une telle ligne devint non seulement inutile, mais dangereuse. Cette limite aurait dû être correctement déterminée, les forces armées préparées au combat le plus vite possible, la mobilisation accélérée mise en œuvre, et le pays transformé en un grand camp armé. Tout en essayant de repousser le conflit armé, il aurait fallu lancer et achever plus tôt tout le travail caché possible. Il y avait bien assez de preuves que l'Allemagne préparait une attaque militaire contre notre pays [...]. Du fait de circonstances sur lesquelles nous n'avions pas de prise, nous en étions arrivés au Rubicon de la guerre, et il était nécessaire d'aller résolument de l'avant[216].

En fait, le réarmement et la militarisation se poursuivirent à marche forcée tout au long de 1940 et de 1941. Mais Vassilevski soulignait qu'il aurait fallu faire beaucoup plus : une mobilisation précoce et totale des forces armées pour les mettre sur le pied de guerre. Le sous-entendu étant que la politique de non-provocation avait atteint un point où elle était devenue éminemment dangereuse. À ce stade, il aurait fallu décréter la mobilisation générale. Il aurait fallu prendre le risque d'une attaque allemande avant. Mais c'était un risque qui en valait la peine. Comme le savaient les conseillers militaires de Staline, les Allemands n'auraient pu attaquer plus tôt qu'ils ne le firent, c'est-à-dire au printemps 1941. Autrement dit, le pire résultat d'une « provocation » eût été ce qui arriva tout de même (même si Staline avait voulu éviter ce qu'il envisageait probablement de longue date comme une action allemande limitée, pas nécessairement une guerre totale, afin de s'emparer de territoires frontaliers et d'imposer une dépendance économique accrue[217]).

Ils savaient aussi que les dirigeants japonais avaient opté durant l'été 1940 pour l'avancée dans le sud et pouvaient donc tout à fait exclure une attaque préalable du Japon à l'est[218]. Une manifestation de dissuasion, plutôt que de laisser les Allemands amasser tranquillement leurs forces au fil de longs mois, aurait pu réussir à empêcher l'attaque dans les précieux mois de l'été 1941. De surcroît, afficher la force soviétique aurait contré l'image dominante de la faiblesse de l'armée Rouge qui avait cours dans les milieux dirigeants allemands. Pétrifié à l'idée de faire la moindre provocation, Staline préféra laisser les Allemands effectuer des vols de reconnaissance répétés pour photographier minutieusement les installations militaires et les positions des troupes – signe qui confirmait que la Wehrmacht balaierait les rangs de l'armée Rouge[219]. Staline était sans conteste dans une position peu enviable. Mais sa préférence pour la non-provocation, plutôt que pour la dissuasion, fut un autre choix fatidique.

En juin 1941, l'éventail des options s'était considérablement réduit. Joukov, on l'a vu, reconnut plus tard que Staline avait eu raison de rejeter le plan d'attaque préventive du 15 mai 1941. C'eût été courir au-devant d'une catastrophe plus grande encore. De fait, les défenses frontalières étaient désespérément étirées, les divisions mal déployées et les fortifications incomplètes[220]. Pour aggraver le problème, la planification militaire soviétique des années 1940-1941 avait imaginé que les Allemands effectueraient le gros de leur attaque par la Pologne méridionale, au sud des marais du Pripet. En juin 1941, c'était donc là que se trouvait déployée la majeure partie des forces soviétiques. Or, sans que le commandement de l'armée Rouge vît rien venir, l'avance foudroyante des Allemands, quand elle se produisit, se fit dans la zone centrale du front, au nord des marais du Pripet, en direction de Minsk, de Smolensk et de Moscou[221]. Collectivement, avec l'aval de Staline, les chefs militaires soviétiques avaient désastreusement choisi la mauvaise option.

En définitive, ces défaillances furent celles d'un système de pouvoir fortement personnalisé. « Staline était pour nous tous l'autorité suprême, et jamais il ne venait à l'idée de quiconque de contester son opinion et son appréciation de la situation », observa plus tard Joukov[222]. Dans un climat de peur et de flagornerie, où les phobies paranoïdes d'un homme, le sentiment de son infaillibilité, ses limites en matière de stratégie militaire et son implacable imprévisibilité étaient devenus des éléments structurels décisifs du système soviétique, il n'y avait aucun correctif aux options qui avaient la préférence de Staline. La flatterie était endémique à tous les échelons. Le Politburo courbait l'échine.

L'armée n'était généralement pas différente et, quand elle exprimait des réserves, un froncement de sourcil suffisait à la faire rentrer dans le rang. Une semaine seulement avant l'invasion, le refus du dictateur soviétique d'accéder aux requêtes de ses commandants, qui voulaient déployer des troupes prêtes au combat sur de meilleures positions défensives, était symptomatique d'un système qui avait de longue date perdu la raison.

L'affligeante grossièreté de Staline, des jours après l'invasion, sur laquelle on a commencé ce chapitre, se comprend aisément. Elle reflétait son sentiment que la direction soviétique, collectivement, et lui-même, personnellement, avaient commis une calamiteuse erreur de calcul. En définitive, malgré son aveuglement volontaire et ses illusions, on pourrait ramener l'éventail de ses options à un choix tout simple : allait-il faire tout ce qui était possible et imaginable pour préparer l'Union soviétique à la guerre avec l'Allemagne en 1941 (que l'on ne pouvait objectivement exclure) ou persister dans sa conviction, avec ce qu'elle comportait de risques, que le conflit pouvait être repoussé à l'année 1942 ? Pour dire les choses autrement, sur quelle base préférait-il travailler : le meilleur scénario, ou le pire ? La réponse est évidente. Ce fut bel et bien un choix fatidique. Reste que la voie qui mena à ce choix avait été tout sauf directe. Même à distance, il est impossible de dire avec certitude quel eût été le tournant le plus avantageux aux croisées des chemins critiques. Ce que l'on voit clairement en revanche, c'est que, par ses choix, Staline alla au-devant d'un désastre. L'étonnant redressement qui s'ensuivit est une autre histoire.

7

Washington, été-automne 1941

Roosevelt décide de faire une guerre non déclarée

> S'il devait soumettre le problème de la paix et de la guerre au Congrès, ce serait trois mois de débats assurés. Le Président avait dit qu'il ferait la guerre, mais sans la déclarer, et qu'il multiplierait les provocations [...]. Il rechercherait un « incident » qui justifierait l'ouverture des hostilités.
>
> Propos du président Roosevelt rapportés par Churchill, 19 août 1941

L'invasion allemande de l'Union soviétique, le 22 juin 1941, hissa le conflit mondial naissant à un autre niveau. De nouveaux espoirs pour les alliés occidentaux, la Grande-Bretagne et les États-Unis, mais aussi des incertitudes inédites allaient entrer dans le tableau. L'administration du président Franklin D. Roosevelt devait reconsidérer les options stratégiques.

L'Allemagne était maintenant engagée dans une guerre sur deux fronts. Quand la Grande-Bretagne et les États-Unis redoutaient par-dessus tout une grande offensive en Afrique du Nord et au Moyen-Orient à la suite de la domination allemande dans les Balkans au printemps 1941, Hitler avait choisi d'attaquer l'Union soviétique. Même si elle n'avait pas totalement disparu, s'effaçait maintenant la perspective d'une défaite de la Grande-Bretagne par une invasion armée, un danger qui avait semblé si proche – y compris pour la défense des États-Unis – pendant l'été 1940 et avait paru demeurer une réelle possibilité jusqu'au printemps 1941. Un nouvel allié, potentiellement puissant quoique malcommode pour les partenaires occidentaux, avait été contraint d'entrer dans l'arène pour se défendre contre l'Allemagne de Hitler. Tout cela donnait des raisons de se montrer optimistes à un stade où les fortunes de la guerre se révélaient sombres.

Mais il y avait aussi de grandes incertitudes. D'abord et avant tout, l'Union soviétique allait-elle tenir à l'offensive hitlérienne ? Aux États-Unis, le département de la Guerre glissa au président Roosevelt que les forces de Hitler allaient mettre de un à trois mois pour conquérir l'Union soviétique. Les autorités militaires britanniques étaient du même avis et pensaient que Hitler en aurait terminé de sa campagne à l'est dans six à huit semaines. Après quoi, Hitler déplacerait ses forces à l'ouest. L'invasion du Royaume-Uni ne pouvait être que temporairement ajournée[1]. Après la défaite de l'Union soviétique, l'Allemagne serait de fait maîtresse de l'ensemble du continent européen, et peut-être une invasion ne serait-elle même pas nécessaire pour forcer la Grande-Bretagne à rejoindre la table des négociations. De toute évidence, la question de savoir comment les États-Unis allaient réagir au changement de circonstances admettait plus d'une réponse.

En Grande-Bretagne, Churchill exultait. Sans hésiter un instant, il promit aussitôt l'aide de la Grande-Bretagne à l'Union soviétique : un premier pas en direction d'une alliance militaire en bonne et due forme. Les différences idéologiques se trouvèrent totalement subordonnées à la nécessité pratique (même si Churchill, derrière les gestes publics, ne pensait qu'à des mesures de soutien limitées destinées à maintenir l'URSS dans la guerre)[2]. La Grande-Bretagne n'avait rien à perdre et tout à gagner dans une telle alliance pour combattre Hitler. Pour les États-Unis, les choses étaient moins simples. L'hostilité au communisme était tout à la fois largement répandue et viscérale. Beaucoup, et pas simplement parmi les isolationnistes, estimaient que ce n'était pas une mauvaise chose que les nazis et les bolcheviks s'épuisent au combat, s'infligeant mutuellement un maximum de destructions et évitant à l'Amérique de s'engager directement dans le conflit. Aucun des deux camps ne représentant une menace imminente, on n'éprouvait pas le besoin de sauter dans le lit de Staline avec la même urgence qu'en Grande-Bretagne. En tout état de cause, si la victoire à l'est devait aller à Hitler, et ce, en l'espace de quelques semaines, il ne rimait pas à grand-chose d'expédier à l'Union soviétique des armes et du matériel, qui étaient terriblement nécessaires aux défenses américaines. Ils n'arriveraient pas à temps pour faire la moindre différence dans le conflit et, lors de la défaite annoncée des Soviétiques, tomberaient simplement entre les mains des nazis. Une stratégie plus sensée, dans le cadre de la défense des États-Unis, serait certainement d'accroître les chances de la Grande-Bretagne dans la lutte qui ne manquerait pas de suivre quand Hitler se retournerait de nouveau vers l'ouest[3]. Une option était donc simplement d'attendre pour voir comment la guerre en Union soviétique allait tourner avant de décider quoi que ce soit.

Une autre incertitude était la réaction du Japon à ce nouveau tournant spectaculaire de la guerre. Parce qu'elle était à même de lire les dépêches envoyées par Tokyo à son ambassade de Washington (grâce aux renseignements tirés des messages interceptés, connus sous le nom de code bien choisi de MAGIC), l'administration Roosevelt savait ce que les dirigeants japonais avaient en tête : un avantage inestimable[4]. Les conseillers du Président savaient donc que les avis étaient très partagés à Tokyo : les uns voulaient profiter de l'invasion allemande en attaquant l'Union soviétique par l'est (politique prônée avec ferveur par le ministre des Affaires étrangères Matsuoka Yosuke) quand les autres voulaient s'en tenir à la stratégie précédemment convenue d'avancée au sud. Devoir repousser une attaque à l'est tout en essayant de faire face aux incursions des troupes hitlériennes à l'ouest n'aurait pas manqué d'affaiblir les chances de l'Union soviétique de tenir. Ce qui à son tour aurait encouragé une politique d'extrême prudence dans l'aide apportée à Staline. Début juillet, cependant, les responsables politiques de Washington avaient appris, par MAGIC, que les dirigeants du Japon avaient confirmé leur choix de l'expansion vers le sud et n'attaqueraient donc pas l'URSS, du moins pas avant d'être certains de la victoire décisive de Hitler. À l'évidence, cela ne pouvait qu'augmenter les chances de survie de Staline.

D'autre part, l'expansionnisme qui serait bientôt celui du Japon dans le Sud-Est asiatique poussait inexorablement le pays au clash avec les États-Unis. Si le président Roosevelt espérait encore tenir le Japon tranquille pour s'occuper de la menace que représentait Hitler outre-Atlantique, jugée plus importante, il était devenu urgent de décider de la ligne à suivre dans le Pacifique. Le 1er juillet, ne sachant encore trop la voie que choisirait le Japon, Roosevelt déclara au secrétaire à l'Intérieur, Harold Ickes, qu'il « était terriblement important pour la maîtrise de l'Atlantique que nous aidions à maintenir la paix dans le Pacifique ». Et d'ajouter : « Simplement, je manque de navires… et le moindre épisode dans le Pacifique signifie moins de bâtiments dans l'Atlantique[5]. »

Un jour plus tard, les Japonais avaient décidé de ne pas changer de cap et d'abandonner l'option nord pour aller au sud. Averti par MAGIC des projets de Tokyo, le Président se trouva alors exposé aux pressions croissantes des « faucons » de son administration, impatients de le voir contenir le bellicisme japonais. Le 10 juillet, il fit savoir aux Britanniques qu'il « décréterait immédiatement divers embargos, tant économiques que financiers », si le Japon faisait « le moindre pas » en Asie du Sud-Est[6]. L'occasion lui en fut bientôt donnée par l'invasion du sud de l'Indochine, lancée le 24 juillet. Avant la fin du mois, tous les actifs japonais aux États-Unis furent gelés et les livraisons de pétrole au Japon, essentielles pour la construction de la « sphère de coprospérité de la Grande Asie orientale », frappées d'embargo. Avec ces mesures se profilait l'épreuve de force dans le Pacifique.

Pour l'heure, toutefois, délaissons le Japon afin d'étudier comment l'administration Roosevelt fit face à la menace, à ses yeux plus grande, de la guerre en Europe avec le changement de circonstances consécutif à l'invasion allemande de l'Union soviétique. En l'occurrence, si les circonstances avaient changé, tel n'était pas le cas du dilemme de fond de Roosevelt. Son problème restait de trouver le moyen d'apporter une aide maximale à la Grande-Bretagne (et désormais – c'était, pensait-il, impératif – à l'Union soviétique), avec le soutien d'une grande partie de la population, sans plonger les États-Unis directement dans la guerre, ce à quoi s'opposait l'écrasante majorité des Américains.

Un problème immédiat, déjà évoqué, était la question de la fourniture d'une aide matérielle à l'Union soviétique en étendant le dispositif du prêt-bail. Si aucune décision ne fut prise à cette fin sur le moment, des mesures d'urgence furent adoptées pour satisfaire les commandes soviétiques, et en novembre l'Union soviétique était bel et bien en mesure de bénéficier du prêt-bail[7]. Une seconde question, autrement plus périlleuse, concernait la façon d'aborder, dans une position de neutralité, la bataille qui faisait rage dans l'Atlantique. Le dilemme de Roosevelt se présentait ici sous des contours toujours plus aigus. Il n'y avait pas grand sens à livrer des marchandises à la Grande-Bretagne si elles devaient simplement finir au fond de l'océan. Mais aider à protéger le transit des matériaux vitaux contre les raids des sous-marins, c'était s'exposer au risque évident et croissant d'entraîner les États-Unis dans la guerre. Compte tenu de la ténacité du lobby isolationniste, de la campagne de publicité tapageuse d'America First contre l'intervention et de la force de l'opposition (pour toutes sortes de mobiles) – opposition à laquelle ne manquerait pas de se heurter au Congrès toute initiative jugée susceptible de mener à un engagement dans la guerre européenne –, Roosevelt se crut habilité à poursuivre son délicat numéro d'équilibriste pour apaiser l'opinion publique tout en courant des risques toujours plus grands d'affrontement armé dans une « guerre non déclarée ».

Plus d'une fois, le Président devait laisser entendre qu'il était à l'affût d'un incident pour sortir de ce dilemme. Mais quand, à l'automne, des incidents survinrent, il répugna à les exploiter à fond pour entraîner les États-Unis directement dans la guerre. Alors que nombre de ses détracteurs, à l'époque comme par la suite, étaient convaincus que le Président cherchait par tous les moyens à s'engager dans le conflit, ses actions donnent à penser qu'il voulut l'éviter aussi longtemps que possible tout en reconnaissant que l'engagement de l'Amérique, à un moment ou à un autre, était devenu inévitable. En tout état de cause, malgré la montée des tensions au cours de l'automne, il savait que ses chances étaient quasi nulles d'obtenir du Congrès une déclaration de guerre. Or, même si le Congrès seul pouvait déclarer la guerre, Roosevelt savait parfaitement que la Constitution des États-Unis accorde au Président, en tant que commandant en chef, de larges pouvoirs de faire la guerre, fût-ce en dehors de toute déclaration officielle. D'anciens présidents s'en étaient prévalu. Plus tard, d'autres en feraient autant. Roosevelt recherchait un appui légal à ses pouvoirs constitutionnels lui permettant de déployer la flotte « d'une manière qui lui parût convenir » à l'intérêt national, c'est-à-dire de livrer une « guerre non déclarée » aux sous-marins de Hitler dans l'Atlantique[8].

Alors que la guerre s'était étendue au cours des douze derniers mois, l'éventail des options de Roosevelt s'était en fait rétréci. À la suite de l'invasion allemande de l'Union soviétique, le Président dut faire face à l'inexorable suite logique des décisions qu'il avait prises plus tôt pour aider la Grande-Bretagne. Certes, il aurait pu s'opposer à l'extension du prêt-bail à l'Union soviétique. L'opinion publique ne le pressait nullement d'aider Staline. Et assurément, dans les premières semaines qui suivirent l'invasion allemande, ses conseillers étaient partagés sur les mérites d'une telle aide. En l'occurrence, c'est le Président qui donna le ton en prônant l'aide à la Russie. Ce choix n'était pas seulement une étape logique : il se révéla d'une importance vitale, qui avec le temps devait apporter une contribution significative à la victoire des Alliés. Sur le problème de l'aide à la Grande-Bretagne, le Président, même s'il l'avait voulu (ce qui n'était pas le cas), aurait eu du mal à se dépêtrer des conséquences du prêt-bail accordé au début de l'année. Il n'aurait pu revenir sur ce dispositif et renoncer à soutenir l'effort de guerre britannique que si les troupes de Hitler avaient envahi la Grande-Bretagne et lui avaient imposé une capitulation à la suite d'une rapide victoire allemande à l'est. Mais alors que des signes plus optimistes d'une résistance soviétique prolongée devaient bientôt se multiplier, il y avait tout à gagner à apporter une aide accrue à la Grande-Bretagne (aussi bien qu'au début des livraisons à l'Union soviétique).

L'inévitable conséquence, on l'a vu, en fut la tension croissante entre les États-Unis et l'Allemagne dans l'Atlantique, mais aussi, au pays, le problème aigu devant lequel se trouva le Président : trancher la question de l'escorte armée des convois. Comme, quelles que fussent ses décisions, Roosevelt était résolu à éviter de demander au Congrès une déclaration de guerre et de courir le risque d'un échec quasi certain qui diviserait complètement la population et ruinerait tout espoir d'unité nationale, cela ne lui laissait qu'une seule option : poursuivre la politique initiée l'année précédente en prenant toutes les mesures qu'exigeait le combat contre Hitler, sans aller jusqu'à la guerre (*short of war*). Mais cette formule était devenue synonyme de « guerre non déclarée », pouvant aller jusqu'à des affrontements armés dans l'Atlantique qui, malgré l'état de non-belligérance qui prévalait techniquement dans les relations germano-américaines, menaçaient d'exploser en conflit général. Au cours de l'été et de l'automne 1941, l'éventail des choix de Roosevelt s'était donc réduit à un seul : celui que lui imposaient de fait les décisions prises plus tôt, ainsi que la constellation stratégique qui s'était formée. Cela devait le rapprocher toujours plus du seuil, sans pour autant le faire basculer.

I

Dans son énergique discours du 22 juin 1941 au soir – écouté par des millions d'Américains qui allumèrent leur poste cet après-midi outre-Atlantique –, Winston Churchill avait expressément lié les destins de l'Union soviétique, de la Grande-Bretagne et des États-Unis dans le combat contre l'Allemagne hitlérienne. L'invasion de l'Union soviétique, avait-il déclaré, « n'est qu'un prélude à une tentative d'invasion des îles Britanniques ». Sans doute Hitler espérait-il « pouvoir faire tout cela avant que la flotte et les forces aériennes des États-Unis ne pussent intervenir ». Si l'invasion de la Grande-Bretagne devait se produire, prévint-il, la scène serait prête pour le dernier acte : « l'assujettissement du monde occidental à sa volonté et à son système ». La conclusion allait de soi : « Ce qui met la Russie en danger nous met en danger, nous et les États-Unis, de même que la cause de tout Russe qui combat pour son foyer et son pays est la cause des hommes libres et des peuples libres de tous les coins de la planète[9]. »

S'il était moins déterminé dans son action, le président Roosevelt partageait cet avis. Le 23 juin, dans une déclaration mûrement réfléchie (mais qui n'engageait à rien) et approuvée par le Président, Sumner Welles (secrétaire d'État par intérim en l'absence de Cordell Hull, malade) avait affirmé que « tout rassemblement des forces hostiles à l'hitlérisme, d'où qu'elles viennent », bénéficierait à la défense et à la sécurité des États-Unis. Puis il avait terminé en rappelant le point de vue qui était depuis longtemps celui de l'administration : « Les armées de Hitler sont aujourd'hui les principaux dangers pour les Amériques[10]. » Mais cette déclaration n'apportait rien de concret. Le lendemain, commentant les propos de Welles lors d'une conférence de presse, Roosevelt se montra plus direct : « Bien entendu, nous allons apporter à la Russie toute l'aide que nous pourrons[11]. » Il débloqua alors les fonds soviétiques aux États-Unis – autour de 40 millions de dollars –, qui avaient été précédemment gelés, et se dit prêt à apporter de l'aide tout en avouant ignorer ce dont l'URSS avait besoin. De manière plus significative, la Maison-Blanche annonça le 26 juin que le Président n'invoquerait pas la loi de neutralité contre l'Union soviétique. Autrement dit, le port de Vladivostok, à l'extrême est de l'Union soviétique, serait vital pour le ravitaillement par les navires américains[12].

Tout allait dans la bonne direction. Mais ce n'était rien de plus qu'un modeste départ. Les conseillers militaires du Président étaient partisans d'une marche plus hardie. Henry Stimson, le secrétaire à la Guerre, avait adressé un mémorandum à Roosevelt le 23 juin, un jour seulement après le début de l'invasion allemande de l'URSS, esquissant les réflexions des principaux stratèges militaires du département de la Guerre, dont celles du chef d'état-major, George Marshall. Stimson y présentait l'attaque allemande comme un « épisode presque providentiel », qui accordait aux États-Unis un bref répit « pour accélérer avec la plus extrême vigueur nos mouvements sur le théâtre des opérations atlantiques », ce qui était le meilleur moyen « d'aider la Grande-Bretagne, de décourager l'Allemagne et de renforcer notre propre position de défense contre notre danger le plus imminent ». Le répit, assurait Stimson, ne durerait que de un à trois mois. Il fallait prendre l'initiative : le temps ne laissait aucune place à l'hésitation[13]. Frank Knox, le secrétaire à la Marine, en convenait. Écrivant le même jour au Président, il voyait une occasion à ne pas rater de « frapper efficacement l'Allemagne », et « le plus tôt serait le mieux ». Le Président, plaidait-il, devrait saisir sans délai l'occasion qui se prêtait le mieux, sur le plan psychologique, de lancer l'escorte des navires. L'amiral Harold Stark, le chef des opérations navales, se joignit au chœur. Avec l'approbation de Knox, il proposa que l'escorte des convois dans l'Atlantique commençât immédiatement, tout en voyant bien que cela « nous entraînerait très certainement dans la guerre » et en considérant que « tout jour de retard à notre entrée dans la guerre serait dangereux[14] ».

Le Président n'en persista pas moins dans sa politique du « hâte-toi lentement[15] ». Exaspéré comme il l'était souvent quand il voyait le peu d'empressement de Roosevelt à prendre le taureau par les cornes, Stimson pensa que, tandis que les forces de Hitler engrangeaient des gains spectaculaires dans leur offensive à l'est, l'Amérique s'était égarée. Le 2 juillet, dans son journal intime, il fit montre d'un pessimisme peu commun : « Au total, ce soir j'ai le sentiment que nous n'avons jamais filé un aussi mauvais coton. La question est de savoir si ce pays a de quoi faire face à une telle urgence. Le vrai problème va de plus en plus être de savoir si nous sommes véritablement assez puissants, assez sincères et assez dévoués pour affronter les Allemands[16]. »

Le secrétaire à l'Intérieur, Harold Ickes, comptait aussi, comme d'habitude, au nombre des faucons. Dans une lettre du 23 juin au Président, il écrivit : « Sans doute est-il difficile d'entrer dans cette guerre de la bonne façon, mais si nous ne le faisons pas maintenant, quand notre tour viendra, nous nous retrouverons sans allié nulle part à travers le monde[17]. » Ickes suggéra qu'un embargo pétrolier frappant le Japon serait certainement populaire et permettrait d'« entrer dans cette guerre de manière efficace. Et si nous devions y être entraînés ainsi indirectement, nous éviterions de nous voir reprocher d'y être allés en allié de la Russie communiste[18] ». Mais l'opposition que même l'aide à la « Russie communiste » ne manquerait pas de rencontrer aux États-Unis rendait Roosevelt prudent. Avant de s'engager, il voulait tester l'opinion.

Comme c'était à prévoir, elle se révéla partagée. Les isolationnistes s'en donnèrent momentanément à cœur joie. Un sénateur isolationniste exprima les vues de beaucoup en disant : « C'est une histoire de chien qui bouffe un chien. Staline a les mains tout aussi ensanglantées que Hitler. Je ne pense pas que nous devions aider l'un ou l'autre. Nous devrions nous occuper de nos affaires, comme nous aurions toujours dû le faire. Toute cette histoire montre l'instabilité absolue des alliances européennes et souligne combien il est nécessaire que nous nous en tenions à l'écart[19]. » Des catholiques anticommunistes véhéments fustigèrent aussi toute espèce de soutien au régime athée de Staline. D'après les sondages d'opinion, fort peu d'Américains étaient malgré tout favorables à une victoire nazie dans l'âpre combat qui se déchaînait en Europe orientale. Et de nouveaux organes importants reconnaissaient que, malgré leur aversion pour le communisme, les réalités pratiques imposaient d'apporter autant d'aide que possible à l'Union soviétique[20].

Roosevelt avait également besoin de savoir ce que voulait l'Union soviétique, s'il était possible de lui livrer cette aide et si celle-ci n'allait pas être dilapidée dans une rapide défaite infligée par les forces de Hitler[21]. S'agissant de la dernière considération, le Président s'était d'emblée rangé parmi les optimistes – bien davantage que ses conseillers militaires – quant aux perspectives de résistance de l'armée Rouge. Un de ceux qui l'encouragèrent dans cet optimisme qui, face aux incursions allemandes dévastatrices, sembla d'abord reposer sur à peine plus qu'un espoir sans fondement, était l'ancien ambassadeur américain à Moscou, Joseph E. Davies, désormais au département d'État en qualité d'assistant spécial de Cordell Hull pour les Problèmes et Politiques d'urgence en temps de guerre. Davies avait tout de suite été un vigoureux partisan de l'aide à l'Union soviétique. « Cette attaque de Hitler, avait-il noté le 7 juillet dans son journal, était un don de Dieu qui bouleversait la situation des pays non agresseurs et stimulerait de toutes les façons possibles la résistance soviétique[22]. » Dans une note rédigée quelques jours plus tard, Davies, s'appuyant sur sa longue expérience de l'Union soviétique, expliqua que même si Hitler occupait la Russie blanche et l'Ukraine, il y avait toutes les chances que Staline pût se replier derrière l'Oural et continuer de combattre « un temps considérable ». Il était donc raisonnable, également pour conjurer la possibilité que Staline se sentît forcé d'accepter un règlement négocié avec Hitler, de lui faire savoir que « notre attitude est de faire tout notre possible [*is « all out »*] pour vaincre Hitler et que notre politique historique d'amitié envers la Russie vaut toujours[23] ».

Sur la question des besoins soviétiques, les premiers coups de sonde furent lancés à Moscou dans la semaine qui suivit l'invasion allemande. À Washington, une commission spéciale fut aussitôt mise en place pour traiter les commandes soviétiques. À cette étape, il n'était pas question de prêt-bail. On supposait que les fournitures seraient achetées, non pas données, même si l'on envisageait d'étendre le crédit à cinq ans ou d'échanger du matériel américain contre des matières premières soviétiques. En fait, quand la « liste de courses » soviétique fut présentée au cabinet le 18 juillet, elle se révéla énorme. L'URSS demandait 6 000 avions, 20 000 canons antiaériens ainsi que des installations et du matériel industriels d'une valeur d'environ 50 millions de dollars. Non seulement c'était une liste renversante, mais la machine administrative susceptible d'en expédier des éléments était loin d'être aussi rationalisée que le laissait penser la mise en place de la commission chargée de s'occuper des commandes soviétiques. Les lenteurs et le manque de coordination de la demi-douzaine d'agences concernées étaient une source d'inefficacité exaspérante. Début août, le Président en personne intervint de façon péremptoire pour faire valoir qu'en près de six semaines pas grand-chose n'avait été fait pour satisfaire les requêtes soviétiques au point que « les

Russes ont le sentiment de s'être fait promener aux États-Unis[24] ». Selon Ickes, l'intervention de Roosevelt – qui visait essentiellement le département d'État et le département de la Guerre – fut « l'un des savons les plus carabinés qu'il m'ait été donné de voir ». Le Président ne savait que trop bien que, si l'on voulait faire le moindre effort pour aider l'armée Rouge à tenir jusqu'à ce que le début des pluies et des neiges d'automne, à partir d'octobre, pût commencer à offrir un sursis face à l'offensive allemande, il fallait contourner les blocages et accélérer les livraisons. « C'était le moment de prendre des risques », pensait-il[25].

Le lendemain de l'explosion présidentielle, le 2 août, le département d'État prit acte que « le gouvernement des États-Unis a décidé d'apporter toute l'aide économique possible en vue de renforcer l'Union soviétique dans son combat contre l'agression armée[26] ». Dans les faits, toutefois, les premières livraisons furent très modestes. Des exportations d'une valeur de 6,5 millions de dollars seulement furent envoyées en Union soviétique en juillet. Au début d'octobre, les estimations ne dépassaient pas 29 millions de dollars. La réalité brute, c'était que le combat soviétique pour la survie contre l'envahisseur allemand dut se poursuivre jusqu'à l'automne 1941 sans guère plus qu'une aide marginale de la part des États-Unis[27].

Fin juillet 1941, la visite à Moscou de Harry Hopkins, l'administrateur du prêt-bail, confident et émissaire personnel de Roosevelt, donna un nouvel élan à la question de l'aide à l'Union soviétique : on devait plus tard en parler comme de « l'une des missions les plus extraordinairement importantes et précieuses de toute la guerre[28] ». Née d'une initiative personnelle de Hopkins, la mission avait vite reçu l'aval de Roosevelt (et l'approbation de Sumner Welles, au département d'État). En fait, Hopkins avait suggéré une telle mission trois jours seulement après « Barbarossa », et le Président avait signifié son accord dans les vingt-quatre heures. Envoyer de l'aide à la Russie lui semblait infiniment préférable à l'envoi de troupes américaines pour combattre en Europe. Jusque-là, rien ne s'était concrétisé[29]. Un peu plus d'un mois après, cependant, l'idée refit surface. L'enjeu était crucial : pour l'aiguillon nécessaire que cette mission donnerait au ravitaillement matériel de l'Union soviétique, mais aussi pour nouer un lien personnel et direct, contournant les circuits diplomatiques officiels, entre Roosevelt et Staline. La mission de Hopkins espérait jeter les fondements d'une possible « grande alliance » entre l'Union soviétique, la Grande-Bretagne et les États-Unis.

L'idée d'un déplacement de Hopkins à Moscou était née de sa visite en juillet à Londres pour y discuter du sommet Churchill-Roosevelt qui devait se tenir en mer, près de Terre-Neuve, le mois suivant, mais aussi d'affaires touchant au prêt-bail et à des questions de stratégie générale de guerre. L'armée américaine avait reproché aux Britanniques d'avoir détourné une partie des navires et du matériel au profit de la campagne du Moyen-Orient, et prônait la concentration des forces dans l'Atlantique et pour la défense des îles Britanniques. Lors de son entrevue avec Hopkins et deux représentants militaires anglais et américain, Churchill plaida ardemment la nécessité de renforcer le Moyen-Orient et mit en garde contre le danger croissant en Extrême-Orient. Hopkins comprit que manquaient des renseignements sur une pièce essentielle du puzzle stratégique : combien de temps l'Union soviétique pourrait-elle tenir ? Lors du sommet fixé le mois suivant, Churchill et Roosevelt travailleraient dans le vide si on ne leur donnait pas de meilleurs éléments d'information que ceux dont ils disposaient à ce moment-là. Hopkins suggéra de filer tout de suite à Moscou pour essayer d'obtenir directement des réponses de Staline. Roosevelt télégraphia aussitôt son approbation et adressa à Staline une lettre personnelle pour lui présenter Hopkins. Churchill assura le transport, et moins de vingt-quatre heures plus tard, Hopkins – fatigué, fragile et perclus de douleurs du fait de sa longue bataille contre le cancer – embarquait pour un vol long, périlleux et éminemment inconfortable à travers l'Arctique : direction Arkhangelsk, puis Moscou[30].

Hopkins arriva dans la capitale soviétique le 30 juillet 1941 au matin. Coiffé d'un homburg que lui avait prêté Churchill (et marqué aux initiales W.S.C.) – il avait perdu son chapeau à Londres –, c'est en début de soirée qu'il se rendit au Kremlin pour y voir Staline en personne[31]. Ils allaient bientôt discuter de l'aide : ce dont l'URSS avait besoin immédiatement et ce qui lui serait nécessaire pour une guerre longue. Staline insista sur le besoin immédiat de pièces d'artillerie antiaérienne et de mitrailleuses de longue portée pour défendre les villes russes. Il avait aussi un besoin urgent de un million de fusils. À plus long terme, il lui fallait, outre les articles figurant sur la longue liste déjà soumise à Washington, de l'essence pour avions à haut indice d'octane et de l'aluminium pour la construction aéronautique. « Donnez-nous des canons antiaériens et de l'aluminium, et nous pouvons combattre trois ou quatre ans », déclara-t-il[32]. Ce fut l'un des nombreux propos de Staline qui encouragèrent vivement Hopkins. Contrairement aux idées initiales des experts militaires américains, il semblait que l'Union soviétique eût de bonnes chances de résister à l'offensive allemande et de continuer le combat dans une guerre prolongée.

Le second long entretien de Hopkins avec Staline, le lendemain soir, fut encore plus instructif. Le dirigeant soviétique reconnut que l'armée Rouge avait été prise au dépourvu, et qu'il avait bien cru que Hitler n'attaquerait pas[33]. Mais sans sous-estimer l'armée allemande – capable, pensait-il, d'engager une campagne d'hiver en Russie –, il était sûr que les troupes soviétiques tiendraient. (En vérité, ses prédictions sur le point d'arrêt de l'avancée allemande se révélèrent très optimistes. Les pertes territoriales devaient être bien plus lourdes qu'il ne l'avait pensé.) Et dès que commenceraient les pluies d'automne, les Allemands devraient se mettre sur la défensive. Il donna à Hopkins des détails sur les armements soviétiques et sur les cadences de production en faisant montre d'une franchise que Laurence Steinhardt, l'ambassadeur américain à Moscou, jugea étonnante. Interrogé sur l'emplacement des usines de munitions, Staline expliqua que nombre des plus grandes usines avaient déjà été dispersées à l'est. Il griffonna quelques mots sur un bout de papier réitérant sa demande pressante de pièces d'artillerie – canons antiaériens, mitrailleuses et fusils – et d'aluminium. Et il acquiesça aussitôt quand Hopkins suggéra une conférence tripartite des nouveaux alliés – l'Union soviétique, la Grande-Bretagne et les États-Unis – à Moscou dès que le front serait stabilisé, dans son idée en octobre, pour examiner les intérêts stratégiques relatifs des trois pays et la façon dont on pouvait satisfaire au mieux les besoins soviétiques[34].

Pour finir, après avoir passé en revue la situation militaire, Staline pria Hopkins de transmettre un message personnel à Roosevelt, pressant les États-Unis d'entrer dans la guerre contre Hitler. Il pensait que la Grande-Bretagne et l'Union soviétique, sans l'aide des États-Unis, auraient du mal à écraser la machine militaire allemande. Dans son idée, il était inévitable que les États-Unis et l'Allemagne finissent par s'affronter. Fait remarquable, il était même disposé – sans doute un signe de son désespoir – à accueillir des troupes américaines sur n'importe quelle partie du front russe et sous le contrôle exclusif des États-Unis. Il conclut en redisant sa confiance que l'armée Rouge pourrait tenir, mais ajouta que « le problème du ravitaillement au printemps suivant serait sérieux et qu'il avait besoin de notre aide ». Cette partie du rapport de Hopkins s'accompagnait de la mention « Pour le Président exclusivement », et ne fut conservée qu'en un seul exemplaire[35].

Hopkins quitta Moscou le 1er août, très impressionné par Staline et ce qu'il avait entendu de la détermination soviétique à résister à l'attaque allemande. Il avait tellement hâte de quitter la capitale soviétique qu'il se débrouilla pour oublier son sac de médicaments, essentiels pour lui. Malade et épuisé, le vol de retour d'Arkhangelsk à Scapa Flow, dans les Orcades au nord de l'Écosse, lui parut interminable et particulièrement pénible avec les vents forts qui malmenaient l'appareil. À bout de nerfs, plus mort que vif, Hopkins eut deux jours pour se remettre avant de rejoindre Churchill à bord du cuirassé le *Prince de Galles* qui devait les conduire au large de Terre-Neuve pour retrouver le président Roosevelt[36].

Le voyage de Hopkins à Moscou fut une étape cruciale sur le chemin de l'aide à l'effort de guerre soviétique, et il se fit à temps pour se révéler indispensable. Une image plus positive de Staline et de l'Union soviétique commençait de circuler dans des titres influents de la presse américaine. Les sondages montraient que la plupart des Américains voyaient d'un bon œil l'aide à l'Union soviétique. Une raison en était que, si l'on aidait les Russes, Hitler pourrait être vaincu en Europe sans intervention américaine[37]. La réaction positive de l'opinion publique aida Roosevelt à faire fi de l'opposition des isolationnistes à l'aide soviétique, maintenant organisée sur une base élargie. Qui plus est, l'optimisme de Hopkins sur la capacité soviétique de résistance à l'invasion parut toujours plus réaliste au fil des semaines. Certes, les Allemands avaient beaucoup progressé, bien plus que Staline ne l'avait prédit dans ses entretiens avec Hopkins. Mais les experts militaires britanniques et américains s'étaient trompés en pariant sur un triomphe allemand rapide. Et à mesure que l'on approchait inexorablement des rigueurs de l'hiver russe, il apparut qu'il était possible, voire probable, que Hitler ait eu les yeux plus gros que le ventre.

En septembre, malgré de nouveaux revers soviétiques majeurs, dont la perte dévastatrice de Kiev, le ralentissement de la progression allemande ne faisait pas de doute. Roosevelt et Churchill estimèrent pouvoir se lancer dans la planification d'une aide à long terme substantielle et coordonnée[38]. Le sommet des représentants britannique, américain et soviétique, initié par la visite de Hopkins, se tint à Moscou à la fin du mois. Les États-Unis et la Grande-Bretagne, avec son empire, acceptèrent de satisfaire autant que possible les demandes de Staline, offrant des avions (1 800 au cours des neuf mois suivants), des chars, de l'aluminium, 90 000 jeeps et camions et bien d'autres choses encore[39]. Le premier accord de livraisons fut signé le 1er octobre[40].

Restait le problème du transport et du paiement. Sachant que l'opinion publique (en dehors de l'opposition tapageuse du lobby isolationniste) était majoritairement favorable à l'aide mais également attachée à l'idée que les Soviétiques fussent tenus de la financer, sans crédit prolongé, Roosevelt espérait encore se faire payer sur les réserves d'or russes. Quand le déplaisant ambassadeur soviétique, Constantin Oumanski, se révéla entêté, peu accommodant et peu disposé à reconnaître que les réserves d'or permettraient d'assurer le paiement, un Roosevelt exaspéré et coléreux le traita de « sale petit menteur », lors d'une réunion du cabinet[41]. Mais le Président était déjà prêt à fournir l'aide en étendant à Staline le dispositif du prêt-bail. Éperonné par la réaction positive de l'opinion, malgré le tapage des isolationnistes, et par les échos de la vigoureuse résistance soviétique rapportés de la conférence de Moscou, il était maintenant disposé à soumettre le dossier au Congrès. Pour éviter que sa proposition ne fût bloquée, il l'inclut dans un projet de financement de grande ampleur des forces armées – chose qu'il était difficile à des parlementaires patriotes de repousser[42].

Le 10 octobre, la Chambre des représentants rejetait un amendement des isolationnistes visant à exclure l'Union soviétique du bénéfice du prêt-bail. Une quinzaine de jours plus tard, le Sénat en fit autant. Le Président se savait désormais tranquille. Vers la fin du mois, il fit savoir à Staline que l'Union soviétique allait recevoir une aide de un milliard de dollars au titre du prêt-bail, remboursable sans intérêts sur dix ans à partir de cinq années pleines après la fin de la guerre. Le 1er novembre, Roosevelt reçut l'aval du Congrès. L'offre américaine fut rendue publique cinq jours plus tard ; le 7 novembre, l'Union soviétique était admise à bénéficier de l'aide dans le cadre du prêt-bail. À cette date, les Allemands n'étaient plus qu'à une cinquantaine de kilomètres de Moscou. Mais l'opinion américaine était désormais très largement derrière l'Union soviétique, encourageant l'armée Rouge, avide de soutenir son combat héroïque et gardant le sentiment, jusqu'en ces heures sombres, et même si Moscou devait tomber, que la résilience soviétique finirait par l'emporter[43].

En attendant, plus l'armée Rouge tenait bon, plus les chances augmentaient que le puissant arsenal des États-Unis commençât à avoir un effet. Au moment de l'attaque japonaise contre Pearl Harbor, la valeur du matériel reçu par l'Union soviétique ne dépassait pas les 65 millions de dollars. L'échec de l'incursion allemande de décembre, presque aux portes de Moscou, ne devait quasiment rien à l'aide occidentale. À ce stade, personne ne prévoyait que les Américains allaient finalement fournir plus de 10 milliards de dollars au titre du prêt-bail[44]. Avec le temps, cette aide devait apporter une contribution indispensable à l'effort de guerre soviétique.

Dans l'immédiat, l'extension de l'aide à l'Union soviétique – initiative où l'intervention personnelle de Roosevelt avait été à la fois visible et décisive – rapprocha encore un peu plus les États-Unis d'un engagement direct dans la guerre européenne. Roosevelt avait regardé le choix en face. Ses conseillers doutaient de l'opportunité d'engager de l'aide dans ce qu'ils tenaient pour une cause qui avait toutes les chances d'être perdue. Les isolationnistes et les catholiques n'avaient cessé d'exprimer leur opposition en Amérique. D'autres membres de son entourage, en revanche, avaient milité pour un engagement. Quoique d'abord prudent, comme à son habitude, Roosevelt s'était montré d'emblée plus optimiste que la plupart de ses conseillers sur la capacité de tenir des Soviétiques. Et il avait aussitôt saisi que l'ouverture par Hitler d'un front Est pouvait bien être la clé de toute la guerre. Dans une lettre à son ambassadeur à Vichy, le 26 juin, il avait écrit : « Et maintenant la diversion russe. Si ça ne s'arrête pas là, ce sera la libération de l'Europe de la domination nazie[45]. » Il s'ensuivait que les États-Unis devaient apporter autant d'aide que possible à la défense de l'URSS. Il s'était donc empressé d'approuver la mission de Hopkins et s'était montré disposé à soumettre au Congrès l'extension du prêt-bail, malgré la persistance notoire de l'opposition.

Le renoncement à l'aide en faveur de l'Union soviétique à cause de cette opposition n'a jamais été ne serait-ce que probable. C'eût été endosser une opinion minoritaire contre une majorité favorable à l'aide. C'eût également été revenir sur la ligne d'action du « sans aller jusqu'à la guerre », que Roosevelt, quelles qu'aient été ses hésitations tactiques par moments, n'avait cessé de suivre. De surcroît, à la différence des isolationnistes, Roosevelt n'avait jamais considéré la guerre russe de Hitler à travers une petite lorgnette consistant à laisser les deux dictateurs sanguinaires s'étriper dans l'espoir d'éviter que les États-Unis n'eussent à se battre. Il savait pertinemment que l'entrée en guerre des États-Unis n'était plus qu'une question de temps. Ce qui voulait dire, malgré sa promesse électorale de l'année précédente, qu'il devrait envoyer de forts contingents de troupes américaines combattre en Europe s'il voulait atteindre son objectif : vaincre le nazisme.

Dans le message personnel qu'il avait transmis *via* Hopkins, Staline avait dit sans détour que l'armée de Hitler ne serait finalement écrasée qu'après l'entrée des États-Unis dans la mêlée. Les conseillers militaires de Roosevelt ne lui disaient pas autre chose. En juillet, la Division des plans de guerre de l'armée de terre commença de préparer un ambitieux Programme de victoire (finalement remis au Président en septembre) passant en revue les besoins estimés sur la totalité des fronts militaires probables. Il en arrivait à la conclusion que la défaite militaire complète de l'Allemagne passait nécessairement par l'entrée en guerre des États-Unis et l'envoi d'une grande force – probablement 5 millions d'hommes – pour combattre en Europe. Il envisageait une armée de près de 9 millions d'hommes au total à équiper, à entraîner et à mobiliser avant le 1er juillet 1943, ce qui exigeait de doubler les plans de production[46].

Aux yeux de Roosevelt, la menace pour la sécurité américaine était toujours venue de Hitler, et non de Staline. « Je ne pense pas que nous ayons à craindre la possibilité d'une domination russe », avait-il écrit juste après le début de l'invasion allemande[47]. En revanche, on ne pouvait exclure l'hégémonie d'une Allemagne victorieuse. La logique et la nécessité politiques invitaient donc à soutenir Staline. Mais l'on n'en était pas encore à la participation effective, à laquelle ni le Président ni la population n'étaient prêts. L'Union soviétique et ses rudes combats demeuraient très loin. Si quelque chose devait pousser les États-Unis à entrer dans la mêlée, cela devait se produire beaucoup plus près du pays. Ce serait très probablement l'intensification du conflit dans l'Atlantique.

II

Le 1er juillet, dans une lettre à Mackenzie King, Premier ministre canadien, Roosevelt avait fait part de son sentiment : « Si les Russes ne parvenaient pas à tenir l'été, l'effort contre la

Grande-Bretagne elle-même et surtout la lutte pour le contrôle de l'Atlantique pourraient bien s'intensifier. Sans doute pouvons-nous aider bien davantage que cela ne semble possible aujourd'hui », ajouta-t-il[48]. C'était une allusion voilée au problème de l'escorte des convois. Pour Stimson, Knox et d'autres, la diversion de l'attaque hitlérienne contre l'Union soviétique avait créé les conditions idéales pour prendre l'initiative dans l'Atlantique. Roosevelt devait à leurs yeux saisir l'occasion, tant qu'elle durait, pour décider d'escorter les convois par des cuirassés américains. Le Président parut un temps souscrire aux arguments et accepta que fussent dressés des plans pour accompagner des navires de toute nationalité dans l'Atlantique Ouest à compter du 11 juillet 1941. Il semblait qu'il ait franchi une étape cruciale, impliquant la protection des convois britanniques par des bâtiments armés américains. Une mesure que ses conseillers militaires prônaient de longue date. Quelques jours plus tard, cependant, probablement soucieux des inquiétudes de l'opinion à propos des escortes et du risque que ses adversaires au Congrès ne s'en emparent, il se ravisa. Compte tenu des incertitudes à propos du Japon, il n'autoriserait pas Knox à transférer d'autres cuirassés du Pacifique vers l'Atlantique. Et Knox eut même le plus grand mal à persuader le Président d'approuver des plans pour escorter des navires américains en Islande[49]. Il donna une fois de plus aux « faucons » de son cabinet l'impression de faire machine arrière quand la situation exigeait de l'audace[50].

Début juillet, néanmoins, Roosevelt fit un nouveau pas vers le seuil de la guerre, et un pas d'une hardiesse incontestable, cette fois. Le 7 juillet, une brigade de 4 400 *marines* américains débarqua pour commencer l'occupation de l'Islande. C'était, pour Roosevelt, une manière de profiter de la « diversion » de Hitler à l'est pour renforcer la sécurité de l'hémisphère occidental[51].

La préhistoire de cette action remontait à mai 1940, quand Churchill, soucieux d'éviter une soudaine occupation allemande d'un lieu stratégique aussi vital, à cheval sur les routes maritimes de l'Atlantique, avait envoyé une brigade d'infanterie britannique vers l'île. Des renforts britanniques et canadiens avaient suivi en juin-juillet. Mais Churchill s'était montré tout autant impatient de redéployer ses troupes ailleurs que d'impliquer les États-Unis plus directement dans la guerre. Il souhaitait voir les troupes américaines remplacer les forces britanniques à la toute première occasion. Les armées britanniques et américaines avaient donc convenu, début 1941, que la défense de l'île, en cas de guerre, incomberait aux États-Unis. À la mi-juin, l'amiral Stark avait donné des consignes pour introduire les troupes américaines, opération envisagée à cette époque sous commandement britannique. « Je vois bien que c'est pratiquement un acte de guerre », griffonna-t-il sur la note explicative à Harry Hopkins qui, espérait Stark, faciliterait le passage de ses instructions opérationnelles auprès du Président[52]. Il obtint l'approbation de Roosevelt. Mais le Président se garderait d'agir sans l'invitation officielle du gouvernement islandais, qui ne devait arriver que le 1er juillet[53]. Six jours plus tard, Roosevelt annonça l'arrivée en Islande « afin de compléter et peut-être finalement de remplacer la force britannique », comme il dit, même si la relève des troupes britanniques commença aussitôt[54]. L'envoi de *marines*, plutôt que de soldats de l'armée de terre, permit au Président de contourner les restrictions – point très sensible dans l'opinion publique – du Selective Service Act, qui empêchait les conscrits de servir hors de l'hémisphère occidental. Les *marines* étaient des volontaires, des soldats de métier, et c'est ainsi qu'ils se considéraient : ils ne faisaient donc pas partie des *boys*, que Roosevelt, à peine quelques mois plus tôt, avait promis de ne pas envoyer combattre dans des guerres étrangères[55].

De toute évidence, l'acte n'avait rien de neutre. C'est un Churchill exultant qui déclara à la Chambre des communes que c'était un « événement d'une portée politique et stratégique de premier ordre, l'une des choses les plus importantes qui soient arrivées depuis le début de la guerre[56] ». En privé, il confia un sentiment que partageait l'ambassadeur britannique à Washington, lord Halifax, à savoir que sa signification tenait à ce qu'il accélérait l'intervention américaine dans la guerre aux côtés de la Grande-Bretagne[57]. De fait, il rapprocha bel et bien les États-Unis des hostilités dans l'Atlantique. Peut-être, ainsi qu'on l'a soutenu,

« si Roosevelt franchit jamais sciemment le seuil entre la volonté d'aider la Grande-Bretagne pour rester à l'écart de la guerre et l'aider en entrant dans la guerre, ce fut probablement en juillet 1941[58] ».

Huit jours après le débarquement des troupes américaines, l'Islande était censée faire partie de l'hémisphère occidental, alors même que « tout le monde reconnaît qu'elle appartient à l'hémisphère oriental et qu'elle est donc logiquement attachée au continent européen[59] ». C'est en Islande que se rencontraient la zone de défense américaine et la zone de combat allemande. Les perspectives d'« incidents » impliquant les sous-marins allemands et la marine américaine, maintenant engagée dans la défense de l'Islande mais aussi dans l'escorte de convois américains jusqu'à l'île, étaient désormais bien plus grandes qu'elles ne l'avaient été. Mais, d'après un sondage, 61 % des Américains approuvaient l'occupation de l'île, contre 20 % seulement qui s'y opposaient[60]. Malgré ses craintes d'une « explosion virulente » contre l'initiative[61], le Président entraînait pas à pas la population avec lui jusqu'au seuil de la guerre. Mais il continuait de prendre soin de ne pas la brusquer, de ne pas la pousser trop loin ni trop vite. Alors que l'occasion semblait propice à la mise en place d'une escorte pour les convois non américains, Roosevelt se garda bien de la saisir.

Les débats enflammés qui se déchaînèrent en juillet-août autour de l'amendement du Selective Service Act allaient montrer que la sensibilité du Président à l'opinion publique était justifiée. L'enjeu n'était rien de moins que ce que le général Marshall appela la « désintégration de l'armée[62] ». Si l'administration n'avait pas réussi à faire passer au Congrès les amendements qu'elle proposait, la grande armée envisagée dans le cadre du Victory Program en cours de préparation en vue d'un engagement futur en Europe eût été impossible. La vigueur du sentiment public dans le pays ainsi que la bataille acharnée qui se livra au Congrès rappelèrent à point nommé à Roosevelt que, quel que fût le degré d'empressement à soutenir la Grande-Bretagne – et maintenant aussi l'Union soviétique –, l'opposition à toute idée d'envoyer des soldats américains combattre à l'étranger restait plus véhémente que jamais.

Le Selective Service Act d'août 1940 avait autorisé l'armée à incorporer jusqu'à 900 000 hommes, mais uniquement pour une période d'un an, à moins que le Congrès (et non le Président) ne décrétât que la sécurité nationale était en danger. Une clause supplémentaire stipulait que les conscrits ne devaient pas servir hors de l'hémisphère occidental (condition que Roosevelt contourna en occupant l'Islande avec des *marines*). La proclamation en mai par le Président d'un état d'urgence national illimité n'eut aucune incidence sur la loi ; les dirigeants du Congrès expliquèrent à Roosevelt qu'ils ne pourraient pas réunir assez de voix pour l'amender ; et la date d'expiration se profilait pour les premiers conscrits à l'automne. De surcroît, les familles réclamaient dans tout le pays le retour de leurs *boys* à la maison, alors que dans l'armée même le moral des recrues était si bas qu'il semblait que beaucoup fussent sur le point de déserter s'ils n'étaient pas libérés à la date promise. La situation était à tous égards épineuse, voire critique, pour le Président. Sa première inclination fut, comme souvent, de se montrer prudent. Il souhaitait éviter une bagarre au Congrès. Stimson, Knox et surtout Marshall bataillèrent des jours durant pour persuader Roosevelt d'affronter le Parlement. De toute évidence, on ne pourrait esquiver longtemps ce problème. Il finit par accepter de braver une opposition large et inévitable.

Le 10 juillet furent introduites trois résolutions d'amendement à la loi initiale : garder les conscrits aussi longtemps que durait l'urgence nationale ; autoriser leur envoi au-delà de l'hémisphère occidental ; et supprimer la limite supérieure des effectifs de l'armée fixée à 900 000 hommes. L'opposition fut âpre et se conforma, pour l'essentiel, aux divisions politiques partisanes. Comme c'était à prévoir, les attaques les plus véhémentes vinrent des républicains. Mais beaucoup de démocrates qui avaient épaulé les mesures antérieures étaient aussi très inquiets des implications de l'autorisation qui était donnée au Président d'envoyer des troupes à l'étranger. L'habituel noyau dur de l'opposition isolationniste put donc compter, à cette occasion, sur une base élargie de soutien dicté par l'inquiétude : les membres du Congrès s'alarmaient notamment de la réaction possible de leur clientèle électorale s'ils votaient le maintien de « leurs garçons » sous les drapeaux. Le 7 août, le Sénat finit par approuver le projet à une majorité relativement confortable de 45 contre 30. L'essentiel du drame se déroula cependant à la Chambre des représentants : à la fin des débats, le projet ne fut adopté qu'à une voix de majorité – 203 oui contre 202 non[63].

On devait plus tard en parler, dans une hyperbole bien pardonnable, comme de l'« une des batailles les plus décisives de la guerre[64] ». Si le vote avait tourné autrement, l'administration aurait sans doute été obligée d'introduire de nouvelles mesures pour empêcher que ses plans militaires ne fussent dénaturés. Mais un temps précieux eût été perdu. L'attaque contre Pearl Harbor, quatre mois plus tard, aurait frappé un pays dont l'armée eût été en pleine dissolution[65]. De manière très significative, alors que la perspective d'un conflit mondial se précisait de jour en jour, le vote eut valeur d'avertissement pour Roosevelt : selon le sénateur Burton K. Wheeler, le grand prêtre de l'isolationnisme, « l'Administration ne pourrait obtenir une résolution du Congrès pour une déclaration de guerre[66] ».

Tandis que ces débats passionnés préoccupaient le Congrès et une bonne partie du pays, Roosevelt et Churchill se retrouvaient pour la première fois depuis leur entrée en fonctions. Le sommet donna une forme tangible aux mots prononcés par Churchill un an plus tôt, à savoir que la Grande-Bretagne – avec son empire – et les États-Unis se « mélangeaient un peu[67] ». Pour Churchill, un tête-à-tête avec Roosevelt était d'une importance capitale. « Rien ne doit venir contrarier son amitié pour le Président dont tant dépendait », avait noté l'un des aides du Premier ministre. Que Roosevelt eût voulu le sommet était significatif, pensait Churchill. Il ne l'aurait pas fait « s'il n'envisageait quelque nouveau pas[68] ». Or, rien de bien important ne figurait sur l'agenda de Roosevelt. Il voulait autant que possible coordonner la politique sur un certain nombre de problèmes vitaux, aplanir les différences et apprendre à connaître Churchill. Mais il ne pensait pas à ce que Churchill espérait : une décision de lancer l'Amérique dans la guerre[69].

Les projets de sommet remontaient au printemps. Les pourparlers cruciaux se déroulèrent en secret entre le 9 et le 12 août à bord du croiseur lourd américain *Augusta* et du cuirassé britannique *Prince de Galles*, qui avait transporté Harry Hopkins et Churchill à travers l'Atlantique jusqu'à Placentia Bay, au large d'Argentia, la colonie minière désaffectée de Terre-Neuve. Roosevelt et Churchill étaient venus accompagnés de leurs plus hauts responsables militaires et diplomatiques. Les discussions se déroulèrent à bord des deux bâtiments, ancrés l'un à côté de l'autre[70].

Le champ couvert fut très large, de l'aide à l'Union soviétique et des convois dans l'Atlantique à la menace japonaise en Asie du Sud-Est et à l'ordre de l'après-guerre. Curieusement, peut-être, la Conférence atlantique porta moins sur l'Atlantique que sur le Pacifique. Hitler étant préoccupé par la progression de la Wehrmacht en Russie, le danger à l'ouest avait au moins temporairement régressé. L'occupation américaine de l'Islande s'était faite sans heurts. Une sorte d'impasse inconfortable prévalait dans l'Atlantique. En Extrême-Orient, en revanche, la tension avait monté fortement depuis l'invasion par le Japon du sud de l'Indochine et l'embargo pétrolier décrété par les Américains. La menace la plus immédiate paraissait venir de cette direction. En termes d'action concrète, il ne sortit pas grand-chose des discussions. Churchill prôna une ligne américaine forte sur toute nouvelle expansion japonaise qui eût été l'équivalent d'un ultimatum. Roosevelt accepta d'employer un « langage dur » pour mettre en garde l'ambassadeur du Japon à Washington à son retour, même si, finalement, une intervention du département d'État l'amena à baisser le ton. Malgré l'embargo pétrolier, la politique restait la dissuasion, non pas la provocation. L'objectif était de maintenir le Pacifique tranquille aussi longtemps que possible[71].

Pour ce qui est de l'Atlantique, les Britanniques repartirent de la Conférence avec des encouragements, même s'il n'avait pas occupé autant de place dans les échanges. Décevant les espoirs de Churchill, Roosevelt s'était empressé d'exclure un engagement immédiat de l'Amérique dans la guerre. En revanche, on convint de deux mesures qui paraissaient de nature à rapprocher le moment de l'intervention.

Roosevelt craignait vivement que la pénétration d'agents nazis dans le ventre de l'Afrique n'ouvrît à Hitler la voie d'une attaque rapide à travers la péninsule Ibérique vers l'Afrique du Nord[72]. La distance relativement courte qui séparait le ventre de l'Afrique du Brésil dans l'Atlantique Sud était depuis longtemps un souci des stratèges américains, qui y voyaient la voie la plus simple permettant à des troupes allemandes de prendre pied sur le continent américain. Pour parer le danger, Roosevelt promit volontiers à Churchill (qui avait esquissé le risque d'une poussée allemande pour s'emparer de Gibraltar, porte des routes de l'Atlantique Sud mais aussi point de contrôle de l'entrée en Méditerranée) d'envoyer des forces occuper les Açores dès que les Britanniques parviendraient à arranger une invitation du Portugal (analogue à celle de l'Islande)[73]. Il n'en sortit rien. Finalement, les Allemands ne touchèrent pas à Gibraltar, rendant inutiles, tout au moins à ce stade, une requête du Portugal et l'occupation des Açores par les troupes américaines.

Un second point d'accord procura quelque satisfaction à Churchill. Roosevelt finit par accepter de donner des escortes armées à tous les convois, et pas seulement aux bâtiments américains et islandais qui traversaient l'Atlantique Ouest jusqu'à l'Islande. Les navires britanniques pourraient enfin compter sur la protection américaine. Les « faucons » de son cabinet exhortaient le Président à le faire depuis des mois. L'amiral Stark envoya depuis Placentia Bay des instructions qui devaient prendre effet à compter du 16 septembre[74]. Le Président avait pris une décision importante (elle n'avait que trop tardé, aux yeux des Britanniques) qui équivalait au « début des hostilités non déclarées avec l'Allemagne[75] ». Du moins est-ce ainsi que le comprit Churchill. En réalité, il ne s'agissait encore que de plans d'urgence, la mise en œuvre concrète de l'escorte attendant toujours un ordre présidentiel. De retour à Washington, il ne fit rien, dans un premier temps, pour l'accélérer[76]. Des problèmes techniques et logistiques – organiser les communications avec les renseignements de la marine britannique, et veiller à ce que les navires fussent au bon endroit au bon moment, par exemple – s'opposaient à un démarrage immédiat[77]. Mais la vraie difficulté du Président était d'ordre politique : il ne savait pas encore comment il allait l'annoncer à la population et aborder la question au Congrès[78]. D'après le compte rendu que fit Churchill des discussions au cabinet britannique, le Président lui avait dit « s'aventurer en terrain glissant dans ses relations avec le Congrès ». Lui demander une déclaration de guerre, avait poursuivi Roosevelt, provoquerait trois mois de débat. (En réalité, il était convaincu d'essuyer une défaite de l'ordre de deux ou trois contre un s'il demandait au Congrès de déclarer la guerre[79].) Le Président avait dit qu'il ferait plutôt « la guerre, mais sans la déclarer, et qu'il multiplierait les provocations [...]. Il rechercherait un "incident" qui justifierait l'ouverture des hostilités[80] ».

Dans les faits, la Conférence s'acheva sans grands résultats. Elle n'en fut pas moins importante. C'est d'elle que sortit la Charte de l'Atlantique : une déclaration de principes d'inspiration largement américaine sur l'après-guerre tel que l'envisageaient les États-Unis et la Grande-Bretagne. Si l'accouchement des huit points de la Charte – au fond, une déclaration des objectifs de guerre des démocraties – n'avait pas toujours été facile, l'accord final sur la formulation fut trouvé le 12 août. Deux jours plus tard, le texte était rendu public. La Charte proclamait que les États-Unis et le Royaume-Uni ne recherchaient aucun agrandissement territorial ou autre, ne désiraient aucun changement territorial au-delà des souhaits des peuples concernés, respectaient le droit de tous les peuples à choisir leur forme de gouvernement, s'efforceraient de promouvoir l'égalité d'accès au commerce et aux matières premières, travailleraient pour le progrès économique et la sécurité sociale de tous et, enfin, œuvreraient pour la paix mondiale et le désarmement[81].

La Charte, initialement conçue à des fins de propagande, devait prendre par la suite une grande valeur historique en tant que liste des droits et principes démocratiques qui allaient incarner la mission des Nations unies. Mais, à l'époque, la vraie valeur de la Conférence atlantique résidait moins dans cette proclamation d'objectifs de guerre abstraits que dans les relations personnelles qu'elle permit de cimenter entre Roosevelt et Churchill : si nobles fussent-ils, ils ne pouvaient, à leurs yeux, remplacer de fermes déclarations politiques conjointes[82]. Ainsi s'établit entre les deux dirigeants une entente d'une importance capitale, sur des bases personnelles, directes. Le sentiment de confiance né de cette conférence devait résister à toutes les vicissitudes de la guerre.

Le sommet laissa sa marque sur les deux parties. Pour Churchill, il évoquait le dessein partagé des deux pays, dont un symbole émouvant, pour lui, avait été le service religieux commun, le dimanche 10 août, sur la plage arrière du *Prince de Galles*, les marins britanniques et américains chantant à l'unisson des hymnes qu'il avait choisis sous les gros canons du navire tandis que les couleurs des deux pays étaient tendues, côte à côte, sur la chaire. Plus tard, il qualifia d'« étonnant [...] le seul fait que les États-Unis, encore techniquement neutres, se fussent joints à une puissance belligérante » pour établir la Charte de l'Atlantique[83]. Pour Roosevelt aussi, le sommet compta, et pas simplement en raison de la déclaration commune des buts de guerre consacrés par la Charte. Comme Churchill, il avait été très touché par le symbolisme du service religieux sur le *Prince de Galles*, la « note dominante » de toute la conférence, comme il en fit l'observation. « Quand bien même il ne se serait rien passé d'autre pendant que nous étions là, cela nous aurait soudés », se souvint de l'avoir entendu dire son fils Elliott, présent à bord[84]. Il avait établi de bons rapports personnels avec Churchill. Mais il était aussi satisfait de la tonalité de la conférence, qui reconnaissait implicitement le leadership américain dans l'alliance informelle avec la Grande-Bretagne et son empire[85]. Et si officiellement il n'avait pas convenu de grand-chose au cours de la conférence, il s'était fait une idée plus claire de la pensée stratégique britannique et des moyens de gagner la guerre contre Hitler avec l'aide américaine[86]. Il commençait à voir plus clairement que le front Est était la clé de l'issue de la guerre, et sa détermination à fournir une aide à l'Union soviétique s'exprima dans le chaleureux message que Churchill et lui adressèrent à Staline le 12 août, dernier jour de la conférence, qui proposait un sommet à Moscou (comme l'avait suggéré Hopkins lors de sa visite) pour organiser l'aide à long terme[87]. Il était également prêt, désormais, à délaisser la neutralité pour jouer dans la « bataille de l'Atlantique » un rôle belligérant plus actif équivalant à une guerre limitée et non déclarée contre l'Allemagne. Une guerre qui exposait les États-Unis au risque accru de se voir entraîner dans les hostilités[88].

Pour autant, on n'était pas plus près de trouver une réponse à la question cruciale du moment où les États-Unis entreraient dans la guerre. Certes, les propos de Roosevelt sur la provocation d'un incident semblaient suggérer que ce n'était qu'une affaire de temps. Mais quand cela pourrait-il se faire ? Dans une perspective britannique, la situation ne pouvait durer indéfiniment. Il n'y avait pourtant guère de raisons de penser que l'entrée en guerre de l'Amérique était imminente. La nouvelle du vote affreusement serré sur le renouvellement du Selective Service Act, parvenue à Placentia Bay au dernier jour de la conférence, était peu encourageante[89]. Quant à Churchill, son enthousiasme initial au retour de la conférence avait été vite douché par l'accueil au pays[90]. Non seulement la réaction de l'opinion fut discrète (comme aux États-Unis), mais le bilan des discussions ne parut guère inciter le cabinet à croire que les États-Unis seraient bientôt en guerre aux côtés de la Grande-Bretagne. Lord Beaverbrook, le ministre du Ravitaillement de Churchill, avait fait un tour à Washington après Placentia Bay et avait rapporté qu'il n'y avait aucune chance de voir les États-Unis entrer dans la guerre à moins qu'une attaque directe contre leur territoire ne les y forçât. Ce que l'on estimait fort peu probable tant que la Grande-Bretagne et la Russie ne seraient pas vaincues[91]. Que Roosevelt eût repoussé la critique des isolationnistes alarmés en objectant que la Conférence atlantique n'avait pas le moins du monde rapproché les États-Unis de la guerre n'était pas fait pour remonter le moral en berne des Britanniques[92].

Vers la fin août, c'est un Churchill déprimé qui adressa à Harry Hopkins l'« un des messages les plus sombres qu'ait jamais reçus la Maison-Blanche d'un Premier ministre d'ordinaire bouillant et confiant ». Churchill y insistait sur les lourdes pertes de la marine britannique face aux sous-marins allemands dans l'Atlantique : 50 000 tonnes dans les deux derniers jours. « Je ne sais ce qui adviendra si l'Angleterre combat seule quand arrivera 1942 », ajoutait-il. Les sous-marins de Hitler se tenaient à l'écart de la zone définie comme relevant de l'hémisphère occidental, si bien que l'on ne « pouvait guère envisager un "incident" assez grave pour entraîner les États-Unis dans la guerre »[93].

Moins d'une semaine après le message découragé de Churchill à Hopkins cependant survint un incident qui donna l'occasion à Roosevelt de rendre publique sa politique d'escorte et qui rapprocha les États-Unis de la guerre.

III

Le 4 septembre, en début de matinée, un bombardier britannique patrouillant à quelque 265 kilomètres au sud de l'Islande repéra un sous-marin allemand, le U-652, au point de chevauchement de la zone allemande de combat et de la zone de sécurité américaine. Le sous-marin plongea pour éviter le danger immédiat. Mais sa position fut signalée à un destroyer américain qui se trouvait dans les parages, le *Greer*, et acheminait du courrier et quelques passagers militaires en Islande. Comme il n'escortait pas de navire américain, le *Greer* n'était pas autorisé à attaquer : officiellement, il ne pouvait que rapporter la position du sous-marin. Le *Greer* décida néanmoins de se rapprocher et suivit la trace du sous-marin submergé pendant plus d'une heure, repérant sa position au sonar et transmettant ses indications au bombardier britannique, qui largua quatre grenades sous-marines. Celles-ci manquèrent de beaucoup leur cible, et le bombardier regagna sa base. Mais la poursuite continua. Une heure et demie plus tard, suivant le signal radio du *Greer*, un autre avion britannique arriva pour traquer le sous-marin. La poursuite durait depuis près de quatre heures quand le commandant du sous-marin, craignant vraisemblablement que ses batteries ne tombent en panne et ne l'obligent à remonter à la surface, décida d'inverser les rôles. Il lança deux torpilles en direction du *Greer*, sans résultat. Le destroyer répliqua en lançant huit grenades sous-marines, qui n'infligèrent que des dégâts mineurs au U-652. Un autre destroyer britannique arriva sur place une heure plus tard et largua à son tour une grenade sous-marine, sans plus d'effet. Le *Greer* fit une dernière tentative pour détruire le sous-marin en milieu d'après-midi, larguant onze autres grenades qui manquèrent cependant de beaucoup leur cible. C'est seulement en début de soirée, une dizaine d'heures après le début de la chasse, que le *Greer* renonça et mit le cap sur l'Islande[94].

Un compte rendu radio de l'incident fut aussitôt transmis à Washington et mis à la disposition du Président. Sur-le-champ, le département de la Marine publia un communiqué de presse faisant état d'une attaque sous-marine contre le *Greer*[95]. Le lendemain 5 septembre, lors de sa conférence de presse, Roosevelt insista sur la nature délibérée de l'attaque du sous-marin, en plein jour, contre un navire pourvu d'un numéro d'identification, battant pavillon américain et se trouvant dans la zone de sécurité américaine. Il ajouta qu'il avait donné l'ordre d'« éliminer » le sous-marin si l'on parvenait à le trouver[96].

À ce stade, le Président n'avait sans doute pas une connaissance détaillée des faits. Il ne fut pas question, naturellement, du harcèlement auquel s'était livré le *Greer*. Le U-652 aurait pu protester qu'il avait tiré ses torpilles pour se défendre. Il n'était pas non plus certain qu'il eût repéré qu'il s'agissait d'un bâtiment américain. Il avait été attaqué par des avions britanniques, dans la zone allemande de combat, et par le plus grand des hasards avait aperçu grâce à son périscope un destroyer à quatre cheminées semblable à ceux transférés à la Grande-Bretagne à l'automne précédent[97]. Mais, maintenant qu'il avait le genre d'occasion qu'il attendait, toutes ces considérations n'étaient pas de nature à dissuader Roosevelt.

Ce jour-là, le 5 septembre, au déjeuner, le Président esquissa à l'intention de Harry Hopkins et de Cordell Hull les grandes lignes de son discours à la nation, prévu de longue date. À la lumière de l'incident du *Greer*, il entendait le prononcer la semaine suivante. Il comptait ne pas y aller par quatre chemins. Hull, visiblement non moins scandalisé par ce qui s'était passé, s'exprima aussi énergiquement. Mais quand le secrétaire d'État résuma ses vues sur le papier pour les envoyer à la Maison-Blanche, des doutes germèrent et il ne fit aucune recommandation d'action. En l'absence du Président (qui s'était rendu à Hyde Park aux obsèques de sa mère), Hopkins et le juge Samuel Rosenman, l'autre principal rédacteur des discours du Président, travaillèrent au discours sans aucune contribution du département d'État. Ils intégrèrent certains passages rédigés par le Président lui-même (ils eurent l'occasion de s'entretenir avec lui au téléphone au cours de la rédaction). Quand Roosevelt regagna Washington, le discours était quasiment prêt. Il le testa dans la soirée, le 10 septembre, sur Stimson, Knox et Hull, qui l'approuvèrent chaleureusement. Quelques légères modifications furent apportées à la formulation. Puis, le lendemain matin, Roosevelt le lut à un groupe de membres influents du Congrès. Il ne déplut qu'à un seul, un républicain isolationniste. Alors même qu'il avait acquiescé la veille au soir, le secrétaire d'État avait commencé à avoir de nouveau des doutes. Il dit à Hopkins que le « discours était trop fort » et souhaitait voir éliminer « toute allusion au premier à tirer ou à toute espèce de tir ». Il parla à Roosevelt dans le même sens. Mais la teneur du discours ne fut pas édulcorée[98]. Il fut parmi les plus fermes que le Président eût jamais faits.

Roosevelt démarra dans la même veine que lors de sa conférence de presse, six jours plus tôt. L'attaque du *Greer* avait eu lieu dans la zone d'autodéfense américaine, en plein jour, alors qu'il n'y avait aucune méprise possible sur l'identité du navire. « Je vous dis les choses brutalement, déclara-t-il, à savoir que le sous-marin allemand a ouvert le feu sur ce destroyer américain sans avertissement, et dans le dessein délibéré de le couler. » Il en parla comme d'un « acte de piraterie, légalement et moralement », et se référa à divers incidents, dont le torpillage du *Robin Moor*, un navire marchand, en juillet, qui n'avait pas provoqué de représailles, histoire de montrer que l'affaire du *Greer* n'était pas un cas isolé, mais faisait « partie d'un plan général ». Le dessein nazi, poursuivit-il, était d'acquérir le contrôle absolu des mers en prélude à la domination de l'hémisphère occidental par la force des armes. Suivit une allusion désobligeante visant les isolationnistes. Les Américains ne pouvaient continuer à se complaire dans l'« idée romantique » qu'ils « pourraient continuer de vivre pacifiquement et heureusement dans un monde sous domination nazie ». Aucun apaisement n'était possible. Il fallait tirer un trait là-dessus. Les axes de ravitaillement des ennemis de Hitler devaient rester ouverts, et la liberté des mers être défendue. Il recourut à une métaphore éloquente (adaptant une observation de l'un de ses invités à déjeuner, un peu plus tôt[99]) pour faire bien comprendre la nécessité d'une attaque préventive dans l'Atlantique. « Quand vous voyez un serpent à sonnettes prêt à frapper, vous n'attendez pas qu'il attaque pour l'écraser. Ces sous-marins et ces raiders nazis sont les serpents à sonnettes de l'Atlantique. » L'image était marquante. Il en vint ensuite à ses implications politiques, et à l'introduction cruciale – très tardive, aux yeux de certains, de l'escorte des convois. « À nos patrouilles navales et aériennes, qui opèrent désormais en grand nombre sur une vaste étendue de l'Atlantique, incombe le devoir de défendre la politique américaine de liberté des mers – aujourd'hui. Cela signifie très simplement, très clairement, que nos vaisseaux et nos avions en patrouille protégeront tous les navires marchands – pas seulement ceux qui battent pavillon américain, mais tous les pavillons – qui se livrent au commerce dans nos eaux défensives. » L'objectif, insista-t-il, était exclusivement défensif. Mais vint ensuite la mise en garde explicite à l'Axe : « À compter de ce jour, si des navires de guerre allemands ou italiens pénètrent dans les eaux, dont la protection est nécessaire pour la défense américaine, ils le font à leurs risques et périls[100]. »

Lorsque le Président eut terminé son discours, l'hymne national, portant l'émotion à son comble, fit se lever le public – famille, amis, conseillers et un fort contingent de journalistes – rassemblé dans la salle de réception diplomatique de la Maison-Blanche pour écouter le discours (retransmis dans le monde entier à la radio)[101]. Le Président s'était montré plus habile que ses adversaires. Il avait introduit l'escorte des convois. Les ordres officiels arrivèrent deux jours plus tard. Les escortes commencèrent le 16 septembre[102]. « Ainsi le problème trop longtemps en souffrance des escortes navales américaines fut-il résolu par une déclaration de guerre ouverte », a-t-on pu dire justement pour résumer ce qui s'était passé[103].

S'il n'avait pas employé l'expression, il avait sans conteste initié une politique du « tir à vue ». Le lendemain, la manchette du *New York Times* annonçait : « Roosevelt ordonne à la marine de tirer la première[104]. » Comme il était à prévoir, les isolationnistes protestèrent vigoureusement[105]. Mais l'opinion publique approuva le « tir à vue » par 62 % contre 28. Cela montrait bien l'impact de l'incident du *Greer*, et de l'exploitation qu'en fit le Président. Deux jours auparavant, une courte majorité de 52 % s'était déclarée favorable au « convoyage » par la marine américaine des matériaux de guerre à destination de la Grande-Bretagne[106]. La population américaine avait été rassemblée derrière une politique qui était quasiment assurée d'entraîner les États-Unis dans de futurs affrontements armés avec les bâtiments allemands dans l'Atlantique. La guerre ouverte était au coin de la rue. Comme le déclara l'amiral Stark, le chef des opérations navales, le 22 septembre : « Pour ce qui est de l'Atlantique, nous y sommes presque, si nous n'y sommes pas vraiment[107]. »

À l'époque et depuis, ses détracteurs accusèrent Roosevelt d'avoir dupé le peuple américain moyennant une « gigantesque conspiration pour le plonger dans la guerre » (comme le prétendit le *Chicago Tribune*, isolationniste à tous crins)[108]. Dans son discours sur le *Greer*, il s'était assurément montré économe de la vérité à propos de l'incident. Il avait passé sous silence les circonstances : la longue poursuite et le harcèlement du U-652 avant que celui-ci ne tirât sa salve de torpilles. S'il était exact que le sous-marin avait tiré le premier, ce n'était pas sans provocation. Les Américains ne surent rien de tout cela. En affirmant que l'affaire du *Greer* relevait d'une attaque nazie systématique contre les navires américains, Roosevelt avait aussi déformé la réalité. En un sens, il était surprenant qu'il y ait eu non pas tant, mais si peu d'incidents. Toutefois, le Président et ses conseillers militaires avaient bien compris que Hitler ne chercherait probablement pas un conflit ouvert dans l'Atlantique avant d'avoir écrasé l'Union soviétique. (En fait, Roosevelt ne pouvait le savoir, mais Hitler avait donné des ordres exprès pour interdire toute provocation dans l'Atlantique tant qu'il avait les mains occupées à l'est[109].) Les partisans du Président objectèrent qu'il n'était pas parfaitement informé des détails de l'incident. Mais si, lors de sa conférence du 5 septembre, le Président n'était pas encore tout à fait au courant des faits, il était peu probable que ce fût toujours le cas six jours plus tard. (La réticence de Hull à propos de la déclaration tenait peut-être précisément au fait que légalement, dans cet incident, le droit était loin d'être sans équivoque du côté américain.) Que Roosevelt ait eu recours à un tour de passe-passe dans son discours n'est guère douteux. Était-ce justifié ?

Lui-même légitima son action en invoquant les intérêts de la défense nationale et il y voyait l'obligation claire et incontournable d'un Président[110]. On peut difficilement prétendre qu'il a eu tort, compte tenu de la menace à long terme que représentait le régime de Hitler[111]. Avait-il le choix ? L'éventail de ses options était en fait alors très restreint. S'il n'avait pas craint l'hyperbole pour rendre l'introduction des escortes plus agréable aux Américains, la politique elle-même restait en accord avec les initiatives prudentes mais cohérentes prises au cours des mois précédents. Stimson ne fut que l'un de ceux qui firent valoir d'emblée que la logique du prêt-bail, approuvée par le Congrès, nécessitait la protection du matériel expédié outre-Atlantique. Le seul choix effectif auquel Roosevelt ait été confronté en septembre 1941 était d'agir comme il le fit, de prendre le risque d'un nouveau débat âpre et prolongé, suivi d'une défaite possible au Congrès, ou alors de tirer un trait sur l'incident du *Greer* et de retarder encore l'introduction des escortes.

Les deux autres solutions eussent comblé la minorité isolationniste sans offrir de véritable alternative. Le problème stratégique de l'attitude à adopter face à la menace allemande (exacerbée par la montée des tensions dans le Pacifique) n'aurait aucunement disparu ou diminué. Et manquer l'occasion d'introduire des escortes eût été braver les conseils qu'il recevait de ses experts militaires. C'eût été aussi renier la promesse faite à Churchill à Placentia Bay et donc, potentiellement, porter préjudice à l'Alliance atlantique dont dépendait la défaite ultime de Hitler. C'eût été aussi prendre des risques immenses concernant la capacité britannique future de continuer le combat. Comme le dirent les experts militaires de Roosevelt le jour même de son discours, le 11 septembre, « le renforcement immédiat et conséquent des forces britanniques dans l'Atlantique par des contingents navals et aériens américains, avec un fort tonnage supplémentaire, sera nécessaire si l'on veut que le Royaume-Uni reste dans la guerre[112] ». Et Roosevelt avait toujours pensé que les intérêts de la défense des États-Unis seraient irrémédiablement compromis si la Grande-Bretagne était forcée de capituler ou de négocier un règlement défavorable, laissant Hitler en charge du continent européen et maître de l'Atlantique. Roosevelt n'avait cessé de le faire valoir : l'idée isolationniste prônant qu'il suffisait que l'Amérique fît l'autruche pour que Hitler la laissât tranquille n'était qu'une dangereuse illusion. En 1941, dans leur propre intérêt, les États-Unis ne pouvaient se permettre de rester sur la touche pour suivre la « bataille de l'Atlantique ».

Roosevelt suivit la seule ligne d'action possible. Son exploitation de l'incident du *Greer* fut une manœuvre politique habile, non pas un abus de pouvoir. Elle avait rassemblé la majorité de l'opinion derrière la politique de l'escorte comme il n'aurait probablement jamais pu le faire auparavant. Lord Halifax, l'ambassadeur de Grande-Bretagne à Washington, expliqua ainsi à Churchill le dilemme du Président tel que lui-même le percevait : manœuvrer entre « 1) le désir de 70 % des Américains de rester à l'écart de la guerre ; [et] 2) le désir de 70 % des Américains de tout faire pour briser Hitler, même si cela signifie la guerre[113] ». Une fois de plus, le « hâte-toi lentement » du Président s'était révélé fécond et justifié. Mais il n'y avait pas d'erreur possible sur ce point : il avait bel et bien conduit les États-Unis au seuil d'un conflit total avec l'Allemagne nazie. Les escarmouches sporadiques pouvaient-elles se poursuivre indéfiniment ? Ou suffisait-il désormais de peu pour transformer la « guerre non déclarée » en conflagration générale qui exigerait d'envoyer des garçons se battre – chose que le Président avait exclue au cours de sa campagne électorale moins d'un an plus tôt ?

La seconde éventualité semblait désormais la plus probable, avec l'inévitable multiplication des incidents qui se produisirent à l'automne dans l'Atlantique. La nouvelle qui filtra peu après la « causerie au coin du feu » de Roosevelt, le 11 septembre, allait dans le même sens : le Président avait discuté avec des leaders du Congrès de mesures visant à abroger le Neutrality Act de 1939[114]. Mais l'automne passant sans que les heurts dans l'Atlantique ne provoquent de grand embrasement, la première possibilité, celle d'une guerre non déclarée se prolongeant indéfiniment, commença de sembler plausible. En tout état de cause, le danger de guerre dans le Pacifique était désormais au moins aussi grand que celui d'un conflit avec l'Allemagne. Et c'était un élément que le Président ne devait pas perdre de vue en décidant de la manière de réagir face aux incidents de l'Atlantique.

IV

Ces incidents ne devaient pas tarder à se matérialiser. Quand, le 19 septembre, fut torpillé le *Pink Star*, cargo danois battant pavillon panaméen mais réquisitionné par l'US Maritime Commission, la question fut posée de la nécessité d'armer les navires marchands, chose interdite par le Neutrality Act de 1939[115]. Le torpillage de divers autres navires de fret battant pavillon panaméen quoique appartenant à des Américains – ruse pour éviter de violer la législation sur la neutralité – souleva le même problème[116].

C'est le torpillage au sud de l'Islande le 17 octobre d'un autre destroyer américain, le *Kearny*, qui fournit à Roosevelt la meilleure occasion de mettre en évidence les insuffisances du Neutrality Act compte tenu du changement de circonstances. Le *Kearny* était l'un des quatre destroyers américains qui avaient répondu à l'appel au secours d'un convoi sous escorte canadienne attaqué par une « meute » sous-marine. Plusieurs bâtiments sombrèrent au cours d'une longue bataille nocturne avec les maraudeurs. Les destroyers lancèrent une grêle de grenades sous-marines, mais, pendant la mêlée, une torpille frappa le *Kearny*. Endommagé, sans être coulé, le destroyer put regagner tant bien que mal l'Islande. Mais 11 membres de l'équipage avaient trouvé la mort, et 24 étaient blessés[117]. Ce fut un moment poignant pour une nation qui n'était pas officiellement en guerre.

Roosevelt ne laissa pas échapper sa chance. Le 27 octobre, le « Navy and Total Defense Day » lui donna l'occasion d'un discours notoirement fougueux, le plus franc avant Pearl Harbor.

« Nous avons souhaité ne pas avoir à tirer. Mais les tirs ont débuté. Et l'histoire se souvient de qui a tiré le premier, commença-t-il. L'Amérique a été attaquée. » Dans la même veine, il poursuivit : « La torpille de Hitler visait chaque Américain. » Il s'agissait d'« effrayer les Américains pour les tenir à l'écart de la haute mer, les forcer à battre retraite en tremblant ». Il fit état de cartes secrètes, en sa possession, avec des plans allemands pour dominer l'Amérique du Sud, ainsi que du dessein nazi d'éradiquer la religion – des faux britanniques avalés par un Président crédule[118] –, se servant de « ces sombres vérités » pour discréditer ces isolationnistes (sans se référer directement à eux) qui faisaient un cadeau aux nazis en laissant paraître la désunion apparente des Américains. Comme dans ses discours antérieurs, il insista sur le choix radical qu'il faudrait faire, pour le monde futur, entre la liberté américaine et la tyrannie nazie, et promit une fois encore la destruction complète de l'hitlérisme. Les États-Unis, enchaîna-t-il, produisaient toujours plus d'armes pour ceux qui étaient engagés dans les combats. « Et la volonté de la nation est que ces armes vitales et fournitures en tout genre ne soient ni enfermées dans les ports américains ni coulées au fond de l'océan. » C'était pour ne pas s'être laissé intimider que des navires américains avaient été coulés et des marins tués. « Je dis que nous n'entendons pas encaisser sans broncher. Notre détermination à ne pas céder s'est exprimée à travers l'ordre donné à la marine américaine de tirer à vue. Ces ordres tiennent toujours. » Puis il en vint au problème de la législation sur la neutralité : « Il faut armer nos navires marchands américains pour leur permettre de se défendre contre les serpents à sonnettes de la mer. Nos navires marchands américains doivent être libres de transporter nos produits américains dans les ports de nos amis. Nos navires marchands américains doivent être protégés par notre flotte américaine. » C'était la « défense nationale totale ». Il acheva sa péroraison sur une note d'émotion : « Aujourd'hui, face à ce nouveau défi, le plus grand de tous, nous autres, Américains, nous sommes mis en ordre de bataille, et avons rejoint nos postes de combat. Nous sommes prêts, pour défendre notre nation et dans la foi de nos pères, à accomplir notre devoir plein et entier tel que Dieu nous a donné la capacité de le voir[119]. » On aurait dit le prélude à une déclaration de guerre. Mais aucune demande au Congrès n'allait suivre.

Si l'on en croit un commentaire plus tardif de la plume de Roosevelt, Samuel Rosenman, le Président avait cru, au début de la guerre européenne en septembre 1939, que les États-Unis pourraient se tenir à l'écart. Son point de vue resta le même en 1940. Mais alors qu'aucun incident décisif ne le fit changer d'avis, il en arriva progressivement à la conclusion, en 1941, que l'engagement américain était pour ainsi dire inévitable[120]. Cette conviction se heurtait cependant à des réalités politiques intérieures. S'adressant à lord Halifax, après l'affaire du *Greer*, Roosevelt aurait dit que, « s'il demandait une déclaration de guerre, il ne l'aurait pas, et que l'opinion se retournerait contre lui[121] ». Telle était toujours sa position. Sa politique consistait donc à attendre que les choses arrivent.

L'automne avançant, Roosevelt se sentait les mains liées par trois considérations. Sur la scène intérieure, les révisions de la législation sur la neutralité proposées au Congrès et l'escalade du conflit dans l'Atlantique avaient réveillé les vociférations isolationnistes. En termes de production et de réarmement, les États-Unis n'étaient pas encore prêts à la guerre. Et alors que la marmite commençait de bouillir en Extrême-Orient, la question était de savoir combien de temps Roosevelt pourrait maintenir le couvercle en place. Comme il l'avait dit plus tôt cette même année, il manquait de navires à envoyer à travers le monde et la guerre dans le Pacifique l'obligerait à détourner des moyens de l'Atlantique[122]. Ce fut peut-être quelque mélange de ces considérations qui amena Roosevelt à adopter une ligne étonnamment modérée, en comparaison de sa réaction aux incidents du *Greer* et du *Kearny*, quand, le 31 octobre, un autre destroyer américain, le *Reuben James*, se fit attaquer par un sous-marin à 965 kilomètres à l'ouest de l'Irlande. Dans cet incident, le plus grave des trois chocs impliquant des cuirassés américains, une torpille toucha le magasin de munitions du destroyer, qui coula en cinq minutes, coûtant la vie à 115 hommes. Compte tenu du discours incendiaire de Roosevelt à la suite des précédentes attaques, qui avaient fait moins de dégâts et moins de victimes, sa retenue à cette occasion est frappante. Elle est le signe que, malgré ses précédentes déclarations bellicistes, il était encore loin d'être prêt à prendre le prétexte d'un heurt dans la « guerre non déclarée » de l'Atlantique pour entraîner les États-Unis dans des hostilités générales.

S'il avait été à l'affût d'une occasion de déclarer la guerre – et il n'y a pas la moindre preuve qu'il y ait songé au cours de ces mois –, la question des révisions du Neutrality Act l'en eût dissuadé.

L'abrogation d'au moins certaines sections de la législation de 1939 découlait logiquement de la mise en œuvre du prêt-bail. Si l'on voulait transporter outre-Atlantique des armes et des marchandises, il était sensé d'armer les bâtiments de la marine marchande et de veiller à ce que les navires américains pussent transporter leurs cargaisons jusqu'en Grande-Bretagne. La question de demander au Congrès d'abroger les sections concernées fut évoquée au printemps 1941. Mais Cordell Hull l'avait déconseillé en arguant de la force de l'opposition isolationniste[123]. Il paraît s'être ravisé fin juin, quand il exhorta le Président à discuter d'urgence de l'amendement de la loi avec les leaders du Congrès. Roosevelt engagea ces discussions, sans se sentir assez sûr pour aller plus loin avant que l'incident du *Greer*, début septembre, ne lui en donnât l'occasion[124]. Au cours de la dernière semaine du mois, Hull proposa des modifications plutôt que l'abrogation totale de la loi (dont l'administration avait intérêt à continuer de contrôler certaines parties, comme la collecte de fonds pour les belligérants)[125].

Le Président reçut des principaux membres de son administration quantité d'avis contradictoires sur les risques d'un verdict défavorable du Congrès[126]. Dans le pays, sous l'influence de grands titres de la presse, l'opinion soutenait les amendements. Un sondage Gallup du 5 octobre indiqua que 70 % des personnes interrogées estimaient que battre Hitler importait davantage que garder le pays à l'écart de la guerre[127]. Mais convaincre l'opinion du Congrès était une autre paire de manches. La sensibilité isolationniste s'exacerba une fois encore. L'adoption des amendements au Congrès n'allait pas de soi.

Début octobre, les discrets coups de sonde lancés au Sénat donnèrent à penser que le Président était bien avisé d'y aller prudemment. Roosevelt décida de tâter le terrain en ne commençant par abroger que la section VI, qui interdisait l'armement des navires marchands – point sur lequel on espérait un fort degré de consensus. Il soumit la proposition au Congrès le 9 octobre. Ce fut le début d'un nouveau débat virulent. Le dénouement approchait quand arriva la nouvelle de l'attaque du *Kearny*. Probablement eut-elle un impact. Le 17 octobre, la Chambre des représentants approuva l'abrogation de la section VI à une confortable majorité (259 contre 138). Malgré tout, il s'était quand même trouvé 113 républicains pour rejeter cette mesure[128].

Quand la résolution d'abroger les sections II et III (excluant les transports maritimes américains de zones de combat désignées) fut soumise au Sénat, elle suscita une rancœur plus vive encore. Le discours belliciste de Roosevelt après l'attaque du *Kearny*, puis le torpillage du *Reuben James* enflammèrent l'opposition isolationniste[129]. Un isolationniste forcené proposa que Roosevelt demandât au Congrès de voter sur la question de l'entrée des États-Unis dans la guerre. Il n'y avait aucun danger de voir le Président tomber dans un piège aussi évident. La suggestion même suffit à montrer à Roosevelt que sa prudence était fondée : s'il suivait cette voie, « il irait au-devant d'une défaite certaine et désastreuse[130] ». Le Sénat finit par adopter la résolution le 7 novembre, mais par une majorité peu confortable de 50 voix contre 37. De nouveau, la plupart des républicains se rangèrent dans l'opposition. Depuis le début de la guerre en Europe, c'était la plus faible majorité enregistrée au Sénat sur un problème de politique étrangère[131]. À la Chambre des représentants, ce fut encore pire. Les amendements ne furent approuvés qu'à une majorité de 18 voix : 212 pour, 194 contre[132]. Roosevelt avait obtenu ce qu'il voulait. Mais la bataille autour des conséquences logiques de ce qui avait été accepté des mois plus tôt avec la mise en œuvre de la loi sur le prêt-bail montra une fois encore très clairement que toute velléité d'obtenir du Congrès une déclaration de guerre aurait été couronnée d'un échec retentissant.

V

Que les amendements à la législation sur la neutralité fussent passés de justesse prouvait que les accrochages de l'Atlantique, comme ceux qui avaient impliqué le *Greer*, le *Kearny* et le *Reuben James*, étaient loin d'être suffisants pour persuader le Congrès que les États-Unis devaient officiellement entrer en guerre[133]. Or, sans la probabilité d'obtenir une déclaration de guerre, Roosevelt n'avait pas le choix. La seule solution était de poursuivre la « guerre non déclarée ».

En tout état de cause, cette solution avait la préférence de Roosevelt. « Nous ne voulons pas d'une guerre déclarée avec l'Allemagne, déclara-t-il début novembre lors d'une conférence de presse, parce que chaque action relève de la défense, de la légitime défense[134]. » Depuis plus d'un an, toute sa politique avait été d'apporter une aide maximale à la Grande-Bretagne (et plus récemment à l'Union soviétique) dans le cadre de la défense américaine, dans l'espoir, toujours plus mince, que les États-Unis pussent rester à l'écart des combats directs. N'en déplaise à ses détracteurs qui l'accusèrent de travailler par des moyens détournés à plonger le pays dans la guerre, tout indique que le Président était sincère dans les expressions antérieures de son abomination de la guerre, mais qu'il en était progressivement arrivé à contrecœur à la conclusion que l'engagement de l'Amérique était tout à la fois inévitable et nécessaire pour assurer la défaite de Hitler[135].

Il existait cependant de bonnes raisons de différer aussi longtemps que possible l'heure de l'entrée en guerre[136]. Plus l'Amérique pourrait rester officiellement hors des combats, plus elle pourrait avancer dans la constitution de son arsenal et dans la mobilisation d'une économie de guerre. De plus, une déclaration de guerre aurait certainement fait s'élever des voix dans le pays : que les armes et le matériel actuellement livrés à la Grande-

Bretagne et en Union soviétique fussent plutôt affectés aux forces armées de l'Amérique ; ce qui n'aurait pas manqué d'affaiblir – plutôt que de renforcer – la résistance à Hitler sur le front européen à court terme… peut-être avec des conséquences désastreuses. De ce fait, les pertes de la marine américaine face aux sous-marins dans l'Atlantique auraient probablement grimpé en flèche. Il y avait aussi de bonnes raisons de craindre qu'une déclaration de guerre contre l'Allemagne n'entraînât aussitôt dans la guerre le Japon – l'allié de Hitler dans le Pacte tripartite. Avoir à combattre dans le Pacifique compliquerait certainement la lutte contre Hitler, logiquement considérée comme essentielle[137]. À l'automne, les signes foisonnaient : l'entrée du Japon dans la guerre n'était plus qu'une affaire de temps. La politique américaine n'en restait pas moins de différer ce moment le plus longtemps possible.

Au-delà de ces considérations, restait, comme toujours, la question de l'opinion publique, et pas seulement celle de l'opposition du Congrès. D'après les sondages, l'opinion était mieux disposée envers Roosevelt et sa politique en matière de guerre que le Congrès, où les isolationnistes irréductibles pouvaient toujours compter sur l'appui supplémentaire de ceux qui, pour diverses raisons, voulaient mettre des bâtons dans les roues du Président. Il était toutefois impossible de faire comme si un fort pourcentage de l'opinion ne s'opposait pas systématiquement à l'entrée en guerre. Peut-être pouvait-on en gagner une partie. Mais les énergiques discours de Roosevelt n'avaient pas réussi à entamer vraiment sa résolution. Il fallait bien regarder les choses en face : sauf attaque dirigée contre les États-Unis, une déclaration de guerre, même dans l'éventualité peu probable où il serait possible de la faire passer au Congrès, créerait sans doute une fracture profonde dans le pays.

Il semble que Roosevelt se soit décidé pendant l'automne 1941 pour une période aussi longue que possible d'hostilités partielles et non déclarées avec l'Allemagne. Peut-être pour se justifier d'éviter ce que Churchill réclamait depuis si longtemps, le Président avait déclaré à lord Halifax que, en tout état de cause, « les déclarations de guerre étaient passées de mode[138] ». La façon discrète et limitée dont, à la fin novembre et au début décembre, il introduisit les convois escortés à travers l'Atlantique en direction de la Grande-Bretagne (puis de la Russie) ne donne pas à penser qu'il était pressé de sortir de l'impasse des relations avec l'Allemagne. Dans le scénario idéal de Roosevelt, cette situation aurait pu durer des mois[139]. Cette stratégie n'en avait pas moins une durée de vie limitée. Le Victory Program, finalement présenté au Président en septembre (et provoquant un formidable tollé quand une fuite malencontreuse permit au *Chicago Tribune*, le principal organe isolationniste, d'en publier les détails dans la première semaine de décembre[140]), avait somme toute conclu que la défaite de Hitler passait par l'envoi de millions d'hommes en Europe en 1943[141]. Le plan en question pronostiquait la défaite de l'Union soviétique avant cette date. Mais même si l'armée Rouge résistait mieux que les stratèges américains ne l'avaient prévu, abattre Hitler supposait de faire combattre des soldats américains dans une guerre au sol en Europe. Le document était explicite : « Si l'on veut vaincre nos ennemis européens, les États-Unis devront entrer dans la guerre[142]. » Roosevelt espérait pouvoir retarder ce jour-là. Mais il ne pourrait être reporté indéfiniment si l'on voulait écraser le nazisme[143].

Le Victory Program recommandait de « tenir le Japon en échec en attendant de futurs développements[144] ». À la fin du mois de novembre 1941, ceux-ci se préparaient. Grâce à l'interception des dépêches diplomatiques japonaises, la Maison-Blanche savait que l'agression était imminente. Roosevelt avait espéré entraîner les États-Unis au seuil de la guerre – mais pas au-delà – dans l'Atlantique, et tenir le Japon en respect. Ces espoirs furent cependant anéantis avec les bombes qui, le 7 décembre 1941, par une matinée claire et ensoleillée, s'abattirent sur des navires américains au mouillage, très loin, dans le Pacifique Sud.

Ce furent sans conteste de terribles événements du point de vue américain. Mais Roosevelt, qui s'était efforcé de retarder la participation directe de son pays à la conflagration mondiale tout en s'y préparant, tenait enfin l'incident susceptible d'entraîner un peuple uni dans la guerre.

8

Tokyo, automne 1941
Le Japon décide d'entrer en guerre

Si nous laissons échapper l'occasion présente d'entrer en guerre, nous devrons nous soumettre au diktat américain. J'estime donc inévitable que nous décidions d'engager la guerre contre les États-Unis.

Hara Yoshimichi, président du Conseil privé,
5 novembre 1941

D'ici deux ans, nous n'aurons plus de pétrole à usage militaire. Les navires ne pourront plus bouger. Quand je pense au renforcement des défenses américaines dans le sud-ouest du Pacifique, à l'expansion de la flotte américaine, à l'Incident de Chine qui n'a pas trouvé de dénouement, et ainsi de suite, je ne vois pas de fin à nos difficultés. Nous pouvons bien parler d'austérité et de souffrance, mais notre peuple peut-il endurer longtemps une pareille vie ?

Tojo Hideki, Premier ministre japonais,
5 novembre 1941

Au cours de l'été 1941, de nouvelles options s'ouvrirent soudain aux dirigeants japonais. Comme l'année précédente, celles-ci tenaient aux conséquences mondiales immédiates d'événements survenus très loin. Comme auparavant, Hitler avait pris l'initiative décisive. L'invasion allemande de l'Union soviétique, le 22 juin 1941, comme la victoire sur la France, très exactement un an plus tôt, prirent au dépourvu l'élite du pouvoir nippone, malgré les avertissements clairs qu'elle avait reçus.

L'attaque hitlérienne anéantit d'un coup l'espoir japonais de construire une coalition de forces avec l'Allemagne, l'Italie et l'Union soviétique pour dissuader les puissances occidentales d'engager les hostilités en Extrême-Orient contre le Japon qui s'efforçait d'instaurer sa domination sur la « Sphère de coprospérité de la Grande Asie orientale ». L'âme de cette stratégie avait été le ministre des Affaires étrangères Matsuoka Yosuke qui, en avril, à la suite de visites à Berlin et à Rome, avait manigancé un spectaculaire succès diplomatique avec la signature du Pacte de neutralité soviéto-nippon à Moscou. Cette stratégie était désormais ruinée. Tout laissait penser que l'Union soviétique, malgré les différences idéologiques, allait demander à la Grande-Bretagne et à l'Amérique de la soutenir dans le conflit avec l'Allemagne nazie. Diplomatiquement, le Japon se retrouverait plus isolé que jamais. Et il n'y avait toujours pas d'issue en vue s'agissant du bourbier chinois.

Les dirigeants du Japon étaient très divisés dans leur appréciation des opportunités et des dangers apparus. Du jour au lendemain s'était clairement posée la question d'une stratégie de rechange. Le Japon devait-il différer, au moins temporairement, la politique d'expansion dans le sud déterminée l'été précédent, au profit d'une avancée au nord, qui le conduirait à frapper l'Union soviétique à l'est au moment où le régime stalinien vacillait sous l'effet de l'offensive dévastatrice de l'Allemagne à l'ouest ? Il y avait apparemment de nombreuses raisons de saisir la chance qui se présentait. Ce renversement drastique des priorités trouva des avocats puissants, le plus fervent étant Matsuoka lui-même. Avec l'exubérance qui le caractérisait, il abandonna purement et simplement la stratégie qu'il prônait depuis des mois. « Les grands hommes savent changer d'avis, déclara-t-il. Je conseillais avant d'aller au sud, et maintenant je suis partisan du nord[1]. »

À la tête de l'armée de terre, d'aucuns se réjouirent aussi de la perspective de porter un coup fatal à l'ennemi traditionnel du nord. Mais les chefs de l'armée de terre étaient plus prudents que Matsuoka. Somme toute, le Japon avait perdu près de 17 000 hommes, tués ou blessés, dans les affrontements qui l'avaient opposé dans l'été 1939 aux troupes soviétiques – l'« incident de Nomonhan » – sur une portion de territoire disputé le long de la frontière de la Mandchourie et de la Mongolie. Ils étaient moins assurés que Matsuoka de la victoire allemande en Union soviétique. Et ils savaient bien que les forces soviétiques étaient très supérieures en nombre au contingent japonais déployé dans le nord. Le déploiement des forces nécessaires à une offensive dans le nord ne pouvait se faire du jour au lendemain. Ils préféraient donc voir comment la guerre germano-soviétique allait tourner avant de se lancer dans une attaque au nord, qui à ce stade serait une entreprise hasardeuse. Quant à la marine, elle restait en tout état de cause attachée à la progression dans le sud[2].

Matsuoka se retrouva donc de plus en plus isolé. Il se heurta bientôt à l'opposition conjointe de représentants de l'armée de terre et de la marine. Dans une série de réunions, fin juin, ses plans essuyèrent un échec complet. L'option nord fut exclue, ou tout au moins ajournée jusqu'à la victoire totale de l'Allemagne dans sa guerre contre l'Union soviétique. Défait et manquant de soutiens dans les hautes sphères, Matsuoka dut abandonner les Affaires étrangères à la mi-juillet, pour laisser la place à un homme plus accommodant, l'amiral Toyoda Teijiro.

Peu après, le Japon prit une initiative capitale dans son plan d'expansion méridionale. À la suite de pressions sur la France de Vichy, une force japonaise de 40 000 hommes (plus tard portée à 185 000) entra le 28 juillet en Indochine[3]. Le Japon était désormais en position de couper les axes de ravitaillement de Tchang Kaï-chek passant par la route de Birmanie. Et l'accès au pétrole des Indes orientales néerlandaises était maintenant ouvert. Informée à l'avance de l'opération par ses services secrets, l'administration américaine avait déjà commencé à prendre des mesures de représailles. Le 23 juillet, le secrétaire d'État américain, Cordell Hull, déclara à l'ambassadeur japonais en poste à Washington, Nomura Kichisaburo, qu'il mettait fin aux délibérations engagées depuis des mois, pour l'essentiel officieusement, dans l'espoir d'enrayer la dégradation des relations entre les deux pays. Trois jours plus tard, tous les actifs japonais aux États-Unis étaient gelés (les jours suivants, la Grande-Bretagne, le Canada, les Philippines, la Nouvelle-Zélande et les Pays-Bas en firent autant[4]). Le Japon ne pouvait plus acheter de pétrole en Amérique. Soucieux d'éviter de provoquer une invasion des Indes orientales hollandaises, le président Roosevelt répugna à décréter un embargo total sur le pétrole. Il restait possible d'exporter de petites quantités de pétrole de mauvaise qualité, inutilisable pour les avions. À ce stade, le Président semble avoir pensé que des restrictions temporaires auraient un effet plus dissuasif qu'un arrêt brutal et complet. Mais son intention fut déjouée par les « faucons » du Trésor et de l'Economic Defense Board, formé depuis peu, qui allaient refuser de libérer les moindres fonds, même pour du pétrole de qualité inférieure. Roosevelt ne découvrit que début septembre que le Japon n'avait plus reçu de pétrole après le 25 juillet[5]. De fait, un embargo total frappait les exportations de pétrole à destination du Japon[6]. L'armée japonaise avait fait une grave erreur de calcul en persistant à croire que l'Amérique ne décréterait pas un embargo total sur le pétrole[7]. Le gouvernement Konoe fut tout près de céder à la panique[8]. Sans pétrole, la quête de puissance et de prospérité du Japon était condamnée. Or, le Japon ne possédait plus que deux années de réserves de pétrole et ses autres ressources s'amenuisaient à vue d'œil[9]. L'horloge tournait[10].

L'avancée dans le sud ne pouvait plus attendre. Le Japon devait s'assurer du pétrole des Indes orientales hollandaises. Mais c'était aussi la certitude d'un affrontement avec les autorités hollandaises, ainsi qu'avec la Grande-Bretagne et, encore plus effrayant pour le Japon, avec les États-Unis. L'Amérique, la Grande-Bretagne et les Pays-Bas n'étaient pas seulement alliés. Leurs intérêts étaient aussi liés au destin de la Chine, où les nationalistes de Tchang Kaï-chek, avec l'aide des Occidentaux, étaient engagés depuis plus de quatre ans dans un conflit âpre et brutal contre les Japonais : un conflit auquel on ne voyait pas d'issue et qui avait déjà coûté des centaines de milliers de vies. Le Japon se préparait donc à l'éventualité d'une gigantesque épreuve de force avec ce que l'on devait appeler les puissances ABCD (américaine, britannique, chinoise et hollandaise – *D* pour *Dutch*). La position de l'Amérique (avec les incitations de la Grande-Bretagne) s'était considérablement durcie au cours de l'été. Du coup, le Japon s'était trouvé un peu plus acculé dans l'angle où sa propre politique l'avait poussé. En août 1941, les perspectives étaient sombres. L'intransigeance l'emportait des deux côtés. La guerre commençait à sembler inévitable. La seule question paraissait être : quand ? Les dés étaient jetés. Mais l'étaient-ils vraiment ?

Rétrospectivement, le cours de la guerre du Pacifique paraît sans détour. Mais à l'époque, même à l'automne, les dirigeants japonais croyaient encore qu'il existait des possibilités d'éviter le conflit. L'éventail des options, s'il s'était rétréci, demeurait ouvert. De fait, tel était le cas. À l'automne 1941, il y avait encore des personnages de poids pour s'opposer à la guerre : le Premier ministre Konoe, le ministre des Affaires étrangères Toyoda et l'empereur Hirohito lui-même. Jusque dans la direction de l'armée de terre et de la flotte, il y avait des hésitations, et beaucoup d'inquiétudes quant aux conséquences de la guerre. Dans les élites, les avis étaient partagés. Certains, surtout dans l'armée (soutenue par le chauvinisme de l'opinion dont la belligérance était attisée depuis des années par des médias manipulés), étaient d'un enthousiasme naïf. D'autres étaient craintifs. Il était impossible de gagner une guerre qui serait sans doute très longue. Elle aurait pour le Japon des conséquences calamiteuses incalculables. Beaucoup plus cultivaient un fatalisme de samouraï. La guerre venait. Elle pouvait même signifier la destruction du Japon. Mais il fallait l'endurer. Il n'était pas question de reculer. Périr dans l'honneur valait mieux que survivre dans la honte.

Telles étaient, à grands traits, les mentalités permettant de comprendre les options du Japon telles qu'elles étaient perçues à l'automne 1941. Fin novembre, le choix fatidique avait été fait. Ce serait la guerre. La flotte était déjà partie pour Pearl Harbor. Comment en était-on arrivé à cette décision capitale ?

I

En août 1941, après que les Américains eurent décrété l'embargo pétrolier, les nuages d'orage commencèrent de s'amonceler sur le Pacifique. Certains dirigeants japonais, anciens partisans de l'assurance qui avait conduit à cette fâcheuse posture, étaient maintenant saisis par l'angoisse et les pressentiments.

Le nouveau ministre des Affaires étrangères, Toyoda Teijiro, essaya de combler l'abîme qui ne cessait de se creuser entre les intérêts américains et japonais en avançant des propositions élaborées le 5 août et présentées à Washington le lendemain. Il stipulait que le Japon n'avait aucunement l'intention de stationner des troupes dans le sud-ouest du Pacifique au-delà de l'Indochine française. Et son pays était prêt à garantir la neutralité des Philippines (possession américaine). Ces concessions étaient tout ce que le Japon avait à offrir. En contrepartie, les États-Unis devraient cesser leurs opérations militaires dans le sud-ouest du Pacifique, et presser la Grande-Bretagne et les Pays-Bas d'en faire autant. Les États-Unis coopéreraient aussi à l'acquisition par le Japon de ressources naturelles dans les Indes orientales néerlandaises, rétabliraient des relations commerciales normales, feraient office de médiateur pour mettre fin à la guerre en Chine, et accepteraient la position spéciale du Japon en Indochine, même après le retrait de ses troupes[11]. Du point de vue américain, l'offre n'était guère alléchante. Elle resta lettre morte.

Une autre initiative vint d'encore plus haut. S'il avait soutenu sans réserve le programme expansionniste du Japon et appuyé la poursuite de la guerre en Chine, le Premier ministre, le prince Konoe Fumimaro, était maintenant si troublé par le cours des choses qu'il envisagea une ultime tentative désespérée pour éviter un conflit avec l'Amérique, qui paraissait de plus en plus inévitable. Il proposa une rencontre personnelle avec le président Roosevelt, à Honolulu ou en mer, au cœur du Pacifique[12]. Une telle proposition était sans précédent dans l'histoire japonaise. Et elle n'allait pas sans dangers, tant physiques que politiques, pour le Premier ministre. S'adressant aux chefs de l'armée, il justifia son initiative, non pas par le désir d'aplanir à tout prix les différences avec les États-Unis, mais par celui de montrer au monde que le Japon avait fait le maximum pour éviter la guerre. « Si l'on en arrive à la guerre après avoir fait tout ce qui était possible, on n'y pourra rien, déclara-t-il. En ce cas, nous aurons eu le temps de mûrir notre résolution, et le peuple aussi y sera pleinement préparé. De plus, il sera clair aux yeux du monde que nous avons démontré notre bonne foi en nous donnant cette peine[13]. » En privé, il semble qu'il ait été prêt à quelques concessions limitées, comme le retrait des troupes d'Indochine. D'après le témoignage ultérieur de ses proches, Konoe, au besoin, aurait sollicité l'aval de l'empereur par télégramme et consenti aux concessions afin de déjouer les manœuvres de l'armée de terre et de sauver la paix[14]. Compte tenu de la faiblesse de caractère et de l'indécision habituelles de Konoe, on est en droit de douter qu'il eût été capable d'une telle hardiesse. Et eût-il fait des concessions de nature à influencer les Américains, elles se seraient très certainement heurtées à l'opposition de l'armée et d'une opinion publique violemment antiaméricaine. Konoe échappa à au moins deux tentatives d'assassinat venant de nationalistes fanatiques[15]. Quelques années auparavant seulement, le gouvernement avait changé plus d'une fois des suites d'un assassinat. Ainsi que des voix amicales l'en avertirent, Konoe n'aurait probablement pas survécu pour raconter l'épisode. S'il pensait vraiment pouvoir déjouer les manœuvres de l'armée par ce stratagème, il sous-estimait grandement l'emprise de ses chefs, de l'armée de terre aussi bien que de la marine, sur les leviers du pouvoir au Japon.

Lors d'une audience accordée le 4 août à Konoe, l'empereur approuva l'idée d'un sommet avec le président Roosevelt et le pressa d'agir sans tarder[16]. Le ministre des Affaires étrangères, Toyoda, approuva également la démarche, y voyant un dernier espoir d'éviter la catastrophe. Oikawa Koshiro, le ministre de la Marine – souvent hésitant, ambivalent et oscillant dans ses vues –, était disposé à accompagner la suggestion. Peut-être imaginait-il que les chances de réussite étaient minces. Il savait certainement que les préparatifs de la marine étaient bien avancés, et que son corps expéditionnaire serait quasiment prêt à passer à l'action début septembre[17]. Plus carré, le ministre de l'Armée de terre, Tojo Hideki, ne donna qu'un accord sous réserve au nom de son arme. Il ne s'opposerait pas à l'initiative, mais seulement à condition que Konoe fût disposé à défendre les principes fondamentaux, non négociables, de la politique japonaise, et fût prêt à engager le Japon dans une guerre contre les États-Unis si Roosevelt ne voulait rien entendre[18].

En deçà des échelons ministériels, d'autres militaires étaient encore moins bien disposés envers l'initiative de Konoe. Le chef de l'état-major général de la marine, Nagano Osami, s'en tenait dogmatiquement à l'idée qu'il fallait rompre les négociations diplomatiques avec les États-Unis, et que le Japon devait entrer en guerre. Chez les stratèges de la flotte, l'idée prévalait que le sommet prévu n'était qu'un « étrange artifice ». On n'était guère plus tendre au sein de l'armée de terre. Son chef d'état-major général, Sugiyama Gen, et le chef de la division opérationnelle, le « faucon » Tanaka Shin'ichi, étaient disposés à admettre la démarche de Konoe comme « un ultime effort », puisque, « si Roosevelt se méprend sur les véritables intentions de notre empire et persiste à poursuivre la même politique éculée, on ne saurait élever d'objections pour nous empêcher d'affronter la situation avec la ferme résolution d'entrer dans la bataille avec les États-Unis ». Autrement dit, un échec probable légitimerait la guerre. Et il y avait un autre avantage : « Nous ne pouvons pas dire que Konoe ne peut se rendre aux États-Unis. Nous estimons à 80 % certain que son voyage se soldera par un échec, mais s'il échoue, nous aurons coincé le Premier ministre, quand bien même il refuserait de démissionner. » La manœuvre avait donc toute chance de produire le changement de leadership politique au Japon qui, pour beaucoup, n'avait que trop tardé. Sugiyama et Tanaka n'en lancèrent pas moins un appel à la prudence : coincer Konoe ? « Autant essayer de clouer de la gelée à un mur[19]. »

L'ambassadeur du Japon à Washington, Nomura Kichisaburo – un amiral à la retraite, grand homme borgne et accommodant qui maîtrisait mal l'anglais et faisait des courbettes à tout bout de champ mais dont les vues étaient relativement proaméricaines –, reçut donc pour consigne le 7 août d'essayer d'arranger un sommet entre Konoe et Roosevelt[20]. Abreuvé de synthèses des dépêches japonaises interceptées par le système MAGIC, le secrétaire d'État Cordell Hull réagit froidement. L'affaire du sud de l'Indochine avait confirmé ses hypothèses. « Rien ne les arrêtera que la force », avait-il dit le 2 août[21]. Six jours plus tard, il dit sèchement à Nomura : « Nous ne pourrons entamer des consultations que lorsque le Japon cessera d'employer la force. » L'idée d'un sommet ne l'intéressait guère, observant qu'il ne rimait à rien de la soumettre à Roosevelt sans preuve d'un changement de la politique japonaise[22].

Dans le même temps, Roosevelt était occupé par un autre sommet, bien réel celui-ci. Du 9 au 12 août 1941, il poursuivit ses discussions avec Winston Churchill, à Placentia Bay, à Terre-Neuve. Pour les puissances occidentales, le rappel de l'attachement à la liberté, à la paix, au libéralisme économique et au rejet de la force dans les affaires internationales énoncé dans la Charte de l'Atlantique signée à la fin de leur conférence historique était une proclamation énergique de principes nobles. Dans une perspective japonaise, en revanche, le communiqué commun de Roosevelt et de Churchill avait d'autres accents. Ses principes mêmes semblaient menaçants. Comme le rapporta le principal journal de Tokyo, *Asahi*, ils paraissaient simplement rappeler la détermination des puissances occidentales à perpétuer un « système de domination mondiale sur la base de la vision anglo-américaine du monde[23] ». La conclusion tirée était que seule la soumission du Japon à cet objectif éviterait la guerre. À Tokyo comme à Washington, les augures n'étaient guère prometteurs quant au genre de concessions susceptibles de conjurer la guerre qui pourraient être faites à l'occasion d'un sommet Konoe-Roosevelt.

À bord du croiseur américain *Augusta*, au cours de leurs discussions de Placentia Bay, Churchill avait pressé Roosevelt d'adopter une ligne dure avec les Japonais. Mais Roosevelt était plus enclin à essayer de gagner du temps. Il ne se faisait aucune illusion sur les intentions japonaises, puisque les Américains étaient au courant depuis des mois de leurs dépêches secrètes. Mais retarder le déclenchement des hostilités ne serait-ce que de quelques semaines faciliterait les préparatifs militaires américains et aiderait les Britanniques, assura-t-il, à développer leurs défenses autour de Singapour. « Je crois pouvoir les dorloter trois mois », expliqua-t-il à Churchill[24].

Quand il reçut Nomura, le 17 août, à son retour de Placentia Bay, Roosevelt lui remit un avertissement (élaboré au cours du sommet avec Churchill et fondé sur le projet de celui-ci) : toute nouvelle avancée japonaise dans le sud-ouest du Pacifique provoquerait des ripostes américaines qui pouvaient conduire à la guerre. Mais, s'éloignant de la ligne dure qu'il semblait avoir adoptée en présence de Churchill, le Président remit au Japonais une seconde note plus conciliante. Si le Japon choisissait de suspendre son expansionnisme pour se « lancer dans un programme de paix dans le Pacifique », il serait prêt à rouvrir les discussions avec lui. Il suggéra une rencontre mi-octobre à Juneau, en Alaska. Nomura était sûr de la sincérité de Roosevelt. « Il faut répondre sans laisser passer cette occasion », câbla-t-il à Tokyo. Son gouvernement devait « se prononcer à ce propos de toute urgence[25] ».

L'ambassadeur américain à Tokyo, Joseph C. Grew, fin connaisseur des affaires japonaises et rompu à leurs façons de penser, restait fermement convaincu qu'une diplomatie habile permettrait de sortir de l'impasse. Le 18 août, quand Toyoda, le ministre japonais des Affaires étrangères, l'informa de la proposition de sommet entre Roosevelt et Konoe, il adressa aussitôt un message à Washington pour exhorter son pays, « avec toute la force de son autorité, et afin d'éviter la possibilité manifestement croissante d'une guerre totalement vaine entre le Japon et les États-Unis, à ne pas écarter cette proposition japonaise sans la prendre pieusement en considération ». Il était sûr, précisa-t-il dans des dépêches ultérieures, que le gouvernement japonais était prêt à des concessions de grande ampleur. Il conseilla non pas une tentative immédiate de mise au point d'un plan d'ensemble de reconstruction de l'Extrême-Orient, mais un allègement progressif des sanctions américaines au gré des actions japonaises pour faire face aux engagements proposés[26].

La réponse japonaise à l'avertissement de Roosevelt et à la note qui l'accompagnait – un message cordial de Konoe et une lettre officielle – fut agréée le 26 août par la conférence de liaison[27]. Nomura les remit l'un et l'autre au président américain deux jours plus tard[28]. Dans son message personnel, protestant de sa bonne volonté et exprimant son regret des malentendus passés, Konoe réclamait un sommet le plus tôt possible, de préférence à Hawaii, « pour explorer les possibilités de sauver la situation ». La discussion des problèmes du Pacifique devait donner un cadre, et laisser les fonctionnaires régler plus tard les détails. La note officielle soulignait que les actions japonaises avaient été dictées par la nécessité de son pays d'assurer sa défense et soulignait la menace que représentaient les contre-mesures américaines. Mais le ton se voulait aussi conciliant. Le Japon était prêt, expliquait-il, à retirer ses troupes d'Indochine dès qu'une paix juste pourrait être instaurée en Asie de l'Est. Le Japon n'envisageait aucunement d'avancer dans les pays voisins ni d'attaquer l'Union soviétique : « En un mot, le gouvernement japonais n'a pas l'intention, sauf provocation, d'utiliser la force des armes contre un pays voisin[29]. »

Quand il reçut Nomura, Roosevelt se montra comme il se doit cordial, voire affable. Il était impatient, déclara-t-il, de passer trois ou quatre jours avec le prince Konoe. Il se dit ravi d'apprendre que le Premier ministre parlait bien l'anglais et suggéra que le sommet ait lieu à Juneau. Mais il ne proposa aucune date. En vérité, il continuait de « dorloter » le Japon. En tout état de cause, le secrétaire d'État Hull doucha les espoirs de sommet quand il reçut Nomura plus tard dans la soirée. Moins influencé par l'ambassadeur Grew que par le chef de la division des Affaires extrême-orientales du département d'État, le « faucon » Stanley K. Hornbeck, et davantage encore par les interceptions du système MAGIC, Hull se méfiait à juste titre d'un sommet sans ordre du jour précis et convenu d'avance. « Il nous semblait que le Japon voulait nous entraîner dans une conférence qui se terminerait par des déclarations générales, écrivit-il plus tard, lui permettant de les interpréter et de les appliquer ensuite à ses fins », tout en se prévalant de l'aval du Président. « Il était difficile de croire que le gouvernement Konoye [Konoe] aurait l'audace de souscrire à des propositions que nous pouvions accepter, ajouta-t-il. Les efforts pour améliorer les relations avec les États-Unis se heurtaient à une vigoureuse opposition au Japon[30]. »

Pendant ce temps, cette opposition n'avait pas ménagé ses efforts pour se frayer un chemin. Elle rassemblait, au fond, diverses factions, qui avaient chacune son ordre du jour au sein de l'armée et de la flotte, surtout chez les officiers d'échelon intermédiaire. Comme l'opposition, quelles que fussent les différences de faction, pouvait toujours se rabattre sur le caractère intangible des objectifs expansionnistes du Japon et sur la nécessité de s'assurer que les sacrifices de l'« Incident de Chine » n'avaient pas été vains, elle gardait de bonnes chances de bloquer toute initiative supposant des concessions significatives. Dans la première semaine de septembre, la contre-proposition aux projets de sommet Konoe-Roosevelt fut finalisée, puis confirmée comme politique nationale en présence de l'empereur. Elle revenait à décider que le Japon entrerait en guerre si un accord avec les États-Unis ne pouvait être trouvé dans un délai extrêmement bref : moins de six semaines.

II

Dès le 16 août, un jour avant que Roosevelt et Nomura n'évoquent à Washington la possibilité d'un sommet entre le Président et le prince Konoe, les chefs de bureau et de division de l'état-major de planification de l'armée de terre et de la marine se réunissaient à Tokyo pour discuter d'un projet de « Plan de mise en œuvre des politiques de l'empire ». L'essence de ce « plan », formulé par la marine, était que le Japon devait préparer la guerre tout en explorant la voie diplomatique. Il s'agissait au fond d'un compromis. La marine pensait que la décision de faire la guerre pouvait suivre la mobilisation ; l'armée de terre souhaitait l'ordre inverse. Mais dans le compromis, une chance des plus infimes était laissée à la diplomatie. Le compte à rebours des hostilités était déjà engagé. La marine avait fait savoir la veille à l'armée de terre qu'elle souhaitait qu'un accord fût trouvé sur les opérations avant le 20 septembre et que les préparatifs de guerre fussent achevés au 15 octobre. La mi-octobre était la date butoir envisagée pour les efforts de la diplomatie. Si un accord n'était pas trouvé d'ici là, le Japon emploierait la force. Au cours des deux semaines suivantes, les détails du « plan » furent réglés à l'occasion de rencontres quasi quotidiennes entre les états-majors. Les longues délibérations sur le moindre changement de formulation reflétaient les nuances des diverses factions et des intérêts de chacun. Mais il n'y eut aucun changement de fond. Les principes de base faisaient l'unanimité. Le document fut finalisé le 30 août et accepté comme « Éléments de mise en œuvre des politiques de l'empire[31] ». La stipulation critique était la suivante : « Si, d'ici le début du mois d'octobre, il n'y a toujours aucune perspective de voir nos exigences satisfaites à travers des négociations diplomatiques, nous déciderons aussitôt d'engager les hostilités avec les États-Unis (la Grande-Bretagne, la Hollande)[32]. »

Vu les exigences, les perspectives de succès diplomatique étaient maigres. Les États-Unis et la Grande-Bretagne devaient abandonner leur aide militaire et économique à Tchang Kaï-chek ; ils ne devaient pas étendre leur présence militaire en Extrême-Orient mais offrir au Japon les ressources économiques dont il avait besoin. En contrepartie, le Japon accepterait de ne pas avancer depuis l'Indochine vers les régions voisines, excepté la Chine, se retirerait d'Indochine sitôt une paix juste instaurée en Extrême-Orient, et était disposé à garantir la neutralité des Philippines[33]. En fait, la veille de la conférence de liaison du 3 septembre, convoquée pour discuter des « Éléments », Sugiyama, le chef d'état-major de l'armée de terre, adressa un coup de semonce à Konoe au cas où il montrerait le moindre signe de fléchissement. Il n'était pas question de vaciller sur les principes fondamentaux, souligna Sugiyama : l'alliance avec les puissances de l'Axe, la réalisation de la Sphère de coprospérité de la Grande Asie orientale et le stationnement de troupes en Chine[34]. Telle était la base de l'entente entre l'armée de terre et la marine. Sans le soutien de l'armée, aucun gouvernement civil ne pouvait survivre. Mais avec des principes fondamentaux aussi rigides que ceux défendus par l'armée (et très largement acceptés par les élites et l'opinion publique), aucune initiative diplomatique n'avait beaucoup de chances d'aboutir. Le dilemme dans lequel se trouvait maintenant enfermé Konoe était en partie de son fait. Il ne pouvait prendre ses distances par rapport aux principes de base qu'il avait lui-même contribué à établir depuis le début de la guerre en Chine ; mais s'il ne tempérait pas ces principes, il n'avait pas grand-chose, sinon rien, à offrir à Roosevelt au sommet qu'il avait encore l'intention de promouvoir.

Outre sa faiblesse foncière et son naturel indolent, la position fortement compromise de Konoe était sans doute la raison majeure des objections qu'il souleva le 3 septembre, lors d'une conférence de liaison qui dura sept heures et vit la discussion puis l'adoption des « Éléments ». L'autre principal avocat d'un règlement diplomatique présent lors de la réunion, le ministre des Affaires étrangères Toyoda, fut tout aussi docile. Ce sont donc les belliqueux chefs d'état-major, Nagano et Sugiyama, qui donnèrent le ton de la conférence. Si les deux hommes étaient disposés à tolérer une courte période de coups de sonde diplomatiques, leur premier souci était à l'évidence la préparation urgente d'une guerre jugée très probable. Aucun des deux ne voulait perdre une minute dans la mobilisation. La guerre, si elle devait venir – et tous deux la croyaient quasiment inévitable – devait arriver tôt. « Je suis certain qu'à l'heure actuelle nous avons une chance de gagner la guerre, déclara Nagano, mais je crains que cette occasion ne disparaisse avec le temps. » Son pronostic était de nature à susciter les doutes les plus graves sur la sagesse de la ligne qu'il proposait. Il espérait un affrontement rapide dans une bataille décisive avec l'ennemi dans les eaux japonaises. En soi, cela ne mettrait pas fin à la guerre, mais le Japon obtiendrait ainsi les ressources nécessaires pour mener une longue guerre. « Si, au contraire, observa franchement Nagano, nous entrons dans une longue guerre sans une bataille décisive, nous serons en difficulté, d'autant que nos sources de ravitaillement s'épuiseront. Si nous ne parvenons pas à obtenir ces ressources, il sera impossible de poursuivre une longue guerre. » Sa conclusion était que les forces armées n'avaient d'autre solution que de « pousser en avant ». Sugiyama acquiesça. La date butoir pour l'achèvement des préparatifs de guerre ne devait pas dépasser les dix derniers jours d'octobre. Les objectifs diplomatiques devaient être atteints dans les dix premiers jours du mois. « À défaut, conclut-il, nous devons aller de l'avant. Nous ne saurions laisser traîner les choses. » La raison essentielle qu'il invoqua était la possibilité d'agir dans le Nord au printemps suivant, ce qui était une priorité de l'armée de terre, pas de la marine.

Le reste de la conférence fut largement consacré à discuter de la formulation des amendements aux « Éléments » proposés. Chose frappante, il n'y eut pas d'objection de fond. Quoique longue, la réunion se déroula sans anicroches. Le document crucial, établissant un calendrier pour la décision d'entrer en guerre, fut accepté sans difficultés. Plus remarquable encore est le fait que le pronostic de Nagano – imprécis, éminemment spéculatif et pas vraiment encourageant – n'ait pas suscité de véritables questions, sans parler de critiques. Les stratèges de la marine eux-mêmes pensaient que le Japon aurait tout contre lui si la guerre se prolongeait, ce qui serait probablement le cas. Nagano en avait conscience. Mais sa propre incapacité à offrir plus qu'une détermination à entrer en guerre fondée sur le sentiment qu'il n'y avait pas d'autre solution et qu'il fallait s'en remettre à la chance ne suscita aucune résistance de la part de Konoe et de Toyoda, ni du reste de la conférence de liaison[35].

Le lendemain soir, le cabinet approuva sans discussion le document capital, prônant une politique qui vouait le Japon à la guerre. La dernière étape de l'adoption, la plus formelle, consistait à le présenter à la conférence impériale, siégeant en présence de l'empereur, le 6 septembre. Après quoi, le document aurait valeur de politique nationale consacrée : ayant reçu l'imprimatur de l'empereur, il serait quasiment impossible de le modifier.

La veille, Konoe se rendit au palais pour informer officiellement l'empereur des « Éléments », même si Hirohito était comme d'habitude au courant des événements et savait qu'il serait probablement bientôt appelé à prendre une « décision très grave[36] ». L'empereur s'alarma de ce qu'impliquait le document approuvé par la conférence de liaison. Il estimait qu'il donnait à la guerre le pas sur la diplomatie et demanda à Konoe de modifier la date butoir extrêmement dangereuse fixée pour les négociations (en octobre). La seule consolation que put lui offrir le Premier ministre est qu'il ferait son possible pour que les négociations aboutissent, mais il ajouta qu'il était difficile d'amender une décision prise par la conférence de liaison. Il suggéra à l'empereur de questionner les chefs d'état-major[37].

Un peu plus tard, Nagano et Sugiyama se présentèrent au palais, où Konoe les attendait. Hirohito s'enquit de la probabilité d'une victoire en cas de guerre avec les États-Unis. Quand Sugiyama répondit que la victoire était probable dans les trois mois, l'empereur se fâcha, chose qui était fort rare : « À l'époque de l'« Incident de Chine », l'armée de terre m'a dit que l'on pouvait obtenir la paix immédiatement après leur avoir infligé un coup avec trois divisions », objecta Hirohito avant d'ajouter : « Sugiyama, vous étiez ministre de l'Armée de terre à cette époque. » Sugiyama répondit maladroitement que la Chine était un immense territoire, et que le Japon avait rencontré des difficultés inattendues. « L'océan Pacifique n'est-il pas une région encore plus vaste ? », répliqua l'empereur. Il rappela à son chef d'état-major ses mises en garde de l'époque, puis lui demanda de but en blanc : « Sugiyama, seriez-vous en train de me mentir ? » Nagano vola au secours de son collègue pour le tirer d'embarras. Il reconnut que la victoire ne pouvait être totalement garantie. C'était pareil dans tous les conflits. Puis il eut recours à une analogie médicale. Si un médecin dit qu'il y a 70 % de chances de sauver un malade par une opération, mais que ne pas opérer signifierait la mort, on choisirait certainement la chirurgie. « Et si, après la chirurgie, le patient meurt, il faut dire que c'est le destin qui en a décidé ainsi. Telle est effectivement, reprit-il avec une logique douteuse, la situation que nous affrontons aujourd'hui [...]. Si nous perdons du temps, laissons les jours passer et sommes contraints de nous battre après qu'il sera devenu trop tard pour combattre, alors nous ne pourrons rien y faire. » Étrange argument, mais qui parut apaiser l'empereur. Konoe demanda s'il devait changer l'ordre du jour de la conférence impériale du lendemain. « Il n'est pas nécessaire de changer quoi que ce soit », répondit l'empereur[38].

À ce tournant crucial, l'empereur aurait-il pu faire autre chose que se résigner à accepter ce qu'il venait juste de contester sur le fond ? Avait-il le choix ? Aurait-il pu choisir d'approuver sans réserve la diplomatie et rejeter le compte à rebours d'une décision de guerre ? Un conseiller au moins estimait qu'il avait d'autres options à sa disposition. Shigemitsu Mamoru, l'ancien ambassadeur en Grande-Bretagne, lui fit valoir que le Japon conserverait plus facilement son statut de grande puissance et influencerait davantage l'organisation politique de l'après-guerre en restant à l'écart du conflit européen et en réexaminant sa politique actuelle[39]. En clair, cela supposait de se retirer d'une alliance avec les puissances de l'Axe et de faire suffisamment de concessions sur la Chine et l'Asie du Sud-Est pour impressionner les Américains dans les négociations. Mais la majeure partie de l'élite au pouvoir s'opposait aux substantielles concessions sans lesquelles l'horloge du pétrole continuerait de tourner. En tout état de cause, le pouvoir de l'empereur était plus limité en pratique qu'il ne l'était en théorie. Constitutionnellement, l'empereur exerçait encore le pouvoir exécutif. En théorie, les forces armées devaient se conformer à sa volonté. Et il n'était pas douteux que les dirigeants du gouvernement et des forces armées étaient tenus par l'honneur d'obéir à l'empereur. Mais, indépendamment de la personnalité de Hirohito, qui n'était pas vraiment un homme à poigne, essayer d'exercer le pouvoir exécutif en passant outre une décision arrêtée lors d'une conférence de liaison par les soins du haut commandement de l'armée de terre et de la marine, de pair avec les chefs du gouvernement civil, eût été exposer le trône impérial à de gros risques. En pratique, c'était une chose impensable. Hirohito préférait assurément la paix aux dangers de la guerre avec l'Amérique. Mais, de l'intérieur aussi bien qu'extérieurement, il avait favorisé les étapes de la quête de puissance et de gloire du Japon, qui avait conduit le pays dans la fâcheuse posture qui était désormais la sienne. Il ne pouvait pas ordonner à une armée récalcitrante de renoncer à une attitude que l'opinion ainsi que de larges sections des élites avaient fini par associer à l'honneur national du Japon. Risquer le conflit avec les chefs de l'armée dans ces circonstances aurait bien pu mettre en péril la position même de la monarchie.

Vingt minutes avant le début de la conférence impériale, prévue le 6 septembre à 10 heures du matin, Hirohito envoya chercher son principal conseiller, le garde du Petit Sceau, Kido Koichi, et lui dit qu'il souhaitait poser quelques questions lors de la réunion. C'était tout à fait contraire à la convention. Le rôle traditionnel de l'empereur consistait à rester assis en silence, tandis que le président de son Conseil privé, Hara Yoshimichi, posait des questions en son nom aux ministres et aux chefs des forces armées. Kido lui conseilla de s'en tenir cette fois encore à la tradition, mais suggéra qu'il serait bon que l'empereur, à la fin de la conférence, donnât un avertissement de manière à encourager la coopération pour faire aboutir les prochaines négociations[40].

La conférence impériale décisive s'ouvrit donc par une déclaration du Premier ministre, le prince Konoe, sur la montée des tensions internationales[41]. L'empire était face au front uni des États-Unis, de la Grande-Bretagne et des Pays-Bas. L'Union soviétique pouvait bien se joindre à eux. Si cette situation durait, le Japon se retrouverait à terme incapable de maintenir sa puissance nationale. Konoe insista sur les mesures diplomatiques destinées à empêcher le désastre de la guerre. Mais en cas d'échec dans un délai spécifié, précisa-t-il, « je crois que nous ne saurions faire autrement que d'accomplir le dernier pas pour nous défendre ». Ce n'était pas vraiment le plaidoyer fervent pour la nécessité absolue de faire des sacrifices au nom du bien supérieur de la paix, que Konoe avait formulé en privé.

Ce fut ensuite au tour de Nagano, le chef d'état-major de la marine. Il répéta les arguments qu'il avait avancés trois jours plus tôt à la conférence de liaison. Le facteur clé était le temps. Un retard mettrait le Japon dans une « situation bancale ». Il fit valoir que les réserves de pétrole « s'amenuisaient de jour en jour. Cela se traduira par un affaiblissement progressif de notre défense nationale et débouchera sur une situation dans laquelle, si nous maintenons le *statu quo*, la capacité d'agir de notre empire sera réduite dans les jours à venir », alors même que les Américains et les Britanniques renforçaient leurs préparatifs militaires. De même qu'à la conférence de liaison, son pronostic concernant l'éventualité d'une guerre reposait sur le scénario le plus optimiste. *Si* le Japon parvenait à vaincre rapidement les forces navales britanniques et américaines « dans les zones de l'océan auxquelles nous pensons » (*i.e.* l'Extrême-Orient), et *si*, dans une guerre probablement prolongée, l'on pouvait mettre la main sur des régions stratégiques et des matières premières qui rendraient la position du Japon inexpugnable, il y avait de bonnes *chances* de victoire. Reste que l'issue dépendrait encore de la puissance nationale générale et de développements imprévisibles de la situation mondiale. Mais – et c'était l'essentiel de son propos – la meilleure occasion pour le Japon était dans l'avenir immédiat. Il ne pouvait se permettre d'attendre. Il fallait certes donner sa chance à la diplomatie, mais en fixant des limites draconiennes dans le temps. Il s'agissait d'obtenir des résultats qui ne forceraient pas le Japon à se battre à une date ultérieure, et dans des circonstances plus désavantageuses. C'était là une évaluation inquiétante, voire irrationnelle, pour une nation susceptible de se lancer dans une grande guerre contre un pays dont les avantages, en force et en ressources, étaient écrasants. Le raisonnement était visiblement truffé de failles, de faiblesses et de postulats gratuits. Mais aucun examen sérieux ne suivit.

Il n'y eut pas non plus la moindre interrogation rigoureuse de Sugiyama, le chef d'état-major de l'armée de terre, qui commença par exprimer son accord total avec ce que venait de dire Nagano, puis expliqua à grands traits la contrainte qui avait conduit à fixer à la fin d'octobre la date d'achèvement des préparatifs de guerre. Il acceptait, bien entendu, la nécessité d'épuiser toutes les ressources de la diplomatie, mais il était clair qu'elles étaient pour lui d'importance secondaire. Le souci majeur était d'être prêt à la guerre dans l'avenir proche. Il ajouta – pronostic optimiste de son cru – que, « si nous pouvions profiter de l'hiver pour finir rapidement nos opérations militaires dans le Sud, je crois que nous serions en position de faire face à tout changement de situation dans le Nord qui pourrait intervenir au printemps suivant ou plus tard ». (Cette conjecture reposait sur l'estimation très optimiste de l'armée de terre, préparée en vue de la conférence impériale : « Il est quasiment certain que l'Allemagne balaiera la plus grande partie de l'Europe soviétique dans l'année et que le régime de Staline fuira à l'est de l'Oural [...]. Il est clair que le régime stalinien, ayant perdu l'Europe soviétique, s'affaiblira avec le temps et perdra les moyens de poursuivre la guerre[42]. »)

Après que Toyoda eut relaté par le menu les tractations diplomatiques avec les États-Unis depuis le printemps, le directeur du Bureau de planification, le général Suzuki Teiichi, traita du problème des ressources matérielles. Du fait de l'embargo économique des puissances occidentales, « la puissance nationale de notre empire décline de jour en jour [...]. Nos stocks de carburant liquide, qui est l'élément le plus important, toucheront le fond d'ici le mois de juin ou juillet de l'année prochaine, même si nous soumettons la demande civile aux contrôles stricts de rigueur en temps de guerre ». La conclusion allait de soi : « Il est d'une importance vitale, pour la survie de notre empire, que nous nous décidions à instaurer et à stabiliser une solide base économique. » Ce qui était synonyme d'action militaire.

Le président du Conseil privé, Hara, saisit alors l'occasion pour poser des questions au nom de l'empereur. À la différence des chefs militaires, il insista franchement sur la diplomatie. Les efforts traditionnels ne suffiraient pas. Il fallait essayer tous les moyens possibles. Il soutint l'initiative de Konoe pour rencontrer le président Roosevelt. Il reconnut qu'il fallait mener à bien les préparatifs militaires dans l'éventualité où les efforts diplomatiques finiraient par échouer. Mais le texte des « Éléments » présenté à la conférence ne laissait pas de le troubler. Il supposait que la priorité était donnée à la guerre, non pas à la diplomatie. Le ministre de la Marine, Oikawa, tenta de l'apaiser. La guerre n'était aucunement prioritaire. Ce serait l'ultime recours si et seulement si les efforts diplomatiques les plus sérieux échouaient. Hara parut s'en contenter. La décision d'entrer en guerre, en cas d'échec des efforts de Konoe, ferait l'objet, pensa-t-il, d'une délibération méticuleuse. Du moment que l'on engageait des négociations diplomatiques et qu'on les poussait aussi loin que possible, il était satisfait. Mais avant que la proposition soumise à la conférence ne reçût l'assentiment impérial, Hara demanda l'approbation sans réserve de la prochaine visite de Konoe en Amérique et la confirmation de l'attitude visant à éviter « la pire situation possible entre le Japon et les États-Unis ». Un silence gêné se fit. C'est alors que se produisit quelque chose d'extraordinaire. De sa petite voix haut perchée, l'empereur en personne demanda : « Pourquoi ne répondez-vous pas ? » Au bout d'un moment, Oikawa prit sur lui de dire que, si les préparatifs de guerre avaient effectivement été engagés, il ne fallait ménager aucun effort dans les négociations. Suivit de nouveau un silence gêné. Ni Nagano ni Sugiyama ne firent le moindre commentaire. L'empereur reprit la parole : « Pourquoi le haut commandement ne répond-il pas ? » Et Hirohito sortit de sa poche un bout de papier et lut à voix haute une brève réflexion, obscure, que son grand-père, l'empereur Meiji, avait composée au début de la guerre avec la Russie en 1904 :

> À travers les quatre mers
> Tous sont frères.
> Dans un monde pareil,
> Les vagues se déchaînent
> Et les vents rugissent,
> Pourquoi ?

Il ajouta qu'il lisait souvent ce poème pour se remémorer « l'esprit épris de paix » de l'empereur Meiji[43]. Interloqués, Nagano et Sugiyama se levèrent à tour de rôle pour s'excuser et protester de leur accord avec l'insistance de Hara sur l'importance vitale des négociations de paix, qui étaient effectivement prioritaires. Ainsi prit fin une conférence impériale inhabituelle et tendue.

L'extraordinaire intervention de l'empereur et les désaccords flagrants sur l'importance relative des négociations diplomatiques et des préparatifs militaires ne pouvaient dissimuler la portée considérable du document qui venait de recevoir l'assentiment impérial et définissait donc désormais la politique nationale : le Japon était dorénavant quasiment voué à la guerre. Si, dans un délai de quelques semaines à peine, les négociations diplomatiques – qui n'étaient même pas engagées et auxquelles on n'accordait que de maigres chances de succès – se révélaient, comme il était prévisible, peu favorables, la décision d'entrer en guerre serait confirmée. On ne saurait manquer d'être frappé par l'absence de toute opposition fondamentale à cette issue très probable – et fatidique – lors de la conférence impériale, malgré le caractère dramatique de celle-ci, et lors de la conférence de liaison qui l'avait précédée. Le compromis trouvé entre les partisans d'une action militaire précoce, essentiellement les chefs des forces armées, et ceux qui soulignaient l'urgence de démarches diplomatiques, était foncièrement creux. Alors que les chefs militaires plaidèrent leur cause avec vigueur, pour n'évoquer la diplomatie que du bout des lèvres, les tenants des négociations se montrèrent faibles et sur la défensive, tout prêts à accepter la justification ultime de la guerre avec les États-Unis avant l'hiver. De surcroît, pas une voix ne s'éleva pour contester la logique militaire, les carences du matériel et des effectifs japonais qui ne manqueraient pas de se faire jour dans une longue guerre, voire l'inflexibilité des positions de négociation en ce qui concernait la Chine ou la « Sphère de coprospérité de la Grande Asie orientale ». Alors que le malaise suscité par la perspective inquiétante de la guerre était évident, et qu'existaient clairement des désaccords au sein des élites dirigeantes du Japon, il n'y avait pas d'opposition entre « colombes » et « faucons ». La ligne de partage passait plutôt entre les timorés et les fatalistes.

Ces derniers, très nombreux parmi les militaires, étaient d'avis que la guerre, quelle qu'en fût l'issue, était inévitable. On trouve une expression de cette idée dans une réponse préparée par l'état-major général de l'armée de terre en vue de la conférence impériale. À la question de savoir si la guerre avec la Grande-Bretagne et les États-Unis était inéluctable, le document préparé répondait :

> La construction d'un ordre nouveau en Asie de l'Est, tournant autour du règlement de l'« Incident de Chine » par l'empire, est la politique inébranlable de la nation. En revanche, la politique des États-Unis envers le Japon repose sur une vision du *statu quo* mondial qui empêcherait l'essor de l'empire et son expansion en Asie de l'Est afin de dominer le monde et de défendre la démocratie. La politique du Japon est en contradiction fondamentale avec celle-ci. Des heurts entre les deux finiront par

> déboucher sur la guerre après des périodes de tension et de détente. On peut dire que c'est de l'ordre de la nécessité historique. Tant que les États-Unis ne changeront pas leur politique à l'égard du Japon, les réalités de la situation réduiront l'empire à un point de non-retour où il ne saurait que recourir à la guerre dans le but ultime de se préserver et de se défendre. Si, au nom de la paix temporaire, nous devions aujourd'hui céder d'un pas aux États-Unis au prix d'un recul partiel de la politique officielle, le renforcement de la position militaire de l'Amérique la conduirait à exiger de nouveaux reculs, de dix pas, puis de cent. Et en fin de compte l'empire devrait en passer par les quatre volontés des États-Unis[44].

C'est en cela que tenait le véritable point de vue de l'armée de terre et de la marine, et non dans la tiède adhésion aux manœuvres de paix de Konoe : un fatalisme qui revenait à admettre que le Japon ne pouvait se libérer de sa dépendance envers l'Amérique qu'au prix d'un pari militaire qui risquait de tourner à la catastrophe. Puisque tel était le point de vue dominant dans l'élite japonaise, les chances d'éviter la guerre étaient dorénavant très minces.

III

Sitôt la conférence impériale terminée, sans perdre une minute, Konoe fila à une rencontre officieuse – et éminemment secrète – avec l'ambassadeur des États-Unis, Joseph Grew, dans la demeure du comte Bunkichi Ito, le chef de l'une des grandes familles de la noblesse japonaise. Les seules autres personnes présentes étaient le secrétaire particulier du Premier ministre, Ushiba Tomohiko, le conseiller de l'ambassade des États-Unis, Eugene H. Dooman (né au Japon, il connaissait parfaitement ce pays dans lequel il vivait depuis vingt-trois ans) et la maîtresse de Konoe. Konoe avait réussi à la joindre à son salon de coiffure et lui avait demandé de se tenir prête. Une voiture viendrait la chercher pour la déposer à son rendez-vous secret. Les domestiques ayant reçu leur soirée pour assurer une confidentialité absolue, ce serait à elle de s'occuper de l'accueil. Elle fut présentée comme la « fille de la maison ». Ushiba et Dooman se chargeant de la traduction, Konoe et Grew discutèrent franchement trois heures durant. Konoe insista sur le fait qu'il était impatient de rencontrer le président Roosevelt, et souligna que chaque minute comptait. Des discussions directes avec le Président lui permettraient, pensait-il, de résoudre les problèmes et d'empêcher la guerre. Telle était la priorité absolue. Des fonctionnaires se chargeraient plus tard d'élaborer un accord détaillé. Il reconnut sa propre responsabilité dans l'« Incident de Chine », le Pacte tripartite et la dégradation des relations avec les États-Unis. Il insinua même qu'il était disposé à accepter l'idée des « Quatre Principes » : inviolabilité de la souveraineté territoriale, non-ingérence dans les affaires intérieures des autres pays, égalité des chances commerciales et préservation du *statu quo* dans le Pacifique, principes édictés en avril par Cordell Hull qui en avait fait la base non négociable de la politique américaine. Konoe pensait pouvoir entraîner les Japonais derrière lui. Il avait conscience de risquer sa vie – quelques jours plus tard seulement, des gardes de la sécurité déjouèrent une tentative d'assassinat par quatre fanatiques nationalistes armés[45] –, mais cela lui paraissait sans grande importance dans le dessein autrement plus grand de sauver la paix. Grew et Dooman repartirent convaincus de la sincérité de Konoe. Dans ce qui devait être le « câble le plus important de sa carrière », ainsi qu'il le dit à Konoe, Grew exhorta Washington à approuver la rencontre avec le Président. Mais Cordell Hull restait très méfiant. Et Stanley Hornbeck, son principal conseiller, était plus hostile que jamais[46].

Le 3 septembre, le jour même où se tenait à Tokyo l'importante conférence de liaison, Roosevelt avait déjà eu l'occasion de durcir le ton avec Nomura, lorsqu'il avait reçu l'ambassadeur japonais en présence de Hull. Cette fois, le Président ne prodigua aucun encouragement à Nomura. Lui-même, comme le prince Konoe, devait tenir compte de l'opinion publique, expliqua-t-il. Et l'opinion exigeait avec véhémence que l'on « ne changeât rien à notre politique pour satisfaire le Japon ». Il affirma encore souhaiter rencontrer Konoe, mais un sommet ne pouvait être engagé sans pourparlers préliminaires. Il subsistait des différences majeures qu'il fallait préalablement aplanir. Il insista à nouveau sur les « Quatre Principes » de Hull. Au fond, Roosevelt répétait une fois encore qu'un accord n'était possible que dans la mesure où le Japon cédait aux exigences américaines sur la Chine et le Pacte tripartite, renonçant ainsi à sa prétention de dominer l'« ordre nouveau » en Extrême-Orient et abandonnant toute discrimination dans le commerce international. Les concessions limitées, destinées à ouvrir la voie au sommet, que Toyoda transmit le 4 septembre par dépêche avant de prendre connaissance du compte rendu par Nomura de son entretien avec Roosevelt, n'étaient guère suffisantes pour changer le fond de cette position américaine[47].

Malgré tout, Nomura n'en câbla pas moins le 11 septembre à Tokyo son sentiment qu'une initiative japonaise significative concernant la Chine ouvrirait la voie à un sommet Konoe-Roosevelt. Son télégramme trahissait un découragement croissant. Moins par conviction que par espoir désormais, il proposa de faire savoir aux Américains que le Japon consentirait à retirer toutes ses troupes de Chine dans les deux ans qui suivraient la fin des hostilités. Il pensait que cela offrirait au moins une base de discussion lors d'un sommet. La négociation d'un cessez-le-feu et d'une conférence de paix ultérieure prendrait plus de temps, calcula-t-il un peu cyniquement, en sorte que des années encore passeraient avant le retrait effectif. D'ici là, bien des choses pourraient changer la situation. Il demanda une décision ferme sur le retrait des troupes[48].

La conférence de liaison du 13 septembre y pourvut. Une semaine plus tard, la décision devenait politique officielle. Mais les conditions avaient peu de chances d'être agréées par les Américains comme base des négociations de paix. Déjà contrariée par l'édulcoration modérée des exigences japonaises par Toyoda, le 4 septembre, l'armée de terre se raidit à nouveau. Les « Conditions de base de la paix entre le Japon et la Chine », présentées à la conférence de liaison, insistaient sur le stationnement permanent de forces japonaises dans le nord de la Chine et en Mongolie-Intérieure pour assurer la défense contre le communisme. D'autres troupes seraient retirées dès que l'« Incident de Chine » serait réglé. Mais cela passait par la fusion du gouvernement de Tchang Kaï-chek, à Chongqing, et du gouvernement fantoche de Wang Ching-wei, à Nankin : il était clair que jamais les nationalistes chinois n'y consentiraient librement. La Chine et le Japon coopéreraient économiquement. Et, naturellement, le Mandchoukouo serait reconnu[49]. La position de l'armée de terre était simple : si ces conditions étaient rejetées, le Japon devait être prêt à entrer en guerre[50].

Le ministre des Affaires étrangères, Toyoda, répugnait à présenter cette série d'exigences aux Américains, certain d'essuyer un rejet sans appel. L'ambassadeur Nomura le confirma le 27 septembre quand il finit par recevoir le nouveau « projet d'entente ». À cette date, les forces armées perdaient rapidement confiance en Toyoda, et en Konoe. Le compromis fragile qui avait temporairement soudé les factions de l'élite qui prônaient une guerre sans délai et celles qui espéraient conjurer la guerre par des négociations volait en éclats. Le 25 septembre, Sugiyama et Nagano, les chefs d'état-major de l'armée de terre et de la marine, avaient obtenu que fût fixée au 15 octobre la date butoir de l'achèvement des négociations avec les États-Unis. À cette date, il faudrait trancher : la guerre ou la paix. Konoe était sous le choc. Il menaça de démissionner. Mais Kido lui rappela que lui-même était présent à la Conférence impériale du 6 septembre quand on avait fait du « début octobre » la limite extrême pour une décision[51]. Konoe recula. Incapable de se démettre de ses responsabilités ou de changer le cours des événements qu'il jugeait désastreux, le Premier ministre quitta Tokyo pour se retirer, usé et abattu, dans sa maison de la station balnéaire de Kamakura[52].

La réponse américaine aux conditions japonaises, qui était prévisible, ne se fit pas attendre. Derrière le langage diplomatique, quand Hull reçut Nomura le 2 octobre, se cachaient le rejet brutal des propositions japonaises et le rappel inflexible des exigences américaines, à leur tour jugées draconiennes et totalement inacceptables par le Japon. Hull fit également part de ses doutes quant à la valeur d'un sommet entre Konoe et Roosevelt tant que le Japon n'était pas disposé à changer d'attitude[53]. La Chine, comme toujours, était le nœud de l'affaire. Il semblait clair, désormais, que la guerre ne pourrait être évitée que si Konoe parvenait à persuader les chefs de l'armée de s'engager à retirer leurs troupes de Chine. Or il n'avait pas la moindre chance d'y parvenir. Le 4 septembre, à la conférence de liaison, Toyoda fut réduit au silence par les représentants militaires quand il exprima son désir de répondre à la note intransigeante de Hull. Les chefs d'état-major de l'armée de terre et de la marine avaient perdu patience devant les manœuvres dilatoires de l'Amérique. Ils voulaient empêcher toute nouvelle tentative de négociation[54].

Malgré tout, la position de la flotte n'était pas totalement unie. Contrairement à son homologue de l'armée de terre, Tojo, le ministre de la Marine, Oikawa, était d'un naturel indécis. Il se rendit chez Konoe à Kamakura et lui dit : « Nous devons être prêts à avaler carrément toute la proposition des États-Unis », promettant le soutien de la marine et présumant que l'armée de terre se soumettrait elle aussi[55]. Il prenait ses désirs pour la réalité. Konoe et Oikawa, comme Toyoda, imaginaient qu'il serait possible de revenir sur la décision de la conférence impériale du 6 septembre, mais leurs espoirs étaient voués à l'échec. Oikawa ne pouvait même pas compter sur le soutien unanime de la marine, sans parler de l'armée de terre. Nagano, le chef d'état-major, fut le premier à appuyer une décision rapide et le maintien de la politique de guerre si les négociations n'avaient pas abouti – autrement dit, si les exigences japonaises n'avaient pas été satisfaites – à la mi-octobre. Entre Oikawa et Nagano, d'autres voix se firent entendre, parmi les responsables de la flotte, pour s'inquiéter des conséquences d'une guerre avec les États-Unis, recommander la prudence, laisser entendre que l'armée de terre devrait assouplir sa position si la marine optait pour la poursuite des négociations, tout en restant au fond ambiguës et en refusant de se prononcer énergiquement et clairement pour la paix plutôt que pour la guerre. Le chef de la division des opérations de marine, Fukudome Shigeru, résuma les craintes de ceux qui étaient inquiets quand il déclara le 6 octobre à une réunion des chefs de la planification de l'armée de terre et de la marine : « Je n'ai pas confiance dans les opérations dans les mers du Sud. Pour ce qui est des pertes de navires, 1,4 million de tonnes seront coulés au cours de la première année de guerre. Le résultat des nouveaux *Kriegspiele* menés par la flotte combinée, c'est qu'il ne restera plus de navire pour les besoins civils dès la troisième année de la guerre. Je n'ai pas confiance[56]. » Mais ces doutes sérieux venant du centre des opérations de planification de la marine restèrent sans conséquences pratiques. Les divisions persistèrent. Et c'est Oikawa, plutôt que Nagano, qui se trouva de plus en plus isolé au sein de la direction de la flotte.

L'armée de terre, quant à elle, était bien plus unie. Sa position était beaucoup moins équivoque que celle de la marine. Les négociations, avait-on tranché, n'avaient aucune chance d'aboutir (quand bien même on pouvait les poursuivre jusqu'au 15 octobre). Et surtout, elle rappelait qu'il n'était pas question d'apporter le moindre changement, fût-ce dans la formulation, au problème du stationnement des troupes en Chine. La déclaration de Fukudome n'en avait pas moins inquiété les chefs de l'armée de terre. Si ses doutes se révélaient fondés, ils admettaient que les ministres de l'Armée de terre et de la Marine ainsi que les chefs d'état-major devraient démissionner pour avoir conduit la conférence impériale à approuver une guerre que le Japon n'avait aucune chance de gagner. Des éclaircissements s'imposaient. Mais quand Tojo et Oikawa se rencontrèrent le 7 octobre au matin, la fermeté le disputa à l'ambiguïté. Tojo souligna qu'accepter les « Quatre Principes » de Hull, c'était revenir à la position des années 1920, avec le traité des Neuf, et à l'état d'impuissance qui était celui du Japon avant l'« Incident de Mandchourie ». Ce serait remettre en question toute la politique japonaise menée depuis 1931 et compromettre totalement les objectifs de la « Sphère de coprospérité de la Grande Asie orientale ». L'autre point sur lequel il se montra intransigeant était le stationnement de troupes. C'était l'« exigence minimale absolue ». Retirer les troupes du nord de la Chine et de la Mongolie menacerait l'existence du Mandchoukouo. Une fois encore, le pays renouerait avec sa faiblesse d'antan et serait vulnérable à la domination américaine. La seule parade qu'Oikawa put trouver à une position aussi claire et intraitable fut que les négociations devaient continuer, mais qu'il ne souhaitait pas revenir sur la décision de la conférence impériale, ni s'opposer à une résolution de guerre[57].

Alors que l'on se rapprochait inexorablement de la date butoir du 15 octobre, et que l'unité et la clarté sur la question de la paix ou de la guerre faisaient encore défaut, Konoe convoqua une réunion des cinq ministres cruciaux (lui-même, le général Suzuki, du Bureau de planification du cabinet, le chef de la diplomatie et les ministres de l'Armée de terre et de la Marine) le dimanche 12 octobre dans sa résidence d'Ogikubo, à la périphérie de Tokyo. La réunion lui donna peu de raisons de se réjouir à l'occasion de son cinquantième anniversaire. Tojo déclara d'emblée, avec sa brusquerie coutumière, que les négociations ne donnaient rien. Oikawa aurait pu saisir l'occasion pour déclarer que la marine était peu disposée à risquer une guerre dont, comme Fukudome l'avait expliqué quelques jours plus tôt, certains de ses principaux stratèges pensaient qu'elle ne pouvait être gagnée. Une position claire de la marine aurait pu, même à ce stade, faire pencher la balance en faveur de la paix, et non de la guerre. Mais Oikawa se contenta de reformuler le dilemme des négociations ou de l'action militaire. Il ajouta cependant que, si l'on choisissait la route des négociations, cela revenait à prendre la décision « de ne pas recourir à la force pendant peut-être plusieurs années » – une ligne qui allait contre la politique adoptée à la conférence impériale du 6 septembre. Oikawa rechigna ensuite à formuler la moindre recommandation, laissant la décision au Premier ministre. Konoe demanda au ministre des Affaires étrangères, Toyoda, quel était son jugement sur les perspectives des négociations. Embarrassé, il usa de faux-fuyants. Il ne pouvait dire avec assurance qu'elles seraient couronnées de succès. Tout dépendrait de ce que l'autre partie avait à dire. Tojo sauta sur cette réponse pleine de bon sens, mais un peu courte compte tenu du contexte. « Une position aussi branlante va me mettre en difficulté. Je ne serai pas en mesure de persuader le haut commandement d'aller de l'avant, s'exclama le ministre de l'Armée de terre. La confiance doit reposer sur des bases autrement plus solides. » Oikawa reconnut que le Japon pouvait bien « se bercer de fausses espérances » pour se trouver en définitive aspiré quand même dans la guerre. Entre les deux options, intervint Konoe, il choisissait les négociations diplomatiques. Mais Tojo riposta que ce n'était qu'un point de vue subjectif. Il ne pourrait convaincre le haut commandement sur cette seule base. La réunion ne déboucha sur rien, mais la position de l'armée de terre était maintenant dominante. Elle n'avait pas été soutenue franchement, mais aucune des quatre autres personnes présentes ne contra directement la position de Tojo[58]. Le gouvernement Konoe s'enfonçait dans la crise.

Le point de non-retour fut atteint le 14 octobre. Ce jour-là, Konoe avait pris ses dispositions pour un entretien privé avec Tojo juste avant la réunion du cabinet. Le tête-à-tête ne servit qu'à montrer combien le gouffre s'était creusé entre les deux hommes. Konoe exprima sa certitude que l'ouverture de négociations avec une chance de sauver la paix dépendait du problème des troupes japonaises en Chine. Il suggéra à Tojo que le Japon « devrait céder un temps », accéder à la « formalité du retrait des troupes et nous sortir de la crise d'une guerre américano-japonaise ». Il était nécessaire, déclara-t-il, de « mettre fin à l'"Incident de Chine" ». Le ministre de l'Armée de terre était consterné par ce qui lui apparaissait comme un abus de confiance de la part d'un Konoe revenant sur l'accord formel consacré par la conférence impériale. Il balaya la proposition d'un revers de main. « Si nous cédons aujourd'hui aux États-Unis, déclara Tojo suivant les souvenirs de Konoe, ils prendront des mesures de plus en plus tyranniques, et rien ne pourra probablement les arrêter. Le problème du retrait des troupes consiste, dites-vous, à oublier l'honneur pour recueillir les fruits, mais il m'est difficile d'y consentir dans le souci de maintenir l'esprit combatif de l'armée de terre. » Konoe répliqua que la supériorité américaine en ressources matérielles obligeait le Japon à procéder avec une grande prudence. « Il faut parfois avoir le courage de faire des choses extraordinaires, comme de sauter les yeux fermés de la véranda du temple de Kiyomizu [sanctuaire bouddhiste de Kyoto, situé au bord d'une falaise] », aboya-t-il. Et Tojo de conclure sa surprenante sortie en expliquant qu'entre le Premier ministre et lui la différence était au fond une affaire de personnalité. Le sous-entendu était clair : à ce stade critique, il fallait un chef plus audacieux que Konoe[59].

Lors de la réunion du cabinet qui suivit, Tojo se montra de nouveau véhément. « Se soumettre à toutes les exigences des États-Unis, tonna-t-il, ruinera les gains de l'"Incident de Chine" et, par extension, menacera l'existence du Mandchoukouo, voire affectera la domination japonaise sur la Corée et Taiwan. » Le sous-entendu était clair : le Japon se retrouverait impuissant comme ce n'avait plus été le cas depuis l'époque du grand empereur Meiji. Tojo invoqua les millions de soldats japonais qui avaient combattu envers et contre tout, les centaines de milliers de victimes de guerre, les milliards consacrés à la lutte pour l'avenir de la nation. « Bien entendu, si nous voulons revenir au petit Japon d'avant l'époque de l'"Incident de Mandchourie", il n'y a rien à dire, n'est-ce pas ? », demanda-t-il avec emphase. De fait. Le Japon devait simplement insister sur le stationnement de troupes en Chine, qui était le cœur de ses exigences. Céder maintenant aux États-Unis serait compromettre l'avenir. Ce serait suivre une politique étrangère qui équivaudrait purement et simplement à la soumission[60]. Intimidé par la ferveur du ministre de l'Armée de terre, le cabinet l'écouta en silence lui rappeler qu'il restait tenu par la politique arrêtée le 6 septembre à la conférence impériale : si aucun règlement diplomatique n'avait été trouvé avant le début d'octobre, ce serait la guerre. Les préparatifs militaires s'étaient poursuivis conformément à cette décision. Un accord avec les États-Unis sur le problème des troupes en Chine était l'unique chose qui pût maintenant les arrêter[61]. La logique était évidente. Seul un nouveau gouvernement, qui ne serait pas lié par la décision du 6 septembre, pouvait enrayer l'élan vers la guerre.

Konoe le comprit. Ce soir-là, il rejoignit deux collègues pour dîner, vêtu du costume japonais traditionnel, et leur dit qu'il n'était là que pour jouir de leur hospitalité. La discussion prévue n'était plus nécessaire. Son cabinet était sur le point de tomber[62].

Le 16 octobre, en début de soirée, Konoe se rendit au palais pour y présenter sa démission.

Dans sa lettre à l'empereur, Konoe expliqua qu'il restait convaincu que, « avec un peu de temps, la possibilité de trouver un accord avec les États-Unis n'est pas désespérée ». Le fond de l'affaire restait le retrait des troupes de Chine. Comme il l'avait fait en s'adressant à Tojo, Konoe expliqua à l'empereur qu'il était possible de régler le problème « si nous sommes prêts à sacrifier notre honneur jusqu'à un certain point et à accepter la formule que suggère l'Amérique ». En tout cas, il ne pouvait consentir à plonger le pays dans une grande guerre alors que l'« Incident de Chine » n'était pas encore réglé, d'autant qu'il mesurait sa lourde responsabilité dans le déroulement des événements depuis 1937. « Il est temps désormais pour nous de sacrifier le présent au futur », écrivait-il tout en admettant qu'il n'avait pas su en convaincre Tojo et que le ministre de la Guerre était intraitable : le Japon devait « saisir l'occasion présente et se tenir prêt à la guerre tout de suite ». Et Konoe de conclure : comprenant que ses idées ne pouvaient l'emporter, il n'était plus en mesure d'assumer ses responsabilités gouvernementales[63].

Malgré son intransigeance des jours précédents, et de manière un peu surprenante, Tojo lui-même en était tardivement arrivé à la conclusion, dès avant la démission de Konoe, qu'au vu des hésitations et des incertitudes de la marine il convenait de réexaminer la décision de la conférence impériale du 6 septembre. Seul pouvait assumer cette tâche un gouvernement qui n'était pas tenu par cette décision. Sondé sur le nom d'un possible remplaçant de Konoe, Tojo suggéra celui du prince Higashikuni, officier de l'armée de terre et proche parent de l'empereur, qui lui paraissait être la seule personne capable de souder l'armée de terre et la marine et de maintenir l'unité nationale tout en abandonnant la date butoir fixée pour la décision d'engager la guerre et de procéder à une révision générale de la politique. Après une nuit blanche, Konoe reconnut que Higashikuni serait le meilleur choix. Mais, sur le conseil exprès de Kido, soucieux de ne pas risquer le prestige de la maison impériale dans un effort pour sortir de la crise, Hirohito rejeta la proposition. Kido avait marqué un point décisif en observant que, avec un gouvernement dirigé par un prince royal, la maison impériale pouvait devenir au bout du compte un « objet de haine publique ». Un Tojo étonné fut appelé au palais : l'empereur lui demanda d'être Premier ministre. Les doutes tardifs de Tojo concernant la marche vers la guerre, sa loyauté absolue envers l'empereur, son absence d'ambition politique et sa capacité à contenir l'armée de terre avaient convaincu Kido de le préférer au seul autre nom alors envisagé, l'irrésolu ministre de la Marine, Oikawa[64]. Mais cela ne pouvait masquer l'essentiel : le plus farouche adversaire du retrait des troupes de Chine, l'homme qui avait adopté la ligne la plus dure sur les négociations et qui, plus que tout autre, avait précipité la crise sur la décision de guerre ou de paix, le général Tojo Hideki, dirigeait désormais le gouvernement japonais.

IV

Tojo était un militaire jusqu'au bout des ongles. Officier de carrière, il avait gravi tous les échelons jusqu'à exercer des responsabilités officielles. Sa seconde nature était de ne pas regarder plus loin que les intérêts de l'armée de terre. Son refus de transiger sur le problème du stationnement des troupes en Chine, la bouée de sauvetage qui aurait pu déboucher sur des négociations de paix et qui avait fait tomber le gouvernement Konoe, témoignait de la rigidité avec laquelle il défendait la priorité des préoccupations de l'armée. Homme borné, il était lié à l'empereur par un sens de l'obéissance et du devoir à toute épreuve. « Nous ne sommes encore que des humains ; l'empereur, lui, est divin, observa-t-il. Je m'inclinerai toujours devant la divinité et la grandeur de Son Excellence[65]. » Appelé désormais à des fonctions qu'il n'avait jamais imaginé exercer, même dans ses rêves les plus fous, il fut aussitôt, pour la première fois de sa carrière, forcé de regarder au-delà de l'armée, de prendre en considération les intérêts plus larges de la nation en un temps de grande crise.

Paradoxalement, sa nomination au poste de Premier ministre offrit une dernière lueur d'espoir quant à la possibilité d'éviter la guerre. En recommandant sa nomination, Kido avait triomphé de l'opposition des anciens – les sept anciens chefs de gouvernement, sur le jugement desquels Hirohito s'appuyait pour choisir un nouveau Premier ministre – en plaidant que Tojo ne lancerait pas la guerre si l'empereur lui parlait et qu'il serait capable de mener des négociations avec les États-Unis[66]. Tojo avait quitté l'audience avec l'empereur en sollicitant du temps pour réfléchir au poids des responsabilités qui allaient maintenant peser sur lui. L'empereur lui avait demandé de promouvoir une collaboration plus étroite entre l'armée de terre et la marine : autrement dit, il l'avait prié, en termes certes voilés, de persuader les forces armées de s'unir derrière les efforts qui étaient faits pour obtenir un règlement négocié, et il convoqua Oikawa pour lui tenir le même langage. Peu après, Tojo et Oikawa furent rejoints par Kido, qui leur exposa en termes plus explicites les souhaits de l'empereur. Sur l'ordre de l'empereur, le nouveau cabinet, indiqua Kido, devrait réexaminer la politique de l'État « sans être obsédé par la décision de la conférence impériale du 6 septembre ». C'était une initiative remarquable. Jamais encore on n'avait vu un empereur ordonner de contourner une décision prise en sa présence lors d'une conférence impériale. Tojo fut prié de « revenir à la page blanche », autrement dit, de repartir de zéro[67].

Tojo s'empressa de constituer son gouvernement. Ce faisant, il montra vite qu'il savait ce qu'il voulait ; il ne supporterait aucune ingérence. Il rejeta la suggestion d'Oikawa, qui proposait le nom de Toyoda Soemu au ministère de la Marine. Tojo estimait que celui-ci lui vaudrait des ennuis avec l'armée de terre, connaissant l'antipathie de Toyoda envers ses chefs. Oikawa céda, et consentit à la nomination de Shimada Shigetaro, comandant en chef de la base navale de Yokosuka. Tojo rejeta tout aussi sèchement les velléités de l'armée de terre pour influencer son choix des ministres[68]. En l'occurrence, son refus de rappeler Matsuoka, farouchement antiaméricain et partisan de l'Axe, était un signe de son empressement à suivre les instructions de l'empereur pour trouver le moyen d'empêcher la guerre, fût-ce à cette heure tardive. Il choisit plutôt de confier les Affaires étrangères à un diplomate chevronné, Togo Shigenori, ancien ambassadeur à Berlin et à Moscou. Celui-ci accepta dès lors que l'on était sérieusement décidé à faire aboutir les négociations avec l'Amérique. Il reçut l'assurance que ce serait bien le cas, et que l'armée de terre devrait consentir à des concessions pour rendre la chose possible. Tojo lui-même conserva le ministère de l'Armée de terre comme levier pour essayer de soumettre celle-ci à sa politique. Il se chargea également de l'intérieur, dans l'idée d'étouffer de possibles troubles dans le pays si l'on trouvait un accord avec les États-Unis[69].

En fait, du côté américain, toute perspective n'était pas fermée de trouver un accord de ce genre, ou du moins un semblant d'accord pour empêcher une course à la guerre et gagner quelques mois. La nomination de Tojo avait sonné l'alarme à Londres et à Chongqing. Le Foreign Office et les nationalistes chinois craignaient en effet que le Japon ne s'empressât de couper le ravitaillement de la Chine, mettant ainsi Tchang Kaï-chek à genoux. Ils en appelèrent au soutien américain[70]. Washington vit également dans la nomination de Tojo un mauvais présage. La guerre parut aussitôt beaucoup plus proche. Au département d'État, Cordell Hull tenait Tojo pour un « officier japonais typique, un petit calibre à l'esprit étroit et borné », et au fond « assez sot ». Il craignait le pire[71]. Mais le président Roosevelt entendit aussi l'avis du Joint Army-Navy Board, qui lui rappela que les États-Unis n'étaient pas encore prêts à affronter le Japon dans le Pacifique sans compromettre gravement – voire fatalement – son soutien à la Grande-Bretagne dans l'Atlantique, qui était encore jugé prioritaire[72]. Du point de vue américain comme de celui du Japon, toute chance d'éviter la guerre n'avait donc pas entièrement disparu.

Mais Tojo était un faucon et un extrémiste depuis trop longtemps, dans le domaine politique, pour changer d'attitude de manière convaincante à la onzième heure. Et même si, à la différence d'un Konoe, faible et indécis, il semblait être l'homme fort du pays, il n'était pas de taille à se mesurer aux forces armées auxquelles il avait lui-même contribué à lâcher la bride. Bien qu'il fût issu du sérail et restât ministre de l'Armée de terre, il n'exerçait aucun contrôle direct sur son état-major opérationnel, encore moins sur celui de la marine. En l'occurrence, il n'y eut aucun changement de titulaires. Et les deux branches des forces armées étaient allées beaucoup trop loin et s'étaient beaucoup trop enfoncées dans les préparatifs de guerre pour être désormais disposées à reculer. Les pressions qu'elles avaient exercées sur Konoe, qui avaient conduit à fixer à la mi-octobre la date limite pour prendre la décision d'entrer en guerre avant d'entraîner la chute du cabinet, reposaient sur l'idée que le Japon ne pouvait attendre, militairement, sans s'affaiblir ni perdre l'avantage dans le Pacifique. Quand bien même l'empereur avait donné pour instruction à Tojo de faire fi de la décision confirmée lors de la conférence impériale du 6 septembre, qui avait décidé de la date butoir, il était impossible d'ignorer purement et simplement la prémisse sur laquelle elle reposait. De plus, la consigne de l'empereur n'avait pas été officiellement transmise au haut commandement. Les chefs des états-majors généraux de l'armée de terre et de la marine, Sugiyama et Nagano, ne s'estimaient donc pas tenus de s'y soumettre[73]. Autrement dit, Tojo restait prisonnier du dilemme sur lequel Konoe avait échoué. Sa marge de manœuvre restait extrêmement limitée : engager à toute vitesse des négociations et les faire aboutir pour empêcher la guerre, tout au moins temporairement, ou entrer en guerre.

Or les négociations supposaient des concessions de taille. Elles n'étaient pas venues sous Konoe et on voyait mal comment elles pouvaient devenir envisageables avec Tojo. De fait, la première déclaration de son gouvernement fut pour protester de son adhésion à l'« inébranlable politique nationale de l'empire ». Celle-ci, poursuivait la déclaration, consistait à « trouver un dénouement heureux à l'"Incident de Chine", à installer solidement la "Sphère de coprospérité de la Grande Asie orientale" et à contribuer à la paix mondiale[74] ». Mais les mois précédents l'avaient montré : c'était précisément cette politique qui avait conduit le Japon au seuil de la guerre. Ce n'était guère une recette prometteuse pour les grandes concessions que nécessitait la paix.

L'autre solution était de suivre la logique militaire, c'est-à-dire d'engager les hostilités avant la fin de l'année. Ajournée depuis la mi-octobre, la décision ne pouvait être différée indéfiniment. En fait, elle devait être prise dans les quinze jours suivants. C'est sur cette toile de fond d'activité fébrile que Tojo vécut les quinze premiers jours de son mandat.

Ses difficultés avec le haut commandement commencèrent presque aussitôt. La première réunion de son cabinet, le 18 octobre, le jour même de sa formation, devait aborder un certain nombre de questions conjecturales concernant le cours de la guerre et les chances pour le Japon, dans l'immédiat, de voir ses demandes, fût-ce les plus minimes, satisfaites à travers des négociations avec les États-Unis. Ces questions devaient servir de base au réexamen de la décision du 6 septembre[75]. Lorsqu'il reçut une copie des questions, cependant, le haut commandement répondit qu'« il n'y avait pas réellement de place pour un réexamen ». Nagano, le chef d'état-major de la marine, le dit brutalement : « La décision de la conférence impériale ne se prête pas au changement[76]. » Ses subordonnés firent valoir avec force qu'une solution diplomatique, à ce stade, ne pouvait venir que d'une volte-face complète, revenant à « lier notre sort au camp anglo-américain » tout en exposant les Japonais au « mépris des Chinois et à une grande perte de prestige national[77] ». L'état-major de l'armée de terre adopta lui aussi une position agressive, refusant sèchement d'envisager un retrait des troupes de Chine tout en sachant parfaitement que cela ruinait tout espoir d'aboutir dans les négociations. La résistance à l'idée de réexaminer la politique officielle nourrit même le projet de renverser le nouveau gouvernement à peine formé. Le haut commandement, figé sur ses positions, créa d'emblée à Tojo des difficultés insurmontables. Il ne savait trop comment s'y prendre. Il « ne voyait vraiment pas quoi faire », confia-t-il à Shimada, son nouveau ministre de la Marine[78].

La conférence de liaison, qui se réunit tous les jours (sauf le 26) du 23 octobre au 1er novembre dans une session de crise quasi permanente, était prisonnière du même dilemme. Les conjectures sur le cours probable de la guerre et les perspectives de négociations définissaient le cadre de discussions longues et souvent compliquées, alors même que Nagano et Sugiyama poussaient à prendre une décision rapide. Un des problèmes centraux était celui de l'aptitude du Japon à livrer la guerre si les hostilités se prolongeaient. Il tournait largement autour de la disponibilité des matières premières, notamment du pétrole et de l'acier, des moyens de transport et des capacités des chantiers navals. Il est frappant de constater qu'à ce stade le chef du Bureau de planification, le général Suzuki Teiichi, et le nouveau ministre des Finances, Kaya Okinori, ne disposaient encore que d'informations limitées. Kaya déplora l'impossibilité d'en arriver à un « jugement précis, plutôt qu'à un exposé de généralités[79] ». Le nouveau ministre des Affaires étrangères, Togo, raconta plus tard son étonnement devant le manque de statistiques fiables, indispensables pour faire des estimations en connaissance de cause, puisque le haut commandement ne voulait pas donner de détails sur les opérations ni sur les effectifs[80]. Malgré tout, les informations disponibles ne laissaient aucune place au doute : le Japon n'avait ni assez de matières premières ni moyens de transport et chantiers navals en nombre suffisant pour combattre plus de deux ans, avant que la supériorité écrasante des ressources américaines ne commençât inexorablement à se faire sentir. « Nous pouvons nous débrouiller tant bien que mal en 1942 et en 1943 », observa Tojo lui-même à propos des crédits de l'armée. « Nous ne savons pas ce qui arrivera après 1944[81]. » Le pétrole, même en tenant compte de celui qui serait extrait des Indes orientales néerlandaises, ne permettrait pas de tenir plus de deux ans et demi. La production de pétrole synthétique ne serait pas en mesure de compenser le déficit avant trois ans, et encore cela dépendait-il de la disponibilité d'un million de tonnes d'acier et d'une grande quantité de ressources précieuses pour construire les usines. De fait, faute d'acier, loin d'augmenter, la capacité des chantiers navals diminuerait fortement durant la troisième année de la guerre. Quant aux demandes adressées aux finances de l'État, elles étaient colossales[82]. Quelle que fût la manière de prendre les choses, le pronostic était sombre. Les chefs militaires ne pouvaient contrer les indéniables déficiences à long terme qu'en invoquant les incertitudes de la guerre, la nécessité d'une stratégie intelligente et la chance, tout en faisant valoir qu'il était indispensable de maximiser les avantages initiaux en vue de préparer le terrain pour une lutte plus longue. C'était préparer le pays au meilleur scénario, non au pire.

Alors que le temps pressait, les délibérations étaient affreusement lentes à la grande exaspération des chefs d'état-major. Il arriva que « le Premier ministre prît une trentaine de minutes pour expliquer pourquoi chaque minute comptait[83] ». La question des perspectives des négociations avec les Américains ne fut abordée que le 30 octobre, pour reconnaître qu'elles n'avaient aucune chance d'aboutir dans l'immédiat. Quand furent évoquées de possibles concessions japonaises, aucun changement de fond à ce qui avait été stipulé début septembre ne s'avéra acceptable, si ce n'est le fait, en ce qui concernait le commerce avec la Chine, que l'on pouvait accorder le « principe de l'égalité des chances à travers le monde » : cette initiative, selon Nagano, témoignerait de la générosité du Japon[84]. La question du stationnement des troupes en Chine donna lieu à un vif débat. Il avait été décidé, histoire de faire un « geste diplomatique », qu'il pourrait se prolonger pendant environ vingt-cinq ans, ce qui n'empêcha pas l'armée de formuler des objections véhémentes. « Oubliant la réalité », comme l'indiquent les notes de la conférence, Togo, le ministre des Affaires étrangères, aurait souhaité pour sa part un retrait immédiat. Finalement, Tojo – qui, en qualité de ministre de l'Armée de terre sous Konoe, avait été le plus farouche adversaire de toute concession sur ce point – proposa de « mentionner un certain nombre d'années “proche d'une éternité” ». Le sentiment prévalait cependant que les États-Unis rejetteraient la proposition, quel que fût le nombre d'années indiqué. Et quand le moment vint d'évaluer l'impact des conditions américaines, si elles devaient être acceptées, tous sauf Togo (« qui fit à tous une étrange impression » en suggérant que tout pourrait s'arranger) furent d'accord pour dire que le Japon « deviendrait un pays de troisième ordre ».

Le Premier ministre mit fin aux délibérations en déclarant qu'une décision devait être prise au 1er novembre, quand bien même la réunion devait durer toute la nuit. Il suggéra d'envisager trois possibilités. La première était que le Japon évitât la guerre et consentît à de grandes épreuves. La deuxième était de décider tout de suite la guerre. Et la troisième, de décider la guerre en menant conjointement les préparatifs militaires et les démarches diplomatiques[85]. Bien qu'il existât quelque espoir, exprimé lors de la conférence, que la dernière option permît encore d'arranger un compromis, tels n'étaient ni le souhait ni l'attente des représentants militaires.

La conférence de liaison qui se déroula au palais impérial le 1er novembre 1941 – la soixante-sixième du genre depuis l'établissement de cette pratique en 1937 – fut une réunion historique[86]. Elle dura dix-sept heures, dans un climat de forte tension, et donna lieu à quelques échanges très vifs. Quand elle s'acheva, la guerre était quasiment certaine.

V

Les efforts déployés par Tojo avant la réunion pour dégager un consensus autour de la proposition – la troisième des options qu'il avait formulées le 30 octobre – de poursuivre les négociations tout en achevant les préparatifs des opérations militaires n'avaient pas abouti. Si le ministère de l'Armée de terre appuya la proposition, l'état-major général (directement responsable devant l'empereur des affaires touchant à la stratégie) s'y refusa. Sugiyama insistait : les négociations étaient finies ; il y allait maintenant du moral des troupes ; il n'était pas question de reculer ; la seule solution était la guerre. Sa position était donc claire, et différente de celle du Premier ministre. Dans son idée, la conférence de liaison devait adopter la deuxième des trois propositions : décider d'engager les hostilités sur-le-champ. La veille, au cours d'une réunion nocturne, Tojo avait réussi à persuader Kaya, le ministre des Finances, et Suzuki, le directeur du Bureau de planification, de soutenir sa troisième option. Mais le ministre des Affaires étrangères, Togo, se retrouva seul à défendre la première : éviter la guerre, fût-ce au prix de privations durables. Shimada, le nouveau ministre de la Marine, avait également pris part à la réunion nocturne et avait son propre ordre du jour. À la veille d'une décision capitale, il subordonna son approbation de la guerre à une forte augmentation des allocations d'acier à la marine, aux dépens de l'armée de terre et des usages civils. Cette question devait en fait occuper la première moitié de la conférence de liaison : il fallut plusieurs heures pour que Shimada eût gain de cause. Dès lors, la marine, comme l'armée de terre, avait choisi la guerre[87].

Le problème des allocations d'acier ayant été tranché, la conférence en arriva aux trois options qu'avait proposées Tojo. Les clivages laissés en suspens lors des discussions antérieures resurgirent. Les délibérations portèrent d'abord sur la première proposition : ne pas engager les hostilités. Kaya essaya à plusieurs reprises de sonder la marine sur les chances de succès à long terme : « Si nous continuons, comme aujourd'hui, sans guerre, et que dans trois ans la flotte américaine vienne nous attaquer, la marine aura-t-elle une chance de gagner, oui ou non ? – Personne ne le sait », répondit Nagano. Kaya revint à la charge et voulut savoir si le Japon pouvait gagner une guerre sur les océans. Nagano se contenta de répéter son sentiment, à savoir qu'« il serait plus facile d'engager la guerre maintenant », alors que les fondements avaient été posés, que dans trois ans. Kaya n'était pas satisfait. « S'il y avait des chances de victoire pendant la troisième année de la guerre, il serait tout à fait légitime de faire la guerre, déclara-t-il. Mais d'après l'explication de Nagano, ce n'est pas certain. De plus, je serais tenté de penser que les chances de voir les États-Unis nous faire la guerre sont minces, si bien que ma conclusion doit être que ce ne serait pas une bonne idée de déclarer la guerre maintenant. » Togo soutint le ministre des Finances. Nagano insista sur l'incertitude de l'avenir. L'Amérique serait plus forte dans trois ans. « Eh bien alors, quand pouvons-nous engager la guerre et gagner ? », lança Kaya. C'était la question que Nagano attendait. « Maintenant ! répondit-il avec véhémence. Jamais plus une aussi bonne occasion de faire la guerre ne se présentera ! » Suzuki abonda dans son sens, mais Kaya resta sceptique tout en renonçant à défendre la première option. La proposition de renoncer à la guerre, quoi qu'il en coûtât, était morte. Comme elle avait été liée à l'idée que son acceptation eût condamné le Japon à de longues années d'épreuves et de privations, elle n'était guère alléchante. Son élimination fut plus ou moins une formalité. La position exprimée par Kaya relevait largement de la rhétorique puisque, lors de la réunion de la veille au soir avec Tojo, il s'était déjà rallié à la troisième proposition.

La conférence en vint alors à la deuxième, celle d'entrer en guerre immédiatement. Sugiyama présenta la position de l'armée de terre : renoncement à tout espoir de voir aboutir les négociations ; résolution de lancer la guerre contre les États-Unis, la Grande-Bretagne et les Pays-Bas début décembre ; poursuite des négociations avec les États-Unis jusque-là, mais uniquement comme prétexte permettant au Japon de prendre l'avantage dans la guerre ; et, enfin, renforcement des liens avec l'Allemagne et l'Italie. Kaya et Togo soulevèrent aussitôt des objections. C'était un grand tournant dans la longue histoire du Japon. Il y allait du destin de la nation. « Il est scandaleux de nous demander de recourir à la tricherie diplomatique, protestèrent-ils. Nous ne saurions le faire. » Ils prônèrent une dernière tentative de négociations. Homme déterminé et brutal, le vice-chef d'état-major de l'armée de terre, Tsukada Osamu, explosa. Il n'avait pas le goût de la nuance et des raffinements intellectuels. Les appels à poursuivre les négociations lui firent perdre patience. Il voulait une décision d'entrer en guerre immédiatement, au 1er décembre, précisa-t-il ; ensuite, il serait temps d'envisager la question de la diplomatie. Le bras droit de Nagano, le vice-chef d'état-major de la marine Ito Seiichi, lança soudain une nouvelle date dans la discussion. « Pour ce qui concerne la marine, trancha-t-il, vous pouvez négocier jusqu'au 20 novembre. » Tsukada s'empressa d'intervenir : « Pour ce qui est de l'armée de terre, les négociations ne poseront pas de problème jusqu'au 13 novembre, mais pas plus tard. » Voici donc que les chefs militaires introduisaient de nouvelles dates qui n'avaient pas été préalablement discutées, et imposaient même une date butoir plus contraignante encore qu'on ne l'avait envisagé jusque-là. Togo était effaré : « Je ne saurais accepter des dates limites ni des conditions si elles rendent peu probable le succès de la diplomatie, objecta-t-il. Vous devez de toute évidence abandonner l'idée d'entrer en guerre. »

Il était désormais impossible de séparer la discussion de la seconde proposition (décision immédiate de faire la guerre) de la troisième (négociations et préparatifs de guerre simultanés). Tojo et son ministre des Affaires étrangères essayèrent tous deux d'obtenir des garanties de l'armée de terre : « Si la diplomatie réussit, nous renoncerons à la guerre. – Impossible », rétorqua Tsukada. Les chefs d'état-major s'accordèrent à dire que cela sèmerait la confusion dans les préparatifs militaires. Quand, dans un aparté destiné à son bras droit, Shimada suggéra que les négociations se poursuivent jusqu'à deux jours avant le déclenchement des hostilités, Tsukada lui répondit brusquement : « Je vous en prie, du calme. Ce que vous venez de dire ne passera pas. » Tout le monde commençait à s'énerver. Tojo suggéra une pause de vingt minutes. Pendant ce temps furent appelés Tanaka et Fukudome, les chefs de la planification opérationnelle de l'armée de terre et de la marine. Il fut finalement convenu que les négociations se poursuivraient jusqu'à cinq jours avant le début de la guerre, c'est-à-dire le 30 novembre. Soumis à de nouvelles pressions, Tsukada accepta que cela signifiait à minuit ce jour-là. L'heure ultime de la décision était désormais fixée. Mais si la diplomatie échouait dans ce laps de temps très court, le Japon entrerait en guerre.

Il était 22 heures. La conférence siégeait depuis 11 heures. Restait la question de ce qui pouvait être négocié. Le plan avait déjà été accepté dans ses grandes lignes deux jours avant la conférence. Il postulait un règlement d'ensemble des problèmes séparant le Japon et les États-Unis. La seule concession sur le stationnement des troupes en Chine était que celui-ci était censé se prolonger pendant un quart de siècle. Concernant les troupes en Chine, il fut convenu de les évacuer dès que l'« Incident de Chine » aurait trouvé une solution et qu'une « paix juste » serait conclue en Extrême-Orient. Le principe de la non-discrimination commerciale fut accepté, du moment qu'il s'appliquait dans le monde entier (ce qui était parfaitement impossible en pratique). S'agissant du Pacte tripartite, le Japon resterait libre de sa décision. Enfin, le Japon continuait de rejeter l'inclusion des « Quatre Principes » américains dans un accord officiel[88]. Le plan n'apportait qu'un ajustement marginal à la position que les États-Unis avaient déjà rejetée. Il n'avait donc guère de chances d'aboutir à présent. Mais Togo surprit alors la conférence en le désignant sous le nom de Plan A, pour introduire un Plan B qui n'avait été sujet à aucune consultation antérieure avec les chefs militaires. Avant le début de la conférence, Sugiyama avait demandé et obtenu de Tojo l'assurance qu'il n'y aurait pas de révision à la baisse des conditions proposées dans ce qui était maintenant le Plan A. Or c'était précisément l'objet du Plan B désormais sur la table.

Ce à quoi pensait Togo – et il avait fait passer le document aux ambassadeurs américain et britannique à Tokyo –, c'était simplement à un moyen d'empêcher la guerre à court terme, une indication des conditions minimales que le Japon pourrait accepter. Togo estimait qu'il n'y avait rien à espérer du Plan A et qu'essayer de négocier sur cette base le mettrait dans une situation impossible. Le Plan B, très court, laissait la Chine de côté et se concentrait sur le Sud. Il visait non pas un accord définitif ou général – impossible dans un laps de temps aussi court –, mais à éviter que les relations avec les États-Unis ne continuassent à se dégrader. Il acceptait le retrait immédiat des troupes japonaises vers le nord de l'Indochine et, après le règlement de l'« Incident de Chine », de la totalité de ce pays. En attendant, le Japon et les États-Unis promettraient de s'abstenir de toute avancée militaire dans le Sud-Est asiatique, en dehors de l'Indochine. Ils coopéreraient afin de garantir les ressources nécessaires des Indes orientales néerlandaises et les États-Unis livreraient au Japon le pétrole dont il avait besoin en rétablissant les relations commerciales telles qu'elles existaient avant le gel des actifs. Pour finir, les États-Unis n'entraveraient pas les efforts de paix entre le Japon et la Chine[89].

L'ampleur des concessions consterna les représentants militaires. Sugiyama et Tsukada rejetèrent carrément le retrait des troupes d'Indochine. Tous deux furent intraitables : Togo n'appliquerait que le Plan A. Nagano approuva. Résumant les positions adoptées sur les mérites respectifs de la guerre et des négociations par ceux qui avaient exprimé leurs points de vue, Tsukada exposa alors sa propre position, de crainte que quiconque pût nourrir encore le moindre doute. Et il le fit dans un style inimitable : « De manière générale, les perspectives, si nous entrons en guerre, ne sont pas brillantes, commença-t-il. Nous nous demandons tous s'il n'y a pas un moyen de procéder pacifiquement. » Toutefois, poursuivit-il, « il n'est pas possible de maintenir le *statu quo* ». Puis, avec une logique bancale, il ajouta : « Dès lors, on en arrive inévitablement à la conclusion qu'il faut engager la guerre. » Mais Tsukada embrayait à peine. Ayant commencé par admettre que les chances du Japon dans une guerre contre les États-Unis n'étaient pas bonnes, il recourut au fatalisme national : « Moi, Tsukada, déclara-t-il, je crois la guerre inévitable. L'heure a sonné. Même si nous n'entrons pas en guerre maintenant, nous devrons le faire l'an prochain, ou l'année d'après. L'heure a sonné. L'ardeur morale du Japon, le Pays des Dieux, illuminera ce moment. » Du fatalisme, il glissa à l'optimisme militaire du scénario le plus favorable. « La probabilité que l'avancée du Japon au sud permette à l'Allemagne et à l'Italie de battre la Grande-Bretagne est élevée, et celle de forcer la Chine à capituler est plus forte encore qu'elle ne l'est aujourd'hui. Nous pourrions même ensuite forcer la Russie à capituler. Si nous prenons le Sud, nous pourrons assener un coup terrible aux ressources de défense nationale américaines. Autrement dit, nous construirons un rideau de fer, à l'abri duquel nous détruirons, un par un, les États ennemis en Asie ; et, de surcroît, nous vaincrons l'Amérique et la Grande-Bretagne. » Ainsi raisonnait l'un des plus hauts représentants de l'élite militaire. De la folie pure !

Face à un tel délire, Togo campa sur ses positions. Le débat s'enflamma de nouveau. La démission de Togo sembla possible. Mais cela aurait entraîné la chute du gouvernement. Un nouveau cabinet aurait pu s'opposer à la guerre. Telle fut la perspective présentée aux chefs de l'armée de terre à la faveur d'une nouvelle et courte suspension de séance. Elle leur donna à réfléchir. Ils modifièrent légèrement la formulation du texte, notamment concernant la restauration des relations commerciales, les livraisons de pétrole et la non-ingérence dans le règlement de la guerre avec la Chine. Toutes leurs interventions étaient destinées à durcir les conditions autant que possible sans déclencher un changement de gouvernement. Moyennant ces modifications limitées, et quelle que fût leur aversion, il leur fallut accepter la proposition de Togo. Quand la conférence fut levée, à 1 heure 30 du matin, le 2 novembre, elle avait décidé, « pour résoudre la situation critique présente, assurer la préservation et la défense [du Japon] et instaurer un ordre nouveau dans la Grande Asie orientale [...], d'entrer en guerre contre les États-Unis, la Grande-Bretagne et la Hollande », avec une date limite pour engager l'action militaire fixée au début du mois de décembre. L'action militaire ne serait suspendue que si les négociations avaient abouti avant le « 1er décembre, heure zéro »[90].

Togo et Kaya avaient demandé quelques heures pour réfléchir aux implications avant de donner leur consentement. Le lendemain, en début d'après-midi, ils s'étaient inclinés. La décision de la conférence de liaison faisait maintenant l'unanimité. Quand Tojo lui fit part de l'issue de la conférence, l'empereur l'exhorta « à faire tout son possible pour rechercher un règlement négocié ». Déférent, Tojo était soucieux d'exaucer les désirs de l'empereur. Il estima les chances de voir les négociations aboutir à cinquante-cinquante. Plus réaliste, son ministre des Affaires étrangères, Togo, ne les croyait pas supérieures à une contre dix[91].

Le 5 novembre à 10 heures 30, les dirigeants du Japon se réunirent au palais en présence de l'empereur pour la conférence impériale – qui ne fut pas rapportée par la presse cette fois-ci[92] – afin de ratifier la décision adoptée trois jours auparavant. Si l'atmosphère de la conférence de liaison avait été tendue, aucune dissension ne se manifesta alors. En revanche régnait parmi les participants un climat d'abattement et de découragement que partageait l'empereur[93].

Tojo commença par rappeler aux personnes présentes le contexte de la révision des « Éléments de mise en œuvre des politiques de l'empire », qui avaient été convenus le 6 septembre. À la suite des délibérations qui se sont succédé entre-temps, dit-il, « nous en sommes arrivés à la conclusion que nous devons maintenant décider d'entrer en guerre, fixer le moment de l'action militaire à début décembre, concentrer tous nos efforts pour achever les préparatifs de la guerre et en même temps essayer de sortir de l'impasse par la diplomatie ». Togo fit observer qu'il restait peu de place pour les manœuvres diplomatiques. Suzuki et Kaya dressèrent un long bilan des matières premières et de la situation financière. Le raisonnement de Suzuki était que, s'agissant des ressources matérielles, la guerre était préférable au fait de « rester assis à attendre passivement que l'ennemi nous mette la pression ». Kaya observa qu'« il nous sera impossible, pendant quelque temps, d'attacher trop d'importance aux conditions de vie de la population » des territoires occupés, « et qu'il nous faudra poursuivre un temps une politique dite d'exploitation ». Les chefs d'état-major évoquèrent ensuite les préparatifs de guerre. Sugiyama répéta une fois encore que le temps jouerait contre le Japon si l'on devait différer la guerre.

Sur ce, Hara, le président du Conseil privé, posa des questions, comme le voulait la tradition, au nom de l'empereur. Tojo répondit sur la question du stationnement des troupes en Chine. Il revint sur les sacrifices consentis par le Japon depuis que la guerre avait commencé là-bas. Le retrait des troupes laisserait le pays plus mal loti qu'il ne l'était avant la guerre. La Chine serait plus puissante qu'avant et « essaierait même de dominer la Mandchourie, la Corée et Formose [Taiwan]. Nous ne pouvons espérer une expansion de notre pays qu'en stationnant des troupes. Ce qui n'est pas pour plaire aux États-Unis ». Hara en vint aux détails des Plans A et B. Togo admit qu'il ne pouvait espérer de règlement sur la base du Plan A. Même le Plan B se heurterait à de sérieux obstacles. Il ne restait que quinze jours pour négocier. « À mon grand regret, lâcha Togo, l'espoir de réussite est faible. » Hara, aussi, le déplora vivement, tout en insistant sur l'importance d'un règlement négocié, mais ce fut pour conclure ensuite que, « du point de vue de notre situation politique intérieure et de notre préservation, il est impossible d'accepter toutes les exigences américaines. Nous devons nous en tenir fermement à notre position ». La guerre de Chine lui apparaissait, à juste raison, comme la racine du problème. Mais il ne voyait aucune issue dans l'immédiat. « Si nous laissons échapper l'occasion présente d'entrer en guerre, nous devrons nous soumettre au diktat américain. J'estime donc inévitable que nous décidions d'engager la guerre contre les États-Unis. » À cette occasion, l'empereur garda le silence. Hara faisait sans doute écho aux sentiments de Hirohito.

Tojo mit fin à la conférence. Il reconnut les graves difficultés qu'entraînerait la guerre. De nouveau, il brossa le tableau d'une solution de rechange encore moins attrayante. « D'ici deux ans, nous n'aurons plus de pétrole à usage militaire. Les navires ne pourront plus bouger. Quand je pense au renforcement des défenses américaines dans le sud-ouest du Pacifique, à l'expansion de la flotte américaine, à l'"Incident de Chine" qui n'a pas trouvé de dénouement, et ainsi de suite, je ne vois pas de fin à nos difficultés. Nous pouvons bien parler d'austérité et de souffrance, mais notre peuple peut-il endurer longtemps une pareille vie ? » Il craignait que le Japon ne devînt « une nation de troisième classe au bout d'un ou deux ans si nous nous contentions d'attendre passivement[94] ».

Telle était la justification ultime de la guerre. L'alternative était entre la paix dans l'austérité au sein d'un monde dominé par l'Amérique ou la guerre assortie d'une défaite probable mais en défendant l'honneur national[95]. La guerre était jugée préférable. Suivant le mot de l'ambassadeur américain à Tokyo, Joseph Grew, le Japon prendrait le risque d'un « hara-kiri national » plutôt que de « céder aux pressions étrangères ». Et d'ajouter d'une formule un peu énigmatique que l'on ne « saurait mesurer la santé mentale des Japonais à l'aune de la logique américaine[96] ». La fatidique conférence impériale s'acheva. La décision était claire : sauf miracle diplomatique, le Japon entrerait en guerre. Il n'y eut pas d'objection. L'empereur donna son aval.

VI

Tout était désormais suspendu au fil effiloché de la diplomatie. Dans un effort désespéré, et pour aider un Nomura aux abois, Togo envoya à Washington un diplomate chevronné, Kurusu Saburo, en qualité d'émissaire spécial chargé d'arranger une paix provisoire, si la chose était possible. Tout petit, le sémillant Kurusu avait été ambassadeur en Allemagne et avait en fait signé le Pacte tripartite, mais il connaissait bien les États-Unis pour avoir épousé une Américaine d'origine britannique[97]. Les augures n'étaient pas bons ; Hull eut « d'emblée le sentiment que l'homme était fourbe[98] ». À Tokyo, Tojo rabaissa alors les chances de succès à 30 %, contre 50 % quelques jours auparavant. Il demanda à Kurusu de faire de son mieux[99].

Pendant ce temps, les préparatifs de guerre étaient bien avancés. L'amiral Yamamoto Isoroku (qui devait finalement mener l'assaut) avait proposé en mai 1941 une attaque sur Pearl Harbor : testé en septembre dans des *Kriegspiele*, son plan fut adopté par Nagano le 20 octobre[100]. Ce serait l'un des axes de l'offensive générale. De pair avec cette initiative audacieuse, serait lancé un assaut de grande ampleur sur la Malaisie et les Philippines, débouchant sur une attaque contre les Indes orientales néerlandaises. En l'espace de quatre à huit mois, le Japon aurait assis sa domination dans le Sud-Est asiatique et dans le Pacifique occidental, étape nécessaire pour combattre les États-Unis sur une période plus longue ou pour imposer une paix négociée avantageuse. Tel était l'objectif stratégique. Dans le même temps, supposait-on, l'interruption de l'aide à la Chine à la suite de l'expansion couperait le cordon ombilical qui permettait à Tchang Kaï-chek de poursuivre sa lutte. Enfin, bien que le Japon n'eût pas de contrôle direct en la matière, on espérait que les succès militaires allemands contre la Grande-Bretagne et l'Union soviétique s'accompagneraient d'une déclaration de guerre des puissances de l'Axe aux États-Unis, qui se trouveraient alors affaiblis par leur implication prolongée dans le conflit européen[101]. Au début du mois de novembre, le plan stratégique japonais approchait de sa forme définitive. Le 3 novembre, Yamamoto, en tant que commandant en chef de la flotte combinée, approuva l'ordre d'opérations secret, qui commençait ainsi : « L'Empire japonais s'attend à ce que la guerre éclate avec les États-Unis, la Grande-Bretagne et les Pays-Bas[102]. »

Quotidiennement informé par ses chefs d'état-major, l'empereur était parfaitement au courant des développements et se montrait particulièrement attentif aux détails tactiques. Le 4 novembre, il assista, exceptionnellement, à une longue réunion du Conseil de guerre suprême au cours de laquelle furent interrogés les chefs d'état-major et le Premier ministre[103]. Hirohito était encore tenaillé par les doutes et par les craintes. Il redoutait les conséquences de la guerre. Et il s'inquiétait d'importants détails concernant les opérations militaires. Ces inquiétudes étaient justifiées. Car, si précise que fût la préparation militaire de l'offensive, la stratégie d'ensemble laissait à désirer. Elle laissait trop de place à des facteurs sur lesquels le Japon n'avait aucune prise, et reposait trop sur le scénario selon lequel tout se passerait pour le mieux. Mais quelles que fussent ses angoisses intimes, l'empereur confirma le plan de guerre stratégique au milieu du mois[104].

Nomura et Kurusu étaient confrontés à une tâche d'une redoutable difficulté. Que les instructions secrètes de Togo à Nomura accompagnant le texte des Plans A et B – comme tous les autres documents secrets envoyés de Tokyo, aussitôt interceptés par les services secrets américains et décodés puis transmis à Hull – fussent déformées par une traduction approximative qui renforçait les soupçons de duplicité japonaise n'était pas fait pour les aider[105]. Distorsions ou non, il n'y avait pas de méprise possible sur le sens des dépêches interceptées : le Japon se préparait à la guerre dans un avenir très proche[106]. Au département d'État, Stanley Hornbeck conseillait à Hull de faire fi des appels de Grew, à Tokyo, qui le pressait de prendre au sérieux le désir japonais d'éviter la guerre. Le fait de savoir, grâce aux interceptions des services secrets, que le Japon parlait de paix quand il préparait la guerre n'était pas de nature à rallier le coriace Hornbeck, qui trouvait Grew trop enclin à se fier aux intentions japonaises.

Or c'était lui, plutôt que l'ambassadeur, qui avait l'oreille du secrétaire d'État américain[107].

Dans un premier temps, il sembla malgré tout que le vague espoir de ceux qui continuaient de travailler à un règlement de compromis pouvait être justifié. Le 15 novembre, le Plan A fut dûment rejeté[108]. Mais le gouvernement américain jouait encore la montre. Et l'administration ne parlait pas d'une seule et même voix. Tandis que Hull et le département d'État décourageaient les politiques de compromis, le Président lui-même semblait rester ouvert à cette possibilité. Pressé par ses conseillers militaires de se montrer prudent envers le Japon et de se concentrer sur la défaite de l'Allemagne, Roosevelt expliqua à Hull et au secrétaire à la Guerre Henry Stimson – qui en fut fort peu impressionné – qu'il envisageait de proposer une trêve de six mois au cours de laquelle il n'y aurait pas de mouvements de troupes. Recevant l'ambassadeur japonais le 10 novembre, le Président fit allusion à la possibilité de ce qu'il appelait un *modus vivendi*. Quand ils se revirent une semaine plus tard, cette fois en présence de Kurusu (arrivé le 10 novembre), Roosevelt parut enclin à la perspective d'une ouverture sur le problème critique de la Chine. Il indiqua que les États-Unis ne voulaient pas intervenir ni servir de médiateur dans le conflit sino-japonais. Selon la dépêche de Nomura, le Président forgea le mot « introducteur » pour définir le rôle que l'Amérique pourrait jouer, dans son esprit, en poussant à un règlement. Kurusu fit savoir à Tokyo que Roosevelt avait fait montre d'un « enthousiasme considérable en vue d'un accord américano-japonais ». Nomura y vit un tel encouragement que, de son propre chef, il suggéra que les États-Unis revinssent sur le gel des actifs japonais en contrepartie du retrait des troupes du Japon. Pour Tokyo, c'était aller beaucoup trop loin. Nomura reçut un rappel à l'ordre de Togo, qui lui enjoignit de soumettre à nouveau le Plan B (qui, comme Kurusu l'avait déjà dit à Tokyo, serait sans doute perçu comme inacceptable dans son intégralité[109]). Nomura soumit dûment le Plan B à Hull le 20 novembre, déclenchant le dernier épisode du drame diplomatique.

Hull l'accueillit froidement, consternant Nomura et Kurusu. L'opinion américaine, déclara-t-il, voyait dans le Japon et l'Allemagne nazie deux pays associés pour se partager le monde. Le Pacte tripartite, précisa-t-il, n'avait fait que renforcer ce sentiment. En privé, Hull fut absolument négatif sur la proposition. Il y voyait un ultimatum, expliquant plus tard que ses « stipulations étaient si grotesques qu'aucun responsable américain n'aurait jamais imaginé les accepter[110] ».

Quoi qu'il en dît en privé, Hull ne balaya pas pour autant le Plan B d'un revers de main. En fait, la réponse américaine, dans sa version finale du 25 novembre, fut étonnamment conciliante[111]. Elle tenait compte d'une note au crayon que Roosevelt avait adressée à Hull une semaine auparavant et proposant un *modus vivendi* – il avait employé l'expression début novembre avec Nomura – pour six mois. Dans la brève formulation du Président, le Japon cesserait tout mouvement de troupes et accepterait de ne pas invoquer le Pacte tripartite même si l'Amérique se trouvait impliquée dans la guerre en Europe. Les États-Unis, quant à eux, reprendraient leurs relations économiques avec le Japon et arrangeraient le lancement de pourparlers entre le Japon et la Chine[112]. L'idée avait l'appui des plus hautes autorités militaires, avides de gagner du temps pour renforcer les défenses aux Philippines. À ce moment-là, il semblait qu'il fût peut-être possible de trouver un terrain d'entente entre le Plan B des Japonais et l'intégration par le département d'État de l'idée d'un *modus vivendi* temporaire envisagé par le Président[113]. En fin de soirée, cependant, Hull y avait renoncé. Comme il était prévisible, les Chinois étaient farouchement hostiles à toute concession au Japon. Les gouvernements britannique, hollandais et australien, pour leur part, étaient seulement tièdes[114]. En tout état de cause, la répugnance du secrétaire d'État à trouver un accommodement avec les Japonais sur autre chose que les conditions inflexibles des Américains n'avait jamais été sensiblement diluée. En vérité, elle avait même été renforcée par l'interception d'un message de Tokyo à Nomura, le 22 novembre, reportant la date butoir des négociations du 25 au 29 du mois, mais soulignant que « cette échéance ne saurait absolument pas être modifiée.

Après quoi les choses vont suivre automatiquement leur cours ». La colère suscitée par ce message dissipa largement tout espoir que pouvait conserver le département d'État de trouver un *modus vivendi*[115].

Ce qui avait précisément conduit Hull à changer d'avis, cependant, c'était la réaction sans appel de Tchang Kaï-chek au *modus vivendi* proposé – réaction liée à la crainte que l'apaisement américain ne se fît aux dépens de la Chine[116]. Un message de Churchill à Roosevelt, appuyant Tchang Kaï-chek et exprimant l'inquiétude britannique au sujet d'un effondrement de la Chine, confirma le rejet par Hull du *modus vivendi*[117]. « L'infime chance de voir le Japon consentir au *modus vivendi*, conclut le secrétaire d'État, ne justifiait pas de prendre les risques que cela impliquait, en particulier celui de voir le moral et la résistance des Chinois s'affaisser ou la Chine même se désintégrer[118]. » Le 26, en tout début de matinée, Roosevelt sembla en revanche laisser entendre que le *modus vivendi* pouvait encore être sauvé, expliquant qu'il se chargerait de rassurer les Chinois. Son humeur s'assombrit considérablement un peu plus tard quand il apprit que l'on avait aperçu au sud de Taiwan un convoi japonais transportant 50 000 hommes. Cette preuve de la mauvaise foi des Japonais le mit hors de lui. Elle « changeait toute la situation ». Hull arriva peu après à la Maison-Blanche, proposant d'abandonner le *modus vivendi* et suggérant d'offrir à la place aux Japonais une « proposition de base globale en vue d'un règlement de paix général ». Roosevelt y consentit[119].

Mise au point sans consulter ni les chefs militaires ni les représentants de la Grande-Bretagne ou des autres alliés officiels, la proposition de Hull fut soumise à Kurusu et Nomura en fin d'après-midi. Ses dix points reprenaient sans transiger les principes fondamentaux de l'Amérique sur lesquels s'étaient brisées toutes les précédentes tentatives de négociation. De nouvelles exigences étaient venues s'y ajouter, et le ton était nettement plus dur que dans les propositions américaines antérieures[120]. Le texte demandait sèchement au Japon de retirer ses troupes de Chine et d'Indochine, de renoncer à ses droits et concessions extraterritoriaux, qui remontaient au tournant du siècle et à la révolte des Boxers, de ne reconnaître d'autre gouvernement chinois que celui de Tchang Kaï-chek et d'abroger de fait le Pacte tripartite. Les États-Unis, en contrepartie, dégèleraient les actifs japonais et travailleraient à un nouvel accord commercial qui servirait de base à la restabilisation des relations économiques. Hull laissa entendre que la proposition pouvait ouvrir la voie à des discussions à long terme en vue d'instaurer la paix dans le Pacifique. C'était pure hypocrisie. Dans l'esprit de Hull, il était clair que les négociations étaient dans l'impasse[121]. « Nous ne pouvons pas aller plus loin », expliqua-t-il aux émissaires japonais atterrés, qui, sachant bien que Tokyo ne manquerait pas de rejeter péremptoirement la proposition, voulurent en discuter de manière informelle en vue de tempérer les exigences avant de les faire suivre[122]. Hull reconnut plus tard que « nous n'avions jamais sérieusement pensé que le Japon accepterait notre proposition[123] ».

Comme c'était prévisible, quand le câble arriva à Tokyo, le 27 novembre, les « Dix Points » furent perçus comme un ultimatum, presque un affront[124]. Les dirigeants japonais furent partagés entre la colère et la consternation. Plus que toute autre chose, c'est la demande d'un retrait de toute la Chine qui les mit en fureur. Pour eux, cela s'appliquait aussi à la Mandchourie, ce qui aurait signifié un retour à la situation d'avant 1931 tout en minant gravement l'économie du Japon. En fait, cette lecture spécifique n'était pas dans les intentions de Hull. La Mandchourie, pour lui, n'était pas un souci immédiat[125]. Le malentendu était né d'une rédaction hâtive et médiocre. C'était une source d'irritation significative. Mais probablement ne changeat-elle pas grand-chose à la réponse du Japon.

Ceux qui avaient poussé à la poursuite des négociations dans l'espoir d'éviter la guerre sentirent alors le sol se dérober sous leurs pas. Pour ceux qui avaient prôné la guerre, surtout aux états-majors généraux de l'armée de terre et de la marine, la « Note Hull », comme on devait l'appeler plus tard, était un don du ciel. L'armée de terre, notamment, n'avait cessé de craindre que le Plan B n'ouvrît la voie à un compromis. Ils avaient voulu que fussent ajoutées aux exigences japonaises de nouvelles conditions draconiennes sur les livraisons de pétrole, qui eussent ruiné de fait toute chance de faire accepter le plan[126]. La réaction de l'état-major général fut de soulagement, voire d'exaltation : « Ce doit être la grâce divine ; de ce fait, il est plus facile à l'empire de franchir le Rubicon et de décider de l'entrée en guerre. C'est magnifique, vraiment magnifique[127] ! »

Dictés par la crainte des conséquences d'un conflit militaire, les derniers appels à continuer les négociations et à éviter la guerre, même si cela valait au Japon une pauvreté et des épreuves durables, vinrent notamment d'un certain nombre de « grands hommes d'État », les anciens Premiers ministres, qui retrouvèrent Tojo et quatre membres de son cabinet le 29 novembre au matin. À ce stade, cependant, même Togo reconnut que les négociations avaient fait leur temps. Tojo lui-même plaida avec force pour l'action militaire. Quels que fussent leurs doutes, aucune des personnalités présentes n'exprima d'opposition fondamentale[128]. Après la guerre, Tojo résuma la teneur de la réunion en ces termes : « Si l'objet de la guerre était l'existence même du pays, il nous fallait nous préparer à mener la guerre, même si nous prévoyions une défaite ultime[129]. »

L'empereur continuait de nourrir ses propres inquiétudes. Le 30 novembre, son frère, le prince Takamatsu, essaya de le persuader de ne pas entraîner l'empire dans la guerre. Mais, plus tard dans la journée, quand Hirohito convoqua les chefs de la marine pour s'assurer qu'ils étaient prêts à la guerre, le ministre de la Marine, Shimada, se dit confiant dans la victoire. Nagano lui expliqua que le grand corps expéditionnaire de la marine – dont six porte-avions – était déjà en mer et filait vers Pearl Harbor. Le 26 novembre à 6 heures du matin, après en avoir reçu l'ordre sous pli, il avait quitté la baie de Hitokappu, au sud, dans les lointaines îles Kouriles, et se trouvait désormais à mi-chemin dans le Pacifique, à quelque 1 800 milles nautiques d'Hawaii[130]. La veille au soir, non sans répugnance et à voix basse, Nagano avait déjà révélé à la conférence de liaison que l'« heure zéro était fixée au 8 décembre ». Le Premier ministre lui-même l'apprit alors pour la première fois. La surprise était essentielle.

Les négociations devraient se poursuivre, mais uniquement pour dissimuler l'imminence de l'attaque[131].

Il ne manquait plus que le feu vert de l'empereur. Kido avait prévenu Hirohito : « La décision sera cette fois d'une importance capitale. Dès l'instant où vous donnerez votre aval, il ne saurait y avoir de retour en arrière. Si vous avez ne serait-ce que le moindre doute, prenez toutes vos assurances jusqu'à en être convaincu[132]. »

La conférence impériale se réunit le 1er décembre dans l'après-midi. Dix-neuf membres du gouvernement et responsables militaires se retrouvèrent devant l'empereur, assis comme d'habitude sous un dais, devant un paravent d'or, au fond de la salle[133]. Tojo d'abord, puis, longuement, le ministre des Affaires étrangères, Togo, répétèrent l'histoire du fiasco des relations diplomatiques avec les États-Unis. D'autres ministres parlèrent de la préparation à la guerre dans leurs domaines respectifs. La déclaration la plus importante fut celle de Nagano, qui s'exprima au nom des états-majors de la marine et de l'armée de terre. Les préparatifs des opérations militaires étaient achevés, assura-t-il. « Nous sommes désormais en mesure de lancer ces opérations, suivant les plans établis, dès que nous recevrons l'ordre impérial de recourir à la force[134]. » Hara commença son habituel questionnement en observant que, même s'ils traitaient d'un sujet fort grave, « tout ce qui pouvait être fait l'avait été », en sorte qu'il n'avait « rien de particulier à ajouter[135] ». Il termina – parlant, comme toujours, au nom de l'empereur – en déclarant que le Japon ne saurait tolérer l'« attitude totalement vaniteuse, obstinée et irrespectueuse » des États-Unis :

> Si nous devions céder, nous abandonnerions d'un seul coup non seulement ce que nous avons gagné dans les guerres sino-japonaise et russo-japonaise, mais aussi les bénéfices de l'« Incident de Mandchourie ». Nous ne saurions l'accepter. Nous ne voulons surtout pas contraindre notre peuple à endurer des épreuves plus grandes encore, en plus de ce qu'il a subi en quatre ans depuis l'« Incident de Chine ». Mais il est clair que l'existence de notre pays est menacée, que la grande œuvre accomplie par

16. Jeunes soldats soviétiques parmi les centaines de milliers capturés par les Allemands au cours des premières semaines de l'invasion en juin 1941. Plus de trois millions de prisonniers de guerre soviétiques devaient mourir en captivité entre les mains des Allemands.

17. Été 1941 : chars soviétiques enlisés dans des terrains marécageux au cours de l'avancée dévastatrice de l'armée allemande.

18. Août 1941. Roosevelt et Churchill à bord du *Prince of Wales*, lors du sommet de Placentia Bay qui donna naissance à la Charte atlantique.

19. Le général Tojo Hideki, « faucon » ; ministre de l'Armée de terre, il devint Premier ministre en octobre 1941. Cette photographie a été prise le mois suivant, à l'époque où il dirigeait les discussions ministérielles sur une éventuelle attaque contre les États-Unis.

20. Tokyo, le 6 décembre 1941, la veille de l'attaque sur Pearl Harbor : l'empereur Hirohito préside une revue militaire.

21. Pearl Harbor, le 7 décembre 1941 : les défenses américaines se laissent surprendre par une pluie de bombes.

22. Automne 1941 : troupes allemandes sous le feu ennemi alors que leur progression vers Moscou ralentit.

23. Char allemand de la 2e Panzer Division SS, non loin de Moscou, où les forces allemandes connurent leur première grande crise de la guerre au cours de la contre-offensive soviétique qui commença le 5 décembre 1941.

24. Le 11 décembre 1941 au Reichstag : Hitler annonce que l'Allemagne déclare la guerre aux États-Unis.

25. Heinrich Himmler, chef des SS, responsable devant Hitler de la mise en œuvre de la « solution finale ».

26. Reinhard Heydrich, le chef de la police de Sécurité, chargé de préparer une « solution complète de la question juive » et responsable de sa planification et de son organisation.

27. L'infâme massacre de Babi Yar, près de Kiev, où des unités de la police de sécurité assassinèrent en deux jours 33 771 Juifs, femmes et enfants compris, à la fin du mois de septembre 1941. Les victimes attendent ici d'être tuées, au bord d'une fausse commune contenant les cadavres de ceux qui ont déjà été exécutés.

28. Lemberg, juillet 1941 : réactions de douleur au massacre des Juifs. Des habitants au milieu des victimes à la recherche de parents morts.

> l'empereur Meiji allait être totalement anéantie, et qu'il n'est rien d'autre que nous puissions faire. Je crois donc, conclut-il, que si les négociations avec les États-Unis sont désespérées, alors le commencement de la guerre, en accord avec la décision de la précédente conférence impériale, est inévitable.

Son dernier commentaire fut pour exhorter le gouvernement à rechercher le règlement rapide de ce qui promettait d'être une longue guerre et de tout faire pour empêcher des troubles intérieurs[136]. Tojo l'assura que ce serait fait puis leva la réunion par des expressions de loyauté envers l'empereur. Sugiyama observa que « Sa Majesté approuva d'un signe de la tête les déclarations qui venaient d'être faites et ne laissa paraître aucun signe de gêne. Il semblait être d'excellente humeur, et nous, nous étions emplis d'effroi[137] ». Toutes les personnes présentes s'inclinèrent alors que l'empereur, impassible, se retirait. La proposition de guerre, signée de tous, fut remise peu après à Hirohito. Après avoir brièvement médité sur la gravité de sa décision, et observé qu'il eût été humiliant d'accepter les exigences de Hull, il apposa son sceau sur les documents. La guerre était approuvée[138].

VII

Le lendemain, Sugiyama et Nagano lui exposèrent par le menu les plans militaires. Ils entrèrent dans les détails de l'attaque sur Pearl Harbor le 8 décembre (le 7 décembre à Hawaii, heure du Japon). Nagano expliqua que ce jour-là, un dimanche, était idéal puisque les cuirassés américains seraient au mouillage. Il demanda l'approbation de l'empereur. Il la reçut sans délai. Yamamoto, au commandement de la flotte combinée, fut aussitôt informé. Ce jour-là, à 17 heures 30, il télégraphia au corps expéditionnaire : « Commencement des hostilités fixé au 8 décembre. Exécutez l'attaque comme prévu[139]. »

La fiction de la poursuite des négociations diplomatiques jusqu'au dernier moment, pour conserver l'effet de surprise militaire, exigeait beaucoup de doigté dans la gestion du temps. Un long document de quatorze points fut élaboré. Il se terminait en affirmant que tout espoir de coopération avec les États-Unis était désormais éteint et qu'il était impossible de trouver un accord quand bien même il fallait poursuivre les négociations[140]. Le texte devait être présenté au gouvernement américain à 13 heures (heure de Washington ; 7 heures 30 à Hawaii), une demi-heure avant le lancement de l'attaque sur Pearl Harbor[141]. C'était calculer juste... trop juste. Du fait de l'incompétence de l'ambassade japonaise à Washington, le décodage du message vital prit un retard inexcusable. Et le quatorzième et dernier point fut à dessein retenu le plus longtemps possible à Tokyo. Cette partie du texte ne fut finalement décodée qu'à 12 heures 30 ; la totalité du texte ne put être mise au propre qu'à 13 heures 50[142].

L'administration japonaise avait cependant pu intercepter le câble japonais. Roosevelt reçut les treize premiers points le 6 décembre à 21 heures 30 : « C'est la guerre », conclut-il[143]. (Plus tôt dans la soirée, il avait adressé un message personnel à Hirohito, sollicitant le retrait des troupes japonaises d'Indochine afin de préserver la paix dans la région. Mais il avait conscience de la futilité de sa démarche. Tojo le balaya d'un revers de main, sans se donner la peine de le faire passer à l'empereur, qui en eût été contrarié[144].) Hull, Stimson et Knox avaient vu le texte décodé une heure auparavant. Ils convinrent de se retrouver le lendemain matin. Ils n'avaient pas jugé nécessaire de se réunir plus tôt, ni d'envoyer des avertissements spéciaux aux bases militaires qui seraient venus s'ajouter aux précédents avertissements déjà communiqués aux commandants américains dans le Pacifique, y compris à Hawaii et aux Philippines, pour les prévenir de l'imminence de la guerre avec le Japon[145]. On attendait désormais l'attaque japonaise d'un jour à l'autre, même si personne n'imaginait que ce serait sur Pearl Harbor[146]. Le 5 décembre (heure de Washington) les trois convois japonais aperçus au large de la pointe sud de l'Indochine en direction du golfe du Siam laissaient penser que l'attaque viserait probablement, et dans un avenir très proche, la Malaisie ou le Siam – en tout cas quelque part dans le Sud-Est asiatique et le Pacifique Sud. Une attaque directe contre les possessions américaines était jugée moins probable (quand arrivèrent les premières nouvelles de Pearl Harbor, la réaction immédiate fut de croire à une erreur, et qu'il s'agissait en fait des Philippines[147]).

Mais l'incompétence ne se limitait pas à l'ambassade du Japon. Le cabinet de l'amiral Stark, le chef des opérations navales des États-Unis, fut en possession de la dernière partie du texte décodé le 7 décembre dès 11 heures 30 (heure de Washington ; 6 heures à Hawaii). George Marshall, le chef d'état-major de l'armée de terre, était lui aussi en possession du message décodé à cette heure. Stark et lui s'entretinrent à deux reprises au téléphone. Ils finirent par décider d'envoyer une mise en garde. Celle-ci parvint à midi, heure de Washington, aux commandants de San Francisco, du canal de Panama et des Philippines. En revanche, les conditions atmosphériques bloquèrent les communications avec Hawaii. On ne recourut pourtant ni à la ligne cryptophonique directe ni aux communications radio de la marine. Détail remarquable, c'est le service commercial des télégrammes de la Western Union, sans ligne directe avec Honolulu, qui se chargea d'envoyer le message. Il n'était toujours pas parvenu à Hawaii quand débuta l'attaque japonaise[148].

Surgissant d'un ciel bleu et dégagé, la première vague de bombardiers japonais attaqua la flotte américaine au mouillage à Pearl Harbor à 7 heures 50, heure de Hawaii (13 heures 20 à Washington)[149]. Quand l'attaque cessa à 9 heures 45 et que le voile de fumée au-dessus de la grande base navale finit par se dissiper, trois puissants cuirassés, l'*Arizona*, l'*Oklahoma* et le *California*, avaient coulé ; le *West Virginia* était la proie des flammes ; le *Nevada* était échoué et trois autres cuirassés étaient endommagés. Au total, 18 navires furent coulés ou endommagés ; 188 avions détruits et 159 autres touchés. Le bilan dans les rangs américains était de 2 403 morts et 1 178 blessés[150]. Mais, fort opportunément, les porte-avions étaient en mer. Les abris des sous-marins échappèrent aussi au bombardement. Et, en fait, la plupart des bâtiments touchés se révélèrent réparables et purent ensuite reprendre du service. Pour la machine de guerre américaine, le coup était rude – mais ce n'était pas un K.-O.

Signe de la stérilité de l'arsenal stratégique des Japonais dans leur effort pour infliger une défaite décisive aux États-Unis, Pearl Harbor n'eut aucune suite. En fait, dans une lettre privée écrite en janvier, Yamamoto avait bien perçu cette limite rédhibitoire : « Si les hostilités devaient un jour éclater entre le Japon et les États-Unis, il ne suffirait pas de prendre Guam et les Philippines, ni même Hawaii et San Francisco. Il nous faudrait marcher sur Washington et signer le traité [*i.e.* dicter les conditions de paix] à la Maison-Blanche[151]. »

Pearl Harbor n'en fut pas moins un choc massif[152]. L'offensive plus vaste des Japonais avait elle aussi débuté. Du fait d'une erreur de timing, l'attaque contre la péninsule Malaise avait même commencé avant le bombardement de Pearl Harbor, bientôt suivie de débarquements dans les Philippines également. Singapour fut bombardé dans les premières heures ; Hong Kong, quelques heures plus tard. Le 8 décembre au petit matin, quand la radio annonça les succès militaires japonais, des passants applaudirent dans les rues de Tokyo[153]. Le Japon n'était pas encore officiellement en guerre. À 11 heures 30 du matin, sept heures et demie après que la nouvelle du succès de l'offensive sur Pearl Harbor était parvenue au palais impérial, l'empereur Hirohito apposa son sceau sur la déclaration de guerre. On l'a dit d'« excellente humeur » ce jour-là[154].

À Washington, Cordell Hull fut informé de l'attaque de Pearl Harbor par le Président juste après 14 heures. Il était sur le point de recevoir Nomura et Kurusu. Un quart d'heure plus tard, les émissaires japonais entraient dans la pièce. Le secrétaire d'État refusa de leur serrer la main et ne les invita pas à s'asseoir. Il jeta un œil à l'ultime note du Japon. Puis il observa d'un ton cinglant : « En cinquante ans de services auprès de l'État, je n'ai jamais vu un document aussi bourré de mensonges et de distorsions ignobles : des mensonges et des distorsions ignobles si gros que je n'ai jamais imaginé jusqu'à ce jour qu'un gouvernement de cette planète fût capable de les proférer. » D'un signe de tête, il leur indiqua la porte. Nomura et Kurusu furent sèchement congédiés[155].

Le lendemain à 13 heures, le président Roosevelt s'adressa au Congrès. Devant une Chambre des représentants pleine à craquer, il déclara : « Hier, 7 décembre 1941 – une date à jamais marquée d'infamie –, les forces aériennes et navales de l'Empire japonais ont soudainement et délibérément attaqué les États-Unis d'Amérique. » Interrompu à plusieurs reprises par les applaudissements, il termina en demandant au Congrès de déclarer que, « depuis l'attaque non provoquée et lâche lancée par le Japon le dimanche 7 décembre 1941, un état de guerre existe entre les États-Unis et l'Empire japonais ». Le parlement approuva ces mots d'une clameur. Lorsque l'on procéda au vote officiel, une seule parlementaire, Jeannette Rankin, du Montana, s'opposa à la guerre, comme elle l'avait fait en 1917. Les 388 autres membres de la Chambre des représentants et tous les sénateurs votèrent pour[156]. Jamais les États-Unis n'avaient été aussi unis qu'après l'attaque japonaise sur Pearl Harbor. Sans cette attaque, il est douteux que Roosevelt aurait pu obtenir du Congrès une déclaration de guerre dans le Pacifique. Pearl Harbor lui avait épargné la nécessité de prendre le risque. Le Président signa la déclaration de guerre à 16 heures 10. La Grande-Bretagne et les gouvernements du Commonwealth britannique y allèrent aussitôt de leurs propres déclarations. La guerre du Pacifique avait commencé[157].

VIII

Moins de quatre ans plus tard, le Japon était prostré, deux de ses villes rayées de la carte par les seules bombes nucléaires jusqu'ici larguées dans une guerre, sa population défaite et démoralisée, son économie dévastée et le pays sous occupation ennemie. Telles furent les terribles conséquences des choix fatidiques opérés par les dirigeants japonais. Dans quelle mesure ces choix étaient-ils libres et spontanés ? Et à quel moment, si jamais ce fut le cas, l'éventail des choix se rétrécit-il au point qu'il ne restait plus qu'une option, qu'il n'y avait plus vraiment de choix ? Quelles étaient alors, si ce n'est plus tôt, les véritables limites pesant sur la liberté de choix du Japon ? Enfin, est-il possible de faire la part des choses entre les contraintes objectives des décisions et leurs déterminants psychologiques et subjectifs ?

Il est plus facile de poser ces questions que d'y répondre. En revanche, il semble possible d'éclairer un certain nombre de mesures cruciales prises par les autorités civiles et militaires du Japon, soutenues par une opinion publique manipulée, qui eurent pour effet de restreindre sensiblement et systématiquement la gamme des choix disponibles, jusqu'à disparition de toutes les options à l'automne de 1941.

Le resserrement de la gamme des options avait commencé en 1931, avec l'« Incident de Moukden » qui déboucha sur l'annexion de fait de la Mandchourie. La montée des troubles au Japon était allée de pair avec l'animosité croissante envers les concurrents industriels occidentaux, notamment les États-Unis et la Grande-Bretagne, en partie à cause des droits de douane élevés frappant les importations de produits japonais. L'hostilité envers les inconvénients prêtés au « système de Washington » mis en place après la guerre engendra un climat propice au nationalisme et aux inclinations militaristes. Les tendances néo-mercantilistes, à l'affût des bénéfices de l'autarcie que l'on pouvait tirer d'un système colonial, ou tout au moins des territoires dépendant du Japon, gagnèrent du terrain[158]. Telle était la toile de fond du soutien que le gouvernement japonais apporta à l'action indépendante de l'armée du Guangdong en Mandchourie, où le Japon avait des intérêts depuis la guerre avec la Chine en 1894-1895. Le contrôle de la région renforcerait son économie. Et il conforterait les défenses japonaises contre l'Union soviétique, perçue comme une menace croissante. Les raisons – économiques, militaires, mais aussi en termes de politique intérieure – de soutenir l'agression lancée de son propre chef par l'armée du Guangdong étaient donc évidentes. Pour autant, elles n'*imposaient* pas ce soutien. Le gouvernement japonais avait le choix. En décidant d'appuyer l'agression, il donna une forte impulsion à l'armée, qui était alors en passe de retrouver au Japon une bonne part de l'influence politique intérieure qu'elle avait perdue dans les années 1920, et commençait de jouer des muscles. Il encouragea aussi la rhétorique nationaliste populiste qui se faisait toujours plus stridente. Dans les années suivantes, la Mandchourie devait prendre une valeur quasi totémique : on ne cessait d'invoquer, comme repoussoir, la perspective d'un retour au « système de Washington » qui avait existé avant 1931, avec ce qu'il supposait d'exploitation du Japon par les puissances occidentales. En ce sens, l'affaire de Mandchourie contribua à façonner les décisions ultérieures.

La prise du pouvoir par les Japonais en Mandchourie fut un tournant décisif. Il n'y avait pas de lien intrinsèque avec l'« Incident de Chine » qui eut lieu six ans plus tard. Mais, entre-temps, les forces qu'elle avait contribué à libérer avaient grossi. Et l'isolement international du Japon avait augmenté. En 1937, la clameur populiste et l'expansionnisme militariste de l'armée de terre se mêlèrent pour transformer l'« Incident de Chine » en une guerre interminable qui engloutit hommes et ressources avec des rendements décroissants tout en en faisant la pierre d'achoppement de loin la plus importante de tout compromis avec les États-Unis. Mais l'idée d'une « guerre sainte » contre la Chine allait au-delà des factions militaires du gouvernement japonais. Parmi les responsables politiques civils de premier plan, il n'y eut pour ainsi dire aucune voix pour s'opposer à la guerre. Le prince Konoe, Premier ministre pour la première fois et qui serait quatre ans plus tard l'avocat désespéré d'un accord de dernière minute pour éviter une guerre dans le Pacifique, ne fut que l'un de ses fervents défenseurs. Là encore, le gouvernement de Tokyo avait le choix. Il aurait pu décider de ne pas étendre l'incident mineur initial en un grand conflit. Il choisit plutôt d'essayer de détruire la Chine. S'ajoutant aux atrocités qui choquèrent l'Occident, cela eut pour effet d'acculer davantage encore le Japon dans un coin dont il lui devint toujours plus difficile de s'extraire.

Nous avons suivi par le menu l'élaboration des décisions cruciales de 1940 et 1941. Si, du fait des factions constituant le gouvernement japonais, des nuances politiques étaient souvent proposées et que la décision était un processus complexe et souvent laborieux, aucune personnalité en vue ni aucune faction, l'armée moins que quiconque, ne se dressa en 1940 contre l'impératif d'expansion dans l'avenir proche en Asie du Sud-Est pour créer un *imperium* économique japonais. L'expansionnisme était alors devenu l'idéologie universellement acceptée parmi les élites dirigeantes. Elle trouvait ses adeptes les plus fervents dans les sections les plus fortes de ces élites : à la tête de l'armée de terre et de la marine et dans les échelons intermédiaires. Pendant l'été 1940, au cours de l'été suivant encore et, pour finir, à l'automne 1941, il existait diverses options politiques. Mais l'éventail se resserrait.

Sitôt prise, durant l'été 1940, la décision d'avancer dans le Sud (en exploitant le désarroi de la Grande-Bretagne à la suite de l'offensive occidentale de Hitler), elle devint un élément non négociable de plus dans la recherche d'un règlement diplomatique. Le Japon se rangea de plus en plus à des positions antiaméricaines, mais aussi antibritanniques, en prenant plus tard ce même été la décision, lourde de conséquences, de former une alliance militaire avec les puissances de l'Axe. Le pays allait de plus en plus clairement au-devant d'un affrontement avec les États-Unis. Le gouvernement japonais avait parfaitement conscience de s'engager sur cette voie, mais aussi des dangers qu'elle impliquait. Il n'en choisit pas moins de la suivre. Il lui était encore possible de renoncer à l'expansion – avec la perspective croissante d'un conflit militaire avec un ennemi puissant – pour entrer à nouveau dans le commerce international, avec sa concurrence naturelle (censée défavoriser le Japon). Mais il rejeta sans appel cette option.

Durant l'été 1941, les dieux avaient paru favoriser une fois de plus le Japon. L'attaque soudaine de l'Allemagne contre l'Union soviétique et ses rapides incursions dans le pays, accompagnées de coups dévastateurs contre l'armée Rouge, ouvraient la possibilité d'attaquer par l'est un ennemi traditionnel assiégé. La question fut activement débattue pendant quelque six semaines. Mais les dirigeants choisirent de continuer les préparatifs de la progression au sud. Le Japon était désormais totalement prisonnier de ses impératifs économiques et idéologiques. Entremêlés, ils devinrent plus apparents encore du jour où les Américains fermèrent le robinet du pétrole après l'envoi, en juillet, de troupes japonaises en Indochine. Dès lors, à moins d'une décision délibérée pour l'éviter, la guerre était inéluctable.

Parmi les dirigeants japonais, des voix importantes s'élevèrent à l'automne 1941 pour prôner la guerre. Mais une vive appréhension se mêlait maintenant à la peur évidente des conséquences pour le Japon d'une guerre avec l'Amérique. L'empereur lui-même voulait éviter la guerre. Le prince Konoe également, qui en était à son troisième mandat de Premier ministre et rechercha désespérément un tête-à-tête avec le président Roosevelt pour conjurer le conflit, suivant une ligne qui finit par entraîner la chute de son gouvernement. Quand le cabinet Konoe tomba, même Tojo, le nouveau Premier ministre, qui comptait jusque-là parmi les faucons ultras, devint le sincère avocat d'un compromis négocié avec les États-Unis. Son ministre des Affaires étrangères, Togo, fut choisi en vue d'organiser un arrangement de ce genre. L'envoi de Kurusu comme émissaire spécial pour assister Nomura, l'ambassadeur à Washington qui ne savait plus à quel saint se vouer, fut un autre signe du sérieux des efforts du Japon, à la onzième heure, pour sortir de l'impasse. Le 29 novembre 1941, à la veille de la conférence impériale qui confirma la décision d'entrer en guerre, la plupart des *jushin* – les hommes d'État, les anciens Premiers ministres – voulaient encore empêcher la conflagration qu'ils redoutaient tant.

Si des personnages aussi influents se prononçaient pour la paix, pourquoi est-ce la guerre qui fut finalement choisie ? La réponse se trouve en partie, bien entendu, dans le durcissement de la position des États-Unis, qui accula encore un peu plus le Japon dans un cul-de-sac. On a beaucoup spéculé par la suite sur le cours possible ou probable des événements si l'administration américaine, par-dessus tout le secrétaire d'État, Cordell Hull, s'était montrée moins intransigeante, plus ouverte à la négociation, surtout durant l'automne 1941. N'eût-il pas été dans l'intérêt des États-Unis, tout au moins à brève échéance, de tempérer leur engagement derrière la Chine pour trouver un règlement avec le Japon au lieu d'insister de façon rigide sur le retrait des Japonais d'un pays qui ne représentait pas vraiment d'enjeu pour les États-Unis[159] ? La paix dans le Pacifique n'aurait-elle pu être sauvée si Roosevelt avait consenti à rencontrer Konoe[160] ? N'aurait-il pas été possible d'empêcher la guerre à la dernière minute si les

États-Unis, au lieu de fermer les volets fin novembre par les « Dix Points » péremptoires de Hull, s'étaient montrés disposés à explorer le *modus vivendi* suggéré par le Président ? Certains de ceux qui avaient pris part au processus torturé de Tokyo, qui déboucha sur la décision de guerre, prétendirent plus tard que si le gouvernement japonais avait reçu la proposition de *modus vivendi* de Roosevelt, ou même si la « Note » de Hull avait exclu le Mandchoukouo de la demande d'un retrait des troupes de Chine plutôt que de laisser entendre à tort qu'il était inclus, de nouvelles propositions et de nouveaux compromis n'auraient pas manqué de surgir. Peut-être, toujours suivant cette analyse contrefactuelle, le gouvernement Tojo serait-il tombé et aurait-il laissé la place à un cabinet favorable à la paix. Peut-être le nouveau débat de la conférence de liaison, suscité par le *modus vivendi*, aurait-il en tout cas imposé un ajournement de la mobilisation[161]. Et sitôt arrêtée la machine de guerre, ne serait-ce que temporairement, il eût été impossible de la relancer avant le printemps. Le répit ainsi gagné aurait pu déboucher sur un bouleversement durable des rapports de force en Extrême-Orient.

Il semble que ce soit prendre ses désirs pour la réalité. L'administration Roosevelt était assurément devenue plus intransigeante. Mais les Américains avaient précisément durci leur attitude parce que le Japon avait toujours refusé, depuis 1937, d'arrêter sa quête implacable d'expansion et de domination en Extrême-Orient. Et, la guerre approchant, les interceptions des services secrets vinrent confirmer que l'expansion en vue d'instaurer un « ordre nouveau » dans la région n'était pas négociable. La question du retrait de la Chine continentale était tout aussi taboue. La Chine était bien devenue un point de rupture dans toutes les tentatives de négociation, et ce pas uniquement pour des raisons idéalistes, même si la Chine était bel et bien devenue une cause morale en Amérique ; et le contrecoup anti-japonais déclenché aux États-Unis par le récit des atrocités commises par l'armée japonaise contre les civils chinois n'avait pas manqué de faire de l'opinion publique américaine un facteur dont l'administration Roosevelt ne pouvait faire abstraction dans son traitement de l'Extrême-Orient[162]. Les préoccupations économiques ne furent pas davantage le premier déterminant de l'adhésion américaine à la cause des nationalistes chinois. C'est le Pacifique, plutôt que le continent asiatique, qui avait une importance centrale pour les intérêts américains dans la région. La considération majeure, qui loin de perdre de l'importance ne fit qu'en prendre, était la nécessité de garder la cohésion de ce que l'on appelait désormais la coalition ABCD – la vague alliance de l'Amérique, de la Grande-Bretagne, de la Chine et des autorités des Indes orientales néerlandaises. Abandonner la Chine aurait eu les plus graves conséquences pour la position de la Grande-Bretagne en Extrême-Orient. Cela aurait mis à rude épreuve les relations américano-britanniques à un tournant critique de la guerre atlantique, et dans le combat plus large contre l'Allemagne nazie – encore jugé prioritaire en Amérique –, d'autant que le Japon était officiellement allié aux puissances de l'Axe. Pour cette raison, avant toute chose, la Chine demeurait le pivot. Les États-Unis ne pouvaient envisager d'affaiblir Tchang Kaï-chek pour un gain à court terme – empêcher une guerre immédiate dans le Pacifique –, la moindre des raisons n'étant pas que, du fait des visées japonaises sur la région, la guerre eût été très vraisemblablement différée, non pas évitée[163].

Les principales raisons du rétrécissement de l'éventail des options du Japon au point que la seule voie restait la guerre sont à chercher non pas du côté de Washington, mais de Tokyo. Certes, des voix s'élevèrent en haut lieu à l'automne 1941 pour dire leur désir d'éviter la guerre. Mais les mêmes qui voulaient maintenant la paix n'avaient cessé jusque-là d'approuver les initiatives qui avaient conduit le Japon à scruter l'abysse de la guerre. Konoe est un exemple de choix, loin d'être isolé, de ceux qui avaient ardemment soutenu l'expansionnisme agressif jusqu'à ce qu'il n'y eût plus moyen d'échapper au désastre imminent. Mais la *peur* de la guerre ne valait pas *opposition* aux décisions politiques qui avaient mené le Japon au bord du gouffre. À aucun moment, il n'y eut de rejet concerté et franc de choix politiques qui paraissaient hérissés de dangers. Pour aucune faction des élites, il ne pouvait être question de renoncer aux objectifs d'un règlement victorieux en Chine et à l'expansion en vue d'établir la

« Sphère de coprospérité de la Grande Asie orientale », autrement dit à la domination japonaise en Extrême-Orient. Ces buts n'étaient pas simplement devenus un impératif économique. Ils reflétaient l'honneur et l'orgueil nationaux, le prestige et la position d'une grande puissance. On n'y voyait d'autre solution de rechange que la pauvreté, mais aussi la défaite, l'humiliation, l'ignominie et la fin du statut de grande puissance au profit d'une subordination permanente aux États-Unis.

Cette façon de penser avait fini par s'imposer au Japon au cours de la décennie précédente, alors que la Crise avait déstabilisé la politique et la société, discréditant la croyance dans les vertus d'une économie internationale sous domination anglo-américaine. Elle imprégnait à la fois l'élite du pouvoir et la masse de la population, dont les médias, inspirés par le gouvernement, n'avaient cessé d'encourager voire de fabriquer de toutes pièces le chauvinisme virulent depuis l'« Incident de Mandchourie ». Par-dessus tout, elle permit à l'influence de la faction la plus puissante, l'armée, de devenir absolument décisive. Alors même que l'armée de terre et la marine avaient des intérêts et des ordres du jour différents, la combinaison de la quête de la domination en Chine (tout en renforçant les défenses au nord contre l'Union soviétique) et de la perspective d'une expansion au sud suffisait amplement à assurer leur cohésion. De surcroît, l'armée eut toujours en main les atouts du débat politique : se retirer de la Chine, c'eût été admettre que les immenses sacrifices consentis depuis 1937 avaient été vains ; abandonner l'expansion dans le Sud, c'était renoncer à la prospérité et à la sécurité pour la pauvreté et les privations ; se retirer de l'Axe, c'était consentir à une soumission durable aux États-Unis ; et refuser la guerre à l'automne 1941, c'était reporter un conflit inévitable à une époque où le rapport de force aurait été moins favorable au Japon. À chaque étape, alors que l'éventail des options politiques se rétrécissait, les chefs des états-majors généraux des deux armes, pressés par les officiers tout feu tout flammes des échelons intermédiaires de leurs sections de planification et de leurs sections opérationnelles, furent les plus fervents avocats déclarés de la guerre. À la fin de l'été 1941, ils avaient fait accepter, sans opposition réelle, le principe d'une action militaire avant la fin de l'année. Le dernier choix politique sérieux des dirigeants japonais fut de consentir à un calendrier militaire en vertu duquel la diplomatie, si maigres que fussent ses chances de réussite, se trouva contrainte à une course contre la montre. La faiblesse des autres factions de l'élite japonaise avait permis aux états-majors de l'armée de terre et de la marine de dicter de plus en plus les options politiques, jusqu'au jour où celles-ci débouchèrent sur un impératif militaire : la guerre.

Paradoxalement, une fois cette terrible guerre terminée, le Japon se retrouva économiquement plus dépendant des États-Unis que ce n'était prévisible avant le conflit, privé du statut de grande puissance et dépouillé de toute capacité militaire. Au fil du temps, il devait jouir d'une prospérité inimaginable aux citoyens dans la période troublée et turbulente de l'entre-deux-guerres.

9

Berlin, automne 1941
Hitler décide de déclarer la guerre aux États-Unis

> Il insiste sur l'extraordinaire portée de l'entrée des Japonais dans la guerre, par-dessus tout en ce qui concerne notre guerre sous-marine […]. Le Führer est convaincu que, même si le Japon n'avait pas rejoint la guerre, il aurait dû déclarer la guerre aux Américains tôt ou tard. Et voici que le conflit est-asiatique tombe comme un cadeau dans notre giron.
>
> Propos de Hitler aux chefs de son parti,
> 12 décembre 1941

On a dit de cette décision que c'était la « plus déroutante » qu'ait prise Hitler au cours de la Seconde Guerre mondiale[1]. À l'apogée du long discours qu'il prononça au Reichstag le 11 décembre 1941 dans l'après-midi, Hitler annonça que les efforts de l'Allemagne et de l'Italie pour empêcher la guerre de s'élargir et pour maintenir des relations avec les États-Unis d'Amérique, ce malgré des années d'« intolérable provocation du président Roosevelt », avaient échoué. Par voie de conséquence, en accord avec les termes du Pacte tripartite du 27 septembre 1940, l'Allemagne et l'Italie se voyaient contraintes, avec le Japon, « de poursuivre ensemble leur combat de défense, et de protéger ainsi la liberté et l'indépendance de leurs peuples et de leurs empires contre les États-Unis d'Amérique et l'Angleterre[2] ». Un peu plus tôt, dans l'après-midi, Joachim von Ribbentrop, le ministre des Affaires étrangères du Reich, avait lu d'un ton cassant la déclaration de guerre officielle au chargé d'affaires américain à Berlin puis, d'un salut sec, à la fin de l'audience, avait mis un terme aux relations entre l'Allemagne et les États-Unis[3].

Quatre jours plus tard, la synthèse habituelle des sondages d'opinion dans la population allemande, établie par le Service de sécurité (*Sicherheitsdienst*, SD) – qui avait vu le jour comme organe de surveillance du parti nazi avant de trouver sa place dans le vaste réseau en pleine expansion des SS et de la police –, affirmait que la « déclaration de guerre contre les États-Unis n'avait pas été surprenante et avait été largement interprétée comme la confirmation officielle de ce qui se passait déjà en réalité ». Pour ce qui est de l'exactitude de cette description lapidaire de l'opinion, on en est réduit à des conjectures. Le même rapport faisait ensuite état de « très occasionnelles observations de surprise », entendues à la campagne, et d'une « certaine inquiétude liée à l'entrée en lice d'un nouvel ennemi ». Et naturellement, indiquait le document, on s'interrogeait sur ce que cela impliquait tout en s'attendant à ce que la guerre s'éternisât des années en mer[4]. Dès avant la déclaration de guerre à l'Amérique, des informateurs de la police avaient surpris des voix pessimistes prophétisant que la guerre allait durer cinq ans, que l'aide américaine avait sauvé la Grande-Bretagne, que l'Allemagne ne gagnerait peut-être pas et qu'un règlement de compromis finirait par être trouvé[5]. Le jour du discours de Hitler au Reichstag, un simple soldat, sûr de la victoire finale de l'Allemagne, n'en confia pas moins à son journal que « c'était la guerre pour toute notre vie ». Puis d'ajouter : « Pauvres parents[6]. »

Ceux qu'inquiétait et qu'horrifiait la perspective de voir la guerre s'éterniser et s'étendre à un nouveau belligérant puissant ayant accès à des ressources considérables avaient tout intérêt à taire leur point de vue. En privé, les angoisses étaient largement partagées. Les souvenirs de la Première Guerre mondiale étaient encore douloureusement vifs. D'après les rapports filtrant de sources socialistes clandestines, beaucoup d'Allemands « n'avaient pas oublié que c'était la participation de l'Amérique à la dernière guerre mondiale qui avait décidé de son issue et scellé le sort de l'Allemagne[7] ». Dans une lettre à son épouse écrite au lendemain de la déclaration de guerre, un officier allemand basé à Varsovie écrivit que la nouvelle l'avait frappé « d'horreur », pour enchaîner : « Ce que probablement chaque Allemand redoutait est devenu réalité[8]. » Ces craintes venaient s'ajouter aux terribles inquiétudes liées au sort de ses proches enrôlés dans une armée qui s'enlisait dans les friches glacées de la Russie et qui se trouvait confrontée à la première crise militaire grave depuis le début de la guerre, deux ans plus tôt.

Même Joseph Goebbels, ministre de la Propagande de Hitler, qui était aussi l'un de ses proches les plus écoutés, fit une allusion oblique à son appréhension devant l'entrée dans le conflit d'un nouvel ennemi puissant. Couchant par écrit la substance d'une conversation téléphonique avec Hitler, peu après que Berlin eut appris l'attaque japonaise sur Pearl Harbor, Goebbels nota que l'Allemagne, « sur la base du Pacte tripartite », n'éviterait « probablement pas une déclaration de guerre aux États-Unis ». Puis on trouve dans son journal une phrase qui en dit long. « Au fond ce n'est pas plus mal maintenant », puisque, présumait-il, les fournitures américaines à la Grande-Bretagne devraient être détournées au profit de la guerre dans le Pacifique[9]. Par cette note toute simple, Goebbels laissait paraître, malgré lui, que la guerre contre les États-Unis était un développement inquiétant. Mais le doute subconscient, naturellement, eut tôt fait de disparaître sous les habituelles effusions de confiance.

Les chefs militaires, qui n'étaient déjà que trop conscients de l'ampleur de la crise sur le front Est, étaient moins optimistes, s'il est possible de nous fier à leurs souvenirs d'après la guerre. L'aide de camp de Hitler pour la Luftwaffe, Nicolaus von Below, qui revenait tout juste d'un mois de permission, apprit alors que Pearl Harbor donnait à l'Allemagne le signal nécessaire pour déclarer la guerre à l'Amérique. Il fut choqué, dit-il plus tard, de ce que Hitler n'eût « pas la moindre idée » du « potentiel » américain, une puissance économique et militaire qui s'était déjà révélée décisive par le passé, au cours de la Première Guerre mondiale. C'était à ses yeux la preuve du « dilettantisme » de Hitler et de sa connaissance limitée des pays étrangers[10].

Le contre-amiral (à cette date) Karl Dönitz, commandant en chef de la flotte sous-marine et inconditionnel de Hitler dans le corps des officiers supérieurs, fut tout aussi consterné d'apprendre que l'Allemagne était en guerre contre l'Amérique. En septembre, il avait déclaré à Hitler que, si les États-Unis devaient être entraînés dans la guerre, il voulait en être dûment prévenu en sorte que ses sous-marins fussent convenablement déployés pour profiter pleinement de l'effet de surprise et porter un grand coup tant que les défenses anti-sous-marins étaient encore faibles. « Finalement, écrivit-il plus tard, les choses tournèrent autrement. Le haut commandement allemand se laissa lui-même surprendre par l'attaque japonaise sur Pearl Harbor, le 7 décembre 1941 ; à cette date, il n'y avait pas un seul sous-marin allemand dans les eaux américaines[11]. »

Le général Walter Warlimont, qui secondait le général Alfred Jodl, principal conseiller de Hitler en matière de planification opérationnelle, insista sur l'amateurisme d'une stratégie mal conçue imposée sous le coup de décisions spontanées, sans consultation ni réflexion. Lui-même venait tout juste d'apprendre la déclaration de guerre au QG de campagne de Hitler, en Prusse-Orientale, où il avait discuté de ses implications avec quelques officiers d'état-major, quand Jodl lui téléphona de Berlin dans l'après-midi du 11 décembre. « Vous savez que le Führer vient de déclarer la guerre à l'Amérique ? », demanda Jodl. « Oui, et nous ne pouvions être davantage surpris », répondit Warlimont. Jodl fit valoir qu'il était maintenant urgent d'examiner où les États-Unis pouvaient déployer leurs forces. Warlimont acquiesça, ajoutant que « jusqu'ici nous n'avions même jamais envisagé une guerre contre les États-Unis et que nous ne possédons donc aucun élément pour asseoir cet examen[12] ».

La décision de déclarer la guerre aux États-Unis, raconte Warlimont, « fut encore une de ces décisions totalement indépendantes à propos desquelles aucun avis de la Wehrmacht n'avait été demandé ni donné ; de ce fait, nous étions maintenant face à une guerre sur deux fronts sous la forme la plus grave qui se pût imaginer. Le plan de guerre de Hitler avait jusqu'ici visé à l'élimination rapide de la Russie comme “facteur d'importance militaire” pour ensuite utiliser la puissance concentrée de la Wehrmacht afin d’en finir avec la guerre à l’Ouest. Désormais, le mieux que nous pussions espérer était d’éviter de nous faire écraser entre deux ennemis, à l’Est et à l’Ouest, dont le potentiel guerrier combiné était immensément supérieur au nôtre[13] ». Dans l’idée de Warlimont, Hitler était « littéralement fasciné par sa propre conception de la situation politique et ne prenait pas convenablement en compte les implications militaires[14] ».

Hitler avait donc déclaré la guerre à une nation aussi puissante que les États-Unis, brusquement, sans consulter ses stratèges militaires (sauf, vraisemblablement, le très loyaliste Jodl et le chef du haut commandement de la Wehrmacht, le servile feld-maréchal Wilhelm Keitel), sans même un semblant de préparation à un tel conflit et, comme le rappela Dönitz, sans s’embarrasser des considérations logistiques immédiates. De plus, une déclaration de guerre n’était pas formellement nécessaire ; rien n’y obligeait l’Allemagne. Dans son discours au Reichstag, Hitler avait expliqué qu’elle était conforme au Pacte tripartite. Or ce n’était pas le cas. Ribbentrop (d’après son récit ultérieur, qui relève du plaidoyer *pro domo*) avait rappelé à Hitler que le pacte n’engageait l’Allemagne à aider le Japon que si celui-ci était attaqué par une tierce partie[15]. Puisque c’était le Japon qui avait attaqué l’Amérique, et non l’inverse, l’Allemagne n’était pas tenue d’intervenir. Le plus haut fonctionnaire du ministère allemand des Affaires étrangères, le secrétaire d’État Ernst von Weizsäcker, fit état plus tard de sa grande surprise quand il entendit Hitler déclarer dans son discours que l’Allemagne avait obligation, en vertu du Pacte tripartite, de déclarer la guerre aux États-Unis. À ses yeux, c’était « juridiquement une erreur et politiquement une méprise[16] ».

La surprise et les prémonitions devant la déclaration de guerre aux États-Unis, non seulement chez les Allemands ordinaires mais aussi dans l’entourage de Hitler et dans les plus hautes sphères du gouvernement et de l’armée, sont un signe clair que l’ouverture des hostilités avec l’Amérique ne fut perçue ni comme une chose prévue à l’avance ni comme une nécessité absolue. Même aux yeux des chefs de l’armée et de la diplomatie allemandes, le choix existait. Hitler avait diverses options, et il avait choisi la guerre avec les États-Unis. Tel que lui-même voyait les choses, bien entendu, un état de guerre existait déjà en pratique dans l'Atlantique et sous-tendait aussi l'aide américaine directe à la Grande-Bretagne, puis à l'Union soviétique. Mais, nous l'avons vu, il y a des raisons de penser que la « guerre non déclarée » dans l'Atlantique, dans la perspective de Roosevelt, aurait pu continuer indéfiniment, même après l'attaque japonaise sur Pearl Harbor. Hitler avait conscience des difficultés de Roosevelt avec l'opinion publique américaine, et plus encore de ses problèmes avec le Congrès. Il savait qu'en août 1941 le président américain n'avait obtenu l'extension du Selective Service Act qu'avec une marge des plus étroites et qu'il n'avait pas osé prendre le risque de demander au Congrès une déclaration de guerre avant l'acte d'agression flagrante des Japonais et le bombardement de Pearl Harbor, le 7 décembre. Même après la déclaration de guerre contre le Japon, absolument rien ne garantissait que Roosevelt aurait obtenu du Congrès un mandat pour faire la guerre à l'Allemagne. Le 11 décembre, Hitler soulagea Roosevelt de cette question délicate, voire peu enviable.

Hitler avait pourtant la diversion du Pacifique qu'il voulait même sans déclarer la guerre à l'Amérique. Et il ne connaissait à ce stade aucun biais pour vaincre les États-Unis. Ses sous-marins pouvaient certainement attaquer les convois américains dans l'Atlantique. Mais il n'avait pas les moyens d'attaquer le continent américain, de bombarder des villes aux États-Unis ou de perturber la montée en puissance de ses capacités militaires. Désormais, avec la déclaration de guerre, la pression du temps – le besoin urgent d'obtenir une victoire complète en Europe et d'acquérir la force économique et le poids militaire nécessaires pour défaire les États-Unis, ou tout au moins pour les tenir en respect – était devenue encore plus aiguë. Le temps était moins que jamais du côté de l'Allemagne. Comme Hitler le savait, les Américains se donnaient à peu près deux ans pour mettre sur pied une immense armée de terre prête à combattre sur le continent européen. En réalité, ce « second front » qu'attendait si impatiemment Staline mit un peu plus longtemps à se concrétiser (même si le débarquement en Afrique du Nord puis l'offensive à travers l'Italie méridionale commencèrent en 1943), et l'invasion de l'Europe occidentale sous occupation nazie, que la Grande-Bretagne n'aurait jamais pu accomplir sans l'aide américaine, ne commença qu'en juin 1944. Mais avec sa décision du 11 décembre 1941 Hitler avait amplement contribué à sceller la destinée de l'Allemagne. En apparence, c'est exactement ce qu'il aurait dû éviter à tout prix. Même avec le bénéfice du recul, cela paraît relever de la folie pure. Pourquoi, se fermant à tout conseil, et à un tournant critique de la lutte acharnée pour la suprématie sur le front Est, choisit-il la guerre contre un nouvel ennemi extrêmement puissant à l'Ouest alors qu'il ne savait comment en venir à bout ? Jusqu'à quel point cette décision reste-t-elle incompréhensible ?

I

En termes de politique de puissance, les États-Unis n'avaient occupé qu'une place marginale dans les réflexions de Hitler avant la fin des années 1930. Il était totalement concentré sur l'Europe. L'Amérique appartenait à un autre hémisphère et semblait résolue à suivre la voie de l'isolationnisme : elle n'avait donc pas grande importance dans la conception hitlérienne de la future politique extérieure allemande.

Le potentiel économique et la composition raciale des États-Unis n'en avaient pas moins des implications pour sa construction idéologique : sa vision des problèmes actuels de l'Allemagne et de ses espoirs futurs. De façon caractéristique, ses idées centrales de l'« espace vital » et de la race étaient la clé de son image de l'Amérique. Dans ce vaste pays, avec un noyau racial « nordique » blanc et dominant, auquel il attribuait sa réussite économique et son niveau de vie élevé, il voyait un modèle de sa vision de l'« espace vital » allemand en Europe[17]. Selon lui, le progrès économique de l'Amérique ne tenait pas simplement, comme on le supposait généralement, à l'innovation technologique et à la rationalisation moderne de la gestion et de la production, mais s'expliquait aussi par l'expansion territoriale pour accueillir une population croissante : la colonisation de l'Ouest « après que l'homme blanc eut réduit les Peaux-Rouges à quelques centaines de milliers[18] ». Cela s'accordait avec son idée que la prospérité de l'Allemagne et sa domination de l'Europe passaient nécessairement par l'expansion – et « par l'épée ». Au début des années 1930, Hitler voyait dans l'Amérique, sur le plan économique, « le rival le plus coriace qui soit[19] ». Il se garda bien d'en exposer les implications plus larges en public, quand bien même il les avait envisagées en privé. Dans un avenir vague et lointain, l'Europe sous domination allemande devrait disputer la suprématie aux États-Unis. Cette implication était renforcée – tacitement – par un autre élément constant de son image de l'Amérique : s'il avait une bonne souche raciale avec sa population blanche, ce pays était dominé par le capital juif, de même que les Juifs avaient la haute main sur sa vie politique et culturelle[20].

Dans les années 1920, l'image que Hitler avait de l'Amérique (hormis son contenu antisémite particulièrement véhément et son insistance appuyée conjointe sur la franc-maçonnerie) correspondait largement à des stéréotypes très répandus dans les cercles allemands de droite. Dans les premières années de sa « carrière » politique, on ne s'en étonnera pas, le point de référence était le rôle de l'Amérique dans la Première Guerre mondiale – dicté, de son point de vue, par les intérêts du capital financier juif et de la maçonnerie. Cette conviction allait de pair avec des expressions de haine à l'endroit du président Woodrow Wilson, largement condamné par la droite allemande qui le rendait partiellement responsable de la « Révolution de novembre » 1918, puis de l'humiliation nationale du traité de Versailles en juin de l'année suivante[21]. Dans l'un de ses tout premiers discours, en décembre 1919, Hitler fustigea l'Amérique et la Grande-Bretagne comme les « ennemis absolus » de l'Allemagne : point de vue courant si peu de temps après la Grande Guerre. Pour l'Amérique, estimait-il, l'argent, même noyé dans le sang, était la seule chose qui comptât. L'association de l'Amérique à la puissance des Juifs ne devait pas tarder : « Pour le Juif, le portemonnaie est l'objet le plus sacré. » L'Amérique, conclut-il, ne pouvait faire autrement que d'entrer dans la guerre et s'approprier la part du lion dans les dépouilles[22]. Des sentiments semblables se retrouvent dans divers discours prononcés au fil des ans avant le putsch de la fin de 1923, sans jamais devenir un thème dominant.

L'Amérique ne devait pas non plus occuper une place de choix dans le tableau que Hitler brossa de la future politique extérieure de l'Allemagne, dans la seconde partie de *Mein Kampf*, qu'il commença en 1924, alors qu'il était incarcéré après l'échec de la tentative de putsch, et termina en 1926, plus d'un an après sa libération. Seul un bref passage, vers la fin du livre, évoque la position de l'Amérique dans les affaires mondiales : un pays sous la coupe des Juifs, en passe de devenir le rival et finalement l'héritier d'un Empire britannique condamné. « Les Juifs sont les maîtres des puissances financières des États-Unis, écrivit Hitler. Chaque année, les forces productrices d'un peuple de cent vingt millions d'âmes passent un peu plus sous leur contrôle. » La menace qui se profilait visait la Grande-Bretagne. « Toute la parenté de race n'empêche pas l'Angleterre d'éprouver un certain sentiment d'envie et d'inquiétude au spectacle des progrès que font les États-Unis dans toutes les branches de l'économie et de la politique internationales. Cette ancienne colonie, cet enfant de la métropole semble donner naissance à un nouveau maître du monde[23]. » Dans la vision du monde déformée de Hitler, la menace d'une grande puissance émergente – conduite par les Juifs – pour l'Allemagne était implicite, mais elle appartenait encore à un avenir lointain. Il ne devait pas s'étendre sur elle.

En 1928, quand il composa son « second livre » – un traité essentiellement consacré au Tyrol du Sud (question sensible à l'époque, ce qui explique probablement que le livre soit demeuré inédit jusqu'à sa découverte longtemps après la guerre) –, la perspective d'un affrontement à long terme avec les États-Unis avait commencé de se préciser vaguement dans l'esprit de Hitler. L'idée que la puissance économique croissante de l'Amérique menaçait l'Europe n'était pas moins courante dans l'Allemagne des années 1920 que l'antiaméricanisme général[24]. Malgré tout, la vision du monde raciste de Hitler, liée à ses postulats géopolitiques, leur donnait une inflexion différente.

Dans la seconde moitié des années 1920, les problèmes géopolitiques, la « question de l'espace », comme il disait habituellement, allaient le préoccuper bien davantage qu'avant le putsch. Ils justifiaient essentiellement son idée que l'Allemagne devait s'étendre pour survivre, et que son expansion devait se faire au détriment de l'Union soviétique. Cela signifiait aussi, en développant une idée déjà exprimée dans *Mein Kampf*, que l'Allemagne devait tourner le dos à ses anciens partenaires de politique extérieure pour rechercher une alliance avec la Grande-Bretagne et l'Italie. Dans cette réflexion, la position d'une Amérique lointaine et isolationniste n'avait aucune place. Mais l'image que nous avons déjà rapidement esquissée d'un colosse économique naissant qui avait les moyens de devenir une grande puissance dans le monde – et avec un « noyau racial sain », bien que sous la coupe des Juifs et des francs-maçons – avait maintenant une incidence. Il en vint à incorporer cette image dans sa vision du statut futur de puissance mondiale dévolu à l'Allemagne et à en envisager les conséquences.

Il les analysait, typiquement, en termes raciaux. Impressionné (comme beaucoup à l'époque[25]) par la législation racialement restrictive de l'Amérique en matière d'immigration ainsi que par les idées propagées sur la santé publique et l'eugénisme, Hitler s'imaginait une population blanche, jeune et racialement virile, représentant une sélection des « meilleurs » migrants d'Europe face à un vieux continent décadent peuplé par une race déclinante. Le danger existait de voir « décliner la valeur raciale de l'Europe, déclin dont il pourrait résulter tôt ou tard que le destin du monde serait désormais guidé par les peuples du continent nord-américain ». Le seul moyen de parer cette menace passait par une renaissance raciale de l'Europe[26]. « Dans l'avenir, le seul État qui pourra faire face à l'Amérique du Nord, c'est celui qui aura su, tant par la nature de sa vie interne que par le sens de sa politique extérieure, élever la valeur raciale intrinsèque de son peuple, et l'amener, par des moyens politiques, au but visé. »

Telle était la mission assignée au mouvement nazi. L'implication était claire. « C'est de la légèreté de croire que le conflit entre l'Europe » – dominée, bien entendu, par une Allemagne racialement purifiée – « et l'Amérique puisse être toujours de nature pacifique et économique ». L'Amérique finirait par se tourner vers l'extérieur. Le choc avec l'Europe pour décider de l'hégémonie ultime ne saurait être évité[27].

Hitler avait moins de choses à dire sur les États-Unis au début des années 1930[28]. En accord avec de nombreux contemporains et avec l'approche adoptée dans la presse nazie, il croyait l'Amérique sensiblement affaiblie par la crise économique déclenchée par le krach de Wall Street à la fin d'octobre 1929. D'après un de ses proches, Ernst Hanfstaengl, lui-même en partie d'origine américaine, Hitler observa qu'un pays assailli de problèmes intérieurs ne pouvait espérer jouer un rôle dans les affaires étrangères[29]. La crise étaya aussi probablement son idée que la liberté du marché et le capitalisme libéral ne pouvaient apporter la sécurité que nécessitait la survie nationale à long terme. En réalité, cependant, il ne dit pas grand-chose en public de la crise aux États-Unis, réservant sa puissance de feu rhétorique aux défaillances du système démocratique à l'intérieur. Et la faiblesse temporaire née de la crise économique restait compatible avec sa vision à long terme d'un choc ultime entre les États-Unis et l'Europe – une vision qu'il conserva jusque dans les années 1940[30].

Aucune ligne droite ne mène donc de ces vagues ruminations sur l'avenir lointain à ses décisions politiques ultérieures concernant l'Amérique. En harmonie avec le peu d'attention que Hitler avait accordée aux États-Unis au cours de son ascension au pouvoir, l'Amérique n'était guère plus qu'un détail pour lui et son gouvernement après qu'il se fut retrouvé à la chancellerie du Reich. Il n'afficha aucun intérêt pour les États-Unis au cours de ses premières années de pouvoir, et l'Amérique avait peu de place dans la formulation de sa politique étrangère. Néanmoins, avec son aval, les relations entre l'Allemagne et les États-Unis amorcèrent un inexorable déclin jusqu'au début de la guerre européenne. Assurément, il ne fit rien pour endiguer cette dégradation. Et il n'aurait rien pu faire sans revenir sur le racisme et le militarisme qui étaient au fondement de son régime.

Les relations de l'Allemagne avec les États-Unis avaient été bonnes et s'étaient améliorées avant 1933. Cela devait bientôt changer sous le régime nazi. Les conflits autour des tarifs commerciaux et l'empressement de l'Allemagne à manquer à sa promesse de rembourser les crédits dus aux États-Unis eurent leur part dans le climat délétère qui s'installa rapidement entre les deux pays. Mais d'autres problèmes importèrent davantage encore. La persécution des Juifs, dont les premières manifestations graves n'étaient déjà que trop flagrantes au printemps 1933, suscitèrent la révulsion aux États-Unis et alimentèrent la montée du sentiment antiallemand. Tout comme les attaques contre les églises chrétiennes, les autodafés de livres d'auteurs racialement ou politiquement « indésirables » et les brutalités de la terreur policière contre les opposants politiques. Au-delà de l'aversion croissante pour la barbarie nazie, outre-Atlantique, on observait avec des pressentiments croissants le militarisme tapageur du régime hitlérien et les signes évidents, bientôt visibles, que l'Allemagne commençait son réarmement (avec tout ce que cela signifiait pour la paix future de l'Europe)[31].

La dégradation des relations, on ne s'en étonnera pas, trouva aussi un écho dans l'image que les Allemands avaient des États-Unis. Du fait des inquiétudes autour du commerce extérieur avec les États-Unis, puis de l'organisation des Jeux olympiques de 1936, la propagande allemande, dans les premières années du régime nazi, s'en tint à un antiaméricanisme relativement modéré, en tout cas en comparaison de sa virulence de la fin des années 1930. Malgré tout, la critique du prétendu rôle des Juifs aux États-Unis était fréquente et gagna en intensité. De même que s'amplifièrent, à compter du milieu des années 1930, les commentaires négatifs sur le « New Deal », sur le déclin culturel et racial de l'Amérique et sur le président Roosevelt lui-même[32].

La montée outre-Atlantique de l'antagonisme à l'égard de l'Allemagne ne donna pas de nuits blanches à Hitler. Si l'antipathie était inévitable d'un point de vue allemand, compte tenu des priorités idéologiques du régime nazi qui ne pouvaient s'accorder avec le sentiment libéral américain, il n'y avait guère de raisons de s'inquiéter. Les États-Unis, après tout, étaient encore dans les affres d'une crise économique prolongée ; l'isolationnisme y demeurait puissant ; et leurs capacités militaires étaient très faibles. Hitler pouvait donc être assuré que les intérêts mêmes des États-Unis les maintiendraient à l'écart des affaires européennes dans un avenir proche. Au tout début du régime, son ministre des Affaires étrangères, Konstantin von Neurath, abonda dans ce sens. On ne pouvait certes attendre de Washington qu'elle soutînt les demandes et les souhaits de l'Allemagne, suggéra-t-il, mais le « désintérêt des États-Unis pour les affaires européennes ne changerait probablement pas sous le président Roosevelt[33] ». La refonte de l'Europe, Hitler devait en être convaincu, continuerait de préoccuper assez peu les Américains. Dans sa perspective et celle des dirigeants nazis, les États-Unis étaient un facteur dont ils pouvaient plus ou moins faire abstraction dans la politique étrangère allemande.

Pas grand-chose ne suggère que Hitler ait changé d'avis dans les dernières années avant la guerre. Quand, le 5 novembre 1937, Hitler fit part à ses chefs militaires de ses idées d'expansion en Autriche et en Tchécoslovaquie, et présenta un certain nombre de scénarios sur l'engagement de l'Allemagne dans la guerre pour l'« espace vital » avant 1943-1945 au plus tard, il ne mentionna même pas les États-Unis[34]. L'année suivante, l'Amérique demeura quantité négligeable pour Hitler, alors que ses ambitions devenaient réalité et que le Reich avalait l'Autriche, puis les Sudètes.

Au-delà des mouvements d'opinion, des signes indiquaient pourtant que les choses étaient en train de changer. Le 5 octobre 1937, dans son « discours de la quarantaine », Roosevelt avait prôné l'isolement international des pays qui menaçaient la paix mondiale : de toute évidence, l'Allemagne, l'Italie et le Japon. L'ambassadeur d'Allemagne à Washington, Hans Heinrich Dieckhoff, y avait perçu un signe que les États-Unis pouvaient abandonner l'isolationnisme. Début décembre, Dieckhoff expliqua que, si les États-Unis avaient toute chance de s'en tenir à une politique étrangère passive, celle-ci cesserait, malgré l'opposition intérieure, dès lors que leurs intérêts seraient en jeu ou en cas de provocation intolérable ; et, « dans un conflit où l'existence même de la Grande-Bretagne sera en jeu, l'Amérique mettra tout son poids dans la balance du côté des Britanniques[35] ». L'antagonisme des États-Unis et de l'Allemagne devenait plus clair que jamais. Le volume de la propagande antiaméricaine en Allemagne augmenta fortement tandis qu'outre-Atlantique la détestation croissante du nazisme allait de pair avec l'inquiétude toujours plus vive que l'agression de Hitler entraînât l'Europe au bord de la guerre. La révulsion suscitée par la barbarie nazie atteignit des sommets lors des effroyables pogroms montés contre les Juifs les 9 et 10 novembre 1938, à l'occasion de la *Reichskristallnacht* (« Nuit de cristal du Reich[36] »). Une vague d'indignation balaya l'Amérique. L'ambassadeur des États-Unis à Berlin fut rappelé « pour rapport et consultation » (même si, en fait, il ne devait jamais y retourner). Peu après, en guise de représailles, l'ambassadeur allemand à Washington était rappelé à Berlin[37]. Si rien n'annonçait une rupture complète des relations diplomatiques, le ministre allemand des Affaires étrangères s'inquiétait de possibles sanctions économiques[38]. L'inquiétude était justifiée. Le Trésor américain renonça à la dernière minute, sur intervention du secrétaire d'État Cordell Hull, à imposer des droits de douane punitifs sur les importations allemandes[39].

S'adressant aux représentants de la presse allemande au lendemain de la *Reichskristallnacht* (mais sans évoquer ne fût-ce que d'un mot le pogrom), Hitler revint sur les vues qu'il professait une décennie plus tôt et afficha son mépris pour la qualité raciale inférieure qu'il percevait dans la population ethniquement mélangée des États-Unis[40]. Mais lui-même et d'autres dirigeants nazis commençaient à prendre au sérieux la perspective de voir l'Amérique devenir un ennemi en puissance. En janvier 1939, Hitler reprocha aux États-Unis de faire de l'« agitation » contre l'Allemagne. Visiblement, ils comptaient désormais parmi les « ennemis du Reich[41] ». Sa colère devant les réactions suscitées par la *Reichskristallnacht* aux États-Unis et sa paranoïa concernant le pouvoir des Juifs en Amérique devaient se mêler pour inspirer des attaques toujours pus virulentes contre Roosevelt et les bellicistes juifs censés conduire le mouvement.

Tout cela se retrouve en toile de fond de l'important discours que Hitler prononça au Reichstag le 30 janvier 1939, pour le sixième anniversaire de sa « prise du pouvoir ». Au cœur figurait le pouvoir présumé des Juifs, en qui Hitler avait toujours vu la force dominante du gouvernement et de la puissance économique de l'Amérique. Le discours était en substance une attaque contre la menace que représentait à ses yeux la finance juive de la Grande-Bretagne et des États-Unis pour l'économie et la sécurité nationale de l'Allemagne. Il dépeignit les Juifs sous les traits de bellicistes entraînant de force l'Allemagne dans un conflit dont elle ne voulait pas. Mais le pays était prêt à relever le défi et se préparait à un combat à mort. Et si la guerre survenait – Hitler y alla alors de sa terrible menace –, ceux qui l'avaient provoquée, les Juifs, périraient. Le résultat en serait « l'anéantissement de la race juive en Europe[42] ».

Quand, au lendemain du sinistre discours du Führer, Roosevelt laissa entendre que la menace de Hitler signifiait que les frontières de l'Amérique se situaient désormais sur le Rhin (figure de rhétorique employée pour justifier la livraison d'avions à la France), il provoqua un véritable tir de barrage dans la presse allemande[43]. Ce fut le prélude à l'attaque frontale à laquelle se livra Hitler contre Roosevelt dans son discours de la fin d'avril au Reichstag.

Roosevelt, on l'a vu, était handicapé dans son champ d'action par l'opinion et par la réprobation isolationniste pour toute initiative susceptible d'impliquer l'Amérique dans les épreuves de l'Europe. Depuis Munich, à l'automne précédent, il s'était cependant toujours plus inquiété de la probabilité d'une guerre et de l'échec dommageable de la politique d'apaisement franco-britannique. Les horreurs de la *Reichskristallnacht* avaient ensuite révélé la barbarie du régime nazi dans toute son ampleur. À la mi-mars, enfin, la Wehrmacht avait occupé ce qu'il restait de la Tchécoslovaquie, avant que les troupes de l'autre « chien fou », Mussolini, n'envahissent à leur tour l'Albanie. Dans les jours suivants, Roosevelt envisagea un message public en forme d'appel personnel adressé à Hitler et à Mussolini, les pressant d'abandonner la voie de l'agression et de la guerre et de montrer leur attachement au développement pacifique en Europe. Le message, maintes fois révisé, parut le 15 avril 1939. Le point central en était la proposition de Roosevelt aux dictateurs de l'Axe : qu'ils donnent l'assurance que pendant au moins dix ans ils n'attaqueraient aucun pays figurant sur une liste de trente nations indépendantes nommément désignées, essentiellement en Europe mais aussi au Moyen-Orient. Pour sa part, Roosevelt promettait que les États-Unis participeraient à des discussions visant à réduire les armements et à ouvrir le commerce international en sorte que tous les pays fussent traités sur un pied d'égalité[44].

Hitler enragea et perçut comme un affront témoignant de l'arrogance de Roosevelt de voir le message publié avant même qu'il ne l'eût officiellement reçu à Berlin[45]. Il lui parut d'abord au-dessous de sa dignité de répondre à « une aussi méprisable créature », mais, sans doute parce que le discours avait de toute évidence favorablement impressionné l'opinion internationale, il finit par estimer qu'il devait répondre[46]. Quand il le fit, dans son discours du 28 avril au Reichstag, sa réplique fut cinglante[47]. Il avait interrogé les trente pays désignés, assura-t-il, et aucun ne se sentait menacé par l'Allemagne. Certains pays (il nomma la Syrie) avaient cependant été incapables de lui répondre parce que les États démocratiques avaient amputé leur liberté d'action. Et la Palestine n'était-elle pas occupée par des troupes britanniques, et non allemandes ? La République d'Irlande, elle aussi, redoutait une agression de la Grande-Bretagne, pas de l'Allemagne. Hitler tira également parti de l'appel de Roosevelt au désarmement, le dictateur allemand n'ayant aucun mal à exploiter le fait que les puissances victorieuses avaient privé l'Allemagne de ses défenses après la Grande Guerre, alors qu'elles n'étaient jamais à court de raisons pour éviter elles-mêmes de désarmer.

Les sarcasmes de Hitler avaient provoqué l'hilarité des députés nazis. Ce fut l'un de ses discours les plus efficaces. Goebbels était extatique. « Un terrible éreintement de Roosevelt. Les oreilles doivent lui en siffler. Le Parlement est plié de rire. C'est un vrai plaisir à entendre. Le succès dans le public est gigantesque. Quiconque attaque publiquement le Führer signe sa propre condamnation [...]. C'est un génie de la stratégie et de la tactique en politique. Personne n'est à sa hauteur. Quel nain est, en comparaison de lui, un homme comme Roosevelt[48] ! » Les nazis ne furent pas seuls à reconnaître l'efficacité de la rhétorique de Hitler. William Shirer, journaliste américain en poste à Berlin à cette époque, entendit ce discours et jugea la réponse de Hitler à Roosevelt « adroite » car de nature à impressionner les partisans de l'apaisement et les isolationnistes en Amérique et en Europe[49].

Au-delà de ces cercles, malgré tout, le « règlement de comptes » avec Roosevelt eut peu d'écho. Beaucoup eurent le sentiment que la supériorité morale était du côté de Roosevelt avec son appel à la raison et à la paix face à des intentions agressives avérées. L'impact du discours et de l'intervention de Roosevelt qui en était la cause fut en tout cas d'une importance éphémère. Ce qui comptait, c'était que la division entre les États-Unis et l'Allemagne eût été exposée de la manière la plus visible. La place des États-Unis était claire dans le conflit entre les démocraties et les puissances de l'Axe.

Du point de vue allemand, quelles que fussent les apparences de neutralité, les États-Unis étaient une puissance foncièrement hostile. De ce fait, après des années où ils avaient été quasiment insignifiants dans l'élaboration de la politique allemande, les États-Unis devaient être considérés dans une optique stratégique, et non simplement idéologique. Le problème clé dans l'éventualité, toujours plus probable dans un avenir proche, d'une guerre européenne, était de s'assurer que l'Amérique n'entrerait pas dans le conflit. Dans l'approche allemande, cependant, ce n'était guère vraisemblable ; il n'y avait aucune raison de s'inquiéter outre mesure. L'élection présidentielle était fixée à l'automne 1940. Il ne fallait pas prendre de risques avec l'opinion publique jusque-là. En tout état de cause, la force de l'isolationnisme excluait toute intervention. Au-delà de ces considérations, la faiblesse militaire américaine n'était que trop évidente, avec un réarmement et une production de guerre industrielle qui n'en étaient qu'à leurs débuts. Les stratèges allemands s'attendaient bel et bien à une guerre longue, ou à une succession de guerres. Mais les premières étapes, présumait-on, seraient couronnées d'une victoire rapide avant que les États-Unis ne fussent en position d'intervenir. Hitler était sûr que la guerre avec la Pologne, lorsqu'elle se produirait, serait rapidement réglée grâce à la force de frappe allemande. Il prévoyait que les démocraties occidentales resteraient à l'écart de toute action militaire contre la Pologne. Mais même si elles intervenaient, il ne doutait pas non plus que l'Allemagne l'emporterait. Les démocraties occidentales, la Grande-Bretagne aussi bien que la France, seraient défaites ou se plieraient à un règlement négocié, face à l'écrasante suprématie militaire allemande. Les Américains resteraient à l'écart. Puis viendrait le moment d'affronter le « judéo-bolchevisme », avec le soutien, ou du moins l'acquiescement, des puissances d'Europe occidentale. Et, là encore, l'affaire serait rapidement terminée. Le conflit avec les États-Unis – pas avant le milieu des années 1940 au plus tôt – se ferait sur la base d'une Allemagne dominant la totalité du continent européen, nantie d'une puissante flotte de guerre prête à leur disputer la suprématie sur les océans.

Tout cela n'était que rêvasseries nébuleuses. Mais, même si, loin d'être précisément élaborée, cette réflexion n'était encore qu'à l'état d'ébauche, le postulat central, alors que la perspective d'une guerre ne cessait de se préciser au cours de l'été 1939, était en gros que l'Allemagne aurait assis son ascendant en Europe avant que les États-Unis ne devinssent un facteur d'importance stratégique.

II

Malgré tout, rien ne pouvait être tenu pour acquis. Quand la guerre commença en Europe en septembre 1939, Hitler avait le sentiment aigu de ne disposer que d'un laps de temps limité pour asseoir sa suprématie sur le continent avant que le potentiel militaire et industriel américain ne commence à se faire sentir dans le conflit. De plus en plus, désormais, il faudrait compter avec l'Amérique. La rapidité était plus que jamais essentielle. L'Allemagne devait être victorieuse avant que l'intervention américaine ne fît pencher la balance.

Hitler était convaincu qu'il n'y avait pas à craindre une entrée rapide des États-Unis dans la guerre, mais il ne voulait pas prendre de risques. Il ne fallait rien faire qui pût servir de provocation. Le ministère de la Propagande de Goebbels donna l'ordre de cesser toutes les attaques de la presse allemande contre le président Roosevelt, qui étaient fréquentes et venimeuses dans les mois précédant la guerre. Elle reçut pour consigne de faire montre d'une discrétion absolue en évoquant les affaires américaines[50]. Hitler tint aussi la bride haute aux va-t-en-guerre de la marine, impatients de lancer leurs sous-marins au risque de couler des navires américains neutres. Plus d'une fois, à l'automne, Hitler rappela instamment au commandant en chef de la marine, le grand amiral Erich Raeder, qu'il fallait tout faire pour éviter les incidents en mer avec les États-Unis. Le 23 février 1940, il lui refusa catégoriquement d'autoriser deux sous-marins à patrouiller dans les eaux au large de la côte canadienne, près de Halifax, en Nouvelle-Écosse, qui était un port crucial pour les convois britanniques, en raison de « l'effet psychologique qu'une telle mesure pourrait avoir aux États-Unis ». Début mars, la marine reçut des ordres explicites lui interdisant d'arrêter, de capturer ou de couler le moindre navire américain, où qu'il pût être[51].

À l'automne 1939, suivant les pronostics militaires allemands, la période de grâce devait encore durer une année et demie, avant que le potentiel industriel et militaire de l'Amérique ne commençât à se faire sentir. Une analyse du haut commandement de la Wehrmacht conclut que, pour l'heure, les États-Unis parvenaient tout juste à satisfaire les demandes de leurs propres forces armées et qu'il leur faudrait un an pour se mettre à produire en masse des avions, des chars et d'autres véhicules militaires. Mais après une année et demie environ, le « niveau de productivité dans tous les secteurs de l'armement excéderait de beaucoup celui des autres pays[52] ». Cette évaluation s'accordait avec celle des rapports de l'attaché militaire allemand en poste à Washington, selon lequel l'état de préparation militaire aux

États-Unis excluait toute intervention avant la fin de l'été 1940, mais qu'une participation totale de l'Amérique à la guerre était ensuite possible[53]. L'ambassade allemande de Washington était d'avis que l'administration Roosevelt s'attendait à une guerre longue, ne prévoyait pas une défaite rapide de la Grande-Bretagne et de la France et interviendrait si les démocraties étaient à deux doigts du désastre ou, inversement, au seuil de la victoire. Le nécessaire soutien populaire à l'intervention serait alors bien présent, présumait-on[54].

À la lumière de ces rapports, on comprend d'autant mieux pourquoi Hitler estimait urgent d'obtenir la défaite militaire de la France et de forcer les Britanniques à un règlement négocié dans une position de faiblesse. Au début de la guerre, il avait exprimé sa certitude qu'il aurait « réglé tous les problèmes en Europe » bien avant que les Américains ne pussent intervenir. En privé, cependant, il avait ajouté : « Malheur à nous si nous n'en avons pas fini d'ici là[55]. » Dès que la Pologne fut écrasée, à peine quelques semaines plus tard, il prôna une attaque immédiate contre la France sous prétexte que le temps jouait contre l'Allemagne, militairement et économiquement[56]. Et juste avant le début de l'offensive occidentale de mai 1940, il justifia son action auprès de son ami Mussolini en faisant valoir que les « menaces voilées récurrentes contenues dans les télégrammes, notes et demandes de Roosevelt » donnaient de « multiples raisons de veiller à mettre fin à la guerre au plus tôt[57] ».

Le jour même où l'Italie déclara la guerre, le 10 juin 1940, le président Roosevelt avait publiquement avoué « apporter aux adversaires de la force » les ressources matérielles des États-Unis[58]. Juste un mois plus tard, Hitler reçut l'analyse du discours que Roosevelt avait prononcé le 19 juillet en acceptant d'être le candidat démocrate lors de la prochaine présidentielle : suivant ce document, le président américain s'opposait résolument à l'Allemagne et était prêt à appuyer la Grande-Bretagne dans la poursuite de son combat[59]. Les implications pour la guerre de l'Allemagne étaient évidentes : il fallait une victoire rapide et concluante avant que les ressources américaines – voire une intervention directe – ne fissent la différence. Hitler en tira sa conclusion. Les signaux venus d'outre-Atlantique influencèrent la décision qu'il annonça à la fin du mois à ses généraux : préparer une attaque et vaincre l'Union soviétique dans une « guerre éclair » de quelques mois seulement. La guerre qu'il avait toujours été idéologiquement déterminé à livrer avait maintenant une fin stratégique vitale : mettre un terme aux espoirs britanniques d'un allié continental et forcer ainsi la Grande-Bretagne à accepter l'inévitable et à consentir à un accommodement ; et, ce faisant, éliminer la menace d'une intervention américaine. Londres et Washington seraient, pour ainsi dire, vaincues *via* Moscou.

La stratégie de Hitler avait pris des dimensions planétaires. Elle en venait à englober maintenant le rôle du Japon en Extrême-Orient. La défaite infligée à l'Union soviétique par la Wehrmacht libérerait le Japon de toute menace de son vieil ennemi au nord. Elle dégagerait la voie que le Japon envisageait déjà de suivre : une action dans le Sud, impliquant une attaque contre les possessions britanniques d'Extrême-Orient, avec l'effet supplémentaire désiré d'occuper les Américains dans le Pacifique. En l'espace de quelques semaines, le nouvel intérêt pour le Japon avait conduit à des initiatives qui finirent par aboutir au Pacte tripartite du 27 septembre 1940 et qui nourrirent les éphémères espoirs de Ribbentrop de construire un nouvel ordre mondial visant à miner la puissance britannique à travers le monde ainsi que la force internationale des États-Unis[60].

En attendant, l'accord sur les destroyers passé entre Churchill et Roosevelt au début du mois de septembre avait donné à Hitler le signe le plus tangible du soutien croissant de l'Amérique à une Grande-Bretagne qui ne s'avouait pas vaincue. L'amiral Raeder, un « faucon », tenait désormais l'entrée en guerre de l'Amérique pour une certitude[61]. Mais il fallait avaler l'Alliance atlantique naissante que symbolisait l'accord sur les destroyers et la tendance visiblement antiallemande de l'administration américaine : Hitler ne voulait toujours pas de provocation. La presse allemande était soumise à de sévères restrictions[62].

Toute limitation de la propagande antiaméricaine fut levée après la conférence de presse que Roosevelt donna le

17 décembre – quand il utilisa la métaphore du tuyau d'arrosage prêté à un voisin pour éteindre un incendie afin d'annoncer ce qui allait bientôt se matérialiser dans la politique du prêt-bail – et son discours de la fin du mois sur l'« arsenal de la démocratie[63] ». Que la propagande cessât de prendre des gants en dit long sur le sérieux avec lequel le régime nazi accueillit l'introduction du prêt-bail. Le 27 septembre, l'amiral Raeder, plus impatient que jamais d'exploiter les tout derniers développements pour intensifier la guerre navale dans l'Atlantique, insista lourdement sur les implications du prêt-bail auprès de Hitler. Sa conclusion, qui stipulait que la Grande-Bretagne ne bénéficierait d'un « soutien très conséquent qu'à la fin de 1941 ou au début de 1942[64] », ne fit que confirmer ce que Hitler lui-même avait dit à Jodl dix jours plus tôt, à savoir que l'Allemagne devait asseoir sa domination sur le continent d'ici la fin de l'année 1941, avant que l'Amérique ne pût intervenir. Un mémorandum composé le 9 janvier par Hans Dieckhoff, l'ancien ambassadeur aux États-Unis, qui passait pour un expert de l'Amérique au ministère allemand des Affaires étrangères, esquissa la gravité des implications. Ce serait une erreur, insistait-il, de croire que l'entrée en guerre des États-Unis ne changerait rien à la situation. Dans ce cas, la production industrielle augmenterait fortement, permettant de plus grosses livraisons d'armes, de munitions et d'avions à la Grande-Bretagne. Sans l'intervention américaine, un effondrement britannique ouvrirait la perspective d'un règlement de paix et de la fin de la guerre. « À l'inverse, si les États-Unis sont eux aussi en guerre, ajoutait Dieckhoff, ils continueront même si l'Angleterre s'effondre, et il sera difficile de parvenir à la paix[65]. » Un diplomate de haut rang ne pouvait guère aller plus loin pour laisser entendre qu'un engagement américain dans la guerre – jugé de plus en plus probable, et d'autant plus maintenant à la lumière du prêt-bail – empêcherait toute victoire de l'Allemagne. Un mois plus tard, un rapport de l'attaché militaire allemand à l'ambassade de Washington, le général Friedrich von Bötticher, abonda dans ce sens en estimant que la production américaine d'avions de guerre triplerait en 1941. Dès lors, le rythme de production aurait rattrapé celui de l'Allemagne[66].

Hitler brandit publiquement des menaces. C'était un habitué de ce stratagème, même si, pour la première fois peut-être, il le fit dans une position de faiblesse, du moins en ce qui concernait les États-Unis. Le 30 janvier 1941, au Reichstag, pour le huitième anniversaire de sa « prise du pouvoir », il déclara : « Que nul ne se fasse la moindre illusion. Quiconque croit pouvoir aider l'Angleterre doit savoir avant toute chose ceci : tout navire, avec ou sans escorte, qui passe à portée de nos torpilles sera torpillé[67] ! » C'est une menace qu'il n'osa pas faire suivre d'effet de peur de provoquer exactement ce qu'il souhaitait pour l'heure à tout prix éviter. Plus importante que cette menace encore creuse fut la conclusion stratégique que Hitler tira, en privé, de la mesure du prêt-bail.

Elle le confirma d'abord dans l'idée que, pour l'Allemagne, la chance d'une victoire totale – c'est-à-dire celle de maintenir les États-Unis à l'écart de la guerre – reposait sur la destruction de l'Union soviétique. Ensuite, elle l'entraîna davantage encore sur la voie d'une politique active en direction du Japon, domaine dans lequel aucun progrès n'avait été accompli depuis la conclusion du Pacte tripartite en septembre précédent. « L'écrasement de la Russie permettrait aussi au Japon de se retourner de toute sa puissance contre les États-Unis », dit-il le 9 janvier à ses chefs militaires. Et cela empêcherait l'Amérique d'entrer dans la guerre[68]. Le rapport de la marine sur la réunion développe la pensée stratégique qui inspirait l'exposé de Hitler et ses conséquences. « Si les États-Unis et la Russie devaient entrer en guerre contre l'Allemagne, indique le compte rendu des propos de Hitler, la situation deviendrait très compliquée. Aussi faut-il éliminer d'emblée toute possibilité qu'une telle menace se développe. Si la menace russe n'existait pas, il nous faudrait livrer la guerre indéfiniment à la Grande-Bretagne. Si la Russie s'effondrait, le Japon en serait grandement soulagé ; et cela ne ferait qu'accroître le danger pour les États-Unis. » Hitler ajouta ensuite une autre réflexion révélatrice des espoirs qu'il commençait de placer dans le Japon : « S'agissant des intérêts japonais à Singapour, le Führer a le sentiment qu'il faut laisser les mains libres aux Japonais, même si cela comporte le risque que les États-Unis soient contraints de prendre des mesures drastiques[69]. » Autrement dit, l'expansion japonaise en Extrême-Orient commençait à faire intrinsèquement partie de la stratégie allemande de victoire finale en Europe. Dans les deux cas, la clé était une défaite rapide de l'Union soviétique.

Avec l'adoption du Lend-Lease Act, le 11 mars 1941, les dirigeants allemands, suivant un article du *Völkischer Beobachter* (le principal quotidien nazi), conclurent que les États-Unis étaient désormais irrémédiablement engagés derrière les ennemis de l'Allemagne. « Nous savons pourquoi et contre qui nous combattons, proclamait l'article, la lutte finale commence[70]. » D'après un rapport sur les réactions au sein du haut commandement de la Wehrmacht au discours de Roosevelt annonçant la mise en œuvre du prêt-bail, l'idée générale est que l'« on peut y voir une déclaration de guerre à l'Allemagne[71] ». Hitler lui-même, au milieu des injures dont il abreuva le président Roosevelt, reconnut que les Américains lui avaient donné une raison de faire la guerre. Il n'y était pas encore prêt, mais « cela finira par la guerre avec les États-Unis d'une manière ou d'une autre », observa-t-il. Roosevelt et les financiers juifs derrière lui, qui s'inquiétaient de leurs pertes si l'Allemagne gagnait la guerre, y veilleraient. Son seul regret, poursuivit Hitler, était qu'il n'avait encore aucun appareil capable de bombarder les villes américaines. Il se ferait un plaisir d'administrer une leçon de ce genre aux Juifs américains. La loi de prêt-bail avait créé des problèmes supplémentaires, dont on pourrait cependant venir à bout grâce à une « guerre maritime implacable ». Il importait d'accroître les tonnages coulés par les sous-marins. Or, pour l'instant, les Américains étaient eux-mêmes contraints par les limites de leur capacité d'armement[72].

C'est au titre de « contre-mesure aux effets attendus de la loi d'aide à l'Angleterre, adoptée par les États-Unis » que, le 25 mars, Hitler étendit la zone allemande de combat aux eaux entourant l'Islande et aux limites de la zone de neutralité américaine. La rumeur venait de parvenir à Berlin que l'administration américaine envisageait d'assurer l'escorte des convois jusqu'à l'Islande[73]. Comme on l'a vu, des mois allaient passer avant que

Roosevelt ne consentît enfin à l'escorte des convois, que les « faucons » de son administration recommandaient déjà. Mais dans la perspective allemande, l'escorte n'était qu'un des nombreux problèmes qui, au printemps de 1941, donnaient l'impression que Roosevelt jouait à dessein l'escalade du conflit dans l'Atlantique, à l'affût d'une provocation qui lui permettrait d'entraîner l'Amérique dans la guerre.

L'autorisation donnée fin mars aux navires britanniques de faire réparer leurs cuirassés dans des docks américains, puis la saisie des bâtiments de l'Axe dans les ports des États-Unis à la fin du mois et l'accord conclu avec le Groenland pour installer une base militaire furent perçus comme autant d'actes clairement hostiles envers l'Allemagne. Ils s'accompagnèrent de rumeurs suivant lesquelles les Américains se préparaient à occuper les Açores (dont les Allemands avaient un temps envisagé de prendre possession pour couper l'herbe sous le pied des Américains – solution qui avait encore les faveurs de Hitler pour donner aux bombardiers à longue portée une base à partir de laquelle attaquer les États-Unis)[74]. Et même si l'administration Roosevelt introduisit des patrouilles, pour prévenir les convois britanniques des sous-marins allemands en maraude, plutôt que des escortes en bonne et due forme, cela augurait de futurs ennuis.

En avril, le premier choc apparent d'un destroyer américain, le *Niblack*, avec ce que l'on prit alors à tort pour un sous-marin allemand, sembla être un signe de ce que l'avenir réservait et qui ne pouvait que précipiter l'escalade du conflit. Le 21 mai, le torpillage du *Robin Moor* créa une situation encore plus explosive, suivie, six jours plus tard, du grand discours où Roosevelt annonça que son administration avait l'intention de tout faire pour empêcher la domination allemande de l'Atlantique et introduire un état d'« urgence illimitée[75] ». La réaction modérée inattendue des Américains lors du torpillage du *Robin Moor* fut un grand soulagement pour Berlin, tout comme le fait qu'aucune action ne suivit le tapage précédant le grand discours de Roosevelt. La montée des tensions du printemps avait débouché sur une période d'impasse et de gêne. L'entrée en guerre de l'Amérique à la suite d'un incident dans l'Atlantique était bien la dernière chose que Hitler eût souhaitée, occupé qu'il était par l'action militaire dans les Balkans et, surtout, par la préparation de l'« opération Barbarossa ».

À maintes reprises, il avait en fait donné pour consigne à l'amiral Raeder, va-t-en-guerre à la tête d'une direction de la flotte allemande belliqueuse, impatiente d'affronter la menace américaine croissante dans l'Atlantique, d'éviter tous les incidents qui pouvaient être perçus comme une provocation. Le *Robin Moor* avait été coulé au mépris des ordres explicites de Hitler, mais, jusqu'à l'automne, cela resta un incident isolé. L'interdiction formelle faite aux sous-marins allemands d'entreprendre quoi que ce soit contre les navires américains fut renouvelée à l'approche de « Barbarossa ». Début juin, Hitler fit savoir à Raeder que « la question de la traque des navires marchands américains devait attendre l'envoi d'unités de la flotte pour opérer dans l'Atlantique » : il s'agissait visiblement d'une interdiction temporaire en attendant le jour où tous les coups seraient permis dans la guerre en mer[76].

Le 21 juin, veille de l'invasion de l'Union soviétique, l'amiral Raeder souleva de nouveau la question d'une action navale allemande contre les navires américains dans l'Atlantique. Il fit état d'un quasi-incident survenu la veille, quand un sous-marin était tombé sur un vieux cuirassé américain, le *Texas*, avec une escorte de destroyers, à une quinzaine de kilomètres dans la zone de combat allemande annoncée. Le sous-marin lui avait donné la chasse, mais le *Texas* avait fini par se retirer, indemne et inconscient du danger[77]. Raeder se félicitait de l'incident, comme il s'était félicité du torpillage du *Robin Moor*. Et il donna son avis à Hitler : « Avec les États-Unis, la fermeté paie toujours davantage que la capitulation apparente. » Mais Hitler ne voulut rien entendre. « Pour l'instant, peut-on lire dans les minutes de son entrevue avec Raeder, le Führer souhaite éviter en toutes circonstances les incidents avec des bâtiments de guerre et des navires marchands américains hors de la zone fermée. Pour ce qui est de la zone fermée, il faudra des ordres clairement définis qui n'impliqueront pas des sous-marins dans des conditions confuses et dangereuses, et applicables. »

Raeder lui-même, recevant le message, proposa une bande de 80 à 160 kilomètres à l'intérieur de la zone de combat où les attaques contre des bâtiments de guerre américains devraient être évitées. « Le Führer déclare expressément, poursuit le document, qu'il souhaite éviter tout incident avec les États-Unis aussi longtemps que l'"opération Barbarossa" battra son plein. La situation se clarifiera au bout de quelques semaines, et sans doute aura-t-elle un effet favorable sur les États-Unis et le Japon ; l'Amérique sera moins tentée d'entrer dans la guerre du fait de la menace alors croissante du Japon[78]. » La nature temporaire de l'interdiction d'une attaque des navires américains ne faisait pas l'ombre d'un doute, tout comme étaient clairs les objectifs stratégiques généraux de l'offensive contre l'Union soviétique.

Gênés et incertains des intentions du Japon depuis la signature du Pacte tripartite, les dirigeants nazis s'étaient employés à persuader le Japon d'attaquer Singapour. Le 5 mars 1941, Hitler avait promulgué une directive de guerre sur la « Coopération avec le Japon », qui commençait ainsi : « Le but de la coopération fondée sur le Pacte tripartite doit être de conduire le Japon à engager dès que possible des opérations en Extrême-Orient. De puissantes forces anglaises se trouveront ainsi immobilisées, et l'intérêt principal des États-Unis sera alors détourné vers le Pacifique[79]. » Quelques jours plus tôt, Ribbentrop avait essayé de convaincre Oshima Hiroshi, partisan déclaré de l'Axe qui venait d'être à nouveau nommé ambassadeur à Berlin, de la nécessité pour le Japon d'attaquer Singapour[80]. On avait bien conscience que cela risquait d'entraîner l'Amérique dans la guerre – chose que la politique allemande essayait par ailleurs à tout prix d'éviter. Mais la contradiction n'était que superficielle. Loin d'encourager leur participation en Europe, l'engagement des Américains dans le Pacifique l'entraverait. Au-delà de cette considération, l'idée était qu'une frappe rapide contre Singapour, bastion des possessions britanniques en Extrême-Orient, tout en évitant l'agression sur la base américaine des Philippines, pourrait se faire sans la moindre déclaration de guerre des États-Unis, qui n'en seraient pas moins conduits à se préoccuper de leur défense dans le Pacifique aux dépens de l'Atlantique. Une inquiétude supplémentaire explique que les Allemands aient redoublé d'efforts pour persuader les Japonais d'agir contre Singapour. Dans l'éventualité où l'Allemagne se retrouverait en guerre avec les États-Unis, elle aurait désespérément besoin de la présence du Japon à ses côtés dans le conflit. Or les intentions du Japon continuaient de susciter quelque appréhension : la crainte persistait de le voir trouver un accommodement avec les États-Unis, laissant finalement l'Allemagne affronter seule le déploiement de la puissance américaine[81].

Cette inquiétude persista tout au long du printemps 1941, d'autant que les Allemands eurent connaissance des efforts japonais pour désamorcer la tension croissante entre le Japon et les États-Unis, ce qui était en contradiction apparente avec l'impression donnée par Oshima, partisan de la politique allemande, et avec les messages parvenant à Berlin, *via* l'ambassade allemande à Tokyo, sur l'attitude antiaméricaine et pro-Axe du ministre japonais des Affaires étrangères, Matsuoka. Quand celui-ci se rendit à Berlin, fin mars 1941, Ribbentrop et Hitler lui-même ne ménagèrent aucun effort pour le convaincre de la nécessité d'attaquer sans délai Singapour. « La prise de Singapour, déclara Ribbentrop, serait peut-être ce qui avait le plus de chances de tenir l'Amérique à l'écart de la guerre parce que les États-Unis ne pouvaient guère prendre le risque d'envoyer leur flotte dans les eaux japonaises. Si aujourd'hui, dans une guerre contre l'Angleterre, le Japon devait s'imposer par une seule attaque décisive, comme la prise de Singapour, Roosevelt se retrouverait dans une position très délicate. Il lui serait difficile d'engager la moindre action efficace contre le Japon[82]. » Hitler, quand il reçut en audience le ministre japonais, recourut à toutes les armes de la rhétorique. L'Allemagne, déclara-t-il, avait tenu compte de la possibilité d'une aide américaine à la Grande-Bretagne. Mais celle-ci ne pouvait réellement avoir d'effet avant 1942. Et le Japon n'avait rien à craindre de l'Union soviétique en cas d'attaque contre Singapour du fait de la présence des divisions allemandes massées sur la frontière est et prêtes à être déployées au besoin (mais Hitler ne dit mot de ses projets d'invasion). Il prôna alors une « action conjointe » des puissances du Pacte tripartite. Jamais le moment n'avait été plus propice à une action japonaise. Mais, au grand dam de Hitler, Matsuoka demeura impassible. L'attaque contre Singapour, observa-t-il, était une affaire de temps : de son point de vue à lui, le plus tôt serait le mieux. Mais d'autres vues prévalaient à Tokyo. Il ne pouvait prendre aucun engagement[83].

Au cours de leur nouvelle entrevue, après la brève visite de politesse de Matsuoka à Mussolini, Hitler laissa paraître à nouveau une confiance qui masquait son inquiétude sous-jacente. Si l'Amérique entrait dans la guerre, assura-t-il, l'Allemagne vaincrait. Elle livrerait la guerre avec ses sous-marins et la Luftwaffe, et elle avait pris ses précautions pour empêcher un débarquement américain en Europe. En tout état de cause, les troupes américaines n'étaient pas à la hauteur des soldats allemands. Puis, sans y être sollicité, il fit une promesse de taille. Si le Japon se trouvait en conflit avec les États-Unis, l'Allemagne en tirerait aussitôt les « conséquences ». L'Amérique s'efforçait d'abattre ses ennemis un par un. « L'Allemagne, déclara Hitler, s'empresserait donc de prendre parti en cas de conflit entre le Japon et l'Amérique, car la force des alliés du Pacte tripartite réside dans leur action concertée. Leur faiblesse serait de se laisser vaincre séparément[84]. » Ces impromptus donnent une idée des raisons qui amenèrent Hitler à déclarer la guerre aux États-Unis huit mois plus tard. Pour l'heure, cependant, il lui fallait l'accepter : les intentions japonaises restaient peu claires et il ne pouvait rien faire pour pousser le Japon à l'agression qu'il souhaitait en Extrême-Orient.

Alors que la date se rapprochait, pour Hitler, du lancement de son offensive tous azimuts contre l'Union soviétique, les plans japonais demeuraient nébuleux. Les Allemands essayèrent d'encourager une attitude plus nettement antiaméricaine[85]. Mais il n'en sortit rien. Le 6 juin, l'ambassadeur allemand à Tokyo, le général Eugen Ott, fit savoir que le Japon essayait d'améliorer ses relations avec les États-Unis, pour empêcher leur entrée dans la guerre. De ce fait, l'attaque contre Singapour avait été momentanément abandonnée, puisque l'on supposait qu'elle « conduirait l'Amérique à entrer tout de suite en guerre ». Ott était sûr que les Japonais honoreraient leur promesse de combattre si les États-Unis prenaient l'initiative d'entrer dans la guerre. Mais si l'Amérique s'exécutait du fait d'un conflit entre l'Allemagne et la Russie, le Japon ne s'estimerait pas tenu par le Pacte tripartite de se battre[86].

Quand les troupes allemandes s'abattirent sur l'Union soviétique, le 22 juin, les enjeux ne pouvaient être plus élevés du point de vue de Hitler. Un triomphe rapide en URSS était absolument impératif. La victoire totale de l'Allemagne dépendait d'un K.-O. rapide infligé aux forces de Staline, si possible avec l'aide d'une attaque japonaise visant la Grande-Bretagne et l'Amérique en Extrême-Orient. Les actions du Japon, sur lesquelles Hitler n'avait aucune prise, étaient maintenant une composante cruciale de la stratégie allemande. Car derrière toute la stratégie se profilait le spectre d'une intervention américaine. Du jour où l'Amérique entrerait dans la guerre, comme cela paraissait inévitable si les combats devaient se prolonger, les chances de l'Allemagne s'amenuiseraient rapidement. La situation serait celle que Hitler avait exposée à Jodl le 17 décembre 1940 : « Nous devons résoudre tous les problèmes d'Europe continentale en 1941 puisque, à compter de 1942, les États-Unis seront en position d'intervenir[87]. »

III

Dans les semaines qui suivirent l'offensive contre l'Union soviétique, l'Amérique, on le comprend, était loin d'être le premier des soucis de Hitler. Mais si le problème de l'Amérique ne figurait pas en première place, il ne l'avait pas pour autant perdu de vue. Au cours de cette phase, en attendant la victoire, il était par-dessus tout crucial qu'aucun incident impliquant la flotte américaine ne perturbât le front atlantique et ne permît à Roosevelt de s'emparer de ce prétexte pour engager son pays dans la guerre. Avec l'amiral Raeder et ses collègues qui continuaient de ronger leur frein, Hitler ne pouvait faire autrement que de persister envers et contre tout dans la politique adoptée avant

« Barbarossa » : tenir la bride à ses sous-marins, malgré l'intensification de la « guerre non déclarée » de Roosevelt dans l'Atlantique. Le 8 juillet, il déclara ainsi à l'état-major de la marine : « L'attitude de l'Allemagne envers les États-Unis reste donc, comme auparavant : ne pas céder à la provocation [...][88]. »

La veille, des troupes américaines avaient foulé le sol islandais. Cette nouvelle entorse des États-Unis à leur neutralité rendait sans conteste la guerre dans l'Atlantique plus difficile pour l'Allemagne en facilitant le passage des convois britanniques empruntant la même route que les navires américains ravitaillant les troupes d'Islande. Mais Hitler n'était pas disposé à approuver la moindre mesure de représailles. En fait, les commandants de sous-marins de l'Atlantique Nord s'étaient empressés de demander l'autorisation d'agir dans les eaux islandaises. Mais la politique resta la même : éviter toute provocation.

Raeder était malheureux. Le 9 juillet, à la « Tanière du loup », le « QG du Führer » aménagé en Prusse-Orientale, il chercha à obtenir une décision de Hitler : « L'occupation de l'Islande par les États-Unis doit-elle être considérée comme une entrée en guerre ou comme un acte de provocation dont il faut faire abstraction ? » La réponse donne un aperçu de la façon de penser de Hitler. « Le Führer, peut-on lire dans les notes de Raeder, explique par le menu qu'il est très soucieux de retarder l'entrée en guerre des États-Unis d'encore un ou deux mois. D'une part, la campagne de l'Est doit être menée avec toute la force aérienne, qui est prête à cette tâche et qu'il ne souhaite pas détourner, même partiellement ; d'autre part, une campagne victorieuse sur le front Est aura un effet formidable sur toute la situation et probablement aussi sur l'attitude des États-Unis. Pour l'instant, il n'entend donc rien changer aux instructions en vigueur, mais souhaite plutôt être sûr que l'on évitera les incidents[89]. »

Hitler ne précisa pas si l'ajournement de deux mois supplémentaires du conflit avec les États-Unis était censé conduire l'Allemagne à engager les hostilités après la fin triomphale de la campagne orientale, ou si c'était Roosevelt qui manœuvrerait pour entrer dans la guerre. Le sens des commentaires de Hitler indique cependant que, dans cette éventualité, la manœuvre serait le fait de l'Allemagne. L'impression est corroborée par les remarques qu'il fit à Raeder quinze jours plus tard, le 25 juillet. Hitler répéta qu'il voulait éviter de voir les États-Unis déclarer la guerre en pleine campagne à l'Est. Mais « après la campagne de l'Est il se réserve le droit d'engager aussi une action sévère contre les États-Unis[90] ». Pendant le brillant été 1941, alors que la Wehrmacht se déchaînait sur le front Est, Hitler envisageait donc la guerre avec les États-Unis dans un proche avenir, mais uniquement après que l'Union soviétique aurait été écrasée.

La victoire à l'Est semblait alors presque acquise. Le chef de l'état-major général de l'armée de terre, le général Franz Halder, avait conclu dès le 3 juillet qu'il n'était pas excessif d'affirmer que la campagne serait gagnée en deux semaines[91]. L'arrogance de cette présomption devait bientôt se retourner cruellement contre lui. Mais c'est dans ce climat d'euphorie que Hitler caressa l'idée d'une guerre contre les États-Unis sitôt qu'il aurait les mains libres à l'Est.

À la mi-juillet, il fit miroiter à Oshima, l'ambassadeur japonais à Berlin, la perspective vertigineuse d'un effort conjoint de l'Allemagne et du Japon pour éliminer la menace de l'Union soviétique, d'abord, puis des États-Unis. « Nous n'allons pas nous dérober à l'affrontement avec l'Amérique », lui dit Hitler. Que l'on n'aille pas présumer de ce qu'il n'eût encore rien fait à présent qu'il acceptait l'occupation américaine de l'Islande. L'Amérique ne lui faisait pas peur. L'industrie européenne des armements était bien plus forte que l'industrie américaine. Et il avait l'expérience des soldats américains dans la Grande Guerre : les Allemands étaient bien supérieurs. Dès que la campagne de l'Est serait terminée, il délaisserait ses efforts sur terre afin de développer la marine et l'aviation. (Une directive de guerre à cet effet avait en fait été promulguée la veille. L'insistance accrue sur les sous-marins, plutôt que sur les bâtiments de surface, visait clairement la Grande-Bretagne et l'Amérique[92]. Et n'oublions pas que, dès le mois de mai, Hitler envisageait des bases dans les Açores pour permettre aux avions à long rayon d'action d'attaquer les États-Unis[93].) Il ne tarit pas d'éloges sur la Wehrmacht, puis expliqua à Oshima que la destruction de la Russie était dans l'intérêt suprême de l'Allemagne comme du Japon. La Russie serait toujours l'alliée de leurs ennemis. L'Allemagne était menacée à l'Est par l'Union soviétique et à l'ouest par les États-Unis. Pour le Japon, c'était le contraire. Il était donc d'avis que « nous devrions les détruire conjointement ».

Les conditions d'une intervention japonaise étaient désormais optimales, laissa-t-il entendre à Oshima. « La guerre russe était gagnée », fit-il abruptement. La résistance soviétique serait bientôt brisée. Il en aurait fini à l'Est d'ici septembre. Il n'avait besoin d'aucune aide. Il continuerait le combat seul. Mais l'écrasement de l'Union soviétique rapprochait aussi le rendez-vous du Japon avec son destin. Lui-même et Ribbentrop (également présent) avaient déjà encouragé les Japonais à entrer en Sibérie. Une attaque sur Vladivostok était temporairement devenue le substitut de Singapour[94]. L'objectif stratégique de Hitler commençait à se faire jour. « Que ferait alors l'Amérique ? Comment mènerait-elle la guerre ? demanda-t-il. La destruction de la Russie doit devenir l'œuvre politique principale de l'Allemagne et du Japon. Et nous pourrions nous faciliter les choses en agissant simultanément, en privant la Russie d'un soutien vital en même temps. » C'était une chance… et un espoir. « Si nous étions capables de tenir les États-Unis à l'écart de la guerre, conclut-il, ce ne serait que par la destruction de la Russie, et encore faudrait-il que le Japon et l'Allemagne agissent de façon clinique [*eiskalt*] et définitive[95]. »

Une fois encore, Hitler avait oscillé entre l'idée de détruire l'Union soviétique pour écarter l'Amérique de la guerre et l'idée d'en faire une plate-forme pour attaquer les États-Unis. Dans les deux hypothèses, la discussion avec Oshima, alors que la guerre à l'Est était présumée gagnée, indiquait que les États-Unis occupaient une place centrale dans ses réflexions sur les moyens de parvenir à la victoire finale. La domination de l'Europe (il revenait à ses idées de 1928, exposées dans son « second livre ») devait être vue dans ses implications mondiales. Telle était la prémisse de l'affrontement avec les États-Unis que Hitler continuait de juger inévitable. Et même s'il cherchait visiblement à en imposer pour pousser les Japonais à agir comme il le désirait, le Japon, à ce stade, occupait bel et bien une position cruciale dans sa vision stratégique. Mais il en était réduit à espérer que les dirigeants japonais verraient les choses comme lui. En réalité, il était et allait rester dans l'ignorance totale des intentions du Japon. Un mois plus tard, il était encore convaincu que le Japon attaquerait l'Union soviétique[96]. À son insu, le 2 juillet, près de deux semaines avant ses entretiens avec Oshima, les dirigeants japonais avaient déjà abandonné l'« option nord » : l'attaque contre l'Union soviétique. Ils étaient moins sûrs que ne l'était Hitler que la guerre allemande à l'Est était déjà gagnée.

Moins d'un mois après que Hitler eut brossé au bénéfice d'Oshima un tableau tout en rose, l'humeur s'était sensiblement assombrie dans son QG de Prusse-Orientale. Les Allemands continuaient d'avancer, mais il était clair que le K.-O. rapide n'avait pas réussi. Les difficultés logistiques croissaient en même temps que le nombre des victimes. Par-dessus tout, les défenses soviétiques se révélaient plus résilientes qu'on ne l'avait prévu. Le 11 août, le général Halder le reconnut : « Nous avons sous-estimé le colosse russe[97]. » La chose était plus claire que jamais : la guerre durerait tout au long de l'hiver. À la mi-août, souffrant de dysenterie et d'une forte tension nerveuse, Hitler se retrouva plongé dans le premier d'une longue série de conflits avec ses principaux conseillers militaires. Fallait-il viser avant tout Moscou, comme le suggéraient ses généraux, ou, comme l'avait prévu le plan « Barbarossa » et comme Hitler y tenait, continuer d'avancer vers les régions industrielles et pétrolières cruciales du sud de l'Union soviétique et asseoir la domination de la Baltique par la conquête de Leningrad au nord[98] ? Alors que la décision restait en suspens (elle ne trouva de solution que quelques semaines après avec la grande offensive désespérée de l'automne pour prendre Moscou avant que la neige ne s'installât) et que les généraux de Hitler reculaient devant ses explosions de rage, leur arriva la nouvelle de la Charte de l'Atlantique, fruit du sommet Churchill-Roosevelt à Placentia Bay, à Terre-Neuve.

Aussitôt, cyniquement, mais non sans à propos, Goebbels définit la Charte de l'Atlantique comme un « produit typique de propagande », domaine dans lequel il parlait en connaisseur. « De toute évidence, Churchill avait entrepris d'entraîner l'Amérique dans la guerre, observa-t-il. Il n'y a pas réussi. Pour l'instant, Roosevelt ne peut arranger l'entrée des États-Unis dans la guerre en raison de l'opinion populaire américaine. Ils se sont donc manifestement mis d'accord sur ce gigantesque bluff de propagande. » Goebbels donna pour consigne à la presse allemande de dénoncer violemment les huit points de la Charte. Il reconnut que, à travers celle-ci, Roosevelt avait fait siens, sans équivoque, les buts des belligérants britanniques. Mais l'on ne pouvait prétendre en aucune façon que « cette déclaration avait transformé la situation générale de la guerre[99] ». Dans un mémorandum rédigé à l'intention de Hitler, le 17 août, Ribbentrop lui-même reprit à son compte l'idée que la Charte de l'Atlantique était un « grand coup de bluff[100] ».

Le lendemain, Goebbels rendit visite à un Hitler malade et irritable dans son QG de campagne. Comme Goebbels l'avait prédit, le dictateur allemand balaya naturellement d'un revers de main l'impact de la Charte. En l'occurrence, comme à maintes reprises, les vues de Hitler sur les États-Unis portaient la marque, au moins en partie, des dépêches transmises par l'attaché militaire allemand à Washington, Bötticher, qui avait câblé son message : la Conférence de l'Atlantique n'avait aucune importance. Bötticher avait toujours cru, à tort, que les États-Unis étaient tellement préoccupés par le Japon que le Pacifique était leur priorité. Aussi minimisa-t-il la menace pour l'Allemagne. Et il flattait encore les préjugés de Hitler en ne cessant de rappeler sa conviction que les Juifs dirigeaient l'Amérique[101]. Bötticher avait alors indiqué que le sommet Churchill-Roosevelt ne changerait aucunement le cours des événements ni le rapport des forces. L'Amérique ne pouvait encore entrer dans la guerre, quelles que fussent les déclarations, puisque ses préparatifs militaires restaient inachevés et qu'elle redoutait une guerre sur deux fronts. Les différentes opinions aux États-Unis reflétaient pour lui le conflit « entre la conception juive du monde et le vrai américanisme », opposé, pour sa part, à l'intervention[102].

Compte tenu des informations dont il disposait, il était acquis d'avance que Hitler ne se laisserait pas impressionner par la Charte de l'Atlantique. Surestimant grossièrement certaines critiques parlementaires récentes de Churchill, il crut que les difficultés que rencontrait le Premier ministre britannique à l'intérieur expliquaient ses efforts pour persuader Roosevelt d'entrer dans la guerre[103]. Le président américain était dans l'incapacité de l'obliger, malgré son désir de le faire, parce qu'il devait se méfier de la situation aux États-Unis. (Hitler était bien informé des vifs débats du Congrès sur le prolongement du Selective Service Act.) Dans son idée, Roosevelt et Churchill s'étaient rabattus sur la déclaration de la Charte de l'Atlantique parce qu'ils n'étaient pas en position de décider quoi que ce soit de concret. La Charte, conclut Hitler, « ne peut nous faire aucun tort[104] ».

Quant aux intentions japonaises, elles restaient affaire de conjectures. « Le Führer est convaincu que le Japon conduira l'attaque sur Vladivostok dès que les forces auront été rassemblées », nota Raeder à la suite de sa réunion du 22 août avec Hitler. « L'attitude distante actuelle peut s'expliquer par le fait que rien ne doit venir perturber le rassemblement des forces, et que l'attaque doit survenir par surprise[105]. » L'optimisme de Hitler était infondé et mal placé. En fait, le ministère allemand des Affaires étrangères était beaucoup moins optimiste que Hitler sur les intentions du Japon. À la mi-juillet, le remplacement de Matsuoka, ministre des Affaires étrangères pro-Axe, par l'amiral Toyoda, connu pour être plus conciliant envers l'Amérique, ne fut pas perçu comme un signe positif. On continuait de s'inquiéter que le Japon, confronté depuis le 26 juillet au gel de ses actifs aux États-Unis en conséquence de l'occupation du sud de l'Indochine, pût se montrer avide de rechercher un rapprochement avec les Américains. L'information glanée fin août, faisant état d'un important message du prince Konoe, le Premier ministre japonais, au président Roosevelt, ne fit qu'amplifier le malaise. On y vit une initiative pour éviter le conflit, précisément le contraire de ce que voulait l'Allemagne. Les Allemands en étaient réduits à s'interroger. Mais ils ne pouvaient se défaire du soupçon que les Japonais étaient tout sauf impatients de se lancer dans une action qui mènerait au conflit avec les États-Unis[106].

C'est à ce stade que l'incident du *Greer* donna une nouvelle tournure au cours des événements dans l'Atlantique. Dans un premier temps, Goebbels fut enclin à minimiser l'incident. Il crut même, d'abord, qu'un sous-marin anglais avait délibérément essayé de créer une provocation pour entraîner les Américains dans la guerre. Il restait d'avis que la position de Roosevelt n'était pas encore assez forte pour prendre le risque d'une guerre. L'exploitation que la presse américaine fit de l'affaire le surprit. Pour sa part, il était disposé à laisser la presse allemande s'en prendre personnellement à Roosevelt, mais pas à lier ces attaques à l'incident de l'Atlantique et à offrir ainsi la moindre provocation. « Pour l'heure, notre position est extraordinairement difficile, observa-t-il. Il nous faut agir avec une grande sensibilité et beaucoup de doigté[107]. » Mais quand Roosevelt, le 11 septembre, prononça son discours sur le « tir à vue », Goebbels incita la presse à tirer à boulets rouges sur le Président. Il perçut l'allocution comme le commencement d'une guerre officieuse. Seule l'opinion américaine, présuma-t-il, empêchait encore de la déclarer officiellement. Et il ne fallait pas douter qu'en cas de série de heurts, Roosevelt n'aurait aucun mal à rameuter l'opinion derrière une déclaration officielle. Goebbels ne se cachait pas que ce serait à ce stade une mauvaise nouvelle pour l'Allemagne. « L'entrée des États-Unis dans la guerre ne serait pas tant matériellement que psychologiquement très fâcheuse, observa-t-il. Mais cela aussi, il faudrait le supporter[108]. » Un jour plus tard, il résuma ses sentiments (sans doute partagés par Hitler) : « Plus on pourra retarder une déclaration de guerre officielle, mieux ce sera pour nous. Si, ce que nous espérons et attendons tous avec la plus grande impatience, la campagne de l'Est a alors trouvé une conclusion victorieuse, elle ne pourra plus nous faire grand mal[109]. »

Ni Raeder ni les chefs de la marine ne partageaient la prudence de Goebbels. Ils étaient comme toujours impatients de s'engager pleinement dans la bataille de l'Atlantique et ne voulaient pas laisser passer sans broncher l'escalade américaine dans l'affaire du *Greer*. Le 17 septembre, Raeder et le commandant en chef des sous-marins, l'amiral Dönitz, firent un certain nombre de propositions à Hitler en vue d'amender les instructions de combat données aux sous-marins dans l'Atlantique. Hormis leur souci de maximiser les intérêts sectoriels de la flotte, tous deux avaient le sentiment que les meilleures chances de succès de l'Allemagne passaient par la rupture des voies de ravitaillement de la Grande-Bretagne depuis les États-Unis. Pour ce faire, il fallait étendre la guerre en mer aux navires américains qui assistaient les convois britanniques. Hésiter sur ce point était, selon eux, une grave erreur. Ils souhaitaient la liberté d'attaquer les escortes des convois sans considération de la zone de blocus, mais aussi les vaisseaux américains, dès lors qu'ils aidaient l'ennemi ou s'engageaient dans une offensive ou une poursuite. Ils réclamaient aussi la reconnaissance d'une zone neutre d'une trentaine de kilomètres seulement au large des côtes de l'Amérique. Autrement dit, ils demandaient à peine moins qu'une licence totale donnée aux sous-marins dans l'Atlantique. Mais c'était aller beaucoup trop loin pour Hitler à ce stade critique de la campagne de l'Est. « Sur la base d'une discussion fouillée sur la situation dans son ensemble, nota Raeder, où il apparaît que la fin septembre apportera la grande décision dans la campagne russe, le Führer demande que l'on prenne grand soin d'éviter tout incident de guerre avec la flotte marchande avant la mi-octobre[110]. » Mais la fin septembre n'apporta pas la victoire en Union soviétique, comme on le sait. Le cap de la mi-octobre passa sans que Hitler changeât rien à ses ordres donnés aux sous-marins dans l'Atlantique.

En attendant, toute l'attention de Hitler et de ses principaux généraux était focalisée sur le drame en cours sur le front Est. Si la marche sur Moscou avait commencé début octobre, les chances de prendre la ville avant l'hiver s'amenuisaient. Le plan s'en allait à vau-l'eau. Déjà, le grand projet stratégique qui inspirait « Barbarossa » était sur le point de s'effondrer. Or la menace des États-Unis, qui réarmaient vite, n'avait pas diminué. Du point de vue des dirigeants allemands, Roosevelt, poussé par les bellicistes juifs, était résolu à entraîner l'Amérique dans la guerre.

Pour Berlin, une action du Japon en Extrême-Orient était de plus en plus impérative. Mais une évolution subtile était intervenue dans les attentes allemandes à l'égard du Japon. Quand Hitler s'était entretenu avec Oshima, en juillet, il avait espéré, voire présumé, que les Japonais coopéreraient à la démolition de l'Union soviétique, avant de s'occuper de l'Amérique. L'espoir grandissait maintenant que la tension qui couvait entre le Japon et les États-Unis n'allait pas retomber au bénéfice de quelque rapprochement bancal, mais au contraire monter pour déboucher sur une guerre véritable dans le Pacifique. À cette date, Hitler voulait éviter d'exercer des pressions sur le Japon. Il ne voulait pas donner le sentiment que l'Allemagne eût besoin des Japonais[111]. Malgré tout, le 13 septembre, prévenant que l'agression de Roosevelt déboucherait forcément sur la guerre entre les puissances de l'Axe et les États-Unis, Ribbentrop chercha des assurances auprès de Tokyo que le Japon honorerait les engagements contractés avec le Pacte tripartite. Il souhaitait un avertissement en ce sens à l'adresse de Washington[112].

Le changement de gouvernement à Tokyo, le 18 octobre, fit naître de nouveaux espoirs. La chute du gouvernement Konoe et le renouvellement du cabinet dirigé par le général Tojo, notoirement militant, furent à juste titre perçus comme un signe que la base des négociations avec Washington battait de l'aile. Hitler demeura sceptique. Il était frappé par le décalage entre la violence des paroles et l'action concrète du nouveau gouvernement nippon. Il se méfiait de Tojo, pensait que la constitution du nouveau cabinet relevait du bluff tactique pour arracher des concessions à l'Amérique, et avait plus de mal que jamais à interpréter les intentions japonaises, qui restaient totalement opaques. Oshima lui-même ignorait les objectifs de son gouvernement[113]. En revanche, Goebbels estimait que « maintenant, au moins progressivement, l'intervention japonaise va se mettre en branle[114] ». Ce qui, à son tour, ne manquerait pas de préoccuper les Américains, de les détourner de l'Atlantique et de la guerre européenne, et de laisser aux Allemands le temps d'en finir avec les Soviétiques. Tant que la campagne de l'Est n'aurait pas trouvé de conclusion, cependant, il fallait maintenir l'interdiction des incidents susceptibles de mettre le feu aux poudres dans les relations avec les États-Unis.

Alors même que ces incidents allaient en se multipliant, la presse allemande ne leur accordait qu'une attention lointaine, l'importance que leur donnait Roosevelt étant censée répondre à des nécessités de politique intérieure. Le torpillage du *Kearny*, le 17 octobre, fut donc présenté comme une invention du président américain pour faire passer au Congrès le projet de loi controversé visant à abroger d'importantes sections du Neutrality Act[115]. Et quand le *Reuben James* fut coulé, le 31 octobre, la presse allemande se contenta de dénoncer avec véhémence les allégations de Roosevelt concernant les documents secrets qu'il disait posséder illustrant les intentions nazies pour l'Amérique du Sud. S'agissant des conséquences du torpillage lui-même, Goebbels fit un résumé de la situation assez clairvoyant : « Probablement Roosevelt n'a-t-il pas besoin de la guerre à présent. Il doit d'abord voir comment les choses tournent avec le Japon, et puis l'opinion publique aux États-Unis se tient en travers de son chemin. En tout état de cause, je ne pense pas que l'on ait du souci à se faire pour l'instant[116]. » Dans un discours à la « vieille garde » du parti nazi, le 8 novembre 1941, pour l'anniversaire du putsch manqué de 1923, Hitler insista sur la modération dont il faisait preuve dans l'Atlantique, contrairement aux Américains qui tiraient pour un rien et à un Roosevelt qui cherchait la provocation, et accabla de son mépris ce Président qui assurait tenir des preuves des plans nazis en Amérique du Sud[117]. S'entretenant avec Raeder, cinq jours plus tard, Hitler confirma que les ordres à la marine devaient demeurer inchangés même si le Congrès abrogeait le Neutrality Act. La politique navale, reconnut-il, restait de « réduire les occasions d'incidents avec les forces américaines[118] ». Néanmoins, comme Hitler l'avait certainement compris, cette politique (dont les chefs de la marine réclamaient de longue date le changement) ne pouvait continuer indéfiniment du jour où les lois américaines de neutralité auraient été amendées sans pour autant reconnaître la bataille de l'Atlantique, et tout en continuant à renforcer des axes de ravitaillement vitaux qui permettaient aux Britanniques de poursuivre leur effort de guerre[119]. La politique allemande de tolérance avait donc nécessairement des limites dans le temps, indéfinies mais bien réelles.

Au cours de l'automne, Hitler avait plus d'une fois évoqué, en termes généraux mais vagues, comme à son habitude, le grand affrontement avec les États-Unis, qui serait une obligation pour la génération suivante. C'était un retour (ou une répétition) à ce qu'il avait envisagé dans les années 1920. Mais il est difficile de dire dans quelle mesure il croyait ce qu'il disait. Comme toujours, c'était l'effet sur ses auditeurs qui comptait pour lui[120]. Car à cette date Hitler savait mieux que la plupart que l'affrontement surviendrait plus tôt. La vérité était que la guerre avec l'Amérique ne pouvait plus être évitée, ni même longtemps différée.

Ni les Allemands ni les Américains n'étant prêts à sauter le pas pour se jeter dans le chaudron de la guerre de l'Atlantique, ce sont les événements du Pacifique, sur lesquels le Reich de Hitler n'avait aucune prise, qui allaient finalement provoquer la décision fatidique et conduire l'Allemagne à engager les hostilités contre les États-Unis.

IV

La demande adressée le 13 septembre au Japon par Ribbentrop, réclamant l'assurance qu'il respecterait les engagements du Pacte tripartite en cas de guerre entre l'Allemagne et les États-Unis, demeura sans réponse tout au long du mois d'octobre. Au milieu du mois, le changement de gouvernement, avec le remplacement du prince Konoe par le général Tojo, tenant de la ligne dure, au poste de Premier ministre, ne s'était apparemment traduit par aucune révision en profondeur de la politique japonaise. Hitler, devait-on apprendre aux Affaires étrangères, n'attendait pas grand-chose du nouveau cabinet. Visiblement, il avait changé d'avis depuis l'été au sujet de l'entrée des Japonais dans la guerre contre l'Union soviétique et il s'inquiétait désormais que Tojo pût y songer. Ce n'était plus ce qu'il souhaitait désormais. Un conflit entre le Japon et les États-Unis dans le Pacifique était infiniment plus souhaitable de son point de vue. Il n'avait pas perdu tout espoir, même si celui-ci s'amenuisait, de pouvoir obliger la Grande-Bretagne à s'asseoir à la table de conférence en obtenant la défaite de l'Union soviétique. « Si la Russie s'effondre aujourd'hui, et que l'Angleterre veuille faire la paix avec nous, aurait-il déclaré, le Japon pourrait être un obstacle pour nous[121]. » Les dirigeants allemands percevaient mal l'impact que l'arrivée de Tojo au pouvoir avait sur les relations entre Tokyo et Washington. L'impression, glanée auprès de l'ambassadeur allemand à Tokyo, le général Ott, était que les relations entre le Japon et les États-Unis s'étaient dégradées. Mais il n'y avait guère de signes d'une action claire. Vers la fin du mois, Goebbels observa une montée des tensions, mais uniquement au niveau de la propagande. « Il est très douteux, observa-t-il, que Tojo se décide à une action déterminante. Peut-être le Führer a-t-il raison d'être sceptique. En tout état de cause, ne nous berçons pas de faux espoirs[122]. » À la fin du mois, Ott rapporta que les Japonais n'étaient pas encore parvenus à une décision concernant l'avertissement aux États-Unis, que l'Allemagne leur avait demandée six semaines plus tôt, le 13 septembre[123]. C'était très décourageant.

Sous l'influence de Hitler, Goebbels était maintenant devenu franchement sceptique au sujet des Japonais. Tojo « a le verbe haut, mais il ne tire pas », trancha le ministre de la Propagande le 6 novembre. « À l'évidence, les Japonais ne sont pas encore enclins à intervenir activement dans le conflit. Dieu merci, nous ne comptions pas sur le soutien militaire actif du Japon, si bien que nos calculs n'en sont pas substantiellement affectés[124]. » Mais Goebbels n'était pas parfaitement au courant.

À cette date, les choses avaient commencé à bouger. Et les ouvertures étaient venues de Tokyo, non pas de Berlin. Le premier signe avant-coureur fut un message du général Ott, le 5 novembre, à propos d'une timide démarche de la flotte japonaise, sollicitant des Allemands « l'assurance qu'ils ne concluraient pas un traité de paix séparé ou un armistice en cas de guerre américano-japonaise[125] ». Mais le ballon d'essai lancé par le général Okamoto Kio Puku, le chef de la section des armées étrangères à l'état-major général japonais, le 18 novembre était plus prometteur encore et inaugura une soudaine vague d'échanges. Okamoto fit savoir qu'une solution pacifique aux problèmes entre le Japon et les États-Unis était peu probable du point de vue de l'état-major général nippon. En cas de rupture des relations, les Japonais devraient recourir à des « expédients », ce qui ne manquerait pas d'entraîner les États-Unis dans la guerre. Ce que souhaitait Okamoto, au nom de l'état-major, c'était que les deux États, l'Allemagne et le Japon, « s'obligent à ne pas conclure d'armistice ou de paix séparément, mais uniquement d'un commun accord[126] ». Ribbentrop s'empressa de répondre. Il fit passer le message par Ott dès le 21 novembre : pour Berlin, il allait de soi qu'un armistice ou un traité de paix, en cas de guerre entre le Japon ou l'Allemagne et les États-Unis, ne pourrait être conclu que conjointement, et que cela pouvait faire l'objet d'un accord en bonne et due forme[127].

Les Japonais ne perdirent pas une minute. Deux jours après, le 23 novembre, Ott transmettait la réponse d'Okamoto, d'où il ressortait clairement que Tojo lui-même avait été consulté. La roue de la diplomatie tourna alors d'un cran supplémentaire. Okamoto avait voulu s'assurer auprès du général Ott, rapporta l'ambassadeur, que « l'Allemagne se considérerait elle-même en guerre avec les États-Unis si le Japon ouvrait les hostilités[128] ». Le Pacte tripartite, rappelons-le, subordonnait toute action conjointe à l'agression par une troisième force. Mais si c'était le Japon qui tirait le premier ? Dans cette éventualité, rien n'avait été convenu. En avril, recevant Matsuoka, Hitler s'était dit prêt à apporter le soutien immédiat de l'Allemagne en cas d'engagement du Japon dans un conflit avec l'Amérique, sans émettre la moindre réserve à propos de l'agresseur, mais, curieusement, sa promesse avait été entre-temps oubliée ou ignorée[129]. Que ses propos aient été mal rapportés à Tokyo à l'époque, que l'on n'y ait pas vu une promesse sérieuse engageant Hitler, ou encore qu'on les ait simplement oubliés reste peu clair. Ce que recherchait donc Okamoto désormais c'était l'assurance formelle que l'Allemagne apporterait son aide militaire si le Japon lui-même prenait l'initiative, éventualité qui n'était pas couverte par le pacte. Donner cette garantie ne manquerait pas d'engager le Reich allemand sur la voie de la guerre avec l'Amérique, chose que l'on avait tout fait pour éviter jusqu'à ce tournant critique. L'initiative de la décision de l'entrée en guerre de l'Allemagne contre les États-Unis serait laissée au Japon. En contrepartie, Okamoto n'avait précisément rien à offrir. Et, même si Hitler et Ribbentrop n'en savaient rien, le gouvernement japonais, alors qu'il recherchait un accord avec l'Allemagne pour exclure une paix séparée avec l'Amérique, était décidé à opposer un refus ferme et définitif à toute demande allemande d'un engagement dans la guerre avec l'Union soviétique. Si les Allemands en faisaient la condition de leur soutien à la guerre du Japon contre l'Amérique, aucun accord n'était possible[130]. Pour autant, cela n'arrêterait pas les préparatifs japonais, qui entraient maintenant dans leurs étapes finales.

Les Allemands ne savaient rien de tout cela. Ernst von Weizsäcker, le secrétaire d'État du ministère allemand des Affaires étrangères, avait noté le 23 novembre dans son journal qu'il serait difficile de combler le fossé entre les exigences japonaises et américaines, mais que Tokyo ne donnait guère de renseignements sur le déroulement de ses négociations avec Washington[131]. Goebbels continuait de déplorer le manque d'agressivité apparent de Tojo. « On ne saurait parler pour l'instant des intentions japonaises d'intervenir dans la guerre », conclut-il à la mi-novembre[132]. En réalité, les dirigeants japonais avaient déjà fixé au 25 novembre la date butoir pour trouver un accord avec les Américains. Si l'on n'arrivait à rien d'ici là, ce serait la guerre. Rien ne vint ; dès le lendemain, le corps expéditionnaire de la flotte prenait secrètement la route de Pearl Harbor.

La question cruciale d'Okamoto, posée le 23 novembre, resta sans réponse cinq jours durant[133]. Mais sitôt que Ribbentrop apprit, le 27, que les Américains avaient présenté au Japon un ultimatum qui avait toute chance d'aboutir à la fin des négociations et à la rupture des relations, il s'empressa d'agir, sans doute après consultation de Hitler[134]. Le lendemain, il dit à l'ambassadeur Oshima que, de son point de vue, le Japon ne pouvait plus éviter désormais l'épreuve de force avec les États-Unis. La situation, pensait-il, ne serait jamais plus propice. Il pressa avec énergie le Japon de déclarer la guerre immédiatement, aux États-Unis aussi bien qu'à la Grande-Bretagne. Suivant la dépêche qu'Oshima envoya à Tokyo, le ministre allemand des Affaires étrangères affirma alors : « Si le Japon s'engageait dans une guerre avec les États-Unis, il va de soi que l'Allemagne se joindrait à la guerre sans délai. Il est totalement exclu que l'Allemagne conclue une paix séparée avec les États-Unis dans de telles circonstances. Le Führer est déterminé sur ce point[135]. »

Le 30 novembre à Tokyo, Ott donna l'assurance à Togo, le ministre des Affaires étrangères, que l'Allemagne se tiendrait à côté du Japon[136]. Une réponse urgente fut câblée à Oshima : il devait informer secrètement Hitler et Ribbentrop qu'il « existe un danger immédiat de voir éclater la guerre entre les pays anglo-saxons et le Japon à travers quelque choc armé ». Il devait ajouter que la « guerre peut arriver plus vite qu'on ne l'imagine[137] ». Il avait à s'assurer que la promesse orale de Ribbentrop fût transformée en accord écrit. Plus tard, dans la soirée du 1er décembre, ou le 2 aux premières heures de la matinée, Oshima fit part à Ribbentrop de l'accord de Tokyo. Mais avant qu'un accord formel pût être établi, Ribbentrop avait besoin de l'assentiment définitif de Hitler[138].

Même au début des années 1940, les chefs d'État étaient rarement loin du téléphone ou coupés de tout contact radio. Il semble bien qu'au cours des trois jours suivants Hitler ait été injoignable, en rade après une visite éclair sur le front Est et dans l'incapacité de regagner son QG de Prusse-Orientale avant le 4 décembre. C'est alors seulement que Ribbentrop put le joindre pour obtenir sa décision définitive, qui aboutit à la rédaction précipitée d'un nouvel accord remplaçant de fait le Pacte tripartite de l'année précédente, et qui fut présenté à Oshima dans la nuit[139]. Avec l'aval de Hitler, le sort qui allait entraîner l'Allemagne dans la guerre contre l'Amérique en était désormais jeté.

Rome fut aussitôt contactée par un Ribbentrop impatient. L'accord se fit immédiatement. Mussolini était ravi de l'initiative japonaise. « Nous en arrivons donc à la guerre entre les continents, que j'ai prévue depuis septembre 1939 », déclara-t-il[140]. En vertu des deux premiers articles vitaux, tous les partenaires s'engageaient à intervenir si la guerre éclatait entre l'un d'eux et les États-Unis, et à ne conclure ni paix ni armistice avec les États-Unis ou la Grande-Bretagne autrement qu'avec leur consentement mutuel total[141]. Ne restait plus qu'à signer. Weizsäcker s'attendait à ce que tout fût réglé au 6 décembre[142]. Mais tel ne fut pas le cas. Il y avait encore des détails à aplanir. Cela demandait du temps.

Depuis quelques jours, les dirigeants allemands avaient le sentiment que la crise des relations entre le Japon et les États-Unis en était arrivée au point d'ébullition. Alors que les troupes allemandes s'enlisaient dans les steppes russes et qu'une grande crise militaire couvait aux abords de Moscou, c'était une excellente nouvelle. Tout comme l'était la perspective agitée par Oshima d'une toute prochaine initiative japonaise sur Singapour[143]. L'empressement à satisfaire les demandes japonaises d'un accord tripartite révisé reflétait le sentiment que l'on approchait d'un tournant dans le conflit, à l'avantage de l'Allemagne.

Tout le monde ne partageait pas l'optimisme de Hitler (et de Ribbentrop) à propos des Japonais. Aux Affaires étrangères, Weizsäcker observa que depuis quelques jours les Japonais jugeaient inévitable un choc avec les États-Unis. Du point de vue allemand, les conséquences militaires de l'entrée du Japon dans la guerre lui semblaient assez bien équilibrées. Mais tout bien pesé, rationnel et pessimiste quant aux chances à long terme de l'Allemagne, il ne se réjouissait pas de la participation japonaise[144]. Suivant les informations transmises alors par son ministère au QG de l'état-major général de l'armée de terre, l'orage était probablement pour bientôt. Le 6 décembre, le général Halder se laissa dire que le conflit entre le Japon et les États-Unis était « peut-être imminent[145] ». Goebbels, qui était hors du circuit d'information relatif au ballet diplomatique entre Tokyo et Berlin, nota à maintes reprises la montée de la tension.

Le 6 décembre, il observa : « La querelle entre Washington et Tokyo atteint encore un sommet critique. Je n'ai plus le sentiment qu'il soit possible d'arranger les choses. La bombe va finir par exploser dans ce conflit[146]. »

Il n'imaginait pas combien il était près de la vérité. Le lendemain matin, heure de Hawaii, les Japonais bombardaient Pearl Harbor. C'est le 7 décembre au soir, en Europe centrale, que la nouvelle stupéfiante arriva au QG de Hitler.

V

Les dirigeants allemands n'avaient pas été avertis de l'attaque japonaise. En fait, il semble qu'ils aient espéré que l'initiative de l'attaque viendrait des Américains[147]. Dans la première semaine de décembre, confia plus tard Weizsäcker, « nous ne croyions pas à une attaque directe du Japon contre l'Amérique ». Quand tomba la nouvelle de Pearl Harbor, les Affaires étrangères crurent d'abord à un canular[148]. Telle fut la première réaction courroucée de Ribbentrop. Il supposa qu'il s'agissait d'un coup de propagande des ennemis de l'Allemagne, auquel son service de presse s'était laissé prendre. Il demanda de nouvelles investigations ; un rapport lui fut remis le lendemain matin[149]. Mais la confirmation lui arriva plus vite. À Rome, le comte Ciano, le ministre italien des Affaires étrangères, reçut dans la nuit un appel téléphonique d'un Ribbentrop tout excité. « Il se réjouit de l'attaque japonaise sur les États-Unis », nota Ciano. S'il félicita Ribbentrop, il doutait, pour sa part, des avantages qui résulteraient de ce nouveau développement. « Une chose est maintenant certaine, pensa-t-il. L'Amérique va entrer dans le conflit, et le conflit lui-même sera assez long pour lui permettre de peser de toutes ses forces dans l'action[150]. » En privé, Weizsäcker n'était pas très sûr non plus des bénéfices qu'en retirerait l'Allemagne. Le Japon, raisonnait-il, s'était maintenant rangé au nombre des « agresseurs » : « Il faudrait que l'effet militaire soit vraiment très grand pour justifier cette procédure. Désormais, nos relations avec les États-Unis vont aussi être légalement clarifiées très vite », trancha-t-il[151].

Alors même qu'il avait suivi avec attention la montée des tensions entre le Japon et les États-Unis, Goebbels fut également surpris par Pearl Harbor. « Soudain, comme un coup de tonnerre dans un ciel bleu, la nouvelle tombe : le Japon a attaqué les États-Unis, écrivit-il dans son journal. La guerre est là. » C'était ce qu'il espérait, même s'il en avait douté durant les semaines passées. Il ne savait pas encore très bien où l'attaque avait eu lieu : « quelque part dans le Pacifique » – pas davantage de précisions. Dans la nuit arrivèrent d'autres nouvelles. Roosevelt avait convoqué le Congrès et déclaré la guerre au Japon à compter de 6 heures du matin. Peu après, il eut Hitler en ligne. Il était « extraordinairement heureux » du tour que prenaient les événements. Il voulait que le Reichstag fût convoqué pour mercredi – on était lundi, aux premières heures de la matinée – afin de clarifier la position allemande. Comme toujours, Hitler pensa tout de suite à l'effet de propagande. Il ne perdait pas une minute. Vraisemblablement sur la foi de sa conversation avec Hitler, Goebbels s'attendait alors (nous avons rapporté son commentaire au début de ce chapitre) à une déclaration de guerre de l'Allemagne contre les États-Unis, en accord avec le Pacte tripartite. Mais il y voyait un avantage notable, avec la forte baisse des livraisons d'armes des États-Unis à la Grande-Bretagne, mais aussi parce que le Reich était désormais, d'une certaine façon, « protégé sur les flancs » : l'Amérique serait occupée par les événements du Pacifique. « Le cours des événements réjouit le Führer et tous les QG. Nous voici au moins momentanément soulagés d'une menace grave », observa-t-il, très probablement en écho aux vues de Hitler, s'il ne s'agit pas d'une citation directe. « Dans les semaines et les mois qui viennent, Roosevelt ne pourra se montrer aussi hardi qu'il l'a été dans le passé. Cette guerre est devenue une guerre mondiale au vrai sens du terme. Malgré des débuts modestes, ses vagues ont fini par envelopper la Terre entière. » L'heure de chance de l'Allemagne avait sonné, il suffirait que la crise présente soit surmontée. « Si nous gagnons cette lutte, plus rien n'empêchera d'exaucer le rêve de puissance mondiale allemande », résuma-t-il[152].

Pour Hitler, plongé dans la crise qui allait en s'aggravant sur le front Est, où la contre-offensive soviétique face aux troupes allemandes gelées et épuisées non loin de Moscou avait commencé deux jours avant Pearl Harbor, les événements du lointain Pacifique furent une source d'allégresse sans mélange. « Impossible de perdre la guerre », lâcha-t-il avec soulagement. « Nous avons maintenant un allié qui n'a jamais été conquis en trois mille ans[153]. » Pour lui, ce n'était rien de moins qu'une « délivrance[154] ». Quand il avait surgi, tenant à la main le télégramme qui lui annonçait la guerre entre le Japon et l'Amérique, un Keitel étonné eut le sentiment que Hitler était libéré d'un cauchemar[155]. Le bruit se répandant rapidement, le QG tout entier « se laissa emporter par la joie[156] ». Si Hitler avait su que les dommages infligés par le raid japonais, une fois la poussière retombée sur Pearl Harbor, restaient très loin du K.-O. dont Tokyo avait besoin, il se serait rembruni. En fait, il était certain que son présupposé de toujours allait maintenant se vérifier : l'Amérique serait clouée par la guerre dans le Pacifique ; et la position britannique pâtirait de l'amenuisement des ravitaillements transatlantiques et des attaques japonaises sur ses possessions en Extrême-Orient. S'agissant des chances de l'Allemagne, le pronostic s'était amélioré d'un coup. Que Hitler fût encore rayonnant d'optimisme quand il arriva le 9 décembre à Berlin n'est guère étonnant[157].

Dès lors, il ne pouvait y avoir le moindre doute : Hitler allait saisir l'occasion pour entraîner l'Allemagne dans la guerre avec les États-Unis. Ce ne fut pas, on l'a vu, une simple réaction émotionnelle et spontanée aux événements mêmes de Pearl Harbor. Depuis des semaines, les tractations avec les Japonais reposaient sur l'idée que l'Allemagne entrerait dans une guerre contre les États-Unis déclenchée par des faits sur lesquels elle n'avait aucune prise. Apprenant Pearl Harbor, Hitler n'hésita pas un instant. Depuis sa conversation téléphonique avec le Führer, Goebbels était sûr que l'Allemagne allait déclarer la guerre aux États-Unis. Quand l'aide de camp de Hitler pour la Luftwaffe,

Nicolaus von Below, regagna le QG du Führer, le 9 décembre au matin après sa permission, il en retira aussitôt l'impression que Pearl Harbor était perçu comme le signal attendu pour déclarer la guerre à l'Amérique[158]. Et Wolfgang Brocke, alors jeune officier attaché au QG de Hitler, devait se souvenir, certes longtemps après les faits, que la réaction immédiate de Hitler, lorsqu'il apprit la nouvelle de Pearl Harbor, avait été qu'il pouvait maintenant déclarer la guerre aux États-Unis[159].

La bataille de l'Atlantique est sans conteste l'impératif qui inspira la décision capitale de Hitler. Keitel pensa que l'allégresse de Hitler apprenant Pearl Harbor était liée au sentiment que cela le soulagerait des conséquences de la « guerre non déclarée », qui avait joué en la défaveur de l'Allemagne[160]. Et sans attendre la déclaration de guerre, Hitler, les 8 et 9 décembre, libéra des fers ses sous-marins. Désormais, ils avaient toute liberté d'attaquer les convois américains[161]. Ce fut un soulagement de taille pour les commandants des sous-marins, nota Goebbels. Il était impossible de livrer une « guerre de torpilles » quand le commandant devait étudier une demi-douzaine de manuels d'instructions pour savoir s'il avait la permission de tirer. Les ratés de la guerre en mer tenaient largement à la façon dont les sous-marins avaient été paralysés. « C'est fini maintenant. On ne reconnaîtra plus de zones franches, et le pavillon américain ne sera plus respecté. Quiconque est pris sur la route de l'Angleterre doit s'attendre à être torpillé par nos sous-marins[162]. » Ces propos font écho à la pensée de Hitler.

Ribbentrop vit celui-ci le 9 décembre au matin, avant la déclaration de guerre, mais après que la « licence de tuer » avait été donnée aux sous-marins. Hitler déclara que la principale raison de l'entrée en guerre de l'Allemagne était que « les États-Unis tirent déjà sur nos navires. Ils ont été un élément déterminant dans cette guerre et, par leurs actions, ont déjà créé un état qui est quasiment, disons-le, de guerre[163] ». Des mois durant, il avait retenu les chefs de la marine qui rongeaient leur frein en raison des contraintes qu'ils devaient respecter dans l'Atlantique. Et, pendant tout ce temps, les Américains avaient progressivement intensifié leur « guerre non déclarée ». Les provocations s'étaient multipliées, et Hitler s'était cru encore tenu de brider ses chefs. Mais ce n'était pas de gaieté de cœur. Il lui était pénible d'attendre l'heure où il serait enfin libre d'exercer des représailles. L'effet de propagande ne suffit pas à expliquer la véhémence avec laquelle, dans son discours du 11 décembre au Reichstag, il épancha ses griefs jusqu'ici en suspens contre ce qu'il présenta en une liste presque interminable de transgressions américaines dans l'Atlantique au fil des mois[164]. Elle reflétait son ardent désir intérieur d'en découdre avec le président Roosevelt. Mais, avant tout et surtout, les sous-marins étaient sa seule manière d'attaquer l'Amérique. Et à moins de contraindre les États-Unis à la retraite, ou tout au moins de les rendre plus disposés à faire des concessions, il était dès lors impossible de mettre fin à la guerre.

On trouve un indicateur on ne peut plus clair de la pensée de Hitler dans les propos confidentiels qu'il adressa aux chefs du parti le lendemain après-midi. Il en ressort clairement que la guerre de l'Atlantique était au premier rang de ses préoccupations quand il avait pris sa décision cruciale.

Goebbels résuma ainsi l'intervention de Hitler :

> Il insiste sur l'extraordinaire portée de l'entrée des Japonais dans la guerre, par-dessus tout en ce qui concerne notre guerre sous-marine. Les commandants de nos sous-marins en étaient arrivés au point où ils ne savaient plus s'ils devaient ou non tirer leurs torpilles. Une guerre de sous-marins ne saurait être gagnée à la longue si les sous-marins ne sont pas libres de tirer. Le Führer est convaincu que, même si le Japon n'avait pas rejoint la guerre, il aurait dû déclarer la guerre aux Américains tôt ou tard. Et voici que le conflit est-asiatique tombe comme un cadeau dans notre giron. Tous les organismes allemands ont bel et bien œuvré en ce sens, mais malgré tout c'est arrivé si vite que c'est en partie inattendu. Psychologiquement aussi, c'est d'une valeur inestimable pour nous. Une déclaration de guerre de notre part aux Américains, sans la contrepartie du conflit est-asiatique, aurait été dure à accepter pour le peuple allemand. Désormais, tout le monde admet ce développement comme une évidence. Au cours des semaines et des mois passés, le Führer a

> vécu un extraordinaire et rude combat intérieur sur cette question. Il savait que, de deux choses l'une, soit la guerre sous-marine était condamnée à l'inefficacité totale, soit il devrait prendre l'initiative décisive d'engager la guerre contre l'Amérique. Le voici soulagé d'un lourd fardeau. Il envisage maintenant la lutte dans l'Atlantique de manière bien plus positive qu'avant. Il pense que le nombre de torpillages va augmenter rapidement. Le problème du tonnage lui paraît absolument décisif dans l'effort de guerre[165].

Il ressort clairement de ses remarques que, pour Hitler, l'état unilatéral de la « guerre non déclarée » était la principale raison de sa résolution. Il avait maintenant la justification dont il avait besoin pour engager une guerre sous-marine totale dans l'Atlantique et éviter que les sous-marins fussent « inutiles » comme ils l'avaient été en 1915-1916[166]. Dans la déclaration de guerre aux États-Unis, on pouvait encore sentir les échos de la Grande Guerre qui avait marqué Hitler d'une empreinte indélébile.

Pearl Harbor lui donna l'occasion. Sans l'attaque japonaise contre les États-Unis, il n'aurait manifestement pas accompli ce pas de géant avec une semblable assurance. L'accélération du ballet diplomatique depuis les premières ouvertures japonaises, début novembre, à propos d'engagements militaires plus fermes que ceux du Pacte tripartite, s'expliquait vraisemblablement par la probabilité croissante de voir l'Allemagne, mais aussi le Japon, aux prises avec les États-Unis dans un avenir proche. Les négociations en étaient arrivées au stade où l'Allemagne était disposée à signer un accord officiel l'engageant à entrer en guerre même si c'était le Japon, et non les États-Unis, qui lançait l'attaque. Que l'accord n'eût pas encore été signé quand les bombes s'abattirent sur Pearl Harbor tenait plus à la chance qu'à un jugement avisé. Ni le Pacte tripartite ni aucun autre traité n'obligeait donc Hitler à faire quoi que ce soit. Il avait ce qu'il voulait – l'engagement du Japon dans la guerre contre les États-Unis dans le Pacifique – et il aurait pu se satisfaire de l'idée que, grâce à l'aubaine de Pearl Harbor, l'Amérique devrait détourner ses énergies vers le Pacifique. Il aurait pu simplement s'en tenir aux relations déjà tendues avec les États-Unis. Ou il aurait pu revoir les ordres donnés à ses sous-marins (chose que Raeder réclamait depuis des mois) sans déclarer la guerre – ce qu'il fit en fait deux jours avant son discours au Reichstag. Mais il ne voulut ni rester passif ni se contenter d'une escalade dans l'Atlantique (solution qui aurait eu probablement pour effet d'amplifier les pressions sur Roosevelt au point de l'amener à prendre le risque de déclarer la guerre ou de perdre la face). Il décida plutôt (sans nécessité, au regard de ses engagements internationaux) de déclarer carrément la guerre aux États-Unis. Et c'est une décision qu'il prit manifestement très vite, sans aucune consultation.

Malgré la pression de Tokyo, un certain temps s'écoula avant qu'il ne fît sa déclaration. Son discours était essentiel, Hitler le savait. Il serait écouté dans le monde entier, pas seulement au Japon et en Amérique, et il devait avoir un impact considérable à l'intérieur. Voici des semaines qu'il avait promis à Goebbels de s'adresser au peuple allemand. Mais les choses ne s'étaient guère passées comme prévu dans la campagne de l'Est. Il avait enfin matière à faire un discours, des choses qu'il pouvait exploiter à des fins de propagande. Le 9 décembre, Ribbentrop expliqua à Oshima que Hitler étudiait la meilleure manière, du point de vue psychologique, de déclarer la guerre aux États-Unis[167]. Initialement prévu pour le 10 décembre, cependant, son discours au Reichstag dut être reporté. Hitler avait été accaparé par toute une série de réunions et n'avait même pas commencé à travailler à son discours[168]. Il tenait à le préparer avec le plus grand soin et remit en conséquence au lendemain la réunion du Reichstag[169]. Il y avait donc des raisons banales au retard pris dans la déclaration de guerre, mais il y en avait aussi une autre, qui l'était moins. C'était le projet d'accord, toujours pas signé, avec le Japon.

Quand il vit Hitler le 9 décembre au matin, Ribbentrop lui fit part de la demande d'Oshima, qui souhaitait une déclaration de guerre immédiate aux États-Unis. Qu'il souffrît d'un accès tardif de crainte ou voulût simplement rappeler à Hitler les strictes obligations de l'Allemagne dans une décision aussi cruciale, le ministre des Affaires étrangères fit valoir que rien, dans le Pacte tripartite, ne l'obligeait à déclarer la guerre. L'Allemagne n'était tenue d'apporter une aide militaire au Japon que dans l'éventualité d'une attaque contre son allié. Or c'était le Japon, non l'Amérique, qui avait déclenché le conflit. Mais Hitler répondit : « Si nous ne nous rangeons pas aux côtés du Japon, le pacte est politiquement mort[170]. »

Ribbentrop prétendit plus tard avoir essayé de dissuader Hitler de déclarer la guerre. « Je n'ai jamais souhaité voir les États-Unis entraînés dans la guerre, assura-t-il, mais alors, comme plus tard, les Japonais avaient leurs idées à eux[171]. » Son attitude à l'époque ne permet guère d'ajouter foi à cette dénégation ultérieure. Il n'avait pas soulevé d'objections à l'arrangement plus contraignant avec le Japon dont il était question depuis des semaines ; il avait fait part de son enthousiasme à Ciano après Pearl Harbor ; et, s'adressant à l'ambassadeur italien Dino Alfieri le 9 décembre, il avait parlé de l'engagement du Japon aux côtés de l'Axe comme de « l'événement le plus important depuis le début de la guerre[172] ». Le 8 décembre, la veille de son entrevue avec Hitler, Ribbentrop avait remis à Oshima une copie du nouveau projet d'accord avec le Japon et l'avait envoyé dans la soirée à Ott. Il demandait qu'il fût accepté sans retard parce qu'il « peut être annoncé ici sous une forme spéciale », allusion évidente au prochain discours de Hitler au Reichstag[173].

En fait, il restait quelques points de détail sur lesquels les Japonais souhaitaient des éclaircissements. L'autorisation finale n'arriva que le mercredi 10, et l'accord important fut finalement signé jeudi, juste avant la déclaration de guerre, par Ribbentrop, Alfieri et Oshima. Dans son discours de l'après-midi, le 11, Hitler donna lecture intégrale de l'accord[174]. C'était le signe de la valeur qu'il lui attachait. La clause clé était la seconde : il s'agissait de l'engagement de ne pas conclure d'armistice ou de traité de paix avec les États-Unis ou l'Angleterre sans un consentement mutuel complet.

Pour Hitler, cela semblait imparable. Il avait un accord officiel avec un allié qui s'était historiquement révélé invincible. Cet accord empêchait le Japon de conclure un traité de paix anticipé avec les États-Unis, comme il l'avait fait avec la Russie en 1905. Dans la Grande Guerre, l'entrée de l'Amérique dans le conflit avait fait pencher la balance. Maintenant que le Japon et l'Amérique étaient occupés dans le Pacifique, et que les Japonais n'avaient aucune « clause de sortie » à moins que l'Allemagne n'y consentît, les risques de voir le scénario se répéter étaient, sinon totalement éliminés, du moins considérablement réduits[175]. Sans un tel accord, la possibilité demeurait ouverte, dans l'esprit de Hitler, que le Japon et les États-Unis pussent trouver une sorte de compromis qui laisserait l'Allemagne affronter seule la puissance américaine[176]. Alors que la guerre à l'Est avait toute chance de se prolonger dans un avenir indéfini, le « traité pas-de-paix-séparée », comme on devait l'appeler[177], semblait constituer une bonne base pour annoncer la déclaration de guerre aux États-Unis, à laquelle Hitler était en tout état de cause enclin par tempérament. C'était la certitude de coincer l'Amérique dans le Pacifique. Mieux encore, il lui serait impossible de se concentrer entièrement sur ce théâtre et elle devrait livrer une guerre sur deux fronts. De la sorte, le poids des armes américaines, dont Hitler prévoyait qu'il atteindrait son plus haut dans le courant de l'année 1942, ne pourrait être pleinement déployé ni contre le Japon, pour le contraindre le cas échéant à demander la paix, ni contre l'Allemagne avant que la guerre à l'Est ne fût gagnée et que l'Europe ne fût à ses pieds[178].

Un autre facteur, toujours important pour Hitler, joua aussi un rôle : le prestige. « Une grande puissance ne se laisse pas déclarer la guerre, elle déclare la guerre elle-même », assura Ribbentrop à Weizsäcker, faisant sans doute écho à la voix de son maître[179]. Le secrétaire d'État, pour sa part, jugeait préférable que la déclaration vînt de l'Amérique plutôt que de l'Allemagne. Il ne voyait pas l'importance du geste envers le Japon. Mais il ne servait à rien de discuter[180]. Pour Hitler, l'Amérique s'était rangée d'elle-même au nombre des ennemis de l'Allemagne, surtout au cours des dix-huit derniers mois, et tout particulièrement avec la sensible escalade des agressions au cours de l'automne. Si les hostilités étaient maintenant déclarées dans le Pacifique, il ne doutait pas que la déclaration de guerre des États-Unis à l'Allemagne n'était qu'une affaire de temps, et qu'elle ne tarderait plus. Trois jours seulement avant Pearl Harbor, le *Chicago*

Tribune, journal isolationniste, avait fait sensation en publiant le Victory Program, qui envisageait la constitution d'une puissante armée qui irait se battre en Europe, et l'administration Roosevelt s'était bien gardée de le démentir : à Berlin, les dirigeants nazis y avaient vu une révélation des buts de guerre américains[181]. Il semblait probable que la déclaration de guerre américaine au Japon serait bientôt suivie d'une semblable déclaration contre ses partenaires du Pacte tripartite. Cela serait plus dur à « vendre » à l'opinion, dut calculer Hitler, qu'une déclaration de l'Allemagne aux États-Unis, sur des bases qu'il pourrait justifier.

Ainsi que Goebbels l'admit, un coup de chance avait entraîné le Japon dans le conflit[182]. Du jour au lendemain, cela avait amplement dégagé les perspectives de l'Allemagne, surtout dans la bataille critique de l'Atlantique. Comme d'habitude, Hitler voulut saisir aussitôt l'occasion et reprendre l'initiative qu'il avait paru sur le point de perdre dans la guerre. Les espoirs démesurés qu'il plaçait dans son allié japonais le conduisirent à son choix fatidique du 11 décembre : la guerre totale, alors même qu'il n'avait pas la moindre idée des moyens de vaincre l'ennemi, ainsi qu'il le confia à Oshima au début du mois de janvier 1942[183].

VI

La décision de Hitler de déclarer la guerre aux États-Unis le 11 décembre 1941 est-elle donc une énigme, fut-elle un grandiose moment de folie et de mégalomanie ? On l'a souvent perçue ainsi. En réalité, cependant, elle n'a rien d'énigmatique. Dans la perspective de Hitler, ce n'était qu'une manière d'aller au-devant de l'inévitable. Loin de paraître inexplicable ou déroutante, sa décision s'accordait avec les vues qu'il professait au sujet de l'Amérique depuis les années 1920 et, surtout, avec ses réflexions stratégiques de 1940-1941 sur les États-Unis, le Japon et le cours futur de la guerre. Elle répondait aussi à sa peur implicite que le temps ne fût pas du côté de l'Allemagne, et au sentiment qu'il fallait vaincre l'Amérique, ou du moins la tenir en échec, avant que sa puissance économique fût décisive, comme cela avait été le cas pendant la Grande Guerre. Compte tenu de ses prémisses sous-jacentes, la décision était tout à fait rationnelle.

Cela ne signifie pas pour autant qu'elle était raisonnable. Mais la démence du projet hitlérien tenait à sa gigantesque surenchère pour asseoir son pouvoir mondial, non à cet aspect précis. Il eut assurément un coup de sang après Pearl Harbor. Ni lui ni aucun autre membre de la direction nazie n'avait prévu une attaque d'une telle hardiesse. L'audace même de l'initiative japonaise le séduisit. Elle était *son* genre. Et, surestimant grossièrement le potentiel de guerre du Japon, il crut que l'effet de l'opération était bien plus grand qu'il ne l'était réellement. À cette époque, vacillant sous l'effet des revers du front Est (la première contre-offensive soviétique dévastatrice venait de commencer), il n'aurait pu désirer meilleure nouvelle qu'une attaque japonaise de la flotte américaine au mouillage. Le Japon et l'Amérique en guerre : c'était exactement ce qu'il voulait. C'est dans cet état de griserie qu'il prit les décisions suivantes. Pour autant, il ne le fit pas sous l'effet d'une émotion spontanée et irrationnelle. Il commença par lancer ses sous-marins sur les bâtiments américains. Sans doute cela l'avait-il démangé tout l'automne. Plus rien ne le retenait désormais. Dans son idée, cela devait suffire à retourner le cours de la bataille de l'Atlantique au profit de l'Allemagne (et, de fait, un petit nombre de sous-marins au large des côtes de l'Amérique du Nord firent des ravages dans les convois alliés au début de 1942)[184]. Ce choix en précéda un autre, autrement plus important, celui de déclarer la guerre aux États-Unis. Des considérations de prestige et de propagande imposaient que l'initiative vînt de l'Allemagne et qu'elle n'attendît point passivement une déclaration de l'Amérique. Mais la décision de Hitler – et on a vu qu'elle fut *sienne*, qu'il la prit sans consulter personne en dehors du servile Ribbentrop, et vraisemblablement aussi en dehors de Keitel et de Jodl – avait été précédée d'initiatives, rationnelles de son point de vue, et remontant maintenant à plusieurs semaines, pour empêcher le Japon, une fois en guerre, d'en sortir à un moment qui ne conviendrait pas à l'Allemagne. Hitler attendit pour déclarer la guerre que fût bel et bien conclu ce qui équivalait à un nouveau Pacte tripartite.

Les options de Hitler, en décembre 1941, étaient-elles donc aussi ouvertes que le laisse penser le fait que sa décision avait de quoi dérouter ? Il nous faut revenir un moment à la place des États-Unis dans l'évolution de la stratégie de guerre de Hitler en 1940-1941. Il recevait des informations, généralement fiables, du général Bötticher, son si bien renseigné attaché militaire à Washington, sur le rythme du réarmement américain. Mais Bötticher l'induisit en erreur de deux manières. Pour commencer, il surestima l'importance du Pacifique dans la stratégie globale de l'Amérique, minimisant de ce fait son intérêt pour la guerre en Europe. Ensuite, même s'il ne laissa subsister aucun doute sur la rapidité du réarmement aux États-Unis, quoique sur des bases initiales très modestes, il se montra intraitable : l'Allemagne aurait gagné la guerre avant que l'Amérique n'y fût prête. Tel était le message qu'il transmit à Berlin[185]. Cette erreur d'appréciation correspondait au pronostic personnel de Hitler. Conscient du danger imminent venu d'outre-Atlantique, pour lequel il n'avait pas de réponse prête en termes d'arsenal, l'objectif de Hitler, depuis sa victoire sur la France jusqu'au ralentissement de la progression de la Wehrmacht en Union soviétique, avait été de garder les États-Unis à l'écart de la guerre, le temps pour l'Allemagne d'asseoir définitivement son hégémonie en Europe. Telle était l'idée stratégique qui avait inspiré « Barbarossa ». La Grande-Bretagne se trouvant forcée de s'asseoir à la table des négociations après que l'Allemagne aurait écrasé l'Union soviétique, l'Amérique serait contrainte de rester dans son hémisphère. Le moment venu, un ultime affrontement opposerait une Europe sous domination allemande et les États-Unis – le scénario qu'il avait évoqué dans les années 1920 –, mais cela ne se passerait pas de son vivant.

Dans le tourbillon des premiers succès allemands en URSS, aux mois de juin et juillet 1941, il s'était temporairement écarté de cette grande vision lointaine. Une entreprise conjointe avec les Japonais pour détruire l'Union soviétique puis se retourner ensemble contre les États-Unis avait paru un temps le séduire.

Mais les Japonais, dont la façon de penser restait en tout cas impénétrable à Hitler, ne firent rien contre la Sibérie, de même que, plus tôt, ils n'avaient pas donné suite à l'invitation allemande à frapper sans tarder Singapour. Pendant ce temps, la progression allemande avait commencé à se heurter à des difficultés en Union soviétique. Contre toute attente, la campagne de l'Est ne serait pas un jeu d'enfant, et la victoire n'était pas pour cette année. La route serait longue. Et Hitler avait le sentiment que, exploitant la situation, Roosevelt le provoquait au grand jour en multipliant les agressions dans l'Atlantique où, dans les circonstances présentes, il ne pouvait rien faire.

Les intentions du Japon restaient nébuleuses. Si son attitude avait des accents agressifs, il paraissait en même temps disposé à négocier avec Washington. À l'automne, cependant, la situation avait fini par se clarifier. La rupture était devenue irrémédiable entre le Japon et les États-Unis. Désormais, une guerre paraissait éminemment probable. Vu l'évolution de la situation à l'Est, Hitler devait considérer le rôle du Japon sous un nouveau jour, en rapport avec la place de l'Amérique dans sa propre stratégie. L'Amérique, c'était aujourd'hui évident, ne pouvait être maintenue indéfiniment à l'écart du conflit. La question était seulement de savoir quand elle y entrerait. Plus d'une fois il avait dit qu'il s'attendait à ce qu'elle fût prête pour la guerre en 1942. Il était de plus en plus certain qu'il faudrait affronter les États-Unis *avant* et non après la fin de la guerre contre l'Union soviétique, la « vraie » guerre de Hitler. Telles qu'il voyait les choses, présentement, le rôle du Japon était d'immobiliser les Américains aussi longtemps et complètement que possible dans le Pacifique et d'affaiblir systématiquement les Britanniques en Extrême-Orient, en s'emparant de leurs possessions, en minant leurs bastions et en finissant par détruire le cœur de leur empire : l'Inde[186]. Quant au rôle du Reich, soutenant le Japon en entrant dans une guerre contre l'Amérique que Hitler jugeait de toute manière inévitable, il était d'empêcher les Américains de vaincre les Japonais ou de les contraindre à accepter des conditions, avant de se retourner contre l'Allemagne. L'intervention allemande forcerait les États-Unis à entrer dans une guerre sur deux océans[187].

Selon les calculs de Hitler, cela lui permettrait d'en finir avec les Soviétiques qui faisaient montre d'une résilience inattendue ou, tout au moins, d'en arriver à un point satisfaisant où il pourrait conclure la campagne de l'Est, peut-être par une sorte d'accord avec Staline, mais à ses conditions. À ses yeux, l'entrée du Japon dans la guerre en décembre 1941 lui donnait cette chance ; d'où sa jubilation en apprenant l'épisode de Pearl Harbor. Dans sa perspective, la déclaration de guerre contre les États-Unis à ce moment critique n'était donc pas un grand pari, encore moins une décision déroutante. Il avait le sentiment de n'avoir pas le choix. Ce choix lui semblait ouvrir la voie de la victoire qui commençait de s'éloigner à l'automne 1941. Pour lui, c'était la seule décision qu'il pût prendre.

Si l'on met de côté la façon particulière qu'il avait d'envisager les options, Hitler avait-il concrètement la possibilité de s'abstenir de déclarer la guerre, une décision qui aurait pu donner à l'Allemagne de nouvelles chances dans le conflit ? Objectivement, bien entendu, rien ne le forçait à plonger son pays dans une guerre contre les États-Unis. Une déclaration de guerre allemande n'était pas une suite nécessaire de l'attaque sur Pearl Harbor. Ribbentrop lui-même, on l'a dit, fit valoir qu'aucun traité ne l'y obligeait. Mais que serait-il arrivé si Hitler avait choisi de ne pas déclarer la guerre à l'Amérique ? S'il n'avait pas été assez téméraire pour le faire, les États-Unis se seraient-ils retirés du théâtre de l'Atlantique, cessant d'aider la Grande-Bretagne et l'Union soviétique et laissant l'Europe livrée à elle-même, pour se concentrer sur le Pacifique, permettant ainsi au chef nazi de poursuivre sa guerre contre le bolchevisme ? Roosevelt aurait-il pu renoncer à essayer d'obtenir sa déclaration de guerre, de peur d'essuyer un refus du Congrès ? Autrement dit, la guerre aurait-elle suivi un cours entièrement différent si Hitler avait mis moins d'empressement à se jeter dans les bras du Japon alors qu'il n'en avait pas vraiment besoin ? Dans un exercice de conjectures de ce genre, les possibilités sont nombreuses ; les probabilités le sont beaucoup moins. Et les actions aussi bien que les réflexions de ceux qui étaient proches des instances de décisions ne permettent guère de penser qu'un scénario totalement différent aurait pu s'imposer.

Naturellement, des têtes plus froides auraient pu choisir d'autres options. Un Weizsäcker, par exemple, aux Affaires étrangères, estimait qu'il aurait mieux valu attendre la déclaration de guerre américaine. C'eût été assurément un stratagème plus sensé. Roosevelt se serait alors retrouvé dans la fâcheuse position de devoir décider s'il devait essayer de convaincre le Congrès et l'opinion publique américaine – dorénavant préoccupés par la guerre dans le Pacifique et le désir de se venger du Japon – que l'Allemagne était encore le principal ennemi et qu'une déclaration de guerre contre les puissances de l'Axe était nécessaire. S'il avait obtenu sa déclaration de guerre, il eût été facile à la propagande allemande de l'exploiter à son avantage : voici que la ploutocratie américaine imposait au pays une guerre dont l'Allemagne n'avait pas voulu et qu'elle avait tout fait pour éviter, l'obligeant à se défendre dos au mur. L'insistance de Hitler sur le prestige d'une déclaration de guerre allemande le priva des bénéfices de ce type de propagande.

Mais il vaut la peine de signaler que Weizsäcker n'imaginait pas que le sort de l'Allemagne eût été radicalement différent si Hitler n'avait pas choisi aussi témérairement l'occasion pour se lancer dans une déclaration inutile. Apparemment, Weizsäcker ne doutait pas que la guerre avec les États-Unis suivrait. Sa seule différence avec Hitler était qu'il jugeait préférable d'être l'objet de la déclaration que d'en être à l'origine – décision qui revenait à faire un geste sans nécessité au profit du Japon. Mais il était loin de penser qu'en s'abstenant de déclarer la guerre aux États-Unis l'Allemagne pourrait éviter la guerre. Il était tout aussi convaincu que Hitler que son pays ne pourrait échapper au conflit avec l'Amérique.

Outre-Atlantique, on se faisait la même réflexion. Le jour même des dramatiques événements de Pearl Harbor, le président Roosevelt dîna avec des membres de son cabinet et de hauts conseillers militaires pour discuter de la conduite à tenir. Il avait été d'ores et déjà décidé de déclarer la guerre au Japon le lendemain matin ; entre-temps, les Japonais avaient, tardivement et formellement, déclaré la guerre aux États-Unis. Roosevelt et ses conseillers se demandaient s'ils devaient maintenant déclarer la guerre aux autres membres de l'Axe. « Nous estimions cependant inévitable que l'Allemagne nous déclare la guerre, rapporta le secrétaire d'État Cordell Hull. Les messages japonais échangés entre Berlin et Tokyo que nous avions interceptés » – et lus grâce au système MAGIC – « nous avaient permis de comprendre que les deux gouvernements s'étaient entendus clairement sur ce point. Nous décidâmes donc d'attendre et de laisser Hitler et Mussolini faire leurs déclarations les premiers. En attendant, nous ne prendrions aucun risque et agirions, par exemple dans l'Atlantique, dans l'idée que nous étions aussi en guerre avec la section européenne de l'Axe[188] ».

Sans la témérité allemande, les États-Unis auraient-ils pu s'en tenir au *statu quo* dans l'Atlantique et éviter eux-mêmes une déclaration ? S'il s'était présenté au Congrès pour demander une déclaration de guerre à l'Allemagne alors que l'agresseur de l'Amérique était le Japon, Roosevelt se serait certainement heurté à une sérieuse opposition[189]. Ce qui suffit à l'en dissuader. Il fit montre de la prudence qui s'imposait, après avoir déjà résisté au secrétaire à la Guerre Henry Stimson qui le pressait d'inclure l'Allemagne et l'Italie aux côtés du Japon dans sa demande au Congrès juste après Pearl Harbor[190]. Hitler se chargea de résoudre le problème à sa place.

Mais même s'il n'en avait rien fait, les Américains n'en auraient probablement pas moins avancé vers un engagement proche et total dans la guerre. L'administration Roosevelt n'avait cessé d'associer l'Allemagne et l'Italie au Japon et de les présenter comme une menace commune pour le monde libre. Et l'Atlantique avait toujours été prioritaire. Revenant du Congrès où il était allé demander la déclaration de guerre au Japon, Roosevelt rappela aussitôt à ses conseillers que la cible principale restait l'Allemagne[191]. Il s'ensuivait que la guerre ne pouvait être cantonnée au Pacifique, bien que la marine eût préféré se concentrer sur ce théâtre. Ce ne sont là que des spéculations sur la foi de propos tenus par Hull, mais il est tout à fait concevable que, même s'il n'avait pas su ce qui se tramait à Berlin, Roosevelt aurait bien pu exploiter le climat qui régnait après Pearl Harbor pour entraîner l'Amérique dans une guerre totale contre l'Allemagne et l'Italie. Encore une fois, la logique du Victory Progam, dont la presse s'était fait l'écho, impliquait que les États-Unis enverraient sous peu d'importantes forces terrestres se battre en Europe. Les conseillers militaires de Roosevelt avaient souligné sans relâche que c'était la seule manière de se débarrasser de Hitler.

Roosevelt, quant à lui, avait toujours été intraitable : seule l'élimination de Hitler garantissait la sécurité et la liberté futures des États-Unis. Se retirer de la bataille de l'Atlantique, renoncer aux livraisons à la Grande-Bretagne dans le cadre du prêt-bail et laisser les mains libres à Hitler sur le continent européen n'eût pas seulement été en contradiction avec les objectifs et les idéaux proclamés de Roosevelt en matière de politique étrangère, tels qu'ils les avaient définis depuis le milieu des années 1930. Pareille décision eût été contraire aux conseils que ses chefs militaires ne cessaient de lui prodiguer depuis des mois, mais aussi aux préparatifs concrets et massifs qui en avaient découlé. Certes, il aurait tout à fait pu ne pas vouloir prendre le risque de proposer au Congrès une déclaration formelle en décembre 1941, quand bien même on ne pouvait probablement imaginer de circonstances plus propices après Pearl Harbor. Mais on voit mal comment le simulacre de guerre aurait pu se poursuivre indéfiniment dans l'Atlantique pendant l'automne 1941, même si l'Allemagne n'avait pas déclaré la guerre.

En décidant, avant la déclaration de guerre et sans subordonner son choix à celle-ci, d'en finir avec sa politique antérieure et de lâcher ses sous-marins sur les bâtiments américains, Hitler sortit de l'impasse fâcheuse qui avait prévalu dans l'Atlantique. Au cours des mois suivants, l'intensification allemande de la guerre sous-marine porta les hostilités au cœur même des eaux côtières des États-Unis et posa des problèmes toujours plus sérieux aux navires alliés[192] : des problèmes aggravés par les besoins du Pacifique – juste après Pearl Harbor, Roosevelt avait dû transférer des cuirassés de l'Atlantique pour contrer la menace japonaise[193] – et qui réclamaient une réponse massive et urgente. Autrement dit, même si elle avait pu rester « non déclarée », la guerre américaine contre l'Allemagne n'aurait pu se poursuivre après l'automne 1941. Sinon immédiatement, tout au moins dans les mois suivants, l'Amérique eût été presque inévitablement entraînée dans un conflit tous azimuts[194]. On peut raisonnablement penser que Roosevelt aurait été très vite conduit à plonger les États-Unis dans des hostilités générales avec l'Allemagne, par une déclaration formelle ou, à défaut, en prolongeant la prérogative présidentielle au point qu'une déclaration officielle eût simplement confirmé la réalité existante. Dans les deux hypothèses, la guerre ne devait pas tarder entre l'Allemagne et les États-Unis.

Paradoxalement, la décision de Hitler de déclarer la guerre aux États-Unis le 11 décembre 1941, souvent perçue comme un choix non seulement déroutant mais désespérément téméraire qui finit par condamner l'Allemagne au désastre, fut donc probablement moins fatidique que nombre des décisions politiques que nous avons examinées. Pour dire les choses autrement, ce ne fut pas un moment déterminant sur le chemin de la catastrophe au sens où le triomphe aurait été possible s'il avait évité une déclaration de guerre. Un chef différent, moins entêté, aurait bien pu hésiter, attendre la suite des événements et, notamment, voir comment l'Amérique allait réagir. Mais, à supposer que ce chef eût conduit l'Allemagne jusque-là et ne fût pas disposé à trouver alors une sorte de compromis qui mît fin à la guerre, une autre décision n'aurait probablement pas beaucoup changé le cours de l'histoire.

En fait, l'Allemagne se sortit étonnamment bien de la crise de l'hiver devant Moscou et continua d'engranger de nouveaux succès militaires, à certains égards surprenants, au premier semestre de 1942. L'été vit le lancement d'une nouvelle grande offensive pour s'emparer des gisements de pétrole du Caucase, quoique avec des forces plus faibles que l'année passée, lors de l'opération « Barbarossa ». C'est seulement à l'automne, alors que la terrible bataille de Stalingrad suivait son cours, qu'il apparut clairement que le Reich subissait les affres d'une défaite cataclysmique qui, s'ajoutant aux lourds revers d'Afrique du Nord (où un débarquement conduit par les Américains, l'« opération Torche », avait eu lieu début novembre), marqua l'incontestable tournant de la guerre. À cette date, dans le lointain Pacifique, la bataille décisive de Midway, en juin 1942, avait déjà brisé la puissance maritime des Japonais. Cet épisode, suivi par la victoire remportée de haute lutte par les Américains à Guadalcanal, dans les îles Salomon, définitivement acquise en janvier 1943, marqua le renversement de la situation dans la guerre du Pacifique[195]. La route serait encore longue, très longue, en Extrême-Orient et en Europe. Mais ni l'Allemagne ni le Japon ne pouvaient plus faire machine arrière. Les deux pays devaient se trouver toujours plus exposés aux ressources apparemment illimitées de l'Amérique en hommes et en armes.

Comme en 1917, l'entrée en guerre des États-Unis à la fin de 1941 bouleversa l'équilibre. La puissance américaine, s'ajoutant aux forces britanniques à l'Ouest, et l'implacable rouleau compresseur de l'armée Rouge à l'Est finirent par écraser l'Allemagne. Mais, en décembre 1941, celle-ci avait fondamentalement perdu son pari pour asseoir sa puissance mondiale. C'est assurément ce que pensa Churchill – du moins l'écrivit-il après coup[196]. Et il semble que Hitler lui-même, à l'automne 1941, ait envisagé pour la première fois, fugitivement, la possibilité d'une défaite, en observant (il devait revenir sur ce point début 1945, face à la catastrophe) que, si, au bout du compte, le peuple allemand ne se révélait pas assez vaillant, l'Allemagne méritait de succomber et d'être détruite par une puissance plus forte[197]. Un simple moment de flottement, qui n'en est pas moins révélateur. Sous le vernis, il semble que Hitler ait reconnu que ses chances de victoire totale s'étaient quasiment évaporées désormais. Son plan de campagne à l'Est avait échoué. Et la guerre avec les États-Unis était dès lors pour ainsi dire inévitable.

Il alla au-devant de l'inéluctable en déclarant lui-même la guerre. Il s'agissait d'un effort significatif pour essayer de reprendre l'initiative en jouant d'audace. Mais, pour la première fois, c'était une initiative condamnée d'emblée à l'échec.

10

Berlin - Prusse-Orientale, été-automne 1941
Hitler décide d'exterminer les Juifs

> Ils nous ont dit à Berlin : pourquoi nous donnez-vous tous ces tracas ? Nous ne pouvons rien en faire dans l'*Ostland* ni dans le Commissariat du Reich [l'Ukraine]. Liquidez-les vous-mêmes [...] ! Nous devons détruire les Juifs partout où nous les trouvons et partout où c'est possible.
>
> Hans Frank, gouverneur général de Pologne, 16 décembre 1941

Le 12 décembre 1941, après avoir annoncé la veille que l'Allemagne déclarait la guerre aux États-Unis, Hitler s'adressa aux dirigeants de son parti réunis à la Chancellerie du Reich, à Berlin. Après un long tour d'horizon de l'état de la guerre, il en vint à la situation des Juifs. Son ministre de la Propagande, Joseph Goebbels, nota ce qu'il avait à dire : « Pour ce qui est de la question juive, le Führer est décidé à faire un grand nettoyage. Il a prophétisé que s'ils provoquaient une autre guerre mondiale, ils seraient anéantis. Ce n'étaient pas des mots en l'air. La guerre mondiale est là. L'anéantissement des Juifs doit en être la conséquence nécessaire. C'est une question à aborder sans faire de sentiment. Nous n'avons aucune sympathie à avoir pour les Juifs : nous ne devons avoir de sympathie que pour notre peuple allemand. Le peuple allemand a encore sacrifié autour de 160 000 morts dans la campagne de l'Est : les instigateurs de ce conflit sanglant devront le payer de leurs vies[1]. »

À cette date, les Juifs le « payaient de leur vie », suivant l'expression de Hitler, depuis près de six mois. Tout au long de l'été, depuis l'invasion de l'Union soviétique le 22 juin, les unités de tuerie de la Police allemande de sécurité avaient massacré les Juifs par dizaines de milliers : si elles avaient commencé essentiellement par les hommes, elles n'avaient pas tardé à inclure les femmes et les enfants. À lui seul, un des quatre *Einsatzgruppen*, ou « forces spéciales », dépêchés derrière la Wehrmacht qui avançait rapidement pour nettoyer les « éléments subversifs », se déchaînant à travers la Baltique, avait tué très exactement 229 052 Juifs à la fin de l'année[2]. Ce fut la première phase atroce du génocide. À l'automne, cependant, le génocide avait progressé au-delà des parties occupées de l'Union soviétique et entrait rapidement dans une seconde phase élargie et, pour finir, systématique. L'objectif n'était rien de moins que l'extermination physique des Juifs de toute l'Europe sous occupation allemande : ce que les nazis appelaient la « solution finale de la question juive ».

La mise en œuvre pleine et entière du programme d'extermination ne devait être engagée qu'au printemps et au cours de l'été 1942, quand les usines de mort des centres de tueries de la Pologne occupée commencèrent leurs opérations de gazage à l'échelle industrielle et que les rafles s'étendirent progressivement à l'Europe entière, d'est en ouest, du nord au sud. La dernière étape effroyable des transports de masse et des immenses opérations de gazage à la chaîne n'interviendrait que dans le courant de l'été 1944 quand, l'Allemagne se rapprochant toujours plus d'une inexorable défaite, près d'un demi-million de Juifs hongrois furent assassinés dans les chambres à gaz d'Auschwitz-Birkenau. Pour autant, les tourments des Juifs étaient loin d'être terminés. Des dizaines de milliers d'entre eux devaient encore mourir dans les horreurs des « marches de la mort », d'est en ouest, alors que les camps de la mort en Pologne occupée étaient fermés devant l'avancée rapide de l'armée Rouge et que les détenus survivants étaient rapatriés dans les camps de travail ou de concentration déjà désastreusement encombrés du Reich (comme Bergen-Belsen).

Cette somme incalculable de misère, de souffrances et de mort procédait de deux décisions cruciales ou, plus exactement, de deux ensembles de décisions prises en 1941. La première, pendant l'été, fut la décision de tuer les Juifs d'Union soviétique ; la seconde, à l'automne, celle d'étendre la tuerie à toute l'Europe sous occupation nazie. Au moment de l'effondrement du Reich de Hitler, le bilan se situait, suivant les calculs les plus fiables, entre 5,29 et un peu plus de 6 millions de Juifs[3]. L'objectif fixé était cependant près de deux fois plus élevé. En janvier 1942 il avait été décidé que pas moins de 11 millions de Juifs, au total, devaient disparaître dans le cadre de la « solution finale[4] ».

La décision de tuer les Juifs d'Europe n'avait pas d'équivalent dans l'histoire. L'événement le plus proche était la tuerie de un à un million et demi d'Arméniens par les Turcs en 1915 (les deux tiers environ de ceux qui vivaient alors en Turquie). Il y avait quelques similitudes. Une longue préhistoire d'hostilité turque envers les Arméniens, ponctuée d'explosions de violence et de massacres terribles, avait précédé une radicalisation qui obéissait à des impératifs idéologiques. Et l'émergence d'un génocide de grande ampleur intervint dans le cadre d'une guerre extrêmement brutale. Le programme meurtrier fut alors accompli avec l'appui du gouvernement turc[5]. Mais il y avait aussi d'importantes différences[6]. Le racisme biologique n'était pas le moteur de ce génocide. Autour de 20 000 Arméniens, peut-être, échappèrent au carnage en se convertissant à l'islam[7]. La conversion au christianisme n'assurait bien entendu aucune protection aux Juifs de l'Allemagne nazie. Il n'y avait pas par ailleurs de politique de destruction physique de la communauté arménienne derrière ce génocide antérieur. Loin d'avoir été préparé par une bureaucratie, il avait eu au départ un caractère désorganisé, naissant de réponses toujours plus hargneuses et cruelles à des crises imprévues en 1914-1915[8]. Bien qu'initié en 1941 seulement, le génocide nazi était un développement logique – à certains égards, inexorable – des prémisses du pouvoir nazi. À compter de 1933, ses fondements quasi-intellectuels dans un antisémitisme biologique avaient été consacrés en idéologie d'État (incarnée dans l'autorité suprême du pays). Celle-ci, à son tour, alimenta une persécution systématique, toujours plus radicale, efficacement mise en œuvre par une machine bureaucratique moderne pour déboucher sur une extermination méticuleusement préparée accomplie moyennant de nouvelles techniques de type industriel et visant, finalement, l'éradication totale des Juifs en Europe.

C'était aussi une décision d'une nature totalement différente de celles que nous avons suivies dans les précédents chapitres. Celles-ci, y compris les décisions de Hitler, possédaient (à des degrés divers) une certaine rationalité – au vu des prémisses de départ – compte tenu de la politique inspirant la stratégie militaire. Tel était certainement le cas du point de vue des décideurs. Et l'on peut aujourd'hui encore percevoir une certaine logique derrière elles, si voilée soit-elle et si désastreuses qu'elles se soient avérées. La décision de tuer les Juifs était d'une tout autre espèce. Si logique qu'ait pu être la voie du génocide dans le cadre de la persécution nazie des Juifs, la pathologie de l'antisémitisme démoniaque qui se trouve à ses racines défie la rationalité. Et pourtant, cette décision fut aussi, en un sens différent mais on ne peut plus fondamental, une décision de guerre. Dans l'optique nazie, la décision de livrer une guerre à mort contre les Juifs faisait intrinsèquement partie de l'immense guerre militaire dans laquelle le pays était engagé, au point d'en être indissociable.

I

Le discours de Hitler aux chefs de son parti, le 12 décembre 1941, l'indiquait clairement. Les Juifs, croyait-il, avaient causé la guerre. Ils devraient maintenant le payer de leur vie. Lui-même l'avait prophétisé, déclara-t-il. C'était une allusion au discours qu'il avait prononcé au Reichstag le 30 janvier 1939, lors du sixième anniversaire de sa « prise du pouvoir », quand il avait déclaré : « Au cours de ma vie, j'ai très souvent été prophète, et on m'a habituellement tourné en ridicule pour cela [...]. Je veux être à nouveau prophète : si la juiverie financière internationale, en Europe et ailleurs, devait parvenir à plonger une fois de plus les nations dans une guerre mondiale, il en résulterait non pas la bolchevisation de la terre et donc la victoire de la juiverie, mais l'anéantissement [*Vernichtung*] de la race juive en Europe[9] ! » Si ces propos n'inauguraient pas le programme d'extermination, ils exprimaient une mentalité génocidaire, la certitude, dans l'esprit de Hitler, que le blâme d'une nouvelle guerre retomberait sur les Juifs – de même que, dans sa psychologie perverse, ils étaient responsables de la Première Guerre mondiale – et que, de ce fait, ils devraient périr *d'une manière ou d'une autre*.

C'était une « prophétie » qui ne devait jamais le quitter. Il s'y référa plus d'une douzaine de fois, tant en privé qu'en public, précisément dans les années où la « solution finale » battait son plein. Et il prit toujours soin de la dater délibérément, à tort, du 1er septembre 1939, c'est-à-dire du jour où la guerre européenne commença avec l'invasion allemande de la Pologne, alors que ce jour-là, dans son discours au Reichstag, il ne fut jamais question des Juifs. Le lien entre les Juifs et la guerre s'implanta donc dans son esprit dès le début du conflit. Il y était encore à l'extrême fin quand, dictant son « testament politique » la veille de son suicide dans le bunker berlinois, il tint une fois de plus les Juifs pour responsables de la guerre, mais déclara que cette fois le « vrai coupable » avait été forcé « d'expier sa culpabilité[10] ».

Telle était la mentalité de Hitler : jamais on ne pourrait gagner la guerre si les Juifs n'étaient pas détruits. C'était un état d'esprit qui ne l'avait plus quitté depuis que la Première Guerre mondiale s'était terminée dans ce qui était pour lui une catastrophe indescriptible, une lâche capitulation, une abominable révolution et une humiliation nationale. Comme beaucoup d'autres, dans les rangs de la droite allemande de l'époque, il tenait les Juifs pour responsables. Alors que les misères, les souffrances et les pertes s'accumulaient, les lobbies bellicistes en quête de boucs émissaires avaient focalisé leur propagande incessante sur les Juifs dans une campagne aussi implacable que totalement injustifiable. Ils étaient présentés comme des profiteurs de guerre, des tire-au-flanc qui se dérobaient à leurs obligations militaires pour fomenter des troubles intérieurs sapant l'effort militaire. L'antisémitisme viscéral de Hitler se nourrit de ces viles calomnies. Le rôle joué par des personnages clés comme Léon Trotski durant la révolution russe et, en Allemagne, le fait que d'éminents leaders des soulèvements socialistes honnis – surtout en avril 1919, avec l'éphémère expérience bavaroise de style soviétique – fussent juifs alimentèrent encore la haine viscérale des Juifs qui sévissait désormais dans les rangs de la droite nationaliste. Hitler assimila tout cela, tandis que ses préjugés profonds se cimentaient en une fixation pathologique qui ne devait jamais le quitter : les Juifs étaient responsables de tous les maux de l'Allemagne.

Pour Hitler, il fallait livrer une seconde guerre afin d'effacer la calamité de la première, renverser le cours de l'histoire. Et prendre sa revanche sur les causes de cette catastrophe qui avait inauguré la république « juive » de Weimar, un régime produit par les « criminels » de novembre 1918 qui avaient ruiné l'Allemagne, c'était détruire les Juifs. « L'élimination complète des Juifs » devait être le « but ultime » de tout gouvernement national, avait-il écrit en septembre 1919 dans sa première déclaration politique[11]. Et, quelques années plus tard, dans un terrible passage de la fin de *Mein Kampf*, il avait déclaré : « Si l'on avait, au début et au cours de la guerre, tenu une seule fois douze ou quinze mille de ces Hébreux corrupteurs du peuple sous les gaz empoisonnés [...], le sacrifice de millions d'hommes » aurait pu être évité[12]. Ce n'était pas un projet de génocide, mais le lien entre la guerre et les Juifs, une idée qui une fois installée dans l'esprit de Hitler ne devait plus en sortir, avait d'incontestables connotations génocidaires. Et à compter de 1933, l'homme professant cette vision dirigea l'Allemagne.

Cette idée n'était pas l'apanage du seul Hitler. Au lendemain du pogrom de la *Reichskristallnacht*, les 9-10 novembre 1938, Hermann Göring, le paladin numéro un de Hitler, parla dans les cercles intérieurs nazis d'une « grande épreuve de force avec les Juifs » en cas de nouvelle guerre[13]. Quinze jours plus tard, le 24 novembre, le principal journal SS, *Das Schwarze Korps*, parla d'éradiquer les criminels juifs, « par le feu et par l'épée », pour aboutir à la « fin réelle et définitive de la juiverie en Allemagne, à son anéantissement complet ». À cette époque, les autres dirigeants nazis partageaient sans réserve ou du moins largement ces sentiments. Et, fait extrêmement important, ceux-ci s'étaient institutionnalisés dans le segment idéologiquement le plus dynamique du régime nazi : l'empire naissant passé sous la coupe de la Police de sécurité dirigée par la SS. On pouvait y faire carrière en devenant spécialiste de la « question juive ». Adolf Eichmann, qui allait plus tard orchestrer la « solution finale », en est un exemple paradigmatique[14]. Mais carriérisme et idéologie allaient de pair. Ceux qui gagnèrent leurs galons en travaillant sans relâche à trouver les moyens de « résoudre » le « problème juif » étaient pour l'essentiel les vrais croyants de la cause. Ils s'étaient depuis longtemps imprégnés de la doctrine stipulant que le Juif était la racine du mal et qu'un Reich fort et dominant devait être purgé de ses « éléments impurs, tout particulièrement des Juifs[15] ».

En tant que chef suprême du régime, Hitler incarnait l'idée fondamentale que le salut de l'Allemagne passait par l'élimination des Juifs. D'autres s'efforcèrent par d'autres voies de mettre en œuvre cet impératif idéologique. Dans la Police de sécurité, la « mission » avait pris une forme institutionnelle. Et elle trouva place dans l'objectif plus large de guerre et de conquête. Non seulement le lien explicite établi par Hitler entre les Juifs et la guerre avait pu profiter d'un préjugé antisémite enraciné et l'exploiter, mais il lui avait aussi donné une fin dynamique et messianique. Au début de la guerre, la direction nazie s'était transformée en une élite proto-génocidaire.

À la base de la mentalité génocidaire, il y avait la diabolisation du Juif, qui était devenue la création centrale de l'imagination nazie. Celle-ci dépassait toute considération concrète. Les Juifs constituaient une infime minorité de la population allemande – à peine 0,76 % en 1933 – et, de toute évidence, n'étaient pas en position de disputer le pouvoir de l'État, de revendiquer des territoires ou des ressources rares ni de représenter, autrement que de manière fantasmatique, le genre de menace qui servit de prétexte à un certain nombre de cas de « nettoyage ethnique » au XXe siècle. L'image nazie du « Juif » allait bien au-delà des haines traditionnelles. Elle présupposait que le Juif n'était rien de moins que le danger *existentiel* suprême. En Allemagne, on accusait les Juifs d'« empoisonner » la culture allemande. À l'essence « vraie » de ce qui était censément allemand, on opposait les courants subversifs du matérialisme et de la corruption « juifs ».

Mais le danger, tel qu'on le percevait, était plus profond. Dominant dans l'imagerie nazie à la fois le capitalisme – derrière les ennemis « ploutocratiques », la Grande-Bretagne et les États-Unis – et le bolchevisme – derrière l'ennemi soviétique –, le Juif incarnait la menace ultime pour l'existence même de l'Allemagne. En fait, il représentait un monde que le nazisme abominait, un ensemble de valeurs morales qui, à travers le filtre du judaïsme et du christianisme, avait formé les fondements de la civilisation que Hitler, ainsi qu'il le dit clairement à maintes reprises, entendait faire disparaître. En ce sens, le nazisme était la vision apocalyptique d'une nation et d'une société renouvelées qui surgiraient de la destruction et de l'éradication des valeurs corrosives incarnées par le Juif. Il n'était rien de moins qu'un effort fondamental pour changer le cours de l'histoire, assurer la rédemption nationale en éliminant non seulement toute influence juive, mais aussi les Juifs eux-mêmes[16].

Se fondant sur une telle prémisse, la décision de tuer les Juifs d'Europe, même si elle a germé en 1941 dans des circonstances très spécifiques, suivit une logique effroyable et inexorable. Examinant d'autres décisions fatidiques prises par les responsables politiques en 1940-1941, nous avons considéré les autres choix, qui – le cas échéant – s'offraient à eux dans la situation telle qu'ils la voyaient à l'époque. Mais, s'agissant de la décision de tuer les Juifs, il n'existait pas d'alternatives de ce genre ou, plutôt, il n'y avait d'alternative que dans le choix de la méthode.

Autrement dit, une fois encore, la décision de tuer les Juifs est unique parmi toutes celles que nous avons examinées. Elle n'avait rien d'une décision traditionnelle, comme celle d'entrer en guerre ou non, prise après des discussions confidentielles avec un petit nombre de ministres, de généraux ou d'autres collaborateurs, mais ensuite publiquement annoncée. C'était un secret d'État absolu, dont même les initiés ne devaient pas parler. Les ordres les plus compromettants furent donnés oralement. Dans les discussions au plus haut niveau, on utilisait un langage codé. Hitler lui-même ne parla jamais directement du massacre des Juifs, même dans le cercle de ses intimes. Heinrich Himmler, chef des SS et responsable devant le seul Hitler de la mise en œuvre du programme d'extermination, en revanche, en parla explicitement. Mais il le fit tardivement, en s'adressant aux SS, puis aux dirigeants du parti, en octobre 1943. Alors que la perspective de la défaite se précisait de jour en jour, c'était là franchise d'une bande de conjurés, de gens qui avaient brûlé tous leurs vaisseaux et se trouvaient logés à la même enseigne. Himmler souligna qu'ils avaient le droit moral pour eux et le devoir de « détruire ce peuple qui voulait nous détruire ». Il décrivit l'« extermination du peuple juif » comme une « page glorieuse de notre histoire qui n'a jamais été écrite et qui ne doit jamais l'être[17] ». Dans ses commentaires se mêlaient l'orgueil pervers d'avoir accompli un devoir historique et le sentiment implicite qu'avait été commis un crime de proportions énormes : un crime nécessaire, mais qui ne saurait être divulgué.

Compte tenu du secret qui prévalait jusqu'aux échelons supérieurs du régime, une autre différence d'avec les décisions étudiées jusqu'ici saute aux yeux. La décision de tuer les Juifs ne peut être reconstituée que sur la base d'éléments circonstanciels. De fait, on ne saurait répondre avec certitude à la question de savoir quand et comment la décision fut prise. En vérité, parler de « décision » peut même induire en erreur en ce que le mot sous-entend une déclaration précise faite à un moment donné. Une série d'autorisations cumulées : c'est probablement une meilleure approximation de la façon dont les choses se sont passées. Mais même si c'est bien ce qui s'est produit, les autorisations, considérées dans leur ensemble, revenaient à décider que les Juifs d'Europe devaient cesser d'exister. Autrement dit, elles équivalaient à une décision, même si celle-ci était formée d'éléments divers.

Nous avons déjà observé que cette décision compta au moins deux temps : d'abord tuer les Juifs de l'Union soviétique, puis étendre le carnage – une seconde phase qui a bien pu nécessiter plus d'une autorisation supplémentaire. On ne saurait reconstituer avec précision le rôle que joua Hitler dans la prise de la ou des décisions. On n'a retrouvé aucun ordre écrit. Très certainement n'en retrouvera-t-on jamais. Mais toute la « solution finale » porte la marque de Hitler. Les Juifs auraient sans doute souffert de discriminations sous n'importe quel dirigeant nationaliste en Allemagne à cette époque. La transformation en un génocide systématique n'en exigeait pas moins Hitler. Quand, en mars 1942, Goebbels décrivit Hitler comme « le champion et porte-parole inébranlable d'une solution radicale » de la « question juive », il proférait une évidence[18]. Sans Hitler, la « solution finale » eût été impensable.

II

L'antisémitisme sévit avec virulence dans la majeure partie de l'Europe au cours des décennies précédant le génocide nazi. Tandis que la « solution finale » s'accomplissait, de vieilles haines assuraient aux dirigeants nazis des pays conquis qu'ils ne manqueraient jamais d'aides empressées pour faciliter la déportation puis pour tuer les Juifs. Mais la « solution finale » elle-même n'aurait pu naître ailleurs qu'en Allemagne. Elle ne pouvait être qu'une création allemande[19].

La haine des Juifs avait traditionnellement connu ses formes les plus hargneuses dans l'Empire russe et en Europe orientale, où les pogroms – le mot lui-même est russe – brutaux et les massacres localisés de Juifs étaient de longue date endémiques. Dans l'empire des Habsbourg, également, l'antisémitisme sévissait. Pendant sa jeunesse viennoise, Hitler lui-même avait admiré deux antisémites déclarés, le leader pangermaniste Georg Schönerer et le maire de la ville, Karl Lueger[20]. Les préjugés viscéraux envers les Juifs ne manquaient pas non plus en Europe occidentale. Juste avant le tournant du siècle, la France avait été secouée par l'affaire Dreyfus, quand le procès et la condamnation au bagne d'un capitaine sur des accusions fabriquées avaient provoqué une déferlante antisémite[21].

À la veille de la Première Guerre mondiale, l'Allemagne était loin d'être le foyer de l'antisémitisme en Europe. La petite communauté juive, essentiellement aisée, souhaitait l'assimilation. Les restrictions légales archaïques qui l'empêchaient avaient été supprimées. Mais le fait même que les Juifs prospérassent dans l'Allemagne impériale était source de ressentiment et d'animosité. La crise économique des années 1880 fut une sorte de catalyseur. Un parti spécifiquement antisémite vit le jour dans les années 1890, et, même s'il perdit le gros de ces soutiens en l'espace d'une décennie, l'antisémitisme ne s'en était pas moins frayé un chemin au sein de la vie politique, notamment au parti conservateur, et dans le nationalisme tapageur des associations patriotiques, des groupes de pression et des unions estudiantines. À l'évidence, la haine des Juifs s'exprimait à profusion. Même au temps de Bismarck, on a dénombré plus de 500 publications antisémites[22]. Loin de régresser alors que le XIXe siècle touchait à sa fin, les publications de ce genre allèrent en se multipliant et la rhétorique antijuive se fit plus hargneuse encore. Le libelle populiste de Theodor Fritsch, *Handbuch der Judenfrage* (« Manuel de la question juive »), que Hitler assura plus tard avoir « étudié à fond », en était à sa vingt-cinquième édition cinq ans après sa parution en 1887. Et la diatribe raciste de l'Anglais germanisé Houston Stewart Chamberlain, *Grundlagen des 19. Jahrhunderts* (« Fondements du XIXe siècle »), présentant le Juif comme l'incarnation du mal et « prouvant » que Jésus-Christ était aryen, devint un best-seller dès sa parution en 1900[23].

Si l'antisémitisme était donc largement répandu à travers l'Allemagne, il était pour l'essentiel de nature discriminatoire, plutôt que porté sur les grandes explosions de violence comme c'était le cas dans les pogroms d'Europe orientale (même si les violences localisées n'étaient pas rares). La rhétorique de la littérature antisémite pernicieuse en circulation était certainement effrayante dans la façon qu'elle avait de parler des Juifs comme d'un poison, de bacilles, de parasites ou de vermine. Les implications étaient évidentes. Mais de la rhétorique à la politique, la distance était grande. Rien de tout cela ne déboucha sur une action publique. L'expérience des Juifs dans l'Allemagne impériale demeura ambivalente. La discrimination allait de pair avec la promesse distincte d'un meilleur avenir[24]. Un observateur de la scène européenne à la veille de la guerre de 1914, fût-il le plus clairvoyant, aurait eu du mal à imaginer qu'une génération plus tard l'Allemagne allait déclencher un programme d'extermination de masse pour éliminer les Juifs d'Europe.

La haine des Juifs, en elle-même, n'aurait pas produit la « solution finale », même si elle en fut, bien entendu, un élément indispensable. Hitler comprit en 1919 que les explosions de violences antisémites, débouchant sur des pogroms, devaient être converties en une persécution « rationnelle » plus systématique pour en arriver à l'« élimination » ultime des Juifs (par quoi il entendait très certainement à l'époque leur expulsion d'Allemagne)[25].

Pour transformer les préjugés et la haine antisémite courants, si effroyables fussent-ils, en un programme de génocide, il fallait commencer par les harnacher à un programme de renouveau national plus largement attrayant, apte à être diffusé à travers un parti susceptible de conquérir le pouvoir d'État. Puis il fallait employer celui-ci pour faire de l'élimination des Juifs le foyer central de la politique dans le cadre de plans utopiques de salut national. L'objectif de l'élimination des Juifs devait être institutionnalisé par des organes de l'État capables de planifier systématiquement l'opération et d'en organiser l'implacable exécution. Enfin, l'extrême brutalisation d'une guerre totale présentée comme une lutte pour la survie nationale était nécessaire pour accélérer la campagne d'éradication complète de l'ennemi fondamental. C'est exactement ce qui se produisit sous le nazisme. Et l'on voit mal comment cela aurait pu se produire ailleurs. Il n'y avait rien d'inévitable dans le triomphe du nazisme, pas plus qu'il n'y avait de sens unique menant de l'antisémitisme allemand aux camps de la mort. Mais du jour où Hitler concentra entre ses mains la totalité du pouvoir étatique, l'improbabilité d'une issue génocidaire diminua considérablement, quand bien même nul n'aurait pu imaginer à l'époque l'ampleur de l'horreur finale.

Sans la Première Guerre mondiale, celle-ci eût été, en tout état de cause, impensable. Quand les grandes espérances de 1914 débouchèrent sur un abîme de désillusion et d'amertume proportionnel aux pertes croissantes et aux redoutables dégâts matériels des dernières années de guerre, il n'y eut pas à aller chercher bien loin les boucs émissaires. Il devint facile d'attiser l'animosité envers les Juifs. L'hystérie antisémite nourrit l'agitation du lobby belliciste tandis que l'opposition à la guerre était décriée comme une forme de défaitisme fomenté par les Juifs. Après la révolution bolchevique, les Juifs furent perçus de surcroît comme les agents de la révolution mondiale. Et quand la défaite catastrophique s'accompagna d'une révolution socialiste en Allemagne, la subversion juive devint une pièce centrale des explications du traumatisme.

Hitler était passionnément convaincu que les Juifs avaient causé la ruine de l'Allemagne. Mais il était loin d'être le seul à brûler de cette haine qui couva dès lors en lui. Ses premiers succès dans les brasseries munichoises tenaient à ce qu'il sut exploiter ces sentiments. La plupart de ceux qui allaient devenir les chefs provinciaux de son parti, les *Gauleiter*, ses indispensables vice-rois régionaux, étaient issus de la même génération et étaient comme lui persuadés de l'influence délétère des Juifs. Les durs à cuire de son organisation paramilitaire, la SA (*Sturmabteilung*, section de troupes d'assaut), étaient aussi pour la plupart de fervents antisémites – ou le devinrent après leur adhésion. Mais l'activité paramilitaire, professant un antisémitisme au vitriol, ainsi que les idées ethnico-nationalistes radicales (*völkisch*) du mouvement nazi naissant trouvaient un écho bien plus étendu.

Dans les cercles intellectuels et dans les secteurs plus larges et instruits des classes moyennes, très éloignés des brutes paramilitaires haineuses, beaucoup rêvaient d'unité nationale et de régénérescence pour surmonter la rancœur, les divisions et ce qui apparaissait comme le déclin culturel et moral de la nouvelle démocratie socialiste. L'élimination de l'influence juive néfaste cadrait avec les idées de résurgence nationale et de reconstruction du Reich par un futur grand dirigeant. Que la « rédemption » de l'Allemagne ne pût se faire qu'en « éliminant » les Juifs était *un* courant de la culture politique qui remontait à Richard Wagner, même si ni le grand compositeur ni personne, pour ainsi dire, n'imaginait que cela passait par une éradication physique[26]. L'antisémitisme trouva aussi un terrain fertile dans le pessimisme culturel conservateur et réactionnaire qui fleurit avec la défaite, la fin de la monarchie, la révolution socialiste et un système démocratique honni. L'antidote en était un nouveau millénarisme, une renaissance nationale. Parmi les jeunes Allemands cultivés qui fréquentaient les universités au début des années 1920, quelques doctorants en droit devaient assimiler des idées sur la renaissance intérieure du peuple allemand par l'élimination des « influences nocives », à l'image de la désintoxication revivifiant le corps humain. La plus pernicieuse de ces « influences nocives » à éliminer, apprenaient-ils, était celle du Juif. Certains de ceux qui s'imprégnèrent de ces idées pendant leurs études allaient ensuite rejoindre la Police de sécurité pour devenir les planificateurs du génocide et conduire en Russie les meurtriers *Einsatzgruppen*[27].

Entre 1916 et 1923, l'antisémitisme s'était donc imposé comme un élément essentiel de la pensée de droite en Allemagne et se trouvait désormais relayé par la politique de mouvements de masse, dont, bien entendu, un parti nazi encore petit. Le calme relatif des années centrales de la république de Weimar, de 1924 à 1929, était trompeur. Les fondamentalistes antisémites avaient été temporairement écartés des feux de la rampe. Ils n'avaient pas disparu pour autant. Et même dans une démocratie pluraliste, hors de leurs propres organisations et de certains cercles libéraux ou de gauche, les Juifs comptaient peu d'amis ou de défenseurs. Dès que la démocratie s'émietta et s'effondra à compter des années 1930, ouvrant la voie à l'accession de Hitler au pouvoir, un nombre croissant d'Allemands allaient être exposés de plein fouet à l'arsenal antisémite en se laissant attirer par un mouvement nazi en pleine expansion.

L'antisémitisme était rarement le principal attrait du nazisme. Mais, une fois dans le parti ou dans ses organisations affiliées, il n'y avait pas moyen d'y échapper. Lorsque Hitler devint chancelier, il avait derrière lui un énorme mouvement de masse de quelque 850 000 adhérents et près d'un demi-million de SA, tous attachés à des objectifs politiques qui ne laissaient pas la moindre place aux Juifs en Allemagne. Au-delà des fidèles du parti, plus de 13 millions d'Allemands se rangeaient désormais derrière Hitler. Tous n'étaient pas des antisémites engagés. Mais tous avaient voté Hitler en sachant parfaitement que lui-même et son parti prônaient des mesures visant à l'exclusion totale des Juifs de la société allemande.

Les années de la république de Weimar, entre 1919 et 1933, ne furent certainement pas des années faciles pour les Juifs, qui furent soumis à une agitation incessante, à de fréquentes discriminations et à des violences sporadiques. Malgré tout, il était possible à un Juif de se sentir « chez lui » dans l'Allemagne de ces années-là[28]. Tout cela changea brutalement le 30 janvier 1933, quand Hitler prit le pouvoir.

Assez peu d'Allemands partageaient, dans toute sa démence, la fixation paranoïde personnelle de Hitler sur les Juifs, vus comme une force omniprésente et omnipotente en Allemagne et ailleurs, représentant une menace capitale pour la nation et responsable de la défaite et de tous les maux qui en avaient découlé. Ce ne sont pas les arcanes de sa « vision du monde » particulière qui lui avaient valu d'accéder au pouvoir. Mais, lorsqu'il fut nommé chancelier, sa haine des Juifs avait imprégné, à travers différentes réfractions – modifiées, déformées et adaptées –, les idées rudimentaires des masses dans le cadre de son message général de restauration de l'unité et de la force de la nation. Maintenant que le pouvoir de l'État était aux ordres d'un chef animé d'hallucinations pathologiques au sujet des Juifs, dont chaque mot valait ordre pour une armée d'apparatchiks, et qu'un public en adoration avait quasiment déifié, l'effort pour chasser les Juifs d'Allemagne pouvait prendre une nouvelle forme politique et institutionnelle. Dès lors, il n'y avait plus de refuge possible pour les Juifs dans ce pays. Les Juifs avisés, clairvoyants ou simplement chanceux partirent. Beaucoup d'autres se réfugièrent dans le relatif anonymat d'une grande ville, sans être nulle part en sécurité. Leurs jours étaient comptés.

Les premières grandes mesures discriminatoires furent prises dès le printemps 1933, avec l'éviction des Juifs de la fonction publique. Les barrières se multiplièrent sur le chemin de ceux qui voulaient embrasser une carrière juridique, exercer la médecine ou simplement scolariser leurs enfants. Si le boycott national des commerces juifs ne dura qu'un seul jour, le 1er avril, les efforts locaux et régionaux pour évincer les Juifs des affaires se poursuivirent sans relâche. Non seulement le climat antisémite alla en empirant, mais l'État apportait désormais son soutien à ceux qui s'employaient à rendre la vie impossible aux Juifs. Au cours du printemps et de l'été 1935, une deuxième grande vague d'agitation et de violences antisémites se termina par la promulgation en septembre des infâmes lois de Nuremberg, inaugurant toute une série de décrets privant les Juifs de leurs droits civiques et les ravalant au rang de parias de la société. En 1938, l'expansion du Reich vit la violence antisémite atteindre de nouveaux abîmes à Vienne, à la suite de l'Anschluss, puis dans le territoire annexé des Sudètes. Mais c'est la débauche de destructions qui se déchaîna contre les Juifs, leurs biens et leurs synagogues à travers l'Allemagne entière dans la nuit du 9 au 10 novembre 1938 – cyniquement surnommée la « Nuit de cristal du Reich » à cause du monceau de bris de verre jonchant les rues des grandes villes à la suite des pogroms – qui finit par ouvrir les yeux de la communauté juive et du reste du monde sur la férocité réelle des persécutions nazies. Partout où ils le pouvaient, les Juifs prirent la fuite. Pour leur faciliter la tâche, le régime rafla entre 20 000 et 30 000 Juifs qu'il tint en otages, le temps qu'ils rassemblent l'argent de leur émigration. Des mesures allaient être rapidement mises en vigueur pour chasser les derniers Juifs de l'économie. Le processus d'« aryanisation » – la vente obligatoire des affaires juives à des prix sacrifiés – en arriva à son stade final. À la veille de la guerre, une communauté juive terrifiée, appauvrie et numériquement très réduite était à la merci des séides de Hitler. La rhétorique de celui-ci, dans son discours du 30 janvier 1939, et les actions de son régime ne pouvaient plus laisser aux Juifs le moindre doute : ils avaient beaucoup à craindre d'une nouvelle guerre, dont la perspective paraissait de jour en jour plus certaine.

Entre 1933 et 1939, la radicalisation des persécutions s'était en grande partie produite sans directive de la part de Hitler. Des années plus tard, il reconnut que, « même s'agissant des Juifs », il avait été longtemps contraint de « demeurer inactif » : non que le désir lui manquât, naturellement, mais pour des considérations de politique étrangère[29]. Il eut rarement besoin d'intervenir, sauf en cas de grande décision (comme l'adoption des lois de Nuremberg, en 1935, ou le déclenchement du pogrom de novembre 1938). Il lui suffisait de fixer les grandes lignes de l'action nécessaire[30]. Habituellement, Hitler donnait quelque « signal » ou « feu vert » à ses sous-fifres pour indiquer qu'il désirait prendre des mesures contre les Juifs. Les radicaux s'empressaient de répondre à son incitation à intensifier la persécution, laquelle recevait ensuite l'aval de Hitler ou était relayée par une législation discriminatoire. Dans les deux cas, l'élan de la persécution était maintenu à un niveau toujours plus radical. Les subalternes de Hitler, aux différents niveaux du régime, excellaient à « travailler en direction du Führer », dans la direction qu'il souhaitait[31]. Et cela ne valait pas seulement pour les apparatchiks du parti et les bureaucrates de l'administration publique. Cette règle s'appliquait de façon exemplaire pour le domaine en expansion de la police, de la sûreté et de la surveillance, sous la coupe du Reichsführer-SS Heinrich Himmler et de son bras droit, l'archi-technocrate et homme de pouvoir Reinhard Heydrich.

En 1939, l'« élimination » des Juifs d'Allemagne avait bien avancé. Du point de vue des dirigeants nazis, cependant, elle n'était pas assez poussée. La politique nazie envers les Juifs était loin d'avoir été une route directe vers un objectif prescrit. Elle avait connu des blocages, progressé par à-coups et suivi une « voie sinueuse[32] », sans pour autant jamais dévier bien longtemps de la radicalisation croissante des persécutions. Malgré l'intensification de celles-ci, à la fin de 1938 plus des deux tiers de la population juive de 1933 vivaient encore en Allemagne. Et la plupart, conclurent les autorités nazies, n'avaient nulle part où aller. L'émigration n'était pas une option[33]. Depuis 1937, le bureau juif du SD recherchait des moyens d'accélérer l'expulsion. La solution territoriale était une idée prometteuse : expédier les Juifs dans quelque pays étranger et inhospitalier et les y abandonner. Certaines régions arides de l'Amérique du Sud comptèrent parmi les solutions loufoques un temps considérées[34]. Naturellement, rien ne sortit de ces idées extravagantes. Elles n'en devaient pas moins resurgir dans un cadre différent – et plus dangereux encore – en 1940. Les pogroms avaient été une autre méthode envisagée pour accélérer l'émigration. Et, de fait, la terreur de la *Reichskristallnacht* provoqua un flot de réfugiés, si désespérés qu'ils étaient prêts à tout pour quitter l'Allemagne. Largement fermées jusqu'ici, les portes de l'étranger s'ouvrirent temporairement sous l'effet de la nécessité. Presque autant de Juifs partirent en 1938-1939 que dans les quatre années précédentes du régime nazi[35]. Malgré tout, à la veille de la guerre, la population juive d'Allemagne représentait toujours un peu moins de la moitié de ce qu'elle était en 1933. Les nazis étaient loin d'une « solution » complète de la « question juive », même à l'intérieur du Reich.

En novembre 1938 encore, juste après la *Reichskristallnacht*, Heydrich avait pensé qu'une décennie serait nécessaire pour se débarrasser des Juifs restants[36]. Il devait bientôt avoir l'occasion de prendre les choses en mains. La destruction aveugle des biens juifs par les hordes nazies avait suscité d'amples critiques – mais l'idée de chasser de force les Juifs d'Allemagne infiniment moins – et devait être finalement la dernière explosion publique d'atrocités de grande ampleur dans les limites du Reich[37]. Une politique plus « rationnelle » s'imposait. Le 24 janvier 1939, Heydrich fut nommé chef du Bureau central de l'émigration juive. Celui-ci tirait son inspiration d'une opération qui avait été couronnée d'un grand succès, aux yeux des dirigeants nazis : celle qu'Adolf Eichmann avait montée à Vienne l'année précédente (où la proportion de Juifs partants avait été bien supérieure à ce qu'elle était en Allemagne même[38]). Quand des unités de la Police de sécurité entrèrent en Pologne derrière la force d'invasion en septembre 1939, Heydrich occupa désormais une position cruciale dans le traitement de la « question juive » au sein des territoires nouvellement conquis. C'était une tâche qui éclipsait tout ce qu'il avait entrepris avant la guerre. La mission avait consisté à accélérer l'émigration forcée de ce qu'il restait de la communauté juive qui comptait autour d'un demi-million d'âmes au moment de l'accession de Hitler au pouvoir. Et, alors que l'objectif initial n'avait pas encore été atteint, voici que la conquête de la Pologne avait placé dans l'orbite nazie deux autres millions de Juifs. La « question juive » à résoudre n'était plus du ressort de l'Allemagne, mais faisait partie de la guerre. Et loin de diminuer, elle n'avait fait que grandir avec le déclenchement des hostilités.

III

La Pologne devint à bien des égards un terrain expérimental pour ce qui allait suivre. Trois grandes régions du pays conquis jouxtant les frontières orientales de l'Allemagne furent incorporées au Reich. Mais, à la différence de l'Autriche et des Sudètes, l'année précédente, où la population était majoritairement de souche allemande, celle des nouveaux territoires annexés était composée pour l'essentiel de Polonais. Les Allemands de souche étaient minoritaires. Et les Juifs de ces provinces représentaient une minorité plus réduite encore. L'objectif des nouveaux dirigeants était clair. Les provinces, objet de contestation depuis longtemps entre l'Allemagne et la Pologne, allaient être pleinement germanisées et le plus vite possible. Il était clair que l'on ne pouvait écarter les Polonais du jour au lendemain. Mais se débarrasser des Juifs, les derniers des derniers dans une population vaincue que les nouveaux maîtres traitaient comme de la poussière, semblait une tâche aisément réalisable. Un des plus implacables de ces nouveaux seigneurs, Arthur Greiser, le patron de ce que l'on devait appeler le Gau Wartheland (généralement appelé le « Warthegau »), dont le QG était installé à Posen, présumait en novembre 1939 que la « question juive » n'était plus un problème et serait résolue dans l'avenir immédiat[39]. Mais Greiser comme d'autres dirigeants nazis péchaient par excès de présomption. Ils n'avaient pas compté avec les difficultés logistiques qui se mettraient en travers de leurs objectifs, si rudes qu'ils fussent disposés à être.

L'idée initiale était de créer une immense réserve dans une bande située entre la Vistule et le Bug, à l'extrême est de la partie de la Pologne occupée par l'Allemagne (à la suite du partage du pays entre le Reich et l'Union soviétique). Les Juifs des provinces qui venaient d'être annexées, ainsi que les Juifs du

Reich et 30 000 Tsiganes, seraient raflés, chargés dans des wagons à bestiaux et déversés dans ce dépotoir. Hitler avait approuvé les déportations. Heydrich prévoyait qu'elles s'étendraient sur un an[40].

C'était totalement illusoire. L'automne n'était pas terminé que l'idée de réserve au-delà de la Vistule avait déjà été abandonnée. Les Juifs devaient être plutôt déportés dans les quatre districts de la majeure partie de ce qu'il subsistait de la Pologne, le « Gouvernement général », dont le siège était installé à Cracovie et qui n'était pas destiné à être intégré au Reich. Une deuxième idée devait être promptement abandonnée ou plutôt différée : la déportation des Juifs du Reich. Eichmann avait organisé la déportation rapide de plusieurs milliers de Juifs du Reich de Mährisch-Ostrau, dans le protectorat (ce qu'il restait de la Tchécoslovaquie, désormais sous domination allemande), de Katowice en Haute-Silésie et de Vienne vers le district de Lublin, en Pologne orientale, à l'automne 1939, et avait présumé que ce serait la première étape de l'élimination des Juifs d'Allemagne et d'Autriche. Cependant, les déportations n'avaient pas plus tôt commencé qu'elles furent arrêtées sur ordre d'en haut, très probablement de Himmler[41]. Au début du mois d'octobre, le Reichsführer-SS avait reçu de Hitler d'amples nouveaux pouvoirs pour contrôler la réinstallation dans les territoires de l'Est occupés. Sa priorité était de trouver de la place dans les nouvelles provinces annexées, à commencer par le « Warthegau », pour recevoir les Allemands de souche de la Baltique et d'ailleurs, au-delà des zones d'occupation de l'Allemagne. Pour cela, il fallait se débarrasser d'urgence non seulement des Juifs, mais d'un nombre considérable de Polonais. En novembre, il fut question d'un million de Polonais et de Juifs à éliminer[42]. Il y avait moins d'urgence à déporter les Juifs du Reich, de l'ancienne Autriche et du protectorat.

La rafle et la déportation des Polonais et des Juifs du « Warthegau » donnèrent lieu à une stupéfiante brutalité, mais les objectifs des grandioses plans successifs se révélèrent totalement impossibles à atteindre. Les choses avaient peu avancé à l'époque où Hans Frank, le chef du Gouvernement général – qui s'était auparavant réjoui des plans visant à envoyer les Juifs à l'est de la Vistule, observant que « plus il en mourra, mieux ça vaudra[43] » –, fermait les portes à de nouvelles déportations dans sa zone. Il ne lui était tout simplement pas possible de recevoir les masses de Polonais déportés dans sa région déjà surpeuplée et appauvrie, désespérément à court de vivres, déplorait-il. Quant aux Juifs, il voulait « déjudaïser » sa zone, non pas la transformer en dépotoir de Juifs d'autres zones plus privilégiées. Mais il reconnaissait qu'à court terme le Gouvernement général devrait recevoir plus d'un demi-million de Juifs supplémentaires et qu'« alors seulement nous pourrons progressivement parler de ce qui doit advenir d'eux ». Il songeait encore à une immense réserve juive aux extrémités orientales de sa région, ou à la frontière de la partie de l'ancienne Pologne sous occupation soviétique[44].

Au printemps de 1940, il était clair, pour les dirigeants nazis, que les projets d'immenses transferts de population et de réinstallation (dont les Juifs ne représentaient qu'une partie) ne pourraient être réalisés dans les limites existantes des territoires polonais occupés. Les dirigeants des provinces annexées, à commencer par Greiser dans le « Warthegau », avaient hâte de se débarrasser des Juifs placés sous leur coupe, mais aucune issue n'était en vue pour leur déportation. Initialement envisagés comme de simples lieux de rétention temporaire en attendant qu'il fût possible de déporter leurs habitants, les ghettos se transformèrent en institutions plus durables. Les plus grands d'entre eux, Lodz dans le « Warthegau » puis Varsovie dans le Gouvernement général, offraient de telles occasions de profit et de corruption que leurs administrateurs nazis répugnaient à en envisager la dissolution. Pendant ce temps, Frank devenait toujours plus inflexible. Il est vrai qu'il avait dit à Hitler et à Himmler n'avoir d'autre intérêt que de servir les besoins du Reich en faisant de sa région le « réceptacle de tous les éléments extérieurs qui afflueront vers le Gouvernement général, qu'ils soient polonais, juifs, tsiganes, etc. ». Mais il avait ensuite convaincu Heydrich que, vu la situation alimentaire du Gouvernement général, il était impossible de poursuivre le programme de réinstallation[45]. C'était l'impasse.

Frank lui-même avait cependant fait état d'une issue possible en janvier quand il s'était emparé de la vieille idée antisémite, d'abord avancée dans les années 1880 par l'écrivain raciste allemand Paul de Lagarde, qui projetait d'installer des millions de Juifs dans la colonie française de Madagascar[46]. Cela, suggérait-il, libérerait de la place dans le Gouvernement général[47]. À l'époque, ce n'était qu'un projet chimérique. Mais cette perspective prit consistance avec le triomphe militaire allemand dans l'offensive occidentale du printemps 1940. Cinq jours après le début de l'avancée allemande, Himmler, dans un mémorandum préparé pour Hitler sur le traitement de la « population étrangère de l'Est », observa – apparemment, ce n'était guère plus qu'un aparté – qu'il espérait voir le mot « juif » « s'éteindre totalement grâce à la possibilité d'une ample émigration de tous les Juifs vers l'Afrique ou vers quelque autre colonie[48] ». Peut-être l'idée d'une déportation des Juifs en Afrique (sans citer nommément Madagascar) était-elle une manière pour Himmler de sonder le terrain. Si tel était le cas, il ne s'était heurté à aucune objection. Hitler approuva le document. Et ce qui était dans l'air dut bientôt apparaître clairement dans de plus larges sections de la direction du régime. Car, alors que la défaite de la France était acquise, une proposition émanant du ministère des Affaires étrangères envisageait non plus le Gouvernement général, mais Madagascar comme destination des Juifs déportés. L'idée fut rapidement reprise. Madagascar fournirait la réponse à tous les blocages en Pologne. Quand, en juillet, Himmler arrêta les déportations dans sa région[49], Frank en conçut un « immense soulagement[50] ». Ses difficultés seraient bientôt finies. Non seulement plus aucun Juif n'entrerait dans son domaine, mais ceux qui y étaient, soit plus de 2 millions, seraient expédiés outre-mer et cesseraient de lui poser problème.

La suggestion de faire de Madagascar une réserve juive resta sans lendemain. Plusieurs mois durant en 1940, cependant, la direction du Reich, au plus haut niveau, la prit au sérieux. Et voici que pour la première fois était envisagée une solution à la

« question juive » qui embrassait l'Europe occidentale. Heydrich s'empressa de prendre les choses en mains. Il parla de la nécessité de trouver une « solution finale de nature territoriale » au « problème global » des quelque 3,25 millions de Juifs sous domination allemande[51]. Eichmann et ses collaborateurs furent chargés de dresser des plans. À la mi-août, ils étaient prêts. 4 millions de Juifs – un million par an au cours des quatre années suivantes – seraient expédiés dans cette île inhospitalière de l'océan Indien, où on ne les verrait plus ni ne penserait plus à eux. La Police de sécurité serait chargée de conduire l'opération. Il n'y aurait pas d'existence indépendante pour les Juifs. Leur nouveau foyer, immense réserve ou « super-ghetto », serait dirigé par les SS. L'automne précédent, on avait constaté (en s'en félicitant) que déporter les Juifs vers le district de Lublin avait pour effet de décimer la population juive[52]. On ne pouvait attendre autre chose du « projet Madagascar ». Il était clair que l'on y laisserait croupir les Juifs. Les implications génocidaires étaient évidentes. Mais l'idée était mort-née. Les préalables de base eux-mêmes n'étaient pas satisfaits. Il eût été certainement possible de convaincre la France de céder Madagascar pour la placer sous mandat allemand, mais, la Grande-Bretagne refusant tout accommodement, il était inenvisageable de rassembler la flotte nécessaire pour transporter les Juifs à Madagascar et d'en assurer la sécurité en mer. Le plan d'Eichmann devait moisir dans un coin du bureau de Heydrich[53]. Une meilleure solution devenait maintenant réalisable.

La décision prise par Hitler en décembre 1940 d'attaquer l'Union soviétique au printemps suivant était grosse d'implications pour l'accomplissement des objectifs raciaux. D'un côté, des millions d'autres Juifs allaient tomber entre les mains des nazis, à une époque où l'on n'avait trouvé aucune solution au problème de la déportation des quelque 4 millions de Juifs (le chiffre devait être bientôt révisé et porté à 6 millions) relevant de la sphère allemande. Et quelque route d'invasion que pût choisir la Wehrmacht, un grand nombre de Juifs se mettraient en travers de leur chemin. D'autre part, la victoire rapide escomptée ouvrirait la possibilité d'un transfert de population et d'une réinstallation par purification « raciale » sur une très grande échelle.

Lorsque l'invasion commença, on dressait précisément des plans à cette fin. La SS prévoyait l'élimination, principalement par la déportation en Sibérie, de pas moins de 31 millions de personnes, essentiellement des Slaves, au cours du quart de siècle suivant. On tenait pour acquis que de 5 à 6 millions de Juifs « disparaîtraient » dès la première étape[54].

Avant même que de tels plans fussent conçus, la victoire présumée à l'Est fit surgir de nouvelles possibilités pour résoudre la « question juive ». Au lieu de la solution déjà obsolète de Madagascar, la perspective se dessinait désormais de déporter les Juifs d'Europe « à l'Est », et dans les friches glacées de l'ex-territoire soviétique, où le gel, la malnutrition, l'épuisement et la maladie ne manqueraient pas de prélever rapidement leur tribut. C'est ce à quoi pensait Hitler dans son observation énigmatique du début de février 1941 : alors que Madagascar posait des problèmes insurmontables, « il avait maintenant une autre idée en tête, pas vraiment plus gentille[55] ».

À cette date, Hitler avait déjà fait part de ses réflexions peu amicales à Himmler et à Heydrich, qui avaient vite saisi ce que l'attaque contre l'Union soviétique pouvait signifier concernant leurs propres sphères de pouvoir. Pour Himmler, les possibilités d'organiser la recomposition raciale de l'Europe orientale étaient infinies. Pour Heydrich, cela promettait de nouvelles tâches considérables à sa Police de sécurité. Au-delà se profilait la perspective d'apporter une « solution finale » à la « question juive ». L'usage de l'expression se répandit à partir du début de l'année 1941. Elle ne désignait toutefois pas, comme elle devait le faire plus tard, l'extermination programmée dans les chambres à gaz des camps de la mort, mais un déplacement territorial – non sans implication génocidaire, il est vrai – en lieu et place du « projet Madagascar ».

En janvier 1941, Himmler et Heydrich savaient sans nul doute ce à quoi songeait Hitler. Le 21, Theo Dannecker, l'un des plus proches collaborateurs d'Eichmann, nota : « Conformément à la volonté du Führer, à la fin de la guerre, une solution finale à la question juive sera mise en place dans les territoires dominés ou contrôlés par l'Allemagne. » Par le truchement de Himmler et de Göring, Hitler avait chargé Heydrich de soumettre un « projet de solution finale ». Tirant parti de son expérience, Heydrich avait pu formuler très vite les grandes lignes de sa proposition, qui était déjà entre les mains de Hitler et de Göring. Sa mise en œuvre exigerait cependant un énorme travail et une préparation minutieuse des déportations d'ensemble, mais aussi de l'« opération d'installation dans un territoire qui reste à déterminer[56] ».

L'expression avait été pour la première fois utilisée dans les notes préparées par Eichmann pour le discours sur « l'installation » que Himmler adressa le 10 décembre 1940 aux dirigeants du parti réunis à Berlin. Eichmann avait alors estimé que les déportations concerneraient 5,8 millions de Juifs : 1,8 million de plus qu'on ne l'avait prévu dans les déportations envisagées vers Madagascar, car le chiffre comprenait désormais non seulement les Juifs des territoires sous la coupe directe des Allemands, mais aussi ceux de la « sphère économique européenne du peuple allemand ». Le total correspondait au nombre de Juifs de l'Europe continentale à l'ouest de la ligne de démarcation germano-soviétique passant par la Pologne[57].

Dans son discours, Himmler s'était explicitement référé à « l'émigration des Juifs » du Gouvernement général – zone précédemment destinée à recevoir les Juifs (aussi bien que les Polonais) – pour faire de la place aux ouvriers polonais[58]. Mais où envoyer les 2 millions de Juifs du Gouvernement général ? Madagascar, c'était une évidence, n'était plus une solution envisageable. Quelques jours plus tard seulement, cependant, Hitler allait donner ses directives en vue d'une offensive contre l'Union soviétique au printemps suivant. Himmler devait certainement savoir ce qui se préparait. Le « territoire qui reste à déterminer » ne pouvait que se rapporter à une région encore non désignée de l'immense zone qui, prévoyaient les Allemands, devait tomber sous leur coupe l'année suivante.

L'attaque contre l'Union soviétique étant entourée d'un maximum de secret, il était hors de question de préciser le territoire choisi pour la « solution finale » hors du cercle des initiés.

Aussi parlait-on encore officiellement du Gouvernement général à cet effet. Mais ceux qui étaient « dans le secret » savaient que ce n'était que camouflage. Eichmann reconnut en mars que le Gouvernement général n'était pas en position d'accueillir le moindre Juif supplémentaire[59]. Quand Göring et Heydrich discutèrent des attributions de ce dernier et de l'accommodement à trouver avec les responsabilités d'Alfred Rosenberg, qui devait prendre la direction du ministère des Territoires orientaux chargé de superviser les territoires soviétiques conquis, il était clair que la région envisagée pour la « solution finale », quoique non précisée, se situait plus à l'est que le Gouvernement général[60].

De fait, en mars Hitler promit à Hans Frank que sa province serait la première à être déjudaïsée[61]. D'autres dirigeants nazis de province, devinant ce qui se préparait, firent à leur tour pression pour que leurs régions fussent débarrassées des Juifs. Goebbels glana l'information trompeuse que Vienne serait bientôt « déjudaïsée » et que le tour de Berlin était aussi imminent. « Plus tard, observa Goebbels, les Juifs devront carrément déguerpir d'Europe[62]. »

Pendant ce temps, il fallait dresser des plans non seulement pour la « solution finale » de la « question juive » paneuropéenne, mais aussi pour le traitement des Juifs soviétiques dans le sillage de l'invasion à venir. Au printemps, ces considérations s'inscrivirent dans les projets plus larges d'une guerre qui ne ressemblerait nullement à ce qui s'était passé en Europe occidentale : Hitler ne laissa aucun doute à ce sujet à ses chefs militaires[63]. Cette guerre, déclara-t-il catégoriquement, serait une « guerre d'anéantissement ». Il convenait d'« éliminer » l'« intelligentsia judéo-bolchevique[64] ». Les chefs de l'armée travaillèrent en étroite collaboration avec Himmler et Heydrich sur les modalités d'opération. Ils préparèrent des ordres en vue de liquider sur-le-champ tous les commissaires politiques qui seraient capturés. Göring demanda à Heydrich de préparer un petit guide destiné à l'armée de terre sur la police secrète soviétique, les commissaires politiques et les Juifs, « afin qu'ils sachent concrètement qui ils devaient coller dos au mur[65] ». En mai, Heydrich rassemblait quatre *Einsatzgruppen*, chacun composé de 600 à 1 000 hommes recrutés essentiellement dans les rangs de la Police de sécurité et du SD, qui allaient entrer en Union soviétique sur les arrières de l'armée pour s'occuper de tous les « éléments subversifs ». Dans ses briefings, Heydrich était à la fois expansif et imprécis dans la désignation des groupes cibles. Les Juifs, les Tsiganes, les saboteurs et tous les cadres communistes étaient en danger. Il souligna que la « juiverie » était à la racine du bolchevisme et, conformément aux objectifs du Führer, devait être éradiquée[66].

Le 22 juin, quand les troupes allemandes franchirent les frontières soviétiques, le régime hitlérien avait déjà parcouru un long chemin en direction du génocide. Depuis près de deux ans que la Pologne avait été écrasée, la dynamique s'était emballée. Le nombre de Juifs tombé sous la coupe des nazis avec la conquête de la Pologne, le traitement barbare du pays assujetti – dont les Juifs formaient la couche la plus basse et la plus méprisée – et l'impossibilité de trouver une solution à un problème fictif, si grandioses que fussent les perspectives et si brutales que fussent les méthodes, tout allait dans le sens d'une recherche toujours plus frénétique des moyens de sortir de l'impasse. Si les succès militaires avaient un temps laissé entrevoir la perspective d'un remède rapide outre-mer avec Madagascar, l'obstination au combat de la Grande-Bretagne eut tôt fait d'exclure cette option. Mais à la fin de 1940 la décision d'écraser l'Union soviétique l'année suivante ouvrit une nouvelle possibilité et accéléra encore la radicalisation. Désormais, la perspective alléchante d'une solution finale territoriale, où les Juifs d'Europe s'éteindraient dans les friches arctiques de l'Union soviétique, s'inscrivait dans des plans de guerre d'anéantissement : les Juifs, perçus comme l'élément vital du bolchevisme, se trouvaient sur le chemin de l'armée allemande et étaient considérés comme une cible de choix pour les *Einsatzgruppen* de la Police de sécurité. La trajectoire était génocidaire. Mais les pas en direction d'un génocide total, y compris en Union soviétique, n'avaient pas encore été accomplis.

Le rôle même de Hitler dans les développements intervenus depuis septembre 1939 avait été décisif, quoique enveloppé d'ombre. Il avait au départ édicté les règles de base de la barbarie en Pologne. Il n'y a aucun doute à ce sujet[67]. S'en serait-il abstenu qu'il y aurait très certainement eu quand même des atrocités. L'hostilité envers les Polonais ou les Juifs avait pris trop d'ampleur pour empêcher de graves explosions de violence contre la population civile. Mais si Hitler avait donné des instructions explicites pour empêcher de tels agissements et les décréter illégaux, les exactions seraient demeurées sans commune mesure avec l'inhumanité programmée qui fut mise en œuvre.

De fait, ayant déclenché l'implacable programme de « nettoyage ethnique », Hitler pouvait en abandonner la planification et l'orchestration à Himmler et à Heydrich. Il donna aussi carte blanche à ses chefs provinciaux, les *Gauleiter*, à l'Est, expliquant qu'il ne parlerait pas des méthodes qu'ils utilisaient pour germaniser leurs régions, et qu'il n'avait cure des subtilités de la loi[68]. Mais quand il y avait des décisions cruciales à prendre, le recours à Hitler était obligatoire.

Lui seul pouvait décider de la déportation des Juifs du Reich, que certains de ses sous-fifres réclamaient instamment. Alors même qu'il ne pouvait pas les résoudre, son attention fut aussi attirée sur l'accumulation des problèmes que posait la déportation en Pologne occupée, et il fut à maintes reprises invité à apaiser Hans Frank au sujet de l'absorption des Juifs dans le Gouvernement général. Il approuva certainement l'initiative mal engagée du « projet Madagascar ». Et l'on a vu que la mission confiée à Heydrich d'élaborer une proposition visant à envoyer tous les Juifs d'Europe vers une destination non précisée, à l'Est, une « solution finale » de nature territoriale, venait de Hitler. Himmler, Heydrich et Göring – nominalement chargé de la politique antijuive depuis la *Reichskristallnacht* et plongé jusqu'au cou dans la préparation de l'exploitation économique à l'Est – étaient tous des personnages extrêmement puissants. Mais leur pouvoir émanait de Hitler. Sans mandat venant de lui, leurs ordres n'auraient eu aucun effet. Derrière la recherche toujours plus radicale d'une solution de la « question juive », se trouvait donc, en définitive, l'impératif idéologique incarné par Hitler et qui imprégnait désormais le régime tout entier, à savoir qu'une nouvelle guerre entraînerait, d'une manière ou d'une autre, la destruction des Juifs.

Le 30 janvier 1941, alors même que la préparation d'une « solution finale » entrait dans une nouvelle phase avec la possibilité de déporter les Juifs d'Europe vers un destin effroyable – quoique non spécifié – en Union soviétique, Hitler rappela pour la première fois sa « prophétie » de janvier 1939 dans le discours qu'il prononça au Reichstag à l'occasion du huitième anniversaire de sa « prise du pouvoir[69] ». Le moment choisi ne devait rien au hasard. Hitler indiquait par une voie détournée ce qui occupait ses pensées : l'heure de l'épreuve de force avec les Juifs approchait.

IV

La « guerre d'anéantissement » que Hitler avait promise commença avec le franchissement des frontières soviétiques le 22 juin 1941, aux premières heures de la matinée. La barbarie nazie passa un nouveau seuil. Compte tenu des instructions données à l'armée de terre avant le début de la campagne, il n'est guère étonnant que des soldats ordinaires aient commis presque aussitôt des atrocités incontrôlées. « J'ai observé que l'on a exécuté sans raison des prisonniers de guerre et des civils », observa un chef d'escadron trois jours seulement après le lancement de l'attaque. Cinq jours plus tard, il dut répéter son ordre de s'abstenir d'exécutions « irresponsables, gratuites et criminelles », qu'il qualifia sans détour de « meurtres ». Il n'en rappela pas moins la nécessité d'appliquer « les appels du Führer à une action implacable contre le bolchevisme (commissaires politiques) et les partisans en tout genre » et déclara que l'objectif de la guerre était de rétablir la paix et l'ordre dans « ce pays qui a terriblement souffert depuis des années de l'oppression d'un groupe juif et criminel[70] ».

Même un chef d'escadron comme celui-ci, qui déplora et essaya d'arrêter les atrocités arbitraires de ses hommes, acceptait la nécessité de se montrer implacable envers les commissaires et les partisans et croyait que les Juifs – associés aux criminels – se trouvaient derrière le régime bolchevique. Cet état d'esprit était largement partagé. Cette guerre ne ressemblait pas aux autres. Et les Juifs étaient censés y jouer un rôle central.

C'est dans ce climat idéologique que la tuerie des Juifs connut une escalade rapide dans le cadre d'une campagne meurtrière sans précédent où population civile et prisonniers de guerre (à l'automne, il en mourait 6 000 par jour dans les camps allemands[71]) furent victimes de carnages inouïs. Heydrich, on l'a vu, avait réuni les *Einsatzgruppen* pour leur exposer les tâches qui les attendaient quand ils entreraient en Union soviétique. Mais contrairement à ce que l'on a pu croire à une époque, il n'ordonna pas, à cette occasion, un génocide systématique des Juifs soviétiques. Cette directive, donnée verbalement par Himmler, allait venir après quelques semaines de campagne et fut la première grande étape de l'escalade du génocide. Même alors, cependant, elle prit la forme d'une incitation à des actions meurtrières extrêmes plutôt que d'un ordre en bonne et due forme.

Les instructions de Heydrich aux *Einsatzgruppen* étaient plus restrictives que cette amplification ultérieure, mais, comme d'habitude, imprécises. Le 2 juillet, probablement pour couvrir les actions des *Einsatzgruppen* contre d'éventuelles objections des chefs de l'armée de terre, il avait donné un mandat écrit qui stipulait l'exécution des cadres communistes, de divers « éléments extrémistes » et de « tous les Juifs occupant des postes au sein du Parti et de l'État[72] ». Probablement cela correspondait-il en gros à ce qu'il avait dit oralement aux chefs des escadrons meurtriers lors des précédents briefings, si ce n'est que ces missions avaient manifestement été formulées de telle manière qu'une large discrétion était laissée aux *Einsatzgruppen* quant à la définition des groupes cibles. De toute évidence, ils étaient encouragés à en faire une interprétation libérale concernant les Juifs et à agir comme ils le jugeaient bon. Plutôt qu'un ordre explicite, les consignes de Heydrich équivalaient à un mandat meurtrier, mais clair, qui se prêtait de toute évidence à des traductions concrètes différentes puisque les *Einsatzgruppen* et leurs unités subalternes ne se conduisirent pas toutes de la même manière aux premières étapes de « Barbarossa ».

En fait, les exécutions par des unités des *Einsatzgruppen* ne furent qu'un aspect de la première vague de tuerie, caractérisée par l'interaction d'une ligne idéologique définie par le centre du pouvoir et, à la base, d'« une succession de mesures incohérentes avec des variations locales et régionales[73] ». Dès le 24 juin, le chef de l'antenne de la Gestapo à Tilsit, en Prusse-Orientale, près de la frontière lituanienne, donna l'ordre d'exécuter 200 Juifs de le région « pour crimes contre la Wehrmacht » perpétrés pendant la résistance audacieuse mais vaine des troupes frontalières soviétiques aux premières heures de l'invasion. Il donna les ordres de sa propre initiative, conformément à l'« approbation générale aux actions de nettoyage » du nouveau chef de l'*Einsatzgruppe* affecté à la Baltique, Franz Walter Stahlecker[74]. Trois jours plus tard, le bataillon de police 309 massacrait 2 000 Juifs à Bialystok. Plus du quart, femmes et enfants compris, avaient été enfermés dans une synagogue puis brûlés vifs. L'initiative de l'« action » revenait à quelques nazis fanatisés issus des rangs du bataillon[75]. Mais ces individus savaient que les chefs SS encourageaient maintenant verbalement les brutalités meurtrières de ce genre. Bientôt, tous furent au courant de ce que l'on attendait d'eux.

Certaines unités, avant tout dans la Baltique, devaient très vite tuer les Juifs de sexe masculin en très grand nombre. À Kovno, en Lituanie, 2 514 Juifs furent par exemple exécutés en une seule journée, le 6 juillet[76]. Des pogroms, délibérément fomentés par les envahisseurs allemands, donnèrent toute licence à l'expression de la haine virulente et générale de la population locale envers les Juifs, et apportèrent leur contribution aux horreurs en cours[77]. Dans d'autres régions, le carnage fut moins débridé et se limita à l'« intelligentsia » juive[78]. Dans cette première phase après l'invasion, le centre du pouvoir encouragea donc les tueries, mais en laissant une large place à l'initiative locale. Il s'agissait déjà d'actions de grande ampleur franchement meurtrières, mais il n'y avait pas encore eu d'ordre génocidaire explicite et général. Pour les Juifs soviétiques, cependant, l'étape du génocide total était proche.

On ne saurait la rattacher à un ordre unique donné un jour précis. La politique génocidaire des nazis ne procédait pas ainsi. Seul un difficile rassemblement de preuves permet de dire comment et quand, précisément, furent prises et autorisées les mesures clés du génocide[79]. La manière de gouverner de Hitler, totalement étrangère à la bureaucratie, son insistance sur le secret et son recours caractéristique à un langage codé et à des incitations à agir, plutôt qu'à des ordres sans équivoque, recouvrent d'un voile ses interventions. À l'échelon immédiatement inférieur, les dossiers que Himmler et Heydrich pouvaient tenir sur la « solution finale » furent sans doute incinérés quand le Reich tomba en ruine. En tout état de cause, ils n'ont pas survécu. Et le témoignage ultérieur des dirigeants nazis, des chefs des escadrons de la mort et des cadres moyens du meurtre de masse s'est souvent révélé défaillant, voire contradictoire, sur des points de détail. Et, naturellement, il était souvent aussi intéressé. Malgré tout, les documents qui nous sont parvenus et les dépositions ultérieures permettent une reconstitution fortement plausible des principales étapes du génocide en cours.

Celles-ci ne suivirent pas des ordres explicites descendant du sommet vers la base d'une pyramide. Il y eut plutôt une interaction complexe entre les « feux verts » donnés par le sommet et les initiatives de la base, se mêlant pour produire une spirale de radicalisation. En prenant l'initiative d'interpréter ce que, dans leur esprit, on attendait d'eux, les hommes directement impliqués dans le carnage forcèrent le rythme d'un durcissement rapide sur le terrain, affectant à leur tour la manière dont les dirigeants eux-mêmes réagissaient et amendaient la politique. Mais les opérations de la « périphérie », si elles suivirent leur dynamique propre, n'étaient pas indépendantes de l'instigation et du contrôle centraux. Elles avaient été déclenchées, fomentées et approuvées par des « directives d'action » émanant du « centre ». Autrement dit, les grandes étapes de l'escalade vers le génocide total s'alignèrent sur une forme de directive venue du cœur du pouvoir. Celle-ci était invariablement transmise à travers des indications orales sur la conduite à suivre ou d'« encouragements » à l'action transmis par Heydrich ou, plus souvent, par Himmler. Il s'agissait pour l'essentiel d'impératifs formulés de manière assez générale, plutôt que d'instructions clairement définies. Cela reflétait très probablement la façon dont Hitler lui-même indiquait ses « souhaits » lors de réunions confidentielles, « entre quatre yeux », avec Himmler.

Ces réunions secrètes, qui ne donnaient pas lieu à des minutes et sans tierce personne (hormis, à l'occasion, Heydrich), amorçaient un processus dialectique. Aussitôt, Himmler traduisait en action les « désirs du Führer », tels qu'il les avait exprimés. Par son truchement, puis par les chefs de la Police de sécurité aux échelons subalternes, ils se répercutaient, à des moments différents et dans des formulations diverses, jusqu'à ceux qui étaient chargés d'accomplir les opérations de tuerie. Recevant un mandat général qu'ils pouvaient interpréter à leur guise, du moment que leur interprétation s'accordait avec l'impératif d'une sévérité accrue, les chefs locaux agissaient alors comme bon leur semblait, prenant des initiatives et mettant en œuvre les mesures extrêmes auxquelles ils étaient invités. Celles-ci étaient à leur tour avalisées en haut lieu avant que la radicalisation ne soit poussée encore un peu plus loin. Tel est le processus qui se déroula au milieu de l'été 1941 et qui transforma le génocide partiel en génocide total en Union soviétique.

Le 15 juillet, après un bref séjour à Berlin, Himmler regagna le QG du Führer en Prusse-Orientale, où il avait passé le plus clair de son temps depuis le début de la campagne de Russie. Probablement comptait-il participer à une importante réunion que Hitler avait fixée au lendemain après-midi afin de définir le cadre du contrôle et de l'exploitation des territoires occupés de l'Union soviétique, après une guerre qu'il présumait quasiment gagnée. Finalement, Himmler n'en fut pas, peut-être parce qu'il lui fallut s'occuper de la capture d'un prisonnier de guerre important pris ce jour-là : le propre fils de Staline. Il est impossible d'établir s'il a vu Hitler ou s'il s'est entretenu au téléphone avec lui. Mais, bien qu'absent au cours de la réunion, il regagna bientôt le quartier général, où, le lendemain à déjeuner, il eut une longue discussion sur les délibérations de la veille. Hans Heinrich Lammers, le chef de la Chancellerie du Reich, était présent et expliqua les ordres de Hitler sur la répartition des pouvoirs dans les territoires occupés de l'Est[80]. Le résultat est que Himmler s'était vu confier la responsabilité générale de la police et de la sûreté dans cette région[81].

Il s'agissait pour ainsi dire d'un mandat illimité, la seule contrainte – théorique – étant l'exhortation à respecter la juridiction d'Alfred Rosenberg, qui venait d'être nommé ministre des Territoires occupés de l'Est. Himmler reçut peu après les minutes de la réunion. Il put y voir – et sans doute en entendit-il bien davantage oralement – que Hitler avait parlé d'« exterminer tout ce qui s'oppose à nous » et de pacifier les territoires qui venaient d'être soumis en abattant même quiconque « nous regarderait de travers[82] ». Ces sentiments extrêmes s'accordaient avec le nouveau mandat de Himmler en matière de sécurité, offrant un large champ à l'extension de ses pouvoirs. Mais pour en retirer pleinement l'avantage, il avait besoin de forces de police plus nombreuses à l'Est qu'il n'en avait pour l'instant à sa disposition. Et, compte tenu des exécutions massives de Juifs qui avaient déjà eu lieu et de l'équation que posaient les nazis entre les Juifs et la subversion ou la guerre de partisans (que Staline avait encouragée le 3 juillet, dans son premier discours au peuple soviétique depuis l'invasion allemande), il était clair que plus de police signifiait davantage de meurtres : une intensification du « nettoyage » des zones nouvellement occupées de leurs Juifs afin, selon la logique nazie, de les « sécuriser ».

Le 18 juillet, un jour après avoir reçu le décret de Hitler lui confiant la responsabilité de la sécurité à l'Est, Himmler annula son projet de déplacement dans le Gouvernement général[83]. Très probablement travaillait-il déjà à exploiter sa nouvelle position. On peut raisonnablement supposer qu'il s'entretint au moins une fois par téléphone avec Hitler de ses nouvelles tâches et de la nécessité, pour les accomplir, d'accroître considérablement la présence policière dans les territoires de l'Est. En vérité, ces idées l'occupaient dès avant l'invasion. Les responsabilités que Hitler lui confia à l'occasion de la réunion du 16 juillet lui donnèrent l'occasion de mettre en œuvre ses idées – partant, d'accroître amplement ses pouvoirs. Entre le 19 et le 22 juillet, Himmler dépêcha deux grosses brigades SS, 11 000 hommes au total, afin de balayer les marais du Pripet, l'immense région marécageuse recouvrant une partie du sud de la Biélorussie et du nord de l'Ukraine. Ce faisant, une semaine après la réunion de Hitler, il avait quasiment quadruplé les effectifs des SS derrière les lignes allemandes. Et ce n'était qu'un début. Les forces de police n'avaient pas fini de se développer. Fin 1941, les effectifs des bataillons de police à l'Est avaient atteint les 33 000 hommes : plus de onze fois plus que les *Einsatzgruppen* initialement envoyés en juin[84].

Himmler n'avait nullement besoin d'ordres spécifiques de Hitler pour focaliser l'attention des nouvelles unités sur le massacre des Juifs. Dès le début de la campagne de l'Est, les Juifs avaient été la première cible des escadrons de la mort. Le nombre des Juifs massacrés dépassait déjà de beaucoup celui des autres victimes. Leurs activités prétendument subversives et leur opposition servaient de pseudo-justification aux carnages. Le nouveau mandat de « pacification » la plus rapide et la plus complète possible des territoires orientaux eut donc inévitablement de sinistres conséquences pour les Juifs. Les marais du Pripet, où stationnaient les nouvelles brigades SS de Himmler, passaient pour une zone particulièrement troublée dans les territoires occupés[85]. Le 1er août, le deuxième régiment de cavalerie SS fit circuler un ordre explicite de Himmler : « Tous les Juifs doivent être exécutés. Chassez les Juives dans les marais[86]. » Les commandants ne s'en débrouillèrent pas moins pour interpréter diversement cet ordre « explicite[87] ». Quinze jours plus tard, cependant, ils faisaient état dans leurs rapports de la « déjudification » (*Entjudung*) de villes et de villages entiers dans la région. On ne tuait plus simplement les hommes, mais aussi les femmes et les enfants. Un commandant prit Himmler à la lettre et déclara avoir refoulé les femmes et les enfants dans les marais, qui s'étaient révélés trop peu profonds pour qu'ils se noient[88]. Des propos tenus par Hitler à quelques semaines de là prouvent qu'il était au courant de l'action du Pripet. Il venait de rappeler sa

« prophétie » à ses hôtes du soir – Himmler et Heydrich –, et il fit à nouveau porter aux Juifs la responsabilité des morts de la Première Guerre mondiale et du conflit présent en disant : « Qu'on ne vienne pas me dire que nous ne pouvons pas les envoyer dans les marais ! Qui s'en inquiète, des nôtres ? Il est bon que l'horreur provoquée par l'extermination de la juiverie nous précède[89]. »

Dans ses commentaires obliques, Hitler avait lié l'action du Pripet, l'extermination des Juifs et sa « prophétie » de 1939. Alors que commençait l'offensive élargie contre les Juifs, le 1er août, le chef de la Gestapo, Heinrich Müller, fit valoir que Hitler voulait se voir adresser régulièrement des rapports sur le travail des *Einsatzgruppen*[90]. Le même jour, Müller avait ordonné que fussent réunis « dès que possible » pour Hitler des matériaux illustrant les opérations des *Einsatzgruppen*. Quinze jours plus tard, le caméraman de Hitler, Walter Frenz, était présent lors de l'exécution des Juifs de Minsk, aux côtés de Himmler, pour filmer le massacre. Que Hitler ou Himmler aient vu le film, on ne saurait le prouver. Mais Hitler souhaitait visiblement être informé des progrès de l'extermination des Juifs à l'Est à une période aussi critique[91]. Il est permis de voir dans son intérêt déclaré le signe qu'il était au courant du fait que l'Union soviétique entrait dans une nouvelle phase, plus ouvertement et radicalement génocidaire.

Reste que, même à cette époque, tous les Juifs n'étaient pas partout massacrés sur-le-champ. Les effectifs et la logistique étaient un frein. Et la manière dont les directives étaient transmises laissait beaucoup de place aux divergences d'interprétation et de priorité. Le rythme et les phases de l'escalade ne furent donc pas uniformes. Une des unités de l'*Einsatzgruppe* A, par exemple, qui fit montre d'une brutalité exceptionnelle en Lituanie, dénombra 4 239 Juifs (dont 135 femmes) tués en juillet, mais 37 186 en août (pour l'essentiel dans la seconde quinzaine) et 56 459 en septembre, en majorité des femmes et des enfants[92]. En revanche, c'est seulement durant la deuxième quinzaine de septembre que le rythme d'exécution déjà élevé de l'*Einsatzgruppe* B, en Biélorussie, augmenta fortement. Les femmes et les enfants faisaient souvent, mais pas toujours, partie des tueries. Mais, dans cette région aussi, des communautés juives entières avaient désormais disparu[93].

Au total, les massacres prenaient des dimensions sans commune mesure avec ceux des premières semaines de la campagne soviétique. La plus forte surenchère suivit la visite de Himmler dans la région de Minsk, à la mi-août, où il assista à une exécution massive de Juifs (y compris de femmes), discuta des méthodes de gazage avec deux de ses commandants et, d'après un témoignage de l'après-guerre, parla de la « liquidation totale des Juifs de l'Est », affirmant apparemment avoir reçu de Hitler un ordre stipulant que tous les Juifs, femmes et enfants compris, devaient être exterminés[94]. Ce témoignage n'est pas totalement fiable et il n'existe aucune autre preuve de la transmission d'un ordre clair de Hitler. De même, il est loin d'être certain que Himmler ait donné directement l'ordre d'exécuter aussi les femmes et les enfants[95]. Mais, apparemment, c'est ainsi qu'il fut compris. Himmler avait fait part à ses principaux commandants de son mandat de sécurité élargi, lequel impliquait clairement d'éliminer les Juifs de l'Union soviétique occupée. Rien ne fut couché par écrit ni transmis sous la forme d'un message explicite. C'était un ordre beaucoup trop sensible pour cela. La transmission orale, à travers des briefings aux différents échelons, signifie que les diverses unités apprirent à des moments différents ce que l'on attendait d'elles[96]. De bouche à oreille, cependant, la nouvelle circula rapidement. Fin août les efforts génocidaires pour éliminer les Juifs soviétiques étaient déjà bien engagés.

L'escalade du carnage découla d'un processus de radicalisation et de renforcement mutuel entre ceux qui étaient chargés d'exécuter la tuerie et ceux qui, au cœur du régime, édictaient les grandes lignes d'une politique d'anéantissement. Himmler fut le principal porteur du mandat, relayant les directives d'action auprès de ses commandants et chefs de la police dans les territoires occupés, à charge pour eux de les transmettre à leurs hommes. Mais il y avait une autorité encore plus haute.

La très forte expansion des forces de police à l'Est fut une conséquence immédiate du mandat que Hitler donna le 17 juillet à Himmler de « pacifier » les territoires occupés, juste après la réunion cruciale où fut arrêtée la juridiction politique des différents patrons nazis. Et ce n'est guère un hasard si Hitler fit montre d'un intérêt prononcé pour les opérations meurtrières au début d'août, précisément au moment où Himmler était sur le point de donner des instructions passablement générales sur l'extension du meurtre aux femmes et aux enfants. L'invitation de Hitler à fusiller même ceux « qui nous regarderaient de travers » – et, très probablement, d'autres commentaires du même ordre écartés des minutes – avait suffi à déclencher la radicalisation génocidaire. Si la mise en œuvre fut échelonnée dans le temps, le mandat élargi de Himmler, à la suite de la réunion tenue le 16 juillet au QG de Hitler, et l'inclusion, signifiée à la mi-août, des femmes et des enfants dans le massacre des Juifs équivalaient à une décision d'éradiquer les Juifs d'Union soviétique.

V

La décision plus large de tuer tous les Juifs d'Europe n'avait pas encore été prise. Elle est liée, même si elle en est dissociable, à la décision antérieure d'éliminer les Juifs soviétiques.

En janvier 1942, on estimait encore à 5 millions le nombre des Juifs soviétiques, alors même que des centaines de milliers avaient déjà été massacrés[97]. Mais quand, au tournant de l'année 1940-1941, Eichmann avait calculé le nombre des Juifs d'Europe à l'ouest de l'Union soviétique à déporter dans un « territoire qui reste à déterminer », il n'avait fait aucune allusion aux millions de Juifs qui se trouvaient déjà sur le territoire soviétique. Excluant ces derniers, il en arriva à près de 6 millions de Juifs à déporter (auxquels il convenait maintenant d'ajouter les centaines de milliers qui vivaient dans l'ancienne zone soviétique de la Pologne)[98].

Visiblement, en juin, quand les troupes allemandes franchirent la frontière soviétique, aucune décision claire et définitive n'avait encore été arrêtée en matière de politique générale envers les Juifs soviétiques : allait-on les déporter plus à l'Est ou les tuer, purement et simplement ? Mais l'idéologie et la logistique se mêlèrent pour rendre pratiquement inévitable l'émergence rapide du génocide total dans les territoires pris aux Soviétiques.

L'option de la déportation n'aurait jamais pu être réalisable. Même si la campagne de l'Est avait rapidement débouché sur une victoire allemande, comme on l'avait présumé, la mobilisation des moyens de transport pour acheminer des millions de Juifs de l'Europe entière vers quelque lointaine destination de l'ex-territoire soviétique eût été une entreprise colossale. Et si les Juifs soviétiques n'étaient pas purement et simplement massacrés sur place, se posait le problème supplémentaire de les transporter, eux aussi, vers les immenses réserves qui avaient été vaguement envisagées. Les difficultés eussent été également énormes. En réalité, bien entendu, ces problèmes ne se posèrent jamais. Avec le ralentissement de la progression allemande, la continuation de la guerre l'année suivante devint une certitude et la perspective d'un territoire vers lequel chasser les Juifs non soviétiques se dissipa en une chimère persistante : dès lors, le sort des Juifs soviétiques était scellé. Au milieu de l'été, il était devenu évident. La seule solution était de les tuer où on les trouvait. Et dans un climat déjà génocidaire, mais où l'option de la déportation du reste des Juifs d'Europe *en* Union soviétique s'éloignait à vue d'œil, la question de ce qu'il fallait en faire prit un caractère d'extrême urgence.

Dans un premier temps, il avait semblé qu'une victoire proche sur l'armée Rouge rendrait rapidement possible une solution globale par la déportation massive. Peu après le début de la campagne de Russie, Hitler avait parlé plus d'une fois des Juifs comme de bacilles. Il s'imaginait en Robert Koch (le découvreur du bacille de la tuberculose) de la politique, confia-t-il, tout en décrivant les Juifs comme le « ferment de toute décomposition sociale ». Il avait prouvé, continua-t-il, qu'un État pouvait se passer des Juifs[99]. Il reprit l'analogie du bacille quand il reçut quelques jours plus tard un ministre croate, le maréchal Sladko Kvaternik : « S'il n'y avait plus de Juifs en Europe, lui déclara-t-il, plus rien ne perturberait l'unité des États européens. » Il était indifférent qu'on les expédiât en Sibérie ou à Madagascar[100].

Face à son visiteur étranger, Hitler s'en tint à la fiction d'une déportation outre-mer. Pour les dirigeants nazis cependant, chaque « communiqué spécial » de la Wehrmacht annonçant de récentes avancées en Union soviétique suscitait de nouvelles espérances de déportation imminente des Juifs à « l'Est » ou en « Sibérie » (au sens large : quelque part en Union soviétique). Les propos de Hitler donnent un aperçu de ses réflexions sur les Juifs à ce moment critique. Alors que les massacres se cristallisaient en un véritable génocide en Union soviétique, ces allusions à la nécessité d'une solution radicale à travers l'Europe ne devaient échapper ni à Himmler ni à Heydrich.

En juillet, alors que la victoire allemande en Union soviétique, qui serait suivie de la capitulation de la Grande-Bretagne et de la fin triomphale de la guerre, semblait terriblement proche, le QG de la Sécurité du Reich dressa les plans d'une grandiose « solution finale de la question juive » dont Heydrich avait annoncé dès le mois de mai qu'elle « viendrait sans aucun doute[101] ». À la fin du mois, Heydrich chargea Eichmann de rédiger une autorisation de Göring (en principe responsable de la « question juive » depuis novembre 1938) de préparer une « solution complète de la question juive dans la sphère d'influence allemande en Europe ». En mars 1940, rappelons-le, Heydrich avait déjà présenté à Göring un projet de solution de la « question juive ». Ce qu'il voulait désormais, c'était une autorisation officielle pour ce qui lui avait déjà été accordé verbalement : une mesure qu'il estimait de toute évidence nécessaire à ce moment clé, pour traiter avec les chefs de l'administration civile et d'autres organismes (notamment le ministère de l'Est de Rosenberg) susceptibles de contrecarrer la mise en œuvre de ses plans. Alors que l'Europe était apparemment aux pieds de l'Allemagne, le temps était venu, semblait-il, d'engager la déportation des Juifs du continent vers l'Union soviétique – et vers leur mort par « déperdition naturelle » du fait du travail servile, de la malnutrition et des rigueurs du climat. Pour les Juifs incapables de travailler – enfants, personnes âgées, infirmes –, la solution tenait dans les suggestions de liquidation, qui avaient déjà été avancées[102].

Au cours des semaines suivantes, cependant, alors que la progression allemande ralentissait et que l'ampleur des erreurs d'appréciation sur la capacité combative de l'armée Rouge devenait flagrante, la solution du génocide par la déportation en Union soviétique – perspective dominante depuis le début de l'année – devint rapidement irréaliste. Les derniers espoirs de « réimplantation » à « l'Est », après que les solutions du Gouvernement général puis de Madagascar eurent tourné court, furent ajournés *sine die*. Or, entre-temps, loin de retomber, la pression pour la déportation des Juifs s'était amplifiée. Il n'y avait tout simplement aucune possibilité de concilier les pressions croissantes en ce sens et les blocages insurmontables qui s'y opposaient. Dans le même temps, les massacres de Juifs s'étaient propagés rapidement en URSS. Et au sein même du Reich, à mesure qu'arrivaient les nouvelles de combats acharnés à l'Est, l'opinion, attisée par la propagande de Goebbels, était extrêmement remontée contre les Juifs.

Une propagande haineuse présentait les Juifs des bourgs et des villes allemandes, traqués et persécutés à chaque tournant, comme des êtres subversifs, des agitateurs et des fauteurs de troubles. Des oisifs qu'il fallait « évacuer » en Russie ou, mieux encore, suggérait-on sombrement, tuer purement et simplement[103]. À la mi-août, Goebbels proposa à un Hitler grincheux et souffrant d'obliger les Juifs à porter un insigne distinctif. Le Führer donna son feu vert. Le port de l'« étoile jaune » par tous les Juifs fut introduit le 1er septembre. Les Juifs d'Allemagne étaient désormais une minorité marquée : clairement visible, totalement exposée à ses persécuteurs et complètement démunie. Dans le même temps, la « prophétie » de 1939, qui prédisait qu'une nouvelle guerre se traduirait par la destruction des Juifs, fut diffusée dans toutes les antennes du parti nazi[104].

Heydrich eut moins de succès, en août, quand il proposa de déporter les Juifs d'Allemagne. Hitler avait repoussé la suggestion d'« évacuations pendant la guerre ». Mais il donna sa permission pour une « évacuation partielle des plus grandes villes[105] ». Peut-être fut-il encore influencé par la vieille idée que les Juifs étaient des « otages » ou des « pions », dont la présence entre des mains allemandes pouvait contribuer à empêcher l'entrée en guerre des États-Unis, prétendument dominés par les Juifs. Plus probablement se dit-il qu'il n'y avait tout simplement nulle part où envoyer les Juifs tant que la guerre à l'Est n'était pas finie. La Pologne, le fait était accepté de longue date, ne pouvait plus recevoir de Juifs. Mais à ce stade il était impossible de les déporter en Union soviétique. Tous les moyens de transport disponibles étaient nécessaires pour le front. Pour l'heure, c'était plus urgent que de réquisitionner des trains pour acheminer les Juifs allemands en Russie. De plus, comme Hitler voyait en eux une « cinquième colonne », les déporter en Russie alors que la guerre faisait rage contre l'ennemi « judéo-bolchevique » eût été une initiative dangereuse à ses yeux. Quant aux zones situées derrière les lignes de front, où l'on massacrait les Juifs soviétiques par dizaines de milliers, elles ne se prêtaient guère à l'importation massive des Juifs du Reich. Et si l'on devait déporter les Juifs là-bas à seule fin de les exécuter, les unités de tuerie, déjà étoffées depuis le début de la campagne de Russie, demandaient à être considérablement développées. La « solution finale de la question juive », comme Hitler dut vraisemblablement le dire à Heydrich, devrait attendre encore un peu : il fallait que la guerre fût terminée.

Aux échelons supérieurs de la SS et de la Police de sécurité, cependant, les préparatifs de la « solution finale imminente » continuaient. Et la question se posait maintenant du sort des déportés. Devait-on leur accorder une « certaine forme d'existence » ou les « éradiquer totalement[106] » ? La question devint urgente à la mi-septembre, quand Hitler changea d'avis concernant la déportation des Juifs du Reich. La déportation brutale par Staline de centaines de milliers d'Allemands de souche, installés depuis des siècles sur les rives de la Volga, semble avoir inspiré cette volte-face. En Allemagne comme dans certains territoires occupés, avant tout en France à cette époque, les pressions s'étaient intensifiées en vue d'une « évacuation des Juifs » à l'Est. Le désir de venger les Allemands de la Volga, argument qu'un certain nombre de dirigeants nazis firent valoir à Hitler, plaisait à ces subalternes en ce qu'il ouvrait la porte, jusqu'ici fermée, de la déportation depuis le Reich. Telle est la décision, qui fut incontestablement celle de Hitler, qui amorça dans les semaines suivantes la phase culminante du processus génocidaire.

Les trois mois suivants allaient clarifier le sens de la « solution finale » pour ceux qui prenaient une part directe à sa préparation et à son organisation. Elle ne désignait plus l'installation sur quelque ancien territoire soviétique (avec l'implication tacite que les Juifs dépériraient progressivement), mais l'anéantissement physique des Juifs à travers l'Europe. Et la perspective d'une déportation en Union soviétique se dérobant à vue d'œil, celui-ci devrait se faire plus près. Diverses parties de la Pologne occupée étaient désormais envisagées pour accueillir le programme d'extermination. À l'automne 1941, ce secret étroitement surveillé était encore réservé dans toutes ses ramifications aux dirigeants des SS et de la Police de sécurité. Les autorités civiles n'étaient pas encore pleinement informées de ce qui se préparait. Les incertitudes et la confusion de l'automne étaient à l'image du secret entourant la « solution finale », et du fait qu'elle en était encore au stade préparatoire – elle était imminente, plutôt que pleinement développée. Mais Hitler ayant déclenché le processus en consentant au mois de septembre à la déportation des Juifs du Reich, les étapes en direction du génocide total allaient s'enchaîner rapidement.

Le problème de la destination des Juifs, et de ce qui allait advenir d'eux à leur arrivée, devint alors extrêmement pressant. Le 18 septembre, Himmler fit savoir à Arthur Greiser, le patron du « Warthegau », qu'il devrait accueillir 60 000 Juifs du ghetto de Lodz dans sa région pour l'hiver, en attendant de les déporter plus « à l'est » au printemps. Cela répondait au désir manifesté par Hitler de voir les Juifs disparaître dès que possible du Reich et des anciens territoires tchèques[107]. Le ghetto de Lodz était plein à craquer, protestèrent les autorités locales. Impossible d'accueillir davantage de Juifs. Himmler insista, même s'il ramena le chiffre à 20 000 Juifs (et 5 000 Tsiganes). Dès juillet, il avait été suggéré de tuer les Juifs incapables de travailler sous prétexte que le ghetto n'avait pas les moyens de les entretenir[108]. Et voici précisément qu'on leur en envoyait de forts contingents supplémentaires. La contrepartie fut très certainement la permission donnée par Berlin d'exterminer les Juifs de Lodz inaptes au travail. La recherche d'un lieu d'extermination approprié dans la région commença quelques semaines après que Greiser eut reçu l'ordre de déportation. Le gazage des Juifs à Chelmno commença dans la première semaine de décembre[109].

Le « Warthegau » n'était qu'une des régions destinées à recevoir les Juifs déportés. Début octobre, Heydrich mentionna spécifiquement Riga et Minsk en sus du « Warthegau[110] ». Au moment où les premiers convois de déportés quittèrent Vienne, Prague, Berlin et d'autres villes, à partir du 15 octobre, aucune solution précise n'avait été arrêtée pour le meurtre systématique[111]. Mais le message émanant de Himmler et Heydrich – eux-mêmes agissant certainement en accord avec le désir de Hitler, si vaguement qu'il l'eût exprimé – était que le glas sonnait pour les Juifs d'Europe.

En attendant, ceux à qui l'on envoyait ces Juifs devaient agir comme bon leur semblait et prendre toutes les initiatives radicales qui leur paraissaient nécessaires. Ils ne se firent pas prier. En octobre et en novembre, diverses régions de l'empire nazi choisirent de tuer des masses de Juifs pour sortir de problèmes qui avaient été créés de toutes pièces. Les Juifs allemands transportés à Kaunas et à Riga en novembre furent abattus dès leur arrivée. Les exécutions de masse se pratiquaient désormais au-delà des frontières de l'URSS. L'étroite collaboration de la Wehrmacht, des SS et du ministère des Affaires étrangères aboutit à l'exécution de 8 000 Juifs en Serbie au mois d'octobre en guise de représailles contre les activités des partisans. En Galicie orientale, intégrée au Gouvernement général depuis le lancement de « Barbarossa », autour de 30 000 Juifs furent abattus au cours de l'automne, dans une région où les exécutions massives étaient devenues une pratique courante depuis juin[112].

L'emploi du gaz toxique commençait de s'imposer comme une autre méthode de tuerie – que Himmler était disposé à voir adopter parce qu'il la jugeait « plus humaine » pour les tueurs que l'exécution par balles. En octobre, Heydrich ordonna l'usage plus intensif de camions à gaz. Une mission de reconnaissance était déjà au travail pour trouver un site où les déployer dans le « Warthegau ». Une méthode semblable était prévue pour Riga. Et une chambre à gaz fixe était apparemment prévue à Moghilev, pour s'occuper des Juifs envoyés à Minsk. Dans le Gouvernement général, épargné par l'afflux de nouveaux Juifs, les premiers jalons de ce qui allait devenir le camp d'extermination de Belzec avaient été posés en septembre (les spécialistes du gazage de l'« action euthanasie », arrêtée le mois précédent, étant désormais disponibles). La construction des chambres à gaz commença début novembre : à cette date, Hans Frank savait que les Juifs de son domaine incapables de travailler allaient être déportés « de l'autre côté du Bug », et voués à une mort certaine[113].

Avec ces tueries régionales, on était encore loin d'un programme systématique et coordonné. Les autorités civiles des territoires occupés n'avaient certainement pas encore connaissance d'une directive de génocide centrale et générale. À Minsk, le chef nazi local, le commissaire général de Biélorussie Wilhelm Kube, souleva des objections à l'exécution des Juifs du Reich – « des êtres humains de notre sphère culturelle », qu'il distinguait des « hordes bestiales indigènes » – et demanda des éclaircissements sur le sort des Juifs médaillés de guerre, mariés à des « Aryens » ou partiellement juifs (*Mischlinge*). Pressé par l'armée de terre de conserver les travailleurs juifs qualifiés, Hinrich Lohse, le commissaire du Reich pour le territoire de l'Est, voulut savoir si les considérations économiques pouvaient faire une différence dans le traitement des Juifs[114]. Il lui fut répondu sans tarder que les critères économiques n'avaient aucune valeur. Quels que fussent les inconvénients économiques, les Juifs devaient être éradiqués.

Selon toute apparence, la décision fondamentale d'exterminer les Juifs d'Europe avait maintenant été prise. Vraisemblablement le fut-elle le mois précédent, en novembre[115]. Ce mois-ci – et novembre était crucial dans le calendrier nazi en raison de ses liens avec la « honteuse » capitulation allemande de 1918 et avec l'« héroïsme » du putsch manqué de 1923 –, il semble que la calamité de 1918 et le destin des Juifs aient été largement présents à l'esprit de Hitler dans le contexte de la guerre en cours. Le 5 novembre au déjeuner, en présence de Himmler, il avait déclaré ne pouvoir permettre à des « criminels » de rester en vie alors que « les meilleurs » meurent au front. « Nous avons connu ça en 1918 », reprit-il, sans mentionner spécialement les Juifs. Mais il est peu probable qu'ils aient été loin de ses pensées. Ce soir-là, après le départ de Himmler, il se lança dans une longue tirade sur les Juifs. La fin de la guerre leur vaudrait la ruine, assura-t-il. Il termina sa diatribe par ces mots : « Nous pouvons nous passer des Juifs, mais ils ne peuvent vivre sans nous. Si cela se sait en Europe, un sentiment de solidarité naîtra rapidement. Pour l'heure, le Juif ne vit que de la destruction de celui-ci[116]. » Trois jours après, à Munich, s'adressant aux vétérans du parti à l'occasion du dix-huitième anniversaire du putsch, il fustigea les Juifs, présentés comme les instigateurs de la guerre. Jamais une coalition mondiale inspirée par les Juifs ne triompherait de l'Allemagne. Tel était son message : c'était la continuation du combat demeuré inachevé en 1918. L'Allemagne avait alors été flouée de la victoire. Il ne désigna pas les coupables, mais leur identité était évidente. « Ce n'était cependant que le début, le premier acte de ce drame. Le second et le finale vont maintenant s'écrire. Et cette fois nous reprendrons ce dont nous avons été floués[117]. » Le propos était allusif, indirect. Tout comme les propos qu'il adressa à son entourage habituel dans son QG de campagne pendant la nuit du 1er au 2 décembre, où il dit : « Qui détruit la vie s'expose à la mort. Il ne leur arrive pas autre chose. » Il parlait des Juifs[118]. Moins d'une semaine après, le fourgon à gaz de Chelmno, la première des installations de mort à entrer en activité, commençait son terrible travail.

Le moment se prêtait désormais à une clarification générale. Dans cette idée, le 29 novembre, Heydrich avait lancé des invitations aux responsables de l'administration civile les plus concernés par le changement de la politique envers les Juifs : plusieurs secrétaires généraux et un certain nombre de représentants SS. Hans Frank, le gouverneur général de la Pologne, et le chef SS de son domaine, Friedrich-Wilhelm Krüger, furent vite ajoutés à la liste, même si leur omission initiale laisse penser que le Gouvernement général – qui n'était pas destiné à accueillir de Juifs allemands déportés – ne devait pas être au cœur de la discussion. À l'évidence, il n'était donc pas question de révéler aux participants un programme détaillé de gazage de millions de Juifs dans des camps d'extermination situés dans cette région. La réunion ne devait pas davantage se pencher sur l'organisation précise des déportations : aucun spécialiste des transports n'avait été convié. En fait, les destinataires de l'invitation ne savaient pas grand-chose du but de la conférence.

Certains devinèrent, à juste titre, que le sort des *Mischlinge* serait à l'ordre du jour. Mais la formulation même de l'invitation donnait les indices les plus importants. Elle commençait par rappeler l'ordre que Heydrich avait théoriquement reçu de Göring le 31 juillet, puis enchaînait sur la nécessité d'« arriver à une vision commune entre les agences centrales impliquées » dans les « préparatifs organisationnels et techniques nécessaires en vue d'une solution d'ensemble de la question juive », affaire d'une « portée extraordinaire[119] ». Autrement dit, alors que l'organisation de la « solution d'ensemble de la question juive », déjà convenue en juillet, entrait dans sa phase cruciale, Heydrich devait une fois de plus asseoir son autorité, en sorte qu'elle ne souffrît plus aucune contestation. La réunion avait été fixée au 9 décembre. Les événements cruciaux intervenus au début du mois imposèrent son ajournement.

Le 5, la progression allemande s'arrêta par un froid intense, non loin de Moscou, alors que les Soviétiques lançaient une grande contre-offensive dévastatrice. L'idée même de déporter de grands nombres de Juifs en Union soviétique dans un avenir proche était désormais totalement illusoire. Il fallait abandonner les plans de déportation qui avaient inspiré les espoirs nazis de résoudre la « question juive » au cours de l'année écoulée. Deux jours plus tard, le 7, les Japonais bombardaient Pearl Harbor, amenant l'Allemagne à déclarer la guerre aux États-Unis le 11, et confirmant que le conflit était devenu réellement mondial. Le 12, on l'a vu, Hitler expliqua aux chefs du parti ce que cela signifiait pour les Juifs. Dans sa « prophétie » du 30 janvier 1939, il avait promis leur destruction en cas de nouvelle guerre mondiale. Suivit sa conclusion terrible : « La guerre mondiale est là. L'anéantissement des Juifs doit en être la conséquence nécessaire[120]. »

Ce n'était pas un ordre classique. Ni une décision explicite. Mais le signal ne laissait place au moindre doute. Ceux qui entendirent Hitler n'en savaient pas plus sur la *manière* dont les Juifs allaient être détruits. Mais ils n'avaient aucune illusion : la destruction *se ferait*, et maintenant, pendant la guerre, plutôt qu'une fois celle-ci gagnée. Tel était le message à faire passer aux subalternes occupant des postes clés dans les territoires occupés.

Hans Frank était de ceux qui écoutèrent Hitler le 12 décembre. Il regagna le Gouvernement général et, quatre jours après, répéta à ses subalternes ce qu'il avait entendu. Il reprit même quelques formules de Hitler. Il cita en particulier la « prophétie ». La guerre ne serait qu'un succès partiel si les Juifs d'Europe devaient y survivre, observa-t-il. Ils devaient disparaître. Il expliqua avoir engagé des négociations sur la déportation des Juifs à l'Est et fit état d'une grande réunion qui se tiendrait à Berlin à ce propos – allusion à la conférence de Heydrich, ajournée en raison des événements de début décembre. « En tout cas, poursuivit Frank, une grande migration juive va commencer. » Et il en arriva aux conséquences meurtrières : l'objectif était horriblement clair, si les moyens de l'atteindre ne l'étaient pas. « Mais que va-t-il advenir des Juifs ? demanda-t-il. Croyez-vous qu'on va les installer dans des villages de l'*Ostland* ? Ils nous ont dit à Berlin : Pourquoi nous donnez-vous tous ces tracas ? Nous ne pouvons rien en faire dans l'*Ostland* ni dans le Commissariat du Reich [l'Ukraine]. Liquidez-les vous-mêmes [...] ! Nous devons détruire les Juifs partout où nous les trouvons et partout où c'est possible. » Alors que Frank envisageait encore la déportation des Juifs du Gouvernement général à l'Est, on lui fit comprendre qu'il ne rimait à rien de les envoyer là-bas, tout en l'encourageant à recourir au meurtre de masse sur son propre territoire. Il n'avait encore aucune idée claire de la façon dont cela devait se faire. Il estimait le nombre de Juifs de sa région à 3,5 millions (demi-Juifs compris). « Nous ne pouvons pas exécuter ces 3,5 millions de Juifs, déclara-t-il, nous ne pouvons pas les empoisonner, mais nous devons être capables de prendre des mesures qui conduiront d'une manière ou d'une autre à la réussite de l'extermination[121]. » À ce stade, Frank ne savait manifestement rien d'un programme pour mener à bien la « solution finale de la question juive » sur le territoire même du Gouvernement général, plutôt que plus à l'est, et par des chambres à gaz installées dans un certain nombre de camps d'extermination. Mais le territoire soviétique étant désormais fermé aux déportations pour un temps indéterminé, cette nouvelle stratégie d'extermination allait précisément prendre forme au cours des semaines suivantes.

La réunion de Heydrich fut reportée au 20 janvier 1942. Elle se déroula dans un autre lieu, proche du Wannsee, un grand et beau lac de la périphérie de Berlin. Si l'éventail des participants avait légèrement changé, ceux-ci représentaient les mêmes intérêts. Depuis que Göring avait signé son mandat en juillet, bien des choses s'étaient passées. Et il y avait même eu des développements majeurs depuis l'envoi des premières invitations. Sur un plan tant organisationnel que technique, il ne s'agissait plus de préparer un plan de déportation en vue d'une réinstallation à l'Est, si meurtrier que ce projet eût été en pratique, mais de lancer un programme génocidaire cohérent pour exterminer les 11 millions de Juifs européens par des moyens qui restaient à préciser, ce qui nécessitait une coordination continentale. Par la suite, Eichmann révisa les minutes de la conférence pour en éliminer « certains passages trop explicites[122] ». Mais probablement Heydrich n'entra-t-il pas dans le détail des méthodes de tuerie. Nul ne doutait de ses intentions. Quand le représentant de Hans Frank à la conférence, le docteur Josef Bühler, son secrétaire d'État, demanda de commencer la « solution finale » en éliminant les Juifs du Gouvernement général (pour la plupart inaptes au travail, précisa-t-il) puisqu'il n'y avait pas vraiment de problèmes de transport et de main-d'œuvre, il saisit parfaitement les nouvelles possibilités de la tuerie de masse, et sur des sites plus rapprochés que le territoire soviétique[123]. Comme Hans Frank avait été averti, à l'automne, des discussions sur la construction de Belzec[124], on se doutait vraisemblablement de ce que ces possibilités pouvaient impliquer. Heydrich n'avait pas besoin d'en dire plus.

Quelques semaines après la conférence de Wannsee, en mars 1942, les chambres à gaz de Belzec, puis de Sobibor et de Treblinka commencèrent leurs macabres activités dans le Gouvernement général. Le plus grand camp de la mort, Auschwitz-Birkenau, en Haute-Silésie, allait aussi commencer à exterminer les Juifs en mars. Et c'est seulement au printemps qu'allait débuter la déportation des Juifs d'Europe occidentale vers les camps de la mort de la Pologne occupée[125]. La conférence de Wannsee n'était encore qu'une étape intérimaire de l'émergence de la « solution finale ». Mais si les arrangements de janvier 1942 n'en étaient qu'à un stade embryonnaire, la décision de tuer les Juifs d'Europe avait déjà été prise.

VI

Heinrich Himmler, le chef des SS, a été présenté comme l'« architecte » de la « solution finale[126] », tout comme son plus proche subalterne, Reinhard Heydrich, le chef de la Police de sécurité[127]. Mais l'autorité ultime n'appartenait ni à l'un ni à l'autre, pas plus que l'esprit qui inspira ce qui allait devenir la solution finale n'était celui de Himmler ou Heydrich. Si l'on veut filer la métaphore de la construction, on pourrait définir Himmler comme l'architecte de l'édifice meurtrier et Heydrich comme son maître d'ouvrage. Mais le commanditaire, l'inspirateur du projet, celui qui les avait mandatés l'un et l'autre, était Hitler.

Bien entendu, on ne saurait réduire la « politique d'anéantissement » dans toute sa complexité à une simple expression de la volonté de Hitler. De nombreux agents à travers le régime nazi, et pas simplement aux échelons supérieurs des SS, furent nécessaires pour que le génocide total apparût progressivement comme la « solution finale de la question juive ». La complicité fut amplement partagée. Hitler n'avait rien d'un « micro-manager ». Ce n'était pas son style. En tout état de cause, il n'avait nullement besoin de l'être. Il ne manquait pas d'hommes empressés à user au mieux de leurs talents pour mettre en pratique ce qu'ils croyaient être ses désirs. La radicalisation n'avait pas besoin d'être entretenue par un flot régulier d'ordres et de décrets de Hitler.

Malgré tout, à chacun des stades critiques d'élaboration de la politique, même dans les années 1930 – le boycott d'avril 1933, par exemple, les lois de Nuremberg en septembre 1935, le pogrom de novembre 1938 et ses suites –, l'autorisation de Hitler avait été nécessaire. Il en alla de même au cours de la guerre. La décision d'imposer aux Juifs le port de l'« étoile jaune » à compter de septembre 1941, tous les subalternes l'admettaient, ne pouvait venir que de Hitler. De même en allait-il de la décision, prise ce même mois, de déporter les Juifs du Reich – une décision qui, pour ainsi dire du jour au lendemain, intensifia considérablement les pressions génocidaires. Il est inconcevable que la décision de passer à l'extermination physique totale n'ait pas également requis l'autorisation de Hitler.

Himmler, Heydrich et les autres responsables impliqués dans la « solution finale » indiquèrent qu'ils agissaient en accord avec les désirs de Hitler, ou avec son aval. Alors que le programme d'extermination approchait de son apogée, pendant l'été 1942, Himmler déclara : « Les territoires occupés de l'Est sont en passe d'être débarrassés des Juifs. Le Führer a placé sur mes épaules la responsabilité de mettre en œuvre cet ordre très difficile[128]. » Les subalternes SS s'entendirent rappeler maintes fois, et ils n'en doutaient pas une seconde, qu'en mettant en œuvre la « solution finale » ils accomplissaient le « souhait du Führer[129] ». Et ils ne se trompaient pas.

Peut-être le « souhait » de Hitler n'a-t-il jamais été formulé, pas même à Himmler, sous la forme d'une directive précise, sans équivoque, adressée à une occasion particulière, de tuer les Juifs d'Europe. Il n'en aurait pas moins suffi à donner carte blanche au Reichsführer-SS pour mettre en œuvre la « solution finale ». Reste que Hitler fut directement impliqué dans les deux étapes clés de l'automne. La première fut la décision prise en septembre de déporter les Juifs du Reich à une époque où il n'y avait nulle part où les envoyer. De cette décision procédèrent les élans génocidaires qui se manifestèrent rapidement dans diverses régions, l'une après l'autre. Ils n'équivalaient pas encore à un programme, mais la direction était claire, la dynamique s'affirmait. La seconde étape fut la nouvelle impulsion donnée à la recherche d'une « solution finale » globale à la suite de la déclaration de guerre aux États-Unis et au début d'un conflit mondial prolongé en décembre. Il était évident que la déportation en territoire soviétique ne pourrait se faire avant plusieurs mois, voire pas du tout. Or la « solution finale » ne pouvait attendre. Quand Heydrich put organiser la conférence de Wannsee qu'il avait dû reporter, aucune décision fondamentale ne s'imposait. Ce n'était plus qu'une question d'organisation et de mise en œuvre.

Alors que la guerre la plus terrible de l'histoire, dont Hitler porte la responsabilité plus qu'aucun autre, approchait de sa fin terrifiante, le dictateur allemand s'efforça de justifier le conflit auprès de son entourage… et à l'intention de la postérité. Une fois encore, il recourut à sa « prophétie » : « J'ai combattu ouvertement les Juifs, déclara-t-il. Je leur ai donné un dernier avertissement au début de la guerre » – comme toujours, il datait à tort sa « prophétie » du début de la guerre. « Je ne les ai jamais laissés dans l'incertitude sur le fait que, s'ils devaient plonger à nouveau le monde dans la guerre, ils ne seraient pas épargnés : que la vermine serait définitivement éradiquée en Europe. » Il était fier de ce qu'il avait fait. « J'ai percé le furoncle juif, assura-t-il. La postérité m'en sera éternellement reconnaissante[130]. »

De toutes les décisions fatidiques que nous avons examinées dans les précédents chapitres, la décision de tuer les Juifs, s'étalant au fil de l'été et de l'automne 1941, est celle pour laquelle il est le moins possible d'imaginer des alternatives. Si l'invasion de l'Union soviétique s'était déroulée comme les dirigeants allemands l'avaient espéré, la « solution finale » telle que l'histoire l'a connue n'aurait pas pris cette forme particulière. Les champs de carnage eussent été très probablement concentrés essentiellement en Union soviétique, plutôt qu'en Pologne. Mais du moment que le régime nazi était au pouvoir et engagé dans la guerre, les Juifs eussent péri d'une manière ou d'une autre. Seuls auraient changé la méthode et le calendrier.

La décision de tuer les Juifs procédait d'un objectif antérieur, absolument intrinsèque au nazisme, et qui était de les « supprimer ». Depuis 1919, Hitler n'avait jamais perdu de vue cet objectif. Initialement, il ne passait pas par un anéantissement physique, même si cette voie était potentiellement présente, avant de se concrétiser au fil du temps. De cette façon, l'objectif de leur « suppression » était proto-génocidaire. Seule la « réussite » (d'un point de vue nazi) de l'expulsion des Juifs d'Allemagne avant le début de la guerre aurait pu empêcher, pour ces Juifs, la progression logique vers le génocide. Mais même en ce cas, l'expansion par la conquête qu'envisageaient les dirigeants nazis aurait inexorablement conduit – comme ce fut le cas – à faire tomber des masses de Juifs supplémentaires dans les griffes du IIIe Reich. La « suppression » de ces Juifs était impossible sans génocide, même si celui-ci était largement né des ravages délibérément imposés du travail servile, de la malnutrition et de la maladie. Seuls la prévention de la guerre (exclue par la politique d'apaisement), le renversement de Hitler de l'intérieur (mais la volonté manquait chez les élites allemandes) ou la défaite rapide de l'Allemagne hitlérienne aux premières étapes de la guerre (impossibilité totale en termes militaires) auraient pu empêcher cette issue. À défaut, l'unique autre chose qui aurait pu épargner aux Juifs leur sort effroyable eût été une meilleure préparation des Soviétiques les rendant capables de repousser une invasion allemande, d'imposer un règlement de paix de compromis, peut-être même en écartant Hitler du pouvoir. L'incompréhension de Staline élimina cette possibilité.

L'agression de l'Allemagne fut la principale cause de la seconde plongée de l'Europe dans la guerre en l'espace d'une génération. Ce fut aussi le détonateur crucial, pendant l'été 1940, de la spirale des événements qui suivirent, transformant au mois de décembre 1941 en guerre mondiale des conflits qui se déroulaient aux antipodes. Derrière cette agression se trouvait la « mission idéologique » qu'incarnait le personnage d'Adolf

Hitler. Et l'« élimination » des Juifs était inhérente à cette mission. Ainsi la guerre nazie contre les Juifs était-elle une composante centrale, au point d'en être inextricable, de la Seconde Guerre mondiale : le plus grand carnage que le monde ait jamais connu.

Épilogue

Les choses *auraient pu* tourner autrement. Le gouvernement britannique *aurait pu* choisir en mai 1940 de rechercher un règlement négocié avec Hitler. Les dirigeants allemands *auraient pu* concentrer leur attaque sur la Méditerranée et l'Afrique du Nord, plutôt que sur l'Union soviétique. Le Japon *aurait pu* décider de s'extraire de l'imbroglio préjudiciable de la Chine et de ne pas se lancer dans une expansion risquée dans le Sud. Mussolini *aurait pu* attendre la suite des événements avant de décider s'il valait la peine d'engager son pays dans la guerre et, en tout état de cause, il *aurait pu* éviter le désastre de la Grèce. Roosevelt *aurait pu* prendre le parti des isolationnistes et ne pas courir le risque politique d'aider la Grande-Bretagne pour en arriver au seuil de la guerre. Staline *aurait pu* entendre les nombreux avertissements et mieux préparer son pays à faire face à l'offensive allemande. Les Japonais *auraient pu* attaquer l'Union soviétique par l'est alors que les Allemands continuaient d'avancer à l'ouest. Hitler *aurait pu* s'abstenir de déclarer la guerre aux États-Unis, un ennemi qu'il ne savait comment vaincre.

En théorie, d'autres solutions existaient. Chacune d'elles aurait pu modifier le cours de l'histoire. Sur cette base, on pourrait échafauder un large éventail de scénarios imaginaires de type « et si… » : un jeu inoffensif mais qui détourne vainement de la question réelle de ce qui est arrivé et pourquoi. Car les précédents chapitres ont montré dans chaque cas pourquoi ces alternatives ont été écartées.

Au nombre des propositions les plus réalistes, il y avait la possibilité de voir la Grande-Bretagne lancer des coups de sonde en vue d'une paix négociée au printemps 1940. On ne pouvait l'écarter d'emblée vu le contexte immédiat de la catastrophe militaire en France, mais aussi l'empressement notoire de certaines figures de l'establishment britannique – dont, au cœur même du gouvernement, le secrétaire aux Affaires étrangères, lord Halifax – à envisager une telle issue, et la position de relative faiblesse, à cette date, du nouveau Premier ministre Winston Churchill. Cependant, quand les trois jours de débat du cabinet de guerre se conclurent enfin par la ferme décision de continuer le combat, ce fut sur la base d'un raisonnement argumenté, conduit par Churchill, mais accepté par la décision collective de toutes les personnes concernées, dont Halifax.

À l'autre extrémité du spectre, la décision de Hitler d'attaquer l'Union soviétique et la décision japonaise de s'étendre en Asie du Sud-Est furent des choix où les autres solutions avaient des chances infimes d'être acceptées, ou même d'être entendues.

Depuis près de vingt ans, Hitler jugeait la guerre contre l'Union soviétique vitale pour l'avenir de l'Allemagne. C'était *sa* guerre. Il avait souhaité engager l'épreuve de force cruciale avec le concours de la Grande-Bretagne, ou tout au moins sa tolérance. Celle-ci eût-elle capitulé en 1940 que l'attaque se serait certainement produite dans ces conditions. En réalité, il lui fallut compter avec l'hostilité continue de la Grande-Bretagne. Or, loin de réduire l'attachement à une guerre à l'Est dans un avenir proche, cela ne fit que l'intensifier. En 1940-1941, en effet, la fixation idéologique de Hitler se mêla à des considérations militaires et stratégiques pour déboucher sur la décision d'invasion. Des années durant, il avait justifié la décision d'une expansion sans délai en expliquant que le temps jouait contre l'Allemagne. Désormais, il pouvait faire valoir cet argument avec force. Il savait qu'à compter de 1942 les armes et les ressources américaines feraient pencher de plus en plus clairement la balance du côté de la Grande-Bretagne. Il n'avait encore aucun moyen de l'empêcher. Dans le même temps, en Europe centrale et orientale, il voyait se profiler une future menace soviétique pour la domination allemande (ce qu'il avait entendu en novembre 1940, lors de la visite de Molotov à Berlin, n'avait fait que le confirmer dans son point de vue).

Les préférences de certains responsables militaires allemands pour que la priorité fût donnée à l'Afrique du Nord et à la Méditerranée n'eurent aucun effet sur Hitler. La nature du régime allemand excluait toute solution de rechange fondée sur ces prémisses et allant contre la stratégie qui avait les faveurs de Hitler. Du point de vue de ce dernier, la décision d'attaquer et de détruire l'Union soviétique – entreprise qu'il souhaitait idéologiquement – s'imposait stratégiquement à lui. Il devait remporter la victoire à l'Est avant que Staline ne pût étayer ses défenses et que les Américains n'entrassent dans la guerre. Un triomphe rapide sur l'Union soviétique lui ouvrirait la route d'une victoire complète dans la guerre, obligeant la Grande-Bretagne à capituler, maintenant les Américains sur la touche et détruisant toute base permettant à l'URSS de lui contester à l'avenir la domination de l'Europe centrale et des Balkans.

Le choix japonais de l'expansion dans le Sud était tout aussi inflexible et, en l'occurrence, allait de pair avec une inflexibilité similaire à propos de la guerre en Chine. Dans une perspective japonaise, il n'y avait aucune autre solution. Le bourbier chinois ne permettait pas au Japon de se retirer sans subir une humiliation nationale. Plus les Américains s'incrustèrent en Chine, plus l'impasse fut évidente. Dans le même temps, l'attachement à l'expansion pour affermir le statut de grande puissance du Japon, avec une domination élargie pour asseoir les bases durables d'une suprématie assurée en Asie de l'Est, avait imprégné toutes les sections de l'élite, notamment l'armée de terre et la marine, et avait le soutien fervent d'une opinion publique manipulée. Là encore, il n'était pas possible de reculer. Le risque était gros. L'expansion en Asie du Sud-Est déboucherait axiomatiquement sur un affrontement non seulement avec la Grande-Bretagne, mais aussi et surtout avec les États-Unis dans le Pacifique. La dépendance extrême du Japon envers l'Amérique pour les matières premières, notamment le pétrole, augmentait considérablement le risque. Mais sans le pétrole des Indes orientales néerlandaises pour remplacer le pétrole américain, l'autosuffisance économique jugée essentielle à un statut de grande puissance resterait à jamais inaccessible. Le Japon demeurerait toujours dans un état de dépendance précaire envers les États-Unis. Quand le bouleversement de la situation européenne à la suite de la victoire allemande sur la France offrit ce qui avait tout l'air d'une occasion rêvée, aucun segment de l'élite au pouvoir ne s'y opposa. Collectivement, le gouvernement japonais choisit l'expansion impérialiste au sud, malgré les risques.

Quand un autre choix se profila, un court moment, à la suite de l'attaque allemande contre l'Union soviétique, ce fut celui d'une expansion au nord, contre le vieil ennemi russe. Dans ce cas, l'expansion méridionale n'eût été que temporairement différée. Quand l'alternative septentrionale fut rejetée, une attaque au nord paraissant trop prématurée pour procurer des bénéfices certains, l'avancée dans le Sud, qui avait les faveurs des éléments dominants dans la marine et l'armée de terre, fut à nouveau confirmée. Le choc avec les États-Unis devint alors inévitable. Quand bien même les dirigeants japonais avaient conscience qu'un tel choc se traduirait très probablement par un désastre national si la victoire n'était pas rapidement au rendez-vous, le prestige ne souffrait aucun recul, ni dans le Sud ni en Chine. Commençaient ainsi de se dessiner la route de Pearl Harbor, mais aussi celle de Hiroshima et Nagasaki.

Les risques colossaux que l'Allemagne et le Japon étaient disposés à prendre s'enracinaient au fond dans la conviction des élites dans les deux pays : l'expansion était impérative pour acquérir un empire et s'arracher à leur rang de nations « déshéritées ». Le grand défi tenait à la domination impérialiste de la Grande-Bretagne et à la puissance internationale (même sans empire formel) des États-Unis. La nécessité de contrer de toute urgence la disparité économique croissante, tout particulièrement la puissance matérielle toujours plus grande des États-Unis, qui avec le temps ne pouvait que jouer contre les nations « démunies », signifiait qu'il n'était pas question de retarder la quête de domination, qui était vue comme le fondement de la puissance nationale. Telle était la base des justifications invoquées par les élites au pouvoir en Allemagne et au Japon pour prendre des risques tels que l'enjeu en devint la survie même des nations. Comme les analystes américains l'avaient bien vu, la domination économique de la masse terrestre eurasienne par l'Allemagne et de l'Asie du Sud-Est par le Japon aurait miné la position des États-Unis en tant que puissance mondiale. C'était aussi certainement ce que présumaient Berlin et Tokyo. Dans la perspective des dirigeants allemands et japonais, c'était un risque qu'il fallait prendre.

De manière similaire, même si la vision était moins grandiose, les ambitions de Mussolini se nourrissaient d'un rêve impérial. Lui aussi était déterminé à surmonter des handicaps dont l'élite de l'Italie s'accordait largement à penser qu'ils tenaient à sa faiblesse de nation « déshéritée ». Les choix fatidiques de 1940 portent la marque de cet impératif. Pendant l'été 1940, alors que la victoire finale de l'Allemagne paraissait imminente, les élites dirigeantes de l'Italie (dont le roi), malgré certaines appréhensions, se laissèrent convaincre par le bellicisme de Mussolini. L'avantage d'entrer dans une guerre qui paraissait déjà gagnée l'emportait, sembla-t-il, sur les risques de se trouver impliqué dans une guerre à laquelle l'Italie était mal préparée.

S'agissant de la décision calamiteuse d'attaquer la Grèce, les élites étaient partagées. Les chefs militaires étaient prudents, conscients des risques courus. Mais l'opposition fut au mieux tempérée. Mussolini put compter sur leur docilité, sinon sur leur enthousiasme. Poussé par Ciano, son ministre des Affaires étrangères, le Duce voyait dans les Balkans, et dans la Grèce en particulier, la chance de créer un *imperium* italien, mais aussi de montrer à Hitler que rien ne l'obligeait à rester dans le sillage du dictateur allemand. Là encore, le prestige joua son rôle dans la course à la catastrophe. Mais la décision d'envahir la Grèce attendait son heure. Elle aussi procédait, en définitive, des vieilles ambitions – que Mussolini incarnait – d'une Italie qui voulait rejoindre les nations « nanties » pour devenir une « grande puissance » impérialiste.

Sa renversante erreur de jugement sur les intentions allemandes rétrécit considérablement l'éventail des options de Staline. Et compte tenu de la suprématie inattaquable de Staline au sein du régime soviétique, ses erreurs de calcul, comme celles de Hitler et de Mussolini, furent celles de tout un système. Du fait de sa suspicion paranoïde, un élément de longue date inhérent à son régime, les bons renseignements lui inspirèrent méfiance et incrédulité alors qu'il crut perversement (puisqu'elle le confortait dans son évaluation subjective) à la désinformation allemande délibérée. Dans le climat de peur et de méfiance qui imprégnait le régime, il fut aussi alimenté en évaluations faussées par ceux qui avaient en charge de trier les renseignements, eux-mêmes victimes du présupposé idéologique général suivant lequel l'intérêt des démocraties occidentales était de fomenter une guerre entre l'Allemagne et l'URSS – une idée encouragée avec succès par la campagne allemande de désinformation. La certitude de Staline que les Allemands n'attaqueraient pas avant d'avoir lancé un ultimatum agrémenté de plusieurs exigences sévères – peut-être un nouveau « Brest-Litovsk » – et qu'il pourrait gagner le temps nécessaire pour achever de reconstruire l'armée Rouge (gravement et inutilement affaiblie par les purges brutales qu'il avait lancées quelques années auparavant) l'amena, catastrophiquement, à faire fi de tous les avertissements et à admonester des conseillers militaires toujours plus inquiets. Eux-mêmes, à leur tour, étaient certains, d'après leurs justifications de l'après-guerre, que Staline, fût-ce au risque de provoquer les Allemands et alors même que le programme de réarmement frénétique n'était pas encore achevé, aurait pu mobiliser les défenses soviétiques afin de faire face à une invasion. Mais la stratégie des chefs militaires soviétiques, sur lesquels Staline s'appuyait, laissait aussi à désirer. Le déploiement des défenses soviétiques, non sur la frontière, mais en formations positionnées bien plus en profondeur, aurait évité la démolition rapide des forces du front dès le début de l'attaque allemande et créé les bases de contre-offensives organisées. L'immense percée initiale de la Wehrmacht aurait pu être ainsi évitée. Mais la stratégie militaire reposait depuis longtemps sur le principe que la meilleure forme de la défense était l'action offensive. Avec la certitude désastreuse que Staline avait d'avoir toujours raison, ce choix exposa l'Union soviétique à la calamité du 22 juin 1941.

Les choix de Roosevelt paraissent eux aussi plus ouverts en théorie qu'en pratique. Ses premiers penchants isolationnistes, en matière de politique étrangère, se dissipaient déjà à vue d'œil à la fin des années 1930, alors que le bellicisme allemand et japonais menaçait de plus en plus la paix mondiale… et les intérêts américains. Le Président devait compter avec le sentiment isolationniste de ses compatriotes, et plus encore du Congrès. La minorité isolationniste entretenait un tapage discordant. Mais elle n'avait pas de partisans au sein de l'administration. Chez les conseillers du Président – d'aucuns plus belliqueux, d'autres plus prudents –, l'unanimité régnait sur la nécessité de réarmer d'urgence et de renforcer les défenses américaines. On ne devait pas tarder non plus à reconnaître très largement la nécessité – là encore, dans l'intérêt de l'Amérique – de soutenir l'effort de guerre britannique et de se montrer ferme et résolu face à l'agression japonaise en Extrême-Orient. L'accord sur les destroyers, le prêt-bail, la Charte de l'Atlantique, la « guerre non déclarée » dans l'Atlantique et les « Dix Points » inflexibles de Cordell Hull – perçus comme un ultimatum au Japon – furent autant de développements logiques de ces prémisses, assez probables compte tenu de l'orientation de leur politique. À l'automne 1941, l'issue la plus évidente, par une déclaration officielle ou non, était la guerre, dans un avenir proche, contre le Japon et l'Allemagne.

Dès lors que le Japon eut pris les devants et épargné à Roosevelt les risques qu'impliquait le fait de demander au Congrès une déclaration de guerre, la confrontation directe avec l'Allemagne – toujours considérée comme le plus grand danger à Washington – ne pouvait probablement plus tarder. Là encore, l'empressement de Hitler à déclarer la guerre aux États-Unis soulagea Roosevelt d'un choix délicat relevant de la tactique politique. Or, loin d'être aussi irrationnelle et arbitraire qu'elle l'a souvent étrangement paru, cette décision était parfaitement logique du point de vue de Hitler. L'Amérique était de longue date un adversaire que l'Allemagne savait devoir affronter à un moment ou à un autre. À l'automne 1941, ses options se réduisaient au choix du moment pour ouvrir les hostilités. Pearl Harbor semblait lui donner une chance en or. Les nouveaux liens, plus contraignants encore, qui l'attachaient à un allié apparemment indomptable lui donnèrent l'occasion d'aller au-devant de l'inévitable et de déclarer la guerre pour retourner la situation dans l'Atlantique contre l'Amérique, alors qu'elle était occupée dans le Pacifique.

Au cours des mois précédents, Hitler avait ordonné la « solution finale » destinée à éliminer la présence juive en Europe. La guerre s'étant élargie, sans probabilité d'une victoire imminente de l'Allemagne, cette « solution finale » était apparue comme l'issue inexorable de l'escalade d'une persécution nazie au caractère était de plus en plus génocidaire. À la racine de la tragédie juive se trouvait l'obsession idéologique nazie, plus fervente chez Hitler que chez quiconque, de « supprimer » les Juifs afin de « nettoyer » la nation allemande et d'ouvrir la voie à un « ordre nouveau » racialement pur en Europe qui en finirait avec la domination séculaire des valeurs et croyances judéo-chrétiennes. En 1941, le choix ne portait ici que sur les méthodes et le lieu de la tuerie. À cette date, la gamme des choix s'était réduite aux techniques et à l'organisation du meurtre de masse.

Les choix fatidiques qui furent accomplis n'étaient ni prédéterminés ni évidents. En revanche, ils reflètent le genre de système politique qui les produisit.

Ce sont les systèmes autoritaires de style fasciste qui firent les choix les plus énergiques mais aussi les plus catastrophiques. En Allemagne comme en Italie avaient été mis en place des régimes fortement personnalisés dans lesquels la prise de décisions incombait à des chefs tout puissants. Ils pouvaient compter sur le soutien – ou tout au moins sur l'acceptation docile – de toutes les sections de l'élite du pouvoir. Leur suprématie reposait aussi sur l'acclamation plébiscitaire des masses, fabriquée et manipulée par la toxicité d'une propagande incessante et de la répression implacable de toute dissension. Dans ces systèmes, les dirigeants pouvaient choisir ou non d'écouter les conseils. Mais ils s'arrogeaient le droit – considéré comme la prérogative du chef – de décider seuls. En termes de gouvernement, cela leur laissait une liberté extraordinaire, mais grosse de risques qui étaient tout aussi démesurés, avec la possibilité inhérente de commettre des erreurs calamiteuses.

Depuis sa prise du pouvoir en 1933, la liberté d'action de Hitler s'était de moins en moins embarrassée de contraintes institutionnelles. Au début des hostilités, cette liberté était quasiment absolue. Il ne subsistait plus ne fût-ce qu'un semblant de gouvernement collectif. Le cabinet du Reich avait cessé de se réunir. Les forces armées étaient placées sous l'autorité directe de Hitler. Tous les organes vitaux du régime, notamment l'intégralité de l'appareil répressif, étaient entre les mains de séides. Même les sections des élites allemandes du pouvoir qui ne partageaient pas complètement la vision hitlérienne du monde en approuvaient les parties qui menaient à l'expansion, à la conquête et à l'instauration de la domination allemande du continent aux dépens de peuples brutalement assujettis, particulièrement ceux d'Europe de l'Est. Elles avaient partagé les triomphes de Hitler, avant tout et surtout la remarquable victoire de 1940 sur la France.

La position intérieure de Mussolini était par nature moins forte que celle de Hitler. Il n'était pas chef de l'État, et l'allégeance de l'armée (le fait se révéla décisif en 1943) allait en définitive au roi, non pas au Duce. Sa domination sur la scène intérieure n'en était pas moins incontestée. Tous les ministères importants étaient sous sa coupe. Le parti veillait sur la loyauté et était le principal vecteur du culte du Duce. Similaire au culte du Führer en Allemagne, celui-ci avait contribué à asseoir une suprématie personnelle qui avait fait de l'arbitraire des décisions un élément structurel du système fasciste. Au même titre que les calamiteuses décisions de Hitler qui valurent à son peuple des souffrances et un bain de sang immenses, le choix fatidique d'entrer en guerre, puis, sans préparation aucune, d'envahir la Grèce, fut donc le libre choix d'un individu tout-puissant en même temps que la conséquence de désastres directement issus du système.

Le système japonais avait maintes affinités avec le régime fasciste italien et le nazisme allemand. Mais il existait aussi des différences de taille. Aucune possibilité de décision arbitraire n'appartenait ici à un individu en particulier. Des six régimes examinés, il était à bien des égards la forme de gouvernement la plus manifestement collective. Si l'empereur était davantage qu'une figure de proue, il n'avait pas de pouvoirs dictatoriaux ou véritablement régaliens qui lui auraient permis d'imposer des décisions à son pays. Il n'essaya pas non plus de le faire. Parfois, avec quelque hésitation, voire craintivement, il appuya plutôt les décisions de son gouvernement. La majesté impériale supposait qu'il fût le dernier ressort du consensus du régime, non pas qu'il prît le risque d'affronter son gouvernement, encore moins son armée. La position de celle-ci était en fait le talon d'Achille du régime. Constitutionnellement soumises au seul empereur et non au gouvernement civil, les forces armées jouissaient d'un large degré d'autonomie dans l'élaboration de la politique nationale. Les ministres qui avaient des démêlés avec l'armée étaient vite évincés, sinon assassinés. Le Premier ministre devait donc largement se plier aux volontés des forces dominantes dans l'armée de terre et la marine. Et, en raison d'une particularité du système japonais, celles-ci étaient largement sous l'influence des vues exprimées par les factions d'officiers situées au milieu de la hiérarchie.

En réalité, toutefois, les pressions de la base s'exerçaient dans le cadre des paramètres idéologiques rigides de la quête d'une grandeur nationale reposant sur l'expansion, la conquête et la domination. La stratégie et la tactique permettant d'atteindre ces objectifs pouvaient susciter des débats enflammés. Les objectifs eux-mêmes n'étaient pas contestés. Le gouvernement collectif était donc attaché aux mêmes fins inflexibles. Et, tout comme en Allemagne et en Italie, le prestige national avait un poids peu commun dans les décisions capitales. Tout ce qui pouvait faire perdre la face ne pouvait qu'être unanimement rejeté. En définitive, le système japonais de décision collective opérait de manière analogue au système individualiste de l'Allemagne et de l'Italie. Le système était naturellement porté à prendre de gros risques plutôt qu'à se rabattre sur un compromis jugé humiliant qui minerait les objectifs idéologiques centraux et illustrerait la faiblesse – et non la force – nationale.

Le pari que fit Staline en supposant que Hitler n'attaquerait pas en 1941 était d'une autre nature. Mais sa grave erreur de jugement reflétait aussi son système de gouvernement. Comme dans l'Allemagne hitlérienne, la personnalité du chef était devenue un facteur déterminant du système. La terreur et les purges avaient sapé la stabilité bureaucratique et l'efficacité militaire. Comme en Allemagne, les organes collégiaux de gouvernement étaient érodés depuis longtemps. En quelques années, le plus important d'entre eux, le Politburo, s'était réuni de moins en moins souvent. Et même quand il siégeait, il n'était qu'un vecteur du pouvoir personnel de Staline. La peur, l'intimidation, la servilité et la flagornerie sévissaient jusqu'aux plus hauts échelons du régime. Autrement dit, rien ne pouvait contrebalancer les appréciations de Staline. Ici aussi, le chef jouissait donc d'une autonomie de décision peu commune, même dans les régimes autoritaires.

Le contraste était prononcé avec les deux systèmes démocratiques de la Grande-Bretagne et des États-Unis. Ici, la machine bureaucratique établie de longue date et bien huilée qui encadrait les choix politiques du gouvernement, permettant une évaluation rationnelle des risques et des avantages, ne laissait guère de place à la décision arbitraire. En revanche, le fonctionnement des deux systèmes accusait quelques divergences.

Même si tous les membres ne pesaient pas du même poids, le cabinet de guerre britannique, en mai 1940, était réellement une instance collective. Churchill avait pour lui la dignité de ses fonctions de Premier ministre. Mais il était nouveau à ce poste, et à cette époque certains éléments, y compris dans son parti (qu'il ne dirigeait pas encore), le considéraient avec un certain scepticisme quand ils ne le désavouaient pas franchement. Il n'était pas question pour Churchill de dicter sa politique, et il devait accepter l'importance que conservaient les deux poids lourds du précédent gouvernement, Chamberlain et Halifax, alors que les deux membres travaillistes, Attlee et Greenwood, ne pesaient pas encore d'un grand poids. Il eut gain de cause grâce à la rigueur de son argumentation et à la force de sa personnalité. Même dans l'extrême gravité de la situation, la décision avait été le fruit d'un débat rationnel. Halifax et Chamberlain, comme Churchill, avaient avancé des calculs raisonnés. Les paramètres idéologiques étaient aussi clairs que dans le cas des systèmes autoritaires, et tous les acceptaient. Mais ils étaient de nature défensive :

défendre l'indépendance nationale de la Grande-Bretagne et préserver son empire. Churchill et Halifax ne divergeaient que sur les moyens d'atteindre ces fins. Et au terme du débat, Halifax ne fit aucune objection à la décision prise, alors même qu'elle allait contre sa suggestion. Dès lors, la position de Churchill, fondée sur son exploitation du « miracle de Dunkerque » pour les besoins de la propagande, ne fit que se renforcer. Sa domination au sein du cabinet fut bientôt assurée. Comme il était également ministre de la Défense, la balance pencha du côté du Premier ministre plutôt que d'un gouvernement franchement collégial. La personnalité de Churchill le poussait à intervenir – ou à s'immiscer – dans les affaires militaires, à la grande irritation de ses chefs d'état-major et de ses commandants. Mais son sens de la responsabilité collective du gouvernement demeura. Lors du sommet de Placentia Bay, en août 1941, Roosevelt s'étonna de voir Churchill éprouver le besoin de télégraphier à ses collègues du cabinet, à Londres, afin d'obtenir leur aval. Certains membres du cabinet du Président n'étaient même pas au courant de ce que Roosevelt faisait à l'époque.

À la différence de la forme britannique de gouvernement, le système présidentiel américain ne reposait pas sur la responsabilité collective des décisions. Le cabinet de Roosevelt était un organisme consultatif. Certains membres de son administration étaient des hommes d'expérience et leurs points de vue avaient du poids. Hull et Welles au département d'État, Morgenthau au Trésor, Stimson et Marshall pour l'armée de terre, Knox et Stark pour la marine, chacun avec son équipe d'experts, étaient en bonne place parmi ceux qui avaient l'oreille du Président. Mais Roosevelt décidait seul. Comme l'avaient voulu les auteurs de la Constitution, les contrepoids ne venaient pas du sein de l'exécutif, mais du pouvoir législatif. Roosevelt se sentait – et c'était une réalité – contraint par le Congrès comme jamais Churchill ne le fut par le Parlement britannique.

Derrière le Congrès, il lui fallait prendre en considération l'opinion publique. Parmi les six systèmes examinés, celui des États-Unis était le seul où l'opinion des citoyens ordinaires fût un facteur de première importance dans la prise de décision. En

Grande-Bretagne, l'opinion publique ne compta pour rien dans la décision cruciale de mai 1940. Par la suite, elle fut amplement canalisée par le gouvernement tout en continuant de peser peu, sinon pas du tout, dans la prise de décision. Le moral importait davantage que l'opinion. Et la rhétorique vibrante de Churchill durant l'été 1940, liée aux signes extérieurs d'une nation relevant le défi en déjouant les attaques de la Luftwaffe dans la « bataille d'Angleterre » et en faisant échec à l'invasion des forces hitlériennes, veilla à le maintenir élevé : c'est là un facteur qu'il ne faut pas sous-estimer, surtout en comparaison de ce qu'il avait été sous son prédécesseur ou de ce qu'il aurait pu être sous un autre Premier ministre. Dans les quatre variantes de régime autoritaire étudiées, l'opinion exprimée en public était le fruit du travail et des incitations de la propagande et de l'endoctrinement. Son rôle était d'apporter un soutien plébiscitaire à l'action du régime, de dissuader les velléités d'opposition et, à l'occasion, de faire pression pour encourager les chefs à aller dans la direction où ils souhaitaient de toute manière aller. Les États-Unis étaient le seul pays où l'opinion publique ait eu une influence marquée sur l'action de l'exécutif. Depuis l'été 1940 jusqu'à Pearl Harbor, et même jusqu'à la déclaration de guerre allemande quatre jours plus tard, Roosevelt se crut obligé d'avoir l'opinion publique de son côté. Il pouvait la manipuler à travers ses « causeries au coin du feu » et autres allocutions ; il ne pouvait en faire abstraction. Sa politique, au cours de ces mois cruciaux, fut largement déterminée par la nécessité de préparer l'opinion à une chose dont elle ne voulait pas et qu'il avait solennellement promis d'éviter : envoyer des troupes américaines combattre dans une nouvelle guerre en Europe.

Sans les personnages dont les noms ont dominé les pages qui précèdent – Hitler, Staline, Mussolini, Konoe et Tojo, Churchill et Roosevelt –, le cours de l'histoire eût été différent. Mais à quel point ? Le rôle de l'individu par rapport aux déterminants impersonnels et extérieurs du changement est une perpétuelle énigme de l'interprétation de l'histoire. En un sens, on est en présence d'une fausse dichotomie. On l'a vu dans les chapitres précédents, les individus ne sont pas détachés des forces impersonnelles qui conditionnent leurs actions. La force et le potentiel économiques relatifs étaient l'une de ces forces, laquelle imposait à son tour des contraintes à la mobilisation des ressources et de la main-d'œuvre. La conduite de l'ennemi en était une autre. Celle-ci ne pouvait être anticipée que par la collecte de renseignements et leur interprétation. Dans chacun des cas étudiés, pourtant, les gouvernements disposaient d'informations déficientes et/ou en firent un usage lamentable. Les meilleures sources de renseignements – les Américains qui réussirent avec le système MAGIC à briser les codes japonais – ne purent empêcher Pearl Harbor. Dans tous les cas, les gouvernements durent réagir à des circonstances imprévisibles. Ce fut notamment le cas des gouvernements (Grande-Bretagne, États-Unis et Union soviétique) qui réagissaient défensivement aux initiatives stratégiques de l'Allemagne, de l'Italie et du Japon.

Une autre force impersonnelle agissait cependant au sein de chaque système de gouvernement. La planification et l'évaluation bureaucratiques des politiques proposées contribuaient à « pré-conditionner » les décisions, souvent à l'issue de batailles d'influence et de conflits autour de l'allocation des ressources au sein des organisations. Mais leur champ était plus large dans les systèmes démocratiques – bien que structurés différemment – de la Grande-Bretagne et des États-Unis, comme dans l'étrange forme d'« autoritarisme collégial » du Japon, qu'en Allemagne, en Italie ou en Union soviétique, où les bureaucraties n'étaient que les instruments de la dictature.

Malgré l'existence de ces déterminants externes et internes, les individus au centre de notre enquête ne furent pas des chiffres ou de simples « façades ». Leur apport ne se réduit pas purement et simplement à la représentation personnalisée de ces forces. À court terme, certainement, le changement historique résulte invariablement de l'interaction de déterminants extérieurs et d'individus agissant. Les choix fatidiques examinés au fil de ces pages en donnent d'abondantes illustrations.

Les personnages jouissant de la plus grande autonomie politique étaient les dictateurs de l'Allemagne, de l'Italie et de l'Union soviétique. D'autres dirigeants, à leur place, auraient pu prendre d'autres décisions, évitant les jugements désastreux dont ils portent la responsabilité. Göring à la chancellerie du Reich aurait-il choisi d'attaquer l'Union soviétique ? Badoglio, Premier ministre, aurait-il décidé d'envahir la Grèce ? Malenkov au secrétariat général aurait-il rejeté l'avalanche d'avertissements à propos d'une offensive allemande ? Poser ces questions, ce n'est pas seulement avancer des scénarios peu probables, c'est aussi s'aventurer dans un domaine de conjectures sans réponses possibles. Mais cela souligne combien les personnalités de Hitler, Staline et Mussolini étaient indispensables à leurs actions. Leurs choix fatidiques furent directement déterminés par le type d'individus qu'ils étaient. En même temps, ils ne s'inscrivent pas dans le vide comme de simples caprices arbitraires de leur personnalité. Ce sont des choix qui étaient « pré-conditionnés » et se pliaient à certaines contraintes extérieures.

Les fixations idéologiques en étaient une partie importante, au même titre que les actions des autres, sur lesquelles ils n'avaient aucune prise. Dans le cas de Hitler, le sentiment que le passage du temps jouait inexorablement contre l'Allemagne – appréciation fondée – le poussa à lancer l'« opération Barbarossa » et à déclarer la guerre à l'Amérique. Mussolini, aussi, était soumis à de très fortes pressions, en l'occurrence pour se forger un empire en Méditerranée et dans les Balkans avant qu'il ne fût trop tard et que l'Allemagne ne l'eût totalement éclipsé. Quant à Staline, sa limite était l'état de son armée et le fait qu'il savait ne pas être prêt à affronter l'Allemagne avec les forces nécessaires avant 1942, ce qui le conforta dans son sentiment qu'il devait éviter toute provocation de nature à conduire Hitler à déclencher l'invasion avant cette date. Dans chaque cas, ces individus ont fait l'histoire, quoique, pour adapter une réflexion de Karl Marx, pas dans les circonstances de leur choix.

À l'autre extrême, la personnalité du Premier ministre japonais n'était pas d'une importance capitale dans l'élaboration des décisions politiques. Konoe et Tojo étaient certainement des personnalités très différentes. À l'automne 1941, Konoe eût été disposé à se donner beaucoup de peine afin d'apaiser les États-Unis, tandis qu'un Tojo intransigeant refusa toute espèce de concession aux exigences américaines. Mais tous deux s'étaient préalablement engagés dans la même politique d'expansion en Asie du Sud-Est tout en poursuivant une guerre d'usure en Chine. Du jour où Konoe se montra disposé à reculer outre mesure, on put se passer de lui. Matsuoka, l'homme fort de la vie politique japonaise, avait déjà quitté la scène quand sa tentative originale pour renverser l'ordre des priorités le plaça hors du consensus dominant sans parvenir à lui rallier des soutiens, et lui valut de puissantes inimitiés impatientes de provoquer sa chute. Vu la nature consensuelle de la formation de décisions émanant des plus puissantes factions militaires, le champ laissé à l'individu était nécessairement réduit.

Dans les démocraties différemment structurées, le rôle de l'individu dans l'élaboration des choix fatidiques était plus grand qu'au Japon, quoique vraisemblablement moins crucial que dans les dictatures. Comme les dictateurs, les dirigeants des démocraties agissaient sur la base de systèmes idéologiques de croyances largement acceptés. En fait, l'attachement idéologique – en l'occurrence, aux libertés démocratiques ainsi qu'aux structures sociales et politiques qui les étayaient – était très certainement plus profondément et largement enraciné que les valeurs fascistes et militaristes de l'Allemagne, de l'Italie et du Japon ou que la vision du monde communiste de l'Union soviétique.

Sans Churchill, le cabinet britannique, en mai 1940, aurait bien pu faire un choix différent, avec des conséquences imprévues. Halifax et Churchill poursuivaient tous deux les mêmes fins : survie nationale et indépendance. Mais la politique choisie par Halifax aurait pu inaugurer une trajectoire différente, et probablement l'aurait-elle fait, avec des effets bien plus dommageables pour la Grande-Bretagne. Le pays eut donc la chance peu commune d'avoir pour Premier ministre Churchill, plutôt que Halifax. La personnalité comptait. Mais aussi la discussion raisonnée. Il ne pouvait en aller autrement. Churchill n'était pas encore le héros national qu'il devint par la suite, quand sa personnalité fut assurément un facteur d'importance capitale dans l'effort de guerre britannique.

De même, on ne saurait guère surestimer la valeur du rôle personnel de Roosevelt. Reste que n'importe quel président, à l'époque, se serait trouvé confronté au dilemme qui fut le sien. Son adversaire à l'élection présidentielle de 1940, Wendell Willkie, personnage dynamique à la personnalité séduisante, n'était pas isolationniste. Il n'était pas moins ferme que le Président sur la nécessité pour l'Amérique de combattre les dangers pour les intérêts américains venant d'Europe et du Japon. La politique d'aide à la Grande-Bretagne avait ses faveurs. En Grande-Bretagne, certains pensaient alors qu'il réussirait sans doute mieux que Roosevelt à mobiliser l'industrie américaine. Comme Roosevelt, Willkie aurait dû louvoyer pour aider la Grande-Bretagne sans pour autant s'aliéner l'opinion de la population et du Congrès. Mais s'en serait-il aussi bien tiré que Roosevelt ? Avait-il l'expérience – et la finesse politique – nécessaire pour y réussir aussi bien que le Président ? Se serait-il suffisamment libéré du lobby isolationniste au sein du parti républicain (qui l'avait persuadé de dénoncer l'accord sur les destroyers) ? Était-il capable du détachement nécessaire qui avait permis d'imaginer l'idée du prêt-bail ? Aurait-il su créer avec Churchill le lien vital si important pour forger une alliance ? Sur tous ces points, le scepticisme est justifié. La personnalité de Roosevelt est tout aussi importante que celle de Churchill pour le style de gouvernance qui fut le sien, pour les choix fatidiques qu'il accomplit et la façon dont il les fit.

Les choix auxquels ces deux hommes furent confrontés entre mai 1940 et décembre 1941 étaient peu enviables. À chaque fois, les enjeux étaient énormes. Si la postérité a le sentiment d'un cours des événements inéluctable, tel n'était pas le cas à l'époque. Les choix des dirigeants de l'Allemagne, de l'Union soviétique, de l'Italie, du Japon, de la Grande-Bretagne et des États-Unis au cours de ces dix-neuf mois ont changé le monde.

La guerre mondiale fit rage près de quatre années encore après les événements étudiés ici. Les pertes colossales, du fait des combats et du génocide, augmentèrent considérablement. Pendant plus de deux ans, entre l'été 1940 et l'automne 1942, l'issue fut loin d'être acquise. Hitler et les dirigeants japonais savaient qu'ils auraient toutes les chances contre eux en cas de guerre longue. La suite leur donna raison. Mais il s'en est fallu de peu. La course fut bien plus serrée qu'on ne le présume souvent. Finalement, mais uniquement à partir de 1943, la défaite de l'Axe pointa à l'horizon : une lueur d'abord vague, puis plus lumineuse et pour finir éclatante. L'association improbable d'une machine de combat soviétique indomptable avec les ressources et la détermination américaines sans limites finit par assurer la victoire en Europe et en Extrême-Orient. Le courage et la ténacité des forces armées britanniques et de celles de l'empire apportèrent également une contribution indispensable à la défaite du nazisme et du militarisme japonais. Mais pour une Grande-Bretagne meurtrie et en faillite, ce fut son dernier rôle de puissance mondiale. La liquidation de l'Empire britannique suivit, progressivement mais inexorablement. Les décennies suivantes devaient appartenir aux nouvelles superpuissances, aux vainqueurs de la guerre : les États-Unis et l'Union soviétique. Les bases d'une autre superpuissance future, la Chine, furent jetées peu après la fin du grand conflit dans le sillage des bouleversements d'Extrême-Orient. Ensemble, les dirigeants allemands et japonais avaient accouché d'un monde aux antipodes de ce pour quoi ils avaient lutté. Si gigantesque qu'en fût le coût, il en valait la peine pour s'assurer que le monde qu'ils avaient voulu ne verrait jamais le jour.

Notes

Remerciements

1. En français, cf. Laurence Rees, *Auschwitz. Les nazis et la Solution finale*, trad. de l'anglais par P.-E. Dauzat, Paris, Albin Michel, 2005 [*N.d.T.*].

Choix fatidiques
Prologue

1. Sur cette expression, invention du diplomate George Kennan au temps de la guerre froide, voir Hans-Ulrich Wehler, « Die Urkatastrophe. Der Erste Weltkrieg als Auftakt und Vorbild für den Zweiten Weltkrieg », *Der Spiegel*, 8, 16 février 2004, repris in Stephan Burgdorff et Klaus Wiegrefe (dir.), *Der Erste Weltkrieg. Die Urkatastrophe des 20. Jahrhunderts*, Munich, 2004, p. 23-35.

2. Sur l'échelle de la mortalité, voir Niall Ferguson, *The War of the World. History's Age of Hatred*, Londres, 2006, p. XXXIV-XXXV, 649-650 ; et Norman Davies, *Europe. A History*, Londres, 1996, p. 1328-1329, où les estimations des pertes de la Seconde Guerre mondiale sont probablement sous-évaluées.

3. Pour un magnifique tableau de l'héritage de la guerre sur le continent européen, voir l'ouvrage magistral de Tony Judt, *Postwar. A History of Europe since 1945*, Londres, 2005 ; *Après-guerre. Une histoire de l'Europe depuis 1945*, trad. de l'anglais par P.-E. Dauzat, Paris, Armand Colin, 2007.

4. Le mot est une invention du juriste polonais Raphael Lemkin en 1944 et fut employé dans l'acte d'accusation des grands criminels de guerre allemands un an plus tard et consacré dans la convention des Nations unies en 1948 (Leo Kuper, *Genocide. Its Political Use in the Twentieth Century*, Harmondsworth, 1981, p. 19-23 ; Michael Mann, *The Dark Side of Democracy. Explaining Ethnic Cleansing*, Cambridge, 2005, p. 17).

5. Gerhard L. Weinberg, *A World at Arms. A Global History of World War II*, Cambridge, 1994, p. 186, exprime des sentiments identiques quand il observe que les « cinq années de guerre suivantes [après septembre 1940] allaient voir l'accomplissement des décisions prises dans les derniers mois de sa première année »,

même si cette compression chronologique omet quelques décisions spectaculaires et fondamentales prises au fil des mois suivants et examinées dans d'autres chapitres de ce livre.

6. Pour un appel à minimiser le rôle des chefs de gouvernement comme « acteurs rationnels » dans la prise des décisions vitales de politique étrangère tout en soulignant la structuration des choix politiques par l'intervention des bureaucraties gouvernementales et les jeux d'influence des groupes concurrents au sein d'un système, cf. Graham T. Allison, *The Essence of Decision. Explaining the Cuban Missile Crisis*, Boston, 1971.

7. Frank Freidel, *Franklin D. Roosevelt. A Rendezvous with Destiny*, Boston, 1990, p. 348-349.

8. Voir David Reynolds, *In Command of History. Churchill Fighting and Writing the Second World War*, Londres, 2004, p. 169-173, sur la manière dont Churchill dissimula les divisions qui se manifestèrent au cours des discussions du cabinet de guerre à la fin du mois de mai 1940 et, plus généralement, pour une excellente analyse de la construction de ses Mémoires de guerre et de leur influence sur les visions ultérieures du conflit.

9. Le rapport de forces économique ne bascula inexorablement au profit des Alliés qu'en 1942, tandis que leur supériorité devint écrasante à partir de 1943. Voir Mark Harrison (dir.), *The Economics of World War II. Six Great Powers in International Comparison*, Cambridge, 1998, notamment le chapitre introductif du maître d'œuvre, « The Economics of World War II. An Overview », p. 1-42 ; et I.C.B. Dear et M.R.D. Foot (dir.), *The Oxford Companion to the Second World War*, Oxford, New York, 1995, p. 1060-1062.

10. Richard Overy, *Why the Allies Won*, Londres, 1995, notamment p. 314-325, insiste lourdement sur le fait que les puissances de l'Axe auraient fort bien pu sortir victorieuses de la Seconde Guerre mondiale.

1. Londres, printemps 1940
La Grande-Bretagne décide de poursuivre le combat

1. Winston S. Churchill, *The Second World War*, vol. 2, *Their Finest Hour*, Londres, 1949, p. 157 (et propos analogues p. 199). Voir David Reynolds, *In Command of History. Churchill Fighting and Writing the Second World War*, Londres, 2004, p. 169.

2. En fait, une inadvertance se solda par la reconnaissance tacite que ce problème avait bel et bien été abordé. Le texte du télégramme que Churchill adressa au président du Conseil français, Paul Reynaud, le 28 mai 1940, contenait la phrase suivante : « Dans la formule préparée dimanche dernier par lord Halifax, il était suggéré que, si Signor Mussolini voulait bien coopérer avec nous pour trouver un règlement de toutes les questions européennes qui préserverait notre indépendance et formerait la base d'une paix juste et durable pour l'Europe, nous serions prêts à discuter de ses prétentions en Méditerranée » (Churchill, *The Second World War*, vol. 2, p. 110). Voir Reynolds, *In Command of History*, p. 171-172, pour la bévue éditoriale qui laissa subsister cette allusion à des événements dont Churchill avait voulu effacer toute trace dans le corps du texte.

3. « Cato » [Frank Owen], *Guilty Men*, Londres, 1940. Et voir Peter Clarke, *Hope and Glory. Britain 1900-1990*, Londres, 1996, p. 198.

4. Zara Steiner, *The Lights that Failed. European International History 1919-1933*, Oxford, 2005, p. 25-27.

5. Voir Clarke, p. 128-134.

6. Charles Loch Mowat, *Britain between the Wars, 1918-1940*, Londres, 1956, p. 259-262.

7. Voir A.J.P. Taylor, *English History 1914-1945*, Harmondsworth, 1970, p. 330.

8. Steiner, p. 609.

9. Martin Gilbert, *Winston S. Churchill*, vol. 5 : *1922-1939*, Londres, 1976, p. 76.

10. Voir la remarquable biographie de Jonathan Wright, *Gustav Stresemann. Weimar's Greatest Statesman*, Oxford, 2002, p. 301-307 et chapitre 8.

11. Cité in R.A.C. Parker, *Chamberlain and Appeasement. British Policy and the Coming of the Second World War*, Londres, 1993, p. 37.

12. *Ibid.*, p. 38-39.

13. *Ibid.*, p. 43.

14. Ian Kershaw, *Making Friends with Hitler. Lord Londonderry and Britain's Road to War*, Londres, 2004, p. 105.

15. Voir Parker, *Chamberlain and Appeasement*, p. 272-293 ; et pour la priorité donnée au réarmement aérien et une comparaison des dépenses consacrées aux trois armes, N.H. Gibbs, *Grand Strategy*, vol. 1, *Rearmament Policy*, Londres, 1976, p. 532.

16. Cité in Parker, *Chamberlain and Appeasement*, p. 66.

17. *Ibid.*, p. 65.

18. *Ibid.*, p. 69.

19. Voir John Charmley, *Churchill. The End of Glory. A Political Biography*, Londres, 1993, p. 344, également à propos du scepticisme quant à l'impact dissuasif probable d'une « grande alliance ».

20. Cité in Parker, *Chamberlain and Appeasement*, p. 252.

21. Birmingham University Library, Neville Chamberlain Papers, NC18/1/1158, 25 mai 1940.

22. Parker, *Chamberlain and Appeasement*, p. 184.

23. Winston S. Churchill, *The Second World War*, vol. 1, *The Gathering Storm*, p. 292 (où il signale que ses propos suscitèrent une protestation nourrie et prolongée à la Chambre des communes) ; cité in R.A.C. Parker, *Churchill and Appeasement*, Londres, 2000, p. 187.

24. Cité in David Irving, *Churchill's War*, vol. 1, *The Struggle for Power*, Bullsbrook (Australie), 1987, p. 9.

25. Taylor, *English History, 1914-1945*, p. 321.

26. Thomas Jones, *A Diary with Letters 1931-1950*, Londres, 1954, p. 204. « Vous êtes le seul capable de retenir Winston, qui est terriblement précieux, mais qui n'est pas fiable à 100 % », déclara lord Hankey, ministre sans portefeuille au sein du cabinet de guerre, à Chamberlain, la veille de sa démission (Churchill Archives Centre, HNKY 4/32, 9 mai 1940).

27. N.J. Crowson, *Facing Fascism. The Conservative Party and the European Dictators 1935-1940*, Londres, 1997, p. 185.

28. Parker, *Churchill and Appeasement*, p. 143-144, 224-225.

29. Keith Feiling, *The Life of Neville Chamberlain*, Londres, 1946, p. 424.

30. Kershaw, *Making Friends with Hitler*, p. 300-301.

31. *The Diaries of Sir Alexander Cadogan 1938-1945*, David Dilks (éd.), Londres, 1971, p. 221-224 (7-12 octobre 1939) ; Christopher Hill, *Cabinet Decisions on Foreign Policy. The British Experience, October 1938 - June 1941*, Cambridge, 1991, p. 115-126, 144. Mais la porte était loin d'être fermée à un règlement négocié sur la base de conditions acceptables. Plus tard, en octobre, la nouvelle parvint aux Allemands que R.A. Butler, sous-secrétaire au Foreign Office, l'avait dit clairement aux ambassadeurs soviétique et italien à Londres (Das Politische Archiv des Auswärtigen Amtes, Berlin, R29570, Fiche-Nr. 187, Frames 169830, 169847).

32. Churchill, *The Second World War*, vol. 1, p. 494.

33. *Ibid.*, p. 526.

34. Voir surtout Andrew Roberts, « *The Holy Fox.* » *The Life of Lord Halifax*, Londres, 1997, p. 195 *sq*.

35. Churchill, *The Second World War*, vol. 1, p. 601.

36. Charmley, p. 399-400.

37. *Chips. The Diaries of Sir Henry Channon*, Robert Rhodes James (éd.), Londres, 1967, p. 252 (13 mai 1940). Et voir Charmley, p. 396. Le manque de chaleur initial pour Churchill sur les bancs des conservateurs oblige à nuancer le propos de Hill, quand il observe (p. 170) qu'un nouveau Premier ministre pouvait traditionnellement compter sur un soutien et que Churchill commença avec la légitimité d'un homme qui avait prôné de longue date le réarmement et s'était opposé aux accords de Munich.

38. Churchill lui-même n'était pas sûr que son gouvernement durerait. Voir David Dilks, « The Twilight War and the Fall of France. Chamberlain and Churchill in 1940 », *Transactions of the Royal Historical Society*, 5e serie, 28, 1978, p. 81.

39. Roberts, p. 208 ; John Lukacs, *Five Days in London. May 1940*, New Haven, Londres, 2001, p. 14 (en français, *Churchill, Londres, mai 1940*, trad. de l'anglais par A. Tillier, Paris, Odile Jacob, 2002) ; Taylor, *English History, 1914-1945*, p. 579.

40. Birmingham University Library, Neville Chamberlain Papers, NC18/1/1155 (11 mai 1940). Churchill avait en fait écrit le 10 mai, le jour même de sa prise de fonction : « Dans une large mesure je suis entre vos mains, et je n'en éprouve aucune crainte » (cité in Feiling, p. 442).

41. Birmingham University Library, Neville Chamberlain Papers, NC2/24A (10 mai 1940) ; Lukacs, *Five Days in London*, p. 17.

42. Cité in Guy Nicholas Esnouf, « British Government War Aims and Attitudes towards a Negotiated Peace, September 1939 to July 1940 », thèse de doctorat inédite, King's College, Londres, 1988, p. 189.

43. Angus Calder, *The People's War*, Londres, 1969, p. 106.

44. *The Diplomatic Diaries of Oliver Harvey 1937-1940*, John Harvey (éd.), Londres, 1970, p. 362 (19 mai 1940).

45. Cité in Anthony Eden, *The Reckoning. The Eden Memoirs*, Londres, 1965, p. 107 ; voir aussi Lukacs, *Five Days in London*, p. 18-19.

46. P.M.H. Bell, *A Certain Eventuality... Britain and the Fall of France*, Londres, 1974, p. 19.

47. Paul Reynaud, *Au cœur de la mêlée, 1930-1945*, Paris, Flammarion, 1951, p. 450 ; *The Memoirs of General the Lord Ismay*, Londres, 1960, p. 126-129 ; Bell, p. 18, 32. [*N.d.T.* : voir aussi Churchill, *The Second World War*, vol. 2, *Their Finest Hour*, 1949, p. 40-44 : selon Churchill, Reynaud prononça ces mots au téléphone en anglais.]

48. Le pessimisme que Churchill exprimait en privé ou plutôt, peut-être, sa déception à l'égard des États-Unis à cette époque, transparaît dans son rejet, le 27 mai, de la suggestion de lord Lothian que la Grande-Bretagne louât des terrains d'atterrissage sur le territoire britannique pour la sécurité américaine et pour faire impression à l'administration Roosevelt : « Les États-Unis ne nous avaient pour ainsi dire apporté aucune aide dans la guerre, rétorqua Churchill, et maintenant qu'ils ont vu l'ampleur du danger, leur attitude a été de vouloir garder tout ce qui nous aiderait à assurer leur défense » (PRO, Cab 65/7, Frame 00294, fol. 172 ; et extrait in *The Churchill War Papers*, vol. 2 : *Never Surrender, May 1940-December 1940*, Martin Gilbert (éd.), Londres, 1995, p. 163).

49. Notes de Paul Baudouin, secrétaire au cabinet de guerre, citées in William L. Langer et S. Everett Gleason, *The Challenge to Isolation, 1937-1940*, New York, 1952, p. 453 [en français, *Neuf mois au Gouvernement, avril-décembre 1940*, Paris, La Table Ronde, 1948, p. 58].

50. *The Diaries of Sir Alexander Cadogan*, p. 285 (17 mai 1940), p. 288 (21 mai 1940).

51. L'opinion britannique savait mal à quel point la situation était désespérée et ne mesura pas l'ampleur réelle de l'évacuation de Dunkerque avant le 31 mai ; cf. Juliet Gardiner, *Wartime Britain 1939-1945*, Londres, 2004, p. 172.

52. Birmingham University Library, Neville Chamberlain Papers, NC18/1/1156. De retour de Paris à Londres, Ismay fut lui aussi frappé par un « monde dans lequel chacun semblait calme, enjoué et résolu » (*Memoirs*, p. 129).

53. Lukacs, *Five Days in London*, p. 27-38, pour un aperçu de l'opinion dans toute sa diversité.

54. Le général Ismay a cependant rappelé combien l'optimisme était fragile avant que les angoisses ne refissent surface (*Memoirs*, p. 130).

55. Bell, p. 15 ; Lukacs, *Five Days in London*, p. 27.

56. Christa Schroeder, *Er war mein Chef. Aus dem Nachlaß der Sekretärin von Adolf Hitler*, Anton Joachimsthaler (éd.), Munich, Vienne, 1985, p. 105 (en français, *12 ans auprès d'Hitler, 1933-1945. La secrétaire privée d'Hitler témoigne*, Paris, Page après Page, 2007) ; *Hitlers politisches Testament. Die Bormann Diktate vom Februar und April 1945*, Hambourg, 1981, p. 113 (*Le Testament politique de Hitler*, notes recueillies par M. Bormann, préface de H. Trevor-Roper, trad. de l'anglais par J. Brécard, commentaires d'A. François-Poncet, version française et présentation de Fr. Genoud, Paris, Fayard, 1959).

57. Voir Ian Kershaw, *Hitler, 1936-1945. Nemesis*, Londres, 2000, p. 295-296 et p. 921, n. 63 et 66 ; *Hitler. 1936-1945 : Némésis*, trad. de l'anglais par P.-E. Dauzat, Paris, Flammarion, 2000, p. 446-449 et 1324, notes ; ainsi que Heinz

Magenheimer, *Hitler's War. Germany's Key Strategic Decisions 1940-1945*, Londres, 1998, p. 24.

58. Churchill, *The Second World War*, vol. 2, p. 67.

59. Reynaud, *op. cit.*, p. 547 *sq.* Le cabinet britannique ne fut pas plus convaincu que Churchill lui-même de la défaite irréversible des Français avant le 26 mai, date à laquelle le corps expéditionnaire britannique se préparait déjà à embarquer (Hill, p. 152).

60. *The Churchill War Papers*, vol. 2, p. 133 (minutes du cabinet de guerre, 24 mai 1940).

61. *The Ironside Diaries, 1937-1940*, Roderick Macleod et Denis Kelly (éd.), Londres, 1962, p. 331 (23 mai 1940).

62. *Ibid.*, p. 332 (25 mai 1940) ; voir Esnouf, p. 195.

63. Cité in Reynaud, p. 547, d'après le rapport de Gort au gouvernement, daté du 25 mai 1940.

64. Lukacs, *Five Days in London*, p. 137.

65. Hill, p. 181, tranche : « si le corps expéditionnaire britannique avait été effectivement perdu, la position militaire de la Grande-Bretagne aurait paru irrémédiable », avec des implications probables quant à la vision de la situation par le cabinet de guerre.

66. David Reynolds, « Churchill and the British "Decision" to Fight on in 1940. Right Policy, Wrong Reasons », in Richard Langhorne (dir.), *Diplomacy and Intelligence during the Second World War*, Cambridge, 1985, p. 148.

67. Reynaud, p. 590-595.

68. *Ibid.*, p. 596 ; Churchill, *The Second World War*, vol. 2, p. 108. Les brouillons de la lettre de Churchill à Mussolini du 16 mai se trouvent in PRO, Prem 4/19/5.

69. *The Diplomatic Diaries of Oliver Harvey*, p. 367 (25 mai 1940).

70. *The Diaries of Sir Alexander Cadogan*, p. 289 (24 mai 1940) ; Esnouf, p. 204.

71. Birmingham University Library, Neville Chamberlain Papers, NC2/24A, fol. 108-9 (16 mai 1940).

72. Churchill, *The Second World War*, vol. 2, p. 23 (15 mai 1940), p. 51 (18 mai 1940).

73. PRO, Cab 65/7, fol. 172 (27 mai 1940).

74. Lukacs, *Five Days in London*, p. 76.

75. PRO, Cab 65/7, Frame 266, p. 243 (24 mai 1940).

76. Roberts, p. 211-212 ; David Reynolds, *The Creation of the Anglo-American Alliance 1937-1941. A Study in Competitive Co-operation*, Chapel Hill (Caroline du Nord), 1982, p. 103, 324, n. 39.

77. PRO, Cab 65/7, Frame 300, p. 274 (27 mai 1940).

78. Reynaud, p. 602-607 ; *The Diplomatic Diaries of Oliver Harvey*, p. 368 (26 mai 1940) ; Bell, p. 39 ; Llewellyn Woodward, *British Foreign Policy in the Second World War*, vol. 1, Londres, 1970, p. 234-235, 237-238.

79. *The Diaries of Sir Alexander Cadogan* (24 mai 1940) ; Roberts, p. 212-213. L'édition publiée des journaux de Cadogan donne : « Van approché [...] avec la suggestion que nous offrions de discuter de la Méditerranée avec l'Italie. » Les mots « Par Paresci », qui figurent dans le manuscrit, ont été omis (Churchill

Archives Centre, ACAD 1/9). À moins que le nom n'ait pu être déchiffré, on comprend mal pourquoi il a été supprimé. Voir aussi John Costello, *Ten Days that Saved the West*, Londres, 1991, p. 193 ; *Les Dix Jours qui ont sauvé l'Occident*, trad. de l'anglais par G. Piloquet *et al.*, Paris, Orban, 1991.

80. PRO, Cab 65/7, Frame 278, p. 255 (25 mai 1940).

81. *The Diaries of Sir Alexander Cadogan*, p. 289 (25 mai 1940).

82. PRO, Cab 65/13, fol. 159, 160 v, dépêche de Halifax à sir Percy Loraine (Rome), 25 mai 1940 ; Esnouf, p. 206-209 ; Roberts, p. 213-214 ; Lukacs, p. 92-94 ; Hill, p. 156 ; Woodward, p. 236-237. Halifax estima que l'entrevue s'était bien passée. Mais Paresci fit savoir, quant à lui, que le secrétaire aux Affaires étrangères avait fait une piètre impression en ne formulant aucune proposition concrète. Apparemment, on s'était attendu à la satisfaction immédiate des revendications italiennes en Méditerranée. De l'avis de sir Alexander Cadogan, Bastianini était « un âne » et il n'y avait « rien à tirer de lui » (*The Diaries of Sir Alexander Cadogan*, p. 289-290, 25 et 26 mai 1940). Dans ses Mémoires (Giuseppe Bastianini, *Volevo fermare Mussolini. Memorie di un diplomatico fascista*, Milan, 2005 ; éd. originale, *Uomini, cose, fatti. Memorie di un ambasciatore*, Milan, 1959), Bastianini omet toute allusion à son importante entrevue avec Halifax.

83. PRO, Cab 65/13, fol. 140-41 (26 mai 1940).

84. PRO, Cab 66/7, fol. 319-326 ; Bell, p. 49-51 ; Lukacs, *Five Days in London*, p. 106-108. Comme le souligne Hill (p. 154-155), les conclusions tenaient sans doute en partie au cadre fixé par Churchill, donnant ainsi une idée du genre de réponse qu'il souhaitait.

85. PRO, Cab 65/13, fol. 146-8 (26 mai 1940).

86. Reynaud, p. 600-602.

87. Birmingham University Library, Neville Chamberlain Papers, NC2/24A, fol. 114-17 (26 mai 1940) ; *The Diaries of Sir Alexander Cadogan*, p. 290 (26 mai 1940).

88. Harold Nicolson, *Diaries and Letters 1930-1964*, Stanley Olson (éd.), New York, 1980, p. 185-186 (26 mai 1940).

89. Birmingham University Library, Neville Chamberlain Papers, NC2/24A, fol. 114-17 (26 mai 1940).

90. Lukacs, p. 113, laisse entendre que l'enjeu de cette réunion était autrement plus grave, car elle se déroula dans des « conditions de secret [...] sans précédent dans l'histoire moderne de la Grande-Bretagne », mais Chamberlain (Birmingham University Library, Neville Chamberlain Papers, NC2/24A, fol. 116-117 (26 mai 1940) précise que, sitôt Reynaud parti, on « envoya chercher Greenwood pour lui dire ce qui s'était passé ». Ce qui expliquerait la brève réunion informelle des ministres du cabinet de guerre avant la reprise des délibérations formelles. L'unique observation de Greenwood, selon Chamberlain, fut que « nous avions une bonne chance de survivre à Hitler ». Chamberlain en retira l'impression que Greenwood n'avait pas « sérieusement réfléchi ».

91. Borthwick Institute, University of York, Diary of Lord Halifax, A7.8.4, fol. 140-141 (26 mai 1940).

92. PRO, Cab 65/13, fol. 148-150 (26 mai 1940) ; Lukacs, p. 114-116.

93. PRO, Cab 65/13, fol. 150-152 (26 mai 1940) ; Bell, p. 41-42.

94. PRO, Cab 66/7, fol. 335-7 (26 mai 1940) ; Esnouf, p. 213-216 ; Bell, p. 40 ; Lukacs, *Five Days in London*, p. 118-119. La seconde partie du document de Halifax présentait à grands traits le texte, convenu avec les Français, de l'approche de Mussolini par Roosevelt avancée ce jour-là. Halifax y ajouta un post-scriptum, avertissant ses collègues du cabinet de guerre que, selon des renseignements venant de l'ambassadeur de Grande-Bretagne à Rome, sir Percy Loraine, Mussolini avait mal pris la précédente intervention de Roosevelt et que toute nouvelle approche « serait seulement interprétée comme un signe de faiblesse et ne ferait aucun bien ». Malgré tout, on estimait que l'approche de Reynaud ne pourrait pas faire empirer les choses, et qu'il était important d'attirer l'attention de Mussolini sur les implications d'une domination allemande de l'Europe. Lorsque le cabinet de guerre se réunit le lendemain, Halifax avait reçu de Loraine une note laconique indiquant « que les choses en étaient arrivées au-delà du stade où ses points de vue [*i.e.* ceux de sir Percy] comptaient pour quelque chose ». « Herr Hitler, rapportait Loraine, estimait pouvoir trouver tout seul une conclusion satisfaisante avec les Français » et ne désirait pas l'entrée en guerre des Italiens ; PRO, Cab 65/13, fol. 175-176 (27 mai 1940).

95. Esnouf, p. 214-215 ; Roberts, p. 218.

96. Résumée in Lukacs, *Five Days in London*, p. 141-145.

97. Voir Churchill, *The Second World War*, vol. 2, p. 89.

98. *Ibid.*, p. 77, 80.

99. *The Diaries of Sir Alexander Cadogan*, p. 290-291 (27 mai 1940).

100. John Colville, *The Fringes of Power. Downing Street Diaries 1939-1955*, Londres, 1985, p. 140-141 (27 mai 1940).

101. Borthwick Institute, University of York, Diary of Lord Halifax, A7.8.4, fol. 142 (27 mai 1940).

102. Sur les perceptions britanniques de la crise économique et des troubles sociaux en Allemagne, voir Reynolds, « Churchill and the British "Decision" to Fight on in 1940 », p. 157-159 ; et R.J. Overy, *War and Economy in the Third Reich*, Oxford, 1994, p. 208-212.

103. PRO, Cab 65/13, fol. 175-81 (27 mai 1940) ; Bell, p. 42-45 ; Esnouf, p. 218-220 ; Lukacs, *Five Days in London*, p. 146-153 ; Roberts, p. 219-220. Jonathan Knight, « Churchill and the Approach to Mussolini and Hitler in May 1940. A Note », *British Journal of International Studies*, 3, 1977, p. 92-96, revient aussi sur cette réunion du cabinet de guerre, même si (p. 93) – après avoir daté à tort l'entrevue de Halifax avec Bastianini du 26 mai plutôt que du 25 –, il semble supposer ensuite que la discussion porta *seulement* sur les conditions de paix puis conclut à tort : « Il apparut vite que le cabinet était opposé à toute démarche auprès de Mussolini. »

104. Borthwick Institute, University of York, Diary of Lord Halifax, A7.8.4, p. 142 (27 mai 1940). Halifax confia sa colère et son exaspération au sous-secrétaire au Foreign Office, sir Alexander Cadogan, et lui fit part d'une menace de démission à peine voilée, ajoutant qu'il ne pouvait plus travailler avec Churchill. « Sottises, répondit Cadogan. Ses rodomontades vous lassent probablement autant que moi, mais ne faites pas de bêtises sous le coup du stress. » Avant de faire quoi que ce soit, conseilla Cadogan, qu'il consulte Chamberlain. Halifax promit de le faire et ajouta que, comme le savait Cadogan, il n'était pas du genre à

prendre des décisions sur un coup de tête ; *The Diaries of Sir Alexander Cadogan*, p. 291 (27 mai 1940).

105. Voir Roberts, p. 220-221.

106. Birmingham University Library, Neville Chamberlain Papers, NC2/24A, fol. 118 (27 mai 1940).

107. Reynaud, p. 606, citant le récit de William Phillips, l'ambassadeur des États-Unis à Rome.

108. *Ciano's Diary 1939-1943*, Malcolm Muggeridge (éd.), Londres, 1947, p. 255 (27 mai 1940).

109. *The Diaries of Sir Alexander Cadogan*, p. 291.

110. Churchill, *The Second World War*, vol. 2, p. 84-86 (citation p. 84).

111. Reynaud, p. 609-611 ; *The Diplomatic Diaries of Oliver Harvey*, p. 371 (27 mai 1940).

112. Birmingham University Library, Neville Chamberlain Papers, NC2/24A, fol. 119 (28 mai 1940).

113. Ce récit de la discussion du cabinet de guerre se fonde sur PRO, Cab 65/13, fol. 184-190 (28 mai 1940) ; extraits in Lukacs, p. 180-183.

114. Hill, p. 174-175. Jusqu'où Churchill lui-même croyait-il vraiment qu'un règlement de paix final négocié était évitable ? La question est posée par David Reynolds, « Churchill the Appeaser ? Between Hitler, Roosevelt and Stalin in World War Two », in Michael Dockrill et Brian McKercher (dir.), *Diplomacy and World Power. Studies in British Foreign Policy, 1890-1950*, Cambridge, 1996, p. 211-215.

115. Birmingham University Library, Neville Chamberlain Papers, NC2/24A, fol. 119 (28 mai 1940).

116. Borthwick Institute, University of York, Diary of Lord Halifax, A7.8.4, p. 144 (28 mai 1940).

117. Ses vues sont esquissées sous forme d'un brouillon manuscrit incomplet, ni daté ni signé, qui se trouve parmi ses archives. Le document fut établi à cette époque pour servir de base à ses commentaires au cabinet de guerre ou au groupe élargi des ministres qu'il rencontra le 28 mai. Churchill y explique : « Je ne crois pas que l'offre que la France propose de faire à Mussolini aura la moindre influence sur les réalités de l'affaire ["situation", biffé] », et poursuit : « Je crains que si nous nous engageons sur cette voie nous découvrions bientôt qu'elle mène à une situation où Mussolini ferait office de médiateur entre nous et l'Allemagne, et à un armistice et à une conférence où nous serions à la merci de Hitler » (PRO, Prem 3/174/4, fol. 11-13).

118. L'observation est de Charmley, p. 405.

119. *The Second World War Diary of Hugh Dalton, 1940-1945*, Ben Pimlott (éd.), Londres, 1988, p. 26, 28 ; également repris in *The Churchill War Papers*, vol. 2, p. 182-184.

120. Churchill, *The Second World War*, vol. 2, p. 87-88 ; et voir Bell, p. 46-48 ; Charmley, p. 405-407 ; Lukacs, p. 2-5, 183-184 ; Roberts, p. 225 ; et Roy Jenkins, *Churchill*, Londres, 2001, p. 607-608.

121. PRO, Cab 65/13, fol. 189-190 (28 mai 1940).

122. PRO, Cab 65/13, fol. 189.

123. La concession que Churchill avait faite au cabinet de guerre, à savoir de laisser ouverte la possibilité d'une médiation de Mussolini dans un avenir indéfini, était le seul aspect inquiétant de la réponse aux yeux d'Oliver Harvey, ancien secrétaire particulier d'Anthony Eden et désormais en poste à l'ambassade de Grande-Bretagne à Paris. De toute évidence, Harvey avait lu entre les lignes du télégramme ou eu vent de la proposition de Halifax : « On dirait que Halifax [dont il avait été également le secrétaire particulier] a élaboré un projet de médiation italienne sur une offre de conditions de Hitler, écrivit-il. Si incroyable que cela paraisse, il en est parfaitement capable. Ce serait fatal » ; *The Diplomatic Diaries of Oliver Harvey*, p. 372 (29 mai 1940).

124. PRO, Cab 65/13, fol. 197-198 ; texte repris in Churchill, *The Second World War*, vol. 2, p. 109-111, et Reynaud, p. 612-613. Voir aussi Bell, p. 47 ; et Esnouf, p. 220-222.

125. Reynaud, p. 622-625 ; Churchill, *The Second World War*, vol. 2, p. 111.

126. *Ciano's Diary*, p. 263 (10 juin 1940).

127. Churchill, *The Second World War*, vol. 2, p. 102 ; Bell, p. 17. Gerhard L. Weinberg, *A World at Arms. A Global History of World War II*, Cambridge, 1994, p. 142-143, avance que « toute velléité d'envisager une paix éventuelle disparut les 28 et 29 mai, quand il devint clair qu'une large partie des effectifs du CEB pouvait être arrachée au désastre sur le continent. Quand l'évacuation devint réalité, et qu'il apparut alors possible d'organiser la défense des îles, toute idée de compromis se dissipa ». Le 30 mai, cependant, pas plus de 120 000 hommes avaient été rapatriés des plages de Dunkerque (Churchill, *ibid.*, p. 95), et même le *succès* de l'organisation de la défense intérieure était encore loin d'être acquis. La décision de ne pas engager de négociations avait été prise *avant* qu'apparût quelque espoir de sauver la quasi-totalité de l'armée prise au piège.

128. Churchill, *The Second World War*, vol. 2, p. 103-104 ; et cité in Martin Gilbert, *Winston S. Churchill 1939-1941*, vol. 6, *Finest Hour*, Londres, 1983, p. 464, 468.

129. Cité in Hill, p. 183. Mais cela ne devait pas faire taire les spéculations, en Grande-Bretagne comme à l'étranger, sur l'éventuelle recherche d'un règlement de paix. Les rumeurs et les suspicions continuèrent de circuler en juin et en juillet, mais jamais elles n'allèrent si bon train que le jour de la capitulation française, quand une indiscrétion de R.A. Butler, le sous-secrétaire aux Affaires étrangères, rapportée par le chargé d'affaires suédois à Londres, Bjorn Prytz, donna l'impression trompeuse (qui ne tarda pas à se répandre) que la Grande-Bretagne était prête à envisager une paix de compromis. Prytz transmit aussi les observations d'autres parlementaires assurant que lord Halifax allait bientôt remplacer Churchill au poste de Premier ministre. Pour un résumé fiable de l'affaire Butler-Prytz, voir Ulrich Schlie, *Kein Friede mit Deutschland. Die geheimen Gespräche im Zweiten Weltkrieg 1939-1941*, Munich, Berlin, 1994, p. 214-216. Lukacs, p. 203-204, en donne un bref récit ; Costello, p. 303-320, un plus long, même si son interprétation a été vivement critiquée dans une étude inédite, « The Political Beliefs of R.A. Butler », de Patrick Higgins (que l'auteur a eu la gentillesse de me communiquer).

130. Hill (p. 160-162) suggère que Halifax, malgré son expérience et son ancienneté, se trouva désavantagé non seulement, ni même essentiellement, en

raison du dynamisme de Churchill ou de la force de sa personnalité, mais parce qu'il essayait d'avoir gain de cause dans un débat où un accord avec Mussolini et un règlement général impliquant Hitler n'étaient pas clairement distincts, et ce dans un cabinet de guerre où il s'opposait au chef du gouvernement, alors qu'au départ ses collègues étaient encore indécis. Mais ce n'est jamais qu'une autre façon de dire que l'argument le plus clair, et le plus convaincant, était du côté de Churchill.

131. Comme l'observe Reynolds, « Churchill the Appeaser ? », p. 213, même si c'était peut-être en partie une manœuvre destinée à prouver à Halifax qu'il n'était pas un « jusqu'au-boutiste » déraisonnable, Churchill pensait ce qu'il disait.

132. Ce que reconnaît également Jenkins, p. 602.

133. Voir les propos tenus par Churchill le 28 mai 1940 à ces ministres qui ne faisaient pas partie du cabinet de guerre, in *The Second World War Diary of Hugh Dalton*, p. 28.

134. Reynolds, *In Command of History*, p. 171.

135. Philip Bell a été le premier à les éplucher dans le chapitre 3 d'*A Certain Eventuality* ; elles sont systématiquement étudiées dans les chapitres 7 et 8 de la thèse de doctorat d'Esnouf (qui, chose étonnante, n'a jamais été publiée) ; voir aussi l'analyse de Reynolds, « Churchill and the British "Decision" to Fight on in 1940 », et de Hill (chap. 6), ainsi que la description enlevée de Costello, chap. 9-10 et la brève esquisse dans la belle biographie que Roberts a consacrée à Halifax (chap. 22). Lukacs, dans *Five Days in London*, en a fait un drame saisissant aux dimensions d'un livre. Ce que ce chapitre doit à ces ouvrages sautera aux yeux.

136. D'après Costello, p. 254-255, on a de bonnes raisons de penser que « l'Allemagne était prête à offrir des conditions qui ne menaçaient pas l'indépendance britannique ». Ce qui est se méprendre sur les intentions nazies. Que Hitler ait exprimé son empressement à épargner la Grande-Bretagne et son Empire ne signifie pas qu'il lui eût accordé l'indépendance que sous-entend Costello. C'eût été une indépendance du même type que celle du régime de Vichy en France, et encore uniquement à court terme. Il est terriblement naïf d'imaginer que les objectifs à long terme de Hitler auraient permis la survie de la Grande-Bretagne et de son Empire sous la forme d'une puissance indépendante. Le statut de satellite dépendant de l'Allemagne eût été en réalité inévitable. Voir l'évaluation équilibrée de Reynolds, « Churchill the Appeaser ? », p. 200-206.

137. *The Second World War Diary of Hugh Dalton*, p. 28.

138. Lukacs, *Five Days in London*, p. 128 ; Nicolson, p. 166 (20 août 1939).

139. Birmingham University Library, Neville Chamberlain Papers, NC2/24A, fol. 119 (28 mai 1940). Et voir Dilks, p. 82-83. Lukacs, p. 129, écrit que « le nom de Lloyd George ne fut pas évoqué dans les journées cruciales de la fin mai ». L'entrée du journal de Chamberlain prouve le contraire.

140. Reynolds, « Churchill and the British "Decision" to Fight on in 1940 », p. 150-151.

141. Schlie, p. 217.

142. Au milieu du mois de juillet 1940, le ministère allemand des Affaires étrangères apprit de sources réputées proches du duc de Windsor que ce dernier s'était déclaré fermement partisan d'un règlement pacifique avec l'Allemagne et

estimait que la poursuite de bombardements intensifs conduirait la Grande-Bretagne à la table de négociations (Politisches Archiv des Auswärtigen Amtes, Berlin, R29571, Fiche-Nr. 191, Frame B002546).

2. Berlin, été et automne 1940
Hitler décide d'attaquer l'Union soviétique

1. Franz Halder, *Kriegstagebuch. Tägliche Aufzeichnungen des Chefs des Generalstabes des Heeres 1939-1942*, vol. 2, *Von der geplanten Landung in England bis zum Beginn des Ostfeldzuges (1.7.1940-21.6.1941)*, Hans-Adolf Jacobsen (éd.), Stuttgart, 1963, p. 49 (31 juillet 1940) ; en anglais *The Halder War Diary, 1939-1942*, éd. et trad. par Charles Burdick et Hans-Adolf Jacobsen, Londres, 1988, p. 244-245.

2. David Stevenson, *Cataclysm. The First World War as Political Tragedy*, New York, 2004, p. 107 ; Norman Davies, *Europe. A History*, Oxford, 1996, p. 903.

3. Stephen Pope et Elizabeth-Anne Wheal, *The Macmillan Dictionary of the First World War*, Londres, 1995, p. 83.

4. Dans un discours du 31 mai 1921 : Eberhard Jäckel et Axel Kuhn (dir.), *Hitler. Sämtliche Aufzeichnungen 1905-1924*, Stuttgart, 1980, p. 426.

5. Halder, *Kriegstagebuch*, vol. 2, p. 33 ; Barry A. Leach, *German Strategy against Russia 1939-1941*, Oxford, 1973, p. 58.

6. Cité in Vejas Gabriel Liulevicius, *War Land on the Eastern Front. Culture, National Identity and German Occupation in World War I*, Cambridge, 2000, p. 278.

7. *Ibid.*, p. 6-7.

8. Jäckel et Kuhn, p. 773 ; traduction in Geoffrey Stoakes, *Hitler and the Quest for World Dominion*, Leamington Spa, 1986, p. 137.

9. Hitler, Adolf, *Mein Kampf*, 876-880e tirages, Munich, 1943, p. 741-743 ; *Mein Kampf*, trad. de l'allemand par R. Manheim, introduction de D.C. Watt, Londres, 1973, p. 597-598 ; en français, *Mein Kampf*, trad. par J. Gaudefroy-Demombynes et A. Calmettes, Paris, Nouvelles Éditions Latines, sans date (1934), p. 652-653.

10. Eberhard Jäckel, *Hitlers Weltanschauung. Entwurf einer Herrschaft*, Tübingen, 1969, chap. 2-3 ; *Hitler idéologue*, trad. de l'allemand par J. Chavy, Paris, Calmann-Lévy, 1973 ; rééd. Gallimard, 1995.

11. Voir Ernst Piper, *Alfred Rosenberg. Hitlers Chefideologe*, Munich, 2005, p. 49, 57-58. Dans l'immédiat après-guerre, les quelques 20 000 Allemands de souche de la Baltique, établis en Allemagne après la guerre, surtout à Munich et dans les alentours eurent dans les cercles de droite une influence sans commune mesure avec leurs effectifs. Voir Niall Ferguson, *The War of the World. History's Age of Hatred*, Londres, 2006, illustration 11 (entre p. 122 et 123), pour un exemple de l'association entre la révolution bolchevique conduite par les Juifs et la brutalité des méthodes « asiatiques ». Cette imagerie envahit la presse d'extrême-droite allemande de l'époque.

12. Hitler, *Mein Kampf*, p. 741-743 ; trad. fr., p. 653.

13. *Hitler's Second Book. The Unpublished Sequel to Mein Kampf*, Gerhard L. Weinberg (éd.), New York, 2003, p. 28 ; en français, *L'Expansion du III*e *Reich*, trad. de l'anglais par Fr. Brière, Paris, Plon, 1963, p. 33.

14. *Hitler's Second Book*, p. 152 ; trad. fr., p. 163.

15. Lew Besymenski, *Stalin und Hitler. Das Pokerspiel der Diktatoren*, Berlin, 2004, p. 51-56.

16. Thilo Vogelsang, « Neue Dokumente zur Geschichte der Reichswehr 1930-1933 », *Vierteljahrshefte für Zeitgeschichte*, 2, 1954, p. 434-435.

17. Sur cette expression, voir Martin Broszat, « Soziale Motivation und Führer-Bindung des Nationalsozialismus », *Vierteljahrshefte für Zeitgeschichte*, 18, 1970, p. 403.

18. Voir Jost Dülffer, « Zum "decision-making process" in der deutschen Außenpolitik 1933-1939 », in Manfred Funke (dir.), *Hitler, Deutschland und die Mächte : Materialen zur Außenpolitik des Dritten Reiches*, Düsseldorf, 1978, p. 186-204.

19. *DGFP*, 1, doc. 19, p. 29.

20. Max Domarus (dir.), *Hitler. Reden und Proklamationen 1932-1945*, Wiesbaden, 1973, p. 1446.

21. Klaus-Jürgen Müller, *Das Heer und Hitler. Armee und nationalsozialistisches Regime 1933-1940*, Stuttgart, 1969, p. 208.

22. Domarus, p. 606.

23. Voir Adam Tooze, *The Wages of Destruction. The Making and Breaking of the Nazi Economy*, Londres, 2006, chap. 7-9, surtout p. 206-207, 250-259, 285-289, 293-294.

24. Voir Timothy W. Mason, *Nazism, Fascism and the Working Class*, Cambridge, 1995, chap. 4, notamment p. 128-129.

25. Hans-Henning Abendroth, « Deutschlands Rolle im Spanischen Bürgerkrieg », in Funke, *Hitler, Deutschland und die Mächte*, 1978, p. 477 et 479.

26. « Hitlers Denkschrift zum Vierjahresplan 1936 », Wilhelm Treue (éd.), *Vierteljahrshefte für Zeitgeschichte*, 3, 1955, p. 205.

27. *Die Tagebücher von Joseph Goebbels*, Elke Fröhlich (éd.), première partie, vol. 3/II, Munich, 2001, p. 389 (23 février 1937) et en français, *Journal 1933-1939*, trad. de l'allemand par D.-A. Canal, Paris, Tallandier, 2007, p. 392 ; première partie, vol. 4, Munich, 2000, p. 214 (10 juillet 1937) ; passage absent de l'édition française citée.

28. Pour un examen approfondi de la gestation et de la conclusion du pacte, voir Anthony Read et David Fisher, *The Deadly Embrace. Hitler, Stalin and the Nazi-Soviet Pact 1939-1941*, Londres, 1988.

29. Carl J. Burckhardt, *Meine Danziger Mission 1937-1939*, Munich, 1962, p. 272 ; trad. de l'allemand par Kl. Hildebrand, *The Foreign Policy of the Third Reich*, Londres, 1973, p. 88 (en français, *Ma Mission à Dantzig*, trad. par L. Servicen et Bl. Briod, Paris, Fayard, 1961) ; pour des doutes sur l'authenticité des propos, voir Paul Stauffer, *Zwischen Hofmannsthal und Hitler : Carl J. Burckhardt. Facetten einer außergewöhnlichen Existenz*, Zurich, 1991, p. 178-201 ; et Ian Kershaw, *Hitler, 1936-1945. Nemesis*, Londres, 2000, p. 898-899, n. 118 ; *Hitler. 1936-1945 : Némésis*, trad. de l'anglais par P.-E. Dauzat, Paris, Flammarion, 2000, p. 1287-1288.

30. Voir Kershaw, *Hitler, 1936-1945*, p. 264-271, 290-291 ; trad. fr., p. 409-416, 439-441. Sur les diverses échéances de l'attaque, voir Milan Hauner, *Hitler. A Chronology of his Life and Time*, 2e éd., Basingstoke, New York, 2005, p. 150.

31. Sur les sondages de paix à cette époque, voir Bernd Martin, « Das "Dritte Reich" und die "Friedens"-Frage im Zweiten Weltkrieg », in Wolfgang Michalka (dir.), *Nationalsozialistische Außenpolitik*, Darmstadt, 1978, p. 534-547 ; et surtout Ulrich Schlie, *Kein Friede mit Deutschland. Die geheimen Gespräche im Zweiten Weltkrieg 1939-1941*, Munich, Berlin, 1994, chap. 10, 12.

32. Nicolaus von Below, *Als Hitlers Adjutant 1937-1945*, Mayence, 1980, p. 242 ; Domarus, p. 1540-1559 pour le discours, p. 1158 pour le passage relatif à la Grande-Bretagne.

33. Winston S. Churchill, *The Second World War*, vol. 2, *Their Finest Hour*, Londres, 1949, p. 229-230 pour la réponse britannique.

34. Halder, *Kriegstagebuch*, vol. 2, p. 21 (13 juillet 1940) ; trad. anglaise *The Halder War Diary*, p. 227.

35. Halder, *Kriegstagebuch*, vol. 2, p. 30-34 (22 juillet 1940) ; *The Halder War Diary*, p. 230-232.

36. Walter Warlimont, *Inside Hitler's Headquarters 1939-1945*, Novato (Californie), sans date (édition originale en anglais, Londres, 1964), p. 111-112 (*Cinq ans au GQG* [*Grand Quartier Général*] *de Hitler*, édition abrégée, adaptation française par A. Baldewijns et R. Gheysens, Bruxelles, Elsevier Séquoia, 1975).

37. Albert Speer, *Erinnerungen*, Francfort, 1969, p. 188 ; *Au cœur du Troisième Reich*, trad. de l'allemand par M. Brottier, Paris, Fayard, 1971, p. 247-248.

38. Halder, *Kriegstagebuch*, vol. 2, p. 49 ; *The Halder War Diary*, p. 244.

39. Tooze, p. 402-403 et 430, insiste aussi sur les considérations stratégiques impliquant la Grande-Bretagne et les États-Unis.

40. Halder, *Kriegstagebuch*, vol. 2, p. 33 (21 juillet 1940).

41. *Ibid.*, p. 46-47 (30 juillet 1940).

42. Vers la fin de sa vie, Hitler insistait encore sur le bien-fondé de sa décision, pour ces raisons et en guise de justification posthume (*Hitlers politisches Testament. Die Bormann Diktate vom Februar und April 1945*, Hambourg, 1981, p. 78-80).

43. *DRZW*, vol. 4, 1983, p. 99-106, 109.

44. Cité in *DRZW*, vol. 4, p. 110. Voir aussi Tooze, p. 420, et Heinz Magenheimer, *Hitler's War. Germany's Key Strategic Decisions 1940-1945*, Londres, 1998, p. 63-64.

45. *DRZW*, vol. 4, p. 113.

46. *DRZW*, vol. 4, p. 9-10. Et voir Kershaw, *Hitler, 1936-1945*, p. 307 et p. 924, n. 157 (trad. fr., p. 464 et 1330 *sq.*) pour des preuves infirmant la thèse de Robert Cecil, *Hitler's Decision to Invade Russia 1941*, Londres, 1975, p. 74, suivant lequel rien n'indique que les généraux soient allés au-devant des désirs de Hitler en préparant l'invasion de l'Union soviétique, comme l'affirme Leach, p. 53, à juste raison.

47. Leach, p. 73, en fait aussi l'observation ; il est plus proche de la vérité en déclarant que les chefs militaires étaient « divisés et incertains » que ne l'est

Cecil, p. 76, en affirmant que les chefs des forces armées ne faisaient qu'« un » en ce qu'ils ne voulaient pas d'une invasion de la Russie.

48. On trouve aussi cette observation in Magenheimer, p. 44-45 ; Leach, p. 72, observe cependant à juste titre que les préparatifs se poursuivirent sans relâche et que les ordres donnés verbalement par Hitler le 31 juillet reçurent confirmation à la fin de septembre 1940.

49. Les chefs de la marine ne mirent pas moins d'empressement à faire valoir qu'ils avaient avancé une autre stratégie ayant de bonnes chances de réussir, mais que Hitler avait rejetée par son insistance à attaquer la Russie (Erich Raeder, *Mein Leben*, Tübingen, 1957, p. 246-248, et Kurt Assmann, *Deutsche Schicksalsjahre*, Wiesbaden, 1950, p. 211-212). Se référant à son audience du 26 septembre auprès de Hitler, Raeder avait déjà fait valoir son opposition à la guerre russe dans sa déposition de Nuremberg (*Der Prozeß gegen die Hauptkriegsverbrecher vor dem Internationalen Militärgerichtshof, Nürnberg, 14. November 1945-1. Oktober 1946*, 42 vol., Nuremberg, 1947-1949, vol. 14, p. 117-119). Voir aussi Michael Salewski, *Die Deutsche Seekriegsleitung 1935-1945*, vol. 1, Francfort, 1970, p. 271-272.

50. C'est le titre du classique de l'immédiat après-guerre de Friedrich Meinecke, *Die Deutsche Katastrophe*, Wiesbaden, 1946.

51. Voir Andreas Hillgruber, *Hitlers Strategie. Politik und Kriegführung 1940-1941*, 3e éd., Bonn, 1993, p. 190-191 ; Lothar Gruchmann, « Die "verpaßten strategischen Chancen" der Achsenmächte im Mittelmeerraum 1940/41 », *Vierteljahrshefte für Zeitgeschichte*, 18 (1970), p. 456-475 ; Gerhard Schreiber, « Der Mittelmeerraum in Hitlers Strategie 1940. "Programm" und militärische Planung », *Militärgeschichtliche Mitteilungen*, 27/2, 1980, p. 69-99 ; et la contribution de Gerhard Schreiber à *DRZW*, vol. 3, 1984, p. 270.

52. Voir la démonstration explicite de Gerhard Schreiber, « Zur Kontinuität des Groß- und Weltmachtstrebens der deutschen Marineführung », *Militärgeschichtliche Mitteilungen*, 25/2, 1979, p. 101-171.

53. Sur les deux courants de l'impérialisme allemand, voir Woodruff D. Smith, *The Ideological Origins of Nazi Imperialism*, New York, Oxford, 1986.

54. Voir Jost Dülffer, *Weimar, Hitler und die Marine. Reichspolitik und Flottenbau 1920-1939*, Düsseldorf, 1973, p. 492 *sq*.

55. BA/MA, Fribourg, RM6/71, « Gedanken des Oberbefehlshabers der Kriegsmarine zum Kriegsausbruch 3.9.1939 », cité in Salewski, vol. 1, p. 91, et en traduction anglaise in Charles S. Thomas, *The German Navy in the Nazi Era*, Londres, 1990, p. 187.

56. Voir Hillgruber, *Hitlers Strategie*, p. 242-255 ; Gerhard L. Weinberg, « German Colonial Plans and Policies 1938-1942 », in Waldemar Besson et Friedrich Frhr. Hiller v. Gaertringen (dir.), *Geschichte und Gegenwartsbewußtsein. Historische Betrachtungen und Untersuchungen*, Göttingen, 1963, p. 462-491 ; Klaus Hildebrand, *Vom Reich zum Weltreich. Hitler, NSDAP und koloniale Frage 1919-1945*, Munich, 1969, p. 652-700 ; Salewski, vol. 1, p. 234-241 ; Gerhard Schreiber, *Revisionismus und Weltmachtstreben. Marineführung und deutsch-italienische Beziehungen 1919 bis 1944*, Stuttgart, 1978, p. 288-297 ; et *DRZW*, vol. 3, p. 250-271.

57. Salewski, vol. 3, Francfort, 1973, p. 106-108 ; *DRZW*, vol. 3, p. 254-255.

58. Salewski, vol. 3, p. 108-114 ; *DRZW*, vol. 3, p. 255-256. Et voir les deux mémoires supplémentaires pour cette période (Salewski, vol. 3, p. 114-118), ainsi qu'un autre mémorandum du 4 juillet 1940 (p. 122-135) esquissant les implications de l'expansion territoriale massive pour l'essor de la flotte.

59. BA/MA, RM6/83, in Schreiber, « Zur Kontinuität », p. 142-147 ; *DRZW*, vol. 3, p. 257-258.

60. *Staatsmänner und Diplomaten bei Hitler. Vertrauliche Aufzeichnungen über die Unterredungen mit Vertretern des Auslandes 1939-1941*, Andreas Hillgruber (éd.), Munich, 1969, p. 102 (remarques de Hitler à Serrano Suñer, alors ministre de l'Intérieur en Espagne, et nommé peu après ministre des Affaires étrangères, 17 septembre 1940).

61. BA/MA, RM7/894, « Studie Nordwest (Landung in England) », daté de décembre 1939, envisageait les possibilités d'un débarquement en Grande-Bretagne, indiquant les plages qui pourraient être retenues, les difficultés créées par le littoral et d'autres facteurs. C'est le 21 mai 1940 que Raeder en rapporta à Hitler les conclusions fondées, assura-t-il, sur une analyse engagée dès novembre 1939 (Karl Klee (dir.), *Dokumente zum Unternehmen « Seelöwe ». Die geplante deutsche Landung in England 1940*, Göttingen, 1959, p. 239).

62. *Kriegstagebuchder der Seekriegsleitung 1939-1945*, Werner Rahn et Gerhard Schreiber (éd.), Herford, Bonn, 1989 (= *KTB der Seekriegsleitung*), vol. 10, partie A (reproduction ronéotypée de BA/MA, 7/13), p. 186 (18 juin 1940).

63. Hillgruber, *Hitlers Strategie*, p. 157-158.

64. *Ibid.*, p. 169-171.

65. *KTB der Seekriegsleitung*, vol. 11, partie A (= BA/MA, 7/14), p. 190 (15 juillet 1940), p. 219-224 (19 juillet 1940). Et voir Salewski, vol. 1, p. 58-59.

66. *KTB der Seekriegsleitung*, vol. 11, partie A, p. 201 (18 juillet 1940).

67. *Ibid.*, vol. 12, partie A (= BA/MA, 7/15), p. 3 (1er août 1940).

68. *Ibid.*, vol. 12, partie A, p. 353-354 (30 août 1940).

69. *Ibid.*, p. 354-346 (30 juillet 1940), p. 364-365 (31 juillet 1940) ; *Lagevorträge des Oberbefehlshabers der Kriegsmarine vor Hitler 1939-1945*, Gerhard Wagner (éd.), Munich, 1972, p. 126-128 (31 juillet 1940).

70. Karl Klee, *Das Unternehmen « Seelöwe ». Die geplante deutsche Landung in England 1940*, Göttingen, 1958, p. 205.

71. Salewski, vol. 1, p. 259-260.

72. *Ibid.*, p. 275-276.

73. *KTB der Seekriegsleitung*, vol. 11, partie A, p. 236-239 (21 juillet 1940).

74. Salewski, vol. 3, p. 137-144.

75. Schreiber, « Der Mittelmeerraum », p. 78-79.

76. *KTB d. OKW*, vol. 1, 1965, p. 17-18, 31-32 (9 août 1940, 14 août 1940) ; Schreiber, « Der Mittelmeerraum », p. 78-79.

77. BA/MA, RM7/233, fol. 78-85 : « Kriegführung gegen England bei Ausfall der Unternehmung "Seelöwe" », repris in *Lagevorträge*, p. 138-41 (6 septembre 1940). Voir également Schreiber, *Revisionismus*, p. 281-282.

78. BA/MA, RM7/233, fol. 83-84.

79. Sur l'accord sur les destroyers, voir Churchill, *The Second World War*, vol. 2, chapitre 20 ; ainsi que John Lukacs, *The Duel. Hitler vs. Churchill*, Oxford, 1992, p. 225-227 ; *Le Duel Churchill/Hitler. 10 mai-31 juillet 1940*, trad. de

l'anglais par P.-E. Dauzat, Paris, Robert Laffont, 1992, p. 267-271, et chapitre 5 *infra.*

80. *DRZW*, vol. 3, p. 192-194 ; Schreiber, « Der Mittelmeerraum », p. 80.

81. *Lagevorträge*, p. 134-141 (6 septembre 1940). Curieusement, le passage sur le « Problème S » est omis de la traduction des *Fuehrer Conferences on Naval Affairs 1939-1945*, Londres, 1990, p. 135.

82. *Lagevorträge*, p. 143-6 (26 septembre 1940) ; Schreiber, « Der Mittelmeerraum », p. 81 ; *DRZW*, vol. 3, p. 199-201 ; Gruchmann, p. 463.

83. Il n'en exposa pas moins les arguments pour une coopération en bonne et due forme avec la France avec moins de vigueur qu'au sein de la Direction de la guerre navale. Voir BA/MA, RM8/1209, « Die Bemühungen der Skl. um einen Ausgleich mit Frankreich und um die Sicherstellung des französischen Kolonialreiches in Afrika », analyse préliminaire du vice-amiral Kurt Assmann. Compilé en 1944, ce document avait pour but d'absoudre la *Seekriegsleitung* (Direction de la guerre navale) de toute responsabilité dans le cours désastreux de la guerre. Il n'en met pas moins en évidence la divergence d'appréciation stratégique. Dans l'introduction (fol. 11), Assmann écrit : « Le problème d'une entente franco-allemande et de la défense de l'empire colonial français en Afrique du Nord et de l'Ouest était l'une des questions fatidiques de cette guerre. S'agissant de ce problème, les décisions et les actions de la direction suprême du pays n'ont pas été en accord avec les vues de la Skl. La Skl a bien prévu la suite des événements, a multiplié les mises en garde à ce propos et essayé de faire passer son point de vue. »

84. *KTB d. Seekriegsleitung*, vol. 13, partie A (= BA/MA, 7/16), p. 352 (26 septembre 1940) : « Le Führer est fondamentalement d'accord avec les idées du chef de la Skl » (*Führer stimmt den Gedankengängen des Chefs Skl. grundsätzlich zu*). Voir aussi Raeder, p. 246-248 et Assmann, p. 211-212, même si, en fait, les propos tenus par Hitler à son aide de camp pour la marine étaient ambivalents : les observations de Raeder lui avaient été très précieuses en ce qu'elles lui permettaient de faire le point, de voir « s'il avait raison ».

85. *Lagevorträge*, p. 143-144 (26 septembre 1940).

86. Halder, *Kriegstagebuch*, vol. 2, p. 124 (3 octobre 1940).

87. Hillgruber, *Hitlers Strategie*, p. 178, 190 ; Wolfgang Michalka, *Ribbentrop und die deutsche Weltpolitik 1933-1940*, Munich, 1980, p. 247-259.

88. Wolfgang Michalka, « Vom Antikominternpakt zum euro-asiatischen Kontinentalblock. Ribbentrops Alternativkonzeption zu Hitlers außenpolitischen "Programm" », in Michalka, *Nationalsozialistische Außenpolitik*, p. 490-491.

89. Andreas Hillgruber, « Der Faktor Amerika in Hitlers Strategie 1938-1941 », in Michalka, *Nationalsozialistische Außenpolitik*, p. 513.

90. Schreiber, « Der Mittelmeerraum », p. 80 ; *DRZW*, vol. 3, p. 194.

91. Hillgruber, « Amerika », p. 512-513.

92. *Staatsmänner*, p. 112-113.

93. Comptes rendus des discussions in *Staatsmänner*, p. 104-123 ; et *Ciano's Diplomatic Papers*, Malcolm Muggeridge (éd.), Londres, 1948, p. 395-399.

94. *Staatsmänner*, p. 132-140 ; et voir Paul Preston, « Franco and Hitler. The Myth of Hendaye 1940 », *Contemporary European History*, 1, 1992, p. 1-16.

95. *Die Weizsäcker-Papiere 1933-1950*, Leonidas E. Hill (éd.), Francfort, 1974, p. 221 (21 octobre 1940) – avant l'entrevue de Hitler avec Franco. Hitler affirma après coup avoir reconnu la valeur stratégique limitée de l'intervention espagnole : l'acquisition de Gibraltar, mais aussi celle d'une bonne partie du littoral atlantique qu'il aurait fallu défendre (*Hitlers politisches Testament*, p. 60). Sur l'ampleur des exigences espagnoles, voir Elena Henández-Sandoica et Enrique Moradiellos, « Spain and the Second World War, 1939-1945 », in Neville Wylie (dir.), *European Neutrals and Non-Belligerents during the Second World War*, Cambridge, 2002, p. 251-253.

96. *Staatsmänner*, p. 142-149.

97. *Die Weizsäcker-Papiere*, p. 220-221 (21 octobre 1940).

98. Gerhard L. Weinberg, *A World at Arms. A Global History of World War II*, Cambridge, 1994, p. 206. Vers la fin de sa vie (*Hitlers politisches Testament*, p. 73), Hitler tenait la clémence de l'Allemagne envers la France de Vichy pour un « non-sens complet » (*vollkommener Unsinn*).

99. Below, p. 250.

100. Halder, *Kriegstagebuch*, vol. 2, p. 163-166 (4 novembre 1940), citation p. 165 ; *KTB d. OKW*, vol. 1, p. 148-152 (4 novembre 1940).

101. Warlimont, p. 120 ; Donald S. Detwiler, *Hitler, Franco und Gibraltar. Die Frage des spanischen Eintritts in den Zweiten Weltkrieg*, Wiesbaden, 1962, p. 68-79 ; *DRZW*, vol. 3, p. 205-207 ; Schreiber, « Der Mittelmeerraum », p. 84-85 ; Gruchmann, p. 466.

102. Sur ces discussions, voir *Staatsmänner*, p. 165-193.

103. *Hitlers Weisungen für die Kriegführung. Dokumente des Oberkommandos der Wehrmacht*, Walther Hubatsch (éd.), Munich, 1965, p. 77-82.

104. *Heeresadjutant bei Hitler 1938-1943. Aufzeichnugen des Majors Engel*, Hildegard von Kotze (éd.), Stuttgart, 1974, p. 91 (15 novembre 1940).

105. *Lagevorträge*, p. 151-155, 160-163 (14 novembre 1940) ; Schreiber, « Der Mittelmeerraum », p. 86-87.

106. *Ibid.*, p. 87.

107. Below, p. 253.

108. *KTB d. OKW*, vol. 1, p. 208-209 (5 décembre 1940).

109. *Ibid.*, p. 222 (10 décembre 1940) ; *Hitlers Weisungen*, p. 90.

110. *KTB d. OKW*, vol. 1, p. 255 (9 janvier 1941). Le 28 janvier (p. 284), il reconnut qu'il n'y avait aucune possibilité de relancer les préparatifs d'une prise de Gibraltar, qu'il envisagea momentanément pour le mois d'avril, parce que les troupes étaient nécessaires à l'opération « Barbarossa ». À la mi-février, il exhortait encore Franco à reconsidérer sa décision de ne pas entrer en guerre (Domarus, p. 1666).

111. *Hitlers Weisungen*, p. 96.

112. Aux yeux des responsables de la marine, les chances d'exploiter la faiblesse britannique en Méditerranée n'étaient pas encore épuisées au printemps 1941, à la suite du débarquement allemand en Crète et des succès de Rommel en Afrique du Nord. *Lagevorträge*, p. 240, 258-262 (6 juin 1941) ; Gruchmann, p. 471-474). À cette date, cependant, les priorités de Hitler ne faisaient pas l'ombre d'un doute. Les préparatifs de l'opération « Barbarossa » imminente

étaient si prioritaires que, à la différence de l'automne 1940, toute autre stratégie avait désormais une existence purement théorique.

113. *KTB d. OKW*, vol. 1, p. 996 (17 décembre 1940).

114. Hitler le fit valoir à Mussolini au cours de leur rencontre du 4 octobre 1940 (*Staatsmänner*, p. 115).

115. Paul Schmidt, *Statist auf diplomatischer Bühne 1923-45. Erlebnisse des Chefdolmetchers im Auswärtigen Amt mit den Staatsmännern Europas*, Bonn, 1953, p. 516-517 ; *Heeresadjutant*, p. 88 (28 octobre 1940).

116. À la fin de 1940, sous la contrainte, Mussolini revint sur ses objections antérieures à un renforcement de la présence française en Méditerranée et se montra favorable à un accord entre l'Allemagne et la France (Weinberg, *A World at Arms*, p. 214, n. a). Mais la situation stratégique était alors différente de celle du mois d'octobre précédent, quand Hitler et Pétain s'étaient rencontrés. Et, surtout, la décision d'attaquer la Russie avait été confirmée. Pour Hitler, et quand bien même il n'en avait pas toujours été ainsi, la Méditerranée était désormais un point de détail.

117. Tel était toujours son point de vue alors que le IIIe Reich touchait à sa fin (*Hitlers politisches Testament*, p. 78-80). Hitler, à la différence d'autres dirigeants nazis, ne s'intéressa jamais à l'accroissement des échanges commerciaux avec l'Union soviétique considéré comme un substitut de la conquête militaire. Sur ce point, voir l'intéressante étude de Heinrich Schwendemann, *Die wirtschaftliche Zusammenarbeit zwischen dem Deutschen Reich und der Sowjetunion von 1939 bis 1941. Alternative zu Hitlers Ostprogramm ?*, Berlin, 1993, notamment p. 355-357.

118. Warlimont, p. 115.

119. *Ibid.*, p. 257-258, à propos de l'admiration aveugle de Jodl pour Hitler ; voir aussi Kershaw, *Hitler, 1936-1945*, p. 533 et trad. fr., p. 771.

120. Halder, *Kriegstagebuch*, vol. 2, p. 21 (13 juillet 1940).

121. Alfred Kube, *Pour le mérite und Hakenkreuz. Hermann Göring im Dritten Reich*, Munich, 1986, p. 336-337.

122. Warlimont, p. 118.

123. Aussi la conclusion de Magenheimer, p. 69-71 (citation p. 70), est-elle empreinte d'une certaine irréalité, quand il observe que « l'omission critique du côté allemand [...] fut de n'avoir pas déplacé la focalisation stratégique temporaire vers la Méditerranée durant l'été 1940 ».

124. Fedor von Bock, *The War Diary 1939-1945*, Klaus Gerbet (éd.), Atglen (Pennsylvanie), 1996, p. 197-198 (1er janvier 1941) ; *KTB d. OKW*, vol. 1, p. 300 (3 février 1941).

3. Tokyo, été et automne 1940
Le Japon décide de saisir l'occasion rêvée

1. Ian Nish, *Japanese Foreign Policy 1869-1942*, Londres, 1977, p. 133-142 ; Akira Iriye, *The Origins of the Second World War in Asia and the Pacific*, Londres, New York, 1987, p. 2-4 ; Zara Steiner, *The Lights that Failed. European International History 1919-1933*, Oxford, 2005, p. 375-377, 708-710.

2. Voir Akira Iriye, *Across the Pacific. An Inner History of American-East Asian Relations*, New York, 1967, p. 208-209 ; Roger D. Spotswood, « Japan's Southward Advance as an Issue in Japanese-American Relations, 1940-1941 », thèse inédite, University of Washington, 1974, p. 20. Joyce C. Lebra, *Japan's Greater East Asia Co-Prosperity Sphere in World War II. Selected Readings and Documents*, Kuala Lumpur, 1975, p. 3-54, donne des extraits de textes contemporains illustrant des conceptions divergentes de la domination économique japonaise de la région.

3. Pour une analyse détaillée du contexte, sur la base de sources japonaises, Seki Hiroharu, « The Manchurian Incident 1931 », in James William Morley (dir.), *Japan Erupts. The London Naval Conference and the Manchurian Incident 1928-1932*, New York, 1984, p. 139-230.

4. Pour une analyse fouillée de la façon dont les buts expansionnistes de l'armée de campagne poussèrent le Japon vers la guerre avec la Chine, voir Shimada Toshihiko, « Designs on North China 1933-1937 », in James William Morley (dir.), *The China Quagmire. Japan's Expansion on the Asian Continent, 1933-1941*, New York, 1983, p. 11-230.

5. Texte in *Political Strategy Prior to the Outbreak of War (Part I)*, Office of the Chief of Military History, Department of the Army, Japanese Monographs, 144, appendice 1 (http://www.ibiblio.org/pha/monos/144/144app01.html) ; Iriye, *Origins*, p. 34-35 ; Herbert P. Bix, *Hirohito and the Making of Modern Japan*, Londres, 2001, p. 308-312.

6. Voir Joseph C. Grew, *Ten Years in Japan*, New York, 1944, p. 169-178, pour le récit de l'ambassadeur américain, qui était sur place ; mais aussi Iriye, *Origins*, p. 33 ; Bix, p. 297-306 ; Andrew Gordon, *A Modern History of Japan from Tokugawa Times to the Present*, New York, Oxford, 2003, p. 198 ; et pour une description enlevée, John Toland, *The Rising Sun. The Decline and Fall of the Japanese Empire, 1936-1945*, New York, 1970, Modern Library, 2003, chap. 1.

7. Imai Sciichi, « Cabinet, Emperor, and Senior Statesmen », in Dorothy Borg et Shumpei Okamoto (dir.), *Pearl Harbor as History. Japanese-American Relations 1931-1941*, New York, 1973, p. 66 ; Iriye, *Origins*, p. 34. Nish, p. 215-216, montre comment le ministre des Affaires étrangères fut « éclipsé » par l'armée de terre et commença dès lors à jouer un rôle moins significatif. Selon Robert J.C. Butow, *Tojo and the Coming of the War*, Princeton, 1961, p. 86, le cabinet de Hirota Koki, qui entra en fonctions après le coup d'État manqué de février 1936, « ne saurait guère passer pour un instrument récalcitrant de l'armée de terre et de la marine impériales ».

8. Iriye, *Origins*, p. 37-39.

9. Pour une analyse détaillée, voir Hata Ikuhiko, « The Marco Polo Bridge Incident, 1937 », in Morley, *The China Quagmire*, p. 243-286.

10. Bix, p. 320.

11. Cité *ibid.*, p. 322.

12. *Ibid.*, p. 325-326.

13. Iriye, *Origins*, p. 45.

14. Bix, p. 332.

15. *Ibid.*, p. 334-335.

16. Voir *ibid.*, p. 340-341.
17. Iriye, *Across the Pacific*, p. 178-179.
18. *Political Strategy Prior to the Outbreak of War (Part I)*, Japanese Monographs, 144, appendice 11 (http://www.ibiblio.org/pha/monos/144/144app11.html).
19. Bix, p. 345.
20. *Ibid.*, p. 346.
21. Iriye, *Origins*, p. 67.
22. *Ibid.*, p. 68.
23. Akira Iriye, *Power and Culture. The Japanese-American War, 1941-1945*, Cambridge (Massachusetts), 1981, p. 6.
24. Bix, p. 353.
25. David Bergamini, *Japan's Imperial Conspiracy*, New York, 1971, vol. 2, p. 908 ; Iriye, *Origins*, p. 76-77 ; Spotswood, p. 32-34.
26. John p. Fox, *Germany and the Far Eastern Crisis 1931-1938. A Study in Diplomacy and Ideology*, Oxford, 1982, chap. 10 ; Hartmut Bloß, « Deutsche Chinapolitik im Dritten Reich », in Manfred Funke (dir.), *Hitler, Deutschland und die Mächte. Materialien zur Außenpolitik des Dritten Reichs*, Düsseldorf, 1978, p. 419-423.
27. Sheffield University Library, Wolfson Microfilm 431, Diary of Marquis Kido Koichi (traduction américaine d'extraits destinés aux procès des criminels de guerre de Tokyo), doc. n° 1632BB (1), 22 août 1939. Pour Kido, voir Bix, p. 370-371 ; et Toland, *The Rising Sun*, p. 79.
28. Iriye, *Origins*, p. 81 ; Nish, p. 231.
29. Iriye, *Origins*, p. 83-84.
30. James William Morley (dir.), *The Fateful Choice. Japan's Advance into Southeast Asia, 1939-1941*, New York, 1980 (traduction d'essais de Hosoya Chihiro, « Northern Defence » ; Nagaoka Shinjiro, « Economic Demands on the Dutch East Indies » ; Hata Ikuhiko, « The Army's Move into Northern Indochina » ; Nagaoka Shinjiro, « The Drive into Southern Indochina and Thailand » et Tsunoda Jun, « The Navy's Role in the Southern Strategy », fondés sur une documentation japonaise), p. 121.
31. Gordon, p. 92-93 ; Misawa Shigeo et Minomiya Saburo, « The Role of the Diet and Political Parties », in Borg et Okamoto, *Pearl Harbor as History*, p. 321-324.
32. Shigeo et Saburo, p. 324-326 ; Gordon, p. 126-131, 162-173, 187-189.
33. Gordon, p. 333.
34. *Ibid.*, p. 193.
35. Shigeo et Saburo, p. 326-327.
36. Eugene Sathre, « Communication and Conflict : Japanese Foreign Policy leading to the Pacific War », thèse de doctorat inédite, University of Minnesota, 1978, p. 43-50.
37. Le passage qui précède repose sur Nobutaka Ike (dir.), *Japan's Decision for War. Records of the 1941 Policy Conferences*, Stanford (Californie), 1967, p. XV-XIX. Voir aussi Butow, p. 149-150.
38. Ike, p. XVIII ; F.C. Jones, *Japan's New Order in East Asia. Its Rise and Fall, 1937-1945*, Oxford, 1954, p. 7-9.

39. Nazli Choucri, Robert C. North et Susumu Yamakage, *The Challenge of Japan Before World War II and After*, Londres, New York, 1992, p. 165.

40. Bix, p. 10-11 ; Jones, p. 11-12.

41. Lesley Connors, *The Emperor's Adviser. Saionji Kinmochi and Pre-War Japanese Politics*, Londres, 1987, p. 186-199.

42. Iriye, *Origins*, p. 86-87, 99-100.

43. Yoshitake Oka, *Konoe Fumimaro. A Political Biography*, Tokyo, 1983, p. 10-13. Pour une brève description des débuts de Konoe et sur l'évolution de ses idées, voir aussi Seiichi, p. 66-68.

44. Oka, p. 36-38.

45. Toland, *The Rising Sun*, p. 73.

46. Oka, p. 46-47 ; Murakami Hyoe et Thomas J. Harper (dir.), *Great Historical Figures of Japan*, Tokyo, 1978, p. 299.

47. Oka, p. 75, 78.

48. Bix, p. 344-346.

49. Oka, p. 84-85. Dans une proclamation du 1er août 1940, Matsuoka Yosuke déclara que « notre politique étrangère actuelle consiste à instaurer la Sphère de coprospérité de la Grande Asie orientale », qui est « la même chose que l'Ordre nouveau dans la Sphère d'Asie orientale ou la Sphère de sécurité, et son champ englobe des régions méridionales comme les Indes néerlandaises et l'Indochine française ; les trois nations que sont le Japon, la Mandchourie et la Chine ne forment qu'un seul lien ». Y parvenir « éliminerait tous les obstacles » au « règlement définitif de l'Incident chinois » ; cf. Lebra, p. 71-72.

50. Toland, *The Rising Sun*, p. 61.

51. Iriye, *Origins*, p. 106.

52. Cité in Butow, p. 141-142.

53. Cordell Hull, *The Memoirs of Cordell Hull*, New York, 1948, vol. 1, p. 902.

54. Grew, p. 328 (1er septembre 1940). Mais il en vint rapidement à voir dans Matsuoka l'image d'une « nation résolue à atteindre ses objectifs à tout prix » (Waldo H. Heinrichs, Jr., *American Ambassador. Joseph C. Grew and the Development of the United States Diplomatic Tradition*, Boston, 1966, p. 243-245).

55. Oka, p. 97-98.

56. Cité in Bix, p. 374.

57. Iriye, *Origins*, p. 106.

58. Butow, p. 143-147 (et p. 115-119 sur ses précédentes fonctions de vice-ministre de la Guerre dans le premier gouvernement Konoe) ; voir aussi le portrait de Tojo in Mark Weston, *Giants of Japan. The Lives of Japan's Greatest Men and Women*, New York, Tokyo, Londres, 1999, p. 182-129.

59. James William Morley (dir.), *Deterrent Diplomacy. Japan, Germany, and the USSR 1935-1940*, New York, 1976 (traduction d'essais d'Ohata Tokushiro, « The Anti-Comintern Pact, 1935-1939 » ; Hata Ikuhiko, « The Japanese-Soviet Confrontation, 1935-1939 » ; et Hosoya Chihiro, « The Tripartite Pact, 1939-1940 », s'appuyant sur une documentation japonaise), p. 229-230.

60. Morley, *Deterrent Diplomacy*, p. 201-202 ; Morley, *The Fateful Choice*, p. 136-137. Sur la position américaine en juin-juillet 1940, dans le contexte du

bouleversement de la situation consécutif à la victoire allemande, voir Heinrichs, *American Ambassador*, p. 309-312.

61. Morley, *Deterrent Diplomacy*, p. 206-207.

62. Herbert Feis, *The Road to Pearl Harbor. The Coming of the War between the United States and Japan*, Princeton, 1950, p. 51-52, 66-71 ; Iriye, *Origins*, p. 102-103 ; Spotswood, p. 95-99.

63. Bergamini, vol. 2, p. 934.

64. Morley, *The Fateful Choice*, p. 138-139.

65. *Ibid.*, p. 158-159.

66. *Ibid.*, p. 159 ; Morley, *Deterrent Diplomacy*, p. 206-207 (citation p. 207).

67. Iriye, *Origins*, p. 102.

68. Morley, *The Fateful Choice*, p. 245-246.

69. *Ibid.*, p. 241-242.

70. *Ibid.*, p. 243-244.

71. *Ibid.*, p. 250.

72. *Ibid.*, p. 249.

73. *Ibid.*, p. 247.

74. Texte in Morley, *Deterrent Diplomacy*, p. 208-209 ; voir aussi Iriye, p. 102 ; et Spotswood, p. 99-104.

75. Morley, *The Fateful Choice*, p. 247-248. Voir aussi, sur l'« occasion rêvée » vue par l'armée de terre, les observations de Grew, p. 324 (1er août 1940).

76. Morley, *The Fateful Choice*, p. 250-251.

77. *Ibid.*, p. 251-252.

78. Sheffield University Library, Wolfson Microfilm 431, journal du marquis Kido Koichi, doc. n° 1632X, 8 juillet 1940. Et voir Butow, p. 141 et Feis, p. 76-83. Orchestrées par Kido, les manœuvres en coulisses pour faire de Konoe le prochain Premier ministre avaient commencé début mai (Tanaka Nobumasa (dir.), *Dokyumento Showa Tenno Dai Nikkan* [Documents de l'empereur Showa], vol. 2, Tokyo, 1988 [en japonais], p. 113).

79. Journal de Kido, doc. n° 1632X, 17 juillet 1940.

80. Bix, p. 178, 373 ; Tanaka, p. 114-117 ; et journal de Kido, doc. n° 1632X, 17 juillet 1940.

81. L'armée de terre avait volontiers abandonné le choix du ministre des Affaires étrangères « au seul prince Konoye » (journal de Kido, doc. n° 1632X, 8 juillet 1940), mais dans la certitude qu'il choisirait Matsuoka.

82. Oka, p. 98.

83. *DGFP*, 10, doc. 212, p. 278.

84. Texte in Morley, *Deterrent Diplomacy*, p. 218-219 ; et Spotswood, p. 109.

85. Morley, *Deterrent Diplomacy*, p. 220 ; voir aussi Iriye, *Origins*, p. 107.

86. Morley, *Deterrent Diplomacy*, p. 214-215. Le 26 juillet Matsuoka déclara à l'ambassadeur des États-Unis à Tokyo « que l'histoire est largement l'œuvre de forces aveugles qui ne sauraient être toujours maîtrisées dans un monde qui change rapidement » (Grew, p. 322).

87. Iriye, *Origins*, p. 107 ; Oka, p. 99 ; Bix, p. 375 ; Butow, p. 148-149.

88. Texte in *Political Strategy Prior to Outbreak of War (Part II)*, Japanese Monographs, 146, appendice 2 (http://www.ibiblio.org/pha/monos/146/146app02.html).

89. Bix, p. 375 ; Butow, p. 150-153.
90. Texte in *Political Strategy Prior to the Outbreak of War (Part II)*, Japanese Monographs, 146, appendice 3 (http://www.ibiblio.org/pha/monos/146/146pp03.html).
91. Morley, *The Fateful Choice*, p. 141.
92. *Ibid.*, p. 254-257, 261.
93. *Ibid.*, p. 256-260.
94. *Ibid.*, p. 259-261.
95. Texte in Morley, *Deterrent Diplomacy*, p. 283-288 et voir p. 221.
96. Grew, p. 324-325 (1er août 1940) ; voir également son entrée du 2 juillet 1940, p. 320-321.
97. Theo Sommer, *Deutschland und Japan zwischen den Mächten 1935-1940. Vom Antikominternpakt zum Dreimächtepakt*, Tübingen, 1962, p. 384-385 ; Morley, *Deterrent Diplomacy*, p. 227. L'« accord sur les destroyers » est examiné plus à fond, *infra*, chap. 5.
98. Sommer, p. 386-387 ; Morley, *Deterrent Diplomacy*, p. 225-226.
99. *Matsuoka Yosuke. L'homme et sa vie*, Tokyo, 1974 [en japonais], p. 768-769.
100. Morley, *The Fateful Choice*, p. 264-265. Matsuoka, comme certains chefs de l'armée de terre, crut dans un premier temps à une simple maladie « diplomatique » de Yoshida (*Matsuoka Yosuke*, p. 768-769).
101. Morley, *The Fateful Choice*, p. 229-230, 266-268 ; Oka, p. 104.
102. Morley, *Deterrent Diplomacy*, p. 228-233.
103. *Ibid.*, p. 232-237 ; Spotswood, p. 127-129.
104. Michael Bloch, *Ribbentrop*, Londres, 1994, p. 303.
105. Sommer, p. 387.
106. Cité *ibid.*, p. 233.
107. Cité *ibid.*, p. 239.
108. Cité *ibid.*, p. 241.
109. Butow, p. 163.
110. Cité in Morley, *Deterrent Diplomacy*, p. 238.
111. Cité *ibid.*, p. 238-239.
112. Ike, p. 4-13, pour les notes de la Conférence.
113. Cité in Morley, *Deterrent Diplomacy*, p. 248.
114. Bix, p. 382.
115. Oka, p. 105.
116. Pour une étude fouillée, cf. Sommer, p. 394-426, et Morley, *Deterrent Diplomacy*, p. 233-254.
117. Texte in *Political Strategy Prior to the Outbreak of War (Part II)*, Japanese Monographs, 146, p. 23-30 (http://www.ibiblio.org/pha/monos/146/146chap1.html). Voir aussi Feis, p. 118-119. Butow, p. 179-180, souligne que la réunion ne donna pas lieu à des minutes précises, comme c'était la règle dans les conférences de ce genre, et que les secrétaires se contentèrent de noter l'essentiel des propos tenus. Néanmoins, on n'a apparemment aucune raison de douter que les propos cités représentaient les vues de Konoe, Matsuoka et Tojo. Grew, p. 339 (2 octobre 1940), nota son impression d'un manque d'enthousiasme général à l'égard du pacte.

118. Iriye, *Origins*, p. 116.

119. Texte in Morley, *Deterrent Diplomacy*, p. 298-299 ; et *DGFP*, 11, doc. 118, p. 204.

120. Les États-Unis ne virent dans le pacte que la confirmation d'une relation qui, dans les faits, existait de longue date (Hull, vol. 1, p. 909).

121. Iriye, *Origins*, p. 117 ; Morley, *The Fateful Choice*, p. 188-203.

122. Feis, p. 105-109 ; William Carr, *Poland to Pearl Harbor. The Making of the Second World War*, Londres, 1985, p. 109-110 ; Spotswood, p. 157-163. L'ambassadeur américain à Tokyo, Joseph Grew, ne prit conscience de la possibilité d'un accord entre le Japon et l'Allemagne qu'à la mi-septembre et demeura largement dans l'ignorance jusqu'à la signature effective du Pacte tripartite (Heinrichs, *American Ambassador*, p. 319).

123. Iriye, *Origins*, p. 117.

124. Carr, p. 110-111.

125. La domination du Sud-Est asiatique était la question cruciale, avec les dirigeants japonais qui étaient résolus à s'étendre et à contrôler la région, et les responsables politiques américains toujours plus décidés dans leur résistance ; voir notamment Iriye, *Across the Pacific*, p. 201, et Spotswood, p. 13-18.

126. Morley, *The Fateful Choice*, p. 274 ; également cité par Bergamini, vol. 2, p. 952 ; et voir Weston, p. 193. En août 1940, Yamamoto avait également déclaré au prince Konoe qu'il n'envisageait pas le succès dans une guerre qui durerait plus de douze mois (Bergamini, vol. 2, p. 958).

127. Carr, p. 107-108.

128. Iriye, *Origins*, p. 116.

129. En termes de produit national brut, l'Italie était la seule des « grandes puissances », en 1940, à passer après le Japon. Le Japon disposait aussi des forces armées les plus modestes (abstraction faite des États-Unis, qui commençaient tout juste de réarmer), mais, en proportion de son revenu national, il dépensait presque autant que l'Allemagne en armements (Mark Harrison [dir.], *The Economics of World War II. Six Great Powers in International Comparison*, Cambridge, 1998, p. 10, 14, 21). Akira Hara, « Japan : Guns before Rice » (*ibid.*, p. 224-267) insiste sur un point important (p. 225), à savoir que le Japon avait organisé son économie de guerre dès le début du conflit avec la Chine en 1937.

130. Carr, p. 111.

4. Rome, été et automne 1940
Mussolini décide de prendre sa part

1. Cité in R.J.B. Bosworth, *Mussolini*, Londres, 2002, p. 369.

2. MacGregor Knox, *Common Destiny. Dictatorship, Foreign Policy, and War in Fascist Italy and Nazi Germany*, Cambridge, 2000, p. 61, 67-69.

3. Stanley G. Payne, *A History of Fascism 1914-1945*, Londres, 1995, p. 383 ; I.C.B. Dear et M.R.D. Foot (dir.), *The Oxford Companion to the Second World War*, Oxford, New York, 1995, p. 583.

4. En 1928, Hitler avait rédigé un long essai – qui devait finalement demeurer inédit – où il exposait sa politique de renoncement à toute prétention sur le Tyrol

du Sud dans l'intérêt d'une alliance avec l'Italie. Deux ans plus tôt, il avait déjà engagé la controverse avec les membres de la droite nationaliste allemande qui exploitaient le problème de cette région pour faire de l'agitation anti-italienne. Voir *Hitler's Second Book. The Unpublished Sequel to Mein Kampf*, Gerhard L. Weinberg (éd.), New York, 2003, p. XVI-XXI (en français, *L'Expansion du IIIe Reich*, trad. de l'anglais par Fr. Brière, Paris, Plon, 1963), et Ian Kershaw, *Hitler, 1889-1936 : Hubris*, Londres, 1998, p. 291-292 ; en fr., *Hitler. 1889-1936 : Hubris*, trad. de l'anglais par P.-E. Dauzat, Paris, Flammarion, 1999, p. 423-424.

5. Knox, *Common Destiny*, p. 96.

6. Denis Mack Smith, *Mussolini*, Londres, 1983, p. 235.

7. Alberto Aquarone, « Public Opinion in Italy before the Outbreak of World War II », in Roland Sarti (dir.), *The Ax Within. Italian Fascism in Action*, New York, 1974, p. 212 ; Paul Corner, « Everyday Fascism in the 1930s. Centre and Periphery in the Decline of Mussolini's Dictatorship », *Contemporary European History*, 15, 2006, p. 215-218, soulignant l'effet sur le culte du Duce de l'alliance avec l'Allemagne nazie et la probabilité croissante d'une guerre.

8. Cité d'après MacGregor Knox, *Mussolini Unleashed 1939-1941. Politics and Strategy in Fascist Italy's Last War*, Cambridge, 1986, p. 39-40.

9. *Ciano's Diary 1939-1943*, Malcolm Muggeridge (éd.), Londres, 1947, p. 45-46.

10. Ray Moseley, *Mussolini's Shadow. The Double Life of Count Galeazzo Ciano*, New Haven, Londres, 1999, p. 55.

11. Cité in Knox, *Mussolini Unleashed*, p. 41.

12. *Ciano's Diary*, p. 90.

13. Voir Mario Toscano, *The Origins of the Pact of Steel*, Baltimore, 1967, chap. 4-5.

14. H. James Burgwyn, *Italian Foreign Policy in the Interwar Period 1918-1940*, Westport (Connecticut), 1997, p. 194.

15. Knox, *Mussolini Unleashed*, p. 42 ; Burgwyn, p. 194.

16. *DGFP*, 6, p. 574-580 ; et voir Gerhard L. Weinberg, *The Foreign Policy of Hitler's Germany. Starting World War II, 1937-1939*, Chicago, Londres, 1980, p. 579-581 (et p. 579, n. 188 pour l'authenticité du document, qui a été contestée au procès de Nuremberg et par la suite).

17. *Ciano's Diary*, p. 116.

18. *Ibid.*, p. 122-123.

19. Citations *ibid.*, p. 123-125.

20. *Ibid.*, p. 126-130.

21. *Ibid.*, p. 133.

22. *DGFP*, 7, doc. 271, p. 286 (25 août 1939) ; Burgwyn, p. 203-204.

23. *DGFP*, 7, doc. 317, p. 323 ; Burgwyn, p. 204-205.

24. *Ciano's Diary*, p. 134-136 ; Enno von Rintelen, *Mussolini als Bundesgenosse. Erinnerungen des deutschen Militärattachés in Rom 1936-1943*, Tübingen, Stuttgart, 1951, p. 71 ; Knox, *Mussolini Unleashed*, p. 43. Sur le concept de « non-belligérance », voir Neville Wylie (dir.), *European Neutrals and Non-Belligerents during the Second World War*, Cambridge, 2002, p. 4.

25. Dans les considérations qui suivent, je m'appuie sur Knox, *Mussolini Unleashed*, p. 16-19 ; et MacGregor Knox, *Hitler's Italian Allies. Royal Armed Forces, Fascist Regime, and the War of 1940-1943*, Cambridge, 2000, p. 29-32.

26. Knox, *Mussolini Unleashed*, p. 10.

27. Denis Mack Smith, *Mussolini as a Military Leader*, Reading, 1974, p. 17, 28-29. Il n'y avait pas davantage de services secrets intégrés (Mussolini y voyait une menace pour son pouvoir), ce qui portait préjudice à la précision des évaluations ; cf. MacGregor Knox, « Fascist Italy Assesses its Enemies, 1935-1940 », in Ernest R. May (dir.), *Knowing One's Enemies. Intelligence Assessment before the Two World Wars*, Princeton, 1983, p. 347-372, ici p. 372).

28. Pour ce qui suit, voir Knox, *Mussolini Unleashed*, p. 18-30 ; et Knox, *Common Destiny*, p. 152-157.

29. Cité in Knox, *Common Destiny*, p. 155 ; et Knox, *Mussolini Unleashed*, p. 10. En termes de produit national brut, l'Italie était économiquement de loin la plus faible des puissances belligérantes en 1940, tandis que ses dépenses militaires représentaient juste un tiers de celles de l'Allemagne. Voir Mark Harrison (dir.), *The Economics of World War II. Six Great Powers in International Comparison*, Cambridge, 1998, p. 10, 21. Dans sa contribution à ce volume, p. 177-223, Vera Zamagni, « Italy : How to Lose the War and Win the Peace », conclut que le niveau de développement de l'Italie ne lui permettait pas de faire la guerre efficacement, encore moins de la gagner.

30. Sur ce concept appliqué au régime hitlérien, voir Peter Hüttenberger, « Nationalsozialistische Polykratie », *Geschichte und Gesellschaft*, 2, 1976, p. 417-442 ; ainsi que le résumé in Ian Kershaw, *The Nazi Dictatorship. Problems and Perspectives of Interpretation*, 4e éd., Londres, 2000, p. 58-59 ; en français, *Qu'est-ce que le nazisme ? Problèmes et perspectives d'interprétation*, trad. de l'anglais par J. Carnaud, Paris, Gallimard, « Folio », 1992, nouvelle édition augmentée et mise à jour, 1997, p. 111.

31. Payne, p. 119, 122.

32. *Ibid.*, p. 117.

33. Adrian Lyttleton, *The Seizure of Power*, Londres, 1973, p. 72-75, 175 ; Bosworth, *Mussolini*, p. 154-155, 160-165.

34. Payne, p. 116, 118-119.

35. Martin Broszat, *Der Staat Hitlers*, Munich, 1969, p. 262 ; *L'État hitlérien : l'origine et l'évolution des structures du IIIe Reich*, trad. de l'allemand par P. Moreau, Paris, Fayard, 1985, p. 306-397 ; Dieter Rebentisch, *Führerstaat und Verwaltung im Zweiten Weltkrieg*, Stuttgart, 1989, p. 422.

36. Maurizio Bach, *Die Charismatischen Führerdiktaturen. Drittes Reich und italienischer Faschismus im Vergleich ihrer Herrschaftsstrukturen*, Baden-Baden, 1990, p. 111.

37. Payne, p. 221.

38. Voir Corner, notamment p. 199, 206-217.

39. Voir Piero Melograni, « The Cult of the Duce in Mussolini's Italy », *Journal of Contemporary History*, 11, 1976, p. 221-237.

40. S.J. Woolf (dir.), *Fascism in Europe*, 2e éd., Londres, 1981, p. 62.

41. Payne, p. 219-220.

42. Knox, *Common Destiny*, p. 96 ; Burgwyn, p. 120 ; John Whittam, *Fascist Italy*, Manchester, 1995, p. 113.

43. Knox, *Common Destiny*, p. 96.

44. R.J.B. Bosworth, *Italy, the Least of the Great Powers. Italian Foreign Policy before the First World War*, Cambridge, 1979, notamment chap. 1, 2, 4, insiste sur le large consensus qui régnait parmi les élites sociales et politiques derrière les ambitions de grande puissance qui étaient celles de l'Italie avant la guerre.

45. Bosworth, *Mussolini*, p. 255 ; Mack Smith, *Mussolini as a Military Leader*, p. 7.

46. *Ibid.*, p. 5, 31.

47. Knox, *Mussolini Unleashed*, p. 10, 18.

48. Bosworth, *Mussolini*, p. 347.

49. Voir *ibid.*, p. 246.

50. Burgwyn, p. 145-146.

51. Mack Smith, *Mussolini as a Military Leader*, p. 5.

52. *Ciano's Diary*, p. 144-145.

53. Knox, *Mussolini Unleashed*, p. 55-56.

54. *Ciano's Diary*, p. 145-146, 151, 157 (citation p. 157).

55. Knox, *Mussolini Unleashed*, p. 62.

56. *Ibid.*, p. 79.

57. *Ciano's Diary*, p. 163.

58. *Ciano's Diplomatic Papers*, Malcolm Muggeridge (éd.), Londres, 1948, p. 314-315 (citation p. 314).

59. Knox, *Mussolini Unleashed*, p. 61.

60. *Ibid.*, p. 68 ; *DGFP*, 8, doc. 504, p. 608-609 (lettre de Mussolini à Hitler, écrite le 3 janvier 1940, mais envoyée, avec des corrections de détail, le 5). « Un beau document, plein de sagesse et de retenue », estima Ciano à propos de la lettre de Mussolini (*Ciano's Diary*, p. 194).

61. *Ciano's Diary*, p. 164.

62. Knox, *Mussolini Unleashed*, p. 71, 75.

63. *Ibid.*, p. 52-54, citation p. 52.

64. *Ciano's Diary*, p. 222-223.

65. *Ciano's Diplomatic Papers*, p. 364-365 ; *Staatsmänner und Diplomaten bei Hitler. Vertrauliche Aufzeichnungen über die Unterredungen mit Vertretern des Auslandes 1939-1941*, Andreas Hillgruber (éd.), Munich, 1969, p. 52-53, 55, 57 ; *DGFP*, 9, doc. 1, p. 1-16.

66. *Ciano's Diary*, p. 224-225.

67. *Ibid.*, p. 225-226.

68. Knox, *Mussolini Unleashed*, p. 89 ; *DDI*, vol. 3, doc. 669, p. 576-579 ; Burgwyn, p. 212. Voir aussi *Ciano's Diary*, p. 232.

69. *Ciano's Diary*, p. 231.

70. Knox, *Mussolini Unleashed*, p. 90-91, 93-94.

71. *Ciano's Diary*, p. 234, 235, 236 et 243, et voir Knox, *Mussolini Unleashed*, p. 108.

72. *Ciano's Diary*, p. 221.

73. *Ibid.*, p. 253. Sur le changement de l'état de l'opinion à l'égard de la guerre, voir Denis Mack Smith, *Mussolini's Roman Empire*, Londres, New York, 1976, p. 209-213.

74. Giuseppe Bottai, *Diario 1935-1944*, Giordano Bruno Guerri (éd.), Milan, 1982, p. 192.

75. Voir Knox, *Common Destiny*, p. 113-147, pour une analyse pénétrante des éléments de continuité et de rupture dans la politique extérieure de Mussolini. Voir aussi R.J.B. Bosworth, *The Italian Dictatorship. Problems and Perspectives in the Interpretation of Mussolini and Fascism*, Londres, 1998, p. 99-101 ; et Stephen Corrado Azzi, « The Historiography of Fascist Foreign Policy », *Historical Journal*, 36, 1993, p. 187-203, ici p. 196-197, 199-200.

76. *Ciano's Diary*, p. 249, 256.

77. *Ibid.*, p. 250.

78. *Ibid.*, p. 254.

79. *Ibid.*, p. 249, 250, 261.

80. *Ibid.*, p. 261 ; Mack Smith, *Mussolini's Roman Empire*, p. 214 ; Knox, *Mussolini Unleashed*, p. 104-105.

81. *Ciano's Diary*, p. 258 ; Knox, *Mussolini Unleashed*, p. 104-105.

82. *Ciano's Diary*, p. 257.

83. Knox, *Mussolini Unleashed*, p. 119, 121-123.

84. Moseley, p. 103.

85. Reynolds et Eleanor Packard, *Balcony Empire. Fascist Italy at War*, Londres, 1943, p. 82.

86. Cité in Knox, *Mussolini Unleashed*, p. 111-112.

87. *Ciano's Diary*, p. 255.

88. Max Domarus (dir.), *Hitler. Reden und Proklamationen 1932-1945*, Wiesbaden, 1973, p. 1518 ; *Ciano's Diary*, p. 257. Knox, *Mussolini Unleashed*, p. 117, indique que l'entrevue d'Alfieri avec Hitler eut lieu le 31 mai à Bad Godesberg, mais un rapport du Deutsches Nachrichtenbüro précise que l'entrevue eut lieu la veille au Felsennest.

89. Knox, *Mussolini Unleashed*, p. 116.

90. Pietro Badoglio, *Italy in the Second World War. Memories and Documents*, Londres, New York, Toronto, 1948, p. 14-15 (en fr., *L'Italie dans la guerre mondiale*, Paris, SFELT, 1946).

91. *Ibid.*, p. 15-16.

92. Elizabeth Wiskemann, *The Rome-Berlin Axis. A Study of the Relations between Hitler and Mussolini*, Londres, 1966, p. 255.

93. Knox, *Mussolini Unleashed*, p. 116 ; *DDI*, vol. 4, doc. 642, p. 495-497 ; Badoglio, p. 15-17.

94. *Ciano's Diary*, p. 256-257.

95. *Ibid.*, p. 259.

96. Packard et Packard, p. 85-86.

97. Bottai, p. 193.

98. Badoglio, p. 20.

99. *Ciano's Diary*, p. 264. Sur le manque d'enthousiasme de la foule, voir aussi Rintelen, p. 85.

100. Luigi Villari, *Italian Foreign Policy under Mussolini*, Londres, 1959, p. 255.

101. Winston S. Churchill, *The Second World War*, vol. 2, *Their Finest Hour*, Londres, 1949, p. 106.

102. Knox, *Mussolini Unleashed*, p. 71-74.

103. *Ibid.*, p. 82.

104. *Ibid.*, p. 107.

105. Voir Rintelen, p. 93, qui explique qu'il eût été plus expédient, pour la stratégie de guerre allemande, que l'Italie s'en tînt à sa position de « non-belligérant » et que la Méditerranée restât à l'écart du conflit direct.

106. Moseley, p. 106-107.

107. *Ciano's Diary*, p. 266.

108. *Ibid.*, p. 267. Le Duce, observa Ciano, craint « que l'heure de la paix n'approche, et voit s'estomper une fois encore le rêve inaccessible de sa vie, celui de la gloire sur le champ de bataille ».

109. *Ciano's Diary*, p. 268 ; Knox, *Mussolini Unleashed*, p. 129-130.

110. *Ciano's Diary*, p. 269.

111. *Ibid.*, p. 270-271.

112. Bottai, p. 204.

113. *Ciano's Diary*, p. 278.

114. Mack Smith, *Mussolini*, p. 294.

115. Knox, *Mussolini Unleashed*, p. 138.

116. Mack Smith, *Mussolini*, p. 295.

117. Knox, *Mussolini Unleashed*, p. 134-137, 155-165 ; William L. Langer et S. Everett Gleason, *The Undeclared War, 1940-1941*, New York, 1953.

118. *Ciano's Diary*, p. 87.

119. Mario Cervi, *The Hollow Legions. Mussolini's Blunder in Greece, 1940-1941*, Londres, 1972, p. 7-10 ; ainsi que Mack Smith, *Mussolini*, p. 271. Le 12 septembre 1939, Ciano avait écrit dans son jounal que Mussolini avait donné des « instructions pour unc cntcntc avec la Grèce, pays trop pauvre pour susciter notre convoitise » (*Ciano's Diary*, p. 151).

120. Bottai, p. 191 (25 mai 1940).

121. *Ibid.*, p. 224 (29 juin 1940).

122. Archivio Centrale, Rome, Carte Graziani, b. 42, Journal de Roatta, 7 juillet 1940.

123. *Ciano's Diplomatic Papers*, p. 377-378 ; Knox, *Mussolini Unleashed*, p. 139-142 ; Cervi, p. 14-17 ; Ehrengard Schramm-von Thadden, *Griechenland und die Großmächte im Zweiten Weltkrieg*, Wiesbaden, 1955, p. 48-51.

124. *DRZW*, vol. 3, 1984, p. 360. Roatta n'en avait pas eu moins vent, d'une manière ou d'une autre, des commentaires de Hitler à Ciano suivant lesquels il était essentiel de ne pas troubler la paix dans les Balkans – propos dont il était aisé de déduire « que nous ne devrions rien faire contre la Yougoslavie » (journal de Roatta, 14 juillet 1940).

125. *Ciano's Diary*, p. 281.

126. Knox, *Mussolini Unleashed*, p. 166-167.

127. *Ciano's Diary*, p. 281-282.

128. *Ibid.*, p. 282.

129. Cervi, p. 18-23 ; Knox, *Mussolini Unleashed*, p. 167-171.
130. Cervi, p. 34 ; Moseley, p. 114.
131. *Ciano's Diary*, p. 282-283.
132. *Ibid.*, p. 283.
133. L'hostilité envers l'Italie s'amplifia quand un vieux croiseur grec, le *Helli*, fut torpillé le 15 août par un sous-marin dont tout le monde crut – à juste raison – qu'il était italien. La vérité sur l'incident ne vit le jour que longtemps après la guerre. L'initiative venait de l'un des sous-fifres particulièrement turbulent du Duce, le notoirement arrogant et impétueux vétéran fasciste Cesare Maria De Vecchi di Val Cismon, gouverneur des îles italiennes de la mer Égée (Cervi, p. 29-32).
134. Cité in Cervi, p. 22-23 ; traduction différente in *DGFP*, 10, doc. 333, p. 471-472.
135. *Ciano's Diplomatic Papers*, p. 381.
136. *DRZW*, vol. 3, p. 361 ; Knox, *Mussolini Unleashed*, p. 174.
137. Cervi, p. 23
138. *Ciano's Diary*, p. 284.
139. Knox, *Mussolini Unleashed*, p. 175-176.
140. *DDI*, vol. 5, p. 436 ; Knox, *Mussolini Unleashed*, p. 176-177 ; *DRZW*, vol. 3, p. 365 ; Cervi, p. 24, 42-43 ; journal de Roatta, 22 août 1940.
141. *Ciano's Diary*, p. 285.
142. *Ciano's Diplomatic Papers*, p. 385.
143. Knox, *Mussolini Unleashed*, p. 178-179.
144. Cité in Cervi, p. 43 ; voir aussi Knox, *Mussolini Unleashed*, p. 181.
145. Knox, *Mussolini Unleashed*, p. 186.
146. Cité in Cervi, p. 45.
147. Le mot est de Ciano in *Ciano's Diary*, p. 291.
148. Enno von Rintelen, l'attaché militaire allemand à Rome, avait déjà indiqué, au début du mois d'août, que même si les préparatifs de l'offensive contre l'Angleterre battaient leur plein, sa réalisation se heurtait à de « sérieuses difficultés » (journal de Roatta, 7 août 1940).
149. Cité in Knox, *Mussolini Unleashed*, p. 191.
150. *Ciano's Diplomatic Papers*, p. 391.
151. *Ibid.*, p. 392 ; Schramm-von Thadden, p. 88 ; *DGFP*, 11, doc. 73, p. 121 ; *DRZW*, vol. 3, p. 369.
152. Moseley, p. 115, citant les observations du général Puntoni, l'aide-de-camp du roi : « Ciano se montra impatient de donner une leçon à la Grèce dont la conduite, dit-il, est ambiguë. »
153. Schramm-von Thadden, p. 88-90 ; *DRZW*, vol. 3, p. 370 ; Knox, *Mussolini Unleashed*, p. 190.
154. Knox, *Mussolini Unleashed*, p. 196-197.
155. *Ibid.*, p. 197.
156. *Ibid.*, p. 195.
157. *Ibid.*, p. 193-194 ; Renzo De Felice, *Mussolini l'alleato 1940-1945*, vol. 1, Turin, 1990, p. 295-296 ; Cervi, p. 56-57 ; *DRZW*, vol. 3, p. 372.
158. *Ciano's Diary*, p. 294.

159. Ce soutien n'en manquait pas moins de chaleur. Quand le 7 juillet, lors de son entrevue avec Hitler, Ciano eut présenté une liste fâcheusement longue d'exigences territoriales pour un pays qui n'avait guère participé aux combats, Ribbentrop lui avait signifié qu'il fallait « être modéré et ne pas avoir les yeux plus gros que le ventre ». Paul Schmidt, *Statist auf diplomatischer Bühne 1923-1945. Erlebnisse des Chefdolmetschers im Auswärtigen Amt mit den Staatsmännern Europas*, Bonn, 1953, p. 502-503 ; F.W. Deakin, *The Brutal Friendship. Mussolini, Hitler and the Fall of Italian Fascism*, Londres, 1962, p. 11.

160. *Ciano's Diplomatic Papers*, p. 395-398 ; *Ciano's Diary*, p. 296.

161. *Ibid.*

162. Schramm-von Thadden, p. 88-89, 96. Un élément d'information brûlant, transmis de Soddu à Roatta, laisse penser que Hitler et Mussolini auraient pu parvenir au Brenner à un accord privé – même s'il n'en est pas fait mention dans les minutes officielles de leur réunion – pour qu'un régiment italien accompagnât la mission militaire allemande en Roumanie (Knox, *Mussolini Unleashed*, p. 202 ; De Felice, p. 297). Selon Knox, cette information viendrait d'un tête-à-tête entre Mussolini et Hitler. Il paraît cependant peu probable que Hitler ait fait la moindre promesse concrète. Et on ne saurait dire si l'information de Soddu se rapportait à des propos tenus ou exprimait une présomption italienne née d'un malentendu. S'adressant à Bottai, Ciano nia qu'il ait été question au Brenner de l'action allemande en Roumanie (Bottai, p. 227).

163. De Felice (p. 297) rejette l'idée que Mussolini aurait été totalement pris au dépourvu par l'intervention allemande en Roumanie puisque le ministre italien des Affaires étrangères avait été informé de la réponse positive des Allemands à la « demande » d'envoi de troupes adressée par Bucarest. Il admet néanmoins que Mussolini ait pu être surpris par la rapidité des Allemands. Mais ce n'est certainement pas tout. La façon dont il apprit l'arrivée du détachement allemand ne pouvait que le mettre hors de lui.

164. *Ciano's Diary*, p. 297.

165. Bottai, p. 227.

166. Knox, *Mussolini Unleashed*, p. 187, 203, 205-207 ; *DRZW*, vol. 3, p. 374-375.

167. Knox, *Mussolini Unleashed*, p. 207-208.

168. *Ciano's Diary*, p. 297. Il dit cependant à Bottai que la tâche de l'armée serait plus rude qu'elle ne l'eût été en août, quand il pressait d'agir, même s'il restait certain du succès (Bottai, p. 227).

169. Churchill, *The Second World War*, vol 2, p. 383-384 ; Knox, *Mussolini Unleashed*, p. 152-153.

170. Knox, *Mussolini Unleashed*, p. 208-209. Suivant une suggestion de Renzo De Felice, p. 300-305, entrait peut-être en jeu un motif secondaire : une victoire sur la Grèce lui assurerait les atouts dont il avait besoin si son collègue dictateur était tenté de discuter des conditions de paix avec la France de Vichy aux dépens des prétentions territoriales de l'Italie, chose qui semblait tout à fait possible à la suite des entrevues de Hitler avec Laval et Pétain.

171. Knox, *Mussolini Unleashed*, p. 202 ; Martin van Creveld, *Hitler's Strategy 1940-1941. The Balkan Clue*, Cambridge, 1973, p. 34.

172. Knox, *Mussolini Unleashed*, p. 208.

173. Cité *ibid.*, p. 209 ; voir aussi Schramm-von Thadden, p. 101 ; *DRZW*, vol. 3, p. 376-377 ; et sur la préparation antérieure, Cervi, p. 36-37.

174. Cervi, p. 61-62. Une note de Mussolini à Graziani, peu après le sommet du Brenner, le 4 octobre, n'en avait pas moins donné un premier signe que l'objectif de l'invasion serait la totalité de la Grèce, et pas simplement la Ciamuria (Creveld, *Hitler's Strategy*, p. 35-36).

175. Cervi, p. 62 ; Knox, *Mussolini Unleashed*, p. 210.

176. Schramm-von Thadden, p. 102 ; Cervi, p. 65 ; Mack Smith, *Mussolini as a Military Leader*, p. 31. Badoglio, p. 26, indique la présence de Cavagnari et Pricolo, mais il semble que sa mémoire l'ait trompé.

177. Knox, *Mussolini Unleashed*, p. 211.

178. Texte in *DDI*, vol. 5, doc. 728, p. 699-705 ; reproduit in Schramm-von Thadden, p. 209-217 ; les citations sont tirées de Cervi, p. 311-320. Voir aussi le résumé in Knox, *Mussolini Unleashed*, p. 211-214 et les commentaires caustiques sur cette réunion de Mack Smith, *Mussolini's Roman Empire*, p. 232-233. Dans son récit, *Io ho aggredito la Grecia*, 2e éd., Milan, 1947, p. 61-70, Sebastiano Visconti Prasca prétend que Mussolini avait « tripatouillé » la sténographie de la réunion et que celle-ci était donc inexacte (en particulier concernant sa propre contribution), même si sa version confirme la substance et le dilettantisme de la discussion.

179. Visconti Prasca, p. 68-70. Les minutes de la réunion du 15 octobre ne corroborent pas l'affirmation de Walter Rauscher, *Hitler und Mussolini. Macht, Krieg und Terror*, Graz, 2001, p. 413, suivant laquelle Badoglio se serait prononcé contre l'opération en Grèce, mais que Mussolini ne voulut rien écouter.

180. *Ciano's Diary*, p. 298.

181. Knox, *Mussolini Unleashed*, p. 214-217.

182. *Ibid.*, p. 217-2190, pour la suite de ce paragraphe.

183. Schramm-von Thadden, p. 108.

184. Voir *Ciano's Diary*, p. 300 ; et Bottai, p. 229.

185. Cité in Moseley, p. 117.

186. Citations in Knox, *Mussolini Unleashed*, p. 220-221.

187. *Ciano's Diary*, p. 300.

188. *Ibid.*, p. 301.

189. *Heeresadjutant bei Hitler 1938-1943. Aufzeichnungen des Majors Engel*, Hildegard von Kotze (éd.), Stuttgart, 1974, p. 88 (28 octobre 1940) ; Schmidt, p. 516-517. Que Hitler ait été décontenancé et contrarié par l'action unilatérale de Mussolini contre la Grèce est contesté par Creveld, *Hitler's Strategy*, p. 39-51, et Martin van Creveld, « 25 October 1940. A Historical Puzzle », *Journal of Contemporary History*, 6, 1971, p. 87-96. Mais Knox, *Mussolini Unleashed*, p. 346, n. 84 et p. 350, n. 156, avance des arguments probants contre cette thèse.

190. Voir Ernst von Weizsäcker, *Erinnerungen*, Munich, Leipzig, Fribourg, 1950, p. 302-303. Selon Weizsäcker, secrétaire d'État (secrétaire général) au ministère allemand des Affaires étrangères, il avait proposé d'envoyer une mise en garde sans équivoque à Mussolini l'invitant à ne pas élargir le front sans l'accord des Allemands. Ribbentrop, écrivit Weizsäcker, approuva cette ligne, mais Hitler avait répondu ne pas vouloir retenir son collègue dictateur et avait donc indirectement ouvert la voie à la folle initiative de Mussolini. À en croire

Weizsäcker, la surprise que Hitler devait afficher plus tard était feinte, mais il admettait que celui-ci n'avait peut-être pas cru que le Duce était déterminé à lancer l'attaque.

191. Knox, *Mussolini Unleashed*, p. 222-230 ; Cervi, p. 87-92. Voir aussi Rintelen, p. 108-110.

192. Schramm-von Thadden, p. 113, citant la lettre de Hitler à Mussolini du 20 novembre 1940. La Crète avait sa place dans la réflexion stratégique allemande sur des opérations conjointes avec l'Italie afin de chasser les Britanniques de Méditerranée orientale et d'Afrique du Nord. Voir Creveld, *Hitler's Strategy*, p. 37.

193. *Ciano's Diplomatic Papers*, p. 400.

194. Pour la version italienne de l'entretien, cf. *Ciano's Diplomatic Papers*, p. 399-404 ; pour la version allemande, cf. *Staatsmänner*, p. 150-165. Peut-être en reconnaissance tacite de l'acceptation par Hitler de son coup de force en Grèce, Mussolini se montra moins intransigeant qu'il ne l'avait prévu à propos de la France de Vichy (De Felice, p. 307).

195. Mack Smith, *Mussolini*, p. 302 ; Knox, *Mussolini Unleashed*, p. 236 ; Bosworth, *Mussolini*, p. 375.

196. Churchill, *The Second World War*, vol. 2, p. 481.

197. *Ibid.*, p. 544 ; Knox, *Mussolini Unleashed*, p. 256 (où il est question de 115 000 prisonniers italiens) ; Lothar Gruchmann, *Der Zweite Weltkrieg*, Munich, 4e éd., 1975, p. 107, parle de 130 000 prisonniers ainsi que de 470 chars et de 1 300 pièces d'artillerie perdus entre début décembre et début février. Les pertes britanniques étaient minimes.

198. Avant l'invasion italienne, la Grande-Bretagne était fort sceptique quant à la faisabilité et à l'intérêt d'une aide militaire pour soutenir la Grèce. Voir John S. Koliopoulos, *Greece and the British Connection 1935-1941*, Oxford, 1977, p. 134-142. Sitôt l'attaque lancée, la Grande-Bretagne souhaita voir la guerre italo-grecque se poursuivre tout en étant attentive à éviter que la Grèce ne tombât sous la coupe des Allemands. La Grèce et la Crète étaient jugées importantes pour la défense – vitale – de l'Égypte. Mais l'aide britannique susceptible d'être détournée de l'Afrique du Nord était très limitée. Voir Martin van Creveld, « Prelude to Disaster. The British Decision to Aid Greece, 1940-1941 », *Journal of Contemporary History*, 9, 1974, p. 65-92. Il n'y eut pas de grosse présence militaire britannique avant la fin mars 1941, quand une force fut acheminée précipitamment du Moyen-Orient à la lumière de la crise yougoslave : une erreur stratégique, reconnue par la suite, qui permit à l'ennemi de prendre l'initiative en Afrique du Nord. L'attaque allemande contre la Yougoslavie et la Grèce débuta le 6 avril. À la fin de ce mois, quelque 50 000 hommes – britanniques ou du Commonwealth – avaient été évacués ; 7 000 autres avaient été faits prisonniers (Dear et Foot, p. 102-106).

199. *DRZW*, vol. 3, p. 421-422.

200. Creveld, *Hitler's Strategy*, p. 134-135.

201. *The Testament of Adolf Hitler. The Hitler-Bormann Documents February-April 1945*, François Genoud (éd.), Londres, 1961, p. 65, 72-73, 81.

202. Voir Andreas Hillgruber, *Hitlers Strategie. Politik und Kriegführung 1940-1941*, 3e éd., Bonn, 1993, p. 506, n. 26.

203. Rintelen, p. 90, 92-93, 98-99, insiste sur l'erreur stratégique, du point de vue allemand, de n'avoir pas pris Malte.

204. Rintelen, p. 101.

205. James J. Sadkovich, « The Italo-Greek War in Context. Italian Priorities and Axis Diplomacy », *Journal of Contemporary History*, 28, 1993, p. 439-464, ici p. 440, et voir aussi p. 455.

206. *Fuehrer Conferences on Naval Affairs 1939-1945*, Londres, 1990, p.154-155.

207. James J. Sadkovich, « Understanding Defeat. Reappraising Italy's Role in World War II », *Journal of Contemporary History*, 24, 1989, p. 27-61, ici p. 38.

208. Dear et Foot, p. 504-508. Pour une description remarquable des terribles conditions prévalant en Grèce à la fin de l'occupation allemande, alors que s'amorçait la plongée dans la guerre civile, cf. Mark Mazower, *Inside Hitler's Greece. The Experience of Occupation, 1941-1944*, New Haven, Londres, 1993, p. 362-373 ; en fr., *Dans la Grèce d'Hitler (1941-1944)*, trad. de l'anglais par Ch. Orfanos, Paris, Les Belles Lettres, 2002, p. 387-398.

209. Voir Creveld, *Hitler's Strategy*, p. 163.

210. Sadkovich, « The Italo-Greek War », p. 446.

211. Voir Knox, *Mussolini Unleashed*, p. 209.

212. Badoglio, p. 29 ; également cité in Knox, *Mussolini Unleashed*, p. 236 ; et, dans une traduction légèrement différente, Cervi, p. 149-150.

213. *Ciano's Diary*, p. 298 ; Knox, *Mussolini Unleashed*, p. 215-216.

214. Churchill, *The Second World War*, vol. 2, p. 548. L'affirmation n'en est pas moins acceptée par Brian R. Sullivan, « "Where One Man, and Only One Man, Led." Italy's Path from Non-Alignment to Non-Belligerency to War, 1937-1940 », in Wylie, p. 149.

215. Mack Smith, *Mussolini as a Military Leader*, p. 23, souligne à quel point le recours au « génie » du Duce soulageait les officiers supérieurs de tout sentiment de responsabilité.

5. Washington, été 1940-printemps 1941
Roosevelt décide de donner un coup de main

1. *The Public Papers and Addresses of Franklin D. Roosevelt*, Samuel I. Rosenman (éd.), vol. 9, New York, 1940, p. 517.

2. *Public Opinion 1935-1946*, Hadley Cantrill (éd.), Westport (Connecticut), 1951, p. 971.

3. *Ibid.*, p. 973.

4. Yale University Library, Henry L. Stimson Diaries 1909-1945, Reel 6, entrée du 19 décembre 1940 ; William L. Langer et S. Everett Gleason, *The Undeclared War, 1940-1941*, New York, 1953, p. 243.

5. Cité in John Morton Blum, *From the Morgenthau Diaries*, vol. 2 : *Years of Urgency, 1938-1941*, Boston, 1965, p. 254 (entrée du 14 mai 1941).

6. Stimson Diaries, Reel 6, entrée du 22 avril 1941 ; Langer et Gleason, *The Undeclared War*, p. 442.

7. *Public Papers and Addresses*, vol. 8, 1939, p. 3 ; Joseph Alsop et Robert Kintner, *American White Paper. The Story of American Diplomacy and the Second World War*, Londres, 1940, p. 31 ; Robert Dallek, *Franklin D. Roosevelt and American Foreign Policy, 1932-1945*, New York, 1979, p. 179 ; Robert A. Divine, *The Reluctant Belligerent. American Entry into World War II*, New York, 1965, p. 56 ; David M. Kennedy, *Freedom from Fear. The American People in Depression and War, 1929-1945*, New York, Oxford, 1999, p. 427.

8. Cité in Alsop et Kintner, p. 68.

9. Waldo H. Heinrichs, Jr., *Threshold of War. Franklin D. Roosevelt and American Entry into World War II*, New York, Oxford, 1988, p. 11.

10. Winston S. Churchill, *The Second World War*, vol. 2, *Their Finest Hour*, Londres, 1949, p. 503.

11. *Churchill and Roosevelt. The Complete Correspondence*, Warren F. Kimball (éd.), Princeton, 1984, vol. 1, doc. C-84x, p. 181-182 (3 mai 1941) ; Heinrichs, *Threshold of War*, p. 81.

12. Cité in Kennedy, p. 496.

13. Tel est le titre du chapitre 3 du livre de Warren F. Kimball, *Forged in War. Churchill, Roosevelt and the Second World War*, Londres, 1997.

14. Le rôle que joua Roosevelt dans le New Deal fut irremplaçable, au point que son apport fut décisif dans les domaines où le succès fut au rendez-vous, tandis que son désintérêt, par exemple pour le logement à coût modéré, et son indécision en matière de stratégie industrielle eurent pour effet de déterminer les insuffisances du système (Tony Badger, *The New Deal. The Depression Years, 1933-1940*, Londres, 1989, p. 9). Patrick Renshaw, *Franklin D. Roosevelt. Profiles in Power*, Londres, 2004, p. 107, fait valoir combien la seule « force de le personnalité » de Roosevelt fut décisive dans le redressement du moral du pays après 1933.

15. Voir Frank Freidel, *Franklin D. Roosevelt. A Rendezvous with Destiny*, Boston, 1990, p. 252. Voir aussi Renshaw, p. 120 ; et Badger, p. 94-104.

16. Freidel, p. 287 ; Kennedy, p. 347-349 ; Hugh Brogan, *The Pelican History of the United States of America*, Harmondsworth, 1986, p. 565. Les républicains gagnèrent quatre-vingts sièges à la Chambre des représentants et huit au Sénat. Si les démocrates continuaient de dominer les deux chambres, les forces hostiles à Roosevelt se trouvèrent considérablement renforcées du fait des convergences entre partis.

17. Sur les prêts américains et la demande pressante de leur remboursement, voir Zara Steiner, *The Lights that Failed. European International History 1919-1933*, Oxford, 2005, p. 38-39, 185, 188.

18. Divine, *The Reluctant Belligerent*, p. 8-10 ; Kennedy, p. 387-388.

19. Cité in Kennedy, p. 386.

20. Freidel, p. 171.

21. Divine, *The Reluctant Belligerent*, p. 17-22.

22. Kennedy, p. 393.

23. *Ibid.*, p. 395-396. Sur le pétrole américain et la guerre d'Abyssinie, voir Cordell Hull, *The Memoirs of Cordell Hull*, New York, 1948, vol. 1, p. 422-442, notamment p. 442, où Hull reconnaît que « nous étions allés aussi loin que nous le pouvions », mais alors même que les « exportations de pétrole des États-Unis vers

l'Italie étaient moralement frappées d'embargo », le « gouvernement des États-Unis n'avait pas légalement autorité pour imposer un embargo pétrolier ». Et voir Robert A. Divine, *Roosevelt and World War II*, Baltimore, 1969, p. 11-13.

24. Divine, *The Reluctant Belligerent*, p. 29.

25. *Ibid.*, p. 31-33 ; Cordell Hull a exposé et défendu la position du gouvernement in Hull, vol. 1, p. 476-485.

26. Kennedy, p. 398-399.

27. Eric Larrabee, *Commander in Chief. Franklin Delano Roosevelt, his Lieutenants, and their War*, Londres, 1987, p. 32-33.

28. Le passage qui contient cette citation est repris in Divine, *Roosevelt and World War II*, p. 9 ; également cité in Brogan, p. 569.

29. Cité in John T. Flynn, *The Roosevelt Myth*, New York, 1956, p. 90-92.

30. *Ibid.*, p. 92.

31. Divine, *The Reluctant Belligerent*, p. 48-49.

32. Kennedy, p. 388.

33. Sur les origines de Hull et sa carrière, voir Irwin F. Gellman, *Secret Affairs. Franklin Roosevelt, Cordell Hull, and Sumner Welles*, Baltimore, Londres, 1995, p. 20-36.

34. Alsop et Kintner, p. 14, 25.

35. David Reynolds, *The Creation of the Anglo-American Alliance 1937-1941. A Study in Competitive Co-operation*, Chapel Hill (Caroline du Nord), 1982, p. 27.

36. Cité in Kennedy, p. 405. Dans une analyse fouillée de l'opinion publique américaine au moment du discours sur la mise en quarantaine, Michael Leigh (*Mobilizing Consent. Public Opinion and American Foreign Policy, 1937-1947*, Westport, Connecticut, 1976, p. 48) conclut que, loin de se trouver contraint par les attitudes populaires, Roosevelt « était à même de projeter sa propre hésitation sur les masses » au point de « différer l'action alors même que l'isolationnisme populaire s'émiettait ».

37. Cité in William R. Rock, *Chamberlain and Roosevelt. British Foreign Policy and the United States, 1937-1940*, Columbus, Ohio, 1988, p. 48.

38. Winston S. Churchill, *The Second World War*, vol. 1, *The Gathering Storm*, Londres, 1948, p. 229. L'initiative venait de Sumner Welles ; le Président l'avait reprise malgré l'opposition du secrétaire d'État Cordell Hull. Voir Sumner Welles, *Seven Major Decisions*, Londres, 1951, p. 29-44 ; et Rock, p. 51-77.

39. Rock, p. 70.

40. *Foreign Relations of the United States. Diplomatic Papers 1938*, vol. 1, Washington, 1955, p. 688 ; également cité in Rock, p. 124, et Divine, *The Reluctant Belligerent*, p. 54. Voir aussi Divine, *Roosevelt and World War II*, p. 20-23, pour l'impact de la crise tchèque sur Roosevelt.

41. Kennedy, p. 419.

42. *Ibid.*, p. 416-417.

43. David Reynolds, *From Munich to Pearl Harbor. Roosevelt's America and the Origins of the Second World War*, Chicago, 2001, p. 42-43.

44. Alsop et Kintner, p. 25, 41. Sur la personnalité et la carrière de Welles, voir Gellman, p. 59-69.

45. Alsop et Kintner, p. 28-29.

46. Sur l'importance attachée au développement d'une puissante force aérienne, voir Michael S. Sherry, *The Rise of American Air Power. The Creation of Armageddon*, New Haven, Londres, 1987, p. 76-91.

47. Freidel, p. 307-313.

48. Alsop et Kintner, p. 57-59.

49. Divine, *The Reluctant Belligerent*, p. 56-63.

50. Ian Kershaw, *Hitler, 1936-1945. Nemesis*, Londres, 2000, p. 189 ; en fr., *Hitler, 1936-1945 : Némésis*, trad. de l'anglais par P.-E. Dauzat, Paris, Flammarion, 2000, p. 298-299.

51. Cité in William L. Langer et S. Everett Gleason, *The Challenge to Isolation, 1937-1940*, New York, 1952, p. 160-161.

52. Freidel, p. 318.

53. *FDR's Fireside Chats*, Russell D. Buhite et David W. Levy (éd.), New York, 1992, p. 148-151.

54. Cité in Alsop et Kintner, p. 31.

55. Cité *ibid.*, p. 85-86.

56. *Ibid.*, p. 86.

57. *Ibid.*, p. 81-82, 90 ; Divine, *The Reluctant Belligerent*, p. 76.

58. Alsop et Kintner, p. 83.

59. Kennedy, p. 432.

60. Divine, *The Reluctant Belligerent*, p. 67.

61. Cité in Reynolds, *From Munich to Pearl Harbor*, p. 65.

62. Divine, *The Reluctant Belligerent*, p. 66-73.

63. *Ibid.*, p. 35.

64. Kennedy, p. 433 ; Freidel, p. 323.

65. Sumner Welles, *The Time for Decision*, Londres, 1944, p. 61-118. La dépêche originale que Welles envoya de Londres (12 mars 1940) trahissait moins d'enthousiasme que l'on en perçoit dans son récit ultérieur. Elle indiquait que Churchill avait « avalé quantité de whiskies » et qu'il était loin d'être sobre quand il s'était lancé dans un monologue – « une cascade oratoire », qui n'était qu'une « resucée » de vues déjà exposées – qui dura une heure et cinquante minutes. Voir le site http://www.fdrlibrary.marist.edu/psf/box6/a73g02.html.

66. P.M.H. Bell, *A Certain Eventuality... Britain and the Fall of France*, Londres, 1974, p. 39.

67. Welles, *Time for Decision*, p. 118-119.

68. *For the President : Personal and Secret. Correspondence between Franklin D. Roosevelt and William C. Bullitt*, Orville H. Bullitt (éd.), Londres, 1973, p. 416.

69. Langer et Gleason, *Challenge*, p. 473. Dallek, p. 222, donne des chiffres encore plus faibles.

70. Langer et Gleason, *Challenge*, p. 462.

71. Freidel, p. 331.

72. Reynolds, *From Munich to Pearl Harbor*, p. 78.

73. Churchill, *The Second World War*, vol. 2, p. 103-104 ; Winston S. Churchill, *Great War Speeches*, Londres, 1957, p. 23-24 ; et cité in Langer et Gleason, *Challenge*, p. 497.

74. Kennedy, p. 440.

75. Reynolds, *From Munich to Pearl Harbor*, p. 81.

76. John Lukacs, *Five Days in London. May 1940*, New Haven, Londres, 2001, p. 75-76.

77. Alsop et Kintner, p. 104-110.

78. James MacGregor Burns, *Roosevelt. The Soldier of Freedom 1940-1945*, Londres, 1971, p. 9.

79. *Ibid.*, p. 61.

80. Robert E. Sherwood, *The White House Papers of Harry L. Hopkins*, vol. 1, Londres, 1948, p. 202-219, donne une bonne description du cadre de travail de Roosevelt. Voir aussi Burns, p. 58-62 ; Alsop et Kintner, p. 23 ; et Larrabee, p. 26-27.

81. Richard M. Pious, *The American Presidency*, New York, 1979, p. 31.

82. Larrabee, p. 42 ; Divine, *The Reluctant Belligerent*, p. 88.

83. Pious, p. 53-55.

84. *Ibid.*, p. 142, 154-155.

85. Kimball, *Forged in War*, p. 18-19.

86. Heinrichs, *Threshold of War*, p. 17, 19.

87. Stimson Diaries, Reel 6, entrées des 7 novembre et 18 décembre 1940.

88. Pious, p. 240-242.

89. Langer et Gleason, *The Undeclared War*, p. 181.

90. Langer et Gleason, *Challenge*, p. 472.

91. Freidel, p. 341-342.

92. Langer et Gleason, *Challenge*, p. 478 ; Freidel, p. 342 ; Blum, p. 147-148.

93. Freidel, p. 324 ; Blum, p. 264.

94. Langer et Gleason, *The Undeclared War*, p. 181.

95. *Ibid.*, p. 674 ; citation de Langer et Gleason, *The Undeclared War*, p. 181.

96. Langer et Gleason, *Challenge*, p. 478.

97. Sherwood, *White House Papers*, vol. 1, p. 164-165 ; Freidel, p. 342.

98. Blum, p. 165 ; Flynn, p. 221-222.

99. Burns, p. 39 ; Blum, p. 166.

100. *Ibid.* ; Larrabee, p. 45 ; Burns, p. 38.

101. Kimball, *Forged in War*, p. 53.

102. Heinrichs, *Threshold of War*, p. 18.

103. Larrabee, p. 45.

104. *Ibid.*, p. 98 ; Kennedy, p. 430-431.

105. Larrabee, p. 121.

106. Cité in Freidel, p. 339.

107. Blum, p. 166-167.

108. *Ibid.*, p. 44.

109. *Ibid.* ; William Carr, *Poland to Pearl Harbor. The Making of the Second World War*, Londres, 1985, p. 48.

110. Heinrichs, *Threshold of War*, p. 20.

111. Voir Gellman, p. 2, 226-234.

112. Sherwood, *White House Papers*, vol. 1, p. 3-13 ; Larrabee, p. 25-26 ; Kennedy, p. 145-146, 161 ; Freidel, p. 347 ; citation tirée de Burns, p. 60. [Svengali est un personnage maléfique, hypnotiseur et manipulateur, d'un roman de

George du Maurier, *Trilby*, paru en 1894 et adapté au cinéma en 1931 par Archie Mayo sous le titre *Svengali (N.d.T.)*]

113. Heinrichs, *Threshold of War*, p. 20, pour le paragraphe qui précède et la citation.

114. Divine, *The Reluctant Belligerent*, p. 99 ; Reynolds, *From Munich to Pearl Harbor*, p. 94.

115. Divine, *The Reluctant Belligerent*, p. 86-88 ; Reynolds, *From Munich to Pearl Harbor*, p. 92-94.

116. Langer et Gleason, *Challenge*, p. 479. Ce fut la seule période, éphémère, où les enquêtes d'opinion indiquèrent qu'une majorité d'Américains pensaient que l'Allemagne allait gagner la guerre. Voir la courbe in Steven Casey, *Cautious Crusade. Franklin D. Roosevelt, American Public Opinion, and the War against Nazi Germany*, Oxford, New York, 2001, p. 26.

117. Cité in Kimball, *Forged in War*, p. 15, 35.

118. *Ibid.*, p. 13, 22-23 ; Freidel, p. 332 ; Reynolds, *Anglo-American Alliance*, p. 114. Sur le dénigrement par Hopkins des « infects » cocktails de Roosevelt, voir Sherwood, *White House Papers*, vol. 1, p. 113.

119. Kimball, *Forged in War*, p. 31.

120. *Ibid.*, p. 36.

121. Cité in Freidel, p. 333.

122. Churchill, *The Second World War*, vol. 2, p. 22-23 ; *Churchill and Roosevelt*, vol. 1, C-9x (15 mai 1940), p. 37-38.

123. Reynolds, *Anglo-American Alliance*, p. 98, citant des minutes du Foreign Office en date du 17 mai 1940.

124. *Ibid.*, p. 98 (souligné dans l'original).

125. *Ibid.*, p. 99. Après que Roosevelt eut adressé le 13 juin à Paul Reynaud un message encourageant, Churchill – auquel fit écho lord Beaverbrook, le ministre de la Production aérienne – s'attendait à l'entrée en guerre de l'Amérique « dans le proche avenir ». Des espoirs aussi irréalistes ne pouvaient que susciter la désillusion. Christopher Hill, *Cabinet Decisions on Foreign Policy. The British Experience, October 1938-June 1941*, Cambridge, 1991, p. 168.

126. Freidel, p. 331. Le 3 juin, la commission des Relations extérieures du Sénat dit haut et fort son opposition à la livraison à d'autres pays de matériels qui pourraient être nécessaires à la défense nationale. Plus tard, ce même mois, le Congrès interdit la vente de fournitures de l'armée de terre et de la marine à moins qu'elles fussent jugées non essentielles à la défense nationale. Dallek, p. 227, 243.

127. Cité in Langer et Gleason, *Challenge*, p. 481-482 ; voir aussi Hull, vol. 1, p. 765-766 ; et Blum, p. 151.

128. Blum, p. 150-152.

129. Freidel, p. 333.

130. Hull, vol. 1, p. 166 ; et voir Blum, p. 149-158.

131. Langer et Gleason, *Challenge*, p. 483.

132. Texte *ibid.*, *Challenge*, p. 485 ; et *Churchill and Roosevelt*, vol. 1, R-4x, 16 mai 1940, p. 38-39 ; voir aussi Churchill, *The Second World War*, vol. 2, p. 23 ; Kimball, *Forged in War*, p. 49 ; Reynolds, *Anglo-American Alliance*, p. 114.

133. Langer et Gleason, *Challenge*, p. 496.

134. *Ibid.*, p. 489-490, 494.

135. *Ibid.*, p. 486-487.

136. *Ibid.*, p. 516-517.

137. Divine, *The Reluctant Belligerent*, p. 88.

138. *Ibid.*, p. 86. Pour mettre ce chiffre en perspective, signalons que les dépenses britanniques de défense triplèrent presque entre 1939 et 1940 pour pratiquement quadrupler entre 1939 et 1941 ; partant d'une base élevée, les dépenses allemandes ne doublèrent pas tout à fait en 1939-1940 et augmentèrent de près de deux fois et demie entre 1939 et 1941 ; Jeremy Noakes et Geoffrey Pridham (dir.), *Nazism 1919-1945. A Documentary Reader*, vol. 2, Exeter, 1984, p. 298.

139. Churchill, *The Second World War*, vol. 2, p. 50-51 ; *Churchill and Roosevelt*, vol. 1, C-10x, C-11x, C-17x, p. 39-40, 49-51 ; Reynolds, *Anglo-American Alliance*, p. 115 ; Lukacs, *Five Days in London, p.* 73.

140. Cité in Langer et Gleason, *Challenge*, p. 491.

141. Churchill, *The Second World War*, vol. 2, p. 205.

142. Langer et Gleason, *Challenge*, p. 744.

143. Freidel, p. 334.

144. Churchill, *The Second World War*, vol. 2, p. 205-211 ; Joseph P. Lash, *Roosevelt and Churchill 1939-1941. The Partnership that Saved the West*, New York, 1976, p. 165 ; Langer et Gleason, *Challenge*, p. 573 ; Reynolds, *Anglo-American Alliance*, p. 119 ; Kennedy, p. 452.

145. Harold L. Ickes, *The Secret Diary of Harold L. Ickes*, vol. 3, *The Lowering Clouds 1939-1941*, New York, 1955, p. 233.

146. Reynolds, *Anglo-American Alliance*, p. 119-120.

147. Freidel, p. 342-343.

148. Flynn, p. 214-215 ; Kennedy, p. 456-457.

149. Sherwood, *White House Papers*, vol. 1, p. 174.

150. Lash, p. 206.

151. Churchill, *The Second World War*, vol. 2, p. 117, 167.

152. Blum, p. 162.

153. Kimball, *Forged in War*, p. 53-54.

154. Churchill, *The Second World War*, vol. 2, p. 356-357 ; *Churchill and Roosevelt*, vol. 1, C-20x, p. 56-57.

155. Langer et Gleason, *Challenge*, p. 506-507.

156. Ickes, p. 270-271, 293 ; Langer et Gleason, *Challenge*, p. 745-746.

157. Sherwood, *White House Papers*, vol. 1, p. 175-176.

158. *The Roosevelt Letters*, vol. 3, *[1928-1945]*, Elliott Roosevelt (éd.), Londres, 1952, p. 324-325 ; également repris in Langer et Gleason, *Challenge*, p. 745.

159. Langer et Gleason, *Challenge*, p. 747-749.

160. Ickes, p. 283.

161. Langer et Gleason, *Challenge*, p. 749-751 ; Burns, p. 177-179 ; Ickes, p. 292-293.

162. Churchill, *The Second World War*, vol. 2, p. 358-360.

163. Langer et Gleason, *Challenge*, p. 751-753.

164. *Ibid.*, p. 753-757, citation p. 757.

165. *Ibid.*, p. 758-759 ; Churchill, *The Second World War*, vol. 2, p. 360-361.

166. Dallek, p. 245 ; Langer et Gleason, *Challenge*, p. 760-761 ; Divine, *Roosevelt and World War II*, p. 36.

167. Reynolds, *Anglo-American Alliance*, p. 128-131.

168. Churchill, *The Second World War*, vol. 2, p. 361-368 ; Langer et Gleason, *Challenge*, p. 762-769.

169. Langer et Gleason, *Challenge*, p. 769 ; Blum, p. 182-183.

170. Reynolds, *Anglo-American Alliance*, p. 131 ; Kennedy, p. 461.

171. *Ciano's Diary 1939-1943*, Malcolm Muggeridge (éd.), Londres, 1947, p. 288 ; Langer et Gleason, *Challenge*, p. 775.

172. Franz Halder, *Kriegstagebuch. Tägliche Aufzeichnungen des Chefs des Generalstabes des Heeres 1939-1942*, vol. 2, *Von der geplanten Landung in England bis zum Beginn des Ostfeldzuges (1.7.1940-21.6.1941)*, Hans-Adolf Jacobsen (éd.), Stuttgart, 1963, p. 75 (23 août 1940), p. 98 (14 septembre 1940) ; *Fuehrer Conferences on Naval Affairs 1939-1945*, Londres, 1990, p. 134 ; Andreas Hillgruber, *Hitlers Strategie. Politik und Kriegführung 1940-1941*, 3e éd., Bonn, 1993, p. 201-203.

173. Langer et Gleason, *The Undeclared War*, p. 24 ; Reynolds, *Anglo-American Alliance*, p. 132 ; Reynolds, *From Munich to Pearl Harbor*, p. 87.

174. Langer et Gleason, *Challenge*, p. 770-776.

175. Cité *ibid.*, p. 768. Quand, vers la fin de l'année, Halifax eut accepté à contrecœur son poste d'ambassadeur à Washington Churchill le remercia d'« assumer cette lourde tâche » en insistant sur la nature vitale de l'aide américaine : « S'ils ne nous aident pas de tout cœur, écrivit-il, il n'y aura que des misères à partager sur cette île. S'ils nous donnent l'aide que nous méritons, vous nous procurerez d'inestimables bienfaits ». Borthwick Institute, University of York, Diary of Lord Halifax, A.7.8.7, lettre de Churchill en appendice à l'entrée du 22 décembre 1940.

176. Churchill, *Great War Speeches*, p. 59 ; Churchill, *The Second World War*, vol. 2, p. 362.

177. *Ibid.*, p. 358.

178. Langer et Gleason, *Challenge*, p. 765 ; Gloria J. Barron, *Leadership in Crisis. FDR and the Path to Intervention*, Port Washington (New York), Londres, 1973, p. 69.

179. Langer et Gleason, *Challenge*, p. 776.

180. Kennedy, p. 466 ; Divine, *The Reluctant Belligerent*, p. 35.

181. Kennedy, p. 464 ; Dallek, p. 255.

182. Langer et Gleason, *The Undeclared War*, p. 212 (également pour la citation) ; et voir Reynolds, *From Munich to Pearl Harbor*, p. 102-103.

183. Reynolds, *Anglo-American Alliance*, p. 150 (également pour la citation). Lothian eut fort à faire pour inciter Churchill à surmonter sa répugnance à « mettre toutes nos cartes sur table » à l'intention de Roosevelt. David Reynolds, *In Command of History. Churchill Fighting and Writing the Second World War*, Londres, 2004, p. 202.

184. Warren F. Kimball, *The Most Unsordid Act. Lend-Lease 1939-1941*, Baltimore, 1969, p. 96-97.

185. Blum, p. 199-200 ; Kimball, *The Most Unsordid Act*, p. 100-101 ; Dallek, p. 253. Les sous-marins assuraient 352 000 tonnes d'expédition en octobre 1940

– un record qui devait rester inégalé par la suite. Dan van der Vat, *The Atlantic Campaign. The Great Struggle at Sea 1939-1945*, Londres, 1988, p. 147.

186. Ickes, p. 367.

187. Reynolds, *Anglo-American Alliance*, p. 42.

188. Langer et Gleason, *The Undeclared War*, p. 223-225 ; Kimball, *The Most Unsordid Act*, p. 99.

189. Sherwood, *White House Papers*, vol. 1, p. 221 ; Ickes, p. 374-376.

190. Langer et Gleason, *The Undeclared War*, p. 226-228 (aussi pour les citations) ; Kimball, *The Most Unsordid Act*, p. 101-104 ; Blum, p. 200-201.

191. Blum, p. 202-204 ; Langer et Gleason, *The Undeclared War*, p. 229-230 ; Kimball, *The Most Unsordid Act*, p. 106-111.

192. Hull, vol. 1, p. 872-873.

193. Churchill, *The Second World War*, vol. 2, p. 501. Ce qui était tout de même une reconnaissance tardive de l'importance singulière de la lettre. En réalité, Churchill avait traîné les pieds quand il s'était agi de la rédiger, puis de l'envoyer. Il avait mis l'accent sur la nécessité d'une aide américaine pour surmonter la crise des expéditions maritimes et des transports, plutôt que sur l'aspect financier, sur lequel Lothian l'avait pressé d'insister. À la suite de l'« indiscrétion calculée » de Lothian sur l'état des finances britanniques à son retour en Amérique, c'est cet aspect, plutôt que l'expédition, qui retint l'attention de Roosevelt. Voir Reynolds, *In Command of History*, p. 202.

194. Churchill, *The Second World War*, vol. 2, p. 493-501, citations p. 500-501 ; *Churchill and Roosevelt*, vol. 1, C-43x, p. 102-109.

195. Cité in Langer et Gleason, *The Undeclared War*, p. 231 ; voir aussi Blum, p. 204.

196. *Ibid.*, p. 206-208 ; Langer et Gleason, *The Undeclared War*, p. 233-235 ; Kimball, *The Most Unsordid Act*, p. 112-115.

197. Sherwood, *White House Papers*, vol. 1, p. 223.

198. Kimball, *The Most Unsordid Act*, p. 119-120, 124.

199. *Ibid.*, p. 115.

200. Stimson Diaries, Reel 6, entrée du 13 décembre 1940 ; Langer et Gleason, *The Undeclared War*, p. 236-237.

201. Sherwood, *White House Papers*, vol. 1, p. 223 ; Kimball, *The Most Unsordid Act*, p. 117.

202. Blum, p. 208-209.

203. Langer et Gleason, *The Undeclared War*, p. 238.

204. Kimball, *The Most Unsordid Act*, p. 123.

205. *Public Papers and Addresses*, vol. 9 (1940), p. 604-615 ; Langer et Gleason, *The Undeclared War*, p. 239-241 ; Blum, p. 209 ; Sherwood, *White House Papers*, vol. 1, p. 223-224 ; Kimball, *The Most Unsordid Act*, p. 121-122 ; Dallek, p. 255.

206. Langer et Gleason, *Challenge*, p. 746 ; Kimball, *The Most Unsordid Act*, p. 77, 123.

207. Sherwood, *White House Papers*, vol. 1, p. 224.

208. Langer et Gleason, *The Undeclared War*, p. 241-244 ; Kennedy, p. 478.

209. Langer et Gleason, *The Undeclared War*, p. 245-246.

210. *FDR's Fireside Chats*, p. 167.

211. *Ibid.*, p. 164-173.

212. Reynolds, *From Munich to Pearl Harbor*, p. 108 ; Langer et Gleason, *The Undeclared War*, p. 249-250, citant le *New York Herald Tribune*, 30 décembre 1940, le *Christian Science Monitor*, 30 décembre 1940, et le *New York Times*, 31 décembre 1940. Pour les « causeries au coin du feu », les réactions et la prudence de Roosevelt face à l'opinion publique, voir Casey, p. 30-37.

213. Langer et Gleason, *The Undeclared War*, p. 253.

214. *Ibid.*, p. 254, citant le *New York Times*, 12 janvier 1941. En décembre et en janvier, l'opinion ne varia guère autour de 2 contre 1 pour les partisans de l'aide à la Grande-Bretagne, fût-ce au risque de plonger le pays dans la guerre, face à ceux qui voulaient voir le pays rester à l'écart du conflit (Leigh, p. 78).

215. Langer et Gleason, *The Undeclared War*, p. 253-254 ; Reynolds, *From Munich to Pearl Harbor*, p. 108-109.

216. Blum, p. 211-217 ; Kimball, *The Most Unsordid Act*, p. 132-139.

217. *Public Opinion*, p. 409-410.

218. Reynolds, *From Munich to Pearl Harbor*, p. 111.

219. Richard Norton Smith, *The Colonel. The Life and Legend of Robert R. McCormick 1880-1955*, Boston, New York, 1997, p. 398-409.

220. Reynolds, *From Munich to Pearl Harbor*, p. 110-114, et Kennedy, p. 470-474, pour de brefs résumés. Sur la rédaction du *Lend-Lease Bill* et les débats au Congrès, cf. les longues analyses in Langer et Gleason, *The Undeclared War*, p. 254-284, et, surtout, Kimball, *The Most Unsordid Act*, p. 132-229.

221. Sherwood, *White House Papers*, vol. 1, p. 265-257.

222. *Public Papers and Addresses*, vol. 10, 1941, p. 61, 63.

223. Churchill, *The Second World War*, vol. 2, p. 501 ; Churchill, *Great War Speeches*, p. 101. Voir aussi Sherwood, *White House Papers*, vol. 1, p. 264. Le roi George VI était apparemment moins conquis, même s'il reconnaissait naturellement l'importance du nouvel engagement américain. Dans une lettre du 14 avril 1941 à lord Halifax, le roi s'avoua « pas très heureux du prêt des bases que les Américains souhaitaient beaucoup trop imposer. Tout a été fait dans leurs intérêts, pas de donnant-donnant dans certaines circonstances [...]. J'espère que les Américains ne vont pas essayer de nous saigner à blanc sur la question des actifs en dollars. Car le fait est qu'ils récupèrent l'or qui reste dans le monde, dont ils n'ont pas usage, et ils ne peuvent souhaiter nous mettre en faillite. Du moins j'espère qu'ils ne le veulent pas ». Borthwick Institute, University of York, Halifax Papers, A2.278.26.1.

224. Churchill, *Great War Speeches*, p. 105 (allocution à la radio du 22 juin 1941).

225. Kimball, *The Most Unsordid Act*, p. 9, 241 ; Divine, *The Reluctant Belligerent*, p. 106.

226. Hillgruber, *Hitlers Strategie*, p. 400-401 ; *Die Tagebücher von Joseph Goebbels*, éd. Elke Fröhlich, partie I, vol. 9, Munich, 1998, p. 186 (14 mars 1941) ; Langer et Gleason, *The Undeclared War*, p. 422.

227. Cité in Freidel, p. 362.

228. *Ibid.*, p. 323. Il n'était pas le seul à le penser. Voir Wayne S. Cole, *Charles A. Lindbergh and the Battle against American Intervention in World War II*, New York, Londres, 1974, p. 146-147.

229. Sherwood, *White House Papers*, vol. 1, p. 267-268.

230. Reynolds, *From Munich to Pearl Harbor*, p. 114-116.

231. Stimson Diaries, Reel 6, entrée du 29 décembre 1940 ; Kimball, *The Most Unsordid Act*, p. 129.

232. Sherwood, *White House Papers*, vol. 1, p. 271. Et voir Freidel, p. 366 pour la conviction de Roosevelt selon qui il n'y aurait de victoire qu'après l'engagement d'un immense corps expéditionnaire américain contre l'ennemi allemand. Au cours du printemps et de l'été de 1941, Roosevelt parla d'organiser un corps expéditionnaire américain de 75 000 hommes qui serait déployé hors du monde occidental (Casey, p. 15).

233. Les discours publics de Roosevelt donnent une idée du poids relatif que l'administration attachait aux dangers venant d'outre-Atlantique et dans le Pacifique : pendant les onze mois précédant Pearl Harbor, Roosevelt ne fit que quatre allusions au Japon, alors qu'il s'en prit plus de cent cinquante fois à Hitler et au nazisme dans la même période (Casey, p. 39-40).

234. Heinrichs, *Threshold of War*, p. 38.

235. Langer et Gleason, *The Undeclared War*, p. 221-222 ; Heinrichs, *Threshold of War*, p. 38.

236. Sherwood, *White House Papers*, vol. 1, p. 271-273 ; Langer et Gleason, *The Undeclared War*, p. 285-289 ; Reynolds, *Anglo-American Alliance*, p. 182-185 ; Reynolds, *From Munich to Pearl Harbor*, p. 117-118 ; Kennedy, p. 479-482.

237. Sherwood, *White House Papers*, vol. 1, p. 270 ; citation de Langer et Gleason, *The Undeclared War*, p. 289.

238. Cité in Kimball, *Forged in War*, p. 84. Voir aussi Heinrichs, *Threshold of War*, p. 81 ; et Freidel, p. 368 pour la déception de Churchill à l'égard de Roosevelt à cette époque.

239. Freidel, p. 368.

240. Blum, p. 251.

241. Voir Heinrichs, *Threshold of War*, p. 85 à propos du soutien croissant à l'escorte des convois en avril-mai.

242. En mai, Roosevelt réclamait une action pour prendre les Açores ainsi que les îles du Cap-Vert afin de couper l'herbe sous le pied des Allemands qui, imaginait-il, pouvaient « à tout moment » entrer en Espagne et au Portugal. Il donna un mois pour monter une force de débarquement de 50 000 hommes. Mais quand on lui fit comprendre qu'il serait difficile de trouver suffisamment de navires pour agir dans un laps de temps aussi court, il « se laissa dissuader ». Sheffield University Library, Wolfson Microfilm 575, The Presidential Diaries of Henry Morgenthau 1938-45 (Microform), Frame 0931, 22 mai 1941.

243. Freidel, p. 369-370 ; Reynolds, *From Munich to Pearl Harbor*, p. 125-127 ; Reynolds, *Anglo-American Alliance*, p. 198 ; Heinrichs, *Threshold of War*, p. 46. Voir aussi Ickes, p. 466, pour des propos qu'auraient tenus Roosevelt – « Le dénouement approche : les Allemands vont bientôt faire une bourde » – et qui amenèrent Ickes à inférer que le Président prévoyait un incident qui justifierait une déclaration de guerre ou, tout au moins, l'escorte des convois. Dans le premier semestre de 1941, Roosevelt laissa entendre près de sept fois qu'il se féliciterait de

représailles allemandes dans l'Atlantique, lesquelles lui donneraient une justification pour mettre en œuvre une approche plus belliqueuse (Casey, p. 14-15).

244. Voir Barron, p. 91-94.

245. *For the President*, p. 512.

246. Lash, p. 309-310.

247. *Churchill and Roosevelt*, C84x, p. 182 ; Reynolds, *Anglo-American Alliance*, p. 199.

248. Ickes, p. 512-513 ; Sherwood, *White House Papers*, vol. 1, p. 293.

249. Cité in Blum, p. 253 ; et voir Langer et Gleason, *The Undeclared War*, p. 455-456.

250. Cité in Larrabee, p. 55. Le 17 mai, Morgenthau confia à son journal : « J'en ai conclu qu'il [Roosevelt] souhaitait être poussé dans la guerre plutôt que de nous y entraîner. » Morgenthau Diaries, Frame 0929, 17 mai 1941). Voir aussi Dallek, p. 265 ; et Divine, *Roosevelt and World War II*, p. 42.

251. Sherwood, *White House Papers*, vol. 1, p. 298 ; Larrabee, p. 56 ; Burns, p. 99-101 ; Reynolds, *Anglo-American Alliance*, p. 202-203. Stimson était convaincu que Hull avait modéré le ton de ce discours. Il s'avoua « passablement abattu et las, et pour cette raison [il] étai[t] plutôt enclin à être déçu par le discours du Président, qu'il n'en trouva pas moins bon ». Stimson Diaries, Reel 6, entrées du 27-28 mai 1941.

252. *FDR's Fireside Chats*, p. 184, 187 ; Sherwood, *White House Papers*, vol. 1, p. 296-298.

253. Langer et Gleason, *The Undeclared War*, p. 463 ; Larrabee, p. 60 ; Burns, p. 101.

254. Langer et Gleason, *The Undeclared War*, p. 457, 463 ; Ickes, p. 526-527 ; Sherwood, *White House Papers*, vol. 1, p. 299.

255. Larrabee, p. 62.

256. Barron, p. 98, citant un entretien avec Benjamin V. Cohen.

257. Langer et Gleason, *The Undeclared War*, p. 337, 342 ; Welles, *Time for Decision*, p. 135-136.

258. Langer et Gleason, *The Undeclared War*, p. 528 ; Reynolds, *From Munich to Pearl Harbor*, p. 132 ; Dallek, p. 268. Réfléchissant aux malentendus encore répandus sur un ultimatum allemand avant la guerre, Stimson nota dans son journal : « La nouvelle qui domine toutes les autres est que la Russie et l'Allemagne sont sur le pied de guerre dans une négociation où l'Allemagne pèse de toutes ses gigantesques forces sur la Russie pour obtenir d'énormes avantages en brandissant la menace d'une guerre ; actuellement, sur la foi des dépêches, les avis sont partagés sur le fait de savoir si la Russie va se battre ou capituler. Pour ma part, bien entendu, je crois qu'il y a toute chance pour qu'elle capitule » (Stimson Diaries, Reel 6, 17 juin 1941).

259. Sherwood, *White House Papers*, vol. 1, p. 299 ; Ickes, p. 552 ; Freidel, p. 372 ; Lash, p. 339 ; Dallek, p. 267-268 ; Thomas A. Bailey et Paul B. Ryan, *Hitler vs. Roosevelt. The Undeclared Naval War*, New York, 1979, p. 138-143.

260. Churchill, *Great War Speeches*, p. 102 ; Winston S. Churchill, *The Second World War*, vol. 3, *The Grand Alliance*, Londres, 1950, p. 210 ; *Churchill and Roosevelt*, p. 178.

261. Freidel, p. 369.

262. Pour une approche très critique à l'égard de Roosevelt, soutenant, ce qui est un lieu commun révisionniste, qu'il cherchait activement à entraîner l'Amérique dans la guerre, cf. Charles Callan Tansill, *Back Door to War. The Roosevelt Foreign Policy*, Chicago, 1952. Une approche semblable inspire le raisonnement de l'un des détracteurs contemporains de Roosevelt, Charles A. Beard, *President Roosevelt and the Coming of War 1941. A Study in Appearance and Realities*, New Haven, 1948. Même si sa critique vise largement la politique intérieure, Flynn soutient également que, tout en prêchant la paix, Roosevelt « s'était fait à l'idée d'entrer en guerre dès octobre 1940 » (p. 295) – la date de sa promesse expresse de ne pas envoyer de troupes américaines dans une guerre étrangère. Une autre ligne d'attaque, suivant laquelle Roosevelt « ferma tant de portes à la paix » par esprit de clocher et sous l'effet d'un idéalisme simpliste, va de pair avec une vision très généreuse des mobiles des armées allemandes et japonaises : ainsi Frederick W. Marks III, *Wind over Sand. The Diplomacy of Franklin Roosevelt*, Athènes, 1988 (citation p. 288). L'interprétation de sa politique étrangère a donné lieu, dans l'historiographie, à d'âpres polémiques qui ne se sont pas encore totalement éteintes.

263. Van der Vat, p. 196-201 ; David Stafford, *Roosevelt and Churchill. Men of Secrets*, Londres, 2000, p. 60. Sur la forte recrudescence des pertes en 1942, quand la flotte allemande changea de codes, voir Ronald Lewin, *Ultra Goes to War. The Secret Story*, Londres, 2001, p. 209-210.

6. Moscou, printemps-été 1941
Staline décide qu'il est meilleur juge

1. Anastase Ivanovitch Mikoïan, *Tak bylo* [C'était comme ça], Moscou, 1999, p. 390. Également cité in Dmitri Volkogonov, *Stalin. Triumph and Tragedy*, New York, 1991, p. 410, et voir p. 607, n. 11 (passage absent de la version française, *Staline : triomphe et tragédie*, trad. du russe par Y. Mignot, Paris, Flammarion, 1991) ; Edvard Radzinsky, *Stalin*, New York, 1996, p. 468, cite une obscénité analogue, tirée des Mémoires inédits de I. Tchadaev, assistant administratif en chef du Conseil des commissaires du peuple (qui, toutefois, n'était pas présent quand Staline fit ce commentaire). Voir aussi Simon Sebag Montefiore, *Stalin. The Court of the Red Tsar*, Londres, 2003, p. 330, 331 n., se référant à des variantes du même constat ; en français, *Staline : la cour du tsar rouge*, trad. de l'anglais par Fl. La Bruyère et A. Roubichou-Stretz, Paris, Éditions des Syrtes, 2005, p. 393-394 n. ; et Roy Medvedev et Zhores Medvedev, *The Unknown Stalin. His Life, Death, and Legacy*, Woodstock / New York, 2004, p. 242 (« bousillé »), d'après les mémoires de Khrouchtchev (dans la version russe ; la version anglaise, *Khrushchev Remembers*, Strobe Talbott (éd.), Londres, 1971, p. 591, édulcore, dans le discours de dénonciation de 1956, « tout ce que Lénine a créé, nous l'avons perdu à jamais »). Khrouchtchev n'était pas présent et tenait apparemment ce commentaire de Beria. Sergo Beria, *Beria. My Father*, Londres, 2000, p. 70, donne : « Lénine nous a laissé un État et nous, on en a fait de la merde. » Suivant ce récit, cependant, le commissaire à la Défense, Semion Konstantinovitch Timochenko, était présent, alors que Staline lâcha ce commentaire après

avoir quitté ses généraux avec ses collaborateurs. En dehors de Mikoïan, le seul témoin direct qui ait laissé une trace de l'épisode est Viatcheslav Molotov in *Molotov Remembers : Inside Kremlin Politics. Conversations with Felix Chuev*, Chicago, 1993, p. 39 (« on a tout gâché »). Je sais gré au regretté Dr Derek Watson (University of Birmingham) de ses lumières sur les sources textuelles des propos de Staline.

2. Montefiore, p. 34 et trad., p. 52.

3. Volkogonov, p. 410 ajoute à la liste Andreï Jdanov, membre du Politburo, chef du parti à Leningrad et proche collaborateur de Staline, ainsi que le maréchal Kliment Vorochilov (l'ancien commissaire à la Défense). On ne sait pas très bien si Jdanov était effectivement rentré de ses vacances à Sotchi, station de la mer Noire, où il était allé se remettre d'une maladie juste avant l'invasion allemande (*Molotov Remembers*, p. 25 ; et Mikoïan, p. 380). Ni Molotov ni Mikoïan ne signalent sa présence à cette réunion. Les Mémoires de Mikoïan (p. 390) ne précisent pas que Vorochilov se rendit au Commissariat à la défense et se contentent de mentionner, outre Staline, Molotov, Malenkov, Beria et lui-même.

4. *Molotov Remembers*, p. 39. Pour un portrait de l'homme qui, après la guerre, resta si soumis à Staline qu'il était prêt à croire les ridicules accusations de trahison portées par le Politburo contre sa femme juive, plutôt que ses protestations d'innocence à elle, voir Roy Medvedev, *All Stalin's Men*, Oxford, 1983, p. 82-112 ; et pour une étude fouillée de sa carrière, Derek Watson, *Molotov. A Biography*, Londres, 2005.

5. Cité in Medvedev et Medvedev, p. 237 ; et (dans une autre traduction) in David E. Murphy, *What Stalin Knew. The Enigma of Barbarossa*, New Haven, Londres, 2005, p. xv.

6. Sur les prodigues hommages reçus en décembre 1939 à l'occasion de son anniversaire, voir Robert C. Tucker, *Stalin in Power. The Revolution from Above, 1928-1941*, New York, 1990, p. 607-609. En fait, il a été établi que Staline n'était pas né, comme il l'a toujours prétendu, le 21 décembre 1879, mais le 6 décembre 1878 (Robert Service, *Stalin. A Biography*, Londres, 2004, p. 15).

7. Cité in Tucker, p. 119.

8. Voir J. Arch Getty, « The Politics of Repression Revisited », in J. Arch Getty et Roberta T. Manning (dir.), *Stalinist Terror. New Perspectives*, Cambridge, 1993, p. 43-49.

9. Tucker, p. 444.

10. Moshe Lewin, *The Making of the Soviet System. Essays in the Social History of Interwar Russia*, New York, 1985, p. 308-309 ; en français, *La Formation du système soviétique*, trad. de l'anglais par P.-E. Dauzat, Paris, Gallimard, 1987, p. 397.

11. Cité in Montefiore, p. 197.

12. Moshe Lewin, *The Soviet Century*, Londres, 2005, p. 100-104 ; en français, *Le Siècle soviétique*, trad. de l'anglais par D. Paillard et Fl. Prudhomme, Paris, Fayard, 2005, p. 136-142.

13. *Ibid.*, p. 100, 106-107 ; trad., p. 136, 143-144.

14. Roger R. Reese, « The Red Army and the Great Purges » in Getty et Manning, p. 199, 210.

15. Reese, p. 213 ; Bernd Bonwetsch, « Stalin, the Red Army, and the "Great Patriotic War" », in Ian Kershaw et Moshe Lewin (dir.), *Stalinism and Nazism. Dictatorships in Comparison*, Cambridge, 1997, p. 187.

16. Lew Besymenski, *Stalin und Hitler. Das Pokerspiel der Diktatoren*, Berlin, 2004, p. 96 ; chiffres légèrement différents in Volkogonov, p. 368 et trad., p. 241-242, et Gabriel Gorodetsky, *Grand Delusion. Stalin and the German Invasion of Russia*, New Haven, Londres, 1999, p. 115 ; en français, *Le Grand Jeu de dupes : Staline et l'invasion allemande*, trad. de l'anglais par I. Rozenbaumas, Paris, Les Belles Lettres, 2000, p. 177.

17. Montefiore, p. 29 et trad., p. 46-47.

18. Richard Overy, *The Dictators. Hitler's Germany and Stalin's Russia*, Londres, 2004, p. 469 ; Montefiore, p. 197 et trad., p. 242.

19. Tucker, p. 433-434.

20. Besymenski, p. 96.

21. *Ibid.*, p. 97-98.

22. Volkogonov, p. 369 et trad., p. 242 ; Lewin, *The Soviet Century*, p. 110 et trad., p. 147.

23. Gregor Suny, « Stalin and his Stalinism. Power and Authority in the Soviet Union », in Kershaw et Lewin, p. 26-27.

24. Cité in Overy, *Dictators*, p. 64.

25. Tucker, p. 439.

26. Overy, *Dictators*, p. 65.

27. Montefiore, p. 29 et trad., p. 47 *sq.* ; Evan Mawdsley, *The Stalin Years. The Soviet Union, 1929-1953*, Manchester, 1998, p. 17.

28. Watson, p. 146.

29. Lewin, *The Soviet Century*, p. 86-87 ; trad., p. 119.

30. Cité in Service, p. 383. Sur l'essor de la bureaucratie, voir Moshe Lewin, « Bureaucracy and the Stalinist State », in Kershaw et Lewin, p. 62-66.

31. Tucker, p. 595 ; Geoffrey Roberts, *Unholy Alliance. Stalin's Pact with Hitler*, Londres, 1989, p. 128-129 ; Watson, p. 153-157.

32. Albert L. Weeks, *Stalin's Other War. Soviet Grand Strategy 1939-1941*, Lanham (Laryland), 2002, p. 108.

33. Roberts, *Unholy Alliance*, p. 34.

34. A.J.P. Taylor, *The Origins of the Second World War*, Harmondsworth, 1964, p. 76.

35. Roberts, *Unholy Alliance*, p. 35 ; Heinrich Schwendemann, *Die Wirtschaftliche Zusammenarbeit zwischen dem Deutschen Reich und der Sowjetunion von 1939 bis 1941. Alternative zu Hitlers Ostprogramm ?*, Berlin, 1993, p. 23.

36. Besymenski, p. 51-56 (rapport soviétique sur la coopération, 1928).

37. Roberts, *Unholy Alliance*, p. 41.

38. Cité in Besymenski, p. 67.

39. Cité in Roberts, *Unholy Alliance*, p. 57.

40. Cité in Besymenski, p. 21-22. Voir également Roberts, *Unholy Alliance*, p. 100, et Barton Whaley, *Codeword Barbarossa*, Cambridge (Massachusetts), 1973, p. 200, pour d'autres mentions, en 1935-1936, de la part de dirigeants soviétiques, des objectifs agressifs déclarés de Hitler envers l'Union soviétique dans *Mein Kampf*.

41. Roberts, *Unholy Alliance*, p. 43-44.

42. David M. Glantz, *The Military Strategy of the Soviet Union. A History*, Londres, 1992, p. 58, 60.

43. Cité in Roberts, *Unholy Alliance*, p. 109.

44. Glantz, *Military Strategy*, p. 69-70. G. Zhukov, *Reminiscences and Reflections*, Moscou, 1985, vol. 1, p. 209, déclare que « jusqu'à 40 divisions furent massées dans des régions voisines de la frontière occidentale ».

45. Besymenski, p. 98-101, 116-118 ; Roberts, *Unholy Alliance*, p. 87-92.

46. Pour le texte de la section du discours de Staline sur la politique étrangère, cf. Besymenski, p. 134-142 ; la citation sur les « marrons » est p. 142 ; également citée in Roberts, *Unholy Alliance*, p. 116 et Watson, p. 152. Roberts (p. 118) et Watson (p. 313, n. 55). Traduite littéralement, signalent les deux auteurs, la formule de Staline donnerait « tisonner le feu avec les mains d'un autre ».

47. Roberts, *Unholy Alliance*, p. 130. L'URSS était disposée à s'engager à hauteur de 70 % des forces armées directement déployées par la Grande-Bretagne et la France en cas d'attaque allemande sur le front Ouest. En cas d'attaque allemande contre l'URSS, la Grande-Bretagne et la France déploieraient aussitôt 70 % des forces soviétiques (Zhukov, vol. 1, p. 212-216).

48. Roberts, *Unholy Alliance*, p. 134.

49. Pour une analyse fouillée du refus de la Grande-Bretagne et de la France de faire cause commune avec l'Union soviétique contre la menace de Hitler et sur la force de l'anticommunisme qui explique cette tiédeur diplomatique, voir Michael Jabara Carley, *1939. The Alliance that Never Was and the Coming of World War II*, Chicago, 1999.

50. Ivan Maisky, *Who Helped Hitler ?*, Londres, 1964, p. 133.

51. Sur le contexte et la conclusion du pacte, voir Anthony Read et David Fisher, *The Deadly Embrace. Hitler, Stalin and the Nazi-Soviet Pact 1939-1941*, Londres, 1988, chap. 13-23. Les documents diplomatiques concernés (à partir des dossiers allemands) ont été commodément réunis in *Nazi-Soviet Relations 1939-1941*, Raymond James Sontag et James Stuart Beddie (éd.), New York, 1948, p. 1-78. Sur le resserrement des relations économiques à partir du printemps 1939, cf. Schwendemann, p. 44-54.

52. Voir Besymenski, p. 67-88 ; et Roberts, *Unholy Alliance*, p. 101-108.

53. Besymenski, p. 186-192.

54. Cité in Roberts, *Unholy Alliance*, p. 139.

55. Carley, p. 196-198.

56. Besymenski, p. 238-239 ; Gerhard L. Weinberg, *The Foreign Policy of Hitler's Germany. Starting World War II, 1937-1939*, Chicago, Londres, 1980, p. 604 ; Volkogonov, p. 353 et trad. p. 263-264.

57. Voir Gustav Hilger et Alfred G. Meyer, *The Incompatible Allies. A Memoir of German-Soviet Relations 1918-1941*, New York, 1953, p. 293-301.

58. Ian Kershaw, *Hitler, 1936-1945. Nemesis*, Londres, 2000, p. 205 ; *Hitler. 1936-1945 : Némésis*, trad. de l'anglais par P.-E. Dauzat, Paris, Flammarion, 2000, p. 322.

59. *Khrushchev Remembers*, p. 128.

60. Cité in Montefiore, p. 275.

61. Volkogonov, p. 352 et trad. p. 264 ; et voir Montefiore, p. 272 et trad., p. 327.

62. *Nazi-Soviet Relations*, p. 131-132 (mémorandum sur l'accord commercial germano-soviétique du 11 février 1940) ; Alexander Werth, *Russia at War, 1941-1945*, New York, 1984, p. 113 ; Roberts, *Unholy Alliance*, p. 175-178 ; Schwendemann, p. 143.

63. Cité in Roberts, *Unholy Alliance*, p. 185.

64. Gorodetsky, p. 5, 14 ; trad., p. 27, 38-39.

65. *Khrushchev Remembers*, p. 166.

66. Roberts, *Unholy Alliance*, p. 186.

67. Besymenski, p. 279-281.

68. Roberts, *Unholy Alliance*, p. 195. Molotov exprima clairement la gêne soviétique dans un mémorandum au gouvernement allemand remis le 21 septembre 1940 (*Nazi-Soviet Relations*, p. 189-194).

69. Pour les versions allemandes officielles des rencontres, *DGFP*, 11, doc. 325-329, 339.

70. Besymenski, p. 315-318.

71. Alors que Molotov rendait compte des entretiens, Staline l'interrompit par des commentaires antiallemands, dénigrant les dirigeants nazis et déclarant que « la perfidie est le principe essentiel de leur politique » (cité in Watson, p. 186).

72. *1941 god. Dokumenty* [L'année 1941. Documents], A.N. Iakovlev, V. Naumov *et al.*, Moscou, 1998, vol. 1, doc. 41-42, 44, 53, 58, 93 (tous de juillet et août 1940) ; et Gorodetsky, p. 38 ; trad., p. 71.

73. Besymenski, p. 97-98.

74. Gorodetsky, p. 118 et trad., p. 182.

75. *Ibid.*, p. 120 et trad., p. 184-185.

76. Seweryn Bialer (dir.), *Stalin and his Generals*, Londres, 1970, p. 35-36 ; Albert Seaton, *Stalin as Warlord*, Londres, 1976, p. 87-89 ; Adam Ulam, *Stalin. The Man and his Era*, Boston, 1989, p. 530 ; Mikoïan, p. 382.

77. Besymenski, p. 368.

78. Seaton, p. 91.

79. *Khrushchev Remembers*, p. 158-160, 163-164.

80. Besymenski, p. 282-298 (Timochenko, rapport du 7 décembre 1940). David M. Glantz, *Stumbling Colossus. The Red Army on the Eve of World War*, Lawrence (Kansas), 1998, p. 89, présente ce document comme le fruit du travail commun de Vorochilov et Timochenko le 8 mai 1940. Mais cette date est celle du passage de pouvoir à Timochenko, non pas celle du rapport lui-même. C'est dans ces eaux-là que Timochenko reçut les matériaux de base de l'administration centrale de l'armée Rouge. Mais rien n'indique que Vorochilov ait aidé à établir le rapport qui devait être finalement soumis par Timochenko le 7 décembre 1940.

81. Bonwetsch, p. 186 ; Besymenski, p. 98 ; Louis Rotundo, « Stalin and the Outbreak of War in 1941 », *Journal of Contemporary History*, 24, 1989, p. 280 ; Glantz, *Military Strategy*, p. 92 ; Glantz, *Stumbling Colossus*, p. 107 ; et voir Zhukov, vol. 1, p. 228, 244-245.

82. Mark von Hagen, « Soviet Soldiers and Officers on the Eve of the German Invasion. Toward a Description of Social Psychology and Political Attitudes », in

Robert W. Thurston et Bernd Bonwetsch (dir.), *The People's War. Responses to World War II in the Soviet Union*, Urbana, Chicago, 2000, p. 191-199.

83. John Erickson, *The Road to Stalingrad. Stalin's War with Germany*, vol. 1, Londres, paperback, 1998, p. 62-64. Voir aussi Zhukov, vol. 1, p. 233-243 pour les insuffisances en matière de réarmement, de communications et de défense.

84. Jacques Sapir, « The Economics of War in the Soviet Union during World War II », in Kershaw et Lewin, p. 216. Sur les faiblesses de l'armée Rouge et ses défaillances au combat sur le champ de bataille à la veille de « Barbarossa », voir David M. Glantz, « The Red Army in 1941 », in David M. Glantz (dir.), *The Initial Period of War on the Eastern Front, 22 June-August 1941*, Londres, 1993, p. 1-39 ; et David M. Glantz, *Barbarossa. Hitler's Invasion of Russia 1941*, Stroud, 2001, p. 22-28.

85. Gorodetsky, p. 116-117 et trad., p. 178-180 ; Sapir, p. 210-211 ; Glantz, *Military Strategy*, p. 65-66.

86. John Erickson, « Threat Identification and Strategic Appraisal by the Soviet Union 1930-1941 », in E.R. May (dir.), *Knowing One's Enemies. Intelligence Assessment between the Two World Wars*, Princeton, 1983, p. 416-418 ; Whaley, p. 175, 181, 199, 223, 228, 242 ; Roberts, *Unholy Alliance*, p. 187, 213 ; Glantz, *Military Strategy*, p. 61-62. L'état-major général de l'armée Rouge continuait de travailler dans l'idée qu'il faudrait de dix à quinze jours à la Wehrmacht pour se mobiliser et se déployer, excluant donc une attaque surprise ; cf. Glantz, *Stumbling Colossus*, p. 96.

87. Gorodetsky, p. 126 et trad., p. 192-193. La continuité de la pensée stratégique, également sous Joukov, est aussi soulignée in Glantz, *Military Strategy*, p. 87-88. Joukov observa par la suite (Zhukov, vol. 1, p. 245) : « La stratégie militaire reposait surtout sur l'idée juste qu'un agresseur ne saurait être vaincu que par des opérations offensives. »

88. Besymenski, p. 355-363. Voir aussi Glantz, *Military Strategy*, p. 70-75 ; et Glantz, *Stumbling Colossus*, p. 90-92.

89. Cité in Glantz, *Stumbling Colossus*, p. 93 et Besymenski, p. 364. Joukov, vol. 1, p. 250, se souvient d'avoir entendu Staline dire : « L'Allemagne nazie ne pourra mener une grande guerre prolongée sans ces ressources vitales. »

90. Besymenski, p. 364-365 ; *1941 god*, vol. 1, doc. 95, 134 ; Evan Mawdsley, « Crossing the Rubicon. Soviet Plans for Offensive War in 1940-1941 », *International History Review*, 25, 2003, p. 821-823 ; Gorodetsky, p. 122-124 et trad., p. 187-190 ; Jacob Kipp, « Soviet War Planning », in Glanz, *Initial Period of War*, p. 46-47 ; Glantz, *Military Strategy*, p. 78-81.

91. Gorodetsky, p. 127 et trad., p. 194. Sur le contenu des débats, voir Erickson, *Road to Stalingrad*, p. 40-46.

92. Gorodetsky, p. 128-129 et trad. p. 195-197 ; Mawdsley, « Crossing the Rubicon », p. 825-827 ; Erickson, *Road to Stalingrad*, p. 50-55 ; Glantz, *Military Strategy*, p. 81-86 ; Zhukov, vol. 1, p. 221-225.

93. Mawdsley, « Crossing the Rubicon », p. 827-832 ; *1941 god*, vol. 1, doc. 315 ; extraits in Besymenski, p. 365-367 ; Zhukov, vol. 1, p. 250.

94. Mawdsley, « Crossing the Rubicon », p. 827-829 ; Besymenski, p. 368 ; Glantz, *Stumbling Colossus*, p. 100-102, 108. Quant aux unités qui existaient, elles manquaient de matériel, d'armes, de munitions, de moyens de transport, et

souffraient des mauvaises communications. Catherine Merridale, *Ivan's War. The Red Army 1939-1945*, Londres, 2005, p. 87-90.

95. Besymenski, p. 368-370.

96. Richard Overy, *Russia's War*, Londres, 1997, p. 64-65. Voir aussi Rotundo, p. 282 ; Glantz, *Military Strategy*, p. 75, 79 ; et Glantz, *Stumbling Colossus*, p. 88 : « Du fait de la rareté des ressources, et alors que la primauté avait été donnée à la construction de défenses le long de la nouvelle frontière, aucune des deux lignes n'était totalement prête ni ne comptait assez d'hommes en juin 1941. » Voir aussi Zhukov, vol. 1, p. 251-253.

97. Mikoïan, p. 377.

98. Winston S. Churchill, *The Second World War*, vol. 4, *The Hinge of Fate*, Londres, 1951, p. 443.

99. Gorodetsky, p. 113-114 et trad., p. 172-176 ; Roberts, *Unholy Alliance*, p. 205.

100. Cité in Gorodetsky, p. 174 et trad., p. 257-258.

101. *Ibid.*, p. 173, 176 et trad., p. 256-257, 260 (et *passim*, chap. 8) ; Zhukov, vol. 1, p. 268, où la formulation diffère légèrement de la citation que fait Gorodetsky des Mémoires de Joukov ; cf. aussi Whaley, p. 62-63. Pour l'attribution de sentiments semblables à Staline, voir Mikoïan, p. 377 : « Il serait très profitable à Churchill que nous entrions en guerre, mais pour nous il est utile de rester sur la touche un peu plus longtemps. »

102. Winston S. Churchill, *The Second World War*, vol. 3, *The Grand Alliance*, Londres, 1950, p. 316, 322-323.

103. Sur les services secrets soviétiques, voir Whaley, p. 192-200, et l'étude fouillée plus récente de Murphy, notamment p. 62-116.

104. Gorodetsky, p. 130 et trad., p. 199.

105. *Khrushchev Remembers*, p. 340.

106. Gorodetsky, p. 54 et trad., p. 92 *sq.* Voir Glantz, *Stumbling Colossus*, p. 233-257, sur la méfiance à l'égard des renseignements civils et militaires – une méfiance aidée et encouragée par le ton même des rapports transmis à Staline, lesquels insistaient souvent sur la désinformation.

107. Voir Whaley, p. 170-177, 180-181 ; Read et Fisher, p. 594-601 ; Glantz, *Barbarossa*, p. 31.

108. Whaley, p. 242.

109. *1941 god*, vol. 1, doc. 204 ; et voir Gorodetsky, p. 124 et trad., p. 190.

110. Cité in Gorodetsky, p. 125 et trad., p. 191 ; *1941 god*, vol. 1, doc. 227. Voir aussi Whaley, p. 34.

111. *1941 god*, vol. 1, doc. 301.

112. *Ibid.*, doc. 308. Fin mai 1941, Staline était encore disposé à croire que Hitler ne savait rien des violations de l'espace aérien soviétique et que la Wehrmacht agissait de sa propre initiative. Voir Gorodetsky, p. 225 et trad., p. 328. Et voir *infra* pour la réaction initiale de Staline à l'attaque de l'Union soviétique, imaginant qu'elle avait été lancée à l'insu de Hitler.

113. *1941 god*, vol. 1, doc. 321.

114. *Ibid.*, doc. 340.

115. Par exemple, *ibid.*, vol. 2, doc. 376. Le 24 avril, une communication de l'attaché naval allemand à Moscou au haut commandement de la marine faisait

état de rumeurs attribuées à l'ambassadeur britannique, prédisant justement que les hostilités seraient déclenchées le 22 juin ; *Nazi-Soviet Relations*, p. 330.

116. *1941 god*, vol. 2, doc. 377.

117. *Ibid.*, doc. 394.

118. *Ibid.*, doc. 421 et doc. 592 pour une liste de vingt-cinq rapports importants de « Starchina » et du « Corse » entre le 6 septembre 1940 et le 16 juin 1941 (trad. allemande in Gerd R. Ueberschär et Lev A. Bezymenskij (dir.), *Der Deutsche Angriff auf die Sowjetunion 1941. Die Kontroverse um die Präventivkriegsthese*, Darmstadt, 1998, p. 199-212). Le calendrier fut établi le 20 juin 1941 à la demande de Staline. Il ne fut transmis à Merkoulov, le patron de la sécurité extérieure, qu'après le début de l'invasion allemande. Voir Gorodetsky, p. 297 et trad., p. 427.

119. *1941 god*, vol. 2, doc. 443. Sur les activités de Sorge au cours des semaines précédant l'invasion allemande, voir Robert Whymant, *Stalin's Spy. Richard Sorge and the Tokyo Espionage Ring*, Londres, New York, 1996, chap. 11-12 ; et Murphy, p. 84-90.

120. Voir, par exemple, les rapports imprimés in *Sekrety Gitlera no stole u Stalina* [Secrets de Hitler sur le bureau de Staline], Moscou, 1995, doc. 3-4, 6-7, 15-16. 18 ; et Gorodetsky, p. 130-136 et trad., p. 199-206.

121. Les quatre-vingt-quatre avertissements réunis par Whaley (chap. 3-5) venaient pour la plupart de circuits étrangers. En revanche, quelques-unes des meilleures informations, on l'a signalé, émanaient d'agents soviétiques. Staline crut même que Dekanozov, son ambassadeur à Berlin, était dupe des agents britanniques dont il relayait les fausses informations (Mikoïan, p. 377).

122. *1941 god*, vol. 1, doc. 327. Voir aussi Murphy, p. 156-158 ; Rotundo, p. 290 ; et Glantz, *Stumbling Colossus*, p. 241-242. Le rapport contenait des informations sur la date et la nature de l'attaque allemande, qui devaient se révéler presque entièrement exactes, mais que Golikov avait déjà entachées de suspicion en précisant qu'elles venaient essentiellement de sources anglo-américaines. Sur la manière dont Golikov présentait les renseignements à Staline, voir Zhukov, vol. 1, p. 272-273 ; Erickson, *Road to Stalingrad*, p. 88-89 ; Whaley, p. 194-196 ; et Murphy, p. 141-161.

123. Voir Whaley, p. 227, sur l'incapacité *générale* des systèmes de renseignement à interpréter correctement les intentions allemandes ; voir aussi Waldo H. Heinrichs, Jr., *Threshold of War. Franklin D. Roosevelt and American Entry into World War II*, New York, Oxford, 1988, p. 24-26.

124. Zhukov, vol. 1, p. 265-266 ; Whaley, p. 172-175, 181 ; Murphy, p. 173-184.

125. Gorodetsky, p. 156-157, 164-165 et trad., p. 235-236, 246-247 ; Roberts, *Unholy Alliance*, p. 217.

126. *Molotov Remembers*, p. 22. Staline tint des propos analogues à Joukov le 14 juin en prenant connaissance de rapports des services secrets sur la préparation à la guerre des divisions allemandes avancées : « On ne peut pas croire tout ce que disent les renseignements » (Zhukov, vol. 1, p. 275-276). Zhukov, p. 274, assure que le Commissariat à la défense n'était pas au courant des rapports adressés à Staline qui ne venaient pas des renseignements militaires.

127. Medvedev et Medvedev, p. 229.

128. *DGFP*, 12, doc. 468 ; *Nazi-Soviet Relations*, p. 335-336. Et voir Gorodetsky, p. 211 et trad., p. 310.

129. Isaac Deutscher, *Stalin. A Political Biography*, éd. révisée, Londres, 1988, p. 444.

130. Besymenski, p. 379.

131. *Ibid.*, p. 374-375.

132. *1941 god*, vol. 2, doc. 437 ; Besymenski, p. 380-386, 391-393 ; extraits tirés des notes de Georgi Dimitrov in Ueberschär et Bezymenskij, p. 184-185.

133. Voir Besymenski, p. 394-397 ; Gorodetsky, p. 208 et p. 365, n. 36 ; trad. fr. p. 305 et 519, n. 36 ; Montefiore, p. 311, n. et trad., p. 373, n. ; Overy, *Russia's War*, p. 68-69 ; R.W. Davies, *Soviet History in the Yeltsin Era*, Londres, 1997, p. 56-58 ; et Geoffrey Roberts, *The Soviet Union and the Origins of the Second World War. Russo-German Relations and the Road to War, 1933-1941*, Londres, 1995, p. 144. Pour un bon tour d'horizon de l'historiographie, russe et allemande, posant l'hypothèse de la « guerre préventive » tout en rejetant carrément ses conclusions, voir Ueberschär et Bezymenskij, notamment les contributions de Gerd R. Ueberschär, « Hitlers Überfall auf die Sowjetunion 1941 und Stalins Absichten. Die Bewertung in der deutschen Geschichtsschreibung und die neuere "Präventivkriegsthese" », p. 48-69, et Alexander I. Boroznjak, « Ein russischer Historikerstreit ? Zur sowjetischen und russischen Historiographie über den deutschen Angriff auf die Sowjetunion », p. 116-128. La thèse du projet d'offensive préventive de l'armée Rouge, déjoué par Hitler avec le lancement de « Barbarossa », a dernièrement été défendue avec force par Weeks, notamment chap. 5 et 8, et Heinz Magenheimer, *Hitler's War. Germany's Key Strategic Decisions 1940-1945*, Londres, 1998, p. 51-57, tandis que Constantine Pleshakov, *Stalin's Folly. The Secret History of the German Invasion of Russia, June 1941*, Londres, 2005, p. 77, voit dans le plan stratégique du 15 mai un projet d'attaque que Staline comptait lancer en 1942. L'évaluation équilibrée des interprétations « traditionalistes » et « révisionnistes » de Mawdsley, « Crossing the Rubicon », p. 864-865, conclut judicieusement : si la guerre offensive, en tant que *contre*-offensive, faisait intrinsèquement partie des plans militaires soviétiques en 1940-1941, il n'y avait pas de plan d'attaque préventive offensive en 1941. Voir aussi désormais les commentaires raisonnables de Geoffrey Roberts, *Stalin's Wars. From World War to Cold War, 1939-1953*, New Haven, Londres, 2006, p. 76-79.

134. Voir Mawdsley, « Crossing the Rubicon », p. 850-851 ; Besymenski, p. 438-440. Le colonel I.T. Starinov, qui commandait le Groupe d'armée ouest, rappela plus tard le décalage entre les affirmations de Staline et le sentiment des chefs de l'armée, qui savaient bien que « le réarmement commençait à peine » (même si, précisa-t-il, ils se gardaient bien d'en parler, fût-ce entre eux). Voir Bialer, p. 223.

135. *DGFP*, 12, doc. 593.

136. Besymenski, p. 387. Gorodetsky, p. 208 et trad., p. 305, suggère que le discours fut délibérément divulgué à l'étranger, mais ne donne aucune preuve qu'il soit parvenu à Berlin. Medvedev et Medvedev, p. 232, présument également que l'effet recherché était la désinformation, mais eux non plus ne donnent aucune preuve que son contenu véritable ait été connu à Berlin. Le brillant journaliste britannique Alexander Werth, alors en poste à Moscou, glana des informations sur

le discours, mais seulement quelques semaines plus tard, une fois l'Union soviétique engagée dans la guerre. Ce qu'il entendit, cependant (voir Werth, p. 122-123), ne s'accorde pas avec les notes du discours qui ont été conservées et qui indiquent, contrairement aux propos réellement tenus par Staline, que celui-ci fit valoir les faiblesses, plutôt que la force, de l'armée Rouge. Erickson, *Road to Stalingrad*, p. 82, par ailleurs, oppose à juste titre la fausse impression répandue à l'étranger et le contenu véritable du discours.

137. Glantz, *Stumbling Colossus*, p. 242-244.

138. *1941 god*, vol. 2, doc. 473 ; Ueberschär et Bezymenskij, p. 186-193. Analyses in Besymenski, p. 435-453 et Mawdsley, « Crossing the Rubicon », p. 833-862.

139. *Ibid.*, p. 834-837.

140. Glantz, *Military Strategy*, p. 87, fait valoir que le plan du 15 mai « s'inscrit parfaitement dans le contexte de la planification stratégique soviétique antérieure et, en particulier, des résultats des *Kriegspiele* de janvier ». Il observe aussi avec pertinence, p. 89, que le plan « fixait des objectifs limités, très en deçà de la destruction de l'État allemand », donnant ainsi l'« exemple clair » d'une « guerre préventive justifiable impliquant la conduite d'une opération stratégique offensive avec des objectifs limités bien définis ».

141. Mawdsley, « Crossing the Rubicon », p. 839.

142. Voir Glantz, *Stumbling Colossus*, p. 244-245.

143. Cité in Mawdsley, « Crossing the Rubicon », p. 852-853. Mawdsley conclut que Staline se vit très certainement soumettre le plan (ce dont doutent Glantz, *Stumbling Colossus*, p. 95, et Roberts, *Stalin's Wars*, p. 76), mais qu'il ne l'approuva pas (point contesté par les historiens « révisionnistes », qui jugent le témoignage de Joukov tendancieux et relevant du plaidoyer *pro domo*).

144. Cité in Mawdsley, « Crossing the Rubicon », p. 853.

145. *1941 god*, vol. 2, doc. 560 (Mikoïan au Conseil des commissaires du peuple, au Comité central et à Staline, 16 juin 1941) ; Schwendemann, p. 354 (et p. 315-352 pour une analyse fouillée des relations économiques durant les mois menant à l'invasion, qui virent aussi d'amples exportations industrielles allemandes à destination de l'Union soviétique). Et voir Werth, p. 114. Un mémorandum allemand du 15 mai 1941 sur les relations commerciales, répertoriant les énormes quantités de céréales, de pétrole, de coton et de métaux livrés cette année-là par l'Union soviétique (avec des chiffres élevés pour avril), observait que « la situation des matières premières soviétiques continue de présenter un tableau favorable » (*Nazi-Soviet Relations*, p. 339-341).

146. Erickson, *Road to Stalingrad*, p. 91.

147. Cité in Besymenski, p. 444.

148. Mawdsley, « Crossing the Rubicon », p. 861-862. Glantz, *Military Strategy*, p. 88, conclut que le plan de Joukov laissait à désirer sur un certain nombre de points importants, qu'il n'aurait pu être exécuté avant la mi-juillet au plus tôt – trop tard pour devancer les Allemands – et que la décision de Staline de repousser la proposition était « apparemment prudente ».

149. *DGFP*, 12, doc. 505.

150. Erickson, *Road to Stalingrad*, p. 78 ; Deutscher, p. 443-444.

151. Cité in Gorodetsky, p. 214 et trad., p. 313.

152. Cité in Hilger et Meyer, p. 328 et Gorodetsky, p. 206 et trad., p 303. Pour le rapport officiel de Schulenburg, voir *DGFP*, 12, doc. 423, et *Nazi-Soviet Relations*, p. 330-332.

153. Gorodetsky, p. 206-207, 221 et trad., p. 303-304 et 323-324 ; Besymenski, p. 425-428.

154. F.H. Hinsley, *British Intelligence in the Second World War*, Londres, 1993, p. 106-109 ; et F.H. Hinsley, « British Intelligence and Barbarossa », in John Erickson et David Dilks (dir.), *Barbarossa. The Axis and the Allies*, Édimbourg, 1994, p. 63-66.

155. Voir Gorodetsky, p. 266-267 et trad., p. 384-386.

156. *Khrushchev Remembers*, p. 133.

157. Gorodetsky, p. 263-265, 267-274 et trad., p. 380-383, 386-395 ; Roberts, *Unholy Alliance*, p. 218 ; et Roberts, *The Soviet Union and the Origins of the Second World War*, p. 144.

158. Cité in Gorodetsky, p. 224 et trad., p. 327.

159. Cité in Gorodetsky, p. 279 et trad., p. 403, d'après l'édition révisée des Mémoires de Joukov. La version anglaise, *Reminiscences and Reflections*, vol. 1, p. 275, ne donne qu'une partie de la citation. Medvedev et Medvedev, p. 233, datent les propos de Staline du 15 juin, alors même que les Mémoires de Joukov indiquent clairement qu'ils furent prononcés la veille. Pour les tardives mesures de défense d'urgence, voir Zhukov, vol. 1, p. 259, 264 ; Gorodetsky, p. 280 et trad., p. 401 ; et Glantz, *Stumbling Colossus*, p. 246.

160. Glantz, *Stumbling Colossus*, p. 102-107.

161. Medvedev et Medvedev, p. 233-234, 238-239.

162. Volkogonov, p. 393 et trad., p. 310 ; Glantz, *Stumbling Colossus*, p. 251.

163. Gorodetsky, p. 307 et trad., p. 440.

164. *Ibid.*, p. 275 et trad., p. 397-398.

165. *1941 god*, vol. 2, doc. 513.

166. *Ibid.*, doc. 514. Et voir Whymant, p. 164-167.

167. *Ibid.*, p. 184.

168. Murphy, p. 87 (qui observe en outre, p. 88, que Staline avait rejeté dès 1936 des rapports de Sorge comme relevant de la « désinformation allemande »).

169. *1941 god*, vol. 2, doc. 543.

170. *Ibid.*, doc. 544.

171. *1941 god*, vol. 2, doc. 570 ; *Sekrety Gitlera*, doc. 72.

172. *1941 god*, vol. 2, doc. 581.

173. Erickson, *Road to Stalingrad*, p. 93 ; Whaley, p. 99-103 ; Read et Fisher, p. 609.

174. *1941 god*, vol. 2, doc. 590.

175. Medvedev et Medvedev, p. 239.

176. *Sekrety Gitlera*, doc. 73-77.

177. *Molotov Remembers*, p. 31. Pour le communiqué de l'agence Tass, voir Whaley, p. 207-208.

178. Roberts, *Unholy Alliance*, p. 218.

179. Gorodetsky, p. 289 et trad., p. 421-422.

180. Hinsley, *British Intelligence in the Second World War*, p. 109-111 ; Hinsley, « British Intelligence and Barbarossa », p. 69-70 ; Erickson, *Road to Stalingrad*, p. 93 ; Whaley, p. 230-234.

181. Gorodetsky, p. 301-303 et trad., p. 435-437.

182. *1941 god*, vol. 2, doc. 599.

183. Besymenski, p. 421.

184. Cité *ibid.*, p. 409.

185. Zhukov, vol. 1, p. 277-278, 280 (citation p. 277) ; *Khrushchev Remembers*, p. 167 ; Mikoïan, p. 388 ; Medvedev et Medvedev, p. 240 ; Glantz, *Barbarossa*, p. 31 et, pour le texte de la directive, p. 242 ; Glantz, *Stumbling Colossus*, p. 252-254 ; Murphy, p. 213-215.

186. Le récit qui précède s'appuie sur Zhukov, vol. 1, p. 281-282 ; Volkogonov, p. 402-404 et trad., p. 311-315 ; Montefiore, p. 321-324 et trad., p. 383-386 ; Radzinsky, p. 458-459 ; Gorodetsky, p. 311-313 et trad., p. 446-449 ; Service, p. 437-438 ; Tucker, p. 625 ; Ulam, p. 538-539 ; Read et Fisher, p. 5-6, 635-637, 639-642 ; Watson, p. 189 ; et Overy, *Russia's War*, p. 73-74.

187. Montefiore, p. 324 et trad., p. 386.

188. Volkogonov, p. 407 et trad., p. 318 ; texte de la directive in Glantz, *Barbarossa*, p. 242 et Amnon Sella, « "Barbarossa." Surprise Attack and Communication », *Journal of Contemporary History*, 13, 1978, p. 571. Voir Zhukov, vol. 1, p. 282 : « elle [la directive] se révéla totalement irréaliste et ne fut donc jamais exécutée ».

189. Mawdsley, « Crossing the Rubicon », p. 863 ; texte de la directive in Glantz, *Barbarossa*, p. 242-243. Et voir Sella, p. 559-573 à propos de la confusion, de l'incohérence et du manque de coordination dans la réaction soviétique à l'attaque surprise.

190. Mikoïan, p. 388.

191. Cité in Watson, p. 189-190.

192. Cité in Radzinsky, p. 462. Sur la réaction au discours radiodiffusé, voir Sella, p. 575.

193. « Iz vospominanii upravliyushchego delami sovnarkoma SSSR Ya. E. Chadaev » [Morceaux choisis des Mémoires du chef du Sovnarkom URSS – Iakov Ermolaïevitch Tchadaïev], *Otetchestvennaya Istoriya*, 2, 2005, p. 8-10 ; et Zhukov, vol. 1, p. 305, 309.

194. Volkogonov, p. 421-442 et trad., p. 340-342 ; Bonwetsch, p. 196.

195. Mikoïan, p. 390-392 ; Stepan A. Mikoyan, « Barbarossa and the Soviet Leadership », in Erickson et Dilks, p. 127-128 ; Volkogonov, p. 409-412 et trad., p. 322-326 ; Montefiore, p. 329-334 et trad., p. 391-398 ; Radzinsky, p. 468-472 ; Medvedev et Medvedev, p. 241-245 ; Service, p. 441-443. L'absence inexpliquée de Staline ne dura que deux jours. Comme le montre la liste détaillée de ses rendez-vous dans son agenda, il est donc tout simplement faux que « dix jours durant l'Union soviétique soit restée sans chef », ainsi que l'affirment Jonathan Lewis et Phillip Whitehead, *Stalin. A Time for Judgement*, Londres, 1991, p. 89.

196. *1941 god*, vol. 2, doc. 651. Il s'agit d'un mémorandum que Soudoplatov présenta au Conseil des ministres le 7 août 1953, après la mort de Staline et dans le cadre des manœuvres visant à discréditer Beria. Dans ses Mémoires, publiés de longues années plus tard (Pavel Sudoplatov et Anatoli Sudoplatov, *Special*

Tasks : The Memoirs of an Unwanted Witness. A Soviet Spymaster, Boston, 1994, p. 145-148), Soudoplatov suggère que l'entrevue était destinée à propager de fausses informations « en vue d'affaiblir la résolution allemande », en laissant entendre que le *Blitzkrieg* avait échoué et qu'une guerre prolongée était inévitable. Overy, *Russia's War*, p. 96, accepte la thèse de la désinformation, mais il situe le tête-à-tête avec Stamenov en octobre, non pas en juillet. S'il s'agissait bien de désinformation, il est étrange que – à en juger par l'absence de traces du côté allemand – rien ne soit parvenu à l'ennemi. Et dans le contexte des avancées et conquêtes allemandes massives du mois de juillet, la thèse de la désinformation paraît peu vraisemblable. Le fait que l'épisode ait été exhumé dans le cadre de la campagne anti-Beria de 1953 ne l'invalide pas pour autant. En fait, deux autres sources font état de ces coups de sonde. Voir Volkogonov, p. 412-413 et trad., p. 329 ; et Radzinsky, p. 474.

197. Montefiore, p. 346 et trad., p. 412.

198. John Barber, « The Moscow Crisis of October 1941 », in Julian Cooper, Maureen Perrie et E.A. Rees (dir.), *Soviet History, 1917-53. Essays in Honour of R.W. Davies*, Basingstoke, 1995, p. 201-205.

199. Werth, p. 232, 236-237. Voir aussi le récit vivant de Rodric Braithwaite, *Moscow 1941. A City and its People at War*, Londres, 2006, p. 242-259, 271-276.

200. Barber, p. 209-211 ; Mikhail M. Gorinov, « Muscovites' Moods, 22 June 1941 to May 1942 », in Thurston et Bonwetsch, p. 122-125 ; Roy A. Medvedev, *On Stalin and Stalinism*, Oxford, 1979, p. 128-132 ; Nikolai Tolstoy, *Stalin's Secret War*, Londres, 1981, p. 241 ; et Overy, *Russia's War*, p. 95-98. Mikoïan, p. 417-422, présente à grands traits les mesures prises pour évacuer le gouvernement et faire sauter des installations de Moscou, mais prétend à tort, p. 420, qu'il n'y eut aucune vague de panique dans la population.

201. Radzinsky, p. 482.

202. Barber, p. 206 ; Volkogonov, p. 433-434 et trad., p. 358 ; Montefiore, p. 349-350 et trad., p. 416-417 ; Radzinsky, p. 482-483.

203. BBC, interview avec Nikolaï Vassilievitch Ponomariov, *c.* 1998, tapuscrit, fol. 29-35. Voir aussi le portrait d'un Staline « héroïque » au cours de ces mêmes jours in A.T. Rybin, *Next to Stalin. Notes of a Bodyguard*, Toronto, 1996, p. 31-34.

204. Watson, p. 193.

205. Schwendemann, p. 354-363, insiste sur ce point.

206. *Molotov Remembers*, p. 21-32.

207. *Khrushchev Remembers*, p. 587-592.

208. Gorodetsky, p. 323 et trad., p. 463 (ainsi que p. 239 et trad., p. 347-348).

209. *Die Tagebücher von Joseph Goebbels*, Elke Fröhlich (éd.), partie I, vol. 4, Munich, 2000, p. 214 (10 juillet 1937).

210. Tel est le présupposé de l'évaluation contrefactuelle de Valentin Falin, *Zweite Front. Die Interessenkonflikte in der Anti-Hitler-Koalition*, Munich, 1995, p. 100-103.

211. Eussent-elles accepté les propositions soviétiques d'un pacte militaire en bonne et due forme en 1939, cependant, la Grande-Bretagne et la France se seraient engagées à une intervention militaire directe en cas d'attaque allemande contre la Pologne, à supposer que les Polonais, les Roumains et les Lituaniens

eussent permis à l'armée Rouge de traverser leur territoire pour engager les hostilités (Zhukov, vol. 1, p. 214).

212. Roberts, *Unholy Alliance*, p. 225.

213. Glantz, *Barbarossa*, p. 31 ; Overy, *Russia's War*, p. 71.

214. Voir Rotundo, p. 295-296.

215. Volkogonov, p. 470 et trad., p. 391-392 (ici modifiée).

216. Cité in Mawdsley, « Crossing the Rubicon », p. 864.

217. Glantz, *Barbarossa*, p. 30 ; Whaley, p. 217-218. Tolstoy, p. 224-230, estime que le souci de Staline d'éviter toute provocation explique si mal son attitude du printemps 1941 qu'il avance l'hypothèse suivant laquelle Hitler lui-même aurait donné des assurances personnelles pour apaiser les soupçons du dirigeant soviétique, suggérant que des membres du haut commandement allemand portés à la conspiration poussaient à l'agression, mais qu'il s'y opposait. Toutefois, aucun élément de preuve ne vient étayer cette hypothèse. Il n'est rien, dans les archives allemandes ou russes, qui permette d'authentifier le texte des deux prétendues lettres de Hitler à Staline, des 31 décembre 1940 et 14 mai 1941. Celles-ci (reproduites in Murphy, p. 256-268, qui s'appuie apparemment sur leur publication dans un *roman* russe de 1997) sont très certainement des faux. Malgré de grands points d'interrogation sur la provenance des prétendus documents, Murphy, p. 185-191, semble disposé à leur prêter quelque crédit. John Lukacs, *June 1941. Hitler and Stalin*, New Haven, Londres, 2006, p. 150-158, a cependant la sagesse de les écarter.

218. Le Pacte de neutralité du 13 avril 1941 avait considérablement réduit la menace d'une attaque de ce genre. Même si, comme allaient le montrer les délibérations du gouvernement japonais à la suite de l'invasion allemande, rien ne garantissait que le Japon adhérerait au pacte, « le traité promettait un certain gain de temps » dans la perspective soviétique » (Zhukov, vol. 1, p. 257).

219. Sur les défaillances lamentables des renseignements allemands – qui ne firent guère mieux que conforter les préjugés sur la faiblesse de l'armée Rouge –, voir David Kahn, *Hitler's Spies. German Military Intelligence in World War II*, New York, 2000, p. 445-461. Voir aussi Whaley, p. 33. Il semble que les renseignements militaires soviétiques n'aient pas fait le moindre effort de désinformation pour faire croire à la puissance de l'armée Rouge.

220. Erickson, *Road to Stalingrad*, p. 69-73, 81, 86 ; Glantz, *Military Strategy*, p. 63, 98, 101-102 ; Glantz, *Stumbling Colossus*, p. 97. Voir aussi Zhukov, vol. 1, p. 249.

221. Medvedev et Medvedev, p. 245.

222. Zhukov, vol. 1, p. 250 ; il s'empresse d'ajouter que la conjecture de Staline, suivant laquelle les Allemands frapperaient au sud, non pas au nord, s'était révélée fausse. Zhukov, p. 300-301, admit néanmoins la part de responsabilité des militaires dans les erreurs stratégiques et tactiques commises à la veille de l'invasion et juste après. Voir également Roberts, *Stalin's Wars*, p. 74, 80, et les commentaires sur les défaillances de renseignements soviétiques in Glantz, *Stumbling Colossus*, p. 254-257. Whaley, p. 227, insiste sur l'échec *général* des services secrets des grandes puissances, aucun n'ayant vu venir « Barbarossa ».

7. Washington, été-automne 1941
Roosevelt décide de faire une guerre non déclarée

1. Robert E. Sherwood, *The White House Papers of Harry L. Hopkins*, Londres, 1948, vol. 1, p. 304-305 ; Frank Freidel, *Franklin D. Roosevelt. A Rendezvous with Destiny*, Boston, 1990, p. 373.

2. Winston S. Churchill, *The Second World War*, vol. 3, *The Grand Alliance*, Londres, 1950, p. 330-333. S'il exprima haut et fort son soutien, en pratique Churchill n'était diposé à offrir à l'Union soviétique qu'une « assistance symbolique » (*token assistance*) ; le point est souligné par Sheila Lawlor, « Britain and the Russian Entry into the War », in Richard Langhorne (dir.), *Diplomacy and Intelligence during the Second World War*, Cambridge, 1985, p. 171-174.

3. William L. Langer et S. Everett Gleason, *The Undeclared War, 1940-1941*, New York, 1953, p. 537. Tel était au fond le point de vue du département d'État. Quand Roosevelt décida d'aider l'Union soviétique, il le fit, a-t-on dit, « avec l'espoir et l'intuition pour seuls guides » (Warren F. Kimball, *The Juggler. Franklin Roosevelt as Wartime Statesman*, Princeton, 1991, p. 27, 40).

4. Sur MAGIC, voir I.C.B. Dear et M.R.D. Foot (dir.), *The Oxford Companion to the Second World War*, Oxford, New York, 1995, p. 706-709.

5. *The Roosevelt Letters*, vol. 3, *[1928-1945]*, Elliott Roosevelt (éd.), Londres, 1952, p. 375.

6. Cité in Herbert Feis, *The Road to Pearl Harbor. The Coming of the War between the United States and Japan*, Princeton, 1950, p. 227.

7. Waldo H. Heinrichs, Jr., *Threshold of War. Franklin D. Roosevelt and American Entry into World War II*, New York, Oxford, 1988, p. 104-105, 174, 206.

8. Thomas A. Bailey et Paul B. Ryan, *Hitler vs. Roosevelt. The Undeclared Naval War*, New York, 1979, p. 263-264.

9. Winston S. Churchill, *Great War Speeches*, Londres, 1957, p. 109.

10. Cité in Langer et Gleason, *The Undeclared War*, p. 541.

11. Cité in Robert A. Divine, *The Reluctant Belligerent. American Entry into World War II*, New York, 1965, p. 123.

12. Langer et Gleason, *The Undeclared War*, p. 541.

13. Sherwood, *White House Papers*, vol. 1, p. 303-304.

14. Cité in Langer et Gleason, *The Undeclared War*, p. 538 ; et James McGregor Burns, *Roosevelt. The Soldier of Freedom 1940-1945*, Londres, 1971, p. 104.

15. Sherwood, *White House Papers*, vol. 1, p. 309.

16. Yale University Library, Henry L. Stimson Diaries 1909-1945, Reel 6, entrée du 2 juillet 1941 ; également in Henry L. Stimson et McGeorge Bundy, *On Active Service in Peace and War*, New York, 1948, p. 371.

17. Cité in Langer et Gleason, *The Undeclared War*, p. 538.

18. Harold L. Ickes, *The Secret Diary of Harold L. Ickes*, vol. 3, *The Lowering Clouds 1939-1941*, New York, 1955, p. 557-558.

19. Cité in Langer et Gleason, *The Undeclared War*, p. 542.

20. *Ibid.*, p. 542-546.

21. Sherwood, *White House Papers*, vol. 1, p. 309.

22. Joseph E. Davies, *Mission to Moscow*, New York, 1941, p. 488.
23. Davies, p. 494-495, 497 ; également in Sherwood, *White House Papers*, vol. 1, p. 306-309.
24. Langer et Gleason, *The Undeclared War*, p. 560-561 ; Burns, p. 114-115.
25. Citations de Ickes, vol. 3, p. 592-593.
26. Cité in Langer et Gleason, *The Undeclared War*, p. 561.
27. *Ibid.*, p. 545, 558-563 ; Freidel, p. 374. L'aide initiale de la Grande-Bretagne, dont le premier convoi arctique en direction de l'URSS partit en août 1941, n'eut guère plus de valeur. Le matériel envoyé pour aider les Soviétiques à combattre les forces hitlériennes commença cependant à jouer un rôle significatif en 1942.
28. Sherwood, *White House Papers*, vol. 1, p. 319.
29. Kimball, *The Juggler*, p. 22, 31-34, 36.
30. Sherwood, *White House Papers*, vol. 1, p. 313-322 ; Churchill, *The Second World War*, vol. 3, p. 377-378, pour les discussions de Hopkins à Londres.
31. Sherwood, *White House Papers*, vol. 1, p. 324-349, pour la visite à Moscou ; p. 325, pour le chapeau.
32. Sherwood, *White House Papers*, vol. 1, p. 329.
33. *Ibid.*, p. 337.
34. *Ibid.*, p. 335-342, 347.
35. *Ibid.*, p. 342-344.
36. *Ibid.*, p. 350 ; Churchill, *The Second World War*, vol. 3, p. 381.
37. Divine, *The Reluctant Belligerent*, p. 129.
38. Freidel, p. 375.
39. Heinrichs, *Threshold of War*, p. 174-175 ; Churchill, *The Second World War*, vol. 3, p. 417-419, pour la contribution britannique.
40. Sherwood, *White House Papers*, vol. 1, p. 396.
41. Ickes, vol. 3, p. 620.
42. Freidel, p. 376.
43. Langer et Gleason, *The Undeclared War*, p. 818-819 ; Sherwood, *White House Papers*, vol. 1, p. 399-400 ; Freidel, p. 376. La première fois que le projet de prêt-bail avait été soumis au Congrès, au début de 1941, il avait déjà suscité l'opposition de ceux qui ne voulaient pas voir le bénéfice de l'aide étendu à l'Union soviétique. Cf. Warren F. Kimball, *The Most Unsordid Act. Lend-Lease 1939-1941*, Baltimore, 1969, p. 189.
44. Langer et Gleason, *The Undeclared War*, p. 560 ; Freidel, p. 376.
45. Cité in Langer et Gleason, *The Undeclared War*, p. 544.
46. *Ibid.*, p. 738 ; David M. Kennedy, *Freedom from Fear. The American People in Depression and War, 1929-1945*, New York, Oxford, 1999, p. 486-487 ; David Reynolds, *The Creation of the Anglo-American Alliance 1937-1941. A Study in Competitive Co-operation*, Chapel Hill (Caroline du Nord), 1982, p. 212 ; Mark A. Stoler, *Allies and Adversaries. The Joint Chiefs of Staff, the Grand Alliance, and US Strategy in World War II*, Chapel Hill (Caroline du Nord), Londres, 2000, p. 47, 49-50, 55 ; on trouvera de larges extraits du texte in Sherwood, *White House Papers*, vol. 1, p. 413-423.
47. Cité in Langer et Gleason, *The Undeclared War*, p. 544.
48. *The Roosevelt Letters*, vol. 3, p. 378.

49. Langer et Gleason, *The Undeclared War*, p. 539, 579.

50. Burns, p. 104 ; Stimson Diaries, Reel 6 : les entrées des 6-7 juillet 1941 indiquent la déception de Knox et son exaspération devant le manque d'audace de Roosevelt.

51. Heinrichs, *Threshold of War*, p. 110 ; Freidel, p. 383.

52. Cité in Burns, p. 105.

53. Joseph P. Lash, *Roosevelt and Churchill 1939-1941. The Partnership that Saved the West*, New York, 1976, p. 341-342.

54. Langer et Gleason, *The Undeclared War*, p. 576 ; Ickes, vol. 3, p. 571.

55. Bailey et Ryan, p. 155.

56. *The Churchill War Papers*, vol. 3, *The Ever-Widening War, 1941*, éd. Martin Gilbert, Londres, 2000, p. 914 (9 juillet 1941) ; Langer et Gleason, *The Undeclared War*, p. 578.

57. Reynolds, *Anglo-American Alliance*, p. 208.

58. Burns, p. 105. En Extrême-Orient, aussi, l'imposition de sanctions pétrolières permet de voir dans le mois de juillet 1941 un tournant de la réflexion stratégique et de la diplomatie américaines. Voir David Reynolds, *From Munich to Pearl Harbor. Roosevelt's America and the Origins of the Second World War*, Chicago, 2001, p. 143.

59. Ickes, vol. 3, p. 571 ; Bailey et Ryan, p. 156.

60. Langer et Gleason, *The Undeclared War*, p. 577.

61. *Ibid.*, p. 578. Voir Lash, p. 343, sur la protestation assourdie des isolationnistes.

62. Sherwood, *White House Papers*, vol. 1, p. 367.

63. *Ibid.*, p. 367-369 ; Langer et Gleason, *The Undeclared War*, p. 570-574 ; Divine, *The Reluctant Belligerent*, p. 129-131.

64. Sherwood, *White House Papers*, vol. 1, p. 368.

65. Stimson et Bundy, p. 377 ; Langer et Gleason, *The Undeclared War*, p. 574.

66. Cité in Sherwood, *White House Papers*, vol. 1, p. 368.

67. Cité in Reynolds, *Anglo-American Alliance*, p. 169.

68. Les deux citations sont in Lash, p. 391.

69. Voir *ibid.*, p. 392.

70. Pour un large compte rendu de la conférence, voir Sherwood, *White House Papers*, vol. 1, p. 350-366 ; Churchill, *The Second World War*, vol. 3, p. 385-400 ; Langer et Gleason, *The Undeclared War*, p. 663-692 ; Lash, p. 393-400 ; Heinrichs, *Threshold of War*, p. 148-161 ; et surtout, Theodore A. Wilson, *The First Summit. Roosevelt and Churchill at Placentia Bay 1941*, Londres, 1970.

71. Langer et Gleason, *The Undeclared War*, p. 670-677 ; Wilson, p. 112-113, 117, 119, 163-166, 215, 241-244.

72. Freidel, p. 386.

73. Churchill, *The Second World War*, vol. 3, p. 388-389 ; Sherwood, *White House Papers*, vol. 1, p. 356 ; Wilson, p. 88, 160-163 ; Heinrichs, *Threshold of War*, p. 157.

74. Wilson, p. 144.

75. *Ibid.*, p. 145.

76. Reynolds, *Anglo-American Alliance*, p. 216 ; Freidel, p. 392 ; Divine, *The Reluctant Belligerent*, p. 143.

77. Heinrichs, *Threshold of War*, p. 164.

78. Robert Dallek, *Franklin D. Roosevelt and American Foreign Policy, 1932-1945*, New York, 1979, p. 286.

79. Reynolds, *Anglo-American Alliance*, p. 217.

80. Cité *ibid.*, p. 214-215 (où il est précisé que certains collègues de Churchill se montrèrent sceptiques à l'égard de son compte rendu positif) ; et Dallek, p. 285.

81. Texte in Churchill, *The Second World War*, vol. 3, p. 393-394 ; Langer et Gleason, *The Undeclared War*, p. 687-688 ; et Wilson, p. 206.

82. Voir *ibid.*, p. 174, 260-262.

83. Churchill, *The Second World War*, vol. 3, p. 384, 394 (pour la citation) ; Wilson, p. 108-111 pour une description de la cérémonie.

84. Wilson, p. 111.

85. *Ibid.*, p. 203.

86. Freidel, p. 385.

87. Wilson, p. 210-211 ; texte in Churchill, *The Second World War*, vol. 3, p. 395-396.

88. Wilson, p. 203 ; Heinrichs, *Threshold of War*, p. 159.

89. Wilson, p. 212, 214.

90. Voir *ibid.*, p. 223-224 et 231-234, 266-267, pour les réactions aux États-Unis.

91. Sherwood, *White House Papers*, vol. 1, p. 369.

92. Freidel, p. 389.

93. Sherwood, *White House Papers*, vol. 1, p. 374.

94. Bailey et Ryan, p. 168-173.

95. *Ibid.*, p. 173-174.

96. *The Public Papers and Addresses of Franklin D. Roosevelt*, Samuel I. Rosenman (éd.), vol. 10, 1941, New York, 1950, p. 374-383 ; Bailey et Ryan, p. 175-176.

97. Bailey et Ryan, p. 171, 173, 175.

98. Sherwood, *White House Papers*, vol. 1, p. 371-373 (citation p. 373). Stimson dit à Hopkins n'avoir pas été consulté à propos du discours, mais ajouta : « À moins que le Président ne fût prêt à dire quelque chose de bon et de fort, mieux valait pour lui qu'il s'abstînt. » Quand il l'entendit, il jugea que le discours de Roosevelt était « le plus décisif qu'il eût fait » (Stimson Diaries, Reel 7, entrées des 9 et 10 septembre 1941). Dans ses Mémoires, Cordell Hull fait état de son accord, le 10 au soir : le Président « devait dire haut et fort que nos navires, dans l'Atlantique, ouvriraient le feu sur tout sous-marin ou bâtiment de surface de l'Axe qui chercherait à intercepter des navires dans nos eaux défensives », mais il ne fait pas allusion à son intervention du lendemain pour essayer de tempérer le ton du discours (Cordell Hull, *The Memoirs of Cordell Hull*, New York, 1948, vol. 2, p. 1047).

99. Lash, p. 417.

100. *Public Papers and Addresses*, vol. 10, p. 384-392 ; *FDR's Fireside Chats*, Russell D. Buhite et David W. Levy (éd.), New York, 1992, p. 189-196.

101. *Ibid.*, p. 188-189.

102. Langer et Gleason, *The Undeclared War*, p. 742, 746.
103. *Ibid.*, p. 746.
104. Heinrichs, *Threshold of War*, p. 168.
105. Langer et Gleason, *The Undeclared War*, p. 747 ; Lash, p. 419.
106. Bailey et Ryan, p. 177 n. et 182 n.
107. Cité in Langer et Gleason, *The Undeclared War*, p. 747.
108. Cité *ibid.*, p. 747.
109. *Ibid.*, p. 749.
110. *FDR's Fireside Chats*, p. 196.
111. Malgré tout, que Roosevelt ait court-circuité le Congrès et usé de ses pouvoirs de chef de l'exécutif en s'appuyant sur des informations trompeuses, fût-ce pour la bonne cause, a été interprété comme un précédent fâcheux de ce qui s'est fait par la suite au Viêt Nam (Lash, p. 420-421).
112. Cité in Langer et Gleason, *The Undeclared War*, p. 749.
113. Cité in Dallek, p. 289. Robert Divine observe que la « réaction de l'opinion » à l'introduction des escortes « fut si favorable que Roosevelt aurait pu mettre en place les convois des mois plus tôt en étant largement soutenu par la population ». Mais il ne tient pas suffisamment compte de la contradiction fondamentale de l'opinion publique américaine (et de la perception qu'en avait le Président), alors qu'il reprend sur la même page les chiffres des sondages Gallup. Divine, *The Reluctant Belligerent*, p. 144.
114. Langer et Gleason, *The Undeclared War*, p. 751.
115. Bailey et Ryan, p. 188-191.
116. *Ibid.*, p. 191-192, 195-196.
117. *Ibid.*, p. 196-197.
118. Reynolds, *Anglo-American Alliance*, p. 219 ; Nicholas John Cull, *Selling War. The British Propaganda Campaign against American « Neutrality » in World War II*, New York, Oxford, 1995, p. 170-173.
119. *Public Papers and Addresses*, vol. 10, p. 438-445.
120. *Ibid.*, p. 444-445.
121. Cité in Dallek, p. 289.
122. Freidel, p. 394 ; Bailey et Ryan, p. 208 ; Divine, *The Reluctant Belligerent*, p. 146.
123. Hull, vol. 2, p. 943.
124. Les principaux porte-parole du Sénat en matière de politique étrangère avaient dit à Roosevelt leur sentiment qu'il existait bien une majorité favorable à la révision, mais que le débat traînerait et que les isolationnistes feraient de l'obstruction (Lash, p. 426).
125. Hull, vol. 2, p. 1046-1047.
126. Sherwood, *White House Papers*, vol. 1, p. 380.
127. Langer et Gleason, *The Undeclared War*, p. 752.
128. *Ibid.*, p. 752-756 ; Sherwood, *White House Papers*, vol. 1, p. 381.
129. Divine, *The Reluctant Belligerent*, p. 146.
130. Sherwood, *White House Papers*, vol. 1, p. 383.
131. Langer et Gleason, *The Undeclared War*, p. 757.
132. *Ibid.*, p. 758 ; Divine, *The Reluctant Belligerent*, p. 147.
133. Voir Dallek, p. 292.

134. Cité in Bailey et Ryan, p. 209.

135. Voir Reynolds, *Anglo-American Alliance*, p. 218.

136. Quelques-uns des points suivants sont présentés in Bailey et Ryan, p. 260-263 ; Reynolds, *Anglo-American Alliance*, p. 218 ; et Reynolds, *From Munich to Pearl Harbor*, p. 157.

137. C'est ce que déclara explicitement l'amiral Stark dans un mémorandum de la fin septembre sur la question de savoir s'il fallait ou non faire pression pour réviser le Neutrality Act. Mais Stark, qui avait systématiquement prôné l'engagement américain dans la guerre, était d'avis que « les États-Unis devaient entrer dans la guerre contre l'Allemagne dès que possible, même s'il fallait accepter les hostilités contre le Japon » (cité in Sherwood, *White House Papers*, vol. 1, p. 381). Roosevelt, on l'a vu, n'était pas prêt à s'engager sur cette voie.

138. Cité in Dallek, p. 289 ; et Reynolds, *Anglo-American Alliance*, p. 353, n. 114.

139. *Ibid.*, p. 219-220.

140. Langer et Gleason, *The Undeclared War*, p. 923 ; Kennedy, p. 487-488.

141. *Ibid.*, p. 487.

142. Cité in Sherwood, *White House Papers*, vol. 1, p. 415.

143. À l'automne 1941, Roosevelt pensait encore, apparemment, qu'il pourrait éviter d'envoyer des troupes se battre en Europe si l'Union soviétique parvenait à résister. Dans son idée, l'aide apportée à la Russie était un moyen d'empêcher le déploiement de forces terrestres américaines. L'armée de terre, en revanche, estimait que l'Union soviétique et la Grande-Bretagne seraient incapables de vaincre l'Allemagne sans le déploiement de troupes américaines. Dans cette perspective, l'aide aux deux pays visait à soutenir la résistance militaire le temps pour l'Amérique d'achever son réarmement. Finalement, le prêt-bail à l'Union soviétique équipa près de 101 divisions et permit aux États-Unis de déployer moins d'hommes que ne l'envisageait le Victory Program (Stoler, p. 55-58 et 285, n. 64).

144. Cité in Sherwood, *White House Papers*, vol. 1, p. 419.

8. Tokyo, automne 1941
Le Japon décide d'entrer en guerre

1. Nobutaka Ike (dir.), *Japan's Decision for War. Records of the 1941 Policy Conferences*, Stanford (Californie), 1967, p. 72.

2. On peut suivre les délibérations sur l'option nord dans l'essai de Hosoya Chihiro, « Northern Defence », in James William Morley (dir.), *The Fateful Choice. Japan's Advance into Southeast Asia, 1939-1941*, New York, 1980, p. 94-112. Sur la formation de la position de la marine concernant l'avancée dans le Sud, voir, dans le même volume, l'essai de Tsunoda Jun, « The Navy's Role in the Southern Strategy », notamment p. 287-295.

3. Chiffres in Herbert P. Bix, *Hirohito and the Making of Modern Japan*, Londres, 2001, p. 400.

4. Akira Iriye, *The Origins of the Second World War in Asia and the Pacific*, Londres, New York, 1987, p. 148 ; James William Morley (dir.), *The Final*

Confrontation. Japan's Negotiations with the United States, 1941, Columbia, New York, 1994 (essais traduits de Tsunoda Jun, s'appuyant sur une documentation japonaise), p. 159.

5. David Reynolds, *The Creation of the Anglo-American Alliance 1937-1941. A Study in Competitive Co-operation*, Chapel Hill (Caroline du Nord), 1982, p. 234-236 ; William Carr, *Poland to Pearl Harbor. The Making of the Second World War*, Londres, 1985, p. 153 ; Iriye, *Origins*, p. 149-150.

6. *Ibid.*, p. 147.

7. *Ibid.*, p. 148-149.

8. Bix, p. 401.

9. Sheffield University Library, Wolfson Microfilm 431, journal du marquis Kido Koichi, doc. n° 1632W (63) 31 juillet 1941, (63) 2 août 1941, (66) 7 août 1941 ; Carr, p. 154-155.

10. Herbert Feis, *The Road to Pearl Harbor. The Coming of the War between the United States and Japan*, Princeton, 1950, p. 244, observe : « Dès lors, la jauge du pétrole et l'horloge devinrent inséparables. Chaque baisse de niveau rapprochait l'heure de la décision. » Recourant à une analogie semblable, il ajoute, p. 270 : « Le temps était devenu le mètre de la stratégie pour les deux gouvernements. Si l'un ne s'inquiétait pas de voir le temps passer, l'autre s'affolait à chaque battement de l'horloge. »

11. Morley, *The Final Confrontation*, p. 157 ; *Foreign Relations of the United States. Japan 1931-41*, vol. 2 [= *Japan II*], Washington, 1943, p. 549-550.

12. Sheffield University Library, Wolfson Microfilm 437, copie des National Archives, Washington, Record Group 243 : Records of the United States Strategic Bombing Survey, File 1d (10), Mémoires du prince Konoye [Konoe] [= Konoe Memoirs], mars 1942, fol. 29-30.

13. Cité in Morley, *The Final Confrontation*, p. 179.

14. Yoshitake Oka, *Konoe Fumimaro. A Political Biography*, Tokyo, 1983, p. 139-140.

15. John Toland, *The Rising Sun. The Decline and Fall of the Japanese Empire, 1936-1945*, New York, 1970, Modern Library, 2003, p. 100 ; Ike, p. 151 et n. 35 ; Feis, p. 282.

16. Bix, p. 403-404 ; Morley, *The Final Confrontation*, p. 181.

17. Morley, *The Final Confrontation*, p. 180-181.

18. Konoe Memoirs, fol. 30-31 ; Oka, p. 139 ; Robert J.C. Butow, *Tojo and the Coming of the War*, Princeton, 1961, p. 243-244 ; Roger D. Spotswood, « Japan's Southward Advance as an Issue in Japanese-American Relations, 1940-1941 », thèse inédite, University of Washington, 1974, p. 398-401.

19. Citations in Morley, *The Final Confrontation*, p. 180.

20. Iriye, *Origins*, p. 157 ; Morley, *The Final Confrontation*, p. 181. Sur l'allure et le tempérament de Nomura, Cordell Hull, *The Memoirs of Cordell Hull*, New York, 1948, vol. 2, p. 987 ; Toland, *The Rising Sun*, p. 67 ; Gordon W. Prange, *At Dawn We Slept. The Untold Story of Pearl Harbor*, Londres, 1982, p. 6.

21. *Foreign Relations of the United States. Diplomatic Papers 1941*, vol. 4, *The Far East*, Washington, 1956 [= *FRUS, 1941*], p. 359 ; également cité in Carr, p. 154-155. Hull, vol. 2, p. 1014-1015, souligne la conviction du secrétaire d'État

que, après l'invasion du sud de l'Indochine, la guerre entre le Japon et les États-Unis était devenue probable.

22. Morley, *The Final Confrontation*, p. 182.

23. Iriye, *Origins*, p. 156.

24. Toland, *The Rising Sun*, p. 91. Pour les différences de stratégie entre Churchill et Roosevelt à propos du Japon, voir Waldo H. Heinrichs, Jr., *Threshold of War. Franklin D. Roosevelt and American Entry into World War II*, New York, Oxford, 1988, p. 152-155 ; et Feis, p. 256-257.

25. Konoe Memoirs, fol. 33 ; *The « MAGIC » Background of Pearl Harbor*, vol. 3, Washington, 1977, appendice, p. A 38-39 ; Hull, vol. 2, p. 1019-1020 ; Morley, *The Final Confrontation*, p. 183-184 ; Reynolds, *Anglo-American Alliance*, p. 239 (concernant le retournement de Roosevelt au retour de Placentia Bay, sur les conseils du département d'État).

26. *Japan II*, p. 565 ; également cité in Toland, *The Rising Sun*, p. 93 ; pour la dépêche suivante de Grew, voir *FRUS, 1941*, vol. 4, p. 382-383. Voir aussi Joseph C. Grew, *Ten Years in Japan*, New York, 1944, p. 416-421 ; Hull, vol. 2, p. 1025 ; Waldo H. Heinrichs, Jr., *American Ambassador. Joseph C. Grew and the Development of the United States Diplomatic Tradition*, Boston, 1966, p. 309-312, 337-343 ; et Morley, *The Final Confrontation*, p. 186-187.

27. Ike, p. 124-125.

28. Konoe Memoirs, fol. 35.

29. William L. Langer et S. Everett Gleason, *The Undeclared War, 1940-1941*, New York, 1953, p. 700-701 ; Oka, p. 141 ; Morley, *The Final Confrontation*, p. 185.

30. Hull, vol. 2, p. 1024 ; Langer et Gleason, *The Undeclared War*, p. 701 ; Morley, *The Final Confrontation*, p. 185-188 ; Oka, p. 141-142.

31. Morley, *The Final Confrontation*, p. 165, 169, 364-366 (appendice 6) ; Ike, p. 135-136 ; Iriye, *Origins*, p. 159.

32. Morley, *The Final Confrontation*, p. 365.

33. *Ibid.*, p. 366.

34. *Ibid.*, p. 169.

35. Ike, p. 129-133 ; Morley, *The Final Confrontation*, p. 267-274.

36. Bix, p. 410.

37. Sheffield University Library, Wolfson Microfilm 431, journal du marquis Kido Koichi, doc. n° 1632W (67), 5 septembre 1941 ; Oka, p. 145-146.

38. Bix, p. 412-413 ; Morley, *The Final Confrontation*, p. 174 ; Konoe Memoirs, fol. 40-41.

39. Bix, p. 410. Bix explique que l'empereur fut confronté à « la décision la plus importante de toute sa vie », qu'il « avait manifestement diverses options à ce moment-là », qu'un retrait d'Indochine et le choix de laisser passer l'occasion de s'emparer des Indes orientales néerlandaises auraient reçu l'approbation d'au moins une partie des dirigeants de la flotte et que, de ce fait, Hirohito choisit bien en toute liberté la route de la guerre.

40. Kido Diary, doc. n° 1632W (68), 6 septembre 1941 ; Bix, p. 413 ; Toland, *The Rising Sun*, p. 98.

41. Sauf mention contraire, les indications qui suivent viennent d'Ike, p. 138-151.

42. Morley, *The Final Confrontation*, p. 172.

43. Kido Diary, doc. n° 1632W (68), 6 septembre 1941 ; Konoe Memoirs, fol. 41 ; Bix, p. 414 ; Morley, *The Final Confrontation*, p. 176 ; Toland, *The Rising Sun*, p. 99 ; Oka, p. 146-147.

44. Cité in Morley, *The Final Confrontation*, p. 170-171.

45. Toland, *The Rising Sun*, p. 103.

46. Konoe Memoirs, fol. 42 ; *Japan II*, p. 604-606 ; Grew, p. 425-428 (6 septembre 1941) ; Oka, p. 148-149 ; Toland, *The Rising Sun*, p. 100-102 (en partie sur la foi d'un entretien avec la maîtresse – anonyme – de Konoe) ; Hull, vol. 2, p. 1028-1031 ; Heinrichs, *American Ambassador*, p. 346 ; Langer et Gleason, *The Undeclared War*, p. 716 ; Heinrichs, *Threshold of War*, p. 185-186. David Bergamini, *Japan's Imperial Conspiracy*, New York, 1971, vol. 2, p. 1019, indique que c'est la fille du baron Ito qui servit les boissons et de quoi manger. Feis, p. 271, fait état de la « fille de la maison ». Konoe se souvenait que la discussion avait duré une heure et demie ; Grew, p. 425, note que « la conversation dura trois heures ». Hull exhorta Grew à rester très prudent dans ses tractations avec les dirigeants japonais. Le 9 septembre, il télégraphia à l'ambassadeur : « Le département [d'État] ne voit aucune objection à ce que vous poursuiviez des conversations parallèles à celles qui se déroulent ici en vue d'obtenir de nouveaux éclaircissements sur les intentions du gouvernement japonais, mais, s'agissant d'une affaire à laquelle le Président porte un intérêt vif et actif, le sentiment est que toute discussion définitive sur la conclusion d'un accord devrait en principe se dérouler ici » (*FRUS, 1941*, p. 434). Sur les « Quatre Principes », voir Hull, vol. 2, p. 994-995.

47. Konoe Memoirs, fol. 36 ; Langer et Gleason, *The Undeclared War*, p. 704-705 ; Morley, *The Final Confrontation*, p. 189, 194 ; Carr, p. 156.

48. *The « MAGIC » Background of Pearl Harbor*, vol. 3, appendice, p. A 88-90 ; Iriye, *Origins*, p. 163 ; Ike, p. 169.

49. Ike, p. 170-171. Grew ne cacha point son pessimisme quand il rencontra Toyoda le 22 septembre (Grew, p. 432-434).

50. Iriye, *Origins*, p. 163.

51. Voir Ike, p. 155-156. Le calendrier avait été fixé dans les « Matériaux de référence pour répondre aux questions à la Conférence impériale du 6 septembre concernant les "Éléments de mise en œuvre des politiques de l'empire" », préparé après consultation entre le gouvernement et le commandement suprême (Ike, p. 152-163).

52. Kido Diary, doc. n° 1632W (71), 26 septembre 1941 ; Oka, p. 150-151 ; Ike, p. 176-178 ; Toland, *The Rising Sun*, p. 105 ; Morley, *The Final Confrontation*, p. 209.

53. *FRUS, 1941*, p. 494-497 ; *Japan II*, p. 656-661 ; Hull, vol. 2, p. 1033 ; Konoe Memoirs, fol. 47 ; Heinrichs, *American Ambassador*, p. 350.

54. Ike, p. 179-180.

55. Morley, *The Final Confrontation*, p. 210.

56. Cité *ibid.*, p. 213.

57. *Ibid.*, p. 213-217 ; Iriye, *Origins*, p. 164-165.

58. Konoe Memoirs, fol. 49-50 ; Morley, *The Final Confrontation*, p. 222-225 ; Toland, *The Rising Sun*, p. 109-111 ; Oka, p. 154-156. Et voir la déposition

de Tojo, après la guerre, au Tribunal militaire international pour l'Extrême-Orient (moyennant quelques divergences sur des points de détail) : *Political Strategy Prior to the Outbreak of War (Part III)*, Japanese Monographs, 147, Office of the Chief of Military History, Department of the Army, appendice 6, http://www.ibiblio.org/pha/monos/147/147app06.html.

59. Konoe Memoirs, fol. 50-51 ; Toland, *The Rising Sun*, p. 111-112 ; Oka, p. 155-156.

60. Cité in Morley, *The Final Confrontation*, p. 227 ; Bix, p. 417 ; Oka, p. 156 ; Toland, *The Rising Sun*, p. 112-113.

61. Iriye, *Origins*, p. 165-166.

62. Oka, p. 156-157.

63. Konoe Memoirs, fol. 85-86.

64. *Ibid.*, fol. 52-53 ; Kido Diary, doc. n° 1632W (79-82, citation 80) ; Morley, *The Final Confrontation*, p. 230-245 ; Butow, p. 285-301, 308 ; Toland, *The Rising Sun*, p. 113-118 ; Bix, p. 418-419 ; Oka, p. 157-159 ; Feis, p. 285-286.

65. Takashi Ito, Tadamitsu Hirohashi et Norio Katashima, éd., *Documents secrets du Premier ministre Tojo. Discours et faits et gestes du général Tojo Hideki* [en japonais], Tokyo [s.d.], p. 478.

66. Morley, *The Final Confrontation*, p. 239.

67. Kido Diary, doc. n° 1632W (81), 17 octobre 1941 ; Butow, p. 301-302 ; Feis, p. 286-287 ; Morley, *The Final Confrontation*, p. 241, 243-244 ; Toland, *The Rising Sun*, p. 118.

68. Butow, p. 302-305 ; Morley, *The Final Confrontation*, p. 246-247.

69. Iriye, *Origins*, p. 168-170.

70. Langer et Gleason, *The Undeclared War*, p. 842-843 ; Carr, p. 161 ; Robert Dallek, *Franklin D. Roosevelt and American Foreign Policy, 1932-1945*, New York, 1979, p. 304-305.

71. Hull, vol. 2, p. 1054. L'ambassadeur Grew à Tokyo, en revanche, ne se montra pas aussi pessimiste dans un premier temps. Il était persuadé que Tojo pourrait tenir l'armée de terre et lui faire accepter un règlement (Grew, p. 460, 20 octobre 1941 ; Heinrichs, *American Ambassador*, p. 354). De même, l'appréciation du département d'État sur le gouvernement Tojo, rédigée le 18 octobre 1941 par Maxwell M. Hamilton, le chef de la division des Affaires d'Extrême-Orient, n'était pas entièrement négative. « On ne croit pas, écrivait-il, que le nouveau cabinet rejettera une solution négociée aux relations internationales du Japon, mais en même temps il fera tout son possible pour s'assurer que, si des solutions négociées de ce genre ne se précisent pas ou n'aboutissent pas, l'occasion d'une solution par la force ne soit pas perdue pour cause d'impréparation ou de déploiement de forces insuffisant » (*FRUS, 1941*, p. 522-523). Tel était aussi le point de vue que devait avancer Grew (Grew, p. 469-470, 3-4 novembre 1941) : le Japon se préparait manifestement à « mettre en œuvre un programme de remplacement en cas d'échec du programme de paix ».

72. Langer et Gleason, *The Undeclared War*, p. 845-846 (mémorandum du Joint Board of the Army and Navy, 5 novembre 1941). Voir aussi Carr, p. 161.

73. Morley, *The Final Confrontation*, p. 249.

74. Cité *ibid.*, p. 247.

75. *Ibid.*, p. 248-249.

76. Cité *ibid.*, p. 249.
77. Cité *ibid.*, p. 252.
78. Cité *ibid.*, p. 250.
79. Ike, p. 195.
80. *Ibid.*, p. 188.
81. *Ibid.*, p. 191. Un commentaire prescient. Sur les failles de la planification japonaise et les écarts croissants, à mesure que la guerre se prolongeait, entre les estimations, d'un côté, et le matériel et les transports maritimes réellement disponibles, de l'autre, cf. Morley, *The Final Confrontation*, p. 267-303.
82. Ike, p. 191-192, 195. Tojo expliqua après la guerre qu'il aurait fallu de quatre à sept ans pour produire la quantité minimale de pétrole synthétique requise. En attendant, le Japon aurait dû se contenter de ses stocks, qui n'auraient jamais pu durer aussi longtemps ; voir *Political Strategy Prior to the Outbreak of War (Part III)*, Japanese Monographs, 147, appendice 7, http://www.ibiblio.org/pha/monos/147/147app07.html.
83. Ike, p. 198.
84. *Ibid.*, p. 197-198.
85. *Ibid.*, p. 198-199.
86. Sauf indication contraire, toutes les citations suivantes des contributions à la conférence sont tirées d'Ike, p. 199-207.
87. Morley, *The Final Confrontation*, p. 255-258 ; Toland, *The Rising Sun*, p. 124.
88. Texte in Morley, *The Final Confrontation*, p. 368-369 (appendice 9).
89. Texte *ibid.*, p. 370 (appendice 9) ; et Langer et Gleason, *The Undeclared War*, p. 878.
90. Cité in Morley, *The Final Confrontation*, p. 263-264.
91. *Ibid.*, p. 264-265. En 1945, se retournant sur le passé, pour défendre ses actions, mais non sans justice, Togo fit valoir qu'il avait toutes les chances contre lui quand il dut essayer, dans cette ultime phase, d'éviter la guerre (Sheffield University Library, traduction de documents japonais [préparée pour le Procès des crimes de guerre de Tokyo], Wolfson Microfilm 306, Togo Memoirs, avril-août 1945, fol. 1).
92. Bix, p. 424.
93. Morley, *The Final Confrontation*, p. 266 ; Toland, *The Rising Sun*, p. 130.
94. Sauf indication contraire, toutes les citations suivantes des contributions à la Conférence sont tirées d'Ike, p. 208-239.
95. Iriye, *Origins*, p. 177-178.
96. Grew, p. 468-469 (son rapport à Washington, 3 novembre 1941 ; la formulation est presque identique dans son journal à la date du 4 novembre 1941) ; *Japan II*, p. 703-704.
97. Toland, *The Rising Sun*, p. 129, 136.
98. Hull, vol. 2, p. 1062.
99. Toland, *The Rising Sun*, p. 129-130.
100. Morley, *The Final Confrontation*, p. 285 ; et voir Bergamini, vol. 2, p. 1020-1022. Yamamoto – qui était paradoxalement un adversaire de la guerre contre les États-Unis – avait en fait conçu son brillant plan d'attaque dès novembre 1940 et l'avait soumis à l'attention de l'empereur, qui s'y était intéressé.

En janvier 1941, Hirohito avait ordonné le lancement d'une étude sur ce plan. La conclusion avait été que « l'attaque serait terriblement risquée, mais avait des chances raisonnables de réussir » (Bergamini, vol. 2, p. 954-955 et n. 1). Sans doute y avait-il eu des fuites (voir Prange, p. 31), puisque Grew pouvait signaler dès le 27 janvier 1941 à Washington : « Le bruit court en ville que les Japonais, en cas de rupture avec les États-Unis, envisagent de lancer une attaque surprise sur Pearl Harbor » (Grew, p. 368). Voir également Hull, vol. 2, p. 984 ; *FRUS, 1941*, p. 17. Pour un portrait de Yamamoto, voir Mark Weston, *Giants of Japan. The Lives of Japan's Greatest Men and Women*, New York, Tokyo, Londres, 1999, p. 190-200.

101. Iriye, *Origins*, p. 170-171.

102. Cité in Feis, p. 296 ; et (dans une traduction légèrement différente) Bergamini, vol. 2, p. 1041.

103. Bix, p. 423 ; Morley, *The Final Confrontation*, p. 265.

104. Bix, p. 421-422.

105. Voir les exemples in Toland, *The Rising Sun*, p. 132-135. La note de la p. 133 indique que l'on n'a aucune preuve d'erreur de traduction intentionnelle. Voir également Butow, p. 335 et n. 38, pour qui « les distorsions ne faisaient pas réellement violence à la réalité des intentions japonaises ».

106. Hull, vol. 2, p. 1056-1057, 1060.

107. Voir Grew, p. 468-469 (3 novembre 1941) pour la différence de ton avec celui du département d'État à Washington ; et Morley, *The Final Confrontation*, p. 310-311.

108. Langer et Gleason, *The Undeclared War*, p. 855-866 ; *Japan II*, p. 729-737 ; Hull, vol. 2, p. 1058-1062 ; Feis, p. 303-305.

109. Feis, p. 307-308 ; Langer et Gleason, *The Undeclared War*, p. 863-864 ; Ike, p. 251 (rapport de Togo à la Conférence de liaison du 20 novembre 1941) ; Hull, vol. 2, p. 1063-1064 ; Morley, *The Final Confrontation*, p. 301-305.

110. Hull, vol. 2, p. 1069-1071 (citation p. 1070) ; et Butow, p. 336-338. Langer et Gleason, *The Undeclared War*, p. 880, critiquent la « véhémente indignation de M. Hull envers les suggestions japonaises qui, à bien des égards, ressemblaient aux idées qui avaient cours au sein même du département d'État ». Spotswood, p. 450-451, défend le jugement de Hull, notamment à la lumière de l'augmentation rapide des troupes japonaises en Indochine.

111. *FRUS, 1941*, p. 635-636 (dernière mouture, p. 661-664) ; Langer et Gleason, *The Undeclared War*, p. 881-882.

112. *Ibid.*, p. 872.

113. Hull, vol. 2, p. 1072-1073.

114. *FRUS, 1941*, p. 640, 650-651, 655-656, 659-661, 666 ; Heinrichs, *Threshold of War*, p. 209-211.

115. *The « MAGIC » Background of Pearl Harbor*, vol. 4, Washington, 1978, appendice, p. A 89. Le Président déclara le 25 novembre à ses plus proches conseillers que « nous serions probablement attaqués, peut-être lundi prochain [1er décembre], car les Japonais sont connus pour ne pas émettre d'avertissement avant une attaque, et la question était de savoir ce que nous devions faire ». Un problème délicat, estimait-il, était de « manœuvrer pour les mettre en position de tirer les premiers sans nous exposer nous-mêmes à un trop grand danger » (Yale

University Library, Henry L. Stimson Diaries 1909-1945, Reel 7, entrée du 25 novembre 1941).

116. *FRUS, 1941*, p. 660-661 ; Stimson Diaries, Reel 7, entrée du 26 novembre 1941.

117. *FRUS, 1941*, p. 665.

118. Hull, vol. 2, p. 1081.

119. *Ibid.*, p. 1074-1076, 1082 ; Toland, *The Rising Sun*, p. 140-143 ; Morley, *The Final Confrontation*, p. 305-307, 309 ; Carr, p. 163 ; Heinrichs, *Threshold of War*, p. 208-212 ; Stimson Diaries, Reel 7, entrée du 27 novembre 1941.

120. *Japan II*, p. 766-770 ; texte également cité in Langer et Gleason, *The Undeclared War*, p. 896-897 ; et *Political Strategy Prior to the Outbreak of War (Part III)*, Japanese Monographs, 147, appendice 9, http://www.ibiblio.org/pha/monos/147/147 app09.html. Le texte était bien plus dur que les propositions avancées six mois plus tôt, le 21 juin (voir *Japan II*, p. 483-485), elles-mêmes présentées comme une « reprise inflexible des principes des relations internationales si souvent énoncés par le secrétaire Hull » (Langer et Gleason, *The Undeclared War*, p. 632).

121. Morley, *The Final Confrontation*, p. 313-315, 317-318 ; Langer et Gleason, *The Undeclared War*, p. 893, 898 ; Hull, vol. 2, p. 1081-1084 ; Carr, p. 163-164 ; Bix, p. 428.

122. Cité in Toland, *The Rising Sun*, p. 143.

123. Cité in Morley, *The Final Confrontation*, p. 313.

124. Voir la déposition de Tojo, après la guerre, devant le Tribunal militaire international pour l'Extrême-Orient, où il explique qu'il perçut à l'époque la proposition des États-Unis comme un ultimatum et que « tous furent abasourdis de la sévérité » des exigences (*Political Strategy Prior to the Outbreak of War, Part IV*, Japanese Monographs, 150, appendice 3, http://www.ibiblio.org/pha/monos/150/150app03.html). Le 28 novembre, dans un câble à Nomura et Kurusu, Togo parla de « cette humiliante proposition », qui avait été « tout à fait inattendue et extrêmement regrettable » (*The « MAGIC » Background of Pearl Harbor*, vol. 4, p. 84-86 et appendice, p. A 118). Deux jours plus tôt, Nomura avait expliqué que lui-même et Kurusu avaient été « abasourdis » quand Hull leur avait présenté les « Dix Points » (vol. 4, appendice, p. A 102-103).

125. Toland, *The Rising Sun*, p. 145.

126. Morley, *The Final Confrontation*, p. 315-317 ; Ike, p. 256-257.

127. Cité in Morley, *The Final Confrontation*, p. 320.

128. Bix, p. 430 ; Toland, *The Rising Sun*, p. 176-179 ; Morley, *The Final Confrontation*, p. 324-326.

129. *Political Strategy Prior to the Outbreak of War (Part IV)*, Japanese Monographs, 150, appendice 4 (http://www.ibiblio.org/pha/monos/150/150-app04.html).

130. Bix, p. 430-431 ; Iriye, *Origins*, p. 182 ; Ike, p. 262-263 (qui indique à tort que la flotte serait partie à 18 heures) ; Morley, *The Final Confrontation*, p. 332 ; Prange, p. 390 ; Bergamini, vol. 2, p. 1057-1059.

131. Ike, p. 261 et n. 46 ; Morley, *The Final Confrontation*, p. 327 ; Toland, *The Rising Sun*, p. 179.

132. Cité in Bix, p. 430-431.

133. *Ibid.*, p. 431.
134. Ike, p. 271.
135. *Ibid.*, p. 279.
136. *Ibid.*, p. 282.
137. *Ibid.*, p. 282-283 ; Bix, p. 433.
138. Butow, p. 363 ; Toland, *The Rising Sun*, p. 182.
139. *Ibid.*, p. 183 ; Morley, *The Final Confrontation*, p. 323.
140. *Ibid.*, p. 344 ; *The « MAGIC » Background of Pearl Harbor*, vol. 4, appendice, p. A 130-134.
141. Morley, *The Final Confrontation*, p. 329.
142. *Ibid.*, p. 338.
143. Robert E. Sherwood, *The White House Papers of Harry L. Hopkins*, Londres, 1948, vol. 1, p. 430 ; également cité in Morley, *The Final Confrontation*, p. 344 ; Toland, *The Rising Sun*, p. 194.
144. *Ibid.*, p. 193-194, 198-199 ; Bix, p. 436.
145. Morley, *The Final Confrontation*, p. 344 ; Iriye, *Origins*, p. 183.
146. En juillet, une étude « prophétique » avait bel et bien évoqué la possibilité d'une attaque aérienne lancée depuis des porte-avions et souligné la nécessité de renforcer les défenses à Pearl Harbor (Prange, p. 185-188). Le Plan de défense de Hawaii élaboré conjointement par l'armée de terre et la marine pour assurer en conséquence la protection de Pearl Harbor contre une attaque-surprise venue du ciel était cependant excellent (Toland, *The Rising Sun*, p. 195). Apparemment, nul ne se souvenait de la mise en garde communiquée par Grew en janvier (Grew, p. 368).
147. Langer et Gleason, *The Undeclared War*, p. 926-927 (et p. 911) ; Iriye, *Origins*, p. 183 ; Morley, *The Final Confrontation*, p. 345 ; Heinrichs, *Threshold of War*, p. 216.
148. Toland, *The Rising Sun*, p. 201-202 ; Morley, *The Final Confrontation*, p. 334-335, 344-345.
149. Morley, *The Final Confrontation*, p. 338.
150. I.C.B. Dear et M.R.D. Foot (dir.), *The Oxford Companion to the Second World War*, Oxford, New York, 1995, p. 872 ; Toland, *The Rising Sun*, p. 221, 235 ; Dallek, p. 311 ; Gerhard L. Weinberg, *A World at Arms. A Global History of World War II*, Cambridge, 1994, p. 260-261.
151. Lettre à Sasakawa Ryochi, 24 janvier [1941], en appendice aux Mémoires de Konoe, dernier folio.
152. Le choc fut tel que l'on a vu bientôt surgir des théories du complot, qui n'ont jamais totalement disparu : au fond, l'administration américaine était au courant de l'attaque qui se préparait, mais elle évita délibérément de prendre des précautions pour assurer la sécurité des forces armées américaines sur les lieux et laissa faire l'offensive dévastatrice parce qu'elle en avait besoin pour justifier l'entrée en guerre des États-Unis. Toutes ces théories ont toujours été tirées par les cheveux. Cf. les analyses fouillées de Prange sur l'état des forces américaines et japonaises à Pearl Harbor (voir notamment les observations de son chapitre de conclusion, p. 725-738), et de Roberta Wohlstetter, *Pearl Harbor. Warning and Decision*, Stanford (Californie), 1962, notamment p. 382-396, sur les services secrets américains : les deux auteurs mettent clairement en évidence tout un catalogue d'erreurs et de méprises derrière ces extraordinaires événements, en aucun cas un complot machiavélique. Leurs

analyses sont étayées par l'étude plus récente de Richard J. Aldrich, *Intelligence and the War against Japan. Britain, America and the Politics of Secret Service*, Cambridge, 2000. Celui-ci en finit, p. 68-84, avec une autre mouture de la théorie du complot suivant laquelle Churchill aurait reçu des renseignements clairs sur Pearl Harbor, mais se serait bien gardé de les communiquer à Roosevelt.

153. Toland, *The Rising Sun*, p. 227. Quand Kido, au palais royal, apprit la « grande nouvelle », il eut « le sentiment que les dieux nous étaient venus en aide » ; Kido Diary, doc. n° 1632W (90), 8 décembre 1941.

154. Bix, p. 436-437 ; texte du Rescrit impérial sur la Déclaration de guerre in *Political Strategy Prior to the Outbreak of War (Part IV)*, Japanese Monographs, 150, appendice 7, http://www.ibiblio.org/pha/monos/150/150app07.html.

155. Hull, vol. 2, p. 1095-1097 (citation p. 1096) ; Morley, *The Final Confrontation*, p. 338 ; *The « MAGIC » Background of Pearl Harbor*, vol. 4, p. 101 ; Toland, *The Rising Sun*, p. 224-225. On trouvera la description de Nomura in *Political Strategy Prior to the Outbreak of War (Part IV)*, Japanese Monographs, 150, appendice 6, http://www.ibiblio.org/pha/monos/150/150app06.html.

156. Frank Freidel, *Franklin D. Roosevelt. A Rendezvous with Destiny*, Boston, 1990, p. 407 ; Bergamini, vol. 2, p. 1096 ; Carr, p. 166.

157. Langer et Gleason, *The Undeclared War*, p. 938-939.

158. Nazli Choucri, Robert C. North et Susumu Yamakage, *The Challenge of Japan before World War II and After*, Londres, New York, 1992, p. 37-38, 40-43, 118-120, 132-137.

159. Voir Paul W. Schroeder, *The Axis Alliance and Japanese-American Relations 1941*, Ithaca (New York), 1958, p. 203-208. Carr, p. 157, pose la même question, à laquelle il apporte ensuite une réponse convaincante : « Aucun président américain, surtout aussi sensible à l'opinion publique que Roosevelt, n'aurait pu accomplir une volte-face aussi radicale face à une population révoltée [...]. Toute idée de capitulation devant le Japon aurait donc eu un effet démoralisateur sur les ennemis de l'Axe. »

160. Voir, à ce propos, les observations pertinentes de Feis, p. 274-275, selon qui Konoe « était le prisonnier, volontaire ou involontaire, des conditions précisément prescrites dans les conférences auxquelles il présidait » : « Il est peu probable qu'il aurait pu les contourner ou les abandonner dans un acte de désespoir. Toute sa carrière politique indique le contraire. »

161. Voir, par exemple, Toland, *The Rising Sun*, notes des p. 141 et 145 ; et Morley, *The Final Confrontation*, p. 319.

162. Voir Langer et Gleason, *The Undeclared War*, p. 721.

163. Voir Iriye, *Origins*, p. 178-179.

9. Berlin, automne 1941
Hitler décide de déclarer la guerre aux États-Unis

1. Sebastian Haffner, *Von Bismarck zu Hitler. Ein Rückblick*, Munich, 1989, p. 293. Voir aussi Enrico Syring, « Hitlers Kriegserklärung an Amerika vom 11. Dezember 1941 », in Wolfgang Michalka (dir.), *Der Zweite Weltkrieg. Analysen, Grundzüge, Forschungsbilanz*, Munich, Zurich, 1989, p. 683.

2. Max Domarus (dir.), *Hitler. Reden und Proklamationen 1932-1945*, Wiesbaden, 1973, p. 1809.

3. Texte in Domarus, p. 1808, n. 543 ; et *DGFP*, 13, doc. 577, p. 1004-1005 ; voir aussi Paul Schmidt, *Statist auf diplomatischer Bühne 1923-1945. Erlebnisse des Chefdolmetschers im Auswärtigen Amt mit den Staatsmännern Europas*, Bonn, 1953, p. 554.

4. *Meldungen aus dem Reich. Auswahl aus den geheimen Lageberichten des Sicherheitsdienstes der SS 1939-1944*, Heinz Boberach (éd.), Neuwied, Berlin, 1965, p. 198.

5. Harry W. Flannery, *Assignment to Berlin*, Londres, 1942, p. 291.

6. *Mein Tagebuch. Geschichten vom Überleben 1939-1947*, Heinrich Breloer (éd.), Cologne, 1984, p. 64.

7. « Inside Germany Report » for December 1941, cité in Philipp Gassert, *Amerika im Dritten Reich. Ideologie, Propaganda und Volksmeinung 1933-1945*, Stuttgart, 1997, p. 321.

8. Wilm Hosenfeld, *« Ich versuche jeden zu retten. » Das Leben eines deutschen Offiziers in Briefen und Tagebüchern*, Thomas Vogel (éd.), Munich, 2004, p. 561.

9. *Die Tagebücher von Joseph Goebbels*, Elke Fröhlich (éd.), partie II, vol. 2, Munich, 1996, p. 453 (8 décembre 1941). En français, voir désormais Goebbels, *Journal 1939-1943*, trad. de l'allemand par O. Mannoni, Paris, Tallandier, 2009.

10. Nicolaus von Below, *Als Hitlers Adjutant 1937-1945*, Mayence, 1980, p. 296.

11. Karl Dönitz, *Memoirs. Ten Years and Twenty Days*, New York, 1997, p. 195.

12. Walter Warlimont, *Inside Hitler's Headquarters 1939-45*, Presidio (éd.), Novato (Californie) [s.d.], p. 208.

13. *Ibid.*, p. 203.

14. *Ibid.*, p. 50.

15. *The Ribbentrop Memoirs*, Londres, 1954, p. 160.

16. Ernst von Weizsäcker, *Erinnerungen*, Munich, Leipzig, Fribourg, 1950, p. 328.

17. Le 24 février 1945, Hitler pouvait encore parler du « vaste territoire » des États-Unis, « ample au point d'absorber les énergies de tout leur peuple », comme du modèle qu'il espérait suivre pour l'Allemagne en Europe, « pour assurer son indépendance économique complète au sein d'un territoire d'une taille compatible avec sa population », avant d'ajouter qu'un « grand peuple a besoin de grands espaces » (*The Testament of Adolf Hitler. The Hitler-Bormann Documents, February-April 1945*, François Genoud (éd.), Londres, 1961, p. 88). Pour les problèmes textuels que pose cette source, voir Ian Kershaw, *Hitler, 1936-1945. Nemesis*, Londres, 2000, p. 1024-1025, n. 121 ; *Hitler. 1936-1945 : Némésis*, trad. de l'anglais par P.-E. Dauzat, Paris, Flammarion, 2000, p. 1491-1494, n. 121.

18. *Hitler : Reden, Schriften, Anordnungen. Februar 1925 bis Januar 1933*, Institut für Zeitgeschichte (éd.), vol. 3, partie 1, Munich, 1994, p. 161 (18 octobre 1928).

19. *Hitler : Reden, Schriften, Anordnungen*, vol. 4, partie 1, p. 417 (25 juin 1931).

20. Le paragraphe qui précède se nourrit de l'analyse informée de Gassert, p. 87-103.

21. *Ibid.*, p. 34-36.

22. Eberhard Jäckel et Axel Kuhn (dir.), *Hitler. Sämtliche Aufzeichnungen 1905-1924*, Stuttgart, 1980, p. 96-97, 99.

23. Adolf Hitler, *Mein Kampf*, 876-880e éd., Munich, 1943, p. 722-723 ; *Mein Kampf*, trad. de l'allemand par J. Gaudefroy-Demombynes et A. Calmettes, Paris, Nouvelles Éditions latines, [s.d., 1934], p. 635-636.

24. Dietrich Aigner, « Hitler und die Weltherrschaft », in Wolfgang Michalka (dir.), *Nationalsozialistische Außenpolitik*, Darmstadt, 1978, p. 62.

25. Voir Gassert, p. 95-96 ; et Gerhard L. Weinberg, *The Foreign Policy of Hitler's Germany. Diplomatic Revolution in Europe 1933-1936*, Chicago, Londres, 1970, p. 21 ; Gerhard L. Weinberg, « Hitler's Image of the United States », *American Historical Review*, 69, 1964, p. 1009.

26. *Hitler's Second Book. The Unpublished Sequel to Mein Kampf*, Gerhard L. Weinberg (éd.), New York, 2003, p. 112 ; en français, *L'Expansion du IIIe Reich*, trad. de l'anglais par Fr. Brière, Paris, Plon, 1963, p. 120.

27. *Hitler's Second Book*, p. 116-117 et trad., p. 124-125.

28. On ne saurait tenir pour authentiques les prétendues observations de Hitler sur les États-Unis que l'on trouve dans des sources désormais discréditées : Edouard Calic, *Unmasked. Two Confidential Interviews with Hitler in 1931*, Londres, 1971, et Hermann Rauschning, *Hitler Speaks*, Londres, 1939 (*Hitler m'a dit*, avant-propos de Raoul Girardet, Paris, Pluriel, 2005).

29. Ernst Hanfstaengl, *Hitler. The Missing Years*, New York, 1994, p. 188.

30. Gassert, p. 93-94 ; Andreas Hillgruber, « Der Faktor Amerika in Hitlers Strategie 1938-1941 », *Aus Politik und Zeitgeschichte. Beilage zur Wochenzeitung "Das Parlament"*, 11 mai 1966, p. 4 ; Weinberg, « Hitler's Image », p. 1010-1012.

31. Weinberg, *Diplomatic Revolution*, p. 133-158, notamment p. 145, 149, 157.

32. Voir Gassert, p. 183-246, pour un large tour d'horizon de ces aspects de la représentation allemande des États-Unis.

33. *Akten der Reichskanzlei. Die Regierung Hitler*, Karl-Heinz Minuth (éd.), vol. 1, Boppard-sur-le-Rhin, 1983, p. 317 ; et voir Gassert, p. 183-184.

34. *IMT*, vol. 25, p. 402-413, doc. 386-PS ; trad. anglaise in Jeremy Noakes et Geoffrey Pridham (dir.), *Nazism 1919-1945. A Documentary Reader*, vol. 3, Exeter, 1988, p. 680-687.

35. *DGFP*, 1, doc. 423, p. 656 ; Hillgruber, « Amerika », p. 7. Pour le « discours de la quarantaine », visant essentiellement le Japon, voir Robert Dallek, *Franklin D. Roosevelt and American Foreign Policy, 1932-1945*, New York, 1979, p. 148.

36. Gassert, p. 246-259.

37. Frank Freidel, *Franklin D. Roosevelt. A Rendezvous with Destiny*, Boston, 1990, p. 314 ; Gassert, p. 258-259.

38. Saul Friedländer, *Prelude to Downfall. Hitler and the United States, 1939-1941*, New York, 1967, p. 8-9 ; *Hitler et les États-Unis*, Paris, Seuil, 1966 et 1971, p. 41-42.

39. Adam Tooze, *The Wages of Destruction. The Making and Breaking of the Nazi Economy*, Londres, 2006, p. 283.

40. Wilhelm Treue (dir.), « Rede Hitlers vor der deutschen Presse (10. November 1938) », *Vierteljahrshefte für Zeitgeschichte*, 6, 1958, p. 191.

41. *DGFP*, 4, doc. 158, p. 192 ; Friedländer, *Prelude to Downfall*, p. 9 et version française, p. 42.

42. Domarus, p. 1058 ; trad. Noakes et Pridham, vol. 3, p. 1049. Et voir Tooze, p. 283-284.

43. Voir Dallek, p. 181 pour les propos de Roosevelt, tenus en privé, mais dont la presse se fit l'écho ; et Gassert, p. 261 pour la réaction de la propagande allemande.

44. William L. Langer et S. Everett Gleason, *The Challenge to Isolation, 1937-1940*, New York, 1952, p. 84-85 ; Cordell Hull, *The Memoirs of Cordell Hull*, New York, 1948, vol. 1, p. 621.

45. Below, p. 161.

46. Langer et Gleason, *Challenge*, p. 87.

47. Domarus, p. 1166-1179, pour les parties du discours consacrées à « répondre » à Roosevelt.

48. *Die Tagebücher von Joseph Goebbels*, Elke Fröhlich (éd.), partie I, vol. 6, Munich, 1998, p. 332 (29 avril 1939) ; *Journal 1933-1939*, trad. de l'allemand par D.-A. Canal, Paris, Tallandier, 2007, p. 683. Voir Gassert, p. 263-266 pour l'impact positif du discours en Allemagne.

49. William L. Shirer, *Berlin Diary, 1934-1941*, Londres, 1970, p. 133 ; en fr., *Mon Journal à Berlin*, trad. de l'anglais par A. Pascal, Montréal, Les Éditions de la Revue moderne, 1943, p. 163. Shirer avait raison de penser que les propos de Hitler passeraient bien auprès des isolationnistes. Voir Langer et Gleason, *Challenge*, p. 89.

50. Friedländer, *Prelude to Downfall*, p. 50-51 et version fr., p. 75-76 ; Gassert, p. 271-277.

51. Friedländer, p. 61, 65.

52. *KTB d. OKW*, vol. 1, 1965, p. 108E ; Hillgruber, « Amerika », p. 8.

53. *DGFP*, 8, doc. 172, p. 180 (1er octobre 1939) ; doc. 405, p. 470-471 (1er décembre 1939) ; Hillgruber, « Amerika », p. 9.

54. *DGFP*, 7, doc. 378, p. 377 (28 août 1939) ; Hillgruber, « Amerika », p. 9.

55. Below, p. 200.

56. Franz Halder, *Kriegstagebuch. Tägliche Aufzeichnungen des Chefs des Generalstabes des Heeres 1939-1942*, vol. 1, *Vom Polenfeldzug bis zum Ende der Westoffensive (14.8.1939-30.6.1940)*, Hans-Adolf Jacobsen (éd.), Stuttgart, 1962, p. 86-90.

57. *DGFP*, 9, doc. 192, p. 277 ; Hillgruber, « Amerika », p. 9.

58. Cité in Langer et Gleason, *Challenge*, p. 516.

59. *DGFP*, 10, doc. 199, p. 259-260 ; Hillgruber, « Amerika », p. 12.

60. Wolfgang Michalka, « From the Anti-Comintern Pact to the Euro-Asiatic Bloc. Ribbentrop's Alternative Concept of Hitler's Foreign Policy Programme », in H.W. Koch (dir.), *Aspects of the Third Reich*, Londres, 1985, p. 281-282.

61. Friedländer, *Prelude to Downfall*, p. 125 et version fr., p. 141.

62. Gassert, p. 281.

63. *Ibid.*, p. 284-286.

64. *Fuehrer Conferences on Naval Affairs 1939-1945*, Londres, 1990, p. 162.

65. *DGFP*, 11, doc. 633, p. 1061-1062.

66. Friedländer, p. 172 et version fr., p. 180.

67. Domarus, p. 1661.

68. *KTB d. OKW*, vol. 1, p. 257-258 ; également cité in Andreas Hillgruber, *Hitlers Strategie. Politik und Kriegführung 1940-1941*, 3e éd., Bonn, 1993, p. 364.

69. *Fuehrer Conferences*, p. 172.

70. Cité in Friedländer, *Prelude to Downfall*, p. 175 et version fr., p. 183.

71. Cité *ibid.*, p. 175, n. 1 (absent de la version fr.).

72. *Heeresadjutant bei Hitler 1938-1943. Aufzeichnungen des Majors Engel*, Hildegard von Kotze (éd.), Stuttgart, 1974, p. 99 (24 mars 1941).

73. Friedländer, *Prelude to Downfall*, p. 203 et version fr., p. 208-209.

74. *Fuehrer Conferences*, p. 199 (22 mai 1941) ; Friedländer, *Prelude to Downfall*, p. 205-208 et version fr., p. 210-212 ; Thomas A. Bailey et Paul B. Ryan, *Hitler vs. Roosevelt. The Undeclared Naval War*, New York, 1979, p. 122-129.

75. *Ibid.*, p. 129-132, 138-144.

76. *Fuehrer Conferences*, p. 218 (6 juin 1941).

77. Bailey et Ryan, p. 148-149.

78. *Fuehrer Conferences*, p. 219-220 (21 juin 1941).

79. *Hitlers Weisungen für die Kriegführung. Dokumente des Oberkommandos der Wehrmacht*, Walther Hubatsch (éd.), Munich, 1965, p. 121.

80. *DGFP*, 12, doc. 78, p. 144-145.

81. Voir Friedländer, *Prelude to Downfall*, p. 196, 202 et version fr., p. 200 *sq.*, 206-207.

82. *DGFP*, 12, doc. 281, p. 382.

83. *DGFP*, 12, doc. 222, p. 388-392.

84. *DGFP*, 12, doc. 266, p. 455-456.

85. *DGFP*, 12, doc. 496, p. 777-780 ; *Ciano's Diary 1939-1943*, Malcolm Muggeridge (éd.), Londres, 1947, p. 341 (12 mai 1941).

86. *DGFP*, 12, doc. 596, p. 967-970.

87. *KTB d. OKW*, vol. 1, p. 996.

88. Cité in Friedländer, *Prelude to Downfall*, p. 255 et version fr., p. 251.

89. *Fuehrer Conferences*, p. 221 (9 juillet 1941).

90. *Ibid.*, p. 222 (25 juillet 1941).

91. Franz Halder, *Kriegstagebuch. Tägliche Aufzeichnungen des Chefs des Generalstabes des Heeres 1939-1942*, vol. 3, *Der Rußlandfeldzug bis zum Marsch auf Stalingrad (22.6.1941-24.9.1942)*, éd. Hans-Adolf Jacobsen, Stuttgart, 1964, p. 38.

92. *Hitlers Weisungen*, p. 159-162.

93. *Fuehrer Conferences*, p. 199 ; Hillgruber, « Amerika », p. 18.

94. Voir Eberhard Jäckel, *Hitler in History*, Hanovre, Londres, 1984, p. 72.

95. *Staatsmänner und Diplomaten bei Hitler. Vertrauliche Aufzeichnungen über die Unterredungen mit Vertretern des Auslandes 1939-1941*, Andreas Hillgruber (éd.), Munich, 1969, p. 292-303 ; et voir Hillgruber, « Amerika », p. 17.

96. *Die Tagebücher von Joseph Goebbels*, partie II, vol. 1, Munich, 1996, p. 263 (19 août 1941).

97. Halder, *Kriegstagebuch*, vol. 3, p. 170 (11 août 1941) ; trad. *The Halder War Diary, 1939-1942*, Charles Burdick et Hans-Adolf Jacobsen (éd.), Londres, 1988, p. 506.

98. Voir Kershaw, *Hitler, 1936-1945*, p. 407-418 et trad., p. 599-615.

99. *Die Tagebücher von Joseph Goebbels*, partie II, vol. 1, p. 236-237 (15 août 1941). Et, sur la propagande allemande à propos de la Charte de l'Atlantique, voir Friedländer, p. 268-269 et version fr., p. 262-263 ; Gassert, p. 312-313.

100. *DGFP*, 13, doc. 209, p. 323 ; Friedländer, p. 267 et version fr., p. 262.

101. David Kahn, *Hitler's Spies. German Military Intelligence in World War II*, New York, 2000, p. 80-83.

102. Friedländer, *Prelude to Downfall*, p. 266-267 et version fr., p. 261, citant le télégramme de Bötticher du 14 août 1941.

103. Sur les critiques visant Churchill à cette époque, voir John Charmley, *Churchill : The End of Glory. A Political Biography*, Londres, 1993, p. 448-449.

104. *Die Tagebücher von Joseph Goebbels*, partie II, vol. 1, p. 263 (19 août 1941).

105. *Fuehrer Conferences*, p. 228-229 (22 août 1941).

106. Friedländer, *Prelude to Downfall*, p. 275-281 et version fr., p. 269-276.

107. *Die Tagebücher von Joseph Goebbels*, partie II, vol. 1, p. 367-368, 370-371, 375-376 (6-8 septembre 1941), citation p. 376.

108. *Ibid.*, p. 407-408 (13 septembre 1941).

109. *Ibid.* p. 417 (14 septembre 1941).

110. *Fuehrer Conferences*, p. 231-233 (17 septembre 1941). Le 19 septembre, Ernst von Weizsäcker, secrétaire d'État aux Affaires étrangères, nota dans son journal que la plus grande prudence était de rigueur envers les États-Unis, alors même que, huit jours auparavant, Roosevelt avait invité les navires américains à tirer à vue ; *Die Weizsäcker-Papiere 1933-1950*, Leonidas E. Hill (éd.), Francfort, 1974, p. 270.

111. Halder, *Kriegstagebuch*, vol. 3, p. 219 (10 septembre 1941) ; Jäckel, *Hitler in History*, p. 75 ; *Die Weizsäcker-Papiere*, p. 268 (6 septembre 1941).

112. *DGFP*, 13, doc. 316, p. 505 ; Jäckel, *Hitler in History*, p. 75.

113. Friedländer, *Prelude to Downfall*, p. 280 et version fr., p. 275-276.

114. *Die Tagebücher von Joseph Goebbels*, partie II, vol. 2, Munich, 1966, p. 136, 149 (18, 21 octobre 1941), citation p. 136.

115. *Ibid.*, p. 140, 145 (19-20 octobre 1941) ; Bailey et Ryan, p. 202.

116. *Ibid.*, p. 216 (citation), 223 (1-2 novembre 1941).

117. Domarus, p. 1778.

118. *Fuehrer Conferences*, p. 239 (13 novembre 1941) ; voir aussi Friedländer, *Prelude to Downfall*, p. 294 et version fr., p. 283.

119. William Carr, *Poland to Pearl Harbor. The Making of the Second World War*, Londres, 1985, p. 143.

120. Dr Henry Picker, *Hitlers Tischgespräche im Führerhauptquartier 1941-1942*, Percy Ernst Schramm (éd.), Stuttgart, 1963, p. 145 (10 septembre 1941) ; *Staatsmänner*, p. 319 (conversation avec Ciano, 25 octobre 1941) ; Hillgruber, « Amerika », p. 4, 18.

121. *Die Weizsäcker-Papiere*, p. 274 (21 octobre 1941) ; Weizsäcker, *Erinnerungen*, p. 326.

122. *Die Tagebücher von Joseph Goebbels*, partie II, vol. 2, p. 180 (26 octobre 1941).

123. *DGFP*, 13, doc. 434, p. 717 ; Jäckel, *Hitler in History*, p. 75.

124. *Die Tagebücher von Joseph Goebbels*, partie II, vol. 2, p. 240 (6 novembre 1941).

125. Jäckel, *Hitler in History*, p. 75. Voir aussi *DGFP*, 13, p. 745, n. 3.

126. *DGFP*, 13, doc. 480, p. 799 ; cité aussi in Jäckel, *Hitler in History*, p. 76, dans une traduction légèrement différente ; voir aussi Friedländer, *Prelude to Downfall*, p. 306 et version fr., p. 294 ; et Gerhard Krebs, « Deutschland und Pearl Harbor », *Historische Zeitschrift*, 253, 1991, p. 341-342. Krebs, p. 327-347, présente un tableau complet des efforts japonais pour obtenir une garantie d'assistance allemande.

127. *DGFP*, 13, doc. 487, p. 806-807 ; Jäckel, *Hitler in History*, p. 76 ; Friedländer, p. 306 et version fr., p. 294 ; Klaus Hildebrand, *Das Vergangene Reich. Deutsche Außenpolitik von Bismarck bis Hitler*, Stuttgart, 1995, p. 762-763. Ott, on ne s'en étonnera pas, interpréta la réponse de Ribbentrop comme une promesse de soutenir le Japon dans des circonstances qui n'étaient pas couvertes par le Pacte tripartite, c'est-à-dire en cas d'agression japonaise. Les dirigeants japonais en furent très soulagés ; cf. Krebs, p. 342.

128. *DGFP*, 13, doc. 492, p. 813 ; Jäckel, *Hitler in History*, p. 77.

129. *Staatsmänner*, p. 256-257 (4 avril 1941).

130. Nobutaka Ike (dir.), *Japan's Decision for War. Records of the 1941 Policy Conferences*, Stanford (Californie), 1967, p. 241-242 (12 novembre 1941).

131. *Die Weizsäcker-Papiere*, p. 277 (23 novembre 1941).

132. *Die Tagebücher von Joseph Goebbels*, partie II, vol. 2, p. 308 (18 novembre 1941).

133. Peut-être le retard s'explique-t-il par les préparatifs de la participation de Hitler trois jours durant, du 27 au 29 novembre, à une série de discussions avec des dignitaires étrangers à Berlin en vue de célébrer l'extension du Pacte anti-Komintern de 1936. Voir Milan Hauner, *Hitler. A Chronology of his Life and Time*, 2e éd., Basingstoke, New York, 2005, p. 171.

134. *DGFP*, 13, doc. 506, p. 847-848 ; Michael Bloch, *Ribbentrop*, Londres, 1994, p. 346.

135. *The « MAGIC » Background of Pearl Harbor*, vol. 4, Washington, 1978, appendice, p. A 383 ; *DGFP*, 13, doc. 512, p. 870, n. 4 ; Jäckel, *Hitler in History*, p. 79. Voir Krebs, p. 346-347, et Syring, p. 688-689, sur la question de l'authenticité des propos rapportés de Hitler. Krebs, p. 369, cite le télégramme qu'Oshima adressa le 29 novembre à Tokyo en ces termes : « Il m'a été confirmé qu'il

[Hitler] soutiendra le Japon de toutes ses forces si un conflit devait surgir dans les relations américano-japonaises. »

136. *IMT*, vol. 31, doc. 2898-PS, p. 268. Friedländer, p. 306 (erreur de date dans l'édition anglaise : lire 30 novembre, non pas 10, et Togo, non Tojo), et version fr., p. 294 (lire Togo, non pas Tojo).

137. *Nazi Conspiracy and Aggression*, United States Government, vol. 6, Washington, 1946, doc. 3598-PS ; également cité in John Toland, *Adolf Hitler*, Londres, 1977, p. 694 ; *Adolf Hitler*, 2 vol., Paris, Pygmalion, 1978 ; rééd. Robert Laffont, 1983, vol. 2, p. 206.

138. *The « MAGIC » Background of Pearl Harbor*, vol. 4, appendice, p. A 387-388 ; Jäckel, *Hitler in History*, p. 80. Voir aussi Carl Boyd, *Hitler's Japanese Confidant. General Oshima Hiroshi and MAGIC Intelligence, 1941-1945*, Lawrence (Kansas), 1992, p. 36. Syring, p. 689 (et voir p. 695, n. 57), laisse en suspens la question, disputée par les historiens, de savoir si ce fut le 1er ou le 2 décembre. Mais la précision est sans grande conséquence.

139. Krebs, p. 352-353 ; Jäckel, *Hitler in History*, p. 80-81 ; Bloch, p. 346.

140. *Ciano's Diary*, p. 405-406 (3, 5 décembre 1941).

141. *DGFP*, 13, doc. 546, p. 958-959 ; Jäckel, *Hitler in History*, p. 81 ; Krebs, p. 352-353.

142. *Die Weizsäcker-Papiere*, p. 279 (6 décembre 1941).

143. Weizsäcker, *Erinnerungen*, p. 327 ; *Die Tagebücher von Joseph Goebbels*, partie II, vol. 2, p. 468 (10 décembre 1941).

144. *Die Weizsäcker-Papiere*, p. 278-279 (6 décembre 1941).

145. Halder, *Kriegstagebuch*, vol. 3, p. 332 (7 décembre 1941) ; trad. *Halder War Diary*, p. 582.

146. *Die Tagebücher von Joseph Goebbels*, partie II, vol. 2, p. 439 (6 décembre 1941).

147. Friedländer, *Prelude to Downfall*, p. 307 et version fr., p. 295.

148. Weizsäcker, *Erinnerungen*, p. 328. Jodl avait le sentiment que Hitler partageait sa surprise (*IMT*, vol. 15, p. 397).

149. Schmidt, p. 553.

150. *Ciano's Diary*, p. 407 (8 décembre 1941).

151. *Die Weizsäcker-Papiere*, p. 279-280 (8 décembre 1941).

152. *Die Tagebücher von Joseph Goebbels*, partie II, vol. 2, p. 453 (8 décembre 1941).

153. Institut für Zeitgeschichte, Munich, ED 100, journal de Walther Hewel (8 décembre 1941) ; également cité in David Irving, *Hitler's War*, Londres, 1977, p. 352.

154. Franz von Papen, *Memoirs*, Londres, 1952, p. 484.

155. *Generalfeldmarschall Keitel : Verbrecher oder Offizier ? Erinnerungen, Briefe, Dokumente des Chefs OKW*, Walter Görlitz (éd.), Göttingen, 1961, p. 285. Otto Dietrich, *12 Jahre mit Hitler*, Munich, 1955, p. 85, raconte aussi que Hitler changea tout de suite de physionomie quand il fut mis au courant de l'attaque de Pearl Harbor.

156. Warlimont, p. 207-208.

157. *Die Tagebücher von Joseph Goebbels*, partie II, vol. 2, p. 469 (10 décembre 1941).

158. Below, p. 296.

159. Notes et enregistrements inédits d'une interview de Wolfgang Brocke par Hans Mommsen, 25 avril 1997. Je suis très reconnaissant au professeur Mommsen de m'avoir permis d'en prendre connaissance.

160. *Generalfeldmarschall Keitel*, p. 285.

161. Gerhard Weinberg, *A World at Arms. A Global History of World War II*, Cambridge, 1994, p. 262 ; Jäckel, *Hitler in History*, p. 82 ; Friedländer, p. 308 et version fr., p. 295-296.

162. *Die Tagebücher von Joseph Goebbels*, partie II, vol. 2, p. 464-465 (10 décembre 1941).

163. *Nazi Conspiracy and Aggression*, Washington, 1948, supplément B, p. 1199 ; dans une formulation légèrement différente, également in *IMT*, vol. 10, p. 298 ; et *The Ribbentrop Memoirs*, p. 160.

164. Voir Domarus, p. 1806-1807.

165. *Die Tagebücher von Joseph Goebbels*, partie II, vol. 2, p. 494 (13 décembre 1941).

166. Domarus, p. 1807.

167. Friedländer, *Prelude to Downfall*, p. 308 et version fr., p. 295.

168. *Die Tagebücher von Joseph Goebbels*, partie II, vol. 2, p. 476 (11 décembre 1941).

169. *Ibid.*, p. 468 (10 décembre 1941).

170. *Nazi Conspiracy and Aggression*, supplément B, p. 1199 ; on retrouve les mêmes sentiments, exprimés de manière un peu différente, in *The Ribbentrop Memoirs*, p. 160.

171. *Ibid.*, p. 160, 167.

172. *DGFP*, 13, doc. 569, p. 994 ; Friedländer, p. 308 et version fr., p. 295.

173. *DGFP*, 13, doc. 562, p. 982 ; Jäckel, *Hitler in History*, p. 82.

174. Domarus, p. 1809-1810.

175. L'observation est de Jäckel, *Hitler in History*, p. 86.

176. Syring, p. 691.

177. Jäckel, *Hitler in History*, p. 83 ; Syring, p. 688.

178. Voir Syring, p. 692 ; Gassert, p. 317.

179. Weizsäcker, *Erinnerungen*, p. 328.

180. *Die Weizsäcker-Papiere*, p. 280 (10 décembre 1941).

181. Voir *Die Tagebücher von Joseph Goebbels*, partie II, vol. 2, p. 433, 439 (5-6 décembre 1941).

182. *Ibid.*, p. 468 (10 décembre 1941).

183. Hillgruber, *Hitlers Strategie*, p. 554.

184. Dönitz, p. 202-206. Malgré tout, Dönitz déplora de disposer de si peu de sous-marins alors qu'il fallait aussi faire face aux besoins de la guerre sous-marine en Méditerranée et afin de protéger la Norvège.

185. Kahn, p. 83-84.

186. Voir les commentaires de Hitler à Oshima, le 3 janvier 1942 : si le Japon et l'Allemagne agissent de concert en sorte que « l'Angleterre perde l'Inde, c'est tout un monde qui s'effondrera. L'Inde est le cœur de l'Empire anglais » (cité in Hildebrand, *Das Vergangene Reich*, p. 764).

187. *Ibid.*, p. 762.

188. Hull, vol. 2, p. 1099-1100.
189. Freidel, p. 408.
190. Dallek, p. 312.
191. Freidel, p. 407.
192. David M. Kennedy, *Freedom from Fear. The American People in Depression and War, 1929-1945*, New York, Oxford, 1999, p. 565-569.
193. Weinberg, *A World at Arms*, p. 330.
194. Sur ce point, je m'écarte de Kennedy, qui laisse entendre, p. 524, qu'« en l'absence d'une déclaration légale de ce genre, Roosevelt aurait pu se trouver dans l'impossibilité de résister aux demandes visant à concentrer le gros de l'effort américain dans le Pacifique, contre l'ennemi japonais officiellement reconnu, plutôt que dans l'Atlantique, dans une guerre non déclarée contre les Allemands ».
195. Kennedy, p. 543 ; I.C.B. Dear et M.R.D. Foot (dir.), *The Oxford Companion to the Second World War*, Oxford, New York, 1995, p. 860.
196. Richard Overy, *Why the Allies Won*, Londres, 1995, p. 15, écrit : « Au vu de la situation, aucun homme rationnel, au début de 1942, n'aurait deviné l'issue finale de la guerre. » Au vu de la situation, peut-être. Mais Churchill, d'après le récit qu'il en fit par la suite, reconnut que, après Pearl Harbor et l'entrée des États-Unis dans le conflit, « nous avions gagné la guerre [...]. Le sort de Hitler était scellé. Le sort de Mussolini était scellé. Quant aux Japonais, ils seraient réduits en poussière. Tout le reste se résumait à déployer au mieux une force écrasante » ; Winston S. Churchill, *The Second World War*, vol. 3, *The Grand Alliance*, Londres, 1950, p. 539.
197. *Staatsmänner*, p. 329 (rencontre de Hitler avec le ministre danois des Affaires étrangères, Erik Scavenius, 27 novembre 1941). Il fit part de sentiments semblables à son entourage le 27 janvier 1942 (Picker, p. 171). Tous deux cités par Hillgruber, « Amerika », p. 20.

10. Berlin - Prusse-Orientale, été-automne 1941
Hitler décide d'exterminer les Juifs

1. *Die Tagebücher von Joseph Goebbels*, Elke Fröhlich (éd.), partie II, vol. 2, Munich, 1996, p. 498-499 (13 décembre 1941).
2. Helmut Krausnick et Hans-Heinrich Wilhelm, *Die Truppe des Weltanschauungskrieges. Die Einsatzgruppen der Sicherheitspolizei und des SD 1938-1942*, Stuttgart, 1981, p. 619.
3. *Dimension des Völkermords. Die Zahl der jüdischen Opfer des Nationalsozialismus*, Wolfgang Benz (éd.), Munich, 1991, p. 17.
4. Jeremy Noakes et Geoffrey Pridham (dir.), *Nazism 1919-1945. A Documentary Reader*, vol. 3, Exeter, 1988, p. 1130 ; Mark Roseman, *The Villa, the Lake, the Meeting. Wannsee and the Final Solution*, Londres, 2002, p. 111-112 ; en fr., *Ordre du jour, génocide : le 20 janvier 1942, la conférence de Wannsee et la solution finale*, trad. de l'anglais par Cl. Markovits, préf. de Ph. Burrin, Paris, Audibert, 2002, p. 161-162. Le chiffre global comprenait les Juifs d'Angleterre, mais

aussi ceux de pays neutres comme la Suisse, la Turquie, la Suède, l'Irlande et l'Espagne.

5. Donald Bloxham, « The Armenian Genocide of 1915-16 : Cumulative Radicalization and the Development of a Destruction Policy », *Past and Present*, 181, 2003, p. 141-143, 146, 186-191 ; Norman M. Naimark, *Fires of Hatred. Ethnic Cleansing in Twentieth-Century Europe*, Cambridge (Massachusetts), Londres, 2001, p. 18-36.

6. Comme le fait valoir également Robert S. Wistrich, *Hitler and the Holocaust*, New York, 2001, p. 238 ; en fr., *Hitler, l'Europe et la Shoah*, trad. de l'anglais par J.-F. Spitz, Paris, Albin Michel, 2005, p. 308 *sq.*

7. Naimark, *op. cit.*, p. 35.

8. Michael Mann, *The Dark Side of Democracy. Explaining Ethnic Cleansing*, Cambridge, 2005, p. 140, 145 ; Bloxham, *loc. cit.*, p. 152. Et cf. Naimark, *op. cit.*, p. 28-30.

9. Max Domarus (dir.), *Hitler : Reden und Proklamationen 1932-1945*, Wiesbaden, 1973, p. 1058 ; trad. Noakes et Pridham, vol. 3, p. 1049.

10. Werner Maser (dir.), *Hitlers Briefe und Notizen. Sein Weltbild in handschriftlichen Dokumenten*, Düsseldorf, 1973, p. 360-361 (*Hitler inédit : écrits intimes et documents. Suivis du Journal d'Eva Braun*, textes choisis et présentés par W. Maser, texte français établi avec J.-M. Fitère avec la collaboration de Rd. Albeck, Paris, Albin Michel, 1975) ; trad. *Nazi Conspiracy and Aggression*, United States Government, Washington, 1946-1948, vol. 6, p. 260.

11. *Hitler. Sämtliche Aufzeichnungen 1905-1924*, Eberhard Jäckel et Axel Kuhn (éd.), Stuttgart, 1980, p. 89-90 ; trad. Jeremy Noakes et Geoffrey Pridham (dir.), *Nazism 1919-1945. A Documentary Reader*, vol. 1, Exeter, 1983, p. 12-14.

12. Adolf Hitler, *Mein Kampf*, 876-880e tirage, Munich, 1943, p. 772 ; *Mein Kampf*, trad. de l'anglais par J. Gaudefroy-Demombynes et A. Calmettes, Paris, Nouvelles Éditions latines, [s.d., 1934], p. 677-678.

13. *IMT*, vol. 28, p. 538-539.

14. Sur la carrière d'Eichmann, voir David Cesarani, *Eichmann. His Life and Crimes*, Londres, 2004, chap. 1-3.

15. Voir, surtout, Michael Wildt, *Generation des Unbedingten. Das Führungskorps des Reichssicherheitshauptamtes*, Hambourg, 2002, notamment p. 163-189 sur les opportunités de carrière.

16. Otto Dov Kulka, « Die deutsche Geschichtsschreibung über den Nationalsozialismus und die "Endlösung". Tendenzen und Entwicklungsphasen 1924-1984 », *Historische Zeitschrift*, 240, 1985, p. 628-629 ; et Otto Dov Kulka, « Critique of Judaism in European Thought : On the Historical Meaning of Modern Antisemitism », *The Jerusalem Quarterly*, 52, 1989, p. 128-129. Voir aussi Saül Friedlander, *Nazi Germany and the Jews. The Years of Persecution, 1933-1939*, Londres, 1997, p. 84, 87-90 ; *L'Allemagne nazie et les Juifs. 1. Les années de persécution (1933-1939)*, trad. de l'anglais par M.-Fr. de Paloméra, Paris, Seuil, 1997 et rééd. 2008, p. 93-94, 96-99, sur la notion d'« antisémitisme rédempteur ».

17. *IMT*, vol. 29, p. 145-146 ; trad. Noakes et Pridham, vol. 3, p. 1199-1200.

18. *Die Tagebücher von Joseph Goebbels*, Elke Fröhlich (éd.), partie II, vol. 3, Munich, 1994, p. 561 (27 mars 1942).

19. Loin de moi, cependant, l'idée de soutenir les thèses controversées de Daniel Jonah Goldhagen, *Hitler's Willing Executioners. Ordinary Germans and the Holocaust*, New York, 1996, p. 77 ; *Les Bourreaux volontaires de Hitler : les Allemands ordinaires et l'Holocauste*, trad. de l'anglais par P. Martin, Paris, Seuil, 1997, p. 88 (trad. ici modifiée), où l'auteur insiste sur la voie spécifiquement allemande du génocide en affirmant que, tout au long du XIXe et au début du XXe siècle, l'« antisémitisme éliminationniste » était « extrêmement répandu dans toutes les classes de la société allemande, car il était profondément inscrit dans la vie politique et culturelle allemande comme dans la conversation, mais aussi intégré à la structure morale de la société ».

20. Ian Kershaw, *Hitler, 1889-1936 : Hubris*, Londres, 1998, p. 33-35 ; *Hitler. 1889-1936 : Hubris*, trad. de l'anglais par P.-E. Dauzat, Paris, Flammarion, 1999, p. 78-80.

21. Léon Poliakov, *Histoire de l'antisémitisme,* vol. 1, *L'Europe suicidaire, 1870-1933*, Paris, Calmann-Lévy, 1977, p. 68-78.

22. Thomas Nipperdey, *Deutsche Geschichte 1866-1918. Vol. 2 : Machtstaat vor der Demokratie*, Munich, 1992, p. 295.

23. Nipperdey, p. 299, 305 ; George Mosse, *The Crisis of German Ideology. Intellectual Origins of the Third Reich*, Londres, 1966, p. 93-7, 112 ; en fr., *Les Racines intellectuelles du Troisième Reich. La crise de l'idéologie allemande*, trad. de l'anglais par Cl. Darmon, Paris, Calmann-Lévy, 2006, p. 117-123, 138-139. Hitler dit avoir étudié Fritsch dans une lettre qu'il écrivit le 28 novembre 1930 à l'auteur antisémite. Il se déclara convaincu que l'ouvrage de Fritsch avait ouvert la voie au mouvement antisémite nazi (*Hitler. Reden, Schriften, Anordnungen. Februar 1925 bis Januar 1933*, vol. 4, partie 1, Munich, Londres, New York, Paris, 1994, p. 133).

24. Voir Nipperdey, p. 290, 303, et son tableau équilibré, p. 289-311.

25. *Hitler. Sämtliche Aufzeichnungen*, p. 89.

26. Otto Dov Kulka, « Richard Wagner und die Anfänge des modernen Antisemitismus », *Bulletin des Leo Baeck Instituts*, 4, 1961, p. 281-300, repère dans les écrits de Wagner une première manifestation d'antisémitisme messianique et rédempteur comme base d'une idéologie révolutionnaire.

27. Ulrich Herbert, « "Generation der Sachlichkeit". Die völkische Studentenbewegung der frühen zwanziger Jahre in Deutschland », in Werner Johe et Uwe Lohalm (dir.), *Zivilisation und Barbarei*, Hambourg, 1991, p. 115-144 ; et, de manière plus développée, in Wildt, *Generation des Unbedingten.*

28. Peter Gay, « In Deutschland zu Hause... Die Juden der Weimarer Zeit », in Arnold Paucker (dir.), *Die Juden im Nationalsozialistischen Deutschland 1933-1943*, Tübingen, 1986, p. 31-43.

29. *Adolf Hitler. Monologe im Führerhauptquartier*, Werner Jochmann (éd.), Hambourg, 1980, p. 108.

30. Voir Martin Broszat, « Soziale Motivation und Führer-Bindung des Nationalsozialismus », *Vierteljahrshefte für Zeitgeschichte*, 18, 1970, p. 403.

31. Sur cette expression, voir Kershaw, *Hitler, 1889-1936*, p. 529-530 ; trad. fr., p. 749-750.

32. Voir Karl A. Schleunes, *The Twisted Road to Auschwitz. Nazi Policy toward German Jews 1933-1939*, Urbana (Illinois), 1970.

33. Otto Dov Kulka et Eberhard Jäckel (dir.), *Die Juden in den geheimen NS-Stimmungsberichten 1933-1945*, Düsseldorf, 2004, p. 372-373 (rapport du SD sur la communauté juive allemande pour 1938).

34. Michael Wildt, *Die Judenpolitik des SD 1935 bis 1938. Eine Dokumentation*, Munich, 1995, p. 32-33.

35. Avraham Barkai, *Vom Boykott zur « Entjudung ». Der wirtschaftliche Existenzkampf der Juden im Dritten Reich 1933-1943*, Francfort, 1988, p. 156.

36. Peter Longerich (dir.), *Die Ermordung der europäischen Juden. Eine umfassende Dokumentation des Holocaust 1941-1945*, Munich, Zurich, 1989, p. 45 ; Noakes et Pridham, vol. 3, p. 566.

37. Voir les rapports des agences du régime in Kulka et Jäckel, p. 304-378 ; voir aussi l'analyse fouillée de Martin Korb, « Deutsche Reaktionen auf die Novemberpogrome im Spiegel amtlicher Berichte », Magisterarbeit (inédit), Technische Universität Berlin, 2004.

38. Kulka et Jäckel, p. 367-368, 372-373.

39. Glówna Komisa Badania Zbrodni Hitlerowskich w Polsce (Archives de la Commission centrale d'enquête sur les crimes hitlériens en Pologne, ministère de la Justice, Pologne), procès Artura Greisera, vol. 27, fol. 167.

40. Christopher Browning et Jürgen Matthäus, *The Origins of the Final Solution : The Evolution of Nazi Jewish Policy, September 1939-March 1942*, Lincoln (Nebraska), 2004, p. 26-27 ; en fr., *Les Origines de la solution finale. L'évolution de la politique antijuive des nazis*, trad. de l'anglais par J. Carnaud et B. Frumer, Paris, Les Belles Lettres, 2007, p. 41-43.

41. *Ibid.*, p. 36-43 ; trad. fr., p. 53-60.

42. *Ibid.*, p. 47 ; trad. fr., p. 64.

43. *Ibid.*, p. 45 ; trad. fr., p. 63.

44. *Ibid.*, p. 62 ; trad. fr., p. 79 (traduction ici modifiée).

45. *Ibid.*, p. 71 ; trad. fr., p. 88-89.

46. Magnus Brechten, *« Madagaskar für die Juden ». Antisemitische Idee und politische Praxis 1885-1945*, Munich, 1997, p. 16.

47. Browning et Matthäus, *The Origins of the Final Solution*, p. 57 ; trad. fr., p. 74.

48. Helmut Krausnick, « Denkschrift Himmlers über die Behandlung der Fremdvölkischen im Osten » (mai 1940), *Vierteljahrshefte für Zeitgeschichte*, 5, 1957, p. 197 ; trad. Noakes et Pridham, vol. 3, p. 932.

49. Browning et Matthäus, *The Origins of the Final Solution*, p. 72 ; trad. fr., p. 89.

50. *Das Diensttagebuch des deutschen Generalgouverneurs in Polen 1939-1945*, Werner Präg et Wolfgang Jacobmeyer (éd.), Stuttgart, 1975, p. 252 ; et cité in Browning, *The Origins of the Final Solution*, p. 84 ; trad. fr., p. 101.

51. *Ibid.*, p. 83 : trad. fr., p. 100.

52. *Ibid.*, p. 45 : trad. fr., p. 62.

53. *Ibid.*, p. 88 : trad. fr., p. 105.

54. Helmut Heiber, « Der Generalplan Ost », *Vierteljahrshefte für Zeitgeschichte*, 6, 1958, p. 281-325.

55. Gerhard Engel, *Heeresadjutant bei Hitler 1938-1943. Aufzeichnungen des Major Engels*, Hildegard von Kotze (éd.), Stuttgart, 1974, p. 94-95.

56. Cité in Peter Longerich, *Politik der Vernichtung. Eine Gesamtdarstellung der nationalsozialistischen Judenverfolgung*, Munich, Zurich, 1998, p. 287 ; également in Götz Aly, *Endlösung. Völkerverschiebung und der Mord an den europäischen Juden*, Francfort, 1995, p. 269 ; et Browning, *The Origins of the Final Solution*, p. 103-104 et trad. fr., p. 120-121. Voir aussi Édouard Husson, *« Nous pouvons vivre sans les Juifs. » Novembre 1941. Quand et comment ils décidèrent de la solution finale*, Paris, Autrement, 2005, p. 71-73. Je sais gré à É. Husson de m'avoir procuré une copie du mémorandum de Dannecker ; Centre de documentation juive contemporaine (Paris), référence DCL1-2, V-59.

57. Aly, *Endlösung*, p. 195-201.

58. *Ibid.*, p. 200.

59. *Ibid.*, p. 268 ; Longerich, *Politik der Vernichtung*, p. 287.

60. *Ibid.*, p. 270-271 ; Browning, *The Origins of the Final Solution*, p. 104 ; trad. fr., p. 121.

61. *Diensttagebuch*, p. 332-333, 336-337.

62. *Die Tagebücher von Joseph Goebbels*, Elke Fröhlich (éd.), partie I, vol. 9, Munich, 1998, p. 192 (18 mars 1941).

63. Voir Ian Kershaw, *Hitler, 1936-1945 : Nemesis*, Londres, 2000, p. 353-360 pour un résumé des développements mentionnés dans ce paragraphe ; en fr., *Hitler. 1936-1945 : Némésis*, trad. de l'anglais par P.-E. Dauzat, Paris, Flammarion, 2000, p. 527-536.

64. *KTB d. OKW*, vol. 1 : *1. August 1940-31. Dezember 1941*, 1965, p. 341.

65. Aly, *Endlösung*, p. 270.

66. Heinz Höhne, *The Order of the Death's Head. The Story of Hitler's SS*, Londres, 1969, p. 330.

67. Kershaw, *Hitler, 1936-1945,* p. 243-247 ; trad. fr., p. 377-382.

68. Cité *ibid.*, p. 251 ; trad. fr., p. 388.

69. Domarus, *op. cit.*, p. 1663.

70. Cité in Omer Bartov, *The Eastern Front 1941-45. German Troops and the Barbarisation of Warfare*, New York, 1986, p. 116-117.

71. Jürgen Matthäus, « L'opération Barbarossa et le début du génocide des Juifs, juin-décembre 1941 », in Browning, *The Origins of the Final Solution*, p. 244 et trad., p. 265-266.

72. Longerich, *Ermordung*, p. 116-118 ; Krausnick et Wilhelm, p. 164.

73. Matthäus in Browning, *The Origins of the Final Solution*, p. 258-259 et trad., p. 280.

74. Matthäus in Browning, *The Origins of the Final Solution*, p. 253-255 et trad., p. 274-276 ; Richard Breitman, *The Architect of Genocide. Himmler and the Final Solution*, Londres, 1991, p. 168.

75. Longerich, *Politik der Vernichtung*, p. 345-348.

76. Krausnick et Wilhelm, p. 163.

77. Voir Matthäus in Browning, *The Origins of the Final Solution*, p. 268-277 et trad., p. 289-299.

78. Krausnick et Wilhelm, p. 196.

79. Voir Browning, *The Origins of the Final Solution*, p. 313, 317 et trad., p. 335, 339.

80. *Der Dienstkalender Heinrich Himmlers 1941/1942*, Peter Witte *et al.* (éd.), Hambourg, 1999, p. 184-185.

81. « *Führer-Erlasse* » *1939-1945*, Martin Moll (éd.), Stuttgart, 1997, p. 188-189 (17 juillet 1941).

82. *IMT*, vol. 38, p. 86-94, doc. 221-L.

83. *Dienstkalender*, p. 185.

84. Christopher R. Browning, *The Path to Genocide. Essays on Launching the Final Solution*, Cambridge, 1992, p. 105-106 ; Breitman, p. 181-184 ; Yehoshua Büchler, « Kommandostab Reichsführer-SS. Himmler's Personal Murder Brigades in 1941 », *Holocaust and Genocide Studies*, 1/1, 1986, p. 11-25 ; Longerich, *Politik der Vernichtung*, p. 362-366.

85. Matthäus in Browning, *The Origins of the Final Solution*, p. 279 et trad., p. 301.

86. Cité in Longerich, *Politik der Vernichtung*, p. 367 ; Christian Gerlach, *Kalkulierte Morde. Die deutsche Wirtschafts- und Vernichtungspolitik in Weißrußland 1941 bis 1944*, Hambourg, 1999, p. 560 ; et Matthäus in Browning, *The Origins of the Final Solution*, p. 281 et trad., p. 302.

87. Voir Raul Hilberg, « The Kommandostab Revisited », *Yad Vashem Studies*, 34, 2006, p. 360-362.

88. Gerlach, *Kalkulierte Morde*, p. 560-566 ; Matthäus in Browning, *The Origins of the Final Solution*, p. 281-282 et trad., p. 302-303.

89. *Adolf Hitler. Monologe*, p. 106 (25 octobre 1941).

90. Gerald Fleming, *Hitler and the Final Solution*, Berkeley, Los Angeles, 1994, p. 73-74 ; *Hitler et la solution finale*, trad. de l'anglais par C. d'Aragon, préface d'A. Grosser, postface de S. Friedländer, Paris, Julliard, 1988, p. 104.

91. Gerlach, *Kalkulierte Morde*, p. 573-574.

92. Alfred Streim, *Die Behandlung sowjetischer Kriegsgefangener im « Fall Barbarossa »*, Heidelberg, Karlsruhe, 1981, p. 85-86.

93. Gerlach, *Kalkulierte Morde*, p. 567-569.

94. Matthäus in Browning, *The Origins of the Final Solution*, p. 283, 504, n. 212 et trad., p. 304-305 et 519, n. 212 ; Breitman, p. 195-196 ; Longerich, *Politik der Vernichtung*, p. 372-373.

95. Gerlach, *Kalkulierte Morde*, p. 572-573 et n. 435.

96. Voir Streim, p. 89-93.

97. Roseman, p. 101 ; Aly, p. 302-303 et n. 10.

98. Dans la seule Galicie orientale, un demi-million de Juifs supplémentaires passèrent sous la coupe des nazis ; Browning, *The Origins of the Final Solution*, p. 347 et trad., p. 369.

99. Institut für Zeitgeschichte, Munich, ED 100, journal de Walther Hewel (10 juillet 1941) ; également cité in David Irving, *Hitler's War*, Londres, 1977, p. 291 ; et Kershaw, *Hitler, 1936-1945*, p. 470 et trad., p. 684-685.

100. *Staatsmänner und Diplomaten bei Hitler. Vertrauliche Aufzeichnungen über die Unterredungen mit Vertretern des Auslandes 1939-1941*, Andreas Hillgruber (éd.), Munich, 1969, p. 310 ; également cité in Kershaw, *Hitler, 1936-1945*, p. 470 et trad., p. 684-685 ; et Browning, *The Origins of the Final Solution*, p. 315 et trad., p. 337.

101. Cité in Aly, p. 285, et voir p. 301-306 pour la suggestion convaincante que les chiffres donnés en janvier 1942 à la conférence de Wannsee reflètent pour l'essentiel les perspectives de planification de juin-juillet 1941.

102. Aly, p. 273, 328 ; Kershaw, *Hitler, 1936-1945*, p. 471 et trad., p. 685-686.

103. Cité in Browning, *The Origins of the Final Solution*, p. 318 et trad., p. 340.

104. Kershaw, *Hitler, 1936-1945*, p. 473-474 et planche 45 ; trad., p. 688-690.

105. Browning, *The Origins of the Final Solution*, p. 319 et trad., p. 341.

106. Aly, p. 338 ; Browning, *The Origins of the Final Solution*, p. 321-322 et trad., p. 343-344.

107. Longerich, *Ermordung*, p. 157.

108. *Ibid.*, p. 74-75.

109. Ian Kershaw, « Improvised Genocide ? The Emergence of the "Final Solution" in the "Warthegau" », *Transactions of the Royal Historical Society*, 6e série, 2, 1992, p. 62-71.

110. Browning, *The Origins of the Final Solution*, p. 329 et trad., p. 350.

111. *Ibid.*, p. 375-377 et trad., p. 398-400 pour les villes d'origine des déportations.

112. *Ibid.*, p. 342-343, 346, 351 et trad., p. 363-365, 367-368, 373.

113. *Ibid.*, p. 372 et trad., p. 393.

114. Christian Gerlach, « Die Wannsee-Konferenz, das Schicksal der deutschen Juden und Hitlers politische Grundsatzentscheidung, alle Juden Europas zu ermorden », *Werkstattgeschichte*, 18, 1997, p. 17 ; Longerich, *Politik der Vernichtung*, p. 464.

115. Telle est la thèse plausible de la brève et belle étude de Husson, p. 145-155.

116. *Adolf Hitler. Monologe*, p. 125-126, 130-131.

117. Domarus, p. 1772-1773, 1781.

118. *Adolf Hitler. Monologe*, p. 148.

119. Roseman, p. 56-60 et trad., p. 83-89 (trad. légèrement modifiée).

120. *Die Tagebücher von Joseph Goebbels*, partie II, vol. 2, p. 498 (13 décembre 1941).

121. *Diensttagebuch*, p. 457-458 ; trad. Noakes et Pridham, vol. 3, p. 1126-1127 ; et Browning, *The Origins of the Final Solution*, p. 408-409 et trad., p. 430-431. Voir aussi Bogdan Musial, *Deutsche Zivilverwaltung und Judenverfolgung im Generalgouvernement*, Wiesbaden, 1999, p. 218-220.

122. Cesarani, p. 114. Lors de son procès de Jérusalem, Eichmann déclara qu'on avait parlé de « tuer, éliminer et exterminer lors de la conférence » (Longerich, *Ermordung*, p. 93). Voir Roseman, p. 68-79 et trad., p. 105-113, pour l'interprétation la plus plausible du compte rendu délibérément opaque de la réunion.

123. L'administration civile du Gouvernement général anticipait déjà la « solution finale » dans ses schémas d'organisation (Musial, p. 220-222).

124. Roseman, p. 77 et trad., p. 111.

125. Il est bien plus convaincant d'y voir une extension du programme meurtrier que le résultat d'une décision fondamentale de mettre en œuvre la « solution finale » qui aurait été prise aussi tardivement qu'en juin 1942. Voir Florent

Brayard, *La « solution finale de la question juive. » La technique, le temps et les catégories de la décision*, Paris, Fayard, 2005, notamment p. 16-18, 30-38.

126. Tel est le titre du livre marquant de Richard Breitman, *The Architect of Genocide Himmler and the Final Solution*.

127. Eberhard Jäckel, « From Barbarossa to Wannsee. The Role of Reinhard Heydrich », essai inédit que l'auteur a eu la gentillesse de mettre à ma disposition.

128. Centre de Documentation de Berlin, SS-HO, 933, Himmler à Gottlob Berger, 28 juillet 1942.

129. Fleming, p. 106-112 et trad., p. 144-155.

130. *Hitlers politisches Testament. Die Bormann Diktate von Februar und April 1945*, Hambourg, 1981, p. 69-70. Ces derniers monologues de Hitler nous sont parvenus sous une forme un peu douteuse (voir Kershaw, *Hitler, 1936-1945*, p. 1024-1025, n. 121 ; trad., p. 1491 *sq.*). Malgré les mises en garde de rigueur, les propos prêtés à Hitler sonnent juste.

Abréviations

BA/MA : Bundesarchiv/Militärarchiv (Archives militaires allemandes, Fribourg)

DDI : *I documenti diplomatici italiani*, 9e série, 1939-1943, Rome, 1954-1960

DGFP : *Documents on German Foreign Policy, 1918-1945. Series D (1937-1945)*, Londres, 1957-1966

DRZW : *Das Deutsche Reich und der Zweite Weltkrieg*, vol. 3-4, Militärgeschichtliches Forschungsamt (éd.), Stuttgart, 1983-1984

IMT : *Trial of the Major War Criminals Before the International Military Tribunal, 14th November 1945-1st October 1946*, 42 vol., Nuremberg, 1947-1949

KTB d. OKW : *Kriegstagebuch des Oberkommandos der Wehrmacht (Wehrmachtführungsstab)*, Percy Ernst Schramm (éd.), 4 vol., Francfort, 1961-1965

PRO : Public Record Office, Londres (désormais National Archives)

Liste des ouvrages cités

1941 god. Dokumenty [L'année 1941. Documents], A.N. Iakovlev, V.P. Naumov *et al.* (éd.), 2 vol., Moscou, 1998.

Abendroth, Hans-Henning, « Deutschlands Rolle im Spanischen Bürgerkrieg », in Manfred Funke (dir.), *Hitler, Deutschland und die Mächte. Materialien zur Außenpolitik des Dritten Reichs*, Düsseldorf, 1978.

Adolf Hitler. Monologe im Führerhauptquartier, Werner Jochmann (éd.), Hambourg, 1980.

Aigner, Dietrich, « Hitler und die Weltherrschaft », in Wolfgang Michalka (dir.), *Nationalsozialistische Außenpolitik*, Darmstadt, 1978.

Akira, Hara, « Japan : Guns before Rice », in Mark Harrison (dir.), *The Economics of World War II. Six Great Powers in International Comparison*, Cambridge, 1998.

Akten der Reichskanzlei. Die Regierung Hitler, Karl-Heinz Minuth (éd.), vol. 1, Boppard am Rhein, 1983.

Aldrich, Richard J., *Intelligence and the War against Japan. Britain, America and the Politics of Secret Service*, Cambridge, 2000.

Allison, Graham T., *The Essence of Decision. Explaining the Cuban Missile Crisis*, Boston, 1971.

Alsop, Joseph, et Kintner, Robert, *American White Paper. The Story of American Diplomacy and the Second World War*, Londres, 1940.

Aly, Götz, *« Endlösung ». Völkerverschiebung und der Mord an den europäischen Juden*, Francfort, 1995.

Aquarone, Alberto, « Public Opinion in Italy before the Outbreak of World War II », in Roland Sarti (dir.), *The Ax Within. Italian Fascism in Action*, New York, 1974.

Assmann, Kurt, *Deutsche Schicksalsjahre*, Wiesbaden, 1950.

Avon, Earl of, *The Eden Memoirs. The Reckoning*, Londres, 1965.

Azzi, Stephen Corrado, « The Historiography of Fascist Foreign Policy », *Historical Journal*, 36, 1993.

Bach, Maurizio, *Die Charismatischen Führerdiktaturen. Drittes Reich und italienischer Faschismus im Vergleich ihrer Herrschaftsstrukturen*, Baden-Baden, 1990.

Badger, Tony, *The New Deal. The Depression Years, 1933-1940*, Londres, 1989.

Badoglio, Pietro, *Italy in the Second World War. Memories and Documents*, Londres, New York, Toronto, 1948 ; *L'Italie dans la guerre mondiale*, Paris, SFELT, 1946.

Bailey, Thomas A., et Ryan, Paul B., *Hitler vs. Roosevelt. The Undeclared Naval War*, New York, 1979.

Barber, John, « The Moscow Crisis of October 1941 », in Julian Cooper, Maureen Perrie et E.A. Rees (dir.), *Soviet History, 1917-1953. Essays in Honour of R.W. Davies*, Basingstoke, 1995.

Barkai, Avraham, *Vom Boykott zur « Entjudung ». Der wirtschaftliche Existenzkampf der Juden im Dritten Reich 1933-1943*, Francfort, 1988.

Barron, Gloria J., *Leadership in Crisis. FDR and the Path to Intervention*, Port Washington (New York), Londres, 1973.

Bartov, Omer, *The Eastern Front 1941-1945. German Troops and the Barbarisation of Warfare*, New York, 1986.

Bastianini, Giuseppe, *Volevo fermare Mussolini. Memorie di un diplomatico fascista*, Milan, 2005 ; éd. originale, *Uomini, cose, fatti. Memorie di un ambasciatore*, Milan, 1959.

Baudouin, Paul, *Neuf mois au gouvernement, avril-décembre 1940*, Paris, La Table ronde, 1948.

Beard, Charles A., *President Roosevelt and the Coming of War 1941. A Study in Appearance and Realities*, New Haven, 1948.

Bell, P.M.H., *A Certain Eventuality... Britain and the Fall of France*, Londres, 1974.

Below, Nicolaus von, *Als Hitlers Adjutant 1937-1945*, Mayence, 1980.

Bergamini, David, *Japan's Imperial Conspiracy*, 2 vol., New York, 1971.

Beria, Sergo, *Beria. My Father*, Londres, 2000.

Besymenski, Lew, *Stalin und Hitler. Das Pokerspiel der Diktatoren*, Berlin, 2004.

Bialer, Seweryn (dir.), *Stalin and his Generals*, Londres, 1970.

Bix, Herbert P., *Hirohito and the Making of Modern Japan*, Londres, 2001.

Bloch, Michael, *Ribbentrop*, Londres, 1994.

Bloß, Hartmut, « Deutsche Chinapolitik im Dritten Reich », in Manfred Funke (dir.), *Hitler, Deutschland und die Mächte. Materialien zur Außenpolitik des Dritten Reichs*, Düsseldorf, 1978.

Bloxham, Donald, « The Armenian Genocide of 1915-1916. Cumulative Radicalization and the Development of a Destruction Policy », *Past and Present*, 181, 2003.

Blum, John Morton, *From the Morgenthau Diaries*, vol. 2, *Years of Urgency, 1938-1941*, Boston, 1965.

Bock, Fedor von, *The War Diary 1939-1945*, Klaus Gerbet (éd.), Atglen (Pennsylvanie), 1996.

Bonwetsch, Bernd, « Stalin, the Red Army, and the "Great Patriotic War" », in Ian Kershaw et Moshe Lewin (dir.), *Stalinism and Nazism. Dictatorships in Comparison*, Cambridge, 1997.

Boroznjak, Alexander I., « Ein russischer Historikerstreit ? Zur sowjetischen und russischen Historiographie über den deutschen Angriff auf die Sowjetunion », in Gerd R. Ueberschär et Lev A. Bezymenskij (dir.), *Der Deutsche Angriff auf die Sowjetunion 1941. Die Kontroverse um die Präventivkriegsthese*, Darmstadt, 1998.

Bosworth, R.J.B., *Italy, the Least of the Great Powers. Italian Foreign Policy before the First World War*, Cambridge, 1979.

– *The Italian Dictatorship. Problems and Perspectives in the Interpretation of Mussolini and Fascism*, Londres, 1998.

– *Mussolini*, Londres, 2002.

Bottai, Giuseppe, *Diario 1935-1944*, Giordano Bruno Guerri (éd.), Milan, 1982.

Boyd, Carl, *Hitler's Japanese Confidant. General Oshima Hiroshi and MAGIC Intelligence, 1941-1945*, Lawrence (Kansas), 1992.

Braithwaite, Rodric, *Moscow 1941. A City and its People at War*, Londres, 2006.

Brayard, Florent, *La « Solution finale de la question juive ». La technique, le temps et les catégories de la décision*, Paris, Fayard, 2005.

Brechten, Magnus, *« Madagaskar für die Juden. » Antisemitische Idee und politische Praxis 1885-1945*, Munich, 1997.

Breitman, Richard, *The Architect of Genocide. Himmler and the Final Solution*, Londres, 1991 ; *Himmler et la solution finale. L'architecte du génocide*, Paris, Calmann-Lévy, 2009.

Brogan, Hugh, *The Pelican History of the United States of America*, Harmondsworth, 1986.

Broszat, Martin, *Der Staat Hitlers*, Munich, 1969 ; *L'État hitlérien : l'origine et l'évolution des structures du III*^e^ *Reich*, trad. de l'allemand par P. Moreau, Paris, Fayard, 1985.

– « Soziale Motivation und Führer-Bindung des Nationalsozialismus », *Vierteljahrshefte für Zeitgeschichte*, 18, 1970.

Browning, Christopher R., *The Path to Genocide. Essays on Launching the Final Solution*, Cambridge, 1992.

– avec des contributions de Jürgen Matthäus, *The Origins of the Final Solution. The Evolution of Nazi Jewish Policy, September 1939-March 1942*, Lincoln (Nebraska), 2004 ; *Les Origines de la solution finale. L'évolution de la politique antijuive des nazis*, trad. de l'anglais par J. Carnaud et B. Frumer, Paris, Les Belles Lettres, 2007.

Büchler, Yehoshua, « Kommandostab Reichsführer-SS. Himmler's Personal Murder Brigades in 1941 », *Holocaust and Genocide Studies*, 1/1, 1986.

Burckhardt, Carl J., *Meine Danziger Mission 1937-1939*, Munich, 1962 ; *Ma mission à Dantzig*, trad. de l'allemand par L. Servicen et Bl. Briod, Paris, Fayard, 1961.

Burgdorff, Stephan, et Wiegrefe, Klaus (dir.), *Der Erste Weltkrieg. Die Urkatastrophe des 20. Jahrhunderts*, Munich, 2004.

Burgwyn, H. James, *Italian Foreign Policy in the Interwar Period 1918-1940*, Westport (Connecticut), 1997.

Burns, James MacGregor, *Roosevelt. The Soldier of Freedom 1940-1945*, Londres, 1971.

Butow, Robert J.C., *Tojo and the Coming of the War*, Princeton, 1961.

Calder, Angus, *The People's War*, Londres, 1969.

Calic, Edouard, *Unmasked. Two Confidential Interviews with Hitler in 1931*, Londres, 1971.

Carley, Michael Jabara, *1939. The Alliance that Never Was and the Coming of World War II*, Chicago, 1999.

Carr, William, *Poland to Pearl Harbor. The Making of the Second World War*, Londres, 1985.

Casey, Steven, *Cautious Crusade. Franklin D. Roosevelt, American Public Opinion, and the War against Nazi Germany*, Oxford, New York, 2001.

« Cato », *Guilty Men*, Londres, 1940.

Cecil, Robert, *Hitler's Decision to Invade Russia 1941*, Londres, 1975.

Cervi, Mario, *The Hollow Legions. Mussolini's Blunder in Greece, 1940-1941*, Londres, 1972.

Cesarani, David, *Eichmann. His Life and Crimes*, Londres, 2004.

Charmley, John, *Churchill : The End of Glory. A Political Biography*, Londres, 1993.

Chihiro, Hosoya, « The Tripartite Pact, 1939-1940 », in James William Morley (dir.), *Deterrent Diplomacy. Japan, Germany, and the USSR 1935-1940*, New York, 1976.

– « Northern Defence », in James William Morley (dir.), *The Fateful Choice. Japan's Advance into Southeast Asia, 1939-1941*, New York, 1980.

Chips. The Diaries of Sir Henry Channon, Robert Rhodes James (éd.), Londres, 1967.

Choucri, Nazli, North, Robert C., et Yamakage, Susumu, *The Challenge of Japan before World War II and After*, Londres, New York, 1992.

Churchill, Winston S., *The Second World War*, vol. 1, *The Gathering Storm*, Londres, 1948.

– *The Second World War*, vol. 2, *Their Finest Hour*, Londres, 1949.

– *The Second World War*, vol. 3, *The Grand Alliance*, Londres, 1950.

– *The Second World War*, vol. 4, *The Hinge of Fate*, Londres, 1951.

– *Great War Speeches*, Londres, 1957.

Churchill and Roosevelt. The Complete Correspondence, Warren F. Kimball (éd.), 3 vol., Princeton, 1984.

The Churchill War Papers, vol. 2, *Never Surrender, May 1940-December 1940*, Martin Gilbert (éd.), Londres, 1995.

The Churchill War Papers, vol. 3, *The Ever-Widening War, 1941*, Martin Gilbert (éd.), Londres, 2000.

Ciano's Diary 1939-1943, Malcolm Muggeridge (éd.), Londres, 1947.

Ciano's Diplomatic Papers, Malcolm Muggeridge (éd.), Londres, 1948.

Clarke, Peter, *Hope and Glory. Britain 1900-1990*, Londres, 1996.

Cole, Wayne S., *Charles A. Lindbergh and the Battle against American Intervention in World War II*, New York, Londres, 1974.

Colville, John, *The Fringes of Power. Downing Street Diaries 1939-1955*, Londres, 1985.

Connors, Lesley, *The Emperor's Adviser. Saionji Kinmochi and Pre-War Japanese Politics*, Londres, 1987.

Corner, Paul, « Everyday Fascism in the 1930s. Centre and Periphery in the Decline of Mussolini's Dictatorship », *Contemporary European History*, 15, 2006.

Costello, John, *Ten Days that Saved the West*, Londres, 1991 ; *Les Dix Jours qui ont sauvé l'Occident*, trad. de l'anglais par G. Piloquet *et al.*, Paris, Orban, 1991.

Creveld, Martin van, « 25 October 1940. A Historical Puzzle », *Journal of Contemporary History*, 6, 1971.
– *Hitler's Strategy 1940-1941. The Balkan Clue*, Cambridge, 1973.
– « Prelude to Disaster. The British Decision to Aid Greece, 1940-41 », *Journal of Contemporary History*, 9, 1974.
Crowson, N.J., *Facing Fascism. The Conservative Party and the European Dictators 1935-1940*, Londres, 1997.
Cull, Nicholas John, *Selling War. The British Propaganda Campaign against American « Neutrality » in World War II*, New York, Oxford, 1995.
Dallek, Robert, *Franklin D. Roosevelt and American Foreign Policy, 1932-1945*, New York, 1979.
Dalton, Hugh, *The Second World War Diary of Hugh Dalton, 1940-1945,* Ben Pimlott (éd.), Londres, 1988.
Davies, Joseph E., *Mission to Moscow*, New York, 1941.
Davies, Norman, *Europe. A History*, Oxford, 1996.
Davies, R.W., *Soviet History in the Yeltsin Era*, Londres, 1997.
Deakin, F.W., *The Brutal Friendship. Mussolini, Hitler and the Fall of Italian Fascism*, Londres, 1962.
Dear, I.C.B., et Foot, M.R.D. (dir.), *The Oxford Companion to the Second World War*, Oxford, New York, 1995.
Detwiler, Donald S., *Hitler, Franco und Gibraltar. Die Frage des spanischen Eintritts in den Zweiten Weltkrieg*, Wiesbaden, 1962.
Das Deutsche Reich und der Zweiten Weltkrieg, Militärgeschichtliches Forschungsamt (éd.), vol. 4, Stuttgart, 1983.
– vol. 3, Militärgeschichtliches Forschungsamt (éd.), Stuttgart, 1984.
Deutscher, Isaac, *Stalin. A Political Biography*, éd. révisée, Londres, 1988 ; *Staline*, trad. de l'anglais par J.-P. Herbert, Paris, Gallimard, 1973.
The Diaries of Sir Alexander Cadogan 1938-1945, David Dilks (éd.), Londres, 1971.
Der Dienstkalender Heinrich Himmlers 1941/1942, Peter Witte *et al.* (éd.), Hambourg, 1999.
Das Diensttagebuch des deutschen Generalgouverneurs in Polen 1939-1945, Werner Präg et Wolfgang Jacobmeyer (éd.), Stuttgart, 1975.
Dietrich, Otto, *12 Jahre mit Hitler*, Munich, 1955.
Dilks, David, « The Twilight War and the Fall of France. Chamberlain and Churchill in 1940 », *Transactions of the Royal Historical Society*, 5e série, 28, 1978.
Dimension des Völkermords. Die Zahl der jüdischen Opfer des Nationalsozialismus, Wolfgang Benz (éd.), Munich, 1991.

The Diplomatic Diaries of Oliver Harvey 1937-1940, John Harvey (éd.), Londres, 1970.

Divine, Robert A., *The Reluctant Belligerent. American Entry into World War II*, New York, 1965.

– *Roosevelt and World War II*, Baltimore, 1969.

I documenti diplomatici italiani, 9e série, 1939-1943, Rome, 1954-1960.

Documents on German Foreign Policy, 1918-1945. Series D (1937-1945), Londres, 1957-1966.

Domarus, Max (dir.), *Hitler. Reden und Proklamationen 1932-1945*, Wiesbaden, 1973.

Dönitz, Karl, *Memoirs. Ten Years and Twenty Days*, New York, 1997 ; *Grand amiral Doenitz. Dix ans et vingt jours*, trad. de l'anglais par R. Jouan, Paris, Plon, 1959 ; rééd. UGE, 1963.

Dülffer, Jost, *Weimar, Hitler und die Marine. Reichspolitik und Flottenbau 1920-1939*, Düsseldorf, 1973.

– « Zum "decision-making process" in der deutschen Außenpolitik 1933-1939 », in Manfred Funke (dir.), *Hitler, Deutschland und die Mächte*, Düsseldorf, 1978.

Erickson, John, « Threat Identification and Strategic Appraisal by the Soviet Union 1930-1941 », in E.R. May (dir.), *Knowing One's Enemies. Intelligence Assessment before the Two World Wars*, Princeton, 1983.

– *The Road to Stalingrad. Stalin's War with Germany*, vol. 1, Londres, 1998.

Esnouf, Guy Nicholas, « British Government War Aims and Attitudes towards a Negotiated Peace, September 1939 to July 1940 », thèse inédite, King's College, Londres, 1988.

Falin, Valentin, *Zweite Front. Die Interessenkonflikte in der Anti-Hitler-Koalition*, Munich, 1995.

FDR's Fireside Chats, Russell D. Buhite et David W. Levy (éd.), New York, 1992.

Feiling, Keith, *The Life of Neville Chamberlain*, Londres, 1946.

Feis, Herbert, *The Road to Pearl Harbor. The Coming of the War between the United States and Japan*, Princeton, 1950.

Felice, Renzo de, *Mussolini l'alleato 1940-1945*, vol. 1, Turin, 1990.

Ferguson, Niall, *The War of the World. History's Age of Hatred*, Londres, 2006.

Flannery, Harry W., *Assignment to Berlin*, Londres, 1942.

Fleming, Gerald, *Hitler and the Final Solution*, Berkeley, 1984 ; *Hitler et la solution finale*, trad. de l'anglais par C. d'Aragon, préface d'A. Grosser, postface de S. Friedländer, Paris, Julliard, 1988.

Flynn, John T., *The Roosevelt Myth*, New York, 1956.

Foreign Relations of the United States. Diplomatic Papers 1938, vol. 1, Washington, 1955.

Foreign Relations of the United States. Diplomatic Papers 1941, vol. 4, *The Far East*, Washington, 1956.

Foreign Relations of the United States. Japan 1931-1941, vol. 2, Washington, 1943.

For the President : Personal and Secret. Correspondence between Franklin D. Roosevelt and William C. Bullitt, Orville H. Bullitt (éd.), Londres, 1973.

Fox, John P., *Germany and the Far Eastern Crisis 1931-1938. A Study in Diplomacy and Ideology*, Oxford, 1982.

Freidel, Frank, *Franklin D. Roosevelt. A Rendezvous with Destiny*, Boston, 1990.

Friedländer, Saul, *Prelude to Downfall. Hitler and the United States, 1939-1941*, New York, 1967 ; *Hitler et les États-Unis, 1939-1941*, Paris, Seuil, 1966.

– *Nazi Germany and the Jews. The Years of Persecution, 1933-1939*, Londres, 1997 ; *L'Allemagne nazie et les Juifs. 1. Les années de persécution (1933-1939)*, trad. de l'anglais par M.-Fr. de Paloméra, Paris, Seuil, 1997 ; nouvelle édition, 2008.

Fuehrer Conferences on Naval Affairs 1939-1945, Londres, 1990.

« Führer-Erlasse » 1939-1945, Martin Moll (éd.), Stuttgart, 1997.

Gardiner, Juliet, *Wartime Britain 1939-1945*, Londres, 2004.

Gassert, Philipp, *Amerika im Dritten Reich. Ideologie, Propaganda und Volksmeinung 1933-1945*, Stuttgart, 1997.

Gay, Peter, « In Deutschland zu Hause… Die Juden der Weimarer Zeit », in Arnold Paucker (dir.), *Die Juden im Nationalsozialistischen Deutschland 1933-1943*, Tübingen, 1986.

Gellman, Irwin F., *Secret Affairs. Franklin Roosevelt, Cordell Hull, and Sumner Welles*, Baltimore, Londres, 1995.

Generalfeldmarschall Keitel : Verbrecher oder Offizier ? Erinnerungen, Briefe, Dokumente des Chefs OKW, Walter Görlitz (éd.), Göttingen, 1961.

Gerlach, Christian, « Die Wannsee-Konferenz, das Schicksal der deutschen Juden und Hitlers politische Grundsatzentscheidung, alle Juden Europas zu ermordern », *Werkstattgeschichte*, 18, 1997.

– *Kalkulierte Morde. Die deutsche Wirtschafts- und Vernichtungspolitik in Weißrußland 1941 bis 1944*, Hambourg, 1999.

Getty, J. Arch, « The Politics of Repression Revisited », in J. Arch Getty et Roberta T. Manning (dir.), *Stalinist Terror. New Perspectives*, Cambridge, 1993.

Gibbs, N.H., *Grand Strategy*, vol. 1, *Rearmanent Policy*, Londres, 1976.

Gilbert, Martin, *Winston S. Churchill*, vol. 5, *1922-1939*, Londres, 1976.

– *Winston S. Churchill 1939-1941*, vol. 6, *Finest Hour*, Londres, 1983.

Glantz, David M., *The Military Strategy of the Soviet Union. A History*, Londres, 1992.

– « The Red Army in 1941 », in David M. Glantz (dir.), *The Initial Period of War on the Eastern Front, 22 June-August 1941*, Londres, 1993.

– *Stumbling Colossus. The Red Army on the Eve of World War*, Lawrence, Kan., 1998.

– *Barbarossa. Hitler's Invasion of Russia 1941*, Stroud, 2001.

Goebbels, Joseph, *Die Tagebücher von Joseph Goebbels, Teil I, Aufzeichnungen 1923-1941*, 9 vol. (vol. 6-9 parus jusqu'ici), *Teil II, Diktate 1941-1945*, 15 vol., Elke Fröhlich (éd.), Munich, 1993-1998.

– *Journal 1923-1933*, trad. de l'allemand par D.-A. Canal, H. Thiérard et D. Viollet, Paris, Tallandier, 2006.

– *Journal 1933-1939*, trad. D.-A. Canal, Paris, Tallandier, 2007.

– *Journal 1939-1943*, trad. O. Mannoni, Paris, Tallandier, 2009.

– *Journal 1943-1945*, trad. D. Viollet, G. Cheptou et É. Paunowitsch, éd. et notes P. Ayçoberry, Paris, Tallandier, 2005.

Goldhagen, Daniel Jonah, *Hitler's Willing Executioners : Ordinary Germans and the Holocaust*, Londres, 1996 ; *Les Bourreaux volontaires de Hitler : les Allemands ordinaires et l'Holocauste*, trad. de l'anglais par P. Martin, Paris, Seuil, 1997.

Gordon, Andrew, *A Modern History of Japan from Tokugawa Times to the Present*, New York, Oxford, 2003.

Gorinov, Mikhail M., « Muscovites' Moods, 22 June 1941 to May 1942 », in W. Thurston et Bernd Bonwetsch (dir.), *The People's War. Responses to World War II in the Soviet Union*, Urbana, Chicago, 2000.

Gorodetsky, Gabriel, *Grand Delusion : Stalin and the German Invasion of Russia*, New Haven, 1999 ; *Le Grand Jeu de dupes : Staline et l'invasion allemande*, trad. de l'anglais par I. Rozenbaumas, Paris, Les Belles Lettres, 2000.

Grew, Joseph C., *Ten Years in Japan*, New York, 1944.

Gruchmann, Lothar, « Die “verpaßten strategischen Chancen” der Achsenmächte im Mittelmeerraum 1940/1941 », *Vierteljahrshefte für Zeitgeschichte*, 18, 1970.

– *Der Zweite Weltkrieg*, Munich, 4e éd., 1975.

Haffner, Sebastian, *Von Bismarck zu Hitler. Ein Rückblick*, Munich, 1989.

Hagen, Mark von, « Soviet Soldiers and Officers on the Eve of the German Invasion. Toward a Description of Social Psychology and Political Attitudes », in Robert W. Thurston et Bernd Bonwetsch (dir.), *The People's War. Responses to World War II in the Soviet Union*, Urbana, Chicago, 2000.

Halder, Franz, *Kriegstagebuch. Tägliche Aufzeichnungen des Chefs des Generalstabes des Heeres 1939-1942*, vol. 1, *Vom Polenfeldzug bis zum Ende der Westoffensive (14.8.1939-30.6.1940)*, Hans-Adolf Jacobsen (éd.), Stuttgart, 1962.

– *Kriegstagebuch. Tägliche Aufzeichnungen des Chefs des Generalstabes des Heeres 1939-1942*, vol. 2, *Von der geplanten Landung in England bis zum Beginn des Ostfeldzuges (1.7.1940-21.6.1941)*, Hans-Adolf Jacobsen (éd.), Stuttgart, 1963.

– *Kriegstagebuch. Tägliche Aufzeichnungen des Chefs des Generalstabes des Heeres 1939-1942*, vol. 3, *Der Rußlandfeldzug bis zum Marsch auf Stalingrad (22.6.1941-24.9.1942)*, Hans-Adolf Jacobsen (éd.), Stuttgart, 1964.

The Halder War Diary, 1939-1942, éd. et trad. par Charles Burdick et Hans-Adolf Jacobsen, Londres, 1988.

Hanfstaengl, Ernst, *Hitler. The Missing Years*, New York, 1994 ; *Hitler. Les Années obscures*, trad. de l'anglais par Cl. Noël, Paris, Éditions de Trévise, 1967, rééd., Paris, J'ai Lu, 1972.

Harrison, Mark (dir.), *The Economics of World War II. Six Great Powers in International Comparison*, Cambridge, 1998.

Hauner, Milan, *Hitler. A Chronology of his Life and Time*, 2e éd., Basingstoke, New York, 2005.

Heeresadjutant bei Hitler 1938-1943. Aufzeichnungen des Majors Engel, Hildegard von Kotze (éd.), Stuttgart, 1974.

Heiber, Helmut, « Der Generalplan Ost », *Vierteljahrshefte für Zeitgeschichte*, 6, 1958.

Heinrichs, Waldo H., Jr., *American Ambassador. Joseph C. Grew and the Development of the United States Diplomatic Tradition*, Boston, 1966.

– *Threshold of War. Franklin D. Roosevelt and American Entry into World War II*, New York, Oxford, 1988.

Hénandez-Sandoica, Elena, et Moradiellos, Enrique, « Spain and the Second World War, 1939-1945 », in Neville Wylie (dir.), *European Neutrals and Non-Belligerents during the Second World War*, Cambridge, 2002.

Herbert, Ulrich, « "Generation der Sachlichkeit". Die völkische Studentenbewegung der frühen zwanziger Jahre in Deutschland », in Werner Johe et Uwe Lohalm (dir.), *Zivilisation und Barbarei*, Hambourg, 1991.

Higgins, Patrick, « The Political Beliefs of R.A. Butler », article inédit.

Hilberg, Raul, « The Kommandostab Revisited », *Yad Vashem Studies*, 34, 2006.

Hildebrand, Klaus, *Vom Reich zum Weltreich. Hitler, NSDAP und koloniale Frage 1919-1945*, Munich, 1969.

– *The Foreign Policy of the Third Reich*, Londres, 1973.

– *Das Vergangene Reich. Deutsche Außenpolitik von Bismarck bis Hitler*, Stuttgart, 1995.

Hilger, Gustav, et Meyer, Alfred G., *The Incompatible Allies. A Memoir of German-Soviet Relations 1918-1941*, New York, 1953.

Hill, Christopher, *Cabinet Decisions on Foreign Policy. The British Experience, October 1938-June 1941*, Cambridge, 1991.

Hillgruber, Andreas, « Der Faktor Amerika in Hitlers Strategie 1938-1941 », *Aus Politik und Zeitgeschichte. Beilage zur Wochenzeitung « Das Parlament »,* 11 mai 1966, repris in Wolfgang Michalka (dir.), *Nationalsozialistische Außenpolitik*, Darmstadt, 1978.

– *Hitlers Strategie. Politik und Kriegführung 1940-1941*, 3e éd., Bonn, 1993.

Hinsley, F.H., *British Intelligence in the Second World War*, Londres, 1993.

– « British Intelligence and Barbarossa », in John Erickson et David Dilks (dir.), *Barbarossa. The Axis and the Allies*, Édimbourg, 1994.

Hiroharu, Seki, « The Manchurian Incident 1931 », in James William Morley (dir.), *Japan Erupts. The London Naval Conference and the Manchurian Incident 1928-1932*, New York, 1984.

Hitler, Adolf, *Mein Kampf*, 876-880es tirages, Munich, 1943 ; *Mein Kampf*, trad. de l'allemand par R. Manheim, introduction de D.C. Watt, Londres, 1973 ; *Mein Kampf*, trad. par J. Gaudefroy-Demombynes et A. Calmettes, Paris, Nouvelles Éditions latines, sans date [1934].

Hitler : Reden, Schriften, Anordnungen. Februar 1925 bis Januar 1933, Institut für Zeitgeschichte (éd.), 5 vol. en 12 parties, Munich, Londres, New York, Paris, 1992-1998.

« Hitlers Denkschrift zum Vierjahresplan 1936 », Wilhelm Treue (éd.), *Vierteljahrshefte für Zeitgeschichte*, 3, 1955.

Hitlers politisches Testament. Die Bormann Diktate vom Februar und April 1945, Hambourg, 1981 ; *Le Testament politique de Hitler*, notes recueillies par Martin Bormann, préface de H. Trevor-Roper, trad. de l'anglais par J. Brécard, commentaires d'A. François-Poncet, version française et présentation de Fr. Genoud, Paris, Fayard, 1959.

Hitler's Second Book. The Unpublished Sequel to Mein Kampf, Gerhard L. Weinberg (éd.), New York, 2003 ; en français, *L'Expansion du III*[e] *Reich*, trad. de l'anglais par Fr. Brière, Paris, Plon, 1963.

Hitlers Weisungen für die Kriegführung. Dokumente des Oberkommandos der Wehrmacht, Walther Hubatsch (éd.), Munich, 1965.

Höhne, Heinz, *The Order of the Death's Head. The Story of Hitler's SS*, Londres, 1969.

Hosenfeld, Wilm, *« Ich versuche jeden zu retten ». Das Leben eines deutschen Offiziers in Briefen und Tagebüchern*, Thomas Vogel (éd.), Munich, 2004.

Hull, Cordell, *The Memoirs of Cordell Hull*, 2 vol., New York, 1948.

Husson, Édouard, *« Nous pouvons vivre sans les Juifs » : Novembre 1941. Quand et comment ils décidèrent de la solution finale*, Paris, Autrement, 2005.

Hüttenberger, Peter, « Nationalsozialistische Polykratie », *Geschichte und Gesellschaft*, 2, 1976.

Hyoe, Murakami, et Harper, Thomas J. (dir.), *Great Historical Figures of Japan*, Tokyo, 1978.

Ickes, Harold L., *The Secret Diary of Harold L. Ickes*, vol. 3, *The Lowering Clouds 1939-1941*, New York, 1955.

Ike, Nobutaka (dir.), *Japan's Decision for War. Records of the 1941 Policy Conferences*, Stanford (Californie), 1967.

Ikuhiko, Hata, « The Japanese-Soviet Confrontation, 1935-1939 », in James William Morley (dir.), *Deterrent Diplomacy. Japan, Germany, and the USSR 1935-1940*, New York, 1976.

– « The Army's Move into Northern Indochina », in James William Morley (dir.), *The Fateful Choice. Japan's Advance into Southeast Asia, 1939-1941*, New York, 1980.

– « The Marco Polo Bridge Incident, 1937 », in James William Morley (dir.), *The China Quagmire. Japan's Expansion on the Asian Continent, 1933-1941*, New York, 1983.

Iriye, Akira, *Across the Pacific. An Inner History of American-East Asian Relations*, New York, 1967.

– *Power and Culture. The Japanese-American War, 1941-1945*, Cambridge (Massachusetts), 1981.
– *The Origins of the Second World War in Asia and the Pacific*, Londres, New York, 1987.
The Ironside Diaries, 1937-1940, Roderick Macleod et Denis Kelly (éd.), Londres, 1962.
Irving, David, *Hitler's War*, Londres, 1977.
– *Churchill's War*, vol. 1, *The Struggle for Power*, Bullsbrook (Australie), 1987.
Ismay, Hasting Lionel, lord, *Memoirs*, Londres, 1960.
Ito Takashi, Tadamitsu Hirohashi et Norio Katashima (dir.), *Documents secrets du Premier ministre Tojo. Discours et faits et gestes du général Hideki Tojo* [en japonais], Tokyo, sans date.
« Iz vospominanii upravliyushchego delami sovnarkoma SSSR Ya. E. Chadaev » [Morceaux choisis des Mémoires du chef du Sovnarkom URSS – Iakov Ermolaïevitch Tchadaïev], *Otetchestvennaya Istoriya*, 2, 2005.
Jäckel, Eberhard, *Hitlers Weltanschauung. Entwurf einer Herrschaft*, Tübingen, 1969, 4e éd., Stuttgart, 1991 ; *Hitler idéologue*, trad. de l'allemand par J. Chavy, Paris, Calmann-Lévy, 1973 ; rééd. Gallimard, 1995.
– *Hitler in History*, Hanovre, Londres, 1984.
– « From Barbarossa to Wannsee. The Role of Reinhard Heydrich », essai inédit.
– et Kuhn, Axel (dir.), *Hitler. Sämtliche Aufzeichnungen 1905-1924*, Stuttgart, 1980.
Jenkins, Roy, *Churchill*, Londres, 2001.
Jones, F.C., *Japan's New Order in East Asia. Its Rise and Fall, 1937-1945*, Oxford, 1954.
Jones, Thomas, *A Diary with Letters 1931-1950*, Londres, 1954.
Judt, Tony, *Postwar. A History of Europe since 1945*, Londres, 2005 ; *Après-guerre. Une histoire de l'Europe depuis 1945*, trad. de l'anglais par P.-E. Dauzat, Paris, Armand Colin, 2007.
Jun, Tsunoda, « The Navy's Role in the Southern Strategy », in James William Morley (dir.), *The Fateful Choice. Japan's Advance into Southeast Asia, 1939-1941*, New York, 1980.
Kahn, David, *Hitler's Spies. German Military Intelligence in World War II*, New York, 2000.
Kennedy, David M., *Freedom from Fear. The American People in Depression and War, 1929-1945*, New York, Oxford, 1999.

Kershaw, Ian, « Improvised Genocide ? The Emergence of the "Final Solution" in the "Warthegau" », *Transactions of the Royal Historical Society*, 6e série, 2, 1992, p. 51-78.

– *Hitler, 1889-1936. Hubris*, Londres, 1998 ; *Hitler. 1889-1936 : Hubris*, trad. de l'anglais par P.-E. Dauzat, Paris, Flammarion, 1999.

– *Hitler, 1936-1945. Nemesis*, Londres, 2000 ; *Hitler. 1936-1945 : Némésis*, trad. de l'anglais par P.-E. Dauzat, Paris, Flammarion, 2000.

– *The Nazi Dictatorship. Problems and Perspectives of Interpretation*, 4e éd., Londres, 2000 ; *Qu'est-ce que le nazisme ? Problèmes et perspectives d'interprétation*, trad. de l'anglais par J. Carnaud, Paris, Gallimard, « Folio », 1992, nouvelle édition augmentée et mise à jour, 1997.

– *Making Friends with Hitler. Lord Londonderry and Britain's Road to War*, Londres, 2004.

Khrushchev Remembers, Strobe Talbott (éd.), Londres, 1971 ; *Souvenirs...*, trad. de l'anglais sous la direction de J. Michel, Paris, Robert Laffont, 1971.

Kimball, Warren F., *The Most Unsordid Act. Lend-Lease 1939-1941*, Baltimore, 1969.

– *The Juggler. Franklin Roosevelt as Wartime Statesman*, Princeton, 1991.

– *Forged in War. Churchill, Roosevelt and the Second World War*, Londres, 1997.

Kipp, Jacob, « Soviet War Planning », in David M. Glantz (dir.), *The Initial Period of War on the Eastern Front, 22 June-August 1941*, Londres, 1993.

Klee, Karl, *Das Unternehmen « Seelöwe ». Die geplante deutsche Landung in England 1940*, Göttingen, 1958.

– (éd.), *Dokumente zum Unternehmen « Seelöwe ». Die geplante deutsche Landung in England 1940*, Göttingen, 1959.

Knight, Jonathan, « Churchill and the Approach to Mussolini and Hitler in May 1940. A Note », *British Journal of International Studies*, 3, 1977.

Knox, MacGregor, « Fascist Italy Assesses its Enemies, 1935-1940 », in Ernest R. May (dir.), *Knowing One's Enemies. Intelligence Assessment before the Two World Wars*, Princeton, 1983.

– *Mussolini Unleashed 1939-1941. Politics and Strategy in Fascist Italy's Last War*, Cambridge, 1986.

– *Common Destiny. Dictatorship, Foreign Policy, and War in Fascist Italy and Nazi Germany*, Cambridge, 2000.

– *Hitler's Italian Allies. Royal Armed Forces, Fascist Regime, and the War of 1940-1943*, Cambridge, 2000.

Koliopoulos, John S., *Greece and the British Connection 1935-1941*, Oxford, 1977.

Korb, Martin, « Deutsche Reaktionen auf die Novemberpogrome im Spiegel amtlicher Berichte », Magisterarbeit, inédit, Technische Universität Berlin, 2004.

Krausnick, Helmut, « Denkschrift Himmlers über die Behandlung der Fremdvölkischen im Osten (Mai 1940) », *Vierteljahrshefte für Zeitgeschichte*, 5, 1957.

– (éd.), Wilhelm, Hans-Heinrich, *Die Truppe des Weltanschauungskrieges. Die Einsatzgruppen der Sicherheitspolizei und des SD 1938-1942*, Stuttgart, 1981.

Krebs, Gerhard, « Deutschland und Pearl Harbor », *Historische Zeitschrift*, 253, 1991.

Kriegstagebuch des Oberkommandos der Wehrmacht (Wehrmachtführungsstab), Percy Ernst Schramm (éd.), 4 vol., Francfort, 1961-1965.

Kriegstagebuchder der Seekriegsleitung 1939-1945, Werner Rahn et Gerhard Schreiber (éd.), Herford, Bonn, 1989.

Kube, Alfred, *Pour le mérite und Hakenkreuz. Hermann Göring im Dritten Reich*, Munich, 1986.

Kulka, Otto Dov, « Richard Wagner und die Anfänge des modernen Antisemitismus », *Bulletin des Leo Baeck Instituts*, 4, 1961.

– « Die deutsche Geschichtsschreibung über den Nationalsozialismus und die "Endlösung". Tendenzen und Entwicklungsphasen 1924-1984 », *Historische Zeitschrift*, 240, 1985.

– « Critique of Judaism in European Thought. On the Historical Meaning of Modern Antisemitism », *Jerusalem Quarterly*, 52, 1989.

– et Jäckel, Eberhard (dir.), *Die Juden in den geheimen NS-Stimmungsberichten 1933-1945*, Düsseldorf, 2004.

Kuper, Leo, *Genocide. Its Political Use in the Twentieth Century*, Harmondsworth, 1981.

Lagevorträge des Oberbefehlshabers der Kriegsmarine vor Hitler 1939-1945, Gerhard Wagner (éd.), Munich, 1972.

Langer, William L., et Gleason, S. Everett, *The Challenge to Isolation, 1937-1940*, New York, 1952.

– *The Undeclared War, 1940-1941*, New York, 1953.

Larrabee, Eric, *Commander in Chief. Franklin Delano Roosevelt, his Lieutenants, and their War*, Londres, 1987.

Lash, Joseph P., *Roosevelt and Churchill 1939-1941. The Partnership that Saved the West*, New York, 1976.

Lawlor, Sheila, « Britain and the Russian Entry into the War », in Richard Langhorne (dir.), *Diplomacy and Intelligence during the Second World War*, Cambridge, 1985.

Leach, Barry A., *German Strategy against Russia 1939-1941*, Oxford, 1973.

Lebra, Joyce C., *Japan's Greater East Asia Co-Prosperity Sphere in World War II. Selected Readings and Documents*, Kuala Lumpur, 1975.

Leigh, Michael, *Mobilizing Consent. Public Opinion and American Policy 1937-1947*, Westport (Connecticut), 1976.

Lewin, Moshe, *The Making of the Soviet System*, New York, 1985 ; *La Formation du système soviétique*, trad. de l'anglais par P.-E. Dauzat, Paris, Gallimard, 1987.

– « Bureaucracy and the Stalinist State », in Ian Kershaw et Moshe Lewin (dir.), *Stalinism and Nazism. Dictatorships in Comparison*, Cambridge, 1997.

– *The Soviet Century*, Londres, 2005 ; *Le Siècle soviétique*, trad. de l'anglais par D. Paillard et Fl. Prudhomme, Paris, Fayard, *Le Monde diplomatique*, 2005.

Lewin, Ronald, *Ultra Goes to War. The Secret Story*, Londres, 2001.

Lewis, Jonathan, et Whitehead, Phillip, *Stalin. A Time for Judgement*, Londres, 1991.

Liulevicius, Vejas Gabriel, *War Land on the Eastern Front. Culture, National Identity and German Occupation in World War I*, Cambridge, 2000.

Longerich, Peter (éd.), *Die Ermordung der europäischen Juden. Eine umfassende Dokumentation des Holocaust 1941-1945*, Munich, Zurich, 1989.

– *Politik der Vernichtung. Eine Gesamtdarstellung der nationalsozialistischen Judenverfolgung*, Munich, Zurich, 1998.

Lukacs, John, *The Duel. Hitler vs. Churchill : 10 May-31 July 1940*, Oxford, 1992 ; *Le Duel Churchill/Hitler. 10 mai-31 juillet 1940*, trad. de l'anglais par P.-E. Dauzat, Paris, Robert Laffont, 1992.

– *Five Days in London. May 1940*, New Haven, Londres, 2001 ; *Churchill, Londres, mai 1940*, trad. de l'anglais par A. Tillier, Paris, Odile Jacob, 2002.

– *June 1941. Hitler and Stalin*, New Haven, Londres, 2006.

Lyttleton, Adrian, *The Seizure of Power*, Londres, 1973.

Mack Smith, Denis, *Mussolini as a Military Leader*, Reading, 1974.
– *Mussolini's Roman Empire*, Londres, New York, 1976.
– *Mussolini*, Londres, 1983.
Magenheimer, Heinz, *Hitler's War. Germany's Key Strategic Decisions 1940-1945*, Londres, 1998.
The « MAGIC » Background of Pearl Harbor, 8 vol., Washington, 1977-1978.
Maisky, Ivan, *Who Helped Hitler ?*, Londres, 1964.
Mann, Michael, *The Dark Side of Democracy. Explaining Ethnic Cleansing*, Cambridge, 2005.
Marks, Frederick W., III, *Wind over Sand. The Diplomacy of Franklin Roosevelt*, Athènes, 1988.
Martin, Bernd, « Das "Dritte Reich" und die "Friedens"-Frage im Zweiten Weltkrieg », in Wolfgang Michalka (dir.), *Nationalsozialistische Außenpolitik*, Darmstadt, 1978.
Maser, Werner (dir.), *Hitlers Briefe und Notizen. Sein Weltbild in handschriftlichen Dokumenten*, Düsseldorf, 1973 ; *Hitler inédit : écrits intimes et documents. Suivis du Journal d'Eva Braun*, textes choisis et présentés par W. Maser, texte français établi par J.-M. Fitère avec la collaboration de R. Albeck, Paris, Albin Michel, 1975.
Mason, Timothy, W., *Nazism, Fascism and the Working Class*, Cambridge, 1995.
Matsuoka Yosuke. L'homme et sa vie, Tokyo, 1974 [en japonais].
Matthäus, Jürgen, « Operation Barbarossa and the Onset of the Holocaust, June-December 1941 », in Christopher Browning, *The Origins of the Final Solution. The Evolution of Nazi Jewish Policy, September 1939-March 1942*, Lincoln (Nebraska), 2004.
Mawdsley, Evan, *The Stalin Years. The Soviet Union, 1929-1953*, Manchester, 1998.
– « Crossing the Rubicon. Soviet Plans for Offensive War in 1940-1941 », *International History Review*, 25, 2003.
Mazower, Mark, *Inside Hitler's Greece : The Experience of Occupation, 1941-44*, New Haven, 1993 ; en français, *Dans la Grèce d'Hitler (1941-1944)*, trad. de l'anglais par Ch. Orfanos, Paris, Les Belles Lettres, 2002.
Medvedev, Roy, *On Stalin and Stalinism*, Oxford, 1979.
– *All Stalin's Men*, Oxford, 1983.
– et Medvedev, Zhores, *The Unknown Stalin. His Life, Death, and Legacy*, Woodstock, New York, 2004.

Meinecke, Friedrich, *Die Deutsche Katastrophe*, Wiesbaden, 1946.

Mein Tagebuch. Geschichten vom Überleben 1939-1947, Heinrich Breloer (éd.), Cologne, 1984.

Meldungen aus dem Reich. Auswahl aus den geheimen Lageberichten des Sicherheitsdienstes der SS 1939-1944, Heinz Boberach (éd.), Neuwied, Berlin, 1965.

Melograni, Piero, « The Cult of the Duce in Mussolini's Italy », *Journal of Contemporary History*, 11, 1976.

Merridale, Catherine, *Ivan's War. The Red Army 1939-1945*, Londres, 2005.

Michalka, Wolfgang, « Vom Antikominternpakt zum euro-asiatischen Kontinentalblock. Ribbentrops Alternativkonzeption zu Hitlers außenpolitischen "Programm" », in Wolfgang Michalka (éd.), *Nationalsozialistische Außenpolitik*, Darmstadt, 1978.

– *Ribbentrop und die deutsche Weltpolitik 1933-1940*, Munich, 1980.

– « From the Anti-Komintern Pact to the Euro-Asiatic Bloc. Ribbentrop's Alternative Concept of Hitler's Foreign Policy Programme », in H.W. Koch (dir.), *Aspects of the Third Reich*, Londres, 1985.

Mikoïan, Anastase Ivanovitch, *Tak bylo*, Moscou, 1999.

Mikoyan, Stepan A., « Barbarossa and the Soviet Leadership », in John Erickson et David Dilks (dir.), *Barbarossa. The Axis and the Allies*, Édimbourg, 1994.

Molotov Remembers : Inside Kremlin Politics. Conversations with Felix Chuev, Chicago, 1993.

Montefiore, Simon Sebag, *Stalin. The Court of the Red Tsar*, Londres, 2003 ; *Staline : la cour du tsar rouge*, trad. de l'anglais par Fl. La Bruyère et A. Roubichou-Stretz, Paris, Éditions des Syrtes, 2005.

Morley, James William (dir.), *Deterrent Diplomacy. Japan, Germany, and the USSR 1935-1940*, New York, 1976.

– (éd.), *The Fateful Choice. Japan's Advance into Southeast Asia, 1939-1941*, New York, 1980.

– (éd.), *The China Quagmire. Japan's Expansion on the Asian Continent, 1933-1941*, New York, 1983.

– (éd.), *Japan Erupts. The London Naval Conference and the Manchurian Incident 1928-1932*, New York, 1984.

– (éd.), *The Final Confrontation. Japan's Negotiations with the United States, 1941*, Columbia (New York), 1994.

Moseley, Ray, *Mussolini's Shadow. The Double Life of Count Galeazzo Ciano*, New Haven, Londres, 1999.

Mosse, George, *The Crisis of German Ideology. Intellectual Origins of the Third Reich*, Londres, 1966 ; *Les Racines intellectuelles du Troisième Reich. La crise de l'idéologie allemande*, trad. de l'anglais par Cl. Darmon, Paris, Calmann-Lévy, 2006, rééd. « Points Histoire », 2008.

Mowat, Charles Loch, *Britain between the Wars, 1918-1940*, Londres, 1956.

Müller, Klaus-Jürgen, *Das Heer und Hitler. Armee und nationalsozialistisches Regime 1933-1940*, Stuttgart, 1969.

Murphy, David E., *What Stalin Knew. The Enigma of Barbarossa*, New Haven, Londres, 2005.

Musial, Bogdan, *Deutsche Zivilverwaltung und Judenverfolgung im Generalgouvernement*, Wiesbaden, 1999.

Naimark, Norman M., *Fires of Hatred. Ethnic Cleansing in Twentieth-Century Europe*, Cambridge (Massachusetts), Londres, 2001.

Nazi Conspiracy and Aggression, United States Government, 11 vol., Washington, 1946-1948.

Nazi-Soviet Relations 1939-1941, Raymond James Sontag et James Stuart Beddie (éd.), New York, 1948.

Nicolson, Harold, *Diaries and Letters 1930-1964*, Stanley Olson (éd.), New York, 1980.

Nipperdey, Thomas, *Deutsche Geschichte 1866-1918*, vol. 2, *Machtstaat vor der Demokratie*, Munich, 1992.

Nish, Ian, *Japanese Foreign Policy 1869-1942*, Londres, 1977.

Noakes, Jeremy, et Pridham, Geoffrey (dir.), *Nazism 1919-1945. A Documentary Reader*, 4 vol., Exeter, 1983-1998.

Nobumasa, Tanaka (dir.), *Dokyumento Showa Tenno Dai Nikkan* [Documents de l'empereur Showa], vol. 2, Tokyo, 1988 [en japonais].

Oka, Yoshitake, *Konoe Fumimaro. A Political Biography*, Tokyo, 1983.

Overy, R.J., *War and Economy in the Third Reich*, Oxford, 1994.

– *Why the Allies Won*, Londres, 1995.

– *Russia's War*, Londres, 1997.

– *The Dictators. Hitler's Germany and Stalin's Russia*, Londres, 2004.

Packard, Reynolds, et Packard, Eleanor, *Balcony Empire. Fascist Italy at War*, Londres, 1943.

Papen, Franz von, *Memoirs*, Londres, 1952.

Parker, R.A.C., *Chamberlain and Appeasement. British Policy and the Coming of the Second World War*, Londres, 1993.

– *Churchill and Appeasement*, Londres, 2000.

Payne, Stanley G., *A History of Fascism 1914-45*, Londres, 1995.

Picker, docteur Henry, *Hitlers Tischgespräche im Führerhauptquartier 1941-1942*, Percy Ernst Schramm (éd.), Stuttgart, 1963.

Pious, Richard M., *The American Presidency*, New York, 1979.

Piper, Ernst, *Alfred Rosenberg. Hitlers Chefideologe*, Munich, 2005.

Pleshakov, Constantine, *Stalin's Folly. The Secret History of the German Invasion of Russia, June 1941*, Londres, 2005.

Poliakov, Léon, *Histoire de l'antisémitisme,* vol. 4, *L'Europe suicidaire, 1870-1933*, Paris, Calmann-Lévy, 1977.

Political Strategy Prior to the Outbreak of War (Parts III-IV), Office of the Chief of Military History, Department of the Army, Japanese Monographs, 144-50, n.d.

Pope, Stephen, et Wheal, Elizabeth-Anne, *The Macmillan Dictionary of the First World War*, Londres, 1995.

Prange, Gordon W., *At Dawn We Slept. The Untold Story of Pearl Harbor*, Londres, 1982.

Preston, Paul, « Franco and Hitler. The Myth of Hendaye 1940 », *Contemporary European History*, 1, 1992.

Der Prozeß gegen die Hauptkriegsverbrecher vor dem Internationalen Militärgerichtshof, Nürnberg, 14. November 1945-1. Oktober 1946, 42 vol., Nuremberg, 1947-1949.

Public Opinion 1935-1946, Hadley Cantrill (éd.), Westport (Connecticut), 1951.

The Public Papers and Addresses of Franklin D. Roosevelt, Samuel I. Rosenman (éd.), 13 vol., New York, 1938-1950.

Radzinsky, Edvard, *Stalin*, New York, 1996.

Raeder, Erich, *Mein Leben*, Tübingen, 1957.

Rauscher, Walter, *Hitler und Mussolini. Macht, Krieg und Terror*, Graz, 2001.

Rauschning, Hermann, *Hitler Speaks*, Londres, 1939 ; *Hitler m'a dit*, avant-propos de R. Girardet, Paris, Pluriel, 2005.

Read, Anthony, et Fisher, David, *The Deadly Embrace. Hitler, Stalin and the Nazi-Soviet Pact 1939-1941*, Londres, 1988.

Rebentisch, Dieter, *Führerstaat und Verwaltung im Zweiten Weltkrieg*, Stuttgart, 1989.

Reese, Roger R., « The Red Army and the Great Purges », in J. Arch Getty et Roberta T. Manning (dir.), *Stalinist Terror. New Perspectives*, Cambridge, 1993.

Renshaw, Patrick, *Franklin D. Roosevelt. Profiles in Power*, Londres, 2004.

Reynaud, Paul, *Au cœur de la mêlée, 1930-1945*, Paris, Flammarion, 1951.

Reynolds, David, *The Creation of the Anglo-American Alliance 1937-1941. A Study in Competitive Co-operation*, Chapel Hill (Caroline du Nord), 1982.

– « Churchill and the British "Decision" to Fight on in 1940. Right Policy, Wrong Reasons », in Richard Langhorne (dir.), *Diplomacy and Intelligence during the Second World War*, Cambridge, 1985.

– « Churchill the Appeaser ? Between Hitler, Roosevelt and Stalin in World War Two », in Michael Dockrill et Brian McKercher (dir.), *Diplomacy and World Power. Studies in British Foreign Policy, 1890-1950*, Cambridge, 1996.

– *From Munich to Pearl Harbor. Roosevelt's America and the Origins of the Second World War*, Chicago, 2001.

– *In Command of History. Churchill Fighting and Writing the Second World War*, Londres, 2004.

The Ribbentrop Memoirs, Londres, 1954.

Rintelen, Enno von, *Mussolini als Bundesgenosse. Erinnerungen des deutschen Militärattache´s in Rom 1936-1943*, Tübingen, Stuttgart, 1951.

Roberts, Andrew, *« The Holy Fox. » The Life of Lord Halifax*, Londres, 1997.

Roberts, Geoffrey, *Unholy Alliance. Stalin's Pact with Hitler*, Londres, 1989.

– *The Soviet Union and the Origins of the Second World War. Russo-German Relations and the Road to War, 1933-1941*, Londres, 1995.

– *Stalin's Wars. From World War to Cold War, 1939-1953*, New Have, Londres, 2006.

Rock, William R., *Chamberlain and Roosevelt. British Foreign Policy and the United States, 1937-1940*, Columbus (Ohio), 1988.

The Roosevelt Letters, vol. 3, *[1928-1945]*, Elliott Roosevelt (éd.), Londres, 1952.

Roseman, Mark, *The Villa, the Lake, the Meeting : Wannsee and the Final Solution*, Londres, New York, 2002 ; *Ordre du jour, génocide : le 20 janvier 1942, la conférence de Wannsee et la solution finale*, trad. de l'anglais par Cl. Markovits, préface de Ph. Burrin, Paris, Audibert, 2002.

Rotundo, Louis, « Stalin and the Outbreak of War in 1941 », *Journal of Contemporary History*, 24, 1989.

Rybin, A.T., *Next to Stalin. Notes of a Bodyguard*, Toronto, 1996.

Sadkovich, James J., « Understanding Defeat. Reappraising Italy's Role in World War II », *Journal of Contemporary History*, 24, 1989.
– « The Italo-Greek War in Context. Italian Priorities and Axis Diplomacy », *Journal of Contemporary History*, 28, 1993.
Salewski, Michael, *Die Deutsche Seekriegsleitung 1935-1945*, vol. 1, Francfort, 1970.
– *Die deutsche Seekriegsleitung 1935-1945*, vol. 3, Francfort, 1973.
Sapir, Jacques, « The Economics of War in the Soviet Union during World War II », in Ian Kershaw et Moshe Lewin (dir.), *Stalinism and Nazism. Dictatorships in Comparison*, Cambridge, 1997.
Sathre, Eugene, « Communication and Conflict : Japanese Foreign Policy leading to the Pacific War », thèse inédite, University of Minnesota, 1978.
Schleunes, Karl A., *The Twisted Road to Auschwitz. Nazi Policy toward German Jews 1933-1939*, Urbana (Illinois), 1970.
Schlie, Ulrich, *Kein Friede mit Deutschland. Die geheimen Gespräche im Zweiten Weltkrieg 1939-1941*, Munich, Berlin, 1994.
Schmidt, Paul, *Statist auf diplomatischer Bühne 1923-45. Erlebnisse des Chefdolmetschers im Auswärtigen Amt mit den Staatsmännern Europas*, Bonn, 1953.
Schramm-von Thadden, Ehrengard, *Griechenland und die Großmächte im Zweiten Weltkrieg*, Wiesbaden, 1955.
Schreiber, Gerhard, *Revisionismus und Weltmachtstreben. Marineführung und deutsch-italienische Beziehungen 1919 bis 1944*, Stuttgart, 1978.
– « Zur Kontinuität des Groß- und Weltmachtstrebens der deutschen Marineführung », *Militärgeschichtliche Mitteilungen*, 25/2, 1979.
– « Der Mittelmeerraum in Hitlers Strategie 1940. "Programm" und militärische Planung », *Militärgeschichtliche Mitteilungen*, 27/2, 1980.
Schroeder, Christa, *Er war mein Chef. Aus dem Nachlaß der Sekretärin von Adolf Hitler*, Anton Joachimsthaler (éd.), Munich, Vienne, 1985 ; en français, *12 ans auprès d'Hitler, 1933-1945. La secrétaire privée d'Hitler témoigne*, Paris, Page après Page, 2007.
Schroeder, Paul W., *The Axis Alliance and Japanese-American Relations 1941*, Ithaca (New York), 1958.
Schwendemann, Heinrich, *Die Wirtschaftliche Zusammenarbeit zwischen dem Deutschen Reich und der Sowjetunion von 1939 bis 1941. Alternative zu Hitlers Ostprogramm ?*, Berlin, 1993.
Seaton, Albert, *Stalin as Warlord*, Londres, 1976.

Seiichi, Imai, « Cabinet, Emperor, and Senior Statesmen », in Dorothy Borg et Shumpei Okamoto (dir.), *Pearl Harbor as History. Japanese-American Relations 1931-1941*, New York, 1973.

Sekrety Gitlera no stole u Stalina [Secrets de Hitler sur le bureau de Staline], Moscou, 1995.

Sella, Amnon, « "Barbarossa". Surprise Attack and Communication », *Journal of Contemporary History*, 13, 1978.

Service, Robert, *Stalin. A Biography*, Londres, 2004.

Sherry, Michael S., *The Rise of American Air Power. The Creation of Armageddon*, New Haven, Londres, 1987.

Sherwood, Robert E., *The White House Papers of Harry L. Hopkins*, 2 vol., Londres, 1948.

Shigeo, Misawa, et Saburo, Minomiya, « The Role of the Diet and Political Parties », in Dorothy Borg et Shumpei Okamoto (dir.), *Pearl Harbor as History. Japanese-American Relations 1931-1941*, New York, 1973.

Shinjiro, Nagaoka, « Economic Demands on the Dutch East Indies », in James William Morley (dir.), *The Fateful Choice. Japan's Advance into Southeast Asia, 1939-1941*, New York, 1980.

– « The Drive into Southern Indochina and Thailand », in James William Morley (dir.), *The Fateful Choice. Japan's Advance into Southeast Asia, 1939-1941*, New York, 1980.

Shirer, William L., *Berlin Diary : The Journal of a Foreign Correspondent, 1934-1941*, Boston, 1988 (1941) ; en fr., *Mon journal à Berlin*, trad. de l'anglais par A. Pascal, Montréal, Les Éditions de la Revue moderne, 1943.

Smith, Richard Norton, *The Colonel. The Life and Legend of Robert R. McCormick 1880-1955*, Boston, New York, 1997.

Smith, Woodruff D., *The Ideological Origins of Nazi Imperialism*, New York, Oxford, 1986.

Sommer, Theo, *Deutschland und Japan zwischen den Mächten 1935-1940. Vom Antikominternpakt zum Dreimächtepakt*, Tübingen, 1962.

Speer, Albert, *Erinnerungen*, Francfort, 1969 ; *Au Cœur du Troisième Reich*, trad. de l'allemand par M. Brottier, Paris, Fayard, 1971.

Spotswood, Roger D., « Japan's Southward Advance as an Issue in Japanese-American Relations, 1940-1941 », thèse de doctorat inédite, University of Washington, 1974.

Staatsmänner und Diplomaten bei Hitler. Vertrauliche Aufzeichnungen über die Unterredungen mit Vertretern des Auslandes 1939-1941, Andreas Hillgruber (éd.), Munich, 1969.

Stafford, David, *Roosevelt and Churchill. Men of Secrets*, Londres, 2000.

Stauffer, Paul, *Zwischen Hofmannsthal und Hitler : Carl J. Burckhardt. Facetten einer aussergewöhnlichen Existenz*, Zurich, 1991.

Steiner, Zara, *The Lights that Failed. European International History 1919-1933*, Oxford, 2005.

Stevenson, David, *Cataclysm. The First World War as Political Tragedy*, New York, 2004.

Stimson, Henry L., et Bundy, McGeorge, *On Active Service in Peace and War*, New York, 1948.

Stoakes, Geoffrey, *Hitler and the Quest for World Dominion*, Leamington Spa, 1986.

Stoler, Mark A., *Allies and Adversaries. The Joint Chiefs of Staff, the Grand Alliance, and US Strategy in World War II*, Chapel Hill (Caroline du Nord), Londres, 2000.

Streim, Alfred, *Die Behandlung sowjetischer Kriegsgefangener im « Fall Barbarossa »*, Heidelberg, Karlsruhe, 1981.

Sudoplatov, Pavel, et Sudoplatov, Anatoli, *Special Tasks : The Memoirs of an Unwanted Witness. A Soviet Spymaster*, Boston, 1994.

Sullivan, Brian R., « "Where One Man, and Only One Man, Led". Italy's Path from Non-Alignment to Non-Belligerency to War, 1937-1940 », in Neville Wylie (dir.), *European Neutrals and Non-Belligerents during the Second World War*, Cambridge, 2002.

Suny, Gregor, « Stalin and his Stalinism. Power and Authority in the Soviet Union », in Ian Kershaw et Moshe Lewin (dir.), *Stalinism and Nazism. Dictatorships in Comparison*, Cambridge, 1997.

Syring, Enrico, « Hitlers Kriegserklärung an Amerika vom 11. Dezember 1941 », in Wolfgang Michalka (dir.), *Der Zweite Weltkrieg. Analysen, Grundzüge, Forschungsbilanz*, Munich, Zurich, 1989.

Tansill, Charles Callan, *Back Door to War. The Roosevelt Foreign Policy*, Chicago, 1952.

Taylor, A.J.P., *The Origins of the Second World War*, Harmondsworth, 1964.

– *English History 1914-1945*, Harmondsworth, 1970.

The Testament of Adolf Hitler. The Hitler-Bormann Documents, February-April 1945, François Genoud (éd.), Londres, 1961 ; *Le Testament politique de Hitler*, notes recueillies par Martin Bormann, préface de H. Trevor-Roper, trad. de l'anglais par J. Brécard, commentaires d'A. François-Poncet, version française et présentation de Fr. Genoud, Paris, Fayard, 1959.

Thomas, Charles S., *The German Navy in the Nazi Era*, Londres, 1990.

Tokushiro, Ohata, « The Anti-Komintern Pact, 1935-1939 », in James William Morley (dir.), *Deterrent Diplomacy. Japan, Germany, and the USSR 1935-1940*, New York, 1976.

Toland, John, *The Rising Sun. The Decline and Fall of the Japanese Empire, 1936-1945*, New York, 1970, Modern Library, 2003.

– *Adolf Hitler*, Londres, 1977 ; *Adolf Hitler*, 2 vol., Paris, Pygmalion, 1978 ; rééd. Robert Laffont, 1983.

Tolstoy, Nicolai, *Stalin's Secret War*, Londres, 1981.

Tooze, Adam, *The Wages of Destruction. The Making and Breaking of the Nazi Economy*, Londres, 2006.

Toscano, Mario, *The Origins of the Pact of Steel*, Baltimore, 1967.

Toshihiko, Shimada, « Designs on North China 1933-1937 », in James William Morley (dir.), *The China Quagmire. Japan's Expansion on the Asian Continent, 1933-1941*, New York, 1983.

Treue, Wilhelm (dir.), « Rede Hitlers vor der deutschen Presse (10. November 1938) », *Vierteljahrshefte für Zeitgeschichte*, 6, 1958.

Trial of the Major War Criminals before the International Military Tribunal, 14th November 1945-1st October 1946, 42 vol., Nuremberg, 1947-1949 ; Tribunal militaire international, *Procès des grands criminels de guerre devant le tribunal militaire international*, facsimilé de l'édition de 1947, Paris, T. Mage, 1993-1995.

Tucker, Robert C., *Stalin in Power. The Revolution from Above, 1928-1941*, New York, 1990.

Ueberschär, Gerd R., et Bezymenskij, Lev A. (dir.), *Der deutsche Angriff auf die Sowjetunion 1941. Die Kontroverse um die Präventivkriegsthese*, Darmstadt, 1998.

– « Hitlers Überfall auf die Sowjetunion 1941 und Stalins Absichten. Die Bewertung in der deutschen Geschichtsschreibung und die neuere "Präventivkriegsthese" », in Gerd R. Ueberschär et Lev A. Bezymenskij (dir.), *Der deutsche Angriff auf die Sowjetunion 1941. Die Kontroverse um die Präventivkriegsthese*, Darmstadt, 1998.

Ulam, Adam, *Stalin. The Man and his Era*, Boston, 1989 ; trad. fr. (d'une édition antérieure), *Staline. L'homme et son temps*, trad. de l'anglais par M.-Fr. de Paloméra, Paris, Calmann-Lévy, Gallimard, 1977, 2 vol.

Vat, Dan van der, *The Atlantic Campaign. The Great Struggle at Sea 1939-1945*, Londres, 1988.

Villari, Luigi, *Italian Foreign Policy under Mussolini*, Londres, 1959.
Visconti Prasca, Sebastiano, *Io ho aggredito la Grecia*, 2e éd., Milan, 1947.
Vogelsang, Thilo, « Neue Dokumente zur Geschichte der Reichswehr 1930-1933 », *Vierteljahrshefte für Zeitgeschichte*, 2, 1954.
Volkogonov, Dmitri, *Stalin. Triumph and Tragedy* (1991), Rocklin (Californie), 1996 ; *Staline : triomphe et tragédie*, trad. du russe par Y. Mignot, Paris, Flammarion, 1991.
Warlimont, Walter, *Inside Hitler's Headquarters 1939-1945*, Novato (Californie), s.d. (édition originale en anglais, Londres, 1964) ; *Cinq ans au GQG* [*Grand Quartier Général*] *de Hitler*, édition abrégée, adaptation française du col. Albert Baldewijns et Roger Gheysens, Bruxelles, Elsevier Séquoia, 1975.
Watson, Derek, *Molotov. A Biography*, Londres, 2005.
Weeks, Albert L., *Stalin's Other War. Soviet Grand Strategy 1939-1941*, Lanham (Maryland), 2002.
Wehler, Hans-Ulrich, « Die Urkatastrophe. Der erste Weltkrieg als Auftakt und Vorbild für den Zweiten Weltkrieg », *Der Spiegel*, 8, 16 février 2004.
Weinberg, Gerhard L., « German Colonial Plans and Policies 1938-1942 », in Waldemar Besson et Friedrich Frhr. Hiller v. Gaertringen (dir.), *Geschichte und Gegenwartsbewußtsein. Historische Betrachtungen und Untersuchungen*, Göttingen, 1963.
– « Hitler's Image of the United States », *American Historical Review*, 69, 1964.
– *The Foreign Policy of Hitler's Germany. Diplomatic Revolution in Europe 1933-36*, Chicago, Londres, 1970.
– *The Foreign Policy of Hitler's Germany. Starting World War II, 1937-1939*, Chicago, Londres, 1980.
– *A World at Arms. A Global History of World War II*, Cambridge, 1994.
Weizsäcker, Ernst von, *Erinnerungen*, Munich, Leipzig, Fribourg, 1950.
Die Weizsäcker-Papiere 1933-1950, Leonidas E. Hill (éd.), Francfort, 1974.
Welles, Sumner, *The Time for Decision*, Londres, 1944.
– *Seven Major Decisions*, Londres, 1951.
Werth, Alexander, *Russia at War, 1941-1945*, New York, 1984.
Weston, Mark, *Giants of Japan. The Lives of Japan's Greatest Men and Women*, New York, Tokyo, Londres, 1999.
Whaley, Barton, *Codeword Barbarossa*, Cambridge (Massachusetts), 1973.

Whittam, John, *Fascist Italy*, Manchester, 1995.
Whymant, Robert, *Stalin's Spy. Richard Sorge and the Tokyo Espionage Ring*, Londres, New York, 1996.
Wildt, Michael, *Die Judenpolitik des SD 1935 bis 1938. Eine Dokumentation*, Munich, 1995.
– *Generation des Unbedingten. Das Führungskorps des Reichssicherheitshauptamtes*, Hambourg, 2002.
Wilson, Theodore A., *The First Summit. Roosevelt and Churchill at Placentia Bay 1941*, Londres, 1970.
Wiskemann, Elizabeth, *The Rome-Berlin Axis. A Study of the Relations between Hitler and Mussolini*, Londres, 1966.
Wistrich, Robert S., *Hitler and the Holocaust*, New York, 2001 ; *Hitler, l'Europe et la Shoah*, trad. de l'anglais par J.-F. Spitz, Paris, Albin Michel, 2005.
Wohlstetter, Roberta, *Pearl Harbor. Warning and Decision*, Stanford (Californie), 1962.
Woodward, Llewellyn, *British Foreign Policy in the Second World War*, vol. 1, Londres, 1970.
Woolf, S.J. (dir.), *Fascism in Europe*, 2e éd., Londres, 1981.
Wright, Jonathan, *Gustav Stresemann, Weimar's Greatest Statesman*, Oxford, 2002.
Wylie, Neville (dir.), *European Neutrals and Non-Belligerents during the Second World War*, Cambridge, 2002.
Zamagni, Vera, « Italy : How to Lose the War and Win the Peace », in Mark Harrison (dir.), *The Economics of World War II. Six Great Powers in International Comparison*, Cambridge, 1998.
Zhukov [Joukov], G., *Reminiscences and Reflections*, 2 vol., Moscou, 1985.

Index

Crédits photographiques

akg-images : 1, 4, 6, 8, 10, 13, 15, 20, 21, 24, 28.

akg-images / ullstein bild : 3, 5, 7, 11, 12.

Alinari / Roger-Viollet : 9.

AP/SIPA : 18, 23.

Bettmann/Corbis : 19.

Corbis : 26.

Hulton Archive / Getty Images : 27.

LAPI / Roger-Viollet : 16.

Time & Life Pictures / Getty Images : 14, 25.

TopFoto / Roger-Viollet : 2, 17, 22.

Table

RÉALISATION : NORD COMPO MULTIMÉDIA À VILLENEUVE D'ASCQ
NORMANDIE ROTO IMPRESSION S.A.S. À LONRAI
DÉPÔT LÉGAL : AOÛT 2009. N° 80325-3 (093090)
IMPRIMÉ EN FRANCE